JUS PUBLICUM

Beiträge zum Öffentlichen Recht

Band 142

Peter Baumeister

Der Beseitigungsanspruch als Fehlerfolge des rechtswidrigen Verwaltungsakts

Mohr Siebeck

Peter Baumeister, geboren 1963; Studium der Rechtswissenschaft, Politischen Wissenschaft und Wissenschaftslehre in Mannheim (1983–1989); Erstes Juristisches Staatsexamen Baden-Württemberg (1989); Promotion (1994); Zweites Juristisches Staatsexamen Baden-Württemberg (1995); Habilitation in Mannheim (2003); seit Oktober 2003 Hochschuldozent an der Universität Mannheim für die Fächer Öffentliches Recht, Sozialrecht und Europarecht.

Als Habilitationsschrift auf Empfehlung der Fakultät für Rechtswissenschaft der Universität Mannheim gedruckt mit Unterstützung der Deutschen Forschungsgemeinschaft.

ISBN 3-16-148560-2
ISBN-13 978-3-16-148560-2
ISSN 0941-0503 (Jus Publicum)

Die Deutsche Bibliothek verzeichnet diese Publikation in der Deutschen Nationalbibliographie; detaillierte bibliographische Daten sind im Internet über *http://dnb.ddb.de* abrufbar.

Das Buch wurde von Gulde-Druck aus der Garamond Antiqua gesetzt, auf alterungsbeständiges Werkdruckpapier gedruckt und von der Buchbinderei Spinner in Ottersweier gebunden.

Für Monika

Vorwort

Die vorliegende Untersuchung wurde im Sommersemester 2003 von der Fakultät für Rechtswissenschaft der Universität Mannheim als Habilitationsschrift angenommen. Für die Drucklegung wurde sie aktualisiert; Literatur und Rechtsprechung sind bis zum 1. Januar 2005, in vielen Fällen aber auch noch darüber hinaus berücksichtigt.

Meinem langjährigen Lehrer, Herrn Professor Dr. *Wolf-Rüdiger Schenke*, danke ich für die vielfältige Förderung, die ich als sein Mitarbeiter am Lehrstuhl für Öffentliches Recht erfahren habe. Er hat nicht nur diese Arbeit mit seinem Gedankengut und seiner akribischen, rechtsdogmatischen und stets der Sache verpflichteten Arbeitsweise grundlegend beeinflußt. Herzlich danken darf ich auch Herrn Professor Dr. *Hans-Joachim Cremer*, der das Zweitgutachten trotz vielfältiger weiterer Verpflichtungen in kürzester Zeit erstellt hat.

Aus dem Kreis derer, die zur Entstehung der Arbeit beigetragen haben, möchte ich zwei Personen besonders hervorheben: Meinem früheren Kollegen am Lehrstuhl, Herrn Professor Dr. *Josef Ruthig*, heute an der Universität Mainz, danke ich für einen anregenden Gedankenaustausch in zahllosen Diskussionen. Viele Ideen, von denen einige auch in diese Arbeit eingeflossen sind, konnten so entwickelt oder im Gespräch erprobt und gegebenenfalls auch wieder verworfen werden. In gleichfalls freundschaftlicher Verbundenheit bedanke ich mich schließlich bei Herrn Richter am VG *Christoph Sennekamp*, derzeit wissenschaftlicher Mitarbeiter am Bundesverfassungsgericht, sehr herzlich. Er hat die Arbeit in der letzten Phase vor ihrer Fertigstellung mit seinem praxisgeschulten kritischen Sachverstand durchgearbeitet und mit Hinweisen und Anregungen zu zahlreichen Verbesserungen und Korrekturen beigetragen.

Die Deutsche Forschungsgemeinschaft hat die Publikation in der Reihe »Jus Publicum« durch eine großzügige Sachbeihilfe ermöglicht, worüber ich mich sehr freue.

Gewidmet ist die Arbeit meiner Frau.

Mannheim, im Oktober 2005 | Peter Baumeister

Inhaltsübersicht

Inhaltsverzeichnis

Erster Teil

Die dogmatische Begründung des öffentlichrechtlichen Beseitigungsanspruchs

Zweiter Teil

Die Tatbestandsvoraussetzungen des öffentlichen Beseitigungsanspruchs

Dritter Teil

Die Rechtsfolge des öffentlichrechtlichen Beseitigungsanspruchs

Einleitung

§1 Der öffentlichrechtliche Beseitigungsanspruch als Reaktion auf hoheitliche Rechtsverletzungen

A. Die Fehlerfolgen hoheitlichen Verwaltungshandelns als Gegenstand gesetzgeberischer Aktivitäten

Weite Bereiche von Staat und Gesellschaft werden heute mehr denn je durch ökonomische Vorgaben geprägt. Die Schaffung der idealen rechtlichen Rahmenbedingungen für ein stetiges Wirtschaftswachstum, eine hohe Attraktivität für Investitionen und eine gute Wettbewerbsposition des einzelnen Unternehmens vor allem im internationalen Vergleich zählen zu den Dauerforderungen aus Politik und Wirtschaft an den Staat. Im Zeitalter der häufig beschworenen „Globalisierung der Märkte" stehen konsequenterweise eine Vielzahl von Regelungen auf dem Prüfstand, die mögliche Nachteile für den „Wirtschaftsstandort Deutschland"[1] begründen könnten. Zugleich werden in zunehmendem Maße an den Staat selbst ähnliche Anforderungen gestellt wie an ein Wirtschaftsunternehmen. Die Debatten rund um die Schlagworte vom „Schlanken Staat"[2] und der „Deutschland AG" sind beredte Beispiele dafür.

Als eines der vermeintlichen Investitionshemmnisse gilt die Dauer von Planungs- und Genehmigungsverfahren. Insofern für eine Beschleunigung zu sorgen, stellt eine verbreitete Forderung dar, die allerdings nicht so neu ist, wie vielleicht zunächst vermutet werden könnte. Seit dem Beginn der Industrialisierung hat es immer wieder in mehr oder weniger großen zeitlichen Abständen Bestrebungen in diese Richtung gegeben. Bereits Mitte des 19. Jahrhunderts, wenige Jahre nach Einführung der Genehmigungspflicht für gewerbliche Anlagen durch §§26, 27 Allge-

---

[1] Vgl. stellv. die programmatischen Aufsatztitel von *Schmitz/Wessendorf*, Das Genehmigungsverfahrensbeschleunigungsgesetz – Neue Regelungen im Verwaltungsverfahrensgesetz und der Wirtschaftsstandort Deutschland, NVwZ 1996, 955ff.; *Storost*, Fachplanung und Wirtschaftsstandort Deutschland: Rechtsfolgen fehlerhafter Planung, NVwZ 1998, 797ff.

[2] S. etwa *Busse*, DÖV 1996, 389ff.; *Weidinger*, BayVBl. 1997, 513ff.; so bezeichnet wurde auch ein Sachverständigenrat, der am 18.7. 1995 von der Bundesregierung eingesetzt wurde, vgl. *Busse*, ebd., S. 395f.; *Guckelberger*, Maßnahmen zur Beschleunigung, in: Ziekow (Hrsg.), Beschleunigung von Planungs- und Genehmigungsverfahren, S. 17 (43f.); *Steinbeiß-Winkelmann*, DVBl. 1998, 809ff.

meine Gewerbeordnung in Preußen[3] hatte der Gesetzgeber eine Notwendigkeit zur Beschleunigung von Genehmigungsverfahren erkannt und Änderungen durch das „Gesetz betreffend die Errichtung gewerblicher Anlagen“[4] vorgenommen. So wurden etwa die vor Erlaß einer Genehmigung vorgesehene Einspruchsfrist von vier auf zwei Wochen verkürzt, die Öffentlichkeitsbeteiligung in Genehmigungsverfahren betreffend Dampfkesselanlagen beseitigt sowie die Genehmigungsbedürftigkeit bestimmter Anlagen vollständig aufgehoben[5]. Ein anderer Beleg für die schon das 19. Jahrhundert beschäftigende Thematik der Beschleunigung ist folgende Äußerung von *Rudolf von Gneist* vor dem 12. Deutschen Juristentag am 26. 8. 1874: „Einfachheit und Schnelligkeit der Exekutive wird das Losungswort der Zeit mit jedem Fortschritt der industriellen Gesellschaft“[6].

Die heutigen nationalen Gesetzgeber haben dem Beschleunigungsanliegen vor allem in den Jahren nach der Wiedervereinigung Deutschlands durch eine Reihe von Gesetzesnovellen Rechnung zu tragen versucht. Im Zentrum der Anstrengungen stand die Beschleunigung von Planungs- und Genehmigungsverfahren[7], die vor allem mit Änderungen des Verwaltungsverfahrensrechts und des Prozeßrechts zu erreichen versucht wurde. Eine der ersten Maßnahmen war das Verkehrswegeplanungsbeschleunigungsgesetz vom 16. 12. 1991[8], das zu einer erheblichen Verkürzung der Planungszeiten angesichts des desolaten Zustands der Verkehrswege in den neuen Bundesländern beitragen sollte[9]. Kurze Zeit später folgte das Planungsvereinfachungsgesetz vom 17. 12. 1993[10], das nicht mehr nur auf die besondere Lage im Osten zielte, sondern sämtliche Planfeststellungsverfahren betraf. Im Jahre 1996 kam es dann – vorbereitet durch verschiedene Kommissionen und nach umfangreichen Sachverständigenanhörungen – zu erheblichen Än-

---

[3] Gesetz v. 17. 1. 1845, PrGS S. 41.

[4] Gesetz v. 1. 7. 1861, PrGS S. 749.

[5] S. insoweit auch *Feldhaus*, in: Umweltschutz als Standortfaktor, S. 124 (128); zur Entwicklung des Rechts der überwachungsbedürftigen Anlagen s. *Hauck*, GewArch. 1987, 145ff.

[6] *v. Gneist*, Referat: Ueber die rechtliche Natur, die Zuständigkeit und Verhandlungsform der Verwaltungsjurisdiction, in: Verhandlungen 12. DJT, 1874, 3. Band, S. 221 (225); die Aussage wird auch verwendet als Vorspruch von *Bullinger*, Beschleunigte Genehmigungsverfahren für eilbedürftige Vorhaben, 1991.

[7] Vgl. dazu vor allem *Guckelberger*, Maßnahmen zur Beschleunigung, in: Ziekow (Hrsg.), Beschleunigung von Planungs- und Genehmigungsverfahren, S. 17ff.; *Krumsiek/Frenzen*, DÖV 1995, 1013ff.; zur Entwicklung der Beschleunigungsbemühungen auch *Bullinger*, DVBl. 1992, 1463ff.; *Blümel*, Arbeitstagung, S. 12ff.

[8] BGBl. I S. 2174; zur Entstehungsgeschichte s. *Ronellenfitsch*, DVBl. 1991, 920 (923ff.); *ders.*, DVBl. 1994, 441 (442f.); ausf. in größerem Zusammenhang *ders.*, Beschleunigungsgesetz, S. 107ff.; Gaßner/Ewald-Sommer, Beschleunigung, S. 171ff.; s. weiter zum Gesetz *Wagner*, NVwZ 1992, 232ff.; *Kern*, in: Festschrift für Blümel, S. 201ff.; *Klinski/Gaßner*, NVwZ 1992, 235ff.

[9] Vgl. die Begründung des Regierungsentwurfs v. 29. 8. 1991, BT-Drs. 12/1092, S. 1 (abgedruckt auch bei *Blümel* [Hrsg.], Verkehrswegeplanung, S. 239ff.).

[10] BGBl. I S. 2123; s. dazu etwa *Kröger/Schulz*, NuR 1995, 72ff.; *Pasternak*, BayVBl. 1994, 616ff.; *Sendler*, Neue Entwicklungen, S. 9 (21ff.); *Steinberg/Berg*, NJW 1994, 488; *Steiner*, NVwZ 1994, 313ff.; *ders.*, Beschleunigung, S. 151ff.

derungen des VwVfG[11], des BImSchG[12], des WassHG[13] und der VwGO[14]. Ihre Fortsetzung gefunden haben diese Änderungen etwa in der zum 1.1. 1998 in Kraft getretenen BauGB-Novelle[15] oder – weitgehend als Nachbesserung des 6. VwGO-ÄndG – in dem Gesetz zur Bereinigung des Rechtsmittelrechts im Verwaltungsprozeß vom 20.12. 2001[16].

Eines der Mittel zur Erreichung des Ziels der Beschleunigung von Verwaltungsverfahren bilden auch die Regelungen zu Fehlerfolgen. So enthalten die einschlägigen Normen seit dem Planungsvereinfachungsgesetz stets auch spezielle Fehlerfolgenregelungen[17]. Im materiellen Recht sind dies vor allem die Regelungen zum Planfeststellungsbeschluß im Fachplanungsrecht[18] und in §75 Abs. 1a VwVfG sowie die Erweiterungen der Heilungsmöglichkeiten und der „Unbeachtlichkeit" von Verfahrensfehlern (§§45, 46 VwVfG). Hinzu kommt die prozeßrechtliche Bestimmung des § 114 S. 2 VwGO, die nach Auffassung des Gesetzgebers das Nachschieben von Gründen und damit die Heilung des Verwaltungsakts gestattet[19]. Diese Gesetzesänderungen haben das Ziel einer erweiterten Aufrechterhaltung rechtswidriger Verwaltungsakte. Sie weichen ab von der typischen Rechtsfolge der Rechtswidrigkeit des Verwaltungsakts, der Aufhebung des Verwaltungsakts im Prozeß, wie sie in den Tatbestandsvoraussetzungen des § 113 Abs. 1 S. 1 VwGO zum Ausdruck kommt.

Die in diesen Regelungen behandelte Thematik zählt zu den grundlegenden und zugleich stets aktuellen Fragen des öffentlichen Rechts. Das nahezu unüberschaubare rechtswissenschaftliche Echo auf die gesetzgeberischen Maßnahmen

---

[11] Durch das Genehmigungsverfahrensbeschleunigungsgesetz vom 12.9. 1996, BGBl. I S. 1354; s. z.B. *Jäde*, UPR 1996, 361ff.; *Stüer*, DVBl. 1997, 326ff.

[12] BGBl. I S. 1498; s. auch *Hansmann*, NVwZ 1997, 105ff.; *Schäfer*, NVwZ 1997, 526ff.

[13] BGBl. I S. 1695; s. *Stüer*, DVBl. 1997, 326ff.; z.T. erhebliche Änderungen erfahren haben die insoweit relevanten Vorschriften der §§214ff. BauGB zuletzt durch das Gesetz zur Anpassung des Baugesetzbuchs an EU-Richtlinien (Europarechtsanpassungsgesetz Bau – EAG Bau) v. 24.6. 2004, BGBl. I S. 1359.

[14] 6. VwGO-ÄndG v. 1.11. 1996, BGBl. I S. 1626; vgl. dazu z.B. *Bader*, DÖV 1997, 443ff.; *Meissner*, VBlBW 1997, 81ff.; *W.-R. Schenke*, NJW 1997, 81ff.; *Schmieszek*, NVwZ 1996, 1151ff.; *Stüer*, DVBl. 1997, 326ff.

[15] Gesetz v. 18.8. 1997, BGBl. I S. 2081; s. dazu etwa *Battis/Krautzberger/Löhr*, NVwZ 1997, 1145ff.; *Finkelnburg*, NJW 1998, 1ff.; *Friege*, ThürVBl. 1998, 73ff., 101ff.; *Lüers*, ZfBR 1997, 231ff., 275ff.; *Schaber*, VBlBW 1998, 161ff.

[16] BGBl. I S. 3987; s. z.B. *Seibert*, NVwZ 2002, 265ff.; *Kienemund*, NJW 2002, 1231ff.

[17] Da der Begriff der Fehlerfolge kein gesetzlicher Terminus ist, bedarf es lediglich einer Umschreibung der Verwendung im vorliegenden Zusammenhang. Er wird hier auf alle Auswirkungen (Folgen) von Rechtsfehlern angewendet; vgl. auch *Di Fabio*, Handlungsformen, S. 47 (51). Zu ihnen zählen etwa die Nichtigkeit oder Wirksamkeit (einschließlich Vernichtbarkeit), aber auch die Entstehung von Rechten wie z.B. dem Beseitigungsanspruch oder den Schadensersatzansprüchen.

[18] § 17 Abs. 6c FStrG, § 10 Abs. 8 LuftVG, § 19 Abs. 4 WaStrG, §29 Abs. 8 PBefG, §20 Abs. 7 AEG (zunächst §36d Abs. 6 BBahnG), §5 Abs. 7 MagnetSchwBG.

[19] Vgl. Begr. des Regierungsentwurfs v. 19.1. 1996, BR-Drs. 30/96, S. 28 (zu Nr. 14); Begr. des Entwurfs des Bundesrates v. 18.5. 1995, BT-Drs. 13/1433, S. 13 (zu Nr. 13).

ist vor diesem Hintergrund nur zu verständlich. Wenngleich das gesamte Meinungsspektrum, von der generellen verfassungsrechtlichen Unbedenklichkeit über vorsichtige Hinweise auf die Notwendigkeit der Berücksichtigung verfassungsrechtlicher Vorgaben bei der Auslegung der betreffenden Bestimmungen bis hin zum Verdikt der Verfassungswidrigkeit verschiedener Einzelmaßnahmen, in der Literatur abgedeckt wird, überwiegen doch – wie schon bei der Sachverständigenanhörung im Rahmen des Gesetzgebungsverfahrens zum Genehmigungsverfahrensbeschleunigungsgesetz[20] – die verfassungsrechtlichen Bedenken. Gleichzeitig fehlt aber bisher eine grundlegende, die einzelnen Problembereiche sowohl zusammenfassende als auch vertiefend behandelnde Erörterung. So darf auch heute noch eine Vielzahl verfassungsrechtlicher und auch einfachgesetzlicher Fragen als weitgehend ungeklärt gelten. Die bisherigen Untersuchungen von Fehlerfolgen beschränken sich im wesentlichen auf Verfahrensfehler, was angesichts des Schwerpunkts der Regelungen (wie die §§ 45, 46 VwVfG) durchaus verständlich erscheint.

Diese Bestimmungen stehen in einem besonderen Spannungsverhältnis zur Bedeutung der Verfahrensrechte, wie sie insbesondere durch die Rechtsprechung des Bundesverfassungsgerichts entwickelt wurde[21]. Die darin anerkannte verfassungsrechtliche Gewährleistung eines Grundrechtsschutzes durch Verfahren läßt sich nicht ohne weiteres mit der gegenläufigen Tendenz der Beschleunigungsnovellen in Einklang bringen. In Einzelfällen werden die Änderungen deshalb als ein „Paradigmenwechsel“ begriffen, „nachdem jahrzehntelang der Grundrechtsschutz durch Verfahren gepredigt worden war und die Verwaltungsgerichtsbarkeit gegenüber der Verwaltung einen pädagogischen Auftrag verspürte“[22]. Die hier anklingende positive Aufnahme des Bestrebens des Gesetzgebers, die Bedeutung des Verfahrensrechts zu reduzieren, ist freilich nicht repräsentativ[23]. Eher getroffen wird die überwiegende Stimmung durch die Bewertung des Genehmigungsverfahrensbeschleunigungsgesetzes als „konzeptionsloser Mix von Entwertungen des Verwaltungsverfahrens“[24]. Dementsprechend herrscht überwiegend eher Unsicherheit über die Vereinbarkeit der Neuregelungen mit den verfassungsrechtlichen Anforderungen an das Verfahren.

---

[20] Vgl. dazu Ausschußdrucksachen 13/271, Teile I-VI, und 13/272 des BT-Ausschusses für Umwelt, Naturschutz und Reaktorsicherheit (16. Ausschuß), insbesondere die Stellungnahmen von *Bonk* (Teil III, S. 203ff.), *Eckert* (Teil I, S. 70ff.), *Franßen* (Teil III, S. 183ff.); *Lübbe-Wolff* (Teil II, S. 76f.); *Sellner* (Teil V, S. 10f.), sowie aus der öffentlichen Anhörung v. 8.5. 1996, Prot. Nr. 31, *Blümel*, S. 112ff., 121ff.; auch *Schmitz/Wessendorf*, NVwZ 1996, 955 (957), schätzen den Tenor der Stellungnahmen als fast durchweg kritisch ein.

[21] Vgl. BVerfG, Beschl. v. 20.12. 1979 – 1 BvR 385/77, BVerfGE 53, 30 – Mülheim-Kärlich.

[22] *Ronellenfitsch*, in: Festschrift für Blümel, S. 497 (511).

[23] Eindeutig zustimmend aber etwa *Gerhardt*, Verhältnis von Verwaltungsverfahren und Verwaltungsprozess, S. 413 (417ff.).

[24] *Ziekow*, Modernisierung, S. 69 (71); s. außerdem etwa *Geis*, Handlungsspielräume, S. 97 (102ff.).

Vielfach werden die nationalen Regelungen betreffend die Fehlerfolgen bei Verfahrensverstößen nicht nur in einer Konfliktsituation mit dem nationalen Verfassungsrecht, sondern auch mit dem Gemeinschaftsrecht gesehen[25]. Gerade die Regelungen der §§45, 46 VwVfG erscheinen nach verschiedenen Stellungnahmen vor dem Hintergrund gemeinschaftsrechtlicher Anforderungen durchaus fragwürdig[26].

Neben den Regelungen zum Verfahrensrecht enthalten die Gesetzesnovellen zum Planfeststellungsrecht etwa in §75 Abs. 1a VwVfG Normen, die die Aufhebung von Planfeststellungsbeschlüssen bei Mängeln bei der Abwägung, also bei materiellen Fehlern ausschließen. Diese Normen stehen interessanterweise – wohl mangels verfassungsgerichtlicher Vorgaben entsprechend denen zum Verfahren – nicht in derselben Kritik wie die §§45, 46 VwVfG.

B. Ansatzpunkte verfassungsrechtlicher Bedenken gegenüber den gesetzlichen Fehlerfolgenregelungen

Die überwiegend kritische Sichtweise der gesetzlichen Fehlerfolgenregelungen wirft die Grundfrage nach den Voraussetzungen auf, unter denen der Gesetzgeber die Fehlerfolge der Pflicht zur Aufhebung rechtswidriger Hoheitsakte ausschließen kann. Diese Frage läßt sich nur beantworten, wenn die Gründe für die Pflicht zur Aufhebung rechtswidriger Verwaltungsakte und für den möglichen Anspruch auf Aufhebung der betreffenden Verwaltungsakte ermittelt werden. Von daher erscheint der Ausgangspunkt dieser Untersuchung geradezu banal: Es geht um den – ohnehin wohl allgemein anerkannten – Anspruch auf Aufhebung rechtswidriger Verwaltungsakte.

Obwohl an seiner Existenz kein Zweifel besteht[27], wird dem Aufhebungsanspruch im Gegensatz zu den Schadensersatz- und Entschädigungsansprüchen des Staatshaftungsrechts nur wenig Aufmerksamkeit zuteil. Trotz oder möglicherweise gerade wegen der verbreiteten prinzipiellen Anerkennung einer Pflicht zur Beseitigung staatlichen Unrechts besteht in Rechtsprechung und Literatur weder Konsens über den Inhalt dieser Pflicht noch über deren dogmatische Herleitung. Teilweise wird das vielfach fehlende wissenschaftliche Interesse an diesen Fragen

---

25 S. nur *Kahl*, VerwArch. 95 (2004), 1 (19ff.); *Schoch*, Festgabe 50 Jahre BVerwG, S. 507 (523ff.); *Wahl*, DVBl. 2003, 1285 (1290ff.). Das gilt auch für die Änderung der (hier nicht thematisierten) §§214ff. BauGB durch das EAG Bau v. 24. 6. 2004, BGBl. I S. 1359, die gerade auch eine „europarechtlich vorgegebene Stärkung des Verfahrensrechts" bewirken sollte, s. BT-Drs. 15/2250, S. 31.

26 S. etwa *Classen*, Die Europäisierung der Verwaltungsgerichtsbarkeit, S. 192ff.; *Kokott*, Die Verwaltung 31 (1998), 335 (365ff.).

27 *Ossenbühl*, Staatshaftungsrecht, S. 297, hält den „Grundsatz, daß der Staat die Folgen des von ihm verursachten Unrechts prinzipiell beseitigen muß", für „evident und unbestritten"; vergleichbar etwa *Grzeszick*, Rechte und Ansprüche, S. 1f., 66f., 359f.

als „Lustlosigkeit und Gleichgültigkeit“[28] gegenüber der rechtlichen Herleitung der Beseitigungspflicht bewertet. Gerade die diversen Bedenken gegenüber den gesetzlichen Beschränkungen des Aufhebungsanspruchs als unmittelbarer Rechtsfolge, der Primärfehlerfolge[29] eines rechtswidrigen und rechtsverletzenden Verwaltungsakts, belegen jedoch die Notwendigkeit einer näheren Auseinandersetzung mit der Herleitung und den Tatbestandsvoraussetzungen dieses Anspruchs.

I. Die Herleitung des Aufhebungs- beziehungsweise Beseitigungsanspruchs

1. Das Meinungsspektrum

Näheren Aufschluß über die Grundlagen und die Herleitung des Aufhebungsanspruchs kann die Befassung mit dessen Inhalt geben. Die (rückwirkende) Aufhebung eines Verwaltungsakts beseitigt die Rechtsverletzung; sie stellt die rechtliche Integrität des verletzten Rechts wieder her. Die Aufhebung macht die Rechtsverletzung nicht ungeschehen, beseitigt jedoch die fortdauernde Beeinträchtigung. Seiner Struktur nach stimmt der Aufhebungsanspruch gegenüber einem rechtsverletzenden Verwaltungsakt mit dem Beseitigungsanspruch überein, wie er im Zivilrecht etwa in § 1004 BGB gesetzlich geregelt ist. Dort wird das (absolute) Eigentumsrecht bei einem rechtswidrigen Eingriff durch den Beseitigungsanspruch geschützt.

Auch das öffentliche Recht kennt den Beseitigungsanspruch[30], obwohl er zumeist nur in seiner Ausprägung als Folgenbeseitigungsanspruch im allgemeinen Bewußtsein seinen Niederschlag gefunden hat. Wie das Verhältnis des Folgenbeseitigungsanspruchs zum allgemeinen Beseitigungsanspruch im einzelnen bestimmt wird, hängt allein von der individuell differierenden Definition der Begriffe ab. Der Folgenbeseitigungsanspruch wird regelmäßig als Anspruch gegen einen Hoheitsträger auf Beseitigung der Folgen rechtswidrigen Verhaltens des Staates durch Wiederherstellung des ursprünglichen Zustands verstanden[31]. Diese Umschreibung erlaubt unterschiedlich weite Anwendungsbereiche. So könnte sich der Folgenbeseitigungsanspruch auf die Beseitigung der Folgen rechtswidriger Staatsakte beschränken oder aber sich nicht nur auf diese (weiteren) Folgen, sondern auch auf die Staatsakte selbst (als unmittelbare Folgen des Verhaltens) er-

---

[28] *Ossenbühl*, Staatshaftungsrecht, S. 297.

[29] *Morlok*, Die Verwaltung 25 (1992), 371 (378ff.), bezeichnet die Pflicht zur Beseitigung als erste Stufe des öffentlichrechtlichen Sekundärrechts.

[30] Vgl. nur BVerwG, Urt. v. 2. 11. 1973 – IV C 36.72, NJW 1974, 817; *Bumke*, Relative Rechtswidrigkeit, S. 208; *Ossenbühl*, Staatshaftungsrecht, § 7 („grundrechtlicher Schutzanspruch auf Unterlassung, Beseitigung und Herstellung“), S. 285ff.; *H.H. Rupp*, JZ 2005, 157 (158f.); *Sachs*, in: Stern, Staatsrecht III/1, S. 671ff.; *W.-R. Schenke*, NVwZ 1993, 718 (721f.).

[31] S. nur *Maurer*, Allgemeines Verwaltungsrecht, § 30 Rdnr. 1; *Detterbeck/Windthorst/Sproll*,

strecken. Im letzteren Fall wären Folgenbeseitigungs- und Beseitigungsanspruch inhaltsgleich. Beschränkt man den Folgenbeseitigungsanspruch hingegen, wie es der gebräuchlichsten Verwendung entsprechen dürfte[32], auf die Folgen des Verhaltens, ohne den aus dem Verhalten resultierenden Hoheitsakt, etwa einen Verwaltungsakt, mit einzubeziehen, bildet der Folgenbeseitigungsanspruch dagegen nur einen Ausschnitt aus dem umfangreicheren Anwendungsbereich des allgemeinen Beseitigungsanspruchs, der sich sowohl gegen den Hoheitsakt als auch gegen dessen Folgen richtet. In jedem Fall besteht aber zwischen dem Folgenbeseitigungsanspruch und dem allgemeinen Beseitigungsanspruch zumindest eine Teilidentität. Folgenbeseitigungsanspruch und allgemeiner Beseitigungsanspruch haben damit zugleich dieselbe Rechtsgrundlage, so daß zu deren Ermittlung im Hinblick auf den Beseitigungsanspruch auf sämtliche Stellungnahmen betreffend den Folgenbeseitigungsanspruch zurückgegriffen werden kann.

Unter diesen Stellungnahmen finden sich mehrere Ansätze, die eine verfassungsrechtliche Basis des Anspruchs befürworten. Diffus ist – wohl nicht ohne Absicht – bis heute die Ansicht des Bundesverwaltungsgerichts geblieben. Während der Folgenbeseitigungsanspruch zunächst durch den 4. Senat auf die Grundrechte[33] und durch den 3. Senat auf das in Art. 20 Abs. 3 GG verankerte Prinzip der Gesetzmäßigkeit der Verwaltung gestützt wurde[34], bekannte sich der 4. Senat später zu einer allen Interpretationen offenstehenden Mischung aus „durch Richterrecht geprägten, gewohnheitsrechtlichen Gesichtspunkten" und „Grundsätzen des materiellen Rechtsstaats, zu denen auch die Grundrechte zählen"[35]. Vorausgegangen war dem bereits eine Kombination von grundrechtlich und rechtsstaatlich fundiertem Folgenbeseitigungsanspruch durch den 7. Senat[36]. Damit werden vom Bundesverwaltungsgericht insgesamt drei verfassungsrechtliche und eine nicht verfassungsrechtliche Rechtsgrundlage angeführt: das Prinzip der Gesetzmäßigkeit der Verwaltung, das materielle Rechtsstaatsprinzip und die Grundrechte sowie das (nicht verfassungsrechtlich garantierte) Gewohnheitsrecht[37].

Staatshaftungsrecht, § 12 Rdnr. 5; *Rüfner*, in: Erichsen/Ehlers (Hrsg.), Allgemeines Verwaltungsrecht, § 49 Rdnr. 24.

[32] Vgl. auch BVerwG, Beschl. v. 17. 11. 1998 – 4 B 100.98, BauR 1999, 733.

[33] S. BVerwG, Urt. v. 25. 8. 1971 – 4 C 23.69, NJW 1972, 269; Urt. v. 21. 9. 1984 – 4 C 51.80, NJW 1985, 1481.

[34] Vgl. BVerwG, Urt. v. 19. 7. 1984 – 3 C 81.82, BVerwGE 69, 366 (370).

[35] BVerwG, Urt. v. 26. 8. 1993 – 4 C 24.91, BVerwGE 94, 100 (103); frühere Entscheidungen des 4. Senats ließen eher eine (rein) grundrechtliche Herleitung des Folgenbeseitigungsanspruchs vermuten, vgl. etwa Urt. v. 14. 4. 1989 – 4 C 34.88, BVerwGE 82, 24 (25ff.).

[36] BVerwG, Urt. v. 23. 5. 1989 – 7 C 2.87, BVerwGE 82, 76 (95).

[37] Obwohl das BVerwG den Folgenbeseitigungsanspruch in st. Rspr. anerkennt, äußert es sich im übrigen regelmäßig nicht zu dessen Rechtsgrundlage, vgl. etwa aus der Rspr. des 2. Senats Urt. v. 18. 4. 2002 – 2 C 19.01, NVwZ-RR 2002, 620.

In der Literatur wird der Folgenbeseitigungsanspruch heute ganz überwiegend auf die Grundrechte gestützt[38]. Das gilt in entsprechender Weise für den allgemeinen Beseitigungsanspruch, sofern zu ihm eine Aussage gemacht wird[39]. Mindermeinungen treten allerdings bis heute auch für andere Rechtsgrundlagen ein. So wird der Anspruch etwa im Anschluß an die Auffassung des 3. Senats des Bundesverwaltungsgerichts an das Prinzip der Gesetzmäßigkeit der Verwaltung geknüpft[40]. Andere sehen die Grundlage in dem gleichfalls vom Bundesverwaltungsgericht aufgeführten Prinzip materieller Gerechtigkeit[41] beziehungsweise in einfachrechtlichen Grundlagen wie dem Gewohnheitsrecht[42] oder in einer Analogie zu den §§ 12, 862, 1004 BGB[43]. Darüber hinaus werden schließlich auch noch Kombinationen der verschiedenen Ansätze befürwortet[44].

Sollen zur Prüfung der eingangs erwähnten zahlreichen Bedenken gegenüber verschiedenen Beschleunigungsnovellen die verfassungsrechtlichen Grenzen des Ausschlusses des Beseitigungsanspruchs ermittelt werden, so können sich solche Grenzen von vornherein nicht aus dem Beseitigungsanspruch selbst ergeben, wenn dieser keine verfassungsrechtliche Basis aufweist. Entsprechende Auffassungen zu Grundlagen unterhalb des Verfassungsrechts bedürfen hier folglich keiner Erörterung. Um aber zumindest einen groben Überblick über die diskutierten einfachgesetzlichen Bestimmungen zu erhalten, soll kurz auf Beseitigungsansprüche im einfachen Recht hingewiesen werden. Aus ihnen lassen sich allerdings – das ist zu betonen – keine Zweifel an der Zulässigkeit der Beschränkungen des Beseitigungsanspruchs durch den Gesetzgeber im Rahmen der Beschleunigungsnovellen ableiten.

---

38 Vgl. nur *Bender*, VBlBW 1985, 201ff.; *Blanke/Peilert*, Die Verwaltung 31 (1998), 29 (35f.); *M. Faber*, NVwZ 2003, 159 (161); *Th. Horn*, DÖV 1990, 864 (866ff.); *Kopp/Schenke*, VwGO, § 113 Rdnr. 81; *Maurer*, Allgemeines Verwaltungsrecht, § 30 Rdnr. 5; *Ossenbühl*, Staatshaftungsrecht, S. 298f.; *W. Roth*, DVBl. 1996, 1401; *ders.*, Faktische Eingriffe in Freiheit und Eigentum, S. 86f.; *W.-R. Schenke*, JuS 1990, 370 (372); *ders.*, DVBl. 1990, 328 (330); *T. Schneider*, Folgenbeseitigung im Verwaltungsrecht, S. 61ff.; *Schoch*, VerwArch. 79 (1988), 1 (34ff.); *Weyreuther*, Gutachten 47. DJT, Bd. I, B 78ff.; *Pietzko*, Der materiellrechtliche Folgenbeseitigungsanspruch, S. 119ff.: § 1004 BGB i.V.m. den Grundrechten.

39 Vgl. *Sachs*, in: Stern, Staatsrecht III/1, S. 671ff.; *W.-R. Schenke*, in: Festschrift für Maurer, S. 747.

40 S. etwa *Fiedler*, NVwZ 1986, 969 (970f.); *Wallerath*, DÖV 1987, 505 (511ff.).

41 Vgl. *Erichsen*, VerwArch. 63 (1972), 217 (221).

42 *J. Ipsen*, Allgemeines Verwaltungsrecht, Rdnr. 1337; wohl auch *Schwerdtfeger*, Öffentliches Recht in der Fallbearbeitung, Rdnr. 289.

43 Neben *Bettermann*, DÖV 1955, 528, auch *Broß*, VerwArch. 76 (1985), 217 (227f.); *Enders*, Die Verwaltung 30 (1997), 29 (38); z. T. *Pietzko*, Der materiellrechtliche Folgenbeseitigungsanspruch, S. 119ff.: i.V.m. den Grundrechten.

44 S. *Brugger*, JuS 1999, 625ff.; *D. Lorenz*, Verwaltungsprozeßrecht, § 15 Rdnr. 36 (Fußn. 64).

2. Keine Herleitung eines Aufhebungsanspruchs aus § 113 Abs. 1 S. 1 VwGO

§ 113 Abs. 1 S. 1 VwGO geht offenbar von einer (materiellrechtlichen) Pflicht zur Aufhebung eines rechtsverletzenden Verwaltungsakts aus. Anders läßt sich die (prozessuale) Anordnung der gerichtlichen Aufhebung eines rechtswidrigen Verwaltungsakts, der den Kläger in seinen Rechten verletzt, nicht erklären. § 113 Abs. 1 S. 1 VwGO setzt das Bestehen eines materiellrechtlichen Beseitigungsanspruchs voraus[45]; begründen kann diese prozessuale Vorschrift den Anspruch allerdings nicht[46].

Soweit im heutigen verwaltungsprozessualen Schrifttum das Verhältnis von Prozeßrecht und materiellem Recht ausdrücklich reflektiert wird, entspricht die dienende Funktion des Prozeßrechts wohl einhelliger Auffassung. Dementsprechend ist eine Befugnis wie auch eine Verpflichtung des Gerichts zur Aufhebung eines Verwaltungsakts im Anfechtungsprozeß grundsätzlich[47] nur zu befürworten, wenn der Kläger auch Inhaber eines materiellrechtlichen Aufhebungsanspruchs ist[48]. Soweit gesetzlich nichts abweichendes geregelt ist, begründet das

---

[45] Vgl. etwa auch *Morlok*, Die Verwaltung 25 (1992), 371 (379); *Remmert*, VerwArch. 88 (1997), 112 (120).

[46] Tendenziell anders BVerwG, Urt. v. 26. 10. 1967 – II C 22.65, BVerwGE 28, 155 (168); *H. H. Rupp*, Grundfragen, S. 174ff., 249ff.; ders., JZ 2005, 157 (159).

[47] In seltenen – gesetzlich angeordneten – Ausnahmefällen kann nach allgemeiner Auffassung die Anfechtungsklage trotz fehlender subjektiver Rechtsverletzung und fehlenden materiellen Aufhebungsanspruchs begründet sowie das Gericht zur Aufhebung des Verwaltungsakte verpflichtet sein. Es sind dies die Fälle, in denen der Gesetzgeber einer Person ein Klagerecht zur Durchsetzung rein objektivrechtlicher Regelungen einräumt. So fehlt es bei der sogenannten altruistischen Verbandsklage (vgl. dazu *Battis/Dünnebacke*, JuS 1990, 188 [189f.], *Wahl/Schütz*, in: Schoch/Schmidt-Aßmann/Pietzner, VwGO, § 42 Abs. 2 Rdnr. 235ff.) an einer subjektiven Rechtsverletzung, gleichzeitig wird aber ein Klagerecht eingeräumt. Dies ist etwa im Naturschutzrecht nach einer Vielzahl von Landesregelungen mittlerweile auch auf Bundesebene mit § 61 BNatSchG geschehen (BNatSchNeuregG v. 25. 3. 2002, BGBl. I S. 1193).

[48] Vgl. BVerwG, Urt. v. 21. 5. 1976 – IV C 80.74, BVerwGE 51, 15 (24); *Detterbeck*, Streitgegenstand, S. 156ff.; *Gerhardt*, in: Schoch/Schmidt-Aßmann/Pietzner, VwGO, Vorb § 113 Rdnr. 1–4, § 113 Rdnr. 5, 7; *Happ*, in Eyermann, VwGO, § 42 Rdnr. 2, 89; *Hoppe*, Organstreitigkeiten, S. 139; *J. Ipsen*, Allgemeines Verwaltungsrecht, Rdnr. 1187; *Kopp/Schenke*, VwGO, § 42 Rdnr. 2, § 113 Rdnr. 6; *D. Lorenz*, Verwaltungsprozeßrecht, § 18 Rdnr. 3; *Lüke*, ZZP 107 (1994), 145 (160); *Pietzcker*, in: Schoch/Schmidt-Aßmann/Pietzner, VwGO, § 42 Abs. 1 Rdnr. 3; *Remmert*, VerwArch. 91 (2000), 209 (214f.); *Rennert*, in: Eyermann, VwGO, § 121 Rdnr. 25; *W. Roth*, Verwaltungsrechtliche Organstreitigkeiten, S. 855; *Sachs*, in: Stern, Staatsrecht III/1, S. 671ff.; *W.-R. Schenke*, Verwaltungsprozeßrecht, Rdnr. 178; *J. Schmidt*, in: Eyermann, VwGO, § 113 Rdnr. 18; *Schnapp/Cordewener*, JuS 1999, 42; *Spannowsky*, in: Sodan/Ziekow (Hrsg.), VwGO, § 113 Rdnr. 18 aE.; *Weyreuther*, Gutachten 47. DJT, Bd. I, B 49ff.; *ders.*, in: Festschrift für Menger, S. 681 (686, 689ff.). Soweit sich in einigen Praktikerkommentaren zur VwGO (z.B. *Bader u.a.*, *Redeker/von Oertzen*) dagegen keine Hinweise auf die Bedeutung des materiellrechtlichen Aufhebungsanspruchs finden, kann daraus jedoch mangels kritischer Auseinandersetzung mit der hier unterstützten Ansicht nicht der Schluß auf eine existente Gegenmeinung gezogen werden. Auch wenn sie keineswegs überall und vielleicht nicht einmal überwiegend im Schrifttum ihren Niederschlag gefunden hat, muß die obige Auffassung dennoch als unbestritten angesehen werden.

Prozeßrecht und namentlich § 113 Abs. 1 S. 1 VwGO danach keine Kompetenz des Gerichts, jenseits materiellrechtlicher Ansprüche rechtsverletzende Verwaltungsakte aufzuheben, sondern setzt die Existenz materiellrechtlicher Aufhebungsansprüche gerade voraus. Wie die Verpflichtungsklage (§ 113 Abs. 5 VwGO) dient auch die verwaltungsprozessuale Anfechtungsklage von Ausnahmefällen abgesehen der Durchsetzung eines materiellrechtlichen Anspruchs, hier des Anspruchs auf Aufhebung eines Verwaltungsakts. Der materiellrechtliche Anspruch richtet sich gegen die Verwaltung, typischerweise gegen den Rechtsträger der Behörde, die den angegriffenen Verwaltungsakt erlassen hat. Unter der – jedenfalls abstrakt – allgemein anerkannten Prämisse der Abhängigkeit des Prozeßrechts vom materiellen Recht darf das Gericht grundsätzlich keinen Verwaltungsakt aufheben, wenn der Kläger keinen materiellrechtlichen Anspruch auf Aufhebung gegenüber dem Beklagten hat.

Unter den Sachurteilsvoraussetzungen, die das Prozeßrecht festlegt, hat der Kläger im Fall eines materiellrechtlichen Anspruchs im Prozeß dann auch den prozessualen Anspruch auf Aufhebung des Verwaltungsakts gemäß § 113 Abs. 1 S. 1 VwGO gegen das Gericht. Dieser prozessuale Anspruch setzt aber stets (vorbehaltlich abweichender gesetzlicher Bestimmung) voraus, daß erstens die Voraussetzungen für ein Sachurteil erfüllt sind und zweitens ein materiellrechtlicher Anspruch des Klägers auf Aufhebung des Verwaltungsakts gegenüber dem Beklagten besteht.

3. *Sonderfälle ausdrücklicher materiellrechtlicher einfachgesetzlicher Rechtsgrundlagen*

Eine allgemeine gesetzliche Regelung des Anspruchs auf Aufhebung rechtsverletzender Verwaltungsakte fehlt. Nur in Ausnahmefällen ordnet das Gesetz ausdrücklich eine Pflicht zur Aufhebung von Verwaltungsakten an. Für den Grundfall des rechtswidrig erlassenen belastenden Verwaltungsakts sieht das allgemeine Verwaltungsverfahrensrecht des Bundes und der Länder (§ 48 Abs. 1 S. 1 VwVfG) dagegen keine ausdrückliche Aufhebungspflicht selbst für die Zeit der Anfechtbarkeit vor[49]. Anderes gilt nur im Sozialverwaltungsverfahren, in dem nach § 44 Abs. 1 S. 1 SGB X eine allgemeine Pflicht zur Aufhebung rechtswidrig erlassener Verwaltungsakte statuiert wird, soweit deshalb Sozialleistungen zu Unrecht nicht erbracht oder Beiträge zu Unrecht erhoben worden sind. Diese Rücknahmepflicht, die auch noch nach Unanfechtbarkeit fortbesteht, wird gemäß § 44 Abs. 1 S. 2 SGB X nur für den Fall von vorsätzlich unrichtigen oder unvollständigen Angaben durch den Betroffenen ausgeschlossen. Daneben kennt für den Fall nach-

---

[49] Aus diesem Grund geht die überwiegende Meinung von einem Ermessen der Behörde im Fall des § 48 Abs. 1 S. 1 VwVfG auch bei Anfechtbarkeit des Verwaltungsakts aus; dazu näher unten § 6 C II (S. 225 ff.).

träglich bekanntgewordener Tatsachen und Beweismittel auch § 173 Abs. 1 Nr. 2 AO eine Aufhebungspflicht für Steuerbescheide.

Darüber hinaus wird nur in Einzelfällen im Fachrecht ausdrücklich eine Pflicht zur Aufhebung von Verwaltungsakten normiert. Das betrifft etwa solche Fälle, in denen der Verwaltungsakt rechtmäßig erlassen wurde, aufgrund einer Veränderung der Rechts- oder Sachlage nach Erlaß aber rechtswidrig geworden ist[50]. So bestimmt etwa § 33 Abs. 3 S. 1 PolG Baden-Württemberg, daß eine Beschlagnahme aufzuheben ist, sobald ihr Zweck erreicht ist[51]. Ein Beispiel für die Pflicht zur Aufhebung begünstigender Verwaltungsakte mit belastender Drittwirkung ist in § 17 Abs. 4, 5 AtomG normiert. In diesen Fällen wird die behördliche Pflicht zur Aufhebung eines Verwaltungsakts ausdrücklich angeordnet. Da diese behördliche Pflicht zumindest auch im Interesse der durch die Genehmigung belasteten Dritten besteht, ist zugleich ein Aufhebungsanspruch dieser Dritten zu bejahen. Im Regelfall existieren jedoch keine ausdrücklichen gesetzlichen Regelungen der Aufhebungspflicht[52]; alle vorhandenen Bestimmungen sind so als Sonderregelungen zu betrachten.

4. Untauglichkeit der Herleitungsversuche aus dem Rechtsstaatsprinzip und seinen Unterprinzipien

Von Bedeutung für die verfassungsrechtlichen Vorgaben bei der Begrenzung des Beseitigungsanspruchs in Form des Aufhebungsanspruchs sind in erster Linie die Ableitungen des Beseitigungsanspruchs aus der Verfassung. Wie erwähnt erfreut sich insofern der Rückgriff auf das Rechtsstaatsprinzip bis heute in Rechtsprechung und Literatur einiger Beliebtheit. Sowohl der Grundsatz der Gesetzmäßigkeit der Verwaltung als auch das materielle Gerechtigkeitsprinzip sollen als Unterprinzipien des Rechtsstaatsprinzips aus Art. 20 GG Grundlage für den Folgenbeseitigungsanspruch sein.

a) Die Beseitigungspflicht

Wird zunächst die Problematik der Herleitung eines Anspruchs aus einem Verstoß gegen rein objektives Verfassungsrecht noch unbeachtet gelassen und die Untersuchung allein auf die Frage konzentriert, ob sich aus dem Prinzip der Gesetzmäßigkeit der Verwaltung oder dem Prinzip der materiellen Gerechtigkeit ei-

---

[50] Zum Streit um das Rechtswidrigwerden des Verwaltungsakts beziehungsweise der Aufrechterhaltung des Verwaltungsakts s. z.B. *W.-R. Schenke/Baumeister*, JuS 1991, 547 (548ff.); *Baumeister*, Das Rechtswidrigwerden von Normen, S. 61ff., 69ff.

[51] Vgl. auch allgemein – im Anschluß an § 43 PrPVG – z.B. § 5 HambSOG, § 22 NWOBG.

[52] Eine Untersuchung der Möglichkeit der Begründung von – ungeschriebenen – einfachgesetzlichen Beseitigungsansprüchen (dafür *Remmert*, VerwArch. 91 [2000] 209 [216]; *dies.*, VerwArch. 88 [1997], 112 [117ff., 120ff.]) erscheint erst dann sinnvoll, wenn andere Begründungsversuche, insbesondere solche mit verfassungsrechtlicher Anknüpfung, scheitern sollten.

ne objektivrechtliche Rechtspflicht des Staates zur Korrektur seines rechtswidrigen Verhaltens ableiten läßt, so lassen sich für eine entsprechende Möglichkeit eine Reihe von Überlegungen anführen[53].

Sicherlich enthalten das Prinzip der Gesetzmäßigkeit der Verwaltung und das der materiellen Gerechtigkeit keine *unmittelbare* Aussage über die Folgen einer Verletzung des Gesetzesrechts durch ein Verwaltungshandeln. So sagt etwa das in der Rechtsbindung enthaltene Gebot der Unterlassung rechtswidrigen Verhaltens unmittelbar noch nichts über die Rechtsfolgen einer Verletzung dieses Gebots aus. Umgekehrt kann daraus aber auch nicht die Neutralität des Gesetzmäßigkeitsprinzips gegenüber einer Aufrechterhaltung der Folgen oder Konsequenzen seiner Verletzung abgeleitet werden. Vielmehr läßt sich die Beseitigung der fortdauernden Beeinträchtigung des Gesetzmäßigkeitsprinzips als (teilweise) Erfüllung der fortbestehenden Unterlassungspflicht begreifen. Daß eine Pflicht zur Unterlassung gesetzwidrigen Verhaltens aus dem Gesetzmäßigkeitsprinzip in Verbindung mit dem jeweiligen Gesetzesrecht abzuleiten ist, ist nicht zu bestreiten. Hat aber die Verwaltung den Vorrang des Gesetzes beziehungsweise die Entscheidung des Gesetzgebers bei seinen Entscheidungen von Verfassungs wegen zu beachten, kann eben dieselbe Verfassungsnorm der fortdauernden Durchbrechung des Gesetzesrechts nicht neutral gegenüberstehen. Die Schutzfunktion, die das Gesetzmäßigkeitsprinzip für die Beachtung der Entscheidungen des Parlaments durch die Verwaltung ausüben soll, könnte ohne die Anerkennung von Beseitigungspflichten nicht oder allenfalls sehr unvollkommen erfüllt werden, wenn sich die Bedeutung des Gesetzmäßigkeitsprinzips auf die Begründung einer Unterlassungspflicht beschränkte und keine Aussage über die Folgen eines Verstoßes enthielte[54]. Nur dann, wenn auf andere Weise, nämlich durch die Grundrechte, eine Beseitigungspflicht begründet wäre, bedürfte es keiner Ableitung aus dem Gesetzmäßigkeitsprinzip. Die grundrechtliche Beseitigungspflicht greift jedoch beispielsweise nicht bei einseitigen Begünstigungen oder außerhalb des Staat-Bürger-Verhältnisses. Mit welcher Berechtigung soll aber etwa die Verwaltung, die einem Bürger eine Leistung entgegen der gesetzlichen Regelung durch Verwaltungsakt zugesprochen hat, nicht zumindest grundsätzlich zu seiner Aufhebung verpflichtet sein? Daß infolge weiterer Veränderungen wie Zeitablauf oder Dispositionen des Begünstigten die Aufhebungspflicht aufgrund der gleichfalls zu berücksichtigenden Vertrauensschutzgesichtspunkte entfallen kann, steht dem nicht entgegen. Auch die Beseitigungspflicht bei belastenden rechtswidrigen

---

[53] Für eine aus der Gesetzesbindung abzuleitende grundsätzliche Pflicht zur Beseitigung des Rechtsverstoßes z.B. *Sachs*, in: ders. (Hrsg.), GG, Art. 20 Rdnr. 111; *Voßkuhle*, Die Verwaltung 29 (1996), 511 (530).

[54] Das scheint auch der Grund dafür zu sein, daß bei *v. Mangoldt/Klein*, GG, 2. Aufl., Bd. I, Vorbem. A II 3a (S. 59), nur der Unterlassungsanspruch, nicht auch der Beseitigungsanspruch erwähnt ist; anders dagegen *Starck*, in: v. Mangoldt/Klein/Starck, GG, 4. Aufl., Bd. 1, Art. 1 Rdnr. 148.

Verwaltungsakten wird etwa durch den Ablauf der Rechtsbehelfsfrist unter dem Blickwinkel der Rechtssicherheit begrenzt.

Mögliche Einwände gegen diese Herleitung der Beseitigungspflicht aus dem objektiven Gesetzmäßigkeitsprinzip tragen im Ergebnis nicht. Die Aussage, die „Grundsätze von der Bindung der Verwaltung an Gesetz und Recht und von der Notwendigkeit einer gesetzlichen Ermächtigung zu belastenden Verwaltungsakten besagen nichts darüber, welche Folgen eintreten, wenn diese Grundsätze von der Verwaltung verletzt werden“[55], überzeugt nicht. Gerade das an sich zutreffende Argument, die Reaktionen des Rechts auf geschehenes staatliches Unrecht könnten sehr unterschiedlich ausfallen, weil nach dem Unrechtsakt eine neue Bewertung aller beteiligten Interessen erfolgen müsse, müßte, wenn daraus tatsächlich auf die Offenheit der Rechtsfolgen geschlossen werden könnte, mit ähnlicher Berechtigung auch gegenüber allen anderen Ableitungen von Beseitigungspflichten angeführt werden.

Mit entsprechender Argumentation kann eine objektivrechtliche Beseitigungspflicht auch aus dem Grundsatz der Bindung aller staatlichen Gewalt an höherrangiges Recht abgeleitet werden: Die in den objektiven Prinzipien enthaltenen rechtsstaatlichen Garantien, insbesondere der Vorrang von Verfassung und Gesetz, wären nur sehr unvollkommen geschützt, wenn der im Fall ihrer Verletzung eintretende Zustand nicht (grundsätzlich) wieder beseitigt werden müßte[56]. Anders als häufig vertreten, besagt der Grundsatz der Gesetzmäßigkeit der Verwaltung nicht nur, daß gesetzwidrige Akte nicht ergehen dürfen[57]. Vielmehr soll auch eine „Kongruenz von Gesetz und Verwaltung“ sichergestellt werden[58]. Auch wenn es zutrifft, daß „die Reaktionen der Rechtsordnung auf geschehenes Unrecht viel subtiler und differenzierter (sind), als daß sie stets in der einfachen Umkehrung des Unrechtsaktes bestünden“[59], ändert das nichts an einem Grundsatz der Pflicht zur Unrechtsbeseitigung, der auch auf das Gesetzmäßigkeitsprinzip gestützt werden kann. Im Gegensatz zur Grundrechtsverletzung mag die Verletzung rein objektiven Rechts die Konsequenz der Unrechtsbeseitigungspflicht nicht so dringlich erscheinen lassen. Es ist auch denkbar, daß der Gesetzgeber bei der Ausgestaltung und Beschränkung der Beseitigungspflicht bei rein objektiven Rechtsverstößen einen weiterreichenden Spielraum besitzt als dies bei Grund-

---

[55] *Bettermann*, DÖV 1955, 528 (531) – anders aber *ders.*, in: Grundrechte III/2, S. 804; gegen die Herleitung des Folgenbeseitigungsanspruchs aus Art. 20 Abs. 3 GG ebenso *Schoch*, VerwArch. 79 (1988), 1 (34, 50); *Weyreuther*, Gutachten 47. DJT, Bd. I, B 28f.; *Ossenbühl*, Staatshaftungsrecht, S. 298f.; in ähnliche Richtung auch *Luhmann*, Entschädigung, S. 91f., der allerdings aus der Notwendigkeit einer neuen Interessenbewertung nach dem Fehler ausdrücklich nur gegen einen umfassenden Rechtswiederherstellungsanspruch votiert.

[56] So im Ergebnis auch *Schulze-Fielitz*, in: Dreier (Hrsg.), GG, Bd. 2, Art. 20 (Rechtsstaat) Rdnr. 206.

[57] So aber z.B. *Jesch*, Gesetz und Verwaltung, S. 195.

[58] *Maurer*, DÖV 1966, 477 (484) m. w. Nachw. in Fußn. 63.

[59] *Bachof*, Verfassungsrecht, S. 261f.

rechtsverstößen der Fall sein mag; an der grundsätzlichen Existenz einer Beseitigungspflicht aufgrund des Art. 20 Abs. 3 GG ändert das aber nichts.

Aus der Möglichkeit unterschiedlicher Folgen von Rechtsverstößen läßt sich nur ableiten, daß Unterlassungs- und Beseitigungspflichten nicht stets im Gleichschritt laufen. Die Interessenlage *vor* einem Rechtsverstoß ist durch den Gesetzgeber eindeutig in Form der Abgrenzung zwischen rechtmäßigem und rechtswidrigem Verhalten bewertet. Jeder Rechtsverstoß ist zu unterlassen. *Nach* einem Rechtsverstoß bedarf es dagegen, wenn der Gesetzgeber keine Entscheidung über die Rechtsfolgen getroffen hat, einer neuen Interessenbewertung unter Berücksichtigung des Unrechts, seiner Gründe und Folgen[60].

Gerade bei einem Vergleich mit dem grundsätzlichen Gegenentwurf, einer verfassungsrechtlichen Ableitung der Beseitigungspflicht ausschließlich aus den Grundrechten, zeigt sich die Parallelität der Überlegungen. Selbst die Einschränkung, die Pflicht bestehe nur „grundsätzlich", stellt keine Besonderheit gegenüber der Begründung eines (grundsätzlichen) Beseitigungsanspruchs – abgeleitet aus den Grundrechten – dar. Wie auch immer die Beseitigungspflicht dogmatisch begründet wird, sie kann richtigerweise nicht in dem Sinne als unbedingt angesehen werden, als die Korrekturpflicht des Staates in jedem Fall auch eine Korrektur zur Konsequenz haben müsse. Neben der zum Teil sowohl aus den Grundrechten als auch aus dem Prinzip der Rechtsbindung des staatlichen Handelns ableitbaren Korrekturpflicht können auch gegenläufige, gleichfalls verfassungsrechtlich gesicherte Interessen bestehen, die zu einem anderen Ergebnis führen können. Auf diese Gesichtspunkte der Rechtssicherheit und der Verwaltungseffizienz wurde bereits hingewiesen.

Ob sich Entsprechendes auch für das materielle Gerechtigkeitsprinzip sagen läßt, muß dagegen bezweifelt werden. Dies hängt, wie der Fall des Gesetzmäßigkeitsgrundsatzes zeigt, zwar nicht mit seiner Verankerung im Rechtsstaatsprinzip zusammen. Doch erweisen sich Gerechtigkeitsanforderungen als zu offen und unbestimmt, um daraus derartige Konsequenzen wie die Begründung einer Aufhebungspflicht (und eines entsprechenden Anspruchs) gegenüber einem Verwaltungsakt ziehen zu können. Zwar mag es durchaus auch mit dem Prinzip der Gerechtigkeit kollidieren, wenn der Staat stets an seinen rechtswidrigen Verwaltungsakten festhalten könnte. Eine allgemeine Rechtspflicht zur Aufhebung von rechtswidrigen und rechtsverletzenden Verwaltungsakten, die nur ausnahmsweise ausgeschlossen werden darf, läßt sich daraus jedoch nicht ableiten[61].

---

[60] Insoweit völlig zutreffend *Luhmann*, Entschädigung, S. 92.

[61] So empfindet selbst *Erichsen*, VerwArch. 63 (1972), 217 (221), der den Rückgriff auf das „Gebot der Gerechtigkeit" befürwortet, Unbehagen bei dieser Deduktion.

b) Der Beseitigungsanspruch

Anders als die Pflicht zur Fehlerkorrektur kann ein entsprechender Anspruch auf Fehlerbeseitigung nicht auf das Gesetzmäßigkeitsprinzip, also eine rein objektivrechtliche Basis gestützt werden.

Begründet das Rechtsstaatsprinzip mit dem Grundsatz der Gesetzmäßigkeit der Verwaltung die Pflicht, ein bestimmtes Unrecht zu beseitigen, dann kann auf die Beseitigung ein Anspruch nur bestehen, wenn die Beseitigungspflicht zumindest auch ein Individualinteresse schützt und sich der Betroffene darauf berufen können soll[62]. Da dem Gesetzmäßigkeitsprinzip gemäß Art. 20 Abs. 3 GG ein subjektiv-rechtlicher Charakter wie auch ein allgemeiner Anspruch auf Gesetzesbeachtung und -vollziehung als solches sicher nicht zugesprochen werden kann, kommt die ganz überwiegende Literaturmeinung zutreffend zur Ablehnung der Herleitung des Folgenbeseitigungsanspruchs aus Art. 20 Abs. 3 GG[63]. Obwohl der Gesetzmäßigkeitsgrundsatz auf das einfache Recht verweist[64], kann nicht etwa für die Feststellung des Schutznormcharakters auf das verletzte einfachgesetzliche Recht abgestellt werden. Maßgeblich ist allein das Gesetzmäßigkeitsprinzip, dem es an einer subjektivrechtlichen Schutzrichtung fehlt.

5. Ergebnis

Wie die einführenden Überlegungen gezeigt haben, kann für die Begründung eines Anspruchs auf Aufhebung eines rechtsverletzenden Verwaltungsakts nicht allein auf einfachgesetzliche Regelungen zurückgegriffen werden. Soweit entsprechende Bestimmungen existieren, erfassen sie nur einen sehr begrenzten Bereich rechtsverletzender Verwaltungsakte.

Den rechtsstaatlichen Prinzipien der Gesetzmäßigkeit der Verwaltung und der materiellen Gerechtigkeit kann ein Anspruch, also ein subjektives Recht, auf Aufhebung eines Verwaltungsakts nicht entnommen werden. Objektivrechtliche Pflichten zur Aufhebung rechtswidriger und rechtsverletzender Verwaltungsakte lassen sich allerdings wohl durchaus aus dem Prinzip der Gesetzmäßigkeit der Verwaltung gewinnen. Für die Begründung eines Aufhebungsanspruchs besagt das aber nichts.

Bevor andere Herleitungsbemühungen wie die Analogie zu den §§ 12, 862, 1004 BGB, das Gewohnheitsrecht oder einfachgesetzlich gewährte Statusrechte[65]

[62] Vgl *Stern*, Staatsrecht III/1, S. 543ff. für die Grundrechte.

[63] S. etwa *Achterberg*, Allgemeines Verwaltungsrecht, § 25 Rdnr. 2; *Au*, Anspruch, S. 36f., 40; *Hoffmann*, Abwehranspruch, S. 53, 62; *Maaß*, BayVBl. 1987, 520 (524); *W. Müller*, Beseitigungs- und Unterlassungsanspruch, S. 33; *Pietzko*, Der materiellrechtliche Folgenbeseitigungsanspruch, S. 89ff.; *M. Redeker*, DÖV 1987, 194 (196); *W.-R. Schenke*, DVBl. 1990, 328 (330); *Schoch*, VerwArch. 79 (1988), 1 (34).

[64] S. *Schoch*, VerwArch. 79 (1988), 1 (34).

[65] Dafür *Remmert*, VerwArch. 88 (1997), 112 (121ff.).

erörtert werden, die lediglich einfachgesetzlichen Rang aufweisen, wird sich die Untersuchung damit auf die Erörterung der Grundrechte als Basis für Beseitigungsansprüche und insbesondere den Aufhebungsanspruch gegenüber rechtsverletzenden Verwaltungsakten zu konzentrieren haben.

II. Diskrepanz zwischen den Tatbestandsvoraussetzungen und der grundrechtlichen Fundierung des Beseitigungsanspruchs

Wird einmal die – erst noch nachzuweisende – grundrechtliche Ableitung des Beseitigungsanspruchs unterstellt, so zeigt sich eine zumindest auf den ersten Blick merkwürdige Diskrepanz zu den Tatbestandvoraussetzungen des Beseitigungsanspruchs. Wenn der Beseitigungsanspruch wie der Folgenbeseitigungsanspruch grundrechtlich fundiert sein soll, handelt es sich um einen Anspruch, der mit der Verletzung eines Grundrechts durch einen hoheitlichen Eingriff entsteht. Der Beseitigungsanspruch verdankt dann seine Existenz im Einzelfall einer Grundrechtsverletzung. Gleichzeitig entspricht es aber allgemeiner Meinung, daß die Verletzung eines einfachgesetzlichen subjektiven Rechts sowohl für die Begründung des Folgenbeseitigungsanspruchs[66] als auch des Aufhebungsanspruchs gegenüber einem rechtswidrigen Verwaltungsakt ausreicht[67].

Ob sich diese beiden Kernaussagen von der grundrechtlichen Herleitung und der (hinreichenden) Verletzung einfachrechtlicher subjektiver Rechte harmonisieren lassen oder in Widerspruch zueinander stehen, wird gleichfalls in dieser Arbeit zu untersuchen sein. Auch insofern trifft die vor allem auf die „grundrechtsrelevanten" Verfahrenshandlungen und § 46 VwVfG gemünzte Einschätzung von *Pietzcker* zu, nach der die hier behandelte Thematik das nach wie vor ungelöste Problem des Einbaus der Grundrechte in das Verwaltungsrecht betreffe[68]. Daß das Verhältnis der Grundrechte zur Legislative weitaus besser geklärt ist, als das der Grundrechte zur Exekutive, dürfte kein Geheimnis sein. Das gilt nicht nur beispielsweise für die Frage der Bedeutung von grundrechtlichen Schutzpflichten für die Exekutive, sondern vor allem auch für die Relevanz der Grundrechte als Abwehrrechte gegenüber der Exekutive. Dies zeigt sich schon an diversen Unklarheiten über die Bedeutung der Grundrechte etwa für die Klagebefugnis gemäß § 42 Abs. 2 VwGO.

---

[66] Vgl. stellv. *Ossenbühl*, Staatshaftungsrecht, S. 308.

[67] So im Hinblick auf die Klagebefugnis gem. § 42 Abs. 2 VwGO stellv. *Kopp/Schenke*, VwGO, § 42 Rdnr. 78.

[68] Vgl. *Pietzcker*, in: Festschrift für Bachof, S. 131 (135 f.).

C. Gang der Untersuchung

Das Ziel dieser Untersuchung ist die Erarbeitung und Darlegung der Grundlagen und der Reichweite des negatorischen Schutzes subjektiver öffentlicher Rechte gegenüber einem Verwaltungshandeln durch Verwaltungsakt. Den Kern dieses Schutzes bildet der Beseitigungsanspruch. Mit seiner Hilfe wird die Integrität des verletzten Rechts wiederhergestellt.

Im ersten Teil der Untersuchung (§ 2) geht es um die dogmatische Begründung des öffentlichrechtlichen Beseitigungsanspruchs. Wenn der Beseitigungsanspruch dem Schutz der Integrität des verletzten subjektiven Rechts dient, so liegt eine Herleitung des Beseitigungsanspruchs aus eben diesem subjektiven Recht nahe. Eine Anknüpfung an die verletzte Rechtsnorm zählt zu den im Ansatzpunkt nicht verfassungsrechtlichen Begründungsansätzen von Beseitigungspflicht und Beseitigungsanspruch. Wird etwa beim Erlaß eines Verwaltungsakts eine einzelne Norm nicht beachtet und ist der Verwaltungsakt deshalb als rechtswidrig anzusehen, so könnte die etwaige Beseitigungspflicht oder sogar der Beseitigungsanspruch gerade aus der verletzten Norm abzuleiten sein. In diesem Fall hinge die Frage, ob der Beseitigungsanspruch eine verfassungsrechtliche Basis besitzt, von der Zuordnung der verletzten Norm zum Verfassungsrecht oder zum einfachen Recht ab[69]. Gerade insofern erscheint es schon auf den ersten flüchtigen Blick hin sehr interessant und für die weitere Untersuchung relevant, daß der Folgenbeseitigungsanspruch nach wohl allgemeiner Meinung – neben weiteren Tatbestandsmerkmalen – die fortdauernde Verletzung eines (beliebigen) subjektiven öffentlichen Rechts und nicht etwa eines Grundrechts voraussetzt. Wie sich damit die ganz überwiegend anerkannte verfassungsrechtliche Herleitung des Folgenbeseitigungsanspruchs verträgt, muß Gegenstand weiterer Überlegungen sein. Bis heute scheint also folgende Frage nicht geklärt: Wie muß das Recht beschaffen sein, damit durch seine Verletzung ein Beseitigungsanspruch ausgelöst wird?[70]

Der zweite Teil der Arbeit (§§ 3–6) wird sich dann mit den Tatbestandsvoraussetzungen des Beseitigungsanspruchs beschäftigen und diese gezielt auf den Verwaltungsakt hin beleuchten. Hier geht es zunächst um den Eingriff in das geschützte subjektive Recht (§ 3), die Rechtswidrigkeit des Verwaltungsakts (§ 4) und die subjektive Rechtsverletzung (§ 5). Schon im Rahmen der dort anzustellenden Erörterungen werden die Normen aus den Beschleunigungsnovellen wie etwa § 46 VwVfG oder § 75 Abs. 1a VwVfG auf ihre Bedeutung für die einzelnen Fragen hin untersucht werden. Dieser zweite Teil wird mit den diffizilen Fragen zum Ausschluß des Beseitigungsanspruchs trotz Vorliegens einer subjektiven

[69] Dies entspricht dem Ansatz von *W. Roth*, Verwaltungsrechtliche Organstreitigkeiten, S. 852ff., 857.

[70] Vgl. zu dieser Ausgangsfrage für den Folgenbeseitigungsanspruch *Weyreuther*, Gutachten 47. DJT, Bd. I, B 78.

Rechtsverletzung abgeschlossen (§ 6). Dabei sollen im Grundsatz sämtliche Beschränkungen des Aufhebungsanspruchs behandelt werden, unabhängig davon, ob diese sich aus gesetzlichen Bestimmungen ergeben oder mit anderer Begründung befürwortet werden. Die Behandlung dieser Beschränkungen und Ausschlüsse im Rahmen der Tatbestandsvoraussetzungen des Beseitigungsanspruchs läßt sich – sofern sie einer (verfassungs-)rechtlichen Prüfung standhalten – damit legitimieren, daß sie als negative Tatbestandsvoraussetzungen angesehen werden können.

Zuletzt behandelt die Arbeit in ihrem dritten Teil (§ 7) die Problematik des möglichen Widerspruchs zwischen der Erfüllung des Aufhebungsanspruchs und den Heilungsmöglichkeiten. Neben der Regelung des § 45 VwVfG stehen hier auch andere „Nachbesserungen“ wie etwa der Neuerlaß des Verwaltungsakts, das Nachschieben von Gründen, die Umdeutung oder die Planergänzung zur Diskussion.

Insgesamt soll sich ein verfassungsrechtlich eingeordnetes, einfachrechtlich systematisiertes Gesamtkonzept des Schutzes subjektiver Rechte durch den Beseitigungsanspruch im Hinblick auf den Verwaltungsakt ergeben.

Erster Teil

Die dogmatische Begründung des öffentlichrechtlichen Beseitigungsanspruchs

§2 Die Herleitung des Beseitigungsanspruchs aus dem geschützten subjektiven Recht

Solange der öffentlichrechtliche Beseitigungsanspruch generell oder zumindest im Grundsatz keine (ausdrückliche) Normierung erfahren hat, stellt das verletzte subjektive Recht nicht nur seinen maßgeblichen Anknüpfungspunkt, sondern richtigerweise auch seine Rechtsgrundlage dar. Folglich muß sich die Untersuchung des Beseitigungsanspruchs zunächst auf das subjektive Recht konzentrieren, dessen Verletzung den Beseitigungsanspruch begründet. Dabei geht es in erster Linie um die Frage, ob die Verletzung jedes subjektiven Rechts zur Entstehung von Beseitigungsansprüchen führen kann oder ob es auch auf die Art des subjektiven Rechts ankommt. Gewissermaßen als Nebenfolge der Untersuchung wird sich dabei zeigen, ob der Beseitigungsanspruch einen verfassungsrechtlichen oder einen einfachgesetzlichen Rang besitzt.

Die Untersuchung beginnt mit der Prüfung der Herleitung von Beseitigungsansprüchen bei Verletzung der Grundrechte (unten A). Da die Existenz von Beseitigungsansprüchen bei fortdauernden Grundrechtsverletzungen zumindest im Ergebnis weitgehend anerkannt ist, erscheint ein solcher Einstieg naheliegend. Auf der Basis dieser ersten Ergebnisse soll dann der Frage nachgegangen werden, ob die Entstehung von Beseitigungsansprüchen allein Kennzeichen der Verletzung der Grundrechte ist oder auch in Verbindung mit anderen subjektiven Rechten begründet werden kann (B). Vor dem Hintergrund der insoweit gewonnenen Ergebnisse ist der Überblick über die durch einen negatorischen Beseitigungsanspruch geschützten Rechte mit der Untersuchung weiterer verfassungs- oder einfachrechtlicher subjektiver Rechte abzuschließen (C).

A. Die Grundrechte als Basis des Beseitigungsanspruchs

Die Grundrechte stellen in ihrer Funktion als Abwehrrechte[1] nach heute ganz überwiegend akzeptierter Auffassung absolute subjektive (öffentliche) Rechte[2]

---

[1] Vgl. stellv. BVerfG, Urt. v. 15. 1. 1958 – 1 BvR 400/51, BVerfGE 7, 198 (204f.); Beschl. v. 2. 5. 1967 – 1 BvR 578/63, BVerfGE 21, 362 (371f.); Urt. v. 25. 2. 1975 – 1 BvF 1 – 6/74, BVerfGE 39, 1 (41); Urt. v. 1. 3. 1979 – 1 BvR 532, 533/77 u.a., BVerfGE 50, 290 (336f.); Beschl. v. 31. 10. 1984 – 1 BvR 35, 356, 794/82, BVerfGE 68, 193 (205).

[2] Das Verständnis der Grundrechte als absolute Rechte im Unterschied zu den relativen Rech-

dar, die jeweils einen Ausschnitt der Freiheit des Grundrechtsberechtigten vor hoheitlichen Eingriffen sichern[3]. Absolute Rechte benötigen zum Schutz ihrer Integrität sogenannte Hilfsrechte, die Unterlassungs- und Beseitigungsansprüche. Das bekannteste Beispiel für dieses Verhältnis zwischen dem absoluten Recht und den Hilfsrechten stammt aus dem Zivilrecht: Das (absolute) Eigentumsrecht (§ 903 BGB) findet erst durch die Unterlassungs- und Beseitigungsansprüche des § 1004 BGB zu einem Schutz, der dem Recht zu praktischer Bedeutung verhilft[4]. Anders als im Beispiel des § 1004 BGB finden sich im Grundgesetz keine ausdrücklichen Beseitigungsansprüche bei rechtswidrigen Grundrechtseingriffen. Ob dennoch auch in Verbindung mit den Grundrechten schützende Unterlassungs- und Beseitigungsansprüche zu befürworten sind, kann deshalb nur im Wege der Auslegung ermittelt werden.

I. Die Herleitung von Unterlassungspflichten und korrespondierenden Ansprüchen

1. Die Unterlassungspflicht

Der Wortlaut vieler Grundrechte gibt über die Existenz von Unterlassungs- und Beseitigungsansprüchen keine Auskunft. Häufig stehen die absoluten Rechte des Bürgers und weniger dessen Ansprüche oder die staatlichen Pflichten im Vordergrund[5]. Wenn es beispielsweise in Art. 2 Abs. 1 GG heißt, „jeder hat das Recht auf freie Entfaltung seiner Persönlichkeit“, dann läßt sich daraus noch nicht unmittelbar auf Hilfsrechte wie den Unterlassungsanspruch oder den Beseitigungsanspruch schließen. Ähnliches gilt für viele weitere Regelungen im Grundrechtsteil[6]. Dennoch dürfte gerade die Herleitung von Unterlassungspflichten im

---

ten folgt aus der Überlegung, daß sie gegenüber jedem hoheitlichen Handeln und damit insoweit gegenüber jedem Hoheitsträger Geltung beanspruchen. Die Beschränkung des Kreises der Verpflichteten auf die Hoheitsträger ändert nichts an der Anerkennung der Rechte als absolute Rechte. Auch die absoluten Privatrechte gelten nur gegenüber anderen Privaten, nicht gegenüber der Gruppe der Hoheitsträger. Da auch diese Beschränkung nicht zur Ablehnung der Absolutheit des Rechts führt, die sich stets nur auf Teilbereiche der denkbaren Verpflichteten beschränkt, gilt entsprechendes für die subjektiven öffentlichen Rechte.

[3] Dies gilt auch für die Gleichheitsrechte, die ebenfalls Abwehrrechtsqualität aufweisen. Daran ändert nichts, daß das BVerfG für Verstöße des Gesetzgebers grundsätzlich (zu Ausnahmen s. z.B. BVerfG, Beschl. v. 26. 1. 1993 – 1 BvL 38, 40, 43/92, BVerfGE 88, 87 [101]; Beschl. v. 24. 1. 1995 – 1 BvL 18/93 u.a., BVerfGE 92, 91 [121]) nicht von der Nichtigkeit der Norm, sondern nur von der Nichtanwendbarkeit der Norm, in Ausnahmefällen sogar von der Anwendbarkeit der gleichheitswidrigen Norm ausgeht, vgl. dazu z.B. BVerfG, Urt. v. 28. 1. 1992 – 1 BvR 1025/82 u.a., BVerfGE 85, 191 (211f.); Beschl. v. 31. 1. 1996 – 2 BvL 39, 40/93, BVerfGE 93, 386 (402f.).

[4] Auch der Herausgabeanspruch des § 985 BGB läßt sich als Sonderfall des Beseitigungsanspruchs begreifen.

[5] S. auch *Sachs*, in: Stern, Staatsrecht III/1, § 65 IV 2 (S. 565).

[6] S. Art. 2 Abs. 2 S. 1, Art. 3 Abs. 1 und 2 S. 1, Art. 5 Abs. 1 S. 1 und Abs. 3, Art. 6 Abs. 2 S. 1,

Ergebnis schon nach einer grammatischen Auslegung nicht zu bestreiten sein, auch wenn wegen der erwähnten Formulierung mancher Grundrechte die Existenz von Unterlassungspflichten regelmäßig mit teleologischen Argumenten zu begründen versucht wird. Bei näherer Hinsicht lassen sich nämlich schon im Wortlaut einiger Grundrechte mehr nur als Anhaltspunkte für die vom Grundgesetz vorgegebene Existenz von Unterlassungspflichten finden. So enthalten Art. 4 Abs. 3 S. 1, Art. 5 Abs. 1 S. 3, Art. 12 Abs. 2 und 3, Art. 16 Abs. 1 S. 1 und Abs. 2 S. 1 sowie Art. 19 Abs. 2 GG ausdrückliche Verbote staatlichen Verhaltens. Wenn etwa niemand gegen sein Gewissen zum Kriegsdienst mit der Waffe gezwungen werden darf (Art. 4 Abs. 3 S. 1 GG), dann ist das nur eine andere Formulierung für die Pflicht, einen Zwang zum Kriegsdienst zu unterlassen. Die Unterlassungspflicht ist hier also im Grundrechtstext direkt festgeschrieben.

Neben entsprechenden Formulierungen mit ausdrücklichen Verboten, bei denen schon die grammatische Auslegung zur Existenz von Unterlassungspflichten führt, finden sich unter den Grundrechten verschiedene, in denen indirekt Verbote aufgestellt werden, indem positiv die Voraussetzungen für einen rechtmäßigen Eingriff geregelt sind. So darf etwa ein Kind gegen den Willen der Erziehungsberechtigten nur unter bestimmten Voraussetzungen von der Familie getrennt werden (Art. 6 Abs. 3 GG). Weitere solcher indirekten Verbote finden sich zum Beispiel in Art. 13 Abs. 2 bis 7, Art. 14 Abs. 3 S. 1 GG oder – für alle Grundrechte mit Gesetzesvorbehalt – in Art. 19 Abs. 1 GG. Wenn danach Eingriffe (nur) unter bestimmten Voraussetzungen erlaubt sind, dann sind notwendigerweise Eingriffe zu unterlassen, sofern die jeweiligen Voraussetzungen nicht gegeben sind. Folglich lassen sich ohne Mühe zwingend Pflichten zum Unterlassen von Eingriffen ableiten, wenn die für einen rechtmäßigen Eingriff genannten Tatbestandsvoraussetzungen nicht vorliegen.

Über diese entweder schon allein vom Normtext her oder zumindest in Verbindung mit teleologischen Erwägungen eindeutigen Fälle hinaus lassen sich weiterhin für die Ableitung von Unterlassungspflichten auch solche Grundrechte nennen, die im Text des Grundgesetzes als „unverletzlich" bezeichnet werden. Neben den unverletzlichen Menschenrechten in Art. 1 Abs. 2 GG sind dies Art. 2 Abs. 2 S. 2, Art. 4 Abs. 1, Art. 10 Abs. 1 und Art. 13 Abs. 1 GG. Die Bezeichnung „unverletzlich" beschreibt, da auch diese Grundrechte tatsächlich verletzt werden können, ein rechtliches Sollen: Das jeweilige Grundrecht darf nicht verletzt werden. Dementsprechend enthalten sämtliche Bezeichnungen eines Rechts als unverletzlich ebenfalls die auch in anderen Fällen konstatierte Unterlassungspflicht.

Ist damit bereits für einen beachtlichen Teil der Grundrechte die Existenz von schützenden Unterlassungspflichten der in Art. 1 Abs. 3 GG genannten Hoheits-

---

Art. 7 Abs. 4, Art. 8 Abs. 1, Art. 9 Abs. 1 und 3 S. 1, Art. 11 Abs. 1, Art. 12 Abs. 1 S. 1, Art. 14 Abs. 1 S. 1, Art. 16a Abs. 1, Art. 17 GG.

träger nicht zu bestreiten, fragt sich, ob das auch für die übrigen Grundrechte gilt oder im Gegenteil zwischen den einzelnen Grundrechten zu differenzieren ist. Gegen eine solche Differenzierung sprächen freilich gewichtige Gründe. Zum einen ist sie von vornherein für die aus Art. 19 Abs. 2 GG ableitbaren Unterlassungspflichten ausgeschlossen. Da die Wesensgehaltsschranke für alle Grundrechte einschließlich der vorbehaltlosen gilt[7], existieren bestimmte Unterlassungspflichten im Hinblick auf sämtliche Grundrechte. Die Ablehnung von Unterlassungspflichten bei einzelnen Grundrechten kann sich folglich von vornherein nicht auf sämtliche Eingriffe in ein Grundrecht, sondern nur auf solche nicht unter Art. 19 Abs. 2 GG zu subsumierende beziehen. Entsprechendes gilt zusätzlich für Grundrechte mit Gesetzesvorbehalt im Hinblick auf Art. 19 Abs. 1 GG. Allein dies legt die Notwendigkeit der einheitlichen Anerkennung von Unterlassungspflichten bei (sämtlichen) rechtswidrigen Eingriffen nahe.

Zum anderen beruhen die unterschiedlichen Formulierungen und Fassungen der einzelnen Grundrechte des GG, auf die allein sich die Differenzierung stützen könnte, insoweit vor allem auf sprachlichen, redaktionellen und entstehungsgeschichtlichen, nicht dagegen auf inhaltlichen Gründen. So ließe sich gerade die heute nahezu einhellige Anerkennung der Grundrechte als absolute subjektive Rechte mit einer Ablehnung von Unterlassungspflichten nicht in Einklang bringen. Die Grundrechte stellen absolute Rechte dar, die die Freiheit des Grundrechtsträgers vor rechtswidrigen staatlichen Eingriffen schützen sollen. Das folgt zwingend aus Art. 1 Abs. 3 GG, der dazu die Bindung aller staatlichen Gewalten an die Grundrechte statuiert. Wenn die Grundrechte jede Hoheitsgewalt binden, dann läßt sich daraus bereits die Beschränkung der Befugnisse der Gesetzgebung, der vollziehenden Gewalt und der Rechtsprechung im Hinblick auf jedes einzelne Grundrecht unabhängig von einzelnen Formulierungen ableiten. Beschränkung der Befugnisse bedeutet Pflicht zum Unterlassen des Unbefugten.

2. *Der Unterlassungsanspruch*

Sind den Grundrechten Unterlassungspflichten staatlicher Hoheitsträger zu entnehmen, so fragt sich, ob diesen Pflichten auch Ansprüche der Grundrechtsträger korrespondieren. Eine Voraussetzung für die Ableitung von Ansprüchen aus den

---

[7] So die heute h. M., vgl. *Denninger*, AK-GG, Art 19 Abs. 2 Rdnr. 2; *Dreier*, in: Dreier (Hrsg,), GG, Art. 19 II Rdnr. 9; *Huber*, in: v. Mangoldt/Klein/Starck, GG, Art. 19 Rdnr. 113f.; *Krebs*, in: v. Münch/Kunig, GG, Art. 19 Rdnr. 19; *Krüger/Sachs*, in: Sachs (Hrsg.), GG, Art. 19 Rdnr. 34; *Stern*, Staatsrecht III/2, S. 878ff.; vorausgesetzt auch in BVerfG, Beschl. v. 15.7. 1981 – 1 BvL 77/78, BVerfGE 58, 300 (348); Beschl. v. 8.7. 1982 – 2 BvR 1187/80, BVerfGE 61, 82 (113); Beschl. v. 26.6.991 – 1 BvR 779/85, BVerfGE 84, 212 (228); Beschl. v. 14. 11. 1995 – 1 BvR 601/92, BVerfGE 93, 352 (360); Urt. v. 14. 7. 1999 – 1 BvR 2226/94 u.a., BVerfGE 100, 313 (376); für eine lediglich analoge Anwendung dagegen etwa *Jarass*, in: Jarass/Pieroth, GG, Art. 19 Rdnr. 6; a.A. *Maunz*, in: Maunz/Dürig, GG, Art. 19 II Rdnr. 27; *Schmidt-Bleibtreu/Klein*, GG, Art. 19 Rdnr. 11.

Pflichten ist zweifellos erfüllt: Die Pflicht hat den Zweck des Schutzes des Grundrechts. Sie dient damit den Interessen des Grundrechtsträgers, so daß nach der Schutzzwecklehre auch ein subjektives Recht auf Beachtung der Pflicht und damit der Anspruch bestehen kann.

Allerdings kann allein deshalb noch nicht auf die Existenz von Unterlassungsansprüchen geschlossen werden. Bedenken gegen die generelle Annahme von Unterlassungsansprüchen bei vorhandenen Unterlassungspflichten ergeben sich vor allem unter dem Gesichtspunkt der Gewaltenteilung, da die Anerkennung von Unterlassungsansprüchen zu einer deutlichen Betonung der Judikative führen könnte. Dies führt zum Erfordernis einer differenzierten Betrachtung.

Bevor darauf näher eingegangen wird, soll aber noch zu anderen Argumenten Stellung genommen werden, die die Anerkennung grundrechtlicher Unterlassungsansprüche in Zweifel zu ziehen versuchen. Es vermag nicht zu überzeugen, wenn die Vorstellung, die Freiheitsrechte seien Unterlassungsansprüche, für „einigermaßen absonderlich“[8] gehalten wird. Damit wird der herrschenden Auffassung eine Gleichsetzung von Grundrecht und Unterlassungsanspruch unterstellt, die gar nicht vertreten wird. Das absolute Grundrecht und das relative Recht des Unterlassungsanspruchs sind durchaus zu unterscheiden, auch wenn oder vielmehr gerade weil der Unterlassungsanspruch aus dem absoluten Recht folgt. Der Unterlassungsanspruch ist sowohl vom Grundrecht als auch von der durch das Grundrecht geschützten Freiheit zu trennen.

Weiter überzeugt die Annahme nicht, die Ableitung von Unterlassungsansprüchen aus den Grundrechten müsse „zu jeder Zeit zu einer Fülle von grundrechtlichen Abwehransprüchen der unterschiedlichsten Art gegen sämtliche Hoheitsträger“[9] führen. Beim absoluten Recht handelt es sich um ein Recht „im Ruhezustande“[10], das erst in dem Augenblick Ansprüche entstehen läßt, in dem Störungen des Rechts drohen[11]. Soweit aus den Grundrechten Unterlassungsansprüche abzuleiten sind, setzen diese gerade eine drohende Verletzung des Grundrechts voraus, wie dies auch für den Anspruch auf Unterlassung gemäß § 1004 BGB angenommen werden muß[12]. Daher bestehen Abwehransprüche in Form des Unterlassungsanspruchs nur im Einzelfall. Auch wenn dies von der Gegenauffassung nicht anders gesehen wird, soll doch gerade der Umstand, daß als Anspruchsgrundlage des Unterlassungs- wie des Beseitigungsanspruchs nicht § 903 BGB, sondern § 1004 BGB anzusehen ist, die Notwendigkeit einer weite-

---

[8] So *Laubinger*, VerwArch. 80 (1989), S. 261 (291).

[9] *Ebd.*

[10] *Larenz*, Allgemeiner Teil des dt. bürgerlichen Rechts, 6. Aufl., S. 234; die betreffende Passage wird umfänglich zitiert von *Laubinger*, VerwArch. 80 (1989), 261 (291 f.).

[11] Dies wird auch von *H. H. Rupp*, JZ 2005, 157 (159), konzediert.

[12] Vgl. zu den Fällen der Erstbeeinträchtigungsgefahr BGH, Urt. v. 10. 4. 1956 – I ZR 165/54, LM Nr. 27 zu § 1004 BGB; *Bassenge*, in: Palandt, BGB, § 1004 Rdnr. 28; *Münzberg*, JZ 1967, 689 f.; *Gursky*, in: Staudinger, BGB, § 1004 Rdnr. 197.

ren, eigenständigen Rechtsgrundlage belegen. Entsprechend liege „die Schlußfolgerung nahe, daß auch Art. 14 Abs. 1 Satz 1 GG nicht gewissermaßen aus eigener Kraft Abwehransprüche hervorzubringen vermag, sondern daß es dazu einer ‚Umschaltnorm' bedarf, wie sie der § 1004 BGB für § 903 BGB darstellt"[13]. Weshalb jedoch gerade die ausdrückliche Normierung des Unterlassungs- und Beseitigungsanspruchs in § 1004 BGB die Notwendigkeit einer solchen ausdrücklichen Norm belegen soll, wird nicht erläutert. Sofern die These von der Rechtsqualität des § 903 BGB als einem absoluten subjektiven Recht ernst genommen wird, müßten aus dieser Norm selbst Unterlassungs- und Beseitigungsansprüche abgeleitet werden, auch wenn die §§ 985, 1004 BGB nicht existierten. Anderenfalls fehlte dem „Recht" die Rechtsmacht zu seiner Verteidigung[14], womit nach herrschender Ansicht[15] auch nicht mehr von einem subjektiven Recht gesprochen werden könnte. Die Ableitung aus dem absoluten Recht entspricht ja auch der Vorstellung vom „Recht im Ruhezustand", das selbst die Hilfsrechte im Fall der (drohenden) Beeinträchtigung auszulösen vermag. Die Notwendigkeit eines Rückgriffs auf eine andere Rechtsnorm stünde dazu in Widerspruch. Schließlich hat bereits die grammatische Auslegung einzelner Grundrechtsbestimmungen eine Herleitung von Pflichten zur Unterlassung bestimmten Verhaltens ergeben. In diesen Fällen folgt umgekehrt das (allgemein anerkannte) absolute subjektive Recht erst aus teleologischen Erwägungen heraus. Angesichts dessen kann die Existenz von Unterlassungspflichten unmittelbar abgeleitet aus den Grundrechten nicht bezweifelt werden.

Tragfähige Bedenken gegen die Annahme von Unterlassungsansprüchen könnten sich somit nur aus den genannten funktionell-rechtlichen Gründen ergeben. Dies gilt zunächst für die Frage der Herleitung von Unterlassungsansprüchen gegenüber dem Gesetzgeber. Die Befürwortung von Unterlassungsansprüchen müßte auch zur Zulässigkeit eines vorbeugenden Rechtsschutzes gegen den Erlaß von Gesetzen führen. Ein solcher wird jedoch in der Literatur mit guten Gründen abgelehnt[16]. Vor allem der damit verbundene Machtzuwachs des Bundesverfassungsgerichts gegenüber dem Parlament ließe sich nicht rechtfertigen und wäre mit der in der Verfassung vorgesehenen Stellung der beiden Verfassungsorgane nicht vereinbar.

Fraglich erscheint nur, ob das in derselben Weise auch für das Verhältnis zur Exekutive, insbesondere die hier relevante Verwaltung gilt. Nun ist durch die VwGO der Rechtsschutz gegenüber einem Verwaltungshandeln durch Verwal-

[13] *Laubinger*, VerwArch. 80 (1989), S. 261 (292).

[14] Damit soll allerdings nicht behauptet werden, ein subjektives Recht setze stets zwingend auch einen Unterlassungsanspruch voraus. Zur Begründung der Rechtsqualität reicht grundsätzlich auch ein Beseitigungsanspruch aus.

[15] Eine grundlegende Kritik dieser h. M. findet sich bei *W. Roth*, Verwaltungsrechtliche Organstreitigkeiten, S. 347ff., 362ff.

[16] Vgl. *W.-R. Schenke*, Rechtsschutz bei normativem Unrecht, S. 127ff.

tungsakt gerade als repressiver Schutz ausgestaltet worden[17]. Damit könnte die Annahme materieller Unterlassungsansprüche kollidieren. Die prozeßrechtlichen Bestimmungen negieren jedoch nicht den materiellrechtlichen Unterlassungsanspruch, sondern regeln nur dessen gerichtliche Durchsetzbarkeit. Im Fall des Verwaltungsakts bedarf es grundsätzlich keines vorbeugenden Rechtsschutzes, da sich die rechtsbeeinträchtigenden Wirkungen des eingreifenden Verwaltungsakts nach dessen Erlaß noch suspendieren beziehungsweise später vollständig beseitigen lassen. Daß diese Rechtslage nichts an der Existenz von Unterlassungsansprüchen ändert[18], belegt auch die Anerkennung des vorbeugenden Rechtsschutzes gegenüber einem Verwaltungshandeln ohne Verwaltungsaktsqualität[19]. Bedenken gegenüber Unterlassungsansprüchen bestehen daher nur im Verhältnis zur Legislative.

II. Der Schluß auf die Beseitigungspflicht und damit korrespondierende Beseitigungsansprüche

Existieren Unterlassungspflichten und (jedenfalls gegenüber der Exekutive auch) Unterlassungsansprüche auf der verfassungsrechtlichen Grundlage der Grundrechte, läßt sich das nicht mit gleicher Selbstverständlichkeit gleichermaßen für die Beseitigungspflichten und die korrespondierenden Beseitigungsansprüche sagen. So finden sich im Normtext der Grundrechte anders als für die Unterlassungspflichten keine unmittelbaren Aussagen zu diesen möglichen Folgen von Grundrechtsverletzungen. Eine Reihe von Erwägungen sprechen allerdings für ihre Existenz. Wie sich der zivilrechtlichen Konstruktion mit § 1004 BGB entnehmen läßt, knüpfen Beseitigungspflichten und -ansprüche an fortdauernde Rechtsverletzungen an. Mit ihrer Hilfe soll die Integrität des verletzten Rechts wiederhergestellt werden. Damit ergänzen die Pflichten zur Beseitigung der Beeinträchtigung neben den Pflichten zur Unterlassung von Beeinträchtigungen den Schutz des Rechts. Die im Zivilrecht vor allem in § 1004 BGB ausdrücklich normierte Rechtsfolge der Entstehung von Beseitigungsansprüchen beruht auf der Erkenntnis, daß ein wirksamer Schutz eines absoluten Rechts (wie im Fall der Grundrechte einer Freiheit) allein durch die Anerkennung von Unterlassungspflichten und -ansprüchen nicht erreicht werden kann, da sich Rechtsverletzungen auch bei sorgfältigstem Verhalten der Adressaten der Unterlassungspflicht nicht stets ausschließen lassen. Unterlassungs- und Beseitigungspflichten beziehungsweise entsprechende Ansprüche ergänzen sich in ihrem Schutz des absoluten Rechts. Während Unterlassungspflichten bereits den rechtswidrigen Eingriff in das absolute

[17] S. nur *Kopp/Schenke*, VwGO, vor § 40 Rdnr. 33 m.w.Nachw.

[18] Vgl. *W.-R. Schenke*, Verwaltungsprozeßrecht, Rdnr. 355; anders *Schmitt Glaeser/Horn*, Verwaltungsprozeßrecht, Rdnr. 313.

[19] S. *W.-R. Schenke*, Verwaltungsprozeßrecht, Rdnr. 354.

Recht verhindern sollen, erfüllen Beseitigungspflichten den Zweck der Restitution des Rechts nach einer (rechtswidrigen) Beeinträchtigung. Soweit deshalb (aus anderen Gründen) Unterlassungsansprüche ausgeschlossen sind, bedarf es der Beseitigungsansprüche zum Schutz der Grundrechte um so dringender. Gerade wenn die Zielrichtung der Beseitigungspflicht in den Blick genommen wird, wird ihre enge Verknüpfung mit der Unterlassungspflicht noch deutlicher. Die Unterlassungspflicht verlangt im Fall der Grundrechte das Unterlassen rechtswidriger Freiheitsbeschränkungen. Durch einen rechtswidrigen Grundrechtseingriff wird diese Pflicht verletzt. Dauert die daraus resultierende Grundrechtsverletzung an, so liegt darin zugleich eine fortgesetzte Unterlassungspflichtverletzung. Eine Beseitigung der fortdauernden Beeinträchtigung stellt sich als Erfüllung der Unterlassungspflicht dar. Richtigerweise wandelt sich daher die Unterlassungspflicht nach ihrer Verletzung auch nicht in eine Beseitigungspflicht um[20], sondern zur fortbestehenden Unterlassungspflicht tritt zusätzlich eine Beseitigungspflicht hinzu, die der Erfüllung der Unterlassungspflicht dient.

Aufgrund dieser Funktion der Beseitigungspflicht wurde etwa auch im Wettbewerbsrecht eine solche Pflicht einhellig befürwortet[21], obwohl die frühere Regelung des §1 UWG[22] und andere Wettbewerbsgesetze nur von Unterlassung sprachen[23]. Wie gesehen kann der Beseitigungsanspruch sogar als ein Bestandteil oder Unterfall des Unterlassungsanspruchs angesehen werden. Dieses Verhältnis von Unterlassungsanspruch und Beseitigungsanspruch wird zum Beispiel in §15 des österreichischen UWG ausdrücklich festgeschrieben: „Der Anspruch auf Unterlassung umfaßt auch das Recht, die Beseitigung des den Vorschriften des Gesetzes widerstreitenden Zustandes vom Verpflichteten, soweit ihm die Verfügung hierüber zusteht, zu verlangen.“[24] Bei näherer Hinsicht sind Unterlassungspflicht und Beseitigungspflicht deshalb gar nicht wesensverschieden, auch wenn dies häufig angenommen wird. Aufgrund seiner Funktion zielt nicht nur der Unterlassungsanspruch, sondern auch der Beseitigungsanspruch auf die Abwehr von Eingriffen für die Zukunft.

Für die grundrechtliche Gewährleistung von Beseitigungspflichten sprechen noch weitere Gesichtspunkte. So läßt sich aus der staatsrechtlichen Diskussion des 19. und 20. Jahrhunderts um die Bedeutung der Grundrechte als echte subjek-

---

[20] So aber schon früher etwa *Naumann*, Gedächtnisschrift für Jellinek, S.398; *Weyreuther*, Klage, S.8ff., 22, 37f.; *Brohm*, Rechtsschutz im Bauplanungsrecht, S.80.

[21] S. etwa *Baumbach/Hefermehl*, Wettbewerbsrecht, 20. Aufl., EinlUWG Rdnr. 251a, 307.

[22] Die jetzige Regelung des §8 Abs. 1 UWG v. 3.7.2004 (BGBl. I S. 1414) normiert ausdrücklich auch die Beseitigungspflicht (und den korrespondierenden Anspruch).

[23] Vgl. §1 UWG a.F.: „Wer im geschäftlichen Verkehre zu Zwecken des Wettbewerbes Handlungen vornimmt, die gegen die guten Sitten verstoßen, kann auf Unterlassung und Schadensersatz in Anspruch genommen werden.“

[24] §15 ÖUWG (Österreichisches Bundesgesetz gegen den unlauteren Wettbewerb, BGBl. Nr. 448/1984).

tive Rechte[25] ein zusätzliches Argument ableiten. Obwohl im 19. und noch zu Beginn des 20. Jahrhunderts die subjektive Rechtsqualität der Grundrechte von wichtigen Vertretern des Staats- und Verwaltungsrechts abgelehnt wurde, stand doch stets die Existenz der – die Grundrechte schützenden – Beseitigungsansprüche außer Streit[26]. Vor dem Hintergrund dieser Entwicklung sind auch die Grundrechte des Grundgesetzes zu bewerten. Eine Ablehnung von grundrechtsfundierten Beseitigungsansprüchen unter der Geltung des Grundgesetzes stellte die Entwicklung der Grundrechte hin zu echten subjektiven (absoluten) Rechten geradezu auf den Kopf.

Ein gewisses Indiz für die Existenz materiellrechtlicher Beseitigungsansprüche auf grundrechtlicher Basis liefert schließlich auch die Rechtsschutzgarantie des Art. 19 Abs. 4 GG[27]. Dem steht die Bedeutung der Rechtsschutzgarantie als rein „formelles Hauptgrundrecht" nicht entgegen. Sicherlich können die Beseitigungspflichten und -ansprüche nicht aus Art. 19 Abs. 4 GG, sondern nur aus dem materiellen Recht wie den Grundrechten hergeleitet werden[28]. Dennoch lassen sich aus Art. 19 Abs. 4 GG Schlüsse für die Existenz solcher anderweitig begründeter Beseitigungsansprüche ziehen. Wenn Art. 19 Abs. 4 S. 1 GG bei Rechtsverletzungen durch die öffentliche Gewalt den Rechtsweg eröffnet, so geht seine Bedeutung über die Schaffung einer rein formellen Rechtsweggarantie hinaus. Die Rechtswegeröffnung dient, wie schon die Gesetzessystematik durch die Stellung am Ende des Grundrechtsteils belegt, vor allem auch dem (effektiven) Schutz der Grundrechte. Diese Funktion kann Art. 19 Abs. 4 GG aber nur erfüllen, wenn auch materiellrechtliche Ansprüche existieren, die im Rechtsweg durchgesetzt werden können. Die davon unabhängige Möglichkeit der Feststellung einer Grundrechtsverletzung im Wege einer Feststellungsklage (ohne materiellen Anspruch) reicht als Regelfall nicht aus. Ein – nach Art. 19 Abs. 4 GG notwendiger – effektiver Schutz der Grundrechte wird in der Regel nur durch eine Beseitigung der Rechtsverletzung erreicht. Von einem solchen Schutz geht die Rechtsschutzgarantie im Grundsatz auch aus, obwohl sie wie erwähnt nicht selbst materiellrechtliche Ansprüche begründet[29].

Keiner weiteren Erörterung bedarf es im übrigen, daß mit der Anerkennung von Beseitigungspflichten auch notwendigerweise die Befürwortung von Beseitigungsansprüchen verbunden ist. Hier gilt im Ausgangspunkt entsprechendes wie

---

[25] S. dazu *Sachs*, in: Stern, Staatsrecht III/1, §65 II 1 (S. 508ff.); *Grimm*, in: Birtsch (Hrsg.), Grund- und Freiheitsrechte von der ständischen zur spätbürgerlichen Gesellschaft, S. 234ff.

[26] Vgl. etwa *v. Gerber*, Über öffentliche Rechte, 1852, S. 34, 79; ebenso *v. Seydel*, Grundzüge einer allgemeinen Staatslehre, 1873, S. 50; zur Bewertung der Diskussion in diesem Sinne s. *Sachs*, in: Stern, Staatsrecht III/1, §65 IV 2 (S. 565).

[27] Vgl. nur *H.H. Rupp*, JZ 2005, 157 (159f.); *Hans v. Mangoldt*, DVBl. 1974, 825 (829); letzterer dürfte allerdings die Bedeutung des Art. 19 Abs. 4 GG überbetonen.

[28] S. *W.-R. Schenke*, Bonner Kommentar, GG, Art. 19 IV Rdnr. 300.

[29] In diese Richtung wohl auch *Schmidt-Aßmann*, in: Maunz/Dürig/Herzog/Scholz, GG, Art. 19 IV Rdnr. 283ff.

im Verhältnis von Unterlassungspflicht und Unterlassungsanspruch. Pflicht und Anspruch (oder Recht) stehen bekanntermaßen in einem spezifischen Verhältnis zueinander. Rechtsnormen konstituieren in der Regel Verhaltenspflichten für die Normadressaten[30]. Verhaltenspflichten wie zum Beispiel die Pflichten zur Beseitigung von fortdauernden Beeinträchtigungen weisen zunächst einen rein objektivrechtlichen Gehalt auf. Ob mit ihnen zugleich auch subjektive Berechtigungen in Form von Ansprüchen auf Beseitigung verbunden sind, beurteilt sich nach dem Normzweck der Pflicht. Nur soweit die Pflicht zugleich auch dem Schutz von Individualinteressen zu dienen bestimmt ist, korrespondiert mit der Beseitigungspflicht auch ein Beseitigungsanspruch. Aus dem Erfordernis eines zusätzlichen Tatbestandsmerkmals für den Anspruch folgt, daß nicht jeder Pflicht ein Anspruch, umgekehrt aber jedem Anspruch eine objektivrechtliche Pflicht korrespondiert[31]. Für die aus den Grundrechten abzuleitende Beseitigungspflicht gilt indessen, daß zur objektivrechtlichen Beseitigungspflicht auch ein subjektiver Beseitigungsanspruch desjenigen hinzutritt, in dessen Grundrecht rechtswidrig eingegriffen wird.

Im Unterschied zu den Bedenken gegenüber der Anerkennung von Unterlassungsansprüchen auch gegenüber dem Gesetzgeber lassen sich dem Beseitigungsanspruch gerade nicht die funktionellrechtlichen Bedenken hinsichtlich einer deutlichen Machtverschiebung zugunsten der Gerichte entgegenhalten. Der Beseitigungsanspruch bewirkt nur einen repressiven, keinen vorbeugenden Rechtsschutz. Insbesondere dort, wo Unterlassungsansprüche fehlen, bedarf es zudem dringend des Schutzes durch den Beseitigungsanspruch. Von dieser Prämisse geht in der Sache auch das Prozeßrecht aus, das den Verwaltungsrechtsschutz gegenüber einem Verwaltungshandeln durch Verwaltungsakt auf den repressiven Schutz konzentriert.

Nicht gegen die grundrechtliche Verankerung von Beseitigungsansprüchen angeführt werden kann schließlich jene Ansicht, die den Beseitigungsanspruch als regelmäßig notwendigen Wesensbestandteil eines jeden subjektiven Rechts ansieht[32]. Diese Auffassung schließt die mögliche grundrechtliche Fundierung von Beseitigungsansprüchen gerade mit ein. Es handelt sich lediglich um eine etwas andere Begründung des Beseitigungsanspruchs. Danach werden die Grundrechte durch die Hilfsrechte des Unterlassungs- und des Beseitigungsanspruchs geschützt, weil es sich bei den Grundrechten um subjektive Rechte handelt. Ausge-

---

[30] Die strikte Imperativentheorie geht sogar davon aus, daß Rechtsnormen ausschließlich Verhaltensnormen, also Imperative seien. Diese Sichtweise reduziert jedoch den Inhalt von Rechtsnormen und stellt mindestens eine beschränkte Sichtweise auf das Recht dar; vgl. näher m. w. Nachw. etwa *Baumeister*, Das Rechtswidrigwerden von Normen, S. 126ff., 137ff., 146ff.; *W. Roth*, Verwaltungsrechtliche Organstreitigkeiten, S. 436ff.

[31] S. näher zum Verhältnis von Recht und Pflicht etwa *H.H. Rupp*, Grundfragen, S. 163; s. auch m. w. Nachw. *Baumeister*, Das Rechtswidrigwerden von Normen, S. 158ff.

[32] So *W. Roth*, Verwaltungsrechtliche Organstreitigkeiten, S. 857ff.

schlossen wird auf diese Weise, was auch hier gerade nicht vertreten werden soll, nur eine generelle Herleitung sämtlicher Beseitigungsansprüche aus den Grundrechten. Ein deutlicher Beleg dafür sind die als subjektive Rechte anzusehenden Organrechte, bei denen keine Verbindung zu den Grundrechten hergestellt werden kann[33].

Im Ergebnis lassen sich aus den Grundrechten als absoluten subjektiven Rechten nicht nur Unterlassungspflichten und Unterlassungsansprüche, sondern zugleich auch Pflichten zur Beseitigung fortdauernder Rechtsverletzungen und damit korrespondierende Ansprüche des Grundrechtsträgers auf Beseitigung der Beeinträchtigung ableiten[34]. Die Beseitigungsansprüche sichern die Integrität des verletzten Grundrechts. Die Grundrechte sind folglich eine Gruppe von subjektiven Rechten, deren Verletzung einen Beseitigungsanspruch auszulösen geeignet ist.

B. Negatorischer Schutz sonstiger subjektiver Rechte?

Die vorausgehende Begründung von Beseitigungsansprüchen bei der Verletzung eines Grundrechts, also eines absoluten Rechts, legt die Vermutung nahe, daß sonstige subjektive Rechte, die nicht als absolute Rechte anzusehen sind, auch nicht als Grundlage eines Beseitigungsanspruchs in Frage kommen. Anderes wäre nur anzunehmen, wenn eine Übertragung der Herleitung des Beseitigungsanspruchs beziehungsweise seiner Begründung auf Fälle der Verletzung anderer Rechte möglich ist.

I. Unterschiedliche Arten subjektiver Rechte

Es gibt eine Reihe von Systematisierungsversuchen im Hinblick auf subjektive Rechte. Vor allem werden sie nach ihrem Inhalt, nach dem Entstehungsgrund oder nach der Person des Verpflichteten in Gruppen eingeteilt[35]. Inhaltlich lassen sich etwa Persönlichkeitsrechte, Herrschafts- oder Beherrschungsrechte, Ansprüche und Gestaltungsrechte unterscheiden. Weiter können subjektive Rechte nach ihrem Entstehungsgrund (Gesetz, untergesetzliche Rechtsnorm, Rechtsgeschäft, Verwaltungsakt[36]) oder hinsichtlich der Verpflichteten (absolute und relative Rechte) getrennt werden.

---

[33] Dazu näher *W. Roth*, Verwaltungsrechtliche Organstreitigkeiten, S. 856ff.

[34] Vgl. auch *Maurer*, Allgemeines Verwaltungsrecht, §25 Rdnr. 9; *Höfling*, VVDStRL 61 (2002), 260 (270).

[35] Vgl. etwa *Brox*, Allgemeiner Teil des BGB, Rdnr. 572ff.

[36] Die von *W. Roth*, Verwaltungsrechtliche Organstreitigkeiten, S. 421ff., vorgenommene Differenzierung zwischen dem Entstehungsgrund und dem Geltungsgrund eines subjektiven Rechts erscheint mir nicht völlig überzeugend. Nach seiner These kommt als Geltungsgrund al-

II. Beseitigungsansprüche bei Verletzung einfachgesetzlicher materieller subjektiver Rechte?

Ausdrückliche Stellungnahmen zur Frage, ob auch einfachgesetzliche subjektive Rechte Grundlage eines Beseitigungsanspruchs sein können, finden sich bisher eher vereinzelt[37]. Für die Anerkennung eines negatorischen Schutzes sämtlicher subjektiver Rechte werden vor allem teleologische Erwägungen angeführt. Soweit ein negatorischer Schutz etwa bei einem öffentlichrechtlichen Leistungsanspruch befürwortet wird, wird argumentiert, auch ein Leistungsanspruch sei im eigenen Bestand und in der Verwirklichung der künftigen Rechtsposition anerkannt[38]. Dies erfordere zwingend, daß diesem subjektiven Recht neben dem Erfüllungsanspruch ein Schutzanspruch zur Seite stehe, der den Bestand und die Verwirklichung des Rechts sichere[39]. In der Sache in eine ähnliche Richtung tendiert die These, die Fundierung des Beseitigungsanspruchs sei in einem allgemeinen Rechtsprinzip zu sehen, das letztlich im Wesen des subjektiven Rechts enthalten sei[40]. Auch diese Stellungnahme läßt sich angesichts der fehlenden Dif-

ler subjektiven Rechte stets nur ein Rechtssatz, als Entstehungsgrund dagegen Rechtssatz, Verwaltungsakt, Rechtsgeschäft sowie sonstiges nach einer Rechtsvorschrift relevantes Verhalten, also auch ein Realakt in Betracht (S. 421 f., 428). Diese Trennung provoziert Bedenken. Überzeugender dürfte sein, nur solches Verhalten als Entstehungsgrund zu betrachten, das willentlich final auf die Begründung eines subjektiven Rechts gerichtet ist. Ein rein tatsächliches Verhalten mag als Tatbestandsvoraussetzung eines Rechtssatzes mittelbar die Rechtsfolge der Entstehung eines subjektiven Rechts auslösen (wie im Fall der Entstehung eines Schadensersatzanspruchs), Rechtsgrund der Entstehung ist aber allein der Rechtssatz, der diese Rechtsfolge normiert. Das gilt hingegen nicht für subjektive Rechte, die durch Rechtsgeschäft, Verwaltungsakt oder Exekutivnormen begründet werden. Hier begründen – anders als nach Ansicht von *W. Roth* – das Rechtsgeschäft, der Verwaltungsakt, die Satzung oder die Rechtsverordnung selbst das Recht. Daß sie jeweils nur deshalb wirksam subjektive Rechte begründen können, weil ihre eigene Rechtswirksamkeit von einer anderen Rechtsnorm so bestimmt wird, macht nicht etwa diese gesetzliche Grundlage zum Geltungsgrund. Auch diese Norm wäre im übrigen nicht die erste in der Legitimationskette. Über ihr steht die Verfassung, die ihrerseits das Gesetz zum gültigen Rechtssatz erklärt. Und schließlich basiert auch die Verfassung auf einer Legitimationsgrundlage, in der Demokratie dem Volkswillen. Hier zeigt sich, daß der Versuch, den „eigentlichen" Geltungsgrund zu bestimmen, letztlich immer auf die „Urbasis" der Rechtsordnung zurückführen müßte. Da daraus aber kein Erkenntnisgewinn erwächst, erscheint es vorzugswürdig, stets auf den auslösenden Rechtsakt abzustellen.

[37] Für die Anerkennung von Beseitigungsansprüchen bei Verletzung relativer Rechte etwa *Kreßel*, Öffentliches Haftungsrecht, S. 192ff.; *W. Roth*, Verwaltungsrechtliche Organstreitigkeiten, S. 857; wohl auch *Scherzberg*, DVBl. 1988, 129 (133); a.A. z.B. *Papier*, DÖV 1972, 845ff.; *ders.*, Bonner Kommentar, GG, Art. 34 Rdnr. 66; *ders.*, Münchener Kommentar zum BGB, § 839 Rdnr. 82; *Weyreuther*, Gutachten 47. DJT, Bd. I, B 76ff.; unklar *Ossenbühl*, Staatshaftungsrecht, S. 308.

[38] *Kreßel*, Öffentliches Haftungsrecht, S. 193.

[39] *Ebd.*, S. 194.

[40] *W. Roth*, Verwaltungsrechtliche Organstreitigkeiten, S. 857 m. Hinweis auf BAG, Urt. v. 29. 10. 1997 – 5 AZR 508/96, JZ 1998, 790 (792); *Hoppe*, Organstreit, S. 149ff., 192; *ders.*, DVBl. 1970, 846; *Rupp*, Grundfragen, S. 249f., 253f.; ferner BVerwG, Urt. v. 26. 8. 1993 – 4 C 24.91, BVerwGE 94, 100 (103); *W. Henke*, in: Festschrift für Weber, S. 503f. Konkludent für die Wesen-

ferenzierung zwischen den verschiedenen Arten subjektiver Rechte nur als Anerkennung von Beseitigungsansprüchen bei sämtlichen Arten subjektiver Rechte verstehen.

So überraschend die These vom negatorischen Schutz einfachgesetzlicher subjektiver Rechte zunächst erscheinen mag, so naheliegend ist sie andererseits, wenn die allgemein anerkannten Tatbestandsvoraussetzungen des Folgenbeseitigungsanspruchs in den Blick genommen werden. Danach soll es sich bei dem tatbestandlich geforderten verletzten subjektiven Recht um jedes subjektive öffentliche Recht handeln können[41], auch wenn zumindest auf den ersten Blick nicht ersichtlich ist, wie diese Aussage mit der regelmäßig befürworteten grundrechtlichen Verankerung von Beseitigungsansprüchen bei Rechtsverletzungen vereinbar sein könnte. Handelt es sich lediglich um einfachgesetzliche subjektive Rechte ohne Grundrechtsschutz, kann der auch in diesem Fall möglicherweise ausgelöste (Folgen-)Beseitigungsanspruch schwerlich eine grundrechtliche Basis aufweisen. Zutreffend kann die Annahme der generellen grundrechtlichen Fundierung des Beseitigungsanspruchs bei gleichzeitigem Schutz auch einfachgesetzlicher subjektiver Rechte nur sein, wenn mit jeder Verletzung einfachgesetzlicher subjektiver Rechte zugleich auch eine Grundrechtsverletzung einherginge. Auf diese Weise ließe sich der Widerspruch zwischen der grundrechtlichen Fundierung des Beseitigungsanspruchs und seinen Tatbestandsvoraussetzungen als Scheinwiderspruch auflösen. Möglicherweise ist aber auch die Annahme schlicht unzutreffend, der Beseitigungsanspruch sei stets verfassungsrechtlich beziehungsweise grundrechtlich fundiert; neben verfassungsrechtlich gesicherten subjektiven Rechten könnten auch einfachrechtlich geschützte subjektive Rechte existieren, die im Fall ihrer Verletzung einen einfachgesetzlichen Beseitigungsanspruch auslösen.

Eine zentrale Voraussetzung für die Möglichkeit der „Beseitigung“ und damit auch für die Existenz von Beseitigungsansprüchen und Beseitigungspflichten besteht in einer beseitigungsfähigen *fortdauernden Beeinträchtigung* eines subjektiven Rechts[42]. Fehlt es an einer solchen, kommen als Rechtsfolge einer Rechtsverletzung im wesentlichen nur Schadensersatz- oder Entschädigungsansprüche in

---

simmanenz des Abwehrrechts bei jedem subjektiven Recht wohl auch *Scherzberg*, DVBl. 1988, 129 (133).

[41] Vgl. *W. Müller*, Beseitigungs- und Unterlassungsansprüche im Verwaltungsrecht, S. 85ff.; *H.H. Rupp*, JA 1979, 506 (509f.); *W.-R. Schenke*, DÖV 1986, 305 (310, 314); *T. Schneider*, Folgenbeseitigung, S. 81; *Schoch*, Jura 1993, 478 (482); in ähnliche Richtung *Ossenbühl*, Staatshaftungsrecht, S. 307f.; differenzierter unter Berücksichtigung des Verhältnisses von Grundrechten und einfachem Recht *Bender*, VBlBW 1985, 201 (202f.). *Pietzko*, Der materiellrechtliche Folgenbeseitigungsanspruch, S. 145ff., faßt interessanterweise die einfachgesetzlichen wie die durch Verwaltungsakt begründeten Rechtspositionen ohne Differenzierung als absolute Rechte, die durch öffentlichrechtlichen Vertrag geschützten Rechtspositionen sowie die Leistungsansprüche als relative Rechte auf; die Verletzung letzterer soll keinen Folgenbeseitigungsanspruch begründen können.

[42] Vgl. auch *Papier*, DÖV 1972, 845 (850).

Betracht, die hier im Unterschied zum Sekundärrecht des Beseitigungsanspruchs als tertiäre Rechte nicht untersucht werden[43]. Das Sekundärrecht des Beseitigungsanspruchs erfordert demgegenüber keinen Schaden, sondern allein die fortdauernde Verletzung der Integrität des geschützten Rechts. Wie aus anderen Rechtsgebieten bekannt ist, liegt eine entsprechende fortdauernde Beeinträchtigung eines subjektiven Rechts zumindest dann vor, wenn in ein absolutes Recht rechtswidrig eingegriffen wird. Ob ein entsprechender Eingriff auch bei Verletzung anderer subjektiver Rechte vorliegen kann, ist demgegenüber fraglich.

Erste Anhaltspunkte zur Beantwortung dieser Frage soll ein Blick auf das Zivilrecht geben, in dem gewissermaßen mit § 1004 Abs. 1 S. 1 BGB die Grundnorm des Beseitigungsanspruchs[44] insgesamt enthalten ist. Daneben existieren neben den §§ 12, 862 BGB zum Schutz von Namen und Besitz eine Reihe spezialgesetzlicher Beseitigungsansprüche, wie etwa in § 8 Abs. 1 S. 1 UWG, § 140a PatG, §§ 11, 97 Abs. 1 S. 1 UrhG[45], § 14a Abs. 1 S. 1 GeschmMG, §§ 15 Abs. 1, 24a GebrMG. Auch soweit das Gesetz ausdrücklich nur den Unterlassungsanspruch nennt (§ 37 Abs. 2 S. 1 HGB, § 33 Abs. 1 GWB, §§ 1, 3 Abs. 1, 13 Abs. 1 UWG a.F.), ist die gleichzeitige Existenz des Beseitigungsanspruchs allgemein anerkannt[46]. Das gilt zum Beispiel auch für das Markenrecht. So kennen die §§ 14 Abs. 5, 15 Abs. 4, 128 Abs. 1 MarkenG ausdrücklich nur Unterlassungsansprüche; eine Art spezieller Beseitigungsanspruch ist in § 18 MarkenG normiert. Gleichwohl ist die Existenz von allgemeinen Beseitigungsansprüchen unbestritten[47].

Weiter ist in einer Reihe von Fällen die analoge Anwendung des § 1004 BGB gesetzlich angeordnet (z.B. §§ 1017 Abs. 2, 1027, 1065, 1090 Abs. 2, 1227 BGB, § 34 Abs. 2 WEG). Darüber hinaus ist § 1004 BGB nach ganz herrschender Meinung zum Schutz aller absoluten Rechte und Rechtsgüter, die auch gemäß § 823 Abs. 1 BGB deliktischen Schutz genießen, analog anzuwenden. Schließlich stellt die Rechtsprechung[48] selbst sämtliche rechtlich geschützten Interessen, deren Verlet-

---

[43] Die Terminologie hinsichtlich primärer, sekundärer und tertiärer Rechte ist in der Literatur nicht immer einheitlich. Die vorliegende Untersuchung folgt der wohl gebräuchlichsten Verwendung der Begriffe, nach der die Integrität des Primärrechts bei drohenden oder eingetretenen Beeinträchtigungen durch Hilfs- oder Sekundärrechte (den Unterlassungs- und den Beseitigungsansprüchen) geschützt wird. Diese Ansprüche bilden den sog. Primärrechtsschutz. Daneben oder statt dessen kann die Verletzung des Primärrechts auch Tertiärrechte in Form von Schadensersatz- oder Entschädigungsansprüchen auslösen; sie bilden den Sekundärrechtsschutz. Zur Terminologie vgl. etwa *W. Roth*, Faktische Eingriffe, S. 71f.; *Schoch*, Die Verwaltung 34 (2001), 261f.

[44] Auch im Zivilrecht werden nach ganz überwiegender Ansicht Unterlassungsanspruch und Beseitigungsanspruch als materielle Ansprüche angesehen, vgl. etwa *Hefermehl*, in: Erman, BGB, § 1004 Rdnr. 27; *ders.*, Wettbewerbsrecht, Einl UWG Rdnr. 257 m.w.Nachw. auch zur Gegenmeinung.

[45] S. dazu etwa *Ulmer*, Urheber- und Verlagsrecht, 3. Aufl., 1980, S. 547ff.

[46] Vgl. *Köhler*, in: Köhler/Piper, UWG, vor § 13 Rdnr. 33 – Gewohnheitsrecht.

[47] Vgl. stellv. *Emmerich*, in: Immenga/Mestmäcker, GWB, § 33 Rdnr. 53f.; *Bruchhausen*, in: Benkard, PatG, vor §§ 9–14 PatG Rdnr. 18; *Fezer*, Markenrecht, § 18 Rdnr. 10.

[48] Vgl. Rechtsgrundlage, Urt. v. 5. 1. 1905 – VI 38/04, RGZ 60, 6; BGH, Urt. v. 18. 3. 1959 – IV

zung gemäß § 823 Abs. 2 BGB in Verbindung mit Schutzgesetzen deliktische Ansprüche auslösen kann, zugleich auch unter den Schutz von Unterlassungsansprüchen und Beseitigungsansprüchen analog § 1004 BGB. Auf diese Weise kann etwa auch die Verletzung nachbarschützender öffentlichrechtlicher Normen zu privatrechtlichen Unterlassungs- und Beseitigungsansprüchen führen[49]. Gerade die zivilrechtliche Anerkennung dieser meist als quasinegatorisch bezeichneten Beseitigungsansprüche[50] in Verbindung mit Eingriffen in rechtlich (durch Schutznormen) geschützte Interessen könnte für die Frage der Reichweite des öffentlichrechtlichen Beseitigungsanspruchs grundlegende Bedeutung besitzen.

Hat es nach dieser kurzen Übersicht den Anschein, als sei im Zivilrecht jedes subjektive Recht durch die Hilfsrechte des Unterlassungs- und des Beseitigungsanspruchs geschützt, so trifft das im Ergebnis weder für die herrschende Meinung noch für die abweichende Ansicht im Hinblick auf den (deliktischen und negatorischen) Schutz von Forderungen zu. Trotz des weiten Anwendungsbereichs des § 1004 BGB, insbesondere durch seine Erstreckung auf die Fälle des § 823 Abs. 2 BGB in Verbindung mit Schutzgesetzen, besteht nach überwiegender Auffassung kein Schutz von Forderungsrechten. Diese Rechte werden – wohl überwiegend – nicht zu den sonstigen Rechten im Sinne des § 823 Abs. 1 BGB gerechnet, weil es sich nicht um absolute Rechte oder Rechtsgüter handele. Gefordert wird eine gewisse Ähnlichkeit zum Eigentum[51]. Durchaus unter Beachtung dieser Ausgangsbasis wird quasi seit Schaffung des BGB aber immer wieder mit unterschiedlicher Intensität diskutiert, ob nicht auch Forderungsrechte in bestimmter Hinsicht als absolut geschützte Rechte angesehen werden müssen und damit dem Deliktsschutz (als sonstige Rechte gemäß § 823 Abs. 1 BGB) unterfallen[52]. Die einschlägige Literatur begründet diese These mit der notwendigen Trennung zwischen der relativen Rechtsbeziehung von Gläubiger und Schuldner und der absoluten Rechtsposition des Gläubigers als Inhaber der Forderung und der damit verbun-

---

ZR 182/58, BGHZ 30, 7 (14); Urt. v. 21. 12. 1973 – V ZR 107/72, WM 1974, 572; Urt. v. 11. 10. 1996 – V ZR 3/96, NJW-RR 1997, 16 (17).

[49] Vgl. *Bassenge*, in: Palandt, BGB, § 1004 Rdnr. 2; BGH, Urt. v. 31. 10. 1986 – V ZR 61/80, NJW 1987, 1142 (1143f.) – in Bezug auf § 6 LuftVO; BGH, Urt. v. 22. 5. 1992 – V ZR 93/91, NJW 1992, 2569 – § 1004 BGB i.V.m. NachbG NRW; BayObLG, Urt. 18. 12. 2000 – 5 Z RR 570/99, BayObLGZ 2000, 355. Dagegen wird in der Literatur bei einem Verstoß gegen drittschützende öffentlichrechtliche Normen teilweise unmittelbar ein Anspruch gemäß § 1004 BGB befürwortet, s. *Picker*, AcP 176 (1976), 28ff.: *ders.*, in: Festschrift für Herm. Lange, 1992, S. 625 (670ff.); i.E. auch OLG München, Urt. v. 22. 6. 1993 – 25 U 6426/91, BauR 1993, 620; krit. demgegenüber *Gursky*, in: Staudinger, BGB, § 1004 Rdnr. 75.

[50] *Baur*, JZ 1966, 381; die Terminologie ist aber auch hier nicht ganz einheitlich.

[51] Vgl. etwa *Esser/Weyers*, Schuldrecht, Bd. II Teilband 2, 8. Aufl., 2000, S. 163 (§ 55 I 2 b).

[52] Für einen solchen Schutz aus neuerer Zeit vor allem *Canaris*, in: Festschrift für Steffen, S. 85ff.; *Larenz/Canaris*, Schuldrecht Bd. II/2, 13. Aufl., 1994, S. 397 (§ 76 II 4 g); *E. Deutsch/H.-J. Ahrens*, Deliktsrecht, 4. Aufl., 2002, Rdnr. 195; *C. Becker*, AcP 196 (1996), 439ff. m. zahlr. Nachw. auch zur Gegenansicht; s. weiter *Koziol*, Die Beeinträchtigung fremder Forderungsrechte, 1967; *Löwisch*, Der Deliktsschutz relativer Rechte, 1970. Einen Unterlassungsanspruch analog § 1004 BGB bejaht *J. Schmidt, in:* Staudinger, 12. Aufl., 1983, vor § 241 Rdnr. 387.

denen Zuständigkeit, dieses Recht geltend zu machen oder darüber zu verfügen. Wird etwa dem Inhaber von einem Dritten das Recht mit der Rechtsfolge des Erlöschens der Forderung gemäß § 407 BGB entzogen, soll es sich um einen „Eingriff in dessen Zuständigkeit“ handeln[53]. Von den Befürwortern dieses deliktischen Schutzes sind eine Reihe von Beispielen für Eingriffe in die „Forderungszuständigkeit“ beziehungsweise in die Forderung gebildet worden, die auch im Zivilrecht ein gewisses Bedürfnis für den deliktischen Schutz erkennen lassen[54]. Sämtliche Begründungsversuche einer Anerkennung des Forderungsrechts als sonstiges Recht im Sinne des § 823 Abs. 1 BGB bewegen sich damit in den Bahnen der herkömmlichen Dogmatik vom negatorischen Schutz absoluter Rechte. Entsprechend verstehen die Befürworter dieses Recht nicht als ein relatives, sondern als ein absolutes[55].

Auch wenn sich mit dieser Begründung in dem konkreten Fall der deliktische wie der negatorische Schutz relativer Rechte auf den Schutz absoluter Rechte zurückführen ließe, wird auf diese Argumentation in den Fällen der §§ 1004, 823 Abs. 2 BGB in Verbindung mit einem Schutzgesetz nicht zurückgegriffen. Hier wird auch nicht geprüft, ob das jeweilige Schutzgesetz dem Schutz eines absoluten Rechts oder eines entsprechenden Rechtsguts zu dienen bestimmt ist. Das Schutzgesetz, das ein (für sich gesehen) unvollkommenes subjektives Recht begründet, reicht zur Begründung des Unterlassungsanspruchs oder des Beseitigungsanspruchs aus. Wird zum Beispiel dem Grundstückseigentümer ein Unterlassungsanspruch zuerkannt, wenn durch eine bauliche Anlage seines Nachbarn ein in einer öffentlichrechtlichen Sonderrechtsnorm geschütztes Interesse verletzt zu werden droht, so wird nicht auf das Eigentumsrecht, sondern allein auf das Schutzgesetz abgestellt. Dabei ließe sich eine Verbindung zum absoluten Eigentumsrecht leicht ziehen.

Entsprechendes läßt sich auch für das öffentliche Recht feststellen. So reicht nach ganz herrschender Meinung für die Klagebefugnis im Anfechtungsprozeß gemäß § 42 Abs. 2 VwGO die Möglichkeit einer Verletzung einer einfachgesetzlichen Schutznorm aus[56]. Dabei werden nach heute unbestrittener Auffassung im Verwaltungsprozeß nicht nur mit den Leistungsklagen, sondern etwa auch mit

---

[53] *Canaris*, in: Festschrift für Steffen, S. 85 (87); gegen die Absolutheit des Rechts soll nicht sprechen, daß die Zuständigkeit nicht von der Forderung getrennt werden kann.

[54] Kein Bedürfnis sieht allerdings demgegenüber etwa *Medicus*, in: Festschrift für Steffen, S. 333 (342ff.).

[55] Vgl. *Canaris*, in: Festschrift für Steffen, S. 85 (90), mit Hinweis auf die Merkmale der Zuordnungs- und Ausschlußfunktion; s. auch *C. Becker*, AcP 196 (1996), 439 (457ff.), der Absolutheit als „Erhabenheit über die Willkür aller übrigen außer der zuständigen Person“ begreift (S. 459).

[56] Vgl. stellv. *v. Albedyll*, in: Bader u.a., VwGO, § 42 Rdnr. 68ff.; *Gerhardt*, in: Schoch/Schmidt-Aßmann/Pietzner, VwGO, Vorb § 113 Rdnr. 7; *Happ*, in: Eyermann, VwGO, § 42 Rdnr. 82ff.; im Gegenteil bereitet der Rückgriff auf die Grundrechte eher Schwierigkeiten, s. etwa *Wahl/Schütz*, in: Schoch/Schmidt-Aßmann/Pietzner, VwGO, § 42 Abs. 2 Rdnr. 56ff.

der Anfechtungsklage materielle Ansprüche verfolgt[57]. Hinter der (begründeten) Anfechtungsklage steht daher der materielle Anspruch auf Aufhebung des Verwaltungsakts[58]. Da die Aufhebung eines rechtsverletzenden Verwaltungsakts aber nichts anderes ist als der Normalfall der Beseitigung, wird mit der Anfechtungsklage ein Beseitigungsanspruch gegenüber einem Verwaltungsakt prozessual durchgesetzt. Wenn dieser Beseitigungsanspruch schon bei einer Verletzung einer einfachgesetzlichen Schutznorm zu befürworten ist, scheint keine Notwendigkeit einer Verletzung eines Grundrechts oder anderer verfassungsrechtlicher absoluter Rechte zu bestehen.

Für die Entstehung eines Beseitigungsanspruchs reicht danach allerdings keineswegs jedes subjektive Recht und auch nicht jede Form der „Verletzung" aus. So entspricht es allgemeiner Auffassung, daß weder die Klagebefugnis noch die Begründetheit der Anfechtungsklage allein auf eine subjektive Rechtsverletzung gestützt werden kann. Bei dem subjektiven Recht muß es sich vielmehr um ein materielles Recht handeln. Während bei einer möglichen Verletzung eines (relativen) materiellen Rechts die Klagebefugnis ebenso zu bejahen wie bei einer materiellen Rechtsverletzung die Anfechtungsklage begründet ist, reicht dies bei Verfahrensrechten nach ganz herrschender Ansicht noch nicht. Hier muß zur Verletzung des relativen Verfahrensrechts typischerweise auch eine Verletzung eines materiellen Rechts hinzukommen beziehungsweise darf eine solche (zusätzliche) Verletzung nicht ausgeschlossen sein[59]. Sofern diese Auffassung zutrifft, zeigt sich an den Fällen der subjektiven Verfahrensrechte, daß keineswegs alle subjektiven Rechte notwendigerweise im Fall ihrer Verletzung einen Beseitigungsanspruch auslösen. Andererseits ist damit die Möglichkeit des Beseitigungsanspruchs noch nicht notwendigerweise auf die Verletzung eines absoluten Rechts begrenzt; notwendig wäre danach nur ein materielles Recht, unabhängig davon, ob es sich um ein relatives oder absolutes Recht handelt.

Zum anderen muß es sich um eine bestimmte Art von „Verletzung" eines relativen Rechts handeln. Im Fall der Forderungsrechte führt deren bloße Nichterfüllung durch den Schuldner nämlich nicht zur Entstehung von Beseitigungsansprüchen[60]. Vielmehr ändert diese Rechtsverletzung nichts am Fortbestand des ursprünglichen Anspruchs; sie führt allenfalls zur zusätzlichen Entstehung von Tertiärrechten wie Schadensersatz- oder Entschädigungsansprüchen. Selbst wenn das relative Recht aufgrund der Nichterfüllung (zum Beispiel wegen eines

---

[57] Ausnahmen gelten nur für den in § 42 Abs. 2 VwGO vorgesehenen Fall einer anderweitigen gesetzlichen Regelung („soweit gesetzlich nichts anderes bestimmt ist"), wie er etwa für die altruistische Verbandsklage angenommen wird. Hier fehlt es sowohl an einem materiellen Aufhebungsanspruch als auch an einem geschützten subjektiven Recht.

[58] Vgl. stellv. *Gerhardt*, in: Schoch/Schmidt-Aßmann/Pietzner, VwGO, Vorb § 113 Rdnr. 1ff., § 113 Rdnr. 5.

[59] Vgl. stellv. *Kopp/Schenke*, VwGO, § 42 Rdnr. 95.

[60] Ausführlich *Papier*, DÖV 1972, 845ff.

Wegfalls des Sinns der weiteren Erfüllung oder wegen Zeitablaufs) aber untergeht, tritt an seine Stelle kein Beseitigungsanspruch, mit dessen Durchsetzung der ursprüngliche Anspruch wieder hergestellt werden könnte. Derartigen relativen Rechtsbeziehungen ist der Beseitigungsanspruch wie auch der Unterlassungsanspruch, die zusammen die Integrität des Rechts schützen sollen und nicht seine Durchsetzung, fremd. Greift ein Hoheitsträger dagegen in den Bestand des Rechts anders als durch Nicht- oder Schlechterfüllung ein, etwa durch Rechtsakte, die das Recht negieren, was vor allem dann relevant wird, wenn der Hoheitsträger nicht selbst Adressat der einfachgesetzlichen Leistungspflicht ist, so kommen auch bei relativen Rechten Beseitigungs- und Unterlassungsansprüche in Betracht.

Als Zwischenergebnis kann festgehalten werden, daß in der Rechtspraxis typischerweise auch bei Verletzung von einfachgesetzlichen materiellen subjektiven Rechten von der Möglichkeit der Entstehung von Beseitigungsansprüchen ausgegangen wird. Im Verwaltungsprozeßrecht stellt sich diese Konstellation als Regelfall dar. Begründet werden können Beseitigungsansprüche als Ansprüche zur Herstellung der Integrität eines absoluten Rechts, wie es vor allem die Grundrechte darstellen, allenfalls gegenüber solchen Verwaltungsakten, bei denen der Adressat des Verwaltungsakts den Beseitigungsanspruch geltend macht. Bei sämtlichen Verwaltungsakten mit belastender Drittwirkung wird zur Begründung des Beseitigungsanspruchs des Dritten gerade nicht auf die Grundrechte oder andere absolute Rechte rekurriert. Hier scheint bereits die Verletzung der Schutznorm den Beseitigungsanspruch auszulösen.

Eine Zuordnung solcher Schutznormen anhand der Differenzierung zwischen den absoluten und den relativen Rechten ist allerdings kaum möglich. So wie etwa eine Strafrechtsnorm, die als Schutzgesetz im Sinne des § 823 Abs. 2 BGB anzusehen ist, zweifellos nicht selbst ein absolutes Recht darstellt, sondern lediglich ihrerseits (wie der gemäß § 1004 BGB in Verbindung mit § 823 Abs. 2 BGB anerkannte Beseitigungsanspruch) ein absolutes Recht schützt, gilt dies auch für die öffentlichrechtliche Schutznorm. Schutznormen geben den nach dem Schutzzweck erfaßten Personen einen Anspruch auf ihre Beachtung durch die zuständige Behörde. In diesem Fall aber deshalb von einem relativen Recht zu sprechen, erfaßte den Charakter des subjektiven Rechts wohl nicht korrekt. Isoliert betrachtet kann das Recht weder als relatives noch als absolutes angesehen werden. Erst in Verbindung mit dem durch die Schutznorm geschützten Interesse, hinter dem jeweils ein absolutes Recht steht, läßt sich eine Zuordnung vornehmen. Auch wenn zum Beispiel die zahlreichen öffentlichrechtlichen Schutznormen etwa für Nachbarn im Baurecht[61] oder für Konkurrenten im Wirtschaftsverwal-

[61] Das gilt, ohne dies hier vertiefen zu können, etwa auch für Regelungen wie § 1 Abs. 6 BauGB. Soweit nach dieser Bestimmung private Belange bei der Aufstellung eines Bebauungsplans in die Abwägung „einzustellen“ sind, wird dadurch ein subjektives Recht „auf fehlerfreie Abwägung“ begründet (vgl. BVerwG, Urt. v. 6. 12. 2000 – 4 BN 59.00, NVwZ 2001, 431; *W.-R.*

tungsrecht die absoluten Rechte des Eigentums und der Berufsfreiheit schützen, sind sie allenfalls in Verbindung mit diesen als seine Ausgestaltungen, nicht jedoch für sich betrachtet als absolute Rechte anzusehen[62].

Auch dann, wenn die einfachgesetzliche Schutznorm im Ergebnis nach allgemeiner Meinung zu ihrem Schutz von Unterlassungs- und Beseitigungsansprüchen flankiert wird, braucht der negatorische Beseitigungsanspruch deshalb nicht zwangsläufig mit jedem subjektiven Recht verbunden zu sein. Obwohl in der verwaltungsgerichtlichen Praxis sowohl für die Klagebefugnis als auch für die Begründetheit der Anfechtungsklage (und damit in der Sache für die Annahme eines materiellrechtlichen Aufhebungsanspruchs) allein auf die Verletzung eines einfachgesetzlichen subjektiven Rechts abgestellt wird, ist damit aber weder die allgemeine Anerkennung von Beseitigungsansprüchen infolge einer Verletzung relativer Rechte noch deren tatsächliche Existenz notwendigerweise verknüpft. Treffender erscheint die Herleitung des Beseitigungsanspruchs aus dem regelmäßig hinter dem Schutzgesetz stehenden Recht. Richtigerweise dienen Unterlassungs- und Beseitigungsansprüche nicht dem Schutz der Schutznorm, sondern der Integrität des Rechts, dessen Schutz die Schutznorm bewirken soll. Schutznorm und Unterlassungs- und Beseitigungsanspruch haben dieselbe Schutzrichtung. Gerade für das Bürger-Staat-Verhältnis mit seiner umfassenden Grundrechtsgeltung liegt damit der umfassende Rückgriff auf die Grundrechte als absolute Rechte nahe. Wird nämlich das Grundrecht durch das – subjektive Rechte begründende – Schutzgesetz ausgestaltet, ließe sich die Entstehung von Beseitigungsansprüchen im Fall der Verletzung des Schutzgesetzes möglicherweise mit der fortdauernden Verletzung absoluter Rechte erklären (und nicht eigentlich mit der Schutznormverletzung). Damit erschiene die Anerkennung von Beseitigungsansprüchen bei sämtlichen subjektiven Rechten als fragwürdig. In sämtli-

Schenke, DVBl. 1997, 854f.). Dieses Recht wird durch eine Norm zum Schutz der zu berücksichtigenden Belange geschaffen. Bei diesen Belangen handelt es sich nicht selbst um subjektive Rechte; sie lassen sich allerdings einzelnen subjektiven Rechten, nämlich den Grundrechten zuordnen. Das steht nicht im Widerspruch zu der wohl allgemein vertretenen These, bei den nach § 1 Abs. 6 BauGB zu berücksichtigenden Belangen handelt es sich um jegliche Interessen, Chancen, Gewinnerwartungen oder Möglichkeiten. Durch die einfachgesetzliche Anordnung der Notwendigkeit ihrer Berücksichtigung werden sie in dem gesetzlich angeordneten Umfang auch von den Grundrechten geschützt. Wenn etwa im Rahmen der Planung eines neuen Baugebiets der Belang der drohenden Steigerung von Verkehrslärm als schutzwürdiger Belang zu berücksichtigen ist, dann stellt diese Anordnung der Berücksichtigung eine Schutznorm zugunsten der Gesundheit (Art. 2 Abs. 2 S. 1 GG) wie der allgemeinen Handlungsfreiheit (Art. 2 Abs. 1 GG) dar. Dem steht nicht entgegen, daß diese Interessen, Chancen etc. selbstverständlich ohne die einfachgesetzliche Regelung nicht verfassungsrechtlich geschützt wären (dazu in der Sache näher im folgenden unter III 2, S. 41ff.).

[62] Teilweise a.A. *Pietzko*, Der materiellrechtliche Folgenbeseitigungsanspruch, S. 145ff., die ohne Erklärung oder Begründung das einfachgesetzlich eingeräumte subjektive öffentliche Recht selbst den absoluten Rechten zuordnet.

chen Fällen liegt eine Begründung der Existenz von Beseitigungsansprüchen, die auf ein absolutes Recht, insbesondere ein Grundrecht abstellt, wesentlich näher.

Daher ist vor einer Anerkennung von Beseitigungsansprüchen bei Beeinträchtigungen von Schutznormen oder auch bei anderen einfachgesetzlichen subjektiven Rechten zunächst das Verhältnis zwischen der einfachgesetzlichen subjektiven Rechtsverletzung und der Grundrechtsverletzung zu bestimmen. Dabei wird auch die Frage zu beantworten sein, ob sich die Anerkennung von Beseitigungsansprüchen einfachgesetzlichen Rangs mit der regelmäßig befürworteten grundrechtlichen Fundierung des Beseitigungsanspruchs in Einklang bringen läßt oder ob nicht eher die Verletzung eines einfachgesetzlichen subjektiven Rechts stets mit einer Grundrechtsverletzung einhergeht.

III. Das Verhältnis zwischen den einfachgesetzlichen materiellen subjektiven Rechten und den Grundrechten

1. Die Untauglichkeit subjektiver Privatrechte als Basis des öffentlichrechtlichen Beseitigungsanspruchs

Unabhängig von der Frage, welche subjektiven Rechte als Basis für die Entstehung öffentlichrechtlicher Beseitigungsansprüche dienen können, ist eine erste Begrenzung auf subjektive öffentliche Rechte erforderlich. Öffentlichrechtliche Beseitigungsansprüche sind Ansprüche gegen den hoheitlich tätigen Staat, subjektive Privatrechte sind Rechte in Rechtsbeziehungen zwischen Privaten, gleich ob es sich um absolute Rechte, Gestaltungsrechte oder Ansprüche handelt. Auch wenn der – privatrechtlich handelnde – Staat durch subjektive Privatrechte gebunden werden kann und bei einer Verletzung dieser Rechte möglicherweise auch Beseitigungsansprüche begründet sein können, handelte es sich in diesen Fällen um privatrechtliche Pflichten und privatrechtliche Beseitigungsansprüche. Subjektive Privatrechte begründen selbst keine öffentlichrechtlichen Pflichten und können aus dem Kreis möglicher subjektiver Rechte, deren Verletzung zu einem öffentlichrechtlichen Beseitigungsanspruch führen könnte, ausgeschieden werden.

Diese Feststellung steht nicht im Widerspruch zu der verbreiteten These der möglichen Anwendbarkeit des Art. 19 Abs. 4 GG bei Verletzung subjektiver Privatrechte durch einen Hoheitsträger. Subjektive Privatrechte können danach Rechte im Sinne des Art. 19 Abs. 4 S. 1 GG sein, sofern der Hoheitsträger verwaltungsprivatrechtlich tätig wird[63]. Soweit Art. 19 Abs. 4 GG – wie die materiellen

[63] Vgl. *Jarass*, in: Jarass/Pieroth, GG, Art. 19 Rdnr. 25; *Krebs*, in: v. Münch/Kunig, GG, Art. 19 Rdnr. 59; *Krüger/Sachs*, in: Sachs (Hrsg.), GG, Art. 19 Rdnr. 127; *Papier*, HbdStR VI, § 154 Rdnr. 1, 39; *W.-R. Schenke*, Bonner Kommentar, GG, Art. 19 Abs. 4 Rdnr. 286; *Schmidt-Aßmann*, in: Maunz/Dürig/Herzog/Scholz, GG, Art. 19 Abs. 4 Rdnr. 131 ff.; *Schulze-Fielitz*, in:

Grundrechte – auch bei Erfüllung von Hoheitsaufgaben in privatrechtlicher Form anwendbar ist[64], ist diese Auffassung nur konsequent. Mit ihr läßt sich jedoch nicht die Entstehung *öffentlichrechtlicher* Beseitigungsansprüche begründen.

Nichts anderes folgt aus dem Umstand, daß subjektive Privatrechte gegenüber dem staatlichen Zugriff durch subjektive öffentliche Rechte geschützt werden. Sämtliche subjektiven Privatrechte fallen in den Schutzbereich der Grundrechte. Für die vermögenswerten subjektiven Privatrechte bietet das Eigentumsgrundrecht diesen Schutz. So ist beispielsweise der Kaufpreiszahlungsanspruch des Verkäufers gegen den Käufer vor dem staatlichen Zugriff durch das Eigentumsgrundrecht geschützt. Wird etwa die Geltendmachung des Zahlungsanspruchs des Verkäufers durch einen Verwaltungsakt untersagt oder wird dieses (relative) subjektive Recht auf andere Weise rechtswidrig durch einen Verwaltungsakt aberkannt, so löst dies einen öffentlichrechtlichen Beseitigungsanspruch und die entsprechende Beseitigungspflicht aus. Dabei resultiert der Beseitigungsanspruch aber gerade nicht aus dem relativen Privatrecht, sondern aus dem verfassungsrechtlichen Eigentumsschutz des Art. 14 GG. Nur das Grundrecht, nicht das dadurch zugleich geschützte Privatrecht begründet den Beseitigungsanspruch. Entsprechendes gilt für andere subjektive Privatrechte. Auch die übrigen Rechte unterfallen den Grundrechten. Wenn keine anderen Grundrechte einschlägig sind, werden sie zumindest nach der heute nicht mehr zu hinterfragenden Rechtsprechung des Bundesverfassungsgerichts vom Schutzbereich der allgemeinen Handlungsfreiheit gemäß Art. 2 Abs. 1 GG erfaßt. Dadurch wird ein lückenloser Schutz subjektiver Privatrechte durch die Grundrechte gewährleistet. Gleichzeitig scheiden aber unabhängig von anderen Beschränkungen die subjektiven Privatrechte selbst als Basis für öffentlichrechtliche Beseitigungsansprüche aus.

2. Die Verletzung eines einfachgesetzlichen materiellen subjektiven Rechts als Grundrechtsverletzung

a) Die Grundthese

Um das Verhältnis einfachgesetzlicher subjektiver Rechte zu den Grundrechten zu bestimmen, bedarf es einer näheren Betrachtung der Verbindungen zwischen den Grundrechten und dem Gesetz. Dieses Verhältnis läßt sich nicht eindimensional mit dem schlichten Hinweis auf das Rangverhältnis zwischen der Verfassung und dem einfachen Gesetzesrecht umschreiben. Auch wenn der Gesetzgeber an die verfassungsrechtlichen Vorgaben zwingend gebunden ist, besitzt das

---

Dreier (Hrsg.), GG, Art. 19 IV Rdnr. 61; a. A. *Huber*, in: v. Mangoldt/Klein/Starck, GG, Art. 19 Rdnr. 396.

[64] Vgl. *Krüger/Sachs*, in: Sachs (Hrsg.), GG, Art. 19 Rdnr. 118; *W.-R. Schenke*, JZ 1988, 317 (318).

Gesetz trotz des Rangunterschieds zugleich einen vielfältigen Einfluß auf die Grundrechte, insbesondere auf deren Schutzbereiche. Zahlreiche Grundrechte werden erst durch das Gesetz ausgestaltet und konkretisiert, manche Grundrechte sogar durch das Gesetz erst konstituiert. Die These, die im folgenden näher zu erläutern und zu begründen versucht wird, lautet dementsprechend: Der Gesetzgeber bestimmt sowohl durch Eingriffsregelungen als auch durch die Schaffung materieller subjektiver Rechte maßgeblich den Inhalt und den Umfang des Schutzgegenstands der Grundrechte als Abwehrrechte. Sämtliche durch das Gesetz selbst oder auf seiner Grundlage[65] geschaffenen materiellen subjektiven Rechte von Grundrechtsträgern unterfallen dem Schutz der Grundrechte[66].

Diese These der Wirkung des Gesetzesrechts für den Inhalt der Grundrechte mag auf den ersten Blick überraschend und unverständlich erscheinen. Wie soll das einfache Recht die Grundrechte ausgestalten können, wenn es doch gleichzeitig an sie gebunden ist, wie gerade auch die Verfassungsmäßigkeitsprüfung des Gesetzes an den Grundrechten belegt? Dennoch besteht hier, was im folgenden näher dargelegt werden soll, kein Widerspruch. Die Bedeutung des Gesetzes für die Grundrechte in ihrer abwehrrechtlichen Funktion zeigt sich in vielerlei Hinsicht.

So belegt etwa der Fall des Grundrechts der allgemeinen Handlungsfreiheit in Art. 2 Abs. 1 GG, wie das Grundrecht von der herrschenden Meinung im Gefolge des Bundesverfassungsgerichts heute verstanden wird, mit der Möglichkeit des Normgebers zur Erweiterung der Verhaltensmöglichkeiten die gleichzeitige Fähigkeit zur Erweiterung des Umfangs grundrechtlich geschützter subjektiver Rechte. Die „natürliche" Handlungsfreiheit wird gerade nicht nur oder vielmehr nur sehr begrenzt durch die individuellen Fähigkeiten des Grundrechtsträgers bestimmt. Maßgeblich sind vor allem auch die außerhalb seiner Person vorhandenen Gegebenheiten und Umstände. Diese Umstände werden nicht zuletzt auch durch die Rechtsordnung gestaltet. Naheliegendes Beispiel sind die zahllosen Gestaltungsmöglichkeiten des Lebens, die erst durch die Rechtsordnung bewirkt werden. Die Anerkennung einer bestimmten Art einer Vereinbarung zwischen zwei Personen als rechtsverbindlicher Vertrag ist einer der zentralen Belege für eine Erweiterung der Handlungsfreiheit durch das Gesetz[67]. Wird diese erst durch das einfache Recht gewährte Freiheit (später) beschränkt, ist darin unbestrittenermaßen ein Grundrechtseingriff zu sehen. Die „natürliche Handlungsfreiheit" des Art. 2 Abs. 1 GG ist also häufig eine erst durch die einfachgesetzliche Rechtsordnung geschaffene. Damit sind einfachgesetzliche Rechtspositionen, wie hier etwa auch Gestaltungsrechte, tauglicher Schutzgegenstand des Art. 2 Abs. 1 GG. Und

[65] Darunter fallen etwa vertraglich begründete subjektive Rechte, die aufgrund der gesetzlichen Bestimmungen über die Verbindlichkeit von Willenserklärungen zustande gekommen sind.

[66] Zum Verhältnis zwischen Verfahrensrechten und Grundrechten unten IV (S. 64ff.).

[67] Vgl. *Gellermann*, Grundrechte, S. 440f.; *W. Roth*, Faktische Eingriffe, S. 165; *Sachs*, in: Stern, Staatsrecht III/1, S. 634.

dies gilt nicht nur für so „essentielle" Rechte, wie sie die Regelungen zum Vertragsrecht begründen, sondern für sämtliche einfachgesetzlichen subjektiven Rechte[68], zu denen etwa auch das subjektive Recht auf Gemeingebrauch zählt[69]. Wenn demgegenüber die verwaltungsgerichtliche Praxis häufig schon die Möglichkeit der Verletzung eines subjektiven Rechts etwa bei der Einziehung einer öffentlichen Straße und damit auch die Klagebefugnis unter Hinweis darauf verneint wird, schließlich habe der Nutzer der Straße keinen Anspruch auf Aufrechterhaltung des Gemeingebrauchs[70], so überzeugt dies nicht. Diese Aussage steht im Widerspruch dazu, daß das Recht auf Teilhabe am Gemeingebrauch anerkanntermaßen als materielles Recht auf Nutzung der Straße unter dem Schutz des Art. 2 Abs. 1 GG steht[71]. Die Frage, unter welchen Voraussetzungen dieses Recht beseitigt werden kann, wird gerade nicht dadurch beantwortet, daß der Bürger richtigerweise weder einen Anspruch auf eine entsprechende Widmung der öffentlichen Sache noch auf Aufrechterhaltung eines bestehenden Gemeingebrauchs hat[72]. Entsprechendes gilt für die Vielzahl von Gemeingebrauchs- und Betretungsvorschriften, die subjektive Nutzungsberechtigungen schaffen[73].

Die spezielle Wechselwirkung zwischen Gesetz und Grundrechten zeigt sich auf andere Weise auch bei Eingriffsnormen. Nimmt man etwa eine gesetzliche Regelung, in der eine Altersbeschränkung für die Aufnahme oder die Ausübung eines Berufes bestimmt wird, so liegt darin eine Beschränkung der Berufsfreiheit, die als Eingriff in den Schutzbereich der Berufsfreiheit rechtfertigungsbedürftig ist. Sie ist an Art. 12 Abs. 1 GG auf ihre Verfassungsmäßigkeit zu messen[74]. Hält

[68] Vgl. auch *Burgi*, Erholung in freier Natur, S. 292ff.; *Scholz*, AöR 100 (1975), 104, 111ff. (mit Fußn. 174).

[69] S. BVerwG, Urt. v. 25. 9. 1968 – IV C 195.65, BVerwGE 30, 235 (238); Urt. v. 20. 5. 1987 – 7 C 60.85, NJW 1988, 432f.; *Burgi*, ZG 9 (1994), 341 (363f.); *Krebs*, VerwArch. 67 (1976), 329 (333f.); *Murswiek*, in: Sachs (Hrsg.), GG, Art. 2 Rdnr. 54; *Starck*, in: v. Mangoldt/Klein/Starck (Hrsg.), GG, Art. 2 Rdnr. 134; *Dreier*, in: Dreier (Hrsg.), GG, Art. 2 I Rdnr. 65; *Steiner*, in: Steiner (Hrsg.), Besonderes Verwaltungsrecht, Straßenrecht, V Rdnr. 112.

[70] Vgl. z.B. VGH Mannheim, Beschl. v. 22. 2. 1999 – 5 S 172/99, VBlBW 1999, 313f.; anders dagegen – im Ergebnis – etwa VGH Mannheim, Urt. v. 22. 12. 2000 – 8 S 269/00, NuR 2002, 159 (160), allerdings mit der gewagten These, die Antragsbefugnis gem. § 47 Abs. 2 VwGO unabhängig von der Frage bestimmen zu können, ob der wasserrechtliche Gemeingebrauch als subjektives öffentliches Recht zu verstehen ist. Wenn „jeder, der einen einmal begründeten Gemeingebrauch ausübt oder ausüben will, verlangen (kann), dass bei Eingriffen in diese Rechtsposition die einschlägigen Vorschriften des formellen und materiellen Rechts beachtet werden und insoweit auch verwaltungsgerichtlichen Rechtsschutz beanspruchen kann" (S. 160), dann handelt es sich aber gerade um ein subjektives öffentliches Recht, das dem Schutzbereich des Art. 2 Abs. 1 GG unterfällt.

[71] Allg. M., ausdrücklich gerade etwa auch VGH Mannheim, Beschl. v. 22. 2. 1999 – 5 S 172/99, VBlBW 1999, 313.

[72] Zutreffend etwa *Steiner*, in: Steiner (Hrsg.), Besonderes Verwaltungsrecht, Straßenrecht, V Rdnr. 112; in dieselbe Richtung *D. Lorenz*, VBlBW 1984, 329 (334); s. auch *Burgi*, Erholung in freier Natur, S. 325.

[73] Vgl. zu deren Grundrechtsschutz näher auch *Burgi*, Erholung in freier Natur, S. 326ff.

[74] Vgl. BVerfG, Beschl. v. 16. 6. 1959 – 1 BvR 71/57, BVerfGE 9, 339 – Hebamme; Urt. v. 4. 5.

die Norm dieser Prüfung stand und ist sie als verfassungsgemäße Beschränkung der Berufsfreiheit anzusehen, so gestaltet sie fortan die Berufsfreiheit aus, solange sie weiterhin verfassungsgemäß bleibt. Das hat zur Konsequenz, daß behördliche Maßnahmen, die gestützt auf diese Altersgrenze ergehen, keine (eigenständigen) Eingriffe in Art. 12 Abs. 1 GG mehr darstellen. Die gesetzliche Beschränkung durch die Altersgrenze hat aber noch weitere Auswirkungen: Wird zu einem späteren Zeitpunkt durch den Normgeber die Altersgrenze heraufgesetzt, so stellt diese Neuregelung im Hinblick auf die Anhebung nicht erneut einen rechtfertigungsbedürftigen Eingriff in den Schutzbereich der Berufsfreiheit dar, obwohl die neue Altersgrenze ohne die frühere Altersgrenzenregelung zweifellos unter diesem Blickwinkel als rechtfertigungsbedürftiger Eingriff anzusehen gewesen wäre[75].

Die Konstituierung, Konkretisierung und Ausgestaltung eines Grundrechts durch das Gesetzesrecht erweist sich daher nicht nur bei Grundrechten, die keine natürlichen oder vorstaatlichen Freiheiten zum Gegenstand haben. Andererseits ist die entsprechende Bedeutung des einfachen Rechts für solche ausgestaltungsbedürftigen Grundrechte wie etwa im Fall des Eigentumsgrundrechts besonders naheliegend und allgemein anerkannt. So ist es heute wohl unumstritten, daß das Gesetz den Umfang der durch Art. 14 GG geschützten Interessen und damit den grundrechtlichen Schutzbereich maßgeblich regelt[76], auch wenn der verfassungsrechtliche Eigentumsbegriff des Art. 14 GG unabhängig von Definitionen im einfachen Gesetzesrecht zu bestimmen und auch deutlich etwa vom zivilrechtlichen Eigentumsbegriff zu trennen ist. Indem das Gesetz zum Beispiel ein vermögenswertes Interesse im Privatrecht durch die rechtliche Anerkennung einer Vereinbarung als verbindlich schützt, wird es zum verfassungsrechtlichen Eigentum. Auch ohne Definitionsmacht über den verfassungsrechtlichen Eigentumsbegriff bestimmt der Gesetzgeber damit mittelbar den Umfang des verfassungsrechtli-

---

1983 – 1 BvL 46, 47/80, BVerfGE 64, 73 (83) – Prüfingenieur; Beschl. v. 10.4. 1984 – 2 BvL 19/82, BVerfGE 67, 1 – Hochschullehrer; Urt. v. 21.6. 1989 – 1 BvR 32/87, BVerfGE 80, 257 – Anwaltsnotar; (K-) Beschl. v. 16.11. 1990 – 1 BvR 1280/90, NVwZ 1991, 358 – öffentlich bestellter Sachverständiger; (K-) Beschl. v. 29.10. 1992 – 1 BvR 1581/91, NJW 1993, 1575 – Notar; (K-) Beschl. v. 26.8. 1993 – 2 BvR 1439/93, DVBl. 1994, 43 – Bürgermeister; (K-) Beschl. v. 25.7. 1997 – 2 BvR 1088/97, NVwZ 1997, 1207 – Bürgermeister; Urt. v. 20.3. 2001 – 1 BvR 491/96, BVerfGE 103, 172 – vertragsärztliche Tätigkeit; OVG Münster, Urt. v. 7.7. 1989 – 4 A 1787/88, NVwZ-RR 1990, 300; VGH Mannheim, Beschl. v. 18.9. 1990 – 14 S 1252/90, NVwZ-RR 1991, 192; BayVerfGH, Entsch. v. 12.5. 1989 – Vf. 6-VII/87, NVwZ 1990, 55; insgesamt zu den Altersgrenzen als verfassungsrechtliches Problem zuletzt *Nussberger*, JZ 2002, 524.

[75] Die Anhebung der Altersgrenze ist allerdings durchaus in anderer Hinsicht an den Grundrechten zu messen: Zum einen ist zumindest denkbar ein Verstoß gegen mögliche Schutzpflichten aus anderen Grundrechten, deren Schutz die Altersgrenzen dienen sollen. Zum anderen wird durch die Anhebung der Altersgrenze insoweit die – vorher noch weiterreichende – Beschränkung aufrechterhalten. Das kann verfassungswidrig sein, wenn sich nach der ersten (zulässigen) Einführung der Altersgrenze die Sachlage verändert hat.

[76] Zur „Eigentumsgarantie als Paradigma einer normativ konstituierten Gewährleistung" *Gellermann*, Grundrechte, S. 92ff.

chen Schutzes. Gleiches gilt etwa bei Regelungen über die Begründung und Übertragung von subjektiven Rechten. Art. 14 GG kann als unbestrittenes Musterbeispiel für ein gesetzlich konstituiertes Grundrecht gelten.

Diese Form der Konstituierung des Verfassungsrechts durch das einfache Recht ist in der Sache auch für sämtliche Grundrechte anerkannt, die neben subjektiven Abwehrrechten objektive Einrichtungsgarantien des Privatrechts, die sogenannten Institutsgarantien[77], beinhalten. Sie sind „Schöpfungen“[78] oder „Produkte der Rechtsordnung“[79], die dem Recht nicht vorgelagert sind, sondern erst durch Normen geschaffen werden. Beispiele solcher durch das Gesetzesrecht konstituierten Grundrechte sind etwa die Garantien der privatrechtlichen Institute der Ehe, der Vertragsfreiheit, der Vereinigungsfreiheit und der Koalitionsfreiheit. Die Ausgestaltung eines solchen Instituts formt zugleich auch den Inhalt des Grundrechts als Abwehrrecht, das auch Beseitigungsansprüche gegen den Gesetzgeber begründet. Die Voraussetzungen für diese Ansprüche werden folglich mittelbar durch den einfachen Gesetzgeber selbst geschaffen.

Ist dieser Einfluß des Gesetzgebers auf den Schutzbereich der Grundrechte im Bereich der rechtlich konstituierten Freiheiten noch weitgehend anerkannt, so gilt das nicht mehr für die Grundrechte, die dem Schutz „natürlicher Freiheiten“ und Rechtsgüter dienen. So sind beispielsweise die Rechte der Glaubens-, Meinungs- oder Versammlungsfreiheit wie die Rechtsgüter Leben und körperliche Unversehrtheit, die in verschiedenen Grundrechtsbestimmungen vor staatlichem Zugriff geschützt werden, vorstaatlich existent. Sie müssen folglich nicht erst durch die Rechtsordnung konstituiert werden. Dennoch vermag – wie schon im oben ausgeführten Beispiel zu Art. 2 Abs. 1 GG – der Gesetzgeber auch hier Einfluß auf den Inhalt und Umfang des grundrechtlichen Schutzes auszuüben. Zum einen bestimmt doch, was kaum zu bestreiten sein dürfte, gerade das einfache Recht, in welchem Umfang die grundrechtliche Freiheit vor dem Zugriff der Exekutive rechtlich geschützt ist. Jede verfassungsgemäße Eingriffsnorm reduziert den Bestand an Rechten der Betroffenen, insbesondere etwa durch die Beschränkung der rechtlich zulässigen Handlungsmöglichkeiten oder durch die Schaffung von Eingriffsermächtigungsgrundlagen für die Exekutive. So erscheint es bei näherer Hinsicht keineswegs mehr allzu überraschend, daß der rechtlich vor dem Zugriff der Verwaltung geschützte Bestand an subjektiven (Freiheits- und Gleichheits-)Rechten und deren Umfang im wesentlichen durch das einfache Gesetzesrecht bestimmt wird, indem das einfache Recht den Grundrechten in zahllosen Fällen Schranken setzt. Hält sich eine entsprechende Norm an die Vorgaben der Verfassung, so reduziert sie fortan die Rechtsposition des Grundrechtsträ-

[77] Zum Begriff s. etwa *Sachs*, in: Sachs (Hrsg.), GG, vor Art. 1 Rdnr. 30; ausführlich *ders.*, in: Stern, Staatsrecht III/1, § 68 (S. 754ff.).

[78] BVerfG, Beschl. v. 7. 7. 1971 – 1 BvR 765/66, BVerfGE 31, 229 (240); *Schwerdtfeger*, NVwZ 1982, 5 (8).

[79] So für die Ehe etwa *Kingreen*, Jura 1997, 401; vgl. auch *Dietlein*, Schutzpflichten, S. 80.

gers[80]. Daß das Gesetzesrecht damit maßgeblich die Grenzen des Exekutivverhaltens bestimmt, bedarf keiner weiteren Erläuterung.

Wie in der eingangs genannten These deutlich wird, bestimmt das einfache Recht aber noch mehr: Es kann nicht nur den effektiv geschützten Bestand an Freiheit durch Eingriffsregelungen und Eingriffsermächtigungen reduzieren, es gestaltet auch noch auf andere Art den Schutzbereich der Grundrechte aus. Diese weitere Funktionsweise des Gesetzesrechts hängt mit den heute in Rechtsprechung und Literatur allgemein anerkannten, aus den Grundrechten abzuleitenden Pflichten des Gesetzgebers zum Schutz und zur Förderung der jeweiligen Rechtspositionen zusammen[81]. Dem Gesetzgeber kommt insofern nicht nur die Aufgabe zu, die Grundrechte durch das einfache Recht auszugestalten. Er hat auch die Aufgabe, die zahllosen kollidierenden Privat- und Gemeininteressen zu einem gerechten Ausgleich zu bringen und so zugleich die Grundrechte vor Eingriffen Dritter zu schützen. Freiheit besteht für die Grundrechtsträger in einem Gemeinwesen nur dann, wenn jeweils die Freiheit (der anderen) beschränkt wird.

Die in Konsequenz einer Schutzpflicht erlassenen Normen können gleichzeitig einerseits Grundrechtseingriffe darstellen und andererseits die subjektive Rechtsstellung der begünstigten Person sogar erweitern. Das läßt sich vor allem in solchen Regelungsbereichen veranschaulichen, in denen der Gesetzgeber das Verhalten Privater zum Schutz Dritter Schranken unterwirft, wie dies exemplarisch für das Bau- und Immissionsschutzrecht oder das Wirtschaftsverwaltungsrecht gezeigt werden kann. So stellen sich die gesetzlich angeordnete Genehmigungsbedürftigkeit der Errichtung einer baulichen Anlage wie auch die materiellen Anforderungen an die Zulässigkeit des Vorhabens aus der Perspektive des Grundstückseigentümers als Eingriff in sein Eigentumsgrundrecht dar[82]. Im Hinblick auf die Drittbetroffenen, also im Baurecht die Nachbarn, ist die einfachgesetzliche Abgrenzung der privaten Interessen in der Regel mit einer Erweiterung ihrer (Abwehr-)Rechte verbunden. Durch Schutznormen entscheidet der Gesetzgeber, wie weit er die Interessen der Betroffenen zu subjektiven Rechten erklären und damit abwehrrechtlich schützen will. Ohne gesetzliche Regelung wäre etwa die staatliche Genehmigung für das Verhalten einer Person nur als ein

---

[80] Das kommt auch in dem vielfach im Verwaltungs- und Verwaltungsprozeßrecht (hier vor allem in Verbindung mit der Klagebefugnis) vertretenen Anwendungsvorrang des einfachen Rechts vor den Grundrechten zum Ausdruck, auch wenn damit das Verhältnis von Grundrechten und einfachem Recht nicht ganz erfaßt wird; vgl. im folgenden Text bei Fußn. 90 (S. 48f.).

[81] Zu den Schutzpflichten vgl. stellv. BVerfG, Urt. v. 25. 2. 1975 – 1 BvF 1 – 6/74, BVerfGE 39, 1 (41); Urt. v. 16. 10. 1977 – 1 BvQ 5/77, BVerfGE 46, 160 (164); Beschl. v. 8. 8. 1978 – 2 BvL 8/77, BVerfGE 49, 89 (126); Urt. v. 28. 5. 1993 –2 BvF 2/90 u.a., BVerfGE 88, 203 (251ff.); *H. Dreier*, in: Dreier (Hrsg.), GG, Vorb. Rdnr. 101ff.; näher *Hermes*, Grundrecht auf Schutz, insb. S. 219ff.; zu den bisher wohl nur für einzelne Grundrechte diskutierten und anerkannten Förderungspflichten s. *Kopp*, NJW 1994, 1753.

[82] Der Sache nach ändert sich daran auch nichts, wenn man derartige Regelungen als Ausgestaltungen des Eigentumsrechts und nicht als Eingriffe versteht.

Eingriff in Grundrechte anzusehen, soweit sie zu „schweren und unerträglichen Beeinträchtigungen" führte[83]. Einfachgesetzliche Regelungen zum Nachbarschutz verhindern damit auch den Rückgriff auf derartige Formeln[84]. Was zum Bestand an Rechten zählt, die durch die Grundrechte geschützt werden, bestimmt folglich das einfache Gesetz in den Grenzen des Verfassungsrechts. Soweit sich dann die Genehmigung einer baulichen Anlage an die einfachgesetzlichen Zulässigkeitsvoraussetzungen hält und die diese Voraussetzungen begründenden Regelungen als verfassungskonform anzusehen sind, greift die Baugenehmigung nicht in die Grundrechte des Nachbarn ein. Die Grundrechte bieten damit für die Drittbetroffenen keinen Schutz, der über das verfassungskonforme einfache Recht hinausgeht. Verfassungsgemäß ist die Grenzziehung, wenn der Gesetzgeber im Hinblick auf die Drittbetroffenen auch das Untermaßverbot, das aus den grundrechtlich abzuleitenden Schutzpflichten folgt[85], beachtet. Geht der Normgeber über den grundrechtlich geforderten Minimalschutz hinaus, also über das, was die Schutzpflichten fordern, wird der Umfang der durch die Grundrechte geschützten Rechte erweitert. Ist dann ein tatsächliches Interesse des Dritten durch die Norm aber nicht geschützt worden, kann der Dritte diesen Schutz auch nicht durch unmittelbaren Rückgriff auf die Grundrechte erreichen. Die Grundrechte bieten in den Fällen der Drittbetroffenheit keinen Schutz, soweit einfachrechtliche verfassungskonforme Regelungen vorhanden sind und diese keinen entsprechenden Schutz gewähren.

Dieses Verhältnis von Grundrecht und einfachem Recht zeigt sich exemplarisch etwa im Immissionsschutzrecht und hier im Hinblick auf die materiellrechtlichen Genehmigungsvoraussetzungen für die Errichtung und den Betrieb emittierender Anlagen nach §§4ff. BImSchG[86]: Nach §5 Abs.1 Nr.1 BImSchG sind genehmigungsbedürftige Anlagen so zu errichten, daß „schädliche Umwelteinwirkungen und sonstige Gefahren, erhebliche Nachteile und erhebliche Belästigungen für die Allgemeinheit und die Nachbarschaft nicht hervorgerufen werden können." Eine Konkretisierung der Anforderungen – etwa im Hinblick auf Grenzwerte für Emissionen – erfolgt gemäß §7 BImSchG (konkret für Emis-

[83] Vgl. für Art.14 GG nur BGH, Urt. v. 20.3. 1975 – III ZR 215/71, BGHZ 64, 220 (230); Urt. v. 27.1. 1983 – III ZR 131/81, BGHZ 86, 356 (364f.); Urt. v. 28.6. 1984 – III ZR 35/83, BGHZ 92, 34 (42f.); BVerwG, Urt. v. 14.4. 1978 – 4 C 96, 97.76, NJW 1979, 995 (996).

[84] Das ist heute für Art.14 GG weitgehend anerkannt, vgl. BVerwG, Urt. v. 26.9. 1991 – 4 C 5.87, BVerwGE 89, 69 (78); Urt. v. 23.8. 1996 – 4 C 13.94, BVerwGE 101, 364 (374ff.); *Wieland*, in: Dreier (Hrsg.), GG, Art.14 Rdnr.41; dies gilt aber nach hier vertretener Ansicht für die Grundrechte allgemein.

[85] Vgl. BVerfG, Urt. v. 28.5. 1993 – 2 BvF 2/90 u.a., BVerfGE 88, 203 (254f., 262, 304); *Dietlein*, ZG 10 (1995), 131ff.; *Denninger*, in: Festschrift für Mahrenholz, 1994, S.561ff.; weitere Nachw. etwa bei *Sachs*, in: Sachs (Hrsg.), GG, Art.20 Rdnr.147 (Fußn. 450).

[86] Ein anderes Beispiel bildet für das atomrechtliche Genehmigungsverfahren §45 StrahlenSchutzVO, vgl. BVerwG, Urt. v. 21.8. 1996 – 11 C 9.95, BVerwGE 101, 347 (350f.), das genau mit der hier befürworteten Dogmatik übereinstimmt; s. auch BVerwG, Urt. v. 22.12. 1980 – 7 C 84.78, BVerwGE 61, 256 (263ff.).

sionsgrenzwerte §7 Abs. 1 Nr. 2 BImSchG) durch Rechtsverordnungen der Bundesregierung wie etwa die GroßfeuerungsanlagenVO (13. BImSchV)[87]. In Rechtsprechung und Literatur ist heute allgemein anerkannt, daß die Regelung des §5 Abs. 1 Nr. 1 BImSchG drittschützenden Charakter hat[88]. Damit liegt in der Verletzung des §5 Abs. 1 Nr. 1 BImSchG in Verbindung mit den Grenzwerten nach der 13. BImSchV durch eine Genehmigung eine Rechtsverletzung des Nachbarn[89], die einen Aufhebungsanspruch gegenüber der Genehmigung begründet, der notfalls im Anfechtungsprozeß geltend gemacht werden kann.

Einerseits stellen sich die genannten Immissionsschutznormen als Eingriffsnormen dar. Die durch Art. 12 und 14 GG grundrechtlich geschützte Freiheit zum Bau und Betrieb einer emittierenden Anlage wird durch das gesetzliche Genehmigungserfordernis in Verbindung mit den materiellen Genehmigungsvoraussetzungen beschränkt. Die immissionsschutzrechtlichen Bestimmungen sind insofern als Eingriffsnormen an den Grundrechten als Abwehrrechten zu messen. Die Voraussetzungen für die Zulässigkeit dieses gesetzlichen Grundrechtseingriffs werden folglich durch die Grundrechte als höherrangiges Recht vorgegeben. Sind die Eingriffe verfassungskonform, haben sie die Konsequenz, den Schutz durch die Grundrechte gegenüber Maßnahmen der Verwaltung auf solche Fälle zu begrenzen, die sich nicht mehr in den Grenzen des verfassungskonformen einfachen Gesetzesrechts bewegen. Der noch geschützte Bestand an Rechten wird durch das (verfassungskonforme) Gesetzesrecht festgelegt. Zur Begründung dieses im Ergebnis wohl unbestrittenen Phänomens, das zu einem Verbot eines Rückgriffs auf das (unbeschränkte) Grundrecht am Gesetzesrecht vorbei führt, wird meist auf einen (Anwendungs-) Vorrang des Gesetzesrechts verwiesen[90]. Ein solcher Vorrang des Gesetzesrechts versteht sich angesichts des Rangverhältnisses von Verfassung und Gesetz[91] aber nicht von selbst. Eine Möglichkeit der Begründung resultiert aus der hier beschriebenen Wirkung des einfachen

---

87 Dreizehnte Verordnung zur Durchführung des Bundes-Immissionsschutzgesetzes (Verordnung über Großfeuerungsanlagen – 13. BImSchV) v. 22. 6. 1983, BGBl. I S. 719.

88 Vgl. nur BVerwG, Urt. v. 18. 5. 1982 – 7 C 42.80, BVerwGE 65, 313 (320); Urt. v. 30. 9. 1983 – 4 C 74.78, BVerwGE 68, 58 (59); OVG Koblenz, Urt. v. 3. 3. 1975 – 2 B 11/75, GewArch. 1975, 165 f.; *Hoppe/Beckmann/Kauch*, Umweltrecht, §11 Rdnr. 118; *Jarass*, BImSchG, §5 Rdnr. 120; *Kloepfer*, Umweltrecht, §8 Rdnr. 21.

89 Zum Begriff des Nachbarn im Immissionsschutzrecht vgl. etwa *Kopp/Schenke*, VwGO, §42 Rdnr. 104 m. w. Nachw.

90 Vgl. *Maurer*, Allgemeines Verwaltungsrecht, §4 Rdnr. 50; *ders.*, DÖV 1975, 223 ff.; *W.-R. Schenke*, Verwaltungsprozeßrecht, Rdnr. 892; *Schmidt-Aßmann*, in: Maunz/Dürig/Herzog/Scholz, GG, Art. 19 IV Rdnr. 121; *Wahl*, NVwZ 1984, 401 ff.; *ders.*, in: Schoch/Schmidt-Aßmann/Pietzner, VwGO, vor §42 Abs. 2 Rdnr. 92; *Wahl/Schütz*, in: Schoch/Schmidt-Aßmann/Pietzner, VwGO, §42 Abs. 2 Rdnr. 57. S. weiter *Dreier*, Die Verwaltung 36 (2003), 105 ff.; *Hösch*, Die Verwaltung 30 (1997), 211 (220); *Wernsmann*, Die Verwaltung 36 (2003), 67 (85).

91 Dieses Rangverhältnis wird in Abgrenzung zum Anwendungsvorrang häufig als „Geltungsvorrang der Verfassung" bezeichnet, s. *Maurer*, Allgemeines Verwaltungsrecht, §4 Rdnr. 50; *Wernsmann*, Die Verwaltung 36 (2003), 67 (85).

Gesetzesrechts für die Grundrechte. Die Vielzahl einfachgesetzlicher Regelungen füllt die durch die Grundrechte aufgestellte Rahmenordnung aus. Erst in der Verbindung der Normen unterschiedlicher Hierarchieebenen entsteht der Normbefehl im Einzelfall[92]. Gerade auch die verfassungskonforme Auslegung des Gesetzesrechts belegt, daß es schlicht um die Anwendung allen im konkreten Fall einschlägigen Rechts geht. Das einschlägige Recht wird gemeinsam aus dem betroffenen Grundrecht und den einfachgesetzlichen Normen gebildet. Auch daran zeigt sich, daß sich die Verfassungsbindung des Gesetzgebers und dessen Fähigkeit, über den Umfang des effektiven Grundrechtsschutzes zu bestimmen, nicht ausschließen. Vor allem wird hier nicht die Rangordnung zwischen Verfassungsrecht und einfachem Recht umgekehrt.

Andererseits verfolgen die Normen des Immissionsschutzrechts auch den Zweck des Schutzes der Gesundheit der von den Immissionen (potentiell) betroffenen Personen. Die Immissionsschutzregelungen dienen der Erfüllung der – allgemein aus den Grundrechten abgeleiteten – Schutzpflicht des Staates vor Eingriffen durch Private. Dieser Schutz wird auch durch Eingriffe in die Grundrechte der Anlagenbetreiber zu bewirken versucht. Vor der Schaffung solcher Regelungen zum Schutz hatte der einzelne Grundrechtsträger lediglich einen den objektiven Schutzpflichten korrespondierenden Anspruch gegen den Staat auf Maßnahmen zum Schutz des gefährdeten Grundrechts, also vor allem gegen den Gesetzgeber auf Erlaß von Schutzgesetzen. Mit Hilfe dieses Anspruchs kann jedoch noch nicht der Erlaß konkreter Regelungen gefordert werden. Vielmehr kommt dem Gesetzgeber in aller Regel ein weiter Spielraum dabei zu, auf welche Weise und auch in welchem Umfang er den Schutz sicherstellen will. Daher kann das Bundesverfassungsgericht eine Schutzpflichtverletzung erst dann feststellen, wenn der Normgeber trotz eindeutiger Schutzbedürftigkeit ganz untätig bleibt oder die erlassenen Normen eindeutig unzureichend sind[93].

---

92 Daher erscheint die von *Wahl*, in: Schoch/Schmidt-Aßmann/Pietzner, VwGO, vor §42 Abs.2 Rdnr.49ff., vertretene Zweiteilung des Rechtsschutzes in einen Verfassungs- und einen Verwaltungsrechtskreis nicht recht überzeugend. Ohne hier ausführlich Stellung nehmen zu können, dürfte mit diesem Ansatz weder Art.1 Abs.3 GG hinreichend Rechnung getragen noch das gegen- oder wechselseitige Einwirken der Rechtsnormen unterschiedlichen Ranges aufeinander (gerade im Verhältnis zwischen den Grundrechten und dem Verwaltungsrecht) vollständig erfaßt werden. Daß zur Begründung der verwaltungsprozessualen Klagebefugnis in den Fällen von Klagen Drittbetroffener in aller Regel gerade nicht auf die Grundrechte zurückgegriffen werden kann (für Art.6 Abs.1 GG wird das aber – wenig überzeugend – in der Praxis [noch] anders gesehen, vgl. BVerwG, Urt. v. 27.8.1996 – 1 C 8.94, BVerwGE 102, 12 [14]), hängt nicht mit einer Trennung von Rechtskreisen zusammen. Dieses Phänomen läßt sich überzeugender begründen mit der Vielzahl der Einflüsse des Gesetzesrechts auf die Grundrechte, vor allem die Beschränkungen und Ausgestaltungen der Grundrechte durch den Gesetzgeber, von der gerade auch *Wahl* und mittlerweile zumindest im Ansatz auch eine Reihe weiterer Autoren ausgehen.

93 Vgl. etwa BVerfG, Urt. v. 16.10. 1977 – 1 BvQ 5/77, BVerfGE 46, 160 (164f.); Beschl. v. 29.10. 1987 – 2 BvR 624/83 u.a., BVerfGE 77, 170 (214); Beschl. v. 30.11. 1988 – 1 BvR 1301/84, BVerfGE 79, 174 (202); Urt. v. 28.1. 1992 –1 BvR 1025/82 u.a., BVerfGE 85, 191 (212).

Die Regelung des § 5 Abs. 1 Nr. 1 BImSchG stellt eine solche Norm dar, die durch den Gesetzgeber in Erfüllung der grundrechtlichen Schutzpflichten gegenüber den von Immissionen betroffenen Personen erlassen wurde. Entsprechend wird ihr auch dritt- oder nachbarschützender Charakter zugesprochen. Die Wirkung der Schutznorm macht zugleich in besonderer Weise das Verhältnis zwischen den Grundrechten als Abwehrrechten und dem einfachen Recht deutlich. Die Frage, wann staatliche Genehmigungen oder Erlaubnisse in Grundrechte Dritter eingreifen, deren Interessen vom genehmigten Verhalten eines Privaten tangiert werden, läßt sich allein aus der Perspektive des Grundrechts nämlich nicht oder zumindest kaum beantworten. Werden in dem hier relevanten Bereich der sogenannten staatlichen Drittbeeinträchtigungen die Dritten jedoch dadurch geschützt, daß nach dem Gesetz die Beachtung bestimmter Bedingungen für die Rechtmäßigkeit der Genehmigung dem Schutz ihrer Interessen dienen soll, so legt diese einfachrechtliche Norm für die betreffenden Fallkonstellationen den personellen und sachlichen Schutzbereich des Grundrechts fest. Es gestaltet den Schutzbereich aus, indem es festlegt, welche Personen in welchem Umfang als betroffen anzusehen sind. Das Gesetz bestimmt damit, wann in den Fällen von Drittbetroffenen von einem mittelbaren oder faktischen Grundrechtseingriff auszugehen und wann diese Schwelle noch nicht erreicht ist. Das Gesetz bewertet die rechtlichen und tatsächlichen Beeinträchtigungen mittels der Einräumung eines subjektiven Rechts[94]. Da diese Bestimmung stets unter dem Vorbehalt der Beachtung der verfassungsrechtlichen Vorgaben (in diesem Fall durch die Schutzpflichten und die Grundrechte als Abwehrrechte) steht, liegt auch darin keine Umkehrung des Rangverhältnisses zwischen einfachem Recht und Verfassungsrecht. Soweit einfachgesetzliche Regelungen vorhanden sind, die den Grundrechtsschutz in den von den Grundrechten vorgegebenen Grenzen ausgestalten, werden damit durch den Gesetzgeber anderweitige Versuche zur Bestimmung faktischer Grundrechtseingriffe ausgeschlossen. Verstößt der Verwaltungsakt gegen die einfachgesetzliche Schutznorm, liegt darin zugleich ein Eingriff in das durch das Gesetz geschützte Grundrecht der vom Gesetz bestimmten Personen.

Für das hier diskutierte Beispiel des § 5 Abs. 1 Nr. 1 BImSchG bedeutet dies: Eine immissionsschutzrechtliche Genehmigung der Errichtung und des Betriebs einer genehmigungspflichtigen Anlage, die unter Verstoß gegen § 5 Abs. 1 Nr. 1 BImSchG erlassen wird, verletzt nicht nur die Schutznorm des § 5 Abs. 1 Nr. 1 BImSchG, sondern auch das Grundrecht des Art. 2 Abs. 2 S. 1 GG solcher Personen, die von § 5 Abs. 1 Nr. 1 BImSchG erfaßt werden. Aufgrund dieses Verhältnisses zwischen Grundrecht und einfachem Recht nehmen die einfachrechtlichen subjektiven Rechte am Grundrechtsschutz teil. Das gilt für die gesetzliche Schutznorm nicht nur dann, wenn sie soviel Schutz gewährt, wie nach der grund-

[94] S. *Krebs*, in: v. Münch/Kunig, GG, Art. 19 Rdnr. 60; *Pietzcker*, in: Festschrift für Dürig, S. 345 (355, 361f.); *Schulze-Fielitz*, in: Dreier (Hrsg.), GG, Art. 19 IV Rdnr. 63.

rechtlichen Schutzpflicht auch gewährt werden muß[95]. Am Grundrechtsschutz nehmen vielmehr auch solche subjektiven Rechte teil, zu deren Schaffung der Gesetzgeber gerade nicht verpflichtet war.

Die einfachgesetzliche Schaffung subjektiver Rechte kann insofern einerseits eine Präzisierung oder Ausgestaltung des Schutzbereichs eines Grundrechts darstellen, andererseits auch Zahl und Umfang der grundrechtlich geschützten Rechtspositionen erweitern. Bei freiwilligen Leistungen des Staates in Form von gesetzlichen Leistungsansprüchen ist diese Wirkung des Gesetzesrechts im Ergebnis völlig unbestritten. So entspricht es allgemeiner Auffassung, daß der Gesetzgeber, auch wenn er zur Schaffung des Anspruchs in keiner Weise verpflichtet war, bei seiner Abschaffung grundrechtlichen Beschränkungen unterliegt. Bei verfassungs- beziehungsweise grundrechtlich nicht geforderten Rechtspositionen, die auch als „verfassungsrechtlich zufällige gesetzliche Rechtspositionen" bezeichnet werden[96], besteht ein zumindest über Art. 2 Abs. 1 GG gewährter Schutz gegenüber einer Entziehung dieser Rechtsposition[97]. Auf dieser Ansicht basiert auch die Rechtsprechung des Bundesverfassungsgerichts zur Rückwirkung von Gesetzen, bei der sich die Verfassungsbeschwerdebefugnis aus einer möglichen Verletzung des Art. 2 Abs. 1 GG in Verbindung mit dem Vertrauensschutzprinzip ergibt. Das ist aber nur denkbar, wenn der gesetzliche Anspruch auf die Leistung zum Schutzbereich der allgemeinen Handlungsfreiheit zu rechnen ist. Hier erweitert also der Gesetzgeber den von den Grundrechten geschützten Bestand an Rechten.

Entsprechendes gilt auch für andere Grundrechte, wie etwa für das in unserem Beispiel des Immissionsschutzrechts einschlägige Grundrecht auf Leben und körperliche Unversehrtheit. Durch den einfachgesetzlichen Schutz wird der Umfang der vor staatlicher Mißachtung geschützten Rechte erweitert, sofern dieser Schutz über den von den Grundrechten ohnehin geforderten Mindestschutz hinausgeht.

b) Kritik

aa) Verletzung des Rangverhältnisses zwischen Verfassung und einfachem Recht

Die konsequente These, das Gesetz definiere damit letztlich den Inhalt der grundrechtlichen Gewährleistung mit, provoziert natürlich den naheliegenden Einwand, auf diese Weise würden die Grundrechte in ihrer Bedeutung maßgeblich relativiert und zur Disposition des Gesetzgebers gestellt. Diese verbreiteten und

---

[95] Die Grundrechtsverletzung auf diesen Fall beschränkend dagegen *Lübbe-Wolff*, Die Grundrechte als Eingriffsabwehrrechte, S. 118f., 145.

[96] *Sachs*, in: Stern, Staatsrecht III/1, § 66 II 4 a (S. 655).

[97] Vgl. *Sachs*, ebd.; s. auch *Alexy*, Theorie der Grundrechte, S. 177ff.: Rechte auf die Nichtbeseitigung von rechtlichen Positionen.

zunächst naheliegenden Bedenken stützen sich maßgeblich auf den Gesichtspunkt der unmittelbaren Grundrechtsbindung aller staatlichen Gewalt nach Art. 1 Abs. 3 GG[98]. Prima facie scheint hier das Rangverhältnis zwischen den Grundrechten und dem Gesetzesrecht auf den Kopf gestellt worden zu sein.

Wenn auch nicht in derselben Schärfe findet sich das Argument des Rangunterschieds zwischen den Grundrechten und dem einfachen Recht aber auch in zahlreichen anderen Stellungnahmen. Im Fall der hier vertretenen Ansicht richte sich die Reichweite des Grundrechtsschutzes nach dem Willen des Gesetzgebers, sie sei nicht mehr dem Grundgesetz, sondern den Bundestagsdrucksachen zu entnehmen[99]. Aus diesem zentralen Gedanken werden auch als Folgeargumente abgeleitet, mit der Bewertung des einfachen Rechts als Verfassungsrecht ginge eine Versteinerung des Rechts einher[100] und das Bundesverfassungsgericht werde durch die Aufwertung des einfachen Rechts zum Grundrecht zu einer Superrevisionsinstanz[101].

Der vielfach angenommene Widerspruch zum Vorrang der Verfassung, der auch an der Rechtsprechung des Bundesverfassungsgerichts kritisiert wird, ist bis heute nicht überzeugend begründet worden und läßt sich auch nicht entsprechend begründen. Die These von der Ausgestaltung der Grundrechte durch die Gesetzgebung, die die Kompetenz zur Beschränkung und Definition des grundrechtlichen Schutzbereichs einschließt, verträgt sich bei genauer Hinsicht, wie die vorausgehende Darstellung der hier vertretenen Position bereits gezeigt hat, problemlos mit der Bindung des Gesetzgebers gemäß Art. 1 Abs. 3 GG an die Grundrechte. Die Grundrechte geben den Rahmen vor, die Ausfüllung innerhalb der vorgegebenen Grenzen obliegt dem Gesetzgeber. Daher wird die Bindung des Gesetzgebers an die höherrangigen Grundrechte in keiner Weise geleugnet. Soweit die Grundrechte Vorgaben enthalten, können diese durch den Gesetzgebungsakt nicht negiert werden. Jedes Gesetz wird unter anderem an den Grundrechten gemessen. Gleichzeitig gestaltet es aber im Fall seiner Verfassungsmäßigkeit die Grundrechte auch aus; in einigen Fällen wird der Inhalt des Grundrechts – wie gesehen – erst durch das Gesetzesrecht konstituiert, in anderen zumindest konkretisiert. Diese Ausgestaltung kann auch zu einer Erweiterung des grund-

---

[98] S. etwa *Pieroth/Schlink*, Grundrechte, Rdnr. 250; vgl. auch *Bethge*, Der Staat 24 (1985), 365f.; *Dolde*, NVwZ 1982, 65 (69); s. auch *J. Held*, Der Grundrechtsbezug des Verwaltungsverfahrens, S. 106ff.; soweit *Wahl* (s. in: Bürgerbeteiligung, S. 113 [132], sowie in: Der Staat 1981, 485 [514]) in diese Richtung argumentiert hat, dürften diese Überlegungen durch spätere Ausführungen zur Ausgestaltungskompetenz und -pflicht (vgl. *Wahl*, in: Schoch/Schmidt-Aßmann/Pietzner, VwGO, Vorb § 42 Abs. 2 Rdnr. 49ff.) zumindest weitgehend entkräftet sein. Der Hinweis von *Dolde*, NVwZ 1982, 69 (Fußn. 57), auf *Ossenbühl*, DÖV 1981, 1 (9), trägt nicht.

[99] Vgl. *Dolde*, NVwZ 1982, 65 (69); s. auch *J. Held*, Der Grundrechtsbezug des Verwaltungsverfahrens, S. 107.

[100] Dazu näher unten cc (S. 56ff.).

[101] *Dolde*, NVwZ 1982, 65 (69); in dieselbe Richtung auch *Heun*, Funktionell-rechtliche Schranken, S. 72: potentielle Machtverschiebung vom Gesetzgeber zum BVerfG, praktische Rangerhöhung – Zwischenebene zwischen einfachem Gesetzesrecht und Verfassungsrecht.

rechtlichen Schutzes sowohl gegenüber der Verwaltung als auch gegenüber der nachfolgenden Gesetzgebung führen. Das Beispiel des grundrechtlichen Schutzes vor einer eine subjektive Rechtsposition verschlechternden Rechtsänderung durch die grundrechtlichen Anforderungen an rückwirkende Rechtsnormen wurde bereits genannt. Nur aufgrund der Anerkennung des Grundrechtsschutzes jedes einfachgesetzlichen subjektiven Rechts besitzt der Rechtsinhaber Abwehrrechte gegenüber dem Änderungsgesetzgeber. Die hier gestellten Anforderungen lassen sich nicht allein mit einem auch im (objektivrechtlichen) Rechtsstaatsprinzip verankerten Vertrauensschutz erfassen. Erst mit der subjektivrechtlichen Seite des Vertrauensschutzes werden die materiellen Grenzen für den Gesetzgeber vollständig erfaßt. Die Anerkennung der Relevanz des Gesetzesrechts für den grundrechtlichen Schutzbereich ist durch den schlichten Hinweis auf den Vorrang der Verfassung nicht in Zweifel zu ziehen. Das Rangverhältnis erlangt Bedeutung im Fall des Widerspruchs zwischen Gesetz und Verfassung. Soweit die Verfassung dagegen dem Gesetzgeber einen Gestaltungsspielraum einräumt beziehungsweise beläßt, kann dieser Spielraum nicht wieder im Ergebnis verneint werden. Vorrang und Spielraum stehen unproblematisch im Einklang miteinander.

Für Eingriffsnormen ist das auch in anderer Hinsicht völlig unbestritten. Bekanntermaßen stellt sich der Grundrechtsschutz innerhalb der Grenzen des „Unantastbaren“ (wie in Art. 1 Abs. 1 GG) oder der Wesensgehaltsgrenze (Art. 19 Abs. 2 GG) nicht als absolut, sondern nur als relativ dar. Eingriffe in den Schutzbereich eines Grundrechts sind nicht generell unzulässig, sie bedürfen lediglich einer tragfähigen Rechtfertigung. Die Anforderungen an diese Rechtfertigung werden unter Beachtung der Pflicht des Gesetzgebers zur Entscheidung von Interessenkonflikten vom Übermaßverbot bestimmt und können damit je nach Einzelfall sehr unterschiedlich ausfallen. Praktisch kann der Gesetzgeber im Eingriffsbereich allerdings häufig sehr weitreichend, wenn nicht sogar nahezu frei über den konkreten Grundrechtsschutz der Bürger verfügen. All dies ändert selbstverständlich nichts am Vorrang der Verfassung und der Bindung durch Art. 1 Abs. 3 GG[102].

bb) Die Konzeption von Lübbe-Wolff

Einen beachtlichen Beitrag zur Begründung eines grundrechtlichen Schutzes einfachgesetzlich konstituierter subjektiver Rechtspositionen hat *Lübbe-Wolff* geleistet[103]. Im Ausgangspunkt, nach dem der Gesetzgeber grundsätzlich grundrechtlich geschützte subjektive Rechte begründen kann, stimmt die hier vertrete-

[102] Nichts anderes läßt sich im übrigen auch der Untersuchung von *H.-D. Horn*, Die grundrechtsunmittelbare Verwaltung, S. 240ff., entnehmen, obwohl *Horn* gerade den Gesichtspunkt des Vorrangs besonders hervorhebt und der Relativierung der Verfassung entgegenwirken will.

[103] *Lübbe-Wolff*, Die Grundrechte als Eingriffsabwehrrechte, S. 103ff.

ne Position des Grundrechtsschutzes einfachrechtlicher subjektiver Rechte mit der von ihr vertretenen Konzeption überein. Allerdings schränkt sie ihren Ansatz – nach der Gesamtanlage ihrer Arbeit recht überraschend[104] – in entscheidendem Umfang ein. Danach soll nur solches einfache Recht dem grundrechtlichen Normbestands- und Normanwendungsschutz unterfallen, das einem „objektiven ... verfassungsrechtlichen Gebot des Schutzes und/oder der Förderung grundrechtlicher Rechtspositionen entspricht“[105].

Mit dieser Voraussetzung des Grundrechtsschutzes einfachgesetzlicher subjektiver Rechte bleibt ihre Konstruktion auf wenige Fälle beschränkt und auch weit hinter der hier vertretenen und zumindest in der Sache auch vom Bundesverfassungsgericht befürworteten Lösung zurück. Für eine derart massive Einschränkung des Grundrechtsschutzes auf solche einfachgesetzlich konstituierten grundrechtsgünstigen Rechtspositionen, mit denen ein grundrechtlicher Verfassungsauftrag erfüllt wird oder die zu dessen Erfüllung beitragen[106], lassen sich keine tragfähigen Gründe finden.

Der im Ergebnis von dieser Auffassung lediglich anerkannte Minimalschutz läßt sich insbesondere nicht aus der Rechtsprechung des Bundesverfassungsgerichts ableiten[107]. Häufig wird für die gegenteilige Ansicht auf den Mülheim-Kärlich-Beschluß mit seinen Aussagen zum verfahrensrechtlichen Grundrechtsschutz Bezug genommen[108]. Die entscheidende und nicht ganz eindeutige Passage des Beschlusses lautet: „Das bedeutet nicht, daß jeder Verfahrensfehler in einem atomrechtlichen Massenverfahren bereits als Grundrechtsverletzung zu beurteilen wäre. Eine solche Verletzung kommt aber dann in Betracht, wenn die Genehmigungsbehörde solche Verfahrensvorschriften außer acht läßt, die der Staat in Erfüllung seiner Pflicht zum Schutz der in Art. 2 Abs. 2 GG genannten Rechtsgüter erlassen hat.“[109] Bei der Auswertung oder Auslegung dieser bundesverfassungsgerichtlichen Aussage im Hinblick auf den Grundrechtsschutz ein-

[104] Ein Beleg dafür ist die in der nachfolgenden Literatur vorhandene Unsicherheit bei der Auslegung ihrer Stellungnahme. So kann etwa *Gellermann*, Grundrechte, S. 409f., die Beschränkung des Abwehrrechtsschutzes auf den durch die Schutzpflichten geforderten Mindestschutz offenbar nicht glauben und berücksichtigt diese Begrenzungen nicht beziehungsweise versteht Lübbe-Wolffs Ansicht als Begründung eines allgemeinen grundrechtlichen Abwehrrechtsschutzes einfachgesetzlicher subjektiver Rechte („Derartig weitgreifende Relativierungen dürfen den Vertretern der Lehre eines negatorischen Normbestandsschutzes nicht unterstellt werden“, S. 409). So im Ergebnis auch *Manssen*, Privatrechtsgestaltung, S. 170ff. Dagegen wie hier *Sachs*, NWVBl. 1989, 350 (351); *Borowski*, Grundrechte als Prinzipien, S. 134.

[105] *Lübbe-Wolff*, Die Grundrechte als Eingriffsabwehrrechte, S. 145 sowie – ausführlicher – S. 118f.; diese Ansicht wird jeweils abzuleiten versucht aus der Rechtsprechung des BVerfG.

[106] *Lübbe-Wolff*, Die Grundrechte als Eingriffsabwehrrechte, S. 119.

[107] So allerdings – bei anderem Ausgangspunkt – auch *J. Held*, Der Grundrechtsbezug des Verwaltungsverfahrens, S. 114f.; wie hier dagegen *Burgi*, Erholung in freier Natur, S. 294ff.

[108] Vgl. *J. Held*, Der Grundrechtsbezug des Verwaltungsverfahrens, S. 114; *Lübbe-Wolff*, Die Grundrechte als Eingriffsabwehrrechte, S. 118.

[109] BVerfG, Beschl. v. 20. 12. 1979 – 1 BvR 385/77, BVerfGE 53, 30 (65f.).

fachgesetzlicher subjektiver Rechte ist vorab zu berücksichtigen, daß sie zu Verfahrensrechten und nicht zu materiellen Rechten ergangen ist. Zu der Frage, inwieweit die hier vertretene Auffassung zum Verhältnis zwischen einfachem Recht und den Grundrechten auch für die Verfahrensrechte gilt, soll später noch Stellung genommen werden[110]. Abgesehen von möglichen Besonderheiten läßt sich der zitierten Passage der Inhalt, der ihr zum Beispiel von *Lübbe-Wolff* beigemessen wird, aber auch so nicht entnehmen. Sie ist nach ihrem Wortlaut gerade nicht so zu verstehen, daß die einfachgesetzliche Norm einem objektiven Gebot der Verfassung entsprochen haben muß[111]. Für den Grundrechtsschutz reicht es aus oder kann es ausreichen, daß der Gesetzgeber die Norm in Erfüllung der Schutzpflicht erlassen hat. Mit anderen Worten: Es reicht eine Schutznorm; nicht notwendig ist eine Norm, die durch die Verfassung gefordert war. Auch eine Norm, die die Anforderungen der Schutzpflicht übertrifft, also mehr Schutz einräumt, als verfassungsrechtlich gefordert ist, ist eine Norm, die in Erfüllung der Schutzpflicht erlassen wurde, „die der Staat in Erfüllung seiner Pflicht zum Schutz der in Art. 2 Abs. 2 GG genannten Rechtsgüter erlassen hat"[112] und damit auch dem Grundrechtsschutz unterfällt beziehungsweise bei Verfahrensrechten unterfallen kann[113]. Deshalb ist auch der Versuch von *Lübbe-Wolff*, die eigene Ansicht von solchen Auffassungen abzugrenzen, die einen Grundrechtsschutz einfachgesetzlicher subjektiver Rechte nur befürworten, wenn der Betroffene aus der grundrechtlichen Schutzpflicht einen subjektiven Normsetzungsanspruch gerade auf das konkret erlassene subjektive Recht besitzt[114], nicht überzeugend. Auch der von *Lübbe-Wolff* befürwortete Grundrechtsschutz ist lediglich ein Minimalschutz, da ein grundrechtlicher Normbestands- wie Normanwendungsschutz voraussetzen soll, daß die einfachgesetzliche Norm einem objektiven Gebot der Verfassung entspricht[115]. Sofern eine objektivrechtliche Verpflichtung zum Beispiel zum Erlaß eines gesetzlichen Minimalschutzes subjektiver Grundrechtspositionen befürwortet werden kann, und dies verlangt *Lübbe-Wolff* offenbar mit dem objektiven Gebot des Schutzes oder der Förderung, dann läßt sich auch ein der objektiven Verpflichtung korrespondierendes subjektives Recht auf Schutz oder Förderung nicht bestreiten. Wenn gegen das subjektive Recht eingewandt wird, ein konkreter Anspruch auf eine bestimmte Norm sei aus dem jeweils einschlägigen Verfassungsauftrag nicht ableitbar[116], so trifft das aber schon für die objektivrechtliche Verpflichtung zu. Die objektivrechtliche Schutzpflicht ist stets

---

110 Vgl. unten B IV (S. 64ff.).

111 So aber *Lübbe-Wolff*, Die Grundrechte als Eingriffsabwehrrechte, S. 118.

112 BVerfG, Beschl. v. 20. 12. 1979 – 1 BvR 385/77, BVerfGE 53, 30 (65f.).

113 Im Hinblick auf die sogenannte „Grundrechtsrelevanz" von Verfahrensrecht s. auch *Wahl*, VVDStRL 41 (1983), 167 (168); *Beyerlein*, NJW 1987, 2713 (2715f.).

114 Vgl. *J. Held*, Der Grundrechtsbezug des Verwaltungsverfahrens, S. 115.

115 Vgl. *Lübbe-Wolff*, Die Grundrechte als Eingriffsabwehrrechte, S. 118, 145.

116 Vgl. *ebd.*, S. 145f.

dann viel zu unbestimmt, um eine konkrete Norm als die exakte Erfüllung der Verpflichtung zu begreifen, wenn dem Gesetzgeber ein Spielraum bei der Erfüllung der Pflicht zukam.

In den Kategorien der verwaltungsrechtlichen Ermessenslehre gedacht, ohne damit zugleich die Übertragung der Ermessensfehlerlehre befürworten zu wollen, läßt sich auch beim gesetzgeberischen Ermessen ein Entschließungs- und ein Auswahlermessen unterscheiden. Läßt sich aus den Grundrechten eine Pflicht zum Erlaß von Schutznormen ableiten, so ist damit in aller Regel nur die Annahme der Reduktion des Entschließungsermessens gemeint. Das Auswahlermessen wird dagegen kaum je so beschränkt sein, daß nur eine konkrete Norm zur Erfüllung der Schutzpflicht in Betracht kommt.

Besondere Zweifel an der Richtigkeit der Konzeption von *Lübbe-Wolff* weckt vor allem die bei ihr anzutreffende inhaltliche Begründung der massiven Beschränkung des Grundrechtsschutzes. Auch sie weist nämlich auf die anderenfalls eintretende Folge der Verkehrung beziehungsweise Außerkraftsetzung des Rangverhältnisses zwischen Verfassungsrecht und einfachem Recht hin[117]. Zum Aussagewert dieses Hinweises wurde bereits Stellung genommen.

cc) Versteinerungsgefahr

Die im Ergebnis beachtlichsten Bedenken gegenüber der hier befürworteten Auffassung zielen auf die Folgen des Normbestandsschutzes für den Gestaltungsspielraum des Gesetzgebers. Vielfach wird eine Gefahr der Versteinerung des Rechts erkannt, wenn der Gesetzgeber sein zuvor ohne verfassungsrechtliche Verpflichtung geschaffenes Normgefüge nicht auch wieder mit dem gleichen Gestaltungsspielraum umgestalten oder beseitigen könnte[118].

Gewisse Bedenken ruft diese Kritik zunächst in formaler Hinsicht hervor. Strenggenommen handelt es sich bei der beschworenen Gefahr der Versteinerung des Rechts nicht um eine dogmatisch fundierte Kritik an dem hier vertretenen dogmatischen Modell, sondern um Plausibilitätserwägungen im Hinblick auf ein nicht überzeugend scheinendes Ergebnis. Argumentiert wird allein im Hinblick auf eine im Ergebnis nicht angemessen erscheinende Rechtsfolge. Gleichwohl können diese Bedenken nicht unberücksichtigt bleiben. Dogmatische Konstruktionen müssen sich auch mit ihren Ergebnissen bewähren. Eine dogmatische Konstruktion mit einem Ergebnis, nach dem der Gesetzgeber nicht mehr oder nur noch unter extrem erschwerten Voraussetzungen in der Lage wäre, ein von ihm ohne verfassungsrechtliche Verpflichtung eingeführtes subjektives Recht mit Wirkung für die Zukunft wieder zu beseitigen, vermag schwerlich einzuleuchten. Bevor der Ansatz

[117] Vgl. *ebd.*, S. 119.

[118] Vgl. *Gellermann*, Grundrechte, S. 411; *Heun*, Funktionell-rechtliche Grenzen, S. 72; *Isensee*, HbdStR V, § 111 Rdnr. 160; *Robbers*, DÖV 1989, 688; in dieselbe Richtung *W. Roth*, Faktische Eingriffe, S. 169; in besonderer Hinsicht auch *Manssen*, Privatrechtsgestaltung, S. 173.

des negatorischen Schutzes auch einfachgesetzlicher subjektiver Rechte aber aufgrund untragbarer Ergebnisse verworfen wird, muß zunächst der Nachweis des untragbaren oder zumindest deutlich überzogenen Grundrechtsschutzes zu Lasten der gesetzgeberischen Gestaltungsfreiheit erbracht werden.

Wenn sich die Änderung, Umgestaltung oder Aufhebung einfachgesetzlicher Bestimmungen als Grundrechtseingriff darstellte, unterläge dieser neue Gesetzgebungsakt zweifellos den für jeden Grundrechtseingriff geltenden formellen und materiellen Rechtfertigungsanforderungen[119]. Ob damit bereits unzumutbare Beschränkungen des Gestaltungsspielraums des Gesetzgebers verbunden sind, läßt sich daraus aber noch nicht ableiten. Bestand keine verfassungsrechtliche Verpflichtung, gerade das betreffende subjektive Recht einzuführen, so unterliegt der Gesetzgeber auch bei seiner Aufhebung in materieller Hinsicht grundsätzlich keinen gesteigerten Anforderungen. Der bloße Umstand der Rechtfertigungsbedürftigkeit jedes Grundrechtseingriffs stellt insoweit keine wirkliche Hürde dar, da schon jeder vernünftige Grund zur Legitimation der Aufhebung ausreicht. Eine Einschränkung ist allerdings für die Berücksichtigung etwaigen berechtigten Vertrauens zu machen. Wie aus der umfänglichen verfassungsgerichtlichen Rechtsprechung vor allem zum Verbot rückwirkender Gesetze bekannt ist, kann der Gesichtspunkt des Vertrauensschutzes bei der Änderung und Aufhebung von Normen relevant werden und den Gestaltungsspielraum insoweit einschränken. Ein absoluter Normbestandsschutz ist mit der Berücksichtigung von Vertrauensschutzgesichtspunkten aber nicht verbunden. Regelmäßig kann dem Vertrauensschutz durch Übergangsregelungen für bestimmte Personengruppen Rechnung getragen werden, so daß auch keine Gefahr der Erstarrung der Rechtsordnung zu erkennen ist[120].

Ein „absoluter Normbestandsschutz" läßt sich nur unter der Voraussetzung begründen, daß der Gesetzgeber zum Erlaß eines bestimmten subjektiven Rechts verpflichtet ist und eine entsprechende Regelung erlassen hat. Hier wäre die Aufhebung der Regelung verfassungswidrig, solange eine Pflicht zu ihrem Erlaß besteht. Ein solcher Fall erscheint aber nicht nur eher theoretischer Natur, er ließe sich auch nicht als Beleg für die Versteinerungsgefahr anführen, da hier ja die Verfassung zum Erlaß der Norm zwingt.

[119] Wenn *Heun*, Funktionell-rechtliche Schranken, S. 72, in seiner anders ausgerichteten Kritik an dem Konzept von *Lübbe-Wolff* (dazu vorausgehend unter bb) meint, Normänderungen im Bereich der Schutzpflichten würden jedenfalls erhöhten Rechtfertigungsanforderungen unterworfen, so ist das zumindest nicht differenziert genug. Sind Normänderungen mit Grundrechtseingriffen verbunden, so unterfallen sie dem Rechtfertigungserfordernis. Für die Normänderung müssen Gründe sprechen, was bei fehlender Grundrechts- oder allgemeiner fehlender Rechtsbetroffenheit nicht erforderlich wäre. Die Anforderungen werden nicht erhöht, sie werden dadurch erst begründet. Zu der Frage, welche inhaltlichen Anforderungen an die Rechtfertigungsgründe zu stellen sind, s. nachfolgend im Text.

[120] Ebenso *Manssen*, Privatrechtsgestaltung, S. 172.

In aller Regel kommt dem Gesetzgeber zum Beispiel in Verbindung mit den grundrechtlichen Schutzpflichten ein weiter Gestaltungsspielraum hinsichtlich der konkreten Regelung zu, selbst wenn die Schutzpflicht zur Schaffung von Schutznormen verpflichtet. In diesem Fall hat sich lediglich der Spielraum bezüglich der Entscheidung, ob überhaupt Schutznormen erlassen werden sollen, auf eine einzig zulässige Entscheidung reduziert. Für die Frage, in welcher Weise der Schutz bewirkt werden soll, verbleibt dem Gesetzgeber dagegen in aller Regel noch ein weiter Spielraum. Entsprechend kann auch eine Schutznorm, die in Erfüllung einer grundrechtlichen Schutzpflicht erlassen wurde, wieder beseitigt und durch ein anderes Schutzgesetz ersetzt werden. Inwieweit Schutznormen dann, wenn die von ihnen begründeten subjektiven Rechte grundrechtlichen Schutz durch die Abwehrrechte genießen, mit einem höheren Rang als andere einfachgesetzliche Normen ausgestattet seien[121], ist daher nicht ersichtlich.

Beachtliche Bedenken gegen eine Einbeziehung einfachgesetzlicher subjektiver Rechte in den Schutzbereich der Grundrechte könnten aber aus solchen Anforderungen an die Änderungsgesetzgebung resultieren, die sich aus der Art des betroffenen Grundrechts ergeben. In Fällen, in denen nach hier vertretener Auffassung vom „negatorischen Schutz subjektiver Rechte" die einfachgesetzlichen subjektiven Rechte dem Schutzbereich vorbehaltloser Grundrechte zuzurechnen wären, bedürfte es entsprechend der mittlerweile allgemein anerkannten Auffassung von den verfassungsimmanenten Schranken gerade besonderer, nämlich verfassungsrechtlich fundierter Gründe zur Rechtfertigung der Aufhebung oder Umgestaltung von Rechtsnormen, die der Gesetzgeber zuvor ohne jede verfassungsrechtliche Pflicht in dieser Form geschaffen hat[122].

Um diese scheinbar unannehmbare Konsequenz zu vermeiden, wird – neben der Ablehnung der Ansicht vom negatorischen Schutz – teilweise die Einbeziehung einfachgesetzlicher subjektiver Rechte auf die Schutzbereiche solcher Grundrechte beschränkt, die in formeller Hinsicht dem Zugriff des Gesetzgebers offenstehen, also etwa auf Grundrechte mit Gesetzes- oder Regelungsvorbehalt[123]. Dies ist natürlich eine Lösung, die das Problem der möglicherweise zu starken Bindung des Gesetzgebers an seine früheren Entscheidungen begrenzen kann. Methodisch überzeugend ist sie allerdings mangels dogmatischer Argumentation nicht[124]. Eine solche Beschränkung des negatorischen Schutzes führte zwar auf dem „Umweg" über die subsidiäre Anwendbarkeit des Art. 2 Abs. 1 GG zu einem grundrechtlichen Schutz sämtlicher subjektiver Rechtspositionen[125], er-

[121] Vgl. *Heun*, Funktionell-rechtliche Grenzen, S. 72.

[122] S. vor allem *Gellermann*, Grundrechte, S. 411; vgl. auch *Manssen*, Privatrechtsgestaltung, S. 173, 180.

[123] Vgl. *Manssen*, Privatrechtsgestaltung, S. 173, 180.

[124] Ebenso *Gellermann*, Grundrechte, S. 411, für den dieser Ansatz gar an einen „Taschenspielertrick" erinnert.

[125] Faktisch unter gleichzeitiger Anwendbarkeit eines allgemeinen Gesetzesvorbehalts, da die

schiene aber ohne eine inhaltliche Begründung allein aus dem Gesichtspunkt eines nicht gewollten Ergebnisses heraus wenig plausibel und begründete gerade auch Zweifel an der Lösung in sonstigen Fällen.

Scheidet diese Lösung aus, stellt sich die Frage, welche Anforderungen mit der Anerkennung des Grundrechtsschutzes einfachgesetzlicher subjektiver Rechte im Bereich vorbehaltloser Grundrechte verbunden wären. Ist bei der Beseitigung subjektiver Rechte eine verfassungsimmanente Schranke einschlägig, obwohl der Gesetzgeber bei der Schaffung des Rechts keiner Pflicht zur Einführung des (konkreten) subjektiven Rechts ausgesetzt war, so scheinen sich damit erhebliche Anforderungen an den Rechtfertigungsgrund für die Beseitigung des subjektiven Rechts zu verbinden. Als Beispiel für scheinbar untragbare Ergebnisse wird das auf einfachrechtliche Konstituierung angelegte Grundrecht der Koalitionsfreiheit, und hier speziell als Unterfall oder Bestandteil der kollektiven Koalitionsfreiheit die Garantie der Tarifautonomie gemäß Art. 9 Abs. 3 GG genannt[126]. Gerade dieses Beispiel läßt sich als Beleg für die angebliche Untragbarkeit der Ansicht vom negatorischen Schutz einfachgesetzlicher subjektiver Rechte in mehrfacher Hinsicht in Zweifel ziehen. Erhebliche Probleme ergeben sich bei Ableitungen aus dem Fall des Art. 9 Abs. 3 GG schon aufgrund der bislang weithin nicht geklärten dogmatischen Struktur des Grundrechts im Hinblick auf die verbreitete Differenzierung zwischen Grundrechtseingriffen und Grundrechtsausgestaltungen[127]. Hält man diese nicht unbedenkliche Differenzierung für zutreffend, so entfiele der Grundrechtsschutz für solche Grundrechte im Bereich von Ausgestaltungen des Grundrechts von vornherein. Insoweit könnten sie auch keinen Beleg für untragbare Ergebnisse liefern, die mit der hier vertretenen Auffassung vom Grundrechtsschutz einfachgesetzlicher subjektiver Rechte verbunden sein sollen.

Nähme man dagegen an, auch gesetzliche Ausgestaltungen der Koalitionsfreiheit griffen nicht erst dann in dessen Schutzbereich ein, wenn ein von der Verfassung besonders geschützter Kernbereich tangiert wäre, so bedürfte es für eine derartige „eingreifende Ausgestaltung" der Koalitionsfreiheit (oder spezieller der Tarifautonomie) verfassungsrechtlich begründeter Rechtfertigungsgründe. Damit scheinen so hohe Hürden aufgebaut, daß der Gesetzgeber, der die bisherige

Schranke der verfassungsmäßigen Ordnung als „Inbegriff aller formell und materiell verfassungsmäßigen Rechtssätze" verstanden wird, vgl. stellv. BVerfG, Urt. v. 16. 1. 1957 – 1 BvR 253/56, BVerfGE 6, 32 (38f.); Beschl. v. 5. 11. 1980 – 1 BvR 290/78, BVerfGE 55, 159 (165); Beschl. v. 27. 1. 1983 – 1 BvR 1008/79 u.a., BVerfGE 63, 88 (108f.); Beschl. v. 14. 1. 1987 – 1 BvR 1052/79, BVerfGE 74, 129 (152); Beschl. v. 6. 6. 1989 – 1 BvR 921/85, BVerfGE 80, 137 (153).

126 Vgl. *Gellermann*, Grundrechte, S. 411; zur Tarifautonomie s. etwa BVerfG, Beschl. v. 24. 5. 1977 – 2 BvL 11/74, BVerfGE 44, 322 (341); Beschl. v. 20. 10. 1981 – 1 BvR 404/78, BVerfGE 58, 233 (248f.).

127 Vgl. etwa *Höfling*, in: Sachs (Hrsg.), GG, Art. 9 Rdnr. 116; *Jarass*, in: Jarass/Pieroth, GG, Art. 9 Rdnr. 35 jew. m. w. Nachw.

Regelung zur Tarifautonomie aufgrund eines Sinneswandels oder Richtungswechsels beseitigen oder verändern will, seinen Gestaltungsspielraum zu verlieren droht. Ist mit der Annahme eines Eingriffs in die Tarifautonomie aufgrund der Beseitigung einfachgesetzlicher subjektiver Rechte eines Grundrechtsträgers tatsächlich eine Erhöhung der (formellen) Rechtfertigungsanforderungen an die gesetzliche Änderung verbunden, so fragt sich, ob für diese Anforderungen nicht inhaltliche Gründe angeführt werden können. Schließlich kann der Umstand, daß in der Vergangenheit einer der Tarifvertragsparteien durch die gesetzliche Regelung ein subjektives Recht zugesprochen wurde, grundrechtlich nicht generell unbeachtlich bleiben, da hier vor allem auch Konflikte mit dem Vertrauensschutzprinzip auftreten können. Für das Ergebnis spielt dieser Gesichtspunkt aber nicht einmal eine entscheidende Rolle. Regelungen im Bereich der Tarifvertragsfreiheit bewegen sich im Spannungsverhältnis der divergierenden Interessen der beteiligten Personen oder Gruppen. Sämtliche staatlichen Normen auf diesem Gebiet grenzen die gegenläufigen Interessen der verschiedenen Tarifpartner gegeneinander ab, gestalten sie im Verhältnis zueinander aus. Diese gegenläufigen Interessen stellen gerade die für die Rechtfertigung erforderlichen verfassungsimmanenten Schranken dar. Daher ist die Umgestaltung eines subjektiven Rechts eines der Beteiligten zum Zwecke des Schutzes der gegenläufigen Interessen des anderen Tarifpartners möglich. Veränderungen von subjektiven Rechten, die unter den Schutz vorbehaltloser Grundrechte fallen, stehen daher keine unüberwindlichen Hürden entgegen, die die Gefahr der Versteinerung des einfachen Rechts beziehungsweise des Verzichts des Gesetzgebers auf „freiwillige" Schaffung einfachgesetzlicher subjektiver Rechte hervorrufen.

Schließlich richtet sich die Kritik am negatorischen Grundrechtsschutz einfachgesetzlicher subjektiver Rechte auf die fehlenden positiven Belege in der Verfassung, die angesichts der vielfältigen „Wandlungen" der einfachgesetzlichen subjektiven Rechte in diesem Modell notwendig seien[128]. Diese Wandlungen werden etwa darin gesehen, daß sich Normen, die sich als Eingriffe in Grundrechte darstellen und durch die subjektive Rechte begründet werden, nach der Ansicht des negatorischen Grundrechtsschutzes im Fall ihrer Grundrechtskonformität „gewandelt" haben und die in ihnen gewährten subjektiven Rechte in den Schutzbereich der Grundrechte fallen. Gleiches gilt für Normen, die als Erfüllung eines der objektiven Grundrechtsseite entspringenden Regelungsauftrags anzusehen

[128] Vgl. *Gellermann*, Grundrechte, S. 412, der sich im weiteren auch maßgeblich auf *Huber*, Konkurrenzschutz, S. 186f., stützt, obwohl dort die Thematik keineswegs näher, sondern nur am Rande und aus anderer Perspektive behandelt wird. Deshalb erscheint auch die Bewertung, durch *Huber* sei „nachdrücklich" darauf aufmerksam gemacht worden, daß die von *Lübbe-Wolff* als Beleg für den negatorischen Normbestandsschutz angeführten Judikate des BVerfG und des BVerwG nicht tragfähig seien (so *Gellermann*, Grundrechte, S. 412 Fußn. 40 und S. 413), mindestens übertrieben.

sind; sie stehen nach der hier vertretenen Ansicht mit ihrem Erlaß unter Grundrechtsschutz[129].

Solche Wandlungen mögen auf den ersten Blick verwundern; schon die nähere Befassung mit dieser Thematik jenseits erster abstrakter Betrachtungen losgelöst vom Einzelfall zeigt jedoch schnell die Unangemessenheit der Kritik. Der Grundrechtsschutz relativer subjektiver Rechte ist in zahlreichen Einzelfällen unbestrittener Bestandteil der Grundrechtsdogmatik. Dafür bietet schon das Eigentumsrecht des Art. 14 GG einen ersten eindeutigen Beleg. Hier herrscht über die Wandlungen einfachgesetzlicher subjektiver Rechte zum eigentumsgrundrechtlich geschützten subjektiven Recht heute keine Verwunderung mehr[130]. Was für das Eigentumsrecht gilt, gilt aber, wie die vorausgehenden Überlegungen gezeigt haben, auch für andere Grundrechte, die allesamt – mehr oder weniger – der Ausgestaltungs-, Konkretisierungs- oder Konstituierungskompetenz des Gesetzgebers unterliegen. Wenn der Grundrechtsteil der Verfassung einen Rahmen für die gesamte Rechtsordnung vorgibt, so kommt schon darin die Möglichkeit von „Wandlungen" einfachgesetzlicher subjektiver Rechte in grundrechtlich geschützte subjektive Rechte zum Ausdruck.

Dabei ist noch folgendes zu beachten: Wie schon mehrfach angesprochen, ist dieser Grundrechtsschutz kein absoluter, er setzt den Normgeber bei späteren Änderungen bestehender einfachgesetzlicher subjektiver Rechte nur unter Rechtfertigungszwang. Außerdem ist der subjektive Grundrechtsschutz ein Schutz des jeweiligen Rechtsinhabers. Er wird auch nicht durch die Vielzahl von Betroffenen zu einem der objektiven Grundrechtsseite zuzuschreibenden allgemeinen, vom Einzelfall beziehungsweise von vielen Einzelfällen zu abstrahierenden Schutz, einem echten „Normbestandsschutz". Diese Form des Grundrechtsschutzes wird denn auch zumindest in der Sache von den Kritikern anerkannt. So liefert gerade die ausführlichste Kritik des hier vertretenen negatorischen Grundrechtsschutzes einfachgesetzlicher subjektiver Rechte einen guten Nachweis seiner Überzeugungskraft. Trotz seiner Kritik dient *Gellermann* das Beispiel des Art. 2 Abs. 1 GG (in der heute nahezu allgemein anerkannten Auslegung als umfassender Schutz der allgemeinen Handlungsfreiheit) als Beleg für grundrechtlich negatorische Bindungen des Änderungsgesetzgebers, „wenn sich sein Änderungsvorhaben auf Vorschriften bezieht, denen subjektiv-rechtlicher Charakter zukommt."[131] Wenn sich seine gesamte Kritik am „Normbestandsschutz" nicht gegen eine wohl von niemandem vertretene „Normbestandsgarantie" im Sinne einer fehlenden Aufhebungsmöglichkeit bezieht, entlarvt diese Aussage im Grunde schon die Widersprüchlichkeit der vorausgehend vertretenen Kritik und belegt deren Unhaltbarkeit im Ergebnis. Die Kritik an den „Wandlungen" der einfach-

[129] Vgl. *Gellermann*, Grundrechte, S. 412.

[130] Aufgrund der für Art. 14 GG geltenden Besonderheiten hält *Huber*, Konkurrenzschutz, S. 186f., Art. 14 GG für nicht aussagekräftig.

[131] *Gellermann*, Grundrechte, S. 440f.

gesetzlichen subjektiven Rechte ohne konkreten Nachweis in der Verfassung wird deshalb in der Sache vollständig entwertet, wenn an anderer Stelle dem Gesetzgeber gerade kein breiter Gestaltungsspielraum für den Fall der Umgestaltungen subjektiver Rechtspositionen eingeräumt wird. So erkennt *Gellermann* (in voller Übereinstimmung mit der hier vertretenen Position), „daß der Gesetzgeber ... im Falle der Umgestaltung nicht in jeder Hinsicht über den breiten Spielraum verfügt, der ihm im Rahmen der Ausgestaltung zu Gebote stand“[132]. Eine solche Reduktion des Spielraums folgt aus dem Grundrechtsschutz subjektiver Rechte. Das mag für einfachgesetzliche subjektive Rechte auf den ersten Blick erstaunen, ist aber notwendige Konsequenz des verfassungsrechtlich normierten umfassenden Schutzbereichs der Grundrechte. Die zunächst scheinbar so unterschiedliche Auffassung von *Gellermann* unterscheidet sich folglich im Ergebnis wohl nicht von der hier vertretenen Lösung. Das besonders betonte Erfordernis des einfachgesetzlichen subjektiven Rechts ist ohnehin wesensnotwendige Voraussetzung des subjektiven Grundrechtsschutzes. Wenn zusätzlich gefordert wird, daß „die zunächst abstrakte Position in der Person einzelner Grundrechtsträger eine Verfestigung erfahren hat und zur konkreten Rechtsposition erstarkt ist“[133], dann läßt sich dagegen im Grunde nichts einwenden, auch wenn der Inhalt dieser Voraussetzung nicht ganz klar ist. Subjektiver Grundrechtsschutz ist Schutz des einzelnen Grundrechtsträgers. Jeder kann nur seine subjektiven Rechte verteidigen. Wie eng die Verbindung zum gesetzlich eingeräumten subjektiven Recht oder wie weit die Verfestigung eingetreten sein muß, damit bei einer Aufhebung des subjektiven Rechts von einem Grundrechtseingriff ausgegangen werden kann, läßt sich nicht stets exakt und ohnehin nur im Einzelfall benennen. Das sind im Fall staatlicher Leistungen regelmäßig nur die jeweils aktuellen Leistungsempfänger. Der Kreis der Betroffenen kann aber durchaus über diese hinausgehen, wie sich etwa am Beispiel des Anspruchs auf einen Kindergartenplatz (§ 24 SGB VIII), der nicht verfassungsrechtlich gefordert ist, demonstrieren läßt[134]. Würde dieser Anspruch für die Zukunft beseitigt, so wären davon nicht nur die Kinder betroffen, die aktuell einen Kindergartenplatz in Anspruch nehmen, sondern auch solche, die kurz vor Erreichen der Altersgrenze stehen und in naher Zukunft einen Platz beanspruchen. Hinzu kommen (als gleichfalls geschützte Dritte) die Eltern, die bereits Dispositionen im Hinblick auf den Kindergartenplatzanspruch getroffen oder unterlassen haben. Der Kreis der von der Änderung grundrechtlich betroffenen Personen hängt hier von dem Maß des in den Fortbestand der Regelung investierten Vertrauens ab.

Daran zeigt sich zugleich die enge Verknüpfung des „Bestandsschutzes“ mit dem Vertrauensschutzprinzip. Der Vertrauensschutz ist notwendigerweise ein-

---

[132] Ebd., S. 448 (3. Abs.).

[133] Ebd., S. 441.

[134] Zu diesem Fall auch noch unten § 3 B I (S. 95f.).

zelfallbezogen. Überdies ist er Teil des Grundrechtsschutzes und nicht nur Teil des objektiven Rechtsstaatsprinzips. Auch er kann daher als Beleg für einen (einzelfallbezogenen) „Normbestandsschutz" dienen. Dabei geht es auch nur um die Anerkennung des grundrechtlichen Schutzes des subjektiven Rechts, nicht um eine Erweiterung des grundrechtlichen Schutzbereichs. Diese Anerkennung führt keineswegs zu einer Normbestandsgarantie oder einem ähnlichen Schutzumfang. Auch der Umstand, daß dem Vertrauensschutz meist durch Übergangsregelungen, also Regelungen für bestimmte Einzelfälle, oder gar durch anderweitigen Ersatz des Vertrauensinteresses Rechnung getragen werden kann, steht einer Berücksichtigung dieser Fälle als Beleg für den grundrechtlichen Schutz sämtlicher subjektiver Rechte in keiner Weise entgegen. Anderes gilt nur dann, wenn der durch die Grundrechte bewirkte Schutz nur vom Ergebnis her betrachtet wird[135]. Im Ergebnis kann weder das grundrechtlich fundierte Vertrauensschutzprinzip noch eine sonstige Anerkennung des grundrechtlichen Schutzes einfachgesetzlicher subjektiver Rechte allgemein deren Fortbestand sichern[136]. Genau das ist jedoch für die Frage des Umfangs des Grundrechtsschutzes völlig irrelevant. Die Grundrechte als Abwehrrechte bewirken auch im Rahmen ihres unumstrittenen Schutzumfangs – zumindest außerhalb eines Kernbereichs – keinen absoluten, sondern nur einen relativen Schutz vor Eingriffen. Dieser hängt maßgeblich von den Rechtfertigungsgründen des Eingriffs ab. Die gesamte Kritik des negatorischen Grundrechtsschutzes subjektiver Rechte, die etwa der Rechtsprechung des Bundesverfassungsgerichts zur (unechten) Rückwirkung keine Relevanz für den Umfang des Grundrechtsschutzes zuerkennen will[137], geht daher von falschen Voraussetzungen aus oder beruht auf begrifflichen Unklarheiten über den Inhalt der Auffassung des negatorischen Grundrechtsschutzes einfachgesetzlicher subjektiver Rechte.

c) *Ergebnis*

Nach diesen Überlegungen liegt im Bürger-Staat-Verhältnis bei Verletzung eines einfachgesetzlichen materiellen subjektiven öffentlichen Rechts stets zugleich eine Grundrechtsverletzung vor, die ihrerseits den Abwehrrechtsschutz in Form des Beseitigungsanspruchs auslöst, solange die Beeinträchtigung fortdauert. Insofern lassen sich damit die von der wohl allgemeinen Meinung befürworteten Beseitigungsansprüche auch bei Verletzung einfachgesetzlicher materieller subjektiver Rechte auf das Grundkonzept des Schutzes absoluter Rechte durch Unterlassungs- und Beseitigungsansprüche zurückführen. Gleichzeitig erweist sich

---

135 So offenbar *Lübbe-Wolff*, Die Grundrechte als Eingriffsabwehrrechte, S. 127.

136 Da dies aber offenbar das Anliegen von *Lübbe-Wolff* ist, kommt sie auch zu dem ansonsten unerklärlichen Ergebnis, nur dann einen grundrechtlichen Abwehrrechtsschutz einfachgesetzlicher subjektiver Rechte anzuerkennen, wenn der Normgeber zur Schaffung der betreffenden subjektiven Rechtsposition – etwa aufgrund einer Schutzpflicht – verpflichtet war.

137 Vgl. auch *Lübbe-Wolff*, Die Grundrechte als Eingriffsabwehrrechte, S. 125ff.

der Beseitigungsanspruch im Rahmen des allgemeinen Bürger-Staat-Verhältnisses als grundrechtsfundiert, also verfassungsrechtlich gewährleistet. Die Grundrechte bilden deshalb auch in Verbindung mit einfachgesetzlichen subjektiven Rechten die Basis der Entstehung von Beseitigungsansprüchen. Daß damit keiner „Grundrechtshypertrophie"[138] das Wort geredet wird, wird sich auch im Laufe dieser Untersuchung noch im einzelnen zeigen.

IV. Beseitigungsansprüche bei Verletzung subjektiver Verfahrensrechte

Die bisherigen Überlegungen zur Begründung von Beseitigungsansprüchen bei subjektiven Rechtsverletzungen wurden auf die materiellen subjektiven Rechte beschränkt. Gerade die Verfahrensrechte bereiten in der Rechtsdogmatik die größten Schwierigkeiten. Angesichts zahlreicher einfachgesetzlicher Regelungen zur Begrenzung der Relevanz von Fehlern im Verfahren besitzt die Untersuchung der möglichen Existenz und Begründung von Beseitigungsansprüchen im Fall ihrer Verletzung größte Bedeutung.

1. Das subjektive Verfahrensrecht

Neben den materiellen subjektiven Rechten kennt das Verwaltungsverfahrensrecht auch subjektive Verfahrensrechte[139]. Bevor die Bedeutung einer Verletzung solcher Verfahrensrechte für die Entstehung von Beseitigungsansprüchen untersucht werden kann, ist zunächst noch auf – erstaunliche – Probleme bei der Feststellung von subjektiven Verfahrensrechten hinzuweisen. Die Kriterien, die die Rechtsprechung für ein Vorliegen eines subjektiven Verfahrensrechts verwendet, stimmen nämlich in keiner Weise mit der üblichen Bestimmung von subjektiven Rechten nach der „Schutznormtheorie" überein.

Entgegen mancher Stellungnahmen, die einen Wandel der Rechtsprechung in der Frage der Voraussetzungen eines subjektiven Verfahrensrechts (für Drittbeteiligte) erkennen wollen[140], besteht innerhalb des Bundesverwaltungsgerichts wohl Uneinigkeit über diese Frage. Der 4. Senat des Bundesverwaltungsgerichts, teilweise als die ältere Rechtsprechung vor dem Mülheim-Kärlich-Beschluß des Bundesverfassungsgerichts[141] angesehen[142], kennt bis heute nur ein „Alles oder Nichts": So wird ein subjektives Verfahrensrecht danach nur anerkannt, „wenn

[138] S. auch *Burgi*, ZG 9 (1994), 341 (344).

[139] Daß es subjektive Verfahrensrechte gibt, soll hier nicht erörtert werden – trotz einzelner Gegenstimmen, vgl. *G. Seibert*, in: Festschrift für Zeidler, S. 469 (472), der objektive Verfahrenspflichten als „zu ‚subjektiven Rechten' der betroffenen Bürger hochstilisiert" betrachtet und dies sogar für Art. 19 Abs. 4 und Art. 103 Abs. 1 GG annimmt.

[140] Vgl. *Wahl/Schütz*, in: Schoch/Schmidt-Aßmann/Pietzner, VwGO, § 42 Abs. 2 Rdnr. 74.

[141] BVerfG, Beschl. v. 20. 12. 1979 – 1 BvR 385/77, BVerfGE 53, 30.

[142] S. *Wahl/Schütz*, in: Schoch/Schmidt-Aßmann/Pietzner, VwGO, § 42 Abs. 2 Rdnr. 74.

die gesetzliche Regelung erkennbar davon ausgeht, daß ein am Verfahren zu beteiligender Dritter unter Berufung allein auf einen ihn betreffenden Verfahrensmangel, das heißt ohne Rücksicht auf das Entscheidungsergebnis in der Sache, die Aufhebung einer behördlichen Entscheidung soll durchsetzen können"[143]. Diese Rechtsprechung hat der 4. Senat entgegen anderslautender Einschätzung bis heute nicht aufgegeben[144].

Demgegenüber findet sich eine Vielzahl von Entscheidungen des 7. Senats des Bundesverwaltungsgerichts, in denen (zunächst unter Hinweis auf den Mülheim-Kärlich-Beschluß des Bundesverfassungsgerichts) offenbar eine etwas abweichende Position eingenommen wird. In Verbindung mit der Klagebefugnis sei als maßgeblich anzusehen, daß der Dritte darlegt, „inwieweit sich die Nichtbeachtung der Verfahrensvorschriften auf seine Rechtsposition ausgewirkt haben könnte"[145]. Ohne daß dies offen diskutiert wird, besteht über die Auslegung dieser Voraussetzungen in der Literatur gleichfalls keine Einigkeit. So wird die Anforderung des 7. Senats teilweise so verstanden, als müsse der Kläger dartun, durch die verfahrensfehlerhafte Entscheidung (den Verwaltungsakt) in einer materiellen Rechtsposition berührt worden zu sein[146]. Nach anderer Ansicht soll der Kläger vortragen müssen, daß er infolge des Verfahrensverstoßes in der Geltendmachung seiner materiellen Rechtsposition behindert wurde[147]. Beide Interpretationen lassen sich aber kaum mit den Aussagen des 7. Senats in Einklang bringen. Dieser spricht in den genannten Entscheidungen meist wörtlich übereinstimmend davon, daß sich die Nichtbeachtung der Verfahrensvorschrift (und nicht der Verwaltungsakt) auf die Rechtsposition ausgewirkt haben müsse. Folglich geht es auch nicht um die Behinderung der Geltendmachung des materiellen Rechts. Diese Einschätzung deckt sich auch mit der von Richtern des Bundesverwaltungsgerichts[148]. Besonders deutlich wird das völlig andere Verständnis der Zielrichtung der vom 7. Senat des Bundesverwaltungsgerichts geforderten Auswirkung des Fehlers auf die materielle Rechtsposition, wenn in die Betrachtung

---

143 BVerwG, Urt. v. 20.10. 1972 – IV C 107.67, BVerwGE 41, 58 (65); vgl. ebenso BVerwG, Urt. v. 14. 12. 1973 – IV C 50.71, BVerwGE 44, 235 (239f.); Beschl. v. 22.2. 1980 – 4 C 24.77, NJW 1981, 239 (240); diese Aussagen dürften wohl entscheidend durch *Weyreuther*, DVBl. 1972, 93ff., damaliges Mitglied des 4. Senats, beeinflußt worden sein.

144 Vgl. BVerwG, Beschl. v. 15.10. 1998 – 4 C 94.98, NVwZ 1999, 876 (877); so wohl auch *v. Albedyll*, in: Bader u.a., VwGO § 42 Rdnr. 87.

145 BVerwG, Urt. v. 22.12. 1980 – 7 C 84.78, BVerwGE 61, 256 (275); s. auch BVerwG, Urt. v. 22.10. 1982 – 7 C 50.78, NJW 1983, 1507 (1508); Urt. v. 17.12. 1986 – 7 C 29.85, BVerwGE 75, 285 (291); Beschl. v. 13.7. 1989 – 7 CB 80.88, NVwZ 1989, 1168; Urt. v. 5.10. 1990 – 7 C 55 und 56.89, BVerwGE 85, 360 (375); Urt. v. 7.6. 1991 – 7 C 43.90, BVerwGE 88, 286 (288); Beschl. v. 15.10. 1991 – 7 B 99.91 u. 7 ER 301.91, NJW 1992, 256 (257).

146 Vgl. *Hill*, Das fehlerhafte Verfahren, S. 405; *Kopp/Schenke*, VwGO, § 42 Rdnr. 95 (m. Fußn. 153).

147 So *Wahl/Schütz*, in: Schoch/Schmidt-Aßmann/Pietzner, VwGO, § 42 Abs. 2 Rdnr. 79

148 Vgl. *Bonk/Neumann*, in: Stelkens/Bonk/Sachs, VwVfG, § 73 Rdnr. 119; *Storost*, NVwZ 1998, 797 (799).

eine weitere Aussage zum angeblichen Kern dieser Rechtsprechung einbezogen wird: „Hintergrund der ... die gerichtliche Kontrolle von Verfahrensfehlern besonders einschränkenden Anforderung ist der allgemeine Grundsatz des Verwaltungsrechts, daß ein Verfahrensfehler nur dann zur Rechtswidrigkeit des Verwaltungsakts führt, wenn sich der Mangel auf die Entscheidung in der Sache ausgewirkt werden kann“[149]. Selbst wenn diese Aussage zumindest außerhalb des Planfeststellungsrechts in der Rechtsprechung des Bundesverwaltungsgerichts auf der Basis des VwVfG keine Grundlage hat, findet sich aber auch zumindest eine Entscheidung des 7. Senats, in der die These vertreten wird[150], es bestünde eine notwendige Verbindung der Rechtswidrigkeit des Verwaltungsakts mit der Frage, ob sich der Fehler auf das Ergebnis ausgewirkt hat. Zu den damit angesprochenen Fragen ist im Rahmen der Untersuchung der Rechtswidrigkeitsvoraussetzungen eingehend Stellung zu nehmen[151].

Für die hier relevante Suche nach den Voraussetzungen für ein subjektives Verfahrensrecht in der Rechtsprechung führt diese Prüfung nicht weiter. Die Befassung mit den Voraussetzungen der Klagebefugnis einer Anfechtungsklage und die hier von der Rechtsprechung im Ergebnis befürwortete grundsätzliche Abhängigkeit vom materiellen Recht ergeben für die gesuchten Voraussetzungen eines subjektiven Verfahrensrechts auch keine weiteren Aufschlüsse. Allenfalls mittelbar läßt sich aus der Rechtsprechung ableiten, daß auch subjektivrechtlich relevante Verfahrensverstöße anerkannt werden. Die Voraussetzungen für die Anerkennung als subjektive Rechte lassen sich daraus aber nicht ableiten, wenn nicht auf die sehr restriktive Rechtsprechung des 4. Senats abgestellt werden soll.

Richtigerweise kommt es für die Frage, ob eine objektivrechtliche Verfahrensnorm ein subjektives Recht vermittelt, in keiner Weise darauf an, ob sich die Nichtbeachtung der Verfahrensvorschrift auf den nachfolgenden Verwaltungsakt auswirkt oder ob der Verfahrensverstoß einen Aufhebungsanspruch begründet. Die damit angesprochenen Probleme haben mit der Frage der subjektivrechtlichen Natur einer Verfahrensvorschrift nichts zu tun. Diese ist allein anhand der Schutznormlehre zu beantworten. Folglich kommt es nur darauf an, ob die konkrete Verfahrensnorm auch dem Schutz der Interessen einer bestimmten Person zu dienen bestimmt ist, diese Person also begünstigen soll. Daraus folgt konsequenterweise auch die Möglichkeit, sich auf diese Begünstigung berufen zu können, also eine intendierte Durchsetzbarkeit[152] der Norm durch den einzelnen.

---

[149] *Storost*, NVwZ 1998, 798 (799) – unter Hinweis auf BVerwG, Urt. v. 13. 9. 1978 – 8 C 18.78, BVerwGE 56, 230 (233); Urt. v. 30. 5. 1984 – 4 C 58.81, BVerwGE 69, 256 (269); Urt. v. 5. 12. 1986 – 4 C 13.85, BVerwGE 75, 214 (228); Beschl. v. 22. 6. 1993 – 4 B 45.93, VkBl. 1995, 210.

[150] Vgl. BVerwG, Urt. v. 20. 9. 1984 – 7 C 57.83, BVerwGE 70, 143 (147).

[151] S. dazu § 4 (S. 126 ff.).

[152] Vgl. *Sachs*, in: Stelkens/Bonk/Sachs, VwVfG, § 40 Rdnr. 134, § 45 Rdnr. 147, der dieser Intention aber selbständige Bedeutung beimessen will und deshalb eine eigene Prüfung des Merkmals fordert.

Diese Voraussetzungen erfüllen eine Vielzahl von Verfahrensvorschriften. So zählen zu den formellen Erfordernissen zumindest Zuständigkeitsregelungen, Verfahrensvorschriften (im engeren Sinn), Formvorschriften und das (formelle) Begründungserfordernis. Zu den relevanten Verfahrensvorschriften, die auch subjektive Rechte begründen oder begründen können, sind unter anderem die Regelungen über die Befangenheit (§§20, 21 VwVfG), das Antragserfordernis (§22 S.2 Nr.2 VwVfG), die Sachverhaltsaufklärung und die Beweiserhebung (§§24, 26 VwVfG), die Beratung und Information (§25 VwVfG), die Anhörung (§28 VwVfG) und die Akteneinsicht (§29 VwVfG) zu rechnen. Soweit die objektivrechtlichen Regelungen über die formelle Rechtmäßigkeit eines Verwaltungsakts zugleich auch subjektive Rechte begründen, werden sämtliche nicht-materiellen subjektiven Rechte hier im folgenden einheitlich als Verfahrensrechte bezeichnet. Es handelt sich folglich, da sich diese Rechte nicht allein auf das Verfahren im eigentlichen engeren Sinn, sondern auch auf andere formelle Rechtmäßigkeitsvoraussetzungen beziehen können, um Verfahrensrechte in einem weiteren Sinn.

Nicht zu verwechseln mit den Verfahrensrechten sind demgegenüber die häufig als formelle subjektive Rechte bezeichneten Ansprüche auf ermessensfehlerfreie Entscheidung. Angesichts der begrifflich bedingten Gefahr der Gleichsetzung[153] dieser Rechte mit den hier als Verfahrensrechte bezeichneten Rechten bedarf es insoweit der exakten Begriffswahl und der Differenzierung. Tatsächlich handelt es sich bei Ansprüchen auf ermessensfehlerfreie Entscheidungen um eine andere Art der Unterscheidung als derjenigen zwischen Verfahrensrechten und materiellen Rechten. So kann sich ein Anspruch auf eine fehlerfreie Ermessensentscheidung gegenüber der Verwaltung sowohl auf das Verfahren als auch auf ein materielles Recht beziehen. Beispielsweise ist der Anspruch auf eine ermessensfehlerfreie Entscheidung über den Erlaß eines Verwaltungsakts durchaus ebenso wie der Anspruch auf Erlaß dieses Verwaltungsakts aufgrund seines materiellen Gehalts zu den materiellen Rechten zu rechnen, die – wie oben dargelegt – allesamt unabhängig von ihrer Rechtsgrundlage in den Schutzbereich eines Grundrechts fallen. Zum Beispiel ist sowohl der Anspruch auf eine berufszulassende Genehmigung als auch der Anspruch auf eine ermessensfehlerfreie Entscheidung über eine solche Genehmigung durch das Grundrecht der Berufsfreiheit geschützt[154]. Besteht dagegen im Hinblick auf das Verfahren oder im Verfahren eine Ermessensermächtigung (wie zum Beispiel in §74 Abs.6 VwVfG

---

[153] Vgl. dazu schon treffend *Randelzhofer*, BayVBl. 1975, 573f.

[154] Gegen diese Zuordnung bestimmter Ermessensansprüche zum materiellen Recht spricht nicht, daß Ermessensansprüche kein Eigentum darstellen können (vgl. BVerfG, Beschl. v. 9.2. 1983 – 1 BvL 8/80 u.a., BVerfGE 63, 152 [174]; Urt. v. 16.7. 1985 – 1 BvL 5/80 u.a., BVerfGE 69, 272 [301]), weil es an einer privatnützigen Zuordnung des materiellen Rechts fehlt, auf das sich das Eigentum bezieht. Derartige Ermessensansprüche fallen aber zumindest in den Schutzbereich der allgemeinen Handlungsfreiheit gemäß Art.2 Abs.1 GG.

hinsichtlich der Frage, ob anstelle eines Planfeststellungsverfahrens ein Plangenehmigungsverfahren durchgeführt wird), so handelt es sich bei einem gegebenenfalls zu bejahenden Anspruch auf ermessensfehlerfreie Entscheidung[155] um ein Verfahrensrecht, nicht um ein subjektives Recht materiellen Inhalts.

2. *Grundrechtsschutz für einfachgesetzliche Verfahrensrechte?*

Als erste und nächstliegende Möglichkeit zur Begründung von Beseitigungsansprüchen bei Verletzung subjektiver Verfahrensrechte bietet sich eine Parallele zur Herleitung der Beseitigungsansprüche bei einfachgesetzlichen materiellen Rechtsverletzungen, also ein Rückgriff auf die Grundrechte an. Die Grundrechte begründen Beseitigungsansprüche im Fall ihrer fortdauernden Verletzung. Soll aus den Grundrechten auch bei Verfahrensrechtsverletzungen ein Beseitigungsanspruch folgen, müßte sich die Verletzung des subjektiven Verfahrensrechts wie die des materiellen subjektiven Rechts zugleich als Grundrechtsverletzung erweisen. Das erscheint nur denkbar in zwei Konstellationen: Entweder das einfachgesetzliche subjektive Verfahrensrecht ist selbst dem abwehrrechtlichen Schutzbereich der Grundrechte zuzurechnen oder die rechtswidrige Verfahrenshandlung beziehungsweise der das (rechtswidrige) Verfahren beendende Rechts- oder Realakt greift in den (materiellen) Schutzbereich eines Grundrechts ein. Näherer Prüfung bedarf damit hier die Frage eines möglichen Grundrechtsschutzes einfachgesetzlicher subjektiver Verfahrensrechte. Sie läßt sich nur über die Definition des grundrechtlichen Schutzbereichs beantworten. Obwohl die Thematik der Sache nach in einem umfänglichen Schrifttum seit mehr als 20 Jahren ausgiebig diskutiert wird[156], fehlt es bislang an einer zumindest überwiegend akzeptierten Lösung.

Da sich zumindest manche subjektiven Verfahrensrechte auf die Grundrechte und den Gedanken des Grundrechtsschutzes durch Verfahren zurückführen lassen, liegt die These der Grundrechtsverletzung bei Verletzung der betreffenden Verfahrensrechte nahe[157]. Zum Teil wird die Gleichsetzung von Verfahrensver-

---

[155] Vgl. *Bonk/Neumann*, in: Stelkens/Bonk/Sachs, VwVfG, § 74 Rdnr. 136.

[156] Vgl. nur *Häberle*, VVDStRL 30 (1972), 43ff.; *H.H. Rupp*, AöR 101 (1976), 161 (187ff.); *Starck*, Festgabe BVerfG, Bd. II, S. 480ff.; *Goerlich*, DVBl. 1978, 362; *ders.*, Grundrechte als Verfahrensgarantien, 1981; *ders.*, NJW 1981, 2616; *ders.*, DÖV 1982, 631; *K. Redeker*, NJW 1980, 1593; *Ossenbühl*, DÖV 1981, 1 (5ff.); *ders.*, in: Festschrift für Eichenberger, S. 183ff.; *ders.*, NVwZ 1982, 465; *Bethge*, NJW 1982, 1; *v. Mutius*, NJW 1982, 2150; *Hufen*, NJW 1982, 2160; *Blümel*, Grundrechtsschutz, S. 23ff.; *Laubinger*, VerwArch. 73 (1982), 60; *Dolde*, NVwZ 1982, 65; *Steinberg*, DÖV 1982, 619; *Lerche*, Verfahren, S. 97ff.; *Pietzcker*, VVDStRL 41 (1983), 193; *Wahl*, VVDStRL 41 (1983), 151; *J. Held*, Der Grundrechtsbezug des Verwaltungsverfahrens, 1984; *Stern*, Staatsrecht III/1, S. 953ff.

[157] So etwa VG Arnsberg, Urt. v. 27. 1. 1981 – 7 K 74/79, DVBl. 1981, 648 (649); offenbar auch BVerwG, Urt. v. 13. 2. 1970 – IV C 41.67, Buchholz 11 Art. 14 GG Nr. 106, S. 128 (130); *Blümel*, Grundrechtsschutz, S. 23 (65ff.); *Goerlich*, Grundrechte als Verfahrensgarantien, S. 360f.; *Grimm*, NVwZ 1985, 865 (868); *Hufen*, NJW 1982, 2160 (2164); *Lübbe-Wolff*, in: Festschrift für

stößen und Grundrechtsverletzungen auf solche Verfahrensbestimmungen beschränkt, die sich als grundrechtlich geforderte Mindeststandards des Verfahrens erweisen[158]. Bei diesem Ausgangspunkt könnten etwa Fehler bei der Beteiligung am Verfahren, bei der Anhörung, der verfahrensmäßigen Gleichbehandlung der Beteiligten oder der Begründung des Verwaltungsakts als Grundrechtsverletzungen anzusehen sein. Sieht man darüber hinaus in der Verletzung sämtlicher Verfahrensrechte, die dem Schutz der Grundrechte dienen, ohne bereits durch die Grundrechte als Mindestschutz gefordert zu sein, zugleich Grundrechtsverletzungen, so wird der Kreis der Grundrechtsverletzungen weiter vergrößert.

Regelmäßiger Hintergrund der (teilweisen) Gleichsetzung von Verfahrensfehlern und Grundrechtsverletzungen ist eine Aussage des Bundesverfassungsgerichts im bekannten Mülheim-Kärlich-Beschluß vom 20.12. 1979[159]. Leitsatz 6 dieser Entscheidung lautet: „Eine Grundrechtsverletzung kommt auch dann in Betracht, wenn die Genehmigungsbehörde solche atomrechtlichen Verfahrensvorschriften außer acht läßt, die der Staat in Erfüllung seiner aus Art. 2 Abs. 2 GG folgenden Schutzpflicht erlassen hat."[160] Häufig werden dieser Leitsatz wie auch die dazugehörige Passage in den Gründen so verstanden, als ginge das Bundesverfassungsgericht bei einer Verletzung einer „grundrechtsrelevanten Verfahrensvorschrift" von einer Grundrechtsverletzung aus[161]. Grundrechtsrelevantes Verfahrensrecht ist dabei solches Verfahrensrecht, das der Gesetzgeber gerade zur Grundrechtssicherung, also in Erfüllung seiner grundrechtlichen Schutzpflicht geschaffen hat[162].

Für die Annahme einer Grundrechtsverletzung (allein) aufgrund eines Verstoßes gegen solchermaßen grundrechtsrelevantes Verfahrensrecht ist in einem ersten Schritt zwischen zwei Arten möglicher Grundrechtsverletzungen zu differenzieren. Als Grundrechtsverletzung wird zum einen (typischerweise) die Verletzung eines Grundrechts als Abwehrrecht verstanden. Zum anderen kann aber

---

Simson, S. 137 (146); *v. Mutius*, NJW 1982, 2150 (2157); *Redeker*, NJW 1980, 1593 (1597); *Sellner*, BauR 1980, 391 (395f.); *Weyreuther*, DVBl. 1972, 93 (98); krit. dagegen z.B. *de Witt*, DVBl. 1981, 649 (650); *Laubinger*, VerwArch. 73 (1982), 60 (78); *Schmidt-Aßmann*, HbdStR III, §70 Rdnr. 35. Im Beschl. des OVG Münster v. 13.6. 1980 – 4 B 1862/79, NJW 1981, 70, wird der Grundrechtsschutz des Verfahrensrechts auf Akteneinsicht wohl nur deshalb verneint, weil das Gericht in einem Fall zum Abfallrecht – insoweit wenig überzeugend – der Auffassung war, es sei nicht ersichtlich, „daß der Staat das Recht auf Akteneinsicht in Erfüllung seiner Pflicht zum Schutz der in Art. 2 Abs. 2 GG genannten Rechtsgüter auf Leben und körperliche Unversehrtheit gewährt hätte" (S. 70); sieht man einmal von der zweifelhaften Ablehnung des Schutznormcharakters des Akteneinsichtsrechts ab, so geht das OVG offenbar von der Möglichkeit eines Grundrechtsschutzes einfachgesetzlicher Schutznormen aus, auch wenn es sich um Verfahrensrechte handelt.

158 S. z.B. *Hufen*, NJW 1982, 2163; *Grimm*, NVwZ 1985, 869.

159 Az.: 1 BvR 385/77, BVerfGE 53, 30.

160 BVerfGE 53, 30 (31); s. außerdem im Text der Entscheidungsbegründung, ebd., S. 65f.

161 S. *J. Held*, Der Grundrechtsbezug des Verwaltungsverfahrens, S. 199; i. E. auch *Lübbe-Wolff*, in: Festschrift für Simson, S. 137 (146).

162 Vgl. *Grimm*, NVwZ 1985, 865 (868); *Wahl*, VVDStRL 41 (1983), 167 (168).

auch die Verletzung einer aus den Grundrechten ableitbaren Schutzpflicht als Grundrechtsverletzung bezeichnet werden. Das gilt nicht nur unbestrittenermaßen für Schutzpflichtverletzungen des Gesetzgebers, sondern kommt auch bei Nichtbeachtung von verfahrensrechtlichen Schutznormen durch die Exekutive in Betracht. Da jedoch die Verletzung von Schutzpflichten allein noch keine Beseitigungsansprüche zur Rechtsfolge hat, kommt es folglich nur darauf an, ob die Verletzung von Verfahrensrechten zugleich als Verletzung der Grundrechte als Abwehrrechte angesehen werden kann. Nur in diesem Sinn hat auch das Bundesverfassungsgericht im Mülheim-Kärlich-Beschluß den Begriff der Grundrechtsverletzung verwendet.

Eine entsprechende Grundrechtsverletzung infolge der Verletzung von Verfahrensrechten ohne eine (anderweitige) materielle Grundrechtsbetroffenheit setzte voraus, daß das subjektive Verfahrensrecht selbst durch ein (materielles) Grundrecht geschützt wird, wie dies nach hier vertretener Ansicht auch für sämtliche materiellen subjektiven Rechte des Bürgers – gleich welchen Ursprungs[163] – gilt. Mit anderen Worten: Das subjektive Verfahrensrecht muß selbst Schutzgegenstand eines materiellen Grundrechts sein; es muß dem Schutzbereich eines Grundrechts angehören. Da gerade die oben zitierte Rechtsprechung des Bundesverfassungsgerichts mitunter so verstanden wird, als ginge sie bei einer Verletzung eines entsprechenden Verfahrensrechts auch von einer Grundrechtsverletzung aus, soll zunächst diese Rechtsprechung näher analysiert werden.

a) Die Rechtsprechung des Bundesverfassungsgerichts zur Grundrechtsverletzung bei Verfahrensverstößen

Die Annahme einer Grundrechtsverletzung bei Verfahrensfehlern erscheint angesichts des Mülheim-Kärlich-Beschlusses des ersten Senats des Bundesverfassungsgerichts auf den ersten flüchtigen Blick durchaus naheliegend. Bei näherer Hinsicht gibt jedoch weder die zitierte einschlägige Passage noch die Entscheidung im übrigen in dieser Frage eindeutigen Aufschluß. Bei kritischer Betrachtung weckt schon der Wortlaut des – oben zitierten – Leitsatzes beziehungsweise der einschlägigen Passage in der Begründung der Entscheidung erhebliche Zweifel, ob die Grundrechtsverletzung im Fall der Verletzung entsprechender Verfahrensvorschriften als eine zwingende oder logische Folge angesehen wird. Nach dem Wortlaut der Entscheidung kommt die Grundrechtsverletzung nämlich nur „in Betracht".

Für die Klärung der Auffassung des Bundesverfassungsgerichts kommt es damit entscheidend darauf an, die Bedeutung des Vorbehalts, die Grundrechtsverletzung komme „in Betracht", zu ermitteln. Auch wenn sicher nicht schon auf erste Sicht der gesamte Hintergrund dieser vorsichtigen Ausdrucksweise erkennbar

---

163 In Betracht kommen einfachgesetzliche subjektive Rechte ebenso wie solche aus untergesetzlichen Normen, Verwaltungsakten, Verwaltungsverträgen etc.; s. dazu oben III (S. 41ff.).

ist, so läßt sich die Aussage durchaus als ein Vorbehalt verstehen, nach dem mit der Verletzung grundrechtsrelevanten Verfahrensrechts nicht zugleich notwendigerweise auch eine Grundrechtsverletzung vorliegen muß[164]. Auch kann allein aus dem Umstand, daß in der weiteren Begründung des Beschlusses keine Angaben zu möglichen zusätzlichen Voraussetzungen für eine Grundrechtsverletzung zu finden sind, noch nicht darauf geschlossen werden, das Bundesverfassungsgericht verlange keine weiteren Voraussetzungen. Insofern enthält die Entscheidung lediglich keine näheren Hinweise.

Daß das Bundesverfassungsgericht einen sachlichen Vorbehalt für eine Grundrechtsverletzung macht, wird in einer anderen Entscheidung deutlich. So hat sich ebenfalls der erste Senat des Gerichts in einem zeitlich nahezu direkt vorausgehenden Beschluß vom 13.11. 1979[165] etwas aufschlußreicher geäußert. Dieser vom Sachverhalt weitgehend bekannte Beschluß betraf die Problematik von Verfahrensanforderungen (konkret des Anhörungsrechts) während einer laufenden mündlichen Prüfung im juristischen Staatsexamen. Dort hatte ein Kandidat ganz überwiegend auf die an ihn gerichteten Prüfungsfragen geschwiegen. Dieses Schweigen wurde von der Prüfungskommission als „Unterbrechung" der Prüfung angesehen, weshalb die Prüfung nach der hamburgischen Juristenausbildungsordnung als „nicht bestanden" gewertet werden mußte. Nach Ansicht des Bundesverfassungsgerichts hätte der Kandidat bereits während der Prüfung auf diese mögliche Sanktion seines Schweigens hingewiesen werden müssen. Begründet wurde dies mit dem Argument, daß nach der inzwischen gefestigten Rechtsprechung des Senats die verfassungsrechtliche Gewährleistung der Grundrechte auch im jeweiligen Verfahrensrecht Geltung beanspruche[166]. Nach einem Hinweis auf verschiedene Auswirkungen dieses Grundsatzes heißt es dann: „Da diese Auswirkungen bereits unmittelbar aus dem jeweiligen Grundrecht folgen, beschränken sie sich nicht auf das Verfahren der gerichtlichen Überprüfung, sondern beeinflussen auch die Gestaltung des behördlichen Verfahrens, soweit die behördliche Entscheidung ein Grundrecht berührt."[167] Mit dem letzten Halbsatz dieser Aussage nennt hier das Bundesverfassungsgericht die seines Erachtens entscheidende Voraussetzung für eine Grundrechtsverletzung durch einen Verfahrensverstoß: Die behördliche Entscheidung, mit der das Verfahren (zumindest möglicherweise) beendet wird, muß selbst ein Grundrecht berühren, in ein Grundrecht eingreifen[168]. Diese Aussage steht folglich hinter der vorsichtigen

---

[164] A.A. *Lübbe-Wolff*, in: Festschrift für Simson, S. 137 (146), nach der „die vorsichtige Formulierung ... offensichtlich nicht den Sinn eines Vorbehalts" hat.

[165] Az.: 1 BvR 1022/78, BVerfGE 52, 380.

[166] BVerfGE 52, 380 (389).

[167] BVerfGE 52, 390.

[168] Das wird bestätigt durch einen Passus im Sondervotum von *Simon* und *Heußner* zum Mülheim-Kärlich-Beschluß, BVerfG, Beschl. v. 20.12. 1979 – 1 BvR 385/77, BVerfGE 53, 30 (69/72f.): „Darüber hinaus geht der Erste ... Senat davon aus, daß bereits die einzelnen Grundrechte ihrerseits nicht nur die Ausgestaltung des materiellen Rechts beeinflussen, sondern auch

Formulierung, nach der eine Grundrechtsverletzung auch bei Verfahrensverstößen „in Betracht kommt", wie sie etwa im fünf Wochen später gefaßten Mülheim-Kärlich-Beschluß enthalten ist[169].

Auch wenn die Aussagen des Bundesverfassungsgerichts in diesem Punkt zugegebenermaßen nicht völlig eindeutig sind, entspricht der Ansicht des Gerichts wohl nur eine Interpretation, nach der im Fall eines Verfahrensverstoßes eine Grundrechtsverletzung nur vorliegt, wenn über den Verfahrensverstoß hinaus durch das Verwaltungshandeln noch ein materielles Grundrecht betroffen ist[170]. Trifft diese Prämisse zu, läßt sich daraus die Ablehnung der These des selbständigen Grundrechtsschutzes von Verfahrensrechten ableiten. Diese subjektiven Rechte unterfallen dann gerade nicht dem grundrechtlichen Schutzbereich. Anderenfalls könnte die Grundrechtsverletzung nicht von zusätzlichen Voraussetzungen abhängig gemacht werden. Das gilt im übrigen unabhängig davon, ob das verletzte Verfahrensrecht als „grundrechtsrelevant" anzusehen ist oder nicht.

b) Auseinandersetzung mit Begründungsversuchen eines Grundrechtsschutzes für Verfahrensrechte

Läßt sich aus der Analyse seiner Rechtsprechung nicht herleiten, daß das Bundesverfassungsgericht von einem eigenständigen – also unabhängig von einer materiellen Rechtsbetroffenheit anzuerkennenden abwehrrechtlichen – Grundrechtsschutz von Verfahrensrechten ausgeht, muß sich die Untersuchung den wenigen Begründungsversuchen des Schrifttums zuwenden. In der Literatur finden sich einzelne Autoren, die ihre Ansicht von der Grundrechtsverletzung bei Vorliegen bestimmter Verfahrensverstöße offenbar mit einer Erweiterung des Schutzbereichs der Grundrechte um diese Verfahrensrechte zu begründen versuchen[171]. Unter der Voraussetzung, daß sich aus den Grundrechten selbst eine Pflicht zu einem verfahrensrechtlichen Schutz der Grundrechte ableiten läßt, scheint es auch nahezuliegen, bei einer Verletzung solcher grundrechtlich geforderten Verfahrensrechte zugleich von einer Grundrechtsverletzung auszugehen. Die Annahme, „die Qualifizierung der Verletzung grundrechtsrelevanter Verfahrensvorschriften als selbst unmittelbar grundrechtsverletzend" hinge „mit der Annahme

---

Maßstäbe für eine den Grundrechtsschutz effektuierende Verfahrensgestaltung und für eine verfassungskonforme Anwendung der vorhandenen Verfahrensvorschriften setzen. Demgemäß hat er unmittelbar aus der Eigentumsgarantie des Art. 14 GG die Pflicht hergeleitet, *bei Eingriffen* in dieses Grundrecht einen effektiven Rechtsschutz zu gewähren" (Hervorhebung nicht im Original).

[169] Bestätigt werden diese Überlegungen durch BVerfG (1. Kammer 1. Sen.), Beschl. v. 22. 3. 2000 – 1 BvR 1370/93, NVwZ-RR 2000, 487 (488).

[170] Im Ergebnis ebenso z.B. *Bethge*, NJW 1982, 1 (7); *Lerche*, Kernkraft und rechtlicher Wandel, S. 21 Fußn. 41; s. auch *v. Mutius*, Jura 1984, 529 (534).

[171] Vgl. *Hufen*, NJW 1982, 2160 (2164); unklar *ders.*, Fehlerfolgen, Rdnr. 32f.; wohl auch *K. Redeker*, NJW 1980, 1593 (1596); ohne Begründung ebenso *Lübbe-Wolff*, in: Festschrift für Simson, S. 137 (146).

der Verfahrensrelevanz der Grundrechte ... einigermaßen notwendig zusammen"[172], erweist sich bei genauer Prüfung jedoch nicht als überzeugend.

Die Folgerung der zwangsläufigen Grundrechtsverletzung bei Verfahrensverstößen kann nur dann wirklich überzeugen, wenn das konkret verletzte Verfahrensrecht selbst Teil des *abwehrrechtlichen* Grundrechtsschutzbereichs wäre, wie dies oben für sämtliche materiellen subjektiven Rechte des Bürgers nachgewiesen wurde. Gegen eine solche Annahme spricht jedoch eine Reihe von Gründen. Der erste Einwand knüpft an den – im allgemeinen wohl unbestrittenen – Schutzbereich der Grundrechte an. Dieser ist nach der jeweiligen verfassungsrechtlichen Definition auf materielle subjektive Rechte beschränkt. Verfahrensrechte dienen dem Schutz dieser Grundrechte; mögen sie auch zumindest teilweise grundrechtlich gefordert sein, so zählen sie doch nicht selbst zum Schutzgegenstand der Grundrechte, also zu deren Schutzbereich. So schützt Art. 2 Abs. 2 S. 1 GG etwa Leben und körperliche Unversehrtheit, nicht eine bestimmte Verfahrensgestaltung und auch nicht Verfahrensteilhabe im atomrechtlichen oder in anderen Genehmigungsverfahren, auch wenn das Grundrecht einen Schutz durch Verfahren und damit die entsprechende Beteiligung am Verfahren fordert. Hier gilt es zu unterscheiden zwischen den Grundrechten in ihrer Funktion als Abwehrrechte und den Grundrechten als schutzpflichtbegründende Normen. Entsprechendes gilt für alle übrigen Grundrechte, sei es die Berufsfreiheit gemäß Art. 12 Abs. 1 GG[173] oder das Eigentumsgrundrecht des Art. 14 GG. Sämtliche Freiheitsgrundrechte beinhalten materielle Rechtspositionen. Abgesehen vom Sonderfall des formellen Grundrechts des Art. 19 Abs. 4 GG[174] handelt es sich um materielle Grundrechte. Auch wenn aus ihnen Anforderungen für ein Verwaltungsverfahren abgeleitet werden, zählen diese Verfahrensanforderungen nicht selbst zum abwehrrechtlichen Schutzbereich der Grundrechte. Nichts anderes läßt sich aus der Rechtsprechung des Bundesverfassungsgerichts entnehmen, nach der sich aus dem jeweiligen materiellen Grundrecht auch ein Anspruch auf effektiven Rechtsschutz ergeben soll[175]. Wie die grundrechtlich geforderten Verfahrensrechte bildet auch der Anspruch auf effektiven Rechtsschutz nicht selbst den Schutzgegenstand der materiellen Grundrechte. Die Verfahrensrechte dienen wie der Anspruch auf Rechtsschutzeffektivität vielmehr dem Schutz der gewährleisteten Freiheit. Auch wenn die Verfahrensrechte aus dem jeweiligen Grundrecht abzuleiten sind, so

---

[172] So *Lübbe-Wolff*, in: Festschrift für Simson, S. 137 (146).

[173] BVerfG, Beschl. v. 13. 11. 1979 – 1 BvR 1022/77, BVerfGE 52, 380 (389f.).

[174] Vgl. etwa *F. Klein*, VVDStRL 8 (1950), 88, 123; *Schulze-Fielitz*, in: Dreier (Hrsg.), GG, Art. 19 IV Rdnr. 40.

[175] Vgl. z.B. für Art. 14 GG BVerfG, Beschl. 10. 5. 1977 – 1 BvR 514/68, BVerfGE 45, 297 (322, 333); Beschl. v. 8. 11. 1988 – 1 BvR 1527/87, BVerfGE 79, 80 (84); Beschl. v. 14. 12. 1993 – 1 BvR 361/93, BVerfGE 89, 340 (342); für Art. 12 Abs. 1 GG BVerfG, Beschl. v. 9. 4. 1975 – 1 BvR 344/74 u.a., BVerfGE 39, 276 (294); Beschl. v. 22. 10. 1991 – 1 BvR 393, 610/85, BVerfGE 85, 36 (56ff.); s. auch beispielsweise *Schulze-Fielitz*, in: Dreier (Hrsg.), GG, Art. 19 IV Rdnr. 148.

muß doch diese grundrechtliche Herleitung vom Inhalt des grundrechtlichen Schutzbereichs unterschieden werden.

Soweit sich aus dem materiellen Grundrecht Anforderungen für ein Verwaltungsverfahren ergeben, dienen diese Anforderungen stets dem Schutz des jeweiligen materiellen Grundrechts vor übermäßigen Eingriffen. Sind aus einem Grundrecht verfahrensrechtliche Anforderungen abzuleiten, so beziehen sich diese auf Eingriffe in das geschützte materielle Recht. Ohne Eingriff oder zumindest die Gefahr eines solchen sind auch keine Verfahrensrechte erforderlich. Auch wenn daher durch die Grundrechte selbst bestimmte Verfahrensanforderungen aufgestellt werden[176], beschreiben diese nicht den Gegenstand des Grundrechts, sondern nur die Konsequenzen für den Schutz ihres Gegenstands. Wenn die materiellen Grundrechte – nach Auffassung des Bundesverfassungsgerichts – zur Sicherung ihres Schutzgegenstands bestimmte Verfahrenssicherungen erfordern, werden diese Verfahrenssicherungen auch im Hinblick auf die damit verbundenen subjektiven Berechtigungen nicht selbst zum Schutzgegenstand des Grundrechts[177].

Dem steht nicht das vorausgehend beschriebene Verhältnis zwischen Grundrechten und einfachem Gesetzesrecht entgegen. Auch wenn gerade das einfache Recht die Grundrechte konstituiert, konkretisiert und ausgestaltet, so bewegt sich dieser Einfluß auf den Inhalt der Grundrechte in dem durch die Grundrechte selbst gesteckten Rahmen. Subjektive Rechte aus anderen Rechtsquellen können nur dann vom Schutzbereich der Grundrechte erfaßt werden und damit dem Grundrechtsschutz unterfallen, soweit die Grundrechte dies selbst anordnen. Genau das geschieht durch die grundrechtliche Vorgabe der Beschränkung des abwehrrechtlichen Schutzes auf materielle Rechte. Ein Verfahrensrecht mag daher noch so sehr durch ein Grundrecht gefordert sein. Aufgrund grundrechtlicher Anordnung ist es nicht sein Gegenstand selbst, sondern soll dem Schutz des Gegenstands dienen. Folglich führt auch allein die Verletzung von Bestimmungen, die dem Schutz eines materiellen Rechts dienen, nicht zwingend zur Verletzung des geschützten Rechts. Ebensowenig wie die Einhaltung der Verfahrenssicherungen notwendigerweise die Beachtung und Gewährleistung des materiellen Rechts zur Folge hat, führt ihre Nichteinhaltung zwingend zur Verletzung des materiellen Rechts. Bei Nichtbeachtung der Verfahrenssicherungen hat das Verfahrensrecht seine Schutzfunktion gegenüber dem materiellen Recht nicht erfüllt;

[176] Vgl. BVerfG, Urt. v. 18.12.1968 – 1 BvR 638/64 u.a., BVerfGE 24, 367 (401).

[177] Ob die hier vertretene Ansicht mit der von *Grimm*, NVwZ 1985, 865 (867), übereinstimmt, nach der die Grundrechte in Bezug auf das Verfahren nicht als Abwehrrechte eingesetzt werden können, bleibt fraglich. Der Aussage, „bei der Verfahrensgestaltung bewegen wir uns freilich nicht im Eingriffsbereich" (S. 869), kann nur insofern zugestimmt werden, als nicht zugleich ein Eingriff vorliegt. Bei einem materiellen Eingriff erlangen auch die Verfahrensrechte im Rahmen der Grundrechte als Abwehrrechte Bedeutung.

ob das materielle Recht in seinem abwehrrechtlichen Gehalt aber verletzt wurde, ist eine ganz andere Frage.

Zu keinen anderen Schlüssen darf auch eine Formulierung im Schrifttum[178] verleiten, die sich in einer Auseinandersetzung mit einem Urteil des Verwaltungsgerichts Arnsberg im Anfechtungsprozeß um eine atomrechtliche Teilerrichtungsgenehmigung findet. Die atomrechtliche Genehmigung war nach Verstoß gegen Verfahrensvorschriften über die Bekanntgabe des Vorhabens und die Auslegung der Unterlagen erteilt worden. Das Verwaltungsgericht sah darin einen materiellen Grundrechtsverstoß gegen Art. 2 Abs. 2 GG[179]. Dagegen wird eingewendet, verstoßen worden sei hier nicht gegen den materiellen, sondern den proceduralen Gehalt des Art. 2 Abs. 2 GG[180]. Diese Aussage dürfte angesichts fehlender weiterer Hinweise wohl kaum so zu verstehen sein, daß sich der Grundrechtsverstoß auf die abwehrrechtliche Funktion des Grundrechts beziehen soll. Die gegenteilige Annahme, nach der auch Verfahrensrechte vom (abwehrrechtlichen) Schutzbereich der Grundrechte erfaßt wären, hätte sicherlich einen deutlicheren Ausdruck gefunden.

So bleibt es dabei: Die Abwehrrechtsfunktion der Grundrechte, aus der allein der Beseitigungsanspruch ableitbar ist, wird im Fall der verfahrensrechtlichen Sicherung des materiellen Schutzgegenstands des Grundrechts nur aktiviert, wenn auch ein Eingriff in das materielle Recht vorliegt. Die Nichterfüllung von Ansprüchen, die der Sicherung des materiellen Rechts dienen, reicht dafür nicht aus. Die Annahme eines die subjektiven Verfahrensrechte umfassenden grundrechtlichen Schutzbereichs verkennt die sachlichen Unterschiede zwischen den Grundrechten als Abwehrrechten und den aus den Grundrechten ableitbaren Schutzpflichten[181].

Verfahrensrechte besitzen Grundrechtsrelevanz nur im Hinblick auf die grundrechtliche Schutzpflicht. Deren Zielrichtung unterscheidet sich grundlegend von der der Abwehrrechte, wie vor allem am Beispiel der Schutzpflichtverletzung durch den Gesetzgeber deutlich wird. Erster Adressat der Schutzpflichten ist der Gesetzgeber, der (auch) zur Schaffung grundrechtssichernder Verfahrensregelungen verpflichtet ist. Wird diese Pflicht verletzt, liegt ein Grundrechtsverstoß vor. Ein Eingriff in die Grundrechte als Abwehrrechte ist damit jedoch gerade nicht verbunden. Auch wenn die Grundrechte nicht nur objektivrechtliche Schutzpflichten, sondern auch subjektive Schutzansprüche begründen können und die Nichterfüllung eines solchen Anspruchs als Grundrechtsverletzung bezeichnet werden kann, darf diese Verletzung nicht strukturell mit der des Grundrechts als Abwehrrecht gleichgesetzt werden.

---

178 Vgl. *Laubinger*, VerwArch. 73 (1982), 60 (78).

179 VG Arnsberg, Urt. v. 27. 1. 1981 – 7 K 74/79, DVBl. 1981, 648f.

180 Vgl. *Laubinger*, VerwArch. 73 (1982), 60 (78).

181 Insoweit zutreffend etwa *Grimm*, NVwZ 1985, 867, 869f.

Diese für den Gesetzgeber allgemein anerkannten Grundsätze gelten in der Sache auch für die Verwaltung. Die Grundrechte als Schutzpflichten fordern von der Exekutive die Anwendung der gesetzlichen Schutznormen zum Zwecke des Grundrechtsschutzes. Die Nichterfüllung der Verfahrenspflichten erweist sich insofern – wie beim Gesetzgeber – zugleich als Grundrechtsverletzung. Die Grundrechte werden (insoweit) jedoch auch hier nicht als Abwehrrechte verletzt. Das ist neben der Schutzpflichtverletzung nur möglich, wenn zugleich auch ein Eingriff in die materiellen Grundrechte vorliegt[182].

Die Begründung der gegenteiligen Auffassung bleibt denn auch wenig erhellend. Ein Verfahrensverstoß läßt sich als (materieller) Grundrechtseingriff ohne materiellrechtliche Betroffenheit eben nur mit dem Hinweis „umschreiben", in dem Verfahrensfehler liege „die Nichtanwendung oder Verkennung einer verfassungsrechtlichen Schutznorm und damit die Verkürzung der grundrechtlichen Geltungsgehalts zu Lasten des Betroffenen"[183]. Dieser Versuch der Gleichsetzung von Verstößen gegen grundrechtsrelevantes Verfahrensrecht mit einer Grundrechtsverletzung verschleiert das Problem eher, als daß es zu seiner Aufklärung beiträgt. Insbesondere der Umfang des grundrechtlichen Schutzbereichs wird nicht konkret angesprochen.

Wie wenig überzeugend dieser Ansatz aus der Literatur ist, zeigen auch andere Stellungnahmen zur Bedeutung des Grundrechtsschutzes durch Verfahren. So kann etwa *Blümel* aufgrund seiner Ansicht zur Relevanz des Verfahrensrechts als unverdächtiger Kronzeuge für die fehlende Überzeugungskraft der These des Grundrechtseingriffs ohne materiellrechtliche Betroffenheit betrachtet werden. Nach seiner Ansicht spielt es für die Frage der (Grund-)Rechtsverletzung im Fall eines Verfahrensfehlers keine Rolle, ob sich der Fehler auf das Verfahrensergebnis (etwa den Verwaltungsakt) ausgewirkt hat oder haben kann[184]. Gleichwohl setzt auch nach seiner Ansicht die Grundrechtsrelevanz von Verfahrensvorschriften stets eine materiellrechtliche Betroffenheit durch den verfahrensbeendenden Rechtsakt voraus[185]. Allein die Verfahrensrechtsverletzung reicht nicht für den Beseitigungsanspruch aus[186].

Mit der hier vertretenen Ansicht zum fehlenden grundrechtlichen Abwehrrechtsschutz von Verfahrensrechten harmoniert auch, wenn nach der ganz herrschenden Meinung im Verwaltungs- und Verwaltungsprozeßrecht die Klagebefugnis im verwaltungsgerichtlichen Anfechtungsprozeß (§ 42 Abs. 2 VwGO) bei

---

182 Ob noch weitere Voraussetzungen erfüllt sein müssen, wird noch zu untersuchen sein.

183 *Hufen*, NJW 1982, 2160 (2164), der dort in Fußn. 53 enthaltene Hinweis auf *Löwer*, DVBl. 1981, 534, trägt für das hier relevante Problem nicht.

184 Vgl. *Blümel*, Grundrechtsschutz, S. 23 (66ff.).

185 *Ebd.*, S. 50ff., 59ff.

186 Dieses Ergebnis harmoniert auch mit der Feststellung von *Schmidt-Aßmann*, in: Festschrift für Redeker, S. 225 (231), nach der „unmittelbare Schlüsse von der grundrechtlichen Bedeutsamkeit des Verfahrens auf die Folgen eines darin unterlaufenen Rechtsfehlers nur schwer gezogen werden können".

Verstößen gegen Verfahrensrechte grundsätzlich nicht allein auf den Verfahrensverstoß gestützt werden kann. Auch wenn die Voraussetzungen der Klagebefugnis nach der Rechtsprechung unklar bleiben, wird sie in der Literatur regelmäßig nur befürwortet, wenn der angegriffene Verwaltungsakt eine nach materiellem Recht geschützte Rechtsstellung des Klägers berührt[187]. Aus dem Wortlaut der Bestimmung läßt sich das nicht entnehmen, weil der Kläger danach nur geltend machen muß, „durch den Verwaltungsakt oder seine Ablehnung oder Unterlassung in seinen Rechten verletzt zu sein". Daß es sich hier um materielle Rechte handeln muß, bedarf eigentlich einer zusätzlichen Begründung, die sich kaum findet. Sie läßt sich auch nur geben, wenn der mit der Anfechtungsklage verfolgte materiellrechtliche Aufhebungsanspruch (und der mit der Verpflichtungsklage verfolgte materiellrechtliche Leistungsanspruch) in den Blick genommen wird. Weil gerade der Aufhebungsanspruch, solange nichts anderes gesetzlich geregelt ist, eine fortdauernde materielle Rechtsverletzung voraussetzt, reicht der formelle Rechtsverstoß typischerweise nicht aus. Deshalb ist die teilweise in der Literatur vertretene Ansicht, wonach die Klagebefugnis auch darauf gestützt werden kann, daß ein Verfahren, das die Grundrechte zu ihrer Wahrung oder Durchsetzung erfordern, zum Beispiel Art. 12 Abs. 1 GG bei berufsbezogenen Prüfungen, unterblieben ist[188], nicht überzeugend. Auch der als Beleg angeführten Entscheidung des OVG Münster[189] läßt sich eine solche These nicht entnehmen. Im konkreten Fall ging es um den Anspruch auf Neubewertung einer Prüfungsarbeit, also einen Sachverhalt, in dem materiellrechtliche Betroffenheit außer Frage stand. Daß sich ein materiell Betroffener zumindest im Rahmen der Klagebefugnis auf die Verletzung seiner subjektiven Verfahrensrechte berufen kann, ist allgemein anerkannt[190].

3. *Der Ausnahmefall des „absoluten Verfahrensrechts"*

Die bisherigen Überlegungen haben ergeben, daß dem Verfahrensrecht selbst dann kein abwehrrechtlicher Grundrechtsschutz zukommt, wenn das Recht zum Schutz der Grundrechte verfassungsrechtlich gefordert ist. Entsprechend läßt sich ein grundrechtlich fundierter Beseitigungsanspruch bei einer Verfahrens-

---

[187] Vgl. *Breuer*, in: Festschrift für Sendler, S. 357 (387f.); *Happ*, in: Eyermann, VwGO, § 42 Rdnr. 97; *Geist-Schell*, Verfahrensfehler, S. 157f.; *Kopp/Schenke*, VwGO, § 42 Rdnr. 75, 95; *Wahl/Schütz*, in: Schoch/Schmidt-Aßmann/Pietzner, VwGO, § 42 Abs. 2 Rdnr. 72ff. Im Ergebnis auch *Cloosters*, Rechtsschutz Dritter gegen Verfahrensfehler, S. 54f., 102; a.A. *Bey*, Begleitende Verwaltungskontrolle, S. 126ff.

[188] Vgl. *Kopp*, VwGO, 10. Aufl., § 42 Rdnr. 57; unverändert *Kopp/Schenke*, VwGO, § 42 Rdnr. 95.

[189] Urt. v. 16. 7. 1992 – 22 A 2549/91, NVwZ 1993, 95.

[190] Vgl. nur *Kopp/Schenke*, VwGO, § 42 Rdnr. 95 (am Anfang). Nichts anderes läßt sich im übrigen aus dem gleichfalls zitierten Urteil des BVerwG v. 24. 2. 1993 – 6 C 35.92, BVerwGE 92, 132ff., ableiten.

rechtsverletzung nur mittelbar über die gleichzeitige Verletzung eines materiellen Rechts begründen, das selbst wieder grundrechtlich geschützt ist. Fehlt es dagegen an einem Eingriff in ein materielles Recht, kann ein Beseitigungsanspruch nur dann bejaht werden, wenn der Gesetzgeber selbst die Verletzung des Verfahrensrechts mit einem Beseitigungsanspruch gegenüber dem verfahrensfehlerhaften Verwaltungsakt verbindet. Hier ist der Beseitigungsanspruch nicht grundrechtlich, sondern ausschließlich einfachrechtlich fundiert. Ausdrücklich normierte Aufhebungsansprüche bei Verfahrensverstößen finden sich in unserer Rechtsordnung allerdings bisher wohl nicht. Aber auch ohne eine entsprechende ausdrückliche Anerkennung durch den Gesetzgeber befürwortet die herrschende Ansicht in Rechtsprechung und Literatur einige Ausnahmefälle.

Hier geht es nur um echte subjektive Rechte, nicht um Fälle, in denen prozessuale Klagerechte ohne eigene subjektive Rechtspositionen eingeräumt werden. Eine solche Möglichkeit sieht das Gesetz in § 42 Abs. 2 VwGO im ersten Halbsatz („Soweit gesetzlich nichts anderes bestimmt ist") vor. Da es sich hier um eine Ausnahme vom Erfordernis der Geltendmachung einer Verletzung eigener Rechte handelt, steht dem Inhaber dieser Klagerechte auch kein materieller Beseitigungsanspruch zu. Hauptanwendungsfall solcher Klagerechte ohne subjektives Recht ist das sogenannte Verbands- oder Vereinsklagerecht, das auch das Bundesnaturschutzgesetz in § 61[191] kennt.

Das Klagerecht der naturschutzrechtlichen Vereine muß allerdings differenziert betrachtet werden. Nicht in allen Fällen handelt es sich um das Geltendmachen rein objektivrechtlicher Verstöße. Teilweise sind den Vereinen auch subjektive Beteiligungsrechte an Verwaltungsverfahren durch das Gesetz eingeräumt worden. Wird im Prozeß die Verletzung dieser subjektiven Rechte geltend gemacht, handelt es sich nicht um eine im eigentlichen Sinn als Verbands- oder Vereinsklage zu bezeichnende Klage. Hier wird die Verletzung eines subjektiven Rechts geltend gemacht, so daß ein subjektives Rechtsschutzverfahren vorliegt, für das teilweise auch der Begriff einer Verbandsverletztenklage verwendet wird[192]. Der bloße Umstand der Klage durch einen naturschutzrechtlichen Verein läßt deshalb noch nicht erkennen, ob es sich um ein subjektives Rechtsschutzverfahren handelt oder nicht.

Soweit der Verein im Anfechtungsprozeß die Verletzung von subjektiven Beteiligungsrechten geltend macht, könnte es sich um eine Konstellation handeln, in der die Verletzung des Beteiligungsrechts nach den einfachen Recht mit einem Beseitigungsanspruch verbunden ist. Eine Verletzung der betreffenden Mitwirkungsrechte des Verbandes beziehungsweise des Vereins kann nach wohl allgemeiner Auffassung – unter näher zu bestimmenden und umstrittenen Voraussetzungen – einen subjektiven Aufhebungsanspruch gegenüber dem Verwaltungs-

---

[191] Vgl. BNatSchGNeuregG v. 25.3. 2002, BGBl. I S. 1193.

[192] Vgl. *Wahl/Schütz*, in: Schoch/Schmidt-Aßmann/Pietzner, VwGO, § 42 Abs. 2 Rdnr. 230.

akt entstehen lassen. Trifft diese Auffassung zu, kann in diesem Sinne, da es bei diesem subjektiven Verfahrensrecht an einem zu schützenden materiellen Recht gerade fehlt, von einem „absoluten Verfahrensrecht“ gesprochen werden. Dieses bildet eine beachtliche Ausnahme zu den sonstigen Verfahrensrechten, deren typischer Zweck auf den Schutz materieller Rechte ausgerichtet ist. Da sich diese subjektiven Rechte auch nicht etwa auf die absoluten Grundrechte zurückführen lassen, können sie nur selbst den möglichen Beseitigungsanspruch gegenüber dem verfahrensfehlerhaften Verwaltungsakt begründen, wenn ein solcher existiert.

Offenbar um zu einer Kongruenz mit den übrigen Vorstellungen eines durch Art. 19 Abs. 4 GG gewährleisteten Schutzes materieller subjektiver Rechte und der Übereinstimmung mit den §§ 42 Abs. 2, 113 Abs. 1 S. 1 VwGO zu gelangen, wird insoweit auch von einer mit dem Verfahrensrecht verbundenen materiellen Rechtsposition ausgegangen[193]. Der Gesetzgeber habe hier das öffentliche Interesse an Naturschutz und Landschaftspflege als materielles Recht subjektiviert[194]. Diese Begründung des subjektiven materiellen Rechts überzeugt freilich nicht. Die Anerkennung eines materiellen Rechts steht dazu in Widerspruch, daß dieses „materielle Recht“ im Prozeß gar nicht geltend gemacht werden kann, was aber zwingend erschiene, wenn es sich um ein echtes materielles Recht handelte. Zutreffenderweise muß daher von einem einfachgesetzlichen subjektiven Verfahrensrecht ausgegangen werden, das ohne materiellrechtlichen Hintergrund einen Beseitigungsanspruch auslösen kann.

Nicht verwechselt werden darf mit der Ableitung von Beseitigungsansprüchen aus den „absoluten Verfahrensrechten“, hinter denen nicht der Zweck eines Schutzes materiellrechtlicher Rechtspositionen steht, die Frage, ob der das Verfahrensrecht verletzende Verwaltungsakt zwingend aufgehoben werden muß. An der „Absolutheit“ des Verfahrensrechts ändert sich nichts, wenn dessen Verletzung zum Beispiel nur zur Aufhebung führt, wenn nicht die Voraussetzungen des § 46 VwVfG erfüllt sind. Angesichts der Diskussion um die sogenannten absoluten Verfahrensfehler gerade in Zusammenhang mit den Beteiligungsrechten der Naturschutzvereine kann es insoweit durchaus zu Verwirrungen kommen. Der Begriff der absoluten Verfahrensrechte kann nämlich auch so verstanden werden, daß ihre Verletzung stets zur Aufhebung der Sachentscheidung, also des das Verfahren beendenden Verwaltungsakts führen müsse. Diese Ansicht rührt aus der oben angesprochenen Rechtsprechung des Bundesverwaltungsgerichts, nach der von einem subjektiven Verfahrensrecht nur auszugehen sei, wenn es selbständig durchsetzbar und seine Verletzung zur Aufhebung des verfahrensfehlerhaften

---

193 S. BVerwG, Urt. v. 31. 10. 1990 – 4 C 7.88, BVerwGE 87, 62 (72) – gleichzeitig soll aber ein Fall der abweichenden gesetzlichen Regelung gemäß § 42 Abs. 2 (1. Halbs.) VwGO vorliegen; s. weiter *Wahl/Schütz*, in: Schoch/Schmidt-Aßmann/Pietzner, VwGO, § 42 Abs. 2 Rdnr. 232.

194 Vgl. auch OVG Schleswig, Beschl. v. 30. 12. 1993 – 4 M 129/93, NVwZ 1994, 590 (591).

Verwaltungsakts führt[195]. Beide Themenkomplexe sind trotz ihrer engen Verbindung jedoch strikt zu trennen. Bei der Frage der zwingenden Aufhebung von Verwaltungsakten wegen eines Verfahrensfehlers geht es vor allem um die Relevanz der Auswirkungen des Fehlers auf das Ergebnis. Hier ist aber zunächst die Frage nach der Rechtsgrundlage, dem Ursprung des Beseitigungsanspruchs aufgeworfen.

Bei den sogenannten absoluten Verfahrensfehlern handelt es sich um Fehler, die stets zur Aufhebung des Verwaltungsakts führen sollen, unabhängig von einer Fehlerrelevanz oder Entscheidungserheblichkeit. Der Verfahrensfehler bewirkt folglich einen absoluten Aufhebungsgrund des verfahrensfehlerhaften Verwaltungsakts[196]. Die Thematik sogenannter absoluter Verfahrensfehler wird daher heute in erster Linie in Verbindung mit der Regelung des Aufhebungsausschlusses in §46 VwVfG erörtert. Auf diese Fehler soll §46 VwVfG keine Anwendung finden, was dogmatisch mit dem Spezialitätsgrundsatz in §1 Abs. 1 VwVfG begründet wird[197].

C. Beseitigungsansprüche außerhalb des Anwendungsbereichs der Grundrechte

Auch außerhalb des Bürger-Staat-Verhältnisses und damit ohne die Möglichkeit einer grundrechtlichen Herleitung lassen sich Beseitigungsansprüche zum Schutz subjektiver Rechte begründen. Sie sind vor allem in drei Bereichen anzuerkennen, in denen Rechtspositionen existieren, die den absoluten Grundrechten vergleichbar erscheinen. Es sind dies die Rechtsstellungen im Bereich des kommunalen Selbstverwaltungsrechts (I), in Sonderstatusverhältnissen (II) sowie von Organen (III).

I. Das kommunale Selbstverwaltungsrecht

Es entspricht heute zumindest im Ergebnis der ganz herrschenden Auffassung, daß das in Art. 28 Abs. 2 GG verankerte Selbstverwaltungsrecht neben der objekti-

[195] S. dazu oben unter IV 1 (S. 64f.); vgl. auch *Wahl/Schütz*, in: Schoch/Schmidt-Aßmann/Pietzner, VwGO, §42 Abs. 2 Rdnr. 73, die den Begriff des absoluten Verfahrensrechts gerade so verwenden.

[196] Vgl. *Sachs*, in: Stelkens/Bonk/Sachs, VwVfG, §46 Rdnr. 32; s. weiter z.B. *Schäfer*, in: Obermayer, VwVfG, §46 Rdnr. 14ff.; *Hub. Meyer*, in: Knack, VwVfG, §46 Rdnr. 22.

[197] Vgl. BVerwG, Urt. v. 12. 11. 1997 – 11 A 49.96, BVerwGE 105, 348 (353f.); *Sachs*, in: Stelkens/Bonk/Sachs, VwVfG, §46 Rdnr. 33; allerdings führt die Verletzung eines Beteiligungsrechts nach §29 Abs. 1 S. 1 Nr. 4 BNatSchG a.F. nach Ansicht des BVerwG aufgrund des §17 Abs. 6c S. 2 FStrG wegen der Möglichkeit der Fehlerbehebung durch ein ergänzendes Verfahren nicht mehr zur Aufhebung des Planfeststellungsbeschlusses; vgl. dazu näher unten §7 D III (S. 412ff.).

ven Einrichtungsgarantie auch ein subjektives Recht der Gemeinden, Kreise und Gemeindeverbände begründet[198]. Damit steht auch die überwiegende Ablehnung des Grundrechtscharakters des Selbstverwaltungsrechts[199] in Einklang, wie sich etwa an der allgemeinen Anerkennung der Existenz von Beseitigungsansprüchen bei Verletzungen des Selbstverwaltungsrechts[200] zeigt. Entsprechend werden die aus Art. 28 Abs. 2 GG abzuleitenden einzelnen Gemeindehoheiten als subjektive Rechte gemäß §§ 42 Abs. 2, 113 Abs. 1 S. 1 VwGO angesehen[201]. Obwohl insoweit manches noch nicht dogmatisch ausgereift erscheint, herrscht über das Gesamtergebnis praktisch Einigkeit. Die Grundstruktur der Rechtsstellung der Gemeinden (und auch Kreise) ist im Hinblick auf die mögliche Abwehr von Eingriffen mit der Abwehrrechtsqualität der Grundrechte völlig vergleichbar[202]; das kommunale Selbstverwaltungsrecht weist selbst einen abwehrrechtlichen Gehalt auf[203]. Unzulässige Eingriffe in dieses Recht lösen Abwehrrechte aus. Der Schutz des Selbstverwaltungsrechts entspricht dem eines (anderen) absoluten subjektiven Rechts, das mit Unterlassungs- und Beseitigungsansprüchen bewehrt ist.

Dem steht – wie bei den Grundrechten – nicht entgegen, daß der Gesetzgeber in nicht unerheblichem Umfang zu Beschränkungen in der Lage ist, das Selbstverwaltungsrecht nach Ansicht des Bundesverfassungsgerichts einer „Ausgestaltung und Formung“ sogar bedarf[204]. Das kommunale Selbstverwaltungsrecht bewirkt keine Garantien im Sinne eines absoluten Bestandsschutzes, auch wenn Eingriffe in Kernbereiche unzulässig sein mögen. Aus der fehlenden individuellen Garantie des Fortbestands einzelner Gemeinden ist nichts Gegenteiliges ableitbar. Die gesetzlichen Regelungen, die einzelne Gemeindehoheiten wie zum Beispiel die Organisations-, die Planungs-, die Finanz- oder die Rechtsetzungshoheit[205] betreffen, lassen sich nicht nur als Eingriffe, sondern zugleich auch als Ausgestaltungen

---

[198] Vgl. *Dreier*, in: Dreier (Hrsg.), GG, Art. 28 Rdnr. 96ff.; *W.-R. Schenke*, Bergbau, S. 70ff.; *Schmidt-Aßmann*, in: Schmidt-Aßmann (Hrsg.), Besonderes Verwaltungsrecht, Kommunalrecht, Rdnr. 24; *J. Ipsen*, ZG 9 (1994), 194ff. Wenn demgegenüber behauptet wird, die Ansicht, Art. 28 Abs. 2 S. 1 GG enthalte nur eine institutionelle Garantie, sei als überwiegende Meinung in Literatur und Rechtsprechung anzusehen, vgl. *Maurer*, DVBl. 1995, 1037 (1041), so bezieht sich dies offenbar auf die „Garantie“, die allgemein nicht auf den Fortbestand einer einzelnen Gemeinde gerichtet angesehen wird. Wenn *Maurer* dagegen ein subjektives Recht auf Selbstverwaltung fordert, entspricht das wohl bereits der ganz überwiegenden Ansicht.

[199] Vgl. *Maunz*, in: Maunz/Dürig, GG, Art. 28 Rdnr. 56; *Dreier*, in: Dreier (Hrsg.), GG, Art. 28 Rdnr. 81 m.w.Nachw.; *Nierhaus*, in: Sachs (Hrsg.), GG, Art. 28 Rdnr. 34.

[200] Ausdrücklich etwa *W.-R. Schenke*, Bergbau, S. 111; *Schmidt-Aßmann*, in: Schmidt-Aßmann (Hrsg.), Besonderes Verwaltungsrecht, Kommunalrecht, Rdnr. 24; *v. Mutius*, Kommunalrecht, Rdnr. 158f.

[201] S. z.B. *Wahl/Schütz*, in: Schoch/Schmidt-Aßmann/Pietzner, VwGO, § 42 Abs. 2 Rdnr. 105; *Steinberg*, DVBl. 1982, 13 (17ff.); *Hoppe/Schlarmann/Buchner*, Rechtsschutz bei der Planung von Straßen und anderen Verkehrsanlagen, Rdnr. 452ff.

[202] Vgl. *J. Ipsen*, ZG 9 (1994), 194 (199ff.); *W.-R. Schenke*, Bergbau, S. 96ff.

[203] S. *v. Mutius*, Kommunalrecht, Rdnr. 158; *Bethge*, Festgabe von Unruh, S. 149 (164).

[204] Vgl. BVerfG, Beschl. v. 23.11. 1988 – 2 BvR 1619, 1628/83, BVerfGE 79, 127 (143).

[205] Vgl. zu diesen etwa *Dreier*, in: Dreier (Hrsg.), GG, Art. 28 Rdnr. 121ff.

und Konkretisierungen der Gemeindehoheiten verstehen[206]. Folglich bilden einfachgesetzliche subjektive Rechte der Gemeinde keine Rechtsstellungen abseits der verfassungsrechtlich fundierten Gemeindehoheiten oder über diese hinaus. Wie im Fall der Grundrechte im Bürger-Staat-Verhältnis sind auch diese einfachgesetzlichen subjektiven Rechte als verfassungsrechtlich geschützte Rechte zu begreifen[207].

Deshalb erschient es auch nicht völlig überzeugend, wenn die Rechtsprechung aus dem fehlenden Grundrechtsschutz des gemeindlichen Eigentums[208] schließt, dieses sei nur einfachgesetzlich gemäß §§ 903ff. BGB, nicht auch verfassungsrechtlich abgesichert[209], es sei denn es bestehe ein Bezug zur Erfüllung gemeindlicher Aufgaben[210]. Diese Aussage unterstellt zumindest die Möglichkeit subjektiver einfachgesetzlicher Rechtspositionen von Gemeinden, die keinem verfassungsrechtlichen Schutz unterfallen. Näherliegend erscheint es, etwa vermögenswerte subjektive Privatrechte der Gemeinde stets vom Schutzbereich des Art. 28 Abs. 2 S. 1 GG erfaßt anzusehen. Kann von einem relevanten Eingriff in das einfachgesetzliche Eigentum ausgegangen werden, so liegt auch ein Eingriff in das subjektive Recht des Art. 28 Abs. 2 S. 1 GG vor. Als betroffene Gemeindehoheiten kommen nicht nur die Planungs-, sondern auch die Finanzhoheit in Betracht. Das ist letztlich auch in der genannten Rechtsprechung des Bundesverwaltungsgerichts angelegt, wenngleich dort – nicht überzeugend – von der Möglichkeit ausgegangen wird, es gäbe gemeindliches Eigentum, dem „jeder Bezug zur Erfüllung gemeindlicher Aufgaben" fehle[211].

Im Ergebnis basieren die allseits anerkannten Unterlassungs- und Beseitigungsansprüche von Gemeinden auf dem verfassungsrechtlich gewährleisteten Selbstverwaltungsrecht des Art. 28 Abs. 2 S. 1 GG. Eine vergleichbare Rechtsstel-

---

[206] So begreift auch das BVerwG, Urt. v. 1. 8. 2002 – 4 C 5.01, NVwZ 2003, 86 (87), etwa das in § 2 Abs. 2 S. 1 BauGB normierte Gebot, die Bauleitpläne benachbarter Gemeinden aufeinander abzustimmen, als „gesetzliche Ausformung des in Art. 28 Abs. 2 S. 1 GG gewährleisteten gemeindlichen Selbstverwaltungsrechts"; zum Urteil auch *Uechtritz*, NVwZ 2003, 176ff. Zur Begründung subjektiver Rechte der Nachbargemeinden durch § 2 Abs. 2 S. 1 BauGB (§ 2 Abs. 4 BBauG) schon vorher z.B. BVerwG, Urt. v. 8. 9. 1972 – IV C 17.71, BVerwGE 40, 323 (326); Urt. v. 15. 12. 1989 – 4 C 36.86, BVerwGE 84, 209 (210f.).

[207] Dem steht auch nicht BVerwG, Urt. v. 20. 4. 1994 – 11 C 17.93, BVerwGE 95, 333 (335ff.), entgegen, in dem die Klagebefugnis einer Gemeinde gegenüber einer straßenverkehrsrechtlichen Anordnung einer Geschwindigkeitsbegrenzung nicht aus Art. 28 Abs. 2 S. 1 GG, sondern aus der Schutznorm des § 45 Abs. 1b S. 1 Nr. 5 StVO abgeleitet wird. Indem § 45 Abs. 1b S. 1 Nr. 5, 2. Alt. StVO drittschützende Wirkung im Hinblick auf die „zum Selbstverwaltungsbereich gehörenden Planungs- und Entwicklungsbelange der betroffenen Gemeinden" (BVerwGE 95, 338) zukommt, handelt es sich um eine einfachrechtliche Ausgestaltung des Selbstverwaltungsrechts des Art. 28 Abs. 2 S. 1 GG, auch wenn das BVerwG dies nicht ausdrücklich sagt.

[208] S. dazu BVerfG, Beschl. v. 8. 7. 1982 – 2 BvR 1187/80, BVerfGE 61, 82.

[209] Vgl. z.B. BVerwG, Urt. v. 27. 3. 1992 – 7 C 18.91, BVerwGE 90, 96 (101).

[210] S. insofern für einen Schutz gem. Art. 28 Abs. 2 S 1 GG BVerwG, Urt. v. 24. 11. 1994 – 7 C 25.93, BVerwGE 97, 143 (151f.); Urt. v. 21. 3. 1996 – 4 C 26.94, BVerwGE 100, 388 (391f.).

[211] Vgl. BVerwG, Urt. v. 24. 11. 1994 – 7 C 25.93, BVerwGE 97, 143 (151f.).

lung besteht gemäß Art. 28 Abs. 2 S. 2 u. 3 GG für die Kreise und Gemeindeverbände, auch wenn dem Schutz gegenüber dem Gesetzgeber nicht dieselbe Reichweite zukommt wie bei den Gemeinden. In der Sache handelt es sich in allen Fällen um eine einem absoluten Recht zumindest nahekommende Rechtsstellung, die aufgrund ihrer Vergleichbarkeit eine entsprechende Herleitung von Unterlassungs- und Beseitigungsansprüchen wie aus den Grundrechten ermöglicht.

II. Rechte in Sonderstatusverhältnissen

Weitere subjektive Rechte, die mit Unterlassungs- und Beseitigungsansprüchen bewehrt sind, finden sich im Rahmen von Sonderstatusverhältnissen[212], soweit die einzelnen Rechte nicht ohnehin schon einem grundrechtlichen Schutzbereich unterfallen. Den wichtigsten Bereich bildet hier das Beamtenrecht. Hier anerkennt zum einen das GG grundrechtsgleiche Rechte etwa in Art. 33 Abs. 2 und Abs. 5 GG[213], deren Schutz auch durch Beseitigungsansprüche bewirkt wird[214].

Zudem ist etwa für den Beamtenstatus[215] und das Amt im statusrechtlichen Sinn[216] anerkannt, daß sie im Fall ihrer drohenden oder eingetretenen Verletzung Unterlassungs- und Beseitigungsansprüche auslösen[217]. Soweit hier nicht die grundrechtlich geschützte Rechtsposition des Beamten, sondern sein – vor allem durch Art. 33 Abs. 5 GG in Verbindung mit den Bestimmungen der Beamtengesetze begründeter – Beamtenstatus betroffen ist, scheidet eine Herleitung von Beseitigungsansprüchen aus den Grundrechten aus. Der Beamtenstatus ist den Grundrechten als absoluten Rechten aber strukturell vergleichbar. Auch er ist nur durch die Anerkennung von Hilfsrechten (Unterlassungs- und Beseitigungsansprüchen) zu schützen, ohne deshalb mit den Hilfsrechten gleichgesetzt werden zu können. Der status erweist sich aufgrund des mit ihm verbundenen Bündels von Rechten und Pflichten als eine Rechtsposition, die sich deutlich vom einzelnen relativen Recht unterscheidet und die auch wohl mehr ausmacht, als die bloße

[212] Vgl. zur Klagebefugnis im Verwaltungsprozeßrecht *Kopp/Schenke*, VwGO, § 42 Rdnr. 173.

[213] Daß diese Normen subjektive Rechte begründen, ist wohl unbestritten, vgl. *Maunz*, in: Maunz/Dürig/Herzog/Scholz, GG, Art. 33 Rdnr. 11; *Lübbe-Wolff*, in: Dreier (Hrsg.), GG, Art. 33 Rdnr. 50, 63; *Battis*, in: Sachs (Hrsg.) GG, Art. 33 Rdnr. 20, 65 m. w. Nachw.; str. für Art. 33 Abs. 4 GG, für ein subjektives Recht etwa *Isensee*, Öffentlicher Dienst, in: HbdVerfR, § 32 Rdnr. 52.

[214] Zur Frage des Beseitigungsanspruchs in Verbindung mit einem Leistungsrecht, wie auch Art. 33 Abs. 2 GG eines begründen kann, s. unten § 3 B (S. 94ff.).

[215] Näher zur Begrifflichkeit des status *Wolff/Bachof/Stober*, Verwaltungsrecht, Bd. 1, § 32 Rdnr. 12ff.

[216] Vgl. dazu BVerfG, Urt. v. 29. 5. 1973 – 1 BvR 424/71 u. a., BVerfGE 35, 79 (146); Beschl. v. 15. 12. 1976 – 2 BvR 841/73, BVerfGE 43, 154 (167); BVerwG, Urt. v. 11. 7. 1975 – VI C 44.72, BVerwGE 49, 64 (67); Urt. v. 29. 4. 1982 – 2 C 41.80, BVerwGE 65, 272 (273).

[217] Zuletzt ausdrücklich etwa OVG Bautzen, Beschl. v. 27. 6. 2001 – 2 BS 347/00, SächsVBl. 2001, 297 (298).

Summe aller relativen, aus dem status entspringenden oder ihn begründenden Rechte.

Mit Hilfe der Herleitung von Beseitigungsansprüchen aus einem sogenannten Beamtenstatus läßt sich auch hier eine Vergleichbarkeit der dogmatischen Begründung im Verhältnis zu den Beseitigungsansprüchen im Bürger-Staat-Verhältnis aus den Grundrechten als absoluten Rechten herstellen.

III. Organrechte

Zuletzt lassen sich in vergleichbarer Form Beseitigungsansprüche auch aus der Verletzung von Organrechten begründen[218]. Gestützt werden kann der Beseitigungsanspruch auch hier auf die dem absoluten Recht zumindest vergleichbare Organstellung, den Organstatus. Typischerweise werden als „wehrfähige Rechte" allerdings jeweils die einzelnen organschaftlichen Rechte angesehen, wie, um Beispiele zu nennen, etwa das Recht, einen Änderungsantrag zur Tagesordnung einer Gemeinderatssitzung zu stellen[219], oder das Recht auf Wahrung des Grundsatzes der Sitzungsöffentlichkeit[220], die Entscheidungskompetenz eines Ortschaftsrats[221] oder das Recht, eine Landesmedienanstalt auch außergerichtlich zu vertreten[222].

Obwohl im Rahmen der Organrechte der Frage nach der exakten Anbindung des Beseitigungsanspruchs (Organstatus, der aus den einzelnen subjektiven Organrechten gebildet wird, oder die einzelnen konkreten Organrechte) keine letztlich entscheidende Rolle zukommt, verdeutlicht doch zumindest die Anknüpfung an den Status, der im Falle seiner (drohenden) Verletzung Unterlassungs- und Beseitigungsansprüche begründet, die Parallelität zum subjektiven Recht im Bürger-Staat-Verhältnis. Andererseits kann aber auch ein unmittelbarer Rückgriff auf das konkret verletzte relative Organrecht zur Begründung von Beseitigungsansprüchen nicht ausgeschlossen werden[223].

---

[218] Vgl. *Wahl/Schütz*, in: Schoch/Schmidt-Aßmann/Pietzner, VwGO, § 42 Abs. 2 Rdnr. 91ff. (93); *Hoppe*, Organstreitigkeiten, S. 193f.; *Jockisch*, Die Prozeßvoraussetzungen im Kommunalverfassungsstreitverfahren, S. 93f.; *W.-R. Schenke*, Verwaltungsprozeßrecht, Rdnr. 867; *W. Roth*, Verwaltungsrechtliche Organstreitigkeiten, S. 856; *Buchwald*, Der verwaltungsgerichtliche Organstreit, S. 27ff.

[219] Vgl. OVG Bautzen, Beschl. v. 15.8. 1996 – 3 S 465/96, SächsVBl. 1997, 13 (14).

[220] Vgl. OVG Münster, Urt. v. 24.4. 2001 – 15 A 3021/97, NVwZ-RR 2002, 135.

[221] Vgl. VGH Mannheim, Urt. v. 13.3. 2000 – 1 S 2441/99, VBlBW 2000, 321 (322).

[222] S. OVG Bautzen, Beschl. v. 7.3. 1997 – 3 S 129/97, SächsVBl. 1997, 268 (269).

[223] Den Beseitigungsanspruch allein auf das konkret verletzte subjektive Organrecht stützt dagegen *W. Roth*, Verwaltungsrechtliche Organstreitigkeiten, S. 862.

IV. Fazit

Die vorausgehenden Überlegungen zur dogmatischen Herleitung des Beseitigungsanspruchs haben für das allgemeine Bürger-Staat-Verhältnis die Möglichkeit der vollständigen Rückführung des Anspruchs auf die Grundrechte ergeben. Außerhalb dieses Verhältnisses sind lediglich in Sonderfällen, etwa zum Schutz des Rechts der kommunalen Selbstverwaltung, der Rechte aus dem Beamtenstatus oder des Organstatus beziehungsweise der Organrechte, Beseitigungsansprüche anzuerkennen. Die Grundrechte spielen damit für die Begründung von öffentlichrechtlichen Beseitigungsansprüchen die maßgebliche Rolle. Auch außerhalb des Anwendungsbereichs der Grundrechte weicht die Begründung von Beseitigungsansprüchen bei allen Differenzen strukturell nicht von der durch die Grundrechte ab. Die weitere Untersuchung kann sich daher auch auf die grundrechtlich begründeten Beseitigungsansprüche und ihre Tatbestandsvoraussetzungen konzentrieren.

Zweiter Teil

Die Tatbestandsvoraussetzungen des öffentlichrechtlichen Beseitigungsanspruchs

§ 3 Der Grundrechtseingriff

Läßt sich im Bürger-Staat-Verhältnis der Beseitigungsanspruch eines Grundrechtsträgers gegenüber einem Verwaltungsakt aufgrund der vollständigen Erfassung sämtlicher materieller subjektiver Rechte durch den grundrechtlichen Schutzbereich stets auf die Grundrechte zurückführen[1], so kann die Dogmatik des Beseitigungsanspruchs insoweit an die der Grundrechte als Abwehrrechte angebunden werden. Um folglich zum Beispiel einen Anspruch auf Aufhebung eines Verwaltungsakts auf der Grundlage des ungeschriebenen, aus den Grundrechten ableitbaren Beseitigungsanspruchs bejahen zu können, bildet das Vorliegen eines Grundrechtseingriffs durch den betreffenden Verwaltungsakt eine der notwendigen Voraussetzungen. Das birgt für die weitere Bearbeitung ein erhebliches Problem. Bekanntermaßen hat das Thema des Grundrechtseingriffs bis heute eine solche Vielzahl von grundlegenden Bearbeitungen erfahren[2], daß jede weitere Befassung mit diesem Thema notgedrungen unvollständig bleiben muß. Gleichzeitig scheidet aber auch die einfache Übernahme von Ergebnissen aus der Literatur mangels allgemein akzeptierter Maßstäbe zum Grundrechtseingriff und mangels näherer Erörterungen der für diese Untersuchung im Vordergrund stehenden Fragen nach der Entstehung von Beseitigungsansprüchen infolge rechtswidrigen Verwaltungshandelns beim Erlaß von Verwaltungsakten aus. Die deshalb hier notwendige Untersuchung des Grundrechtseingriffs muß sich aber auf einzelne Fragen beschränken, ohne die Thematik des Grundrechtseingriffs durch einen Verwaltungsakt in seinen zahlreichen Problembereichen vollständig ausleuchten zu können. Viele Abgrenzungsfragen zum Vorliegen beziehungsweise zur zutreffenden Begründung eines Grundrechtseingriffs bleiben somit offen, was sich aber angesichts der unterschiedlichsten Fallkonstellationen nicht vermeiden läßt.

---

[1] Vgl. oben § 2 A, B (S. 21 ff., 31 ff.).

[2] Vgl. stellv. *Gallwas*, Faktische Beeinträchtigungen im Bereich der Grundrechte, 1970; *Ramsauer*, Die faktischen Beeinträchtigungen des Eigentums, 1980; *Scherzberg*, Grundrechtsschutz und „Eingriffsintensität", 1989; *A. Roth*, Verwaltungshandeln mit Drittbetroffenheit und Gesetzesvorbehalt, 1991; *Eckhoff*, Der Grundrechtseingriff, 1992; *W. Roth*, Faktische Eingriffe in Freiheit und Eigentum, 1994; *T. Koch*, Der Grundrechtsschutz des Drittbetroffenen, 2000; s. außerdem *Pietzcker*, in: Festschrift für Bachof (1984), S. 131 ff.; *Bleckmann/Eckhoff*, DVBl. 1988, 373 ff.; *Schwabe*, DVBl. 1988, 1055 ff.; *Lerche*, HbdStR V, § 122; *Sachs*, in: Stern, Staatsrecht III/1, § 78 (Der Grundrechtseingriff), 1994; *ders.*, JuS 1995, 303; *M. Albers*, DVBl. 1996, 233 ff.; *Bethge*, VVDStRL 57 (1998), 7 ff.; *Weber-Dürler*, VVDStRL 57 (1998), 57 ff.;

Bei den notwendigen Überlegungen zu den Voraussetzungen eines Grundrechtseingriffs durch einen Verwaltungsakt sind verschiedene Fragen zu behandeln. Auch bei Verwaltungsakten ist häufig nicht leicht festzustellen, wer als Grundrechtsbetroffener anzusehen ist, dem dann im Fall der Rechtswidrigkeit des Verwaltungsakts auch ein Beseitigungsanspruch zustehen kann. Unbestrittenermaßen trifft das nicht bei jeder Person zu, die durch den rechtswidrigen Verwaltungsakt mittelbar in ihren Interessen tangiert wird. Während beim Regelungsadressaten der Grundrechtseingriff bei jedem belastenden Verwaltungsakt naheliegt, gilt das für den Drittbetroffenen keineswegs. Nach einer kurzen Darstellung des „klassischen Grundrechtseingriffs" (A) wird sich für den Ablehnungsbescheid aber zeigen, daß die Dogmatik des Grundrechtseingriffs auch beim Verwaltungsaktsadressaten noch nicht vollständig geklärt ist. So fragt sich bis heute, ob auch Verwaltungsakte, die lediglich die Erfüllung eines Anspruchs ablehnen, als Grundrechtseingriffe zu bewerten sind, die Beseitigungsansprüche begründen können (B).

Die größten dogmatischen Schwierigkeiten aber bereitet die Ermittlung der Voraussetzungen für einen Grundrechtseingriff beim Drittbetroffenen. Hier besteht selbst für ein Verwaltungshandeln durch Verwaltungsakt noch beachtlicher Klärungsbedarf (C).

Schließlich bedarf einer näheren Analyse, worauf sich das Eingriffskriterium beim Verwaltungshandeln bezieht, das in einem Verwaltungsakt endet. So erfreut sich die Frage, ob Verfahrensverstöße beim Erlaß von Verwaltungsakten Grundrechtseingriffe begründen können, nicht zu Unrecht eines regen Interesses in der Literatur (D).

A. Der „klassische" Grundrechtseingriff

Liegt ein Sachverhalt vor, in dem von einem sogenannten „klassischen" Grundrechtseingriff auszugehen ist, ist die für den Beseitigungsanspruch erforderliche Tatbestandsvoraussetzung des Grundrechtseingriffs erfüllt. Obwohl das Vorliegen eines solchen „klassischen Eingriffs"[3] in der nationalen Rechtsgeschichte zu keinem Zeitpunkt als notwendige Bedingung eines Eingriffs angesehen wurde[4]

[3] Vgl. nur BVerwG, Urt. v. 18.10. 1990 – 3 C 2.88, BVerwGE 87, 37 (43); Urt. v. 27.3. 1992 – 7 C 21.90, BVerwGE 90, 112 (121); OVG Münster, Urt. v. 23.3. 1990 – 5 A 584/86, NVwZ 1991, 174 (176); *Eckhoff*, Der Grundrechtseingriff, S. 175ff.; *Jarass*, AöR 110 (1985), 363 (364); *Pieroth/Schlink*, Grundrechte, Rdnr. 238; *Ramsauer*, VerwArch. 72 (1981), 89; *A. Roth*, Verwaltungshandeln mit Drittbetroffenheit, S. 134ff.; *Sachs*, in: Stern, Staatsrecht III/2, S. 82ff. jew. m. w. Nachw.

[4] Vgl. vor allem die Rechtsprechung des Preußischen Obertribunals (z.B. E. v. 1.7. 1850, OTrE 20 [1851], 3 [9]; Urt. v. 20.12. 1853, Striethorsts Archiv 11 [1854], 164), des Reichsgerichts (z.B. Urt. v. 3.4. 1903, RGZ 54, 260; Urt. v. 12.5. 1903, RGZ 55, 7; Urt. v. 3.7. 1906, RGZ 64, 24) und des Preußischen OVG (z.B. Urt. v. 9.5. 1876, PrOVGE 1, 327 – Trunkenbold; Urt. v. 28.10. 1880, PrOVGE 7, 310); zum ganzen ausführlich m. w. Nachw. *W. Roth*, Faktische Eingriffe, S. 7ff.; zur

und daher die Rede vom „klassischen Eingriff" mindestens irreführend ist, hinreichend für den Grundrechtseingriff ist das Vorliegen der Voraussetzungen des sogenannten klassischen Eingriffs jedoch zweifellos.

Dessen Voraussetzungen werden in Rechtsprechung und Literatur allerdings nicht völlig einheitlich gesehen, ohne daß sich wiederum die Unterschiede genau ausmachen ließen. Weit verbreitet ist das Abstellen auf die Merkmale Finalität, Unmittelbarkeit, Rechtsförmlichkeit und Zwang[5]. Im Ergebnis wohl nur um Kurzformen mit derselben Bedeutung handelt es sich, wenn nur die Imperativität[6] beziehungsweise die Unmittelbarkeit und Zielgerichtetheit des Staatsakts[7] als essentiell für den klassischen Eingriff betrachtet werden. Bei aller Unterschiedlichkeit vieler Formulierungen im einzelnen dürfte das Vorliegen eines Imperativs zumindest im Ergebnis eine hinreichende Bedingung eines Grundrechtseingriffs beim Adressaten sein. „Einseitig verbindliche Verhaltensanordnungen gegenüber den jeweiligen Adressaten" sind staatliche Befehle[8]. Ge- und Verbote sind als solche die idealtypische Erscheinungsform des rechtfertigungsbedürftigen Grundrechtseingriffs. Bei ihnen besteht die von *Gallwas* als essentiell herausgestellte „Identität von Regelung und Beeinträchtigung"[9]. Ein Imperativ impliziert stets auch die Finalität oder Zielgerichtetheit der staatlichen Maßnahme, so daß diese nicht als eigenständige Voraussetzung anzusehen ist. Ob das Unmittelbarkeitskriterium aufgrund seines unklaren Bedeutungsgehalts überhaupt noch Verwendung finden sollte, erscheint zweifelhaft, muß aber hier nicht abschließend beurteilt werden. Jedenfalls dürfte wohl allein der Umstand, daß noch weitere Vollzugsakte erforderlich sind, um die (tatsächliche) Beeinträchtigung herbeizuführen, nicht ausreichen, um einen in diesem Sinne „klassischen" Grundrechtseingriff ausschließen zu können. Anderenfalls wären sämtliche gesetzlichen Ermächtigungsnormen, die den Eingriff der Exekutive ermöglichen, nicht selbst als „klassische" Eingriffe anzusehen, was zwar denkbar, aber

---

Fragwürdigkeit des Begriffs des „klassischen Eingriffs" s. auch *A. Roth*, Verwaltungshandeln mit Drittbetroffenheit, S. 134ff.; *Sachs*, in: Stern, Staatsrecht III/2, S. 85ff. (103 – Ergebnis).

[5] S. etwa BVerwG, Urt. v. 18.10. 1990 – 3 C 2.88, BVerwGE 87, 37 (41, 43); *Bleckmann*, Grundrechte, S. 336f.; *Dreier*, in: Dreier (Hrsg.), GG, Vorb. Rdnr. 124; *Eckhoff*, Der Grundrechtseingriff, S. 175f.; *J. Ipsen*, Staatsrecht II, Rdnr. 130; *Kraft*, BayVBl. 1992, 458; *Maurer*, Staatsrecht, §9 Rdnr. 46; *Pieroth/Schlink*, Grundrechte, Rdnr. 238; *Scherzberg*, DVBl. 1989, 1128.

[6] S. *Jarass*, NVwZ 1984, 473 (476); *ders.*, AöR 110 (1985), 363 (364); *Lübbe-Wolff*, Die Grundrechte als Eingriffsabwehrrechte, S. 43ff.; *Menger*, NJW 1980, 1827 (1829); *Pietzcker*, in: Festschrift für Bachof, S. 131 (145); *Ramsauer*, Die faktischen Beeinträchtigungen, S. 28ff.; *Sachs*, in: Stern, Staatsrecht III/2, S. 104ff.

[7] Vgl. BVerfG, Beschl. v. 12.10. 1977 – 1 BvR 216, 217/75, BVerfGE 46, 120 (137); Beschl. v. 16.12. 1983 – 2 BvR 1160/83 u.a., BVerfGE 66, 39 (59); *Lerche*, DÖV 1961, 488 (490); zahlreiche weitere Nachw. bei *Sachs*, in: Stern, Staatsrecht III/2, S. 83f. (Fußn. 32).

[8] S. *Sachs*, in: Stern, Staatsrecht III/2, S. 104; *ders.*, JuS 1995, 303 (304).

[9] *Gallwas*, Faktische Beeinträchtigungen, S. 12.

angesichts der Eindeutigkeit der Eingriffsqualität wenig überzeugend erschiene[10].

Mit der Anerkennung des Charakters eines Imperativs als Grundrechtseingriff ohne zusätzliche Voraussetzungen steht als betroffener Grundrechtsträger der Befehlsadressat fest. So sind etwa in dem häufiger zitierten „Trunkenbold"-Fall des preußischen Oberverwaltungsgerichts[11], in dem den Gastwirten eines Ortes untersagt wurde, einem namentlich benannten „Trunkenbold" Branntwein auszuschenken, die Gastwirte Adressaten des Verbots. Ihnen gegenüber ergeht der Befehl; der „Trunkenbold" ist Drittbetroffener.

Unter diesem Blickwinkel erscheint auch die heute noch im Verwaltungsprozeßrecht ganz überwiegend anerkannte „Adressatentheorie"[12] im Ausgangspunkt zutreffend. Nach dieser Ansicht bedarf es in den Fällen der Anfechtungsklage durch einen Adressaten eines belastenden Verwaltungsakts keiner näheren Darlegungen zur Begründung der Klagebefugnis gemäß §42 Abs. 2 VwGO, bei der es nach überwiegender Meinung sonst darauf ankommt, daß die vom Kläger geltend gemachte Rechtsverletzung auch möglich erscheint (sogenannte Möglichkeitstheorie)[13]. Ohne hier auf die Frage einzugehen, ob die Adressatentheorie

---

[10] Vgl. *Sachs*, in: Stern, Staatsrecht III/2, S. 127; *ders.*, JuS 1995, 304.

[11] Urt. v. 9. 5. 1876, PrOVGE 1, 327; vgl. dazu *A. Roth*, Verwaltungshandeln mit Drittbetroffenheit, S. 137 (mit Fußn. 38); *W. Roth*, Faktische Eingriffe, S. 15, 377; *Sachs*, in: Stern, Staatsrecht III/2, S. 108 Fußn. 149.

[12] Vgl. BVerwG, Urt. v. 15. 3. 1988 – 1 A 23.85, NJW 1988, 2752 (2753); Beschl. v. 24. 2. 1999 – 7 B 14.99, Buchholz 428 §37 VermG Nr. 20; Urt. v. 23. 11. 1999 – 1 C 12.98, Buchholz 402.240 §73 AuslG Nr. 1; Urt. v. 6. 4. 2000 – 3 C 6.99, NVwZ 2001, 322; Urt. v. 3. 8. 2000 – 3 C 30.99, BVerwGE 111, 354 (356); übertragen auf die Antragsbefugnis nach §47 Abs. 2 VwGO: BVerwG, Urt. v. 17. 5. 2000 – 6 CN 3.99, NVwZ 2000, 1296; erwähnt wird die Adressatentheorie auch in BVerfG, Beschl. v. 2. 12. 1997 – 2 BvL 55, 56/92, NVwZ 1998, 606; aus der Literatur *Achterberg*, DVBl. 1981, 278; *Ehlers*, Jura 2004, 30 (34); *Faber*, Verwaltungsrecht, §23 I (3. Aufl., S. 232); *Bleckmann*, VBlBW 1985, 361 (363); *Hufen*, Verwaltungsprozessrecht, §14 Rdnr. 77; *J. Ipsen*, Allgemeines Verwaltungsrecht, Rdnr. 1055; *Kopp/Schenke*, VwGO, §42 Rdnr. 69; *Papier*, HbdStR VI, §154 Rdnr. 45; *Pietzner/Ronellenfitsch*, Das Assessorexamen im Öffentlichen Recht, §14 Rdnr. 11; *W.-R. Schenke*, Verwaltungsprozeßrecht, Rdnr. 510; *Schmitt Glaeser/Horn*, Verwaltungsprozeßrecht, Rdnr. 146; *Schwerdtfeger*, Öffentliches Recht in der Fallbearbeitung, Rdnr. 52; *Skouris*, NJW 1981, 2727 (2729); *ders.*, Verletztenklagen, S. 56, 60; *Huber*, BayVBl. 1989, 5 (9); *Sodan*, in: Sodan/Ziekow (Hrsg.), VwGO, §42 Rdnr. 374; *Stern*, Verwaltungsprozessuale Probleme, Rdnr. 291; *Tettinger/Wahrendorf*, Verwaltungsprozeßrecht, §17 Rdnr. 19; *Würtenberger*, Verwaltungsprozeßrecht, Rdnr. 280 (allerdings mit dem etwas überraschenden Zusatz, „in der Fallbearbeitung sollte freilich gleichwohl vorrangig auf das einfache Recht oder auf die einschlägigen spezielleren Grundrechte hingewiesen werden"); Urheber der Auffassung: *Ule*, Verwaltungsprozeßrecht, 1. Aufl., 1960, §33 IV (S. 106); eher krit. zum Sinn der Adressatentheorie *Happ*, in: Eyermann, VwGO, §42 Rdnr. 88; die Adressatentheorie inhaltlich ablehnend *Erichsen*, HbdStR VI, §152 Rdnr. 18, 45; *Gurlit*, Die Verwaltung 28 (1995), 449ff.; *Hipp/Hufeld*, JuS 1998, 802 (805); *Koch/Rubel*, Allgemeines Verwaltungsrecht, S. 191ff.; *Krebs*, in: Festschrift für Menger, S. 199 (204); *Schmidt-Preuß*, Kollidierende Privatinteressen, S. 2 Fußn. 7, 553f. Fußn. 24; *Wahl/Schütz*, in: Schoch/Schmidt-Aßmann/Pietzner, VwGO, §42 Abs. 2 Rdnr. 48, 70.

[13] Vgl. etwa *Bosch/Schmidt*, Praktische Einführung in das verwaltungsgerichtliche Verfahren, §25 II 2; *J. Ipsen*, Allgemeines Verwaltungsrecht, Rdnr. 1053; *Kopp/Schenke*, VwGO, §42

als Ausnahme zur Möglichkeitstheorie oder in Einklang mit ihr beziehungsweise gar als Ausprägung derselben anzusehen ist[14], erweist sich auch die ansonsten keineswegs unproblematische Frage, wer Adressat eines Verwaltungsakts ist, unter dem Blickwinkel des klassischen Grundrechtseingriffs als weitgehend lösbar. Wird die „Adressatentheorie" auf Fälle von Imperativen beschränkt, kann auch die Adressatenstellung wohl ohne größere Schwierigkeiten im Einzelfall geklärt werden.

Insofern erscheinen auch die Differenzierungen im Verwaltungsverfahrensrecht zwischen dem sogenannten Inhaltsadressaten („derjenige, der von der Regelung des Verwaltungsakts materiell betroffen ist"[15]), dem materiellen Adressaten („derjenige, an den die Behörde den Verwaltungsakt richten will" [§ 13 Abs. 1 Nr. 2 VwVfG] beziehungsweise „für den der Verwaltungsakt bestimmt ist" [§ 41 Abs. 1 S. 1 1. Alt. VwVfG]) wie auch dem sogenannten Bekanntgabeadressaten (derjenige, an den „der Verwaltungsakt bekanntzugeben ist beziehungsweise bekannt gegeben werden soll"[16]) als nicht relevant für die Adressatenstellung beim „klassischen" Grundrechtseingriff.

Die „Adressatentheorie" macht sich folglich zunutze, daß im Fall der Adressatenstellung des Klägers stets auch ein Grundrechtseingriff vorliegt. Eine ganz andere Frage ist jedoch, ob sich der Adressat zur Begründung seines Beseitigungsanspruchs auf sämtliche Rechtsfehler des Verwaltungsakts berufen kann. Diese Frage läßt sich auf der Basis der „Elfes-Rechtsprechung" des Bundesverfassungsgerichts[17] grundsätzlich bejahen. Typischerweise dienen sämtliche Rechtmäßigkeitsvoraussetzungen eines Verwaltungsaktserlasses auch dem Schutz des Verwaltungsaktsadressaten. Anders als beim Drittbetroffenen handelt es sich im Verhältnis zum Adressaten um Schutznormen, deren Beachtung der Adressat mittelbar durchsetzen kann, indem ihm bei ihrer Nichtbeachtung ein Beseitigungsanspruch zusteht. Ob diese Konsequenz freilich auch insofern gilt, daß selbst der Gesetzgeber nicht in der Lage wäre, bestimmte objektive Rechtmäßigkeitsvoraussetzungen als unbeachtlich für die Rechtsverletzung des Adressaten zu bestimmen, muß allerdings bezweifelt werden. Eine nähere Beschäftigung mit dieser Frage kann hier jedoch nicht geleistet werden und erscheint im vorliegenden Zusammenhang auch nicht erforderlich.

Rdnr. 66; *D. Lorenz*, Verwaltungsprozeßrecht, § 18 Rdnr. 11; *W.-R. Schenke*, Verwaltungsprozeßrecht, Rdnr. 494; *Schmitt Glaeser/Horn*, Verwaltungsprozeßrecht, Rdnr. 155 jew. m. w. Nachw.

[14] Vgl. *Achterberg*, DVBl. 1981, 278f., der die Adressatentheorie aus dem Anwendungsbereich der Möglichkeitstheorie herausnimmt; auch *Gurlit*, Die Verwaltung 28 (1995), 449 (459), sieht einen Widerspruch zwischen beiden „Theorien" und leitet daraus auch einen Grund gegen die Adressatentheorie ab.

[15] *P. Stelkens/U. Stelkens*, in: Stelkens/Bonk/Sachs, VwVfG, § 37 Rdnr. 15.

[16] *P. Stelkens/U. Stelkens*, in: Stelkens/Bonk/Sachs, VwVfG, § 37 Rdnr. 15a; *Tipke/Kruse*, AO, § 122 Rdnr. 15.

[17] BVerfG, Urt. v. 16. 1. 1957 – 1 BvR 253/56, BVerfGE 6, 32ff.

Unabhängig von den Bedenken gegen die „Adressatentheorie“ liegt im Ergebnis im Fall des durch einen Imperativ in Form eines Verwaltungsakts belasteten Adressaten ein Grundrechtseingriff vor.

B. Eingriff durch einen Ablehnungsbescheid

Ist die Adressatentheorie im Verwaltungsprozeßrecht nach den vorausgehenden Überlegungen im Grundsatz grundrechtsdogmatisch fundiert, so könnte auch die in Verbindung mit ihr vertretene These, sie gelte nicht für Ablehnungsbescheide[18] beziehungsweise nicht für die Verpflichtungsklage[19], gleichfalls einen grundrechtlichen Hintergrund aufweisen. Darauf deutet auch die Begründung für die Nichtanwendung der Adressatentheorie hin: Der umfassende Schutzbereich der Grundrechte als Abwehrrechte lasse sich nicht auf die Grundrechte als Leistungsrechte, um die es bei der Geltendmachung von Leistungsbegehren gehe, übertragen[20]. Der daraus abzuleitenden Konsequenz, daß sich nicht jeder Ablehnungsbescheid als Grundrechtseingriff darstellt, dürfte bei näherer Betrachtung wohl nur schwer zu widersprechen sein. Die Ablehnung eines Antrags durch Verwaltungsakt ist keine hinreichende Bedingung für das Vorliegen eines Grundrechtseingriffs.

Das läßt sich auch auf der Basis der hier vertretenen Ansicht eines abwehrrechtlichen Grundrechtsschutzes sämtlicher subjektiver Rechtspositionen leicht erklären. Soweit der Gesetzgeber ohne Verpflichtung originäre einfachgesetzliche Ansprüche schafft, fallen diese Ansprüche in den abwehrrechtlichen Schutzbereich der einschlägigen Freiheitsgrundrechte (zumeist in den Schutzbereich des Art. 2 Abs. 1 GG). Auch wenn es sich dabei nicht um eine Erweiterung des abstrakten Schutzbereichs des einschlägigen Grundrechts handelt, so wird doch der Umfang der geschützten Rechte erweitert. Das gilt aber auch nur soweit, wie tatsächlich Ansprüche geschaffen wurden. Hat eine bestimmte Person nach dem Gesetz keinen Anspruch, so kann die verwaltungsbehördliche Ablehnung der Erfüllung weder dieses Recht verletzen noch insoweit in die Grundrechte des Betreffenden eingreifen. Anderes gilt dagegen, wenn entweder der originär gesetzlich begründete Anspruch besteht und die Erfüllung zu Unrecht durch Verwaltungsakt abgelehnt wird (dazu im folgenden unter I) oder es sich bei dem geltend gemachten Anspruch in der Sache um einen in den Grundrechten als Abwehrrechten angelegten Anspruch handelt (II).

---

[18] Vgl. *Happ*, in: Eyermann, VwGO, §42 Rdnr. 82; *Hufen*, Verwaltungsprozessrecht, §14 Rdnr. 79; *W.-R. Schenke*, Verwaltungsprozeßrecht, Rdnr. 512; a. A. *Schmitt Glaeser/Horn*, Verwaltungsprozeßrecht, Rdnr. 295; *Stern*, Verwaltungsprozessuale Probleme, Rdnr. 456.

[19] Vgl. etwa *Würtenberger*, Verwaltungsprozeßrecht, Rdnr. 331.

[20] Vgl. *W.-R. Schenke*, Verwaltungsprozeßrecht, Rdnr. 512.

I. Der Ablehnungsbescheid bei bestehendem Anspruch

Ist der Ablehnungsbescheid rechtswidrig, weil er zu Unrecht das Bestehen eines Anspruchs verneint[21], so greift er im Gegensatz zur schlichten Nichterfüllung von Ansprüchen durch Unterlassen in die Grundrechte ein, weil der existente Anspruch durch den Verwaltungsakt in seinem Bestand beseitigt wird.

Das soll ein bereits erwähntes Beispiel[22] verdeutlichen: Nach § 24 S. 1 SGB VIII (Kinder- und Jugendhilfe) hat ein Kind vom vollendeten dritten Lebensjahr bis zum Schuleintritt Anspruch auf den Besuch eines Kindergartens. Diesem ausdrücklich als solchen bezeichneten Anspruch korrespondiert nach allgemeiner Ansicht kein verfassungsrechtliches Leistungsrecht[23], auch wenn eine verfassungsrechtliche Pflicht zur Unterstützung und Förderung von Ehe und Familie in materieller und immaterieller Hinsicht zu befürworten ist[24]. Der Gesetzgeber hat hier zur Erfüllung seiner verfassungsrechtlichen Förderungspflicht, aus der jedoch keine konkreten Ansprüche abzuleiten sind[25], einen originären Anspruch geschaffen. Nach dem vorausgehend erörterten Verständnis vom grundrechtlichen Schutz einfachgesetzlicher subjektiver Rechte[26] fällt dieser Anspruch in den abwehrrechtlichen Schutzbereich eines Grundrechts[27]. Damit stellte sich nicht nur die Aufhebung des § 24 SGB VIII durch ein Gesetz als Eingriff in ein Grundrecht dar. Auch bei Beeinträchtigungen des Anspruchs durch die Exekutive könnte es sich um Grundrechtseingriffe handeln. In beiden Fällen kann ein Eingriff in das Grundrecht einer bestimmten Person aber nur vorliegen, wenn die Regelung überhaupt subjektive Rechte verleiht und zudem die konkrete Person auch tatsächlich Anspruchsinhaber ist. Gewährte § 24 S. 1 SGB VIII generell keine Ansprüche auf einen Kindergartenplatz, sondern nur eine objektivrechtliche Verpflichtung zur Schaffung und Bereitstellung benötigter Plätze, so könnte die Ablehnung eines entsprechenden Antrags auf Zuweisung eines Kindergartenplatzes durch einen Verwaltungsakt schon keinen Grundrechtseingriff darstellen, weil es an einem subjektiven Recht auf die Zuweisung mangelte, das in den

---

[21] Der Ablehnungsbescheid kann auch aus anderen Gründen rechtswidrig sein, so etwa bei Verletzung von Regelungen über seinen Erlaß.

[22] S. oben § 2 B III 2 b cc (S. 62).

[23] Vgl. *M. Jestaedt*, Bonner Kommentar, GG, Art. 6 Abs. 2 und 3 Rdnr. 23, 324; mittelbar auch *Isensee*, DVBl. 1995, 1ff.

[24] Vgl. *Gusy*, JA 1986, 183 (186); *Kingreen*, Jura 1997, 401 (405f.); *M. Jestaedt*, Bonner Kommentar, GG, Art. 6 Abs. 2 und 3 Rdnr. 21; *Schmitt-Kammler*, in: Sachs (Hrsg.), GG, Art. 6 Rdnr. 30ff.; BVerfG, Beschl. v. 17. 1. 1957 – 1 BvL 4/54, BVerfGE 6, 55 (76); Beschl. v. 29. 5. 1990 – 1 BvL 20/86 u.a., BVerfGE 82, 60 (81); Urt. v. 7. 7. 1992 – 1 BvL 51/86 u.a., BVerfGE 87, 1 (35); (K-) Beschl. v. 17. 2. 1997 – 1 BvR 1903/96, NJW 1997, 2444.

[25] Vgl. BVerfG, Beschl. v. 29. 5. 1990 – 1 BvL 20/86 u.a., BVerfGE 82, 60 (81); (K-) Beschl. v. 17. 2. 1997 – 1 BvR 1903/96, NJW 1997, 2444.

[26] Vgl. oben § 2 B (S. 31ff.).

[27] Um welches Grundrecht es sich handelt (es kommt in erster Linie Art. 6 Abs. 1 GG als Abwehrrecht in Betracht), bedarf keiner weiteren Erörterung.

Schutzbereich eines Grundrechts fallen könnte. Wird dagegen auf der Basis des geltenden § 24 SGB VIII, der ein subjektives Recht begründet, der Antrag vom Träger der öffentlichen Jugendhilfe durch Bescheid abgewiesen, so hängt die Annahme des Eingriffs beim Antragsteller notwendigerweise davon ab, ob ihm der Anspruch auch zusteht. Ist in der Person des Antragstellers der Anspruch gegeben, so ist die Ablehnung der Erfüllung ein Grundrechtseingriff, der sich stets zugleich als rechtswidrig erweist. Ein rechtmäßiger Eingriff ist in diesen Fallkonstellationen nicht denkbar. Erfüllt der Antragsteller etwa nicht die persönlichen Voraussetzungen (zum Beispiel vor Vollendung des dritten Lebensjahres), fehlt es an einem Anspruch, der in den Grundrechtsschutzbereich fallen könnte. Folglich scheidet ein Eingriff im Fall der rechtmäßigen Ablehnung des Antrags aus.

Wenn demgegenüber in der Literatur behauptet wird, der (noch anfechtbare) Ablehnungsbescheid berühre den primären Erfüllungsanspruch nicht, so daß kein Raum für einen Beseitigungsanspruch gegenüber dem Ablehnungsbescheid sei[28], erscheint das nicht überzeugend. Da der Erfüllungsanspruch auch nach Erlaß des Ablehnungsbescheids im Widerspruchs- und Klageverfahren im Fall der Rechtswidrigkeit der Ablehnung der Erfüllung mit Erfolg geltend gemacht werden kann, ist zunächst zutreffend, daß der Primäranspruch durch den Ablehnungsbescheid nicht endgültig vernichtet wird. Das wird aber auch wohl von niemandem vertreten. Andererseits wirkt sich der Ablehnungsbescheid nicht erst mit dem Eintritt seiner Unanfechtbarkeit auf den Primäranspruch aus[29]. Die rechtlichen Wirkungen auch des rechtswidrigen Ablehnungsbescheids treten im Zeitpunkt seiner Bekanntgabe ein (§ 43 Abs. 1 S. 1 VwVfG) und hängen nicht von der Anfechtbarkeit ab. Daher wird der Primäranspruch in diesem Zeitpunkt auch in seinem Bestand betroffen. Deshalb liegt schon im Erlaß des rechtswidrigen Ablehnungsbescheids ein Eingriff in das das subjektive Recht schützende Grundrecht.

Daß der Anspruchsinhaber dennoch sein Primärrecht im Widerspruchs- und im Gerichtsverfahren geltend machen kann und dieses Recht auch nicht mit der (ausdrücklichen) Geltendmachung eines Beseitigungsanspruchs gegenüber dem Ablehnungsbescheid verbinden muß, hängt nicht mit der fehlenden Existenz eines Beseitigungsanspruchs zusammen. In dem Erfüllungsbegehren ist zugleich

---

[28] Vgl. *Papier*, DÖV 1972, 845; *ders.*, Bonner Kommentar, GG, Art. 34 Rdnr. 66; *ders.*, Münchener Kommentar zum BGB, § 839 Rdnr. 82; in dieselbe Richtung auch *Schoch*, VerwArch. 79 (1988), 1 (41), und *Ossenbühl*, Staatshaftungsrecht, S. 311, nach denen es in diesem Fall infolge des unverändert fortbestehenden Erfüllungsanspruchs keiner Heranziehung des Beseitigungsanspruchs bedürfe. Soweit *Schoch*, ebd., Fußn. 238, dafür auf *Weyreuther*, Gutachten 47. DJT, S. 93ff., verweist, ist dieser Hinweis allenfalls im Ergebnis, nicht aber in der Begründung tragfähig. Nach *Weyreuther* setzt die Entstehung des Folgenbeseitigungsanspruchs gerade die (vorherige) Verletzung eines Unterlassungsanspruchs voraus (S. 93ff.). Vgl. außerdem *Rüfner*, DVBl. 1967, 186 (188f.); *ders.*, BB 1968, 881 (885); *Rösslein*, Folgenbeseitigungsanspruch, S. 85f.; *A. Baumeister*, Folgenbeseitigungsanspruch, S. 73f., 131ff.

[29] So aber – vor Erlaß des VwVfG – etwa *Papier*, DÖV 1972, 845 (850).

konkludent der Beseitigungsanspruch mitenthalten. Dem trägt auch die verwaltungsgerichtliche Praxis üblicherweise dadurch Rechnung, daß der Ablehnungsbescheid durch das Gericht ausdrücklich aufgehoben wird. Anderenfalls ist der Verwaltungsakt durch die Verpflichtung zum Erlaß des begünstigenden Bescheids als konkludent aufgehoben anzusehen.

Der rechtswidrige Ablehnungsbescheid löst also im Fall des bestehenden Anspruchs als rechtswidriger Eingriff in ein Grundrecht den Beseitigungsanspruch aus. Mit der Durchsetzung des Beseitigungsanspruchs lebt der gesetzliche Primäranspruch wieder auf beziehungsweise wird der Primäranspruch nicht mehr vom Ablehnungsbescheid überlagert und kann seinerseits geltend gemacht werden. Wenn der Antragsteller im Widerspruchs- und im Gerichtsverfahren sein Primärrecht geltend macht, so ist darin zugleich die Geltendmachung des vorgelagerten Beseitigungsanspruchs gegenüber dem Ablehnungsbescheid mitenthalten, weil dieser die notwendige Voraussetzung für das Bestehen des Primäranspruchs bildet. Erst der Beseitigungsanspruch macht gewissermaßen den Weg frei für den Primäranspruch.

Wohl nur diese Konstruktion ermöglicht auch widerspruchsfreie Erklärungen für die Fälle, in denen entweder der Beseitigungsanspruch gerade nach Eintritt der Unanfechtbarkeit oder das Interesse an der Erfüllung des Primäranspruchs entfallen ist. So entspricht es heute im Anwendungsbereich der Verwaltungsverfahrensgesetze des Bundes und der Länder der ganz herrschenden Meinung, daß sich mit Eintritt der Unanfechtbarkeit ein zuvor bestehender Beseitigungsanspruch[30] grundsätzlich in ein formelles subjektives Recht auf ermessensfehlerfreie Entscheidung über die Aufhebung des Verwaltungsakts wandelt[31]. An diesem Fall wird die Abhängigkeit des Primäranspruchs von der Aufhebung beziehungsweise von der Existenz des Anspruchs auf Aufhebung des Ablehnungsbescheids deutlich.

Das Verhältnis von Beseitigungsanspruch und Primäranspruch zeigt sich sehr klar auch dann, wenn beim Antragsteller das Interesse an der Erfüllung des Primärrechts wegfällt. So ist die Zulässigkeit der sogenannten isolierten Anfechtungsklage gegen den Ablehnungsbescheid bei zwischenzeitlich entfallenem Interesse an der Begünstigung im Verwaltungsprozeßrecht als Ausnahme vom Grundsatz der Unzulässigkeit der isolierten Anfechtungsklage wohl allgemein anerkannt[32]. Mit dem Anfechtungswiderspruch beziehungsweise der Anfech-

---

[30] Ob dieser vor Unanfechtbarkeit allgemein zu befürwortende Beseitigungsanspruch trotz fehlender eindeutiger gesetzlicher Regelung allgemein in der Literatur bejaht wird, ist nicht leicht festzustellen, da es an klaren Stellungnahmen mangelt; vgl. zu dieser Thematik näher *W.-R. Schenke*, in: Festschrift für Maurer, S. 723ff.

[31] Zu den Ausnahmen eines Fortbestehens eines Beseitigungsanspruchs bei Vorliegen der Voraussetzungen für einen Anspruch auf Wiederaufgreifen gem. § 51 VwVfG und im Fall der Ermessensreduzierung im Rahmen der §§ 48, 49 VwVfG s. *Baumeister*, VerwArch. 83 (1992), 374ff.

[32] S. nur *Happ*, in: Eyermann, VwGO, § 42 Rdnr. 19; *Hufen*, Verwaltungsprozessrecht, § 14 Rdnr. 20; *Kopp/Schenke*, VwGO, § 42 Rdnr. 30; *Pietzcker*, in: Schoch/Schmidt-Aßmann/Pietz-

tungsklage macht der Betroffene in diesem Fall nicht seinen Erfüllungsanspruch (oder einen Teil desselben), sondern allein den allgemeinen Beseitigungsanspruch geltend. Da dieser in seiner Entstehung nicht davon abhängig sein kann, ob der Betroffene noch Interesse an der ursprünglich beantragten Begünstigung hat, muß er im Fall eines noch anfechtbaren Ablehnungsbescheids stets als dem Primäranspruch vorausgehend betrachtet werden. Liegt der Anfechtungsklage ein materieller Anspruch zugrunde, zeigt also der Fall der isolierten Anfechtung des Ablehnungsbescheids die Notwendigkeit der Anerkennung eines Beseitigungsanspruchs bei rechtswidrigen Ablehnungsbescheiden. Die Geltendmachung des Primäranspruchs ist daher im Fall eines Ablehnungsbescheids zugleich immer auch konkludent als Geltendmachung des Beseitigungsanspruchs zu begreifen.

Zum anderen zwingen die Ermessensentscheidungen der Verwaltung zu kurzen zusätzlichen Ausführungen: Rechtswidrig sein kann ein Ablehnungsbescheid nicht nur dann, wenn ein materiellrechtlicher einfachgesetzlicher Anspruch auf die beantragte Leistung abgelehnt wird, sondern auch im Fall eines sogenannten formellen subjektiven Rechts auf ermessensfehlerfreie Entscheidung, wenn ermessensfehlerhaft über den Antrag befunden wurde. Auch wenn es hier an einem materiellen subjektiven Recht auf die Leistung mangelt, kann die Ablehnung rechtswidrig sein und in die Grundrechte eingreifen. Hier ist der (formelle) Anspruch nicht erfüllt. Da dieser Anspruch (als materielles Recht) gleichfalls in den Schutzbereich eines Grundrechts fällt[33], liegt auch eine Grundrechtsverletzung vor, die einen Beseitigungsanspruch auslöst. Das zeigt das Prozeßrecht zumindest ebenso deutlich wie im Fall der Verletzung eines Anspruchs auf eine bestimmte Leistung, weil auch hier zur Verpflichtung, den Antrag neu (unter Berücksichtigung der Rechtsauffassung des Gerichts) zu bescheiden, die Aufhebung des Ablehnungsbescheids hinzutritt.

II. Der Ablehnungsbescheid bei grundrechtlich fundiertem Abwehranspruch

Daß die rechtmäßige Ablehnung eines Anspruchs im Gegensatz zur rechtswidrigen zwingend nicht als Eingriff angesehen werden kann, gilt nicht generell. So läßt sich auch die rechtmäßige Ablehnung von geltend gemachten Ansprüchen als – gerechtfertigter – Eingriff begreifen, wenn der geltend gemachte, im Ergebnis aber nicht bestehende Anspruch auf eine gesetzliche Normierung des grundrechtlichen Abwehranspruchs gestützt wird. Vor allem gesetzliche Genehmigungsansprüche bei sogenannten präventiven Verboten mit Erlaubnisvorbehalt, wie etwa der Anspruch auf eine gaststättenrechtliche Erlaubnis gemäß §2 Abs. 1

---

ner, VwGO, §42 Abs. 1 Rdnr. 112; *W.-R. Schenke*, Verwaltungsprozeßrecht, Rdnr. 283ff.; *Würtenberger*, Verwaltungsprozeßrecht, Rdnr. 329 jew. m. weiteren Nachw.

[33] Vgl. oben §2 B III (S. 40ff.).

S. 1 GaststättenG oder auch der baurechtliche Genehmigungsanspruch, bilden entsprechende Beispiele. Diese Ansprüche besitzen einen abwehrrechtlichen Ursprung[34].

Das Genehmigungserfordernis als Ausnahme zur gewerberechtlichen Erlaubnisfreiheit (§§ 1, 14 GewO) basiert auf der gesetzgeberischen Einschätzung, daß es zur Abwehr von Gefahren im Gaststättenrecht eines solchen präventiven Verbots mit Erlaubnisvorbehalt bedarf. Liegen keine Versagungsgründe gemäß § 4 GaststättenG vor, besteht ein Anspruch auf die Erlaubnis[35]. Bei diesem Anspruch handelt es sich nicht nur um ein einfachgesetzliches subjektives Recht, das vom Schutzbereich der Berufsfreiheit nach Art. 12 Abs. 1 GG erfaßt wird. Der Erlaubnisanspruch folgt vielmehr sogar unmittelbar aus Art. 12 Abs. 1 GG und wird nicht nur einfachgesetzlich anerkannt. Der Anspruch stellt sich der Sache nach als Reaktion auf das gesetzliche Verbot dar, das als übermäßig anzusehen ist, wenn nicht einer der Fälle des § 4 GaststättenG vorliegt. Anders als im oben angesprochenen Fall des Anspruchs auf einen Kindergartenplatz ist hier nicht leicht zu entscheiden, ob auch dann ein (gerechtfertigter) Grundrechtseingriff vorliegt, wenn kein Anspruch auf die Erlaubnis besteht.

Das verfassungsrechtliche Erfordernis des Anspruchs folgt gerade aus der Abwehrrechtsqualität der Grundrechte. Das gesetzliche (präventive) Verbot der Ausübung des Gaststättengewerbes stellt einen Eingriff in die Berufsfreiheit dar. Dieses Verbot ist – verfassungsrechtlich – nicht gerechtfertigt, wenn von dem Betrieb keine Gefahren für andere Rechtsgüter ausgehen. Demgemäß folgte aus Art. 12 Abs. 1 GG ein Anspruch auf Beseitigung des Verbots, wenn es – im Einzelfall – mangels Gefahr an einer Rechtfertigung für das Verbot fehlte. Dieser Beseitigungsanspruch, der Konsequenz eines Verstoßes des Verbots gegen das Übermaßverbot wäre, ist es, der seinen einfachgesetzlichen Niederschlag im Anspruch auf Erlaubniserteilung gemäß § 2 Abs. 1 S. 1 GaststättenG gefunden hat. So verhindert die gesetzliche Regelung zugleich die Verfassungswidrigkeit des präventiven Verbots.

Hier stellt sich die Ablehnung der Erlaubnis als Aufrechterhaltung des gesetzlichen Verbots dar. Diese verwaltungsbehördliche Ablehnung kann als Eingriff in die Berufsfreiheit angesehen werden, unabhängig davon, ob der einfachgesetzliche Anspruch auf die Erlaubniserteilung besteht oder nicht. Besteht der Anspruch, ist der Eingriff durch den Ablehnungsbescheid zudem rechtswidrig, besteht er nicht, ist der Eingriff auf der Basis des § 4 GaststättenG, der als verfassungsmäßige Beschränkung der Berufsfreiheit anzusehen ist, gerechtfertigt.

---

[34] Vgl. *Pieroth/Schlink*, Grundrechte, Rdnr. 62; *Jarass*, in: Jarass/Pieroth, GG, vor Art. 1 Rdnr. 25; *Maurer*, Allgemeines Verwaltungsrecht, § 9 Rdnr. 52f., § 27 Rdnr. 92.

[35] Vgl. stellv. *Ehlers*, in: Achterberg/Püttner/Würtenberger (Hrsg.), Besonderes Verwaltungsrecht, Bd. I, § 2 Rdnr. 214.

C. Der Grundrechtseingriff beim Drittbetroffenen

I. Der Grundrechtseingriff bei einer Schutznormverletzung

Vor allem im Gegensatz zum Grundrechtseingriff durch einen imperativen Verwaltungsakt gegenüber dem Adressaten bereitet die Feststellung des Grundrechtseingriffs beim sogenannten Drittbetroffenen deutlich größere Schwierigkeiten. Nach welchen Kriterien zu bestimmen ist, bei wem und unter welchen Voraussetzungen ein solcher faktischer Grundrechtseingriff vorliegt, ist bis heute nicht einmal annähernd einvernehmlich geklärt. An dieser Stelle braucht die Thematik der faktischen Grundrechtseingriffe allerdings nicht in ihrer ganzen Breite erörtert zu werden. Es geht allein um die Frage, wann ein Verwaltungshandeln in der Form des Verwaltungsakts in die Grundrechte von Nichtadressaten eingreift. Um das beurteilen zu können, bedarf es grundsätzlich auch keiner Auseinandersetzung mit der mittlerweile schier unübersehbaren Flut von Veröffentlichungen zu den grundrechtlichen Anforderungen an ein hoheitliches Realhandeln mit belastenden Nebenfolgen. Selbst wenn richtigerweise der Rechtsnatur des Staatshandelns grundsätzlich keine letztlich maßgebliche Bedeutung für die Möglichkeit eines Grundrechtseingriffs zuzugestehen ist, stellen sich einige Fragen bei der Bestimmung der Voraussetzungen des Grundrechtseingriffs beim Verwaltungsakt mit belastender Drittwirkung nicht oder zumindest anders.

Die Thematik des Grundrechtseingriffs bei einem begünstigenden Verwaltungsakt mit belastenden Auswirkungen für Dritte wird in der Literatur ganz überwiegend nur danach beurteilt, ob eine bestimmte tatsächliche Belastung einem Hoheitsträger zugerechnet, ob dem Staat für die mit dem Handeln des Privaten zusammenhängenden Folgen eine Mitverantwortung angelastet werden kann[36]. Dieser Ausgangspunkt zahlreicher Überlegungen basiert offenbar auf der Annahme, bei Verwaltungsakten mit Drittwirkung scheide aufgrund der fehlenden Unmittelbarkeit oder Zielgerichtetheit der Belastung eine lediglich auf den Verwaltungsakt und dessen Regelungswirkung abstellende Betrachtung aus. Da die tatsächliche Belastung aber zweifelsohne von einem Verhalten des privaten begünstigten Verwaltungsaktsadressaten ausgeht, scheint auch die Prüfung der Zurechenbarkeit des privaten Verhaltens zum hoheitlichen Verwaltungsakt nahezuliegen. Dabei wird jedoch übersehen, daß der Verwaltungsakt mit Drittwirkung für den Dritten nicht nur tatsächliche Wirkungen auslöst, die durch privates Verhalten auf der Basis des Verwaltungsakts vermittelt werden. Der Verwaltungsakt besitzt auch für Dritte unmittelbare Rechtswirkungen, bei denen sich keine schwierigen Zurechnungsfragen stellen und auf die sich die Rechtsprüfung grundsätzlich beschränken muß. Das wird in der Literatur aber nur selten ebenso

[36] Vgl. etwa *Sachs*, JuS 1995, 303 (304ff.); *Isensee*, Sicherheit, S. 50; *Jarass*, AöR 110 (1985), 363 (381).

gesehen[37], was vor allem damit zusammenhängen mag, daß der Verwaltungsakt mit belastender Drittwirkung häufig nur als ein Fall unter zahlreichen anderen behandelt wird, bei denen faktische Eingriffe zur Diskussion stehen. Zudem spielt diese Frage nach dem Vorliegen eines Grundrechtseingriffs in der verwaltungsgerichtlichen Rechtsprechung keine wirkliche Rolle. Hier sind die in der Literatur unter dem Stichwort der Mitverantwortung behandelten Fragen längst gelöst. Wenn im Verwaltungsprozeß heute weitgehend übereinstimmend die Begründetheit der (Anfechtungs-)Klage eines Drittbetroffenen von der Verletzung einer einfachgesetzlichen Schutznorm abhängig gemacht wird, bekennt sich die Rechtsprechung damit in der Sache zutreffend zu einer Lösung, die allein auf die rechtlichen Wirkungen des angegriffenen Verwaltungsakts abstellt. Diese praktische Handhabung im Prozeß bietet in den hier diskutierten Fällen der Verwaltungsakte mit Drittwirkung den einzig überzeugenden Ansatz für die Klärung des Grundrechtseingriffs, der sich wiederum grundsätzlich als notwendige Voraussetzung für die Entstehung von Beseitigungsansprüchen gegenüber Verwaltungsakten darstellt. Die einfachgesetzliche Regelung, die auch den Schutz eines Dritten bezweckt und folglich ein subjektives Recht auf ihre Beachtung für die geschützte Person begründet, schafft die Verbindung zu den Grundrechten. Der einfachgesetzlichen Rechtsverletzung korrespondiert eine Grundrechtsverletzung und folglich auch – als deren Voraussetzung – ein Grundrechtseingriff. Hier zeigt sich, daß die Suche nach Kriterien für die Zurechnung von Folgen eines Verwaltungshandelns beziehungsweise nach Gründen für eine Gleichbehandlung mit Fällen von Eingriffen durch Imperative bei der einfachgesetzlichen Ausgestaltung der betreffenden Rechtsverhältnisse anzusetzen hat.

Die durch materielle Schutznormen vermittelte Rechtsstellung ist der Anknüpfungspunkt für eine möglicherweise beeinträchtigte Grundrechtsstellung. Sämtliche Überlegungen, weshalb das staatlich genehmigte Verhalten eines Privaten dem Staat wie eigenes zuzurechnen sein könnte, sind zumindest dann nicht zielführend, wenn sie nicht mit den gesetzlichen Schutznormen in Verbindung gebracht werden. Soweit der Gesetzgeber die Exekutive zur Berücksichtigung von Drittinteressen zwingt, erkennt er damit schutzwürdige Interessen an beziehungsweise erklärt tatsächliche Interessen für schutzwürdig. Diese Entscheidung als Ausfluß seiner aus den Grundrechten abzuleitenden Schutzpflichten grenzt beachtliche von unbeachtlichen Interessen ab. Solange sich die gesetzliche Bestimmung in den verfassungsrechtlichen Grenzen von Übermaß und Untermaß hält, also weder die Abwehrrechte noch die Schutzpflichten verletzt, gibt sie abschließend die Möglichkeiten der Zurechnung und damit des Grundrechtseingriffs beziehungsweise der Grundrechtsverletzung an[38].

---

[37] Als beachtliche Ausnahme ist hier vor allem *Lübbe-Wolff*, Die Grundrechte als Eingriffsabwehrrechte, S. 181f., zu nennen.

[38] Im Grundsatz sehr ähnlich *Lübbe-Wolff*, Die Grundrechte als Eingriffsabwehrrechte, S. 178ff., die allerdings den Kreis der in den grundrechtlichen Schutzbereich fallenden subjekti-

Diese Konstruktion bietet eine dogmatisch fundierte Erklärung für die in der Praxis anerkannte Lösung der Drittschutzproblematik anhand der Schutznormtheorie. Sie liefert weiter den Nachweis der Richtigkeit der in der Rechtsprechung zunehmend vertretenen Ansicht, daß ein unmittelbarer Rückgriff auf die Grundrechte grundsätzlich ausscheiden muß und statt dessen nur die einfachgesetzlichen Schutznormen Ausgangspunkt des Drittschutzes sein können[39]. Schließlich gibt sie – wohl als einzige – eine nähere Begründung für den allseits vertretenen Anwendungsvorrang des einfachen Gesetzesrechts vor den Grundrechten; damit besitzt sie angesichts der zweifellos vorhandenen unmittelbaren Anwendbarkeit der Grundrechte auch gegenüber der Exekutive (Art. 1 Abs. 3 GG) und des Vorrangs der Verfassung vor dem einfachen Recht eine nicht zu unterschätzende dogmatisch-konstruktive Bedeutung.

Nur soweit es – verfassungswidrig – an einfachgesetzlichen Schutznormen und damit auch an einer maßgeblichen normativen Abgrenzung der Interessen mangelte, käme in den Fällen der Drittbetroffenheit ein unmittelbarer Rückgriff auf die Grundrechte in Betracht. Diese schützen betroffene Interessen nur in einem eng begrenzten Umfang. Wie das Bundesverwaltungsgericht früher häufig entschieden hat, schützen die Grundrechte vor staatlichen Genehmigungen für ein privates Verhalten nur, wenn eine „schwere und unerträgliche" Beeinträchtigung der Interessen gegeben wäre[40].

Diese Ansicht steht im übrigen auch nicht im Widerspruch zu Stellungnahmen des Bundesverfassungsgerichts, auch wenn vereinzelt in der Literatur angenommen wird, das Bundesverfassungsgericht prüfe atomrechtliche Genehmigungen nicht als Eingriffe, sondern nur als Schutzpflichtverletzungen[41]. Dem Fall des „Kalkar-Beschlusses"[42] lag eine Vorlage nach Art. 100 Abs. 1 GG zugrunde. Damit hatte das Bundesverfassungsgericht nur die Vereinbarkeit des § 7 AtomG mit dem Grundgesetz zu prüfen. Nach der konkreten Sachlage kam aber eine Nichtigkeit der Norm nur wegen eines Verstoßes gegen eine mögliche grundrechtliche

---

ven Rechte begrenzt; s. dazu bereits oben § 2 B III 2 b bb (S. 53ff.). S. auch *Ramsauer*, AöR 111 (1986), 501 (515ff.).

[39] Vgl. für Art. 14 GG z.B. BVerwG, Urt. v. 23. 8. 1996 – 4 C 13.94, BVerwGE 101, 364 (373); Urt. v. 12. 3. 1998 – 4 C 10.97, BVerwGE 106, 228 (234f.); *Mampel*, NJW 1999, 975 (977ff.); im Verhältnis zu Art. 12 GG zumindest im Ansatz auch BVerwG, Urt. v. 6. 4. 2000 – 3 C 6.99, DVBl. 2000, 1614 (1615); s. in größerem Zusammenhang die zutreffende Analyse von *Dreier*, Die Verwaltung 36 (2003), 105 (118ff.); demgegenüber wird in vielen der Ausbildung dienenden Falllösungen dieses Verhältnis von Grundrechten und einfachgesetzlichen Ausgestaltungen nicht beachtet, s. etwa *Detterbeck*, Jura 1990, 654 (656); bewußt offen gelassen *Baumeister/Sennekamp*, Jura 1999, 259 (260 m. Fußn. 11).

[40] Vgl. BVerwG, Urt. v. 13. 6. 1969 – IV C 234.65, BVerwGE 32, 173 (179).

[41] So in bezug auf BVerfG, Beschl. v. 8. 8. 1978 – 2 BvL 8/77, BVerfGE 49, 89 (141f.) – Kalkar; Beschl. v. 20. 12. 1979 – 1 BvR 385/77, BVerfGE 53, 30 (57f.) – Mülheim-Kärlich, unzutreffend *Lübbe-Wolff*, Die Grundrechte als Eingriffsabwehrrechte, S. 179; richtig dagegen *A. Roth*, Verwaltungshandeln mit Drittbetroffenheit, S. 155.

[42] BVerfG, Beschl. v. 8. 8. 1978 – 2 BvL 8/77, BVerfGE 49, 89.

Schutzpflicht in Betracht. Da Gegenstand der Entscheidung nicht die atomrechtliche Genehmigung war, enthält die Entscheidung auch keine Gesichtspunkte gegen den Eingriffscharakter einer solchen Genehmigung. Dasselbe gilt auch für den Mülheim-Kärlich-Beschluß des Bundesverfassungsgerichts[43]. Gegenstand dieser Entscheidung war eine Verfassungsbeschwerde gegen einen Beschluß nach §80 Abs. 5 VwGO, in dem ein Antrag auf Wiederherstellung der aufschiebenden Wirkung des Widerspruchs gegen eine atomrechtliche Teilerrichtungsgenehmigung abgelehnt worden war. Auch hier erfolgt die verfassungsgerichtliche Prüfung, ob die gesetzliche Grundlage der Genehmigung verfassungsgemäß war, unter dem Blickwinkel der Beachtung der grundrechtlichen Schutzpflichten[44]. Daß die Genehmigung einen Grundrechtseingriff darstellt, wird nicht bezweifelt, sondern im Gegenteil in den Gründen vorausgesetzt[45].

II. Einwände gegen die These vom Grundrechtseingriff bei Schutznormverletzungen

Die hier befürwortete Auffassung, von einem Grundrechtseingriff durch einen Verwaltungsakt mit Drittwirkung grundsätzlich nur bei einer Schutznormverletzung auszugehen, trifft allerdings auf eine ganze Reihe von Bedenken, die sich teilweise auch aus verschiedenen Ansichten in der Literatur ergeben. So wird etwa für das Verhältnis zwischen dem Hoheitsträger und Drittbetroffenen im Hinblick auf die Funktion der Grundrechte als Schutzpflichten begründende Normen eine Anwendung der Grundrechte als Abwehrrechte abgelehnt (im folgenden unter 1). Nach einer dazu diametral entgegengesetzten Ansicht sind wiederum sämtliche Beeinträchtigungen unter Privaten, die rechtlich nicht abgewehrt werden können, dem Staat als eigene Grundrechtseingriffe zuzurechnen. Damit verträgt sich die hier vertretene Begrenzung der Anerkennung von Eingriffen nur bei Schutznormverletzungen ebenfalls nicht (2).

1. Nichtanwendung der Abwehrrechtsdogmatik bei Verwaltungsakten mit Drittwirkung?

In der Literatur ist die Anwendung der Abwehrrechtsdogmatik auf Verwaltungsakte mit belastender Drittwirkung alles andere als unumstritten. Auch wenn in der gerichtlichen Praxis der Beseitigungsanspruch des Dritten gegenüber dem den Adressaten begünstigenden Verwaltungsakt im Grundsatz keinen Gegenstand von Erörterungen bildet, fehlt es bis heute an einer allgemein akzeptierten

---

43 BVerfG, Beschl. v. 20.12. 1979 – 1 BvR 385/77, BVerfGE 53, 30.

44 Vgl. BVerfGE 53, 30 (57).

45 Vgl. BVerfGE 53, 30 (51): „In das durch Art. 2 Abs. 2 GG geschützte Recht auf Leben und körperliche Unversehrtheit darf nur auf der Grundlage der zuvor genannten gesetzlichen Regelung eingegriffen werden ...“; s. auch ebd., S. 61f.

Begründung dafür. Entsprechend findet sich in der Literatur sogar die These, der Drittschutz sei kein Anwendungsfall der Eingriffsabwehr, sondern sei ausschließlich auf die Grundrechte als Schutzpflichten zurückzuführen[46]. Im Fall einer baurechtlichen Genehmigung greife nicht der Staat, sondern der Bauherr in das Eigentum des Nachbarn ein. Der Bauherr verfolge das Bauvorhaben und werde es kraft seiner Baufreiheit ausführen, wenn der Staat ihn nicht daran hindere. Der Staat stehe vor der Frage, ob er entsprechend aktiv werden wolle. Daher gehe es nicht um die klassische Funktion des Art. 14 Abs. 1 GG als Abwehrrecht. „Grundrechtsdogmatisch entscheidend ist vielmehr, ob und inwieweit Art. 14 I GG dem Dritten einen *Anspruch* gegen den Staat einräumt, ihn durch entsprechende Vorkehrungen vor Eingriffen des *Bauherrn* zu *schützen*."[47]

Diese Überlegungen werfen die allgemeine Frage nach dem Verhältnis der beiden Grundrechtsfunktionen auf, das Grundrecht als Abwehrrecht und als Schutzpflichten begründende Norm. Wie die abwehrrechtliche Funktion der Grundrechte zählt heute die grundrechtliche Pflicht des Staates, den Bürger vor privaten Eingriffen Dritter zu schützen, zum weitgehend akzeptierten Bestand der Grundrechtsdogmatik[48], auch wenn über die exakte Begründung der Pflicht, die ganz überwiegend der objektiven Grundrechtsseite zugerechnet wird, keine völlige Einigkeit besteht. Durch die Grundrechte werden alle staatlichen Gewalten verpflichtet, sich schützend und fördernd vor die in den Grundrechten enthaltenen Rechtsgüter zu stellen und sie insbesondere vor rechtswidrigen Eingriffen von Seiten anderer zu bewahren. Diese Pflicht zum Schutz bezieht sich auf alle in den Grundrechten anerkannten Rechte und Rechtsgüter. Dabei darf die überwiegend anerkannte Zuordnung zur objektiven Grundrechtsseite nicht verdecken,

---

[46] Vgl. vor allem *Schwerdtfeger*, NVwZ 1982, 5 (7ff.); in diese Richtung auch Ansätze bei *Schmidt-Aßmann*, AöR 106 (1981), 205 (215ff.).

[47] *Schwerdtfeger*, NVwZ 1982, 5 (7) – Hervorhebungen im Original.

[48] Vgl. aus der Rspr.. BVerfG, Urt. v. 25. 2. 1975 – 1 BvF 1 – 6/74, BVerfGE 39, 1; Urt. v. 16. 10. 1977 – 1 BvQ 5/77, BVerfGE 46, 160 (164f.); Beschl. v. 8. 8. 1978 – 2 BvL 8/77, BVerfGE 49, 89 (124ff., 140ff.); Urt. v. 28. 5. 1993 – 2 BvF 2/90 u.a., BVerfGE 88, 203 (251ff.); Beschl. v. 26. 2. 1997 – 1 BvR 1864/94 u.a., BVerfGE 95, 193 (209); Beschl. v. 6. 5. 1997 – 1 BvR 409/90, BVerfGE 96, 56 (64); Beschl. v. 14. 1. 1998 – 1 BvR 1861/93, BVerfGE 97, 125 (146); Beschl. v. 29. 10. 1998 – 2 BvR 1206/98, BVerfGE 99, 145 (156); Urt. v. 19. 12. 2000 – 2 BvR 1500/97, BVerfGE 102, 370 (393); aus der Literatur stellv. *Isensee*, in: HbdStR V, §111 Rdnr. 1ff., 77ff.; *ders.*, Grundrecht auf Sicherheit, 1983; *Alexy*, Theorie der Grundrechte, S. 410ff.; *Robbers*, Sicherheit als Menschenrecht, 1987; *Hermes*, Das Grundrecht auf Schutz von Leben und Gesundheit, 1987; *Stern*, Staatsrecht III/1, S. 931ff.; *Dietlein*, Die Lehre von den grundrechtlichen Schutzpflichten, 1992; *Unruh*, Zur Dogmatik der grundrechtlichen Schutzpflichten, 1996; *Erichsen*, Jura 1997, 85ff.; *Jaeckel*, Schutzpflichten im deutschen und europäischen Recht, 2001. Anders demgegenüber die Konzeption von *Schwabe*, Probleme der Grundrechtsdogmatik, S. 213ff., und *Murswiek*, Die staatliche Verantwortung für die Risiken der Technik, S. 62ff., 91ff., wonach es der Anerkennung von Schutzpflichten grundsätzlich nicht bedürfe, da das zu duldende Handeln Dritter aufgrund der staatlichen Erlaubnis dem Staat wie eigenes Verhalten zuzurechnen und damit auch abwehrrechtlich relevant sei; dazu im folgenden unter 2.

daß der Pflicht auch subjektive Rechte der Personen entsprechen, deren Schutz vom Staat sichergestellt werden muß[49].

Bei einer näheren Betrachtung der Bedeutung der grundrechtlichen Schutzpflichten für die Verwaltung wird ein Aspekt des Verhältnisses zwischen Abwehrrecht und Schutzpflicht deutlich. Die Schutzpflichten sind Leistungspflichten aller staatlichen Hoheitsträger, also auch für die Exekutive, obwohl regelmäßig die Pflichten des Gesetzgebers im Zentrum der Erörterungen stehen. Soweit die Verwaltung zum Schutz privater Rechte ohne Eingriffe in Rechte Dritter tätig werden kann, bedarf sie grundsätzlich keiner gesetzlichen Ermächtigung; es reichen Aufgabennormen. In diesem Bereich wirken die aus den Grundrechten ableitbaren Schutzpflichten unmittelbar gegenüber der Exekutive und können Handlungspflichten begründen[50]. Soweit das Verwaltungshandeln dagegen – was überwiegend der Fall ist – einer gesetzlichen Grundlage bedarf, läßt sich die grundrechtliche Schutzpflicht als gesetzesmediatisiert bezeichnen[51]. Die grundrechtliche Schutzpflicht darf in diesen Fällen nur mit gesetzlicher Ermächtigung erfüllt werden[52]. Hat der Gesetzgeber seine Pflicht zum Erlaß von Schutznormen erfüllt und entsprechende einfachgesetzliche Regelungen erlassen, so besitzen die Bürger, zu deren Schutz die Regelung geschaffen wurde, auch gegenüber der Verwaltung einen Anspruch auf Erfüllung der (grundrechtlichen und einfachgesetzlichen) Pflicht durch Gebrauchmachen von der Ermächtigungsgrundlage.

Abwehrrecht und Schutzpflicht schließen sich nicht gegenseitig aus, sondern ergänzen einander und weisen zahlreiche Verbindungslinien auf. Das zeigt sich zunächst daran, daß die Schutzpflichtverletzung auch einen Grundrechtseingriff im Sinn des Abwehrrechts und damit auch abwehrrechtliche Ansprüche wie den Beseitigungsanspruch begründen kann. Abwehrrecht und Schutzpflicht besitzen zwar unterschiedliche Zielrichtungen; diese lassen sich aber über die jeweiligen Schutzansprüche verbinden. Soweit Schutzpflichten Handlungspflichten begründen, wie dies etwa für einen Anspruch auf polizeiliches Einschreiten gegen einen Störer zum Schutz privater Rechtsgüter zutrifft, stellt sich die Schutzpflicht als ein Unterfall der Leistungspflichten dar[53]. Insoweit kann unmittelbar an die Ausführungen zur Verletzung von Leistungspflichten im System der Abwehrrechtsdogmatik (hier konkret zu den Grundrechtseingriffen durch Ablehnungsbescheide) angeknüpft werden. Auch hier gilt: Das (schlichte) Unterlassen der Pflichterfül-

---

[49] Vgl. *Schmidt-Aßmann*, AöR 106 (1981), 205 (217); *Alexy*, Theorie der Grundrechte, S. 411ff.; *Böckenförde*, Der Staat 1990, 1 (28ff.); *H.H. Klein*, DVBl. 1994, 489 (491ff.); *Steinberg*, NJW 1996, 1985 (1990).

[50] Insofern ist die mitunter vertretene These, die Schutzpflichten richteten sich „vorrangig“, „primär“ oder „im wesentlichen“ an den Gesetzgeber nicht ganz korrekt; s. auch weiter im Text.

[51] Vgl. *Isensee*, HbdStR V, §111 Rdnr. 152; *H.-D. Horn*, Die grundrechtsunmittelbare Verwaltung, S. 157ff.

[52] Auch das ist nicht völlig unumstritten, letztlich aber allein überzeugend, vgl. z.B. *Wahl/Masing*, JZ 1990, 553ff.

[53] S. auch *Heun*, Funktionell-rechtliche Schranken, S. 66 Fußn. 238; *Jarass*, AöR 1995, 355f.

lung von originären Leistungspflichten begründet noch keinen Grundrechtseingriff, da es das Fortbestehen der Leistungspflicht unberührt läßt. Dem steht nicht entgegen, daß die Leistungspflicht zwischenzeitlich aufgrund von Veränderungen der Rechts- oder Sachlage (in dem genannten polizeirechtlichen Beispiel etwa durch den Wegfall der Gefahr oder den Schadenseintritt) entfallen ist. Anderes gilt wie bei jeder anderen Leistungspflicht für den Erlaß von Ablehnungsbescheiden. Bestehen Leistungsansprüche, so greifen Ablehnungsbescheide in deren Bestand und damit auch in die Grundrechte als Abwehrrechte ein[54].

Neben den Leistungsansprüchen existieren aber als zweite Möglichkeit auch noch solche Schutzgesetze, die bei der Entscheidung über eine Begünstigung (etwa eine Genehmigung) zugunsten der betroffenen Dritten zu berücksichtigen sind. Das sind sowohl drittschützende materiellrechtliche als auch verfahrensrechtliche Anforderungen an die Begünstigung beziehungsweise an den Verwaltungsakterlaß. Auch hier können Beseitigungsansprüche mit Schutzpflichtverletzungen zusammenfallen; auch hier sind die Beseitigungsansprüche keine (unmittelbare) Rechtsfolge der Schutzpflichtverletzung, sondern Rechtsfolge der abwehrrechtlich geschützten subjektiven Schutzrechte.

Beispiel: Der Staat genehmigt in Widerspruch zum einfachgesetzlichen Immissionsschutzrecht den privaten Betrieb einer emittierenden Anlage. Verstößt die Genehmigung gegen materielle drittschützende Bestimmungen, also solche, die (in Erfüllung der gesetzgeberischen Schutzpflicht) das Gesetz zum Schutz Dritter enthält, so liegen in der Genehmigung zwei Arten von Grundrechtsverletzungen: So wird zum einen die grundrechtliche Pflicht zum Schutz der Gesundheit der immissionsbelasteten Personen verletzt, die sich als Schutzpflicht aus Art. 2 Abs. 2 S. 1 GG ableiten läßt und die durch den Gesetzgeber durch die drittschützenden Regelungen konkretisiert wurde. Zugleich ergibt sich eine Abwehrrechtsverletzung daraus, daß ein vom abwehrrechtlichen Schutzbereich des Art. 2 Abs. 2 S. 1 GG umfaßtes einfachgesetzliches subjektives Recht verletzt wurde. Daran wird deutlich, daß die Schutzpflichtverletzung durch die Exekutive in der Rechtsform des Verwaltungsakts stets auch als abwehrrechtliche Grundrechtsverletzung angesehen werden muß und folglich auch Beseitigungsansprüche auslösen kann.

Hält sich die immissionsschutzrechtliche Genehmigung an die einfachgesetzlichen Bestimmungen, so scheidet eine abwehrrechtliche Grundrechtsverletzung aus. Das gilt eindeutig für den Fall der Verfassungsmäßigkeit der einfachrechtlichen Bestimmungen, muß aber grundsätzlich selbst dann angenommen werden, wenn die Normen verfassungswidrig zu niedrige Anforderungen an die Genehmigungsvoraussetzungen knüpfen. Der Verstoß des Gesetzes gegen das aus den grundrechtlichen Schutzpflichten abzuleitende Untermaßverbot[55] begründet

---

[54] Vgl. oben B I (S. 95ff.).

[55] Vgl. dazu stellv. BVerfG, Urt. v. 28. 5. 1993 – 2 BvF 2/90 u.a., BVerfGE 88, 203 (203f. – LS 6 u. 8, 254); *Dietlein*, ZG 10 (1995), 131ff.; *Hain*, ZG 11 (1996), 75ff.

zwar die Verfassungswidrigkeit der Normen, führt aber grundsätzlich nicht zu ihrer Nichtigkeit und auch nicht zur Unanwendbarkeit, da die Betroffenen anderenfalls gar keinen oder einen noch geringeren Schutz genießen würden[56]. Damit kommen Beseitigungsansprüche in Verbindung mit Schutzpflichtverletzungen grundsätzlich nur bei Verwaltungsakten in Betracht, die einfachrechtliche Schutznormen nicht beachten.

Die hier befürwortete Lösung basiert auf der ausschließlichen Anknüpfung des Beseitigungsanspruchs an die Grundrechte als Abwehrrechte auch bei Schutzpflichtverletzungen. Diese Auffassung, die zumindest im Ausgangspunkt der herkömmlichen Dogmatik entspricht, ist in der Literatur zum Teil grundlegenden Bedenken ausgesetzt und mit alternativen Ansätzen zur Erfassung des Verhältnisses der divergierenden Grundrechtsfunktionen als Abwehrrecht und als Schutzpflicht begründende Norm verbunden worden. So wird im Rahmen der Erörterungen um den Grundrechtsschutz vor Immissionen, vor allem aber aus der Perspektive des Haftungsrechts geprüft, ob sich eine Immission dem hoheitlich tätigen Staat zurechnen läßt. Eine solche Zurechnung scheint naheliegend, wenn die Ursache der Immissionen unmittelbar in einem hoheitlichen Verhalten zu suchen ist. In diesem Fall handelt es sich bei den Immissionen um hoheitliches Verhalten, das gemäß Art. 1 Abs. 3 GG unmittelbar grundrechtsgebunden ist.

Das gilt jedoch prinzipiell nicht, wenn die Immission durch Private verursacht wird. Soweit hier eine Zurechnung der Immissionen zu einem staatlichen positiven Verhalten – wie der Genehmigung – ausscheiden sollte, käme auch ein aus den Grundrechten abzuleitendes Abwehrrecht gegenüber den Immissionen nicht in Betracht. Daher wird in einigen Stellungnahmen die Gefahr der Ungleichbehandlung von im Ergebnis völlig identischen Belastungen gesehen: „Die Konsequenz wäre eine eigentümliche Teilung zwischen hohen, durch Art. 2 Abs. 2 GG gestützten Standards gegen staatliche Immissionen und schlichten Vorschriften gegen private Immissionen"[57]. „Während staatliche Eingriffe *jedes* Schweregrades grundsätzlich untersagt sind und nur mittels ausdrücklicher gesetzlicher Anordnung vorgenommen werden dürfen, zwingt die Schutzpflicht nicht schon bei *jeder* wie immer gearteten Verletzung der genannten Rechtsgüter durch Dritte zu einer staatlichen Reaktion"[58].

Da auf den ersten Blick nicht verständlich erscheint, weshalb hinsichtlich der Anforderungen der Verfassung und insbesondere der Grundrechte an die Zuläs-

[56] Vgl. stellv. BVerfG, Beschl. v. 10. 11. 1998 – 2 BvR 1057, 1226 u. 980/91, BVerfGE 99, 216 (218f., 244); s. zur Unvereinbarerklärung durch das BVerfG auch *Hein*, Unvereinbarerklärung, S. 191ff.

[57] *Schmidt-Aßmann*, AöR 106 (1981), 205 (215); vgl. auch *J. Baltes*, BB 1978, 131 (132); zum größeren Spielraum bei den Schutzpflichten auch *Rauschning*, VVDStRL 38 (1980), 167 (183) m. w. Nachw.; das Problem unterschiedlicher Anforderungen sieht auch *Lübbe-Wolff*, Die Grundrechte als Eingriffsabwehrrechte, S. 180, 182.

[58] *Schmidt-Aßmann*, AöR 106 (1981), 205 (216) – Hervorhebungen im Original.

sigkeit von gesundheitsgefährdenden Immissionen danach zu differenzieren sein könnte, ob diese von hoheitlichen oder privaten Emissionen ausgehen, wird in der Literatur vorgeschlagen, eine Gleichbehandlung sämtlicher Immissionen durch eine vollständige Abkehr von der Abwehrrechtsfunktion der Grundrechte in diesen Fallkonstellationen zu erreichen. Danach soll eine einheitliche Bewertung und Behandlung von Immissionen unabhängig vom Verursacher ermöglicht werden, indem im Ergebnis die Grundrechte (beziehungsweise hier speziell Art. 2 Abs. 2 GG für das Immissionsschutzrecht) nicht als Abwehrrechte, sondern ausschließlich in ihrer Schutzpflichtfunktion Anwendung finden sollen[59]. Nach diesem Vorschlag sollen also nicht wie hier in Übereinstimmung mit der herrschenden Meinung beide Grundrechtsfunktionen nebeneinander beziehungsweise in Ergänzung zueinander Anwendung finden, sondern statt dessen die Abwehrrechte insgesamt außer Ansatz bleiben.

Die Überlegungen im Schrifttum zu den unterschiedlichen Anforderungen von Abwehrrecht und Schutzpflicht scheinen zunächst überzeugend. Während aus dem Grundrecht als Abwehrrecht die Pflicht zur Unterlassung jeglicher ungerechtfertigter Eingriffe folgt, verpflichtet die aus Art. 2 Abs. 2 GG abzuleitende Schutzpflicht alle staatlichen Gewalten, insbesondere aber den Gesetzgeber, zur Verhinderung von Gesundheitsbeeinträchtigungen durch Private erst bei Überschreiten der sogenannten Schädlichkeitsgrenze. Wann diese Grenze überschritten ist, hängt allgemein von einer Bewertung aller beteiligten Interessen ab[60]. Bei einer unmittelbaren Grundrechtsgeltung, wie sie nach der herkömmlichen Dogmatik zumindest für die hoheitlichen Immissionen bei Anwendung der Grundrechte als Abwehrrechte zu befürworten ist, scheinen sich damit unterschiedliche Bewertungsmaßstäbe und Zulässigkeitsgrenzen von hoheitlichen und privaten Immissionen zu ergeben. Wenn daher vorgeschlagen wird, im gesamten Immissionsschutzrecht allgemein die Grundrechte beziehungsweise speziell Art. 2 Abs. 2 GG nur in der Funktion einer die Schutzpflicht begründenden Norm und nicht in der abwehrrechtlichen Funktion anzuwenden, um zu einer einheitlichen Behandlung aller Immissionen (staatlicher und privater) zu gelangen, scheint damit eine praktikable Lösung gefunden.

Ein solcher Vorschlag, der angesichts der erkennbaren Abweichungen von der hier präferierten Lösung einer abschließenden Beurteilung bedarf, vermag jedoch weder hinsichtlich seiner Prämissen noch seiner Folgerungen zu überzeugen. Auch wenn das Ziel einer einheitlichen Behandlung sämtlicher Immissionen nachvollziehbar ist, fehlt es schon an einer tragfähigen Begründung für die Unanwendbarkeit der Grundrechte als Abwehrrechte gegenüber staatlichem Verhal-

---

[59] Vgl. *Schmidt-Aßmann*, AöR 106 (1981), 205 (216).

[60] Im Polizeirecht wird für den Anspruch auf polizeiliches Einschreiten die Schädlichkeitsgrenze nach der Wertigkeit des bedrohten Rechtsguts, der Intensität der Gefahr und den mit dem polizeilichen Handeln verbundenen Risiken bestimmt; vgl. etwa *Di Fabio*, VerwArch. 86 (1995), 214 (220ff.); *W.-R. Schenke*, Polizeirecht, Rdnr. 70.

ten. Wenn mit der unmittelbaren Grundrechtsgeltung tatsächlich höhere Anforderungen verbunden wären, bedürfte es jedenfalls einer plausiblen dogmatischen Begründung für die Zulässigkeit der Suspendierung von Art. 1 Abs. 3 GG. Allein der schlichte Hinweis auf ein angeblich nicht akzeptables Ergebnis kann diese nicht ersetzen.

Bei näherer Hinsicht existiert aber das Problem der Ungleichbehandlung von hoheitlichen beziehungsweise hoheitlich genehmigten und privaten Immissionen im Ergebnis gar nicht. Denkbar wäre eine Ungleichheit von vornherein nur dann, wenn für beide Gruppen von Immissionen unterschiedliche rechtliche Regelungen gelten würden. Schon angesichts der zumindest im Grundsatz allgemein anerkannten materiellen Polizeipflichtigkeit von Hoheitsträgern[61] bestimmt sich die Zulässigkeit hoheitlich verursachter Immissionen in aller Regel nach den für die Privaten anwendbaren immissionsschutzrechtlichen Bestimmungen[62]. Wenn nicht ausnahmsweise – den Hoheitsträger begünstigende – Sonderregelungen existieren[63], ist der hoheitliche Betrieb einer Anlage folglich unter denselben Voraussetzungen zulässig oder unzulässig, wie sie für private Anlagen gelten; er muß im Einklang mit den Bestimmungen des BImSchG, des BauGB, der LBO etc. stehen. Das hier angenommene Problem dürfte sich damit als Scheinproblem erweisen, soweit einfachgesetzliche Bestimmungen existieren.

Fehlt es an gesetzlichen Regelungen und ist damit allein auf die Grundrechte abzustellen, so sind auch hier die Maßstäbe für die Beurteilung der Rechtmäßigkeit und der Begründung von Abwehrrechten in beiden Fällen trotz unterschiedlicher Ausgangspunkte mindestens in aller Regel gleich, obwohl richtigerweise gegenüber staatlichen Eingriffen die Grundrechte ausschließlich als Abwehrrechte und nicht als Grundlage für Schutzpflichten wirksam werden. Dem steht nicht entgegen, daß zutreffend die Schutzpflicht „nicht von der gleichen Intensität wie

---

[61] Vgl. dazu nur m. w. Nachw. BVerwG, Urt. v. 16. 1. 1968 – I A 1.67, BVerwGE 29, 52 (56ff.); Urt. v. 8. 2. 1974 – VII C 16.71, BVerwGE 44, 351; Urt. v. 29. 4. 1988 – 7 C 33.87, BVerwGE 79, 254 (256f.); VGH Kassel, Urt. v. 29. 8. 2001 – 2 UE 1491/01, NuR 2002, 682; VGH Mannheim, Urt. v. 7. 12. 1981 – 1 S 1752/80, VBlBW 1982, 371 (372) – obiter dictum; Urt. v. 28. 7. 1998 – 10 S 3242/96, VBlBW 1999, 65; *Götz*, Allgemeines Polizei- und Ordnungsrecht, Rdnr. 223; *W.-R. Schenke*, Polizeirecht, Rdnr. 233; *Schoch*, JuS 1994, 849 (852); *Würtenberger/Heckmann/Riggert*, Polizeirecht in Baden-Württemberg, Rdnr. 318. Umstritten ist dagegen die formelle Polizeipflichtigkeit, bei der es darum geht, ob die Polizei- und Ordnungsbehörden gegenüber einem Hoheitsträger einschreiten dürfen; für den Fall des § 24 BImSchG bejahend BVerwG Urt. v. 25. 7. 2002 – 7 C 24.01, BVerwGE 117, 1ff.

[62] Speziell zum BImSchG s. *Jarass*, BImSchG, § 2 Rdnr. 14; *Scheidler*, UPR 2004, 253.

[63] S. etwa § 37 Abs. 1, 2 BauGB. Nach h. M. soll allerdings über die gesetzlichen Sonderregelungen hinaus ausnahmsweise aus dem Gesichtspunkt der Funktionsfähigkeit staatlicher Einrichtungen eine Suspendierung von den allgemeinen Bestimmungen möglich sein, vgl. *Martens*, in: Drews/Wacke/Vogel/Martens, Gefahrenabwehr, § 19, 4b (S. 294f.); ablehnend demgegenüber *Schoch*, JuS 1994, 852. Solche Ausnahmen führten – trotz der unmittelbaren abwehrrechtlichen Grundrechtsgeltung – aber nur zu einer Erleichterung der Anforderungen für den Hoheitsträger gegenüber den Privaten.

die der klassischen abwehrrechtlichen Dimension"[64] ist. Dennoch kommt es zu einer Kongruenz der Anforderungen, was damit zusammenhängt, daß es sich hier gerade nicht um „klassische" Eingriffe handelt, sondern sich die Immissionen nur als faktische Nebenfolgen von Emissionen darstellen. Für die zudem nur schwer voraussehbaren Immissionen muß deshalb zunächst festgestellt werden, ob es sich überhaupt um Eingriffe handelt.

Zwar verpflichten die Grundrechte zum Unterlassen eines jeden rechtswidrigen Grundrechtseingriffs, doch ist nicht jede Grundrechtsbetroffenheit auch als Grundrechtseingriff anzusehen. Die strengere Rechtsfolge der Abwehrrechte, nämlich die Pflicht zum Unterlassen jeglichen rechtswidrigen Grundrechtseingriffs, kommt nur dann zur Anwendung, wenn auch ein Grundrechtseingriff vorliegt. Für den Bereich der sogenannten nicht-finalen oder auch faktischen Eingriffe decken sich deshalb die Fallgruppen, in denen ein Grundrechtseingriff zu bejahen ist, hinsichtlich der Anforderungen mit den Konstellationen, bei denen eine konkrete Pflicht zum Schutz vor einer Grundrechtsverletzung durch einen Privaten besteht. Das wird besonders augenfällig, wenn für den faktischen Eingriff verlangt wird, daß er „schwer und unerträglich" sein muß[65]. Das wären exakt dieselben Fälle, in denen auch der bei der Schutzpflicht anerkannte „weite Einschätzungs-, Wertungs- und Gestaltungsspielraum"[66] so weit eingeschränkt wäre, daß der Grundrechtsträger vor diesen Beeinträchtigungen wirksam geschützt werden müßte. Im Rahmen der faktischen Grundrechtseingriffe liegen hier die Annahme eines rechtswidrigen staatlichen Eingriffs und einer Schutzpflichtverletzung auf derselben Linie.

Im Ergebnis können die Überlegungen, die die Grundlage für die Nichtanwendung der Grundrechte als Abwehrrechte in einem (allerdings verallgemeinerungsfähigen) Sonderfall des Verwaltungsakts mit Drittwirkung betreffen, nicht überzeugen.

2. *Allgemeine Anwendbarkeit der Abwehrrechte auf Eingriffe Privater?*

Im Gegensatz zur soeben abgelehnten These von der Nichtanwendung der Grundrechte als Abwehrrechte auf Verwaltungsakte mit Drittwirkung soll nach einer genau entgegengesetzten Auffassung bei sämtlichen Eingriffen Privater der Rückgriff auf die Schutzpflichten zur Begründung der staatlichen Verantwortlichkeit überflüssig sein. Im Ergebnis reiche die Abwehrrechtsfunktion der Grundrechte aus, um Verpflichtungen zur Schaffung von privaten Abwehrrechten gegenüber Drittbeeinträchtigungen zu begründen. Nach der vor allem von

---

[64] *Schmidt-Aßmann*, AöR 106 (1981), 205 (216).

[65] Gleiches gilt aber auch bei der Anwendung anderer Kriterien zur Bestimmung eines faktischen oder mittelbaren Grundrechtseingriffs; vgl. etwa das Kriterium der Voraussehbarkeit bei gleichzeitiger Vermeidungspflicht, s. *Ruthig*, Staatliche Realakte.

[66] S. BVerfG, Urt. v. 29.10. 1987 – 2 BvR 624/83, BVerfGE 77, 170 (214f.).

Schwabe[67] und *Murswiek*[68] vertretenen Auffassung besteht in wesentlichen Teilen[69] keine Notwendigkeit für die Anerkennung von grundrechtlich abgeleiteten Schutzpflichten, da eine Problemlösung auch durch die Grundrechte als Abwehrrechte möglich sei. Diese Ansicht stützt sich – stark vereinfacht – im wesentlichen auf folgende Überlegungen: Der Staat grenze durch seine Rechtsordnung die individuellen Freiheitssphären seiner Bürger gegeneinander ab. Er regele, was erlaubt und was zu unterlassen ist. Da nur verbotenes Verhalten rechtswidrig sei, sei zwangsläufig alles andere erlaubt. Führe ein (ausdrücklich oder konkludent) erlaubtes Verhalten zu einer Beeinträchtigung eines anderen Bürgers, so müsse sich der Betroffene die Beeinträchtigung gefallen lassen. Aufgrund der so durch das Recht auferlegten Duldungspflicht sei der Staat nicht ein Unbeteiligter, sondern habe die Rechte der Privaten untereinander aktiv geregelt.

Danach wird nicht nur die Einzelfallerlaubnis für ein privates Verhalten durch Verwaltungsakt, sondern auch die „Zulassung" in Form der Unterlassung der Untersagung eines Verhaltens als Grundrechtseingriff angesehen. „Die Friedenspflicht, die der Staat seinen Bürgern auferlegt, das allgemeine Verbot privater Gewaltanwendung, impliziert auch die allgemeine Pflicht, legale Beeinträchtigungen von Eigentum oder körperlicher Integrität ohne Gegenwehr hinzunehmen"[70]. „Wenn der Staat seine Bürger verpflichtet, das erlaubte Verhalten ihrer Mitbürger zu dulden, dann muß er sich dies erlaubte Verhalten auch als Folge seiner Rechtsetzung zurechnen lassen"[71].

Gegen diese Ansicht der (regelmäßig) fehlenden Notwendigkeit der Begründung von grundrechtlichen Schutzpflichten sind eine Vielzahl von Einwänden erhoben worden[72]. Eine umfassende Darstellung und Würdigung dieser Stellungnahmen kann hier nicht erfolgen. Statt dessen soll mit Hilfe einiger, meines Erachtens zentraler Gesichtspunkte die fehlende Tragfähigkeit eines Ansatzes nachge-

---

[67] *Schwabe*, Grundrechtsdogmatik, S. 213ff.; *ders.*, NVwZ 1983, 523ff.

[68] *Murswiek*, Verantwortung, S. 65ff., 91ff.; *ders.*, NVwZ 1986, 611f.; *ders.*, WiVerw. 1986, 179 (182ff.).

[69] Nach *Murswiek*, WiVerw. 1986, 180ff., trifft das für die sogenannte primäre Schutzpflicht zu, bei der es um die Verpflichtung des Gesetzgebers zur Schaffung von Normen zum Schutz der Grundrechte vor Eingriffen Privater geht; anderes soll dagegen für die sogenannten sekundären Schutzpflichten gelten, bei denen es sich um die Pflicht zur effektiven Durchsetzung der Beeinträchtigungsverbote handele (S. 184ff.).

[70] Vgl. *Murswiek*, WiVerw. 1986, 182.

[71] *Murswiek*, Verantwortung, S. 91.

[72] Vgl. nur *Alexy*, Theorie der Grundrechte, S. 416ff.; *Dietlein*, Schutzpflichten, S. 39ff., 43ff.; *Hermes*, Grundrecht auf Schutz von Leben und Gesundheit, S. 95ff.; *Isensee*, HbdStR V, § 111 Rdnr. 119; *Klein*, NJW 1989, 1633 (1639); *Lübbe-Wolff*, Die Grundrechte als Eingriffsabwehrrechte, S. 182ff.; *Möstl*, DÖV 1998, 1029 (1035); *Preu*, Grundlagen, S. 71f.; *Robbers*, Sicherheit, S. 128f.; *W. Roth*, Faktische Eingriffe, S. 343f.; *Sachs*, in: Stern, Staatsrecht, III/1, S. 730ff.; *R. Schmidt*, ZRP 1987, 345 (347); *Schmidt-Preuß*, Kollidierende Privatinteressen, S. 73f.; *Steinberg*, NJW 1996, 1985 (1986f.); *Stern*, Staatsrecht III/1, S. 947f.; *Unruh*, Schutzpflichten, S. 46f.; *Weber-Dürler*, VVDStRL 57 (1998), 57 (81); zum Ganzen auch *T. Koch*, Der Grundrechtsschutz des Drittbetroffenen, S. 378ff.

wiesen werden, der den fehlenden Grundrechtsschutz Privater vor privaten Eingriffen über die Abwehrrechtsdogmatik zu lösen vorgibt.

Dreh- und Angelpunkt des Ansatzes ist die Begründung des Eingriffs bei fehlender Gewährung von Schutz durch die damit verbundene Statuierung einer „Duldungspflicht". Richtig erscheint zunächst, daß dem von einem Verhalten Dritter betroffenen Privaten keine Ansprüche auf Unterlassen gegenüber dem Verursacher der Beeinträchtigung zustehen, wenn diese vom Recht erlaubt beziehungsweise nicht verboten ist. Da sich nun die gesamte Rechtsordnung als Werk des Staates darstellt, ist der Staat dafür auch „verantwortlich". Doch es geht hier nicht um ein Zurechnungsproblem. Selbst wenn das private Verhalten dem Staat „zuzurechnen" sein sollte, ein staatlicher Eingriff im Sinne der Abwehrrechte liegt deshalb aber immer noch nicht vor. Das folgt aus mehreren Erwägungen.

Zur Begründung eines Eingriffs ist die Beschränkung oder Beeinträchtigung eines Grundrechts erforderlich. Ein solches Recht, das der Gesetzgeber durch die (ausdrückliche oder konkludente) Erlaubnis für ein belastendes Drittverhalten tangieren könnte, fehlt jedoch und hat auch noch nie, auch nicht vorstaatlich, existiert. Der scheinbar naheliegende Verweis etwa auf das Grundrecht des Art. 2 Abs. 1 GG verfängt nämlich nicht. Die rechtlich erlaubte Abwehr einer Beeinträchtigung durch einen anderen besteht und bestand stets nur im Rahmen der Gesetze, insbesondere auch der Zivil- und Strafgesetze. Es gibt keinen „rechtlichen Urzustand", in dem allen Mitgliedern der Rechtsgemeinschaft jede Abwehrmaßnahme bei Beeinträchtigungen durch andere Mitglieder erlaubt und dann anschließend durch den Staat beschränkt worden wäre. Das subjektive Recht, sich etwa in irgendeiner Form gegen gesundheitsschädliche Immissionen zur Wehr setzen zu dürfen, hat zu keinem Zeitpunkt je existiert. Deshalb kann das staatliche Vorenthalten von Abwehrrechten gegenüber der Beeinträchtigung nicht „dem Staat als Handeln, als aktiver Eingriff in die betroffenen Grundrechte zugerechnet werden"[73].

Dem steht nicht entgegen, daß der Staat in gewisser Weise für die Beeinträchtigung „verantwortlich" sein kann, weil er es entgegen seiner Schutzpflicht unterlassen hat, die Gesundheit oder andere Rechtsgüter oder Rechte vor Eingriffen Dritter zu schützen. Diese Verantwortlichkeit folgt aber allein aus der Verletzung der Schutzpflicht.

Etwas anderes könnte nur gelten, wenn der Betroffene durch den Staat verpflichtet worden wäre, sich der Beeinträchtigung durch den Dritten auszusetzen, sie wirklich zu „dulden". Das trifft aber gerade nicht zu. Die von *Murswiek* als maßgeblich angesehene „Duldungspflicht" ist keine Rechtspflicht. Der Betroffene darf, was bei einer echten Duldungspflicht ausscheiden müßte, selbstverständlich dem Eingriff ausweichen oder ihm mit zulässigen Mitteln begegnen[74]. So besteht etwa in dem Beispiel der Immissionen keine Rechtspflicht, sich den Schad-

---

[73] So aber *Murswiek*, WiVerw. 1986, 182.

[74] Vgl. *Sachs*, in: Stern, Staatsrecht III/1, S. 730.

stoffen auszusetzen, sie einzuatmen oder sie an die Haut gelangen zu lassen. Zwar stellen denkbare Ausweich- oder Abwehrreaktionen wie der Ortswechsel oder der Gebrauch von Schutzkleidung und Atemschutzgeräten keine zumutbare Lösung dar; untersagt ist ein entsprechendes Verhalten aber keineswegs, so daß auch keine echte Duldungspflicht besteht.

Richtigerweise fehlt es hier an Abwehrrechten, an einem Anspruch auf Unterlassen gegen den privaten Verursacher. Diese Rechte zu schaffen, kann Verpflichtung des Staates sein, nicht jedoch aufgrund einer zuvor angeblich statuierten Duldungspflicht. Von einem Eingriff im Sinne der Abwehrrechte kann nur ausgegangen werden, wenn der Betroffene vor Schaffung der Erlaubnis zur Luftverschmutzung ein subjektives Recht, einen Anspruch auf Unterlassen der schädlichen Immissionen innegehabt hätte. Das ist aber nur denkbar bei einer gesetzlichen Anhebung der zulässigen Schadstoffwerte für Immissionen. Hier bestand vor der Anhebung bei einem Überschreiten der Grenzwerte ein zivilrechtlicher Unterlassungsanspruch gemäß §906 BGB. Werden die Immissionen durch die neuen Grenzwerte noch gedeckt, so führt die Anhebung zu einem Wegfall des Unterlassungsanspruchs und damit zu einem Grundrechtseingriff.

Das dafür aber vor einer gesetzlichen Maßnahme erforderliche subjektive Recht kann vor allem nicht in einem vorrechtsstaatlichen Recht zu privater Gewaltanwendung gesehen werden. Wie gerade die auch in unserer Rechtsordnung vorhandenen Notwehr- und Selbsthilferechte (wie §§227ff. BGB, §§32, 34 StGB) zeigen, geht es bei diesem Selbsthilferecht nur um die Durchsetzung eines anderweitig bestehenden, also vorausgesetzten Rechts. Hat der Betroffene einen Anspruch auf Unterlassen der Beeinträchtigung, zum Beispiel auf Unterlassen der Wegnahme eines Gegenstandes aus seinem Besitz (§862 BGB), so kann dieser Anspruch auf unterschiedliche Weise durchgesetzt werden beziehungsweise im Fall seiner Verletzung wiederhergestellt werden. Die Rechtsordnung will – grundsätzlich effektive – Selbsthilferechte zusprechen und/oder andere Möglichkeiten des Rechtsschutzes durch Bereitstellung von staatlichen Gerichten und Zwangsvollstreckungsorganen vorsehen. Selbst wenn es durch unser Recht zu Beschneidungen des Selbsthilferechts im Vergleich zu früheren Rechtsordnungen gekommen wäre und sich diese Einschränkungen als Eingriffe darstellten, haben diese Eingriffe mit dem hier erörterten Problem des vorgelagerten beziehungsweise durchzusetzenden Recht nichts zu tun. Das Selbsthilferecht ist ein Recht zur eigenmächtigen Durchsetzung des Rechts. Fehlt es aber an einem durchzusetzenden Recht gegenüber demjenigen, von dem eine Beeinträchtigung ausgeht, so kann aus dem staatlichen Gewaltmonopol auch kein Eingriff in ein entsprechendes Recht abgeleitet werden[75].

[75] Im Ergebnis ebenso *Lübbe-Wolff*, Die Grundrechte als Eingriffsabwehrrechte, S. 173, 186f.; *A. Roth*, Verwaltungshandeln mit Drittbetroffenheit, S. 156; *Sachs*, in: Stern, Staatsrecht III/1, S. 731f.

Wenn es an einem durch den Staat verletzten Recht fehlt, kann der Beseitigungsanspruch auch nicht seine Wiederherstellung herbeiführen. Das zeigt sich auch an der hier notwendigen Zielrichtung des Anspruchs gegen den Staat: Es geht um die Begründung eines Anspruchs auf Unterlassung von Beeinträchtigungen gegenüber Privaten. Weil es an solchen vorausgehenden Ansprüchen fehlt, hat der Anspruch auf Schaffung solcher Ansprüche auch nicht den für einen aus den Abwehrrechten abgeleiteten Beseitigungsanspruch notwendigen negatorischen Inhalt.

Dies gilt auch dann, wenn die – zutreffenden – Ausgangsüberlegungen der Ansicht von *Schwabe* und *Murswiek* insoweit akzeptiert werden, daß die gesetzliche Ausgestaltung der Rechtsbeziehungen zwischen Privaten grundrechtlich gebunden ist und daher zu Grundrechtseingriffen für alle Beteiligten führen kann. Anders als die von *Schwabe* und *Murswiek* angenommenen Duldungspflichten gegenüber sämtlichen nicht verbotenen Handlungen Privater, bei denen es sich wie gesehen nicht um echte Rechtspflichten handelt, kennt unser Recht aber auch echte Duldungspflichten, deren heutige Einführung in die bestehende Rechtsordnung sich als staatlicher Eingriff beziehungsweise Eingriffe darstellen würden. So sind zum Beispiel § 904 BGB, der die Eigentümerrechte im Fall des Notstandes einschränkt, § 912 BGB zum Überbau oder § 917 BGB zum Notwegerecht als Rechtspflichten am Eigentumsgrundrecht als Abwehrrecht zu messen[76].

Im Unterschied zu den nur sogenannten „Duldungspflichten" regeln diese zivilrechtlichen Bestimmungen konkrete Rechtsverhältnisse. Dem Recht des Passanten aus § 904 BGB, die Zaunlatte abzureißen, um sich damit eines Angriffs des Nachbarhundes erwehren zu können, entspricht die Pflicht des Eigentümers, das Beschädigen seines Zaunes zu dulden. Es handelt sich bei § 904 BGB um ein Recht im Verhältnis zum betroffenen Eigentümer. Ein solches konkretes Recht in bezug auf eine andere Person fehlt dagegen, wenn es um ein allgemein erlaubtes, weil nicht verbotenes Verhalten geht. Das Recht, in der Öffentlichkeit zu rauchen, ist kein Recht gegenüber einer etwa konkret in der Nähe befindlichen Person. Das Erlaubtsein begründet ein Recht gegenüber dem Staat, nicht gegenüber anderen Privaten. Daß andere Personen kein Recht haben, gegen das Rauchen einzuschreiten, hängt nicht mit dem Erlaubtsein des Rauchens zusammen, wie der umgekehrte Fall eines allgemeinen Rauchverbots zeigt. An einem Ort, an dem ein (staatliches) allgemeines Rauchverbot gilt, besteht eine Rechtspflicht aller sich an diesem Ort aufhaltenden Personen, das Rauchen zu unterlassen. Dieser Pflicht korrespondiert aber nur ein Recht der sich gleichfalls an diesem Ort befindlichen Personen, soweit das Verbot im konkreten Fall auch die dort Anwesenden schützen will. Es kann also sein, daß die übrigen Anwesenden das – verbotene – Rau-

[76] Vgl. etwa *Pietzcker*, in: Festschrift für Dürig, S. 354f.; daß es sich bei den hier statuierten Duldungspflichten um Regelungen handelt, die den Schutzbereich des Art. 14 Abs. 1 GG betreffen, dürfte wohl auch auf verbreitete Akzeptanz stoßen.

chen „dulden" müssen. Auch hier kann die von *Schwabe* und *Murswiek* für maßgeblich gehaltene „Duldungspflicht", das Fehlen von Abwehrrechten, gegeben sein. Konsequenterweise müßte auch diese „Duldungspflicht" als Eingriff angesehen werden. Damit ist erkennbar, daß der Eingriff nicht notwendigerweise mit der „Erlaubnis" eines Verhaltens zusammenhängt. Das Fehlen dieses subjektiven Rechts gegenüber einer anderen Person kann aber nicht als Eingriff begriffen werden. Das Recht, also der Anspruch auf Unterlassen des Rauchens gegenüber dem Raucher, muß vielmehr positiv vom Normgeber zuerkannt werden. Es besteht nicht vorstaatlich und auch in keinem Urzustand einer Rechtsordnung. Deshalb basiert das Fehlen des Abwehrrechts nicht auf einem Eingriff als einem positiven Tun, sondern auf einem Unterlassen. Die Anwendung der Abwehrrechte wäre hier folglich verfehlt.

Anderes könnte nur gelten, wenn der „Urzustand" der Rechtsordnung einen genau umgekehrten Inhalt hätte, wenn jedes Verhalten ohne konstitutive Erlaubnis untersagt und jede Person gegenüber jeder anderen auch einen Anspruch auf Unterlassen nicht erlaubter Verhaltensweisen hätte. Es liegt auf der Hand, daß diese Vorstellung allenfalls theoretischer Natur sein kann.

Zuletzt sei, um hier die Reihe der Argumente gegen die Ansicht von *Schwabe* und *Murswiek* zu beschließen[77], noch auf einen weiteren Punkt hingewiesen, der auch unmittelbar aus den vorausgehenden Überlegungen folgt. Die hier abgelehnte Auffassung geht offenbar von einem Verständnis des Rechts aus, wonach die Beziehungen zwischen Rechtssubjekten in jeder Hinsicht vollständig vom Recht erfaßt werden. Das erscheint nicht überzeugend: Unzweifelhaft werden in einer Rechtsordnung Beziehungen der Menschen zueinander geregelt. Gleichgültig wie ausdifferenziert die Rechtsordnung ist, regelt das Recht die Zulässigkeit oder Unzulässigkeit jedes menschlichen Verhaltens. Fehlt ein Verbot, folgt daraus notwendigerweise die Zulässigkeit. Die abschließende Bestimmung der Zulässigkeit oder Unzulässigkeit jedes Verhaltens enthält aber noch keine Aussage über das Verhältnis zu anderen Personen, über die Rechte und Pflichten untereinander. Auch wenn menschliches Verhalten in der Rechtsordnung stets in den Kategorien „erlaubt" und „verboten" rechtlich beurteilt werden kann, so sind Beziehungen zwischen Menschen vielfach ungeregelt. Das Recht regelt stets, ob ein Verhalten an sich erlaubt ist; es regelt jedoch allein dadurch keineswegs, ob auch eine Rechtspflicht zur Duldung der Auswirkungen für eine bestimmte Person besteht. So „regelt" das Recht die Zulässigkeit einer privaten Einladung zum Abendessen[78], es regelt aber keine Rechte und Pflichten des Eingeladenen im Hinblick auf diese Einladung. Was sollte die Feststellung, daß der Eingeladene die Einladung dulden muß, wenn es rechtlich in seinem Gutdünken steht, sie anzunehmen, sie

[77] Ohne damit behaupten zu wollen, es gäbe keine weiteren.
[78] Beispiel bei *Alexy*, Theorie der Grundrechte, S. 417.

zu ignorieren, sie freundlich abzulehnen oder auch unverschämt zurückzuweisen. Das Vorenthalten von rechtlichen Abwehrmöglichkeiten kann damit nicht als Eingriff im Sinne der Grundrechte als Abwehrrechte angesehen werden.

Im Ergebnis muß die These der generellen Annahme eines Eingriffs durch die Erlaubnis eines privaten Verhaltens und die daraus abzuleitende „Duldungspflicht" mit der ganz überwiegenden Auffassung zurückgewiesen werden. Dem steht nicht entgegen, daß die ausdrückliche staatliche Erlaubnis eines privaten Verhaltens mit Auswirkungen auf Dritte in bestimmten Fällen als Grundrechtseingriff angesehen werden muß. Das ist zum einen anzunehmen, wenn diese Erlaubnis den einfachgesetzlichen Schutznormen und damit auch den Grundrechten des Belasteten nicht gerecht wird. Zum anderen ist in der (ausdrücklichen) Erlaubnis ein Grundrechtseingriff zu erblicken, wenn sich die Erlaubnis mangels Schutznormen als unmittelbar grundrechtsverletzend darstellt. Ohne hier die Dogmatik des faktischen Grundrechtseingriffs näher behandeln zu können, ist ein solcher Fall zumindest dann gegeben, wenn der Betroffene durch das erlaubte Verhalten in seinem grundrechtlich geschützten Rechtsgut oder Recht „schwer und unerträglich" beeinträchtigt wird. Wie bereits erwähnt zeigt sich daran, daß die insoweit befürwortete Anwendung der Grundrechte als Abwehrrechte keine strengeren Maßstäbe aufstellen kann, als dies bei einem ausschließlichen Rückgriff auf die grundrechtlichen Schutzpflichten der Fall wäre. Insoweit zeigt sich die These von der unterschiedlichen Schutzintensität bei Abwehrrechten und Schutzpflichten[79] als nicht haltbar.

D. Grundrechtseingriffe durch Verfahrensverstöße

Während bisher die Grundrechtseingriffe bei materiellen Rechtsverstößen Gegenstand der Erörterungen waren, ist nunmehr auf die Frage einzugehen, ob Grundrechtseingriffe auch in Verbindung mit Verfahrensverstößen denkbar sind. Eine entscheidende Weichenstellung ist insoweit allerdings bereits durch die Feststellung des fehlenden Grundrechtsschutzes von Verfahrensrechten erfolgt[80]. Schutzgegenstand der Grundrechte sind die materiellen Rechte, nicht die Verfahrensrechte. Daraus ist gleichwohl nicht abzuleiten, ein Verfahrensverstoß sei bei der Prüfung eines Grundrechtseingriffs von vornherein irrelevant. Nur kann allein die Feststellung eines Verfahrensverstoßes nicht ausreichen, wenn Verfahrensrechte nicht selbst Schutzgegenstand der Grundrechte sind. Notwendig ist stets ein Eingriff in ein materielles Recht.

---

[79] Vgl. auch *Jarass*, NJW 1983, 2844 (2847); *Lübbe-Wolff*, Die Grundrechte als Eingriffsabwehrrechte, S. 100f.; *Möstl*, DÖV 1998, 1029 (1035); *Oeter*, AöR 119 (1994), 529 (558); *Schmidt-Aßmann*, AöR 106 (1981), 205 (216).

[80] Vgl. dazu oben §2 B IV (S. 64ff.).

Wenn in der Literatur teilweise Aufhebungsansprüche gegenüber Verwaltungsakten befürwortet werden, bei denen im Verwaltungsverfahren gegen „grundrechtsrelevante" Verfahrensbestimmungen oder solche, die sich als verfassungsrechtlich beziehungsweise grundrechtlich fundiert erweisen, verstoßen wurde, reicht die bloße „Grundrechtsrelevanz" des verletzten Verfahrensrechts zur Begründung des Grundrechtseingriffs noch nicht aus. Wie subjektive Aufhebungsansprüche gegenüber Verwaltungsakten für Personen begründet werden können, die nicht in materiellen Rechten und damit auch nicht in ihren Grundrechten betroffen sind, ist jedenfalls kaum auf der Grundlage der hier vertretenen Lösung, einer notwendigen Grundrechtsverletzung, erklärlich. Bevor näher auf mögliche alternative Begründungsansätze für Beseitigungsansprüche in Verbindung mit Verfahrensverstößen eingegangen wird, soll hier zunächst der eigene Ansatz weiterverfolgt werden. Danach begründet – neben der stets denkbaren einfachgesetzlichen Einräumung – nur eine fortdauernde Grundrechtsverletzung den Beseitigungsanspruch. Im Zusammenhang mit Verfahrensverstößen kann ein Grundrechtseingriff aber nur bejaht werden, wenn der Grundrechtseingriff auf andere Weise ausgelöst worden ist. Ein solcher behördlicher Grundrechtseingriff liegt in Zusammenhang mit der Verletzung von Verfahrensrecht nur dann vor, wenn entweder die rechtswidrige Verfahrenshandlung selbst in ein (materielles) Grundrecht eingreift oder der Eingriff mit dem das Verfahren beendenden Exekutivakt verbunden ist. Diese beiden Möglichkeiten spiegeln sich zumindest in Teilen auch in den Schlagworten vom „Grundrechtsschutz im Verfahren" und vom „Grundrechtsschutz durch Verfahren" wider[81].

I. Der Grundrechtseingriff durch die Verfahrenshandlung selbst („Grundrechtsschutz im Verfahren")

Die Grundrechte können im Verwaltungsverfahren nach § 9 VwVfG vielfach betroffen sein, ohne daß es dazu darauf ankommt, ob das Verfahren durch den Erlaß eines Verwaltungsakts abgeschlossen wird oder der verfahrensbeendende Akt seinerseits einen Eingriff darstellt. Denkbare Beispiele für selbst grundrechtsverletzende Verfahrenshandlungen finden sich reichlich: Werden etwa im Rahmen der behördlichen Sachverhaltsaufklärung Daten von Personen erhoben, so kann darin ein Grundrechtseingriff liegen; rechtswidrige Ermittlungsmethoden führen zu einer Grundrechtsverletzung. Betroffen sein können in diesen Fällen etwa das allgemeine Persönlichkeitsrecht nach Art. 2 Abs. 1 GG, das Recht auf informationelle Selbstbestimmung (Art. 2 Abs. 1 i.V.m. Art. 1 Abs. 1 GG), das Recht auf Leben und körperliche Unversehrtheit (Art. 2 Abs. 2 S. 1 GG), das Recht auf körper-

---

[81] Vgl. zur Abgrenzung zwischen dem Grundrechtsschutz im Verfahren und durch Verfahren etwa *Ossenbühl*, in: Festschrift für Eichenberger, S. 183 (188); *J. Held*, Der Grundrechtsbezug des Verwaltungsverfahrens, S. 64f.

liche Bewegungsfreiheit (Art. 2 Abs. 2 S. 2 GG), die Berufsfreiheit (Art. 12 Abs. 1 GG), die Unverletzlichkeit der Wohnung (Art. 13 GG) oder die Eigentumsfreiheit (Art. 14 GG).

Keinen entsprechenden Grundrechtseingriff stellt dagegen die schlichte Nichterfüllung von Verfahrensrechten dar. Werden im Verwaltungsverfahren etwa die Regeln über die Beratung und Auskunft (§25 VwVfG), die Anhörung (§28 VwVfG) oder die Akteneinsicht (§29 VwVfG) nicht beachtet, so greift die Behörde allein durch diese Pflichtverletzung noch nicht in den Schutzbereich eines Grundrechts des Betroffenen ein. Ein Eingriff ist in diesen Fällen allenfalls mit dem das Ende des Verfahrens bildenden Verwaltungsakt verbunden. Im Ergebnis kann die Tatbestandsvoraussetzung des Grundrechtseingriffs auch in einer rechtswidrigen Verfahrenshandlung bestehen. Allerdings setzt das voraus, daß die Verfahrenshandlung selbst in den materiellen Schutzbereich der Grundrechte eingreift.

II. Der Grundrechtseingriff durch den Verwaltungsakt

1. Die Notwendigkeit einer materiell eingreifenden Regelung

Die zweite und praktisch häufig allein relevante Möglichkeit zur Begründung eines Grundrechtseingriffs in Zusammenhang mit einem Verfahrensverstoß in einem auf den Erlaß eines Verwaltungsakts gerichteten Verfahren setzt einen Eingriff in den Schutzbereich eines Grundrechts durch den das Verfahren beendenden Verwaltungsakt voraus. In erster Linie maßgeblich ist dafür die Regelung des Verwaltungsakts, die für den Verwaltungsakt essentielle Rechtsfolge, die die Behörde mit dem Erlaß des Verwaltungsakts einseitig und verbindlich festlegt[82] und die, wie dies auch §41 Abs. 4 VwVfG zugrunde liegt, in dem verfügenden Teil des Verwaltungsakts zum Ausdruck kommt[83].

Nur diese Ansicht läßt sich auch mit der ganz überwiegenden Meinung zur Klagebefugnis bei der verwaltungsgerichtlichen Anfechtungsklage in Übereinstimmung bringen. Eine Klagebefugnis gegen einen (vermeintlich) verfahrensfehlerhaften Verwaltungsakt setzt – abgesehen von den Fällen einer anderweitigen gesetzlichen Regelung – die mögliche Verletzung eines materiellen subjektiven Rechts des Klägers durch den Verwaltungsakt voraus[84]. Der bloße Umstand der Verletzung einer Verfahrenspflicht berechtigt den durch die Verfahrensregelung geschützten Anspruchsinhaber gerade noch nicht zu einer Klage gegen den ver-

---

[82] Zum Regelungsbegriff vgl. stellv. *Meyer*, in: Meyer/Borgs, VwVfG, §35 Rdnr. 33.

[83] Vgl. *P. Stelkens/U. Stelkens*, in: Stelkens/Bonk/Sachs, VwVfG, §35 Rdnr. 79.

[84] Vgl. stellv. m. zahlr. w. Nachw. *Kopp/Schenke*, VwGO, §42 Rdnr. 95. Krit. zur einschlägigen Rechtsprechung des BVerwG im Anlagenrecht *Czajka*, in: Festschrift für Feldhaus, S. 507ff., der diese Ansicht aber – nicht überzeugend – auf §46 VwVfG zurückführen will (s. S. 510).

fahrensbeendenden Verwaltungsakt, selbst wenn mit der objektivrechtlichen Pflicht ein subjektives Verfahrensrecht korrespondiert.

Die Gegenauffassung vom Vorliegen eines Grundrechtseingriffs im Fall der Verletzung grundrechtsrelevanter oder grundrechtsgeforderter Verfahrensbestimmungen läßt sich auch nicht damit begründen, im Verfahrensfehler liege „die Nichtanwendung oder Verkennung einer verfassungsrechtlichen Schutznorm und damit die Verkürzung des grundrechtlichen Geltungsgehalts zu Lasten des Betroffenen“[85]. Zuzustimmen ist allenfalls dem ersten Teil dieses Argumentationsversuchs insofern, als der Verfahrensfehler gegebenenfalls eine vom Grundrecht geforderte Schutznorm verletzt. Was dagegen unter „Verkürzung des grundrechtlichen Geltungsgehalts zu Lasten des Betroffenen“ zu verstehen sein soll, bleibt im Dunkeln. Daß die schlichte Verletzung einer Norm zum Schutz eines Grundrechts selbst noch keine (abwehrrechtliche) Grundrechtsverletzung darstellt, wurde bereits erläutert. Anderes wäre nur der Fall, wenn das betreffende Verfahrensrecht selbst dem Schutzbereich der Grundrechte zugerechnet werden könnte, was jedoch gerade nicht möglich ist.

Auch wenn die Grundrechte selbst und nicht nur die einfachgesetzlichen Regelungen Anforderungen an das Verwaltungsverfahren stellen, kann die Nichterfüllung dieser Pflichten mit dieser Begründung noch nicht als ein Eingriff in den (abwehrrechtlichen) Schutzbereich des jeweils einschlägigen Grundrechts gewertet werden. Die Formulierung von der „Verkürzung des grundrechtlichen Geltungsgehalts zu Lasten des Betroffenen“ könnte nur dann einen Sinn haben, wenn die von dem jeweiligen Grundrecht geforderten Verwaltungsverfahrenspflichten selbst zum abwehrrechtlichen Schutzbereich des Grundrechts zählten. Gerade das ist jedoch – wie dargelegt[86] – nicht der Fall. Allein die grundrechtliche Herleitung eines Rechts reicht dagegen nicht aus. Insofern sind die Verfahrensrechte auch von den einfachgesetzlichen materiellen Rechten zu unterscheiden, für deren Grundrechtsschutz es auch nicht darauf ankommt, ob sie sich auf eine Ableitung aus den Grundrechten als Leistungs- oder Teilhaberechten stützen können.

Daher kann hier auch offen bleiben, welche Basis die grundrechtliche Herleitung der Verfahrensrechte besitzt, auch wenn gerade die Ableitung aus den Grundrechten als „Leistungs- oder Teilhaberechte“, wie sie wohl für den status activus processualis in der von *Häberle* entwickelten Form angenommen wird[87], erhebliche Zweifel an ihrer Tragfähigkeit weckt. Bei den hier diskutierten Verfah-

---

[85] *Hufen*, NJW 1982, 2160 (2164), in Fußn. 53 unter nicht zutreffender Berufung auf *Löwer*.

[86] Vgl. oben §2 B IV (S.64ff.).

[87] *Häberle*, VVDStRL 30 (1972), 43 (80ff.); s. auch *ders.*, Diskussionsbeitrag, ebd., S.189f.; *Schmitt Glaeser*, VVDStRL 30 (1972), 172. Für eine leistungsrechtliche Herleitung des Grundrechtsschutzes durch Verfahren etwa auch *Borowski*, Grundrechte als Prinzipien, S.163, 324f.; *Denninger*, HbdStR V, §113 Rdnr.4; *Grimm*, NVwZ 1985, 867; *J. Held*, Der Grundrechtsbezug des Verwaltungsverfahrens, S.178; *R. Held*, UPR 1999, 210; *Hill*, Das fehlerhafte Verfahren, S.239; *D. Lorenz*, AöR 105 (1980), 640; *v. Mutius*, NJW 1982, 2156.

rensrechten des Verwaltungsrechts geht es nicht um „Teilhabe bei Entstehung einer Entscheidung im Entscheidungsverfahren“[88], so daß eine abwehrrechtliche Herleitung der Verfahrensrechte näher liegen dürfte[89]. Doch auch eine solche Begründung erweiterte nicht den Schutzbereich der Abwehrrechte. Die Grundrechte schützen nicht ein Verfahrensrecht, sondern materielle Rechte, auch wenn dazu Verfahrensrechte erforderlich sind. Die Verfahrensregelungen vergrößern nicht den Schutzbereich der Grundrechte, sondern sichern den bestehenden materiellen Schutzbereich nur ab.

Im Ergebnis ist also festzuhalten, daß allein von einem Verfahrensverstoß noch nicht auf eine Grundrechtsverletzung geschlossen werden kann. Der notwendige materielle Grundrechtseingriff kann sich – von den Ausnahmefällen der selbst grundrechtlich eingreifenden Verfahrenshandlung – nur aus der das Verfahren beendenden hoheitlichen Maßnahme, hier also dem Verwaltungsakt selbst ergeben.

Mit dieser Feststellung ist freilich die Thematik noch nicht erschöpft. Das eigentliche Problem besteht in der Beantwortung der Frage, ob ein Verwaltungsakt eine Person in ihren Grundrechten beeinträchtigt, ob in ihre Grundrechte eingegriffen wird. Das ist außerhalb der Adressatenfälle[90] grundsätzlich nicht leicht zu entscheiden. Soweit materiellrechtliche drittschützende Normen verletzt werden, ergibt sich der Grundrechtseingriff für die geschützten Personen allein daraus. Umgekehrt fehlt es an einem Grundrechtseingriff, wenn die Anforderungen der (verfassungsgemäßen) materiellen Schutznormen erfüllt sind. Danach sind die Tatbestandsvoraussetzungen der Schutznormen regelmäßig der zentrale Prüfungspunkt für das Vorliegen eines Grundrechtseingriffs. Sind die materiellen Schutznormen dagegen beachtet worden beziehungsweise keine Verstöße feststellbar, dafür aber subjektive Verfahrensrechte verletzt worden, so fragt sich, ob hier bei einem Drittbetroffenen noch ein Grundrechtseingriff gegeben sein kann.

2. *Schluß von einer subjektiven Verfahrensrechtsverletzung auf einen Eingriff in ein materielles Recht*

Nach den bisherigen Überlegungen hat sich gezeigt, daß angesichts des Grundrechtsschutzes sämtlicher materieller Rechtspositionen aus der Verletzung materieller drittschützender Normen auf einen Grundrechtseingriff geschlossen werden kann beziehungsweise richtiger die materielle Rechtsverletzung stets mit einer Grundrechtsverletzung verbunden ist. Demgemäß plädiert die hier befür-

---

[88] *Schmitt Glaeser*, VVDStRL 30 (1972), 172.

[89] Für eine abwehrrechtliche Begründung etwa *Schlink*, EuGRZ 1984, 465: „wenn und weil die Entscheidung Eingriffe in seine Grundrechte zur Folge haben kann und diese Eingriffe, falls sie eintreten, irreversibel sind“; wohl auch *K. Redeker*, NJW 1980, 1593 (wegen Unvollständigkeit der gerichtlichen Kontrolle).

[90] Zu diesen s. oben A (S. 90ff.).

wortete Auffassung bei der Prüfung des Grundrechtseingriffs für ein Abstellen auf die Verletzung von (materiellen) Schutznormen. Die einfachgesetzlichen (verfassungskonformen) Schutznormen legen den grundrechtlich geschützten Bestand an Interessen von Drittbetroffenen fest. Schwieriger wird die Bestimmung des Grundrechtseingriffs nur in dem Sonderfall, daß es an einer verfassungskonformen Regelung des Umfangs des Grundrechtsschutzes bei Drittbetroffenen fehlt, was aber heute jedenfalls regelmäßig ausgeschlossen werden kann.

Wie gesehen besteht ein entsprechender Zusammenhang dagegen nicht auch bei Verletzung drittschützender Verfahrensnormen, da subjektive Verfahrensrechte gerade nicht selbst abwehrrechtlichen Grundrechtsschutz genießen. Dennoch läßt sich eine Verbindung zwischen dem Verfahrensrecht und dem materiellen Recht herstellen, die auch Rückschlüsse für die hier relevante Frage des Grundrechtseingriffs ermöglicht. Die im folgenden zu diskutierende These lautet dazu: Aus der gesetzlichen Zuerkennung eines subjektiven Verfahrensrechts an einen Nichtadressaten kann, wenn das Recht dem Schutz seiner materiellen Rechte dient, bei Verletzung des Verfahrensrechts auch auf das Vorliegen eines Grundrechtseingriffs geschlossen werden. Diese Annahme eines Grundrechtseingriffs basiert allerdings nicht auf einer direkten Konnexität zwischen dem Verfahrensverstoß und dem Grundrechtseingriff, sondern auf dem Rückschluß aus der Zuerkennung eines subjektiven Verfahrensrechts mit dem Zweck des Schutzes materieller Rechte auf ein bestehendes materielles Recht. Unter Berücksichtigung der Möglichkeit des Gesetzes beziehungsweise des Gesetzgebers, den grundrechtlichen Schutzbereich in bestimmten Grenzen auszugestalten wie auch zu beschränken, könnte sich danach die Zuerkennung von Verfahrensrechten an bestimmte „Betroffene" als eine Grundrechtsausgestaltung in personeller Hinsicht erweisen. Das Gesetz wählte in diesem Fall aus dem Kreis der faktisch Betroffenen diejenigen Personen aus, bei denen von einer relevanten Betroffenheit, einem Grundrechtseingriff ausgegangen wird.

Muß etwa in einem baurechtlichen Genehmigungsverfahren eine (dritte) Person angehört werden, stellt sich zunächst die Frage, welchen Sinn diese Anhörung besitzen soll. Sofern die Anhörung entsprechend der Schutznormtheorie zumindest auch dem Schutz materieller Grundrechte dienen soll, so legt die Verfahrensbestimmung den Umfang des Schutzbereichs in den allein vom Grundrecht her noch nicht abschließend bestimmten Fällen mittelbarer oder faktischer Beeinträchtigungen fest. Das heißt, dient die Anhörung dem Schutz materieller Rechte, so wird der Anhörungsberechtigte aufgrund der gesetzlichen Entscheidung insoweit auch zum Grundrechtsbetroffenen. Diese Grundrechtsbetroffenheit ist jedoch eine materiellrechtliche, keine irgendwie geartete verfahrensrechtliche.

Oben wurde bereits dargelegt, daß auch das Bundesverfassungsgericht etwa im Mülheim-Kärlich-Beschluß entsprechend zu verstehen ist, wenn es dort heißt, eine Grundrechtsverletzung komme auch in Betracht, wenn Verfahrensvorschriften außer Acht gelassen werden, die in Erfüllung grundrechtlicher Schutzpflichten erlassen wurden[91]. Damit werden zugleich solche Beteiligungs- und Verfahrensrechte aus dem Kreis der „grundrechtsrelevanten" Verfahrensvorschriften ausgeschlossen, die anderen Zwecken – wie etwa der Sicherung von Gemeinwohlinteressen – dienen. Das kann zum Beispiel der Fall sein, wenn weitere Personen am Verfahren zu beteiligen sind oder die eigene Beteiligung nicht eine Rechtsschutzfunktion, sondern den Zweck einer demokratischen Partizipation an der in dem Verfahren zu treffenden Verwaltungsentscheidung erfüllen soll.

Maßgeblich für den Schluß vom Verfahrensrecht auf das materielle Recht ist daher zunächst die Ermittlung des Sinns des konkreten Verfahrensrechts. Dieser wird regelmäßig schon für die vorausgehende Frage relevant, ob ein Verfahrenserfordernis ein subjektives Recht begründet oder nicht. Das bestimmt sich typischerweise danach, ob dem objektiven Verfahrensrecht auch eine drittschützende Wirkung zukommt. Dient eine verfahrensrechtliche Anforderung dem Schutz materieller Rechte eines Dritten, so kommt dem Dritten auch ein subjektives Recht auf Einhaltung der objektivrechtlichen Anforderungen an das Verfahren zu. Da derartige subjektive Rechte gerade aus der Funktion des Rechtsschutzes begründet werden, ist in diesen Fällen auch die genannte Verbindung zwischen ihrer Verletzung und einem materiellen Grundrechtseingriff zu ziehen.

Das gilt freilich nicht für sämtliche subjektiven Verfahrensrechte. Eine im Gesetz vorgesehene Verfahrensbeteiligung kann nämlich unterschiedliche Zwecke verfolgen. Einerseits kann etwa das Anhörungsrecht dem Schutz von durch die angestrebte Verwaltungsmaßnahme betroffenen materiellen Rechten dienen. Andererseits kann ein entsprechendes Beteiligungsrecht auch als Maßnahme zur Integration und Aktivierung des Interesses am Staat gedacht sein[92]. In den letzteren Fällen fehlt es erkennbar an einem zu schützenden materiellen Recht, so daß auch aus dem Vorhandensein eines subjektiven Verfahrensrechts nicht auf die materielle Betroffenheit durch den das Verfahren abschließenden Exekutivakt geschlossen werden kann. Soweit dagegen das Verfahrensrecht zum Schutz materieller Rechte eingeräumt wird, geht das Gesetz folglich von der Existenz solcher materiellen Rechte aus, die von dem das Verfahren beendenden Verwaltungsakt betroffen sein können und deshalb durch bestimmte Verfahrensanforderungen geschützt werden sollen. Somit läßt sich die Existenz eines Verfahrensrechts im Falle seiner Verletzung auch als Indiz für eine materiellrechtliche Beeinträchtigung ansehen[93].

---

[91] Vgl. dazu §2 B IV 2 (S. 69f.).

[92] Vgl. *Ossenbühl*, NVwZ 1982, 465 (466 – unter b).

[93] Vgl. *Kopp*, VwGO, §42 Rdnr. 83; ebenso im Ergebnis wohl *Schwarze*, DÖV 1973, 700 (702); *Vahle*, VR 1984, 257 (262); *Laubinger*, Der Verwaltungsakt mit Doppelwirkung, S. 58 (Fußn. 132); *Dörffler*, NJW 1963, 14; *Kemnade*, Der Rechtsschutz des Nachbarn im Baurecht, 1965, S. 38ff.; ähnlich *Fromm*, VerwArch. 56 (1965), 33 (58); *Jarass*, DVBl. 1976, 732 (738); noch stärker („kaum widerlegbar") *Dürig*, in: Maunz/Dürig/Herzog/Scholz, GG, Art. 19 IV (Erstbe-

Diese Überlegungen bedürfen freilich noch einer weiteren Präzisierung. Wenn ein subjektives Verfahrensrecht im Hinblick auf einen möglichen Grundrechtseingriff durch den das Verfahren beendenden Verwaltungsakt eingeräumt wird, so muß der Verwaltungsakt im Ergebnis noch nicht zwangsläufig auch zu einem Grundrechtseingriff geführt haben. Ob im Ergebnis der Verwaltungsakt tatsächlich mit einem Grundrechtseingriff verbunden ist, hängt vom Inhalt der Regelung des Verwaltungsakts ab. Insoweit muß sich die Gefahr für das materielle Grundrecht, die zur Schaffung des Verfahrensrechts geführt hat, verwirklicht haben. Folglich können allein die Existenz des Verfahrensrechts und seine Verletzung den Grundrechtseingriff noch nicht begründen. Notwendig ist weiter ein Rechtsakt mit einem Inhalt, der gerade zu der Schaffung des Verfahrensrechts geführt hat. Das festzustellen, kann im Einzelfall Auslegungsprobleme nach sich ziehen, erscheint aber im Regelfall durchaus möglich. Im Ergebnis kann danach die Zuerkennung eines subjektiven Verfahrensrechts einen gewissen Aufschluß über die mögliche materiellrechtliche Betroffenheit der Inhaber des Verfahrensrechts geben.

Gegen die Möglichkeit eines Schlusses von einem subjektiven Verfahrensrecht auf ein dahinter stehendes subjektives materielles Recht scheinen nun allerdings eine Reihe von Verfahrensrechten im Planfeststellungsrecht zu sprechen. So steht etwa nach §73 Abs. 4 S. 1 VwVfG jeder Person, deren Belange durch das Vorhaben berührt werden, die Möglichkeit zur Erhebung von Einwendungen gegenüber dem Plan zu. Diese Einwendungen können auf eigene Belange gestützt werden, wozu nicht nur subjektive Rechte, sondern auch sämtliche anerkennenswerte eigenen Interessen (auch ideeller Natur) zählen. Die Belange im Sinne des §73 Abs. 4 S. 1 VwVfG gehen folglich nach ganz herrschender Meinung über die Rechte im Sinne von §42 Abs. 2 VwGO hinaus[94]. Auch wenn die zu berücksichtigenden privaten Belange nicht selbst (materielle) subjektive Rechte darstellen, so existiert doch für die Personen, die schutzwürdige Belange geltend machen kön-

arbeitung), Rdnr. 34; wohl auch *Eyermann/Fröhler*, VwGO, 9. Aufl., §42 Rdnr. 162 – allerdings mit zu weitreichenden Annahmen; gegen ein Indiz OVG Koblenz, Urt. v. 8. 1. 1959 – 1 A 78/57, DVBl. 1959, 826; Urt. v. 14. 5. 1959 – 1 A 4/59, MDR 1960, 170f.; s. auch *Schmidt-Aßmann*, in: Maunz/Dürig/Herzog/Scholz, GG, Art. 19 IV Rdnr. 151.

[94] Vgl. BVerwG, Beschl. v. 14. 9. 1987 – 4 B 179, 180.87, NVwZ 1988, 363; Urt. v. 14. 5. 1992 – 4 C 9.89, NVwZ 1993, 477 (479); Beschl. v. 13. 3. 1995 – 11 VR 5.95, UPR 1995, 269; *Bonk/Neumann*, in: Stelkens/Bonk/Sachs, VwVfG, §73 Rdnr. 67; *Dürr*, in: Knack, VwVfG, §73 Rdnr. 55; *Kopp/Ramsauer*, VwVfG, §73 Rdnr. 71, 74; *Meyer*, in: Meyer/Borgs, VwVfG, §73 Rdnr. 38; *Vallendar*, UPR 1995, 297 (299). Insofern scheint mir auch nicht überzeugend, wenn die Klagebefugnis von betroffenen Einwendern damit begründet wird, die privaten Belange erfüllten selbst die nach der Schutznormtheorie erforderlichen Kriterien für ein subjektives Recht, vgl. *Kopp/Schenke*, VwGO, §42 Rdnr. 112; das subjektive Recht ist das Recht auf eine gerechte Abwägung der öffentlichen mit den privaten Belangen. Durch die Anerkennung dieses Rechts auf Abwägung werden aber die abwägungsrelevanten Belange nicht selbst zu subjektiven Rechten, so auch BVerwG, Urt. v. 24. 9. 1998 – 4 CN 2.98, NJW 1999, 592 (593) betr. das subjektive Recht auf Abwägung gem. §1 Abs. 6 BauGB. Entsprechendes muß auch im Planfeststellungsrecht gelten.

nen, das subjektive Recht auf Abwägung[95]. Dies gilt unabhängig davon, ob das Abwägungsgebot ausdrücklich normiert ist (wie etwa in §17 Abs. 1 S. 2 FStrG, §14 Abs. 1 S. 2 WaStrG) oder nicht (wie in §74 VwVfG). Bei diesem sogenannten formellen subjektiven Recht handelt es sich nicht um ein Verfahrensrecht, sondern um ein vom Schutzbereich der Grundrechte erfaßtes materielles Recht[96].

Soweit es sich um Verfahrensrechte von Betroffenen handelt, kann deshalb aus einer Verfahrensrechtsverletzung grundsätzlich auch auf die materiellrechtliche Betroffenheit und einen Grundrechtseingriff geschlossen werden. Das gilt aber dann nicht mehr, wenn es sich bei dem Verfahrensrecht um das Recht zu Einwendungen für Jedermann handelt. Solche Jedermann-Rechte kennt das Immissionsschutzrecht in §10 Abs. 3 S. 2 BImSchG oder das Atomrecht in §7 AtVfV. Danach ist im immissionsschutzrechtlichen und im atomrechtlichen Genehmigungsverfahren jedermann berechtigt, Einwendungen zu erheben, ohne daß es dazu einer materiellen Betroffenheit bedarf[97].

Auch wenn folglich aus dem Umstand der Verfahrensrechtsverletzung unter zusätzlichen Voraussetzungen auf eine Betroffenheit in materiellen Rechten und damit auch unmittelbar auf einen Grundrechtseingriff geschlossen werden kann, wäre es jedoch verfehlt, eine Grundrechtsverletzung aufgrund des Verfahrensverstoßes bejahen zu wollen. Die Zusammenhänge sind – wie gesehen – nicht so einfach. Daran ändert sich auch dann nichts, wenn das Verfahrensrecht grundrechtlich gefordert wird.

Dies steht bekanntermaßen im Widerspruch zu zahlreichen Stellungnahmen in der Literatur. So lautet eine vielfach – wenn auch in teilweise unterschiedlicher Formulierung – anzutreffende These in Zusammenhang mit §46 VwVfG, dieser bedürfe „wegen der *Grundrechtsrelevanz von Verwaltungsverfahrensrecht* einer verfassungskonformen Anwendung und Auslegung dahin, daß ein Verfahrensfehler trotz ‚richtigen' Ergebnissen jedenfalls dann nicht ausnahmslos unerheblich ist, wenn durch einen bewußten oder unbewußten Verstoß gegen eine zwingende Verfahrensvorschrift in eine grundrechtlich geschützte Rechtsposition eines Beteiligten eingegriffen und sie dadurch verletzt worden ist"[98].

Das kann nach den vorausgehenden Überlegungen nicht überzeugen: Wird beispielsweise entgegen den Regelungen des VwVfG einem Beteiligten keine Akteneinsicht gewährt oder wird er nicht angehört, so werden damit zunächst nur einfachgesetzliche Bestimmungen verletzt. Allein dieses Verhalten begründet

---

[95] Vgl. BVerwG, Urt. v. 14.2. 1975 – 4 C 21.74, BVerwGE 48, 56 (66); Urt. v. 4.5. 1988 – 4 C 2.85, NVwZ 1989, 151; *Dürr*, in: Knack, VwVfG, §74 Rdnr. 62.

[96] Vgl. zum formellen subjektiven Recht oben unter B IV 1 (S. 67f.).

[97] Vgl. nur *Jarass*, BImSchG, §10 Rdnr. 71 m. w. Nachw.; zum Atomrecht BVerwG, Urt. v. 17.7. 1980 – 7 C 101.78, BVerwGE 60, 297 (301); VGH München, Urt. v. 21.11. 1988 – 22 A 88.40085, NVwZ 1989, 1179.

[98] *Bonk*, NVwZ 1997, 320 (326) – Hervorhebung nicht im Original – unter Hinweis auf BVerwG, Urt. v. 31.3. 1995 – 4 A 1.93, BVerwGE 98, 126 (130), das diese Frage ausdrücklich offenläßt.

aber noch keinen Grundrechtseingriff, weil die materiellen Grundrechte als Abwehrrechte auch nur einen materiellen Schutzbereich aufweisen. So erfaßt der Schutzbereich eines Freiheitsgrundrechts einen materiellen „Freiheitsraum", zu dem subjektive Rechte auf Anhörung[99], Akteneinsicht oder ähnliches nicht zählen. Bei diesen einfachgesetzlichen Ansprüchen handelt es sich nicht um Teilausschnitte eines Freiheitsrechts, sondern um Hilfsrechte zur Gewährleistung eines möglichst umfassenden Schutzes einer Freiheit. Wie vorausgehende Überlegungen gezeigt haben, heißt das allerdings umgekehrt auch nicht, daß der Verfahrensverstoß für die Frage des Grundrechtseingriffs irrelevant wäre. Stets muß für den Grundrechtseingriff aber eine materielle Betroffenheit gegeben sein.

---

[99] Daß es sich beim „Recht auf Anhörung" auch tatsächlich um ein echtes subjektives Recht handelt, ist nicht unbestritten. So hat *Laubinger*, VerwArch. 75 (1984), 55 (66ff.), dezidiert dargelegt, weshalb er sowohl im Hinblick auf § 28 VwVfG als auch Art. 103 Abs. 1 GG nicht von einem Anspruch auf rechtliches Gehör oder Anhörung, sondern nur von einem Anspruch auf Unterlassen einer (behördlichen oder gerichtlichen) Entscheidung vor einer ordnungsgemäßen Anhörung ausgeht; krit. demgegenüber *Schilling*, VerwArch. 78 (1987), 45 (48f.), der seine Kritik jedoch allein auf *Laubingers* Bezeichnung der Anhörungspflicht als Obliegenheit stützt. Da hier nicht der Ort ist, dieses keineswegs einfache Problem zu lösen, wird, um keine zusätzliche Verwirrung zu stiften, weiter vom Anhörungs*recht* oder Anhörungs*anspruch* gesprochen, ohne damit zugleich zu der Ansicht von *Laubinger* Stellung beziehen zu wollen.

§4 Die objektive Rechtswidrigkeit des Verwaltungsakts

Neben dem Grundrechtseingriff bildet die Rechtswidrigkeit des Verwaltungsakts eine maßgebliche Tatbestandsvoraussetzung für den Beseitigungsanspruch. Wie gesehen setzt der Grundrechtseingriff beim Drittbetroffenen regelmäßig sogar die Rechtswidrigkeit des Verwaltungsakts voraus, weil bei Beachtung der drittschützenden Normen schon nicht mehr von einem Eingriff gesprochen werden kann. Anders als bei Verwaltungsaktsadressaten erscheint schon der rechtmäßige Eingriff bei Dritten ausgeschlossen. Die Rechtswidrigkeit des Verwaltungsakts kann folglich entweder als weitere Tatbestandsvoraussetzung oder als Ergänzung zur Prüfung des Grundrechtseingriffs angesehen werden.

Die Prüfung der Rechtmäßigkeit eines Rechtsakts markiert eine der Zentralfragen des öffentlichen Rechts. Angesichts dessen verwundert es auf den ersten Blick etwas, wenn sich den Kommentaren und Lehrbüchern des Verwaltungsrechts wenig zu den Voraussetzungen der Rechtswidrigkeit (beziehungsweise der Rechtmäßigkeit) eines Verwaltungsakts entnehmen läßt. Dieses Manko belegt sehr deutlich die fehlende Klärung des Rechtswidrigkeitsbegriffs auch in bezug auf Verwaltungsakte. Unter diesen Voraussetzungen überrascht es nicht weiter, daß es bis heute an einer rechtswissenschaftlichen Verständigung über den Begriff der Rechtswidrigkeit fehlt.

Dahinter verbirgt sich ein – obwohl altbekanntes – zumeist nicht offen diskutiertes Problem, die Frage nach dem Anknüpfungspunkt für das Rechtswidrigkeitsurteil über einen Rechtsakt. Dieses Rechtswidrigkeitsurteil kann sich idealtypisch sowohl isoliert auf die im Rechtsakt enthaltene Regelung als auch auf das behördliche Verhalten in Zusammenhang mit und beim Erlaß des Rechtsakts beziehen. Hinter diesen unterschiedlichen Bezugspunkten verbergen sich häufig auch unterschiedliche Unrechtslehren. So steht die Ansicht, die Rechtswidrigkeit eines Rechtsakts richte sich (ausschließlich) nach der Rechtswidrigkeitsbeurteilung des Verhaltens beim Erlaß des Rechtsakts, in engem Zusammenhang mit der Verhaltensunrechtslehre, während die sich vom Erlaßvorgang lösende Rechtswidrigkeitsbeurteilung allein im Hinblick auf die Übereinstimmung des Rechtsakts mit höherrangigem Recht nur schwer mit der Verhaltensunrechtslehre in Einklang bringen läßt.

Bisher hat aber nur ein Teilausschnitt aus der Gesamtthematik des Rechtswidrigkeitsbegriffs nähere Beachtung gefunden, die hier nicht zu erörternde Problematik des Rechtswidrigwerdens von Rechtsakten, vor allem diskutiert unter dem Stichwort des „maßgeblichen Zeitpunkts für die Rechtmäßigkeitsbeurteilung"[1]. Die allgemeinere Frage nach den maßgeblichen Bezugspunkten des Rechtswidrigkeitsurteils wird bisher allenfalls ansatzweise erörtert; dementsprechend ist sie auch kaum als Problem der Verwaltungsrechtsdogmatik erkannt worden[2]. Soweit es für die behördliche oder gerichtliche Aufhebung eines Verwaltungsakts auf dessen Rechtswidrigkeit ankommt[3], muß – auch wenn dies zumeist nicht geschieht – bei jedem formellen oder materiellen Fehler geklärt werden, ob dieser zur Rechtswidrigkeit des Verwaltungsakts führt. Wie sich an einigen Verfahrensfehlern oder auch den materiellen Begründungsfehlern leicht zeigen läßt, ist der Zusammenhang von Fehlern und Rechtswidrigkeit des Verwaltungsakts entgegen zahlreichen Äußerungen alles andere als selbstverständlich. Kommt es auf die Rechtswidrigkeit des behördlichen Verhaltens beim Erlaß oder eine inhaltliche Vereinbarkeit der im Rechtsakt enthaltenen Regelung mit dem höherrangigen Recht an?

A. Unklarheiten der Rechtswidrigkeitsbeurteilung

In der Literatur werden eine Vielzahl von Definitionen zur Rechtmäßigkeit oder Rechtswidrigkeit von Verwaltungsakten verwendet, die auf den ersten Blick große Ähnlichkeit, bei näherer Hinsicht aber doch erhebliche Unterschiede aufweisen. Allen Definitionen ist zudem gemein, scheinbar je nach Interpret recht unterschiedliche Ableitungen im Einzelfall zu ermöglichen. Das sei zunächst an einigen Beispielen von Definitionen demonstriert:

Verbreitet wird in der Literatur an Formulierungen aus der Rechtsprechung des Bundesverwaltungsgerichts vor Erlaß der Verwaltungsverfahrensgesetze angeknüpft[4]. Nach Definitionen des Bundesverwaltungsgerichts ist derjenige Ver-

---

[1] Der damit verbundene Streit wird seit vielen Jahren intensiv ausgetragen, hat aber trotz der – im Hinblick auf den Rechtswidrigkeitsbegriff – wohl umfassend ausgetauschten Argumente bis heute nicht zu einer allgemein oder zumindest weitgehend akzeptierten Ansicht geführt. Folglich wird weiterhin gestritten, ob sich das Rechtswidrigkeitsurteil ausschließlich auf den Erlaß des Verwaltungsakts (so vor allem *Erichsen*, in: Erichsen/Ehlers [Hrsg.], Allgemeines Verwaltungsrecht, § 15 Rdnr. 22; *ders.*, Jura 1981, 534 [536]; *Erichsen/Ebber*, Jura 1997, 424 [426]; abweichende Formulierungen jetzt in *Erichsen*, in: Erichsen/Ehlers [Hrsg.], Allgemeines Verwaltungsrecht, § 17 Rdnr. 8; damit übereinstimmend *Erichsen/Brügge*, Jura 1999, 155 [156]) oder demgegenüber auch auf den Verwaltungsakt selbst, dessen Regelung, losgelöst vom Erlaßvorgang beziehen kann (s. etwa *Schenke/Baumeister*, JuS 1991, 547ff.). Im letzteren Fall wäre das Rechtswidrigwerden der Aufrechterhaltung des Verwaltungsakts als bloßes Synonym für den rechtswidrig gewordenen Verwaltungsakt anzusehen.

[2] Für einen m.E. im Ausgangspunkt zutreffend weiten Begriff, der sich nicht nur auf Verhalten, sondern auch auf Rechtsakte oder Zustände beziehen kann, zuletzt wieder *Bumke*, Relative Rechtswidrigkeit, S. 21.

[3] So etwa nach den §§ 48ff. VwVfG, 44ff. SGB X und § 113 Abs. 1 S. 1 VwGO.

[4] So etwa *Erichsen*, in: Erichsen/Ehlers (Hrsg.), Allgemeines Verwaltungsrecht, § 15 Rdnr. 22; *Schnapp*, SGb. 1993, 1 (3); *Wolff/Bachof/Stober*, VerwR 2, § 51 Rdnr. 20 – alle unter Hinweis auf

waltungsakt rechtswidrig, „welcher durch unrichtige Anwendung bestehender Rechtssätze zustande gekommen ist“[5] beziehungsweise „wenn das im Erlaßzeitpunkt geltende Recht unrichtig angewendet ... oder bei der Entscheidung von einem Sachverhalt ausgegangen worden ist, der sich als unrichtig erweist“[6]. Gleichfalls auf die Anforderungen an den Erlaß des Verwaltungsakts abstellend sind nach einer anderen möglicherweise weiter gefaßten Definition „rechtmäßig alle Verwaltungsakte, die in tatsächlicher und rechtlicher Hinsicht den Anforderungen entsprechen, die das Gesetz an den Erlaß des Verwaltungsakts stellt, rechtswidrig alle Verwaltungsakte, bei denen eine dieser Voraussetzungen nicht erfüllt ist“[7]. Jedenfalls ausdrücklich nicht mehr nur den Erlaß des Verwaltungsakts betreffend wird ein Verwaltungsakt nach anderer Ansicht als rechtmäßig angesehen, „wenn er allen Anforderungen entspricht, die die Rechtsordnung an ihn stellt“, und als rechtswidrig, wenn er „gegen den Vorbehalt oder den Vorrang des Gesetzes verstößt“[8] oder „wenn er auch nur in einer Beziehung mit dem geltenden Recht nicht in Einklang steht“[9]. Teilweise wird auch eindeutig auf die mit dem Verwaltungsakt getroffene Regelung abgestellt[10].

Sämtliche Definitionen lassen zahlreiche Fragen offen. Insbesondere die Bedeutung von Fehlern im Verfahren vor dem „Erlaß“ oder von inhaltlichen Mängeln für die Rechtmäßigkeitsbeurteilung ist anhand der Definitionen nicht wirklich bestimmbar. Allenfalls die grundsätzliche Relevanz von Verfahrensfehlern für das Rechtswidrigkeitsurteil läßt sich vermuten. Wenn statt dessen etwa von einem heute erreichten allgemeinen Konsens hinsichtlich der Bedeutung der Verfahrensfehler für die Rechtmäßigkeit des Verwaltungsakts ausgegangen wird[11], so kann diese Bestandsaufnahme bei näherer Hinsicht nicht recht überzeugen. Richtig ist, daß nach ganz überwiegender Meinung ein Verfahrensfehler den anschließenden Verwaltungsakt grundsätzlich rechtswidrig machen soll[12]. Wie der Zusatz

---

BVerwGE 31, 222 (223) – s. dazu nachfolgende Fußn.; vgl. auch § 44 Abs. 1 S. 1 SGB X sowie Begr. des Reg.-Entwurfs zu § 44 Abs. 1 EVwVfG (jetzt § 48 Abs. 1 VwVfG), BT-Drs. 7/910, S. 68.

[5] BVerwG, Urt. v. 30. 8. 1961 – IV C 86.58, BVerwGE 13, 28 (31).

[6] BVerwG, Urt. v. 30. 1. 1969 – III C 153.67, BVerwGE 31, 222 (223).

[7] *Ule/Laubinger*, Verwaltungsverfahrensrecht, § 48 Rdnr. 22 – angesichts der Konzentration auf die Anforderungen an den Erlaß m.E. nicht notwendig identisch mit deren Definition *ebd.*, § 61 Rdnr. 16, wonach ein Verwaltungsakt dann rechtswidrig ist, „wenn er unter einem materiellen oder formellen ... Fehler leidet.“

[8] *Erichsen*, in: Erichsen/Ehlers (Hrsg.), Allgemeines Verwaltungsrecht, § 17 Rdnr. 8; *Erichsen/Brügge*, Jura 1999, 155 (156).

[9] *Maurer*, Allgemeines Verwaltungsrecht, § 10 Rdnr. 2.

[10] S. *Sachs*, in: Stelkens/Bonk/Sachs, VwVfG, § 44 Rdnr. 13f., § 48 Rdnr. 61, unter Kritik der Rspr. des BVerwG (BVerwGE 13, 28 [31]; BVerwGE 31, 222 [223]) – dazu s. im vorausgehenden Text oben.

[11] S. *Hufen*, Fehler im Verwaltungsverfahren, Rdnr. 499; ebenso *Kischel*, Folgen von Begründungsfehlern, S. 29, der sogar behauptet, daß heute durchweg ein Konsens derart feststellbar sei, „alle Verfahrensfehler lösen schon als unmittelbare Rechtsfolge die Rechtswidrigkeit aus“.

[12] Vgl. stellv. *Hill*, Das fehlerhafte Verfahren, S. 102f.; *Hufen*, Fehler im Verwaltungsverfahren, Rdnr. 499; *ders.*, DVBl. 1988, 69 (70f.); *Krebs*, DVBl. 1984, 109 (110f.); *Laubinger*, Verw-

„grundsätzlich" schon erahnen läßt: Es gibt zahlreiche Ausnahmen vom Grundsatz, über die alles andere als Einigkeit besteht. Die Ausnahmen werden zumeist nicht einmal ansatzweise klargestellt, geschweige denn diskutiert. Im Detail unterscheiden sich die Auffassungen in Literatur und Rechtsprechung deshalb mannigfach. Als geradezu typisch muß auch die im Einzelfall erkennbare Aufgabe der jedenfalls grundsätzlich akzeptierten Trennung zwischen Rechtswidrigkeit, Rechtsverletzung und Aufhebungsanspruch und das „Umschalten" auf die Ergebnisperspektive betrachtet werden. Dies ist ein untrügliches Zeichen eines fortbestehenden Klärungsbedürfnisses. Gerade die scheinbare Geschlossenheit des Meinungsspektrums hat aber bislang eine genauere Befassung mit dieser Frage verhindert.

Wie wenig geklärt die Rechtsfolge der Rechtswidrigkeit bei einzelnen Fehlern ist, läßt sich insbesondere an der Rechtsprechung des Bundesverwaltungsgerichts demonstrieren. So geht gerade auch das Bundesverwaltungsgericht für den Planfeststellungsbeschluß in ständiger Rechtsprechung nicht von einer notwendigen Verbindung zwischen der Verfahrensfehlerhaftigkeit und der Rechtswidrigkeit des Verwaltungsakts aus[13]. Vor Erlaß des VwVfG wurde diese Ansicht, nicht jeder Verfahrensfehler führe zur Rechtswidrigkeit des Verwaltungsakts, teilweise allgemein für Verwaltungsakte vertreten[14]. Diese Rechtsprechung findet sich heu-

---

Arch. 72 (1981), 333 (334f.); *Pitschas*, Verwaltungsverantwortung und Verwaltungsverfahren, S.295 („grundsätzlich immer"); *Steinberg/Berg/Wickel*, Fachplanung, §6 Rdnr.26 (betr. den Planfeststellungsbeschluß); *Ule/Laubinger*, Verwaltungsverfahrensrecht, §58 Rdnr.3; *Meyer*, NVwZ 1986, 513 (516f.); a.A. grundsätzlich *Mußgnug*, Das Recht auf den gesetzlichen Verwaltungsbeamten?, S.45ff. (Ausnahme: Ermessensentscheidungen, s. S.51).

[13] S. etwa BVerwG, Urt. v. 12.9. 1984 – 8 C 124.82, BVerwGE 70, 96 (99); BVerwG, Urt. v. 20.9. 1984 – 7 C 57.83, BVerwGE 70, 143 (147); BVerwG, Urt. v. 5.10. 1984 – 8 C 41.83, Buchholz 406.11 §135 Nr.26, S.30 (LS 1) und 32; Urt. v. 5.12. 1986 – 4 C 13.85, BVerwGE 75, 214 (228): „Nach allgemeinen Grundsätzen des Verwaltungsrechts, die etwa in Art.46 BayVwVfG vorausgesetzt werden, führt ein Verfahrensfehler nur dann zur Rechtswidrigkeit des Verwaltungsaktes, wenn sich der Mangel auf die Entscheidung ausgewirkt haben kann." Mit anderer Terminologie dagegen BVerwG, Urt. v. 30.5. 1984 – 4 C 58.81, BVerwGE 69, 256 (269): „Nach allgemeinen Grundsätzen des Verwaltungsrechts, die auch in Art.46 BayVwVfG einen Niederschlag gefunden haben, führt ein Verstoß gegen Art.20 Abs.1 Satz 1 Nr.5 BayVwVfG nur dann nicht zur Aufhebung des Verwaltungsaktes, wenn sich der Mangel auf die Entscheidung in der Sache nicht ausgewirkt hat (vgl. BVerwGE 56, 230 [233])"; ebenso z.B. BVerwG, Urt. v. 18.12. 1987 – 4 C 9.86, NVwZ 1988, 527 (530) – insoweit nicht abgedruckt in BVerwGE 78, 347ff.; Beschl. v. 22.6. 1993 – 4 B 257.92 (n. veröff.); Beschl. v. 22.6. 1993 – 4 B 45.93, VkBl. 1995, 210; Beschl. v. 12.1. 1994 – 4 B 63.93, Buchholz 407.4 §19 FStrG Nr.6; Beschl. v. 23.2. 1994 – 4 B 35.94, NVwZ 1994, 688; Beschl. v. 12.6. 1998 – 11 B 19.98, DVBl. 1998, 1184.

[14] Vgl. BVerwG, Urt. v. 10.4. 1968 – IV C 227.65, BVerwGE 29, 282 (283f.); Urt. v. 13.2. 1970 – IV C 41.67, Buchholz 11 Art.14 GG Nr.106 S.129; diese Rspr. nur berichtend BVerwG, Urt. v. 24.9. 1975 – VIII C 78.74, BVerwGE 49, 197 (201); statt von Rechtswidrigkeit von Fehlerhaftigkeit sprechend BVerwG, Urt. v. 28.8. 1964 – VI C 35.62, BVerwGE 19, 216 (221); unterschiedliche Rechtswidrigkeitsbegriffe verwendend BVerwG, Urt. v. 13.9. 1978 – 8 C 18.78, BVerwGE 56, 230 (233); demgegenüber wird im Urt. des 5. Senats v. 8.2. 1967 – V C 167.65, BVerwGE 26, 145 (148), die „Beachtlichkeit" von Verfahrensmängeln von ihrem Einfluß auf das Ergebnis abhängig gemacht. Soweit *Sachs*, in: Stelkens/Bonk/Sachs, VwVfG, §45 Rdnr.132, auch BVerwG,

te wohl nur noch ausnahmsweise[15]. Daß sich aber nach Erlaß der Verfahrensgesetze (wie des VwVfG und des SGB X) tatsächlich ein Bewußtseinswandel hin zur dogmatisch notwendigen Trennung von Rechtswidrigkeit und Aufhebungsanspruch eingestellt hat, kann angesichts mehrerer Stellungnahmen aus der Richterschaft des Bundesverwaltungsgerichts nach wie vor nicht angenommen werden[16]. Noch heute wird damit – zumindest im Planfeststellungsrecht – nicht zwischen Rechtswidrigkeit und Aufhebungspflicht getrennt.

Schon beim ersten Eintritt in die nähere Prüfung problematischer Fälle stellt sich zudem heraus, daß bei einer ganzen Reihe von Fehlern der Verwaltung (vor allem solchen im Verfahren) die Relevanz des Fehlers für die Rechtmäßigkeitsbeurteilung des Verwaltungsakts allgemein abgelehnt wird oder zumindest streitig ist. Zu diesen Fehlern zählen etwa für das Verfahren Verstöße gegen § 10 S. 2 VwVfG, also die nicht einfache, nicht zweckmäßige oder nicht zügige Durchführung des Verfahrens[17]. Unklar sind auch die Folgen von Sachverhaltsermittlungsdefiziten (also von Verstößen gegen § 24 VwVfG), wenn sie nicht zu einem – im Sinne des § 44 Abs. 1 S. 1 SGB X – „unrichtigen Sachverhalt" führen, weil sich der von der Behörde angenommene Sachverhalt im Ergebnis (trotz beispielsweise nicht ausreichender Beweiserhebung) als zutreffend erweist[18]. Geht die Sachver-

---

Urt. v. 29. 3. 1966 – I C 19.65, BVerwGE 24, 23 (32), anführt, erscheint dies nicht plausibel. Der 1. Senat des BVerwG trennt hier ausdrücklich zwischen der Rechtswidrigkeit und der Aufhebungspflicht: „Jedoch kann auch hier zugunsten der Kläger davon ausgegangen werden, daß der Verwaltungsakt gegen das Verfahrensrecht verstößt und deshalb rechtswidrig ist. Denn hieraus folgt noch nicht ohne weiteres, daß er im Verwaltungsprozeß aufgehoben werden muß." Einen erkennbar anderen Rechtswidrigkeitsbegriff vertritt dagegen der 4. Senat in dem genannten Urt. v. 10. 4. 1968 – IV C 227.65, BVerwGE 29, 282 (283f.), auch wenn er sich ausdrücklich auf das frühere Urteil des 1. Senats beruft: „Dem Berufungsgericht ist auch darin beizutreten, daß nur wesentliche Verfahrensfehler die Aufhebung eines Verwaltungsaktes zur Folge haben können. In der Rechtsprechung des Bundesverwaltungsgerichts ist anerkannt, daß nicht jede Verletzung einer Form- oder Verfahrensvorschrift die Rechtmäßigkeit des Verwaltungsaktes beeinträchtigt (vgl. BVerwGE 24, 23 [32]). Es kommt vielmehr darauf an, ob die Entscheidung in der Sache auf dieser Verletzung beruhen kann, der Verfahrensmangel also wesentlich ist."

[15] Vgl. etwa BVerwG, Beschl. v. 27. 1. 1998 – 1 WB 51.97, Buchholz 252 § 23 SBG Nr. 1 (LS 2): „Eine Rechtswidrigkeit liegt dann nicht vor, wenn zur Überzeugung des Gerichts feststeht, daß auch eine rechtzeitige Anhörung der Personalvertretung die Entscheidung in der Sache nicht beeinflußt hätte."

[16] Vgl. *Seebass*, NVwZ 1985, 521 (525); *Storost*, NVwZ 1998, 797 (799 m. Fußn. 30); *Bonk/Neumann*, in: Stelkens/Bonk/Sachs, VwVfG, § 73 Rdnr. 120. Mit Tendenz in diese Richtung auch *Lerche*, Kernkraft und rechtlicher Wandel, S. 20ff.

[17] Auch nach *Hufen*, Fehler im Verwaltungsverfahren, Rdnr. 58, machen Verstöße gegen § 10 VwVfG „den nachfolgenden Verwaltungsakt – von denkbaren Ausnahmefällen abgesehen – nicht fehlerhaft und aufhebbar"; vgl. auch *P. Stelkens/Schmitz*, in: Stelkens/Bonk/Sachs, VwVfG, § 10 Rdnr. 22.

[18] Die Folgen mangelnder Sachverhaltsermittlung sind schon im Hinblick auf die Frage der Rechtswidrigkeit des Verfahrensergebnisses weitgehend ungeklärt; s. nur *P. Stelkens/Kallerhoff*, in: Stelkens/Bonk/Sachs, VwVfG, § 24 Rdnr. 58f.; BVerwG, Urt. v. 3. 3. 1987 – 1 C 39.84, NJW 1987, 1431 (1432); dazu *Faber*, Verwaltungsrecht, § 15 II (S. 124: „zweifelhaft"); s. auch *Seidel*, Privater Sachverstand, S. 290ff.

haltsermittlung umgekehrt zu weit, weil Informationen rechtswidrig ermittelt wurden, und werden diese Daten rechtswidrig verwertet, so werden auch hier die Folgen für die Rechtmäßigkeit des Verwaltungsakts als Verfahrensergebnis völlig unterschiedlich beurteilt[19]. Vollends ins Wanken gerät die übliche Gleichsetzung von Fehlern beim Erlaß des Verwaltungsakts und seiner Rechtswidrigkeit, sobald der Blick über den Bereich der Verfahrensfehler und damit auch über § 46 VwVfG hinaus auf materielle Fehler beim Erlaß des Verwaltungsakts gelenkt wird. So ist etwa die Bedeutung einer inhaltlich fehlerhaften, aber nicht gegen § 39 VwVfG verstoßenden Begründung für die Rechtmäßigkeit des Verwaltungsakts bis heute umstritten. Gleichfalls weitgehend verneint wird die Rechtswidrigkeit eines Verwaltungsakts, der an offenbaren Unrichtigkeiten im Sinne des § 42 VwVfG leidet[20] oder dem die gemäß § 59 VwGO erforderliche Rechtsbehelfsbelehrung fehlt[21].

Für eine kurze Beschreibung des noch heute ungelösten Problems der Rechtmäßigkeitsbeurteilung von Verwaltungsakten mögen diese Beispiele genügen. Sie verdeutlichen zum einen in besonderer Weise die Notwendigkeit einer strikten Trennung von Rechtswidrigkeit, Rechtsverletzung und Aufhebungspflicht. Daß ein Verwaltungsakt, dessen Aufhebung in einem gerichtlichen Anfechtungsprozeß abzulehnen ist, nicht notwendigerweise fehlerfrei zu sein braucht, dürfte selbstverständlich sein. Die gerichtliche Aufhebung setzt einen materiellen Aufhebungsanspruch voraus, der, wenn auch häufig, keineswegs automatisch schon mit der Rechtswidrigkeit des Verwaltungsakts verbunden ist.

Um hier zufriedenstellend beantworten zu können, wann ein Verwaltungsakt als rechtswidrig zu bezeichnen ist, bedarf es daher noch einmal der Rückbesinnung auf die Trennung von Rechtswidrigkeit und deren Sanktionierung, etwa in Form einer Aufhebungspflicht. Über dieses Erfordernis zur Trennung von Rechtswidrigkeit und Sanktion besteht im Grundsatz allgemeines Einvernehmen. Im Zusammenhang mit der Handlungsform des Verwaltungsakts zeigt schon der Eintritt der formellen Bestandskraft sehr deutlich, daß die Rechtswidrigkeit keineswegs notwendigerweise mit der Sanktion der Aufhebung des Verwaltungsakts verbunden ist. Allein für das gerichtliche Verfahren der Anfechtungsklage oder der Verpflichtungsklage in Form einer Versagungsgegenklage erscheint die Aufhebung des rechtswidrigen Verwaltungsakts, der noch nicht bestandskräftig ist, teilweise als notwendige Folge der Rechtswidrigkeit. Dieser re-

---

[19] Selbst *Hufen*, Fehler im Verwaltungsverfahren, Rdnrn. 146, 153, der die Folge der Rechtswidrigkeit des verfahrensfehlerhaft erlassenen Verwaltungsakts als grundsätzlich unumstrittene und notwendige Konsequenz bezeichnet, geht in diesem Fall von der Rechtswidrigkeit des Verwaltungsakts nur aus, wenn der Verwaltungsakt auch auf der zu weitreichenden Sachverhaltsaufklärung „beruht".

[20] Vgl. nur *Kopp/Ramsauer*, VwVfG, § 42 Rdnr. 5.

[21] Vgl. stellv. *Czybulka*, in: Sodan/Ziekow, VwGO, § 58 Rdnr. 24; *Kopp/Schenke*, VwGO, § 59 Rdnr. 4; *Meissner*, in: Schoch/Schmidt-Aßmann/Pietzner, VwGO, § 58 Rdnr. 41, § 59 Rdnr. 12; *Stelkens*, NuR 1982, 10 (14).

gelmäßige Gleichklang von Rechtswidrigkeit und Aufhebungspflicht sollte aber nicht zu dem Irrtum verleiten, Rechtswidrigkeit und Aufhebungspflicht seien, auch was ihre Voraussetzungen angeht, gleichzusetzen.

Diese Erinnerung an die einleitenden Überlegungen mag manchem in der hier dargestellten Allgemeinheit nicht erforderlich, weil geradezu selbstverständlich erscheinen. Das Gegenteil ist indes richtig. Zahlreiche bisher weitgehend ungelöste Probleme resultieren aus einer unzureichenden Differenzierung zwischen Rechtswidrigkeit und Aufhebungspflicht. Das heute zumindest prinzipiell vorhandene Bewußtsein vom Erfordernis der Trennung ist im wesentlichen erst das Ergebnis einer längeren Entwicklung, die vor allem, wenn auch nicht ausschließlich, auf das VwVfG zurückzuführen ist. Gleichwohl hat die Erkenntnis von der notwendigen Trennung keineswegs in alle Bereiche der Verwaltungsrechtsdogmatik Eingang gefunden. In vielen Einzelfragen, aber mitunter auch schon bei einem nur veränderten Blickwinkel gerät das Trennungserfordernis häufig aus dem Blickfeld. Dort haben sich bis heute Auffassungen gehalten, die mit einer fundierten Verwaltungsrechtsdogmatik nicht in Einklang zu bringen sind. Das trifft, wie die nachfolgenden Darlegungen zur Rechtswidrigkeit von Verwaltungsakten zeigen werden, vor allem auch für eine verbreitete Bestimmung der Rechtswidrigkeitsvoraussetzungen zu. Wenn in einigen Fällen trotz festgestellter Rechtsverstöße das Urteil der Rechtswidrigkeit des Verwaltungsakts abgelehnt oder zumindest umgangen beziehungsweise dieser Bezeichnung ausgewichen wird, so hängt das teilweise mit der – in der Verwaltungsrechtsdogmatik eigentlich schon überwundenen – Vorstellung zusammen, die Rechtswidrigkeit des Verwaltungsakts hätte zwangsläufig die (Pflicht zu seiner) Aufhebung zur Folge. Soweit im Einzelfall die entsprechende Rechtsfolge unangemessen oder unvertretbar erscheint, wird daraus die Konsequenz gezogen, es müsse schon an der Rechtswidrigkeit des Verwaltungsakts fehlen.

Neben der fehlenden Trennung von Rechtswidrigkeit und Aufhebungsanspruch ist als weiterer maßgeblicher Grund für die Ablehnung des Rechtswidrigkeitsurteils über einen Verwaltungsakt, bei dem im Vorfeld oder beim Erlaß Rechtsverstöße aufgetreten sind, die verbreitete, teilweise auch nur unterschwellige Vorstellung auszumachen, der Rechtsverstoß müsse sich in irgendeiner Form auf den Verwaltungsakt ausgewirkt haben, „kausal“ für den Inhalt des Verwaltungsakts geworden sein oder der Verwaltungsakt auf dem Verstoß beruhen können. Ob die „Kausalität“ des Fehlers für den Inhalt des Verwaltungsakts aber tatsächlich eine notwendige Voraussetzung für das Rechtswidrigkeitsurteil über den Verwaltungsakt darstellt oder darstellen kann, wird Gegenstand der nachfolgenden Erörterungen sein.

Diese beginnen entsprechend der weitgehend üblichen Trennung zwischen formellen und materiellen Rechtmäßigkeitsvoraussetzungen mit der Untersuchung der Auswirkungen von Verfahrensfehlern auf die Rechtmäßigkeit von Verwaltungsakten (B). Schon das ist aber nicht so einfach. Die Trennung formeller und materieller Anforderungen ist nämlich alles andere als zweifelsfrei; sie soll an dieser Stelle jedoch nicht weiter vertieft werden. Entsprechend verbreiteter Übung erfolgt sie anhand folgender Kriterien: Als materielle Mängel eines Verwaltungsakts werden solche Fehler angesehen, die sich auf die materiellen, die inhaltlichen Anforderungen an den Verwaltungsakt beziehen. Dies betrifft sowohl den Regelungsinhalt selbst, also „die Entscheidung in der Sache", als auch die inhaltlichen Bestandteile der Regelung sowie die inhaltlichen Vorgaben für den Erlaß eines Verwaltungsakts und die Entscheidungsfindung, wie etwa die Vorschriften über die Ermessensausübung. Alle übrigen rechtlichen Vorgaben werden hier als formelle beziehungsweise verfahrensrechtliche Anforderungen angesehen. Sie betreffen das Verfahren der Vorbereitung und des Erlasses des Verwaltungsakts, die Zuständigkeits- und die Formvorschriften. Anhand dieser Abgrenzungskriterien lassen sich die meisten rechtlichen Anforderungen zuordnen; gewisse Unklarheiten und Unschärfen bleiben jedoch. Eine exakte Zuordnung und Einteilung der Fehlergruppen erscheint aber nur dann unausweichlich, wenn allein aufgrund der Einteilung unterschiedliche Fehlerfolgen ausgelöst werden. Das erscheint etwa angesichts des §46 VwVfG durchaus vorstellbar, kann aber im gegenwärtigen Stadium der Untersuchung noch nicht berücksichtigt werden.

Angesichts der besonderen Verzahnung und des Umfangs vorhandener Stellungnahmen werden die Folgen von Begründungsfehlern, sowohl formeller wie materieller Art, gemeinsam in einem eigenen Abschnitt untersucht (C). Daran schließt sich die Prüfung weiterer materieller Fehler an (D).

B. Die Rechtswidrigkeit des Verwaltungsakts als generelle Folge von Verfahrensfehlern

I. Die einfachgesetzliche Ausgestaltung im Verwaltungsverfahrensrecht

Ausgangspunkt der Klärung der Rechtsfolgen von Fehlern der Verwaltung beim Erlaß von Verwaltungsakten kann gerade aufgrund einer weitreichenden gesetzlichen Normierung des Verwaltungsverfahrens nur die Auslegung der geltenden Normen sein. So überzeugt es insbesondere nicht, wenn demgegenüber aus dem Verstoß gegen Verfahrensvorschriften „logisch" auf die Rechtswidrigkeit des Verwaltungsakts geschlossen wird[22]. Logisch oder rechtslogisch ist in diesem Fall nur die Rechtswidrigkeit des Verhaltens der Behörde. Das Produkt dieses Verhaltens kann dagegen einer davon getrennten Rechtmäßigkeitsbeurteilung unterzogen werden. Daher kommt es wesentlich auf die einfachgesetzliche Ausgestaltung der Rechtmäßigkeits- beziehungsweise Rechtswidrigkeitsvoraussetzungen für

[22] So aber *Schweickhardt*, in: Schweickhardt/Vondung, Allgemeines Verwaltungsrecht, Rdnr. 931.

Verwaltungsakte an. Obwohl die Verwaltungsverfahrensgesetze bis heute keine allgemeine Definition der Rechtswidrigkeit eines Verwaltungsakts enthalten, lassen sich aus diversen Regelungen doch eine Reihe von Folgerungen ableiten für die Frage, wann ein Verwaltungsakt als rechtswidrig im Sinne des VwVfG anzusehen ist.

Der Versuch der Klärung des Inhalts der Bezeichnung „rechtswidriger Verwaltungsakt" führt direkt zum eigentlichen Kern des Problems. Soweit sich die Kennzeichnung der Rechtswidrigkeit auf den Inhalt der Regelung des Verwaltungsakts bezieht, besteht noch allgemeine Einigkeit[23]. Ein Verwaltungsakt ist anerkanntermaßen rechtswidrig, wenn er mit einer Regelung erlassen wird, die inhaltlich (oder materiell) in Widerspruch zum (höherrangigen) Recht steht. Hier wird das Ergebnis, die Regelung selbst, vom Recht nicht gebilligt. Keineswegs mehr in gleicher Weise eindeutig ist die Annahme der Rechtswidrigkeit eines Verwaltungsakts, der zwar von seinem Ergebnis her mit dem Recht in Einklang steht, der jedoch das Ergebnis rechtlich mißbilligter Erwägungen und Beweggründe der erlassenden Behörde war, der beim Erlaß ein Ermessensspielraum zur Verfügung stand. Räumt eine Norm der Verwaltung einen Handlungs- oder Entscheidungsspielraum in Form des Ermessens ein, so hat die Behörde „ihr Ermessen entsprechend dem Zweck der Ermächtigung auszuüben und die gesetzlichen Grenzen des Ermessens einzuhalten" (§ 40 VwVfG). Im Fall von Ermessensfehlern[24] handelt die Behörde materiell rechtswidrig. In diesem Fall ist nach allgemeiner Überzeugung der betreffende Verwaltungsakt selbst rechtswidrig. Dieses Rechtswidrigkeitsurteil wäre ausgeschlossen, wenn der Verwaltungsakt nur einer Ergebniskontrolle unterläge. Die Ermessensfehlerlehre, wie sie auch in § 40 VwVfG normiert ist, belegt jedoch eindeutig, daß die Rechtskontrolle von Verwaltungsakten nicht ausschließlich ergebnisbezogen erfolgt. Der ermessensfehlerhaft erlassene Verwaltungsakt ist ein rechtswidriger Verwaltungsakt, unabhängig davon, ob er mit gleicher Regelung hätte rechtmäßig erlassen werden können und gegebenenfalls auch noch erlassen werden kann.

Weitere Probleme wirft die Frage auf, inwieweit ein entsprechendes Rechtswidrigkeitsurteil über Verwaltungsakte gefällt werden kann, die nach einem Verwaltungsverfahren erlassen wurden, in dessen Verlauf der Behörde Rechtsfehler unterlaufen sind. Bezieht sich das Rechtswidrigkeitsurteil nur auf die Regelung, kann der Verwaltungsakt auch nur dann als rechtswidrig bezeichnet werden, wenn sich der Fehler im Verfahren auf das Ergebnis, also den Inhalt des Verwaltungsakts, ausgewirkt hat.

Bereits bei dieser ersten Annäherung an das Problem des Gegenstands der Rechtmäßigkeitsbeurteilung von Verwaltungsakten zeigt sich, daß das ausschließ-

---

[23] Jedenfalls soweit keine nachträglichen Änderungen der Rechts- oder Sachlage eingetreten sind.

[24] S. dazu etwa *Maurer*, Allgemeines Verwaltungsrecht, § 7 Rdnr. 19ff.

liche Abstellen auf den Regelungsinhalt, auf den Verwaltungsakt „im Ergebnis“ als Extremposition ausscheiden muß. Fraglich erscheint andererseits, ob es deshalb allein auf das Verhalten der Behörde unabhängig vom Ergebnis, dem sogenannten verfügenden Teil des Verwaltungsakts, ankommt. Auch wenn wohl vieles rechtstheoretisch[25] und auch verfassungsrechtlich ohne weiteres denkbar erscheint, kann hier jedoch nicht eine rechtstheoretische Möglichkeit oder ein verfassungsrechtlicher Spielraum beim Rechtswidrigkeitsurteil im öffentlichen Recht, sondern allein die rechtsdogmatische Klärung des Problems maßgeblich sein. Diese hat sich nach den Normen des Verwaltungsrechts zu richten. Auch wenn die betreffenden Regelungen an keiner Stelle eine Definition des rechtswidrigen Verwaltungsakts geben, sondern eine solche voraussetzen, läßt sich aus ihnen doch einigermaßen sicher das Verständnis vom rechtswidrigen Verwaltungsakt ableiten.

Die Bedeutung von Verfahrensfehlern zeigt sich sehr deutlich anhand des §45 Abs. 1 VwVfG. Indem dort die Möglichkeit der „Heilung“ bei bestimmten Fehlern eingeräumt beziehungsweise die Verletzung bestimmter Verhaltensanforderungen nach ihrer Nachholung als unbeachtlich angesehen wird, läßt §45 Abs. 1 VwVfG gleichzeitig erkennen, daß ohne ein Nachholen der Verfahrenshandlungen die Verstöße als beachtlich angesehen werden. Da sich die Aussage der Unbeachtlichkeit aber nur auf die Rechtmäßigkeitsbeurteilung beziehen kann, geht das Gesetz von der Rechtswidrigkeit solcher Verwaltungsakte aus, die ohne erforderlichen Antrag, Begründung, Anhörung eines Beteiligten, Beschluß eines notwendigerweise mitwirkenden Ausschusses oder die Mitwirkung anderer Behörden erlassen wurden[26]. Weitere Folgerungen lassen sich aus §44 Abs. 2, 3 VwVfG ziehen. Wenn die Nichtigkeit als die Rechtsfolge bei besonders schwerwiegenden Rechtsfehlern anzusehen ist und damit notwendig die Rechtswidrigkeit des Verwaltungsakts voraussetzt, dann führen über die in §45 Abs. 1 VwVfG genannten Fälle hinaus zumindest auch einige weitere Verfahrensfehler zur Rechtswidrigkeit des Verwaltungsakts. Ist die den Verwaltungsakt erlassende Behörde nicht erkennbar, erfolgt die vorgeschriebene Aushändigung einer Urkunde nicht oder erläßt die Behörde den Verwaltungsakt außerhalb der örtlichen Zuständigkeit nach §3 Abs. 1 Nr. 1 VwVfG, so ist der Verwaltungsakt gleichfalls rechtswidrig; §44 Abs. 2 VwVfG ordnet hier sogar Nichtigkeit an. Schließlich lassen sich aus §44 Abs. 3 VwVfG mittelbar weitere Beispiele für eine Rechtswidrigkeitsfolge bei Fehlern im Verfahren ableiten. Obwohl Absatz 3 die Rechtsfolge der Nichtigkeit gerade für die dort genannten Fälle ausschließt, setzt die daraus zu folgernde bloße Möglichkeit einer Nichtigkeit oder einer Unsicherheit über diese Rechtsfolge die Rechtswidrigkeit des Verwaltungsakts in jedem Fall voraus. Zudem sind die aufgeführten Konstellationen zum Teil mit denen in §45 Abs. 1 VwVfG identisch.

---

[25] Vgl. dazu näher bereits *Baumeister*, Das Rechtswidrigwerden, S. 115ff.

[26] Diese Konsequenz wird gerade auch von Anhängern der Position anerkannt, die das Rechtswidrigkeitsurteil grundsätzlich allein auf die im Verwaltungsakt enthaltene Regelung beziehen, vgl. *Sachs*, in: Stelkens/Bonk/Sachs, VwVfG, §45 Rdnr. 132ff.

Im Ergebnis läßt sich § 44 Abs. 3 VwVfG damit entnehmen, daß etwa – um nur ein Beispiel zu nennen – auch die Mitwirkung von Personen, die nach § 20 VwVfG ausgeschlossen sind, zur Rechtswidrigkeit des Verwaltungsakts führt.

Schon aufgrund dieser einfachgesetzlichen Regelungen läßt sich in einer Reihe von Fällen nicht bestreiten, daß einige verfahrensfehlerhaft zustande gekommenen Verwaltungsakte unabhängig davon als rechtswidrig anzusehen sind, ob der Fehler in irgendeiner Weise den Inhalt der Regelung beeinflußt hat oder beeinflussen konnte. Noch nicht beantwortet ist damit allerdings die Frage, ob jeder Verstoß gegen verfahrensrechtliche Bestimmungen die Rechtswidrigkeit des betreffenden Verwaltungsakts bewirkt. Interessanterweise wird eine solche These offenbar von niemandem ausdrücklich vertreten. Hier sind zum einen diejenigen Auffassungen zu nennen, die trotz der Bestimmungen der §§ 44, 45 VwVfG daran festhalten, daß es für die Rechtswidrigkeit eines Verwaltungsakts auf dessen inhaltliche Übereinstimmung mit den gesetzlichen Vorgaben ankommt[27]. Von diesem Ausgangspunkt aus stellen die Annahme der Rechtswidrigkeit der von §§ 44, 45 VwVfG erfaßten verfahrensfehlerhaften Verwaltungsakte einfachgesetzliche Durchbrechungen der Maßgeblichkeit der Übereinstimmung der Verwaltungsaktsregelung mit dem materiellen Recht dar. Dementsprechend wird denn auch die Rechtswidrigkeit des Verwaltungsakts bei einem Verfahrensfehler, der nicht in den §§ 44, 45 VwVfG genannt ist, davon abhängig gemacht, ob es sich um einen wesentlichen Verfahrensverstoß handelt, auf dem der Verwaltungsakt beruht oder beruhen kann[28]. Auch wenn die herrschende Meinung dieser Auffassung nicht folgt und das Rechtswidrigkeitsurteil unabhängig von § 45 VwVfG auch auf solche verfahrensfehlerhaften Verwaltungsakte anwenden will, deren Ergebnis nicht durch den Fehler beeinflußt wurde oder werden konnte[29], läßt sich interessanterweise wohl keine Äußerung finden, nach der ausdrücklich ausnahmslos jeder Verfahrensverstoß zur Rechtswidrigkeit des Verwaltungsakts führen soll. Dem steht nicht entgegen, daß gleichzeitig verbreitet angenommen wird, formelle Mängel hätten wie materielle die Rechtswidrigkeit des Verwaltungsakts zur Folge, ohne Rücksicht darauf, ob sich der formelle Mangel auf den Inhalt des Verwaltungsakts tatsächlich ausgewirkt hat oder nicht[30]. Bei dieser Stellungnahme handelt es sich nämlich tatsächlich nur um einen Grundsatz, der offenbar nach keiner einzigen Stellungnahme wirklich ohne Ausnahme Anwendung findet. In den be-

---

27 Vgl. *Sachs*, in: Stelkens/Bonk/Sachs, VwVfG, § 45 Rdnr. 132ff.

28 Vgl. *Sachs*, in: Stelkens/Bonk/Sachs, VwVfG, § 45 Rdnr. 132f.

29 Vgl. auch *Ule/Laubinger*, Verwaltungsverfahrensrecht, § 58 Rdnr. 3, 25; *Faber*, Verwaltungsrecht, § 15 II („nach §§ 45, 46 VwVfG ist heute allerdings anzunehmen, daß jeder Verfahrensfehler zur Rechtswidrigkeit führt“).

30 So ausdrücklich etwa *Ule/Laubinger*, Verwaltungsverfahrensrecht, § 58 Rdnr. 3; *Laubinger*, VerwArch. 72 (1981), 333 (334f.); entspr. *Cloosters*, Rechtsschutz Dritter gegen Verfahrensfehler, S. 79ff.; *Hill*, Das fehlerhafte Verfahren, S. 102f.; *Hufen*, DVBl. 1988, 69 (70f.); *Krebs*, DVBl. 1984, 109 (110f.); *Meyer*, NVwZ 1986, 513 (516f.).

reits genannten Fällen des § 10 S. 2 VwVfG, der gegen § 24 VwVfG verstoßenden Sachverhaltsaufklärung oder der Nichtbeachtung des § 30 VwVfG sollen die betroffenen Verwaltungsakte allenfalls unter der Voraussetzung als rechtswidrig anzusehen sein, daß sie inhaltlich auf dem Verstoß beruhen können[31]. Die Problematik, einerseits solche Verwaltungsakte, die in einem fehlerhaften Verfahren erlassen wurden, als rechtswidrig anzusehen, andererseits aber in bestimmten Ausnahmefällen die Rechtswidrigkeit entweder generell oder jedenfalls bei fehlendem Beruhen des Verwaltungsakts auf dem Fehler zu verneinen, wird bisher nicht erörtert. Bei näherer Hinsicht erweisen sich sämtliche Auffassungen als widersprüchlich und nicht überzeugend. Entscheidende Erkenntnisse lassen sich dafür aus § 46 VwVfG gewinnen.

Aus dieser Bestimmung kann abgeleitet werden, daß ein Verwaltungsakt, der in einem Verfahren ergangen ist, das irgendeinen Rechtsfehler aufweist, selbst als rechtswidrig anzusehen ist, solange nicht im Einzelfall durch den Gesetzgeber eine abweichende Bestimmung getroffen worden ist. § 46 VwVfG in der Fassung des Genehmigungsverfahrensbeschleunigungsgesetzes vom 12. 9. 1996[32] lautet unter der Überschrift „Folgen von Verfahrens- und Formfehlern“: „Die Aufhebung eines Verwaltungsaktes, der nicht nach § 44 nichtig ist, kann nicht allein deshalb beansprucht werden, weil er unter Verletzung von Vorschriften über das Verfahren, die Form oder die örtliche Zuständigkeit zustande gekommen ist, wenn offensichtlich ist, daß die Verletzung die Entscheidung in der Sache nicht beeinflußt hat.“ Indem § 46 VwVfG von seinem Wortlaut her einen Aufhebungsanspruch ausschließt, wird nach mittlerweile fast unbestrittener Auffassung nicht zugleich auch die Rechtswidrigkeit des betreffenden Verwaltungsakts verneint[33]. Wortlaut, Systematik (insbesondere der Vergleich mit den §§ 44, 45 VwVfG, die Regelung des § 59 Abs. 2 Nr. 2 u. 3 VwVfG, der Leitgedanke des § 44a VwGO) und auch die historisch-genetische Interpretation legen eine entsprechende Aus-

---

[31] Vgl. etwa *Hufen*, Fehler im Verwaltungsverfahren, Rdnr. 58, 146, 153, 155; in der Sache wohl ähnlich *Weides*, Verwaltungsverfahren und Widerspruchsverfahren, § 7 I 1, S. 99; nach *Ule/Laubinger*, Verwaltungsverfahrensrecht, § 19 Rdnr. 13 (bei Fußn. 14), führt ein Verstoß gegen § 10 S. 2 VwVfG generell nicht zur Rechtswidrigkeit des Verwaltungsakts; ebenso *Clausen*, in: Knack, VwVfG, § 10 Rdnr. 9; einschränkend ohne nähere Erläuterung *Kopp/Ramsauer*, VwVfG, § 10 Rdnr. 22 („Verletzung ... hat nicht notwendig auch schon die Fehlerhaftigkeit des das Verfahren abschließenden VA zur Folge“).

[32] BGBl. I S. 1354.

[33] S. etwa *Hufen*, Fehler im Verwaltungsverfahren, Rdnr. 499ff., 630f.; *Meyer*, NVwZ 1986, 513 (516f.); *Schenke*, DÖV 1986, 305 (307f.); *Sachs*, in: Stelkens/Bonk/Sachs, VwVfG, § 46 Rdnr. 1f.; für einen Ausschluß der Rechtswidrigkeit dagegen *Schmieszek*, in: Brandt/Sachs (Hrsg.), Handbuch Verwaltungsverfahren und Verwaltungsprozeß, M Rdnr. 55; *Spannowsky*, in: Sodan/Ziekow (Hrsg.), VwGO, § 113 Rdnr. 21; früher etwa *H.J. Müller*, Die Verwaltung 13 (1980), 258 (259). Unterschiedliche Auffassungen finden sich heute noch vor allem zur (hier noch nicht relevanten) Frage, ob § 46 VwVfG die subjektive Rechtsverletzung oder den Aufhebungsanspruch ausschließt, s. dazu unten § 5 C (S. 212ff.).

legung mehr als nahe, so daß auf eine ausführliche Darlegung der Gründe hier verzichtet werden kann[34].

Demgegenüber wird in der Literatur noch in der jüngeren Vergangenheit eine im Ergebnis ähnliche Ansicht vertreten, die von der Existenz verschiedener Rechtswidrigkeitsbegriffe im Verwaltungsrecht und Verwaltungsprozeßrecht ausgeht. So sei zwischen einem rechtswidrig zustandegekommenen und einem (eigentlich) rechtswidrigen Verwaltungsakt zu trennen[35]. Wenn etwa in §59 Abs. 2 Nr. 2 VwVfG von einem im Sinne des §46 VwVfG rechtswidrigen Verwaltungsakt gesprochen werde, so sei hier das rechtswidrige Zustandekommen des Verwaltungsakts gemeint. Für die Rechtswidrigkeit des Verwaltungsakts nach §113 Abs. 1 S. 1 VwGO, §48 VwVfG genüge das rechtswidrige Zustandekommen der Sachentscheidung jedoch nicht. Soweit der rechtswidrig zustandegekommene Verwaltungsakt nicht auf diesem formellen Verstoß beruhe, sei er trotz seines rechtswidrigen Zustandekommens als rechtmäßig anzusehen[36]. Diese Argumentation überzeugt aus verschiedenen Gründen nicht. Ein erstes Indiz gegen diese Auffassung ergibt sich schon aus der mit ihr verbundenen Notwendigkeit, dem Gesetzgeber des VwVfG eine uneinheitliche oder nicht exakte Begriffsverwendung zu unterstellen. So sprechen §59 Abs. 2 Nr. 2 und 3 VwVfG jeweils von einem Verwaltungsakt, der „nicht nur wegen eines Verfahrens- und Formfehlers im Sinne des §46 rechtswidrig wäre". Die Deutung der Gegenansicht, der Gesetzgeber habe hier nur das rechtswidrige Zustandekommen des Verwaltungsakts, nicht aber die Rechtswidrigkeit des Verwaltungsakts im Sinne des §113 VwGO oder des §48 VwVfG gemeint, setzt nicht nur unterschiedliche Rechtswidrigkeitsbegriffe in VwGO und VwVfG, sondern auch innerhalb des VwVfG voraus. Eine solche Auslegung kann mangels eindeutiger Anhaltspunkte im Gesetz oder den Materialien nicht überzeugen. Das gilt gerade auch für die Herleitung dieser Überlegungen in Anknüpfung an prozeßrechtliche Regelungen aus dem Bereich der Revision. Diese fordern für die Aufhebung von Urteilen ein Beruhen des Urteils auf der Gesetzesverletzung (siehe §§137 Abs. 1 VwGO, §549 Abs. 1 ZPO, §337 Abs. 1 StPO). Auch wenn die Regelung des §46 VwVfG diesen Bestimmungen in gewisser Hinsicht nachgebildet ist und selbst wenn daraus Rückschlüsse für die Auslegung des §46 VwVfG zu ziehen wären, sind die konkreten Folgerungen für die Frage der Rechtswidrigkeit oder Rechtmäßigkeit des dem §46 VwVfG unterfallenden Verwaltungsakts nicht plausibel. Rechtmäßigkeitsbeurteilungen von Urteilen finden sich im Prozeßrecht kaum. Urteile werden meist als richtig, unrichtig oder falsch bezeichnet. Der Begriff der Rechtswidrigkeit wird selbst für

---

[34] Angesichts der nahezu einhelligen Auffassung wird auf eine nähere Darstellung der Argumente verzichtet. Auch die Gegenansicht von *Knippel*, Rechtsfolgen fehlerhafter Anhörung, S. 41ff. (89f.), erfordert keine nähere Darlegung, da dort keine Argumente vorgebracht werden, die nicht schon als widerlegt angesehen werden können.

[35] So *Kleinlein*, VerwArch. 81 (1990), 149 (161).

[36] *Kleinlein*, VerwArch. 81 (1990), 161f. m. zahlr. Nachw. aus der Rspr. in Fußn. 74a.

solche Urteile nicht verwendet, die im Rechtsmittelverfahren aufzuheben und deshalb rechtswidrig sind. Bei den genannten revisionsrechtlichen Bestimmungen geht es stets um die Frage der Aufhebung, nicht um die der Rechtmäßigkeit. Richtig ist, daß die Aufhebung vom Beruhen des Urteils auf dem Fehler abhängt[37]. Es werden jedoch keine Aussagen dazu gemacht, ob ein Urteil, das fehlerhaft zustande gekommen ist, aber nicht auf dem Fehler beruht, rechtmäßig oder rechtswidrig ist. Folglich kann das Revisionsrecht keinen Beleg für den Ausschluß der Rechtswidrigkeit des Verwaltungsakts durch §46 VwVfG liefern[38].

Aber auch wenn §46 VwVfG richtigerweise die Rechtswidrigkeit eines ihm unterfallenden Verwaltungsakts nicht ausschließt, so läßt sich aus §46 VwVfG noch nicht gleichermaßen eindeutig ableiten, daß *jeder* Verfahrens-, Form- und Zuständigkeitsfehler stets zur Rechtswidrigkeit des Verwaltungsakts führt[39]. Einerseits geht die herrschende Meinung vom Gegenteil aus. Gleichzeitig erweisen sich sämtliche Äußerungen aber als teilweise widersprüchlich, da ja offenbar nach allen Ansichten zumindest einzelne Verfahrensverstöße gerade nicht die Rechtsfolge der Rechtswidrigkeit des Verwaltungsakts auslösen sollen. Diese Ansicht könnte mit §46 VwVfG durch eine Auslegung in Einklang gebracht werden, nach der die Anwendbarkeit des §46 VwVfG gerade die Rechtswidrigkeit des Verwaltungsakts voraussetzt und §46 VwVfG daher gar nicht bei allen Verwaltungsakten, bei denen Verfahrensverstöße aufgetreten sind, Anwendung findet. Ist der Verwaltungsakt rechtswidrig, so ändert §46 VwVfG daran nichts. Fehlte es dagegen an der Rechtswidrigkeit, so begründete §46 VwVfG sie seinerseits aber auch nicht, da er in diesem Fall schon gar nicht anwendbar wäre. Gerade im Blick auf die vorausgehend genannten Beispiele sind Zweifel an einer generellen Folgerung

[37] Insoweit könnte sich gerade im Hinblick auf §46 VwVfG n.F. eine plausible Parallele anbieten.

[38] Bezeichnenderweise hält gerade auch *Bettermann*, in: Festschrift für Menger, S.709 (710), der die Parallele des §46 VwVfG zu den prozeßrechtlichen Regelungen über den Erfolg der Revision besonders betont, einen dem §46 VwVfG unterfallenden Verwaltungsakt für rechtswidrig.

[39] Vgl. die im Ansatz zutreffenden Überlegungen von *Sachs*, in: Stelkens/Bonk/Sachs, VwVfG, §45 Rdnr. 132ff.; anders dagegen die inkonsequente h. L., s. etwa *Hufen*, Fehler im Verwaltungsverfahren, Rdnr.499ff., 630f.; *Ule/Laubinger*, Verwaltungsverfahrensrecht, §58 Rdnr.3; ebenso wohl, wenn auch nicht eindeutig *Meyer*, in: Meyer/Borgs, VwVfG, §46 Rdnr.8; ebenso *Bartels*, Die Anhörung Beteiligter im Verwaltungsverfahren, S.120; unklar dagegen *Badura*, in: Erichsen/Ehlers (Hrsg.), Allgemeines Verwaltungsrecht, §38 Rdnr.31 und 36, der einerseits u.a. aus §46 VwVfG abzuleiten scheint, „daß jeder Verfahrensrecht verletzende Verwaltungsakt rechtswidrig ist“ (Rdnr.31), andererseits aber ausführt: „Nach allgemeinen Grundsätzen des Verwaltungsrechts, die in §46 VwVfG vorausgesetzt werden, führt ein Verfahrensmangel nur dann zur Rechtswidrigkeit des Verwaltungsaktes, wenn sich der Mangel auf die Entscheidung ausgewirkt haben kann“ (Rdnr.36) – unter Hinweis auf die entsprechende Rspr. des BVerwG, Urt. v. 5.12. 1986 – 4 C 13.85, BVerwGE 75, 214 (228); s. auch BVerwG, Urt. v. 30.5. 1984 – 4 C 58.81, BVerwGE 69, 256 (269); ebenso *Storost*, NVwZ 1998, 797 (799), der jedoch unmittelbar vor der betreffenden Textpassage den nicht nach §45 VwVfG geheilten Verwaltungsakt als rechtswidrig erkennt.

der Rechtswidrigkeit bei sämtlichen Fehlern im Verfahren angebracht. Sie lassen sich erst durch eine weiterführende Begründung und eine nachfolgende Detailuntersuchung zerstreuen.

Soweit die Rechtswidrigkeit des Verwaltungsakts als zwingende Folge eines Verfahrensfehlers allein auf die Bezeichnung der betreffenden Verwaltungsakte als rechtswidrig (§§46, 59 Abs. 2 Nr. 2, 3 VwVfG) gestützt wird[40], ist diese Begründung nicht ausreichend. Insoweit ist diesen Bestimmungen zunächst nur zu entnehmen, daß die Rechtswidrigkeit des Verwaltungsakts nicht dadurch ausgeschlossen wird, daß der Verfahrens- oder Formfehler die Entscheidung in der Sache offensichtlich nicht beeinflußt hat. Mit anderen Worten: Führt der Verfahrensfehler zur Rechtswidrigkeit des Verwaltungsakts, so bleibt es bei dieser Rechtswidrigkeit auch bei Anwendbarkeit des §46 VwVfG. Ob oder wann der Fehler die Rechtswidrigkeit des Verwaltungsakts zur Folge hat, läßt sich dagegen diesen Regelungen allein mit dem Hinweis auf den Wortlaut nicht entnehmen[41].

Obwohl §46 VwVfG daher nicht unmittelbar zu der Frage Stellung nimmt, ob ein Verfahrensfehler zur Rechtswidrigkeit des nachfolgenden Verwaltungsakts führt, lassen sich aus ihm doch auch dazu Schlüsse ziehen. Der als Beleg für das Gegenteil angeführte Verweis auf eine schon vor Erlaß des VwVfG bestehende Auffassung in der Rechtsprechung und in Teilen der Literatur, nach der nicht jede Verletzung einer Form- oder Verfahrensvorschrift die Rechtmäßigkeit des Verwaltungsakts beeinträchtigte[42], ist für sich genommen zur Begründung dieser Ansicht ungeeignet. Auch wenn es solche Urteile gegeben hat, bei denen keine Trennung zwischen Rechtswidrigkeit und Aufhebungsanspruch vorgenommen wird[43], können diese Judikate oder Stellungnahmen angesichts der zwischenzeitlichen Schaffung des VwVfG nur im Rahmen der historisch-genetischen Auslegung der heute gültigen Regelungen eine Rolle spielen, sofern sich aus den Gesetzesmaterialien Anhaltspunkte dazu ergeben, ob der Gesetzgeber mit der früheren Rechtsauffassung zu dieser Frage brechen oder sie im Gegenteil fortsetzen wollte. Unabhängig davon stellen die daraus abzuleitenden Erkenntnisse nur einen Teil der Auslegung dar und verdrängen auch nicht etwa automatisch die anhand der anderen Auslegungsmethoden gewonnenen Gesichtspunkte.

Die Bedeutung des §46 VwVfG hinsichtlich der Frage der Folgen von Verfahrensfehlern für die Rechtmäßigkeit des Verwaltungsakts ergibt sich aus anderen Überlegungen. In den eingangs genannten Beispielen (etwa §§10 S. 2, 24 VwVfG)

---

[40] So etwa *Hufen*, Fehler im Verwaltungsverfahren, Rdnr. 499; *Laubinger*, VerwArch. 72 (1981), 333 (335).

[41] Insoweit zutreffend *Sachs*, in: Stelkens/Bonk/Sachs, VwVfG, §45 Rdnr. 132.

[42] Vgl. *Sachs*, in: Stelkens/Bonk/Sachs, VwVfG, §45 Rdnr. 132, unter inhaltlich unzutreffendem Hinweis auf BVerwG, Urt. v. 29. 3. 1966 – I C 19.65, BVerwGE 24, 23 (32) und VGH München, Urt. v. 17. 7. 1974 – Nr. 161 VIII 73, BayVBl. 1975, 367 (368), da beide Entscheidungen gerade von der Rechtswidrigkeit des Verwaltungsakts ausgehen und – zumindest das BVerwG – auch keine andere mögliche Folge eines Verfahrensfehlers andeuten.

[43] S. oben A, Fußn. 13 (S. 129).

wird die Unbeachtlichkeit dieser Fehler für die Rechtmäßigkeit des Verwaltungsakts – wenn überhaupt – mit dem fehlenden Beruhen der Regelung auf dem Fehler, der fehlenden „Kausalität“ oder der Unwesentlichkeit des Verfahrensfehlers begründet[44]. Auf eben diese Begründungen kann die fehlende Rechtswidrigkeit des Verwaltungsakts zumindest seit der Neufassung des §46 VwVfG durch das Genehmigungsverfahrensbeschleunigungsgesetz vom 12.9. 1996 nicht mehr gestützt werden[45]. §46 VwVfG läßt (wie oben in Übereinstimmung mit der mittlerweile nahezu einhelligen und überzeugenden Auffassung näher dargelegt) die Rechtswidrigkeit des unter bestimmten Verfahrensfehlern leidenden Verwaltungsakts unberührt. Daher gibt es nach dem VwVfG Verwaltungsakte, die, wie §46 VwVfG eindeutig zu erkennen gibt, rechtswidrig sind, obwohl „offensichtlich ist, daß die Verletzung die Entscheidung in der Sache nicht beeinflußt hat“. Die gegenteilige Ansicht müßte §46 VwVfG jeden Anwendungsbereich absprechen[46]. Nach §46 VwVfG schließt die offensichtlich fehlende Ergebnisrelevanz des Fehlers den Aufhebungsanspruch, nicht aber die Rechtswidrigkeit des Verwaltungsakts aus. Folglich kann die fehlende oder die vorhandene Beeinflussung der Sachentscheidung konsequenterweise nicht zugleich Kriterium für die Rechtswidrigkeit des Verwaltungsakts sein. Dabei ist es rechtsdogmatisch irrelevant, ob von einem Teil der Judikatur vor Erlaß des VwVfG die Relevanz von Form-, Verfahrens- und Zuständigkeitsfehlern für die Rechtswidrigkeit des nachfolgenden Verwaltungsakts gerade anhand dieses Kriteriums bestimmt wurde[47]. Dieser Rechtsprechung liegt kein dogmatisches Konzept zugrunde, das mit dem VwVfG in Einklang zu bringen wäre. Jedenfalls nach Erlaß des VwVfG kann auf ältere Rechtsprechung zu dieser Problematik nicht mehr zurückgegriffen werden.

Gegen die Möglichkeit, das Beruhen sowohl für die Prüfung der Rechtmäßigkeit als auch die der Existenz eines Aufhebungsanspruchs bei einem rechtswidrigem Verwaltungsakt als maßgeblich zu erachten, sprechen auch anderenfalls auftretende Widersprüche zu den §§44, 45 VwVfG. Solche Verwaltungsakte, die in den Anwendungsbereich dieser Regelungen fallen, werden vom Gesetz als rechtswidrige Verwaltungsakte angesehen. Ob hier die Sachentscheidung auf dem Fehler beruht, ist für dieses Urteil unerheblich. So ist etwa ein Verwaltungsakt gemäß §44 Abs. 2 Nr. 1 VwVfG (rechtswidrig und) nichtig, wenn er die erlassende Behörde nicht erkennen läßt. Hier handelt es sich um einen formellen Fehler, der in keinem notwendigen Zusammenhang zum Inhalt des Verwaltungsakts

[44] S. auch *Sachs*, in: Stelkens/Bonk/Sachs, VwVfG, §46 Rdnr. 23ff.

[45] A.A. trotz Erörterung des §46 VwVfG *Seidel*, Privater Sachverstand, S. 291f.

[46] So *Diekötter*, Die Auswirkung von Verfahrensfehlern auf die Rechtsbeständigkeit von Ermessensentscheidungen, S. 155 (i.V.m. S. 116f.), ohne freilich die Konsequenzen ganz zu übersehen.

[47] S. etwa BVerwG, Urt. v. 10.4. 1968 – IV C 227.65, BVerwGE 29, 282 (283f.); Urt. v. 29.3. 1966 – I C 19.65, BVerwGE 24, 23 (32f.).

steht. In aller Regel wird ein entsprechender Verwaltungsakt unverzüglich nach der Feststellung des Fehlers inhaltsgleich neu (und jetzt ordnungsgemäß) erlassen. Das ändert aber nichts an der Rechtswidrigkeit des fehlerhaft erlassenen Verwaltungsakts.

Ausgehend von der Auffassung, ein Verwaltungsakt sei nur dann rechtswidrig, wenn die Entscheidung in der Sache auf dem Fehler beruht (beziehungsweise beruhen kann), müßten sämtliche von §§44, 45 VwVfG erfaßten Fälle als Ausnahmeregelungen begriffen werden. Nur diese Ausnahmefälle fielen dann in den Anwendungsbereich des §46 VwVfG, da es bei allen übrigen schon an der Rechtswidrigkeit des Verwaltungsakts fehlte. Da §46 VwVfG notwendigerweise die Fälle der nach §44 VwVfG nichtigen Verwaltungsakte aus seinem Anwendungsbereich ausnimmt, beschränkte er sich auf die Fälle des §45 VwVfG, in denen das Gesetz – entgegen dem vermeintlichen Grundsatz der Notwendigkeit eines Beruhens – die Rechtswidrigkeit des Verwaltungsakts anerkennt. Das wäre aber schon deshalb nicht überzeugend, weil §46 VwVfG nach seinem Wortlaut in wesentlich größerem Umfang Anwendung finden soll („Verletzung von Vorschriften über das Verfahren, die Form oder die örtliche Zuständigkeit").

Ist nach §46 VwVfG der mögliche Einfluß des Fehlers auf die Sachentscheidung eindeutig für die Frage des Aufhebungsanspruchs von Bedeutung, scheidet seine zusätzliche Heranziehung als Rechtmäßigkeitskriterium aus. Auch wenn §46 VwVfG die verfahrensfehlerhaften Verwaltungsakte nicht selbst zu rechtswidrigen Verwaltungsakten erklärt, sondern die Rechtswidrigkeit solcher Verwaltungsakte gerade die Voraussetzung für die Anwendung des §46 VwVfG darstellt, findet sich doch kein Kriterium, nach dem unter den Verfahrensfehlern noch zwischen Fehlern mit und solchen ohne die Rechtsfolge der Rechtswidrigkeit des Verwaltungsakts differenziert werden könnte. Gleichfalls nicht als geeignet erweist sich auch das in der Literatur teilweise vorgeschlagene Kriterium der Wesentlichkeit des Verfahrensverstoßes[48]. Auch dieses Kriterium erweist sich

---

[48] Vgl. *Sachs*, in: Stelkens/Bonk/Sachs, VwVfG, §45 Rdnr. 133 (unter Hinweis auf BVerwG, Urt. v. 21.4. 1982 – 8 C 57.80, Buchholz 316 §46 VwVfG Nr. 8; VGH München, Urt. v. 5.7. 1994 – 8 A 93 40056 u.a., DVBl. 1994, 1198 [1199]; beide Verweise sind – wie andere auch – nicht zutreffend; die Entscheidungen postulieren für die Annahme der Rechtswidrigkeit des Verwaltungsakts gerade nicht eine weitere Anforderung wie die „Kausalität" des Fehlers oder die Wesentlichkeit der verletzten Verfahrensvorschrift); *Diekötter*, Die Auswirkung von Verfahrensfehlern auf die Rechtsbeständigkeit von Ermessensentscheidungen, S. 116 m. Verweis auf Rspr. des VGH München, der die fehlende Rechtswidrigkeit gerade aus §46 VwVfG ableiten will. Auch die von *Morlok*, Die Folgen von Verfahrensfehlern, S. 188 Fußn. 200, zitierten Stellungnahmen für das Erfordernis der Wesentlichkeit stammen aus der Zeit vor dem VwVfG, beziehen sich nicht auf das Rechtswidrigkeitsurteil oder sind widersprüchlich. Soweit durch *Sachs* (s.o.) verwiesen wird auf *Hill*, Das fehlerhafte Verfahren, S. 428, ist dies irreführend; *Hill* geht in dem Fall, in dem eine verletzte Verfahrensvorschrift eine „bloße Ordnungsvorschrift" darstellt, von der fehlenden Rechtswidrigkeit des Verwaltungsakts aus. Wenn er insoweit von „unwesentlichen Verfahrensfehlern" spricht, handelt es sich um ein völlig anderes Kriterium als das der Ergebnisrelevanz, worauf *Hill* auch ausdrücklich hinweist.

von vornherein als unbrauchbar. Inhaltlich soll die Wesentlichkeit nämlich gerade anhand des möglichen Einflusses des Fehlers auf die Sachentscheidung zu bestimmen sein[49]. Das entspricht auch einer verbreiteten Auslegung des §79 Abs. 2 S. 2 VwGO, in dem das Wesentlichkeitskriterium ausdrücklich normiert ist. Allgemein wird dazu angenommen, wesentlich seien die „Verfahrensvorschriften, auf deren Verletzung der Verwaltungsakt beruhen kann"[50]. Im Ergebnis wird dem Wesentlichkeitskriterium damit keine eigenständige Bedeutung neben dem im Gesetz gleichfalls geforderten Beruhen zugesprochen. Dies entspricht auch der hergebrachten Verwendung des Begriffs von der Verletzung wesentlicher Verfahrensvorschriften im Rechtsmittelrecht, wonach es sich um solche Verfahrensmängel handeln soll, die „die Entscheidung beeinflußt haben können"[51].

Im Ergebnis erweist sich die Berufung auf die Voraussetzung der Verletzung einer wesentlichen Verfahrensvorschrift für die Annahme der Rechtswidrigkeit des Verwaltungsakts als identisch mit der möglichen Auswirkung des Fehlers auf die Sachentscheidung. Aus dem Nichtvorliegen dieser Voraussetzung kann folglich ebenfalls nicht die Annahme der Rechtmäßigkeit des Verwaltungsakts abgeleitet werden.

Damit läßt sich aus §46 VwVfG im Ergebnis gerade doch die Aussage ableiten, daß form-, verfahrens- oder zuständigkeitsfehlerhaft zustandegekommene Verwaltungsakte vom VwVfG generell als rechtswidrige Verwaltungsakte angesehen werden. Dies schließt nicht die Behauptung ein, der Gesetzgeber hätte nicht eine abweichende Regelung treffen können. Ob derartige Versuche der Fehlerfolgenbegrenzung unter dem Blickwinkel „de lege ferenda" als grundsätzlich sinnvoll anzusehen sind[52], kann jedoch bei einer rechtsdogmatischen Sichtweise, also auf der Basis des geltenden VwVfG, dahinstehen. Diese Art der Fehlerfolgenbegrenzung läßt sich mit dem geltenden Recht nicht in Einklang bringen.

II. Einzelfälle der Rechtswidrigkeitsfolge bei Verfahrensverstößen

Die bisherigen Überlegungen zur zwingenden Rechtsfolge der Rechtswidrigkeit eines Verwaltungsakts, der ein mit einem Verfahrensverstoß belastetes Verwaltungsverfahren abschließt, bewegen sich noch auf einer weitgehend abstrakten Ebene. Die Tauglichkeitsprobe kann die hier aufgestellte These von der ausnahmslosen Rechtswidrigkeit bei vorausgehendem Verfahrensfehler nur im Ein-

---

[49] S. *Sachs*, in: Stelkens/Bonk/Sachs, VwVfG, §45 Rdnr. 139ff.; *Morlok*, Die Folgen von Verfahrensfehlern, S. 188ff.

[50] *Pietzcker*, in: Schoch/Schmidt-Aßmann/Pietzner, VwGO, §79 Rdnr. 14; vgl. auch *Bettermann*, in: Festschrift für H.P. Ipsen, S. 271 (293).

[51] BVerwG, Beschl. v. 16. 12. 1954 – III C 7.54/III B 119.54, BVerwGE 1, 281.

[52] Den damit verbundenen Gegensatz zwischen positivrechtlicher Normierung und denkbarer Konstruktion der Rechtswidrigkeit eines Verwaltungsakts spricht *Badura*, in: Erichsen/Ehlers (Hrsg.), Allgemeines Verwaltungsrecht, §38 Rdnr. 31 Fußn. 60, an.

zelfall bestehen. Nur eine solche Einzelfallanalyse bietet auch die Möglichkeit, sich mit möglichen einzelfallbezogenen Einwänden auseinanderzusetzen.

Im Grunde keiner näheren Untersuchung bedürfen die Fehlerfolgen solcher Verstöße, die in §45 Abs. 1 VwVfG oder entsprechenden Parallelregelungen[53] ausdrücklich als heilbar bezeichnet werden. Hier folgt aus der Heilungsvorschrift die Rechtswidrigkeit des Verwaltungsakts, solange die fehlende oder fehlerhafte Verfahrenshandlung nicht nachgeholt wird. Entsprechendes muß auch für die in §44 Abs. 2 VwVfG genannten Fälle gelten. Soweit der Verwaltungsakt nach §44 Abs. 2 VwVfG nichtig ist, setzt dies notwendigerweise die Rechtswidrigkeit des Verwaltungsakts voraus. Bedenken könnten noch allein in den Fällen des §44 Abs. 3 VwVfG bestehen, da hier die Nichtigkeit gerade ausgeschlossen wird. Diese Regelung hat aber nur den Sinn, aus dem Kreis der rechtswidrigen Verwaltungsakte diejenigen zu benennen, die allein wegen eines bestimmten Verfahrensfehlers nicht bereits nichtig sind. Die Rechtswidrigkeit wird dadurch nicht in Zweifel gezogen. Daher sind Verwaltungsakte, bei denen die örtliche Zuständigkeit nicht eingehalten wurde (§44 Abs. 3 Nr. 1 VwVfG), eine von der Mitwirkung ausgeschlossene Person für die Behörde tätig geworden ist (Nr. 2), ein zur Mitwirkung berufener Ausschuß einen notwendigen Beschluß nicht gefaßt oder ohne Beschlußfähigkeit gefaßt hat (Nr. 3) oder die Mitwirkung einer anderen Behörde unterblieben ist (Nr. 4), stets rechtswidrig. Dennoch ist die Rechtswidrigkeitsfolge bei diesen Fehlern nicht unumstritten. Das gilt namentlich für den Fall der Mitwirkung ausgeschlossener oder befangener Personen auf Seiten einer Behörde. Darüber hinaus gibt es eine ganze Reihe von Zweifelsfällen, in denen vor allem in der Literatur die generelle Folge der Rechtswidrigkeit des Verwaltungsakts abgelehnt wird. Die nachfolgende Untersuchung versucht die umstrittenen oder zweifelhaften Fälle jeweils kurz zu beleuchten.

1. *Die Mitwirkung ausgeschlossener oder befangener Personen*

Schon aus §44 VwVfG ergeben sich wie ausgeführt ausreichend Anhaltspunkte für die Rechtswidrigkeit eines Verwaltungsakts, der das Ergebnis eines Verwaltungsverfahrens darstellt, in dem gegen §20 Abs. 1 VwVfG[54] verstoßen wurde. Sind ausgeschlossene Personen für eine Behörde tätig geworden, ist der nachfolgende Verwaltungsakt verfahrensfehlerhaft und damit rechtswidrig[55]. Erstaunli-

---

[53] Vgl. §41 SGB X, §126 AO.

[54] Vgl. §16 SGB X, §82 AO.

[55] So auch *Hufeld*, Die Vertretung der Behörde, S. 365; *Kopp/Ramsauer*, VwVfG, §20 Rdnr. 66; *Maier*, Befangenheit im Verwaltungsverfahren, S. 81; *Ule/Laubinger*, Verwaltungsverfahrensrecht, §12 Rdnr. 22; *Scheuing*, NVwZ 1982, 487 (491 Fußn. 55); *v. Mutius*, in: GK-SGB X 1, §16 Rdnr. 37; *Brockmeyer*, in: Klein, AO, §82 Rdnr. 1; *Helsper*, in: Koch/Scholtz, AO, §82 Rdnr. 13; VGH München, Beschl. v. 16.4. 1981 – 20 CS 80 D.61, NVwZ 1982, 510 (511), s. aber andererseits in terminologischem Widerspruch S. 513 unter d; ebenso wohl *Clausen*, in: Knack, VwVfG, §20 Rdnr. 25; *Engelhardt*, in: Obermayer, VwVfG, §20 Rdnr. 144; .

cherweise besteht über dieses Ergebnis jedoch kein Einvernehmen in der Literatur. In einzelnen Stellungnahmen wird die Rechtswidrigkeit des Verwaltungsakts von der Notwendigkeit einer Auswirkung des Verfahrensverstoßes auf die Sachentscheidung abhängig gemacht[56]. Diese abweichende Ansicht ist umso erstaunlicher, als für den Fall der Mitwirkung einer nicht ausgeschlossenen, aber gemäß § 21 VwVfG als befangen anzusehenden Person nach wohl allgemeiner Meinung dieser Verstoß zur Rechtswidrigkeit des Verwaltungsakts führen soll[57]. Dem haben sich gerade auch diejenigen angeschlossen, die bei einem Verstoß gegen § 20 VwVfG beziehungsweise eine Parallelvorschrift anderes vertreten[58]. Insbesondere dieser eigene innere Widerspruch der abweichenden Meinung in der Bewertung der Verstöße gegen § 20 VwVfG und § 21 VwVfG erübrigt eine nähere Auseinandersetzung mit dieser Ansicht. Sie läßt jedenfalls die gesetzliche Entscheidung des § 46 VwVfG[59] außer Acht, nach der die (potentielle) „Kausalität" des Fehlers für das Ergebnis, das Beruhen des Verwaltungsakts auf dem Fehler nicht für die Rechtswidrigkeit, sondern nur für den Aufhebungsanspruch Relevanz besitzt[60]. Eine allgemeine, nicht einzelfallbezogene Begründung der Ablehnung der Rechtswidrigkeit eines Verwaltungsakts, bei dem Rechtsfehler im Verfahren aufgetreten sind, kann folglich nicht überzeugen. Der Verwaltungsakt, bei dem für eine Behörde eine Person unter Verstoß gegen § 20 VwVfG oder § 21 VwVfG mitgewirkt hat, ist rechtswidrig, unabhängig davon, ob sich die Mitwirkung dieser Person in irgendeiner Weise auf den Verwaltungsakt ausgewirkt hat oder auch nur ausgewirkt haben konnte.

2. *Ermessensfehler bei der Verfahrensgestaltung*

Gemäß § 10 S. 1 VwVfG[61] ist das Verwaltungsverfahren an bestimmte Formen nicht gebunden, soweit keine besonderen Rechtsvorschriften bestehen. Die Regelung geht nach heute wohl allgemein vertretener Ansicht von einem Ermessen der Behörde hinsichtlich der Verfahrensdurchführung und Verfahrensgestaltung

---

[56] Vgl. z.B. *Bonk/Schmitz*, in: Stelkens/Bonk/Sachs, VwVfG, § 20 Rdnr. 27 (mit unzutreffendem Hinweis auf BVerwGE 69, 256 [269]): Rechtswidrigkeit kommt „nicht in Betracht, wenn sich die unzulässige Mitwirkung auf die Entscheidung in der Sache nicht ausgewirkt hat"; *Krasney*, in: Kasseler Kommentar, SGB X, § 16 Rdnr. 15 (unter Hinweis auf Rspr. zum Bebauungsplan); *Hauck*, in: Hauck/Noftz, SGB X 1, 2, § 16 Rdnr. 24; vor Erlaß des VwVfG etwa auch *P. Kirchhof*, VerwArch. 66 (1975), 370 (383).

[57] Vgl. nur *Borgs*, in: Meyer/Borgs, VwVfG, § 21 Rdnr. 6; *Clausen*, in: Knack, VwVfG, § 21 Rdnr. 12; *Hufeld*, Die Vertretung der Behörde, S. 365; *Knemeyer*, NJW 1984, 2241 (2248); *Kopp/Ramsauer*, VwVfG, § 21 Rdnr. 13; *Ule/Laubinger*, Verwaltungsverfahrensrecht, § 12 Rdnr. 32; *v. Mutius*, in: GK-SGB X 1, § 17 Rdnr. 13.

[58] S. *Bonk/Schmitz*, in: Stelkens/Bonk/Sachs, VwVfG, § 21 Rdnr. 26; *Krasney*, in: Kasseler Kommentar, SGB X, § 17 Rdnr. 10; unklar *Hauck*, in: Hauck/Noftz, SGB X 1, 2, § 19 Rdnr. 9.

[59] Vgl. § 42 SGB X, § 127 AO.

[60] S. oben ausführlich B I (S. 133 ff.).

[61] Vgl. § 9 S. 1 SGB X.

aus[62]. Auf diesen Fall des Verfahrensermessens findet wie auf Ermessensentscheidungen in materieller Hinsicht §40 VwVfG Anwendung[63]. Damit ist zugleich ein Ermessensspielraum anerkannt, innerhalb dessen sich die Behörde bei Durchführung und Gestaltung des Verfahrens bewegen kann. Normative Grenzen des Ermessens finden sich etwa in §§22 S.2, 24 Abs.2, 3, 28 Abs.1, 29, 37 Abs.1 S.2, 39 Abs.1 S.2, 3 VwVfG (sogenannte äußere Grenzen). Als weitere, innere Grenze des Verfahrensermessens ist §10 S.2 VwVfG anzusehen[64], nach dem in der Fassung des Genehmigungsverfahrensbeschleunigungsgesetzes vom 12.9. 1996 das Verwaltungsverfahren „einfach, zweckmäßig und zügig durchzuführen" ist.

Dieser normative Gehalt des §10 VwVfG ist von Nuancen abgesehen heute weitgehend anerkannt. Daß es sich nicht lediglich um rechtlich unverbindliche Programmsätze handelt, wird heute in nahezu jeder Stellungnahme ausgeführt[65]. Sobald es sich aber um die rechtlichen Folgen eines Verfahrensermessensfehlers für den das Verfahren abschließenden Verwaltungsakt handelt, wird keineswegs einhellig von der Rechtswidrigkeit des Verwaltungsakts ausgegangen[66]. Nach überwiegender Ansicht soll dieser Ermessensfehler vielmehr nicht oder allenfalls in Ausnahmefällen zur Rechtswidrigkeit des Verwaltungsakts führen[67].

---

[62] S. *Hill*, NVwZ 1985, 449 (450); *Kopp/Ramsauer*, VwVfG, §10 Rdnr.1; *Clausen*, in: Knack, VwVfG, §10 Rdnr.8; *P. Stelkens*, in: Stelkens/Bonk/Sachs, VwVfG, §40 Rdnr.13; *Ziekow*, DVBl. 1998, 1101 (1102).

[63] S. *Clausen*, in: Knack, VwVfG, §10 Rdnr.8; *Henneke*, in: Knack, VwVfG, §40 Rdnr.6; *Kopp/Ramsauer*, VwVfG, §40 Rdnr.3; *Rothkegel*, DÖV 1982, 512; *P. Stelkens*, in: Stelkens/Bonk/Sachs, VwVfG, §40 Rdnr.13.

[64] Vgl. *Hill*, NVwZ 1985, 449 (451).

[65] Vgl. stellv. *P. Stelkens/Schmitz*, in: Stelkens/Bonk/Sachs, VwVfG, §10 Rdnr.21 m. w. Nachw.; *Riedl*, in: Obermayer, VwVfG, §10 Rdnr.21 m. w. Nachw.; anders aber *Borgs*, in: Meyer/Borgs, VwVfG, §10 Rdnr.3; *v. Wulffen*, in: v. Wulffen, SGB X, §9 Rdnr.7, m. Hinweis auf die Gesetzesbegründung; VGH München, Urt. v. 21.5. 1997 – 8 B 97.206, BayVBl. 1998, 118 (119). Im sozialverwaltungsrechtlichen Schrifttum wird diese Ansicht, es handele sich um einen Programmsatz, auch von der Gegenansicht als h. M. bezeichnet, vgl. *Krasney*, in: Kasseler Kommentar, SGB X, §9 Rdnr.6; *Hauck*, in: Hauck/Noftz, SGB X 1, 2, §9 Rdnr.7.

[66] Dafür etwa *Hill*, NVwZ 1985, 449 (452); *Hufen*, Fehler im Verwaltungsverfahren, Rdnr.502; *v. Mutius*, in: GK-SGB X 1, §9 Rdnr.15; *Hauck*, in: Hauck/Noftz, SGB X/1, 2, §9 Rdnr.7; unklar *Krasney*, in: Kasseler Kommentar, SGB X, §9 Rdnr.6, der den Unterschied zwischen Rechtswidrigkeit und Aufhebungsanspruch nicht beachtet; teilw. *P. Stelkens/Schmitz*, in: Stelkens/Bonk/Sachs, VwVfG, §10 Rdnr.22. Indirekt zumindest für möglich gehalten wird die Rechtswidrigkeit wohl von *Kopp/Ramsauer*, VwVfG, §10 Rdnr.22.

[67] S. BFH, Beschl. v. 13.9. 1991 – IV B 105/90, NJW 1992, 1526 – Verfahrensverschleppung allein macht Verwaltungsakt nicht rechtswidrig; FG Neustadt, Urt. v. 18.5. 1992 – 5 K 2316/91, EFG 1992, 646; *Borgs*, in: Meyer/Borgs, VwVfG, §10 Rdnr.3; *Clausen*, in: Knack, VwVfG, §10 Rdnr.9; *Hufen*, Fehler im Verwaltungsverfahren, Rdnr.58; *P. Stelkens/Schmitz*, in: Stelkens/Bonk/Sachs, VwVfG, §10 Rdnr.5f.: „nur ausnahmsweise kann bei Ermessensverwaltungsakten das Entscheidungsergebnis beeinflußt werden"; *Ule/Laubinger*, Verwaltungsverfahrensrecht, §19 Rdnr.13 (bei Fußn. 14); *Weides*, Verwaltungsverfahren und Widerspruchsverfahren, §7 I 1, S.99 (nur rechtswidrig, wenn sich die rechtswidrige Verfahrensgestaltung in einem rechtswidrigen und/oder unzweckmäßigen Rechtsgehalt der Verwaltungsentscheidung niederschlägt). Unklar *Riedl*, in: Obermayer, VwVfG, §10 Rdnr.25, nach dem sich die Rechtswidrigkeit nach §46

Bei aller dogmatischen Stringenz der vorausgehenden Überlegungen zur vor allem durch §46 VwVfG gesetzlich angeordneten Irrelevanz der möglichen „Kausalität" des Fehlers für das Ergebnis, den Verwaltungsakt, scheinen im vorliegenden Fall ernsthafte Bedenken einer Gleichstellung mit anderen Verfahrensfehlern entgegenzustehen. Soll ein Verwaltungsakt tatsächlich allein deshalb rechtswidrig sein, weil die Behörde ein zu aufwendiges und kompliziertes (also ein nicht einfaches) Verfahren gewählt hat? Noch größere Bedenken erweckt das Rechtswidrigkeitsurteil für das unzweckmäßige Verfahren, wo doch gerade in anderem Zusammenhang (§68 Abs. 1 S. 1 VwGO) die Zweckmäßigkeit von der Rechtmäßigkeit des Verwaltungsakts zu trennen ist. Oder leuchtet gleich ein, weshalb ein „an sich" rechtmäßiger Verwaltungsakt nur deshalb rechtswidrig sein soll, weil er nach einem Verfahren erlassen worden ist, das von der Behörde verschleppt, also nicht „zügig" durchgeführt wurde? Mit entsprechenden Bedenken befände man sich zudem in guter Gesellschaft selbst solcher Verwaltungsrechtler, die sonst allgemein bei jedem Verfahrensfehler von der Rechtswidrigkeit des Verwaltungsakts ausgehen[68].

Überzeugen können diese in den Fragen zum Ausdruck kommenden Bedenken dennoch nicht. Auch ein ermessensfehlerhaft ausgewähltes oder durchgeführtes Verfahren führt zur Rechtswidrigkeit des nachfolgenden Verwaltungsakts. Ein Teil der Bedenken gegen dieses Ergebnis rührt aus den Zweifeln, ob der konkrete Fehler überhaupt irgendeinen Einfluß auf das Ergebnis gehabt haben kann. Abgesehen davon, daß dieser Einfluß auf das Ergebnis für die Frage der Rechtswidrigkeit aus den näher dargelegten Gründen nicht von Relevanz sein kann, sind Auswirkungen auf den Inhalt des Verwaltungsakts ohne Zweifel denkbar. In solchen Fällen müssen gegebenenfalls auch Aufhebungsansprüche befürwortet werden. So wirkt sich die ermessensfehlerhafte Verfahrensgestaltung in der Regel auf die Dauer des Verfahrens und damit auf den Zeitpunkt des Verwaltungsakterlasses aus. Damit können sich die tatsächlich und rechtlich maßgeblichen Umstände für den Verwaltungsakterlaß, gerade auch hinsichtlich der Interessen bei antragsabhängigen Verwaltungsakten ganz erheblich von denen unterscheiden, die bei fehlerfreier Verfahrensdurchführung dem Verwaltungsakt zugrunde gelegen hätten.

Soweit mit §10 S. 2 VwVfG subjektive Rechte verbunden sind[69], richtet sich das geschützte Interesse zwar meist auf den zügigen Erlaß eines begünstigenden Verwaltungsakts, so daß bei diesen Personen ein Anspruch auf Aufhebung bei einer verspäteten Begünstigung meist ausscheiden dürfte. Das muß aber keineswegs immer so sein. Hat etwa der Antragsteller aufgrund der Verzögerung sein

---

VwVfG bestimmen soll, obwohl §46 VwVfG gerade die Rechtswidrigkeit des Verwaltungsakts unberührt läßt, so auch *Schäfer*, in: Obermayer, VwVfG, §46 Rdnr. 34.

[68] S. *Ule/Laubinger*, Verwaltungsverfahrensrecht, §19 Rdnr. 13 (im Vergleich zu §58 Rdnr. 3); *Hufen*, Fehler im Verwaltungsverfahren, Rdnr. 58 (im Vergleich zu Rdnr. 499).

[69] Vgl. *Ziekow*, DVBl. 1998, 1101 (1109).

Interesse an der Begünstigung verloren, so kann ihm sogar ein Beseitigungsanspruch zustehen, wenn der „an sich" begünstigende Verwaltungsakt mit einer Belastung (wie einer Kostenpflicht) verbunden ist. Als Beispiel wäre an eine Baugenehmigung zu denken, an der ein Interesse nur in Verbindung mit einer steuerlichen Vergünstigung besteht, die verlangt, daß der Baubeginn vor einem bestimmten Zeitpunkt erfolgt.

Dieses Beispiel mag genügen, um sogar die Möglichkeit eines Aufhebungsanspruchs gegenüber solchen Verwaltungsakten zu belegen, die nach einem ermessensfehlerhaften Verfahren erlassen worden sind. Da aber gemäß §46 VwVfG die Möglichkeit der Auswirkung des Verstoßes auf die Sachentscheidung ohnehin keine Relevanz für die Rechtmäßigkeit, sondern allein für den Aufhebungsanspruch besitzt, kann für die Feststellung der Rechtswidrigkeit des Verwaltungsakts auch nicht auf die „Fehlerkausalität" im Einzelfall abgestellt werden.

Ist damit auch für die ermessenfehlerhafte Verfahrensgestaltung und Verfahrensdurchführung die Rechtsfolge der Rechtswidrigkeit des nachfolgenden Verwaltungsakts belegt, könnte noch eine gewisse Einschränkung im Hinblick auf das Kriterium der Zweckmäßigkeit in §10 S.2 VwVfG in Betracht kommen. In Zusammenhang mit §68 Abs.1 S.1 VwGO wird der Zweckmäßigkeitsbegriff nämlich gerade als Gegenbegriff zur Rechtmäßigkeit angesehen[70]. Gälte entsprechendes auch für §10 S.2 VwVfG, könnte sich der normative Gehalt dieser Regelung nur auf die Einfachheit und Zügigkeit des Verfahrens beziehen. Doch in §10 S.2 VwVfG erweist sich das Zweckmäßigkeitserfordernis als rechtliche Kategorie[71]. Die Verwaltung wird damit verpflichtet, das Verfahren danach auszurichten, welchen Zwecken es dienen soll. Diese Zwecke folgen aus den materiellrechtlichen Ermächtigungsgrundlagen für den in Aussicht genommenen Verwaltungsakt. Verstöße dagegen sind Rechtsverstöße; die Ermessensentscheidung hält sich hier nicht in den Grenzen des vorgegebenen Spielraums. Folglich besitzt die Gegenüberstellung von Rechtmäßigkeit und Zweckmäßigkeit in §68 Abs.1 S.1 VwGO einen ganz anderen Sinn, so daß aus ihr keine Argumente gegen die hier befürwortete Rechtswidrigkeit des Verwaltungsakts bei Verstoß der Ermessensentscheidung gegen das Zweckmäßigkeitserfordernis im Hinblick auf die Verfahrensgestaltung abgeleitet werden kann.

---

[70] S. nur *Maurer*, Allgemeines Verwaltungsrecht, §7 Rdnr.18; *Hain*, DVBl. 1999, 1544 (1546f.) m. w. Nachw.; ob diese Ansicht tatsächlich in dieser Allgemeinheit zutrifft, soll hier nicht erörtert werden; vgl. etwa *Hufen*, Verwaltungsprozessrecht, §6 Rdnr.26, über den möglichen Zusammenhang von Rechtswidrigkeit und Zweckwidrigkeit; generell gegen eine Trennung (nicht überzeugend) *Klüsener*, NVwZ 2002, 816ff.

[71] Vgl. *Hill*, NVwZ 1985, 449 (451); in der Sache wohl auch *Hufen*, Verwaltungsprozessrecht, §6 Rdnr.26.

3. Die fehlerhafte Sachaufklärung

Nach § 24 Abs. 1, 2 VwVfG[72] ermittelt die Behörde von Amts wegen den Sachverhalt und hat alle für den Einzelfall bedeutsamen Umstände zu berücksichtigen. Im Rahmen ihrer Pflicht zur Sachaufklärung bestimmt die Behörde nach § 24 Abs. 1 S. 2 HS. 1 VwVfG „Art und Umfang der Ermittlungen". Daraus wird in Verbindung mit § 26 Abs. 1 S. 1 VwVfG nach wohl allgemeiner Meinung hinsichtlich der Art der Ermittlungen, also der Wahl der Mittel zur Sachaufklärung, ein Ermessen der Behörde abgeleitet[73]. Hinsichtlich des Umfangs der Ermittlungen besteht nicht die gleiche Übereinstimmung. Der Gegenansicht, die die Entscheidung über den Umfang der Ermittlungen für eine gebundene Entscheidung hält[74], kann allerdings nicht zugestimmt werden. § 24 Abs. 1 S. 2 VwVfG stellt als Konkretisierung des allgemeinen Verfahrensermessens gemäß § 10 S. 1 VwVfG ausdrücklich Art *und* Umfang der Ermittlungen gleichwertig nebeneinander. Damit sprechen Wortlaut und Systematik des § 24 Abs. 1 S. 2 VwVfG gegen eine Differenzierung zwischen den Entscheidungen über das Ausmaß der Ermittlungen und die angewendeten Mittel[75]. Allerdings könnte für die gegenteilige Ansicht als ein entgegenstehendes systematisches Argument § 24 Abs. 2 VwVfG angeführt werden, nach dem die Behörde alle für den Einzelfall bedeutsamen Umstände zu berücksichtigen hat. Die damit statuierte Pflicht zur vollständigen Sachaufklärung steht zweifellos in einem gewissen Spannungsverhältnis zu § 24 Abs. 1 S. 2 VwVfG. Worin soll der Ermessensspielraum hinsichtlich des Umfangs der Ermittlungen bestehen, wenn sie den Sachverhalt vollständig aufzuklären hat? Dennoch begründet § 24 Abs. 1 S. 2 HS. 1 VwVfG ein Ermessen auch hinsichtlich des Umfangs der Ermittlungen. § 24 Abs. 2 VwVfG beschränkt lediglich den Ermessensspielraum und wandelt nicht etwa den Charakter der Entscheidung über den Umfang der Ermittlungen von einer Ermessensentscheidung zu einer gebundenen Entscheidung. Dafür läßt sich zusätzlich das Beschleunigungsgebot des § 10 S. 2 VwVfG anführen. Auch dieses setzt der Verpflichtung zur vollständigen Sachaufklärung Grenzen. Die divergierenden Interessen der Zügigkeit des Verfahrens und des schonenden und sparsamen Umgangs mit Verwaltungsressourcen auf der einen sowie der Entscheidung auf einer vollständig und zutreffend erfaßten Tatsachengrundlage auf der anderen Seite können nur im Rahmen einer

---

[72] Vgl. § 20 Abs. 1, 2 SGB X, § 88 AO.

[73] S. *Ule/Laubinger*, Verwaltungsverfahrensrecht, § 21 Rdnr. 2; *Clausen*, in: Knack, VwVfG, § 24 Rdnr. 7; *Kopp/Ramsauer*, VwVfG, § 24 Rdnr. 9, 11.

[74] So ausdrücklich *Clausen*, in: Knack, VwVfG, § 24 Rdnr. 9 m. w. Nachw., in denen aber jedenfalls teilweise keine eindeutig entsprechende Aussage enthalten ist, vgl. etwa *Ule/Laubinger*, Verwaltungsverfahrensrecht, § 21 Rdnr. 2, die eher für die Gegenansicht sprechen. Wohl ebenso wie Clausen *Brühl*, JA 1992, 193 (196).

[75] Im Ergebnis für ein Ermessen auch hinsichtlich des Umfangs der Sachverhaltsermittlungen etwa auch *P. Stelkens/Kallerhoff*, in: Stelkens/Bonk/Sachs, VwVfG, § 24 Rdnr. 36; *Hill*, NVwZ 1985, 453.

Ermessensentscheidung für den Einzelfall in ein ausgewogenes Verhältnis gebracht werden. Damit steht in Einklang, daß der Entscheidung über Art und Umfang der Ermittlungen durch das Übermaßverbot Grenzen gesetzt werden[76].

Unabhängig von der dogmatischen Einordnung der Pflichten aus § 24 VwVfG können Verstöße in Zusammenhang mit der Art wie auch hinsichtlich des Umfangs der Ermittlungen auftreten. Sämtliche dieser Verstöße sind Verfahrensfehler; sie machen das Verfahren fehlerhaft und den das Verfahren beendenden Verwaltungsakt rechtswidrig[77]. Für dieses Rechtswidrigkeitsurteil kommt es nicht darauf an, ob die Behörde im Ergebnis von einem unzutreffenden Sachverhalt ausgegangen ist und sich aus dem formellen Fehler auch ein materieller entwickelt hat.

Das sieht vor allem die Rechtsprechung – jedenfalls im Normalfall – ganz anders. Nach ihr ist ein Verwaltungsakt nicht schon wegen eines etwaigen Aufklärungsdefizits im Verwaltungsverfahren rechtswidrig. Vielmehr sei das Tatsachengericht verpflichtet, gemäß § 86 VwGO zu prüfen, ob die behördliche Ermessensentscheidung auf einer unzutreffenden tatsächlichen Grundlage beruhe[78]. Das darin zum Ausdruck kommende Verständnis des Verhältnisses von Verwaltung und Verwaltungsgerichtsbarkeit spiegelt sich wohl am besten in einer Kommentierung aus der Richterschaft des Bundesverwaltungsgerichts wider: „Damit ist Zweck und Ziel der gerichtlichen Ermittlung nach dem Amtsermittlungsgrundsatz nicht nur eine nachgehende Kontrolle der behördlichen Sachverhaltsermittlung im Verwaltungsverfahren, sondern eine vollumfängliche, eigenständige ‚Zweitermittlung', welche die vorangegangene behördliche Sachverhaltserforschung gleichsam überholt und letztlich bedeutungslos macht"[79]. Diese Aussage wird nicht etwa auf bestimmte Klageanträge wie Leistungsklagen beschränkt,

---

[76] Vgl. BVerwG, Beschl. v. 17.7. 1986 – 7 B 234.85, NJW 1987, 143; *Clausen*, in: Knack, VwVfG, § 24 Rdnr. 10 m. w. Nachw.; *P. Stelkens/Kallerhoff*, in: Stelkens/Bonk/Sachs, VwVfG, § 24 Rdnr. 36.

[77] S. ebenso *Engelhardt*, in: Obermayer, VwVfG, § 24 Rdnr. 279; *Hufen*, DVBl. 1988, 69 (74); *Hauck*, in: Hauck/Noftz, SGB X 1, 2, § 20 Rdnr. 16; *Krasney*, in: Kasseler Kommentar, SGB X, § 20 Rdnr. 11; *Schnapp*, SGb. 1988, 309 (314); *Wiesner*, in: v. Wulffen, SGB X, § 42 Rdnr. 4; wohl auch *Hill*, NVwZ 1985, 449 (453), der eine Anwendung des § 46 VwVfG befürwortet; unklar *Clausen*, in: Knack, VwVfG, § 24 Rdnr. 24; a.A. etwa *Gaentzsch*, in: Festschrift für Redeker, S. 405.

[78] Vgl. BVerwG, Urt. v. 27.1. 1982 – 8 C 12.81, BVerwGE 64, 356 (357f.); Beschl. v. 15.9. 1986 – 1 B 144.86, NJW 1987, 145 L; Beschl. v. 16.9. 1986 – 1 B 143.86, NJW 1987, 144 (145); Urt. v. 3.3. 1987 – 1 C 39.84, NJW 1987, 1431 (1432); Urt. v. 1.12. 1987 – 1 C 29.85, NJW 1988, 660 (662); Urt. v. 21.11. 1989 – 7 C 28.89, BayVBl. 1990, 667 (668); Urt. v. 5.10. 1990 – 7 C 55 u. 56.89, BVerwGE 85, 368 (379); BSG, Urt. v. 17.12. 1997 – 11 AR 61/97, BSGE 81, 259 (262f.); Beschl. v. 21.9. 2000 – B 11 AL 7/00R, BSGE 87, 132 (138f.); Beschl. v. 7.2. 2002 – B 7 AL 102/00R, SozR 3 – 4100 § 128 Nr. 15; Beschl. v. 20.6. 2002 – B 7 AL 8/01R, SGb. 2002, 558; OVG Münster, Urt. v. 18.4. 1991 – 11 A 696/87, BauR 1991, 442 (448); Urt. v. 16.5. 2000 – 22 A 3534/98, NVwZ-RR 2001, 245 (246). Die Rechtsprechung befürwortet für einige Fälle Ausnahmen, s. dazu § 6 E VI 1 d (S. 303f.).

[79] *Dawin*, in: Schoch/Schmidt-Aßmann/Pietzner, VwGO, § 86 Rdnr. 23; *Gaentzsch*, in: Festschrift für Redeker, S. 405f.

sondern soll offenbar gleichermaßen für Anfechtungsklagen gelten. Deshalb klingt die Stellungnahme bezogen auf die Fälle des Aufhebungsanspruchs sehr nach einer materiellrechtlich relevanten „Heilung von Verfahrensfehlern" durch die gerichtliche Sachaufklärung[80]. Eine solche These erschiene freilich alles andere als überzeugend[81]. Aus § 86 Abs. 1 VwGO lassen sich derartige Konsequenzen nicht ableiten.

Der vielfach – auch in der Literatur – zitierte prozessuale Untersuchungsgrundsatz aus § 86 Abs. 1 VwGO hat mit dem hier diskutierten Problem der (inner- wie außerprozessualen) Rechtmäßigkeitsbeurteilung von Verwaltungsakten nichts zu tun. Die Reichweite der gerichtlichen Aufklärungspflicht kann weder Einfluß auf die Rechtmäßigkeit eines Verwaltungsakts noch auf das Bestehen eines Aufhebungsanspruchs nehmen[82]. Im Fall der klageweisen Geltendmachung eines Aufhebungsanspruchs (im Regelfall mittels einer Anfechtungsklage) hat das Gericht zu prüfen, ob der betreffende Verwaltungsakt rechtswidrig ist und ob ein Aufhebungsanspruch existiert. Rechtswidrigkeit und Bestehen des Aufhebungsanspruchs sind Kategorien, die vom Prozeß völlig unabhängig sind. Das Gericht kann, wenn das entscheidend ist für das Bestehen des Beseitigungsanspruchs, sicherlich verpflichtet sein zu prüfen, „ob die behördliche Ermessensentscheidung auf einer zutreffenden tatsächlichen Grundlage beruht". An der Existenz oder dem Fehlen eines materiellen Beseitigungsanspruchs ändert das jedoch in keinem Fall etwas. Deshalb kann auch das Rechtswidrigkeitsurteil wegen eines Aufklärungsdefizits im Verwaltungsverfahren nicht davon abhängen, wie weit die gerichtliche Aufklärungspflicht reicht[83].

Ein Beruhen der Entscheidung auf dem Fehler ist wie bei anderen formellen Verstößen nicht Voraussetzung der Rechtswidrigkeit. Insofern läßt sich im Hinblick auf die Sachaufklärungsmängel dieselbe unzutreffende Gleichsetzung von Rechtswidrigkeit und Aufhebungsanspruch wie in anderen Fällen von Verfahrensfehlern feststellen. Wurde der Sachverhalt etwa unzureichend aufgeklärt und die Entscheidung auf bloße Vermutungen gestützt, so liegt ein Verfahrensfehler vor, der zur Rechtswidrigkeit des Verwaltungsakts führt. Es kommt für dieses Rechtswidrigkeitsurteil nicht darauf an, ob der unterstellte Sachverhalt tatsächlich vorliegt. Sind die tatsächlichen Annahmen in einem für die Ermächtigungsgrundlage maßgeblichen Punkt unzutreffend, ist der Verwaltungsakt nicht nur formell, sondern zudem materiell rechtswidrig.

---

[80] Von einem Heilen spricht insoweit auch BVerwG, Urt. v. 14. 1. 1998 – 11 C 11.96, BVerwGE 106, 115 (122), das eine solche Möglichkeit im Fall des Atomrechts aber ausschließt.

[81] Zu den Voraussetzungen der Heilung von Fehlern s. unten § 7 B (S. 347 ff.).

[82] Das wäre nur anders, wenn der gerichtlichen Sachaufklärung materiellrechtlich eine Heilungswirkung zukäme, was aber abzulehnen ist; zur Möglichkeit der Heilung s. unten § 7 B (S. 347 ff.).

[83] Vgl. zu dieser Problematik noch ausführlicher unten C II 3 c aa (S. 186 ff.) und § 6 E VI 1 d (S. 300 ff.).

Entsprechendes gilt, wenn die Behörde bei der Sachaufklärung unzulässige Mittel angewendet hat. Hier ist der nachfolgende Verwaltungsakt formell rechtswidrig, unabhängig davon, ob die aus der unzulässigen Beweiserhebung konkret gewonnenen Erkenntnisse verwertet wurden oder nicht. Dies steht auch nicht in Widerspruch zur Auffassung von der begrenzten Zulässigkeit der Verwertung rechtswidrig erlangter Informationen im Verwaltungsrecht. Das läßt sich zeigen, ohne hier näher auf die noch keineswegs geklärte Problematik der Verwertungsverbote im Verwaltungsrecht eingehen zu müssen[84]. Wenn ein Verstoß gegen ein Verwertungsverbot gegeben ist, also eine Information im Rahmen eines Verwaltungsverfahrens entgegen einer Unterlassungspflicht verwertet worden ist, leiden Verfahren und Ergebnis an einem Rechtsfehler; der Verwaltungsakt ist rechtswidrig. Vorliegend wirft nur der umgekehrte Fall Fragen auf. Ist der Verwaltungsakt auch dann rechtswidrig, wenn das Verwertungsverbot beachtet, also die Information gerade nicht der Sachentscheidung zugrunde gelegt wurde oder wenn gar kein Verwertungsverbot existiert und die rechtswidrig erlangte Information dementsprechend rechtmäßig verwertet werden durfte? Da ein Verstoß gegen das Verwertungsverbot nicht vorliegt oder es gar an einem Verwertungsverbot fehlt, kann ein Verfahrensfehler nur aus dem Rechtsverstoß bei der Erlangung der Information hergeleitet werden. Wenig Bedenken, das Verfahren und damit auch den Verwaltungsakt für rechtswidrig zu halten, bestehen dann, wenn für die rechtswidrig erlangte Information ein Verwertungsverbot existiert, selbst wenn dies dann nicht – zusätzlich zur rechtswidrigen Informationserlangung – verletzt wurde. Eine mögliche Verletzung des Verwertungsverbots hat hier sicherlich für den Beseitigungsanspruch Bedeutung, nicht aber für das Rechtswidrigkeitsurteil. Da dem Verwaltungsakt in jedem Fall ein rechtswidriges Verfahren vorausging, ist der Verwaltungsakt rechtswidrig.

Dieses Ergebnis läßt sich auch auf den Fall der rechtswidrig erlangten Information übertragen, die rechtmäßig verwertet werden kann oder möglicherweise sogar verwertet werden muß. Der Umstand der rechtmäßigen Verwertung und der möglichen „Rechtmäßigkeit des Verwaltungsakts in der Sache“ ändert am Rechtswidrigkeitsurteil nichts. Auch in anderen Fällen von Verfahrensverstößen ist ein Verwaltungsakt als rechtswidrig anzusehen, den die Behörde zu erlassen verpflichtet war. Die Besonderheit besteht nur darin, daß die Behörde hier dann nicht mehr – etwa durch Nachholung eines rechtmäßigen Verfahrens – in der Lage ist, einen rechtmäßigen Verwaltungsakt zu erlassen.

---

[84] S. dazu etwa *Eberle*, Gedächtnisschrift Martens, S. 358ff.; *Hufen*, Fehler im Verwaltungsverfahren, Rdnr. 137ff.; *ders.*, JZ 1984, 1072; *Hüsch*, Verwertungsverbote im Verwaltungsverfahren, S. 118ff.; *Macht*, Verwertungsverbote bei rechtswidriger Informationserlangung, S. 148ff.; *P. Stelkens/Kallerhoff*, in: Stelkens/Bonk/Sachs, VwVfG, §24 Rdnr. 32ff.

4. Der Verstoß gegen Geheimhaltungspflichten

Entsprechend den Verletzungen der Sachaufklärungspflichten ist auch die Folge eines Verstoßes gegen die Geheimhaltungspflicht gemäß § 30 VwVfG[85] (gegebenenfalls auch in Verbindung mit Datenschutzbestimmungen[86]) zu bewerten. Wie der Teil der Pflichten im Zusammenhang mit der Sachaufklärung, die die Grenzen der zulässigen Ermittlung bestimmen, besitzen die Geheimhaltungspflichten eine spezielle Schutzrichtung. Sie dienen dem vom Bundesverfassungsgericht anerkannten Grundrecht der informationellen Selbstbestimmung; ihre Verletzung begründet folglich eine Grundrechtsverletzung. Insofern erweisen sich Geheimhaltungsvorschriften beziehungsweise Regelungen über die Offenbarung von persönlichen Daten nicht nur als Verfahrensregeln, sondern zugleich als materielle Bestimmungen. Verfahrensrechtlichen Charakter erhalten sie durch ihre Bedeutung innerhalb von Verwaltungsverfahren.

Wenn die Nichtbeachtung der Geheimhaltungsvorschriften auch stets eine Grundrechtsverletzung begründet, so ist damit aber noch nichts über die Rechtsfolgen für den in diesem Verfahren erlassenen Verwaltungsakt gesagt. Das führt auch zu der verbreiteten Ansicht, die einerseits zwar eine Amtspflichtverletzung konstatiert[87], andererseits aber keineswegs den in diesem Verfahren erlassenen Verwaltungsakt stets als rechtswidrig ansieht[88].

Soweit auch hier wiederum – wie in den zahlreichen anderen denkbaren Verstößen im Verwaltungsverfahren – darauf abgestellt wird, ob der Verwaltungsakt auf der Verletzung beruht oder beruhen kann[89], kann dies wie schon dargelegt vor dem Hintergrund des § 46 VwVfG nicht überzeugen. Unter einem Aspekt unterscheidet sich der Fall des § 30 VwVfG aber von den vorausgehenden Konstellationen. Verstöße gegen Geheimhaltungspflichten beziehungsweise gegen Vorgaben für die Offenbarung von Geheimnissen stehen nicht notwendigerweise wie etwa Fehler bei der Sachaufklärung, der Anhörung, der Verfahrensgestaltung etc. im Zusammenhang mit einem konkreten Verwaltungsverfahren. Sie können sich sowohl innerhalb wie außerhalb eines Verwaltungsverfahrens nach § 9 VwVfG ereignen. Verletzungen der Geheimhaltungspflicht können auch „bei Gelegenheit" erfolgen[90], ohne in einem sachlichen Zusammenhang zu einem Verwaltungsver-

---

[85] Vgl. zum Sozialdatenschutz § 35 SGB I, §§ 67ff. SGB X, im Steuerrecht §§ 30ff. AO.

[86] Zum Verhältnis s. auch *Ule/Laubinger*, Verwaltungsverfahrensrecht, § 23 Rdnr. 13.

[87] Wohl allg. Meinung, vgl. *Ule/Laubinger*, Verwaltungsverfahrensrecht, § 23 Rdnr. 11; *Kopp/Ramsauer*, VwVfG, § 30 Rdnr. 20; *Grünewald*, in: Obermayer, VwVfG, § 30 Rdnr. 69; *Clausen*, in: Knack, VwVfG, § 30 Rdnr. 14.

[88] S. *Clausen*, in: Knack, VwVfG, § 30 Rdnr. 14; *Kopp/Ramsauer*, VwVfG, § 30 Rdnr. 18; *Knemeyer*, NJW 1984, 2241 (2246), der allerdings von einer durch den Verstoß gegen § 30 VwVfG begründeten Befangenheit des konkret handelnden Amtsträgers ausgeht, die dann wiederum – unabhängig vom Beruhen – den Verwaltungsakt rechtswidrig macht, wenn der konkrete Amtsträger auch an der Entscheidung mitgewirkt hat (S. 2247f.).

[89] S. etwa *Kopp/Raumsauer*, VwVfG, § 30 Rdnr. 18.

[90] Darauf weist auch *Clausen*, in: Knack, VwVfG, § 30 Rdnr. 14, hin.

fahren zu stehen. Insoweit könnte sich anbieten, als Voraussetzung für die Rechtswidrigkeit eines Verwaltungsakts im Fall von Verstößen gegen Geheimhaltungspflichten einen solchen sachlichen Zusammenhang mit einem konkreten Verwaltungsverfahren zu verlangen und Verstöße „bei Gelegenheit" als unbeachtlich für die Rechtmäßigkeit eines Verwaltungsakts zu erachten[91].

Sicher notwendig erscheint eine konkrete Verbindung zu einem Verwaltungsverfahren. Ist etwa das Verwaltungsverfahren bereits abgeschlossen, so kann sich eine anschließende Verletzung einer Geheimhaltungspflicht nicht mehr auf das Verfahren auswirken und den Verwaltungsakt rechtswidrig machen. Als Lösung dieses Problems bietet sich aber noch ein anderer Ansatz an: Geheimhaltungspflichten existieren in unterschiedlichen Gesetzen mit unterschiedlichen Regelungszusammenhängen. Nur ein Teil dieser Normen macht aber Vorgaben für das behördliche Verhalten innerhalb eines Verwaltungsverfahrens. Während etwa die allgemeinen datenschutzrechtlichen Bestimmungen gerade außerhalb eines Verwaltungsverfahrens allgemeine Schutzbestimmungen enthalten, kann § 30 VwVfG als verfahrensrechtliche Bestimmung interpretiert werden, die auch nur innerhalb eines Verwaltungsverfahrens Anwendung findet. Das folgt aus der Tatbestandsvoraussetzung der Beteiligteneigenschaft des Betroffenen, der systematischen Stellung der Norm (im Abschnitt mit § 9 VwVfG über das Verwaltungsverfahren) und dem Zweck der Regelung neben den allgemeinen datenschutzrechtlichen Bestimmungen. Damit handelt es sich bei § 30 VwVfG nicht um einen allgemeinen Geheimnisschutzanspruch, sondern nur um einen verfahrensbezogenen. Ein Verstoß gegen § 30 VwVfG ist folglich nur bei einem direkten Verfahrensbezug zu befürworten. Damit weist jede Verletzung des § 30 VwVfG wie auch etwa die des § 28 VwVfG quasi automatisch den notwendigen sachlichen Zusammenhang mit einem konkreten Verwaltungsverfahren auf, so daß auch ein konkreter, von dem Fehler betroffener Verwaltungsakt beziehungsweise die konkreten Verwaltungsakte, die in diesem Verfahren erlassen werden, bestimmbar sind. Handelt es sich bei einem Verstoß gegen § 30 VwVfG folglich um einen Verfahrensverstoß, so ist das Verwaltungsverfahren fehlerhaft und die in diesem Verfahren erlassenen Verwaltungsakte rechtswidrig[92].

5. *Sonstige Zweifelsfälle*

Neben den genannten Verfahrensverstößen existiert noch eine ganze Reihe von Fehlern im Verfahren, deren Auswirkungen auf die Rechtswidrigkeit des Verwal-

[91] Vgl. zur Abgrenzung im zivilrechtlichen Haftungsrecht zwischen schuldhaften Handlungen eines Erfüllungs- beziehungsweise Verrichtungsgehilfen danach, ob es sich um Pflichtverletzungen „in Erfüllung" oder „bei Gelegenheit" handelt, *Heinrichs*, in: Palandt, BGB, § 278 Rdnr. 18; *Thomas*, in: Palandt, BGB, § 831 Rdnr. 10.

[92] Ebenso *Bonk/Kallerhoff*, in: Stelkens/Bonk/Sachs, VwVfG, § 30 Rdnr. 27 (s. aber auch Rdnr. 28); *Grünewald*, in: Obermayer, VwVfG, § 30 Rdnr. 62; *Kunkel*, VBlBW 1992, 47 (48).

tungsakts nicht einhellig beurteilt werden. Zu nennen sind hier etwa Verstöße gegen Pflichten zur Hinzuziehung von Personen als Beteiligte nach § 13 VwVfG[93]. Obwohl es sich hier um einen recht eindeutigen Fall handeln dürfte, der zur Rechtswidrigkeit des Verwaltungsakts führt[94], werden aber doch teilweise vorsichtige Bedenken geäußert[95].

Diese Bedenken sind jedoch in keiner Hinsicht überzeugend. Im Sozialverwaltungsverfahren führt ein Verstoß gegen die identische Parallelregelung des § 12 SGB X zwingend zur Rechtswidrigkeit des Verwaltungsakts, wie sich aus § 41 Abs. 1 Nr. 6 SGB X, der Parallelregelung zu § 45 VwVfG, ergibt. Im Unterschied zu § 45 VwVfG enthält § 41 Abs. 1 Nr. 6 SGB X die Möglichkeit der Fehlerheilung durch Nachholung der erforderlichen Hinzuziehung eines Beteiligten. Daraus folgt zwingend die Rechtswidrigkeit des Verwaltungsakts ohne diese Nachholung. Daß § 45 VwVfG demgegenüber keine entsprechende Heilungsmöglichkeit vorsieht, schließt zwar möglicherweise eine Heilung aus, ändert aber nichts an der gleichfalls anzuerkennenden Rechtswidrigkeit des Verwaltungsakts.

Dasselbe Ergebnis gilt auch für Verstöße gegen § 14 VwVfG[96], der die Möglichkeit regelt, sich im Verwaltungsverfahren durch Bevollmächtigte vertreten zu lassen beziehungsweise mit einem Beistand zu erscheinen. Werden Bevollmächtigte oder Beistände entgegen § 14 VwVfG zurückgewiesen, wird der das Verfahren beendende Verwaltungsakt rechtswidrig[97].

C. Die Rechtswidrigkeit des Verwaltungsakts bei formellen und materiellen Begründungsmängeln

I. Die formelle Begründungspflicht und ihre Verletzung

Das einfache Recht normiert in einer Reihe spezieller Regelungen die Pflicht zur Begründung bestimmter Verwaltungsakte[98]. Diese Normen enthalten allerdings

---

[93] Parallelregelungen sind § 12 SGB X, sowie – abweichend – § 78 AO.

[94] Vgl. *Clausen*, in: Knack, VwVfG, § 13 Rdnr. 20.

[95] Vgl. *Hufen*, Fehler im Verwaltungsverfahren, Rdnr. 176 („in der Regel").

[96] Die Parallelregelungen lauten § 13 SGB X und § 80 AO.

[97] Wohl allg. M., die sich indirekt daraus ableiten läßt, daß hier § 44a VwGO für den Beteiligten Anwendung finden soll, vgl. *Kopp/Ramsauer*, VwVfG, § 14 Rdnr. 42; *Bonk/Schmitz*, in: Stelkens/Bonk/Sachs, VwVfG, § 14 Rdnr. 41; *Clausen*, in: Knack, VwVfG, § 14 Rdnr. 20; *Borgs*, in: Meyer/Borgs, VwVfG, § 14 Rdnr. 19; *Ule/Laubinger*, Verwaltungsverfahrensrecht, § 17 Rdnr. 18.

[98] S. etwa § 73 Abs. 3 S. 1 VwGO (für den Widerspruchsbescheid), § 69 Abs. 2 S. 1 VwVfG (für Entscheidungen im förmlichen Verwaltungsverfahren beziehungsweise soweit diese Regelung Anwendung findet, s. etwa beim Planfeststellungsbeschluß gem. § 74 Abs. 1 S. 2 VwVfG oder bei Entscheidungen nach dem KDVG [§ 10 Abs. 2]); s. zudem z.B. § 31 Abs. 1 S. 2 AsylVfG, § 24 Abs. 3 S. 2 BauGB, § 10 Abs. 7 BImSchG, § 14 Abs. 2 GjSM, § 37 Abs. 2 S. 2, 3 WaStrG. Zudem kennt noch § 80 Abs. 3 S. 1 VwGO die Begründungspflicht für die Vollziehungsanordnung, die

keine näheren Angaben zu Inhalt und Umfang der erforderlichen Begründung. Schon deshalb kommt der allgemeinen Regelung des §39 VwVfG[99] eine besondere Bedeutung zu. §39 Abs. 1 S. 1 VwVfG verlangt für schriftliche oder schriftlich bestätigte Verwaltungsakte eine schriftliche Begründung. In dieser „sind die wesentlichen tatsächlichen und rechtlichen Gründe mitzuteilen, die die Behörde zu ihrer Entscheidung bewogen haben" (§39 Abs. 1 S. 2 VwVfG). Nach Absatz 1 Satz 3 soll die Begründung von Ermessensentscheidungen auch die Gesichtspunkte erkennen lassen, von denen die Behörde bei der Ausübung ihres Ermessens ausgegangen ist.

§39 VwVfG regelt Erfordernis und Umfang der Begründung in formeller Hinsicht; die Begründung des Verwaltungsakts ist ein Formerfordernis. Alle insoweit bestehenden Unzulänglichkeiten der Begründung führen zu formellen Begründungsfehlern. Solche liegen vor, wenn die Begründung trotz gesetzlicher Verpflichtung fehlt, unvollständig ist oder nicht die „echten" Gründe – also diejenigen, „die die Behörde zu ihrer Entscheidung bewogen haben" – angibt.

Die Nichterfüllung der Pflichten aus §39 VwVfG macht den Verwaltungsakt nach allgemeiner Auffassung formell fehlerhaft und rechtswidrig[100]. Dieses Urteil hängt nicht von der (möglichen) „Kausalität" des Fehlers für das Ergebnis ab. Schon aufgrund des §45 Abs. 1 Nr. 2 VwVfG besteht hierüber keinerlei Anlaß zu Diskussionen.

II. Materielle Begründungsfehler und Rechtswidrigkeit des Verwaltungsakts

Ganz anderes gilt für die sogenannten materiellen Begründungsfehler. Neben formellen Fehlern kann die Begründung auch inhaltliche Mängel aufweisen. Die Bedeutung dieser materiellen Begründungsmängel für die Rechtmäßigkeit des Verwaltungsakts ist im Gegensatz zu der bei formellen Begründungsfehlern bis heute ungeklärt. Daran hat die bisherige Diskussion gerade zum Nachschieben von

---

sich allerdings nicht als Verwaltungsakt, sondern als unselbständiger Annex darstellt, str., vgl. *Kopp/Schenke*, VwGO, §80 Rdnr. 78.

[99] Entsprechende beziehungsweise ähnliche allgemeine Regelungen sind §35 SGB X und §121 AO. Die LVwVfGe enthalten wortgleiche Regelungen mit Ausnahme des §109 LVwG Schleswig-Holstein. Während §109 Abs. 1 LVwG identisch mit §39 Abs. 1 VwVfG und §109 Abs. 3 LVwG identisch mit §39 Abs. 2 VwVfG sind, enthält §109 Abs. 2 LVwG eine Sonderregelung für Prüfungsentscheidungen, die mündlich zu begründen sind.

[100] Vgl. *Henneke*, in: Knack, VwVfG, §39 Rdnr. 33; *Kopp/Ramsauer*, VwVfG, §39 Rdnr. 56; *Liebetanz*, in: Obermayer, VwVfG, §39 Rdnr. 72; *P. Stelkens/U. Stelkens*, in: Stelkens/Bonk/Sachs, VwVfG, §39 Rdnr. 41; *Ule/Laubinger*, Verwaltungsverfahrensrecht, §53 Rdnr. 11. Für den Fall des Verstoßes gegen §39 VwVfG wird wohl auch nirgends explizit die Möglichkeit der Rechtmäßigkeit des Verwaltungsakts vertreten. Entscheidungen, in denen zu Unrecht ein Begründungserfordernis und deshalb auch die Rechtswidrigkeit eines Verwaltungsakts verneint wird, vgl. z. B. BSG, Urt. v. 9. 9. 1999 – B 11 AL 17/99 R, NZS 2000, 210 (212), sprechen nicht dagegen.

Gründen einen maßgeblichen Anteil. Die entscheidenden Fragen nach der Rechtswidrigkeit des inhaltlich fehlerhaft begründeten Verwaltungsakts und dem Bestehen eines Aufhebungsanspruchs werden dort nur selten explizit gestellt. Um die Auswirkungen materieller Fehler in der Begründung auf die Rechtmäßigkeit des Verwaltungsakts beurteilen zu können, sind zunächst die formellen von den materiellen Fehlern zu unterscheiden.

1. Abgrenzung zwischen formellen und materiellen Begründungsfehlern

Gewisse Abgrenzungsprobleme entstehen dadurch, daß die gesetzlichen Formvorschriften über die Begründung von Verwaltungsakten auch Vorgaben für den Inhalt der Begründung enthalten. § 39 Abs. 1 S. 1 VwVfG stellt – wie die entsprechenden Regelungen anderer Verfahrensgesetze – nicht nur eine allgemeine Begründungspflicht für schriftliche und schriftlich bestätigte Verwaltungsakte auf. Nach § 39 Abs. 1 S. 2 und 3 VwVfG sind die wesentlichen tatsächlichen und rechtlichen Gründe mitzuteilen sind, die die Behörde zu ihrer Entscheidung bewogen haben, sowie bei Ermessensentscheidungen auch die Gesichtspunkte, von denen die Behörde bei der Ausübung ihres Ermessens ausgegangen ist. Damit werden nicht nur Form und Umfang der Begründung, sondern in gewisser Hinsicht auch ihr Inhalt normiert. Werden diese Anforderungen nicht erfüllt, liegt – wie erwähnt – ein formeller Begründungsmangel nach § 39 Abs. 1 VwVfG vor, der zur Rechtswidrigkeit des Verwaltungsakts führt.

Von diesen formellen Begründungsmängeln sind die sogenannten materiellen Fehler in der Begründung dadurch zu unterscheiden, daß sich letztere auf die objektive oder materielle Richtigkeit der tatsächlichen und rechtlichen Angaben beziehen[101]. Die materiell fehlerhafte Begründung ist eine inhaltlich „falsche" Begründung.

Durch die dadurch zum Ausdruck kommenden grundsätzlich unterschiedlichen Anknüpfungspunkte für die Fehlerhaftigkeit der Begründung lassen sich materielle und formelle Begründungsmängel klar trennen. Natürlich kann sich die Begründung eines Verwaltungsakts aber sowohl in formeller wie in materieller Hinsicht als fehlerhaft erweisen. Das ist etwa der Fall, wenn die Begründung unvollständig und zumindest in Teilen gleichzeitig inhaltlich unrichtig ist. Ein formeller und ein materieller Fehler können – zumindest theoretisch – sogar eine einzelne konkrete Angabe in der Begründung betreffen. Wenn nach § 39 Abs. 1 S. 2 VwVfG in der Begründung die für die Behörde maßgeblichen Gründe genannt werden müssen, kann gegen dieses Gebot nicht nur durch das vollständige oder teilweise Unterlassen der Angabe der Gründe verstoßen werden, sondern

[101] Vgl. *Meyer*, in: Meyer/Borgs, VwVfG, § 39 Rdnr. 34, § 45 Rdnr. 17; *P. Stelkens/U. Stelkens*, in: Stelkens/Bonk/Sachs, VwVfG, § 39 Rdnr. 9, 21; *Sachs*, in: Stelkens/Bonk/Sachs, VwVfG, § 45 Rdnr. 45.

auch durch die Angabe von Gründen, die nur vorgeschoben werden, nicht aber als die „wahren“ Gründe für den Verwaltungsakterlaß anzusehen sind. Solche vorgeschobenen Gründe führen konsequenterweise zur formellen Rechtswidrigkeit des Verwaltungsakts. Sie können zugleich inhaltlich fehlerhaft sein, also gleichzeitig materielle Begründungsfehler darstellen. Das ist etwa der Fall, wenn in den vorgeschobenen Gründen enthaltene tatsächliche oder rechtliche Angaben unzutreffend sind.

Die grundsätzlich zumindest für die Bestimmung des Anwendungsbereichs des §45 Abs. 1 Nr. 2 VwVfG erforderliche Trennung zwischen formellen und materiellen Fehlern wird bei solchen Überschneidungen nicht durchbrochen. Hier handelt es sich lediglich um Fälle, in denen ausnahmsweise gleichzeitig ein formeller und ein materieller Fehler vorliegen. Solche – wohl eher seltenen – Konstellationen ändern nichts an der Trennbarkeit beider Fehlergruppen und an der Möglichkeit einer getrennten Untersuchung ihrer Auswirkungen.

Bevor aber die Relevanz von materiellen Begründungsfehlern für die Rechtmäßigkeit eines Verwaltungsakts untersucht werden kann, ist noch klarzustellen, daß sich diese Untersuchung auf sämtliche Begründungsfehler erstreckt und sich nicht allein auf solche Fehler beschränkt, die die Gründe des Verwaltungsakts betreffen. Wird der Verfügungssatz[102] oder Spruch[103] durch die Begründung sachlich nicht getragen[104], so liegt sicherlich ein materieller Begründungsmangel vor. Damit werden aber nicht sämtliche materiellen Fehler der Verwaltungsaktsbegründung erfaßt. Wollte man die Prüfung der Auswirkungen von Begründungsfehlern auf solche Fehler begrenzen, wären damit manche Erkenntnisse über die Bedeutung von Begründungsfehlern unmöglich gemacht. Fehler soll deshalb hier verstanden werden als Unrichtigkeit oder rechtliche Unzulässigkeit einer Angabe oder Aussage in der dem Spruch beigefügten Begründung. Es sollen auch nicht vorweg – entsprechend der schon im Gesetz angelegten Unterscheidung zwischen der Begründung und den Gründen der Entscheidung – alle Fehler aus der Betrachtung ausgeklammert werden, die sich nicht auf die tragenden Gründe für den Verwaltungsakterlaß beziehen, sondern in der übrigen Begründung enthalten sind, obwohl der Unterscheidung zwischen den Gründen und der Begründung im Ergebnis grundlegende Bedeutung zukommt, wie im folgenden noch zu zeigen ist. Als Begründung eines Verwaltungsakts ist danach alles anzusehen, was dem Entscheidungssatz an Erklärungen durch die Behörde beigefügt wurde. Bei einem derart weit verstandenen Fehlerbegriff sagt folglich der bloße Umstand ei-

[102] So die Terminologie in BVerfG, Beschl. v. 9. 1. 1991 – 1 BvR 207/87, BVerfGE 83, 181 (196); BSG, Beschl. v. 9. 9. 1999 – B 11 AL 17/99 R, NZS 2000, 210 (211).

[103] So BVerwG, Urt. v. 19. 8. 1988 – 8 C 29.87, BVerwGE 80, 96 (98).

[104] Vgl. zu diesem häufig verwendeten Kriterium für einen materiellen Begründungsfehler z.B. *Schäfer*, in: Obermayer, VwVfG, §45 Rdnr. 19; *R.P. Schenke*, VerwArch. 90 (1999), 232 (236); *Ule/Laubinger*, Verwaltungsverfahrensrecht, §58 Rdnr. 9.

nes entsprechenden Fehlers auch noch nichts über die Rechtmäßigkeit des Verwaltungsakts aus.

Typischerweise enthält die Begründung gemäß den Vorgaben des §39 VwVfG Ausführungen über die tatsächlichen und rechtlichen Gründe, die die Behörde zu der Entscheidung bewogen haben. Bei den tatsächlichen Gründen handelt es sich um die Sachverhaltsannahmen einschließlich der Beweiswürdigung der Behörde[105], die rechtlichen Gründe bestehen aus der Angabe der Rechtsgrundlage und den maßgeblichen rechtlichen Gesichtspunkten, der Subsumtion des Sachverhalts unter die Ermächtigungsgrundlage[106]. Ohne jede Wertung im Hinblick auf denkbare Auswirkungen liegt ein Fehler in der Begründung vor, wenn tatsächlich oder rechtlich unzutreffende Angaben in ihr enthalten sind. Über diese Fälle rechtlich oder tatsächlich unzutreffender Inhalte hinaus können in einer Begründung auch Aussagen enthalten sein, die sich als solche als rechtlich unzulässig erweisen. Enthält die Begründung etwa Beschimpfungen oder Beleidigungen von Verfahrensbeteiligten oder Dritten, weist die Begründung gleichfalls materielle Fehler auf, deren Bedeutung für die Rechtmäßigkeit eines Verwaltungsakts im folgenden zu untersuchen ist.

2. *Die materiell unrichtige Begründung als Indiz für Verletzung des Anhörungsrechts*

Vor der Untersuchung der sehr umstrittenen Frage nach der Relevanz einer sachlich unrichtigen Begründung für die Rechtmäßigkeit des Verwaltungsakts ist noch auf einen Umstand hinzuweisen, der der Diskussion etwas von ihrer Brisanz nimmt. In den bisherigen Erörterungen um materielle Begründungsfehler wird nicht genügend beachtet, daß die Frage nach der Rechtswidrigkeit des Verwaltungsakts infolge einer sachlich unrichtigen Begründung häufig nicht die Bedeutung besitzen wird, die ihr allgemein zugemessen wird. In zahlreichen Fällen ist ein Verwaltungsakt mit einer sachlich unrichtigen Begründung (jedenfalls auch) formell rechtswidrig. Fast schon typischerweise geht dem Verwaltungsakterlaß mit einer materiell fehlerhaften Begründung nämlich auch ein Fehler bei der Anhörung gemäß §28 VwVfG voraus. Das folgt aus den Anforderungen an eine ordnungsgemäße Anhörung, die sich aus den Funktionen der Anhörung ableiten lassen. Die Anhörung soll unter anderem dem Schutz und der Sicherung materieller Rechte dienen, eine Einflußnahme auf das Verfahren und das Verfahrensergebnis ermöglichen, damit auf eine materiellrechtlich richtige Entschei-

[105] Vgl. *Meyer*, in: Meyer/Borgs, VwVfG, §39 Rdnr. 26; *P. Stelkens/U. Stelkens*, in: Stelkens/Bonk/Sachs, VwVfG, §39 Rdnr. 24.

[106] Vgl. *Meyer*, in: Meyer/Borgs, VwVfG, §39 Rdnr. 27; *P. Stelkens/U. Stelkens*, in: Stelkens/Bonk/Sachs, VwVfG, §39 Rdnr. 25.

dung hinwirken und schließlich Überraschungsentscheidungen vermeiden[107]. Das setzt notwendigerweise voraus, daß die Behörde den Anzuhörenden über den in ihren Augen maßgeblichen Sachverhalt und die Rechtsgrundlagen ihres Handelns in Kenntnis setzt. Der Anhörungsberechtigte muß, soll eine wirkliche Anhörung stattfinden, wissen, wozu er sich äußern kann und soll[108]. Die Behörde hat folglich den beabsichtigten Verwaltungsakt nach Art und Umfang so konkret zu umschreiben wie möglich[109]. Dazu gehört schließlich auch, auf die Rechtsgrundlagen der beabsichtigten Entscheidung hinzuweisen[110], jedenfalls soweit es für das Verständnis der beabsichtigten Entscheidung erforderlich ist. Das hat auch nichts mit einer Verpflichtung zu einem Rechtsgespräch zu tun, das wohl überwiegend abgelehnt wird. Selbst bei Ablehnung einer Verpflichtung zur Angabe der maßgeblichen Rechtsgrundlage muß sich doch die Anhörung in der Sache auf die den Verwaltungsakt tatsächlich tragenden Rechtsgrundlagen erstrekken. Genau daran fehlt es regelmäßig bei einem sachlich unrichtig begründeten Verwaltungsakt, wenn die entsprechende Begründung dem Betroffenen bereits bei der Anhörung eröffnet wurde. Damit ergibt sich die Rechtswidrigkeit des Verwaltungsakts, der mit einer sachlich unrichtigen Begründung versehen ist, häufig schon aus einem Verstoß gegen §28 VwVfG. Insofern kann eine materiell unrichtige Begründung ein Indiz für eine Verletzung des §28 VwVfG sein. Da die fehlerhafte Begründung aber keineswegs notwendigerweise schon anläßlich der Anhörung mitgeteilt worden sein muß, tritt zur materiell fehlerhaften Begründung auch nicht notwendigerweise ein formeller Fehler hinzu.

3. Voraussetzungen der Rechtswidrigkeit des rechtlich gebundenen Verwaltungsakts bei materiellen Begründungsfehlern

Die Untersuchung der Bedeutung materieller Begründungsfehler hat angesichts der in der Literatur verbreiteten völlig unterschiedlichen Behandlung zweckmäßigerweise getrennt nach gebundenen Verwaltungsakten und Ermessensverwaltungsakten zu erfolgen. Während der materielle Begründungsfehler bei Ermessensverwaltungsakten nach verbreiteter Auffassung zur Rechtswidrigkeit des

---

[107] S. BVerwG, Beschl. v. 25.10. 1989 – 2 B 115.89, DVBl. 1990, 259; *Bonk/Kallerhoff*, in: Stelkens/Bonk/Sachs, VwVfG, §28 Rdnr. 3, 6, 16f.; *Ehlers*, Jura 1996, 617; *Bracher*, DVBl. 2000, 165 (167); *Spranger*, NWVBl. 2000, 166.

[108] *Laubinger*, VerwArch. 75 (1984), 55 (69); vgl. *Bonk/Kallerhoff*, in: Stelkens/Bonk/Sachs, VwVfG, §28 Rdnr. 17, 34; offenbar a.A. ohne Begr. *Clausen*, in: Knack, VwVfG, §28 Rdnr. 9, 11.

[109] Vgl. auch BGH, Urt. v. 4.6. 1992 – III ZR 39/91, DVBl. 1992, 1290 (1292); OVG Münster, Beschl. v. 14.9. 1998 – 18 B 2727/97, NWVBl. 1999, 312; Beschl. v. 22.9. 1999 – 18 B 2097/98, NWVBl. 2000, 223.

[110] Sehr str., wie hier *Bonk/Kallerhoff*, in: Stelkens/Bonk/Sachs, VwVfG, §28 Rdnr. 39; *Grünewald*, in: Obermayer, VwVfG, §28 Rdnr. 17; a.A. BVerwG, Urt. v. 19.7. 1985 – 4 C 62.82, NJW 1986, 445; BVerfG, Beschl. v. 5.11. 1986 – 1 BvR 706/85, DVBl. 1987, 237; *Clausen*, in: Knack, VwVfG, §28 Rdnr. 9, 11; *Laubinger*, VerwArch. 75 (1984), 55 (70).

Verwaltungsakts führen soll, gilt nach wohl überwiegender Ansicht anderes für die gebundenen Entscheidungen.

Gegenüber dem formellen Begründungsfehler erweist sich die Beurteilung der Rechtmäßigkeit eines Verwaltungsakts mit materiellem Begründungsfehler als deutlich schwieriger. Bis heute sind die Folgen einer materiell fehlerhaften Begründung für die Rechtmäßigkeit des Verwaltungsakts völlig ungeklärt und umstritten. Das versteht sich aber keineswegs von selbst. Auf den ersten Blick scheint eine Verknüpfung jedenfalls zwischen einer inhaltlich nicht tragfähigen Begründung und der Rechtswidrigkeit des Verwaltungsakts angesichts der Fehlerfolgen bei formellen Begründungsfehlern nämlich durchaus naheliegend. Wenn bereits formelle Begründungsfehler die Rechtswidrigkeit des Verwaltungsakts auslösen, scheint dasselbe erst recht für materielle Begründungsfehler gelten zu müssen.

Ein derart naheliegender Erst-recht-Schluß weckt jedoch einige Bedenken. Vor allem handelt es sich bei der generellen Rechtsfolge der Rechtswidrigkeit formell unzulänglich begründeter Verwaltungsakte um eine einfachgesetzliche Entscheidung. Wenn der Gesetzgeber für die materiellen Begründungsfehler eine entsprechende Anordnung jedenfalls ausdrücklich gerade nicht getroffen hat, so schließt das natürlich noch nicht eine Gleichbehandlung mit den formellen Begründungsfehlern aus. Ohne jede weitere Begründung dürfte sie allerdings nicht überzeugen.

a) *Stellungnahmen in Literatur und Rechtsprechung*

Bevor die aufgeworfenen Fragen vertieft werden, soll der Blick auf die Auffassungen in Literatur und Rechtsprechung gelenkt werden. Eine solche Bestandsaufnahme des Meinungsspektrums bereitet jedoch schon deshalb erhebliche Schwierigkeiten, weil die Frage der Auswirkungen materieller Begründungsfehler auf die Rechtmäßigkeit rechtlich gebundener Verwaltungsakte in dieser Form kaum in der Literatur diskutiert und auch durch die Gerichte allenfalls beiläufig entschieden wird. An der Erörterung der Rechtmäßigkeit materiell fehlerhaft begründeter Verwaltungsakte scheint kein besonderes Interesse zu bestehen. Dazu hat auch wohl wesentlich die Diskussion um die sogenannte Zulässigkeit des Nachschiebens von Gründen[111] beigetragen, in der verschiedene materiell- und prozeßrechtliche Fragen entweder ohne thematische Trennung behandelt oder teilweise ausgeblendet werden. Aus den verschiedenen Umschreibungen der Thematik des „Nachschiebens von Gründen“ wird deutlich, daß es gerade um die hier zu erörternden Fallgestaltungen geht:

---

[111] Vgl. dazu etwa *Axmann*, Das Nachschieben von Gründen im Verwaltungsrechtsstreit, 2001; *Decker*, JA 1999, 154ff.; *Dolderer*, DÖV 1999, 104ff.; *H.-D. Horn*, Die Verwaltung 25 (1992), 203ff.; *Löhnig*, JA 1998, 700ff.; *J.J. Rupp*, Nachschieben von Gründen im verwaltungsgerichtlichen Verfahren, 1987; *R.P. Schenke*, VerwArch. 90 (1999), 232ff.; *ders.*, JuS 2000, 230ff.; *W.-R. Schenke*, NVwZ 1988, 1ff.; *Schoch*, DÖV 1984, 401ff.

In den Anwendungsfällen des „Nachschiebens" verfehle die Begründung die zutreffenden Rechtsgründe, die die getroffene Entscheidung sachlich rechtfertigten[112], sei die Begründung sachlich unzureichend und vermöge den Verwaltungsakt nicht zu tragen[113] beziehungsweise liege eine sachlich oder inhaltlich fehlerhafte Begründung vor, die nach dem Willen der Behörde die Entscheidung tragen solle[114]. Die Begründung enthalte unrichtige Gründe, weil sie von einem unzutreffenden Sachverhalt oder von einer verfehlten Rechtsanschauung ausgehe[115].

In der Diskussion dieser Fälle unter dem Schlagwort der „Zulässigkeit des Nachschiebens von Gründen" konnte bis heute kaum eine gemeinsame Ausgangsbasis gefunden werden, weil die diversen unterschiedlichen materiellrechtlichen und prozessualen Fragen selten klar herausgearbeitet und getrennt wurden. Die Diskussion bleibt so in vielen Fällen undurchsichtig. Notwendig erscheint vor allem eine Aufspaltung der Gesamtthematik in einzelne Komplexe. Um ausschließlich materiellrechtliche Themen geht es etwa, wenn die Konsequenzen einer fehlerhaften Begründung für die Rechtmäßigkeit des Verwaltungsakts wie auch für die mögliche Entstehung von Aufhebungsansprüchen zu prüfen sind. Gleichfalls wirft auch das behördliche Nachschieben von Gründen erst einmal die materiellrechtliche Frage nach deren Konsequenzen für die Rechtmäßigkeit des Verwaltungsakts auf, jedenfalls soweit der materiell fehlerhaft begründete Verwaltungsakt vor dem Nachschieben als rechtswidrig anzusehen sein sollte. Von diesen materiellrechtlichen Fragen sind die des Prozeßrechts zu unterscheiden, bei denen zu klären ist, ob und inwieweit ein behördliches Vorbringen noch im Prozeß zu berücksichtigen ist. Die Frage, ob das Gericht von Amts wegen mögliche Gründe zur Rechtfertigung des Verwaltungsakts heranziehen kann, hängt unmittelbar von den materiellrechtlichen Auswirkungen von Begründungsfehlern auf die Rechtmäßigkeit des Verwaltungsakts und die Entstehung von Aufhebungsansprüchen ab. Aufgrund der fehlenden klaren Trennung dieser Einzelfragen wird auch die für diese Untersuchung hier zunächst entscheidende materiellrechtliche Ausgangsfrage, welche Bedeutung inhaltliche Fehler in der Begründung eines Verwaltungsakts für die Rechtmäßigkeit des Verwaltungsakts besitzen, nur von wenigen explizit erörtert.

Entsprechend kann den Stellungnahmen, die eine Korrektur einer sachlich unzutreffenden Begründung generell oder unter bestimmten Voraussetzungen im Prozeß für zulässig halten, regelmäßig nicht eindeutig entnommen werden, ob sie den sachlich unzutreffend oder unzulässig begründeten Verwaltungsakt für rechtmäßig oder allein aufgrund dieses Fehlers für rechtswidrig halten. Auch die eindeutige Aussage, für die materielle Rechtmäßigkeit eines gebundenen Verwal-

---

112 Vgl. *Sachs*, in: Stelkens/Bonk/Sachs, VwVfG, § 45 Rdnr. 45.

113 Vgl. *Maurer*, Allgemeines Verwaltungsrecht, § 10 Rdnr. 40.

114 Vgl. *Kopp/Schenke*, VwGO, § 113 Rdnr. 63; *R. P. Schenke*, VerwArch. 90 (1999), 232 (236).

115 *W.-R. Schenke*, NVwZ 1988, 1.

tungsakts sei allein die in ihm enthaltene Regelung maßgeblich, findet sich nur vereinzelt[116].

Im Gegensatz zur Literatur befaßt sich die Rechtsprechung bei Anfechtungsklagen meist gleich mit dem „Ergebnis", also damit, ob der Verwaltungsakt aufgehoben werden muß. Wird die Anfechtungsklage abgewiesen, so muß das aber nicht daran liegen, daß der Verwaltungsakt nicht rechtswidrig ist. Der Aufhebungsanspruch kann auch aus anderen Gründen ausgeschlossen sein. In einigen Entscheidungen fehlt es jedoch in den Entscheidungsgründen an einer Differenzierung zwischen der Rechtmäßigkeitsbeurteilung und der Prüfung einer Verpflichtung zur Aufhebung. Dadurch ist vielfach nicht erkennbar, ob in Fällen der Abweisung einer Anfechtungsklage als unbegründet schon die Rechtswidrigkeit des Verwaltungsakts oder trotz Rechtswidrigkeit des Verwaltungsakts nur der Aufhebungsanspruch verneint wird.

Das weitgehende Fehlen eindeutiger Stellungnahmen hängt auch mit einer verbreiteten Verwirrung rund um den Rechtswidrigkeitsbegriff zusammen. Obwohl für die Begründung eines Aufhebungsanspruchs gegenüber einem Verwaltungsakt zunächst zwingend die Rechtswidrigkeit des Verwaltungsakts erforderlich ist, finden sich in manchen Stellungnahmen keine Aussagen zur Rechtmäßigkeit des Verwaltungsakts, sondern statt dessen nur über die Rechtmäßigkeit der „Verwaltungsentscheidung". Wenn es beispielsweise heißt, „trotz inhaltlich falscher Begründung kann die Entscheidung materiell rechtmäßig sein"[117], läßt sich daraus nicht ableiten, ob sich dieses Urteil auf den Verwaltungsakt beziehen soll oder auf eine davon zu trennende „Entscheidung in der Sache". Entsprechendes gilt für Ausweichformulierungen wie: „Die Rechtsbeständigkeit des Verwaltungsaktes bestimmt sich nach dem Inhalt der getroffenen Verfügung"[118]. Der Rechtswidrigkeitsbegriff bereitet insbesondere auch der Rechtsprechung Probleme. Das belegt etwa ein Urteil des 8. Senats des Bundesverwaltungsgerichts, das von einer Rechtswidrigkeit des Verwaltungsakts „im Sinne des § 113 Abs. 1 VwGO" spricht[119]. Wenn damit zum Ausdruck gebracht werden soll, daß sich die Rechtmäßigkeitsbeurteilung im Prozeß (im Sinne des § 113 Abs. 1 S. 1 VwGO) von der

---

[116] S. *Bettermann*, in: Festschrift für Huber, S. 25 (44ff.); *D. Lorenz*, Verwaltungsprozeßrecht, § 34 Rdnr. 83; *Sachs*, in: Stelkens/Bonk/Sachs, VwVfG, § 45 Rdnr. 47, § 48 Rdnr. 61; unklar dagegen z.B. *Schäfer*, in: Obermayer, § 45 Rdnr. 23; *Wolff/Bachof/Stober*, VerwR 2, § 48 Rdnr. 39ff.; *Badura*, in: Erichsen/Ehlers (Hrsg.), Allgemeines Verwaltungsrecht, § 38 Rdnr. 40ff.; *Schoch*, DÖV 1984, 401 (403ff.); *Hill*, Das fehlerhafte Verfahren, S. 98f., 111, 327; *Hufen*, Fehler im Verwaltungsverfahren, Rdnr. 318 a, 620.

[117] *P. Stelkens/U. Stelkens*, in: Stelkens/Bonk/Sachs, VwVfG, § 39 Rdnr. 21.

[118] *Badura*, in: Erichsen/Ehlers (Hrsg.), Allgemeines Verwaltungsrecht, § 38 Rdnr. 40, der auch nicht erklärt, was genau mit dem Begriff der „Rechtsbeständigkeit" gemeint sein soll.

[119] BVerwG, Urt. v. 19. 8. 1988 – 8 C 29.87, BVerwGE 80, 96 (98); auf diese Entscheidung beruft sich auch *D. Lorenz*, Verwaltungsprozeßrecht, § 34 Rdnr. 83, für die These der möglichen Irrelevanz der Erlaßgründe des Verwaltungsakts für dessen Rechtmäßigkeit. S. auch die entsprechende Tendenz bei *Lerche*, Kernkraft und rechtlicher Wandel, S. 26 Fußn. 59.

des Verwaltungsrechts unterscheidet, ist dieser Ansicht eine klare Absage zu erteilen. Führt ein Rechtsfehler zur Rechtswidrigkeit des Verwaltungsakts (im Sinne des Verwaltungsrechts), so ist dieser auch rechtswidrig im Sinne des Prozeßrechts. Jeder anderen Ansicht liegt die fehlende Trennung von Rechtswidrigkeit und Beseitigungsanspruch zugrunde. Offenbar steht aber hinter der Weigerung, die Rechtswidrigkeit eines Verwaltungsakts auch dann anzuerkennen, wenn die Regelung des Verwaltungsakts (der „Spruch") rechtlich nicht zu beanstanden ist, mitunter die unausgesprochene Annahme, das Rechtswidrigkeitsurteil führe zwangsläufig zur Aufhebung des Verwaltungsakts. Im Versuch, diese Rechtsfolge unbedingt zu vermeiden, wird der fehlerhafte Verwaltungsakt für rechtmäßig erklärt. Das hinter entsprechenden Ausführungen stehende Ziel der Ablehnung eines Beseitigungsanspruchs kann aber, sofern es gerechtfertigt sein sollte, auf andere Weise unter gleichzeitiger Anerkennung der Rechtswidrigkeit des Verwaltungsakts begründet werden. Dazu bedarf es nicht mehrerer Rechtswidrigkeitsbegriffe.

Als Nachweis für den fehlenden Zusammenhang zwischen der Begründung des Verwaltungsakts und seiner Rechtmäßigkeit wird häufig auf die Rechtsprechung verwiesen[120]. Das ist wenig überzeugend. Tatsächlich äußert sich gerade das Bundesverwaltungsgericht in den genannten Entscheidungen häufig gar nicht zur Frage der Rechtmäßigkeit des inhaltlich fehlerhaft begründeten Verwaltungsakts. Soweit es um Fälle des Nachschiebens von Gründen in dem oben umschriebenen Sinn geht, also um ein Nachschieben durch die Behörde, fehlen regelmäßig Angaben zur Rechtmäßigkeit oder Rechtswidrigkeit des Verwaltungsakts vor dem Nachschieben. Allein aus der Feststellung der Zulässigkeit des Nachschie-

---

[120] Vgl. *Sachs*, in: Stelkens/Bonk/Sachs, VwVfG, §45 Rdnr. 48 Fußn. 82, und *Axmann*, Nachschieben, S. 71 Fußn. 195 jeweils mit Verweisen auf die st. Rspr. zum „Nachschieben von Gründen", s. BVerwG, Beschl. v. 24. 9. 1953 – I C 51.53, BVerwGE 1, 12 (13); Urt. v. 13. 1. 1955 – I C 59.54, BVerwGE 1, 311 (313); Urt. v. 28. 11. 1958 – V C 32.56, BVerwGE 8, 46 (54); Urt. v. 15. 4. 1959 – V C 162.56, BVerwGE 8, 234 (238); Urt. v. 17. 9. 1964 – II C 121.62, BVerwGE 19, 252 (257); Urt. v. 16. 9. 1965 – II C 168.62, Buchholz 232 § 116a BBG Nr. 4, S. 5 (9); Urt. 28. 4. 1966 – II C 68.63, BayVBl. 1966, 385; Urt. v. 15. 6. 1971 – II C 17.70, BVerwGE 38, 191 (195); Urt. v. 28. 11. 1980 – 2 C 24.78, BVerwGE 61, 200 (210); Urt. v. 7. 5. 1981 – 2 C 42.79, DVBl. 1982, 198 (199); Urt. v. 13. 11. 1981 – 1 C 69.78, NJW 1982, 1413; Urt. v. 27. 1. 1982 – 8 C 12.81, BVerwGE 64, 356 (358); Urt. v. 19. 8. 1982 – 3 C 47.81, Buchholz 418.02 Tierärzte Nr. 2, S. 1 (7); Urt. v. 3. 6. 1983 – 8 C 70.82, BVerwGE 67, 216 (221); Urt. v. 27. 6. 1985 – 8 C 30.84, BVerwGE 71, 363 (368); Urt. v. 6. 11. 1986 – 3 C 27.85, BVerwGE 75, 119 (121ff.); Urt. v. 19. 8. 1988 – 8 C 29.87, BVerwGE 80, 96 (98); Urt. v. 12. 4. 1991 –8 C 92.89, NVwZ 1991, 999; Urt. v. 22. 5. 1992 – 8 C 4.92, NVwZ 1993, 1202 (1203); Beschl. v. 5. 2. 1993 – 7 B 107.92, NVwZ 1993, 976 (977); Urt. v. 4. 6. 1993 – 8 C 55.91, BayVBl. 1993, 758; Urt. v. 11. 8. 1993 – 8 C 13.93, NVwZ 1994, 297 (298); Urt. v. 27. 10. 1993 – 8 C 33.92, NVwZ 1994, 903 (904); Urt. v. 16. 6. 1997 – 3 C 22.96, BVerwGE 105, 55 (59); Urt. v. 24. 11. 1998 – 9 C 53.97, BVerwGE 108, 30 (35). Darunter befindet sich aber eine Reihe von Entscheidungen, in denen nicht Gründe durch die Behörde nachgeschoben wurden, sondern das Gericht von Amts wegen eine andere Rechtsgrundlage für den Verwaltungsakt ermittelt hat. Die Fälle des Austausches der Ermächtigungsgrundlage durch das Gericht von Amts wegen werden aber meist nicht vom „eigentlichen" Nachschieben getrennt; s. oben bei Fußn. 110 (S. 160).

bens von Gründen im Prozeß[121] läßt sich auch noch nicht herleiten, ob der Verwaltungsakt vor dem Nachschieben von Gründen für rechtmäßig oder rechtswidrig gehalten wurde. Eindeutige Aussagen über die Rechtmäßigkeit oder Rechtswidrigkeit von Verwaltungsakten, die im Ergebnis aufrechterhalten werden, bei denen – mit anderen Worten – ein Aufhebungsanspruch verneint wurde, finden sich in der Rechtsprechung offenbar nur in Fällen, in denen nicht durch die Behörde Gründe nachgeschoben, sondern der Verwaltungsakt durch das Gericht selbst mit anderen Gründen (vor allem einer anderen Rechtsgrundlage) gerechtfertigt wurde. Diese Fälle sind nach der Rechtsprechung auch gekennzeichnet durch das Problem der Abgrenzung zur Umdeutung von Verwaltungsakten gemäß § 47 VwVfG. So hat das Bundesverwaltungsgericht wiederholt im Abgaben- und Beitragsrecht von Amts wegen einen Abgaben- oder Beitragsbescheid auf eine andere Rechtsgrundlage gestützt und im Ergebnis aufrechterhalten beziehungsweise die Möglichkeit der Aufrechterhaltung gesehen[122]. Nur in wenigen Fällen wurden die betreffenden Verwaltungsakte aber ausdrücklich als rechtmäßig bezeichnet[123]. Gleichzeitig finden sich in der Rechtsprechung eben des 8. Senats, der in zwei Fällen ausdrücklich von der Rechtmäßigkeit des fehlerhaft begründeten Verwaltungsakts ausgeht, auch eine Entscheidung, in der bei entsprechendem Fehler der Verwaltungsakt ausdrücklich als rechtswidrig bezeichnet wird[124].

Insgesamt macht die Analyse der Rechtsprechung zweierlei deutlich: Zum einen zeigt sich eine bis heute fehlende klare Trennung zwischen der Rechtmäßigkeitsbeurteilung von Verwaltungsakten und der Prüfung des Bestehens eines Aufhebungsanspruchs[125]. Zum anderen offenbart sich eine gewisse Parallelität der Stellungnahmen zu den Folgen von Verfahrensfehlern. Während die Rechtsprechung zumeist ein Urteil über die Rechtmäßigkeit oder Rechtswidrigkeit eines Verwaltungsakts vermeidet, wenn dieser trotz bestimmter Fehler im Ergebnis aufrechterhalten wird, geht ein Teil der Literatur in Verkennung der Notwendig-

---

121 Vgl. bereits BVerwG, Beschl. v. 24. 9. 1953 – I C 51.53, BVerwGE 1, 12 (13); Urt. v. 13. 1. 1955 – I C 59.54, BVerwGE 1, 311 (313).

122 Vgl. BVerwG, Urt. v. 27. 1. 1982 – 8 C 12.81, BVerwGE 64, 356 (358); Urt. v. 26. 9. 1983 – 8 C 27.82, DÖV 1984, 117 (118); Urt. v. 27. 6. 1985 – 8 C 30.84, BVerwGE 71, 363 (368); Urt. v. 19. 8. 1988 – 8 C 29.87, BVerwGE 80, 96 (98); Urt. v. 12. 4. 1991 – 8 C 92.89, NVwZ 1991, 999; Urt. v. 22. 5. 1992 – 8 C 4.92, NVwZ 1993, 1202 (1203); Urt. v. 4. 6. 1993 – 8 C 55.91, BayVBl. 1993, 758; Urt. v. 27. 10. 1993 – 8 C 33.92, NVwZ 1994, 903 (904); vgl. aus dem Asylrecht BVerwG, Urt. v. 21. 11. 1989 – 9 C 28.89, NVwZ 1990, 673f.; Urt. v. 24. 11. 1998 – 9 C 53.97, BVerwGE 108, 30 (35).

123 Ausdrücklich BVerwG, Urt. v. 27. 1. 1982 – 8 C 12.81, BVerwGE 64, 356 (358); Urt. v. 19. 8. 1988 – 8 C 29.87, BVerwGE 80, 96 (98); Beschl. v. 5. 2. 1993 – 7 B 107.92, NVwZ 1993, 976 (977).

124 S. Urt. v. 27. 6. 1985 – 8 C 30.84, BVerwGE 71, 363 (368).

125 Vgl. dazu auch *Bettermann*, in: Festschrift für H.P. Ipsen, S. 271 (290 Fußn. 55). Das zeigt sich etwa auch in Entscheidungen des BSG, s. etwa Urt. v. 5. 11. 1997 – 9 RV 20/96, BSGE 81, 156 (159): „Ein Verwaltungsakt kann auch bei unrichtiger Begründung rechtmäßig sein."

keit der Trennung zwischen Rechtswidrigkeit und Aufhebungsanspruch unbesehen davon aus, die Rechtsprechung verneine die Rechtswidrigkeit der aufrechterhaltenen Verwaltungsakte. Das trifft jedoch nur in Ausnahmefällen zu, die keine Verallgemeinerung zulassen.

b) Die Maßgeblichkeit der Gründe für die Rechtmäßigkeit des Verwaltungsakts

Der notwendigen Auseinandersetzung mit einzelnen Argumenten aus der Literatur soll hier zunächst die Darstellung der eigenen Auffassung vorangestellt werden. Die Rechtswidrigkeit materiell fehlerhaft begründeter Verwaltungsakte wird dabei im folgenden aus zwei unterschiedlichen Perspektiven heraus begründet. Beim ersten Begründungsansatz werden Folgerungen aus dem Verhältnis zwischen dem Tenor, Spruch oder Entscheidungssatz des Verwaltungsakts und der Begründung gezogen (aa). Der zweite Argumentationsansatz knüpft an die Notwendigkeit eines Anspruchs auf eine materiell zutreffende Begründung an (bb).

aa) Einheitliche Rechtmäßigkeitsbeurteilung von Entscheidungssatz und Gründen

Jedes Verwaltungshandeln hat seine Gründe. Das gilt ganz selbstverständlich auch für ein Handeln in der Form des Verwaltungsakts. Die Gründe sind das, was die Behörde zum Erlaß des Verwaltungsakts bewogen hat. Diese Gründe sind nach § 39 Abs. 1 S. 2 VwVfG in die Begründung aufzunehmen. Darin zeigen sich sowohl Verbindungen als auch Unterschiede zwischen den Gründen und der Begründung.

Die Begründung wird dem Verwaltungsakt beigefügt; sie ist die äußerliche Ergänzung des Spruchs. Folglich kann sie etwa fehlen, unvollständig sein oder nicht die wahren Gründe nennen. Letzteres liegt vor, wenn Gründe nur vorgeschoben werden, aus denen heraus der Verwaltungsakt in Wahrheit nicht erlassen wurde. Die Begründung weist folglich nur eine äußerliche Verbindung zum Verwaltungsakt auf, die auch die Möglichkeit einer getrennten rechtlichen Bewertung von Entscheidungssatz und Begründung nahelegt.

Eine entsprechende Trennung ist dagegen zwischen dem Entscheidungssatz und den Gründen für den Erlaß des Verwaltungsakts nicht denkbar. Die Gründe besitzen eine innere Verbindung zum Entscheidungssatz. Ein Verwaltungsakt ist ohne Gründe nicht denkbar; auch der begründungslose Verwaltungsakt ergeht nicht „grundlos". Jede Entscheidung hat Gründe, auf denen sie beruht; sie trägt diese Gründe in sich. Gründe und Entscheidung sind daher eins und nicht unterschiedliche Teile des Verwaltungsakts. Die Gründe sind das, was den Verwaltungsakt mit-konstituiert, mit-„begründet". Sie sind dem Verwaltungsakt immanent, gleichgültig ob sie etwa in einer Begründung oder in sonstigen Umständen nach außen treten oder nicht. Dementsprechend kann die Entscheidung nicht von ihren Gründen getrennt werden.

Gleichzeitig besteht die regelmäßige Verbindung zwischen der Begründung und den Gründen darin, daß die Begründung gerade die Gründe für den Erlaß mitteilt, wie dies in §39 Abs.1 S.2 VwVfG vorgeschrieben wird. In der Begründung können aber auch eine Vielzahl von Angaben und Erklärungen enthalten sein, bei denen es sich nicht um die Gründe handelt. Das ist dann der Fall, wenn ein Teil der Begründung nach dem nach außen erkennbaren Willen der Behörde gerade nicht der Rechtfertigung des Verwaltungsakts dienen soll. Diese zusätzlichen Inhalte der Begründung stehen aus der Sicht der Behörde in keinem inhaltlichen oder sachlichen Zusammenhang zur Entscheidung zum Verwaltungsakt, sondern nur in einem äußeren, wenn sie etwa in einer Urkunde miteinander verbunden sind. Werden zum Beispiel „bei Gelegenheit" des Erlasses des Verwaltungsakts in der Begründung ehrverletzende Äußerungen über einen Verfahrensbeteiligten oder Dritte getätigt, so kann durch die Begründung eine strafbare Handlung begangen worden sein, solange die konkrete Äußerung nicht einen Grund für den Verwaltungsakterlaß benennen soll, zählt die Äußerung nicht zu den Gründen, sondern ist lediglich ein (weiterer) Bestandteil der Begründung.

Somit lassen sich zwei Arten von Begründungselementen unterscheiden: Typischer und vom Gesetz in §39 Abs.1 S.2 VwVfG vorgesehener Bestandteil der Begründung sind die Gründe für den Erlaß des Verwaltungsakts. Das sind die tatsächlichen und rechtlichen Gesichtspunkte, die die Behörde als maßgeblich für den Erlaß des Verwaltungsakts angesehen hat. Daneben kann die Begründung noch weitere Aussagen enthalten, die den Verwaltungsakt gerade nicht legitimieren sollen, etwa solche, die nur „bei Gelegenheit" angefügt wurden. Um welche Art von Bestandteil einer Begründung es sich bei einer konkreten Aussage handelt, bestimmt die Behörde selbst. Soll die Aussage nach dem erklärten beziehungsweise erkennbaren behördlichen Willen einen Grund darstellen, so zählt die Aussage zu den Gründen, anderenfalls zu den beiläufigen sonstigen Bemerkungen.

Die Notwendigkeit zur Differenzierung zwischen diesen beiden Arten von Begründungsbestandteilen im Hinblick auf die Wirkungen der Fehlerhaftigkeit eines der Begründungsteile läßt sich leicht erahnen, was wiederum Konsequenzen für die Rechtmäßigkeitsbeurteilung des Verwaltungsakts hat:

Zunächst können anknüpfend an die Unterscheidung von Gründen und Begründung solche materiellen Fehler als irrelevant für die Rechtmäßigkeitsbeurteilung ausgeschieden werden, die nicht die Gründe, sondern nur die Begründung betreffen. Soweit sich ein materieller Fehler auf einen Begründungsteil bezieht, der nicht zu den Gründen des Verwaltungsakts zählt, begründet dieser Fehler auch nicht die Rechtswidrigkeit des Verwaltungsakts. Erforderlich ist stets ein sachlicher Zusammenhang beziehungsweise eine innere Verbindung zwischen dem fehlerhaften Begründungsteil und der Entscheidung. Ein solcher entsprechender Zusammenhang besteht aber nur dann, wenn der Fehler die Gründe für den Erlaß betrifft. Ob eine inhaltliche Angabe einen Grund für den Erlaß des Verwaltungsakts darstellt, ist wiederum danach zu beurteilen, ob die Behörde den Erlaß auf diesen Gesichtspunkt stützt. Enthält dagegen – um das erwähnte Beispiel aufzugreifen – die Begründung auch ehrverletzende Aussagen über eine Person, auf die der Erlaß des Verwaltungsakts nach der Begründung nicht gestützt wird, so sind diese Aussagen zwar rechtswidrig. Zur Rechtswidrigkeit des Verwaltungsakts führt das aber deshalb nicht, weil insoweit keine innere Verbindung zum Entscheidungssatz besteht[126]. Ein Rechtsverstoß „bei Gelegenheit" ohne innere Verbindung zum Verwaltungsakt reicht nicht für die Möglichkeit der Rechtswidrigkeit des Verwaltungsakts aus[127]. Betrifft der Fehler dagegen eine Aussage, die sich als Grund der Entscheidung erweist, ist der Verwaltungsakt rechtswidrig. Hintergrund dieses Rechtswidrigkeitsurteils ist die fehlende Trennbarkeit von Gründen und Entscheidung. Während die Entscheidung und damit der Verwaltungsakt untrennbar mit seinen Gründen verbunden ist, fehlt es an einer solchen Verbindung mit den sonstigen Begründungsteilen. Folglich erscheint auch eine identische Rechtmäßigkeitsbeurteilung von Verwaltungsakt und sämtlicher Elemente der Begründung als nicht zwingend.

Andererseits versteht sich aber auch eine getrennte Rechtmäßigkeitsbeurteilung keineswegs von selbst. Jeder Fehler in der Begründung des Verwaltungsakts kann den Betroffenen rein tatsächlich etwa dazu veranlassen, Rechtsbehelfe zu ergreifen. Begründungsfehler sind daher nie „unerheblich". Deshalb jedoch den Verwaltungsakt bei jedem Begründungsfehler als rechtswidrig anzusehen, erschiene gleichfalls wenig überzeugend. Der Verzicht auf die Abgrenzung zwischen den tragenden Gründen und der sonstigen Begründung führte zu einer Ausweitung der Rechtswidrigkeitsfolge, die allen bisherigen Vorstellungen zur Rechtswidrigkeitsbeurteilung widerspräche. Sobald aber die Notwendigkeit des restriktiven Kriteriums des sachlichen Zusammenhangs zwischen der Entscheidung und seiner Begründung befürwortet und dazu auf die konkreten Aussagen und Formulierungen der Begründung abgestellt wird, kann die Grenze nur anhand des objektiven Erklärungsgehalts der Begründung bestimmt werden. Wenn unter diesen Voraussetzungen keine Konnexität zwischen einem Begründungsfehler und der Rechtmäßigkeit des Verwaltungsakts festgestellt werden kann, heißt das andererseits aber noch nicht, daß der Betroffene, der im Hinblick auf

---

[126] So i. E. *Kopp/Schenke*, VwGO, §113 Rdnr. 24. Allerdings können entsprechende Inhalte der Begründung mindestens Zweifel an der Unparteilichkeit des konkreten Entscheidungsträgers begründen und dadurch mittelbar die Rechtswidrigkeit des Verwaltungsakts auslösen. Ist der Amtsträger befangen (§21 VwVfG), leidet die Entscheidung an einem Verfahrensfehler, der seinerseits zur Rechtswidrigkeit des Verwaltungsakts führt; s. dazu bereits oben B II 1 (S. 144f.).

[127] In dieser Voraussetzung zeigt sich eine Parallele zur Notwendigkeit eines sachlichen Zusammenhangs zwischen einer Verletzung von Geheimhaltungspflichten und dem konkreten Verwaltungsverfahren, in dem die Entscheidung getroffen wird, s. oben B II 4 (S. 153f.).

unzutreffende Angaben in der Begründung Rechtsmittel eingelegt hat, zwangsläufig auch die Kosten des Verfahrens zu tragen habe. Hat der Begründungsfehler den Rechtsstreit veranlaßt, so kann die Kostenentscheidung auch zugunsten des Betroffenen ausfallen, auch wenn sich der Verwaltungsakt als rechtmäßig erweist[128].

Bei der hier vertretenen Auffassung kommt der Trennung von Gründen und (sonstiger) Begründung ausschlaggebende Bedeutung für die Rechtmäßigkeitsbeurteilung von Verwaltungsakten zu. Bevor weitere Argumente für diese Ansicht vorgestellt werden, ist die Abgrenzung noch zu vertiefen.

Die notwendige Abgrenzung läßt sich in erster Linie durch das Abstellen auf die Begründung selbst erreichen. Nur soweit sich der Fehler auf einen Begründungsteil bezieht, mit dem aus der Perspektive der Behörde Gründe für den Verwaltungsakterlaß genannt werden sollten, kann der Verwaltungsakt dadurch rechtswidrig sein. Maßgeblich ist dafür der in der Begründung erklärte Wille der Behörde. Keine Rechtswidrigkeit des Verwaltungsakts begründen folglich sämtliche Teile der Begründung, seien es Sachverhaltsangaben, rechtliche Erwägungen oder sonstige Ausführungen, auf die der Erlaß des Verwaltungsakts von der Behörde tatsächlich nicht gestützt wird[129]. Eindeutige Fälle sind insofern obiter dicta.

Die angegebenen Kriterien für die Differenzierung zwischen fehlerhaften Gründen und sonstigen Begründungsfehlern lassen aber durchaus noch Zweifelsfragen offen. So erweisen sich solche Fallkonstellationen als problematisch, in denen mehrere Gründe nebeneinander für den Verwaltungsakterlaß genannt werden. Dies ist zum Beispiel der Fall, wenn die Behörde etwa eine gewerberechtliche Untersagungsverfügung nach § 35 Abs. 1 S. 1 GewO und die dafür erforderliche Unzuverlässigkeit alternativ auf drei unterschiedliche Tatsachen stützt, aus denen sie jeweils für sich die Unzuverlässigkeit des Gewerbetreibenden ableiten zu können glaubt. Hier ist durchaus fraglich, ob es sich bei den einzelnen Gründen jeweils um Gründe handelt, auf die der Erlaß des Verwaltungsakts gestützt wird und von deren Richtigkeit nach hier vertretener Ansicht die Rechtmäßigkeit des Verwaltungsakts (auch) abhängt. Eindeutig ist nur der Fall, in dem sich sämtliche Tatsachenannahmen als unzutreffend erweisen oder sie zwar zutreffend sind, aber insgesamt nicht geeignet sind, die Unzuverlässigkeitsprognose zu begründen. Hier wird der Verwaltungsakt auf Gründe gestützt, die ihn nicht tragen, was zu seiner Rechtswidrigkeit führt.

Erheblich größere Probleme werfen die Fälle auf, in denen nur eine oder zwei Annahmen beziehungsweise Erwägungen tatsächlich oder rechtlich unzutreffend sind, eine der Tatsachenannahmen aber zutrifft und auch geeignet ist, das Unzuverlässigkeitsurteil zu tragen. Auch hier leidet die Begründung an einem oder mehreren materiellen Fehlern. Dadurch, daß die Entscheidung aber alterna-

[128] Vgl. zum Veranlassungsprinzip *R. P. Schenke*, Der Erledigungsrechtsstreit, S. 158f.

[129] Im Grundsatz ebenso *W.-R. Schenke*, NVwZ 1988, 1 (10).

tiv auf drei Gründe gestützt wird, fehlt es in gewisser Beziehung an einem sachlichen Zusammenhang beziehungsweise an der oben geforderten inneren Verbindung zwischen dem genannten, aber unzutreffenden Grund und der Entscheidung. Sollen die Gründe den Verwaltungsakt nach der Begründung alternativ beziehungsweise nebeneinander jeder für sich rechtfertigen, erweisen sich die angegebenen Gründe nur dann als „maßgebliche Gründe", wenn zugleich die übrigen den Verwaltungsakt nicht tragen. Dann soll nach dem Willen der Behörde jeder der drei Gründe den Verwaltungsakt nur dann eigenständig stützen, wenn alle übrigen Gesichtspunkte die Entscheidung nicht tragen. Zur Rechtswidrigkeit des Verwaltungsakts führen materielle Begründungsfehler in diesem Fall nur, wenn sämtliche Gründe den Verwaltungsakt einzeln oder zusammen nicht zu tragen vermögen. Dieser Fall der Alternativbegründung liegt abstrakt gesehen sicher vor, wenn in der Begründung ausdrücklich die Rechtfertigungsgründe mit einem „Entweder-oder" verbunden sind. Hier ergibt sich die Alternativität der Gründe direkt aus der Begründung. Aus der (verobjektivierten) Sicht des Betroffenen, sei es des Adressaten, sei es eines Dritten, ist klar, daß dieser Verwaltungsakt auf mehrere Gründe nebeneinander gestützt wird. Zweifel an der Tragfähigkeit einzelner Gründe begründen noch keine Zweifel an der Rechtfertigung der Entscheidung durch die angeführten Gründe.

Entsprechendes muß auch dann angenommen werden, wenn die Begründung im Wege der Auslegung als „Alternativ-Begründung" objektiv erkennbar ist. Das ausdrückliche „Entweder-oder" ist dafür nicht notwendig. Von dieser Konstellation unterscheidet sich dagegen eine Begründung, in der mehrere Rechtfertigungsgründe nicht in einem Alternativ-, sondern in einem Kumulativverhältnis stehen sollen. In diesem Fall rechtfertigt die Behörde den Verwaltungsakterlaß durch mehrere Gründe. Hier ergibt die Auslegung dieser Begründung, daß der Erlaß aus der Sicht der Behörde gerade deshalb als gerechtfertigt angesehen wird, weil alle Gründe kumulativ vorliegen sollen. Stellt sich dann einer der Gründe als objektiv unzutreffend heraus, so liegt ein materieller Begründungsfehler vor, der zur Rechtswidrigkeit des Verwaltungsakts führt. Dabei kommt es nicht darauf an, ob die zutreffenden übrigen Gründe für sich den Verwaltungsakterlaß objektiv rechtfertigen. Maßgeblich ist allein die Entscheidung der Behörde.

Dieses Ergebnis dürfte im Bereich der Ermessensverwaltungsakte auf allgemeine Zustimmung stoßen, beim gebundenen Verwaltungsakt dagegen wohl kaum. Für eine solche Ablehnung und für die Rechtmäßigkeit des Verwaltungsakts scheint auch zu sprechen, daß die Begründung neben einem oder mehreren unzutreffenden auch die objektiv maßgeblichen und tragfähigen Gründe enthält. Insofern scheint der Verwaltungsakt erhebliche Unterschiede gegenüber einem Verwaltungsakt aufzuweisen, dessen Begründung keine objektiv tragfähigen Gründe nennt, auch wenn solche objektiv vorhanden wären.

Diese Einwände überzeugen gleichwohl nicht. Verwaltungsakte sind aus der Perspektive des Adressaten oder Drittbetroffenen nach dem erklärten Willen der

Behörde auszulegen[130]. Es kommt allein auf den objektiven Erklärungswert aus dem Empfängerhorizont an[131]. Wenn diese Auslegung der Begründung ergibt, daß die Behörde den Verwaltungsakt gerade deshalb erlassen hat, weil nach ihrer Ansicht sämtliche der angeführten Gründe gegeben seien, so sollte der Verwaltungsakt nach dem objektiven Erklärungssinn vom tatsächlichen Vorliegen sämtlicher Gründe abhängig gemacht werden. Ist für den Verwaltungsaktsadressaten oder den Drittbetroffenen die Begründung objektiv so zu verstehen, daß schon der Fehlernachweis im Hinblick auf einen einzelnen Grund ausreicht, um die Tragfähigkeit der Gründe zu negieren, muß der nachweisbare Fehler auch Folgen für die Rechtmäßigkeit des Verwaltungsakts haben.

Nach dieser Präzisierung der Abgrenzung von für die Rechtmäßigkeitsbeurteilung des Verwaltungsakts relevanten Gründen und sonstigen Begründungsteilen ist mit der Argumentation hinsichtlich der Relevanz der Fehlerfreiheit der Gründe fortzusetzen. Für diese Relevanz spricht eine Reihe von Gesichtspunkten, die sich zumindest mittelbar aus der fehlenden Trennbarkeit von Entscheidungssatz und Gründen herleiten lassen.

Die Untrennbarkeit von Verwaltungsakt und seinen Gründen findet auch in der Maßgeblichkeit der Gründe beziehungsweise der die Gründe ausführenden Begründung für die Auslegung des Spruchs[132] und für die Feststellung der Bindungswirkung ihren Ausdruck. Gleich ob es sich um gebundene Entscheidungen oder Ermessensverwaltungsakte handelt, in zahlreichen Fällen konstituieren die Gründe den Entscheidungssatz mit. Das gilt keineswegs nur für Ablehnungsbescheide, bei denen der Spruch allein den Inhalt der Regelung nicht ansatzweise erkennen läßt, sondern auch für eine Vielzahl anderer Verwaltungsakte. Wird etwa dem Bürger eine Zahlungspflicht auferlegt, so ergibt sich für ihn häufig allein aus den Gründen die Herleitung und Identität dieser Pflicht. Erst die Gründe stellen hier den Gegenstand der Regelung klar. Daher rührt auch die allgemein akzeptierte Feststellung, nach der den Gründen und damit auch der formell rechtmäßigen Begründung Klarstellungs- und Beweisfunktion zukommt[133]; diese Begründung

[130] Vgl. nur *P. Stelkens/U. Stelkens*, in: Stelkens/Bonk/Sachs, VwVfG, § 35 Rdnr. 43 m. zahlr. Nachw. aus der st. Rspr. des BVerwG und der Oberverwaltungsgerichte; *Clausen*, in: Knack, VwVfG, § 9 Rdnr. 25.

[131] S. auch VGH Mannheim, Urt. v. 23.5. 1990 – 10 S 2495/89, NVwZ-RR 1990, 535 (538, 541).

[132] Vgl. dazu *Badura*, in: Erichsen/Ehlers (Hrsg.), Allgemeines Verwaltungsrecht, § 38 Rdnr. 17; *Breuer*, VerwArch. 72 (1981), 261 (267); *Erichsen*, in: Erichsen/Ehlers (Hrsg.), Allgemeines Verwaltungsrecht, § 12 Rdnr. 26; *Ossenbühl*, NJW 1980, 1353 (1354); *Sachs*, in: Stelkens/Bonk/Sachs, VwVfG, § 43 Rdnr. 56; *P. Stelkens/U. Stelkens*, in: Stelkens/Bonk/Sachs, VwVfG, § 35 Rdnr. 79; BVerwG, Urt. v. 22.10. 1957 – VI C 63.56, BVerwGE 5, 275 (LS 1, 277f.); VGH Mannheim, Urt. v. 5.4. 1984 – 2 S 2116/82, BWVPr. 1984, 201f.; VGH Kassel, Beschl. v. 17.5. 1984 – 3 TH 971/84, DVBl. 1984, 794 (795).

[133] Vgl. z.B. *Andersen*, Ungültige Verwaltungsakte, S. 120; *Dolzer*, DÖV 1985, 9 (10); *Kischel*, Die Begründung, S. 45ff.; *Kopp/Ramsauer*, VwVfG, § 39 Rdnr. 5; *Kopp*, DVBl. 1983, 399; *Lücke*, Begründungszwang, S. 91; *Meyer*, in: Meyer/Borgs, VwVfG, § 39 Rdnr. 1; *Schick*, JuS 1971, 1 (3f.,

erläutert und umschreibt, sie stellt den Inhalt der Verwaltungsaktsregelung klar. Eine Veränderung der (formell rechtmäßigen) Begründung kann damit auch den Inhalt der Regelung verändern. Da gleichzeitig der Inhalt der Regelung über den Umfang der Bindungswirkung entscheidet, kann die Begründung für die Bestimmung des Umfangs der Bindungswirkung des Verwaltungsakts von ähnlich ausschlaggebender Bedeutung sein wie die Urteilsgründe für die Bestimmung der Reichweite der Rechtskraft eines Urteils[134]. Die Begründung, die die Gründe für den Verwaltungsakterlaß nennt, konstituiert den Verwaltungsakt mit. Wenn deshalb die Begründung mitunter als ein integraler Entscheidungsbestandteil bezeichnet wird[135], so kann dem zugestimmt werden, wenn insoweit als Begründung der Teil der Begründung verstanden wird, der die Gründe für den Erlaß aufführt.

Die Bedeutung der Gründe für den Inhalt eines Verwaltungsakts findet ihre Parallele in der Bedeutung der Entscheidungsgründe für Urteile. Auch wenn sich deren Rechtskraft nur auf den „unmittelbaren Gegenstand des Urteils beschränkt, nämlich die im Entscheidungssatz des Urteils sich verkörpernde Schlußfolgerung aus Rechtsnorm und Lebenssachverhalt"[136], dient jedoch gleichzeitig das gesamte Urteil der Feststellung des Inhalts des Entscheidungssatzes, insbesondere auch die Entscheidungsgründe[137]. In vielen Fällen, beispielsweise auch bei einer erfolgreichen Anfechtungsklage, ist der Inhalt der Entscheidung und damit auch die Reichweite der Rechtskraft dem Urteilstenor nur in Verbindung mit den Urteilsgründen zu entnehmen. Hat die Rechtskraft des Urteils bei einer erfolgreichen Anfechtungsklage zur Konsequenz, daß es der Behörde bei unveränderter Sach- und Rechtslage verwehrt ist, gegen denselben Betroffe-

---

6); *Schwab*, Die Begründungspflicht, S. 17ff. In diesem Fall wird stets konkludent davon ausgegangen, daß die Begründung auch die Gründe enthält.

[134] Vgl. zur Bedeutung für die Bindungswirkung auch *P. Stelkens/U. Stelkens*, in: Stelkens/Bonk/Sachs, VwVfG, § 35 Rdnr. 79; *Kopp/Ramsauer*, VwVfG, § 43 Rdnr. 15, 32; *Schoch*, Innovation, S. 233; *Seibert*, Bindungswirkung, S. 314; für die Bindungswirkung von Teilgenehmigungen etwa *Ossenbühl*, NJW 1980, 1353 (1354); *Breuer*, VerwArch. 72 (1981), 261 (267).

[135] So *Schnapp*, SGb. 1988, 309 (314), unter Hinweis auf *Bettermann*, in: Festschrift für Huber, S. 25 (46f.), dessen Ausführungen zur Relevanz von Begründungen sich dort allerdings nur auf Ermessensentscheidungen beziehen. Nach *Bettermann* ist die Begründung von gebundenen Entscheidungen für deren Rechtmäßigkeit dagegen irrelevant, ebd., S. 44ff.

[136] BVerwG, Urt. v. 10.5. 1994 – 9 C 501.93, BVerwGE 96, 24 (26); vgl. auch BVerwG, Urt. v. 17.12. 1963 – II C 20.63, BVerwGE 17, 293 (299); Urt. v. 21.9. 1984 – 8 C 4.82, BVerwGE 70, 159 (161); BGH, Urt. v. 27.2. 1961 – III ZR 16/60, BGHZ 34, 337 (339); Urt. v. 14.2. 1962 – IV ZR 156/61, BGHZ 36, 367; Urt. v. 8.2. 1965 – VIII ZR 121/63, BGHZ 43, 144 (145); vgl. auch *Rosenberg/Schwab/Gottwald*, Zivilprozeßrecht, § 152 Rdnr. 8; *Leipold*, in: Stein/Jonas, ZPO, § 322 Rdnr. 79; im Verwaltungsprozeß *Clausing*, in: Schoch/Schmidt-Aßmann/Pietzner, VwGO, § 121 Rdnr. 45; *Kopp/Schenke*, VwGO, § 121 Rdnr. 18.

[137] Vgl. etwa *Rosenberg/Schwab/Gottwald*, Zivilprozeßrecht, § 152 Rdnr. 8; BVerwG, Urt. v. 17.12. 1963 – II C 20.63, BVerwGE 17, 293 (299); Urt. v. 21.9. 1984 – 8 C 4.82, BVerwGE 70, 159 (161); weitergehend im Beschl. v. 16.2. 1990 – 9 B 325.89, NVwZ 1990, 1069, wonach „die tragende Begründung ... an der Rechtskraft teilnimmt".

nen aus den vom Gericht mißbilligten Gründen einen neuen regelungsidentischen Verwaltungsakt zu erlassen[138], so lassen sich alle relevanten Umstände allein aus den Urteilsgründen ableiten. Nur aus ihnen ergeben sich die Handlungsalternativen der Verwaltung nach der gerichtlichen Aufhebung des Verwaltungsakts[139]. Auch wenn die Entscheidungsgründe als solche nicht in Rechtskraft erwachsen, sind sie doch zur Ermittlung dessen, was in Rechtskraft erwächst, zwingend heranzuziehen[140]. Die Gründe bestimmen den Inhalt der Entscheidung maßgeblich mit. Entsprechendes gilt für die Feststellung des Inhalts und der Reichweite eines Verwaltungsakts: Auch hier ist die Begründung, die Ausführungen zum Tatbestand und zur Entscheidung enthält, nicht selbst Teil der Entscheidung, so daß sie auch nicht an deren Bindungswirkung teilnimmt[141].

Gegenstand einer Rechtmäßigkeitsbeurteilung innerhalb wie außerhalb eines Prozesses ist ein konkret erlassener Verwaltungsakt und nicht ein fiktiver Verwaltungsakt, der aufgrund einer Verpflichtung zum Erlaß hätte erlassen werden müssen. Das folgt auch aus der für den Verwaltungsakt in Anspruch genommenen Ermächtigungsgrundlage. Jede Rechtsgrundlage für den Erlaß eines Verwaltungsakts erlaubt ein Gebrauchmachen des Rechts zum Erlaß nicht nur objektiv unter den in der Rechtsgrundlage vorgesehenen Voraussetzungen, sondern auch nur aus den gesetzlichen Gründen. Es kommt stets – auch bei gesetzlich gebundenen Entscheidungen – darauf an, aus welchen Gründen ein Verwaltungsakt erlassen wird. Der Erlaß aus gesetzwidrigen Gründen macht den Verwaltungsakt rechtswidrig. Das gilt nicht nur für Ermessensentscheidungen, sondern auch für gebundene. Zum Beispiel kann eine Gewerbeuntersagung nach § 35 Abs. 1 GewO ausgesprochen werden und muß dies auch, wenn der Gewerbetreibende unzuverlässig ist. Geht die zuständige Behörde rechtsirrtümlich von der Unzuverlässigkeit aus, weil sich der Betreffende etwa wiederholt in Zeitungsleserbriefen über die Zustände in der Stadtverwaltung beschwert, dann ist die konkrete Untersagungsverfügung nicht von der Ermächtigungsgrundlage gedeckt und deshalb rechtswidrig. Entsprechendes gilt auch dann, wenn die Untersagungsverfügung auf eine strafgerichtliche Verurteilung wegen Untreue und Steuerhinterziehung gestützt wird, der Gewerbetreibende jedoch mit der straffälligen Person wegen Namensgleichheit verwechselt wurde. Das Rechtswidrigkeitsurteil hängt hier allein vom konkret maßgeblichen Grund und nicht davon ab, ob die Unzuverlässigkeit nach einer – nicht bekannten – objektiven Tatsachenlage auch für die Person des

---

[138] Vgl. BVerwG, Urt. v. 8.12. 1992 – 1 C 12.92, BVerwGE 91, 256 (LS 1).

[139] Vgl. etwa *Menger*, VerwArch. 50 (1959), 387 (394); *Clausing*, in: Schoch/Schmidt-Aßmann/Pietzner, VwGO, § 121 Rdnr. 81.

[140] Z.B. BVerwG, Beschl. v. 15.3. 1968 – VII C 183.65, BVerwGE 29, 210 (212); Urt. v. 21.9. 1984 – 8 C 4.82, BVerwGE 70, 159 (161); Urt. v. 10.5. 1994 – 9 C 501.93, BVerwGE 96, 24 (26); BGH, Urt. v. 27.2. 1961 – III ZR 16/60, BGHZ 34, 337 (339); *Clausing*, in: Schoch/Schmidt-Aßmann/Pietzner, VwGO, § 121 Rdnr. 50 m. w. Nachw.; *Rennert*, in: Eyermann, VwGO, § 121 Rdnr. 21f.; *Kopp/Schenke*, VwGO, § 121 Rdnr. 18ff.

[141] Vgl. etwa BSG, Beschl. v. 9.9. 1999 – B 11 AL 17/99 R, NZS 2000, 210 (211).

Gewerbetreibenden aufgrund anderer Verhaltensweisen oder Umstände zu befürworten ist oder nicht. Die Ermächtigungsgrundlage des §35 Abs. 1 GewO erlaubt eine Untersagungsverfügung nur bei objektiver Unzuverlässigkeit und aus dem Grund der Unzuverlässigkeit heraus. Ist in den Beispielen aus anderen Gründen tatsächlich eine Unzuverlässigkeit gegeben, so ändert das nichts an der Rechtswidrigkeit des Verwaltungsakts. Ob deshalb auch ein Aufhebungsanspruch zu befürworten ist, ist eine andere Frage.

Daraus folgt mittelbar, daß etwa auch die rechtlich zutreffende, die „richtige" Ermächtigungsgrundlage genannt werden muß. Wird eine rechtlich unzutreffende Grundlage genannt, so wird der Verwaltungsakt auf eine Rechtsgrundlage gestützt, die zu dem Erlaß nicht ermächtigt. Der Erlaß ist damit materiell rechtswidrig. Das gilt unabhängig davon, ob der „Spruch" des Verwaltungsakts rechtmäßig auf eine andere Rechtsgrundlage gestützt werden kann. Dies gilt selbst dann, wenn die im Verwaltungsakt getroffene Regelung auf der Grundlage dieser anderen Rechtsnorm hätte erlassen werden müssen. Gegenstand des Rechtswidrigkeitsurteils ist nämlich nicht die Beurteilung der Möglichkeit eines rechtmäßigen Erlasses eines „entsprechenden" Verwaltungsakts, sondern der konkret erlassene Verwaltungsakt.

Wird, um ein Beispiel aus der Rechtsprechung aufzugreifen[142], ein kommunaler Beitragsbescheid für den Ausbau einer Ortsdurchfahrt auf eine Rechtsgrundlage aus dem landesrechtlichen Kommunalabgabengesetz (KAG) gestützt, so ist der Bescheid unter anderem dann rechtswidrig, wenn die Tatbestandsvoraussetzungen der Regelung aus dem KAG nicht erfüllt sind. Für dieses Rechtswidrigkeitsurteil spielt es keine Rolle, ob der Verwaltungsakt auf eine andere Rechtsgrundlage (hier aus dem Erschließungsbeitragsrecht gemäß §§127ff. BauGB) gestützt werden könnte. Solange es auch im Prozeß um die Rechtmäßigkeitsbeurteilung geht, ist Gegenstand dieser Kontrolle das tatsächliche Verhalten der Behörde, also der konkret erlassene Verwaltungsakt. Wird dieser – wie in dem Beispiel – zu Unrecht nicht auf das Erschließungsbeitragsrecht, sondern auf das Kommunalabgabenrecht gestützt, dann ist die gewählte Rechtsgrundlage des Bescheides gerade das von der Behörde gewählte Recht.

Ob der Verwaltungsakt deshalb aufzuheben ist, ist damit nicht schon gesagt. Es ist, woran wiederholt erinnert wurde, strikt zwischen der Beurteilung der Rechtmäßigkeit und der Prüfung des Bestehens eines Aufhebungsanspruchs zu unterscheiden. Die Rechtswidrigkeit ist zwar eine notwendige, aber keine hinreichende Bedingung des Aufhebungs- oder (allgemeiner) des Beseitigungsanspruchs. Soweit die Rechtsprechung gerade in manchen Fällen gebundenen Verwaltungshandelns diesen Unterschied nicht beachtet, beruht dies auf einer Auffassung, die weit in die Zeit vor Erlaß des VwVfG und auch der VwGO zurückreicht, die aber angesichts des geltenden Rechts jedenfalls heute nicht mehr überzeugen kann.

---

[142] Vgl. BVerwG, Urt. v. 19.8. 1988 – 8 C 29.87, BVerwGE 80, 96ff.

Die Aussage, die Frage, ob ein angefochtener Bescheid materiell rechtmäßig ist, richte sich nach dem Recht, das geeignet ist, seinen Spruch zu rechtfertigen[143], ist unzutreffend.

Gegen die hier vertretene Auffassung lassen sich auch nicht die Fälle anführen, in denen ein Verwaltungsakt ausnahmsweise (gemäß § 39 Abs. 2 VwVfG) ohne Begründung rechtmäßig erlassen werden kann. Im Unterschied zu einem begründeten Verwaltungsakt steht bei der Rechtmäßigkeitskontrolle dieses Verwaltungsakts lediglich keine Begründung zur Verfügung, die Auskünfte über die Gründe des Verwaltungsakts gibt. Ermittelt werden müssen hier die Gründe für die Rechtmäßigkeitsprüfung aber ebenfalls. Nur kann die Ermittlung der Gründe nicht mit Hilfe der Begründung erfolgen; statt dessen ist etwa auf die Akten über das Verwaltungsverfahren oder sonstige Umstände wie auch die Kenntnisse der Beteiligten zurückzugreifen. Auch hier kommt, wie schon aus dem Fall des ohne Begründung erlassenen Ermessensverwaltungsakts folgt, kein Rückgriff auf die „objektive" Rechtslage in Betracht, wenn Anhaltspunkte für andere Erlaßgründe vorliegen.

Hält man demgegenüber die Gründe nicht zwingend für maßgeblich zur Beurteilung der Rechtmäßigkeit eines rechtlich gebundenen Verwaltungsakts, so liegt darin auch ein Widerspruch zur Regelung des § 39 Abs. 1 S. 2 VwVfG, der die Angabe der Gründe für jede Art von Verwaltungsakt verlangt. Der Gesetzgeber hat hier in Kenntnis der Unterschiede zwischen gebundenen Verwaltungsakten und Ermessensverwaltungsakten, wie § 39 Abs. 1 S. 3 VwVfG zeigt, die Pflicht zur Angabe der Gründe unterschiedslos auch für die gebundene Entscheidung statuiert. Nun ist diese Regelung gerade unter Berücksichtigung des Sinns der Begründung für den Rechtsschutz, wie vom Bundesverfassungsgericht schon im Elfes-Urteil[144] festgestellt, erlassen worden[145]. Dann erscheint es jedoch widersinnig, den Gründen bei gebundenen Entscheidungen keine Bedeutung für die Rechtmäßigkeitsbeurteilung beimessen zu wollen. Im Gegenteil geht die Regelung des § 39 Abs. 1 S. 2 VwVfG gerade von der Relevanz der Gründe für die Rechtmäßigkeit auch bei gebundenen Entscheidungen aus. Andernfalls würde das Gesetz noch der Irreführung, die fehlerhaften Gründen im Hinblick auf den Rechtsschutz innewohnt, zusätzlichen Vorschub leisten.

Gegen die Ansicht des Bundesverwaltungsgerichts[146], für die Rechtmäßigkeit eines Verwaltungsakts im Sinne des § 113 Abs. 1 S. 1 VwGO komme es – mit gewissen Grenzen – auf seine objektive Rechtfertigungsfähigkeit und nicht darauf an, ob die Behörde den Verwaltungsakt auf zutreffende Gründe gestützt hat, sprechen auch Widersprüche in der Argumentation des Gerichts selbst. Nach

[143] So aber BVerwGE 80, 96 (98).

[144] BVerfG, Urt. v. 16. 1. 1957 – 1 BvR 253/56, BVerfGE 6, 32 (44); s. dazu etwa auch *Dolzer* DÖV 1985, 9 (13).

[145] Vgl. Gesetzentwurf der Bundesregierung v. 18. 7. 1973 (EVwVfG), BT-Drs. 7/910, S. 60 zu § 35 EVwVfG (jetzt § 39 VwVfG).

[146] BVerwG, Urt. v. 19. 8. 1988 – 8 C 29.87, BVerwGE 80, 96 (98).

Auffassung des Bundesverwaltungsgerichts besteht der angeblich allein für die Rechtmäßigkeitsbeurteilung relevante Spruch des Bescheides gerade aus zwei Teilen, nämlich „darin, daß – zum einen – von der Klägerin eine bestimmte Beitragsleistung verlangt wird und – zum anderen – ... sich dies auf eine bestimmte Rechtsgrundlage stützt“[147]. Damit wird die untrennbare Verbindung zwischen Verfügungssatz und den Gründen für den Erlaß durch das Bundesverwaltungsgericht gerade selbst herausgestellt. Die Gründe machen – zumindest insoweit – die Entscheidung selbst mit aus[148].

Mit der Grundthese der fehlenden Trennbarkeit von Entscheidungssatz und Gründen stimmt auch überein, wenn die offenbar allgemeine Auffassung von der Möglichkeit ausgeht, daß ein Verwaltungsakt ohne jede Änderung des Entscheidungssatzes in seinem Wesen verändert werden kann. Anders läßt sich nämlich nicht eine allgemein akzeptierte Voraussetzung an ein zulässiges Nachschieben von Gründen verstehen[149], nach der der angefochtene Verwaltungsakt durch das Nachschieben von Gründen nicht in seinem Wesen verändert werden darf. Das setzt folglich die Möglichkeit voraus, durch den Austausch der Begründung die Identität des Verwaltungsakts zu ändern[150]. Wie sich auch an den Entscheidungen zum Abgaben- und Beitragsrecht zeigt[151], besteht diese Möglichkeit nicht nur für Ermessensverwaltungsakte, sondern auch für gebundene Entscheidungen. Die Identität beziehungsweise das Wesen eines Verwaltungsakts wird daher auch durch seine Gründe bestimmt.

bb) Der „Anspruch auf eine materiell zutreffende Begründung“

Der von einzelnen Literaturstimmen befürwortete „Anspruch auf eine materiell richtige Begründung“[152] soll seine Rechtsgrundlage im Rechtsstaatsprinzip, im Grundsatz der Rechtsschutzeffektivität sowie in dem in den Freiheitsgrundrechten angelegten status activus processualis finden. Vor dem Hintergrund der verfassungsrechtlichen Herleitung des Begründungserfordernisses, wie sie gerade auch das Bundesverfassungsgericht vorgenommen hat, liegt insbesondere ein Rückgriff auf die materiellen Grundrechte und die Rechtsschutzeffektivität nahe.

Das Elfes-Urteil des Bundesverfassungsgerichts[153] liefert dafür die entsprechende Vorlage. Danach sind (bestimmte) Ausnahmen vom Begründungszwang

---

[147] BVerwG, Urt. v. 19.8. 1988 – 8 C 29.87, BVerwGE 80, 96 (98).

[148] Vgl. auch *Erbguth*, NVwZ 1989, 531 (524).

[149] Vgl. *R.P. Schenke*, VerwArch. 90 (1999), 232 (250 m. w. Nachw. in Fußn. 88).

[150] S. ausdrücklich *R.P. Schenke*, VerwArch. 90 (1999), 252.

[151] S. stellv. BVerwG, Urt. v. 27.1. 1982 – 8 C 12.81, BVerwGE 64, 356 (359); Urt. v. 19.8. 1988 – 8 C 29.87, BVerwGE 80, 96 (98); außerhalb des Beitragsrechts s. etwa BVerwG, Urt. v. 13.1. 1955 – I C 59.54, BVerwGE 1, 311 (313); vgl. auch *R.P. Schenke*, VerwArch. 90 (1999), 255f.

[152] Vgl. *W.-R. Schenke*, NVwZ 1988, 1 (8); *ders.*, Verwaltungsprozeßrecht, Rdnr. 811ff.; *Meyer*, in: Meyer/Borgs, VwVfG, §45 Rdnr. 17, 29f.; *Hödl-Adick*, Die Bescheidungsklage, S. 58ff.

[153] BVerfG, Urt. 16.1. 1957 – 1 BvR 253/56, BVerfGE 6, 32.

„mit dem rechtsstaatlichen Grundsatz unvereinbar, daß der Staatsbürger, in dessen Rechte eingegriffen wird, einen Anspruch darauf hat, die Gründe dafür zu erfahren; denn nur dann kann er seine Rechte sachgemäß verteidigen"[154]. Auch wenn es hier unmittelbar nur um die Begründungspflicht insgesamt ging und nicht um die Pflicht zu einer inhaltlich zutreffenden Begründung, lassen sich aus diesen Bemerkungen doch entsprechende Konsequenzen für den Anspruch auf die inhaltlich zutreffende Begründung ziehen. Wenn die Begründung einer sachgemäßen Verteidigung der Rechte dienen soll, dann kann es von vornherein nicht ausreichen, daß überhaupt nur (irgend-)eine Begründung gegeben wird.

Dies läßt sich anhand der möglichen Folgewirkungen einer inhaltlich unzutreffenden Begründung verdeutlichen. Eine inhaltlich unrichtige Begründung kann zum einen die Wirkung haben, daß der Betroffene Rechtsfehler des Verwaltungsakts nicht bemerkt, weil ihn die Begründung (trotz ihrer Unrichtigkeit) überzeugt, und deshalb vom Vorliegen einer sachlichen Rechtfertigung des Verwaltungsakts ausgeht. In diesem Fall wird er auf die Einlegung von Rechtsbehelfen verzichten. Das wirft keine Probleme auf, soweit hinsichtlich des Verwaltungsakts ohnehin kein Aufhebungsanspruch existiert, so daß auch ein Rechtsbehelf jedenfalls nicht zur Aufhebung des Verwaltungsakts führen könnte. Besteht dagegen ein Aufhebungsanspruch, so führt der Verzicht des Betroffenen auf seine Rechtsschutzmöglichkeiten zu einer fortdauernden Rechtsbeeinträchtigung. Hier hat der Betroffene der (falschen) Begründung vertraut, die das Vorliegen einer Ermächtigungsgrundlage für den Verwaltungsakt vorgespiegelt hat. Abstrakt gesehen schafft die (falsche) Begründung also die Gefahr, daß sich der Betroffene von ihr überzeugen läßt und keinen Rechtsbehelf einlegt. Diese Gefahr wird in der Diskussion häufig übersehen, obwohl für die Beurteilung der Auswirkungen von unzutreffenden Gründen gerade auch von einem potentiellen Kläger auszugehen ist, der die Tragfähigkeit einer Begründung nicht selbst prüfen kann. Entbehrt der Verwaltungsakt tatsächlich einer Ermächtigungsgrundlage und existiert deshalb auch ein Aufhebungsanspruch, ist der Betroffene durch die Begründung, die das Vorliegen von Gründen nur vorgespiegelt hat, an der Einlegung von Widerspruch und Anfechtungsklage „gehindert" und damit um den Aufhebungsanspruch gebracht worden[155]. Dagegen läßt sich auch nicht einwenden, in den Fällen, in denen der Verwaltungsakt ohnehin materiell rechtswidrig sei, komme es auf die Frage des Anspruchs auf eine sachlich zutreffende Begründung nicht an. Das trifft nur hinsichtlich des objektiven Rechtswidrigkeitsurteils zu. Der – ohnehin rechtswidrige – Verwaltungsakt wäre dann nicht auch noch wegen der sachlich unzutreffenden Begründung rechtswidrig. Diese Betrachtungsweise über-

---

[154] BVerfGE 6, 32 (44). S. auch BVerfG, Beschl. v. 29.10. 1975 – 2 BvR 812/73, BVerfGE 40, 276 (286); Beschl. v. 1.8. 1978 – 2 BvR 1013, 1019, 1034/77, BVerfGE 49, 24 (66f.), sowie BVerwG, Urt. v. 23.9. 1992 – 6 C 2.91, BVerwGE 91, 24 (44f.).

[155] Darauf weisen zutreffend hin *Koenig*, AöR 117 (1992), 513 (522); *Hödl-Adick*, Die Bescheidungsklage, S. 69.

sieht jedoch, daß der unzutreffenden Begründung auch dann ein eigener Unwert zukommt, wenn der Verwaltungsakt schon aus anderen Gründen materiell rechtswidrig ist. Der mit der Begründung verbundene zusätzliche Rechtsfehler geht über den Rechtsverstoß hinaus, der den Aufhebungsanspruch begründet.

Zum anderen ist noch der umgekehrte Fall zu betrachten. Erkennt der Betroffene den materiellen Fehler der Begründung, kann dieser Fehler ihn zum Beschreiten des Rechtswegs veranlassen. Das wirft wiederum solange keine Probleme auf, wie auch ein Aufhebungsanspruch besteht. Ist ein Aufhebungsanspruch dagegen im Ergebnis zu verneinen, dann ist der Betroffene mit der Einlegung von Widerspruch und Anfechtungsklage zu einem Verhalten verleitet worden, das sich nicht als sachgemäßer Rechtsschutz darstellt. Bestenfalls folgt daraus kein finanzieller Nachteil, sofern im Rahmen der §§ 155 Abs. 4, 161 Abs. 2 VwGO der Behörde die Kosten auferlegt werden. Aber auch dann begründet die fehlerhafte Begründung eine eigenständige Belastung für den Betroffenen, der für die im Ergebnis sinnlosen Rechtsbehelfe Mühe und Zeit aufwenden muß.

Wie diese Fallkonstellationen zeigen, erlaubt nur eine Begründung, die den Betroffenen nicht in die Irre führt, eine sachgemäße Verteidigung. Eine Begründung, die etwa aufgrund ihrer Fehlerhaftigkeit den Eindruck erweckt, der Verwaltungsakt entbehre einer Rechtsgrundlage, so daß Widerspruch und Anfechtungsklage gegen den Verwaltungsakt zur Aufhebung des Verwaltungsakts führten, obwohl das im Ergebnis nicht der Fall ist, verhindert gerade die sachgemäße Verteidigung. Diese besteht im Fall des fehlenden Aufhebungsanspruchs eben nicht in der Einlegung von Rechtsbehelfen. Damit gilt, wenn schon die fehlende Begründung eine Beeinträchtigung der Rechtsverteidigung bewirkt, muß dies erst recht für die inhaltlich fehlerhafte Begründung gelten[156]. Die fehlerhafte Begründung schafft die Gefahr, daß der Betroffene entweder einen aussichtsreichen Widerspruch nicht einlegt oder einen aussichtslosen einlegt. In beiden Fällen wird die sachgemäße Rechtsverteidigung beeinträchtigt.

Diese mit der sachlich unzutreffenden Begründung verbundene Gefahr der Irreführung des Verwaltungsaktsbetroffenen verletzt nicht nur hinsichtlich einer möglichen Klage, sondern auch bezüglich eines Widerspruchsverfahrens Art. 19 Abs. 4 GG. Obwohl weder Art. 19 Abs. 4 GG[157] noch die materiellen Grundrechte[158] ein administratives Rechtsschutzverfahren wie das Widerspruchsverfahren vorschreiben, so muß es doch, wenn es durch den Gesetzgeber geschaffen wird, effektiv sein. Anderenfalls stellen diese Verfahren auch eine Verzögerung des effektiven gerichtlichen Rechtsschutzes dar und verstoßen damit gegen Art. 19

---

[156] Vgl. auch *Meyer*, NVwZ 1986, 513 (519); *Koenig*, AöR 117 (1992), 513 (523):

[157] Vgl. BVerfG, Beschl. v. 9. 5. 1973 – 2 BvL 43, 44/71, BVerfGE 35, 65 (73); Beschl. v. 20. 4. 1982 – 2 BvL 26/81, BVerfGE 60, 253 (291); *Krüger/Sachs*, in: Sachs (Hrsg.), GG, Art. 19 Rdnr. 139 Fußn. 377.

[158] Im Hinblick auf das früher in Art. 16 Abs. 2 S. 2 GG statuierte Asylrecht BVerfG, Beschl. v. 20. 4. 1982 – 2 BvL 26/81, BVerfGE 60, 253 (291).

Abs. 4 GG[159]. Damit läßt sich aus der Rechtsschutzgarantie des Art. 19 Abs. 4 GG und dem immanenten Prinzip der Rechtsschutzeffektivität eine Pflicht zur sachlich zutreffenden Begründung von Verwaltungsakten ableiten. Eine Beeinträchtigung der sogenannten Rechtsschutzeffektivität liegt nicht nur vor, wenn ein vorhandener und aussichtsreicher Rechtsweg versperrt oder erschwert wird, sondern auch dann, wenn eine in Wahrheit nicht existente Aussicht auf Erfolg eines Widerspruchsverfahrens oder einer Klage vorgespiegelt wird. Hier besteht ein effektiver Rechtsschutz gerade nicht in dem suggerierten Rechtsweg. Diese Irreführung über den Rechtsschutz verstößt gegen Art. 19 Abs. 4 GG[160].

Der Anspruch auf die sachlich und rechtlich zutreffende Begründung des Verwaltungsakts läßt sich trotz mancher Kritik zusätzlich auch auf das Rechtsstaatsprinzip gründen. Wird dem Betroffenen durch die materiell fehlerhafte Begründung entweder die Begründbarkeit des Verwaltungsakts oder die Erfolgsaussicht einer Klage vorgetäuscht, verletzt dies auch das rechtsstaatliche Gebot der Verfahrensfairneß[161].

In eine ähnliche Richtung zielt auch die Überlegung, die von der Gegenansicht im Ergebnis vertretene Irrelevanz der Begründung für die Rechtmäßigkeitsbeurteilung von gebundenen Verwaltungsakten verneine einen Schutz des Vertrauens in die gegebene Begründung[162]. Diese Argumentation gerät auf den ersten Blick natürlich schnell in den Verdacht eines Zirkelschlusses. Ein Verstoß gegen das Vertrauensschutzprinzip setzt ja gerade voraus, daß die Rechtsordnung ein tatsächliches Vertrauen einer Person auch als rechtlich schutzwürdig anerkennt. Wenn die Rechtsordnung dagegen der Verwaltungsaktsbegründung keine Relevanz für die Rechtmäßigkeit des Verwaltungsakts zuspricht, kann auch keine Vertrauensschutzverletzung eingetreten sein[163].

Gleichwohl sind diese Einwände oder Bedenken nicht überzeugend. Zwar kann der Betroffene (selbstverständlich) nicht darauf vertrauen, daß sein Widerspruch oder seine Anfechtungsklage Erfolg haben werden, nur weil die Begründung materiell unzutreffend ist. Das wäre nur der Fall, wenn gerade die fehlerhafte Begründung den Aufhebungsanspruch auslösen würde, was jedoch wohl von niemandem vertreten werden dürfte. Es geht also nicht um ein schutzwürdiges Vertrauen in die Aufhebung des Verwaltungsakts, sondern um das Vertrauen in die Maßgeblichkeit der Begründung beziehungsweise genauer der in der Begrün-

---

[159] Wohl ebenso *Schmidt-Aßmann*, in: Maunz/Dürig/Herzog/Scholz, GG, Art. 19 Abs. 4 Rdnr. 249.

[160] Vgl. auch BVerfG, Beschl. v. 8.7. 1982 – 2 BvR 1187/80, BVerfGE 61, 82 (110).

[161] Vgl. etwa BVerfG, Beschl. v. 13.11. 1979 – 1 BvR 1022/78, BVerfGE 52, 380 (389) m. w. Nachw.; *H.P. Schneider*, Zeitschrift für evangelische Ethik 1980, 22 (39); *Stern*, Staatsrecht I, S. 825 Fußn. 377; *Sachs*, in: Sachs (Hrsg.), GG, Art. 20 Rdnr. 165; *Schulze-Fielitz*, in: Dreier (Hrsg.), GG, Art. 20 Rdnr. 194 m. w. Nachw.; zur Fairneß und Verfahrensgerechtigkeit s. m. zahlr. w. Nachw. *R. Hoffmann*, Verfahrensgerechtigkeit, S. 34ff.

[162] Vgl. *W.-R. Schenke*, NVwZ 1988, 1 (6).

[163] In diese Richtung *R.P. Schenke*, VerwArch. 90 (1999), 232 (245).

dung genannten Gründe. Daß diese Gründe für die Beurteilung der Rechtmäßigkeit des Verwaltungsakts Bedeutung besitzen müssen und dies von der Rechtsordnung auch so vorgesehen ist, folgt aus der (formellen) Begründungspflicht bei gebundenen Verwaltungsakten. Käme den nach §39 Abs. 1 S. 2 VwVfG genannten Gründen keine Relevanz zu, wäre die Pflicht zur Begründung in bestimmten Fällen mit der gesetzlich angeordneten Irreführung des Betroffenen verbunden.

Selbst wenn man aber dieser Herleitung der Relevanz der Begründung aus §39 VwVfG nicht folgen und dementsprechend auch keine Vertrauensschutzverletzung annehmen wollte, kann nicht unbeachtet bleiben, daß die fehlerhafte Begründung tatsächlich die Erwartung einer Aufhebung des Verwaltungsakts im Prozeß beim Betroffenen hat entstehen lassen. Diese Erwartung wird zurechenbar ausgelöst durch die sachlich unrichtige Begründung.

Das wird in der Sache von einem Teil der Vertreter der Gegenansicht gerade auch gesehen. Die Ansicht, nach der keine Verpflichtung zur Nennung der materiell richtigen Begründung bestehen soll, führt nämlich dazu, daß die Behörde selbst dann, wenn sie nach Erlaß des Verwaltungsakts erkennt, daß der Verwaltungsakt nur durch andere Gründe gerechtfertigt werden kann, diese anderen Gründe nicht zu nennen bräuchte. Eine solche Konsequenz erscheint aber geradezu als unerträglich, was vereinzelt auch von der Gegenauffassung erkannt wird[164]. Der Rechtsstaat kann kein Verhalten der Behörde als rechtmäßig billigen, das den Betroffenen „sehenden Auges in ein Klageverfahren" treibt[165], das im Ergebnis, im Hinblick auf den Klageantrag, keinen Erfolg haben wird. Darin muß zumindest ein Verstoß gegen den rechtsstaatlichen Grundsatz der Verfahrensfairneß und der Rechtsschutzeffektivität[166] gesehen werden.

Auch auf der Basis dieser Gegenmeinung entsteht also eine Pflicht zum „Nachschieben von Gründen" (zumindest bis zum Eintritt der Bestandskraft des Verwaltungsakts), sobald die Behörde die wahren Gründe für den Verwaltungsakt erkennt. Für eine solche Lösung könnte gerade auch §39 VwVfG sprechen, der die Angabe der Gründe verlangt, auf die der Verwaltungsakt gestützt wird. Erkennt die Behörde nach dem Erlaß des Verwaltungsakts, der mit anderen Gründen versehen ist, die materiell tragfähigen Gründe, so hält sie ihn ab diesem Zeitpunkt mit diesen neuen Gründen aufrecht. Dann scheint §39 VwVfG auch die Angabe der Gründe zu verlangen.

Im Ergebnis greifen diese Überlegungen aber zu kurz. Maßgebend ist die Einsicht, daß die materiell unzutreffende Begründung den Betroffenen in ein Klageverfahren treiben kann, das auf die Aufhebung des Verwaltungsakts gerichtet, aber insoweit aussichtslos ist. Ein solches behördliches Verhalten kann die Rechtsordnung nicht billigen. Dabei kann es – anders als nach der Gegenmeinung

---

[164] Vgl. ausdrücklich *R. P. Schenke*, VerwArch. 90 (1999), 232 (245f.); s. auch *H.-D. Horn*, Die Verwaltung 25 (1992), 223.

[165] *R. P. Schenke*, VerwArch. 90 (1999), 232 (245).

[166] *Ebd.*, 246.

– nicht darauf ankommen, ob der Behörde die Unrichtigkeit der Gründe bewußt ist. Selbst für einen Amtshaftungsanspruch spielte die Kenntnis keine Rolle. Die Rechtspflicht, Verwaltungsakte nur zu erlassen, wenn dafür tragfähige Gründe angeführt werden können, besteht unabhängig von der Kenntnis dieser Gründe. So mag der Umstand, daß die Behörde den Betroffenen „sehenden Auges" zu einer aussichtslosen Klage verführt, ein gesteigertes Maß an Unrecht erfüllen. Schon dann, wenn der Betroffene durch die Behörde ohne deren (nachträgliche) Kenntnis der Fehlerhaftigkeit der Gründe zur Klage bewogen wird, liegt darin ein nicht akzeptables Unrecht. Das kann nur in dem Unwerturteil der Rechtswidrigkeit des Verwaltungsakts zum Ausdruck kommen.

cc) Herleitung von Argumenten aus den allgemein anerkannten Begründungsfunktionen?

Im Rahmen der Diskussion um die Rechtswidrigkeitsbeurteilung bei materiell fehlerhafter Begründung wird aus beiden Richtungen auch mit den die Begründungspflicht tragenden Zwecken, den sogenannten Begründungsfunktionen argumentiert. Über diese Begründungsfunktionen und ihren Inhalt besteht heute weitgehend Einigkeit, auch wenn hinsichtlich der Unterscheidung und Bezeichnung manche Abweichungen existieren[167]. Insbesondere die Funktionen der Rechtswahrung und Eigen- oder Selbstkontrolle der Verwaltung sowie der Befriedung könnten durch das Fehlen einer Begründung wie auch bei materiellen Begründungsfehlern nicht erfüllt beziehungsweise verletzt sein. Die in diesem Zusammenhang anzutreffenden Argumentationen lassen allerdings auch nicht recht erkennen, ob aus einer möglichen Nichterfüllung der Begründungsfunktionen durch eine konkrete Begründung über die sonstigen Rechtmäßigkeitsvoraussetzungen hinaus die Rechtswidrigkeit des betroffenen Verwaltungsakts abgeleitet werden soll. Diese Frage bedarf aber einer näheren Betrachtung.

(1) Rechtswahrungs- und Eigenkontrollfunktion[168]. Die Pflicht zur Begründung einer Entscheidung dient zunächst rein tatsächlich der Rechtswahrung. Nun läßt sich durchaus annehmen, die gesetzliche Begründungspflicht versuche, dieser tatsächlichen Auswirkung einer Begründung rechtliche Relevanz zu geben. Wenn die Behörde beziehungsweise der konkrete Entscheidungsträger anderen gegenüber ausdrücklich und in schriftlicher Form Rechenschaft ablegen muß über das Vorhandensein einer Rechtsgrundlage und einer rational nachvollziehbaren Entscheidung, werden auf diese Weise manche Fehlentscheidungen vermie-

[167] Vgl. zu den Funktionen von Begründungen z.B. *Dolzer*, DÖV 1985, 9 (10); *Kischel*, Die Begründung, S. 39ff.; *Koenig*, AöR 117 (1992), 513 (519f.); *J. Lücke*, Begründungszwang und Verfassung, S. 39ff.; *Müller-Ibold*, Die Begründungspflicht, S. 13ff.; *Schwab*, Die Begründungspflicht, S. 17ff.

[168] Vgl. auch BVerwG, Urt. v. 9. 12. 1992 – 6 C 3.92, BVerwGE 91, 262 (267); s. auch *Erbguth*, Vereinbarkeit, S. 82.

den. Die Begründungspflicht schafft einen Zwang zu einer nochmaligen intensiven Eigenkontrolle.

Diese Wirkung oder Funktion der Begründung wird zweifellos verfehlt, wenn der Verwaltungsakt nicht begründet wird. Hier hat sich die Behörde der Eigenkontrolle im Wege dieser Form der Auseinandersetzung mit den Rechtfertigungsgründen für die Entscheidung entzogen. Das Verwaltungsverfahrensrecht sanktioniert den Fehler entsprechend mit der Rechtsfolge der Rechtswidrigkeit des Verwaltungsakts. Diese Rechtsfolge ergibt sich aus dem Verstoß gegen §39 Abs. 1 VwVfG. Ob die Rechtswidrigkeit allerdings wegen der verfehlten Eigenkontrollfunktion angeordnet wird, läßt sich nicht genau feststellen, erscheint aber eher zweifelhaft.

Im Fall der hier relevanten materiell fehlerhaften Begründung hat sich die Behörde dagegen im Rahmen der Abfassung der Begründung mit der Rechtslage befaßt und insoweit die Zulässigkeit des Verwaltungsakts überprüft. Diese Wirkungen wurden durch die Erfüllung der Pflicht zur Begründung ausgelöst. Die Begründungspflicht soll den Entscheidungsträger zur nochmaligen Kontrolle seiner Entscheidung zwingen. Hat er eine Begründung für eine Entscheidung abgegeben, so ist diese Funktion erfüllt. Zwar konnte das Ziel der Funktion, nämlich beim Überdenken der Entscheidung den Rechtsfehler zu erkennen, nicht erreicht werden. Doch stellt dieses Ziel nicht die Funktion selbst dar. Im Ergebnis kann deshalb aus der Rechtswahrungs- und Eigenkontrollfunktion der Begründung bei materiellen Begründungsfehlern kein Argument für die Rechtswidrigkeit des Verwaltungsakts abgeleitet werden.

(2) Klarstellungs- und Beweisfunktion. Auch die Klarstellungs- und Beweisfunktion wird allein durch eine materiell fehlerhafte Begründung noch nicht verletzt, so daß sich daraus noch nicht die Rechtswidrigkeit des Verwaltungsakts ableiten läßt. Andererseits besteht aber durchaus ein Zusammenhang zwischen dieser Funktion und der hier untersuchten Relevanz materiell fehlerhafter Begründungen für die Rechtmäßigkeit von Verwaltungsakten.

Bei der Klarstellungs- und Beweisfunktion der Begründung geht es um die Dokumentierung und Nachvollziehbarkeit der Entscheidung[169]. Erreicht werden sollen Verständlichkeit und Konkretisierung des Entschiedenen[170]. Auch die materiell fehlerhafte Begründung kann – an sich – diese Anforderungen erfüllen. Der Regelungsgegenstand wird auch durch eine inhaltlich fehlerhafte Begründung konkretisiert, die Motive für den Verwaltungsakterlaß entsprechend offengelegt.

Erfüllt die konkrete Begründung die Klarstellungs- und Beweisfunktion nicht, kann der Verwaltungsakt an einem formellen Begründungsmangel gemäß §39 Abs. 1 VwVfG wegen Unvollständigkeit der Begründung leiden oder er ist man-

---

[169] Vgl. *Kischel*, Die Begründung, S. 45.

[170] Vgl. *J. Lücke*, Begründungszwang und Verfassung, S. 91.

gels hinreichender Bestimmtheit nach §37 VwVfG materiell rechtswidrig. Trifft das nicht zu, gerät auch die materiell fehlerhafte Begründung nicht in Konflikt mit dieser Funktion der Begründung.

Das gilt aber, und insofern ist eine beachtliche Einschränkung zu machen, nur dann, wenn die betreffende materiell fehlerhafte Begründung trotz ihrer Fehler als maßgeblich für das Verständnis und die Auslegung des Verwaltungsakts angesehen wird. Gerade daraus folgen erhebliche Bedenken gegenüber der Rechtspraxis. Werden materiell fehlerhafte Begründungen insoweit für unbeachtlich gehalten, als die Begründung im Prozeß durch das Gericht oder durch die Verwaltung unter bestimmten Voraussetzungen mit der Folge ausgetauscht werden kann, daß der Verwaltungsakt als (von Anfang an) rechtswidrig angesehen wird, kann der (ursprünglichen) Begründung keine Klarstellungsfunktion zukommen. Diese Funktion erfüllt die Begründung nur dann, wenn sie auch maßgeblich ist und bleibt. Ist die fehlerhafte Begründung aber maßgeblich, muß der Verwaltungsakt als rechtswidrig angesehen werden. Insofern kann aus der Klarstellungs- und Beweisfunktion mittelbar auf die Rechtswidrigkeit des Verwaltungsakts geschlossen werden, obwohl die materiell fehlerhafte Begründung diese Funktion gerade nicht beeinträchtigt.

(3) Befriedungsfunktion[171]. Zu den Funktionen der Begründung wird gemeinhin gerechnet, den Betroffenen die Entscheidung verständlich zu machen und eine Möglichkeit der Akzeptanz zu schaffen. Welche Bedeutung dieser Funktion für die Rechtmäßigkeitsbeurteilung eines Verwaltungsakts zukommt, ist freilich alles andere als klar. Bei näherer Hinsicht kann mit dieser Funktion die Rechtmäßigkeit oder Rechtswidrigkeit eines Verwaltungsakts nicht begründet werden.

Eindeutig dürfte sein, daß ein Verwaltungsakt, dessen Begründung nicht zur tatsächlichen Befriedung beiträgt, nicht allein deshalb als rechtswidrig anzusehen ist, weil einer der Beteiligten Rechtsbehelfe einlegt. Anderenfalls hätten es die Beteiligten selbst „in der Hand", die Rechtswidrigkeit des Verwaltungsakts herbeizuführen. Die Befriedungsfunktion kann als rechtliche Forderung daher nur so verstanden werden, daß die Begründung die Entscheidung der Behörde nachvollziehbar machen muß, also die für die Entscheidung tatsächlich maßgeblichen Gründe nennen muß. Ob diese Gründe die Beteiligten dann überzeugen und zu einer tatsächlichen Befriedung führen, kann durch das Recht nicht beeinflußt werden.

Im Fall der materiell fehlerhaften Begründung scheint die Verletzung der Befriedungsfunktion allerdings geradezu auf der Hand zu liegen. Eine Begründung, auf die der Verwaltungsakt im Ergebnis nicht gestützt werden kann, ist bei einer rechtlichen Beurteilung nicht in der Lage, zur Befriedung beizutragen. Die inhaltlich fehlerhafte Begründung fordert geradezu den Widerspruch heraus.

---

[171] Vgl. *Kischel*, Die Begründung, S. 52ff. – Akzeptanz; *J. Lücke*, Begründungszwang und Verfassung, S. 72ff.

Eine derartige Herleitung der Rechtswidrigkeit des Verwaltungsakts riefe jedoch erhebliche Bedenken hervor. Auf diese Weise ließe sich die Rechtswidrigkeit des Verwaltungsakts stets dann annehmen, wenn in der Begründung des Verwaltungsakts unzutreffende rechtliche oder tatsächliche Angaben enthalten sind. Fehlt es in diesen Fällen an einer „inneren Verbindung" zwischen dem Entscheidungssatz und dem Fehler, so soll dies aber nach wohl allgemeiner Ansicht gerade nicht zur Rechtswidrigkeit des Verwaltungsakts führen[172]. Dabei können gerade diese Fehler in besonderem Maße geeignet sein, die tatsächliche Befriedung zu verhindern. Werden zum Beispiel in der Begründung unzutreffende Tatsachenangaben gemacht, so können diese erhebliche Zweifel an der Rechtmäßigkeit der Entscheidung aufkommen lassen, selbst wenn die Entscheidung auf die konkret fehlerhaften Angaben gar nicht gestützt wird.

Dieses Ergebnis kann nur dadurch umgangen werden, daß nicht auf die rein tatsächlichen Auswirkungen des Fehlers in der Begründung, sondern auf die rechtliche Beurteilung abgestellt wird. Es käme damit nicht darauf an, ob sich der Betroffene rein tatsächlich zur Einlegung von Rechtsbehelfen herausgefordert fühlen muß oder könnte. Statt dessen wäre unter rein rechtlichem Blickwinkel zu prüfen, ob der Fehler zur Einlegung eines Widerspruchs veranlassen muß. Dafür kommt es aber gerade darauf an, ob der Verwaltungsakt als rechtmäßig oder rechtswidrig anzusehen ist. Insofern erweist sich die Befriedungsfunktion als untauglich, die Rechtswidrigkeit des Verwaltungsakts zu begründen. Eine solche Argumentation wäre notwendig zirkulär.

Dem kann auch nicht entgegengehalten werden, der Fall der materiell fehlerhaften Gründe könne nicht mit anderen Fällen fehlerhafter Begründungen gleichgesetzt werden. Das ist zwar zutreffend, nicht aber hinsichtlich der Argumentation betreffend die Befriedungsfunktion. Die Rechtswidrigkeitsbeurteilung kann stets nur anhand anderer Kriterien erfolgen als danach, ob die Begründung zur Befriedung beigetragen hat.

(4) Rechtsschutzfunktion. Eine weitergehende Bedeutung kommt der Rechtsschutzfunktion der Begründungspflicht zu. Schon frühzeitig hat – wie erwähnt – das Bundesverfassungsgericht im Elfes-Urteil zutreffend klargestellt, daß der Betroffene einen Anspruch darauf hat, die Gründe der Entscheidung zu erfahren, „denn nur dann kann er seine Rechte sachgemäß verteidigen"[173]. Aufgrund dieser Entscheidung besteht heute Einvernehmen über die schon aus der Verfassung abzuleitende Pflicht zur Mitteilung der Gründe für den Verwaltungsakterlaß. Die verfassungsrechtliche Grundlage für diese Pflicht kann – wie gesehen – in Art. 19 Abs. 4 GG, den materiellen Grundrechten und auch im Rechtsstaatsprinzip gesehen werden.

---

[172] S. oben 3 b aa (S. 167f.).

[173] BVerfG, Urt. v. 16. 1. 1957 – 1 BvR 253/56, BVerfGE 6, 32 (44).

Obwohl die Ausführungen des Bundesverfassungsgerichts im Elfes-Urteil zu einem Fall fehlender Verwaltungsaktsbegründung ergangen sind, lassen sich – wie ausgeführt[174] – aus ihnen auch Konsequenzen für die inhaltlich fehlerhafte Begründung und ihre Auswirkung auf die Rechtmäßigkeit des Verwaltungsakts ableiten. Die Begründung soll die effektive Rechtsverteidigung ermöglichen. Eine solche Rechtsverteidigung ist aber mindestens erheblich erschwert, wenn die Gründe für den Erlaß im Ergebnis nicht maßgeblich, in keiner Weise „bindend“ für die Rechtmäßigkeitsbeurteilung wären. Ein Austausch der Gründe oder eine Rechtfertigung des Verwaltungsakts mit Hilfe anderer Gründe unter gleichzeitigem Ausschluß der Rechtswidrigkeit des Verwaltungsakts, der von den angegebenen Gründen nicht getragen wird, erschiene mit der Forderung der Rechtsschutzeffektivität unvereinbar.

dd) Das vom Ergebnis unabhängige Interesse an der inhaltlich zutreffenden Begründung

Für die hier vertretene Lösung der Relevanz der Gründe für die Rechtmäßigkeitsbeurteilung von Verwaltungsakten sprechen weiter solche Fälle, in denen zwar kein Anspruch auf eine andere Sachentscheidung, aber doch ein Interesse an einer anderen – zutreffenden – Begründung besteht. Das wird besonders deutlich bei Bescheiden, die einen beantragten begünstigenden Verwaltungsakt ablehnen. Hier kann die zutreffende Begründung von beachtlichem Interesse sein. Als Beispiel läßt sich etwa die Ablehnung eines Bauantrags mit der Begründung anführen, es fehle an der bauplanungsrechtlichen Zulässigkeit des Vorhabens, da es sich um ein Vorhaben auf einem Außenbereichsgrundstück gemäß § 35 BauGB handele, das nicht privilegiert sei. Selbst wenn hier die Ablehnung des Antrags trotz fehlerhafter Begründung „im Ergebnis“ zutreffend wäre, kann für den Antragsteller ein (rechtlich geschütztes) Interesse an einer inhaltlich zutreffenden Begründung existieren. Angenommen, es handelte sich nicht um ein Außenbereichsgrundstück, sondern um ein unbeplantes Gebiet im Innenbereich (§ 34 BauGB), so folgten daraus für den Antragsteller ganz andere bauliche Nutzungsmöglichkeiten. Gegebenenfalls könnte er darauf sogar mit einer geringfügigen Änderung seines Vorhabens reagieren und die bauplanungsrechtliche Zulässigkeit des Vorhabens erreichen.

Eine andere Sichtweise vertrüge sich auch kaum mit den für das Verwaltungsverfahren gesetzlich normierten Beratungspflichten der Behörde, wie sie sich etwa in § 25 VwVfG[175], aber auch in zahlreichen weiteren Regelungen[176] finden[177]. Diese betreffenden Normen belegen, ohne hier näher auf ihre Reichweite einge-

[174] Vorausgehend unter bb.

[175] Die behördlichen Beratungspflichten und die damit korrespondierenden Ansprüche reichen im Sozialrecht sogar noch deutlich weiter, vgl. §§ 13–16 SGB I.

[176] Vgl. etwa §§ 68 Abs. 2, 71c, 73 Abs. 6 S. 6 VwVfG, § 94 BWVwVfG.

[177] Vgl. näher *Hattstein*, Verwaltungsrechtliche Betreuungspflichten, S. 46ff.

hen zu müssen, den rechtlichen Schutz der Interessen der Beteiligten an einer zutreffenden Information über ihre Ansprüche. Dies gilt selbst dann, wenn man der hier nicht näher zu untersuchenden herrschenden Auffassung folgt und keine allgemeine Auskunfts- und Beratungspflicht der Behörden befürwortet[178].

Der geschilderte Baurechtsfall, in dem der Betroffene gegebenenfalls selbst die Erfüllung der Tatbestandsvoraussetzungen für einen Genehmigungsanspruch bewirken kann, macht zusätzlich deutlich, daß dem Betroffenen ein Recht zuerkannt werden muß, auch die materiell zutreffenden Gründe für einen „im Ergebnis“ zutreffenden Verwaltungsakt zu erfahren. Solche Beispiele, die ein erhebliches Interesse von Beteiligten an einer inhaltlich zutreffenden Begründung belegen, ließen sich in großer Zahl im Bereich von genehmigungsbedürftigem Verhalten finden. Auch sie lassen die Notwendigkeit eines Anspruchs auf eine richtige Begründung erkennen.

c) Auseinandersetzung mit (weiteren) Gegenargumenten

aa) Widerspruch zur vollen gerichtlichen Überprüfbarkeit des Verwaltungsakts?

Neben dem Verweis auf die angebliche ständige Rechtsprechung wird die Ansicht von der Rechtmäßigkeit auch solcher (gebundener) Verwaltungsakte, die materiell unzutreffend begründet werden, vor allem auf die volle gerichtliche Überprüfbarkeit der Entscheidung in rechtlicher („iura novit curia“) wie auch – angesichts des Untersuchungsgrundsatzes in §86 VwGO – in tatsächlicher Hinsicht gestützt[179]. Dabei handelt es sich wohl um das zentrale Argument der Kritiker der hier befürworteten Maßgeblichkeit der Begründung für die Rechtmäßigkeitsbeurteilung.

Diese Argumentation erweist sich jedoch als wenig überzeugend. Der Grundsatz „iura novit curia“ wie auch der Untersuchungsgrundsatz enthalten wichtige Aussagen über das Verhältnis von Verwaltung und Verwaltungsgerichtsbarkeit, insbesondere zu den Kompetenzen der Gerichte. Für die Frage der Rechtmäßigkeitsbeurteilung von Verwaltungsakten können diese prozessualen Grundsätze jedoch in keiner Weise fruchtbar gemacht werden. Der Umstand, daß das Gericht eine strikt gebundene Verwaltungsentscheidung in jeder Hinsicht vollständig prüft, sagt noch nichts darüber aus, welche Konsequenzen die unzureichenden

---

[178] Vgl. BVerwG, Urt. v. 8.12. 1995 – 8 C 37.93, BVerwGE 100, 83 (100); zudem *Clausen*, in: Knack, VwVfG, §25 Rdnr. 9; *P. Stelkens/Kallerhoff*, in: Stelkens/Bonk/Sachs, VwVfG, §25 Rdnr. 2; letztere beziehen diese Begrenzung aber nur auf Ansprüche außerhalb eines konkreten Verwaltungsverfahrens.

[179] Vgl. *Axmann*, Nachschieben, S. 71, 84; *Sachs*, in: Stelkens/Bonk/Sachs, VwVfG, §45 Rdnr. 47f.; *Schoch*, DÖV 1984, 401 (403f.); *J. Schmidt*, in: Eyermann, VwGO, §113 Rdnr. 22, bei dem allerdings wegen widersprüchlicher Formulierungen unklar bleibt, ob er schon die Rechtswidrigkeit oder nur den Aufhebungsanspruch verneinen will.

rechtlichen Erwägungen der Verwaltung für die Rechtmäßigkeit des Verwaltungsakts haben. Ist der Verwaltungsakt nach dem materiellen Recht rechtswidrig, so kann daran ein prozeßrechtlicher Grundsatz, der den Umfang der gerichtlichen Kontrolle gegenüber Verwaltungsentscheidungen betrifft, nichts ändern. Es fehlt an jedem Zusammenhang mit dem materiellen Recht[180]. Diese begrenzte Funktion wird verkannt, wenn unter Berufung auf Prozeßrechtsgrundsätze materiellrechtliche Fragen beantwortet werden sollen. Wenn in einem Verwaltungsprozeß die Rechtmäßigkeit eines Verwaltungsakts Entscheidungsrelevanz besitzt, hat das Verwaltungsgericht die Rechtmäßigkeit des Verwaltungsakts zu prüfen. Bei dieser Prüfung ist das Gericht im Gegensatz zum Zivilgericht gemäß § 86 Abs. 1 S. 2 VwGO nicht an das Vorbringen und die Beweisanträge der Beteiligten gebunden. Doch ist die sich nach dem materiellen Recht bestimmende Rechtmäßigkeit des Verwaltungsakts völlig unabhängig von den prozessualen Möglichkeiten zur Prüfung der Rechtmäßigkeit. Der Verwaltungsakt ist rechtmäßig oder rechtswidrig, unabhängig davon, ob und mit welchen Mitteln das Gericht dies feststellen kann. Ist die konkrete Begründung des Verwaltungsakts für die Rechtmäßigkeit von Relevanz, dann ist sie im Rahmen der gerichtlichen Prüfung zu berücksichtigen; besitzt sie diese Relevanz nicht, so käme ihr selbst bei Geltung des Verhandlungsgrundsatzes keine Bedeutung für die Rechtmäßigkeit zu. Die prozessualen Grundsätze vermögen auf das materielle Recht keinen Einfluß zu nehmen, sie haben nur Bedeutung dafür, wie und in welchem Maße die materiellrechtliche Sach- und Rechtslage ermittelt wird[181].

Das Fehlgehen der Argumentation mit Hilfe der Reichweite der gerichtlichen Überprüfungspraxis wird besonders deutlich an einer Stellungnahme in der Literatur, in der auf die Parallelität zum Verpflichtungsbegehren bei einer gebundenen Verwaltungsentscheidung hingewiesen wird[182]. Zwar trifft es zu, daß es für den Erfolg des Klageantrags bei der Verpflichtungsklage, nämlich das Begehren auf Erlaß eines Verwaltungsakts, nicht maßgeblich auf die Rechtmäßigkeit der behördlichen Antragsablehnung ankommt[183]. Daraus ist für die Rechtmäßigkeit der fehlerhaft begründeten Antragsablehnung aber nichts zu entnehmen. Ebenso wie die Anfechtungsklage nicht schon bei Rechtswidrigkeit des angegriffenen Verwaltungsakts begründet ist, gilt dies auch für die Verpflichtungsklage bei rechtswidriger Antragsablehnung. Auch dieses Argument belegt nur die in zahlreichen Stellungnahmen fehlende Trennung zwischen Rechtswidrigkeit und Aufhebungsanspruch.

---

180 Ebenso *W.-R. Schenke*, NVwZ 1988, 1 (8).

181 Offenbar a.A. *Kischel*, Folgen von Begründungsfehlern, S. 26f.

182 Vgl. *Schoch*, DÖV 1984, 401 (403).

183 Allerdings ist str., ob die subjektive Rechtsverletzung des Klägers durch die Ablehnung des Verwaltungsakts Teil des Streitgegenstands der Verpflichtungsklage ist, so *Kopp/Schenke*, VwGO, § 90 Rdnr. 9, dagegen *Clausing*, in: Schoch/Schmidt-Aßmann/Pietzner, VwGO, § 121 Rdnr. 63f.; *Kilian*, in: Sodan/Ziekow, VwGO, § 121 Rdnr. 51.

Auch aus dem Urteil des Bundesverwaltungsgerichts vom 4.3. 1960[184], auf das zum Beleg des Gegenteils verwiesen wird[185], ergibt sich nichts anderes. Bei genauer Hinsicht hat das Bundesverwaltungsgericht in dieser Entscheidung die These, aus dem Grundsatz „iura novit curia" folge bei gebundenen Entscheidungen die Irrelevanz der von der Behörde dem Verwaltungsakt angefügten Begründung, gar nicht vertreten. So heißt es in der betreffenden Passage der Begründung: „Es geht nicht an, eine an zwingendes Recht gebundene Verwaltungsentscheidung schon deshalb, weil die von der Behörde geltend gemachten Gründe widerlegt sind, mit gewissermaßen zurückverweisender Wirkung aufzuheben und der Behörde die Prüfung etwaiger weiterer Gründe zwingenden Rechts zu überlassen; vielmehr muß das Gericht in solchem Falle die Sache unter Berücksichtigung aller in Betracht kommenden Gründe selbst klären und abschließend entscheiden. Anders ist es beim Streit um eine Ermessensentscheidung."[186] Dieser Ausschnitt der Entscheidungsbegründung belegt die Behauptung, das Bundesverwaltungsgericht gehe von der Rechtmäßigkeit materiellrechtlich fehlerhaft begründeter gebundener Verwaltungsakte aus, keineswegs. Zur Rechtmäßigkeit des Verwaltungsakts hat sich das Bundesverwaltungsgericht hier gerade nicht geäußert. Ein gegenteiliger Schluß basiert allein auf der verfehlten Gleichsetzung der Ablehnung eines Aufhebungsanspruchs mit der Rechtmäßigkeit des Verwaltungsakts. Im konkreten Fall hat das Bundesverwaltungsgericht nur die Pflicht zur Aufhebung des fehlerhaft begründeten Verwaltungsakts verneint. Ob es den Verwaltungsakt deshalb für rechtmäßig gehalten hat, läßt sich der Entscheidung entgegen verbreiteter Meinung nicht entnehmen.

Entsprechendes gilt auch für Begründungsmängel, die sich auf die Tatsachengrundlage des Verwaltungsakts beziehen. Sicherlich hat das Gericht die für den Erlaß des Verwaltungsakts maßgeblichen Tatsachen zu überprüfen und den Sachverhalt von sich aus aufzuklären. Dies folgt aus dem Untersuchungsgrundsatz des § 86 VwGO. Das Ziel der Ermittlung ist aber stets die Prüfung der Voraussetzungen des Aufhebungsanspruchs. Die Annahme der Rechtmäßigkeit des Verwaltungsakts trotz eines Begründungsmangels beruht auf einer Verwechselung des Rechtswidrigkeitsurteils mit dem Bestehen eines Aufhebungsanspruchs[187], wozu auch die Formulierung des § 113 Abs. 1 S. 1 VwGO beiträgt.

Anderes ließe sich nur vertreten und so ist möglicherweise manche Stellungnahme auch tatsächlich einzuordnen, wenn gleichzeitig die Ansicht vertreten wird, das Gericht könnte etwa durch die eigene Sachverhaltsaufklärung einen

---

[184] Az.: I C 43.59, BVerwGE 10, 202.

[185] S. etwa *Sachs*, in: Stelkens/Bonk/Sachs, VwVfG, § 45 Rdnr. 47f.

[186] BVerwGE 10, 202 (204).

[187] Diese Diskrepanz in der Argumentation wird sehr deutlich bei *Sachs*, in: Stelkens/Bonk/Sachs, VwVfG, § 45 Rdnr. 48, wo § 46 VwVfG als Beleg für die Ansicht von der Relevanz der wahren Tatsachengrundlage für die Rechtmäßigkeit angeführt, gleichzeitig aber auch betont wird, daß § 46 VwVfG die Rechtswidrigkeit des Verwaltungsakts unberührt läßt.

Rechtsfehler der Behörde heilen. Dem Gericht käme damit die Möglichkeit eines Einflusses auf die materiellrechtliche Rechtmäßigkeit des Verwaltungsakts zu. Nicht anders verhält es sich schließlich, wenn von einem – nicht unerheblichen – Teil der Literatur und Rechtsprechung etwa die Möglichkeit einer gerichtlichen Umdeutung eines Verwaltungsakts gemäß §47 VwVfG oder außerhalb desselben befürwortet wird. Aber selbst auf der Basis dieser nicht überzeugenden Auffassung[188] läßt sich daraus kein Argument gegen die hier vertretene Ansicht von der Maßgeblichkeit der behördlichen Begründung für die Rechtmäßigkeitsbeurteilung ableiten. Im Gegenteil belegte diese Anerkennung einer Heilungsmöglichkeit durch das Gericht, daß der Verwaltungsakt zumindest bis zum Zeitpunkt der Heilung als rechtswidrig anzusehen ist.

bb) Widerspruch zu §39 Abs. 1 S. 2 VwVfG?

Bei der ersten Annäherung an die Thematik des Anspruchs auf eine sachlich zutreffende Begründung scheint sich sogleich ein Widerspruch zwischen den aus §39 Abs. 1 S. 2 VwVfG ableitbaren Pflichten und einem Anspruch auf Mitteilung der rechtlich und tatsächlich zutreffenden Gründe zu offenbaren. Aus §39 Abs. 1 S. 2 VwVfG folgt die Pflicht zur Mitteilung der Gründe, die die Behörde zu ihrer Entscheidung bewogen haben. Die Behörde ist damit zur Angabe der wahren, nicht der richtigen Gründe verpflichtet. Wird hier zugleich eine Pflicht zum Erlaß eines Verwaltungsakts mit rechtlich und tatsächlich zutreffenden Gründen befürwortet, scheint ein Widerspruch unausweichlich[189]. Die Behörde kann ja wohl kaum gleichzeitig die wahren wie die sachlich richtigen Gründe zu nennen verpflichtet sein. Daraus scheint sich zwingend zu ergeben, daß das Gesetz in §39 Abs. 1 S. 2 VwVfG die Entscheidung getroffen hat, die Mitteilung der wahren Gründe derjenigen der sachlich zutreffenden Gründe vorzuziehen. Teilweise wird ausdrücklich von einer „Pflicht zu materiell fehlerhafter Begründung" gesprochen[190].

Bei näherer Sicht erweist sich aber auch diese Argumentation als wenig überzeugend. Die Verpflichtung zur Mitteilung der wahren Gründe schließt die gleichfalls anzuerkennende Pflicht zur sachlich zutreffenden Begründung nicht aus. Es handelt sich hier um zwei nebeneinander bestehende Pflichten. Nur wenn beide erfüllt werden, darf der Verwaltungsakt erlassen werden. Die formelle Begründungspflicht des §39 Abs. 1 VwVfG wie auch die (nicht aus §39 VwVfG ableitbare) Pflicht zur sachlich zutreffenden Begründung schließen einander keineswegs aus. Im Gegenteil setzt der Sinn der Begründungspflicht nach §39 Abs. 1 VwVfG gerade die Pflicht zu einer materiell zutreffenden Begründung voraus. Die These, aus §39 Abs. 1 S. 2 VwVfG müsse ein Umkehrschluß gezogen wer-

[188] Dazu näher §7 C III (S. 390ff.).
[189] Vgl. etwa *Kischel*, Folgen von Begründungsfehlern, S. 8f., 11, 22f., 33.
[190] S. *Kischel*, Folgen von Begründungsfehlern, S. 9.

den[191], erweist sich als nicht haltbar. Der Umstand, daß weder in §39 VwVfG noch anderswo ausdrücklich eine Pflicht zur sachlich zutreffenden Begründung normiert ist, erklärt sich leicht mit der (rechtlichen) Überflüssigkeit einer solchen Regelung und keineswegs mit der bewußten Entscheidung gegen eine entsprechende Pflicht. Die Pflicht zur sachlich zutreffenden Begründung ist nichts anderes als eine andere Formulierung für die Konsequenz aus zwei anderen Pflichten, der Pflicht, einen Verwaltungsakt aus den vom Gesetz als tragfähig angesehenen Gründen zu erlassen, und der Pflicht, die Gründe mitzuteilen, aus denen heraus der Verwaltungsakt erlassen wurde. Im Ergebnis ergänzt die „Pflicht zur sachlich richtigen Begründung" damit die formelle Begründungspflicht und bildet keinen Gegensatz zu ihr[192].

d) Ergebnis

Die inhaltlich rechtlich oder tatsächlich unzutreffende Begründung führt im Fall des rechtlich gebundenen Verwaltungsakts zu dessen Rechtswidrigkeit. Eine gesetzliche Ermächtigung zum Erlaß eines Verwaltungsakts nennt die materiellrechtlichen Voraussetzungen für den rechtmäßigen Erlaß. Regelmäßig wird angenommen, die gesetzliche Ermächtigung räume der zuständigen Behörde die Befugnis ein, bei Vorliegen der gesetzlichen Tatbestandsvoraussetzungen den betreffenden Verwaltungsakt zu erlassen. Das ist aber selbst für rechtlich gebundene Entscheidungen nicht ganz exakt. Das Gesetz ermächtigt die Behörde nur bei Vorliegen der Voraussetzungen und aus den Gründen des Vorliegens der Voraussetzungen zum Erlaß. Der Behörde ist es auch bei gebundenen Entscheidungen nicht erlaubt, den Verwaltungsakt aus sachlich nicht zutreffenden Gründen heraus zu erlassen.

4. Die Rechtswidrigkeit von Ermessensverwaltungsakten bei materiellen Begründungsfehlern

a) Der Grundsatz

Im Gegensatz zu den materiellen Begründungsfehlern bei rechtlich gebundenen Entscheidungen werden sachliche Mängel der Begründung bei Ermessensverwaltungsakten oder Verwaltungsakten mit Beurteilungsspielraum zumindest im Grundsatz als materielle Rechtsfehler betrachtet, die die Rechtswidrigkeit des Verwaltungsakts auslösen. Der Begründungsmangel wird dabei mit dem Ermes-

---

191 So *R.P. Schenke*, VerwArch. 90 (1999), 232 (242f.).

192 Die Ansicht, es bestehe eine „Pflicht zu materiell fehlerhafter Begründung" (*Kischel*, Folgen von Begründungsfehlern, S.9) basiert auf einer nicht überzeugenden zeitlichen Trennung von Entscheidung und Begründung, bei der zuerst eine rechtmäßige Entscheidung zu treffen und anschließend die getroffene (rechtmäßige oder rechtswidrige) Entscheidung mit den für die Entscheidung maßgeblichen tatsächlichen Gründen zu versehen sei.

sensfehler gleichgesetzt. Genaugenommen gibt aber der Fehler in der Begründung nur Aufschluß über den Ermessensfehler und ist nicht mit diesem identisch. Welche Bedeutung der Begründung zugemessen wird, zeigt auch der Umstand, daß bei Fehlen einer Begründung im Fall einer Ermessensentscheidung grundsätzlich von einem Ermessensfehler, also einer materiellen Rechtswidrigkeit des Verwaltungsakts ausgegangen wird[193]. Auch wenn der Nachweis der Ermessensbetätigung etwa durch Aktenvermerke möglich ist, besteht doch an der Maßgeblichkeit der Verwaltungsaktsbegründung für dessen Rechtmäßigkeitsbeurteilung kein Zweifel.

b) Die Problemfälle

Wann von einem materiellen Rechtsfehler auszugehen ist, der zur Rechtswidrigkeit des Verwaltungsakts führt, ist allerdings auch bei Ermessensentscheidungen oder Entscheidungen mit Beurteilungsspielraum nicht völlig zweifelsfrei. Eindeutig ist lediglich der Fall, in dem sich sämtliche der in der Begründung angegebenen Gründe als nicht tragfähig erweisen. Soweit dagegen nur einzelne oder mehrere, nicht aber sämtliche Gründe fehlerhaft sind, sind die Auswirkungen auf die Rechtmäßigkeit des Verwaltungsakts nach denselben Grundsätzen zu bestimmen, wie sie bereits oben für die materiellen Begründungsfehler bei gebundenen Entscheidungen entwickelt wurden. Für die Rechtmäßigkeitsbeurteilung kommt es darauf an, ob sich der oder die Fehler auf Gründe der Entscheidung beziehen. Auch hier ist folglich danach zu unterscheiden, ob die unterschiedlichen Erwägungen in einem Alternativ- oder einem Kumulativverhältnis zueinander stehen. Sollte die Entscheidung nach dem Willen der Behörde auf mehrere Gründe gemeinsam gestützt werden in dem Sinn, daß erst die genannten Gründe zusammen die Behörde zu ihrer Entscheidung bewogen haben, dann führt schon die Fehlerhaftigkeit eines einzelnen (Teil-)Grundes zur Rechtswidrigkeit des Verwaltungsakts. Das gilt selbst dann, wenn auch die verbleibenden fehlerfreien Gründe die Entscheidung hätten tragen können. Soll von den genannten Gründen dagegen jeder für sich, also alternativ, die Entscheidung rechtfertigen, erweist sich der Verwaltungsakt nur dann als materiell rechtswidrig, wenn keiner der Gründe die Entscheidung trägt.

Im Zusammenhang mit Ermessensentscheidungen entspricht diese Ansicht auch der ständigen Rechtsprechung des Bundesverwaltungsgerichts. „Ein im Ermessen liegender Verwaltungsakt, der auf mehrere Gründe gestützt wird, ist auch dann rechtmäßig, wenn nicht alle angezogenen Gründe ihn tragen, sondern unter Umständen nur einer, es sei denn, die Behörde macht von ihrem Ermessen dahin Gebrauch, daß nur alle Gründe zusammen die Entscheidung rechtfertigen sollen“[194].

---

[193] Vgl. BVerwG, Urt. v. 23.9.1992 – 6 C 2.91, BVerwGE 91, 24 (41 f.); Urt. v. 24.9.1996 – 1 C 9.94, BVerwGE 102, 63 (70); s. auch *Sachs*, in: Stelkens/Bonk/Sachs, VwVfG, § 40 Rdnr. 80.

[194] BVerwG, Beschl. v. 27.6.1978 – 1 B 122.78, n. veröff.; Urt. v. 27.9.1978 – 1 C 28.77, Buch-

c) Kein Beruhenserfordernis

Wurde bereits im Zusammenhang mit Verfahrensverstößen das mitunter befürwortete Rechtswidrigkeitserfordernis der Relevanz des Verfahrensfehlers für das Ergebnis, die Sachentscheidung, abgelehnt, so muß entsprechendes auch für materielle Fehler gelten. Gleichwohl bestehen auch hier in der Praxis einige Unklarheiten.

Die Frage, ob sich ein materieller Fehler auf die Sachentscheidung ausgewirkt haben muß, um den Verwaltungsakt als rechtswidrig bezeichnen zu können, ist gerade im Bereich von Bewertungsfehlern in Prüfungsentscheidungen aufgekommen. Auf die diesbezügliche Rechtsprechung der Verwaltungsgerichte hat auch das Bundesverfassungsgericht durch einen seiner Beschlüsse zum Prüfungsrecht vom 17.4. 1991[195] aufmerksam gemacht. Darin heißt es: „Eine gerichtliche Korrektur kommt ohnehin nur dann in Betracht, wenn sich ein Bewertungsfehler auf die Notengebung ausgewirkt haben kann. Eine solche Kausalitätsprüfung ist den Verwaltungsgerichten im Zusammenhang mit prüfungsrechtlichen Verfahrensfehlern geläufig"[196]. Auch wenn das Bundesverfassungsgericht sich darin jeder Aussage über die Rechtmäßigkeit oder Rechtswidrigkeit der Prüfungsentscheidung enthält, könnte doch der sich an diese Passage anschließende Verweis auf die Rechtsprechung des Bundesverwaltungsgerichts[197] die Vermutung begründen, daß auch das Bundesverfassungsgericht die Rechtswidrigkeit der Prüfungsentscheidung von einem Beruhen des Gesamtergebnisses auf dem Bewertungsfehler abhängig machen wollte[198]. Im Hinblick auf die Verfahrensverstöße im Prüfungsrecht wird nämlich zumindest gelegentlich auch nach Erlaß der Verwaltungsverfahrensgesetze davon ausgegangen, daß nur wesentliche Verfahrensverstöße die Prüfungsentscheidung rechtswidrig machen und als wesentliche Verstöße nur solche anzusehen sind, bei denen ein Einfluß auf das Ergebnis gegeben oder jedenfalls nicht auszuschließen ist[199]. Die meist als Beleg angeführte Rechtsprechung stützt diese Aussage jedoch in aller Regel gerade nicht. In den einschlägi-

---

holz 402.24 §2 AuslG Nr. 13 a, S. 65 (71); Urt. v. 27.3. 1979 – 1 C 15.77, Buchholz 402.24 §10 AuslG Nr. 61, S. 66 (70); Urt. v. 19.5. 1981 – 1 C 169.79, BVerwGE 62, 215 (222); vgl. auch BVerwG, Beschl. v. 7.2. 1973 – 1 B 87.72, DÖV 1973, 414 a.E.; Beschl. v. 6. 1. 1978 – 1 B 332.77, n. veröff.; Beschl. v. 27.6. 1978 – 1 B 147.78, n. veröff.; Urt. v. 26.11. 1987 – 2 C 53.86, NJW 1988, 783 (784); Urt. v. 17.6. 1998 – 1 C 27.96, NVwZ 1999, 775 (777); Urt. v. 21.9. 2000 – 2 C 5.99, NJW 2001, 1878 (1880); s. weiter OVG Münster, Urt. v. 25.11. 1996 – 25 A 1950/96, NVwZ-RR 1997, 585 (587); ebenso *Kuntze*, in: Bader u.a., VwGO, §114 Rdnr. 13.

[195] Az.: 1 BvR 419/81 und 213/83, BVerfGE 84, 34.

[196] BVerfGE 84, 34 (55).

[197] Konkret wird verwiesen auf BVerwG, Beschl. v. 12.11. 1971 – VII B 71.70, Buchholz 421.0 Prüfungswesen Nr. 45.

[198] Da es sich um ein Zurechnungsproblem handelt, sollte der Begriff der Kausalität, wie er auch vom BVerfG verwendet wird, besser vermieden werden; s. dazu auch unten §6 E III 4 (S. 254ff.).

[199] Vgl. *Gleisberg*, JuS 1979, 227 (228); *Jakobs*, VBlBW 1981, 129 (131); *v. Mutius*, Jura 1982, 555 (559); *Niehues*, Prüfungsrecht, Rdnr. 492ff.; *Rozek*, NVwZ 1992, 343 (347 Fußn. 72); *Seebass*, NVwZ 1985, 521 (525).

gen Entscheidungen wird die befürwortete „Kausalitätsprüfung" typischerweise gerade nicht mit dem Rechtswidrigkeitsurteil in Verbindung gebracht. Insbesondere in früheren Entscheidungen des Bundesverwaltungsgerichts wird nicht das Rechtswidrigkeitsurteil, sondern nur die Aufhebung einer Prüfungsentscheidung davon abhängig gemacht, daß nicht auszuschließen ist, daß sich der Fehler auf das Prüfungsergebnis ausgewirkt haben kann[200]. Lediglich in zwei Entscheidungen aus neuerer Zeit scheint eine Verbindung zwischen dem Rechtswidrigkeitsurteil und der „Kausalität" des Fehlers für das Ergebnis hergestellt worden zu sein[201]. Wenn damit nicht nur die „Entscheidung in der Sache", sondern der Prüfungsbescheid selbst gemeint ist, überzeugt das weder für die Verfahrensfehler noch für die materiellen Fehler. Das Beruhen des Ergebnisses auf dem Fehler kann ausschließlich für den Aufhebungsanspruch von Relevanz sein. Auch insoweit hat das Bundesverwaltungsgericht aber zutreffend eine restriktive Handhabung der „Kausalitätsprüfung" befürwortet[202]. Im Ergebnis führen Fehler in der Begründung einer Leistungsbewertung, soweit sich die Begründung auf die konkrete Prüfungsleistung bezieht und der Fehler nicht in beiläufigen sonstigen Bemerkungen enthalten ist, stets zur Rechtswidrigkeit der Prüfungsentscheidung. Daß ein Aufhebungsanspruch nur zu befürworten ist, wenn auch die Entscheidung in der Sache auf dem Rechtsverstoß beruht[203], ist eine andere Frage[204].

D. Die Rechtswidrigkeit des Verwaltungsakts bei sonstigen materiellen Fehlern

Wurden mit den materiellen Begründungsfehlern bereits besonders umstrittene Fragen der Rechtswidrigkeitsbeurteilung von Verwaltungsakten behandelt,

---

[200] Vgl. näher BVerwG, Beschl. v. 12. 11. 1971 – VII B 71.70, Buchholz 421.0 Prüfungswesen Nr. 45; s. außerdem z.B. Urt. v. 6. 7. 1979 – 7 C 26.76, DVBl. 1980, 482 (483); Urt. v. 20. 11. 1987 – 7 C 3.87, BVerwGE 78, 280 (LS 2, 284); Beschl. v. 4. 2. 1991 – 7 B 7.91, Buchholz 421.0 Prüfungswesen Nr. 283; Beschl. v. 27. 3. 1992 – 6 B 6.92, NVwZ 1992, 1199 (1200); Urt. v. 9. 12. 1992 – 6 C 3.92, BVerwGE 91, 262 (270); Urt. v. 11. 8. 1993 – 6 C 2.93, DVBl. 1994, 158 (160) – insoweit nicht in BVerwGE 94, 64 abgedr.; Beschl. v. 3. 4. 1997 – 6 B 4.97, Buchholz 421.0 Prüfungswesen Nr. 379; Urt. v. 27. 4. 1999 – 2 C 30.98, NVwZ 2000, 921 (922); Urt. v. 4. 5. 1999 – 6 C 13.98, NVwZ 2000, 915 (919).

[201] Vgl. BVerwG, Urt. v. 12. 11. 1997 – 6 C 11.96, BVerwGE 105, 328 (332); Beschl. v. 13. 3. 1998 – 6 B 28.98, n. veröff.; in BVerwG, Urt. v. 20. 9. 1984 – 7 C 57.83, E 70, 143 (147), wird demgegenüber nur gesagt, daß ein landesrechtlicher Rechtssatz, der die Rechtswidrigkeit der Prüfungsentscheidung von der „Kausalität" des Fehlers für das Ergebnis abhängig macht, mit Bundesrecht vereinbar sei; ebenso BVerwG, Urt. v. 20. 9. 1984 – 7 C 80.82, Buchholz 421.0 Prüfungswesen Nr. 202 (S. 201 [206]); vgl. auch *v. Golitschek*, BayVBl. 1994, 257 (264).

[202] Vgl. näher BVerwG, Urt. v. 4. 5. 1999 – 6 C 13.98, NVwZ 2000, 915 (919).

[203] Vgl. z.B. BVerwG, Urt. v. 9. 12. 1992 – 6 C 3.92, BVerwGE 91, 262 (270); zu diesem Urt. etwa *P. Becker*, NVwZ 1993, 1129; *Goerlich*, JZ 1993, 803; *Hufen*, JuS 1994, 522.

[204] Dazu näher unten § 6 E III 4 (S. 254 ff.) zu Verfahrensfehlern und § 6 G (S. 325 ff.) zu materiellen Fehlern.

scheint die Rechtswidrigkeit von Verwaltungsakten bei sonstigen materiellen Fehlern keine Zweifel mehr aufzuwerfen. So entspricht es wohl durchaus gängiger Überzeugung, daß „materielle (inhaltliche) Mängel den Verwaltungsakt ‚fehlerhaft' machen"[205]. Wie verschiedene Fälle aber zeigen, ist die Rechtswidrigkeit des Verwaltungsakts keineswegs bei allen materiellen Fehlern unproblematisch. Einzelne Beispiele sollen hier im folgenden kurz behandelt werden.

I. Offenbare Unrichtigkeiten im Verwaltungsakt

Unter der gesetzlichen Überschrift „Offenbare Unrichtigkeiten im Verwaltungsakt" regelt § 42 S. 1 VwVfG[206], daß die Behörde Schreibfehler, Rechenfehler und ähnliche offenbare Unrichtigkeiten in einem Verwaltungsakt jederzeit berichtigen kann. Nach § 42 S. 2 VwVfG ist bei berechtigtem Interesse eines Beteiligten der Fehler zu berichtigen. In den von § 42 VwVfG erfaßten Fällen fehlerhafter Verwaltungsakte soll es sich nach ganz überwiegender Meinung[207] um einen rechtmäßigen Verwaltungsakt handeln. Dieser Einschätzung muß jedoch widersprochen werden[208]; sie basiert auf einem Rechtswidrigkeitsbegriff, der nicht dem geltenden Recht entspricht. Im Fall des § 42 VwVfG steht der Verwaltungsakt gerade nicht mit dem Recht in Einklang; er erfüllt nicht alle an ihn gestellten Voraussetzungen und ist deshalb als (materiell) rechtswidrig anzusehen.

Aus dem Umstand, daß die Berichtigung des Fehlers nach § 42 VwVfG nicht den Vorschriften der §§ 48ff. VwVfG unterfällt, läßt sich nichts Gegenteiliges ableiten. Nach der Rechtsprechung aus der Zeit vor Erlaß des VwVfG ist ein Verwaltungsakt als offenbar unrichtig anzusehen, „wenn der Widerspruch zwischen dem, was die Behörde gewollt hat, und dem, was sie in dem Verwaltungsakt zum Ausdruck gebracht hat, ohne weiteres erkennbar ist"[209]. In diesem Fall gilt das er-

---

[205] *Laubinger*, VerwArch. 78 (1987), 345 (356).

[206] Mit § 42 VwVfG identisch ist § 38 SGB X; mit Abweichungen gilt § 129 AO („Die Finanzbehörde kann Schreibfehler, Rechenfehler und ähnliche offenbare Unrichtigkeiten, *die beim Erlaß eines Verwaltungsaktes unterlaufen sind*, jederzeit berichtigen"). Daraus wird ganz überwiegend für die AO ein erweiterter Anwendungsbereich des § 129 AO gegenüber § 42 VwVfG gefolgert, vgl. etwa *Förster*, in: Koch/Scholtz, AO, § 129 Rdnr. 4 m. w. Nachw. Das ist offenbar auch der Grund für die große praktische Bedeutung des § 129 AO im Gegensatz zu § 42 VwVfG; vgl. auch *Martens*, NVwZ 1985, 162f., NVwZ 1987, 468f.; NVwZ 1990, 624 (628).

[207] Vgl. *Gerhardt*, in: Schoch/Schmidt-Aßmann/Pietzner, VwGO, § 113 Rdnr. 20; *Hill*, S. 96; *Henneke*, in: Knack, VwVfG, § 42 Rdnr. 2f.; *Kopp/Ramsauer*, VwVfG, § 42 Rdnr. 5; *Hub. Meyer*, in: Knack, VwVfG, vor § 43 Rdnr. 43, § 46 Rdnr. 12; *Sachs*, in: Stelkens/Bonk/Sachs, VwVfG, § 42 Rdnr. 1; *Schnapp/Henkenötter*, JuS 1998, 524; *Wolff/Bachof/Stober*, VerwR 2, § 49 Rdnr. 1, 16, 70ff.; *Recht*, in: Hauck/Noftz, SGB X 1, 2, § 38 Rdnr. 1; nach *K. Jachmann*, Die Berichtigung, S. 11, 154, macht der Fehler „den Verwaltungsakt nicht rechtswidrig im (engeren) Sinne der herrschenden Terminologie".

[208] So auch *Maurer*, Allgemeines Verwaltungsrecht, § 10 Rdnr. 4.

[209] BVerwG, Urt. v. 12. 7. 1972 – VI C 24.69, BVerwGE 40, 212 (216); vgl. auch BVerwG, Urt. v. 15. 5. 1970 – VI C 26.66, DÖV 1970, 747; BSG, Urt. v. 8. 9. 1961 – 1 RA 104/59, BSGE 15, 96;

kennbar Gewollte. § 42 VwVfG hat diese Ansicht aufgegriffen und die Voraussetzungen normiert, unter denen ein Verwaltungsakt unabhängig von den Regelungen der §§ 48ff. VwVfG berichtigt werden kann. Bereits diese allgemeine Funktion des § 42 VwVfG spricht eher für als gegen die Annahme, daß der betreffende Verwaltungsakt als rechtswidrig anzusehen ist.

Ein weiteres wichtiges Indiz ist das aufgrund des § 42 S. 2 VwVfG allgemein anerkannte Recht eines Beteiligten, bei berechtigtem Interesse die Berichtigung verlangen zu können[210]. Auch wenn der Gesetzgeber aus unterschiedlicher Motivation heraus subjektive Rechte einräumen kann, resultiert dieser Anspruch auf Berichtigung aus der Rechtsverletzung des Anspruchsinhabers durch den Verwaltungsakt. Wenn der Verwaltungsakt subjektive Rechte verletzt, ist er zwingend rechtswidrig.

Gleichfalls sehr deutlich ergibt sich die Rechtswidrigkeit auch der dem § 42 VwVfG unterfallenden Verwaltungsakte weiter aus folgender Überlegung: Erweist sich die Unrichtigkeit im Verwaltungsakt nicht als offenbar, ergibt sich der Fehler also beispielsweise nur aus den Behördenakten, so gelten für die Berichtigung unzweifelhaft die Voraussetzungen der §§ 48, 50 VwVfG. Anerkanntermaßen ist insbesondere auch bei Rechenfehlern[211] die Grenze zwischen den nach § 42 VwVfG jederzeit ohne weitere Voraussetzungen berichtigungsfähigen Fehlern und den übrigen nicht immer einfach zu ziehen. So lassen sich eine Reihe von Fehlern konstruieren, in denen der identische Fehler einmal offenbar ist und ein anderes Mal gerade nicht als offenbar angesehen werden kann, obwohl der Fehler selbst stets identisch ist. Daß die fehlende oder vorhandene Offenbar- oder Offensichtlichkeit des Fehlers über die Frage der Rechtswidrigkeit entscheiden soll, ist aber nicht einzusehen. Gerade wenn der Unterschied in manchen Fällen nur in der Erkennbarkeit des Fehlers liegt, wäre es unverständlich, dem Fehler bei besonders leichter Erkennbarkeit keine Bedeutung für die Rechtmäßigkeit des Verwaltungsakts beizumessen. Die These, diese offenbaren Unrichtigkeiten berührten nicht die Rechtmäßigkeit, ließe sich nur plausibel erklären, wenn das Gesetz die Anwendung des § 42 VwVfG davon abhängig machte, ob es sich um einen leichten oder einer weniger leichten Fehler handelte. Da dieser Umstand aber gerade nicht ausschlaggebend war und § 42 VwVfG nur die Rechtsfolgen hinsichtlich der Korrekturmöglichkeit abweichend von den sonst maßgeblichen Normen

---

Urt. v. 21.2. 1963 – 1 RA 198/59, BSGE 18, 270; Urt. v. 19.1. 1966 – 11/1 RA 344/62, BSGE 24, 203; OVG Bremen, Urt. v. 20.12. 1973 – III A 55/72 u.a.., DÖV 1974, 353.

[210] Zu diesem Anspruch s. stellv. *Kopp/Ramsauer*, VwVfG, § 42 Rdnr. 16; *Sachs*, in: Stelkens/Bonk/Sachs, VwVfG, § 42 Rdnr. 35.

[211] Auch bei diesen bedarf es für die Anwendbarkeit des § 42 VwVfG der Offensichtlichkeit, vgl. BSG, Urt. v. 31.5. 1990 – 8 RKn 22/88, NVwZ-RR 1991, 1; *Sachs*, in: Stelkens/Bonk/Sachs, VwVfG, § 42 Rdnr. 26; *Kopp/Ramsauer*, VwVfG, § 42 Rdnr. 10; a.A. BFH, Urt. v. 11.5. 1983 – III R 36/81, NVwZ 1984, 334 (335) – zu § 129 AO.

regelt, ist kein Grund für die Annahme ersichtlich, §42 VwVfG schließe die Rechtswidrigkeit der betroffenen Verwaltungsakte aus.

§42 VwVfG toleriert den Rechtsfehler auch nicht[212], wie schon der mögliche Anspruch eines Beteiligten auf Berichtigung zeigt. Doch selbst dann, wenn der fehlerhafte Verwaltungsakt nicht notwendigerweise korrigiert oder gar beseitigt werden muß, läßt dies Rückschlüsse auf eine Rechtmäßigkeit des Verwaltungsakts zu. So lassen etwa auch die Regelungen in §46 oder §48 VwVfG in zahllosen Fällen aus unterschiedlichen Gründen ein unverändertes Fortbestehen fehlerhafter Verwaltungsakte zu, ohne daß aus diesem „Tolerieren" auf die Rechtmäßigkeit der betreffenden Verwaltungsakte geschlossen werden könnte.

Handelt es sich bei §42 VwVfG richtigerweise um eine Korrekturvorschrift betreffend den fehlerhaften Verwaltungsakt, so erscheint lediglich seine systematische Stellung im VwVfG nicht ganz verständlich[213]. §42 VwVfG befindet sich im Teil III, der den Verwaltungsakt betrifft, am Ende des ersten Abschnitts über das Zustandekommen des Verwaltungsakts; die Korrekturvorschriften sind dagegen allesamt im zweiten Abschnitt über die Bestandskraft des Verwaltungsakts zu finden. Aus dieser Stellung am Ende des ersten Abschnitts (§§35–42 VwVfG) über das Zustandekommen des Verwaltungsakts und vor §43 VwVfG, der das Wirksamwerden des Verwaltungsakts regelt, kann allerdings weder abgeleitet werden, daß der nach §42 VwVfG zu berichtigende Verwaltungsakt vor der Berichtigung noch gar nicht wirksam geworden wäre, noch daß es sich nicht um eine Fehlerkorrektur handelt. Dementsprechend kann – wie auch die gegenteilige Stellung der steuerrechtlichen Parallelvorschrift §129 AO zwischen der Umdeutung (§128 AO) und der Rücknahme (§130 AO) – in der Systematik kein Beleg für die Rechtmäßigkeit des „offenbar unrichtigen" Verwaltungsakts gesehen werden.

Letztlich basiert die nahezu einhellige Gegenauffassung wohl maßgeblich auf zwei Aspekten, zum einen auf Aussagen in den Gesetzesmaterialien, zum anderen auf einer kritiklosen Übernahme von Stellungnahmen vor Erlaß des VwVfG. Die Begründung des Regierungsentwurfs zum VwVfG enthält einmal die Aussage, daß offenbare Unrichtigkeiten „ihrem Wesen nach nicht zu einer Fehlerhaftigkeit im materiellen Sinne führen" könnten[214]. Aus dieser Bemerkung kann freilich nicht auf die Rechtmäßigkeit des an einer offenbaren Unrichtigkeit leidenden Verwaltungsakts geschlossen werden. Aufgrund der Einschränkung „im materiellen Sinn" läßt die Gesetzesbegründung eher den Schluß zu, es sollte nur festgestellt werden, daß die Unrichtigkeiten keinen Einfluß auf den Inhalt der Regelung haben können. Der an einer Unrichtigkeit im Sinne des §42 VwVfG leidende Verwaltungsakt sei eben trotz dieses Fehlers inhaltlich fehlerfrei. Da die Rechtswidrigkeit eines Verwaltungsakts aber keineswegs die Rechtswidrigkeit des Ergeb-

---

[212] So aber *Schnapp/Henkenötter*, JuS 1998, 524.

[213] Die systematische Stellung wird von *K. Jachmann*, Die Berichtigung, S. 37, als Argument gegen die Rechtswidrigkeit verwendet.

[214] S. Begr. des Reg.-Entwurfs, BT-Drs. 7/910, zu §38 EVwVfG, S. 62.

nisses, also der im Verwaltungsakt enthaltenen Regelung, voraussetzt, spricht dieser Teil der Gesetzesbegründung folglich in keiner Weise im Fall des § 42 VwVfG für die Annahme eines fehlerhaften, aber nicht rechtswidrigen Verwaltungsakts. Anderes könnte für eine an anderer Stelle zu findende Bemerkung in der Begründung gelten, nach der zum Beispiel die Fälle der offenbaren Unrichtigkeiten Fehler darstellen, „die rechtlich in jeder Hinsicht irrelevant sind“[215]. Abgesehen von der Beiläufigkeit dieser Aussage erscheint sie schon deshalb als wenig aussagekräftig, weil sie im klaren Widerspruch zu § 42 S. 2 VwVfG steht, wenn sie wörtlich zu nehmen wäre. Schon die Möglichkeit der Berichtigung, sicher aber der bei berechtigtem Interesse bestehende Anspruch auf Berichtigung belegt die rechtliche Relevanz des Fehlers. Auch diese Art Fehler haben rechtliche Folgen, wenn sie auch nicht den Inhalt der Regelung beeinflussen. Im Ergebnis enthalten daher auch die Materialien keine beachtlichen Anhaltspunkte für die Annahme der Rechtmäßigkeit des Verwaltungsakts trotz einer offenbaren Unrichtigkeit.

Entsprechendes gilt auch für die Verweise in der Literatur auf Rechtsprechung und Schrifttum vor Erlaß des VwVfG. Zum einen finden sich in der einschlägigen Rechtsprechung des Bundesverwaltungsgerichts[216] gerade keine Aussagen zur Frage der Rechtmäßigkeit, sondern ausschließlich zur Frage der Zulässigkeit der jederzeitigen Berichtigung des Fehlers. Zum anderen wären selbst dann, wenn es solche Aussagen gäbe, daraus keine relevanten Rückschlüsse für die Auslegung des § 42 VwVfG zu ziehen. Wie mittlerweile schon vielfach deutlich geworden ist, bestand vor Erlaß des VwVfG keine Klarheit über die Notwendigkeit einer Trennung von Rechtswidrigkeit und Aufhebungspflicht. Entsprechendes gilt auch für die Hinweise auf die ältere Literatur[217].

Zu der heute ganz herrschenden Meinung hat schließlich wohl nicht unwesentlich die Auslegung der prozessualen Regelungen über die Berichtigung offenbarer Unrichtigkeiten in Urteilen in den §§ 319 ZPO, 118 VwGO, 107 FGO, 138 SGG beigetragen. In diesen Regelungen und in den dazu vorliegenden Stellungnahmen der Kommentarliteratur besitzt die Frage der Rechtswidrigkeit des Urteils keine Relevanz. Dennoch erklärt etwa § 118 VwGO das an einem Schreibfehler leidende Urteil nicht etwa für rechtmäßig, sondern nur für berichtigungsfähig durch das Gericht selbst.

Im Ergebnis belegen fast alle Stellungnahmen zur Frage der Rechtmäßigkeit eines unter § 42 VwVfG (beziehungsweise entsprechender Regelungen in anderen Verfahrensgesetzen) fallenden Verwaltungsakts die fehlende Klärung des Rechtmäßigkeits- oder Rechtswidrigkeitsurteils. Dabei ist im Fall des § 42 VwVfG das

---

[215] Begr. des Gesetzentwurfs zu §§ 40 bis 42 EVwVfG, BT-Drs. 7/910, S. 63 (unter „zu c“).

[216] BVerwG, Urt. v. 12. 7. 1972 – VI C 24.69, BVerwGE 40, 212 (216); Urt. v. 15. 5. 1970 – VI C 26.66, DÖV 1970, 747.

[217] So ist der Verweis bei *Hub. Meyer*, in: Knack, VwVfG, vor § 43 Rdnr. 43, auf *Forsthoff*, Verwaltungsrecht I, S. 223, aus einer Reihe von Gründen, die mit der Position von Forsthoff zusammenhängen, ungeeignet.

Rechtswidrigkeitsurteil unausweichlich. Der Verwaltungsakt ist fehlerhaft; es besteht sogar gegebenenfalls (bei berechtigtem Interesse) ein Berichtigungsanspruch (§42 S.2 VwVfG). Dieser Anspruch ist nichts anderes als die gesetzliche Normierung des Beseitigungsanspruchs, der sich hier eben nicht auf die Aufhebung des Verwaltungsakts richtet. Der dem §42 VwVfG unterfallende Verwaltungsakt ist rechtswidrig.

II. Die rechtswidrig unvollständige Ernennungsurkunde

Nach §5 Abs.2 S.2 Nr.1 BRRG müssen bei der Begründung des Beamtenverhältnisses in der Ernennungsurkunde die Worte „unter Berufung in das Beamtenverhältnis" mit dem Zusatz „auf Lebenszeit", „auf Probe", „auf Widerruf" usw. enthalten sein. Die Rechtsfolge einer Verletzung dieser und anderer Anforderungen an die Ernennungsurkunde regelt §5 Abs.3 S.1 BRRG wie folgt: „Entspricht die Ernennungsurkunde nicht der in Absatz 2 vorgeschriebenen Form, so liegt eine Ernennung nicht vor." Die Rechtsfolgen des Fehlens des Zusatzes in der Ernennungsurkunde können allerdings gemäß §5 Abs.3 S.2 BRRG abweichend von Satz 1 (Unwirksamkeit der Ernennung) geregelt werden. Damit räumt der Bundesrahmengesetzgeber – anders als bei anderen Fehlern – dem Landesgesetzgeber für einen Verstoß gegen §5 Abs.2 S.2 Nr.1 BRRG die Möglichkeit zu einer abweichenden Regelung ein. Daraus wird in der Literatur zum Teil abgeleitet, ein Verstoß gegen §5 Abs.2 S.2 Nr.1 BRRG führe nicht notwendig zur Rechtswidrigkeit des Ernennungs-Verwaltungsakts[218].

Eine solche Folgerung läßt sich indes aus §5 Abs.3 S.2 BRRG nicht ziehen. So hat sich der Bundesgesetzgeber bei dieser Einräumung der Kompetenz für die Landesgesetzgeber keineswegs einer eigenen Regelung enthalten. Vielmehr soll – vorbehaltlich einer abweichenden landesrechtlichen Sonderregelung – der fehlende Zusatz dieselben Folgen haben wie alle anderen Verstöße auch. Aber auch dann, wenn die Rechtsfolge nicht wie hier in der Nichtigkeit der Ernennung läge, wäre damit keineswegs gleichzeitig ihre Rechtswidrigkeit verneint. Somit käme nur dann eine Verneinung der Rechtswidrigkeit in Betracht, wenn ein Landesgesetzgeber dies in einer abweichenden Regelung zum Ausdruck brächte. Ob das Bundesrecht das aber auch erlaubt, erscheint zumindest zweifelhaft. Der Fall des §5 Abs.2 S.2 Nr.1 BRRG stellt sich damit nicht als Ausnahme vom Grundsatz der Rechtswidrigkeit des Verwaltungsakts bei materiellen Fehlern dar.

III. Rechtswidrigkeit bei fehlender oder fehlerhafter Rechtsbehelfsbelehrung?

Als ein weiteres Beispiel für die Annahme, es gebe fehlerhafte Verwaltungsakte, die nicht zugleich auch als rechtswidrig anzusehen seien, werden Verwaltungsak-

---

[218] Vgl. *Hub. Meyer*, in: Knack, VwVfG, vor §43 Rdnr.35.

te genannt, die pflichtwidrig keine oder eine fehlerhafte Rechtsbehelfsbelehrung enthalten. Einfachgesetzlich wird die Pflicht zur Beifügung einer Rechtsbehelfsbelehrung etwa in §59 VwGO für schriftliche Verwaltungsakte einer Bundesbehörde und in §73 Abs. 3 S. 1 VwGO für sämtliche Widerspruchsbescheide normiert. Für den sozialverwaltungsrechtlichen schriftlichen oder schriftlich bestätigten Verwaltungsakt normiert §36 SGB X diese Pflicht, im Steuerrecht §356 AO. Daneben existieren entsprechende Pflichten zum Beispiel in einigen LVwVfG und in §211 BauGB. Hier entspricht es – wohl – allgemeiner Auffassung, daß die Verletzung einer solchen Pflicht nicht nur nicht die Wirksamkeit des Verwaltungsakts, sondern auch dessen Rechtmäßigkeit unberührt läßt[219].

Das wird vor allem aus der Regelung des §58 Abs. 2 VwGO[220] abgeleitet, nach der eine unterbliebene oder unrichtige Rechtsbehelfsbelehrung zu einer Verlängerung der Widerspruchs- oder Klagefrist führt. Zutreffend gibt §58 Abs. 2 VwGO mit der in ihm enthaltenen Regelung der Fehlerfolgen bei rechtswidrigen Rechtsbehelfsbelehrungen erste Anhaltspunkte für die Rechtmäßigkeitsbeurteilung des Verwaltungsakts. Abzuleiten ist die fehlende Bedeutung der Rechtsbehelfsbelehrung für die Rechtmäßigkeit des Verwaltungsakts aber vor allem aus dem fehlenden rechtlichen Zusammenhang zwischen Verwaltungsakt und Rechtsbehelfsbelehrung. Die Rechtsbehelfsbelehrung ist nicht Teil des Verwaltungsakts, wie dies etwa für die Gründe eines Verwaltungsakts gilt. Die Belehrung wird mit dem Verwaltungsakt verbunden, ohne selbst dessen Bestandteil zu sein. Auch wenn die Behörde unbestreitbar rechtswidrig handelt, indem sie dem Verwaltungsakt entgegen einer gesetzlichen Verpflichtung keine, eine unzutreffende oder eine unzureichende Rechtsbehelfsbelehrung beifügt, ist der Verwaltungsakt noch nicht rechtswidrig. Ist etwa in dem Bekanntgabeschreiben eines schriftlichen Verwaltungsakts eine dem Gesetz nicht entsprechende Belehrung enthalten, etwa der Hinweis, gegen den Bescheid könne binnen drei Monaten Widerspruch eingelegt werden, so ist diese Erklärung rechtswidrig. Obwohl die gesetzwidrige Erklärung gemeinsam mit dem Verwaltungsakt abgegeben wird, bleibt es bei dem getrennten rechtlichen Schicksal von Verwaltungsakt und Rechtsbehelfsbelehrung. Auch wenn die Belehrung „zum Verwaltungsakt gehört“, ist sie ein Zusatz, dessen rechtliche Beurteilung getrennt vom Verwaltungsakt vorgenommen werden kann und muß. Obwohl also jede dem Gesetz widersprechende Belehrung rechtswidrig ist, führt das nicht zur Rechtswidrigkeit des Verwaltungsakts. Entsprechendes gilt für den Fall der rechtswidrig unterlassenen Belehrung.

---

[219] S. stellv. *Czybulka*, in: Sodan/Ziekow, VwGO, §58 Rdnr. 24; *Kopp/Schenke*, VwGO, §59 Rdnr. 4, §73 Rdnr. 21; *Meissner*, in: Schoch/Schmidt-Aßmann/Pietzner, VwGO, §58 Rdnr. 41, §59 Rdnr. 12; *Schunck/De Clerck*, VwGO, §58 Anm. 4a; *Stelkens*, NuR 1982, 10 (14). Für das Sozialverwaltungsrecht etwa *Engelmann*, in: v. Wulffen, SGB X, §36 Rdnr. 15, für das Steuerrecht *Szymczak*, in: Koch/Scholtz, AO, §356 Rdnr. 14; Niedersächsisches FG, EFG 1992, 644.

[220] Vgl. §66 Abs. 2 SGG, §55 Abs. 2 FGO.

E. Sonderfall Planfeststellungsbeschluß?

Die bisherigen Überlegungen haben hinsichtlich der Rechtmäßigkeitsbeurteilung nicht nach unterschiedlichen Arten von Verwaltungsakten differenziert. Ob diese einheitliche Behandlung allerdings wirklich überzeugend ist, steht gerade für den Planfeststellungsbeschluß in Frage. Schon aufgrund der speziellen Fehlerfolgenregelungen, die für den Planfeststellungsbeschluß existieren, bedarf es jedenfalls einer genaueren Untersuchung.

I. Die Rechtswidrigkeit des Planfeststellungsbeschlusses (und der Plangenehmigung) infolge von Verfahrensfehlern

Um das Ergebnis gleich vorwegzunehmen: Verfahrensverstöße führen in gleichem Umfang zur Rechtswidrigkeit des Planfeststellungsbeschlusses wie jedes anderen Verwaltungsakts. Das ist jedoch keineswegs selbstverständlich.

1. Stellungnahmen in Literatur und Rechtsprechung

Während die Rechtswidrigkeit als Verfahrensfehlerfolge jedenfalls im Grundsatz den Auffassungen im allgemeinen Verwaltungsverfahrensrecht entspricht, gilt dies für das Planfeststellungsrecht nicht. Wenngleich sich auch zahlreiche Literaturstimmen finden, die insoweit keine Differenzierung zwischen Planfeststellungsbeschlüssen und anderen Verwaltungsakten vornehmen[221], wird die Rechtswidrigkeit des Planfeststellungsbeschlusses, anders als für sonstige Verwaltungsakte, vielfach doch an weitere Voraussetzungen geknüpft[222]. Andererseits existieren eine Vielzahl von Entscheidungen etwa des Bundesverwaltungsgerichts, in denen keine Aussage zur Rechtswidrigkeit des Planfeststellungsbeschlusses infolge eines Verfahrensfehlers enthalten ist, sondern nur ein Aufhebungsanspruch verneint wird[223]. Eine Suche in den Stellungnahmen nach Gründen für die Ablehnung der Rechtswidrigkeitsfolge im Gegensatz zum allgemeinen Verfahrensrecht unter Berücksichtigung des §46 VwVfG bleibt allerdings erfolglos. Die einschlägigen Aussagen sprechen eher für ein fehlendes Ver-

---

[221] Vgl. etwa *Bartunek*, Probleme des Drittschutzes bei der Planfeststellung, S. 203; *Breuer*, in: Festschrift für Sendler, S. 357 (373); *Laubinger*, VerwArch. 72 (1981), 333 (334f.); *Hufen*, Fehler im Verwaltungsverfahren, Rdnr. 499; *ders.*, DVBl. 1988, 69 (70).

[222] Vgl. aus der Rechtsprechung BVerwG, Urt. v. 5.12. 1986 – 4 C 13.85, BVerwGE 75, 214 (228); Urt. v. 21.3. 1994 – 4 C 19.94, BVerwGE 100, 370 (379f.); VGH München, Beschl. v. 16.4. 1981 – 20 CS 80 D/61, NVwZ 1982, 510 (LS 2, 512ff.); aus der Literatur *Bonk/Neumann*, in: Stelkens/Bonk/Sachs, VwVfG, §73 Rdnr. 119f.; *Allesch/Häußler*, in: Obermayer, VwVfG, §74 Rdnr. 59f.

[223] Vgl. z.B. BVerwG, Urt. v. 22.3. 1985 – 4 C 63.80, BVerwGE 71, 150; Urt. v. 13.9. 1985 – 4 C 64.80, NVwZ 1986, 740; Urt. v. 13.3. 1995 – 11 VR 2.95, NVwZ 1995, 905 (907); Urt. v. 8.6. 1995 – 4 C 4.94, BVerwGE 98, 339; Urt. v. 28.2. 1996 – 4 A 27.95, NVwZ 1996, 1011 (1012).

ständnis von der Notwendigkeit der Abgrenzung zwischen Rechtswidrigkeit und Beseitigungsanspruch[224].

2. *Mögliche Gründe für den Ausschluß der Rechtswidrigkeitsfolge*

Die Frage, ob und unter welchen Voraussetzungen ein Verfahrensfehler im Planfeststellungsverfahren zur Rechtswidrigkeit führt, ist allein anhand der gesetzlichen Regelungen zu beantworten. Auch für das allgemeine Verwaltungsverfahren handelt es sich bei der ausnahmslosen Rechtswidrigkeitsfolge bei sämtlichen Verfahrensverstößen um eine einfachgesetzliche Entscheidung, die vor allem aus den §§ 44–46, 59 Abs. 2 Nr. 2, 3 VwVfG abzuleiten ist[225]. Für die Planfeststellungsbeschlüsse als Verwaltungsakte kann nur Entsprechendes gelten, wenn nicht insoweit abweichende gesetzliche Bestimmungen existieren. Das folgt im Anwendungsbereich der §§ 72ff. VwVfG bereits aus § 72 Abs. 1 VwVfG, wonach – vorbehaltlich anderweitiger Regelungen – die übrigen Vorschriften des VwVfG gelten.

Daraus wird einerseits die Anwendbarkeit der §§ 45, 46 VwVfG auf den Planfeststellungsbeschluß abgeleitet[226]. Eine eigenständige Fehlerfolgenregelung des Planfeststellungsrechts findet sich zusätzlich in § 75 Abs. 1a VwVfG. Diese im Rahmen des Genehmigungsverfahrensbeschleunigungsgesetzes vom 12.9. 1996[227] eingefügte Regelung betrifft jedoch nur die Folgen von „Mängeln bei der Abwägung der von dem Vorhaben berührten öffentlichen und privaten Belange" (§ 75 Abs. 1a S. 1 VwVfG). Nach dem Wortlaut der Regelung handelt es sich nicht um eine Bestimmung über die Verfahrensfehlerfolgen. Auch wenn die (analoge) Anwendbarkeit des § 75 Abs. 1a S. 2 VwVfG mit der Möglichkeit der Fehlerbehebung durch Planergänzung und ergänzendes Verfahren umstritten ist[228], bezieht sich die Regelung in Satz 1 zur „Erheblichkeit" der Mängel unstreitig nur auf solche „bei der Abwägung". § 75 Abs. 1a VwVfG enthält folglich keine Aussage zu den Fehlerfolgen von Verfahrensverstößen.

Das wird auch durch einen Vergleich mit den leicht abweichenden Fehlerfolgenregelungen belegt, die durch das Planungsvereinfachungsgesetz vom 17.12. 1993[229] in die Fachplanungsgesetze eingefügt wurden[230]. Im Unterschied zu § 75

---

224 Vgl. nur *Bonk/Neumann*, in: Stelkens/Bonk/Sachs, VwVfG, § 73 Rdnr. 120: „Im übrigen wird ein fehlerhaft durchgeführtes Anhörungsverfahren in der Regel nicht zur Aufhebung des gesamten Planfeststellungsbeschlusses führen. Ein Verfahrensfehler bei der Anhörung führt nur dann zur Rechtswidrigkeit des Planfeststellungsbeschlusses, wenn er sich auf die Entscheidung in der Sache ausgewirkt haben kann."

225 S. dazu näher oben B I (S. 133ff.).

226 Vgl. stellv. *Bonk/Neumann*, in: Stelkens/Bonk/Sachs, VwVfG, § 73 Rdnr. 119.

227 BGBl. I S. 1354.

228 Vgl. *Henke*, Planerhaltung durch Planergänzung und ergänzendes Verfahren, S. 191f.; *Storost*, NVwZ 1998, 797 (800).

229 BGBl. I S. 2123.

230 Vgl. § 17 Abs. 6c FStrG, § 10 Abs. 8 LuftVG, § 19 Abs. 4 WaStrG, § 29 Abs. 8 PBefG, § 20 Abs. 7 AEG (zunächst § 36d Abs. 6 BBahnG), § 5 Abs. 7 MagnetSchwBG.

Abs. 1a VwVfG lassen die spezialgesetzlichen Normen ausdrücklich §§ 45, 46 VwVfG „unberührt" und regeln die Anwendbarkeit etwa des ergänzenden Verfahrens[231] auch auf Fälle der Verletzung von Verfahrens- und Formvorschriften[232]. Diese Sonderregelungen behandeln folglich Verwaltungsakte mit Verfahrensfehlern gleich solchen mit materiellen Mängeln, die nach Satz 1 als erheblich bezeichnet werden. Deutlich spricht schließlich auch die nach den Sonderregelungen ausdrückliche Anwendbarkeit der §§ 45, 46 VwVfG für die Bejahung der Rechtswidrigkeit sämtlicher verfahrensfehlerhaft zustande gekommener Planfeststellungsbeschlüsse. Da die §§ 45, 46 VwVfG schließlich auch im Anwendungsbereich des § 75 Abs. 1a VwVfG gelten, gilt hier nichts anderes. Der verfahrensfehlerhafte Planfeststellungsbeschluß ist ein rechtswidriger Verwaltungsakt.

II. Die Rechtswidrigkeit des Planfeststellungsbeschlusses bei materiellen Fehlern

Materielle Fehler führen zur Rechtswidrigkeit des betroffenen Verwaltungsakts; das scheint unbestreitbar. Wie die obigen Überlegungen zu materiellen Fehlern bei Verwaltungsakten allgemein gezeigt haben, gilt diese Aussage zwar im Grundsatz, doch keineswegs ohne Ausnahme. Für den Planfeststellungsbeschluß ergeben sich Bedenken gegen eine allgemeine Gleichsetzung des materiellen Fehlers mit der (materiellen) Rechtswidrigkeit des Planfeststellungsbeschlusses nach heutiger Rechtslage vor allem aus den bereits erwähnten Fehlerfolgenregelungen des Planfeststellungsrechts. Indem § 75 Abs. 1a S. 1 VwVfG (wie auch die insoweit identischen Bestimmungen im Fachplanungsrecht wie etwa § 17 Abs. 6c S. 1 FStrG) Mängel bei der Abwägung nur dann für „erheblich" erklärt, „wenn sie offensichtlich und auf das Abwägungsergebnis von Einfluß gewesen sind", könnte auch das Rechtswidrigkeitsurteil zugleich von der Offensichtlichkeit des Abwägungsmangels und von der „Kausalität" für das Abwägungsergebnis abhängig gemacht worden sein. Ist der Mangel nach § 75 Abs. 1a S. 1 VwVfG sowie entsprechender Parallelregelungen nicht „erheblich", so könnte das auch heißen, der Planfeststellungsbeschluß sei deshalb auch nicht rechtswidrig[233].

---

[231] Nach *Henke*, Planerhaltung durch Planergänzung und ergänzendes Verfahren, S. 107ff., bezieht sich die Planergänzung ausschließlich auf materielle Fehler, wenngleich der Wortlaut weiter ist.

[232] So lautet § 17 Abs. 6c S. 2 FStrG: „Erhebliche Mängel bei der Abwägung oder eine Verletzung von Verfahrens- und Formvorschriften führen nur dann zur Aufhebung des Planfeststellungsbeschlusses oder der Plangenehmigung, wenn sie nicht durch Planergänzung oder durch ein ergänzendes Verfahren behoben werden können."

[233] Vgl. z.B. *Gerhardt*, in: Schoch/Schmidt-Aßmann/Pietzner, VwGO, § 113 Rdnr. 51; *Gromitsaris*, SächsVBl. 1997, 101 (106); *Steinberg/Hermann*, Fachplanung, Rdnr. 358 (schließen aus der fehlenden Aufhebbarkeit des Planfeststellungsbeschlusses auf die fehlende Pflicht zur vollständigen Sachverhaltermittlung); *Stüer*, NWVBl. 1997, 169 (175), der offenbar sogar in den Fällen des § 75 Abs. 1a S. 2 VwVfG die Rechtswidrigkeit ausschließen will.

Dafür spricht vor allem die Entstehungsgeschichte dieser Regelungen. Sowohl das Planungsvereinfachungsgesetz vom 17.12.1993, das die Bestimmung über die Erheblichkeit von Abwägungsmängeln in das Fachplanungsrecht eingeführt hat, als auch das Genehmigungsverfahrensbeschleunigungsgesetz vom 12.9.1996, das unter anderem §75 Abs. 1a VwVfG eingefügt hat, gehen zurück auf die Regelung des §214 Abs. 3 S. 2 BauGB in der Fassung vor der Änderung durch das EAG Bau[234]. §214 Abs. 3 S. 2 BauGB lautete: „Mängel im Abwägungsvorgang sind nur erheblich, wenn sie offensichtlich und auf das Abwägungsergebnis von Einfluß gewesen sind". Diese Regelung stimmte mit §155b Abs. 2 S. 2 BBauG überein, der durch die Baurechtsnovelle 1976 eingefügt wurde[235]. Vor allem aufgrund der für eine Rechtsnorm typischerweise geltenden Gleichsetzung von Rechtswidrigkeit und Nichtigkeit versteht es sich nicht von selbst, daß die §§214, 215 BauGB die Rechtswidrigkeit der vom Fehler betroffenen Satzungen nicht ausschließen. Folglich bedarf es auch für das Planfeststellungsrecht einer genauen Prüfung, ob §75 Abs. 1a S. 1 VwVfG die Rechtswidrigkeit des Planfeststellungsbeschluß unangetastet läßt.

Bei näherer Hinsicht wird die Rechtswidrigkeit der betreffenden Rechtsakte durch die Normen nicht tangiert. Schon die Regelung des §214 Abs. 3 S. 2 BauGB schloß – entgegen verbreiteter Ansicht – nicht die Rechtswidrigkeit des Bebauungsplans wegen eines Abwägungsmangels aus[236]. §214 Abs. 3 S. 2 BauGB verneinte für die „unerheblichen Mängel" lediglich die bei rechtswidrigen Normen regelmäßige Rechtsfolge der Nichtigkeit. Ebenso wird durch §75 Abs. 1a S. 1 VwVfG nur der Beseitigungsanspruch ausgeschlossen.

Selbst wenn man aber davon ausginge, daß §214 Abs. 3 S. 2 BauGB die Rechtswidrigkeit der Satzung ausgeschlossen hätte, müßte eine nahezu wortgleiche Regelung in einem anderen Kontext nicht zwangsläufig gleich interpretiert werden. Der unterschiedliche systematische Zusammenhang des §75 Abs. 1a S. 1 VwVfG, gerade auch mit §46 VwVfG, spricht im Ergebnis trotz der Übernahme der Regelung aus dem Baurecht für eine mit §46 VwVfG übereinstimmende Interpretation und gegen den Ausschluß der Rechtswidrigkeit[237].

Die Gegenansicht gerät zwangsläufig in einen Widerspruch zu §46 VwVfG. Hier ist mittlerweile weitgehend anerkannt, daß das mangelnde Beruhen der Sachentscheidung auf dem Fehler nicht die Rechtswidrigkeit des Verwaltungsakts ausschließt. Wenn aber sogar der Verfahrensverstoß – auch beim Planfeststel-

---

[234] Gesetz zur Anpassung des Baugesetzbuchs an EU-Richtlinien (Europarechtsanpassungsgesetz Bau – EAG Bau) v. 24.6.2004, BGBl. I S. 1359.

[235] Gesetz v. 18.8.1976, BGBl. I S. 2256. S. zu den §§155a, 155b BBauG etwa *Battis*, DÖV 1981, 433ff.; *Breuer*, NVwZ 1982, 273ff.; *Maurer*, in: Festschrift für Bachof, S. 215ff.

[236] S. zutreffend *Battis*, in: Battis/Krautzberger/Löhr, BauGB, §214 Rdnr. 2 m. w. Nachw.; *Schmaltz*, DVBl. 1990, 77ff.; *ders.*, in: Schrödter, BauGB, §214 Rdnr. 4, 10; *Kopp/Schenke*, VwGO, §47 Rdnr. 127ff.

[237] Dafür auch *Kopp/Schenke*, VwGO, §114 Rdnr. 36b.

lungsbeschluß – zur Rechtswidrigkeit führt, der offensichtlich die Entscheidung in der Sache nicht beeinflußt hat, dann erschiene es durchaus widersprüchlich, einen Planfeststellungsbeschluß mit einem Abwägungsmangel, auch wenn dieser ohne Einfluß auf das Abwägungsergebnis geblieben ist, für rechtmäßig zu halten. Dieses Unbehagen steigerte sich noch, wenn der Abwägungsmangel sogar offensichtlich ist.

Erheblich im Sinne des §75 Abs. 1a S. 1 VwVfG sowie entsprechender Parallelregelungen meint damit keinen Rechtswidrigkeitsausschluß, sondern nur den Ausschluß von Beseitigungsansprüchen. In der Gesamtkonzeption des §75 Abs. 1a VwVfG bedeutet dies, daß Satz 1 den Beseitigungsanspruch vollständig negiert, während Satz 2 für die erheblichen Mängel eine Modifikation des Beseitigungsanspruchs vorschreibt, der gewöhnlich in der Verpflichtung zur Aufhebung des Verwaltungsakts besteht[238].

III. Ergebnis

Bei näherer Hinsicht erweist sich also der Planfeststellungsbeschluß hinsichtlich des Rechtswidrigkeitsurteils trotz Sonderregelungen wie §75 Abs. 1a VwVfG in keiner Weise als Sonderfall. Es gelten für ihn dieselben Voraussetzungen der Rechtswidrigkeit wie für jeden anderen Verwaltungsakt auch.

[238] Zu letzterem näher unten §7 D III (S. 412ff.).

§ 5 Die subjektive Rechtsverletzung

A. Übereinstimmung mit der Voraussetzung der Grundrechtsverletzung

In der verwaltungsgerichtlichen Praxis deckt sich die Prüfung des Bestehens eines Aufhebungsanspruchs gegenüber einem Verwaltungsakt auf den ersten Blick nicht mit dessen Ableitung aus den Grundrechten und der demzufolge tatbestandlich notwendigen Grundrechtsverletzung. Das Verwaltungsgericht untersucht typischerweise gerade nicht, ob ein Grundrechtseingriff vorliegt, der sich als rechtswidrig erweist. Der Inhalt der Prüfung richtet sich vielmehr nach § 113 Abs. 1 S. 1 VwGO, wonach das Verwaltungsgericht den Verwaltungsakt aufhebt, wenn sich dieser als rechtswidrig erweist und den Kläger dadurch in seinen Rechten verletzt. Zur objektiven Rechtswidrigkeit des Verwaltungsakts muß also eine subjektive Rechtsverletzung hinzutreten, damit der Verwaltungsakt im Rahmen der Anfechtungsklage aufzuheben ist. § 113 Abs. 1 S. 1 VwGO vermag jedoch lediglich den prozessualen Anspruch des Klägers gegenüber dem Gericht auf Aufhebung des Verwaltungsakts zu regeln. So entspricht es der heute wohl unbestrittenen Ansicht, daß der gerichtlichen Aufhebung eines Verwaltungsakts und damit dem prozessualen Aufhebungsanspruch ein materiellrechtlicher Aufhebungsanspruch gegen die Verwaltung zugrunde liegt[1]. Dieser materiellrechtliche Aufhebungsanspruch ist nichts anderes als eine (und zwar die typische) Ausprägung des im Bürger-Staat-Verhältnis grundrechtlich fundierten Beseitigungsanspruchs. Daher unterscheiden sich die Tatbestandsvoraussetzungen für die gerichtliche Aufhebung eines Verwaltungsakts bei näherer Hinsicht auch nicht von den Voraussetzungen des grundrechtlich herzuleitenden Beseitigungsanspruchs. Auch das Verwaltungsgericht hebt den Verwaltungsakt im Ergebnis nur auf, sofern sich die verlangte Rechtsverletzung zugleich als Grundrechtsverletzung darstellt. Obwohl diese Grundrechtsverletzung nicht ausdrücklich geprüft wird, unterscheidet sich das Tatbestandsmerkmal der subjektiven Rechtsverletzung in seiner im Ergebnis befürworteten Anwendung nicht von der Grundrechtsverletzung. Schon durch die im Verwaltungsprozeß anerkannte Beschränkung der Klagebefugnis grundsätzlich auf die Möglichkeit der Verletzung materieller Rechte, aber auch die Weiterführung dieser Beschränkung im Rahmen der Begründetheit nach § 113 Abs. 1 S. 1 VwGO wird eine Übereinstimmung mit der Tatbestands-

[1] Vgl. oben § 1 B I 2 (S. 9).

voraussetzung der Grundrechtsverletzung erreicht. Wie die vorausgehenden Überlegungen zum Grundrechtsschutz sämtlicher materieller subjektiver Rechte gezeigt haben, führt jede materielle subjektive Rechtsverletzung auch zu einer Grundrechtsverletzung[2]. Folglich handelt es sich bei der nach § 113 Abs. 1 S. 1 VwGO notwendigen subjektiven Rechtsverletzung um eine Grundrechtsverletzung.

B. Konsequenzen

Die Identität des materiellrechtlichen Aufhebungsanspruchs im Bürger-Staat-Verhältnis mit dem grundrechtlichen Beseitigungsanspruch führt zu einer Reihe von Konsequenzen.

I. Notwendigkeit der Verletzung eines materiellen Rechts

Zählen Verfahrensrechte nicht selbst zum Schutzgegenstand der Grundrechte, reicht auch eine Verletzung von subjektiven Verfahrensrechten noch nicht zur Begründung eines Aufhebungsanspruchs aus. Mit der Verletzung des Verfahrensrechts muß vielmehr zugleich eine materielle Rechtsverletzung verbunden sein[3]. In den „Adressatenfällen" wirft die Feststellung einer materiellen Rechtsverletzung keine Schwierigkeiten auf. Hier ist der Verwaltungsakt stets mit einem Eingriff in Grundrechte verbunden. Gleichzeitig erweisen sich sämtliche Rechtmäßigkeitsvoraussetzungen des Verwaltungsakts auch als Schutznormen für den Verwaltungsaktsadressaten, solange nicht der Gesetzgeber eindeutig Gegenteiliges anordnet, wofür sich aber bisher wohl kein praktisches Beispiel anführen läßt. Konsequenterweise läßt sich in diesen Fällen eine Grundrechtsverletzung schon durch einen Verfahrensverstoß belegen, auch wenn nicht der Verfahrensverstoß selbst die Grundrechtsverletzung darstellt.

Schwieriger zu beurteilen ist die Rechtslage in den Fällen, in denen es um die Prüfung eines Aufhebungsanspruchs einer anderen Person, typischerweise eines Dritten geht. Wie die Überlegungen zum Grundrechtseingriff gezeigt haben, kann hier aus der gesetzlichen Zuerkennung eines subjektiven Verfahrensrechts

---

[2] Vgl. oben § 2 B III 2 (S. 41 ff.).

[3] Das entspricht auch den Auffassungen im Verwaltungsprozeß, vgl. etwa zur Klagebefugnis *Wahl/Schütz*, in: Schoch/Schmidt-Aßmann/Pietzner, VwGO, § 42 Rdnr. 72; i. E. auch *Kopp/Schenke*, VwGO, § 42 Rdnr. 95. S. weiter, wenngleich mit deutlich abweichender Begründung, aus der Rechtsprechung BVerwG, Urt. v. 22. 12. 1980 – 7 C 84.78, BVerwGE 61, 256 (275); Urt. v. 17. 12. 1986 – 7 C 29.85, BVerwGE 75, 285 (291); Beschl. v. 13. 7. 1989 – 7 CB 80.88, NVwZ 1989, 1168; Urt. v. 7. 6. 1991 – 7 C 43.90, BVerwGE 88, 286 (288), nach der der Kläger geltend machen muß, „daß sich der von ihm gerügte Verfahrensfehler auf seine materiellrechtliche Position ausgewirkt haben könnte"; vgl. auch *Happ*, in Eyermann, VwGO, § 42 Rdnr. 97; *Gerhardt*, in: Schoch/Schmidt-Aßmann/Pietzner, VwGO, § 113 Rdnr. 15.

dann auf die Existenz materieller Rechte und auch auf eine materielle Betroffenheit geschlossen werden, wenn das Verfahrensrecht gerade dem Schutz materieller Rechte dienen soll[4].

Fehlt es dagegen an einer entsprechenden Verbindung zwischen dem verletzten Verfahrensrecht und einem materiellen Recht, reicht auch die Verletzung des subjektiven Verfahrensrechts nicht zur Begründung eines Aufhebungsanspruchs aus, wenn nicht der Gesetzgeber selbst diese Rechtsfolge des Verfahrensfehlers angeordnet hat. In diesem Fall handelt es sich aber nicht um den hier untersuchten grundrechtlich oder verfassungsrechtlich begründeten Beseitigungsanspruch.

II. Zusätzliches Erfordernis eines Rechtwidrigkeits- oder Schutzzweckzusammenhangs?

In der Literatur wird der Aufhebungsanspruch vielfach an das Vorliegen eines Rechtswidrigkeitszusammenhangs geknüpft[5]. Der die Rechtswidrigkeit des Verwaltungsakts begründende Rechtsverstoß muß danach gerade im Hinblick auf ein subjektives Recht des Anspruchstellers bestehen. Dieses Kriterium, das teilweise als Verknüpfung von Rechtswidrigkeit und Rechtsverletzung[6], teilweise wohl als nähere Umschreibung der Tatbestandsvoraussetzung der subjektiven Rechtsverletzung angesehen wird[7], findet seine Erklärung als Antwort auf die Frage, welche Rechtsverstöße etwa Drittbetroffene im Prozeß rügen können. Wie ein Teil der Literatur damit aber offenbar richtig erkennt, besitzt die Forderung eines Rechtswidrigkeitszusammenhangs im Prozeß keine wirklich eigenständige Bedeutung, da sie schon im gesetzlichen Tatbestandsmerkmal des § 113 Abs. 1 S. 1 VwGO der Verletzung eines subjektiven Rechts des Klägers enthalten ist. Ob damit etwa das Erfordernis eines solchen Rechtswidrigkeitszusammenhangs in Abrede gestellt wird oder der Rechtswidrigkeitszusammenhang not-

---

4 Vgl. oben § 3 D II 2 (S. 120ff.).

5 Vgl. z.B. *Bender*, DVBl. 1984, 301 (304, Fußn. 20); *Bumke*, Relative Rechtswidrigkeit, S. 211; *Gerhardt*, in: Schoch/Schmidt-Aßmann/Pietzner, VwGO, Vorb. § 113 Rdnr. 4, § 113 Rdnr. 11; *Hildebrandt*, Der Planergänzungsanspruch, S. 146ff. m.w.Nachw. in Fußn. 42; *Ibler*, in: Berliner Kommentar, GG, Art. 19 IV Rdnr. 156ff.; *Krebs*, in: Festschrift für Menger, S. 191 (204); *Schmidt-Aßmann*, in: Maunz/Dürig/Herzog/Scholz, GG, Art. 19 IV Rdnr. 156ff.; *ders.*, Das allgemeine Verwaltungsrecht als Ordnungsidee, S. 214 (Kap. 4 Tz. 60); beim Planfeststellungsbeschluß s. etwa *Steinberg/Berg/Wickel*, Fachplanung, § 6 Rdnr. 29, 40ff., 82ff. Eine inhaltlich abweichende Verwendung des Begriffs vom Rechtswidrigkeitszusammenhang findet sich bei *Kopp/Schenke*, VwGO, § 113 Rdnr. 56 im Hinblick auf die Bedeutung des § 46 VwVfG.

6 S. *Gerhardt*, in: Schoch/Schmidt-Aßmann/Pietzner, VwGO, § 113 Rdnr. 11 Fußn. 34; ähnlich auch *Weyreuther*, in: Festschrift für Menger, S. 681 (690f.), der aber im Tatbestandsmerkmal „dadurch" in § 113 Abs. 1 S. 1 VwGO die maßgebliche gesetzliche Verankerung des Rechtswidrigkeitszusammenhangs sieht.

7 So wohl *Steinberg/Berg/Wickel*, Fachplanung, § 6 Rdnr. 29: „Hierfür (Anm.: für die Rechtsverletzung des Nachbarn) ist entscheidend abzustellen auf den Rechtswidrigkeitszusammenhang beziehungsweise den Schutzzweck der Norm."

wendig schon im Erfordernis einer subjektiven Rechtsverletzung enthalten ist, so daß ihm keine eigenständige Funktion zukommt, kann letztlich offen bleiben. Ist eine subjektive Rechtsverletzung zu bejahen, bedarf es keines darüber hinausgehenden Rechtswidrigkeitszusammenhangs. Soweit die Gegenauffassung damit begründet wird, das Korrektiv eines Rechtswidrigkeitszusammenhangs sei notwendig, weil anderenfalls „der weit zu ziehende Schutzbereich des Artikel 2 Absatz 1 GG die Befugnis und Aufgabe des Gesetzgebers überspielte, kollidierende private und öffentliche Interessen miteinander abzuwägen und in einen gesetzlichen Ausgleich zu bringen“[8], überzeugt das nicht. Weshalb der Verzicht auf das Erfordernis eines Rechtswidrigkeitszusammenhangs zur Entstehung eines allgemeinen Gesetzesvollziehungsanspruchs führen soll[9], bleibt unerfindlich. Die notwendige Voraussetzung der subjektiven Rechtsverletzung schließt das zwingend aus. Insbesondere bleibt hier völlig offen, worin die zusätzlichen Voraussetzungen für den Aufhebungsanspruch beim Rechtswidrigkeitszusammenhang eigentlich bestehen sollen[10].

Für die Einschätzung vom fehlenden Bedürfnis eines Rechtswidrigkeitszusammenhangs spricht auch der Blick in andere Rechtsgebiete. So wird der Begriff des Rechtswidrigkeitszusammenhangs in unterschiedlicher Bedeutung auch in der Zivilrechtslehre im Rahmen von Schadenszurechnungsfragen und der Berücksichtigung hypothetischer Kausalverläufe verwendet[11]. Für die Schadensersatzregelung wird aber überwiegend auf die Schutzzwecklehre zurückgegriffen und ein sogenannter Schutzzweckzusammenhang gefordert[12].

Danach soll nur jener Schaden einem Verhalten und damit einem Schädiger zugerechnet werden können, vor dem die verletzte Verhaltenspflicht gerade (auch) schützen sollte. Es wird also auf den Schutzzweck der haftungsbegründenden Norm, also vor allem der Verhaltenspflicht, abgestellt. Soweit es sich um rechtswidriges Verhalten handelt, ist die Forderung nach einem Rechtswidrigkeitszusammenhang damit identisch[13]. Vorgezogen wird der Begriff des Schutzzweckzusammenhangs dem des Rechtswidrigkeitszusammenhangs, weil damit auch andere Haftungstatbestände außerhalb der Rechtswidrigkeitshaftung, wie etwa die Gefährdungshaftung, erfaßt werden können[14].

---

[8] *Hildebrandt*, Der Planergänzungsanspruch, S. 147.

[9] So *Hildebrandt*, Der Planergänzungsanspruch, S. 148.

[10] Von *Hildebrandt*, Der Planergänzungsanspruch, S. 148, scheint die Notwendigkeit einer „Kausalität“ des Fehlers für das Ergebnis angenommen zu werden; dazu im folgenden unter C.

[11] Vgl. z.B. *Lange*, Schadensersatz, § 3 VIII u. § 4 XII 1.

[12] Vgl. *Grunsky*, in: Münchener Kommentar zum BGB (3. Aufl., 1994), vor § 249 Rdnr. 44; *Medicus*, Schuldrecht I, AT, Rdnr. 599; *ders.*, in: Staudinger, BGB, § 249 Rdnr. 40ff.

[13] Vgl. etwa *Medicus*, in: Staudinger, BGB, § 249 Rdnr. 42; nur von einem Rechtswidrigkeitszusammenhang sprechen *Fikentscher*, Schuldrecht, Rdnr. 446 (§ 49 III 4a); *Heinrichs*, in: Palandt, BGB, vor § 249 Rdnr. 62.

[14] Daneben findet der Begriff des Rechtswidrigkeitszusammenhangs noch in Verbindung mit der Frage der Berücksichtigung hypothetischer Schadensentwicklungen und zwar genau für die Möglichkeit rechtmäßigen Alternativverhaltens Verwendung, vgl. *Esser/Schmidt*, Schuldrecht I,

Zwar läßt sich schon aus diesen wenigen Bemerkungen zur Verwendung des Erfordernisses eines Schutzzweck- oder Rechtswidrigkeitszusammenhangs im Zivilrecht erkennen, daß hier durchaus parallele oder zumindest verwandte Probleme erfaßt werden. Im Zivilrecht geht es um Fragen der Schadenszurechnung und zwar konkret darum, ob ein anspruchsbegründendes Verhalten gerade zur Anwendung des eingetretenen Erfolges verboten, also für rechtswidrig erklärt worden ist. Diese Thematik stellt sich zum Beispiel in Verbindung mit Schadensersatzansprüchen gemäß § 823 Abs. 2 BGB. Ist es infolge eines Verhaltenspflichtverstoßes gegen eine Schutznorm zu einem Schaden gekommen, so ist für die konkrete Schadenszurechnung notwendig, daß das Verbot gerade dazu dient, Schäden wie den konkret eingetretenen zu vermeiden.

Im Unterschied zum Zivilrecht bedarf es eines solchen Korrektivs im Zusammenhang mit dem Erlaß von Verwaltungsakten nicht. Der Tatbestand des Aufhebungsanspruchs enthält nämlich nicht nur die Verletzung einer Verhaltensvorschrift, sondern zudem das Erfordernis der subjektiven Rechtsverletzung. Dieses Kriterium schafft die notwendige Verbindung zwischen dem Verhaltensverstoß und dem konkret eingetretenen Schaden, dem Verwaltungsakterlaß, für den einzelnen Anspruchsteller. Für einen darüber hinausgehenden Rechtswidrigkeitszusammenhang besteht hinsichtlich rechtswidrig erlassener Verwaltungsakte keine Notwendigkeit.

III. Verstoß gegen „rein objektives Recht" als subjektive Rechtsverletzung?

In direktem Zusammenhang mit der Forderung nach einem Rechtswidrigkeits- oder Schutzzweckzusammenhang steht die Frage, ob auch die Verletzung einer Rechtsnorm ohne individualschützenden Zweck zu einer subjektiven Rechtsverletzung führen kann. Um diese Frage zu beantworten, sind die Fälle des Grundrechtseingriffs beim Verwaltungsaktsadressaten von denjenigen mittelbar betroffener Personen getrennt zu betrachten.

Der belastende Verwaltungsakt greift stets in die Grundrechte des Adressaten ein. Insoweit entspricht es in Konsequenz der „Elfes-Rechtsprechung" des Bundesverfassungsgerichts[15] und der damit in Verbindung stehenden sogenannten Adressatentheorie der ganz herrschenden Ansicht, daß sich der Adressat eines entsprechenden Verwaltungsakts auf sämtliche Rechtsvorschriften berufen kann, die von der Rechtsordnung als Rechtmäßigkeitsvoraussetzungen dieses Verwal-

---

§ 33 III 2 b; *v. Caemmerer*, Das Problem der überholenden Kausalität im Schadensersatzrecht, S. 32. Auf die damit verbundene Thematik ist bei der näheren Untersuchung der Legitimation des Ausschlusses des Aufhebungsanspruchs durch § 46 VwVfG zurückzukommen, s. unten § 6 E III 4 (S. 254ff.).

[15] Vgl. BVerfG, Urt. v. 16. 1. 1957 – 1 BvR 253/56, BVerfGE 6, 32 (41).

tungsakts festgelegt wurden[16]. Diese Auffassung läßt sich auch mit der „Schutznormtheorie" in Einklang bringen. Sämtliche Rechtmäßigkeitsvoraussetzungen eines Verwaltungsakts sollen nämlich auch dem Schutz desjenigen dienen, in dessen subjektive Rechte der Verwaltungsakt unmittelbar eingreift. Allerdings wird man dem Gesetzgeber auch für diese Fälle die Möglichkeit nicht absprechen können, einzelne Rechtmäßigkeitsanforderungen aus dem Kreis der Schutznormen auszunehmen.

Für Dritte, mittelbar betroffene Personen, stellt sich die Situation anders dar. Hier ist für jede einzelne Rechtmäßigkeitsvoraussetzung positiv zu prüfen, ob sie dem Schutz des jeweiligen Dritten zu dienen bestimmt ist. Wenn teilweise eine Übertragung der „Elfes-Rechtsprechung" auf Drittbetroffene befürwortet wird[17], kann dem nicht zugestimmt werden. Das hängt maßgeblich mit dem anders als beim Verwaltungsaktsadressaten zu bestimmenden Grundrechtsschutz zusammen. Wie bereits die Voraussetzungen für die Annahme eines Grundrechtseingriffs beim Drittbetroffenen gezeigt haben, wird die Grenze, ab der von einem Grundrechtseingriff ausgegangen werden kann, maßgeblich durch den Gesetzgeber bestimmt. Solange sich die einfachgesetzlichen Regelungen in den Grenzen des verfassungs- und vor allem grundrechtlich Zulässigen bewegen, bestimmen sie über den Grundrechtsschutz. Nur diese dogmatische Basis vermag die Berechtigung der im Grundsatz allgemein anerkannten Lehre vom subjektiven Recht zu tragen.

Damit bei einem Drittbetroffenen überhaupt von einem Eingriff in ein Grundrecht ausgegangen werden kann, muß eine die Interessen dieses Dritten schützende Rechtsnorm verletzt worden sein. Deshalb ist keine Konstellation vorstellbar, in der ein Grundrechtseingriff eines Drittbetroffenen anzunehmen ist, gleichzeitig aber ausschließlich Vorschriften verletzt wurden, die allein öffentlichen Interessen oder den Interessen anderer Personen dienen. In diesem Fall fehlt es bereits an einem Grundrechtseingriff bei dem Dritten[18]. Daran scheitert auch die Übertragung der Elfes-Rechtsprechung.

Diese Überlegungen dürften in den meisten praktischen Anwendungsfällen zumindest im Ergebnis auch nicht umstritten sein. Macht etwa im baurechtlichen Nachbarstreit ein Angrenzer gegenüber der Baugenehmigung geltend, verschiedene nachbarschützende Vorschriften seien verletzt, und ist eine solche Verletzung nicht von vornherein ausgeschlossen, so ist der Nachbar gemäß § 42 Abs. 2 VwGO im Rahmen einer Anfechtungsklage gegen die Baugenehmigung klagebefugt. Die Anerkennung eines Grundrechtseingriffs ist damit aber noch nicht verbunden. Stellt sich im Prozeß heraus, daß sämtliche nachbarschützenden Vorschriften eingehalten wurden, so kann die Anfechtungsklage unabhängig davon

---

[16] Vgl. etwa *Kopp/Schenke*, VwGO, § 42 Rdnr. 124 m.w.Nachw.; s. auch oben § 3 A (S. 93f.).

[17] S. *Kopp/Schenke*, VwGO, § 42 Rdnr. 126 m.w.Nachw.

[18] Vgl. näher oben § 3 C (S. 100ff.).

keinen Erfolg haben, ob die Baugenehmigung aus anderen Gründen heraus als rechtswidrig anzusehen ist. Wurde die Genehmigung etwa ohne das gemäß §36 BauGB erforderliche gemeindliche Einvernehmen erteilt, so ist sie zwar rechtswidrig, greift aber dennoch nicht in die Rechte des Nachbarn ein, da die Regelung des §36 BauGB nicht als drittschützend anzusehen ist[19].

Diese Grundstruktur des Drittschutzes kann auch an einem Beispiel illustriert werden, das einem Fall aus der Rechtsprechung des Bundesverwaltungsgerichts[20] nachgebildet ist: Ein Nachbar wendet sich gegen eine atomrechtliche Genehmigung, die unter Verstoß gegen Anhörungsrechte anderer Nachbarn erlassen wurde. Der klagende Nachbar selbst wurde dagegen ordnungsgemäß angehört.

Die atomrechtliche Genehmigung stellt sich aufgrund der Verfahrensverstöße als rechtswidrig dar. Fraglich ist aber, ob sie auch den Kläger in seinen Rechten verletzt. Das Bundesverwaltungsgericht hat die Verfahrensfehler im Hinblick auf die Verfahrensrechte anderer Personen ohne eine nähere Begründung als dem Kläger gegenüber für „unbeachtlich" erklärt[21]. Dieses Ergebnis läßt sich auf der Basis der hier vertretenen Ansicht einfach erklären. Die grundrechtlich geschützte Rechtsposition des Drittbetroffenen wird durch die Gesamtheit der Regelungen zu dem betreffenden Sachverhalt ausgestaltet. Das bei Genehmigungen von Immissionen etwa thematisch einschlägige Grundrecht auf körperliche Unversehrtheit (Art. 2 Abs. 2 S. 1 GG) sagt für sich noch nichts darüber aus, wann von einem Grundrechtseingriff auszugehen ist. Den Umfang des grundrechtlich Geschützten in personeller wie auch in sachlicher Hinsicht gestaltet der Gesetzgeber aus. Aus dem Umstand, daß einer Person subjektive Verfahrensrechte zuerkannt werden, läßt sich dann eine grundsätzliche materielle Rechtsbetroffenheit ableiten, wenn das betreffende Verfahrensrecht gerade dem Schutz des Interesses an der Gesundheit dienen soll. Aus dieser allgemeinen Grundrechtsbetroffenheit kann aber nicht auf einen umfassenden Schutz geschlossen werden, das heißt auf einen Schutz vor jeglichem rechtswidrigen Verhalten in Verbindung mit dem Genehmigungsverfahren einschließlich des abschließenden Genehmigungsbescheids. Vielmehr wird auch die Reichweite des Schutzes durch die gesetzlichen Bestimmungen gestaltet. Sämtliche materiellen und formellen Voraussetzungen des Genehmigungsbescheids sind daraufhin zu prüfen, ob sie dem Schutz eines materiellen Grundrechts dienen. Nur insoweit wird auch der grundrechtliche Abwehrrechtsschutz des Drittbetroffenen aktiviert. Demzufolge fehlt es auch bei

---

[19] So im Ergebnis zu diesem Beispiel auch *Kopp/Schenke*, VwGO, §42 Rdnr. 126. Zur fehlenden drittschützenden Wirkung des §36 BauGB s. etwa BVerwG, Urt. v. 6. 12. 1967 – IV C 94.66, BVerwGE 28, 268 (269f.); Urt. v. 13. 6. 1969 –IV C 80.67, DVBl. 1970, 60f.; Beschl. v. 30. 12. 1991 – 4 B 226.91; Beschl. v. 7. 5. 1997 – 4 B 73.97, NVwZ 1997, 991 (992); krit. aber etwa *Bartlsperger*, DVBl. 1970, 30 (33f.).

[20] Vgl. BVerwG, Beschl. v. 28. 5. 1985 – 7 B 116.85, NVwZ 1985, 745.

[21] S. BVerwG, NVwZ 1985, 745; in diesem Fall konnte es wohl nicht auf die sonst regelmäßig geforderte Voraussetzung, daß sich der Verfahrensfehler ausgewirkt haben müsse, zurückgreifen, da hier eine Auswirkung nicht einfach ausgeschlossen werden konnte.

dem „an sich" betroffenen Nachbarn eines Atomkraftwerks (oder anderer emittierender Betriebe) an einem Grundrechtseingriff, wenn sämtliche, seinem Schutz dienenden Regelungen beachtet wurden. Konsequenterweise entsteht auch dann kein Beseitigungsanspruch, wenn der Verwaltungsakt wegen Verstoßes gegen sonstiges Recht rechtswidrig ist.

Im Ergebnis erweist sich ein Verstoß eines Verwaltungsakts gegen „rein objektives Recht" nur dann als eine (mittelbare) Verletzung subjektiver Rechte, wenn der Verwaltungsakt in materielle subjektive Rechte, das heißt im Bürger-Staat-Verhältnis in Grundrechte, eingreift. Da es bei einem Drittbetroffenen ohne die Verletzung einfachgesetzlicher subjektiver Rechte schon an einem Grundrechtseingriff fehlt, kommt auch keine mittelbare Verletzung über einen Verstoß gegen sonstige Rechtsnormen in Betracht.

C. Ausschluß der Rechtsverletzung durch § 46 VwVfG?

Zu § 46 VwVfG[22] wird bis heute von einer Reihe von Autoren vertreten, mit dieser Regelung werde zwar nicht die objektive Rechtswidrigkeit, wohl aber die subjektive Rechtsverletzung ausgeschlossen[23]. Dies dürfte wesentlich auf die Begründung des Musterentwurfs eines Verwaltungsverfahrensgesetzes aus dem Jahre 1963 zurückzuführen sein, wonach „der sachlich richtig beschiedene Bürger durch das fehlerhafte Verfahren nicht ‚in seinen Rechten verletzt' wird (vgl. § 113 Abs. 1 Satz 1 VwGO)"[24].

---

[22] Parallelregelungen: § 42 SGB X, § 127 AO.

[23] Vgl. etwa *Ehlers*, Die Verwaltung 37 (2004), 255 (265); *ders.*, Jura 2004, 176 (177f.); *Hill*, Das fehlerhafte Verfahren, S. 406, 408; *Krebs*, DVBl. 1984, 109 (111); *M. Rupp*, Die auf Art. 2 Abs. 1 GG gestützte Klagebefugnis, S. 238ff.; *Sachs*, in: Stelkens/Bonk/Sachs, VwVfG, § 46 Rdnr. 2; *Badura*, in: Erichsen/Ehlers (Hrsg.), Allgemeines Verwaltungsrecht, § 38 Rdnr. 35, s. allerdings wieder anders Rdnr. 36: keine Rechtswidrigkeit; wohl auch *Messerschmidt*, NVwZ 1985, 877 (880); i. E. auch *Schäfer*, in: Obermayer, VwVfG, § 46 Rdnr. 39 mit der nicht überzeugenden Bemerkung, „daß ein Kläger durch den vor Gericht angefochtenen VA nur in seinen Rechten verletzt sein kann, wenn er einen Anspruch auf Aufhebung des VA hat." Unklar *Hufen*, Fehler im Verwaltungsverfahren, Rdnr. 631: „weil unterstellt wird, daß der Betroffene durch den Verwaltungsakt nicht verletzt sein kann"; ebenfalls unklar *Wolff/Bachof/Stober*, Verwaltungsrecht 2, § 49 Rdnr. 52: „Diese Rechtsetzung (Anm.: § 46 VwVfG) ... unterstellt, daß die davon Betroffenen nicht in ihren Rechten verletzt sind"; aus der Rechtsprechung vgl. BVerwG, Urt. v. 17. 2. 1981 – 7 C 55.79, DVBl. 1981, 683 (685); Urt. v. 3. 5. 1982 – 6 C 60.79, BVerwGE 65, 287 (289f.); zu § 42 SGB X: *Recht*, in: Hauck/Noftz, SGB X/1, 2, § 42 Rdnr. 6.

[24] Musterentwurf EVwVfG 1963, Einzelbegründung zu § 36, S. 162; dieser Entwurf sah in § 36 eine dem heutigen § 46 VwVfG durchaus ähnliche Regelung vor: „Ein Verwaltungsakt, der nicht nach § 34 nichtig ist, kann nicht allein deshalb aufgehoben werden, weil er unter Verletzung von Verfahrens- und Formvorschriften oder von Regelungen über die örtliche Zuständigkeit zustande gekommen ist, wenn keine andere Entscheidung in der Sache hätte getroffen werden können oder wenn anzuerkennen ist, daß die Verletzung die Entscheidung in der Sache nicht beeinflußt hat." Die Begründung des Gesetzentwurfs der BReg. v. 18. 7. 1973 enthält eine solche Aussage zu § 42 EVwVfG dagegen nicht, vgl. BT-Drs. 7/910, S. 66; anderes gilt dagegen für die Stellungnah-

Speziell an dieser These aus der Begründung des Musterentwurfs ist in der Literatur heftige Kritik geübt worden[25]. Soweit die betreffende Verfahrensregelung ein subjektives Recht gewähre (wie etwa das Anhörungsrecht), werde mit der Verletzung der Verfahrensvorschrift auch das korrespondierende subjektive Recht verletzt. Entsprechend wird die mit der Verfahrensrechtsverletzung verbundene subjektive Rechtsverletzung teilweise auch als „rechtslogisch" bezeichnet[26].

Bei unbefangener Annäherung an die Thematik verblüfft die These vom Ausschluß der subjektiven Rechtsverletzung zunächst sehr. Soweit die verletzte Verfahrensvorschrift subjektive Rechte begründet, folgt aus ihrer Verletzung auch zwingend eine subjektive Rechtsverletzung. Eine andere Auffassung wäre schlicht unvertretbar. Bei genauer Hinsicht erweist sich die Begründung der Ansicht vom Ausschluß der subjektiven Rechtsverletzung durch § 46 VwVfG aber als durchaus hintergründiger. Diese Rechtsverletzung hinsichtlich des Verfahrensrechts wird – jedenfalls in einigen Stellungnahmen – nicht bestritten, sondern sogar ausdrücklich bestätigt[27]. Abgelehnt wird dagegen eine Rechtsverletzung im Sinne des § 113 Abs. 1 S. 1 VwGO. Für eine solche reiche gerade nicht schon eine Verfahrensrechtsverletzung aus; es bedürfe dazu eines „rechtlichen Zusammenhangs" zwischen der Verfahrensrechtsverletzung und der Verletzung des durch den Verwaltungsakt beeinträchtigten Rechts. § 46 VwVfG regele, wann dieser Zusammenhang nicht bestehe.

Soweit sich die Argumentation der Ablehnung einer subjektiven Rechtsverletzung damit auf die Annahme stützt, bei der von § 113 Abs. 1 S. 1 VwGO geforderten subjektiven Rechtsverletzung handele es sich um die Verletzung eines materiellen Rechts, das im Falle eines Verfahrensverstoßes nur bei einem zusätzlichen rechtlichen Zusammenhang zwischen dem Verstoß und dem materiellen Recht verletzt sein kann, kann dem nach den vorhergehenden Überlegungen nicht widersprochen werden. Die Notwendigkeit einer materiellen Rechtsverletzung zur Begründung eines grundrechtlich fundierten Beseitigungsanspruchs ist schon näher dargelegt worden. Konsequenterweise reicht also der schlichte Hinweis auf die (unbestreitbar) subjektive Verfahrensrechtsverletzung nicht aus, um die These vom Ausschluß der subjektiven Rechtsverletzung durch § 46 VwVfG zu widerlegen.

Einen ersten Anhaltspunkt gegen die Annahme der fehlenden Rechtsverletzung im Falle von Verfahrensfehlern, bei denen offensichtlich ist, daß sie die Ent-

---

me des Bundesrates, BT-Drs. 7/910, S. 103 (Nr. 17 zu § 42), sowie für den Gesetzentwurf des Bundesrates v. 31. 3. 1995, BR-Drs. 422/94 (Beschluß), Anlage 1, S. 9.

[25] Vgl. wohl zuerst *Bettermann*, in: Festschrift für H. P. Ipsen 1977, S. 271 (289): „Das ist handgreiflich unrichtig!"

[26] S. *W.-R. Schenke*, DÖV 1986, 305 (308).

[27] Vgl. auch zum folgenden *Krebs*, DVBl. 1984, 109 (111); *Hill*, Das fehlerhafte Verfahren, S. 406.

scheidung in der Sache nicht beeinflußt haben, liefert aber der Wortlaut des § 46 VwVfG. Danach kann die Aufhebung des betreffenden verfahrensfehlerhaften Verwaltungsakts nicht beansprucht werden. Es wird also nicht etwa die Rechtsverletzung verneint, sondern die Rechtsfolge des Aufhebungsanspruchs ausgeschlossen. Weitere erhebliche Bedenken gegenüber der These vom Ausschluß der subjektiven Rechtsverletzung durch § 46 VwVfG lassen sich aus der Motivation ableiten, aus der heraus diese Auffassung in der Literatur entwickelt wurde. Die Ansicht ist aus einem Irrtum heraus entstanden. Ihr Hintergrund ist der Versuch, die Regelung des § 46 VwVfG mit der des § 113 Abs. 1 S. 1 VwGO in Übereinstimmung zu bringen. So wird die Ablehnung einer subjektiven Rechtsverletzung im Fall der Anwendbarkeit des § 46 VwVfG als Notwendigkeit betrachtet, da das Verwaltungsgericht gemäß § 113 Abs. 1 S. 1 VwGO gezwungen zu sein scheint, einen rechtswidrigen Verwaltungsakt aufzuheben, der die Rechte des Klägers verletzt[28]. Da § 46 VwVfG nicht die Rechtswidrigkeit des Verwaltungsakts ausschließt, bleibt aufgrund dieser Prämisse als einzige Möglichkeit zur Harmonisierung der Regelungen die Annahme des Ausschlusses der Rechtsverletzung[29].

Wird dieser Hintergrund der Ansicht von der fehlenden subjektiven Rechtsverletzung im Fall des § 46 VwVfG deutlich, so offenbart sich damit bereits eine zentrale Schwachstelle. Eine Harmonisierung zwischen der materiellrechtlichen Bestimmung über die Rechtsfolgen von Verfahrensfehlern und der prozeßrechtlichen Regelung läßt sich, worüber heute auch wohl kein Streit mehr herrscht, durchaus durch die schon vom Wortlaut nahegelegte Interpretation des § 46 VwVfG erreichen, daß der materiellrechtliche Aufhebungsanspruch ausgeschlossen sein soll, wenn die dort normierten Tatbestandsvoraussetzungen erfüllt sind. Aufgrund der Konnexität der gerichtlichen Aufhebung des Verwaltungsakts gemäß § 113 Abs. 1 S. 1 VwGO mit dem Vorliegen eines materiellrechtlichen Aufhebungsanspruchs enthält § 113 Abs. 1 S. 1 VwGO das ungeschriebene Tatbestandsmerkmal, daß der materiellrechtliche Aufhebungsanspruch nicht ausgeschlossen sein darf. Diese Möglichkeit einer Abstimmung zwischen dem materiellen Recht und dem Prozeßrecht bedarf hier keiner Vertiefung. Damit basiert die eigentliche Motivation für die Auffassung vom Ausschluß der subjektiven Rechtsverletzung durch § 46 VwVfG auf einem Irrtum, der weitere beträchtliche Bedenken gegen diese Ansicht auslöst.

Schließlich steht die These vom Ausschluß der Rechtsverletzung durch die Regelung des § 46 VwVfG in unmittelbarem Zusammenhang mit der wiederholt in Literatur und Rechtsprechung vertretenen Ansicht, nach der ein Verwaltungsakt nur eine Rechtsverletzung bewirkt, wenn zumindest eine hypothetische „Kausa-

[28] S. vor allem *Krebs*, DVBl. 1984, 109 (110).

[29] Für diese Lösung auch *M. Rupp*, Die auf Art. 2 Abs. 1 GG gestützte Klagebefugnis, S. 232ff., der von einer Begrenzung des Schutzbereichs des Art. 2 Abs. 1 GG durch § 46 VwVfG ausgeht.

lität" des Verfahrensfehlers für den konkret erlassenen Verwaltungsakt besteht[30]. Hier wird die Rechts- beziehungsweise Grundrechtsverletzung an die mögliche „Kausalität" des Fehlers für das Ergebnis gekoppelt. Für den Anwendungsbereich der Verwaltungsakte ist das weder unabhängig von § 46 VwVfG noch gerade im Hinblick auf diese Regelung überzeugend.

Daß das Vorliegen einer Rechtsverletzung nicht von einem Beruhen des Verwaltungsakts auf dem Fehler abhängen kann, ergibt sich aus der dogmatischen Begründung der materiellen subjektiven Rechtsverletzung im Fall des Verfahrensverstoßes. Wird das subjektive Verfahrensrecht, das dem Schutz eines materiellen Rechts dient, verletzt, so liegt in dem abschließenden Verwaltungsakt ein Eingriff in ein materielles Recht (und damit im Bürger-Staat-Verhältnis in ein Grundrecht). Dieser Eingriff ist, da auch die Einhaltung von Verfahrensvorschriften zu den Rechtmäßigkeitsvoraussetzungen zählt, rechtswidrig und verletzt somit das betreffende materielle subjektive Recht. Auf ein Beruhen oder auch einen hypothetischen Einfluß des Fehlers auf die Sachentscheidung kommt es nach der Rechtsordnung gerade nicht an. Solange das Gesetz stets die Rechtswidrigkeit des Verwaltungsakts unabhängig von jeder „Kausalität" anordnet[31], stellt die subjektive Rechtsverletzung die notwendige Folge des Rechtsverstoßes dar. Die Ansicht vom Erfordernis einer Ausweitung des Fehlers auf das Ergebnis könnte daher allenfalls durch das Recht selbst, also etwa § 46 VwVfG ausdrücklich vorgeschrieben worden sein. Genau dafür lassen sich jedoch aus § 46 VwVfG keine Anhaltspunkte entnehmen. Somit sind die Auffassungen, nach denen es für eine Rechtsverletzung auf die hypothetische „Kausalität" des Fehlers für den konkreten Verwaltungsakt ankommt oder nach denen § 46 VwVfG die subjektive Rechtsverletzung ausschließt, abzulehnen.

D. Fortdauernde Rechtsverletzung

Ein Grundrechtseingriff begründet einen Beseitigungsanspruch allerdings nur solange, wie mit ihm eine Grundrechtsverletzung verbunden ist. Die Rechtsverletzung muß deshalb fortdauern, noch gegenwärtig sein[32]. Nur unter dieser Voraussetzung kommt als Reaktion zur Wiederherstellung der Integrität des betroffenen Grundrechts die Beseitigung der Verletzung in Betracht.

Erfolgt der Eingriff durch einen Verwaltungsakt, so dauert die Rechtsverletzung fort, solange der Verwaltungsakt noch wirksam ist. Einen eindeutigen Fall

---

[30] Vgl. BVerfG, Beschl. v. 18.6. 1986 – 1 BvR 787/80, BVerfGE 73, 280 (299); BVerwG, Urt. v. 8.6. 1995 – 4 C 4.94, BVerwGE 98, 339 (361f.); *v. Danwitz*, DVBl. 1993, 422 (427).

[31] S. dazu oben § 4 B I (S. 133ff.).

[32] Betr. Art. 19 Abs. 4 GG s. *Huber*, in: v. Mangoldt/Klein/Starck, GG, Art. 19 IV Rdnr. 428; *Ibler*, in: Berliner Kommentar, GG, Art. 19 IV Rdnr. 165; *W.-R. Schenke*, Bonner Kommentar, GG, Art. 19 Abs. 4 Rdnr. 139.

des Fehlens eines fortdauernden Eingriffs stellt etwa die (rückwirkende) Aufhebung des Verwaltungsakts dar. Typischerweise, wenn auch nicht immer, reicht schon die Unwirksamkeit ex nunc, gleichgültig ob sie zum Beispiel durch eine Aufhebung, Bedingung oder Erledigung auf sonstige Weise eintritt. In allen Fällen kann die Erledigung des Verwaltungsakts im Sinne des § 43 Abs. 2 VwVfG zu einer Erledigung der Rechtsverletzung und damit zu einem Wegfall des Beseitigungsanspruchs führen[33]. Bei einer vergangenen Rechtsverletzung wird das verletzte subjektive Recht nicht mehr durch einen Beseitigungsanspruch geschützt, weil es eines solchen Schutzes nicht mehr bedarf. Soweit ein Bedürfnis dafür besteht, kann der Rechtsschutz bei einer erledigten Rechtsverletzung noch in der Feststellung der Rechtsverletzung bestehen.

Die Notwendigkeit einer fortdauernden Beeinträchtigung zur Begründung von Beseitigungspflichten und Beseitigungsansprüchen wird auch in anderen Bereichen unserer Rechtsordnung anerkannt und als ganz selbstverständlich angesehen. So richtet sich der zivilrechtliche Beseitigungsanspruch gemäß § 1004 BGB nach einhelliger Ansicht gegen eine noch fortwirkende gegenwärtige Eigentumsbeeinträchtigung. Die Beeinträchtigung muß als solche fortdauern und darf nicht in der Vergangenheit abgeschlossen sein[34]. Bereits in den Motiven zum BGB-Entwurf für den heutigen § 1004 BGB wird – neben dem Gesichtspunkt der Verantwortlichkeit – auf das Erfordernis der gegenwärtigen Beeinträchtigung verwiesen: „Voraussetzung des Anspruches ist lediglich das gegenwärtige objektive Bestehen eines durch den Willen einer anderen Person aufrecht erhaltenen Zustandes."[35] Auch wenn der zivilrechtliche Beseitigungsanspruch im Hinblick auf seine Abgrenzung zum Schadensersatzanspruch gemäß §§ 823ff. BGB enger begrenzt ist als der öffentlichrechtliche Beseitigungsanspruch oder Folgenbeseitigungsanspruch und im Zivilrecht jede Erstreckung des Beseitigungsanspruchs auf eine allgemeine Wiederherstellung des früheren Zustands abgelehnt wird[36], ändert dies im Hinblick auf das hier relevante Kriterium der Fortdauer der Beeinträchtigung nichts an der Vergleichbarkeit mit dem öffentlichen Recht. So entspricht es auch der allgemeinen Auffassung vom öffentlichrechtlichen Folgenbe-

[33] Nicht zu diskutieren ist hier, ob der Begriff der Erledigung des Verwaltungsakts im Sinne des § 43 Abs. 2 VwVfG mit dem der Erledigung gemäß § 113 Abs. 1 S. 4 VwGO übereinstimmt, wovon wohl allgemein ausgegangen wird, vgl. *Sachs*, in: Stelkens/Bonk/Sachs, VwVfG, § 43 Rdnr. 191; ebenso, aber nicht ganz so selbstverständlich aus der Sicht des § 113 Abs. 1 S. 4 VwGO *Kopp/Schenke*, VwGO, § 113 Rdnr. 101. Sicher erscheint aber, daß in jedem Fall der Erledigung i.S.d. § 113 Abs. 1 S. 4 VwGO auch eine Erledigung gem. § 43 Abs. 2 VwVfG vorliegt.

[34] Vgl. stellv. *W. Hefermehl*, in: Erman, BGB, 10. Aufl., 2000, § 1004 Rdnr. 6; *Medicus*, in: Münchener Kommentar zum BGB, 3. Aufl., 1997, § 1004 Rdnr. 22; *Pikart*, in: RGRK, BGB, 12. Aufl., 1979, § 1004 Rdnr. 33f.; *Mühl*, in: Soergel, BGB, 12. Aufl., § 1004 Rdnr. 32; ausführlich *Gursky*, in: Staudinger, BGB, 13. Aufl., 1993, § 1004 Rdnr. 17.

[35] Motive zu dem Entwurfe eines Bürgerlichen Gesetzbuches für das Deutsche Reich, Bd. III, 1888, S. 423 (zu § 943 BGB-E) = Mugdan, Die gesammten Materialien zum Bürgerlichen Gesetzbuch für das Deutsche Reich, Bd. III, 1899, S. 236.

[36] S. nur *W. Hefermehl*, in: Erman, BGB, § 1004 Rdnr. 6; *Stoll*, AcP 162 (1962), 203 (220ff.).

seitigungsanspruch, seine Existenz vom Fortdauern eines rechtswidrigen Zustandes abhängig zu machen[37].

Den Gegenstand der Beseitigungsansprüche bilden die rechtswidrig erlassenen Rechtsakte. Dafür müssen sie eine fortdauernde Grundrechtsbeeinträchtigung begründen. Die Fortdauer einer Beeinträchtigung durch einen Verwaltungsakt hängt davon ab, ob von der betreffenden Regelung weiterhin rechtliche oder faktische Wirkungen ausgehen, die die Grundrechte verletzen, d.h. rechtswidrig in den Schutzbereich von Grundrechten eingreifen. Fortdauernde Beeinträchtigungen setzen damit typischerweise, wenn auch nicht notwendigerweise, eine rechtliche Wirksamkeit des Verwaltungsakts voraus. Nicht mehr um eine fortdauernde Beeinträchtigung handelt es sich, wenn sich der Verwaltungsakt erledigt hat (und damit auch gemäß §43 Abs.2 VwVfG seine Wirksamkeit verloren hat). Allerdings können auch von rechtlich unwirksamen (nichtigen) Verwaltungsakten faktische Wirkungen ausgehen. Nichtige Verwaltungsakte begründen – von seltenen Ausnahmen abgesehen – den Rechtsschein ihrer Wirksamkeit, der häufig auch zu ihrer tatsächlichen Beachtung führt. Die darin liegende Beeinträchtigung löst gleichfalls einen Aufhebungsanspruch aus.

---

[37] Vgl. nur *Ossenbühl*, Staatshaftungsrecht, S.317.

§ 6 Die Beschränkungen und der Ausschluß des Beseitigungsanspruchs

A. Übersicht

Obwohl mit der fortdauernden Verletzung eines materiellen subjektiven Rechts durch einen Verwaltungsakt alle Voraussetzungen der Entstehung eines Beseitigungsanspruchs erfüllt sind, kennt unsere Rechtsordnung eine Reihe von Fällen, in denen der Beseitigungsanspruch ausgeschlossen oder beschränkt wird. Hier sind zunächst die materiellrechtlichen Regelungen über die Bestandskraft von Verwaltungsakten zu nennen. So ist heute im Ergebnis unbestritten, daß nach Ablauf der Widerspruchs- und Anfechtungsfristen grundsätzlich kein Beseitigungsanspruch in Form eines Anspruchs auf Aufhebung des rechtswidrigen belastenden Verwaltungsakts (mehr) zu befürworten, sondern (nunmehr) im Rahmen der Anwendung des § 48 Abs. 1 S. 1 VwVfG nur noch ein Anspruch auf ermessensfehlerfreie Entscheidung über die Aufhebung, also ein sogenanntes formelles subjektives Recht, anzuerkennen ist[1]. Ausnahmen von diesem Ausschluß des Aufhebungsanspruchs finden sich etwa bei Ansprüchen auf ein Wiederaufgreifen des Verfahrens im Rahmen des § 51 VwVfG sowie in bestimmten Fällen auch darüber hinaus[2]. Vermittelt durch die Regelungen des VwVfG stellen die Widerspruchs- und Anfechtungsfristen eine grundlegende Beschränkung von Beseitigungsansprüchen dar (unten C I).

Neben den Fällen der abgelaufenen Anfechtungsfristen werden aus den §§ 48 Abs. 1 S. 1, 50 VwVfG für noch anfechtbare Verwaltungsakte Beschränkungen des Anspruchs auf Aufhebung abgeleitet. So soll etwa nach offenbar verbreiteter Ansicht nicht nur die Aufhebung eines unanfechtbaren, sondern auch die eines noch anfechtbaren Verwaltungsakts gemäß § 48 Abs. 1 S. 1 VwVfG im Ermessen der zuständigen Behörde stehen. Zusätzlich eingeschränkt sein soll der Beseitigungsanspruch bei Verwaltungsakten mit Drittwirkung gemäß § 50 VwVfG, der nach seinem Wortlaut für den Ausschluß der Vertrauensschutzregelungen die Anfechtung des Verwaltungsakts und nicht die schlichte Anfechtbarkeit voraussetzt (C II).

---

[1] S. stellv. *Sachs*, in: Stelkens/Bonk/Sachs (Hrsg.), VwVfG, § 48 Rdnr. 89; *Kopp/Ramsauer*, VwVfG, § 48 Rdnr. 51.

[2] S. zum Anspruch auf ein Wiederaufgreifen unanfechtbar abgeschlossener Verwaltungsverfahren *Baumeister*, VerwArch. 83 (1992), 374ff.

Zusätzlich zu den Beschränkungen des Beseitigungsanspruchs, die sich aus den verwaltungsverfahrensrechtlichen Regelungen über die Bestandskraft rechtsverletzender Verwaltungsakte ableiten lassen, kann der Aufhebungsanspruch infolge Verzichts, Verwirkung oder Präklusion ausgeschlossen sein (C III). Sodann wird von der Praxis ein Aufhebungsanspruch im Fall der Beamtenernennung bei Verletzung des Art. 33 Abs. 2 GG für den rechtswidrig abgelehnten Mitbewerber abgelehnt (D).

Zahlreiche Fragen sind schließlich mit den sogenannten Unbeachtlichkeitsregelungen wie § 46 VwVfG oder § 75 Abs. 1a S. 1 VwVfG verbunden. Nach den vorausgehenden Überlegungen schließen sie den Aufhebungsanspruch trotz fortdauernder subjektiver Rechtsverletzung aus. Im Gegensatz etwa zu den Rechtsbehelfsfristen oder den Präklusionsvorschriften entfällt hier infolge dieser Regelungen der Aufhebungsanspruch von Anfang an. Die Normen lassen dem Betroffenen auch nicht die Möglichkeit, innerhalb einer bestimmten Frist die Aufhebung zu betreiben und damit auch durchsetzen zu können. Dies wirft besondere Legitimationsprobleme auf, die sich auf die Auslegung der betreffenden Normen auswirken (E, F).

Erhebliche Schwierigkeiten wirft schließlich die Frage auf, ob der Aufhebungsanspruch nicht nur durch die gesetzlichen Beschränkungen wie etwa §§ 46, 75 Abs. 1a S. 1 VwVfG, sondern zusätzlich unter Rückgriff auf allgemeine Rechtsgrundsätze ausgeschlossen sein kann. So hat die Rechtsprechung schon vor Erlaß des Planungsvereinfachungsgesetzes und des § 75 Abs. 1a VwVfG den Aufhebungsanspruch verneint, wenn der Rechtsverstoß nicht „kausal" für das Ergebnis gewesen sein konnte. Diese und andere Entscheidungen zwingen zu der Überlegung, ob eine Begrenzung des Aufhebungsanspruchs über die Fälle der einfachgesetzlichen Regelungen hinaus etwa bei einem fehlenden Beruhen (G) oder unter Rückgriff auf den Einwand unzulässiger Rechtsausübung (H) angenommen werden muß.

Zuvor ist kurz allgemein auf die Anforderungen einzugehen, die an die Beschränkung von Beseitigungsansprüchen zu stellen sind (B).

B. Die Rechtfertigungsbedürftigkeit der Beschränkungen des Beseitigungsanspruchs und ihre Anforderungen

Der Beseitigungsanspruch, regelmäßig gerichtet auf Aufhebung des rechtsverletzenden Verwaltungsakts, unterliegt etwa durch seine Bindung an Anfechtungsfristen oder durch sogenannte Unbeachtlichkeitsregelungen wie § 46 VwVfG einer Reihe von Beschränkungen. Diese reichen häufig bis zum Ausschluß des Aufhebungsanspruchs. Diese Einschränkungen des Anspruchs auf Beseitigung einer fortdauernden Rechtsverletzung werfen die Frage nach den Anforderungen für ihre Rechtfertigung auf.

Ansatzpunkt zur Beantwortung ist die rechtliche Herleitung des Beseitigungsanspruchs. Im allgemeinen Bürger-Staat-Verhältnis hat er sich als stets grundrechtlich fundiert erwiesen[3]. Auch in anderen Fällen von Beseitigungsansprüchen liegt deren Ursprung im jeweiligen (absoluten) subjektiven Recht, sei es das kommunale Selbstverwaltungsrecht des Art. 28 Abs. 2 GG, der Beamten- oder der Organstatus[4]. Sowohl aus dem Umstand der Herleitung des Beseitigungsanspruchs aus einem subjektiven Recht als auch aus dem Rang des jeweiligen Rechts in der Normenhierarchie leiten sich Anforderungen an die Beschränkung von Beseitigungsansprüchen ab.

Beschränkungen des Beseitigungsanspruchs erweisen sich als Eingriffe in die subjektiven Rechte, aus denen der Beseitigungsanspruch herzuleiten ist. Der öffentlichrechtliche Beseitigungsanspruch stellt sich als eine Reaktion des verletzten subjektiven Rechts dar. Der Beseitigungsanspruch sichert als Hilfsrecht das subjektive Recht, indem er die Wiederherstellung der Integrität des Rechts ermöglicht. Wird diese Wiederherstellung ausgeschlossen oder die Möglichkeit der Wiederherstellung eingeschränkt, so liegt darin zugleich ein Eingriff in das absolute subjektive Recht, in der allgemeinen Rechtsbeziehung zwischen Bürger und Staat also ein Grundrechtseingriff.

Solche Eingriffe sind wie andere Grundrechtseingriffe nicht per se unzulässig oder auch nur verfassungsrechtlich bedenklich. Grundrechtseingriffe sind lediglich rechtfertigungsbedürftig. Insofern überzeugen die verbreiteten pauschalen Bedenken gegenüber einzelnen Ausschlüssen von Beseitigungsansprüchen nicht. Statt dessen ist nach der Rechtfertigungsfähigkeit des jeweiligen Eingriffs zu fragen. Aufgrund der nahezu vollständigen verfassungsrechtlichen Grundlage der jeweiligen subjektiven Rechte wie vor allem der Grundrechte müssen die Beschränkungen des Beseitigungsanspruchs als Eingriffe in diese Rechte den allgemein anerkannten verfassungsrechtlichen Anforderungen sowohl in formeller als auch in materieller Hinsicht genügen.

Bevor im folgenden die sich daraus ergebenden Konsequenzen für die jeweiligen Beschränkungen des Beseitigungsanspruchs näher untersucht und dargestellt werden, ist noch auf eine allgemeine Auswirkung der (regelmäßig) grundrechtlichen Fundierung des Beseitigungsanspruchs hinzuweisen. Müssen Beschränkungen des Beseitigungsanspruchs den durch das jeweils betroffene Grundrecht begründeten Eingriffsvoraussetzungen entsprechen, so bedeutet das etwa für die sogenannten vorbehaltlosen Grundrechte, daß Beschränkungen bei einem Beseitigungsanspruch, der aus einem solchen Grundrecht abzuleiten ist, nur aufgrund sogenannter verfassungsimmanenter Schranken zu rechtfertigen sind. Da wiederum einige Beschränkungen allgemein für grundrechtliche Beseitigungsansprüche gelten, so daß auch Beseitigungsansprüche betroffen sind oder sein können, die

[3] S. oben §2 A, B (S. 21ff., 31ff.).

[4] Näher dazu §2 C (S. 80ff.).

aus vorbehaltlosen Grundrechten erwachsen, bedarf es zu deren Rechtfertigung stets verfassungsimmanenter Gründe.

C. Die Beschränkungen des Beseitigungsanspruchs vor allem unter dem Gesichtspunkt von Obliegenheitsverletzungen des Anspruchsinhabers

I. Der Wegfall des Aufhebungsanspruchs nach Eintritt der Unanfechtbarkeit

1. Der Ausschluß des Aufhebungsanspruchs

Außerhalb des Anwendungsbereichs des §44 SGB X entspricht es wohl einhelliger Ansicht, den Anspruch auf Aufhebung eines rechtsverletzenden Verwaltungsakts nach Ablauf der Rechtsbehelfsfristen für grundsätzlich ausgeschlossen zu halten. Hat der in seinen Rechten Verletzte die im Fall der ordnungsgemäßen Bekanntgabe des Verwaltungsakts (einschließlich einer Rechtsbehelfsbelehrung) geltende Monatsfrist für die Erhebung von Widerspruch (gemäß §70 Abs. 1 S. 1 VwGO) beziehungsweise Klage (§74 Abs. 1 S. 1 VwGO) verstreichen lassen, so entfällt regelmäßig der Aufhebungsanspruch. Diese Rechtsfolge wird typischerweise nicht näher thematisiert und offenbar für eindeutig und auch gerechtfertigt gehalten. So unbestreitbar dies im Ergebnis erscheint, völlig eindeutige materiellrechtliche Bestimmungen über den Ausschluß des Aufhebungsanspruchs existieren freilich nicht. Das beginnt mit der sprachlich mehrdeutigen Rücknahmeregelung des §48 Abs. 1 S. 1 VwVfG. Wenn danach unanfechtbare wie anfechtbare rechtswidrige Verwaltungsakte zurückgenommen werden können („kann ... zurückgenommen werden"), spricht das noch nicht zwingend für eine Relevanz des Eintritts der Unanfechtbarkeit hinsichtlich des Bestehens oder Wegfalls des Aufhebungsanspruchs.

Die insoweit wohl einhellige Literaturmeinung geht allerdings davon aus, daß §48 Abs. 1 S. 1 VwVfG die Aufhebung des rechtswidrigen belastenden Verwaltungsakts in das Ermessen der Behörde stelle[5]. Wenn aber §48 Abs. 1 S. 1 VwVfG nicht nur eine Ermächtigung zur Aufhebung eines rechtswidrigen belastenden Verwaltungsakts begründete, sondern zugleich auch die Rücknahme in das Er-

---

[5] S. etwa *Detterbeck*, Allgemeines Verwaltungsrecht, Rdnr. 692f.; *Erichsen*, in: Erichsen/Ehlers (Hrsg.), Allgemeines Verwaltungsrecht, §17 Rdnr. 4; *J. Ipsen*, Allgemeines Verwaltungsrecht, Rdnr. 723; *Maurer*, Allgemeines Verwaltungsrecht, §11 Rdnr. 48; *H. Meyer*, in: Meyer/Borgs, VwVfG, §48 Rdnr. 43; *Hub. Meyer*, in: Knack, VwVfG, §48 Rdnr. 44f.; *Peine*, Allgemeines Verwaltungsrecht, Rdnr. 330; *Sachs*, in: Stelkens/Bonk/Sachs, VwVfG, §48 Rdnr. 27; *Ule/Laubinger*, Verwaltungsverfahrensrecht, §62 Rdnr. 2; *Wolff/Bachof/Stober*, Verwaltungsrecht, Bd. 2, §51 Rdnr. 88; dafür selbst *W.-R. Schenke*, in: Festschrift für Maurer, S. 723 (729).

messen der Behörde stellte, worauf die Formulierung des Gesetzestextes hindeutet, wäre damit infolge der Gleichstellung von anfechtbaren und unanfechtbaren Verwaltungsakten („auch nachdem er unanfechtbar geworden ist") nach § 48 Abs. 1 S. 1 VwVfG die Rücknahme des anfechtbaren rechtsverletzenden Verwaltungsakts ebenfalls in das Ermessen gestellt. Diese von vielen vertretene Auffassung erweist sich, wie im folgenden noch näher dargestellt wird[6], als nicht haltbar. Das wiederum könnte Auswirkungen auch für die Frage des Ermessensspielraums beim unanfechtbaren Verwaltungsakt haben. Bevor nicht die Auslegung des § 48 Abs. 1 S. 1 VwVfG abschließend geklärt ist, sollte zur Begründung des grundsätzlichen Wegfalls des materiellrechtlichen Aufhebungsanspruchs nach Eintritt der Unanfechtbarkeit möglichst – zumindest zusätzlich – auf weitere Bestimmungen rekurriert werden.

Ein eindeutiger Aufschluß über die Wirkungen der Unanfechtbarkeit für den Aufhebungsanspruch läßt sich aus solchen Regelungen gewinnen, die allein auf unanfechtbare Verwaltungsakte Anwendung finden. Hier ist die Regelung des § 51 VwVfG zu nennen, die nach wohl allgemeiner Auffassung eine Möglichkeit der Durchbrechung der Bestandskraft von Verwaltungsakten eröffnet[7]. Danach hat ein Betroffener einen Anspruch auf ein Wiederaufgreifen eines Verwaltungsverfahrens im Fall der Unanfechtbarkeit des Verwaltungsakts, wenn bestimmte Voraussetzungen erfüllt sind. Diese Regelung führt nach zutreffender, wenngleich nicht unumstrittener Ansicht zu dem Ergebnis, daß die Erfüllung der Voraussetzungen des § 51 VwVfG die Behörde zu einer neuen Sachentscheidung ohne Bindung an die vorausgehende Entscheidung verpflichtet[8], so daß der rechtsverletzende Verwaltungsakt beseitigt wird. Aus dem Umstand, daß ein solcher Wiederaufgreifensanspruch auf Sonderfälle begrenzt ist, ergibt sich zwanglos als Konsequenz der Unanfechtbarkeit ein grundsätzlicher Wegfall des Aufhebungsanspruchs.

Dabei handelt es sich um eine materiellrechtliche Regelung der Wirkungen der Unanfechtbarkeit, nicht um das Ergebnis der prozessualen Bestimmungen über die Rechtsbehelfsfristen. Wenngleich die §§ 70, 74 VwGO in prozessualer Hinsicht eine deutliche Zäsur begründen, indem sie den Rechtsbehelf, für den die Frist abgelaufen ist, unzulässig machen[9], so kann daraus nicht – auch nicht mittelbar – auf den Wegfall des materiellrechtlichen Aufhebungsanspruchs geschlossen werden. Dies belegt auch der Fall des § 44 Abs. 1, 2 SGB X, nach dem auch nach

[6] Vgl. unten II (S. 225ff.).

[7] S. nur *Maurer*, Allgemeines Verwaltungsrecht, § 11 Rdnr. 55; *Sachs*, in: Stelkens/Bonk/Sachs, VwVfG, § 51 Rdnr. 1, 4; *W.-R. Schenke*, DÖV 1983, 320 (330ff.).

[8] Vgl. m. w. Nachw. auch zur Gegenansicht und zu den Grenzen im Fall des § 51 Abs. 1 Nr. 1 VwVfG *Baumeister*, VerwArch. 83 (1992), 374 (376, 390f.).

[9] Anderes gilt nach der nicht überzeugenden Rechtsprechung des BVerwG für einseitig belastende Verwaltungsakte, wenn auf den nach Ablauf der Widerspruchsfrist erhobenen Widerspruch gleichwohl eine Sachentscheidung ergeht, s. etwa BVerwG, Urt. v. 20. 6. 1988 – 6 C 24.87, NVwZ-RR 1989, 85 (86); näher *Kopp/Schenke*, VwGO, § 70 Rdnr. 9.

Eintritt der Unanfechtbarkeit ein Aufhebungsanspruch besteht. Die prozessualen Rechtsbehelfsfristen besitzen für den materiellrechtlichen Aufhebungsanspruch nur insofern eine mittelbare Bedeutung, als das (materielle) Verwaltungsverfahrensrecht an den Ablauf dieser Fristen Rechtswirkungen wie den Wegfall des Aufhebungsanspruchs anknüpft. Zweifelsfrei zum Ausdruck kommt dieser grundsätzliche Ausschluß des Aufhebungsanspruchs nach Eintritt der Unanfechtbarkeit in § 51 VwVfG.

2. *Die Rechtfertigung des Ausschlusses des Aufhebungsanspruchs*

Die Rechtfertigung des mit der Unanfechtbarkeit grundsätzlich verbundenen Wegfalls des Aufhebungsanspruchs bereitet im Ergebnis keine Probleme[10]. Der Entscheidung des materiellen Rechts liegen dieselben Erwägungen zugrunde, die auch für die prozessualen Rechtsbehelfsfristen gelten. Indem für den Wegfall des Aufhebungsanspruchs mittelbar an die prozessualen Rechtsbehelfsfristen angeknüpft wird, soll der potentielle Konflikt zwischen dem Interesse am Fortbestand des Aufhebungsanspruchs und den öffentlichen und privaten Interessen an der Aufrechterhaltung des Verwaltungsakts zugunsten der Aufrechterhaltungsinteressen entschieden werden. Das Gesetz bewertet die öffentlichen und privaten Interessen an einem Fortbestand des rechtswidrigen und rechtsverletzenden Verwaltungsakts nach Ablauf der Widerspruchs- beziehungsweise Anfechtungsfrist grundsätzlich[11] höher als diejenigen des in seinen Rechten Verletzten an einer Aufhebung. Das Recht bürdet dem Betroffenen aus Gründen der Rechtssicherheit und der Verwaltungseffizienz eine Anfechtungslast auf[12]. Der Verstoß gegen diese Obliegenheit führt zu einem Rechtsverlust für den Inhaber des Aufhebungsanspruchs. Dem Gesichtspunkt der Rechtssicherheit, der seine verfassungsrechtliche Basis im Rechtsstaatsprinzip findet[13], wird hier nach Ablauf einer Frist, die regelmäßig – bei ordnungsgemäßer Bekanntgabe einschließlich einer zutreffenden Rechtsbehelfsbelehrung – einen Monat dauert, der Vorrang vor den Interessen des Verletzten an einer Beseitigung der Rechtsverletzung eingeräumt. Das ist unproblematisch, solange der Verletzte die tatsächliche Möglichkeit besitzt, sein Recht mit Rechtsbehelfen (regelmäßig Widerspruch und Klage) zu verteidigen. In Verbindung mit den Regelungen über die Wiedereinsetzung in den vorigen Stand (§ 60 VwGO) besteht für den Betroffenen auch in zeitlicher Hin-

[10] Sie entspricht auch der Auffassung des BVerfG, Beschl. v. 17. 12. 1969 – 2 BvR 23/65, BVerfGE 27, 297 (305f.).

[11] Zu den Ausnahmefällen, in denen der Betroffene auch nach Eintritt der Bestandskraft noch einen Anspruch auf Aufhebung des Verwaltungsakts besitzt, vgl. *Baumeister*, VerwArch. 83 (1992), 374ff.

[12] S. *Schmidt-Aßmann*, in: Maunz/Dürig/Herzog/Scholz, GG, Art. 19 Abs. IV Rdnr. 237.

[13] Vgl. z.B. *Sachs*, in: ders. (Hrsg.), GG, Art. 20 Rdnr. 122ff.; *Schulze-Fielitz*, in: Dreier (Hrsg.), GG, Art. 20 (Rechtsstaat) Rdnr. 134ff.; *Sobota*, Das Prinzip Rechtsstaat, S. 154ff.

sicht eine angemessene Möglichkeit, seinen Aufhebungsanspruch geltend zu machen. Das Risiko, eine Rechtsverletzung möglicherweise erst nach Fristablauf zu erkennen, muß dem Betroffenen nicht abgenommen werden. Die Bestandskraft von Verwaltungsakten hat für den Rechtsstaat essentielle Bedeutung. Es ist „ein unabdingbares Anliegen der Rechtsgemeinschaft, klare und feste Regelungen darüber zu haben, ab wann ein hoheitliches Verhalten bestandskräftig ist, rechtlich nicht mehr in Frage gestellt werden kann“[14]. Nach im Grundsatz zutreffender Ansicht des Bundesverfassungsgerichts verlangt das Rechtsstaatsprinzip die Herstellung von Rechtssicherheit, indem strittige Rechtsverhältnisse in angemessener Zeit geklärt werden[15].

Die Fristgebundenheit von Rechtsbehelfen sowie der materiellrechtlich daran angebundene Ausschluß des Aufhebungsanspruchs erweist sich allerdings dann als bedenklich, wenn die Zeit für die Einlegung des Rechtsbehelfs so kurz bemessen ist, daß eine effektive Rechtsschutzmöglichkeit gefährdet ist oder gar ausscheidet. Insbesondere muß die Frist dem Betroffenen auch die Möglichkeit geben, qualifizierten Rechtsrat einzuholen und überlegt über die Einlegung des Rechtsbehelfs entscheiden zu können[16].

Rechtfertigungsgrund für den Ausschluß des Aufhebungsanspruchs nach Eintritt der Unanfechtbarkeit sind folglich öffentliche und private Interessen an einer möglichst abschließenden Klärung der Rechtslage. Da die Grundsätze der Rechtssicherheit und der Verwaltungseffizienz auch Verfassungsrang aufweisen, können folglich sogar Aufhebungsansprüche beschränkt werden, die dem Schutz solcher Grundrechte dienen, die nur verfassungsimmanenten Schranken unterliegen. Bedenken aus dem Gesichtspunkt des Übermaßverbots bestehen gleichfalls nicht. Der Ausschluß des Aufhebungsanspruchs ist geeignet und erforderlich zum Schutz der öffentlichen und privaten Interessen an der Aufrechterhaltung des Verwaltungsakts. Verhältnismäßig ist er, da dem Verletzten zugemutet werden kann, sein Recht innerhalb der Frist zu verteidigen, zumal der Ausschluß des Aufhebungsanspruchs die einzige Möglichkeit zum Schutz der Interessen des Begünstigten darstellt. Unverhältnismäßig wird der Ausschluß erst dann, wenn der Verletzte rein tatsächlich keine Möglichkeit besitzt, die Einlegung von Rechtsbehelfen nach Einholung von Rechtsrat in Ruhe zu bedenken. Insofern sind die üblichen Rechtsbehelfsfristen als ausreichend anzusehen. Fristen von lediglich einer Woche, wie sie etwa in §§ 36 Abs. 3 S. 1, 74 Abs. 1 AsylVfG enthalten sind, bilden im Grundsatz eine zeitliche Untergrenze[17]. Sie lassen sich nur damit rechtferti-

---

[14] BVerfG, Beschl. v. 20.4. 1982 – 2 BvL 26/81, BVerfGE 60, 253 (269).

[15] Vgl. BVerfG, Beschl. v. 2.3. 1993 – 1 BvR 249/92, BVerfGE 88, 118 (124); Beschl. v. 20.6. 1995 – 1 BvR 166/93, BVerfGE 93, 99 (107).

[16] So etwa *W.-R. Schenke*, Bonner Kommentar, GG, Art. 19 Abs. 4 Rdnr. 127; *Schmidt-Aßmann*, in: Maunz/Dürig/Herzog/Scholz, GG, Art. 19 Abs. IV Rdnr. 235.

[17] Für den Sonderfall des „Flughafenverfahrens“, für das nach § 18 a Abs. 4 S. 1 AsylVfG eine Eilantragsfrist von drei Tagen normiert ist, wird vom BVerfG eine Pflicht des Verwaltungsge-

gen, daß der einzige Aufenthaltszweck des Asylbewerbers in Deutschland die Durchführung seines Asylverfahrens ist. Mit diesem Zweck korrespondieren daher auch weitergehende prozessuale Obliegenheiten.

II. Ausschluß des Aufhebungsanspruchs durch §48 Abs. 1 S. 1 und §50 VwVfG in Fällen anfechtbarer Verwaltungsakte?

1. Stellungnahmen aus Literatur und Rechtsprechung

„Ein rechtswidriger Verwaltungsakt kann, auch nachdem er unanfechtbar geworden ist, ganz oder teilweise mit Wirkung für die Zukunft oder für die Vergangenheit zurückgenommen werden“[18]. Insbesondere aus dem Wortlaut dieser Regelung des §48 Abs. 1 S. 1 VwVfG („kann“) und der fehlenden Differenzierung zwischen anfechtbaren und unanfechtbaren Verwaltungsakten leitet ein Teil der Literatur ab, die Aufhebung rechtswidriger Verwaltungsakte stünde sowohl vor als auch nach Eintritt der Unanfechtbarkeit im Ermessen der Behörde[19]. Neben der sicher nicht eindeutigen Regelung des §48 Abs. 1 S. 1 VwVfG trägt auch §50 VwVfG einen erheblichen Teil zu dieser Ansicht bei. Bei Verwaltungsakten mit Drittwirkung werden danach unter anderem die Vertrauensschutzregelungen in §48 Abs. 1 S. 2 und Abs. 2 bis 4 VwVfG für nicht anwendbar erklärt, wenn dieser Verwaltungsakt durch einen Dritten angefochten wurde. Ohne die Anfechtung soll die Aufhebbarkeit in diesen Fällen nicht nur im Ermessen der Behörde stehen, sondern zusätzlich erheblich eingeschränkt sein. Mit der Annahme eines Aufhebungsanspruchs läßt sich auch das kaum in Einklang bringen. Eine deutliche Gegenposition wird nur von wenigen Autoren vertreten[20].

---

richts begründet, dem Antragsteller eine zusätzliche Nachfrist von weiteren vier Tagen zu gewähren, innerhalb der der Antrag begründet werden kann, vgl. BVerfG, Urt. v. 14. 5. 1996 – 2 BvF 1516/93, BVerfGE 94, 166 (207).

[18] Wortlaut des §48 Abs. 1 S. 1 VwVfG; eine identische Regelung enthält §130 Abs. 1 AO. Demgegenüber normiert §44 Abs. 1 S. 1 SGB X eine Pflicht zur Aufhebung eines rechtswidrig belastenden Verwaltungsakts auch nach Ablauf der Anfechtungsfristen.

[19] Vgl. *Kopp/Ramsauer*, VwVfG, §48 Rdnr. 51; *Meyer*, in: Meyer/Borgs, VwVfG, §48 Rdnr. 2, 41, 48; *Hub. Meyer*, in: Knack, VwVfG, §48 Rdnr. 44f.; *Remmert*, VerwArch. 91 (2000), 209 (218); *Sachs*, in: Stelkens/Bonk/Sachs, VwVfG, §48 Rdnr. 87, 100, §50 Rdnr. 5, 76ff.; *Schmieszek*, in: Brandt/Sachs, Handbuch Verwaltungsverfahren und Verwaltungsprozeß, I Rdnr. 30; ebenso wohl auch *Erichsen*, in: Erichsen/Ehlers (Hrsg.), Allgemeines Verwaltungsrecht, §17 Rdnr. 4; *J. Ipsen*, Allgemeines Verwaltungsrecht, Rdnr. 723; *Maurer*, JuS 1976, 485 (493); *ders.*, in: Festschrift Boorberg-Verlag, S. 223 (236); *ders.*, Allgemeines Verwaltungsrecht, §11 Rdnr. 48; *Schäfer*, in: Obermayer, VwVfG, §48 Rdnr. 27; für §130 AO auch *Rüsken*, in: Klein, AO, §130 Rdnr. 27. Diese Auffassung wird von *W.-R. Schenke*, in: Festschrift für Maurer, S. 723 (726), als h. L. bezeichnet.

[20] S. *Th. Horn*, DÖV 1990, 864 (866ff.); *W.-R. Schenke*, DÖV 1983, 320 (324); *ders.*, DÖV 1986, 305 (315); *ders.*, NVwZ 1993, 718 (721f.); *ders.*, in: Festschrift für Maurer, S. 723 (728ff.); *W.-R. Schenke/Baumeister*, NVwZ 1993, 1 (3); *Schwabe*, JZ 1985, 545 (549f.); *Ule/Laubinger*, Verwaltungsverfahrensrecht, §62 Rdnr. 2, §51 Rdnr. 88; s. auch *Bull*, Allgemeines Verwaltungsrecht, Rdnr. 628.

Die Rechtsprechung befaßt sich typischerweise nur mit der Frage des Anspruchs auf Aufhebung des rechtswidrig belastenden Verwaltungsakts nach Eintritt der Unanfechtbarkeit. Solange der Verwaltungsakt dagegen noch anfechtbar ist, hebt das Gericht den Verwaltungsakt auf eine (zulässige) Anfechtungsklage hin auf, wenn der Verwaltungsakt den Kläger in seinen Rechten verletzt. Für diesen Fall bedarf es keiner (ausdrücklichen) Aussage des Gerichts zum materiellrechtlichen Aufhebungsanspruch des Verletzten gegenüber der Behörde.

Vereinzelte höchstrichterliche Judikate existieren allerdings auch zur behördlichen Pflicht beim rechtswidrigen begünstigenden Verwaltungsakt mit belastender Drittwirkung. Obwohl ein solcher Verwaltungsakt im Prozeß auf die Anfechtung des Dritten hin durch das Gericht bei einer subjektiven Rechtsverletzung regelmäßig[21] ohne weitere Prüfung aufgehoben wird, geht das Bundesverwaltungsgericht von einem behördlichen Rücknahmeermessen aus[22].

Der Bundesgerichtshof hat demgegenüber im Rahmen eines Amtshaftungsprozesses eine in der Regel bestehende Pflicht angenommen, „als rechtswidrig erkannte oder erkennbare Verwaltungsakte zurückzunehmen“[23]. Obwohl damit in wesentlich größerem Umfang von einer Pflicht zur Aufhebung rechtswidriger Verwaltungsakte ausgegangen wird, finden sich doch auch darin noch erhebliche Einschränkungen. So wird die Aufhebungspflicht offenbar an Schuldmerkmale gekoppelt, da die Rechtswidrigkeit des Verwaltungsakts erkannt worden oder erkennbar gewesen sein muß. Trotz dieser wenig überzeugenden Vermengung der Tatbestandsvoraussetzung der Amtspflichtverletzung mit Verschuldenselementen anerkennt der Bundesgerichtshof im Gegensatz zum Bundesverwaltungsgericht aber zumindest die Möglichkeit eines materiellrechtlichen Anspruchs auf Aufhebung des anfechtbaren Verwaltungsakts.

2. Kein Ausschluß des Aufhebungsanspruchs bei anfechtbaren Verwaltungsakten durch § 48 Abs. 1 S. 1 VwVfG

Wenn es zutreffender und wohl auch ganz herrschender Auffassung entspricht, in § 48 Abs. 1 S. 1 VwVfG einen Ermessensspielraum der Verwaltung hinsichtlich der Rücknahme solcher rechtsverletzender Verwaltungsakte für eröffnet zu halten, die unanfechtbar geworden sind, so liegt es nach dem Wortlaut des § 48 Abs. 1 S. 1 VwVfG durchaus nahe, dasselbe auch für die noch anfechtbaren Verwaltungsakte anzunehmen. Nach der ausdrücklichen Regelung des § 48 Abs. 1 S. 1 VwVfG kann ein rechtswidriger belastender Verwaltungsakt nämlich zurückgenommen werden, „auch nachdem er unanfechtbar ist“, also sowohl bei Anfechtbarkeit als

---

[21] Ausnahmsweise kann der Aufhebungsanspruch auch ausgeschlossen sein, wie die hier in § 6 behandelten Fälle zeigen.

[22] S. BVerwG, Urt. v. 7. 10. 1988 – 7 C 65.87, BVerwGE 80, 270 (273); Beschl. v. 10. 2. 1994 – 4 B 26.94, NVwZ 1994, 896 (897).

[23] BGH, Urt. v. 3. 10. 1985 – III ZR 28/84, VersR 1986, 289 (291) m. w. Nachw.

auch bei Unanfechtbarkeit des Verwaltungsakts. Angesichts dessen, daß der in §48 Abs. 1 S. 1 VwVfG verwendete Begriff „kann“ der gebräuchlichste zur Bezeichnung eines Ermessensspielraums ist[24], scheint die Konsequenz der Anerkennung einer gesetzlichen Normierung eines Ermessensspielraums unausweichlich. Weiter läßt sich für diese These auch auf die Gesetzesmaterialien rekurrieren. Darin wird unter Nennung einiger Bundesverwaltungsgerichtsentscheidungen[25] auf die herrschende Ansicht vom Ermessensspielraum der Behörde bei der Rücknahme verwiesen[26]. Bereits eine genaue Analyse dieser Argumente läßt jedoch erhebliche Zweifel an dieser Ansicht aufkommen[27]. Unter Berücksichtigung weiterer Gesichtspunkte, etwa der hier erarbeiteten grundrechtlichen Herleitung des Aufhebungsanspruchs, wird sich schließlich die Unhaltbarkeit der These vom Ermessensspielraum bei der Aufhebung anfechtbarer rechtsverletzender Verwaltungsakte erweisen.

a) Der Wortlaut

Eine Kann-Formulierung deutet häufig auf einen Ermessensspielraum der Behörde hin, ist aber keineswegs notwendigerweise damit verbunden. Denkbar ist ebenfalls eine Interpretation, nach der die Regelung lediglich eine Befugnis der Behörde begründet, eine schlichte Handlungsermächtigung. In diesem Fall kann aus der Norm nicht abgeleitet werden, ob das zulässige Verhalten im Ermessen steht oder es sich um eine gebundene Entscheidung handelt. Der Wortlaut des §48 Abs. 1 S. 1 VwVfG läßt zumindest beide Interpretationen zu.

b) Die systematische Interpretation

Grundlegende Bedenken gegen eine Auslegung des §48 Abs. 1 S. 1 VwVfG als Ermessensregelung für die Rücknahme rechtswidriger belastender Verwaltungsakte unabhängig von der Frage ihrer Anfechtbarkeit ergeben sich aus der systematischen Auslegung der Norm. Den entscheidenden Aufschluß gibt hier die Regelung des §46 VwVfG[28].

Wie schon wiederholt betont und im nachfolgenden in seiner Bedeutung noch näher zu untersuchen, führt die Anwendbarkeit des §46 VwVfG zum Ausschluß des materiellrechtlichen Aufhebungsanspruchs. Mit dieser heute überwiegend akzeptierten Ansicht verträgt es sich in keiner Weise, wenn §48 Abs. 1 S. 1 VwVfG gleichzeitig die Rücknahme generell in das Ermessen der Behörde stellen soll. Wäre letzteres zutreffend, ergäbe §46 VwVfG keinen vernünftigen Sinn.

---

[24] S. *Sachs*, in: Stelkens/Bonk/Sachs, VwVfG, §40 Rdnr. 21.

[25] Vgl. BVerwG, Urt. v. 20. 9. 1960 – III C 9.60, BVerwGE 11, 124 (LS 1); Urt. v. 15. 11. 1962 – III C 257.60, BVerwGE 15, 155; Urt. v. 19. 10. 1967 – III C 123.66, BVerwGE 28, 122.

[26] S. BT-Drs. 7/910, S. 69.

[27] *Schwabe*, JZ 1985, 545 (550), hält die überwiegende Ansicht sogar für „schlicht unsinnig“.

[28] S. zutreffend *Ule/Laubinger*, Verwaltungsverfahrensrecht, §62 Rdnr. 2 (S. 640).

Sämtliche Stellungnahmen in der Literatur, die gleichzeitig § 46 VwVfG als Ausschluß des Aufhebungsanspruchs auch bei anfechtbaren rechtswidrigen belastenden Verwaltungsakten betrachten, erweisen sich damit als widersprüchlich.

c) *Die historisch-genetische Auslegung*

In den Gesetzesmaterialien, der Begründung des Regierungsentwurfs zum VwVfG[29], heißt es dagegen zunächst scheinbar unmißverständlich, Absatz 1 (des § 44 EVwVfG, der mit § 48 VwVfG identisch ist) stelle die Rücknahme in das Ermessen der Behörde[30]. Doch schon bei einer näheren Analyse der weiteren Erläuterungen dieser Aussage entsteht der Verdacht einer unklaren Ausdrucksweise oder eines nicht unbedeutenden Irrtums des Gesetzgebers. Diese Erläuterungen beziehen sich nämlich ausschließlich auf den Fall des rechtswidrigen belastenden Verwaltungsakts nach Ablauf der Rechtsbehelfsfristen und damit nach Eintritt der Unanfechtbarkeit. Auch die als Gegenauffassung zitierten Stellungnahmen aus der Literatur[31] sowie die als Beleg für die eigene (herrschende) Auffassung genannten Entscheidungen des Bundesverwaltungsgerichts[32] betreffen ausschließlich die Frage von Aufhebungspflichten und -ansprüchen bei unanfechtbaren Verwaltungsakten. So hatte vor Erlaß des VwVfG wohl auch niemand vertreten, die Aufhebung eines rechtswidrigen belastenden Verwaltungsakts, der noch anfechtbar ist, stünde im Ermessen der Behörde. Von einer herrschenden Meinung konnte folglich nur im Hinblick auf den Ermessensspielraum nach Eintritt der Unanfechtbarkeit ausgegangen werden. *Haueisen*, der mit seinen Beiträgen zur Aufhebung von Verwaltungsakten maßgeblichen Einfluß auf die Gesetzgebung genommen hat[33], hatte schon frühzeitig eine Zäsur durch den Eintritt der Unanfechtbarkeit befürwortet[34]. Daß ein anfechtbarer Verwaltungsakt durch die Behörde im Fall seiner Rechtswidrigkeit auch aufgehoben werden mußte, war kein Gegenstand irgendeiner Diskussion, sondern verstand sich von selbst. Umstritten war dagegen die Frage der Aufhebungspflicht nach Eintritt der Unanfechtbarkeit. Insoweit wollte sich der Gesetzgeber, wie aus der Gesetzesbegründung ganz deutlich wird, für ein Ermessen der Behörde aussprechen.

Dasselbe läßt sich aber nicht zwingend auch für die noch anfechtbaren Verwaltungsakte sagen. Hätte der Gesetzgeber behaupten wollen, auch insoweit gehe die herrschende Ansicht von einem Ermessensspielraum aus, so wäre das völlig un-

---

[29] Gesetzentwurf der Bundesregierung v. 18.7. 1973, BT-Drs. 7/910.

[30] BT-Drs. 7/910, S. 68.

[31] In BT-Drs. 7/910, S. 68, werden genannt *Forsthoff*, Lehrbuch des Verwaltungsrechts, Bd. I, 9. Aufl. 1966, S. 252 (zuletzt 10. Aufl., § 13, 1 b – S. 261), und *Heimerl*, BayVBl. 1971, 366ff.

[32] S. oben Fußn. 25 (S. 227).

[33] Das zeigt etwa die gesetzliche Übernahme der maßgeblich von *Haueisen* (z.B. NJW 1958, 642) vertretenen Terminologie hinsichtlich „Widerruf" und „Rücknahme" unter ausdrücklicher Berufung auf diese Ansicht in der Gesetzesbegründung, vgl. BT-Drs. 7/910, S. 67.

[34] Vgl. *Haueisen*, NJW 1954, 1425ff.

vertretbar gewesen[35]. Dem Gesetzgeber zugute gehalten werden kann allerdings, daß diese Frage (bis heute) allenfalls mittelbar in der Rechtsprechung Erwähnung gefunden hat, weil im verwaltungsgerichtlichen Anfechtungsprozeß der rechtsverletzende Verwaltungsakt, der noch anfechtbar war, regelmäßig ohne Hinweis auf eine materiellrechtliche behördliche Verpflichtung zur Rücknahme durch das Gericht nach § 113 Abs. 1 S. 1 VwGO aufgehoben wird. So hatte der Gesetzgeber keinen besonderen Anlaß, sich mit dieser – praktisch offenbar irrelevanten – Frage zu befassen. Das Verständnis, daß das Verwaltungsgericht den Verwaltungsakt nur dann aufheben kann, wenn zugleich ein materiellrechtlicher Anspruch gegen die Behörde besteht, ist erst später gewachsen und bis heute noch keineswegs Allgemeingut.

d) Die Auslegung vor dem Hintergrund des grundrechtlich fundierten Beseitigungsanspruchs

Die bisherigen Gesichtspunkte zur Auslegung des § 48 Abs. 1 S. 1 VwVfG haben den grundrechtlich fundierten Beseitigungsanspruch mit seiner typischen Ausprägung als Aufhebungsanspruch ausgeklammert. Ohne diesen Hintergrund und ohne eine Auslegung des § 46 VwVfG als Norm des Ausschlusses des Aufhebungsanspruchs erweist sich die Rechtslage als durchaus unklar. Angesichts von Wortlaut und Gesetzesbegründung spricht prima facie auch einiges für ein Verständnis des § 48 Abs. 1 S. 1 VwVfG, das auch im Fall der Anfechtbarkeit des betreffenden Verwaltungsakts einen Ermessensspielraum der Behörde hinsichtlich der Rücknahme des Verwaltungsakts anerkennt.

Eine solche Auslegung ist freilich unter Berücksichtigung der einzig überzeugenden Auslegung des § 46 VwVfG aus systematischen Gründen sowie vor dem Hintergrund der (grundrechtlichen) Herleitung des Beseitigungsanspruchs eindeutig ausgeschlossen. Ordnete § 48 Abs. 1 S. 1 VwVfG für grundsätzlich jeden rechtswidrigen Verwaltungsakt ein Rücknahmeermessen unabhängig von der Frage an, ob der Verwaltungsakt noch anfechtbar ist oder nicht, so stellte sich diese Regelung wie schon die Anerkennung eines Rücknahmeermessens nach Eintritt der Unanfechtbarkeit[36] als rechtfertigungsbedürftiger Eingriff in das jeweils verletzte subjektive (Grund-)Recht dar. Auf die sich daran anschließende Frage nach der möglichen Legitimation dieses Eingriffs ist aber keine auch nur annähernd überzeugende Antwort in Sicht. Sind es nach dem Eintritt der Unanfechtbarkeit des Verwaltungsakts Rechtssicherheits- und Verwaltungseffizienzgesichtspunkte, die unter gleichzeitiger angemessener Berücksichtigung der Interessen des Betroffenen, der die Unanfechtbarkeit durch Einlegung eines Widerspruchs verhindern kann, eine ausreichende Rechtfertigung liefern, fehlt es an

[35] Vgl. insoweit auch *Maurer*, DÖV 1966, 477 (486); *Wolff/Bachof*, Verwaltungsrecht I, 9. Aufl., § 53 Vf 1 (S. 465) m.w.Nachw.

[36] S. dazu vorausgehend I (S. 221 ff.).

ähnlichen, zumal verfassungsrechtlich zu verankernden Gesichtspunkten vor Eintritt der Unanfechtbarkeit völlig. Das legt gerade auch die Argumentation in der Gesetzesbegründung nahe, nach der ein Anspruch auf Aufhebung solcher Verwaltungsakte unvertretbar wäre, „weil die Rechtsmittelfristen dann praktisch bedeutungslos würden und weder Verwaltungsbehörden noch Gerichte jemals zur Ruhe kämen“[37]. Wäre §48 Abs. 1 S. 1 VwVfG mit der überwiegenden Meinung als uneingeschränkte Ermessensermächtigung für die Behörde zur Rücknahme rechtswidriger belastender Verwaltungsakte unabhängig von der Frage ihrer Anfechtbarkeit auszulegen, hätte dies notwendig die Verfassungswidrigkeit der Norm für die Fälle anfechtbarer Verwaltungsakte zur Konsequenz[38].

Darüber hinaus ergäben sich weitere verfassungsrechtliche Bedenken nicht aus dem verletzten Grundrecht, sondern aus dem Gewaltenteilungsprinzip. Auch wenn dieses Prinzip als Strukturprinzip in erheblichem Umfang der gesetzgeberischen Ausgestaltung unterliegt und deshalb meist nicht als Beleg für die Verfassungswidrigkeit einer Rechtsnorm taugt, besteht im vorliegenden Fall eine durchaus andere Konstellation. Hier geht es nämlich nicht um das weit offenere Verhältnis von Legislative und Exekutive, sondern um das der Exekutive zur Judikative. Danach verträgt sich die Vorstellung der gerichtlichen Aufhebung eines Exekutivakts beziehungsweise der gerichtlichen Verpflichtung der Behörde zur Aufhebung nicht mit dem Fehlen einer materiellrechtlichen behördlichen Verpflichtung zur Aufhebung. Hat die Behörde keine materiellrechtliche Pflicht zur Aufhebung eines Verwaltungsakts, so kann ein Gericht weder diesen Verwaltungsakt selbst aufheben noch die Behörde dazu verpflichten. Das ergibt sich aus der im Gewaltenteilungsgrundsatz enthaltenen Funktion der Gerichtsbarkeit zur Rechtskontrolle der Akte der anderen Gewalten.

Eben dies hat zur Konsequenz, daß etwa der in §113 Abs. 1 S. 1 VwGO normierten Befugnis und Verpflichtung zur Aufhebung eines rechtsverletzenden Verwaltungsakts stets ein materiellrechtlicher Anspruch zugrunde liegen muß. In jedem Fall setzen sich alle diejenigen, die sowohl vom Erfordernis eines solchen materiellrechtlichen Aufhebungsanspruchs für die gerichtliche Aufhebung gemäß §113 Abs. 1 S. 1 VwGO als auch von einem durch §48 Abs. 1 S. 1 VwVfG begründeten behördlichen Ermessensspielraum auch bei anfechtbaren Verwaltungsakten ausgehen, selbst in deutlichem Widerspruch zu ihren eigenen Aussagen.

Eine konsequente Umsetzung der Ansicht, §48 Abs. 1 S. 1 VwVfG begründete für die anfechtbaren Verwaltungsakte ebenso wie für die unanfechtbaren einen Ermessensspielraum hinsichtlich der Rücknahme, erforderte zugleich auch die Anwendung von §§113 Abs. 5, 114 VwGO und die Beschränkung des Anwen-

---

[37] Vgl. Begr. des Regierungsentwurfs, BT-Drs. 7/910, S. 69.

[38] Zutreffend *Ule/Laubinger*, Verwaltungsverfahrensrecht, §62 Rdnr. 2; im praktischen Ergebnis durch Annahme einer Ermessensreduktion ebenso *Remmert*, VerwArch. 91 (2000), 209 (218f.).

dungsbereichs von § 113 Abs. 1 S. 1 VwGO auf die seltenen Fälle einer Ermessensreduktion. Derartige Konsequenzen, die bisher wohl von niemandem ernsthaft in Erwägung gezogen wurden und die recht abenteuerlich anmuten, belegen, wie wenig durchdacht die These vom Ermessensspielraum der Verwaltung hinsichtlich der Rücknahme anfechtbarer rechtswidriger einseitig belastender Verwaltungsakte ist.

e) *Schlußfolgerungen*

Wie die vorausgehenden Überlegungen zur Auslegung der Regelung bereits gezeigt haben, ist die Rechtsfolge der Verfassungswidrigkeit des § 48 Abs. 1 S. 1 VwVfG vermeidbar. Sie wird regelmäßig auch von denjenigen nicht vertreten, die von einem Anspruch auf Rücknahme des anfechtbaren rechtswidrigen, einseitig belastenden Verwaltungsakts ausgehen[39]. Für ein verfassungsmäßiges Auslegungsergebnis kommen zwei Ansatzpunkte in Betracht. Eine Möglichkeit besteht darin, § 48 Abs. 1 S. 1 VwVfG als eine Ermessensregelung zu betrachten und diesen Ermessensspielraum in verfassungskonformer Reduktion in den Fällen der Anfechtbarkeit des Verwaltungsakts allgemein für „auf Null reduziert“ oder für ausgeschlossen zu erachten[40]. Die zweite Möglichkeit knüpft an die hier im Rahmen der Auslegung nach dem Wortsinn vorgestellte Alternative bei der Auslegung einer „Kann-Formulierung“ an. Danach handelte es sich bei § 48 Abs. 1 S. 1 VwVfG insgesamt nicht um eine Ermessensregelung, sondern ausschließlich um eine Befugnisnorm. Die Behörde ist berechtigt, einen rechtswidrigen einseitig belastenden Verwaltungsakt jederzeit ohne weitere Voraussetzungen zurückzunehmen. Genau das zu regeln, war nach der Vorstellung des Gesetzgebers auch das vorrangige Ziel des § 48 Abs. 1 S. 1 VwVfG[41]. Eine direkte Aussage dazu, ob die Aufhebung im Ermessen der Behörde steht oder sie dazu verpflichtet ist, enthielte § 48 Abs. 1 S. 1 VwVfG in diesem Fall nicht. Obwohl diese zweite Möglichkeit den Vorteil besitzt, nicht mit einer verfassungskonformen Reduktion arbeiten zu müssen, weil danach ein verfassungsrechtlich untragbarer Regelungsinhalt von vornherein gar nicht enthalten wäre, erscheint es dennoch unter methodischen Gesichtspunkten im Ergebnis überzeugender, von der ersten Auslegungsmöglichkeit auszugehen. Auch wenn für den Gesetzgeber die Frage des Ermessenspielraums nicht im Vordergrund stand, wollte er der Behörde doch eindeutig einen Ermessensspielraum im Fall der Unanfechtbarkeit des Verwaltungsakts

[39] S. die Nachweise oben in Fußn. 20 (S. 225); anders dagegen *Knoke*, Rechtsfragen der Rücknahme von Verwaltungsakten, S. 130.

[40] Vgl. in dieser Weise *Ule/Laubinger*, Verwaltungsverfahrensrecht, § 62 Rdnr. 2; angedeutet auch bei *W.-R. Schenke*, in: Festschrift für Maurer, S. 723 (729).

[41] Aus den Gesetzesmaterialien läßt sich eindeutig dieses Hauptaugenmerk des Gesetzgebers, Ermächtigungsgrundlagen für die behördliche Aufhebung von Verwaltungsakten zu schaffen, ableiten, vgl. BT-Drs. 7/910, S. 67f. (zu §§ 44, 45, S. 67 sowie zu § 44, S. 68). Die Frage des Ermessensspielraums taucht nur im letzten Absatz der Begründung, BT-Drs. 7/910, S. 68f., auf.

einräumen. Dieses Regelungsziel würde – ohne Zwang – entwertet, wenn man die Frage komplett nicht in § 48 Abs. 1 S. 1 VwVfG für geregelt hielte.

Im Ergebnis ist der in § 48 Abs. 1 S. 1 VwVfG statuierte Ermessensspielraum in verfassungskonformer Auslegung auf die Fälle unanfechtbarer Verwaltungsakte beschränkt. Das heißt wiederum im Hinblick auf unsere Ausgangsfrage, daß § 48 Abs. 1 S. 1 VwVfG hinsichtlich der anfechtbaren rechtswidrigen einseitig belastenden Verwaltungsakte keinen Ausschluß des Aufhebungsanspruchs begründet.

3. Der rechtswidrige Verwaltungsakt mit Drittwirkung und § 50 VwVfG

a) Die verbreitete Anerkennung eines Ausschlusses des Aufhebungsanspruchs in der Literatur

Kann § 48 Abs. 1 S. 1 VwVfG entgegen der überwiegenden Auffassung nicht als ein Fall des Ausschlusses des Aufhebungsanspruchs angesehen werden, so kommt anderes aber noch für § 50 VwVfG und für die von ihm erfaßten begünstigenden Verwaltungsakte mit belastender Drittwirkung in Betracht. § 50 VwVfG stellt sich unter folgenden Annahmen als Beschränkung oder Ausschluß des Aufhebungsanspruchs dar, die der wohl ganz überwiegenden Ansicht in der Literatur entsprechen: Nach dem Wortlaut des § 50 VwVfG gelten unter anderem die Regelungen über den Vertrauensschutz in § 48 Abs. 1 S. 2, Abs. 2 bis 4 VwVfG nicht, „wenn ein begünstigender Verwaltungsakt, der von einem Dritten angefochten worden ist, während des Vorverfahrens oder während des verwaltungsgerichtlichen Verfahrens aufgehoben wird, soweit dadurch dem Widerspruch oder der Klage abgeholfen wird". Voraussetzung für den Ausschluß der Anwendbarkeit der Vertrauensschutzregelungen ist daher, daß der Verwaltungsakt mit Drittwirkung von einem Dritten angefochten worden ist. Solange der Verwaltungsakt zwar noch anfechtbar ist, aber tatsächlich noch nicht angefochten wurde, sollen damit die allgemeinen Regelungen, also etwa die Voraussetzungen der Rücknahme eines begünstigenden Verwaltungsakts in § 48 Abs. 1 S. 2, Abs. 2 bis 4 VwVfG Anwendung finden. Wie sich aus den Gesetzesmaterialen ergibt[42], will § 50 VwVfG die Kompetenzen der Behörde während der Anhängigkeit des Widerspruchs- und Klageverfahrens denen der Widerspruchsbehörde wie des Gerichts angleichen. Die Behörde soll „nicht gezwungen sein, untätig die gerichtliche Entscheidung im Verwaltungsprozeß abzuwarten"[43]. Umgekehrt scheint das Gesetz daher davon auszugehen, ohne Ausschluß der Vertrauensschutzregelungen sei zumindest teilweise keine Möglichkeit für die Behörde zur Aufhebung des Verwaltungsakts gegeben. Jedenfalls befürworten selbst solche Autoren, die hinsichtlich des § 48 Abs. 1 S. 1 VwVfG bei einem anfechtbaren einseitig belastenden

[42] Vgl. BT-Drs. 7/910, S. 74 (zu § 46 EVwVfG).
[43] Ebd.

Verwaltungsakt von einem Rücknahmeanspruch ausgehen, nur ein Rücknahmeermessen bei Verwaltungsakten mit Drittwirkung, solange noch keine Anfechtung erfolgt ist[44]. Träfe diese Ansicht zu, stellte sich § 50 VwVfG teilweise als Regelung eines Ausschlusses des Aufhebungsanspruchs dar.

b) Kritik

Die Herleitung eines Rücknahmeermessens in den Fällen eines anfechtbaren, aber bisher nicht angefochtenen Verwaltungsakts mit Drittwirkung überzeugt nicht. Auch wenn die Annahme einer analogen Anwendung des § 50 VwVfG auf die Fälle der bloßen Anfechtbarkeit des Verwaltungsakts[45] doch erhebliche Bedenken hervorruft[46], führt richtigerweise auch die Anwendbarkeit der Regelungen des § 48 Abs. 1 S. 2, Abs. 2 bis 4 VwVfG über den Vertrauensschutz zu einer Beschränkung des Aufhebungsanspruchs. Die Anwendbarkeit der Regelungen sagt nämlich noch nichts darüber aus, ob sich der Begünstigte auch tatsächlich auf ein schutzwürdiges Vertrauen berufen kann. Solange der Verwaltungsakt noch anfechtbar ist, fehlt es nämlich gerade daran, weil er damit rechnen muß, daß die Anfechtung noch erfolgt[47]. Die Anfechtung hat aber gerade nach § 50 VwVfG den Ausschluß der Vertrauensschutzbestimmungen zur Folge wie auch im Rahmen des Anfechtungsprozesses nach § 113 Abs. 1 S. 1 VwGO die Interessen des Begünstigten nicht berücksichtigt werden. Diese Auslegung der §§ 50, 48 VwVfG deckt sich zugegebenermaßen nicht vollständig mit den Absichten des Gesetzgebers. Angesichts der vorausgehend zu § 48 VwVfG genannten Erwägungen sowie der Übereinstimmung mit Wortlaut und Systematik der Regelungen können jedoch teilweise abweichende Vorstellungen des Gesetzgebers der hier vertretenen Ansicht nicht entgegengehalten werden.

Berechtigte Bedenken könnten sich allenfalls dann ergeben, wenn der Regelung des § 50 VwVfG infolge der hier befürworteten Auslegung kein vernünftiger Sinn mehr beizumessen wäre. Das trifft jedoch nur für die rechtswidrigen und rechtsverletzenden Verwaltungsakte zu. In den Fällen der noch anfechtbaren, aber bisher nicht angefochtenen Verwaltungsakte gelangt man auch ohne Anwendbarkeit des § 50 VwVfG zum Ergebnis des Aufhebungsanspruchs für die rechtswidrig belasteten Dritten[48]. Anderes gilt freilich für den rechtmäßigen Ver-

---

[44] S. statt vieler *Ule/Laubinger*, Verwaltungsverfahrensrecht, § 64 Rdnr. 10 i.V.m. § 62 Rdnr. 16; ebenso *Wernsmann*, Die Verwaltung 36 (2003), 67 (75).

[45] Dafür *Th. Horn*, DÖV 1990, 864 (870ff.).

[46] Vgl. *W.-R. Schenke*, in: Festschrift für Maurer, S. 723 (736 m. Fußn. 50).

[47] S. auch *Schäfer*, in: Obermayer, VwVfG, § 50 Rdnr. 10; *W.-R. Schenke*, DÖV 1983, 320 (324); *ders.*, in: Festschrift für Maurer, S. 723 (736f.); *Wolff/Bachof/Stober*, Verwaltungsrecht, Bd. 2, § 51 Rdnr. 30; mittelbar auch Begründung des Gesetzentwurfs, BT-Drs. 7/910, S. 74: „denn der Begünstigte verdient, da er mit der Einlegung von Rechtsbehelfen durch andere Personen oder Stellen rechnen muß, keinen Vertrauensschutz".

[48] Entsprechendes muß im übrigen auch gelten, wenn der umgekehrte Fall des belastenden Verwaltungsakts mit begünstigender Drittwirkung nicht als Fall des § 50 VwVfG angesehen

waltungsakt, dessen (zulässige) Anfechtung im Widerspruchsverfahren bei Ermessensentscheidungen auch zu einer Aufhebung aufgrund einer abweichenden, gleichfalls rechtmäßigen Ermessensentscheidung der Widerspruchsbehörde führen kann. Ohne § 50 VwVfG, der auch insoweit die Anwendung von Vertrauensschutzregelungen des § 49 VwVfG ausschließt, könnte hier wohl nicht von einem fehlenden Vertrauensschutz ausgegangen werden[49].

Zu diesen Argumenten für die hier vorgestellte Auslegung der §§ 50, 48 VwVfG treten schließlich wie oben für § 48 Abs. 1 S. 1 VwVfG noch die sich aus der grundrechtlichen Ableitung des Beseitigungsanspruchs ergebenden Gesichtspunkte hinzu. Führte § 50 VwVfG zum Ausschluß des Aufhebungsanspruchs, so stellte dies einen Eingriff in das durch den Beseitigungsanspruch geschützte Grundrecht dar, der entsprechend den obigen Feststellungen[50] eine Rechtfertigungsbedürftigkeit begründete. Zwar scheint hier anders als im Fall des einseitig belastenden Verwaltungsakts der Schutz der Interessen des Begünstigten einen ausreichenden Ansatzpunkt zur Legitimation des Eingriffs zu liefern. Bei näherer Hinsicht überzeugte dies freilich nicht. Die tatsächlichen Interessen an der Aufrechterhaltung des Verwaltungsakts müssen sich nämlich in der Gegenüberstellung zu dem grundrechtlich fundierten Aufhebungsanspruch als schutzwürdig erweisen. Eine Besonderheit des Vertrauensschutzes besteht allerdings darin, daß ein schutzwürdiges Vertrauen sich nur insoweit bilden kann, wie das Recht das Vertrauen auch schützt. Insofern besteht bei der Argumentation mit dem Vertrauensschutz eine beachtliche Gefahr eines Zirkelschlusses. Um dieser Gefahr wirksam zu begegnen, kann nur auf andere einfachgesetzliche Bestimmungen oder auf eine aus der Verfassung und hier konkret den Grundrechten abzuleitende Schutzpflicht des Gesetzgebers hinsichtlich etwa bestimmter Dispositionen abgestellt werden, die der Begünstigte im tatsächlichen Vertrauen auf den Fortbestand des Verwaltungsakts getätigt hat. Hinsichtlich anderer einfachgesetzlicher Regelungen ist bereits oben auf § 113 Abs. 1 S. 1 VwGO hingewiesen worden, der nach unbestrittener Ansicht zur gerichtlichen Aufhebung des begünstigenden Verwaltungsakts mit rechtsverletzender Drittwirkung ohne jede Berücksichtigung der Interessen des Begünstigten führt. Trifft diese Ansicht zu, fehlt es eben

---

wird, weil es sich bei der Anfechtung durch den Adressaten nicht um eine Drittanfechtung handelt (so etwa *Sachs*, in: Stelkens/Bonk/Sachs, VwVfG, § 50 Rdnr. 65f.; *Schäfer*, in: Obermayer, VwVfG, § 50 Rdnr. 13; a.A. *Hub. Meyer*, in: Knack, VwVfG, § 50 Rdnr. 23; *Ule/Laubinger*, Verwaltungsverfahrensrecht, § 65 Rdnr. 2). In diesem Fall wären § 48 Abs. 1 S. 2, Abs. 2 bis 4 VwVfG einschlägig (a.A. z.B. *Erichsen*, in: Erichsen/Ehlers [Hrsg.], Allgemeines Verwaltungsrecht, § 17 Rdnr. 23 m.w.Nachw., der nur § 48 Abs. 1 S. 1 VwVfG mit der nicht überzeugenden Annahme für anwendbar hält, die Begünstigung des Dritten wäre nur von rein tatsächlicher, reflexartiger Natur, was in vielen Fällen [z.B. Polizeiverfügung zum Schutz eines Dritten] aber gerade nicht zutrifft), so daß auch hier wieder auf die fehlende Schutzwürdigkeit angesichts der noch möglichen Anfechtung abgestellt werden muß.

[49] Vgl. näher *W.-R. Schenke*, in: Festschrift für Maurer, S. 723 (740).

[50] S. oben B (S. 219ff.).

gerade an einem schutzwürdigen Vertrauen, welches zwingend zu berücksichtigen wäre. Da schließlich auch keine grundrechtliche Pflicht zum Schutz eines tatsächlichen Vertrauens in diesen Fällen erkennbar ist, kann der Vertrauensschutz keine Legitimation für den Ausschluß des Aufhebungsanspruchs bewirken.

Im Ergebnis wird bei rechtsverletzenden Verwaltungsakten durch § 50 VwVfG der verfassungsrechtlich fundierte Aufhebungsanspruch nicht beschränkt.

III. Der Ausschluß des Aufhebungsanspruchs infolge Verzichts, Verwirkung und Präklusion

1. Der Verzicht

Der Beseitigungsanspruch kann wie andere subjektive öffentliche Rechte durch einen Verzicht des Rechtsinhabers untergehen[51]. Wie auch in den Fällen der Verwirkung oder der Präklusion ist stets genau zu prüfen, ob sich der Verzicht auf den materiellen Beseitigungsanspruch oder nur auf ein Verfahrensrecht wie das Widerspruchs- oder Klagerecht[52] bezieht. Der Anerkennung des Verzichts steht die verbreitete Ablehnung der Möglichkeit eines Grundrechtsverzichts[53] nicht entgegen, solange es nicht um einen allgemeinen Verzicht auf Grundrechte als solche, sondern um konkrete einzelne Ansprüche wie bereits entstandene Beseitigungsansprüche geht[54]. Der Verzicht unterscheidet sich vom bloßen untätigen Verstreichenlassen der Rechtsbehelfsfristen durch ein aktives Verhalten des Rechtsinhabers, die Verzichtserklärung, deren Zugang beim Anspruchsgegner das Recht zum Erlöschen bringt.

Das Recht zum Verzicht folgt aus dem Recht selbst, so daß die Möglichkeit eines Verzichts in der gesamten Rechtsordnung gilt und die Anerkennung eines eigenständigen verwaltungsgerichtlichen Instituts des Verzichts[55] auch ohne ausdrückliche allgemeine Regelung entbehrlich erscheint. Soweit der Verzicht spezialgesetzlich für subjektive öffentliche Rechte normiert ist, wird damit das Recht

---

[51] S. OVG Bautzen, Beschl. v. 15. 12. 1997 – 1 S 259/97, LKV 1998, 242f.; VGH Kassel, Beschl. v. 7. 12. 1994 – 4 TH 3032/94, NVwZ-RR 1995, 495; VGH München, Beschl. v. 17. 2. 1997 – 27 CS 96.4039, BayVBl. 1998, 57; OVG Münster, Urt. v. 15. 5. 1997 – 11 A 7224/95, NVwZ-RR 1998, 614; OVG Saarlouis, Beschl. v. 14. 3. 1983 – 2 R 14/82, NVwZ 1984, 657; *Erichsen*, in: Erichsen/Ehlers (Hrsg.), Allgemeines Verwaltungsrecht, § 11 Rdnr. 54; *Ortloff*, NVwZ 1999, 959; *P. Stelkens/Sachs*, in: Stelkens/Bonk/Sachs, VwVfG, § 53 Rdnr. 17; allgemein zum Verzicht etwa auch *Hartmann*, DÖV 1990, 8; *Illian*, Der Verzicht Privater im Verwaltungsrecht; *Quaritsch*, Gedächtnisschrift für Martens, S. 407; die Möglichkeit des Verzichts wird auch vorausgesetzt vom BVerwG, Urt. v. 28. 1.1999 – 4 CN 5.98, BVerwGE 108, 248 (256); Urt. v. 7. 12. 2000 – 4 C 3.00, NVwZ 2001, 813 (814); zu einem wechselseitigen Verzicht auf Grenzabstände s. BVerwG, Urt. v. 24. 2. 2000 – 4 C 12.98, NVwZ 2000, 1055 (1057).

[52] S. dazu *Kopp/Schenke*, VwGO, § 74 Rdnr. 21.

[53] S. dazu *Sachs*, in: Sachs (Hrsg.), GG, vor Art. 1 Rdnr. 52ff.; *Stern*, Staatsrecht III/2, S. 887ff.

[54] Vgl. auch *Robbers*, JuS 1985, 925; *Bleckmann*, JZ 1988, 57.

[55] Vgl. *P. Stelkens/Sachs*, in: Stelkens/Bonk/Sachs, VwVfG, § 53 Rdnr. 17 a.

zum Verzicht klargestellt. Für das Sozialrecht hat der Verzicht in § 46 SGB I eine allgemeine Regelung gefunden[56].

Daß ein Verzicht richtigerweise stets nur hinsichtlich einzelner konkreter Rechtspositionen möglich ist und nicht etwa allgemein drittschützende Nachbarrechte oder gar absolute Rechte wie die Grundrechte umfassen kann, dürfte maßgeblich auch mit den allgemeinen Wirksamkeitsvoraussetzungen zusammenhängen: So bedarf es einer eindeutigen und unmißverständlichen Verzichtserklärung, die als empfangsbedürftige Willenserklärung im Falle eines subjektiven öffentlichen Rechts gegenüber der zuständigen Behörde abzugeben ist[57].

Grundlegende Bedeutung für die Wirksamkeit der Erklärung kommt der Freiwilligkeit zu. Nur dadurch kann der Verzicht auch als Ausübung des Rechts begriffen werden. Liegt ein entsprechender Fall vor, so stellt die Rechtsfolge des Erlöschens des Rechts auch keinen rechtfertigungsbedürftigen hoheitlichen Eingriff dar. Das Legitimationserfordernis stellt sich nicht.

2. *Die Verwirkung*

Ein Ausschluß des Aufhebungsanspruchs kommt auch in Betracht, wenn der Anspruch verwirkt wird. So besteht heute prinzipielle Einigkeit über die Anwendbarkeit und die Voraussetzungen der Rechtsfigur der Verwirkung im öffentlichen Recht. Die Verwirkung wird regelmäßig aus dem allgemeinen Rechtsgrundsatz von Treu und Glauben[58], häufig auch in Verbindung mit dessen Unterfall des Verbots widersprüchlichen Verhaltens (venire contra factum proprium)[59] abgeleitet. Der Grundsatz von Treu und Glauben ist als allgemeiner Rechtsgrundsatz Teil der gesamten Rechtsordnung[60] und findet damit seine Grundlage auch im materiellen Rechtsstaatsprinzip[61]. Die Verwirkung kann sich sowohl auf materiell-

---

[56] § 46 Abs. 1 SGB I: „Auf Ansprüche auf Sozialleistungen kann durch schriftliche Erklärung gegenüber dem Leistungsträger verzichtet werden; der Verzicht kann jederzeit mit Wirkung für die Zukunft widerrufen werden." Abs. 2: „Der Verzicht ist unwirksam, soweit durch ihn andere Personen oder Leistungsträger belastet oder Rechtsvorschriften umgangen werden."

[57] S. insgesamt m. w. Nachw. *P. Stelkens/Sachs*, in: Stelkens/Bonk/Sachs, VwVfG, § 53 Rdnr. 17 c ff.

[58] Urt. v. 4. 7. 1979 – II R 74/77, BFHE 129, 201; VGH Mannheim, Urt. v. 28. 8. 1987 – 8 S 1345/87, NVwZ 1989, 76 (78); VGH München, Urt. v. 28. 3. 1990 – 20 B 89.3055, BayVBl. 1991, 725; *Bauer*, Die Verwaltung 23 (1990), 211 (212); *Erichsen*, in: Erichsen/Ehlers (Hrsg.), Allgemeines Verwaltungsrecht, § 11 Rdnr. 55; *Hill*, Das fehlerhafte Verfahren, S. 442; *de Vivie/Barsuhn*, BauR 1995, 492 (493).

[59] BFH, Urt. v. 22. 5. 1984 – VIII R 60/79, BFHE 141, 211 (219); VGH Mannheim, Urt. v. 28. 8. 1987 – 8 S 1345/87, NVwZ 1989, 76 (78).

[60] Vgl. stellv. BVerwG, Urt. v. 22. 1. 1993 – 8 C 46.91, BVerwGE 92, 8 (20); Urt. v. 23. 11. 1993 – 1 C 21.92, BVerwGE 94, 294 (298); Beschl. v. 28. 9. 1994 – 11 C 3.93, NVwZ 1995, 703 (706); Urt. v. 20. 12. 1999 – 7 C 42.98, BVerwGE 110, 226 (236); BFH, Urt. v. 22. 5. 1984 – VIII R 60/89, BFHE 141, 211 (219); Urt. v. 22. 4. 1986 – VIII R 171/83, NVwZ-RR 1988, 58 (59); *Wolff/Bachof/Stober*, Verwaltungsrecht, Bd. 1, § 25 Rdnr. 2f.

[61] Vgl. *Wolff*, Gedächtnisschrift für W. Jellinek, S. 33 (40, 42); *W.-R. Schenke*, DÖV 1986, 305

rechtliche Ansprüche als auch auf Verfahrensrechte beziehen[62], so daß die Anwendbarkeit der Verwirkung auch auf den materiellrechtlichen Beseitigungsanspruch außer Frage steht.

Kern des Grundes für den Eintritt der Rechtsfolge der Verwirkung ist das treuwidrige, weil widersprüchliche Verhalten des Rechtsinhabers. Die Treuwidrigkeit ergibt sich aus der Geltendmachung des Rechts trotz Begründung eines entgegenstehenden Vertrauenstatbestands. Im Fall des Beseitigungsanspruchs gegenüber einem Verwaltungsakt kommt eine Verwirkung vor allem beim begünstigenden Verwaltungsakt mit belastender Drittwirkung in Betracht, wenn der durch den Verwaltungsakt Begünstigte aufgrund des Verhaltens des belasteten Dritten darauf vertrauen konnte, daß dieser den Beseitigungsanspruch nicht mehr geltend machen werde[63]. Für die Anerkennung eines solchen Vertrauenstatbestands sind regelmäßig sowohl ein gewisser Zeitablauf als auch zusätzliche vertrauensbegründende Umstände (das Umstandsmoment) erforderlich. Auf die Einzelheiten muß im vorliegenden Zusammenhang nicht eingegangen werden.

Fraglich ist allerdings noch, welche Rechtsfolge mit einer Verwirkung verbunden ist. In Betracht kommt zum einen der Untergang oder das Erlöschen des verwirkten Rechts[64]. Eine beachtliche Gegenauffassung sieht allerdings in der Verwirkung keinen Rechtsbeendigungsgrund, sondern lediglich ein dauerndes Hindernis für die Ausübung des Rechts[65]. Dieser Streit findet sich nicht allein im Verwaltungsrecht. Auch im Zivilrecht stehen sich die Position des Rechtsuntergangs[66] und die der Hemmung der Rechtsausübung[67] gegenüber. Für diese These

---

(314); s. auch *Wolff/Bachof/Stober*, Verwaltungsrecht, Bd. 1, § 25 Rdnr. 2f.; hinsichtlich der Prinzips der Gesetzmäßigkeit der Verwaltung auch *Stern*, Staatsrecht I, S. 804.

[62] S. etwa BVerwG, Urt. v. 25. 1. 1974 – IV C 2.72, BVerwGE 44, 294 (298); *Ule/Laubinger*, Verwaltungsverfahrensrecht, § 54 Rdnr. 6.

[63] S. auch *P. Stelkens/Sachs*, in: Stelkens/Bonk/Sachs, VwVfG, § 53 Rdnr. 14.

[64] S. z.B. BVerwG, Beschl. v. 18. 3. 1988 – 4 B 50.88, NVwZ 1988, 730 (731); Beschl. v. 9. 8. 1990 – 4 B 95.90, NVwZ-RR 1991, 111 – „rechtsvernichtende Einwendung“; Urt. v. 16. 5. 1991 – 4 C 4.89, NVwZ 1991, 1182 (1184) – „erloschen“; OVG Münster, Beschl. v. 7. 8. 1998 – 11 B 1555/98, NVwZ-RR 1999, 540 (541) – „Verlust eines Abwehrrechts“; *W.-R. Schenke*, in: Festschrift für Maurer, S. 723 (746); *Schmidt-Preuß*, Kollidierende Privatinteressen, S. 148; *Gerhardt*, in: Schoch/Schmidt-Aßmann/Pietzner, VwGO, § 113 Rdnr. 10, 25; als „gleichbedeutend“ bezeichnet von *P. Stelkens/Sachs*, in: Stelkens/Bonk/Sachs, VwVfG, § 53 Rdnr. 13; *de Wall*, Die Anwendbarkeit privatrechtlicher Vorschriften, S. 259.

[65] Vgl. BVerwG, Urt. v. 7. 2. 1974 – III C 115.71, BVerwGE 44, 339 (343); Urt. v. 5. 11. 1998 – 2 A 8.97, NVwZ-RR 1999, 454; BFH, Urt. v. 22. 4. 1986 – VIII R 171/83, NVwZ-RR 1988, 58 (59); *Bauer*, Die Verwaltung 23 (1990), 211 (212); *Erichsen*, in: Erichsen/Ehlers (Hrsg.), Allgemeines Verwaltungsrecht, § 11 Rdnr. 55; *Schäfer*, in: Obermayer, VwVfG, § 53 Rdnr. 7; *Wolff/Bachof/Stober*, Verwaltungsrecht, Bd. 1, § 37 Rdnr. 16f.

[66] Vgl. etwa *Heinrichs*, in: Palandt, BGB, § 242 Rdnr. 97; *J. Schmidt*, in: Staudinger, BGB, § 242 Rdnr. 562ff.; *Teichmann*, in: Soergel, BGB, § 242 Rndr. 343; *Larenz*, Allgemeiner Teil des dt. Bürgerlichen Rechts, 7. Aufl., S. 236f.

[67] S. z.B. *Augustin*, in: Soergel, BGB, vor § 194 Rdnr. 17; *Pawlowski*, Allgemeiner Teil des BGB, Rdnr. 333; *G. Roth*, in: Münchener Kommentar, BGB, § 242 Rdnr. 478; *Larenz/Wolf*, Allgemeiner Teil des bürgerlichen Rechts, § 16 Rdnr. 63.

vom Charakter der Verwirkung als rechtsvernichtende Einwendung dürfte vor allem die überwiegend anerkannte Definition des subjektiven Rechts sprechen, nach der zum subjektiven Recht auch ein Rechtsmachtmoment zählt[68]. Dem entspricht es, wenn in der Literatur für einen Rechtsuntergang angeführt wird, das subjektive Recht werde durch die Summe seiner Ausübungsmöglichkeiten bestimmt[69], so daß bei einem endgültigen Ausschluß sämtlicher Ausübungsmöglichkeiten auch das subjektive Recht selbst als untergegangen angesehen werden kann. Wenn gleichwohl die These von der dauernden Hemmung der Rechtsausübung zahlreiche Anhänger gefunden hat, so liegt das maßgeblich an der Begründung der Verwirkung als treuwidrig widersprüchliches Verhalten. Widersprüchlich erscheint gerade die Geltendmachung oder Ausübung des Rechts, so daß bei fehlender Ausübung auch keine Verwirkung einzutreten scheint.

Dennoch dürfte die These von der schlichten Hemmung des Rechts zumindest im öffentlichen Recht erhebliche zusätzliche konstruktive Schwierigkeiten bereiten. In dem Fall, in dem der Aufhebungsanspruch eines durch einen begünstigenden Verwaltungsakt belasteten Dritten verwirkt wurde, muß sich die Verwirkung auch auf Rechte und Pflichten der Behörden ausgewirkt haben. Es darf insoweit materiellrechtlich auch keine Aufhebungspflicht mehr bestehen. Die Aufhebung des Verwaltungsakts darf zudem nur noch aus anderen Gründen, nicht mehr aufgrund oder unter Berücksichtigung der subjektiven Rechtsverletzung des Dritten erfolgen, der sein Recht verwirkt hat. Wie dies konstruktiv unter der Prämisse von der (bloßen) Hemmung des Aufhebungsanspruchs erklärt werden kann, ist bisher nicht dargelegt worden.

Im Rahmen dieser Arbeit erscheint eine detaillierte Befassung mit dieser Streitfrage allerdings entbehrlich, da auch die Vertreter der Gegenauffassung betonen, ihre Ansicht stehe im praktischen Ergebnis regelmäßig dem Rechtsverlust gleich[70].

Die Verwirkung kann daher als ein Fall des materiellen Ausschlusses des Aufhebungsanspruchs beziehungsweise als einem solchen Ausschluß gleichstehend behandelt werden. Das hat zugleich die Rechtfertigungsbedürftigkeit der Verwirkung als Eingriff in das durch den Beseitigungsanspruch geschützte subjektive Recht zur Folge. Die Rechtfertigungsgründe für die Verwirkung liegen freilich auf der Hand. Daß die Verwirkung im öffentlichen Recht mit dem Schutz des Vertrauens des Begünstigten einem verfassungsrechtlich legitimierten Ziel dient, kann nicht bestritten werden. An der Geeignetheit und Erforderlichkeit der Anerkennung der Verwirkung zu diesem Schutz bestehen gleichfalls keine Zweifel. Schließlich steht auch die Verhältnismäßigkeit nicht in Frage, da die Verwirkung ausschließlich auf das Verhalten des Rechtsinhabers selbst zurückzuführen ist.

---

[68] Vgl. oben § 2 A I 2 (S. 26).

[69] Vgl. *J. Schmidt*, in: Staudinger, BGB, § 242 Rdnr. 565; wohl ebenso *Larenz*, Allgemeiner Teil des dt. bürgerlichen Rechts, 7. Aufl., S. 236f.

[70] S. *Bauer*, Die Verwaltung 23 (1990), 211 (212).

Da er selbst alle Möglichkeiten zur Vermeidung der Verwirkung besitzt, können ihre Rechtsfolgen nicht als unangemessen oder unzumutbar angesehen werden.

3. *Die Präklusion*

Ähnlich wie die Verwirkung kommt auch die Präklusion als ein Fall eines Ausschlusses des materiellrechtlichen Aufhebungsanspruchs in Betracht[71]. Wie bei der Verwirkung ist bei der Präklusion ungeklärt, ob sie zu einem Untergang des Rechts oder zu einem Ausschluß der Möglichkeit der Geltendmachung des Rechts führt[72]. Im Unterschied zur Verwirkung wirft die materielle Präklusion erheblich vielschichtigere Fragen der verfassungsrechtlichen Zulässigkeit auf, die einer eigenen ausführlichen Erörterung bedürfen, sofern ein Urteil auf einer einigermaßen gesicherten wissenschaftlichen Grundlage abgegeben werden soll.

Der vielfach praktizierte Hinweis[73] auf eine vermeintlich endgültige Klärung durch die Sasbach-Entscheidung des Bundesverfassungsgerichts[74] überzeugt unabhängig von der Bewertung der verfassungsgerichtlichen Entscheidung nicht. Durch die Entscheidung sind weder sämtliche schon vor der Entscheidung geäußerten differenzierten Bedenken[75] noch die später aufgeworfenen Fragen[76] vollständig geklärt worden.

Da die erforderliche ausführliche Auseinandersetzung mit den beachtlichen Bedenken den Rahmen der Untersuchung zwangsläufig verlassen müßte, sollen die mit der materiellen Präklusion verbundenen Fragen hier offen bleiben. Soweit sich die Präklusion als verfassungskonform darstellt, beschränkt sie den Aufhebungsanspruch.

---

[71] Näher zur Präklusion etwa *Streinz*, VerwArch. 79 (1988), 272ff.; *Niehues*, in: Festschrift für Schlichter, S. 619ff.

[72] S. etwa für einen Untergang des Rechts BVerwG, Urt. v. 17.7. 1980 – 7 C 101.78, BVerwGE 60, 297 (302, 314); Gerichtsbescheid v. 3.7. 1996 – 11 A 64.95, NVwZ 1997, 391 (393); *Kopp/Ramsauer*, VwVfG, § 73 Rdnr. 80; *Schmidt-Preuß*, Kollidierende Privatinteressen, S. 535; *Thiel*, DÖV 2001, 814 (815, allerdings anders 816); a.A. wohl BVerwG, Urt. v. 6.8. 1982 – 4 C 66.79, BVerwGE 66, 99 (LS 1); Urt. v. 29.8. 1986 – 7 C 52.84, NVwZ 1987, 131 (132) – „prozessuale Sperre"; *Brandt*, NVwZ 1997, 233 (235); *Schmidt-Aßmann*, in: Maunz/Dürig/Herzog/Scholz, GG, Art. 19 Abs. IV Rdnr. 260; *Wahl/Schütz*, in: Schoch/Schmidt-Aßmann/Pietzner, VwGO, § 42 Abs. 2 Rdnr. 107.

[73] Vgl. etwa *Ronellenfitsch*, JuS 1983, 594 (598) – „Die Verfassungsmäßigkeit materieller Präklusionsvorschriften im Massenverfahren mit mehrpoligen Rechts- und Interessenlagen läßt sich nach dem Sasbach-Beschluß nicht mehr ernsthaft anzweifeln"; *ders.*, VerwArch. 80 (1989), 92 (103); *Brandt*, NVwZ 1997, 232 (237).

[74] Beschl. v. 8.7. 1982 – 2 BvR 1187/80, BVerfGE 61, 82ff.

[75] Vgl. etwa *Papier*, NJW 1980, 313ff.

[76] S. z.B. *Erbguth*, Raumbedeutsames Umweltrecht, S. 280ff.; *ders.*, Vereinbarkeit, S. 68; *Beckmann*, Verwaltungsgerichtlicher Rechtsschutz im raumbedeutsamen Umweltrecht, S. 217ff.; im Hinblick auf den Enteignungsbetroffenen im Fachplanungsrecht – entgegen BVerwG, Urt. v. 24.5. 1996 – 4 A 38.95, DVBl. 1997, 51 – näher *Solveen*, DVBl. 1997, 803ff.; vorsichtige Bedenken

D. Der einfachgesetzliche Ausschluß des Aufhebungsanspruchs im Beamtenrecht

Ein Sonderfall des Ausschlusses des Aufhebungsanspruchs könnte sich im Beamtenrecht finden lassen. So wird im Gefolge der bundesverwaltungsgerichtlichen Rechtsprechung von der wohl herrschenden Meinung unter anderem die These vertreten, der unter Verstoß gegen Art. 33 Abs. 2 GG rechtswidrig übergangene Mitbewerber um eine Beamtenstelle habe keinen Anspruch auf Aufhebung einer Beamtenernennung des Konkurrenten aus dem Bewerbungsverfahren[77]. Die beamtenrechtlichen Regelungen über Rücknahme und Widerruf von Beamtenernennungen beziehungsweise Beförderungen sollen danach bereits die Aufhebung und damit auch einen möglichen Aufhebungsanspruch ausschließen.

In Konsequenz dieser Ansicht wurde der Rechtsschutz des Mitbewerbers bislang vollständig (mit den Konsequenzen einer Mitteilungspflicht der Behörde im Fall der beabsichtigten Ernennung eines Mitbewerbers) in das vorläufige Rechtsschutzverfahren verlagert[78]. Nach erfolgter Ernennung blieb allein ein Schadensersatzanspruch.

Mit dem Urteil des Bundesverwaltungsgerichts vom 13. September 2001[79] schien sich eine Rechtsprechungsänderung anzubahnen, weil darin in einem obiter dictum der bisherige Grundsatz, daß eine (gerichtliche) Aufhebung der rechtswidrigen Ernennung aufgrund der Klage des Mitbewerbers ausgeschlossen sei, offen in Zweifel gezogen wurde[80]. Mittlerweile ist der 2. Senat des Bundesverwaltungsgerichts einerseits von diesen Zweifeln wieder ausdrücklich abgerückt[81], nachdem das Bundesverfassungsgericht die Bedenken aus dem Bundesverwaltungsgerichtsurteil vom 13. 9. 2001 zwar zur Kenntnis genommen, seine bisherige

---

auch bei *Pietzcker*, VVDStRL 41 (1983), 193 (205f.); *Steinberg/Berg/Wickel*, Fachplanung, §2 Rdnr. 93f.

[77] S. (jedenfalls im Ergebnis) z.B. BVerwG, Urt. v. 25. 8. 1988 – 2 C 62.85, BVerwGE 80, 127 (129f.); Urt. v. 9. 3. 1989 – 2 C 4.87, DVBl. 1989, 1150; im Ergebnis gebilligt z.B. von BVerfG (3. Kammer 2. Sen.), Beschl. v. 19. 9. 1989 –2 BvR 1576/88, DVBl. 1989, 1247f.; BVerfG (1. Kammer 2. Sen.), Beschl. v. 24. 9. 2002 – 2 BvR 857/02, DVBl. 2002, 1633; vgl. dazu auch *Battis*, NJW 1991, 1586 (1590); *Wittkowski*, NJW 1993, 817 (818); aus der Literatur z.B. *Erichsen*, Jura 1994, 385 (388); *Günther*, NVwZ 1986, 697 (698); *Jachmann*, in: v. Mangoldt/Klein/Starck, GG, Art. 33 Rdnr. 23; *Kunig*, Das Recht des öffentlichen Dienstes, in: Schmidt-Aßmann (Hrsg.), Besonderes Verwaltungsrecht, 6. Kap., Rdnr. 91; *Schmidt-Preuß*, Kollidierende Privatinteressen, S. 475ff.; *Schnellenbach*, ZBR 2002, 180 (182); a.A. etwa *Huber*, Konkurrentenschutz, S. 476f.; *Kopp/Schenke*, VwGO, §42 Rdnr. 49; *W.-R. Schenke*, in: Festschrift für Mühl, S. 571 (577ff.); *Wahl/ Schütz*, in: Schoch/Schmidt-Aßmann/Pietzner, VwGO, §42 Abs. 2 Rdnr. 325 jew. m.w.Nachw.

[78] Vgl. dementsprechend *Ronellenfitsch*, VerwArch. 82 (1991), 121ff.; *Schnellenbach*, Beamtenrecht in der Praxis, Rdnr. 41ff.

[79] Az.: 2 C 39.00, BVerwGE 115, 89ff.

[80] BVerwGE 115, 89 (90f.).

[81] BVerwG, Urt. v. 21. 8. 2003 – 2 C 14.02, BVerwGE 118, 370 (372f.).

Rechtsprechung aber nicht verändert hatte[82]. Andererseits geht das Bundesverwaltungsgericht jetzt davon aus, daß der Bewerbungsverfahrensanspruch auch im Hauptsacheverfahren selbst dann weiterverfolgt werden kann, wenn der Mitbewerber bereits rechtswidrig ernannt beziehungsweise befördert wurde[83]. Neu an dieser Ansicht ist die Annahme, daß sowohl für die Zulässigkeit der gerichtlichen Geltendmachung des Bewerbungsverfahrensanspruchs durch den übergangenen Bewerber als auch für deren Erfolg die Aufhebung der rechtswidrigen Ernennung des Mitbewerbers nicht für erforderlich gehalten wird.

Das Ergebnis dieser neuen Rechtsprechung könnte folgendermaßen erklärt werden: Der (nicht berücksichtigte) Mitbewerber wird zwar durch die rechtswidrige Bevorzugung eines anderen in seinem Recht aus Art. 33 Abs. 2 GG verletzt. Sein Recht, der Bewerbungsverfahrensanspruch, kann aber weiterhin erfüllt werden, ohne daß dafür auch die vorausgehende Ernennung des nicht gleichermaßen geeigneten Konkurrenten rückgängig gemacht werden müßte. Danach bestünde von Anfang an kein Beseitigungsanspruch.

Folgte man dagegen der früheren Rechtsprechung des Bundesverwaltungsgerichts, so wäre der grundsätzlich bestehende Aufhebungsanspruch ausgeschlossen. Legitimierbar wäre diese Auffassung vom Ausschluß der Aufhebung der Ernennung aber nur, wenn der aus den beamtenrechtlichen Bestimmungen gezogene Umkehrschluß einer fehlenden Befugnis zur Aufhebung auf verfassungsrechtlich beachtliche Gründe gestützt werden könnte. Die teilweise im Anschluß an die nicht eindeutigen Entscheidungen des Bundesverwaltungsgerichts[84] vertretene Lösung, der Mitbewerber werde nicht durch die Ernennung des Konkurrenten, sondern nur durch die Ablehnung der eigenen Ernennung in seinen Rechten aus Art. 33 Abs. 2 GG verletzt, welche sich aber mit der Ernennung des Konkurrenten erledige, wäre nicht überzeugend[85]. Als einzig tragfähige Begründung für die verfassungsrechtliche Zulässigkeit des einfachgesetzlich normierten Ausschlusses kämen die öffentlichen Interessen an der Funktionsfähigkeit des öffentlichen Dienstes, der Grundsatz der Ämterstabilität in Betracht. So besteht gerade bei der Besetzung von Beamtenstellen ein allgemeines Interesse an der Vermeidung langwieriger gerichtlicher Auseinandersetzungen, die den Dienstbetrieb erheblich hemmen[86] und auch eine Reihe von Folgeproblemen im Falle der Aufhebung der Ernennung aufwerfen könnten[87]. Das darin zum Ausdruck kommende Interesse an einer kurzfristigen rechtlichen Klärung ließe sich verfassungsrechtlich durchaus legitimieren, wenngleich auch die Berechtigung der Gegenansicht

---

[82] Vgl. BVerfG (1. Kammer 2. Sen.), Beschl. v. 24. 9. 2002 – 2 BvR 857/02, DVBl. 2002, 1633.

[83] BVerwGE 118, 370 (374f.).

[84] S. BVerwG, Urt. v. 25. 8. 1988 – 2 C 62.85, BVerwGE 80, 127ff.

[85] So zutreffend etwa *Schmidt-Preuß*, Kollidierende Privatinteressen, S. 475f.

[86] S. *Ronellenfitsch*, VerwArch. 82 (1991), 121 (124); *Schmidt-Preuß*, Kollidierende Privatinteressen, S. 475f.

[87] Ansatzweise konzediert dies auch *W.-R. Schenke*, in: Festschrift für Mühl, S. 571 (591).

nicht bestritten werden soll. Zumindest bietet diese Argumentation den Ansatzpunkt zur Rechtfertigung des Ausschlusses des Aufhebungsanspruchs im Sonderfall der mit der Verletzung des Art. 33 Abs. 2 GG verbundenen subjektiven Rechtsverletzung.

E. Der Ausschluß des Aufhebungsanspruchs bei verfahrensfehlerhaften Verwaltungsakten durch § 46 VwVfG

I. § 46 VwVfG im Zentrum der Diskussion

Unter allen anzuerkennenden Gründen eines Ausschlusses des Aufhebungsanspruchs nimmt § 46 VwVfG – wie auch seine wortgleichen Parallelregelungen in § 42 S. 1 SGB X[88] und im Landesrecht – eine Sonderstellung ein. Keine andere verwaltungsverfahrensrechtliche Regelung dürfte derart häufig Gegenstand wissenschaftlicher Erörterungen geworden sein[89]. Dabei spielen die häufig genannten „verfassungsrechtlichen Bedenken" gegenüber dieser „schon immer ‚zwielichtigen' Vorschrift"[90] eine zentrale Rolle, da § 46 VwVfG mit einer „erheblichen Entwertung der Verfahrensgarantien"[91] einherzugehen scheint, die im Widerspruch zur verfassungsgerichtlich im Mülheim-Kärlich-Beschluß[92] anerkannten Bedeutung des Verfahrens für den Grundrechtsschutz stehen könnte. Das veröffentlichte wissenschaftliche Echo gerade auf die Änderung der Regelung durch das Genehmigungsverfahrensbeschleunigungsgesetz vom 12. 9. 1996[93] ist mit nur wenigen Ausnahmen[94], zu denen noch die Stellungnahmen aus der Ministerialverwaltung kommen[95], ganz überwiegend ablehnend[96]. Das gilt entsprechend für die

---

[88] § 42 SGB X enthält in Satz 1 seit seiner Änderung durch das 4. Euro-Einführungsgesetz v. 21. 12. 2000, BGBl. I S. 1983, wieder eine mit § 46 VwVfG identische Regelung. Satz 2 enthält eine Sonderregelung für den Anhörungsfehler. Danach gilt der Ausschluß des Aufhebungsanspruchs gemäß Satz 1 nicht, „wenn die erforderliche Anhörung unterblieben oder nicht wirksam nachgeholt ist". Anders als § 42 SGB X wurde die steuerrechtliche Parallelregelung des § 127 AO bisher nicht an die Neufassung des § 46 VwVfG angepaßt, so daß diese noch mit § 46 VwVfG a. F. identisch ist.

[89] Z. T. ist § 46 VwVfG auch als „eine der umstrittensten Vorschriften des Verwaltungsverfahrensrechts" bezeichnet worden, vgl. *Schnapp/Cordewener*, JuS 1999, 147 (149).

[90] So *Schöbener*, Die Verwaltung 33 (2000), 447.

[91] S. etwa *Sachs*, in: Stelkens/Bonk/Sachs, VwVfG, § 46 Rdnr. 4; *Schäfer*, in: Obermayer, VwVfG, § 46 Rdnr. 2.

[92] BVerfG, Beschl. v. 20. 12. 1979 – 1 BvR 385/77, BVerfGE 53, 30ff.

[93] BGBl. I S. 1354.

[94] *Ronellenfitsch*, NVwZ 1999, 583 (587): „Präzisierung"; *Gerhardt*, Verhältnis von Verwaltungsverfahren und Verwaltungsprozess, S. 413 (417ff.).

[95] *Schmitz/Wessendorf*, NVwZ 1996, 955 (958); *Schmieszek*, NVwZ 1996, 1155; *Schmitz/Olbertz*, NVwZ 1999, 126 (129).

[96] S. nur *Berkemann*, DVBl. 1998, 446 (448); *Gromitsaris*, SächsVBl. 1997, 101; *Hufen*, JuS 1999, 313f.; *Kopp/Ramsauer*, VwVfG, § 46 Rdnr. 5; *Niedobitek*, DÖV 2000, 761; *Numberger/Schönfeld*, UPR 1997, 92; *Sodan*, DVBl. 1999, 729.

neue Fassung des § 42 S. 1 SGB X[97]. Angesichts der zum Teil sehr vehement geäußerten Kritik, wie sie etwa in der Bemerkung, die aktuelle Rechtslage habe „mit rechtsstaatlichen Verhältnissen ... nur noch wenig zu tun“[98], zum Ausdruck kommt, bleiben die Bedenken überraschend vage. Häufig ist kaum zu erkennen, ob es sich um verfassungsrechtliche oder eher um rechtspolitische Einwände handelt, aus denen das Erfordernis einer verfassungskonformen Auslegung des § 46 VwVfG abgeleitet wird[99].

Auch in dieser Untersuchung wird die verfassungsrechtliche Legitimation neben oder besser in Verbindung mit der Auslegung des § 46 VwVfG im Zentrum des Interesses stehen. Da aber eine verfassungsrechtliche Beurteilung nur vor dem Hintergrund der Auslegung der Norm möglich ist, bedarf es zunächst einer Beschäftigung mit dem Inhalt und dem Grundgedanken der Bestimmung.

II. § 46 VwVfG als Regelung des Ausschlusses des Aufhebungsanspruchs

In den vorausgehenden Überlegungen zur Rechtswidrigkeit des Verwaltungsakts sowie zur durch den Verwaltungsakt bewirkten Rechtsverletzung wurde festgestellt, daß bei Erfüllung der Tatbestandsvoraussetzungen des § 46 VwVfG weder die Rechtswidrigkeit des Verwaltungsakts[100] noch die durch den rechtswidrigen Verwaltungsakt bewirkte subjektive Rechtsverletzung[101] ausgeschlossen sind. Entsprechend dem, was der Wortlaut des § 46 VwVfG nahelegt („Die Aufhebung eines Verwaltungsakts ... kann nicht allein deshalb beansprucht werden ...“), geht heute ein erheblicher Teil der Literatur zu Recht davon aus, daß § 46 VwVfG allein den Aufhebungsanspruch betrifft[102]. Vor dem Hintergrund der gesetzlichen Ausgestaltung hat sich diese Auffassung als die allein überzeugende erwiesen.

Im Gegensatz etwa zur Verwirkung wird hinsichtlich des § 46 VwVfG nicht diskutiert, ob der Aufhebungsanspruch durch die Bestimmung ausgeschlossen

---

[97] Kritisch dazu *Felix*, NZS 2001, 341ff.

[98] *Numberger/Schönfeld*, UPR 1997, 92.

[99] Zu der Forderung nach verfassungskonformer Auslegung s. stellv. *Bonk*, NVwZ 1997, 320 (326); *Hufen*, JuS 1999, 313 (318); *Kopp/Ramsauer*, VwVfG, § 46 Rdnr. 5, 42; *Hub. Meyer*, in: Knack, VwVfG, § 46 Rdnr. 11; *Schäfer*, in: Obermayer, VwVfG, § 46 Rdnr. 14.

[100] S. oben § 4 B I (S. 137ff.).

[101] S. oben § 5 C (S. 212ff.).

[102] Vgl. etwa *Hill*, Das fehlerhafte Verfahren, S. 103f.; *Hufen*, Fehler im Verwaltungsverfahren, Rdnr. 630; *W.-R. Schenke*, DÖV 1986, 305 (307ff.); *Schnapp/Cordewener*, JuS 1999, 147 (151); *Ule/Laubinger*, Verwaltungsverfahrensrecht, § 58 Rdnr. 25; wohl i. E. ebenso, allerdings in zweifelhafter Beurteilung des Verhältnisses zwischen Rechtsverletzung und Aufhebungsanspruch *Schäfer*, in: Obermayer, VwVfG, § 46 Rdnr. 39; a.A. etwa *Badura*, in: Erichsen/Ehlers (Hrsg.), Allgemeines Verwaltungsrecht, § 38 Rdnr. 35; *Sachs*, in: Stelkens/Bonk/Sachs, VwVfG, § 46 Rdnr. 2. Was demgegenüber *Bey*, Begleitende Verwaltungskontrolle, S. 120ff., mit der These meint, § 46 VwVfG sei ein Fall des einfachgesetzlich geregelten fehlenden Rechtsschutzbedürfnisses, ist nicht richtig klar.

oder nur seine Geltendmachung gehemmt wird. Eine solche Überlegung erscheint gleichwohl so fernliegend nicht, da nicht nur die Verwirkung aus dem Rechtsgrundsatz von Treu und Glauben abgeleitet wird, sondern auch § 46 VwVfG durch die verbreitet befürwortete Legitimation mittels des Grundsatzes „dolo agit qui petit, quod statim redditurus est" in direkte Verbindung zu Treu und Glauben gebracht wird. Zumindest eine Andeutung in diese Richtung enthalten Stellungnahmen, nach denen der Aufhebungsanspruch durch § 46 VwVfG „blockiert" werde[103]. Im Gegensatz zur Annahme des durch § 46 VwVfG bewirkten Ausschlusses des Aufhebungsanspruchs im Sinne eines Rechtsuntergangs beziehungsweise einer Vernichtung des Anspruchs könnte auch der Wortlaut („Die Aufhebung ... kann nicht ... beansprucht werden") dafür sprechen, daß nur von einem Ausschluß der Möglichkeit der Geltendmachung des (fortbestehenden) Aufhebungsanspruchs auszugehen ist.

Die theoretische Möglichkeit, die Rechtsfolge des § 46 VwVfG nur in einer Hemmung des mit Erlaß des verfahrensfehlerhaften Verwaltungsakts entstandenen Aufhebungsanspruchs zu sehen, vermag jedoch nicht zu überzeugen. Anders etwa als im Fall der Verwirkung, in dem ein zunächst entstandener und durchsetzbarer Aufhebungsanspruch nachträglich entfällt oder gehemmt wird, müßte im Fall des § 46 VwVfG die Hemmung zeitgleich mit der Entstehung des Aufhebungsanspruchs eintreten. Daher liegt es wesentlich näher, durch § 46 VwVfG schon die Entstehung des Aufhebungsanspruchs für ausgeschlossen zu halten. Sofern offensichtlich ist, daß die Verfahrensverletzung die Entscheidung in der Sache nicht beeinflußt hat, entsteht der Aufhebungsanspruch erst gar nicht.

III. Der Grundgedanke

Die Fragen der Auslegung des § 46 VwVfG und seiner Parallelregelungen sowie vor allem die Frage der verfassungsrechtlichen Rechtfertigung des mit § 46 VwVfG verbundenen Ausschlusses des Aufhebungsanspruchs können nur im Wege der Erarbeitung des Grundgedankens der Regelung beantwortet werden. Es gilt folglich, die hinter § 46 VwVfG stehenden Gesichtspunkte, seine ihn legitimierenden Erwägungen zu ermitteln.

1. § 46 VwVfG als Ausprägung von Effizienzerwägungen

§ 46 VwVfG wird neben Regelungen wie §§ 10, 13 Abs. 2 S. 2, 15 bis 19, 28 Abs. 2, 29 Abs. 2, 39 Abs. 2 VwVfG und zusammen mit § 45 VwVfG und § 44a VwGO häufig als ein Fall der Ausprägung des Effizienzprinzips im VwVfG angesehen[104].

---

[103] So *Schnapp/Cordewener*, JuS 1999, 147 (151).

[104] Vgl. stellv. *P. Stelkens/Schmitz*, in: Stelkens/Bonk/Sachs, VwVfG, § 9 Rdnr. 77; *Clausen*, in: Knack, VwVfG, vor § 9 Rdnr. 23; *Hoffmann-Riem*, Effizienz als Herausforderung, S. 11 (41); unter dem Stichwort „ressourcenschonender Umgang mit Verfahrens- und Formfehlern" wird u.a.

Dies wirft die Frage auf, ob die Verwaltungseffizienz als Grundgedanke des § 46 VwVfG und damit als Legitimation für den durch § 46 VwVfG angeordneten Ausschluß des Beseitigungsanspruchs dienen kann. Diese Überlegung erscheint angesichts der häufig anzutreffenden Hinweise auf die Verbindungslinien insbesondere zwischen den Fehlerfolgenregelungen und dem Effizienzgrundsatz einerseits naheliegend, andererseits aber wegen bis heute praktisch fehlender Versuche einer derartigen Legitimation auch wieder überraschend.

Das Effizienzprinzip bezieht sich auf einen Ressourceneinsatz und erweist sich damit als ein Relationsbegriff[105]: Der Begriff „Effizienz" wird als Maßgröße für das Verhältnis der eingesetzten Mittel zu dem erzielten Erfolg verwendet[106]. Daran wird seine Funktion als Umschreibung einer Zweck-Mittel-Relation oder auch Kosten-Nutzen-Analyse deutlich. Die Verwaltungseffizienz hängt folglich von ihren Bezugspunkten, dem Ziel des Verwaltungshandelns und dem Umfang der vorhandenen Mittel ab. Angesichts dieser Akzessorietät existiert keine Verwaltungseffizienz „an sich"[107], sondern nur eine solche in Bezug auf die für ein bestimmtes Ziel eingesetzten Mittel.

Die rechtliche Bedeutung des Effizienzgedankens ist bis heute nicht vollständig ausgeleuchtet. Sicher lassen sich auch im Verfassungsrecht Ausprägungen des Effizienzgedankens finden. So kann aus dem haushaltsrechtlichen Grundsatz der Wirtschaftlichkeit, wie er in Art. 114 Abs. 2 GG Erwähnung findet und in einer Reihe von Normen des GG mitenthalten sein dürfte, ein entsprechendes Verfassungsprinzip abgeleitet werden[108]. Zur Herleitung einer „Pflicht zu schonendem Umgang mit öffentlichen Mitteln"[109] ist es damit nur ein kleiner Schritt. Gleichwohl messen die meisten Stellungnahmen dem Effizienzgedanken keine große praktische Bedeutung zu beziehungsweise mahnen zur Vorsicht bei der Ableitung konkreter Forderungen[110]. In diesen Bedenken gegenüber dem Nutzen des Effizienzgebotes spiegelt sich zutreffend die genannte Abhängigkeit von anderweitig bestimmten Zielsetzungen und Mitteln zur Zielverfolgung wider. Diese

---

§ 46 VwVfG behandelt von *Holznagel*, Verfahrensbezogene Aufgabenkritik, S. 205 (220ff.). Vgl. auch *Voßkuhle*, Die Verwaltung 34 (2001), 347ff. („Ökonomisierung des Verwaltungsverfahrens").

[105] S. nur *Häberle*, AöR 98 (1973), 625 (631); *W.-R. Schenke*, VBlBW 1982, 313 (316); *Pietzcker*, VVDStRL 41 (1983), 193 (196) m.w.Nachw.; *v. Mutius*, in: Festschrift für Menger, S. 575 (587f.).

[106] *Schmidt-Aßmann*, Effizienz als Herausforderung, S. 245 (246) m.w.Nachw.; s. auch *Leisner*, Effizienz als Rechtsprinzip, S. 48ff.; *Degenhart*, DVBl. 1982, 872.

[107] S. *Häberle*, AöR 98 (1973), 625 (631).

[108] Vgl. dazu etwa *v. Arnim*, Wirtschaftlichkeit als Rechtsprinzip, 1988, S. 67ff.; *Gaentzsch*, DÖV 1998, 952 (955); *Häberle*, Diskussionsbeitrag, VVDStRL 41 (1983), 277; *Schmidt-Aßmann*, Effizienz als Herausforderung, S. 245 (255); a.A. etwa *Püttner*, Diskussionsbeitrag, VVDStRL 41 (1983), 282.

[109] *Schmidt-Aßmann*, Effizienz als Herausforderung, S. 245 (256).

[110] S. nur *Schmidt-Aßmann*, Effizienz als Herausforderung, S. 262; krit. etwa auch *W.-R. Schenke*, VBlBW 1982, 313 (316ff.); *ders.*, Diskussionsbeitrag, VVDStRL 41 (1983), 274f.

Akzessorietät verhindert, daß die Wirtschaftlichkeit oder Effizienz irgendeine Selbständigkeit gegenüber den vom Gesetz verfolgten Zwecken erlangen kann. Nur wenn und soweit das Gesetz selbst etwa der Wirtschaftlichkeit des Mitteleinsatzes Relevanz beimißt, hat sich das Verwaltungshandeln daran auszurichten.

Für den vorliegenden Zusammenhang kommt es jedoch nicht auf die (begrenzte) Reichweite der Verhaltenssteuerung der Exekutive an. Gefragt ist danach, ob das Effizienzgebot als Basis für gesetzliche Beschränkungen des Aufhebungsanspruchs dienen kann. Insoweit kann eine Relevanz des Effizienzgebotes nicht von vornherein verneint werden. Die Effizienz beziehungsweise Wirtschaftlichkeit des Mitteleinsatzes kann in die Prüfung des Übermaßverbotes (und hier speziell der Verhältnismäßigkeit im engeren Sinn) durchaus Eingang finden. Können damit gegebenenfalls Grundrechtseingriffe unter Rückgriff auf das Wirtschaftlichkeitsgebot gerechtfertigt werden, kommt auch grundsätzlich die Legitimation eines mit einem Ausschluß des Beseitigungsanspruchs verbundenen Grundrechtseingriffs durch Regelungen wie § 46 VwVfG unter Rückgriff auf den verfassungsrechtlich fundierten Grundsatz der Verwaltungseffizienz in Betracht.

Gleichwohl führt der Versuch einer Begründung des § 46 VwVfG mit Hilfe des Effizienzgedankens im Ergebnis nicht zum Erfolg. Die Verwaltungseffizienz bedarf nämlich im Hinblick auf die Zielsetzung des § 46 VwVfG einer Konkretisierung und Bewertung der jeweils tangierten Interessen. Da die Effizienz des Behördenhandelns nicht an sich, sondern nur unter Berücksichtigung oder im Hinblick auf anderweitig vorgegebene Ziele zu beurteilen ist, müssen diese Ziele benannt und ihrerseits der verfassungsrechtlichen Prüfung unterzogen werden. So könnte – theoretisch – die Effizienz des Behördenhandelns allein anhand der Dauer des Zeitraums von der Verfahrenseröffnung bis zum (bestandskräftigen) Abschluß des Verfahrens durch die Entscheidung gemessen werden. Wäre dies die Absicht des Gesetzgebers und bestimmte er dann allgemein den Ausschluß des Aufhebungsanspruchs gegenüber rechtswidrigen Verwaltungsakten, so könnten die Regelungen nicht durch den Gesichtspunkt der Effizienz als solchen, sondern nur unter Berücksichtigung der zusätzlichen Entscheidung, allein dem Zeitmoment Relevanz beizumessen, gerechtfertigt werden. Das Kriterium der Effizienz als solches entzieht sich dagegen einer eigenständigen Beurteilung.

Es vermag für sich gesehen im Fall des § 46 VwVfG auch nicht zu erklären, weshalb manche Verfahrensfehler zur Aufhebung des fehlerhaften Verwaltungsakts führen, andere hingegen diese Rechtsfolge nicht auslösen sollen. Diese Differenzierung basiert gerade nicht auf dem allgemeinen Effizienzgedanken, der im Grunde inhaltsleer ist und keinen Ansatzpunkt für den konkreten Inhalt der Regelung des § 46 VwVfG zu liefern vermag. Das Interesse an der schlichten Vermeidung von Verwaltungsaufwand im Fall der Pflicht zur Aufhebung des Verwaltungsakts führt noch nicht zu § 46 VwVfG.

So liefert der Topos der Verwaltungseffizienz allenfalls einen allgemeinen Grundgedanken von Regelungen wie § 46 VwVfG. Bei genauer Hinsicht trifft das allerdings auch auf die meisten weiteren Fälle eines Ausschlusses des Beseitigungsanspruchs zu[111]. Ohne den Nachweis eines eigenständigen Rechtfertigungsgrundes, der zugleich auch eine plausible Erklärung für die Auswahl der Fälle von Verfahrensfehlern enthält, die nicht zur Aufhebung des Verwaltungsakts führen sollen, kann der durch § 46 VwVfG angeordnete Ausschluß nicht gerechtfertigt werden. Effizienz sagt nicht mehr als etwa der Hinweis auf die (wirtschaftliche) Notwendigkeit einer Beschleunigung von staatlichen Entscheidungen und deren Bestandssicherung. Unter diesen Leitgedanken stehen, worauf schon die einleitenden Bemerkungen hingewiesen haben[112], nahezu sämtliche gesetzgeberischen Maßnahmen, ohne daß dies aus sich heraus als Rechtfertigung ausreichen könnte. Damit bietet der Grundsatz der Verwaltungseffizienz oder der Wirtschaftlichkeit trotz seiner verfassungsrechtlichen Verankerung für sich allein noch keine ausreichende Rechtfertigungsgrundlage für den Ausschluß des Beseitigungsanspruchs durch Regelungen wie § 46 VwVfG.

2. *Überlegungen aus der Entstehungsgeschichte der neuen Fassung des § 46 VwVfG*

Seit dem Genehmigungsverfahrensbeschleunigungsgesetz hat § 46 VwVfG folgende Fassung: „Die Aufhebung eines Verwaltungsakts, der nicht nach § 44 nichtig ist, kann nicht allein deshalb beansprucht werden, weil er unter Verletzung von Vorschriften über das Verfahren, die Form oder die örtliche Zuständigkeit zustande gekommen ist, wenn offensichtlich ist, daß die Verletzung die Entscheidung in der Sache nicht beeinflußt hat." Neu gefaßt wurde der letzte Teilsatz, in dem die maßgebliche und umstrittene Voraussetzung für den Ausschluß des Aufhebungsanspruchs normiert ist. Nach früherer Fassung, die seit Inkrafttreten des VwVfG bis zur Änderung 1996 galt und die sich noch heute in § 127 AO findet, konnte die Aufhebung wegen der Verfahrensfehler nicht beansprucht werden, „wenn keine andere Entscheidung in der Sache hätte getroffen werden können".

Die heutige Fassung geht im Ergebnis auf die Initiative Baden-Württembergs im Bundesrat zurück, die vorsah, an die bestehende Regelung des § 46 VwVfG die Worte „oder wenn anzunehmen ist, daß die Verletzung die Entscheidung in der Sache nicht beeinflußt hat" anzufügen[113]. Mit der Annahme dieses Vorschlags wäre eine mit § 36 Musterentwurf zum VwVfG (ME VwVfG 1963) identische Regelung in Kraft gesetzt worden. Zugleich stimmte der Vorschlag Baden-Württem-

---

[111] So bezeichnet etwa *Hoffmann-Riem*, Effizienz als Herausforderung, S. 11 (41), völlig konsequent auch Präklusionsvorschriften, die hier (oben § 6 C III 3, S. 239f.) mit dem Gesichtspunkt der Obliegenheitsverletzung des Anspruchsinhabers gerechtfertig werden, als effizienzorientiert.

[112] S. oben § 1 A (S. 1ff.).

[113] S. Gesetzesantrag des Landes Baden-Württemberg vom 10.5. 1994 für ein Gesetz zur Sicherung des Wirtschaftsstandorts Deutschland durch Beschleunigung und Vereinfachung der Anlagenzulassungsverfahren, BR-Drs. 422/94, Anlage S. 1, 13 (zu Nr. 4).

bergs wörtlich mit dem Vorschlag des Bundesrats in dessen Stellungnahme zum Gesetzentwurf der Bundesregierung zum VwVfG vom 18.7. 1973 überein[114]. Der Vorschlag Baden-Württembergs hat sich im Bundesrat allerdings nur in einer – letztlich auch Gesetz gewordenen – veränderten Fassung durchgesetzt. Das Wort „anzunehmen" wurde im vom Bundesrat als Gesetzesinitiative in den Bundestag eingebrachten Gesetzentwurf durch das Wort „offensichtlich" ersetzt[115]. Der eigene Gesetzentwurf der Bundesregierung hat den Vorschlag des Bundesrats aus dessen Gesetzesentwurf aufgegriffen, aber zusätzlich in der schließlich verabschiedeten Form abgewandelt[116]. Der anschließende Vorschlag des Bundesrates in seiner Stellungnahme zum Gesetzentwurf der Bundesregierung, die Fassung des Bundesrates zu übernehmen[117], wurde abgelehnt, da die Version des Regierungsentwurfs sprachlich kürzer und klarer sei, ohne sich in der Sache zu unterscheiden[118]. Zur Begründung der jeweiligen Fassungen des §46 VwVfG beziehungsweise der vorgeschlagenen Änderungen finden sich in den Gesetzesmaterialien unterschiedliche Angaben.

Die ursprüngliche Fassung des §46 VwVfG war im Gesetzentwurf der Bundesregierung unter Hinweis auf die prozeßökonomischen Regelungen in §563 ZPO[119] und §144 Abs. 4 VwGO auf die sachliche Richtigkeit der Entscheidung gestützt worden[120], ohne jedoch darüber hinaus ausdrücklich einen tragenden Grundgedanken der Regelung zu formulieren. Dies gilt auch für die Änderung durch das Genehmigungsverfahrensbeschleunigungsgesetz. Die Begründung des Regierungsentwurfs enthält allerdings Ausführungen zur Erweiterung des Anwendungsbereichs auf Ermessensverwaltungsakte. So werde durch die Neuformulierung des letzten Halbsatzes in §46 VwVfG nicht mehr nur auf die Alternativlosigkeit des Entscheidungsinhalts, sondern auch auf die Kausalität des Verfahrens- oder Formfehlers für die Entscheidung abgestellt[121]. Der einzige Hinweis auf den möglichen tragenden Grund findet sich bei der Rechtfertigung des Tatbestandsmerkmals der Offensichtlichkeit, das als ein angemessener Ausgleich im Spannungsverhältnis zwischen Verfahrensökonomie und Form- und Verfahrenserfordernissen bezeichnet wird[122]. Daraus läßt sich ableiten, daß der Ausschluß des Aufhebungsanspruchs als Maßnahme der Verfahrensökonomie angesehen wird.

Demgegenüber hatte der Gesetzesvorschlag des Landes Baden-Württemberg im Bundesrat wie auch – insoweit identisch trotz abweichender Gesetzesformulierung – der Gesetzentwurf des Bundesrats §46 VwVfG als „Ausdruck des allge-

---

[114] S. Stellungnahme des Bundesrates, BT-Drs. 7/910, Anlage 2, S. 103 (Nr. 17 zu §42).
[115] BR-Drs. 422/94 (Beschluß); zum Hintergrund BR-Drs. 422/1/94, S. 5f.
[116] Gesetzentwurf der Bundesregierung v. 6.3. 1996, BT-Drs. 13/3995, S. 4.
[117] BT-Drs, 13/3995, Anlage 2 zu Nr. 3, S. 11.
[118] BT-Drs. 13/3995, Anlage 3 zu Nr. 3, S. 16.
[119] Die Vorschrift entspricht dem heutigen §561 ZPO.
[120] S. Begründung des Reg.-Entwurfs v. 18.7. 1973, BT-Drs. 7/910, S. 66 (zu §42).
[121] S. Begründung des Reg.-Entwurfs v. 6.3. 1996, BT-Drs. 13/3995, S. 8 (zu Nr. 4, §46).
[122] Ebd.

meinen Grundsatzes der Unzulässigkeit rechtsmißbräuchlicher Geltendmachung von Rechten (§ 242 BGB)" bezeichnet[123]. Diese Einschätzung hatte der Bundesrat bereits in seiner Stellungnahme zum Gesetzentwurf der Bundesregierung für ein VwVfG vom 18.7. 1973 vertreten[124].

3. *§ 46 VwVfG als Ausprägung des Grundsatzes von Treu und Glauben?*

Der Grundsatz von Treu und Glauben beherrscht als allgemeiner Rechtsgrundsatz die gesamte Rechtsordnung und besitzt auch im öffentlichen Recht seinen legitimen Anwendungsbereich[125]. Daher kann die im Zivilrecht allgemein anerkannte „Innentheorie", nach der der Grundsatz eine allen Rechten, Rechtslagen und Rechtsnormen immanente Inhaltsbegrenzung darstellt[126], auch im öffentlichen Recht Geltung beanspruchen. Für das damit anerkannte Verbot unzulässiger Rechtsausübung lassen sich mehrere Fallgruppen ausmachen: der unredliche Erwerb der eigenen Rechtsstellung, das widersprüchliche Verhalten, die Verletzung eigener Pflichten, die Unverhältnismäßigkeit oder auch das Fehlen eines schutzwürdigen Eigeninteresses[127].

Mit Blickrichtung auf § 46 VwVfG käme als tragender Grundgedanke des Ausschlusses des Aufhebungsanspruchs die Fallgruppe des fehlenden schutzwürdigen Eigeninteresses in Betracht. Der wohl wichtigste Fall eines fehlenden Eigeninteresses ist nämlich gerade die Konstellation, in der neben dem Anspruch zugleich eine Pflicht zur alsbaldigen Rückgewähr dessen besteht, worauf der Anspruch gerichtet ist. Dieser Gesichtspunkt könnte auch hinter der in den Gesetzesmaterialien angesprochenen Verfahrensökonomie wie auch der – vom Bundesrat hervorgehobenen – rechtsmißbräuchlichen Geltendmachung von Rechten (hier des Aufhebungsanspruchs) stehen.

Dem entspräche zugleich die wohl als ganz überwiegend zu bezeichnende Ansicht zu § 46 VwVfG a.F., wonach der Ausschluß durch den Grundsatz von Treu und Glauben, insbesondere den sogenannten dolo-agit-Einwand getragen werde. Danach ist es als treuwidrig anzusehen, etwas zu verlangen, was sogleich wieder zurückzugewähren ist („dolo agit, qui petit, quod statim redditurus est")[128]. Wäre

---

[123] Vgl. Gesetzesantrag des Landes Baden-Württemberg v. 10.5. 1994, BR-Drs. 422/94, Anlage, S. 13 (zu Nr. 4); Gesetzentwurf des Bundesrates v. 31.3. 1995, BR-Drs. 422/94 (Beschluß), Anlage 1, S. 9 (zu Nr. 5).

[124] S. BT-Drs. 7/910, S. 103 (Nr. 17 zu § 42).

[125] Vgl. bereits oben § 6 C III 2 (S. 236ff.) – Verwirkung.

[126] S. nur BGH, Urt. v. 29.4. 1959 – IV ZR 265/58, BGHZ 30, 140 (145); BAG, Urt. v. 23.6. 1994 – 2 AZR 617/93, BB 1995, 204; *Heinrichs*, in: Palandt, BGB, § 242 Rdnr. 38; *Teichmann*, in: Soergel, BGB, § 242 Rdnr. 274.

[127] S. dazu etwa *Heinrichs*, in: Palandt, BGB, § 242 Rdnr. 42ff.

[128] S. dazu im Hinblick auf § 46 VwVfG a.F. *W.-R. Schenke*, DÖV 1986, 305 (314); dem folgend etwa *Th. Horn*, DÖV 1990, 864 (866ff.); *Hufen*, DVBl. 1988, 69 (75f.); *ders.*, JuS 1999, 313 (318); *Kopp*, VwVfG, § 46 Rdnr. 2, 14; *Kopp/Ramsauer*, VwVfG, § 46 Rdnr. 4; *Ule/Laubinger*, Verwaltungsverfahrensrecht, § 58 Rdnr. 23; s. auch *Schöbener*, Die Verwaltung 33 (2000), 447

dieser Ansicht, sei es für §46 VwVfG n.F. oder auch „nur“ für §46 VwVfG a.F., zu folgen, so handelte es sich bei diesen Regelungen um (weitere) gesetzliche Ausprägungen des Treu-und-Glauben-Grundsatzes.

Die nachfolgende Prüfung dieser Überlegung beginnt mit der ursprünglichen Fassung des §46 VwVfG. Das erscheint vor allem deshalb sinnvoll, weil die Neufassung des §46 VwVfG nach ganz herrschender Meinung lediglich zu einer Erweiterung des Anwendungsbereichs geführt habe und sämtliche zur früheren Fassung anerkannten Fallkonstellationen auch nach der Änderung weiterhin anzuerkennen seien[129]. Diese Vorgehensweise deckt sich vor allem mit der Intention des Gesetzgebers, die sich der bereits dargestellten Entstehungsgeschichte entnehmen läßt. Das führt andererseits zu einer dem Wortlaut der Regelung nicht zu entnehmenden Zweiteilung des Anwendungsbereichs. Wenn nach §46 VwVfG a.F. der Aufhebungsanspruch ausgeschlossen war, „wenn keine andere Entscheidung in der Sache hätte getroffen werden können“, so soll es dabei auch nach der Änderung des §46 VwVfG geblieben sein. Die ursprüngliche Regelung wäre danach auch in der Neufassung mit enthalten. Zeigte sich die Tragfähigkeit der These von der Begründung der ursprünglichen Fassung durch den Rechtsgedanken der unzulässigen Rechtsausübung, so wäre dieser – zumindest teilweise – auch noch für die Neuregelung beachtlich.

Ob der dolo-agit-Einwand tatsächlich eine überzeugende Erklärung schon für den Ausschluß des Aufhebungsanspruchs nach §46 VwVfG a.F. liefern konnte, erscheint trotz der verbreiteten Gegenansicht durchaus zweifelhaft. Das folgt aus diversen Unterschieden zwischen der dogmatischen Herleitung und Bedeutung des dolo-agit-Einwandes insbesondere im Zivilrecht und der gesetzlichen Regelung des §46 VwVfG a.F.

Gemäß §46 VwVfG a.F. konnte die Aufhebung nicht beansprucht werden, „wenn keine andere Entscheidung in der Sache hätte getroffen werden können“. Die gesetzliche Regelung stellte damit nach ihrem Wortlaut eindeutig darauf ab, ob im Zeitpunkt der tatsächlichen Entscheidung der Behörde eine andere oder die gleiche Sachentscheidung zu treffen war. Selbst wenn die gesetzliche Voraussetzung richtigerweise im Sinne einer rechtlichen Alternativlosigkeit zu verstehen war, die Aufhebung also nur ausgeschlossen war, wenn keine andere Entscheidung in der Sache hätte getroffen werden *dürfen*[130], deckt sich dies nicht genau

(453f.); dagegen schon früher *Maurer*, Allgemeines Verwaltungsrecht, §10 Rdnr. 42, mit dem – i. E. nicht überzeugenden – Argument, die Geltendmachung gesetzlich festgelegter und verfassungsrechtlich abgesicherter Verfahrensrechte könne schwerlich rechtsmißbräuchlich sein; hier geht es aber nicht um die allgemeine Geltendmachung von Verfahrensrechten, sondern um die Geltendmachung eines bestimmten Reaktionsanspruchs, die durchaus wegen eines fehlenden schutzwürdigen Eigeninteresses rechtsmißbräuchlich sein kann; s. auch unten H (S. 329ff.).

[129] S. nur *Kopp/Ramsauer*, VwVfG, §46 Rdnr. 25f.; *Sachs*, in: Stelkens/Bonk/Sachs, VwVfG, §46 Rdnr. 55.

[130] S. schon *Bettermann*, in: Festschrift für H.P. Ipsen, S. 271 (275); vgl. weiter *Hufen*, Fehler

mit den Voraussetzungen des dolo-agit-Satzes. Wendet man diesen Satz auf den Fall des Aufhebungsanspruchs beim rechtswidrigen Verwaltungsakt an, so wäre die Geltendmachung dieses Anspruchs treuwidrig und ausgeschlossen, wenn die gleiche Sachentscheidung im Fall der vorausgehenden Aufhebung des Verwaltungsakts sogleich wieder ergehen müßte. Gerade in diesem Sinn wird er auch in der Literatur interpretiert[131].

Damit entsprechen sich der dolo-agit-Einwand und die Tatbestandsvoraussetzungen des §46 VwVfG a.F. entgegen offenbar allgemeiner Ansicht nur scheinbar. Es ist aber, auch wenn es in vielen Fällen nicht zu unterschiedlichen Ergebnissen führt, etwas durchaus anderes, ob keine andere Entscheidung hätte ergehen dürfen oder ob die gleiche Entscheidung sogleich wieder ergehen müßte. Nach den gesetzlichen Tatbestandsvoraussetzungen des §46 VwVfG a.F. kommt es auf die rechtliche Entscheidungsalternative im Zeitpunkt der tatsächlich getroffenen Entscheidung an, nach dem dolo-agit-Einwand auf die Pflicht zum Neuerlaß nach Aufhebung des Verwaltungsakts. Die Beurteilungszeitpunkte fallen damit auseinander. Nur solange keine relevanten Veränderungen rechtlicher oder tatsächlicher Art in der Zeit zwischen dem rechtswidrigen Verwaltungsakterlaß und der Entscheidung über die Aufhebung eingetreten sind, führen beide Kriterien zu demselben Ergebnis. Zwischenzeitliche Veränderungen waren dagegen nach den gesetzlichen Voraussetzungen des §46 VwVfG a.F. für die Frage des Ausschlusses des Aufhebungsanspruchs irrelevant. Bei Anwendung des dolo-agit-Satzes, zumindest in seiner anerkannten Form, können entsprechende Veränderungen dagegen nicht ausgeblendet werden. So erscheint es als treuwidrig, etwas zu fordern, das, sobald es erlangt wurde, alsbald wieder herausgegeben werden muß[132]. Dieser Gedanke verlangt notwendigerweise die Berücksichtigung zwischenzeitlicher Veränderungen, die nach dem Gesetz aber gerade keine Relevanz für die Frage des Ausschlusses des Aufhebungsanspruchs besitzen sollten.

Dieses Verständnis des dolo-agit-Satzes herrscht insbesondere auch im Zivilrecht, dem zentralen Anwendungsbereich des Einwandes der unzulässigen Rechtsausübung. Gerade für den dolo-agit-Einwand gilt auch, daß die gegen Treu und Glauben verstoßende Rechtsausübung bei einer Veränderung der maßgeblichen Umstände (Rechts- und Sachlage) wieder zulässig werden kann[133]. Maßgeb-

---

im Verwaltungsverfahren, Rdnr. 628f.; *Sachs*, in: Stelkens/Bonk/Sachs, VwVfG, §46 Rdnr. 59; *Ule/Laubinger*, Verwaltungsverfahrensrecht, §58 Rdnr. 23.

[131] S. *Bettermann*, in: Festschrift für H.P. Ipsen, S. 271 (276f.); *ders.*, in: Festschrift für Menger, S. 709 (710f.); *Breuer*, in: Festschrift für Sendler, S. 357 (378); *Hufen*, Fehler im Verwaltungsverfahren, Rdnr. 619; *Meyer*, in: Meyer/Borgs, VwVfG, §46 Rdnr. 20; *Morlok*, Die Folgen von Verfahrensfehlern, S. 179; *Roßnagel*, JuS 1994, 927 (931); *Schöbener*, Die Verwaltung 33 (2000), 447 (453).

[132] Vgl. auch *W.-R. Schenke*, DÖV 1986, 305 (314).

[133] Vgl. BGH, Urt. v. 20.3. 1953 – V ZR 123/51, LM §247 BGB Nr. 1; Urt. v. 16.2. 1954 – V BLw 60/53, BGHZ 12, 286 (307f.); Urt. v. 8. 10. 1969 – I ZR 7/68, BGHZ 52, 365 (368); *Heinrichs*, in: Palandt, BGB, §242 Rdnr. 38.

licher Beurteilungszeitpunkt ist derjenige der Geltendmachung des Rechts. Der Einwand des dolo-agit-Satzes bewirkt folglich nur eine situationsbedingte Rechtsfolge, die sich bei entsprechender Rechts- oder Sachlageänderung auch umkehren kann. In keinem Fall führt der Einwand, darin unterscheidet er sich von der Verwirkung, zu einem endgültigen Untergang des Rechts[134].

Diese nicht geringen Unterschiede sind in der Literatur entweder bisher nicht gesehen oder zumindest nicht offen angesprochen worden. Insoweit findet sich im Schrifttum offenbar lediglich in einer einzigen Stellungnahme die interessante These, der dolo-agit-Satz sei nicht nur in seiner zukunftsgerichteten Form, sondern auch in einem rückwärts gewandten Kontext anzuwenden[135]. So sei die Gefahr einer illegitimen Vorteilsgewinnung seitens des Grundrechtsträgers dann besonders groß, wenn der Eingriff in seiner rechtmäßigen Form gar nicht mehr oder jedenfalls nicht mehr für den vergangenen Zeitraum nachgeholt werden könnte. Diese Überlegungen münden in die Schlußfolgerung, daß „nämlich treuwidrig handelt, wer etwas verlangt, was er eigentlich dem anderen seinerseits schon hätte geben müssen“[136]. Wäre diesen Überlegungen zu folgen, käme doch noch eine Fundierung des §46 VwVfG a.F. durch den dolo-agit-Satz in Betracht. Die konsequente Anwendung der vorgeschlagenen Auslegung führte freilich zu untragbaren Konsequenzen, da der Einwand – angewendet auf unseren Fall – nur die schlichte Möglichkeit eines rechtmäßigen Erlasses des gleichen Verwaltungsakts voraussetzte. Das kann sinnvollerweise nicht befürwortet werden. Diesem Problem entgeht die Ansicht, die durch den dolo-agit-Satz die Figur des rechtmäßigen Alternativverhaltens dogmatisch abzusichern sucht, indem sie nicht die Konsequenzen aus ihren Überlegungen zum dolo-agit-Satz zieht, sondern nunmehr auf die (weithin vertretenen) Voraussetzungen des rechtmäßigen Alternativverhaltens abstellt[137]. Danach muß der rechtmäßige Alternativeingriff gewiß sein. Es dürfen keine Zweifel darüber bestehen, ob der rechtmäßige Alternativeingriff vorgenommen würde. Auf diese Weise wird auch der Brückenschlag zu §46 VwVfG erreicht.

Diese Überlegungen, die eine direkte Verbindung zwischen dem dolo-agit-Satz und §46 VwVfG herzustellen versuchen, überzeugen vor allem aus zwei Gründen nicht. Erhebliche Bedenken richten sich gegen die Begründung des Erst-recht-Schlusses zur Anwendbarkeit des Einwands der unzulässigen Rechtsausübung auf Fälle, in denen das Gegenrecht zwischenzeitlich wieder entfallen ist. Der hinter dem dolo-agit-Satz stehende Rechtsgedanke, daß dem Verpflichteten nicht das Rückforderungsrisiko aufgebürdet werden soll, wenn der Gläubiger kein schutzwürdiges Interesse an der Erfüllung seiner Forderung besitzt, deckt sich in keiner Weise mit der Begründung des Erst-recht-Schlusses. Im Fall des do-

[134] S. *G. Roth*, in: Münchener Kommentar, BGB, §242 Rdnr. 177, 198.

[135] S. *W. Roth*, Faktische Eingriffe, S. 639f.

[136] Ebd., S. 640.

[137] S. dazu ebd., S. 641f.

lo-agit-Satzes wird die Schutzwürdigkeit gerade deshalb verneint, weil der Gläubiger die Leistung sogleich wieder heraus- oder zurückgeben müßte. Das Innehabungs- und Nutzungsinteresse ist hier durch die zugleich gegebene Gegenforderung zeitlich so stark begrenzt, daß es im Vergleich zum Risiko des Schuldners, die Leistung nicht mehr oder nur noch teilweise zurückzuerhalten, als nicht schutzwürdig angesehen werden kann. Demgegenüber wird die „rückwärtsgewandte" Anwendung des dolo-agit-Satzes mit einer ganz anderen Grundthese zu legitimieren versucht. Hier geht es nicht um das angesichts der bestehenden Rückgewährungspflicht objektiv geringfügige Interesse an einen zwischenzeitlichen Erhalt der Leistung, sondern um die Verhinderung eines als unberechtigt empfundenen dauerhaften Erhalts der Leistung. Da hier nämlich keine Rückgewährungspflicht mehr existiert, hätte die Fortdauer des Anspruchs einen zeitlich unbegrenzten Nutzen der Sache beim Gläubiger zur Folge. Angesichts dieser im Vergleich zum (Regel-)Fall des dolo-agit-Satzes völlig unterschiedlichen Interessenlage kann der Erst-recht-Schluß nicht überzeugen.

Entsprechend weist auch das Kriterium des rechtmäßigen Alternativverhaltens keine wirkliche Übereinstimmung mit dem dolo-agit-Satz auf. Im Fall der Anwendbarkeit dieses Zurechnungskriteriums scheidet die Entstehung eines Anspruchs aus, weil etwa der Erfolg eines Verhaltens nicht zugerechnet werden kann. Bei dieser „Kausalität der Pflichtwidrigkeit" geht es nicht einmal um einen aus dem Grundsatz von Treu und Glauben ableitbaren Gesichtspunkt.

Obwohl damit der dolo-agit-Einwand entgegen einer ganz verbreiteten Ansicht schon keine Legitimation der ursprünglichen Fassung des § 46 VwVfG liefern konnte, heißt das nicht, der dolo-agit-Satz hätte für den Aufhebungsanspruch keine Relevanz gehabt. Geklärt ist hier zunächst nur seine fehlende Bedeutung für § 46 VwVfG a.F. Ob der Grundsatz von Treu und Glauben etwa über die Fälle der Verwirkung hinaus durch den dolo-agit-Satz zu einem Ausschluß des Aufhebungsanspruchs jenseits des § 46 VwVfG a.F. führen kann, bedarf noch der Prüfung[138].

Angesichts dieses Ergebnisses kann der dolo-agit-Einwand erst recht nicht die Grundlage der Neufassung des § 46 VwVfG bilden[139]. Diese hat nach den Vorstellungen des Gesetzgebers den Anwendungsbereich des Ausschlusses des Aufhebungsanspruchs erweitert, nicht aber eine Veränderung des Grundansatzes bewirkt. Auch nach dem Tatbestand des § 46 VwVfG n.F. spielt es keine Rolle, ob der gleiche Verwaltungsakt nach seiner Aufhebung wieder erlassen werden würde. Es kommt statt dessen darauf an, ob ein Einfluß des Verfahrensverstoßes auf die Sachentscheidung ausgeschlossen werden kann. Selbst wenn man aber die hier vertretene Einschätzung zu § 46 VwVfG a.F. nicht teilen und den dolo-agit-Ein-

---

[138] S. dazu unten H (S. 329ff.).

[139] So aber etwa *Sachs*, in: Stelkens/Bonk/Sachs, VwVfG, § 46 Rdnr. 80, u.a. unter Hinweis auf die Stellungnahme im Gesetzgebungsverfahren durch den Bundesrat, s. dazu oben Fußn. 114 (S. 248).

wand als ausreichende Erklärung für § 46 VwVfG a.F. anerkennen wollte, vermag er jedenfalls für die Neuregelung keine Rechtfertigung mehr zu liefern[140]. Wenn nunmehr offensichtlich sein soll, daß die Verletzung die Entscheidung in der Sache nicht beeinflußt hat, dann ist damit keineswegs notwendig verbunden, daß dieselbe Sachentscheidung sogleich nach der Aufhebung erneut ergehen müßte. Das folgt schon aus der Erweiterung des Anwendungsbereichs des § 46 VwVfG auf Ermessensverwaltungsakte.

Auf der Basis dieser Überlegungen überzeugt es ebensowenig, wenn § 46 VwVfG a.F. mit „verfahrensökonomischen Erwägungen" begründet wird[141]. Der Gesichtspunkt der Verfahrensökonomie entspricht im Ergebnis dem des dolo-agit-Satzes. Verfahrensökonomisch ist der Ausschluß der Aufhebung des Verwaltungsakts nur, wenn der gleiche Verwaltungsakt nach der Aufhebung wieder erlassen werden müßte. Gerade das deckt sich – wie nachgewiesen – aber gerade nicht mit den Tatbestandsvoraussetzungen des § 46 VwVfG a.F., weil es danach nur auf die Pflicht zum Erlaß des Verwaltungsakts im Zeitpunkt des Erlasses ankam.

4. *§ 46 VwVfG als gesetzliche Regelung des Zurechnungszusammenhangs in Form des Beruhenserfordernisses bei Verfahrensfehlern*

Im Gegensatz zu einigen eingehenden Stellungnahmen zu § 46 VwVfG a.F. finden sich unter den zahllosen wissenschaftlichen Äußerungen zur Neuregelung keine, die sich näher mit der dogmatischen Legitimation der Regelung befaßt hätten. Handelt es sich bei § 46 VwVfG um den gesetzlichen Ausschluß des Aufhebungsanspruchs, der seinerseits eine grundrechtliche Basis aufweist, so muß jede Beschränkung des Aufhebungsanspruchs den verfassungsrechtlichen Anforderungen für einen Grundrechtseingriff genügen. Das läßt sich nur anhand des Zweckes des Ausschlusses des Aufhebungsanspruchs überprüfen.

Erste Ansatzpunkte zur Feststellung dieses Zwecks liefert die Gesetzesbegründung des Regierungsentwurfs. Danach wird mit der Neufassung des § 46 VwVfG „auf die Kausalität des Verfahrens- oder Formfehlers für die Entscheidung abge-

[140] Das wird gerade auch von den Befürwortern der Rechtfertigung von § 46 VwVfG a.F. durch den dolo-agit-Einwand erkannt, vgl. bereits *W.-R. Schenke*, DÖV 1986, 305 (315), betreffend den ursprünglichen Vorschlag des Bundesrats; s. weiter z.B. *Kopp/Schenke*, VwGO, § 113, Rdnr. 56; *Schöbener*, Die Verwaltung 33 (2000), 447 (457f.).

[141] So aber ausdrücklich BVerwG, Urt. v. 20. 2. 1992 – 5 C 66.88, BVerwGE 90, 25 (33), für § 42 S. 1 SGB X a.F. unter Hinweis auf § 46 VwVfG a.F.; s. auch *Kopp*, VwVfG, § 46 Rdnr. 1; *Wolff/Bachof/Stober*, Verwaltungsrecht, Bd. 2, § 49 Rdnr. 51; ansatzweise schon die amtl. Begründung des Reg.-Entwurfs zum VwVfG, BT-Drs. 7/910, S. 66 (zu § 42), mit dem Hinweis auf die Entsprechung mit den prozeßökonomischen Regelungen der §§ 563 ZPO, 144 Abs. 4 VwGO. Für § 46 VwVfG n.F. noch deutlicher die amtl. Begründung der Bundesregierung zum GenBeschlG, BT-Drs. 13/3995, S. 8 (zu Nr. 4, § 46): „Spannungsverhältnis zwischen Verfahrensökonomie und den Form- und Verfahrenserfordernissen".

stellt“[142]. Diese Einschätzung ist durch die Literatur fast einhellig ohne weiteres übernommen worden[143]. Der Hinweis auf die vom Gesetz als maßgeblich angesehene „Kausalität“ kann nun einerseits schlicht als anderweitige Umschreibung der gesetzlichen Tatbestandsvoraussetzungen aufgefaßt werden, was auch für die meisten Stellungnahmen in der Literatur zutreffen dürfte. Andererseits könnte mit der „Kausalität“ auch die Angabe des tragenden Grundes der Regelung verbunden sein.

Bei der „Kausalität“, die hier zwischen dem Verfahrensfehler und der Entscheidung in der Sache bestehen muß, geht es erkennbar um eine Zurechnungsfrage. Gleichfalls in Richtung eines Zurechnungskriteriums dürfte die Ansicht zielen, nach der der geänderte § 46 VwVfG auf dem Gedanken des Rechtswidrigkeitszusammenhangs basiere[144]. Die exakte Bedeutung des Verweises auf den Rechtswidrigkeitszusammenhang zu erfassen, wird allerdings durch die recht unterschiedliche Verwendung des Begriffs in der Rechtsdogmatik erschwert. Zum einen wird damit die Notwendigkeit einer Verbindung zwischen der objektiven Rechtswidrigkeit und einem subjektiven Recht umschrieben. Nur wenn der objektive Rechtsverstoß auf das subjektive Recht bezogen ist, kann von einer Rechtsverletzung ausgegangen werden[145]. Im Zivilrecht ist die gebräuchlichste Verwendung des Begriffs die im Sinne des Schutzzweckzusammenhangs im Rahmen der Zurechnung eines Schadens. Danach entsteht die Schadensersatzpflicht nur, wenn der geltend gemachte Schaden unter den Schutzzweck der verletzten Norm fällt[146]. Da der Begriff des Rechtswidrigkeitszusammenhangs darüber hinaus auch noch von einzelnen Autoren zur Umschreibung der Thematik des rechtmäßigen Alternativverhaltens verwendet wird[147], erscheint es sinnvoll, diesen Begriff im vorliegenden Zusammenhang zu meiden. Sämtliche Umschreibungen haben aber wohl eines gemeinsam. Stets werfen sie die Frage auf, ob ein konkreter

---

[142] BT-Drs. 13/3995, S. 8 (zu Nr. 4).

[143] Vgl. etwa *Badura*, in: Erichsen/Ehlers (Hrsg.), Allgemeines Verwaltungsrecht, § 38 Rdnr. 35; *Bonk*, NVwZ 1997, 320 (325); *Gromitsaris*, SächsVBl. 1997, 101 (104); *Ipsen*, Allgemeines Verwaltungsrecht, Rdnr. 705; *Jahn*, GewArch. 1997, 129 (130); *Maurer*, Allgemeines Verwaltungsrecht, § 10 Rdnr. 41; *Hub. Meyer*, in: Knack, VwVfG, § 46 Rdnr. 28; *Niedobitek*, DÖV 2000, 761 (765); *Oberrath/Hahn*, VBlBW 1997, 241 (242); *Sachs*, in: Stelkens/Bonk/Sachs, VwVfG, § 46 Rdnr. 24ff., 82ff.; *Schäfer*, in: Obermayer, VwVfG, § 46 Rdnr. 22, 28; *Schmitz/Wessendorf*, NVwZ 1996, 955 (958); *Schnapp/Cordewener*, JuS 1999, 147 (150); *Sodan*, DVBl. 1999, 729 (734f.); *Tettinger/Wahrendorf*, Verwaltungsprozessrecht, § 15 Rdnr. 15.

[144] S. *Kopp/Schenke*, VwGO, § 113 Rdnr. 56; dem folgend *Schöbener*, Die Verwaltung 33 (2000), 447 (458); auf diesen wiederum verweisend *Hufeld*, Die Vertretung der Behörde, S. 366f.

[145] S. insoweit etwa *Schmidt-Aßmann*, in: Maunz/Dürig/Herzog/Scholz, GG, Art. 19 Abs. IV Rdnr. 156ff., der allerdings das davon zu trennende Problem, inwieweit sich bei einem Verfahrensverstoß der Fehler auch auf das Ergebnis ausgewirkt haben muß, gleichfalls als Frage des Rechtswidrigkeitszusammenhangs ansieht, der die subjektive Rechtsverletzung konstituiert, s. ebd., Rdnr. 158.

[146] Vgl. etwa *Heinrichs*, in: Palandt, BGB, Vorbem v § 249 Rdnr. 62.

[147] S. nur die Hinweise bei *H. Lange*, Schadensersatz, S. 197; *Larenz*, Schuldrecht I, § 30 I (S. 528).

Rechtsverstoß überhaupt in normativer Hinsicht als *relevant* für den eingetretenen Verletzungserfolg bewertet werden kann. Das kommt gerade auch in der Verbindung zum rechtmäßigen Alternativverhalten zum Ausdruck[148]. Bei dieser Rechtsfigur geht es im Schadensersatzrecht um die Frage, ob der Umstand zu berücksichtigen ist, daß ein Schaden, der kausal durch ein rechtswidriges Verhalten herbeigeführt wurde, in gleichem Maße eingetreten wäre, wenn sich der Schädiger rechtmäßig verhalten hätte[149]. Es geht dabei um die Relevanz des Normverstoßes für den Schadenserfolg[150].

Die Frage, ob ein Erfolg einem (rechtswidrigen) Verhalten zugerechnet werden kann, wenn er zwar kausal durch das Verhalten herbeigeführt wurde, aber gleichzeitig auch nicht vermieden worden wäre, wenn ein rechtmäßiges Verhalten an die Stelle getreten wäre, behandelt ein Zurechnungsproblem. Auch wenn für dieses Zurechnungsproblem mitunter der Begriff der Kausalität verwendet wird[151] und auch entsprechend – wie gesehen – in die Gesetzesmaterialien Eingang gefunden hat, sollte dieser Terminologie aber nicht gefolgt werden.

Abgesehen von dieser im Ergebnis lediglich begrifflichen Klarstellung läßt sich aus der Erkenntnis, daß § 46 VwVfG auf die Relevanz des Rechtsverstoßes für die Sachentscheidung abstellt, auch der Grundgedanke der Regelung entwickeln. Die fehlende Ergebnisrelevanz stellt sich nämlich nicht nur als eine Tatbestandsvoraussetzung für den Ausschluß des Aufhebungsanspruchs dar. § 46 VwVfG enthält vielmehr damit zugleich die gesetzgeberische Entscheidung über die Zurechnungsfrage. Die fehlende Ergebnisrelevanz ist sowohl Tatbestandsvoraussetzung als auch Legitimationsgrundlage für den Ausschluß des Aufhebungsanspruchs. Der durch den Verwaltungsakt Belastete soll trotz Rechtswidrigkeit und subjektiver Rechtsverletzung keinen Anspruch auf Aufhebung des Verwaltungsakts besitzen, weil sich der Fehler nicht auf das Ergebnis, die Sachentscheidung, ausgewirkt hat, weil der Fehler für die Sachentscheidung nicht relevant geworden ist, weil die Entscheidung in der Sache nicht auf dem Verfahrensverstoß *beruht*. Damit anerkennt das Gesetz das fehlende Beruhen als Ausschluß des Zurechnungszusammenhangs zwischen dem Verfahrensfehler und dem Verwaltungsakt.

Diese Entscheidung steht in direkter Beziehung zu der oben behandelten gesetzlichen Entscheidung, sämtliche Verwaltungsakte, in deren Verfahren oder bei deren Erlaß der Behörde ein Verfahrensfehler unterlaufen ist, für rechtswidrig zu erklären. Entgegen manch abweichender Ansicht hat der Gesetzgeber jeden Verfahrensverstoß für relevant im Hinblick auf die Rechtmäßigkeitsbeurteilung des

---

[148] Zu dieser Verbindung ausdrücklich *W. Roth*, Faktische Eingriffe, S. 630ff., der von dort allerdings eine m.E. nicht überzeugende Querverbindung zum dolo-agit-Satz zieht, S. 637ff.

[149] Vgl. nur *Gotzler*, Rechtmäßiges Alternativverhalten, S. 3ff., 191ff.; *H. Lange*, Schadensersatz, S. 197ff.; *Larenz*, Schuldrecht I, § 30 I (S. 527f.).

[150] S. *Larenz*, Schuldrecht I, § 30 I (S. 528).

[151] S. nur *Hanau*, Die Kausalität der Pflichtwidrigkeit, S. 54; dazu vor allem *Gotzler*, Rechtmäßiges Alternativverhalten, S. 22ff.

in diesem Verfahren erlassenen Verwaltungsakts erklärt[152]. Danach kommt es für die Rechtswidrigkeit des Verwaltungsakts gerade nicht darauf an, ob der Verwaltungsakt beziehungsweise die Sachentscheidung auf dem Fehler beruht. Wie sich u.a. aus §46 VwVfG ergibt, ist der Verwaltungsakt unabhängig davon rechtswidrig.

Insoweit hätte der Gesetzgeber sicherlich auch eine andere Regelung treffen können. So entsprach es vor Erlaß des VwVfG verbreiteter Auffassung, daß ein Verfahrensfehler nur dann zur Rechtswidrigkeit des Verwaltungsakts führt, wenn der Verwaltungsakt auf dem Verstoß beruhen kann. Gerade für einzelne Verfahrensfehler entspricht dies sogar heute noch der (verdeckten) herrschenden Auffassung. Obwohl diese Ansicht aus einfachgesetzlichen Gründen nicht überzeugt, ist der Gesetzgeber mit der Anordnung der Rechtswidrigkeit des Verwaltungsakts bei jedem Verfahrensverstoß aber deutlich weiter gegangen, als er auch im Fall grundrechtsgeforderter Verfahrensrechte hätte gehen müssen. §46 VwVfG bringt in diesen Fällen zum Ausdruck, daß das Rechtswidrigkeitsurteil und die damit verbundene Rechtsverletzung nicht zusätzlich mit einen Aufhebungsanspruch verbunden ist.

IV. Die verfassungsrechtliche Rechtfertigung

1. Ausgangsüberlegungen zu den Anforderungen

Besteht der Grundgedanke des §46 VwVfG in der Wertung, einen Zurechnungszusammenhang zwischen dem Verfahrensverstoß und dem Verwaltungsakt ablehnen zu müssen, so fragt sich, ob diese Entscheidung, gegen die in einer Vielzahl von Stellungnahmen verfassungsrechtliche Bedenken erhoben werden[153], als verfassungsrechtlich legitimierbar anzusehen ist. Der vielfach auch heute noch herangezogene dolo-agit-Satz bietet – wie vorausgehend behandelt – insoweit keine ausreichende Basis, obwohl auch nach der Neufassung des §46 VwVfG bei gebundenen Entscheidungen noch zahlreiche Fälle existieren, in denen sowohl §46 VwVfG als auch der dolo-agit-Satz zum Ausschluß des Aufhebungsanspruchs führen können.

§46 VwVfG regelt statt dessen ein Zurechnungsproblem. Er erklärt, daß der Zurechnungszusammenhang zwischen dem rechtswidrigen Verhalten und der regelmäßigen Rechtsfolge des Aufhebungsanspruchs durchbrochen ist, wenn die Entscheidung in der Sache nicht auf der Verfahrensverletzung beruht. Verfassungsrechtlich legitimierbar erscheint eine solche Regelung, die zum Ausschluß des Aufhebungsanspruchs führt, unter dem Blickwinkel allgemeiner Zurechnungslehren.

---

[152] S. oben §4 B I (S. 133ff.).

[153] S. vorausgehend unter I (S. 242f.).

Der Aufhebungsanspruch ist ein Hilfsrecht zum Schutz der Integrität des jeweiligen absoluten Rechts, im wesentlichen also der Grundrechte. Beim Aufhebungsanspruch, der sich als Hauptfall des Beseitigungsanspruchs beim rechtswidrigen Verwaltungsakt darstellt, handelt es sich um ein Sekundärrecht. Zusammen mit den Tertiärrechten, den Schadensersatz- und Entschädigungsansprüchen, begründen sie den Schutz des absoluten Rechts. Zurechnungsfragen stellen sich für sämtliche dieser Ansprüche. Insoweit handelt es sich um immanente Begrenzungen sämtlicher Rechte, die zu ihrer grundsätzlichen Rechtfertigung deshalb keiner zusätzlichen verfassungsrechtlichen Verankerung bedürfen. Die Notwendigkeit der Zurechenbarkeit eines Grundrechtseingriffs zu einem bestimmten rechtswidrigen Verhalten muß nicht zusätzlich verfassungsrechtlich abgesichert werden. Lediglich die jeweiligen Zurechnungskriterien müssen sich vor dem Hintergrund des grundrechtlichen Beseitigungsanspruchs als haltbar erweisen.

2. *Das Beruhenserfordernis als anerkanntes Kriterium in der gesamten Rechtsordnung*

Daß es sich bei dem von §46 VwVfG ausdrücklich für notwendig erachteten Beruhen der Sachentscheidung auf dem Verfahrensfehler um ein sachgerechtes Kriterium zur Begrenzung des Aufhebungsanspruchs handelt, das vor der Verfassung Bestand hat, zeigt schon die allgemein akzeptierte Verbreitung, die diese Voraussetzung in der gesamten Rechtsordnung erfahren hat.

Die Erforderlichkeit eines Beruhens des Erfolgs auf dem pflichtwidrigen Verhalten ist vor allem im Hinblick auf Urteile allgemein anerkannt. Die gesetzlichen Regelungen über die Revision enthalten das Beruhenserfordernis als eine ihrer zentralen Regelungen. Ein Beispiel unter vielen: Im Verwaltungsprozeßrecht kann nach §137 Abs. 1 VwGO die Revision „nur darauf gestützt werden, daß das angefochtene Urteil auf der Verletzung 1. von Bundesrecht oder 2. einer Vorschrift des Verwaltungsverfahrensgesetzes eines Landes, die ihrem Wortlaut nach mit dem Verwaltungsverfahrensgesetz des Bundes übereinstimmt, beruht". Als Ausnahmevorschriften bestätigen auch die sogenannten absoluten Revisionsgründe (etwa in §138 VwGO), nach denen das Urteil bei bestimmten Rechtsfehlern stets als auf der Rechtsverletzung beruhend angesehen wird, die Geltung des Beruhenserfordernisses[154]. Sämtliche Prozeßordnungen aller Gerichtszweige kennen dieselbe Systematik der Notwendigkeit des Beruhens mit seinen Ausnahmen in besonderen Fällen[155]. Diese Notwendigkeit des Beruhens gilt im Revi-

[154] Vor der Schaffung des VwVfG und damit der Regelung des §46 VwVfG trat *Papier*, Der verfahrensfehlerhafte Staatsakt, S. 12ff., zur Auslegung des §113 Abs. 1 S. 1 VwGO für einen Rückgriff auf das innerprozessuale Rechtsmittelrecht und insbesondere den Beruhenssatz ein.

[155] Vgl. die mit den VwGO-Regelungen übereinstimmenden §§118, 119 FGO sowie §§545, 546, 547 ZPO; §162 SGG; §73 ArbGG; §§337, 338 StPO.S. darüber hinaus §127 Nr. 2 BRRG,

sionsrecht für Verstöße sowohl gegen materielles Recht als auch gegen Verfahrensrecht[156].

Gleichfalls Urteile betreffend findet die Beruhensregel nach allgemeiner Meinung zusätzlich sowohl auf Verstöße gegen den verfassungsrechtlich gewährleisteten Anspruch auf rechtliches Gehör gemäß Art. 103 Abs. 1 GG[157] als auch allgemein bei einer verfassungswidrigen Auslegung einfachgesetzlicher Bestimmungen[158] Anwendung. Im Gegensatz zur revisionsrechtlichen Beruhensvoraussetzung hat diese Beschränkung der Aufhebbarkeit von Urteilen durch das Bundesverfassungsgericht im Gesetzestext allerdings keinen Niederschlag gefunden. Dennoch soll ein Verstoß gegen die verfassungsrechtliche Pflicht zur Gewährung rechtlichen Gehörs nach Art. 103 Abs. 1 GG und die damit verbundene subjektive Rechtsverletzung nicht notwendigerweise zur Aufhebung des in diesem fehlerhaften Verfahren erlassenen Urteils führen. Dem steht nach allgemeiner Meinung die Bedeutung und Herleitung des Anspruchs auf rechtliches Gehör als Ausprägung des Rechtsstaatsprinzips und des Menschenwürdeschutzes sowie als prozessuales Urrecht des Menschen[159] nicht entgegen.

Diese Beispiele belegen die Beschränkung des Anspruchs auf Aufhebung eines Urteils, das Rechte eines Betroffenen verletzt[160]. Obwohl der Begriff der Rechtswidrigkeit in Verbindung mit Urteilen zumeist nicht verwendet wird, handelt es

§§ 15, 17, 19 Anerkennungs- und Vollstreckungsausführungsgesetz (Gesetz v. 19. 2. 2001, BGBl. I S. 288), §§ 621e Abs. 2 S. 2, 1065 Abs. 2 S. 1 ZPO, § 27 Abs. 1 Gesetz über das gerichtliche Verfahren in Landwirtschaftssachen (BGBl. III 317 – 1), § 7 Abs. 1 InsO, §§ 14 Abs. 3, 156 Abs. 2 KostO, § 10 Abs. 3 BRAGO, § 76 Abs. 2 GWB.

156 S. stellv. *Wenzel*, in: Münchener Kommentar zur ZPO, Aktualisierungsband ZPO-Reform, § 545 Rdnr. 14, § 561 Rdnr. 2.

157 BVerfG, Beschl. v. 24. 7. 1957 – 1 BvR 535/53, BVerfGE 7, 95 (99); Beschl. v. 23. 1. 1958 – 1 BvR 271/57, BVerfGE 7, 239 (241); Urt. v. 24. 7. 1963 – 1 BvR 103/60, BVerfGE 17, 86 (96); Beschl. v. 22. 4. 1964 – 2 BvR 190/62, BVerfGE 17, 356 (363f.); Beschl. v. 27. 2. 1980 – 1 BvR 277/78, BVerfGE 53, 219 (233); Beschl. v. 20. 4. 1982 – 1 BvR 1242/81, BVerfGE 60, 247 (250); Beschl. v. 21. 4. 1982 – 2 BvR 873/81, BVerfGE 60, 313 (318); Beschl. v. 8. 7. 1986 – 2 BvR 152/83, BVerfGE 73, 322 (330); Beschl. v. 19. 5. 1992 – 1 BvR 986/91, BVerfGE 86, 133 (147); Beschl. v. 8. 2. 1994 – 1 BvR 765, 766/89, BVerfGE 89, 381 (392f.); Beschl. v. 7. 3. 1995 – 1 BvR 790/91 u. 540, 866/92, BVerfGE 92, 158 (184f.); *Degenhart*, in: Sachs (Hrsg.), GG, Art. 103 Rdnr. 43; *Knemeyer*, HbdStR VI, § 155 Rdnr. 69; *Nolte*, in: v. Mangoldt/Klein/Starck, GG, Art. 103 Abs. 1 Rdnr. 78, 84; *Pieroth*, in: Jarass/Pieroth, GG, Art. 103 Rdnr. 29; *Schmidt-Aßmann*, in: Maunz/Dürig, GG, Art. 103 I Rdnr. 151, 155; *Schulze-Fielitz*, in: Dreier (Hrsg.), GG, Art. 103 Rdnr. 77; *Waldner*, Rdnr. 516ff.; *Wassermann*, AK-GG, Bd. 2, Art. 103 Rdnr. 41.

158 Vgl. BVerfG, Beschl. v. 16. 1. 1979 – 2 BvR 1148/76, BVerfGE 50, 115 (123f.).

159 Vgl. etwa BVerfG, Beschl. v. 8. 1. 1959 – 1 BvR 396/55, BVerfGE 9, 89 (95); Beschl. v. 9. 7. 1980 – 2 BvR 701/80, BVerfGE 55, 1 (6).

160 Gegen diesen Vergleich mit der Rechtslage in Bezug auf judikatives Unrecht könnte eingewendet werden, daß die Existenz eines verfassungsrechtlich garantierten Anspruchs auf Aufhebung eines Urteils wohl noch nicht anerkannt ist und dementsprechend erst nachgewiesen werden müßte. Zwar soll ein solcher ausführlicher Nachweis im Rahmen dieser Arbeit nicht erbracht werden; für unseren Zusammenhang reicht es aber aus, daß aus den einfachgesetzlichen Beschränkungen im Rechtsmittelrecht zumindest die rechtliche Anerkennung des „Beruhens“ als Zurechnungskriterium erkennbar wird.

sich auch in den Fällen von verfahrensfehlerhaft oder materiell unzutreffend begründeten Urteilen um rechtswidrige und rechtsverletzende Urteile. Dem steht nicht entgegen, daß kein Anspruch auf Aufhebung besteht, sofern das Urteil nicht auf dem Rechtsverstoß beruht. Die Übernahme des prozeßrechtlichen Beruhenserfordernisses in §46 VwVfG belegt auch dessen Entstehungsgeschichte, nach der bereits die ursprüngliche Gesetzesfassung mit den prozeßrechtlichen Regelungen der §§561 ZPO[161], 144 Abs. 4 VwGO begründet wurde[162].

Über die gesetzlich angeordnete Anwendung des Beruhenserfordernisses im Rechtsmittelrecht hinaus besitzt diese Voraussetzung etwa auch bei legislativem Unrecht Relevanz. So führt nach Ansicht des Bundesverfassungsgerichts die Nichtbeachtung grundgesetzlicher Verfahrensvorschriften nur dann zur Nichtigkeit des Gesetzes, wenn der Gesetzesbeschluß auf diesem Verstoß beruht[163].

Ein weiteres Rechtsgebiet, in dem sich die Fehlerfolgen nach der Relevanz des Fehlers für das Ergebnis richten sollen, ist das Wahlrecht. So werden als rechtserheblich nur solche Wahlfehler angesehen, die auf die Mandatsverteilung von Einfluß sind oder – nach allgemeiner Lebenserfahrung – sein können[164]. Zugleich soll die Ungültigkeit der Wahl nur so weit reichen, wie das Wahlergebnis von dem Fehler beeinflußt sein kann. Diese sogenannte Mandatsrelevanz[165] oder „Effektivitätstheorie"[166] wird vom Bundesverfassungsgericht wesentlich mit dem Hinweis auf den Zweck des Wahlprüfungsverfahrens, die ordnungsgemäße Zusammensetzung des Parlaments sicherzustellen, begründet[167]. Zur Mandatsrelevanz hinzu tritt im Wahlrecht als Fehlerfolgenbegrenzung nach herrschender Auffas-

---

[161] Die Numerierung vor der ZPO-Reform 2001 lautete §563 ZPO.

[162] Vgl. BT-Drs. 7/910, S. 66 (zu §42).

[163] BVerfG, Beschl. v. 10.5. 1977 – 2 BvR 705/75, BVerfGE 44, 308 (313); *Stettner*, in: Dreier (Hrsg.), GG, Art. 76 Rdnr. 6; s. auch *Bryde*, JZ 1998, 115 (120) zu BVerfGE 91, 148 (175). Darüber hinaus sollen Verfahrensfehler nur dann zur Nichtigkeit führen, wenn sie evident sind, vgl. BVerfG, Urt. v. 26.7. 1972 – 2 BvG 1/71, BVerfGE 34, 9 (25); Beschl. v. 11.10. 1994 – 1 BvR 337/92, BVerfGE 91, 148 (175); Evidenz kann aber nicht mit einem Beruhen gleichgesetzt werden.

[164] BVerfG, Beschl. v. 21.12. 1955 – 1 BvC 2/54, BVerfGE 4, 370 (372f.); Beschl. v. 20.6. 1973 – 2 BvC 1/73, BVerfGE 35, 300 (301ff.); Beschl. v. 10.4. 1984 – 2 BvC 2/83, BVerfGE 66, 369 (378); Beschl. v. 24.11. 1988 – 2 BvC 6/88, BVerfGE 79, 173 (173f.); Beschl. v. 12.12. 1991 – 2 BvR 562/91, BVerfGE 85, 148 (158f.); Beschl. v. 20.10. 1993 – 2 BvC 2/91, BVerfGE 89, 243 (254); Beschl. v. 21.10. 1993 – 2 BvC 7/91 u.a., BVerfGE 89, 266 (273); Beschl. v. 23.11. 1993 – 2 BvC 15/91, BVerfGE 89, 291 (304), Urt. v. 8.2. 2001 – 2 BvF 1/00, BVerfGE 103, 111 (131, 133f.); *v. Heyl*, Wahlfreiheit, 1970, S. 84ff., 114ff., 205f.; *Magiera*, in: Sachs (Hrsg.), GG, Art. 41 Rdnr. 4, 17; *Maunz*, in: Maunz/Dürig, GG, Art. 41 Rdnr. 28; *Morlok*, in: Dreier, GG, Art. 41 Rdnr. 17f.; *Olschewski*, Wahlprüfung, S. 43ff.; *Pieroth*, in: Jarass/Pieroth, GG, Art. 41 Rdnr. 5; *G. Roth*, in: Umbach/Clemens, GG, Bd. II, Art. 41 Rdnr. 25; krit. *Koenig*, ZParl 25 (1994), 241ff.; *Kuhl/Unruh*, DVBl. 1994, 1396ff.; *H.-P. Schneider*, in: AK-GG, Art. 41 Rdnr. 3f.; *Versteyl*, in: v. Münch/Kunig (Hrsg.), GG, Art. 41 Rdnr. 12.

[165] *Magiera*, in: Sachs (Hrsg.), GG, Art. 41 Rdnr. 4.

[166] *H.-P. Schneider*, in: AK-GG, Art. 41 Rdnr. 3.

[167] S. stellv. BVerfG, Beschl. v. 21.12. 1955 – 1 BvC 2/54, BVerfGE 4, 370 (372f.); Beschl. v. 12.12. 1991 – 2 BvR 562/91, BVerfGE 85, 148 (158f.).

sung noch das sogenannte Verbesserungsprinzip[168]. Danach ist auch bei nicht zu negierender Mandatsrelevanz zunächst zu prüfen, ob der Fehler auch noch nachträglich korrigiert werden kann. Diese Fehlerfolgenbeschränkung wird regelmäßig dem Verhältnismäßigkeitsprinzip zugeschrieben[169]. Das gilt insbesondere aber auch für weitere Fehlerfolgenbeschränkungen , die für (an sich) relevante Fehler diskutiert werden: Nach verbreiteter Ansicht soll die Rechtsfolge der Ungültigkeit der Wahl zusätzlich von einer Folgenabwägung angesichts des Interesses am Fortbestand der Funktionsfähigkeit des Parlaments abhängig gemacht werden[170].

Schließlich ist das Beruhenserfordernis für den Verfahrensfehler auf zivilrechtlichem Gebiet anerkannt, obwohl insoweit nur vereinzelt ausdrückliche Regelungen vorhanden sind. Dies gilt insbesondere für das Vereins- und Gesellschaftsrecht. Für Beschlüsse der Gremien im Verein oder in den Personen- wie Kapitalgesellschaften gilt eine Reihe von Verfahrensvorschriften. Sie betreffen etwa die zu beteiligenden Personen, die Einberufung von Versammlungen (Ladung der Mitglieder beziehungsweise Gesellschafter), Auskunfts- und Rechenschaftspflichten, Anforderungen an die Leitung der Versammlung oder Stimmrechte und Stimmrechtsverbote. Bei Verstößen gegen entsprechende Verfahrensregelungen stellt sich die Frage nach den Rechtsfolgen für den betroffenen Versammlungs- oder Gremienbeschluß. Im Ansatz geregelt sind diese Fehlerfolgen lediglich im AktG für die Beschlüsse der Aktiengesellschaft. So sind in § 241 AktG eine Reihe von Nichtigkeitsgründen genannt, die sich auch teilweise auf dic Verletzung von Verfahrensbestimmungen beziehen. Entsprechendes gilt für die Anfechtungsmöglichkeit gemäß § 243 Abs. 1 AktG, wonach ein Beschluß der Hauptversammlung „wegen Verletzung des Gesetzes oder der Satzung durch Klage angefochten werden" kann. Für sämtliche anderen Gesellschaftsformen wie auch für den Verein fehlen entsprechende Bestimmungen.

Obwohl auch im Aktiengesetz die Folgen von Verfahrensfehlern nicht ausdrücklich einschränkenden Voraussetzungen für die Nichtigkeit oder Anfechtbarkeit der Beschlüsse unterliegen, besteht im Grunde seit jeher Einigkeit darüber, daß nicht jeder Verfahrensverstoß die Nichtigkeit oder Anfechtbarkeit eines Beschlusses auslöst, sondern an diese Rechtsfolge zusätzliche Anforderungen ge-

---

[168] Vgl. zum folgenden etwa *G. Roth*, in: Umbach/Clemens, GG, Bd. II, Art. 41 Rdnr. 26; *H.-P. Schneider*, in: AK-GG, Art. 41 Rdnr. 4; demgegenüber ohne Trennung der verschiedenen Fehlerfolgenbeschränkungen *Magiera*, in: Sachs (Hrsg.), GG, Art. 41 Rdnr. 16f.; unklar *Versteyl*, in: v. Münch/Kunig (Hrsg.), GG, Art. 41 Rdnr. 12.

[169] Nach *Morlok*, in: Dreier (Hrsg.), GG, Art. 41 Rdnr. 17, soll das auch für die sog. Mandatsrelevanz gelten.

[170] Vgl. dazu etwa HambVerfG, Urt. v. 4. 5. 1993 – HVerfG 3/92, DVBl. 1993, 1070 (1074); NdsStGH, Urt. v. 24. 2. 2000 – StGH 2/99, DVBl. 2000, 627 (628); *H.-P. Schneider*, in: AK-GG, Art. 41 Rdnr. 5; *Pieroth*, in: Jarass/Pieroth, GG, Art. 41 Rdnr. 6; *H. P. Ipsen*, in: Gedächtnisschrift für Grabitz, S. 227 (236f.); krit. *Koch*, DVBl. 2000, 1093.

stellt werden müssen[171]. Dieses zusätzliche Kriterium, das erfüllt sein muß, damit der jeweilige Verfahrensverstoß die Anfechtbarkeit oder Nichtigkeit eines Beschlusses begründet, wird heute in Rechtsprechung und Literatur trotz einer beachtlichen Meinungsvielfalt[172] in dem zusätzlichen Zurechnungskriterium eines Beruhens oder einer Ergebnisrelevanz einhellig anerkannt. Für die Rechtsprechung stehen – bei Abweichungen im einzelnen – „Kausalitätserfordernisse" im Vordergrund, bei denen in Anlehnung an die revisionsrechtlichen Vorschriften darauf abgestellt wird, ob der Beschluß auf dem Fehler beruht, wofür grundsätzlich eine potentielle „Kausalität" im Einzelfall genügen soll[173].

Deshalb wird etwa das Unterlassen der Ladung einzelner Vereinsmitglieder für unschädlich gehalten, wenn feststeht, daß dadurch das Abstimmungsergebnis nicht beeinflußt ist[174]. Nur sofern sich nicht ausschließen läßt, daß die nicht oder nicht ordnungsgemäß geladenen Mitglieder durch ihre Mitwirkung ein anderes Ergebnis herbeigeführt hätten, ist der Beschluß nichtig beziehungsweise anfechtbar[175]. Soweit im Schrifttum der Versuch einer dogmatisch fundierten Abgrenzung zwischen beachtlichen und unbeachtlichen Fehlern unternommen wird, finden sich stärker wertende Kriterien; vielfach wird dann auf die *Relevanz* des Mangels für das Ergebnis abgestellt. Diese Literaturauffassung sieht in der „Kau-

---

[171] Vgl. schon aus der Rechtsprechung des Reichsgerichts z.B. Urt. v. 2.11. 1895 – I 208/95, RGZ 36, 24; Urt. v. 23.2. 1907 – I 318/06, RGZ 65, 241 (242); Urt. v. 11.5. 1917 – II 533/16, RGZ 90, 206 (208); Urt. v. 23.4. 1918 – II 59/18, RGZ 92, 409 (413); Urt. v. 13.2. 1925 – II 52/24, RGZ 110, 194 (196ff.); Beschl. v. 19.5. 1925 – II B.10/25, RGZ 111, 26 (28); Urt. v. 18.10. 1927 – II 93/27, RGZ 119, 243 (246); weitere Nachw. bei *Zöllner*, in: Kölner Kommentar zum AktG, § 243 Rdnr. 77; s. auch *Staub*, Kommentar zum HGB, 6. und 7. Aufl., 1900, 1. Band, § 271 Anm. 3.

[172] Dazu auch *Anne Schmitt*, Das Beschlußmängelrecht der Personengesellschaften, 1997, S. 95ff.

[173] Für das „Kausalitäts-" und Beruhenserfordernis vgl. BGH, Urt. v. 23.11. 1961 – II ZR 4/60, BGHZ 36, 121 (139f.); Urt. v. 18.12. 1967 – II ZR 211/65, BGHZ 49, 209 (213); Urt. v. 9.11. 1972 – II ZR 63/71, BGHZ 59, 369 (373, 375); BGH, Urt. v. 10.10. 1983 – II ZR 213/82, WM 1983, 1407; Urt. v. 30.3. 1987 – II ZR 180/86, BGHZ 100, 264 (269) – nur grundsätzlich; Urt. v. 22.5. 1989 – II ZR 206/88, BGHZ 107, 296 (307); Urt. v. 15.6. 1992 – II ZR 18/91, BGHZ 119, 1 (18f.); Urt. v. 17.11. 1997 – II ZR 77/97, NJW 1998, 684; OLG Köln, Beschl. v. 10.1. 1983 – 2 Wx 33/82, OLGZ 1983, 269 (270f.); Urt. v. 10.1. 1984 – 22 U 172/83, WM 1984, 401 (402ff.); OLG Frankfurt/M., Urt. v. 19.12. 1984 – 9 U 107/83, WM 1985, 1466; OLG Stuttgart, Beschl. v. 22.4. 1985 – 8 W 68/85, NJW-RR 1986, 243; OLG Karlsruhe, Beschl. v. 23.9. 1997 – 11 U 3/97, NJW-RR 1998, 684; ebenso aus der Literatur etwa *Heinrichs*, in: Palandt, BGB, § 32 Rdnr. 10. Für das Relevanzkriterium s. etwa *Rob. Fischer*, in: Staub, Großkommentar HGB, § 119 Rdnr. 15; *Martens*, in: Schlegelberger, HGB, § 119 Rdnr. 11; *Lutter/Hommelhoff*, GmbH-Gesetz, Anh § 47 Rdnr. 51; ebenso *Semler*, Münchener Handbuch des Gesellschaftsrechts, Bd. 4, § 41 Rdnr. 33. Wieder anders z.B. *Weick*, in: Staudinger, BGB, § 32 Rdnr. 26f., der zwischen „wesentlichen" und „weniger wichtigen" Verfahrensvorschriften unterscheiden will.

[174] Vgl. z.B. BGHZ 59, 369 (374); *H.P. Westermann*, in: Erman, BGB, § 32 Rdnr. 3.

[175] BayObLG, NJW-RR 1997, 289. Im Gesellschaftsrecht wird überwiegend – in Analogie zu §§ 241, 243 AktG – neben der Nichtigkeit auch die Anfechtbarkeit eines Beschlusses als eine mögliche Rechtsfolge angesehen, während im Vereinsrecht nach h. M. die Anfechtbarkeit als Rechtsfolge ausscheiden soll, s. z.B. *Hadding*, in: Soergel, BGB, § 32 Rdnr. 37a; *Weick*, in: Staudinger, BGB, § 32 Rdnr. 25; krit. dagegen *Reuter*, in: Münchener Kommentar, BGB, § 32 Rdnr. 37.

salität" nur insoweit eine notwendige Voraussetzung und damit auch ein taugliches Kriterium zu einem ersten Ausscheiden irrelevanter Verfahrensverstöße, als die Einhaltung einer verletzten Verfahrensnorm „abstrakt gesehen für das Beschlußergebnis Bedeutung haben kann"[176]. Anders als nach der Rechtsprechung komme es weiter aber nicht auf die konkrete Kausalität des Fehlers für das Ergebnis, sondern statt dessen auf den Zweck der jeweils verletzten Verfahrensbestimmung an. Die Verfahrensregelungen dienten in ihrer Mehrheit nämlich nicht nur der zutreffenden Ermittlung des Mehrheitswillens, sondern auch „den Interessen der Teilnahme- und Abstimmungsberechtigten (...), ihrer Möglichkeit der sachgerechten Partizipation an der Formung des Mehrheitswillens und der dazu dienenden Information"[177]. Hier wird aus einem Zweck der Verfahrensbestimmungen, der über die Sicherung eines inhaltlich „richtigen", also dem Mehrheitswillen entsprechenden Beschlußergebnisses hinausgeht, auf die vom Gesetz vorgesehene Beachtlichkeit von Verstößen geschlossen. Sollen manche Verfahrensregeln nicht nur ein bestimmtes Ergebnis sichern, kann es nicht darauf ankommen, ob bei ordnungsgemäßem Verfahren unter keinen Umständen ein anderes Beschlußergebnis zustande gekommen wäre.

Insgesamt läßt schon dieser Kurzüberblick[178] über die in der gesamten Rechtsordnung verbreitete Anwendung des Beruhenserfordernisses dessen allgemeine Anerkennung erkennen. In weiten Bereichen wird das Beruhenserfordernis mit solcher Selbstverständlichkeit angewendet, daß es trotz teilweise fehlender gesetzlicher Grundlage offenbar gar nicht begründungsbedürftig erscheint.

3. *Das Beruhenserfordernis nach § 79 Abs. 2 S. 2 VwGO*

Einer der wenigen Ausnahmefälle der ausdrücklichen gesetzlichen Regelung des Beruhenserfordernisses findet sich neben dem Revisionsrecht in § 79 Abs. 2 S. 2 VwGO. Gegenstand ist gerade der auch von § 46 VwVfG behandelte Fall des verfahrensfehlerhaften Verwaltungsakts. Daher verweisen eine Reihe von Stellungnahmen zu § 79 VwGO gerade auf die Parallele zu § 46 VwVfG[179]. Während umgekehrt aus dem Blickwinkel des § 46 VwVfG die Parallele zu § 79 Abs. 2 S. 2 VwGO offenbar kaum gesehen wird, findet sich in den Kommentierungen des § 79 VwGO der Hinweis, auch hinter § 46 VwVfG stehe der Gedanke, daß der Verfahrensfehler nicht zur Aufhebung des Verwaltungsakts führen soll, wenn er

---

176 S. grundlegend *Zöllner*, in: Kölner Kommentar zum AktG, § 243 Rdnr. 81, 94ff.

177 *Zöllner*, in: Kölner Kommentar zum AktG, § 243 Rdnr. 95.

178 Weitere Anwendungsfälle des Beruhenserfordernisses ließen sich herausarbeiten; s. etwa für § 107 Abs. 2 S. 2 GWB *Pietzcker*, Die Zweiteilung des Vergaberechts, S. 100ff.

179 S. nur *Brenner*, in: Sodan/Ziekow (Hrsg.), VwGO, § 79 Rdnr. 53; *Jäde*, Verwaltungsverfahren – Widerspruchsverfahren – Verwaltungsprozeß, Rdnr. 161; *Pietzcker*, in: Schoch/Schmidt-Aßmann/Pietzner, VwGO, § 79 Rdnr. 15.

sich nicht auf die Entscheidung in der Sache ausgewirkt hat[180]. Aber auch unabhängig von dieser zutreffenden Feststellung bestätigt § 79 Abs. 2 S. 2 VwGO die gesetzliche Anerkennung des Beruhenserfordernisses gerade für einen Fall des verfahrensfehlerhaften Verwaltungsakts, hier des Widerspruchsbescheids.

4. Das Beruhenserfordernis als Ergebnis der Abwägung der beteiligten Interessen

Das Zurechnungskriterium des Beruhens findet seinen legitimen Anwendungsbereich in der gesamten Rechtsordnung, weil es sich als ein überzeugendes Ergebnis einer Abwägungsentscheidung darstellt, in die sämtliche in solchen Konstellationen betroffenen Interessen der Beteiligten eingegangen sind. So stehen sich im untersuchten Fall des rechtsverletzenden Verwaltungsakts das Interesse des Betroffenen sowie gegebenenfalls weitere private und öffentliche Interessen an einer Aufhebung des Verwaltungsakts und öffentliche und private Interessen an einer Aufrechterhaltung des Verwaltungsakts gegenüber.

Für die Aufrechterhaltung des Verwaltungsakts streitet vor allem die Wertung der Ermächtigungsgrundlage des Verwaltungsakts. Darin kommt zum Ausdruck, daß der Gesetzgeber die mit dem Verwaltungsakt verbundenen materiellen Belastungen für den Betroffenen als gerechtfertigt ansieht. Die Behörde soll danach im Ergebnis berechtigt sein, einen entsprechenden Verwaltungsakt zu erlassen. Der Gesetzgeber hat mit dem Erlaß der Ermächtigungsgrundlage das Interesse des Betroffenen, von der mit dem Verwaltungsakt verbundenen materiellen Belastung verschont zu bleiben, als zumindest nicht überwiegend erachtet. Diese vom Gesetzgeber als maßgeblich bewerteten Interessen lassen sich in einem gewissen Ausmaß auch für die Aufrechterhaltung eines Verwaltungsakts anführen, der im Einklang mit den materiellen Anforderungen dieser Ermächtigungsgrundlage erlassen wurde, selbst wenn er sich als verfahrensfehlerhaft erweist, solange die Entscheidung nicht auf dem Fehler beruhen kann.

Die Interessenbewertung und Abwägung zugunsten der Aufrechterhaltung des Verwaltungsakts in den Fällen, in denen die Sachentscheidung nicht auf dem Verfahrensfehler beruht, läßt sich deshalb auch über die Fälle hinaus, in denen die Behörde nach einer Aufhebung des Verwaltungsakts sogleich wieder zu einem Neuerlaß verpflichtet wäre, gut begründen. Insbesondere für alle Konstellationen, in denen eine Pflicht zum Erlaß eines entsprechenden Verwaltungsakts nicht oder nicht mehr besteht, nicht auf den Grundsatz von Treu und Glauben („dolo agit") zurückgegriffen werden kann, trägt die Ablehnung des Aufhebungsanspruchs den beteiligten Interessen Rechnung.

---

[180] Vgl. *Pietzcker*, in: Schoch/Schmidt-Aßmann/Pietzner, VwGO, § 79 Rdnr. 15; *Brenner*, in: Sodan/Ziekow (Hrsg.), VwGO, § 79 Rdnr. 53f.

Dies gilt vor allem bei Verwaltungsakten mit Drittwirkung. Der durch den Verwaltungsakt Begünstigte hat mit dem Verwaltungsakt die materiell rechtmäßige Begünstigung erhalten, die in der Ermächtigungsgrundlage in materieller Hinsicht auch so vorgesehen war. Selbst wenn keine Pflicht zum Erlaß des Verwaltungsakts bestand, entspricht der Verwaltungsakt doch den materiellen Vorgaben, wenn er nicht auf dem Verfahrensfehler beruht. Hat der Fehler nicht auf das Ergebnis Einfluß genommen, so besteht auch kein überwiegendes schutzwürdiges Interesse des Betroffenen an einer Aufhebung des Verwaltungsakts.

Das gilt nicht nur für formelle, sondern auch für materielle Verstöße. Als Beispiel mag die Prüfungsentscheidung dienen, die sowohl an Verfahrensfehlern als auch an materiellen Fehlern leidet, bei der aber dennoch kein Aufhebungsanspruch zu befürworten ist, weil die Entscheidung im Ergebnis nicht auf den Rechtsfehlern beruht[181]. Solange sich die betreffenden Verstöße nicht auf das Ergebnis ausgewirkt haben, kann der Umstand, daß eine neue Prüfungsentscheidung nach Aufhebung der ersten durchaus auch zu einem anderen (besseren) Ergebnis führen könnte, nicht zugunsten des Prüflings berücksichtigt werden. Angesichts des Bewertungsspielraums bei der Prüfungsentscheidung wäre eine Veränderung des Prüfungsergebnisses keineswegs ausgeschlossen, wenn auch zumindest bei einer Zweitentscheidung durch denselben Prüfer nicht sehr wahrscheinlich. Ein tragfähiger Grund, diese tatsächliche Möglichkeit dem Betroffenen zugute kommen zu lassen, ist nicht ersichtlich. Im Gegenteil spricht vor allem auch der Grundsatz der Chancengleichheit, mit dem die Interessen der anderen Prüflinge geschützt werden, gegen einen Anspruch auf Aufhebung und Neubewertung[182].

Für die verfassungsrechtliche Rechtfertigung der Beruhensregel spricht zudem der Gesichtspunkt, daß schon die Rechtswidrigkeit trotz mangelnden Beruhens eine Entscheidung des einfachen Gesetzgebers war, die er durchaus auch hätte anders treffen können. In gleicher Weise wäre in Betracht gekommen, bereits die Rechtswidrigkeit des Verwaltungsakts von einem Beruhen auf dem Verfahrensfehler abhängig zu machen, wie dies auch heute noch von zahlreichen Literaturstimmen trotz des § 46 VwVfG schon de lege lata angenommen wird. Daß der Gesetzgeber anders verfahren ist und als einheitliche Rechtsfolge sämtlicher Verfahrensverstöße die Rechtswidrigkeit des betroffenen Verwaltungsakts angeordnet hat, zwingt ihn noch nicht, identische Rechtsfolgen auch hinsichtlich des Aufhebungsanspruchs anzuordnen[183].

Somit läßt sich § 46 VwVfG als Ergebnis einer gesetzlichen Abwägung zugunsten der Aufrechterhaltung des Verwaltungsakts begreifen, die aber nur tragfähig erscheint, wenn sich der Fehler nicht auf das Ergebnis ausgewirkt hat.

---

[181] S. dazu noch unten G (S. 325ff.).

[182] S. zu diesem Gesichtspunkt z.B. BVerwG, Urt. v. 12. 11. 1997 – 6 C 11.96, BVerwGE 105, 328 (332).

[183] Zur Frage, ob diese Differenzierung als systemwidrig angesehen werden muß, s. unten 5 b (S. 268f.).

5. Verfassungsrechtliche Bedenken

§46 VwVfG ist seit jeher einer Vielzahl von Bedenken ausgesetzt gewesen, die sich gegen seine Verfassungsmäßigkeit richten. Auch wenn die Kritik an der Regelung häufig recht vage geblieben ist und mitunter auch nicht genau zu erkennen gegeben hat, ob es sich um rechtsdogmatische oder nur um rechtspolitische Argumente handelte, soll versucht werden, die zentralen Gesichtspunkte herauszuarbeiten und zu bewerten.

a) Mißachtung der subjektiven Rechtsqualität von Verfahrensrechten

Selten deutlich ausgesprochene, in der Sache aber häufiger geäußerte Bedenken gegen die Verfassungsmäßigkeit des §46 VwVfG könnten darin zu sehen sein, daß sich der Ausschluß des Aufhebungsanspruchs als eine Negation des subjektiven Verfahrensrechts darstellte. Handelt es sich um ein echtes subjektives Recht, so erfordert dies nach der sogenannten Kombinationstheorie neben dem rechtlich geschützten Interesse auch eine Rechtsmacht, dieses Interesse durchzusetzen[184]. Sind aber an die Verletzung von Verfahrensrechten keine Rechtsfolgen geknüpft, so könnte darin wieder die verdeckte Beseitigung des Rechts zu sehen sein.

Eine solchermaßen verborgene Beseitigung müßte erhebliche verfassungsrechtliche Bedenken hervorrufen. Das gilt zum einen für solche Verfahrensrechte, die nach der Rechtsprechung des Bundesverfassungsgerichts als verfassungsrechtlich gefordert anzusehen sind. Soweit die Grundrechte einen Schutz durch ein Verfahren mittels einiger Verfahrensrechte verlangen, können diese durch den Gesetzgeber in Erfüllung seiner verfassungsrechtlichen Pflicht geschaffenen Rechte nicht faktisch dadurch wieder beseitigt werden, daß ihre Verletzung keine Rechtsfolgen auslöst, die dem Schutz dieser Rechte und damit mittelbar auch dem Schutz der Grundrechte dienen. Handelt es sich um ein subjektives Recht, zu dessen Schaffung der Gesetzgeber verpflichtet war, läge in der Sanktionslosigkeit ein Verstoß gegen die verfassungsrechtliche Pflicht zum Erlaß des Rechts.

Gleichwohl bedarf es insoweit keiner Prüfung, welche konkreten subjektiven Verfahrensrechte auf diese Weise durch die Grundrechte gesichert werden. Denn auch die Sanktionslosigkeit von Verstößen gegen sonstige Verfahrensrechte, zu deren Erlaß der Gesetzgeber nicht oder jedenfalls nicht so verpflichtet war, stellte sich als verfassungsrechtlich bedenklich dar. Auch in diesen Fällen, in denen der Gesetzgeber frei ist, ein Recht zu begründen oder darauf zu verzichten, besteht kein entsprechender Gestaltungsspielraum hinsichtlich der Rechtsfolgen eines Verstoßes, selbst wenn es zulässig wäre, das Recht wieder vollständig abzuschaffen. Wird ein subjektives Recht geschaffen, dann muß es auch durchsetzbar sein. Insofern gilt Entsprechendes wie für die Eröffnung eines Rechtsmittels. Obwohl

---

[184] Vgl. dazu oben §2 A I 2 (S. 26).

der Gesetzgeber nach Art. 19 Abs. 4 GG nicht gezwungen ist, mehr als *eine* gerichtliche Instanz zu eröffnen[185], ist er nicht berechtigt, einen einmal eröffneten Instanzenzug in unzumutbarer, aus Sachgründen nicht mehr zu rechtfertigender Weise zu erschweren[186]. Für den Fall des Ausschlusses des Aufhebungsanspruchs folgt dies auch aus Bedenken hinsichtlich Art. 3 Abs. 1 GG. Statuierte der Gesetzgeber Verfahrenspflichten für die Verwaltung, ohne zugleich ihre Verletzung in irgendeiner Form zu sanktionieren, so würde die Erfüllung der Pflichten weitgehend dem guten Willen der betreffenden Behörden anheim gestellt. Dies eröffnete ihnen zumindest faktisch auch die Möglichkeit zu einer willkürlichen Entscheidung über deren Einhaltung.

Die damit nur angedeuteten Gesichtspunkte, die einen Ausschluß von Sanktionen bei Verstößen gegen einfachgesetzliche Verfahrensansprüche als grundrechtlich bedenklich erscheinen lassen, treffen indes nicht die Regelung des § 46 VwVfG. Dieser schließt nämlich keineswegs die Sanktionen bei einem Verfahrensverstoß aus. Das gilt in zweierlei Hinsicht. Zum einen wird ein Ausschluß des Aufhebungsanspruchs bei Verfahrensfehlern weder generell noch auch nur „im Regelfall"[187] angeordnet. Vielmehr kommt es nach der hier vertretenen engeren Interpretation zu einem solchen Ausschluß nur dann, wenn im konkreten Fall der Fehler die Entscheidung in der Sache offensichtlich nicht beeinflußt hat. Es handelt sich damit also nicht um eine allgemeine Unbeachtlichkeitsanordnung für bestimmte Verfahrensbestimmungen. Es hängt im Gegenteil vom Einzelfall ab, ob der Verfahrensverstoß nicht nur zur Rechtswidrigkeit des Verwaltungsakts, sondern auch zur Aufhebungspflicht führt. Hinzu kommt, daß die Verletzung des Verfahrensrechts, das dem Schutz des materiellen (Grund-)Rechts dienen soll, nur dann nicht zur Aufhebung des Verwaltungsakts führt, wenn das zu schützende Recht nicht deshalb (materiell) beeinträchtigt wurde, weil eine der Schutzvorkehrungen versagt hat. Zum anderen braucht der Verfahrensverstoß auch in den Fällen des § 46 VwVfG keineswegs sanktionslos zu bleiben. Zwar wird die – zusammen mit der Nichtigkeit des Verwaltungsakts – einschneidendste Rechtsfolge, der Aufhebungsanspruch, ausgeschlossen. Angesichts der durch den Verfahrensfehler ausgelösten Rechtswidrigkeit des Verwaltungsakts und der subjektiven Rechtsverletzung kommt als Rechtsschutzmöglichkeit aber durchaus auch

185 Vgl. nur BVerfG, Beschl. v. 12. 7. 1983 – 1 BvR 1470/82, BVerfGE 65, 76 (90); Beschl. v. 7. 7. 1992 – 2 BvR 1631, 1728/90, BVerfGE 87, 48 (61); Urt. v. 4. 7. 1995 – 1 BvF 2/86 u.a., BVerfGE 92, 365 (410), jew. m.w.Nachw.

186 S. BVerfG, Beschl. v. 12. 7. 1983 – 1 BvR 1470/82, BVerfGE 65, 76 (90); Beschl. v. 30. 4. 1997 – 2 BvR 817/90 u.a., BVerfGE 96, 27 (39); K-Beschl. v. 2. 8. 2001 – 1 BvR 618/93, NJW 2002, 206; *Jarass*, in: Jarass/Pieroth, GG, Art. 19 Rdnr. 39; *Krüger/Sachs*, in: Sachs (Hrsg.), GG, Art. 19 Rdnr. 143.

187 So jedoch etwa *Ramsauer*, in: Festgabe BVerwG, S. 699 (712): „Verstöße gegen Bestimmungen des Verwaltungsverfahrensrechts bleiben nach Maßgabe des § 46 VwVfG im Regelfall ohne Konsequenz."

die gerichtliche Feststellung der Rechtswidrigkeit des Verwaltungsakts in Betracht[188].

Weil der repressive Rechtsschutz im Fall der Anwendbarkeit des § 46 VwVfG nur noch in einer Feststellung des Rechtsverstoßes besteht, wird aber nicht etwa die Existenz des subjektiven Verfahrensrechts in Frage gestellt. Das zeigt sich vor allem in sämtlichen Fällen erledigter Verwaltungsakte, bei denen mangels fortdauernder Rechtsverletzung gleichfalls kein Aufhebungsanspruch mehr besteht. Auch hier kommt nur noch eine Rechtswidrigkeitsfeststellung gemäß § 113 Abs. 1 S. 4 VwGO in Betracht[189]. Das betroffene subjektive Recht wird deshalb nicht negiert.

b) *Verfassungswidrigkeit wegen Widersprüchlichkeit*

§ 46 VwVfG ist wiederholt deshalb kritisiert worden, weil er die gleichfalls im VwVfG normierten subjektiven Verfahrensrechte wieder entwerte[190]. Die Pflicht, einen Beteiligten gemäß § 28 Abs. 1 VwVfG vor Erlaß des Verwaltungsakts anzuhören, könnte dadurch konterkariert worden sein, daß eine Verletzung dieser Pflicht gemäß § 46 VwVfG unbeachtlich sein kann. Dies führte neben der Möglichkeit der Nachholung der Anhörung gemäß § 45 Abs. 1 Nr. 3 VwVfG zu einer erheblichen Relativierung des Verfahrensrechts. Sofern zwischen dem subjektiven Verfahrensrecht und der Fehlerfolgenregelung des § 46 VwVfG ein inhaltlicher Widerspruch bestehen sollte, könnte dies gegen das rechtsstaatliche Gebot der Widerspruchsfreiheit der Rechtsordnung verstoßen[191].

Ohne hier eine Stellungnahme zu Berechtigung und Umfang dieses möglichen rechtsstaatlichen Erfordernisses abgeben zu müssen, läßt sich auf diese Weise das Verdikt der Verfassungswidrigkeit sicher nicht über § 46 VwVfG fällen. So steht bereits die Statuierung von Verfahrensrechten und korrespondierenden Pflichten nicht im Widerspruch zu der Fehlerfolgenregelung des § 46 VwVfG. Etwas ande-

---

[188] Fraglich ist, ob diese Feststellung im Rahmen einer (gegebenenfalls darauf beschränkten) Anfechtungsklage gem. § 113 Abs. 1 S. 1 VwGO oder einer Fortsetzungsfeststellungsklage analog § 113 Abs. 1 S. 4 VwGO zu erfolgen hat (für letzteres z.B. *Kopp/Schenke*, VwGO, § 113 Rdnr. 108; *Martensen*, DÖV 1995, 544; *Ule/Laubinger*, Verwaltungsverfahrensrecht, § 58 Rdnr. 25).

[189] Vgl. *Kopp/Schenke*, VwGO, § 113 Rdnr. 98f., auch zur Frage, ob dies auch für vorprozessual erledigte Verwaltungsakte gilt; s. dazu außerdem BVerwG, Urt. v. 14.7. 1999 – 6 C 7.98, NVwZ 2000, 63 (64); *Ehlers*, Jura 2001, 415; *R.P. Schenke*, NVwZ 2000, 1257.

[190] *Sodan*, DVBl. 1999, 729 (738); *Storost*, Diskussionsbeitrag, in: Ziekow (Hrsg.), Beschleunigung, S. 225; *Erichsen*, DVBl. 1978, 569 (577), spricht gar vom „Selbstmordversuch des Gesetzes“. Ohne direkten Verweis auf § 46 VwVfG zur Entwertung des Verfahrensrechts auch *J. Ipsen*, NdsVBl. 1999, 225f.; s. auch *Niedobitek*, DÖV 2000, 761 (765f.).

[191] Vgl. die Prüfung bei *Niedobitek*, DÖV 2000, 761 (765f.); zu dieser „Rechtsfigur“ etwa im Zusammenhang mit Kompetenzregelungen BVerfG, Urt. v. 7.5. 1998 – 2 BvR 2004/95, BVerfGE 98, 83 (97); Urt. v. 7.5. 1998 – 2 BvR 1991/95, BVerfGE 98, 106 (118); Urt. v. 27.10. 1998 – 1 BvR 2306/96 u.a., BVerfGE 98, 265 (301); s. auch etwa *Kloepfer/Bröcker*, DÖV 2001, 1 (5ff.); *Brüning*, NVwZ 2002, 33ff.

res könnte nur gelten, wenn ein Verstoß gegen das jeweilige Verfahrensrecht allgemein unbeachtlich bliebe. Das trifft für die Regelung des § 46 VwVfG in mehrfacher Hinsicht nicht zu. So ist der Verfahrensverstoß keineswegs „unbeachtlich". Er führt sogar generell zur Rechtswidrigkeit des Verwaltungsakts und zu der damit verbundenen Rechtsverletzung der materiell Betroffenen. Allein deshalb kann die Regelung des § 46 VwVfG nicht als widersprüchlich im Verhältnis zu den ein Verfahrensrecht begründenden Bestimmungen bewertet werden. Darüber hinaus schränkt § 46 VwVfG nur die Rechtsfolgen hinsichtlich des verfahrensfehlerhaften Verwaltungsakts ein, der Verfahrensverstoß und die darin liegende Verfahrensrechtsverletzung werden gleichfalls nicht negiert.

Vor allem aber wird der in § 46 VwVfG angeordnete Ausschluß des Aufhebungsanspruchs an die zusätzliche Voraussetzung des offensichtlichen Nichtberuhens der Sachentscheidung auf dem Verfahrensfehler geknüpft. Somit ist der Verfahrensverstoß sogar grundsätzlich mit der Rechtsfolge des Aufhebungsanspruchs verbunden, was unter dem Gesichtspunkt der Widerspruchsfreiheit der Rechtsordnung nicht einmal gefordert wäre. Insofern kann auch die verbreitete Ansicht, durch § 46 VwVfG wäre der Aufhebungsanspruch bei gebundenen Entscheidungen generell ausgeschlossen[192], keinen Widerspruch begründen.

Ein solches Urteil erwiese sich auch deshalb als nicht überzeugend, weil die strikte Anordnung eines Aufhebungsanspruchs in sämtlichen Fällen den beteiligten Interessen in keiner Weise gerecht würde und im Gegenteil erhebliche Zweifel an der Verfassungsmäßigkeit begründete. Der Fall des Verwaltungsakts mit Drittwirkung ist dafür das deutlichste Beispiel. Eine generelle Aufhebungspflicht stünde in klarem Widerspruch zu berechtigten Interessen der durch den Verwaltungsakt Begünstigten. Jede andere Auffassung betrachtet die Konstellation allein aus der verengten Perspektive eines möglichst effektiven Schutzes von Verfahrensanforderungen.

c) Verstoß gegen das Erfordernis einer effektiven Rechtsbindung der Verwaltung durch Entwertung des Verfahrensrechts

Auf den Gesichtspunkt der Widersprüchlichkeit wird der Sache nach auch in anderem Zusammenhang rekurriert. So ist in der Literatur die These vertreten worden, § 46 VwVfG sei mit den rechtsstaatlichen Anforderungen an die Rechtsbindung der Verwaltung nicht zu vereinbaren[193]. Art. 20 Abs. 3 GG verlange nicht nur die ausdrücklich genannte formelle, sondern zugleich auch eine materielle Rechtsbindung, die Ausdruck der Durchsetzungskraft einer Norm sei[194]. Damit eine Norm an der formellen Rechtsbindung teilhabe, bedürfe sie eines Mindest-

---

[192] S. dazu noch unten VI (S. 293ff.).

[193] S. *Niedobitek*, DÖV 2000, 761 (767f.); zuletzt *Martin*, Heilung von Verfahrensfehlern im Verwaltungsverfahren, S. 178f.

[194] *Niedobitek*, DÖV 2000, 761 (767).

maßes an materieller Bindungswirkung. Obwohl Art. 20 Abs. 3 GG zu den Folgen eines Gesetzesverstoßes keine ausdrückliche Aussage treffe, sei jedoch davon auszugehen, daß die Effizienz der Rechtsordnung einer völligen Sanktionslosigkeit oder einer auch nur schwachen Reaktion der Rechtsordnung entgegenstehe[195].

Diese Argumentation stellt den beachtlichen Versuch dar, die verbreitet erhobenen Bedenken gegenüber der mit §46 VwVfG verbundenen Relativierung der Bedeutung der Verfahrensanforderungen[196] juristisch dogmatisch zu untermauern. Zweifellos führt der Ausschluß des Aufhebungsanspruchs durch §46 VwVfG zu einer Relativierung der Bedeutung der betroffenen Verfahrensregeln[197]. Auf diese Weise wird nicht nur der Zwangscharakter der Regelungen faktisch gemindert, sondern zusätzlich eine Signalwirkung erzeugt, die Verfahrensrecht als Recht minderer Relevanz kennzeichnet[198]. Insgesamt entsteht die Gefahr, daß die Behörden die Einhaltung rechtsstaatlicher Verfahrensgrundsätze nicht ebenso ernst nehmen wie eine solche der Regelungen des materiellen Rechts[199].

Diese naheliegenden Bedenken vermögen freilich die Annahme der Verfassungswidrigkeit nicht hinreichend zu begründen. Von einer solchen könnte frühestens dann ausgegangen werden, wenn die Bindung an Verfahrensregelungen faktisch entfiele oder zumindest erheblich eingeschränkt wäre. Gerade davon kann aber – bei entsprechender Interpretation der betreffenden Fehlerfolgenregelungen – noch nicht ausgegangen werden.

Zutreffend sind die Ausgangsüberlegungen zur Notwendigkeit der Rechtsbindung. So folgt sowohl aus dem jeweiligen betroffenen Grundrecht als auch aus dem Rechtsstaatsprinzip, daß eine allgemeine Sanktionslosigkeit von Verstößen gegen subjektive (Verfahrens-)Rechte trotz des anzuerkennenden Sanktionie-

---

195 *Niedobitek*, DÖV 2000, 761 (768) m. Hinweis u.a. auf *Schmidt-Aßmann*, HbdStR I, §24 Rdnr. 62 (Voraufl., jetzt: HbdStR II, §26 Rdnr. 62); *Maurer*, Allgemeines Verwaltungsrecht, §14 Rdnr. 48; *F. Kirchhof*, DÖV 1982, 397 (398).

196 So wird gegen die §§45, 46 VwVfG zusammen eingewandt, sie führten zu einem laxeren Umgang mit den Verfahrensvorschriften, s. etwa *Felix*, NZS 2001, 344; *Redeker*, NVwZ 1996, 523; bzgl. §45 VwVfG s. auch unten §7 B II 2 (S. 350ff.).

197 Von einer „Abwertung des Verfahrensrechts" spricht etwa *Ehlers*, Die Verwaltung 31 (1998), 53f.; nach *Schoch*, Die Verwaltung 25 (1992), 21 (36), bringen §§45, 46 VwVfG und §44a VwGO „eine deutliche Akzentsetzung zugunsten der Sachrichtigkeit einer Verwaltungsentscheidung und den Nachrang des Verfahrensrechts gegenüber dem materiellen Recht zum Ausdruck".

198 *Schmidt-Aßmann*, VR 1978, 85; vgl. auch *Hatje*, DÖV 1997, 477 (480); *Erbguth*, UPR 2000, 81 (85); *K. Redeker*, NVwZ 1996, 126 (130f.); *Ule/Laubinger*, Verwaltungsverfahrensrecht, Nachtrag Rdnr. 66.

199 Vgl. nur *Bonk*, Stellungnahme, S. 203 (210); *Holznagel*, Effizienz, S. 205 (225); *Pietzcker*, in: Festschrift für Maurer, S. 695 (707); *Ule*, in: Festschrift Heymanns Verlag, S. 53 (71); *Ule/Laubinger*, Verwaltungsverfahrensrecht, Nachtrag Rdnr. 66: „geeignet ..., einen laxen Umgang mit den verfahrensrechtlichen Bestimmungen zu fördern".

rungsspielraums verfassungsrechtlich unzulässig wäre. Hier wäre sowohl das subjektive Recht als auch die notwendige Rechtsbindung in Frage gestellt.

Eine derartige Sanktionslosigkeit bewirkt aber § 46 VwVfG gerade noch nicht. Wie bereits im Zusammenhang mit dem Vorwurf der Widersprüchlichkeit der Rechtsordnung festgestellt wurde, ändert § 46 VwVfG nichts an der mit dem Verfahrensfehler verbundenen Rechtswidrigkeit des Verwaltungsakts und der daraus resultierenden subjektiven Rechtsverletzung. Weiter führt § 46 VwVfG keineswegs allgemein zum Ausschluß des Aufhebungsanspruchs, sondern nur unter der zusätzlichen Voraussetzung, daß offensichtlich ist, daß die Verletzung die Entscheidung in der Sache nicht beeinflußt hat. Wie gerade auch die Auslegung dieser Tatbestandsvoraussetzungen noch zeigen wird[200], kann die Verwaltung deshalb regelmäßig auch nicht vorweg beurteilen, ob bei einem bestimmten Fehler der Aufhebungsanspruch ausgeschlossen sein wird. Es ist ihr selbst bei gebundenen Entscheidungen keineswegs allgemein möglich, Verfahrensfehler von vornherein einzukalkulieren[201]. Eine entsprechende Beurteilung läßt sich allenfalls im nachhinein (vor allem im Rahmen der Kontrollentscheidung im Prozeß) einigermaßen sicher vornehmen. Das zeigt sehr deutlich der häufig genannte Fall der Verletzung des Anhörungsrechts. Auf die Anhörung kann die Verwaltung auch bei gebundenen Entscheidungen keineswegs risikolos verzichten, selbst dann nicht, wenn als zu vermeidende Rechtsfolge allein die Aufhebung des Verwaltungsakts und nicht auch die subjektive Rechtsverletzung angesehen werden könnte.

Dieses „Risiko" der Aufhebungspflicht des verfahrensfehlerhaften Verwaltungsakts (mit der Konsequenz der nachfolgenden gerichtlichen Aufhebung) besteht in nahezu allen Fällen, in denen die Behörde überlegen könnte, etwa auf die vorgeschriebene Anhörung zu verzichten. Da die Aufhebung des nachfolgenden Verwaltungsakts (nach allen Ansichten) ohnehin nur dann ausscheiden kann, wenn die Behörde jedenfalls im Ergebnis von einem zutreffenden Sachverhalt ausgegangen ist, käme ein solcher „Verzicht auf die Anhörung" von vornherein nur in solchen Fällen in Betracht, in denen die Behörde aus ihrer Perspektive von einem vollständig und zutreffend ermittelten Sachverhalt ausgeht, zu dem der Betroffene nichts mehr beitragen kann. Alle Fälle, in denen die „Gefahr" besteht, daß der Betroffene auf Umstände und Hintergründe hinweisen könnte, die die Behörde in ihrer Entscheidung berücksichtigen muß und die im Fall der Nichtberücksichtigung zu einem materiell rechtswidrigen Verwaltungsakt führten, lassen eine entsprechende tatsächliche (wenn auch unzulässige) „Abwägung" zwischen Verfahrensrechtmäßigkeit und Zeitgewinn stets zugunsten der Rechtmäßigkeit des Verfahrenshandelns ausfallen, da der Zeitgewinn durch die mögliche gerichtliche Aufhebung wieder zunichte gemacht würde.

---

[200] S. unten VI (S. 291 ff.).

[201] So aber *Niedobitek*, DÖV 2000, 761 (766).

Kann dieses Risiko aber möglicherweise zumindest in manchen Konstellationen noch einigermaßen sicher abgeschätzt werden, so kommt ein zusätzliches Risiko bei einem unterstellten entsprechenden Verhalten der Behörde hinzu, das zumeist in der Diskussion übersehen wird: Der Betroffene, der nach § 28 VwVfG oder entsprechenden Vorschriften angehört werden muß, ist in vielen Fällen, wenn ihm im Rahmen der Anhörung die mögliche Entscheidung der Behörde mitgeteilt wird, in der Lage, auf den für die Entscheidung maßgeblichen Sachverhalt noch entscheidend Einfluß zu nehmen. Selbst wenn er also nichts zur Aufklärung des bisherigen Sachverhalts mehr beitragen kann, besteht noch die – durch den Zweck der Anhörungsvorschriften mit umfaßte – Möglichkeit, auf den Sachverhalt so einzuwirken, daß von der Behörde eine andere als die bisher vorgesehene Entscheidung getroffen werden muß.

Damit kann bereits in allen Verfahren, die auf Antrag eines Bürgers eingeleitet und von dessen Fortbestand abhängig sind, auf die nachfolgende Anhörung nicht „risikolos verzichtet" werden, denn der Antragsteller soll durch die Anhörung gerade auch in die Lage versetzt werden, etwa durch Veränderung der für die Entscheidung maßgeblichen Sachlage einzuwirken. Dies kann auch durch die Modifizierung des Antrags oder seine vollständige Rücknahme geschehen. Die Möglichkeit der Beeinflussung der Sachentscheidung durch Einwirkung auf den entscheidungsrelevanten Sachverhalt besitzt natürlich nicht nur ein Antragsteller, sondern grundsätzlich jeder Anzuhörende. Wäre der Betroffene zu einer solchen Beeinflussung der Entscheidung bei einer ordnungsgemäßen Anhörung im Stande gewesen, wird sein Aufhebungsanspruch selbstverständlich auch nicht durch § 46 VwVfG ausgeschlossen. Dies gilt unabhängig davon, ob es sich um eine gebundene Entscheidung oder um eine Ermessenentscheidung der Behörde handelt[202].

Bei ausreichender Beachtung dieser Relevanz des Anhörungsfehlers für die Sachentscheidung auch bei vollständig ermitteltem Sachverhalt und gebundener Entscheidung läßt sich die These, die Behörde wäre angesichts des § 46 VwVfG in der Lage, ohne Risiko für den Bestand der Entscheidung auf die Anhörung zu verzichten, nicht aufrechterhalten.

Darüber hinaus schließt § 46 VwVfG nur die Aufhebung des Verwaltungsakts aus und negiert nicht etwa dessen Rechtswidrigkeit und die subjektive Rechtsverletzung des Betroffenen. Konsequent läuft die Behörde bei einem Verfahrensverstoß jedenfalls Gefahr, daß der Betroffene ein Rechtsschutzinteresse an einer Feststellung der Rechtswidrigkeit des Verwaltungsakts und der dadurch bewirkten subjektiven Rechtsverletzung besitzt und entsprechend mit Erfolg ein gerichtliches Verfahren anstrengt.

---

[202] Unzutreffend daher die These, bei gebundenen Entscheidungen scheide eine Relevanz des Verfahrensfehlers stets aus, entspr. aber etwa *Detterbeck*, Allgemeines Verwaltungsrecht, Rdnr. 637.

Sämtliche dieser Risiken lassen bei einer zutreffenden Auslegung des §46 VwVfG schon rein tatsächlich die Gefahr einer Mißachtung von Verfahrensrechten als durchaus gering erscheinen. Verfassungsrechtlich bedenkliche Ausmaße erreichte die Reduktion der effektiven Rechtsbindung nur dann, wenn §46 VwVfG in anderer als hier befürworteter Weise ausgelegt und auch die gerichtliche Feststellung der Rechtsverletzung abgelehnt würde.

d) *Mißachtung des Eigenwerts des Verfahrensrechts*

Ein Verstoß könnte möglicherweise auch aus der eventuell mit §46 VwVfG verbundenen Mißachtung des Eigenwerts der Verfahrensrechte verbunden sein[203], da den Verfahrensrechten über ihren Zweck der Sicherung materieller Rechte hinaus ein weiterreichender Sinn innewohnt, der auf die Gewährleistung eines ordnungsgemäßen, rechtsstaatlichen, fairen, menschenwürdigen Verfahrens gerichtet ist, ohne daß es insoweit auf das „richtige" Ergebnis ankommt. Dieser eigenständige, vom Verfahrensergebnis unabhängige Zweck von Verfahrensregelungen kann sicher sowohl grundrechtlich als auch im Rechtsstaatsprinzip verfassungsrechtlich verankert werden. Gleichwohl zwingt er nicht zu der durch §46 VwVfG in bestimmten Fällen ausgeschlossenen Sanktion des Aufhebungsanspruchs. Zwar mag es sich bei dem Anspruch auf Aufhebung des verfahrensfehlerhaften Verwaltungsakts um eine besonders effektive Sanktion zur Durchsetzung von Verfahrenspflichten handeln. Die verfassungsrechtlich allein mögliche und deshalb geforderte ist sie sicher nicht. Zudem liegt angesichts der Tatbestandsvoraussetzungen des §46 VwVfG wie gezeigt auch diese Sanktion weit mehr im Bereich des Möglichen als allgemein angenommen wird. Die unter Umständen drohende Aufhebung des Verwaltungsakts trägt einen erheblichen Teil zur Sicherung der Effektivität der Verfahrenspflichten bei. Dies gilt ebenso für die (zudem mit Kosten verbundene) gerichtliche Feststellung der Rechtswidrigkeit und Rechtsverletzung, die lediglich ein Feststellungsinteresse des Betroffenen voraussetzt. Insgesamt lassen sich daher auch unter dem Blickwinkel des Eigenwerts des Verfahrensrechts keine durchschlagenden Bedenken gegen die Verfassungsmäßigkeit des §46 VwVfG ableiten.

e) *Beruhen als unsicheres und deshalb ungeeignetes Kriterium*

Schließlich könnten noch Einwände gegen einen Ausschluß des Aufhebungsanspruchs bei fehlendem Beruhen der Sachentscheidung auf dem Fehler erhoben werden, die sich aus den Schwierigkeiten ergeben, das Bestehen oder Fehlen eines Einflusses auf die Sachentscheidung festzustellen. Wäre für diese Feststellung ei-

[203] Nicht so weitreichend *Schmidt-Aßmann*, Das allgemeine Verwaltungsrecht als Ordnungsidee, 6. Kap. Tz. 139 Ziff. 5, der aber immerhin aus §46 VwVfG als eines von neun bestimmenden Merkmalen des Gesetzeskonzepts des VwVfG die dienende Funktion der verfahrensrechtlichen Regelungen ableitet.

ne Rekonstruktion des behördlichen Entscheidungsprozesses erforderlich[204], so ergäben sich die verfassungsrechtlichen Bedenken gegen das Beruhenskriterium aus seiner fehlenden Praxistauglichkeit, da das ursprüngliche Verwaltungsverfahren nicht wiederholbar ist. So kann in den meisten Fällen weder sicher ermittelt werden, ob sich der Fehler auf die Sachentscheidung ausgewirkt hat, noch umgekehrt, ob er keinen Einfluß hatte. Dies führt zu Unsicherheiten in der Beurteilung, die das Kriterium des Beruhens unbrauchbar machen könnten. Selbst wenn daher ein Ausschluß des Aufhebungsanspruchs grundsätzlich als legitimierbar anzusehen wäre, muß dies nicht zwangsläufig auch für das Kriterium des Beruhens gelten.

Derartige Bedenken erscheinen jedoch im Ergebnis nicht durchschlagend. Die genannten Schwierigkeiten im Umgang mit dem Beruhenskriterium sind jedoch nicht nur für § 46 VwVfG, sondern schon seit langem auch für Normen des Prozeßrechts bekannt. Da ein alternativer Geschehensablauf nie sicher „rekonstruierbar" ist, entspricht es im Prozeßrecht zum Teil auch ohne ausdrückliche Regelung einhelliger Auffassung, daß es für die Aufhebung eines Urteils infolge eines Verfahrensfehlers schon ausreicht, wenn die Auswirkung des Fehlers auf die Entscheidung in der Sache nicht ausgeschlossen werden kann[205]. Schon bei nur möglicher Ergebnisrelevanz wird der Aufhebungsanspruch nicht beschränkt. Diese wohl einhellige Auffassung wird für den Bereich der Verwaltungsgerichtsbarkeit zum einen mit der in § 132 Abs. 2 Nr. 2 und 3 VwGO angelegten Differenzierung zwischen materiellrechtlichen Fehlern und Verfahrensmängeln begründet. Für Verfahrensmängel reicht es danach im Gegensatz zum Revisionsgrund der materiellen Abweichung von Entscheidungen der obersten Bundesgerichte aus, wenn das Urteil auf dem Mangel beruhen „kann". Diese Differenzierung rechtfertigt sich gerade daraus, daß sich die Folgen von Verfahrensfehlern anders als die von materiellen Fehlern meist nicht mit Sicherheit feststellen lassen[206]. Die prozessualen Regelungen ermöglichen eine praktikable Auslegung und Anwendung des Beruhenskriteriums.

Die Auslegung des § 46 VwVfG wird die praktischen Schwierigkeiten im Umgang mit dem Beruhenskriterium zu berücksichtigen haben[207]. Die Ungeeignetheit des Kriteriums kann jedoch nicht festgestellt werden.

---

[204] So tatsächlich für den Fall des § 46 VwVfG *Jochum*, Verwaltungsrecht und Verwaltungsprozeßrecht, S. 148.

[205] Vgl. etwa BGH, Urt. v. 20. 3. 1995 – II ZR 198/94, NJW 1995, 1841 (1842); *Ball*, in: Musielak, ZPO, § 545 Rdnr. 11 m. w. Nachw.; *Rosenberg/Schwab/Gottwald*, Zivilprozeßrecht, § 141 Rdnr. 41 f.; *Wenzel*, in: Münchener Kommentar zur ZPO, ZPO-Reform, § 545 Rdnr. 14, § 561 Rdnr. 2; für die VwGO *Eichberger*, in: Schoch/Schmidt-Aßmann/Pietzner, VwGO, § 137 Rdnr. 108; *Kopp/Schenke*, VwGO, § 137 Rdnr. 23.

[206] S. nur *Eichberger*, in: Schoch/Schmidt-Aßmann/Pietzner, VwGO, § 137 Rdnr. 108.

[207] Vgl. dazu unten VI (S. 291 ff.).

V. Die Vereinbarkeit mit dem europäischen Gemeinschaftsrecht

1. *Kritik im Schrifttum*

Zu Recht beachtliche und weiter ansteigende Aufmerksamkeit haben die nationalen Fehlerfolgenregelungen und insbesondere §46 VwVfG seit einigen Jahren unter dem Blickwinkel ihrer Vereinbarkeit mit dem europäischen Gemeinschaftsrecht erfahren. Mittlerweile dürfte sich die für Teile der deutschen Rechtswissenschaft zunächst erschreckende Erkenntnis durchgesetzt haben, daß gerade das nationale Verwaltungsverfahrensrecht wie auch das Verwaltungsprozeßrecht von einer Europäisierung nicht ausgespart bleibt. Die Europäisierung des Rechts gilt nicht zu Unrecht seit geraumer Zeit als „das Thema der Stunde“[208]; mit ihr gerät das gesamte Recht auf den Prüfstand der Gemeinschaftsrechtskompatibilität. Zugleich eröffnet sie aber auch vielfältige neue Perspektiven auf das nationale Recht, mit denen einerseits zwar zusätzliche Anstrengungen von der Rechtswissenschaft gefordert, andererseits aber nicht zuletzt beachtliche Chancen für die Weiterentwicklung des nationalen Rechts verbunden sind[209]. Die Europäisierung des nationalen Rechts gibt zahlreiche wichtige Anstöße, vermeintliche Selbstverständlichkeiten im nationalen Recht kritisch zu hinterfragen und dabei manche Ungereimtheit zu beseitigen. Gerade das soll auch hier die Sichtweise für eine Beschäftigung mit den nationalen Fehlerfolgenregelungen im Hinblick auf deren Vereinbarkeit mit dem Gemeinschaftsrecht sein.

Insofern erscheint es in mehrfacher Hinsicht überaus wichtig, nationale Rechtsänderungen, wie sie etwa durch die zahlreichen Beschleunigungsbemühungen der deutschen Gesetzgeber auf dem Gebiet des Verwaltungsrechts geschaffen wurden[210], vor dem Hintergrund der gemeinschaftsrechtlichen Vorgaben beim indirekten Vollzug von Gemeinschaftsrecht kritisch zu prüfen. Nach den bisherigen Erfahrungen zu den Einwirkungen des Gemeinschaftsrechts waren im Bereich des deutschen Verwaltungsrechts zum Teil durchaus erhebliche Korrekturen nötig[211], wenngleich es sich dabei – zumindest ganz überwiegend –

---

[208] *Wahl*, DVBl. 2003, 1285.

[209] Vgl. etwa für den Fall der Reichweite des Vertrauensschutzes nach §48 Abs.2 VwVfG *Schmidt-Aßmann*, Verwaltungsverfahren und Verwaltungsverfahrensgesetz, S.429 (441).

[210] S. dazu oben in der Einleitung, §1 A (S.1ff.).

[211] Bekannte Beispiele betreffen vor allem das Staatshaftungsrecht (Haftung für normatives Unrecht; vgl. näher etwa *Ehlers*, JZ 1996, 776ff.; *Hermes*, Die Verwaltung 31 [1998], 371ff.) oder die Rückforderung von Beihilfen (vgl. *Ehlers*, Die Verwaltung 31 [1998], 53 [54ff.]; *Scheuing*, Die Verwaltung 34 [2001], 107ff.; *Suerbaum*, VerwArch. 91 [2000], 169ff.); im Prozeßrecht (s. dazu etwa *Burgi*, Verwaltungsprozeß und Europarecht, S.64ff.; *Classen*, Die Europäisierung der Verwaltungsgerichtsbarkeit, 1996; *Schoch*, Die Europäisierung des verwaltungsgerichtlichen Rechtsschutzes, 2000, insbes. S.27ff.) erscheinen z.B. gewisse Erweiterungen der Klagebefugnis gem. §42 Abs.2 VwGO (s. nur *Ruthig*, BayVBl. 1997, 289ff.) oder im Bereich des vorläufigen Rechtsschutzes die stärkere Berücksichtigung des Vollzugsinteresses im Gemeinschaftsrecht (vgl. *Schoch*, DVBl. 1997, 289ff.) erforderlich.

nur um Erfordernisse zur gemeinschaftsrechtskonformen Auslegung geltenden Rechts, also praktisch um die Notwendigkeit von Rechtsprechungsänderungen handelte. Fälle der Gemeinschaftsrechtswidrigkeit nationaler Regelungen, die nur durch Gesetzesänderungen beziehungsweise durch die Nichtanwendung einer Norm hätten ausgeräumt werden können, dürften im Bereich des allgemeinen Verwaltungsrechts äußerst selten sein und sind bisher durch den EuGH nicht festgestellt worden[212].

Ob dieser Befund auch auf § 46 VwVfG zutrifft, erscheint nach dem Eindruck, den das Schrifttum vermittelt, jedoch durchaus fraglich[213]. Eine Vielzahl von Stellungnahmen sieht erhebliche Divergenzen zwischen den gemeinschaftsrechtlichen Anforderungen an die Fehlerfolgen bei verfahrensfehlerhaften Verwaltungsakten und den nationalen Regelungen wie vor allem § 46 VwVfG[214]. In diesen werden häufig grundlegende Systemunterschiede zwischen dem Verständnis der Bedeutung von Verfahren und Verfahrensfehlern ausgemacht[215]. Für das deutsche Recht ist von einer „Geringschätzung des Verfahrens“[216], der „Bagatellisierung der Verfahrensrechte“[217], einer „Verfahrensmarginalisierung“[218] und schließlich einer „anti-prozeduralen Grundtendenz der §§ 45, 46 VwVfG“[219] die Rede. Gäbe es nicht einzelne vorsichtigere und differenzierendere Stellungnah-

[212] Zumindest als „Kandidat“ einer gemeinschaftsrechtswidrigen Regelung wird jedoch § 48 Abs. 4 VwVfG angesehen, z.B. von *Schoch*, Die europäische Perspektive des Verwaltungsverfahrens- und Verwaltungsprozeßrechts, S. 279 (312); krit. dagegen etwa *Suerbaum*, VerwArch. 91 (2000), 169 (194ff.).

[213] Zumindest in der Anfangsphase der Diskussion über den Einfluß des Gemeinschaftsrechts wurde die Problematik jedoch häufig gar nicht angesprochen, s. etwa für die die UVP BVerwG, Beschl. v. 30. 8. 1995 – 4 B 185/95, NVwZ-RR 1996, 253; *Schmidt-Preuß*, DVBl. 1995, 485 (494); *Hien*, NVwZ 1997, 422 (424f.).

[214] S. etwa *Dörr*, in: Sodan/Ziekow (Hrsg.), VwGO, Europäischer Verwaltungsrechtsschutz Rdnr. 459; *Erbguth*, NuR 1997, 261 (264) – betr. die „Kausalitätsrechtsprechung“; *Hufen*, Verwaltungsprozessrecht, § 25 Rdnr. 13; *Kahl*, VerwArch. 95 (2004), 1ff.; *Nehl*, Wechselwirkungen, S. 135 (136ff.); *Schäfer*, in: Obermayer, VwVfG, § 46 Rdnr. 17; *Streinz*, VVDStRL 61 (2002), 300 (329 iVm. 462); *Voßkuhle*, Der Wandel von Verwaltungsrecht und Verwaltungsprozeßrecht in der Informationsgesellschaft, S. 349 (398ff.); *Wahl*, DVBl. 2003, 1285ff.; *Wegener*, ZUR 1996, 324 (325f.); *Ziekow*, Modernisierung, S. 69 (72); zuletzt vehement sowohl in völkerrechtlicher als auch gemeinschaftsrechtlicher Hinsicht *ders.*, NVwZ 2005, 263ff.; wohl ebenso *Jarass*, Europäisierung des Planungsrechts, S. 9 (22f.); tendenziell auch *Hatje*, DÖV 1997, 477 (480f.). Differenzierend dagegen *Classen*, Die Verwaltung 31 (1998), 307 (327ff.); im wesentlichen bezogen auf § 45 VwVfG *Kokott*, Die Verwaltung 31 (1998), 335 (336f., 365ff.).

[215] S. neben den vorausgehend genannten auch *Breuer*, Diskussionsbeitrag, VVDStRL 61 (2002), 430 (431); *Henneke*, in: Knack, VwVfG, Vor § 1 Rdnr. 27; *Hoffmann-Riem*, Strukturen, S. 317 (347ff.); *Holznagel*, Effizienz, S. 205 (220); *Hufen*, Verwaltungsprozessrecht, § 1 Rdnr. 38f.; *Wahl*, in: Schoch/Schmidt-Aßmann/Pietzner, VwGO, Vorb § 42 Abs. 2 Rdnr. 125.

[216] *Kahl*, VerwArch. 95 (2004), 1 (4).

[217] Ebd., S. 6.

[218] Ebd., S. 7.

[219] Ebd., S. 8.

men[220], liefe schon der bloße Versuch, Zweifel an dieser Einschätzung zu äußern, Gefahr, als „Ausblendungsstrategie"[221] gebrandmarkt zu werden. Nach hier vertretener Einschätzung ist jedoch der stereotype Hinweis auf vermeintliche strukturelle Divergenzen zwischen nationalem und gemeinschaftsrechtlichem Fehlerfolgenrecht nicht geeignet, die Thematik angemessen und auf der Basis des geltenden Rechts unter hinreichender Beachtung der Details zu bewältigen.

2. *Die Anforderungen des Gemeinschaftsrechts*

a) *Ausgangsüberlegungen*

Die verbreitete Einschätzung, im Gemeinschaftsrecht komme der Einhaltung der Verfahrensregelungen eine ungleich größere Bedeutung zu als im nationalen Recht, erscheint für eine Beurteilung der Vereinbarkeit des § 46 VwVfG mit dem Gemeinschaftsrecht wenig bis gar nicht geeignet. Solchen Bewertungen kann für sich betrachtet noch keinerlei Aussagekraft hinsichtlich der Notwendigkeit einer Anpassung des nationalen Rechts an das Gemeinschaftsrecht zukommen. So ist bereits unklar, wie die behauptete Relation zwischen dem Gemeinschaftsrecht und dem nationalen Recht ermittelt wurde und worauf sie sich genau bezieht. Sollte es sich um die Beschreibung der Bedeutung des Verfahrensrechts im Vergleich zu der des materiellen Rechts handeln, fehlte ihr von vornherein jede Aussagekraft für die nationalen Fehlerfolgenregelungen. Denn die größere Bedeutung des Verfahrensrechts im Verhältnis zum materiellen Recht hängt maßgeblich mit der anerkanntermaßen beschränkten Kontrolldichte im Hinblick auf das materielle Recht zusammen. Findet nur eine eingeschränkte Inhaltskontrolle statt, gewinnt konsequenterweise die Prüfung der Einhaltung des Verfahrens – relativ – mehr Gewicht. Ob dem Verfahrensrecht im Vergleich zu einer nationalen Rechtsordnung aber eine absolut größere Bedeutung beigemessen wird, läßt sich daraus noch gar nicht ableiten.

Aber selbst wenn die Aussagen zu den grundlegenden Systemunterschieden nicht auf einen Vergleich der relativen Bedeutung des Verfahrensrechts im Verhältnis zum materiellen Recht zurückgehen, ist größte Vorsicht geboten. Zum einen fehlt es regelmäßig schon am Versuch einer exakten Analyse des Gemeinschaftsrechts einschließlich der hier besonders relevanten Rechtsprechung des EuGH. Im Gegenteil gründet sich das Gesamturteil meist auf einzelne, zudem auch inhaltlich nur begrenzt erfaßte Judikate. Auch der Umstand, daß das natio-

---

220 S. neben *Classen*, Die Verwaltung 31 (1998), 307 (327ff.), z.B. *Schoch*, Die europäische Perspektive des Verwaltungsverfahrens- und Verwaltungsprozeßrechts, S. 279 (292, 299f., 312f.); *ders.*, Festgabe 50 Jahre BVerwG, S. 507 (523ff.); *Schmidt-Aßmann*, Strukturen des europäischen Verwaltungsrechts, S. 9 (36f.), die jedoch gleichfalls gegenüber § 46 VwVfG eine grundsätzlich kritische Grundhaltung einnehmen. Vorsichtig und differenzierend auch *Sachs*, in: Stelkens/Bonk/Sachs, VwVfG, § 45 Rdnr. 176ff.

221 Auch dieser Begriff wird von *Kahl*, VerwArch. 95 (2004), 1 (3), verwendet.

nale Recht seit Erlaß der Verwaltungsverfahrensgesetze als geschriebenes Recht etwa mit den §§45, 46 VwVfG ausdrücklich Normen kennt, die die Fehlerfolgen bei Verfahrensfehlern einschränken, wirft noch kein Licht auf die Bedeutung der Verfahrensfehler im nationalen Recht.

Zum anderen stößt ein allgemeiner Vergleich selbst bei umfassender Auswertung der Rechtsprechung auf erhebliche rechtliche Schwierigkeiten. Fraglich ist nämlich schon, welche Bedeutung Aussagen des EuGH zum EG-Eigenverwaltungsrecht für das Gemeinschaftsverwaltungsrecht, verstanden als das kraft Gemeinschaftsrechts in allen und für alle Mitgliedstaaten verbindliche Verwaltungsrecht[222], zukommt[223]. Der rechtliche Ausgangspunkt für die Bedenken, die gegen die Regelung des §46 VwVfG aus gemeinschaftsrechtlicher Sicht vorgebracht werden, ist die (auch) in Art. 10 EGV zum Ausdruck kommende Pflicht der Mitgliedstaaten, das nationale Recht so auszugestalten, daß die Vorgaben des Gemeinschaftsrechts ihre volle praktische Wirksamkeit („effet utile") entfalten können[224]. Diese im Ausgangspunkt auf die Umsetzung von Richtlinien durch den nationalen Gesetzgeber zugeschnittene Verpflichtung gilt allgemein für jedes staatliche Verhalten und vor allem über den Fall der Richtlinienumsetzung hinaus. So hat der EuGH für den Bereich des indirekten Vollzugs von Gemeinschaftsrecht zwei Anforderungen aufgestellt, für die er seit geraumer Zeit die Bezeichnungen „Grundsatz der Gleichwertigkeit" (oder zuletzt „Äquivalenzgrundsatz") und „Grundsatz der Effektivität" (oder „Effektivitätsgrundsatz") verwendet[225]. Nach dem Grundsatz der Äquivalenz oder Gleichwertigkeit (auch Diskriminierungsverbot) dürfen die mitgliedstaatlichen Normen nicht die gleichartigen rein innerstaatlichen Sachverhalte günstiger behandeln[226]. Ein Konflikt

---

[222] S. *Schmidt-Aßmann*, DVBl. 1993, 924 (926).

[223] Zu den Begriffen und der Trennung der Materien in Anknüpfung an den Vollzug (direkt/indirekt) im Anschluß an *Schmidt-Aßmann*, DVBl. 1993, 924ff., s. auch *Hegels*, EG-Eigenverwaltungsrecht und Gemeinschaftsverwaltungsrecht, S. 17, 34ff.

[224] Vgl. z.B. *Kadelbach*, Allgemeines Verwaltungsrecht unter europäischem Einfluß, S. 143ff.; *Kahl*, in: Calliess/Ruffert (Hrsg.), Kommentar zum EUV und EGV, Art. 10 EGV Rdnr. 19; *Streinz*, in: Streinz, EUV/EGV, Art. 10 EGV Rdnr. 19.

[225] S. stellv. EuGH, Urt. v. 10.7. 1997 – Rs. C-261/95 (Palmisani), Slg. 1997, I-4025 (4046 Tz. 27); Urt. v. 15. 9. 1998 – Rs. C-231/96 (Edis), Slg. 1998, I-4951 (4990f. Tz. 34ff.); Urt. v. 15. 9. 1998 – Rs. C-260/96 (Spac), Slg. 1998, I-4997 (5019 Tz. 18ff.); Urt. v. 15.9. 1998 – verb. Rs. C-279–281/96 (Ansaldo Energia), Slg. 1998, I-5025 (5049 Tz. 27); Urt. v. 17. 11. 1998 – Rs. C-228/96 (Aprile), Slg. 1998, I-7141 (7173 Tz. 18); Urt. v. 1. 12. 1998 – Rs. C-326/96 (Levez/Jennings), Slg. 1998, I-7835 (7864f. Tz. 18); Urt. v. 9. 2. 1999 – Rs. C-343/96 (Dilexport), Slg. 1999, I-579 (611 Tz. 25f.); Urt. v. 24. 9. 2002 – Rs. C-255/00 (Grundig Italiana), Slg. 2002, I-8003 (8026 Tz. 33); Urt. v. 9. 12. 2003 – Rs. C-129/00 (Kommission/Italien), Slg. 2003, I-14637 (Tz. 25); Urt. v. 17.6. 2004 – Rs. C-30/02 (Recheio), Tz. 17; Urt. v. 20. 1. 2005 – Rs. C-245/03 (Merck, Sharp & Dohme), Tz. 29; s. dazu auch *Kadelbach*, Allgemeines Verwaltungsrecht unter europäischem Einfluß, S. 115ff., 131ff.; *Scheuing*, Die Verwaltung 34 (2001), 107 (109).

[226] Vgl. stellv. *Kahl*, in: Calliess/Ruffert (Hrsg.), Kommentar zum EUV und EGV, Art. 10 EGV Rdnr. 24; *Streinz*, in: Streinz, EUV/EGV, Art. 10 EGV Rdnr. 27.

der Regelung des §46 VwVfG mit diesem Grundsatz scheidet von vornherein aus; entsprechend bedarf es dazu keiner weiteren Erörterungen.

Nach dem hier allein relevanten Effektivitätsgrundsatz, der teilweise auch als „Grundsatz der einheitlichen Wirksamkeit des Gemeinschaftsrechts“[227] oder häufig als „Effizienzgebot“[228] bezeichnet wird, dürfen die Vorschriften des nationalen Rechts die Ausübung der vom Gemeinschaftsrecht verliehenen Rechte nicht praktisch unmöglich machen oder übermäßig erschweren[229]. Der Effektivitätsgrundsatz könnte der Regelung des §46 VwVfG entgegenstehen, wenn durch den mit §46 VwVfG verbundenen Ausschluß des Aufhebungsanspruchs die Ausübung eines subjektiven Gemeinschaftsrechts praktisch unmöglich gemacht oder übermäßig erschwert wird. Im konkreten Fall des Verfahrensverstoßes käme es wohl zu keinem sachlichen Unterschied, wenn das Effektivitätsgebot als auf das gesamte objektive Recht bezogen angesehen würde. Mit der Ausschluß des Aufhebungsanspruchs durch §46 VwVfG wäre dann eine Verletzung des Gebots verbunden, wenn die Durchführung des (auch rein objektiven) Gemeinschaftsrechts praktisch unmöglich gemacht oder übermäßig erschwert würde.

Wann eine solche Konstellation vorliegt, die auch als „indirekte Kollision“ bezeichnet wird[230], läßt sich auch anhand der Rechtsprechung des Europäischen Gerichtshofs nur schwer bestimmen. Die Anwendung von §46 VwVfG führt zu einem Ausschluß des Aufhebungsanspruchs und damit sicher zu einer Schwächung der Durchsetzung des Verfahrensrechts. Gleichzeitig bewirkt die Regelung aber keine völlige Sanktionslosigkeit auch im Hinblick auf den in dem fehlerhaften Verfahren erlassenen Verwaltungsakt, der als rechtswidrig und subjektiv rechtsverletzend anzusehen ist. Ob dies in Verbindung mit der prozessualen Rechtsschutzmöglichkeit durch eine Feststellung der Rechtswidrigkeit und

---

[227] S. etwa *Dörr*, in: Sodan/Ziekow (Hrsg.), VwGO, Europäischer Verwaltungsrechtsschutz Rdnr. 459; *Nettesheim*, Gedächtnisschrift für Grabitz, S. 447ff.

[228] Vgl. nur *v. Bogdandy*, in: Grabitz/Hilf, EU, Art. 5 EGV Rdnr. 46; *Burgi*, DVBl. 1995, 772 (778); *Gornig/Trüe*, JZ 1993, 934 (937); *Jarass*, Grundfragen der innerstaatlichen Bedeutung des EG-Rechts, S. 8; *Kokott*, DVBl. 1993, 1235 (1239); *Streinz*, in: Streinz, EUV/EGV, Art. 10 EGV Rdnr. 26; gegen den Begriff etwa *Kadelbach*, Allgemeines Verwaltungsrecht unter europäischem Einfluß, S. 115 Fußn. 365.

[229] S. nur *Kahl*, in: Calliess/Ruffert (Hrsg.), Kommentar zum EUV und EGV, Art. 10 EGV Rdnr. 24; *Scheuing*, Die Verwaltung 34 (2001), 107 (109); aus der älteren Rechtsprechung etwa EuGH, Urt. v. 5. 3. 1980 – Rs. 265/78 (Fewerda), Slg. 1980, 617 (629 Tz. 10); Urt. v. 27. 3. 1980 – Rs. 61/79 (Denkavit), Slg. 1980, 1205 (1226 Tz. 25); Urt. v. 12. 6. 1980 – Rs. 119, 126/79 (Lippische Hauptgenossenschaft), Slg. 1980, 1863 (1879 Tz. 8); Urt. v. 6. 5. 1982 – verb. Rs. 54/81 (Fromme), Slg. 1982, 1449 (1463 Tz. 6); Urt. v. 6. 5. 1982 – verb. Rs. 146, 192, 193/81 (BayWa), Slg. 1982, 1503 (1533 Tz. 22); Urt. v. 21. 9. 1983 – verb. Rs. 205–215/82 (Deutsche Milchkontor), Slg. 1983, 2633 (2665f. Tz. 19); zu diesen Fällen auch *Scheuing*, Die Verwaltung 34 (2001), 107 (111ff.). Allgemein auf das objektive Recht bezogene Formulierungen z.B. bei *Kadelbach*, Allgemeines Verwaltungsrecht unter europäischem Einfluß, S. 131; *Streinz*, in: Streinz, EUV/EGV, Art. 10 EGV Rdnr. 27.

[230] S. *Huthmacher*, Der Vorrang des Gemeinschaftsrechts bei indirekten Kollisionen, S. 1ff.; vgl. weiter *Bogdandy/Nettesheim*, in: Grabitz/Hilf, EGV-Maastrichter Fassung, Art. 1 Rdnr. 36.

Rechtsverletzung schon ausreicht, um einen Verstoß gegen das Effektivitätsgebot ausschließen zu können, erscheint allerdings nicht sicher.

In der Literatur ist für die Frage der Feststellung, wann eine nationale Vorschrift die Wirkung des Gemeinschaftsrechts praktisch unmöglich macht, eine Ausschlußprüfung vorgeschlagen worden. Danach kann eine gemeinschaftsrechtswidrige Wirksamkeitsschmälerung nicht vorliegen, wenn die zu prüfende nationale Regelung eine Entsprechung im Gemeinschaftsrecht (gemeint ist das EG-Eigenverwaltungsrecht) und auch in den Rechtsordnungen der anderen Mitgliedstaaten findet[231]. Entsprechend ließe sich auf die Vereinbarkeit des §46 VwVfG mit dem Gemeinschaftsrecht schließen, wenn eine vergleichbare (geschriebene oder ungeschriebene) Regelung auch im Eigenverwaltungsrecht der EG sowie im Recht anderer Mitgliedstaaten nachweisbar wäre. Den vorausgehend zitierten Bewertungen der allgemeinen Bedeutung des Verfahrensrechts im Gemeinschaftsrecht käme demgegenüber keine entsprechende Relevanz zu.

Prima facie weist diese Art der Prüfung eine erhebliche Plausibilität auf: Das Gemeinschaftsrecht kann, will es nicht widersprüchlich erscheinen, wohl keine strengeren Voraussetzungen an das Recht der Mitgliedstaaten stellen, als es selbst für die eigene Verwaltung normiert hat. Doch erweist sich diese Argumentation als durchaus angreifbar. So lassen sich nämlich für unterschiedliche Inhalte des EG-Eigenverwaltungsrechts und des Gemeinschaftsverwaltungsrechts durchaus Gründe finden. Das Gemeinschaftsverwaltungsrecht mit seinen diversen Adressaten in den einzelnen Mitgliedstaaten will den gleichmäßigen Vollzug durch sehr unterschiedliche nationale Verwaltungen in sämtlichen Mitgliedstaaten steuern. Demgegenüber beschränkt sich die Aufgabe des EG-Eigenverwaltungsrechts auf die Steuerung von EG-Organen, die allein auf das EG-Recht konzentriert sind und zudem regelmäßig über ein gegenüber nationalen Behörden erhöhtes Interesse oder Bestreben an der Einhaltung des EG-Rechts verfügen[232]. Daher wäre es keineswegs widersprüchlich, der Beachtung von Verfahrensregeln im Gemeinschaftsverwaltungsrecht größere Bedeutung beizumessen und eine Verletzung strikter zu sanktionieren. Es erscheint daher nicht von vornherein ausgeschlossen, entsprechende nationale Regelungen, die zu einer Begrenzung der Fehlerfolgen führen, selbst dann als gemeinschaftsrechtswidrig anzusehen, wenn vergleichbare Fehlerfolgenbegrenzungen im EG-Eigenverwaltungsrecht anerkannt sind.

---

[231] S. *Nettesheim*, Gedächtnisschrift für Grabitz, S. 447 (460), unter Hinweis auf EuGH, Urt. v. 21. 9. 1983 – verb. Rs. 205–215/82 (Deutsche Milchkontor), Slg. 1983, 2633 (2669 Tz. 30); dafür auch *Gellermann*, DÖV 1996, 433 (442), ohne allerdings die fehlende Übereinstimmung mit der Rechtsprechung des BVerwG zum Planfeststellungsrecht zu bemerken; s. auch *Ruthig*, BayVBl. 1997, 289 (297).

[232] Zu diesem Gesichtspunkt s. bereits *Schmidt-Aßmann*, DVBl. 1993, 924 (926); aufgegriffen auch von *Hegels*, EG-Eigenverwaltungsrecht und Gemeinschaftsverwaltungsrecht, S. 60.

Andererseits ändern die Überlegungen nichts daran, daß das EG-Eigenverwaltungsrecht wie auch das Recht der Mitgliedstaaten zentrale Aufschlüsse über den Inhalt des Gemeinschaftsverwaltungsrechts geben können, sofern es sich um ungeschriebenes Recht handelt. Die fehlende Notwendigkeit zur Parallelität läßt lediglich keine zwingenden Schlüsse vom EG-Eigenverwaltungsrecht auf das Gemeinschaftsverwaltungsrecht zu; eine Indizwirkung besteht jedoch sicher.

b) Die Anforderungen im Recht der Mitgliedstaaten und im EG-Eigenverwaltungsrecht

Bei der Untersuchung unter diesen Vorzeichen ergibt sich folgender Befund: Ohne den vorausgehend herausgearbeiteten, §46 VwVfG tragenden Grundgedanken des Beruhens[233], nach dem es zum Ausschluß des Aufhebungsanspruchs kommt, wenn die Entscheidung in der Sache nicht auf dem Fehler beruht, läßt sich praktisch keine Rechtsordnung sinnvoll denken. Demzufolge lassen sich aufbauend auf einer Reihe von rechtsvergleichenden Untersuchungen in zahlreichen Rechtsordnungen von Mitgliedstaaten des EU geschriebene oder ungeschriebene Rechtssätze nachweisen, die im Kern §46 VwVfG entsprechen.

Eine angesichts geringerer materiellrechtlicher Kontrolldichte (jedenfalls relativ) stärker als in Deutschland auf die verfahrensrechtliche Kontrolle ausgerichtete Rechtskontrolle findet sich in Frankreich. Dennoch führt auch hier keineswegs jeder Verfahrensfehler zur Aufhebung des in dem fehlerhaften Verfahren erlassenen Verwaltungsakts. Die Dogmatik der Auswirkung von Verfahrensfehlern auf die Sachentscheidung trennt verschiedene Gründe für deren „Unbeachtlichkeit", zum einen die sogenannte Theorie der unbeachtlichen Klagegründe bei gebundenen Entscheidungen, zum anderen die Unterscheidung von wesentlichen und unwesentlichen Förmlichkeiten[234]. Eines der für die Abgrenzung zwischen wesentlichen und unwesentlichen Vorschriften meist verwendeten Kriterien ist das der „konkreten Ergebnisrelevanz", wonach ein Verfahrensfehler unbeachtlich ist, wenn er im Einzelfall keinen Einfluß auf die Sachentscheidung hatte[235]. Ein anderes verbreitetes Kriterium ist das der Zweckerreichung, nach dem der Verfahrensverstoß unerheblich ist, wenn der Zweck der konkreten Verfahrensanforderung trotz des Verstoßes erreicht wurde[236]. Diese Fälle der Begrenzung der Erheblich-

---

[233] S. oben III 4 (S. 254ff.).

[234] S. dazu eingehend *Ladenburger*, Verfahrensfehlerfolgen im französischen und im deutschen Verwaltungsrecht, S. 156ff.; weitere Hinweise auch bei *Pietzcker*, in: Festschrift für Maurer, S. 695 (698f.).

[235] S. *Ladenburger*, Verfahrensfehlerfolgen, S. 164 (Fußn. 34), 193ff. m. w. Nachw.; speziell für den Fall der Mitwirkung befangener Amtsträger *Maier*, Befangenheit im Verwaltungsverfahren, S. 137f.; s. auch den Hinweis bei *Bleckmann*, Europarecht, Rdnr. 857.

[236] *Ladenburger*, Verfahrensfehlerfolgen, S. 198ff.; auf den Fall der Zweckerreichung als Fall fehlenden Beruhens weisen für das nationale Recht auch hin *Schmidt-Aßmann/Krämer*, EuZÖR 1993, Sonderheft, S. 99 (115f.).

keit von Verfahrensverstößen betreffen gerade Verwaltungsentscheidungen mit einem Entscheidungsspielraum. Allein damit kann bereits die bei allen Unterschieden im Detail vorhandene Parallelität zwischen dem französischen und dem deutschen Verfahrensfehlerfolgenrecht belegt werden.

Ein entsprechendes Ergebnis ergibt ein Vergleich mit dem österreichischen Recht. Hier findet sich mit § 42 Abs. 2 Nr. 3 VwGG[237] die (prozessuale) Regelung, nach der der angefochtene Bescheid aufzuheben ist „wegen Rechtswidrigkeit infolge Verletzung von Verfahrensvorschriften, und zwar weil a) der Sachverhalt von der belangten Behörde in einem wesentlichen Punkt aktenwidrig angenommen wurde oder b) der Sachverhalt in einem wesentlichen Punkt einer Ergänzung bedarf oder c) Verfahrensvorschriften außer acht gelassen wurden, bei deren Einhaltung die belangte Behörde zu einem anderen Bescheid hätte kommen können". Obwohl das Verhältnis zwischen der Verwaltungsgerichtsbarkeit und der Verwaltung ein anderes ist als im deutschen Recht, wie die Regelung im Hinblick auf die Sachverhaltsfehler belegt[238], verlangt § 42 Abs. 2 Nr. 3 lit. c VwGG ein Beruhen-Können der Sachentscheidung auf dem Fehler. Der danach für die Aufhebung erforderliche mögliche Einfluß des Fehlers auf den Inhalt des Bescheids entspricht der allgemeinen Dogmatik in Österreich[239].

Entsprechendes wird in der Literatur auch für Portugal nachgewiesen. Danach habe das Oberste Verwaltungsgericht den Grundsatz aufgestellt, daß ein Verwaltungsakt nicht allein wegen der Verletzung begleitender oder instrumenteller Normen aufgehoben werden kann, wenn in der Sache keine andere Entscheidung hätte getroffen werden können[240]. Für den Verfahrensfehler der Mitwirkung befangener Amtsträger ist die Relevanz des Beruhens darüber hinaus auch für Griechenland, Spanien, die Niederlande, Belgien, Schweden, Finnland[241] und Dänemark belegt worden[242].

Dem hier nur sehr grob skizzierten Bild aus diversen Rechtsordnungen kontinentaleuropäischer Mitgliedstaaten der Europäischen Gemeinschaft hinsichtlich des Ausschlusses von Aufhebungsansprüchen bei Verwaltungsakten, die nach einem fehlerhaften Verfahren erlassen wurden, entspricht im Grundsatz auch die Rechtslage in Großbritannien, auch wenn angesichts der common-law-Tradition

---

237 Verwaltungsgerichtshofgesetz 1985, BGBl. Nr. 10/1985.

238 Von einem solchen Verhältnis auch im deutschen Recht geht aber offenbar *Gerhardt*, Verhältnis von Verwaltungsverfahren und Verwaltungsprozess, S. 413 (419ff.), aus.

239 S. auch *Pietzcker*, in: Festschrift für Maurer, S. 695 (701) m. w. Nachw.; für den Fall der Mitwirkung Befangener s. weiter *Maier*, Befangenheit im Verwaltungsverfahren, S. 98.

240 S. *Sommermann*, DÖV 2002, 133 (141 m. Fußn. 104). Bestätigt wird dieser Befund für den Sonderfall der Befangenheit durch *Maier*, Befangenheit im Verwaltungsverfahren, S. 182.

241 Hier soll nach *Groß*, Die Verwaltung 33 (2000), 415 (429), eine mit § 46 VwVfG vergleichbare Regelung bestehen.

242 S. im einzelnen *Maier*, Befangenheit im Verwaltungsverfahren, S. 146, 170, 189, 198, 212f., 218, 228. In Italien ist die Bedeutung des Beruhens dagegen offenbar streitig, vgl. *dies.*, ebd., S. 159f.; zur Gesamtbewertung *dies.*, ebd., S. 255ff.

und der sehr beschränkten gerichtlichen Kontrolle von Verwaltungsentscheidungen ein Vergleich recht schwierig ist. Für den Nachweis eines einheitlichen Grundgedankens aller Rechtsordnungen reicht also bereits eine punktuelle Betrachtungsweise aus. So genügen hier schon Belege für die Geltung des Beruhenserfordernisses hinsichtlich des Aufhebungsanspruchs bei verfahrensfehlerhaften Verwaltungsakten. Insofern wird man auch im englischen Recht fündig, in dem die Verfahrensregeln eine traditionell größere Bedeutung besitzen[243]. Die prinzipielle Anerkennung des Beruhenserfordernisses kommt etwa in folgender Formulierung zum Ausdruck: „But on the whole judges have declined to commit themselves unequivocally to the proposition that intervention will never be withheld when they are satisfied that no amount of procedural propriety would have affected the outcome“[244].

Vor dem Hintergrund dieser Bestandsaufnahme verwundert es nicht, wenn der Beruhenssatz auch im EG-Eigenverwaltungsrecht seinen festen Platz hat. Normativer Ansatzpunkt dafür ist vor allem Art. 230 Abs. 2 EGV betreffend die Nichtigkeitsklage, wonach der Gerichtshof unter anderem zuständig ist für Klagen „wegen ... Verletzung wesentlicher Formvorschriften“. Abgesehen von im folgenden noch anzusprechenden Fallkonstellationen kommt es für die Aufhebung (beziehungsweise Nichtigerklärung) einer Entscheidung bei einem Verfahrensfehler darauf an, ob der Verfahrensfehler relevant gewesen ist, das heißt, die Entscheidung ohne die Verfahrensverletzung möglicherweise anders gelautet hätte[245]. So wird eine Verfahrensregelung dann als eine „wesentliche Formvorschrift“ im Sinne des Art. 230 Abs. 2 EGV angesehen, wenn ihre Nichtbeachtung Einfluß auf den Inhalt des Rechtsakts gehabt haben könnte[246]. Im Kern entspricht

---

[243] Vgl. dazu mit Nachweisen *Pietzcker*, in: Festschrift für Maurer, S. 695 (699ff.)

[244] *DeSmith/Woolf/Jowell*, Judicial Review of Administrative Action, Rdnr. 10–035. Völlig einheitlich ist diese Beurteilung aber nicht, vgl. *Classen*, Die Verwaltung 31 (1998), 307 (327 Fußn. 104) m. Hinweis auf unterschiedliche Stellungnahmen aus dem englischen Verwaltungsrecht. In anderen Stellungnahmen wird auf die fehlende eindeutige Linie der britischen Gerichte hingewiesen (s. *Bergner*, Grundrechtsschutz durch Verfahren, S. 296), nicht jedoch, ohne zuvor (S. 293ff.) die verschiedenen Versuche zur Berücksichtigung dieses Gedankens aufzuzeigen.

[245] Vgl. stellv. EuGH, Urt. v. 10. 7. 1980 – Rs. 30/78 (Distillers Company), Slg. 1980, 2229 (2264 Tz. 26); Urt. v. 29. 10. 1980 – verb. Rs. 209–215 u. 218/78 (van Landewyck), Slg. 1980, 3125 (3239 Tz. 47); Urt. v. 6. 7. 1983 – Rs. 117/81 (Geist), Slg. 1983, 2191 (2207 Tz. 7); Urt. v. 20. 3. 1984 – Rs. 84/82 (Deutschland/Kommission), Slg. 1984, 1451 (1490); Urt. v. 10. 7. 1986 – Rs. 234/84 (Belgien/Kommission), Slg. 1986, 2263 (2289 Tz. 27ff.); Urt. v. 11. 11. 1987 – Rs. 259/85 (Frankreich/Kommission), Slg. 1987, 4393 (4415f. Tz. 13); Urt. v. 14. 2. 1990 – Rs. C-301/87 (Frankreich/Kommission), Slg. 1990, I-307 (359 Tz. 31); Urt. v. 10. 7. 2001 – Rs. C-315/99 P (Ismeri Europa), Slg. 2001, I-5281 (5324f. Tz. 33f.); Urt. v. 7. 1. 2004 –verb. Rs. C-204/00 P u.a. (Aalborg Portland), Slg. 2004, I-123 (Tz. 71ff.); EuG, Urt. v. 27. 11. 1990 – Rs. T-7/90 (Kabor), Slg. 1990, II-721 (730 Tz. 30); Urt. v. 24. 10. 1991 – Rs. T-2/89 (Petrofina), Slg. 1991, II-1087 (1109f. Tz. 42ff.); Urt. v. 17. 12. 1991 – Rs. T-6/89 (Enichem Anic), Slg. 1991, II-1623 (1646 Tz. 44); Urt. v. 17. 12. 1991 – Rs. T-7/89 (Hercules Chemicals), Slg. 1991, II-1711 (1740 Tz. 56); s. auch *Arnold*, EuR-Beiheft I/1995, S. 7 (32).

[246] S. neben der umfangreichen Rechtsprechung. des EuGH (vorausgehende Fußn.) aus der Lit. z.B. *Booß*, in: Grabitz/Hilf, Das Recht der Europäischen Union, Art. 230 EGV Rdnr. 103;

diese Voraussetzung exakt derjenigen für den Ausschluß des Aufhebungsanspruchs durch §46 VwVfG. Allerdings geht der EuGH sachlich über die vom heutigen §46 VwVfG erfaßten Fälle des Ausschlusses des Aufhebungsanspruchs hinaus. So hat er etwa angenommen, daß bei (im EG-Recht allerdings seltenen) gebundenen Entscheidungen (ohne Ermessensspielraum) die Möglichkeit einer anderslautenden Entscheidung grundsätzlich zu verneinen sei und deshalb die Nichtigerklärung ausscheide[247].

3. Die Konsequenzen für die Vereinbarkeit des § 46 VwVfG mit dem Gemeinschaftsrecht

Bereits die in den dargelegten EuGH-Entscheidungen zum Ausdruck kommenden Grundsätze des Verfahrensfehlerfolgenrechts im EG-Eigenverwaltungsrecht widerlegen eindeutig die verbreiteten eindimensionalen Einschätzungen zur Vereinbarkeit des §46 VwVfG mit dem Gemeinschaftsrecht. Neben der in den genannten Entscheidungen zum Ausdruck kommenden Anerkennung des Beruhenssatzes hat der EuGH noch eine weitere Strategie zur Begrenzung der Fehlerfolgen entwickelt. In den Fällen von Gehörsverletzungen, die sich aus der Nichtvorlage von Dokumenten zum Beispiel in einem Vertragsverletzungsverfahren durch die Kommission ergeben, soll der Fehler nicht etwa allgemein zur Rechtswidrigkeit des (gesamten) Verfahrens führen[248]. Vielmehr wird die Relevanz des Fehlers allein auf die Verwertung des konkreten Dokuments begrenzt. Aus der Gehörsverletzung resultiert nur ein Beweisverwertungsverbot. Wird ein solches Dokument im Rahmen der angegriffenen Entscheidung verwertet, kommt es nach Ansicht des EuGH für die Nichtigerklärung zusätzlich darauf an, ob die Entscheidung maßgeblich auf das konkrete Dokument gestützt wird beziehungsweise das Dokument „einen bestimmenden Einfluß auf den Inhalt der streitigen Verfügung" genommen hat[249]. In einem Vertragsverletzungsverfahren ist damit zu fragen, ob sich die in dem Verfahren erhobenen Vorwürfe gegen den Mitgliedstaat nur durch das von der Gehörsverletzung betroffene und deshalb nicht verwertbare Dokument beweisen ließen. Auch insoweit steht der Beruhenssatz folglich im Zentrum des Fehlerfolgenrechts bei Verstößen gegen Verfahrensanforderungen.

Gaitanides, in: v. d. Groeben/Schwarze (Hrsg.), EUV und EGV, 6. Aufl., Art. 230 EGV Rdnr. 124; *Krück*, in: v. d. Groeben/Thiesing/Ehlermann, Kommentar zum EWGV, 5. Auf., Art. 173 EWGV Rdnr. 81; *Sachs*, in: Stelkens/Bonk/Sachs, VwVfG, §45 Rdnr. 178f.; *Schwarze*, Europäisches Verwaltungsrecht, Bd. II, S. 1367ff.

[247] EuGH, Urt. v. 6.7. 1983 – Rs. 117/81 (Geist), Slg. 1983, 2191 (2207 Tz. 7).

[248] Vgl. etwa EuGH, Urt. v. 25. 10. 1983 – Rs. 107/82 (AEG), Slg. 1983, 3151 (3193 Tz. 30); s. auch zuletzt Urt. v. 7. 1. 2004 – verb. Rs. C-204/00 P u.a. (Aalborg Portland), Slg. 2004, I-123 (Tz. 71ff.)

[249] S. etwa EuGH, Urt. v. 12. 2. 1987 – Rs. 233/85 (Bonino), Slg. 1987, 739 (758f. Tz. 11ff.) betr. eine Entscheidung im Beamtenrecht.

Nicht selten findet sich in der Literatur neben dem Hinweis auf den Beruhenssatz noch die Behauptung, ein Verstoß gegen eine wesentliche Verfahrensvorschrift im Sinne des Art. 230 Abs. 2 EGV komme – unabhängig vom Beruhen – auch bei Verstößen gegen Formvorschriften in Betracht, die gerade zum Schutz des Betroffenen ergangen sind[250]. Belege für diese Ansicht aus der Rechtsprechung des EuGH werden zumeist nicht genannt; wird ausnahmsweise einmal doch auf entsprechende Entscheidungen verwiesen, sind diese entweder unzutreffend oder nicht aufschlußreich[251]. Der Ursprung dieser zweiten Fallgruppe läßt sich deshalb nicht leicht ermitteln und noch weniger an der Entscheidungspraxis des EuGH festmachen. Im Schrifttum werden diese Fälle der im nationalen Recht bekannten Fallgruppe der absoluten Verfahrensfehler zugeordnet[252]. Ob deshalb überhaupt eine eigene zweite Fallgruppe neben dem Beruhenssatz im EG-Eigenverwaltungsrecht durch den EuGH angenommen wird, erscheint folglich durchaus zweifelhaft[253].

Selbst wenn aber im EG-Eigenverwaltungsrecht von der Existenz von Verfahrensfehlern auszugehen sein sollte, die unabhängig von ihrer Relevanz für das Verfahrensergebnis zur Aufhebung einer Entscheidung führen, so kann dies mit der gleichzeitigen Geltung des Beruhenssatzes in Einklang gebracht werden. Denn dann handelte es sich tatsächlich um sogenannte absolute Verfahrensfehler, deren Existenz aus der betreffenden Verfahrensnorm abgeleitet werden muß. In der Sache läge dann eine Spezialregelung gegenüber dem grundsätzlich geltenden Beruhenssatz vor.

---

[250] *Booß*, in: Grabitz/Hilf, Das Recht der Europäischen Union, Art. 230 EGV Rdnr. 103; *Burgi*, in: Rengeling/Middeke/Gellermann, Handbuch des Rechtsschutzes in der EU, § 7 Rdnr. 98; *Nicolaysen*, Europarecht I, S. 192; *Sachs*, in: Stelkens/Bonk/Sachs, VwVfG, § 45 Rdnr. 178f.; *Wenig*, in: Grabitz/Hilf, EUV/EGV, Art. 173 EWGV Rdnr. 27.

[251] Durch *Sachs*, in: Stelkens/Bonk/Sachs, VwVfG, § 45 Rdnr. 180 Fußn. 402, werden folgende drei Entscheidungen (in anderer Zitierung) genannt: EuGH, Urt. v. 15. 7. 1970 – Rs. 41/69 (ACF Chemiefarma), Slg. 1970, 661 (690 Tz. 48/52); Urt. v. 20. 3. 1984 – Rs. 84/82 (Deutschland/Kommission), Slg. 1984, 1451 (1490 Tz. 18f.); Urt. v. 12. 2. 1987 – Rs. 233/85 (Bonino), Slg. 1987, 739 (758f. Tz. 11ff.). Bei der ersten und der letzten Entscheidung handelt es sich um Urteile, in denen eindeutig auf die Fehlerrelevanz abgestellt wird: Dem ersten Urteil lag ein Anhörungsfehler zugrunde, der daraus resultierte, daß ein Protokoll nicht in der erforderlichen Übersetzung ins Niederländische vorgelegt worden war; hier leitete der EuGH aus dem Vorbringen der Klägerin ab, daß diese das Protokoll inhaltlich zur Kenntnis genommen hatte und der Fehler sich damit nicht ausgewirkt hatte. Im Urteil aus dem Jahre 1987 (letzter Fall) ging es um die oben angesprochene Verwertung von Dokumenten, hinsichtlich derer kein rechtliches Gehör eingeräumt wurde – insoweit wird ausdrücklich auf den „bestimmenden Einfluß auf den Inhalt der streitigen Verfügung" abgestellt. Nur im Urteil aus dem Jahre 1984 findet keine ausdrückliche Beruhensprüfung statt; ob das Beruhen hier keine Rolle spielte oder inzident mitgeprüft wurde, bleibt offen.

[252] Vgl. *Sachs*, in: Stelkens/Bonk/Sachs, VwVfG, § 45 Rdnr. 180.

[253] So finden sich in verschiedenen Stellungnahmen zur „Verletzung wesentlicher Formvorschriften" auch keine Hinweise auf eine solche zweite Fallgruppe: s. z.B. *Emmert*, Europarecht, § 19 Rdnr. 111; *Hegels*, EG-Eigenverwaltungsrecht und Gemeinschaftsverwaltungsrecht, S. 87f.; *Lecheler*, Einführung in das Europarecht, S. 197; *Schwarze*, in: Schwarze (Hrsg.), EU-Kommentar, Art. 230 Rdnr. 60.

Andererseits belegt jedoch eine Prüfung der Rechtsprechung des EuGH zum EG-Eigenverwaltungsrecht, daß das Recht der Verfahrensfehlerfolgen bislang nicht ansatzweise geklärt ist. Sämtliche gegenteiligen Behauptungen, nach denen von der Regel der Wesentlichkeit des Verfahrensverstoßes und der Ausnahme seiner Unbeachtlichkeit ausgegangen wird[254], können nicht überzeugen. Trotz der in einer Vielzahl von Entscheidungen eindeutigen Anerkennung des Beruhenssatzes ist gleichzeitig unverkennbar, daß der EuGH in zahlreichen Fällen auf das Beruhen nicht rekurriert[255]. Unter Ausschluß der nicht immer völlig fernliegenden Möglichkeit widersprüchlicher EuGH-Entscheidungen kommen dafür unterschiedliche Erklärungsansätze in Betracht: Entweder wird in den betroffenen Fällen nicht in der Sache, sondern nur in den Entscheidungsgründen auf eine ausdrückliche Feststellung des Beruhens verzichtet. In den meisten Fällen näherliegend erscheint jedoch die Deutung, daß es nach den vom EuGH bislang nicht offengelegten und auch nicht allgemein nachvollziehbaren Wertungskriterien Verfahrensfehler gibt, die zwingend zur Aufhebung beziehungsweise Nichtigerklärung von EG-Akten führen müssen. In diesen Konstellationen bleibt der auch im EG-Eigenverwaltungsrecht geltende Beruhenssatz aufgrund spezialgesetzlicher Regelung der Fehlerfolge außer Anwendung. Hier handelte es sich um sogenannte absolute Verfahrensfehler.

Auf welche Fallkonstellationen diese Einschätzung allgemein zutrifft, läßt sich kaum bestimmen. Dies kann an einem Beispiel illustriert werden: Der EuGH hat – wie vorausgehend bereits erwähnt – in einer ganzen Reihe von Fällen, in denen ein Anhörungsrecht verletzt wurde, keine Beruhensprüfung angestellt[256]. Daraus ist zum Teil geschlossen worden, in den Fällen von Anhörungsfehlern handele es sich regelmäßig um sogenannte wesentliche Verfahrensverstöße[257]. Wie bereits die EuGH-Entscheidungen zeigen, in denen bei einem sonstigen Anhörungsfehler der Beruhenssatz angewendet wird[258], wäre es jedoch von vornherein unzutreffend, den Verstoß gegen das Gehörsrecht als potentiellen Fall anzusehen, in

---

[254] S. *Kahl*, VerwArch. 95 (2004), 1 (23f.); *Nehl*, Wechselwirkungen, S. 135 (155).

[255] S. für die Verletzung der Anhörungspflicht eines Mitgliedstaates z.B. EuGH, Urt. v. 7.5. 1991 – Rs. C-291/89 (Interhotel), Slg. 1991, 2257 (2280 Tz. 17); Urt. v. 7.5. 1991 – Rs. C-304/89 (Oliveira), Slg. 1991, I-2283 (2313 Tz. 21); Urt. v. 4.6. 1992 – Rs. C-157/90 (Infortec), Slg. 1992, I-3525 (3554f. Tz. 20); Urt. v. 25.5. 1993 – Rs. C-199/91 (Sart-Tilman), Slg. 1993, I-2667 (2696f. Tz. 34); für Verstöße gegen die Begründungspflicht z.B. EuGH, Urt. v. 24.10. 1996 – verb. Rs. C-329/93 u.a. (Deutschland u.a./Kommission), Slg. 1996, I-5151 (5215ff. Tz. 38, 48, 58); Urt. v. 2.4. 1998 – Rs. C-367/95 P (Sytraval und Brink's France), Slg. 1998, I-1719 (1773f. Tz. 74ff., 78). Das gleichfalls teilw. für eine Verletzung einer Begründungspflicht genannte Urt. v. 20.3. 1985 – Rs. 264/82 (Timex), Slg. 1985, 849 (870 Tz. 31), betrifft eine Konstellation, in der Unterlagen entgegen den Regelungen nicht vor der Entscheidung übermittelt wurden, in der also eher die Anhörungs- als die Begründungspflicht betroffen war.

[256] S. die in der vorausgehenden Fußn. genannten Entscheidungen.

[257] S. nur *Kahl*, VerwArch. 95 (2004), 1 (23).

[258] Vgl. stellv. EuGH, Urt. v. 10.7. 2001 – Rs. C-315/99 P (Ismeri Europa), Slg. 2001, I-5281 (5324f. Tz. 33f.).

dem § 46 VwVfG keine Anwendung finden kann. Allenfalls denkbar erscheint es, die in den genannten Entscheidungen konkret verletzte Verfahrenspflicht[259] als sogenannte absolute Pflicht oder absolutes Verfahrensrecht anzusehen. Da es sich bei den betreffenden Verfahrensvorschriften aber stets um solche des EG-Eigenverwaltungsrechts handelt, können daraus Schlüsse auf das Gemeinschaftsverwaltungsrecht und die Anwendung des § 46 VwVfG nicht gezogen werden.

Eine Sonderstellung nehmen daneben die Begründungsfehler ein. Wenn der EuGH in einer Reihe von Entscheidungen solche Fehler ohne Prüfung des Beruhens sanktioniert, kann daraus nicht auf einen sogenannten absoluten Verfahrensfehler geschlossen werden, der auch im Gemeinschaftsverwaltungsrecht entsprechende Bedeutung besitzen und die Anwendung des § 46 VwVfG ausschließen kann. In den Fällen der unzureichenden oder fehlenden Begründung liegt stets auch ein materieller Fehler vor, der im nationalen Recht bei nicht gebundenen Entscheidungen stets zur Aufhebung führt. Bei der Aufhebung (oder Nichtigerklärung) von EG-Rechtsakten durch den EuGH wegen eines Begründungsmangels verhält es sich bei näherer Betrachtung nicht anders. Die Fälle des Begründungsfehlers können damit nicht als Beispiele der Nichtberücksichtigung des Beruhens für die Aufhebungsentscheidung herangezogen werden, was von den gegenteiligen Stellungnahmen bisher nicht ausreichend beachtet wird.

Gelegentlich werden aber trotz der Kenntnis der Gesamtbeurteilung der Rechtsprechung des EuGH Bedenken gegen die Vergleichbarkeit dieser Rechtsprechung mit der Regelung des § 46 VwVfG erhoben[260]. Die Zweifel stützen sich maßgeblich auf die unterschiedliche Art der Prüfung der Tatbestandsmerkmale für den Ausschluß des Aufhebungsanspruchs durch die deutschen Verwaltungsgerichte im Vergleich mit dem EuGH. Solche Bedenken erscheinen im Ausgangspunkt zutreffend. Bezeichnenderweise handelt es sich bei den für die Beurteilung herangezogenen Entscheidungen des Bundesverwaltungsgerichts aber um solche zu Planfeststellungsbeschlüssen[261]. Die betreffende Rechtsprechung hat sich hier

---

[259] Den Entscheidungen des EuGH (Urt. v. 7.5. 1991 – Rs. C-291/89 [Interhotel], Slg. 1991, 2257 [2280 Tz. 17]; Urt. v. 7.5. 1991 – Rs. C-304/89 [Oliveira], Slg. 1991, I-2283 [2313 Tz. 21]; Urt. v. 4.6. 1992 – Rs. C-157/90 [Infortec], Slg. 1992, I-3525 [3554f Tz. 20]; Urt. v. 25.5. 1993 – Rs. C-199/91 [Sart-Tilman], Slg. 1993, I-2667 [2696f. Tz. 34]) liegen allesamt Fälle des Verstoßes gegen Art. 6 Abs. 1 der Verordnung (EWG) Nr. 2950/83 des Rates vom 17. 10. 1983 zur Anwendung des Beschlusses 83/516/EWG (ABl. L 289, S. 1) zugrunde, in denen die Kommission jeweils Zuschüsse, die durch den Europäischen Sozialfonds für Bildungsmaßnahmen gewährt wurden, ohne vorherige Anhörung des mittelbar betroffenen Mitgliedstaates gekürzt oder aufgehoben hatte.

[260] S. vor allem *Classen*, Die Verwaltung 31 (1998), 307 (327ff.); *ders.*, in: Kreuzer u.a. (Hrsg.), S. 107 (122).

[261] S. BVerwG, Urt. v. 30. 5. 1984 – 4 C 58.81, BVerwGE 69, 256 (269f.); Beschl. v. 23. 2. 1994 – 4 B 35.94, DVBl. 1994, 763f.; bei der gleichfalls zitierten Entscheidung des VGH Mannheim handelt es sich offenbar um ein Fehlzitat. Auch die von *Schoch*, Festgabe 50 Jahre BVerwG, S. 507 (524f.), genannten Entscheidungen des BVerwG (Urt. v. 8. 6. 1995 – 4 C 4.94, BVerwGE 98, 339

zunächst ohne gesetzliche Basis entwickelt, da die Anwendung des §46 VwVfG in seiner ursprünglichen Fassung ausgeschlossen war. Dafür, daß sich diese Rechtsprechung auch heute noch nicht mit der Verwendung des Beruhenserfordernisses in der Rechtsprechung des Europäischen Gerichtshofs verträgt, lassen sich einige Argumente finden. Die Rechtsprechung harmoniert aber vor allem nicht der heutigen Fassung des §46 VwVfG und kann nicht als dessen „authentische Interpretation" begriffen werden. Wenn §46 VwVfG für den Ausschluß des Aufhebungsanspruchs verlangt, daß offensichtlich sein muß, daß der Fehler im Verfahren die Entscheidung in der Sache nicht beeinflußt hat, so steht die Rechtsprechung des Bundesverwaltungsgerichts zum Aufhebungsanspruch bei Planfeststellungsbeschlüssen, die in einem Verfahren zustande gekommen sind, in dem unter Verstoß gegen das UVPG keine förmliche Umweltverträglichkeitsprüfung durchgeführt wurde, damit nicht in Einklang. Sie widerspricht zugleich, und insofern stellen die kritischen Stellungnahmen in der Literatur zutreffende Hinweise dar, dem Inhalt des vom EuGH anerkannten Beruhenserfordernisses. Dieser Gegensatz betrifft aber nicht §46 VwVfG selbst, sondern nur die Anwendung des Beruhenserfordernisses im Planfeststellungsrecht durch die Rechtsprechung[262]. Abgesehen von dieser Besonderheit kann im Ergebnis kein Widerspruch zwischen der Anerkennung des Beruhenserfordernisses im Gemeinschaftsrecht und in §46 VwVfG gesehen werden. Der Nachweis des Beruhenserfordernisses sowohl im EG-Eigenverwaltungsrecht als auch in einer Reihe von Rechtsordnungen der Mitgliedstaaten belegt im Gegenteil die Übereinstimmung des §46 VwVfG mit dem Gemeinschaftsrecht[263].

Im Ergebnis steht die Regelung des §46 VwVfG weder in einem strukturellen Widerspruch zum Gemeinschaftsrecht noch ergeben sich im Einzelfall Bedenken gegenüber ihrer Geltung. Keine Rechtsordnung kann ernsthaft auf die Geltung des Beruhenssatzes, der den Kern des §46 VwVfG bildet, verzichten. Das heißt andererseits nicht, daß §46 VwVfG notwendigerweise in allen Fällen von Verstößen gegen gemeinschaftsverwaltungsrechtlich statuierte Verfahrensregelungen Anwendung finden darf. Soweit sich nämlich aus der Verfahrensbestimmung selbst ergibt, daß ihre Verletzung stets – also unabhängig von einem Beruhen des Rechtsakts auf dem Fehler – zur Aufhebung des Rechtsakts führen muß, wird durch diese Spezialregelung §46 VwVfG verdrängt. Als einen solchen Fall lassen sich etwa die Verfahrensanforderungen des EG-Beihilferechts, insbesondere Art. 88 Abs. 3 S. 3 EGV, begreifen. In dieser Weise kann auch die Rechtsprechung

---

[361f.]; Urt. v. 25.1. 1996 – 4 C 5.95, BVerwGE 100, 238 [252]; Urt. v. 10.4. 1997 – 4 C 5.96, BVerwGE 104, 236 [241]) betreffen allesamt Planfeststellungsbeschlüsse.

[262] Insofern ist auf diesen Gesichtspunkt im Rahmen der Darstellung des Inhalts des §46 VwVfG noch einmal zurückzukommen, s. unten VI 1 b (S. 295ff.).

[263] So im Ergebnis auch *Pietzcker*, in: Festschrift für Maurer, S. 695 (705); *Gellermann*, DÖV 1996, 433 (441ff.); tendenziell ebenfalls, aber nicht so deutlich *Rengeling*, DVBl. 1995, 945 (953f.).

des EuGH zur Rückforderung formellrechtswidriger nationaler Beihilfebescheide begriffen werden[264]. Derartige Fälle ändern aber nichts an der Vereinbarkeit des § 46 VwVfG mit dem Gemeinschaftsrecht.

Jenseits der Frage der Vereinbarkeit des nationalen Rechts mit dem Gemeinschaftsrecht ist von namhafter Seite eine Änderung des § 46 VwVfG vorgeschlagen worden, die auf eine stärkere Konvergenz der Kriterien für den Ausschluß des Aufhebungsanspruchs mit denen des Gemeinschaftsrechts abzielt, indem das Kriterium der Unwesentlichkeit des Fehlers stärker oder zusätzlich Berücksichtigung finden soll[265]. Vor einer derartigen Annäherung des nationalen Rechts an das Gemeinschaftsrecht kann jedoch nur gewarnt werden. Das Abstellen auf die Wesentlichkeit oder Unwesentlichkeit eines Fehlers beziehungsweise eines Verstoßes gegen eine Verfahrensvorschrift führt unweigerlich in Richtung einer Übertragung der Zuständigkeit für die Bestimmung der Verfahrensfehlerfolgen vom Gesetzgeber auf die Gerichte. Das Merkmal der Wesentlichkeit ist als solches völlig inhaltsleer und bedarf der Ausfüllung durch normative Wertungskriterien. Eine Verwendung im Gesetz brächte kein neues Kriterium hervor, sondern belegte im Gegenteil das Fehlen von inhaltlichen Kriterien für den Ausschluß des Aufhebungsanspruchs. Gerade diese Phase, die derjenigen vor Erlaß des VwVfG stark ähnelt, sollte mit Schaffung des § 46 VwVfG überwunden sein.

Im Ergebnis hat die Analyse der Rechtsprechung des EuGH gezeigt, daß sich der Zustand des Gemeinschaftsrechts hinsichtlich der Verfahrensfehlerfolgen nur wenig von dem (nicht befriedigenden) Zustand im deutschen Recht vor Erlaß der Verwaltungsverfahrensgesetze unterscheidet. Davon hebt sich die heutige Rechtslage im deutschen nationalen Verwaltungsverfahrensrecht zunächst einmal durch den (überaus positiv zu beurteilenden) Umstand ab, daß mit § 46 VwVfG seit dessen Inkrafttreten 1977 eine geschriebene Norm existiert, mit der der Gesetzgeber über den Umfang und die Voraussetzungen für den Ausschluß des Beseitigungsanspruchs befunden hat. Angesichts der vor Erlaß der Norm weitgehend unübersichtlichen Rechtsprechung, die vielfach auf das Kriterium der Wesentlichkeit des Verfahrensfehlers abgestellt hat[266], ist mit der Schaffung des § 46 VwVfG ein beachtlicher rechtsstaatlicher Vorteil verbunden gewesen.

Vor allem aber, und darin liegen die beiden wichtigeren Teile des hier vertretenen Standpunkts, ist zum einen – bei entsprechender verfassungskonformer Interpretation der Norm – weder mit der ursprünglichen, noch mit der heutigen Fassung des § 46 VwVfG ein inhaltlicher Abbau der Bedeutung des Verfahrensrechts im Gegensatz zur Rechtslage vor 1977 verbunden gewesen. Zum anderen

---

[264] S. insoweit EuGH, Urt. v. 21. 11. 1991 – Rs. C-354/90 (Fédération nationale du commerce extérieur), Slg. 1991, I-5505 (5528 Tz. 12); s. weiter *Hegels*, EG-Eigenverwaltungsrecht und Gemeinschaftsverwaltungsrecht, S. 90. Tendenziell anders *W. Cremer*, in: Calliess/Ruffert (Hrsg.), Kommentar zu EUV und EGV, Art. 88 EGV Rdnr. 11, 27.

[265] Vgl. *Wahl*, DVBl. 2003, 1285 (1293).

[266] Darauf weist interessanterweise auch *Wahl*, DVBl. 2003, 1285 (1293), hin.

unterscheidet sich die Bedeutung, die dem Verfahrensfehler angesichts des § 46 VwVfG im nationalen Recht zukommt, inhaltlich nicht oder allenfalls in Einzelfällen von der im Gemeinschaftsrecht[267].

VI. Die Auslegung des § 46 VwVfG

Auf der Grundlage der Überlegungen zur verfassungsrechtlichen Rechtfertigung des Ausschlusses des Aufhebungsanspruchs sowie der gemeinschaftsrechtlichen Vorgaben durch den Grundsatz des Verbots der praktischen Wirksamkeitsbeschränkung gemeinschaftsrechtlicher Verfahrensanforderungen ist jetzt abschließend zur Auslegung des § 46 VwVfG Stellung zu nehmen. Nach § 46 VwVfG ist der Aufhebungsanspruch ausgeschlossen, „wenn offensichtlich ist, daß die Verletzung die Entscheidung in der Sache nicht beeinflußt hat“. Der Ausschluß knüpft an den fehlenden Einfluß des Fehlers auf die Sachentscheidung in Verbindung mit dessen Erkennbarkeit („offensichtlich“) an. Aufgrund des Erfordernisses der Offensichtlichkeit muß für den Fortbestand des Aufhebungsanspruchs der Einfluß des Fehlers auf die Entscheidung nicht positiv nachgewiesen werden, noch reicht umgekehrt für den Ausschluß des Aufhebungsanspruchs die Möglichkeit eines fehlenden Einflusses und – jedenfalls nach dem Wortlaut – auch nicht einmal der Nachweis des fehlenden Einflusses aus. Vielmehr muß der fehlende Einfluß offensichtlich sein.

Im Zentrum der weiteren Überlegungen steht deshalb vor allem die Frage, wann von einem offensichtlich fehlenden Einfluß des Verfahrensfehlers auf die Sachentscheidung auszugehen ist (1). Weiter ist kurz auf eine neuere Ansicht einzugehen, nach der die Anwendung des § 46 VwVfG – gewissermaßen als ungeschriebenes Tatbestandsmerkmal – voraussetzt, daß der Verfahrensfehler durch das gerichtliche Verfahren kompensiert wird (2). Sodann ist zu untersuchen, welche rechtliche Bedeutung § 46 VwVfG für den Aufhebungsanspruch bei den Verfahrensfehlern besitzt, die nicht von § 46 VwVfG erfaßt werden, wie die Sonderregelung des § 42 S. 2 SGB X auszulegen ist und ob sogenannte absolute Verfahrensfehler anzuerkennen sind (3). Schließlich soll dem Problem nachgegangen werden, ob die Aufhebung des unter § 46 VwVfG fallenden Verwaltungsakts angesichts des Ausschlusses des Aufhebungsanspruchs noch im Ermessen der Behörde steht (4).

---

[267] Anderes gilt dagegen für die Regelung des § 75 Abs. 1a S. 1 VwVfG zum Planfeststellungsrecht. Hier bestehen wohl grundlegende Divergenzen zum Gemeinschaftsrecht. Diese Norm ist jedoch bereits aus rein national-verfassungsrechtlichen Erwägungen heraus als teilweise verfassungswidrig anzusehen, teilweise entgegen der bisherigen Praxis in bestimmter Hinsicht verfassungskonform auszulegen (s. unten F, S. 318ff.). Zu § 45 VwVfG vgl. unten § 7 B III (S. 358ff.).

1. *Offensichtlich fehlender Einfluß auf die Sachentscheidung*

a) Die konkrete Betrachtungsweise (Notwendigkeit der Prüfung des konkreten Einzelfalls)

Unter Hinweis auf die Vorgängerregelung des heutigen § 46 VwVfG und die Motive des Gesetzgebers zum Genehmigungsverfahrensbeschleunigungsgesetz[268] geht die heute herrschende Meinung davon aus, daß die Neuregelung zu keiner Reduzierung des früher anerkannten Anwendungsbereichs, sondern lediglich zu einer Erweiterung auf solche Verwaltungsakte geführt hat, bei deren Erlaß der Behörde ein Ermessens- oder Beurteilungsspielraum zukommt[269]. Nach der zu § 46 VwVfG a.F. überwiegend vertretenen Meinung sollte der Aufhebungsanspruch wegen eines Verfahrensfehlers in Fällen rechtlicher Alternativlosigkeit stets ausgeschlossen sein. Bei gebundenen Verwaltungsakten kam es somit nur darauf an, ob bei abstrakter Betrachtungsweise eine andere Sachentscheidung ergehen konnte. Fehlte es folglich schon nach der gesetzlichen Ermächtigungsgrundlage an einer rechtlich zulässigen Entscheidungsalternative, sollte auch der Aufhebungsanspruch gemäß § 46 VwVfG a.F. ausgeschlossen sein[270]. Gleichzeitig wurde § 46 VwVfG von der herrschenden Ansicht auch in den übrigen Fällen der rechtlichen Alternativlosigkeit, bei einer „Ermessensschrumpfung auf Null" angewendet[271].

Wie der Fall der Ermessensreduktion belegt, mußte die herrschende Meinung mit unterschiedlichen Beurteilungsmaßstäben arbeiten: Bei der gebundenen Entscheidung kam eine abstrakte, vom Einzelfall losgelöste, bei der Ermessensentscheidung eine konkrete, auf den Einzelfall bezogene Sichtweise zur Anwendung. Schon dies erweckt erste Zweifel an der Richtigkeit der zu § 46 VwVfG a.F. verwendeten Kriterien[272].

---

[268] Vgl. Begr. des Regierungsentwurfs, BT-Drs. 13/3995, S. 8, sowie Gegenäußerung der Bundesregierung zur Stellungnahme des Bundesrats, BT-Drs. 13/3995, Anlage 3, S. 16.

[269] S. etwa *Schmitz/Wessendorf*, NVwZ 1996, 955 (958); *Kischel*, Folgen von Begründungsfehlern, S. 80; *Kopp/Ramsauer*, VwVfG, 7. Aufl., 2000, § 46 Rdnr. 25 (tendenziell anders in der 8. Aufl.); etwas vorsichtiger formulierend, i. E. aber ebenso *Sachs*, in: Stelkens/Bonk/Sachs, VwVfG, § 46 Rdnr. 54ff.; s. auch OVG Weimar, Beschl. v. 5. 10. 2001 – 2 ZEO 648/01, NVwZ 2002, 231 (232); VGH Mannheim, Urt. v. 16. 6. 1998 – 10 S 909/97, NVwZ-RR 1999, 298 (299) – obiter dictum.

[270] Vgl. etwa BVerwG, Urt. v. 7. 10. 1980 – 6 C 39.80, BVerwGE 61, 45 (50f.); Urt. v. 3. 5. 1982 – 6 C 60.79, BVerwGE 65, 287 (289); Urt. v. 29. 4. 1983 – 1 C 5.83, NVwZ 1983, 742 (743); s. auch *Maurer*, Allgemeines Verwaltungsrecht, § 10 Rdnr. 41; *Sachs*, in: Stelkens/Bonk/Sachs, VwVfG, § 46 Rdnr. 58f.; *Schäfer*, in: Obermayer, VwVfG, § 46 Rdnr. 23ff.; *Ule/Laubinger*, Verwaltungsverfahrensrecht, § 58 Rdnr. 23.

[271] S. BVerwG, Urt. v. 26. 3. 1981 – 5 C 28.80, BVerwGE 62, 108 (116) – obiter dictum; Beschl. v. 15. 1. 1988 – 7 C 182.87, NVwZ 1988, 525 (526); *Badura*, in: Erichsen/Ehlers (Hrsg.), Allgemeines Verwaltungsrecht, § 38 Rdnr. 34; *Krebs*, DVBl. 1984, 109 (112f.); *Ossenbühl*, NJW 1981, 375 (376); *Sachs*, in: Stelkens/Bonk/Sachs, VwVfG, § 46 Rdnr. 67; *Ule/Laubinger*, Verwaltungsverfahrensrecht, § 58 Rdnr. 23 m. Nachw. auch der Gegenauffassung.

[272] Die Begriffe konkrete oder abstrakte Betrachtungsweise werden im vorliegenden Zusam-

Die abstrakte Beurteilung bei der Prüfung der Anwendbarkeit des §46 VwVfG im Hinblick auf gebundene Entscheidungen hat aber vor allem aus einer anderen Richtung Kritik erfahren. Ermächtigungsgrundlagen für den Erlaß von Verwaltungsakten enthalten häufig unbestimmte Rechtsbegriffe, ohne daß damit ein gerichtlich nicht voll überprüfbarer Entscheidungsspielraum für die Behörde verknüpft wäre. Indem hier von einer strikten rechtlichen Bindung und vollen gerichtlichen Kontrolle der Entscheidung ausgegangen wird, wird das Gesetz so verstanden, daß es nur „eine richtige Entscheidung" anerkenne[273]. Dem scheint eine naive gesetzespositivistische Vorstellung zugrunde zu liegen, nach der die einzig richtige Entscheidung von vornherein feststehe und feststellbar sei. Gerade im Hinblick auf §46 VwVfG ist diese These bereits als „fromme Lebenslüge der Verwaltungsgerichtsbarkeit" bezeichnet worden[274].

Diese Kritik erscheint gleichwohl nicht überzeugend: Die unbeschränkte Justitiabilität unbestimmter Rechtsbegriffe stellt keine Verkennung methodologischer Zusammenhänge dar[275] und geht auch nicht von der Annahme aus, es gäbe tatsächlich stets nur eine einzige „richtige" Entscheidung. Das ist nicht die Aussage des Gesetzes. Richtigerweise enthält das Gesetz nur die Anordnung, daß dem Gericht in einem bestimmten Fall die Letztentscheidungsbefugnis über das „richtige" Ergebnis zukommen soll. Es handelt sich also um eine Regelung der Kompetenzverteilung im Verhältnis von Verwaltung und Gerichten[276].

Mit der Kritik an der These von der einen richtigen Entscheidung ließ und läßt sich die abstrakte Betrachtungsweise im Fall des §46 VwVfG (a.F. und n.F.) folglich nicht in Zweifel ziehen. Statt dessen käme natürlich in Betracht, auf die neue Gesetzesfassung infolge des Genehmigungsverfahrensbeschleunigungsgesetzes zu verweisen und keine Überlegungen mehr zu §46 VwVfG a.F. anzustellen. Angesichts der gesetzgeberischen Vorstellung, an der bisherigen Rechtslage im Hinblick auf die gebundenen Verwaltungsakte nichts ändern zu wollen, überzeugt ein solches Vorgehen gleichfalls nicht, da damit – ohne Not – der Wille des Gesetzgebers überspielt würde[277]. Schließlich liegt die Beschäftigung mit §46

menhang im Schrifttum nicht immer einheitlich verwendet. Hier beziehen sie sich, wie die Zusätze verdeutlichen sollen, auf die Frage, ob die Fehlerrelevanz in einer Einzelfallprüfung (konkret) oder in einer davon abstrahierten Prüfung (abstrakt) ermittelt wird.

[273] S. etwa *Sachs*, in: Stelkens/Bonk/Sachs, VwVfG, §40 Rdnr. 147.

[274] *H. Meyer*, NVwZ 1986, 513 (521). Gleichfalls insoweit krit. etwa *Degenhart*, DVBl. 1981, 201 (206f.); *Hufen*, NJW 1982, 2160 (2167); *ders.*, JuS 1999, 313 (314); *Köhler*, SdL 2002, 311 (326f.); *Martens*, NVwZ 1982, 13 (14); *Ossenbühl*, DÖV 1964, 511 (516); *Pietzcker*, VVDStRL 41 (1982), 193 (223f.); *H.-H. Rupp*, in: Festschrift für Bachof, S. 163ff.; *Schoch*, Die Verwaltung 25 (1992), 21 (46f.); *Steinberg*, DÖV 1982, 619 (620f.).

[275] So aber *H. Meyer*, NVwZ 1986, 513 (521) mit Hinweis auf *Rhinow*, Rechtsetzung und Methodik, S. 20ff.

[276] S. etwa *Sachs*, in: Stelkens/Bonk/Sachs, VwVfG, §46 Rdnr. 70; *W.-R. Schenke*, DÖV 1986, 305 (316); in der Sache auch BVerwG, Urt. v. 24.8. 1981 – 6 C 8.81, Buchholz 448.0 §25 WPflG Nr. 123; Urt. v. 3.5. 1982 – 6 C 60.79, BVerwGE 65, 287 (289).

[277] So wird auch für die Prüfung nach §46 VwVfG n.F. weiterhin häufig zwischen gebunde-

VwVfG a.F. auch angesichts des mit dieser Regelung weiterhin identischen § 127 AO durchaus nahe.

Die abstrakte Betrachtungsweise war aus einem anderen Grund schon für die ursprüngliche Gesetzesfassung abzulehnen. Wie oben nachgewiesen, basierte bereits die ursprüngliche Fassung auf dem Grundgedanken der Beschränkung des Aufhebungsanspruchs auf die Beruhensfälle. Die Möglichkeit des Beruhens kann aber sinnvoll nicht abstrakt, ohne jede Betrachtung des Einzelfalls beurteilt werden. Wenn es allein auf die rechtliche Möglichkeit einer anderen rechtmäßigen Entscheidung ankommt, so muß dieses Urteil notwendig auf einer bestimmten Sachlage basieren. Diese Sachlage ist diejenige, die das Gericht in Überprüfung der behördlichen Sachverhaltsermittlung selbst ermittelt. Bei bestimmten Verfahrensfehlern, insbesondere etwa bei Verstößen gegen Beteiligungsrechte von Betroffenen, stimmt die vom Gericht wie auch die durch die Behörde ermittelte Sachlage keineswegs notwendig mit derjenigen überein, die im Fall eines ordnungsgemäßen Verfahrens vorliegen könnte. Gleichzeitig kann aber bei einem Sachsverhaltsermittlungsdefizit auch nicht davon ausgegangen werden, daß die Behörde von einem unzutreffenden Sachverhalt ausgegangen und der Verwaltungsakt daher ohnehin als materiell rechtswidrig anzusehen ist[278].

Dies läßt sich sehr leicht an einem Beispiel aus der Rechtsprechung des Bundesverwaltungsgerichts verdeutlichen, in dem auch das Gericht (ausnahmsweise) die Möglichkeit des Beruhens auf dem Verfahrensfehler anerkannt hat, obwohl es sich um eine gebundene Entscheidung handelte[279]. Diesem Fall lag eine Anfechtungsklage auf isolierte Aufhebung eines Widerspruchsbescheids zugrunde, der ohne ordnungsgemäße Anhörung nach § 71 VwGO erlassen worden war. Der Kläger trug nun zur Begründung des Beruhens des Widerspruchsbescheids auf dem fehlerhaften Verfahren gemäß § 79 Abs. 2 S. 2 VwGO vor, er hätte seinen Widerspruch sofort zurückgenommen, wäre er vor Erlaß des Widerspruchsbescheids ordnungsgemäß angehört und damit über eine drohende Verböserung des Ausgangsbescheids informiert worden. Das Bundesverwaltungsgericht betont in den Gründen, daß bei gebundenen Verwaltungsakten regelmäßig die rechtliche Relevanz eines Verfahrensfehlers für die inhaltliche Sachentscheidung ausscheide, im konkreten Fall jedoch ohne den Verfahrensfehler bei Rücknahme des Wi-

---

nen Entscheidungen und Ermessensentscheidungen (und damit bei genauer Hinsicht auch zwischen einer abstrakten und einer konkreten Betrachtung) unterschieden, vgl. nur *Detterbeck*, Allgemeines Verwaltungsrecht, Rdnr. 636ff.; *Wolff*, in: Wolff/Decker, Studienkommentar VwGO/VwVfG, § 46 VwVfG Rdnr. 12ff. (mit unterschiedlicher Verwendung des Begriffs „konkret" in Rdnr. 12 u. 14); *Kopp/Ramsauer*, VwVfG, § 46 Rdnr. 25f., 30ff., 39; zumindest in der Tendenz ebenso, wenn auch schwankend *Sachs*, in: Stelkens/Bonk/Sachs, VwVfG, § 46 Rdnr. 50ff., 63ff.

278 Nicht überzeugend daher auch *Bumke*, Relative Rechtswidrigkeit, S. 213f., der eine Entscheidungserheblichkeit eines Verfahrensfehlers bei einem gebundenen Verwaltungsakt für ausgeschlossen hält.

279 Vgl. BVerwG, Beschl. v. 19.5. 1999 – 8 B 61.99, NVwZ 1999, 1218f.

derspruchs eine andere Entscheidung der Widerspruchsbehörde, nämlich die Einstellung des Widerspruchsverfahrens ohne Verböserung, ergangen wäre[280].

Diese Konstellation ist entgegen der Darstellung des Bundesverwaltungsgerichts kein überaus seltener Ausnahmefall, sondern läßt sich in folgender Weise verallgemeinern[281]: Sofern ein Beteiligter beziehungsweise ein zu Beteiligender durch einen Verfahrensfehler daran gehindert oder davon abgehalten wurde, in einer Weise zu reagieren, die zu einer relevanten Veränderung der Sachlage geführt hätte oder hätte führen können, beruht auch ein gebundener Verwaltungsakt auf diesem Fehler.

Eine entsprechende Fallgestaltung wird in der Literatur auch für einen Sachverhalt umschrieben, in dem die Behörde dem Antragsteller bei Vorlage eines unvollständigen Genehmigungsantrags eine (angemessene) Frist zur Behebung dieses Mangels setzen muß, tatsächlich aber eine unangemessen kurze Frist bestimmt[282]. Auch wenn die Behörde verpflichtet ist, den Antrag abzulehnen, es sich also um eine gebundene Entscheidung handelt, beruht diese Ablehnungsentscheidung auf dem Verfahrensfehler der zu kurzen Fristsetzung zur Vervollständigung der Antragsunterlagen[283].

Zugleich zeigen diese Konstellationen, daß die abstrakte Betrachtungsweise zur Prüfung des Beruhens nicht überzeugen kann und auch vom Bundesverwaltungsgericht im Ergebnis nicht geteilt wird. Zutreffender ist es daher, in jedem Einzelfall „konkret", unabhängig von der Zuordnung des Verwaltungsakts als gebundene Entscheidung oder solche mit einem Entscheidungsspielraum zu prüfen, ob der Verfahrensfehler von Einfluß gewesen sein kann. Der Umstand, daß ein mögliches Beruhen bei gebundenen Verwaltungsakten seltener anzunehmen ist, ändert nichts an der strukturell gleichen Prüfung. Diese Überlegungen galten bereits für die frühere Fassung des § 46 VwVfG und gelten nach der Neuregelung durch Einbeziehung sämtlicher Verwaltungsakte mit behördlichem Entscheidungsspielraum ohnehin. So war und ist in allen Fällen des § 46 VwVfG eine konkrete Prüfung des Einzelfalls vorzunehmen[284].

Für diese Lösung spricht schließlich noch ein in seiner Bedeutung nicht zu gering zu achtender Gesichtspunkt, der mit dem oben behandelten Problem der

---

[280] BVerwG, Beschl. v. 19.5. 1999 – 8 B 61.99, NVwZ 1999, 1218 (1219); auf diese Entscheidung weist schon hin *Kopp/Schenke*, VwGO (12. Aufl.), § 79 Rdnr. 14 (Fußn. 35); unzutreffend daher OVG Münster, Beschl. v. 21. 1. 2003 – 12 A 5371/00, DÖV 2004, 40, das – unter Hinweis auf BVerwG, Beschl. v. 13. 1. 1999 – 8 B 266.98, NVwZ 1999, 641 – ein Beruhen bei gebundenen Entscheidungen nicht für möglich hält; ebenso *Detterbeck*, Allgemeines Verwaltungsrecht, Rdnr. 637; *Fendt*, JA 2000, 977 (980); *Wolff*, in: Wolff/Decker, Studienkommentar VwGO/VwVfG, § 46 VwVfG Rdnr. 13.

[281] S. bereits oben IV 5 c (S. 271 ff.).

[282] Vgl. *Ehlers*, Pharma-Recht 1992, 98 ff. zu § 25 Abs. 4 AMG.

[283] S. *Ehlers*, Pharma-Recht 1992, 98 (104).

[284] Dafür z.B. auch *Jäde*, UPR 1996, 361 (362); nur für die Neufassung des § 46 VwVfG etwa *Jahn*, GewArch. 1997, 129 (130).

Rechtsbindung und der wirksamen Durchsetzung der Verfahrensanforderungen zusammenhängt. Nur das Abstellen auf die konkrete Betrachtung des Einzelfalls hat die Wirkung, daß die Verwaltung nicht schon vorweg (wie bei einer abstrakten Betrachtung der angestrebten Entscheidung) die Folgen von Verfahrensfehlern abschätzen und damit bei gebundenen Entscheidungen von vornherein auf bestimmte Verfahrenshandlungen aus Zeit- oder Kostengründen verzichten kann. Den insoweit vorgebrachten Einwänden gegen die Verfassungsmäßigkeit läßt sich damit zusätzlich begegnen.

b) Die Notwendigkeit von Anhaltspunkten für einen möglichen Einfluß auf die Sachentscheidung

Die konkrete Betrachtungsweise führt zwar im Fall der gebundenen Verwaltungsakte zur Notwendigkeit einer genaueren Prüfung und zum Ausschluß der pauschalen Ablehnung einer Relevanz des Fehlers unter Hinweis auf die rechtliche Unmöglichkeit eines Einflusses, sie muß aber auf der anderen Seite im Fall der Ermessensverwaltungsakte gleichermaßen ernst genommen werden. Auch hier kann der schlichte Hinweis, bei Ermessensentscheidungen sei der Einfluß eines Verfahrensfehlers nie oder zumindest im Grundsatz nicht auszuschließen, nicht ausreichen, um die Anwendung des § 46 VwVfG zu verneinen. Anderenfalls wäre dem im Wortlaut der Vorschrift zum Ausdruck kommenden und mit dem Verfassungsrecht im Einklang stehenden Willen des Gesetzgebers keine ausreichende Beachtung geschenkt[285].

Die notwendige konkrete Betrachtung des Einzelfalls erschwert den Umgang mit § 46 VwVfG allerdings beträchtlich. Bei einer konkreten Betrachtung stellt sich stets die Frage, nach welchen Kriterien bestimmt werden kann, ob der Einfluß des Fehlers auf die Sachentscheidung offensichtlich ausgeschlossen ist. Der Wortlaut des § 46 VwVfG hilft nicht weiter. Auf der Suche nach geeigneten Kriterien scheint es damit doch wieder naheliegend, maßgeblich darauf abzustellen, ob die Behörde bei ihrer Entscheidung rechtlich vollständig gebunden war oder ihr ein Ermessens- beziehungsweise ein Beurteilungsspielraum zustand. Gleichwohl kann ein solches Rekurrieren auf die Art der Entscheidung nicht überzeugen; es führte letztlich wieder zurück auf die zuvor bereits abgelehnte abstrakte Betrachtungsweise, die mit dem Gesetz nicht in Einklang zu bringen ist.

Andererseits erscheint es ausgeschlossen, das Tatbestandsmerkmal des offensichtlichen Nichtberuhens der Sachentscheidung auf dem Verfahrensfehler so zu interpretieren, daß jede im Einzelfall noch so fernliegende (abstrakte) Möglichkeit eines anderen Verfahrensergebnisses zur Nichtanwendung des § 46 VwVfG

---

[285] Insofern ist allen (vor allem rechtspolitisch motivierten) Stimmen aus der Literatur, die auf diese Weise eine drastische Begrenzung des Anwendungsbereichs des § 46 VwVfG zu erreichen versuchen (vgl. die Tendenz etwa bei *Kopp/Ramsauer*, VwVfG, § 46 Rdnr. 27, 32f.), eine Absage zu erteilen.

führte. Sonst käme ein Ausschluß des Aufhebungsanspruchs über § 46 VwVfG praktisch nur sehr selten in Betracht, wie schon das genannte Beispiel aus der Rechtsprechung zum Anhörungsfehler im Widerspruchsverfahren belegt. Hier wäre ohne ein Abstellen auf konkrete Anhaltspunkte im Einzelfall stets die sich an die Anhörung anschließende Rücknahme des Widerspruchs durch den Betroffenen in Betracht zu ziehen. Folglich wäre eine Aufhebung des Widerspruchsbescheids aufgrund der Möglichkeit des Beruhens der Sachentscheidung auf dem Verfahrensfehler nur dann ausgeschlossen, wenn das Gericht zu der – eigentlich nicht möglichen – sicheren Überzeugung gelangte, zu einer Rücknahme des Widerspruchs wäre es nicht gekommen[286]. Die gegenteilige Ansicht, die sich mit der hypothetischen Möglichkeit einer anderen Sachentscheidung begnügt, mögen zwar die zahlreichen Kritiker der Regelung des § 46 VwVfG präferieren; sie entspricht jedoch nicht dem Gesetz und sie wird durch die Verfassung auch nicht gefordert.

Notwendig erscheint ein Mittelweg, nach dem das in § 46 VwVfG geforderte offensichtliche Nichtberuhen der Entscheidung auf dem Fehler dann zu bejahen ist, wenn es an Anhaltspunkten für die Möglichkeit des Beruhens fehlt. Wann derartige Anhaltspunkte gegeben sind, kann nur unter Berücksichtigung des Einzelfalls beurteilt werden. Insofern sind der Verlauf und die Komplexität des konkreten Verwaltungsverfahrens, die Sachentscheidung, die rechtlichen Grundlagen einschließlich des Fachrechts, der (oder die) Verfahrensfehler und das Maß der Bindung der Behörde beim Verwaltungsakterlaß in einer Gesamtschau zu beurteilen. Deshalb kann auch der Frage, ob eine Ermessensentscheidung oder eine gebundene Entscheidung vorlag, Relevanz zukommen, ohne damit allerdings –wie im Fall einer strikt abstrakten Prüfung – zum alles entscheidenden Faktor für die Beurteilung des Beruhens zu werden. Bei der konkreten Betrachtung bildet das Maß der rechtlichen Bindung vielmehr nur eines der Kriterien, nach denen das offensichtliche Nichtberuhen im Einzelfall zu beurteilen ist. Handelt es sich um eine rechtlich gebundene Entscheidung, so kommt ein Beruhen nur in Betracht, wenn der der Entscheidung zugrundeliegende Sachverhalt im Fall der Beachtung aller Verfahrensanforderungen noch eine Veränderung hätte erfahren können. Die Anforderungen an die Anhaltspunkte für einen möglichen Einfluß reichen hier grundsätzlich weiter als bei Ermessensentscheidungen.

Wie auch der wiederholt erwähnte, durch das Bundesverwaltungsgericht entschiedene Fall der Gehörsverletzung im Widerspruchsverfahren[287] erkennen läßt, müssen zumindest Anhaltspunkte für die Möglichkeit einer abweichenden Entscheidung vorliegen. Da sich solche Anhaltspunkte bei gebundenen Entscheidun-

[286] Auf die Frage des Verhältnisses zwischen § 79 Abs. 2 S. 2 VwGO und § 46 VwVfG, bei dem die h. M. (s. nur *Kopp/Schenke*, VwGO, § 79 Rdnr. 14; *Pietzcker*, in: Schoch/Schmidt-Aßmann/Pietzner, VwGO, § 79 Rdnr. 15) § 79 Abs. 2 S. 2 VwGO als lex specialis ansieht, soll trotz bestehender Zweifel nicht eingegangen werden.

[287] BVerwG, Beschl. v. 19.5. 1999 – 8 B 61.99, NVwZ 1999, 1218f.

gen notwendigerweise auf die Möglichkeit einer Veränderung der Sachlage infolge eines Verhaltens des Betroffenen oder eines Dritten beziehen müssen, darf ein entsprechender hypothetischer Kausalverlauf nicht ganz fern liegen. Wenn also der Betroffene etwa behauptet, er hätte sich bei ordnungsgemäßem Verfahrensablauf in einer bestimmten Weise verhalten und damit den Sachverhalt so verändert, daß die Voraussetzungen für den rechtmäßigen Erlaß des Verwaltungsakts nicht mehr vorgelegen hätten, so ist, wenn ein entsprechendes Verhalten seinerseits nicht als völlig fernliegend angesehen werden kann, der Aufhebungsanspruch nicht (wegen offensichtlich fehlenden Einflusses des Verfahrensfehlers auf die Sachentscheidung) ausgeschlossen. Folglich kann es nicht allein auf die Behauptungen des Betroffenen ankommen. Der in Betracht gezogene hypothetische Kausalverlauf muß auch aus der Perspektive eines objektiven Betrachters nachvollziehbar sein. Wenn entsprechende Anhaltspunkte vorliegen, werden sie auch nicht allein dadurch entkräftet, daß die Behörde schlicht behauptet, die Entscheidung wäre selbst bei Beachtung der Verfahrensvorschrift nicht anders ausgefallen[288].

In der Literatur ist, vermutlich um der einschlägigen Rechtsprechung des Bundesverwaltungsgerichts eine Basis zu verschaffen, die These aufgestellt worden, in einfachen Verwaltungsverfahren werde es nur selten an der Ergebniserheblichkeit eines Fehlers fehlen, während es in komplexen Planungs- und Genehmigungsverfahren konkreter Anhaltspunkte für die Ergebniserheblichkeit eines Fehlers bräuchte[289]. Diese Einschätzung erweist sich jedoch insgesamt als wenig überzeugend, da sie den Gesichtspunkt der Komplexität des Verfahrens zu einem nahezu allein entscheidenden Faktor erhebt. Richtigerweise kann der Verfahrenskomplexität Relevanz nur *neben* den anderen gleichfalls vorausgehend genannten Aspekten zukommen.

Zum Teil zutreffend erscheint lediglich die offenbar hinter dieser Einschätzung stehende Überlegung, in komplexen Verwaltungsverfahren, die eine Vielzahl von Beteiligten und auch verselbständigten Verfahrensteilen kennen, können Fehler in ihrer Bedeutung aufgrund der Kompensation durch andere zutreffend absolvierte Verfahrensteile stark relativiert werden. Das trifft etwa für die Sachaufklärung durch die Behörde zu. Wenn eine große Zahl von Personen anzuhören ist, sinkt die Wahrscheinlichkeit, daß ein einzelner Betroffener, der nicht angehört wurde, noch wesentlich Neues zur Sachverhaltsaufklärung beitragen kann. Das gilt bei Verletzung von Beteiligungsrechten allerdings auch nur, wenn für die Betroffenen keine Möglichkeit bestand, auf den relevanten Sachverhalt durch ihr Verhalten Einfluß zu nehmen. Andererseits lassen sich die Auswirkungen von Fehlern angesichts einer häufig zunächst anzutreffenden Ergebnisoffenheit des

---

288 So auch *Hufen*, JuS 1999, 313 (318).

289 Vgl. *Bumke*, Relative Rechtswidrigkeit, S. 214 (unter Berufung auf *Ladenburger*, Verfahrensfehlerfolgen, S. 273ff.).

Verwaltungsverfahrens kaum überblicken, während die Fehlerfolgen in einfachen Verfahren leichter überschaubar sind. Insoweit ist die These, in einfachen Verwaltungsverfahren fehle es nur selten an der Ergebniserheblichkeit eines Fehlers, nicht nachvollziehbar.

Das Ergebnis der vorausgehenden Überlegungen läßt sich damit an dem häufig diskutierten Fall einer fehlerhaften Anhörung folgendermaßen illustrieren: Ist ein Betroffener nicht ordnungsgemäß angehört worden, so müssen Anhaltspunkte dafür vorliegen, in welcher Weise sich die ordnungsgemäße Durchführung der Anhörung auf das Ergebnis hätte auswirken können. Die rein abstrakte Möglichkeit von neuen Gesichtspunkten oder Umständen reicht jedenfalls dann nicht aus, wenn der Betroffene die Möglichkeit hat, den möglichen abweichenden Kausalverlauf näher zu begründen. Dafür kommen sowohl mögliche Äußerungen im Rahmen der Anhörung als auch sonstiges, die Sachlage veränderndes Verhalten in Betracht. In diesem Fall muß aus objektiver Sicht beurteilt werden, ob eine andere Sachentscheidung denkbar ist oder offensichtlich ausgeschlossen werden kann. Das Offensichtlichkeitskriterium bewirkt das Fortbestehen des Aufhebungsanspruchs schon dann, wenn infolge der Änderung der Sachlage eine andere Sachentscheidung nicht sicher auszuschließen ist. Hätte aber der Betroffene im Rahmen einer ordnungsgemäßen Anhörung keine objektiv relevanten Gesichtspunkte vorgetragen, reicht die auch in einem solchen Fall nie völlig auszuschließende (abstrakte) Möglichkeit einer anderen Entscheidung in der Sache nicht aus, um die Anwendung des § 46 VwVfG auszuschließen und damit den Aufhebungsanspruch als fortbestehend ansehen zu können.

c) Konsequenzen für die Rechtsprechungsforderung der „konkreten Möglichkeit" einer abweichenden Sachentscheidung

Damit stellt sich weiter die Frage, wie vor diesem Hintergrund die Rechtsprechung des Bundesverwaltungsgerichts zu den Anforderungen an die Möglichkeit des Beruhens eines Planfeststellungsbeschlusses auf einen Verfahrensfehler zu bewerten ist. Das Bundesverwaltungsgericht vertritt insoweit in ständiger Rechtsprechung die Ansicht, ein Verfahrensverstoß im Planfeststellungsverfahren führe nur dann zur Aufhebung des Planfeststellungsbeschlusses, wenn sich der formelle Fehler auf die Entscheidung ausgewirkt haben kann[290]. Die stets – zumindest in Auszügen – zitierte und manche Fragen aufwerfende Formulierung lautet: „Der Kausalzusammenhang ist vielmehr zu bejahen, wenn nach den Umständen des jeweiligen Falles die konkrete Möglichkeit besteht, daß ohne den angenommenen Verfahrensmangel die Entscheidung anders ausgefallen wäre."[291] Die For-

[290] S. nur BVerwG, Urt. v. 30.5. 1984 – 4 C 58.81, BVerwGE 69, 256 (269).

[291] BVerwG, Urt. v. 30. 5. 1984 – 4 C 58.81, BVerwGE 69, 256 (270). Vgl. auch BVerwG, Urt. v. 5. 12. 1986 – 4 C 13.85, BVerwGE 75, 214 (228); Urt. v. 18. 12. 1987 – 4 C 9.96, NVwZ 1988, 527 (530) – insoweit nicht in BVerwGE 78, 347ff. abgedr.; Beschl. v. 22. 6. 1993 – 4 B 257.92 (n. Ver-

derung einer „konkreten Möglichkeit" scheint auf erste Sicht über das hier befürwortete Erfordernis von Anhaltspunkten für ein Beruhen hinauszugehen. Wäre die zitierte Urteilspassage so zu verstehen, daß konkret die Abweichungen im Verfahren und im Ergebnis umschrieben werden müßten, die im Fall eines fehlerfreien Verfahrens eingetreten wären, so wären damit die verfassungsrechtlich zulässigen, aber auch die einfachrechtlich durch das Offensichtlichkeitskriterium zum Ausdruck kommenden Anforderungen überspannt.

Denkbar erscheint aber auch eine Interpretation, die nicht so weit reicht und die zumindest der 4. Senat des Bundesverwaltungsgerichts in einigen Entscheidungen auch angewandt hat. So setzt schon die Ausgangsentscheidung vom 30. 5. 1984 die zitierte Passage aus den Urteilsgründen (bezogen auf den konkreten Fall der Beteiligung einer ausgeschlossenen Person auf Seiten der Behörde) wie folgt fort: „Dies wäre dann der Fall, wenn sich aufgrund erkennbarer oder naheliegender Umstände die Möglichkeit abzeichnete, daß durch ein Tätigwerden der ausgeschlossenen Personen die von der Planfeststellungsbehörde vorzunehmende Abwägung der widerstreitenden öffentlichen und privaten Belange in Richtung auf eine bestimmte Entscheidung beeinflußt worden ist."[292] Diese Vorgabe zur Bestimmung einer konkreten Möglichkeit einer abweichenden Sachentscheidung im Verwaltungsverfahren wurde in einem Urteil aus dem Jahre 1987 vom gleichen Senat im Fall der Befangenheit eines Berliner Senators bei der Unterzeichnung des Planfeststellungsbeschlusses so interpretiert oder ausgefüllt, daß es keiner weiteren Anhaltspunkte für eine Beeinflussung der Entscheidung durch den Senator bedurfte[293]. Vielmehr reichte aus, daß der Senator die abschließende Entscheidung über die Planfeststellung zu treffen hatte.

Obwohl sich sicherlich auch tendenziell anders ausgerichtete Entscheidungen nachweisen ließen, kann doch allein die leitsatzartige Formulierung des Bundesverwaltungsgerichts hinsichtlich der „konkreten Möglichkeit" noch nicht als Beleg für eine zu weitreichende Rechtsprechung angeführt werden. Am ehesten ließe sich ein solcher Befund noch für Fälle ausmachen, in denen eine – auch durch das Gemeinschaftsrecht geforderte – förmliche Umweltverträglichkeitsprüfung rechtswidrig unterlassen wurde. Insoweit scheinen die Anforderungen des Bundesverwaltungsgerichts überzogen[294].

öff.); Beschl. v. 22. 6. 1993 – 4 B 45.93, VkBl. 1995, 210; Beschl. v. 12. 1. 1994 – 4 B 163.93, Buchholz 407.4 § 19 FStrG Nr. 6; Beschl. v. 23. 2. 1994 – 4 B 35.94, DVBl. 1994, 763; Urt. v. 25. 1. 1996 – 4 C 5.95, BVerwGE 100, 238 (252); Beschl. v. 12. 6. 1998 – 11 B 19.98, DVBl. 1998, 1184 (1185).

[292] BVerwG, Urt. v. 30. 5. 1984 – 4 C 58.81, BVerwGE 69, 256 (270).

[293] Vgl. BVerwG, Urt. v. 18. 12. 1987 – 4 C 9.96, NVwZ 1988, 527 (530).

[294] Auf eine nähere Analyse dieser Rechtsprechung zur UVP muß hier jedoch verzichtet werden.

d) Der Sonderfall des Sachaufklärungsmangels

Eine Sonderstellung unter den Verfahrensfehlern können vor allem die Mängel bei der Sachaufklärung gemäß § 24 VwVfG einnehmen. Diese Fehler führen entgegen verbreiteter Ansicht in der Rechtsprechung wie andere Verfahrensfehler zur Rechtswidrigkeit des Verwaltungsakts, unabhängig davon, ob sie die Sachentscheidung beeinflußt haben konnten[295]. Ob sie darüber hinaus aber einen Aufhebungsanspruch begründen, erscheint sehr zweifelhaft. Sofern der Aufhebungsanspruch nicht anderweitig ausgeschlossen ist, käme nur der Ausschluß durch § 46 VwVfG in Betracht. Nach dem Wortlaut des § 46 VwVfG wäre der Aufhebungsanspruch nur ausgeschlossen, wenn es als offensichtlich angesehen werden muß, daß sich der Fehler bei der Sachaufklärung nicht auf die Sachentscheidung ausgewirkt hat. In dem Augenblick, in dem der Verstoß gegen § 24 VwVfG festgestellt wird, läßt sich, sofern nicht bereits ausnahmsweise weitere Kenntnisse über den Sachverhalt bestehen, zumeist nicht sagen, daß sich der Verfahrensfehler der mangelhaften Sachaufklärung nicht auf die Sachentscheidung ausgewirkt hat. Die weitere (ordnungsgemäße) Aufklärung hätte ja sogar einen ganz anderen Sachverhalt ergeben können. Offensichtlich ohne Einfluß auf die Sachentscheidung ist ein Aufklärungsmangel in dieser Phase der Beurteilung deshalb regelmäßig nicht.

Allerdings weist dieser Verfahrensmangel die Besonderheit auf, daß seine Relevanz für das Ergebnis grundsätzlich auch noch nachträglich zumindest einigermaßen sicher bestimmt werden kann. Soweit die im Zeitpunkt der Behördenentscheidung vorhandenen Ermittlungsquellen und -möglichkeiten auch noch im Zeitpunkt der späteren Prüfung, also etwa bei einem gerichtlichen Verfahren, zur Verfügung stehen, kann der Sachverhalt auf diese Weise soweit aufgeklärt werden, wie § 24 VwVfG dies schon von der Behörde verlangt hat. Kommt diese Fortsetzung der Sachaufklärung zu einer tatbestandsrelevanten Abweichung des Sachverhalts von den durch die Behörde unterstellten Tatsachen, so hat sich der Fehler auf das Ergebnis, die Sachentscheidung, ausgewirkt; anderenfalls fehlt es an der Relevanz des Fehlers für das Ergebnis. Ohne die zusätzliche nachträgliche Sachaufklärung kann aber die Bedeutung des Fehlers nicht beurteilt werden, beziehungsweise ist es nicht offensichtlich, daß der Fehler die Entscheidung in der Sache nicht beeinflußt hat. Bei wörtlicher Auslegung des § 46 VwVfG wäre der Aufhebungsanspruch in diesen Fällen regelmäßig nicht ausgeschlossen, also der Verwaltungsakt aufzuheben.

Eine derartige Auslegung des § 46 VwVfG stünde indes in klarem Widerspruch zur übereinstimmenden Rechtsprechung zum behördlichen Sachaufklärungsmangel. Dieser Widerspruch beschränkte sich auch nicht allein auf die dogmatische Konstruktion, wie dies noch weitgehend für die Differenzen zwischen der Rechtsprechung und der hier vertretenen Auffassung im Hinblick auf die Rechts-

[295] Vgl. oben § 4 B II 3 (S. 149 ff.).

folge der Rechtswidrigkeit angenommen werden kann[296]. Die Anerkennung des Aufhebungsanspruchs einschließlich des abzulehnenden Ausschlusses durch §46 VwVfG führten zu einem völlig anderen Ergebnis. Diesem Widerspruch käme eine nicht zu unterschätzende praktische Bedeutung zu. Schon deshalb muß diese Auslegung des §46 VwVfG nach seinem Wortlaut besonders kritisch hinterfragt werden.

Bei näherer Überlegung lassen sich denn auch eine Vielzahl von Gesichtspunkten gegen ein insoweit vom Wortlaut abweichendes Verständnis des §46 VwVfG anführen. So widerspräche die nach dem Wortlaut naheliegende Auslegung bereits eindeutig der Motivation des Gesetzgebers des Genehmigungsverfahrensbeschleunigungsgesetzes, das auf eine Erweiterung des Anwendungsbereichs des §46 VwVfG im Hinblick auf Ermessensverwaltungsakte hin angelegt war. Die hier diskutierte Auslegung für das Offensichtlichkeitskriterium führte auch für die gebundenen Verwaltungsakte erheblich hinter den ursprünglichen Anwendungsbereich zurück. Obwohl diesem Gesichtspunkt nur im Rahmen des Wortlauts der Neuregelung Rechnung getragen werden kann und er deshalb nicht überbewertet werden darf, handelt es sich um ein erstes Argument gegen eine sich rein am Wortlaut orientierende Auslegung.

Von zentraler Bedeutung ist eine andere Überlegung, die bereits mehrfach angeklungen ist. Das zusätzliche Kriterium der Offensichtlichkeit ist notwendig, weil sich in aller Regel bei Verfahrensverstößen nicht ermitteln läßt, ob sie sich auf die Sachentscheidung ausgewirkt haben oder nicht. In den meisten Fällen müssen Hypothesen über mögliche Kausalverläufe aufgestellt werden, die allenfalls einen gewissen Wahrscheinlichkeitsgrad aufweisen. Deshalb muß das Gesetz zusätzlich bestimmen, zu wessen Lasten sich die Unsicherheit über einen Kausalverlauf auswirkt. Diese Funktion erfüllt das Tatbestandsmerkmal „offensichtlich". Es bewirkt, daß der Aufhebungsanspruch nur ausgeschlossen ist, wenn die Irrelevanz des Fehlers für das Ergebnis als sehr sicher angesehen werden kann. Gerade dieses zusätzlichen Kriteriums bedarf es jedoch nicht, wenn sich ausnahmsweise im nachhinein ermitteln läßt, welchen Einfluß ein Fehler gehabt hat, was – wie gezeigt – vor allem auf viele Sachaufklärungsmängel zutrifft. Hier spricht der Sinn und Zweck der Tatbestandsvoraussetzung gegen seine Anwendung. Weiter führte das Erfordernis der Offensichtlichkeit zu einer Beschränkung der (weiteren) Sachaufklärung, die sich unter einem anderen Gesichtspunkt gerade als erforderlich erweist. Der Aufhebungsanspruch kann neben §46 VwVfG auch aus anderen Gründen heraus ausgeschlossen sein. Einer dieser Gründe ist der des – unten noch näher zu untersuchenden – Grundsatzes von Treu und Glauben. Neben §46 VwVfG schließt auch dieser Grundsatz einen Aufhebungsanspruch aus, wenn der Verwaltungsakt sogleich wieder erlassen werden müßte[297]. Um feststellen zu

---

[296] Dazu oben §4 B II 3 (S. 150f.).

[297] Es wurde zwar oben bereits dargelegt, daß der Grundsatz „dolo agit, qui petit, quod statim

können, ob der Verwaltungsakt wieder erlassen werden müßte, muß aber ohnehin in den in Betracht kommenden Fällen eine vollständige Sachaufklärung erfolgen. In derartigen Fällen wären die dabei gewonnenen Erkenntnisse zwangsläufig auch für die Prüfung der Voraussetzungen des § 46 VwVfG zu verwenden. Hielte man daher im Hinblick auf § 46 VwVfG angesichts des Kriteriums „offensichtlich" eine weitere Sachaufklärung für unnötig, so hinge die Zuerkennung des Aufhebungsanspruchs davon ab, ob zufällig auch noch der Ausschluß des Aufhebungsanspruchs infolge des Treu-und-Glauben-Satzes denkbar erscheint und deshalb insoweit zu weiteren Sachaufklärungen Veranlassung gibt.

Schließlich ließe sich die wortlautgemäße Anforderung des offensichtlich fehlenden Einflusses nicht ganz problemlos mit der prozessualen Vorschrift des § 113 Abs. 3 VwGO in Einklang bringen. Danach kann das Gericht jedenfalls im Fall der Anfechtungsklage den Verwaltungsakt aufheben, ohne abschließend geklärt zu haben, ob überhaupt ein Aufhebungsanspruch besteht, sofern eine weitere Sachaufklärung für erforderlich gehalten wird, bei der die Ermittlungen nach Art oder Umfang erheblich wären. Da die Fälle des § 113 Abs. 3 VwGO jedenfalls regelmäßig mit behördlichen Ermittlungsdefiziten einhergehen, würde § 113 Abs. 3 VwGO leerlaufen. Bedürfte es für die Feststellung, daß der Aufhebungsanspruch in den Fällen der Sachaufklärungsmängel nicht durch § 46 VwVfG ausgeschlossen wird, keiner weiteren Sachaufklärung, könnte auch § 113 Abs. 3 VwGO nicht zur Anwendung kommen. Der setzt nämlich gerade voraus, daß für die Feststellung des Aufhebungsanspruchs noch weitere Sachaufklärung betrieben werden muß.

Entgegen verbreiteter Ansicht läßt sich dagegen aus der Amtsermittlungspflicht des Gerichts gemäß § 86 Abs. 1 VwGO kein zusätzliches Argument für die Notwendigkeit einer weitergehenden Sachaufklärung durch das Gericht ableiten. Der Untersuchungsgrundsatz verpflichtet das Gericht zur Herstellung der sogenannten Spruchreife. Deshalb richtet sich der Umfang der Sachaufklärung nach dem geltend gemachten Anspruch. Begehrt der Kläger im Wege der Verpflichtungsklage den Erlaß eines begünstigenden Verwaltungsakts, den die Behörde aus unzutreffenden Gründen und deshalb ohne eine ausreichende Sachaufklärung abgelehnt hat, so fordert § 86 Abs. 1 VwGO eine (ersatzweise) gerichtliche Aufklärung, um feststellen zu können, ob der geltend gemachte Anspruch besteht. Im Fall der Anfechtungsklage wird der Umfang der Aufklärungspflicht gleichfalls durch die Tatbestandsvoraussetzungen des geltend gemachten Anspruchs, also hier des Aufhebungsanspruchs, bestimmt. Wenn aber § 46 VwVfG den Aufhebungsanspruch im Fall des Sachaufklärungsmangels schon dann nicht ausschließt, wenn überhaupt ein Fehler bei der Aufklärung festgestellt ist, dann wäre

redditurus est" entgegen verbreiteter Ansicht keine Basis für § 46 VwVfG a.F. geboten hat. Gleichzeitig beschränkt er aber richtigerweise den Aufhebungsanspruch, s. dazu noch unten G (S. 325ff.).

die Klage damit bereits spruchreif und weitere Ermittlungen wären ausgeschlossen. Somit hängt die Reichweite der Ermittlungen gemäß § 86 Abs. 1 VwGO von den materiellen Tatbestandsvoraussetzungen des Anspruchs ab. Diese können nicht durch das Prozeßrecht abgeändert werden.

Im Ergebnis sprechen jedoch gewichtige Argumente für eine teleologische Reduktion des Offensichtlichkeitskriteriums auf solche Fallgestaltungen, in denen der Einfluß eines Fehlers auf die Sachentscheidungen nicht sicher bestimmt werden kann. Ist das ausnahmsweise einmal anders, wie vor allem in Fällen mangelhafter behördlicher Sachaufklärung, ist das Tatbestandsmerkmal „offensichtlich" nicht einschränkend anzuwenden.

In Wiederholung vorausgehender Ausführungen ist jedoch darauf hinzuweisen, daß dies nicht allgemein für gebundene Verwaltungsentscheidungen gilt. Auch bei diesen kommt ein Einfluß des Fehlers auf die Sachentscheidung in Betracht. Deshalb wäre es nicht überzeugend, das Offensichtlichkeitskriterium allgemein für die Fälle gebundener Entscheidungen außer Anwendung zu lassen. In diesen Konstellationen kann nämlich gleichfalls regelmäßig nicht sicher entschieden werden, ob der Fehler Auswirkungen auf das Ergebnis gehabt hat.

Die vorausgehenden Überlegungen zur Beschränkung der gerichtlichen Sachaufklärungspflicht in Fällen, in denen ein behördliches Ermittlungsdefizit vorliegt, gelten allerdings nur für den Fall der unbeschränkten gerichtlichen Überprüfungskompetenz der Verwaltungsentscheidung. Ist der Behörde hingegen ein Ermessen oder (im Hinblick auf einen unbestimmten Rechtsbegriff) ein Beurteilungsspielraum eingeräumt, so beschränkt sich die gerichtliche Kontrolle gemäß § 114 S. 1 VwGO nach allgemeiner Auffassung auf die ordnungsgemäße Ermessensbestätigung beziehungsweise Ausübung des Entscheidungsspielraums[298]. Soweit die Behörde von einem unvollständigen oder unrichtigen Sachverhalt ausgegangen ist, hat das Gericht nicht etwa selbst den Sachverhalt zu korrigieren oder zu ergänzen. Die Sachaufklärungspflicht des Gerichts reicht nur so weit, bis ein entsprechender Mangel festgestellt ist, der die Sachentscheidung beeinflußt haben kann. Entsprechendes gilt auch für das Planungsermessen[299] sowie bei Prognosespielräumen[300].

Daneben hat die Rechtsprechung aber auch bei gebundenen Verwaltungsentscheidungen in Ausnahmefällen die gerichtliche Sachaufklärung als begrenzt angesehen. Hier handelt es sich um Fälle, in denen das materielle Fachrecht die Verantwortung für die Ermittlung ausschließlich den zuständigen Behörden zuweist und damit den Gerichten die Berechtigung zu einer „stellvertretenden Sachauf-

---

[298] Vgl. stellv. *Gerhardt*, in: Schoch/Schmidt-Aßmann/Pietzner, VwGO, § 114 Rdnr. 4ff.; *Hufen*, Verwaltungsprozessrecht, § 25 Rdnr. 27ff.; *W.-R. Schenke*, Verwaltungsprozeßrecht, Rdnr. 735ff.

[299] S. BVerwG, Urt. v. 25.2. 1988 – 4 C 32 u. 33.86, DVBl. 1988, 844 (845); *Gerhardt*, in: Schoch/Schmidt-Aßmann/Pietzner, VwGO, § 114 Rdnr. 28ff.

[300] Zu Bsp. s. *Kopp/Schenke*, VwGO, § 114 Rdnr. 37ff.

klärung" nimmt[301]. In der Rechtsprechung Anerkennung gefunden hat hier vor allem der Fall der atomrechtlichen Genehmigung mit der nach § 7 Abs. 2 Nr. 3 AtomG erforderlichen Risikoermittlung und Risikobewertung[302]. Danach ist eine atomrechtliche Genehmigung allein wegen eines behördlichen Ermittlungsdefizits aufzuheben, weil „es im Verantwortungsbereich der Genehmigungsbehörde liegt, die nuklearspezifischen Risiken nach dem Stand der Wissenschaft und Technik zu ermitteln und zu bewerten"[303]. Die Gerichte beschränken sich damit auf die Überprüfung, „ob die Behörde ausreichende Daten ermittelt und ihren Bewertungen zugrunde gelegt hat, und ob diese Bewertungen hinreichend vorsichtig sind"[304]. Obwohl es sich bei der Genehmigungsentscheidung um eine gebundene Entscheidung handelt, wird der Behörde für den Bereich der Risikoermittlung und -bewertung ein Beurteilungsspielraum zuerkannt. Übertragen worden ist diese Ansicht auf das Gentechnikrecht und zwar speziell auf die Sicherheitsanforderungen an gentechnische Anlagen in § 6 Abs. 2 und § 11 Abs. 1 Nr. 3, 4 GenTG, die dieselbe Normstruktur aufweisen sollen wie § 7 Abs. 2 Nr. 3 AtomG[305]. In sämtlichen dieser Fälle darf das behördliche Ermittlungsdefizit nicht etwa durch die gerichtliche Sachaufklärung ausgeglichen werden. Obwohl die Grenzen der Reichweite der Sachaufklärung kaum trennscharf bestimmt werden können, obliegt es in diesen Fällen nicht dem Gericht zu beurteilen, ob die Abweichungen des Sachverhalts so gravierend sind, daß die Behörde zu einer im Ergebnis anderen Entscheidung gekommen wäre. Es reicht sowohl im Hinblick auf § 46 VwVfG als auch auf den materiellen Abwägungsfehler aus, daß eine andere Sachentscheidung angesichts des Sachverhaltsdefizits nicht ausgeschlossen werden kann beziehungsweise nicht völlig unwahrscheinlich erscheint.

e) Die Möglichkeit des Beruhens auf einem formellen Begründungsmangel?

Verstößt der Verwaltungsakt gegen § 39 VwVfG, weil etwa die erforderliche Begründung ganz oder teilweise fehlt oder weil in ihr nicht die „wahren" Gründe für den Verwaltungsakterlaß angegeben werden, so ist der Verwaltungsakt for-

---

[301] Zu diesen Fällen von „Risikoentscheidungen" auch *Kopp/Schenke*, VwGO, § 114 Rdnr. 38.

[302] Vgl. BVerwG, Urt. v. 19. 12. 1985 – 7 C 65.82, BVerwGE 72, 300 (316f.); Urt. v. 22. 10. 1987 – 7 C 4.85, BVerwGE 78, 177 (180f.); Urt. v. 9. 9. 1988 – 7 C 3.86, BVerwGE 80, 207 (217, 221f.); Beschl. v. 13. 7. 1989 – 7 CB 80.88, NVwZ 1989, 1168; Beschl. v. 13. 7. 1989 – 7 B 188.88, NVwZ 1989, 1169; Urt. v. 11. 3. 1993 – 7 C 4.92, BVerwGE 92, 185 (195f.); Urt. v. 14. 1. 1998 – 11 C 11.96, BVerwGE 106, 115 (120ff.); Beschl. v. 15. 2. 2000 – 11 B 58.99, NVwZ-RR 2000, 419; dazu *Pietzcker*, JZ 1991, 670; *Papier*, in: Festschrift für Ule, S. 235 (250); *Wahl*, NVwZ 1991, 415f.; *Spannowsky*, in: Sodan/Ziekow (Hrsg.), VwGO, § 113 Rdnr. 32, 89.

[303] BVerwG, Urt. 5. 10. 1990 – 7 C 55 u. 56.89, BVerwGE 85, 368 (379), unter Hinweis auf BVerwG, Urt. v. 19. 12. 1985 – 7 C 65.82, BVerwGE 72, 300 (316).

[304] BVerwG, Urt. v. 5. 10. 1990 – 7 C 55 u. 56.89, BVerwGE 85, 368 (379).

[305] Vgl. BVerwG, Beschl. v. 15. 4. 1999 – 7 B 278.98, NVwZ 1999, 1232 (1233); zum Zeitpunkt der Entscheidung handelte es sich beim heutigen § 11 noch um § 13 GenTG.

mell rechtswidrig[306]. Da die Begründung in formeller Hinsicht gemäß § 39 VwVfG nur wiederzugeben hat, welche tatsächlichen und rechtlichen Gründe die Behörde zu ihrer Entscheidung bewogen haben, scheint ein Einfluß eines diesbezüglichen Fehlers auf die Sachentscheidung von vornherein ausgeschlossen. Wie soll schließlich der Inhalt der Entscheidung davon beeinflußt sein können, daß im Verwaltungsakt die Gründe der Entscheidung nicht (vollständig) mitgeteilt werden? Der Verwaltungsakt kann nur auf den wahren Gründen beruhen, nicht auf der fehlerhaften Mitteilung der Gründe.

Aus diesen Überlegungen wird häufig geschlossen, ein formeller Begründungsmangel wäre angesichts der Erweiterung des § 46 VwVfG auf Ermessensentscheidungen mittlerweile stets oder zumindest regelmäßig unbeachtlich[307]. Entsprechend mögen auch die Beweggründe sein, aus denen heraus in jüngster Zeit unter Berufung auf verwaltungs- und verfassungsrechtliche Argumente die Nichtanwendbarkeit des § 46 VwVfG auf formelle Begründungsmängel befürwortet wird[308]. Um der verfassungsrechtlich vor allem aus dem Rechtsstaats- und dem Demokratieprinzip hergeleiteten Ausnahmestellung des Begründungserfordernisses Rechnung zu tragen, sei ein Verstoß gegen Begründungserfordernisse als ein absoluter Verfahrensfehler anzusehen, der die Anwendbarkeit des § 46 VwVfG ausschließe. Diese wohl völlig neue Ansicht, die hier nicht zum Gegenstand ausführlicher Erörterungen gemacht werden kann, vermag indes nicht zu überzeugen. So erscheint bereits die dafür notwendige singuläre Stellung der Begründungspflicht gegenüber allen anderen Verfahrensanforderungen als unhaltbar[309]. Eine verfassungsrechtliche Fundierung der Begründungspflicht ist, sollte sie zu befürworten sein, zumindest nicht singulär. Vielmehr gilt für viele andere Verfahrensanforderungen (wie insbesondere die Anhörungspflicht oder andere Beteiligungsrechte) ein mindestens entsprechendes verfassungsrechtliches Erfordernis. Durch die isolierte Behandlung der Fehlerfolgen von Begründungsfehlern wird die mit der Argumentation verbundene allgemeinere Problematik schlicht ausgeblendet. Die befürwortete Konsequenz eines absoluten Verfahrenserfordernisses mit der Folge Nichtanwendbarkeit des § 46 VwVfG ließe sich nur vor dem Hintergrund einer näheren Befassung auch mit den übrigen Verfahrensfehlern begründen. Darüber hinaus liegt der Argumentation eine ausschließliche Betrachtung des zweiseitigen Staat-Bürger-Verhältnisses zugrunde, bei dem Drittinteressen ausgeblendet werden. Wie schließlich die allgemeine Befassung mit den verfassungsrechtlichen Bedenken gezeigt haben, lassen sich gegen die Anwend-

---

306 S. oben § 4 C I (S. 155f.).

307 S. etwa *Determann*, Jura 1997, 350 (352).

308 S. ausführlich *Kischel*, Folgen von Begründungsfehlern, S. 98ff., 128.

309 Selbst *Kischel*, Folgen von Begründungsfehlern, S. 146, geht nur davon aus, „daß bei Begründungsfehlern *einer* der gravierendsten überhaupt denkbaren Verletzungsfälle vorliegt" (Hervorhebung nicht im Original).

barkeit des § 46 VwVfG auch auf Begründungsmängel keine durchschlagenden Einwände erheben.

Darüber hinaus erscheinen auch die mutmaßlichen Beweggründe dieser Ansicht, anderenfalls lösten Begründungsfehler nie einen Beseitigungsanspruch aus, als nicht überzeugend. Die Folgerung, auf einem formellen Begründungsmangel könnte eine Sachentscheidung nie beruhen, ist zwar nicht direkt falsch, sie verleitet aber zu dem Irrtum, ein formeller Begründungsmangel sei im Hinblick auf die Feststellung eines Aufhebungsanspruchs nicht weiter zu beachten. Dies ist deshalb ein Irrtum, weil ein formeller Begründungsmangel mit anderen Verfahrensfehlern oder auch materiellen Fehlern einhergehen kann. Fehlt einem Verwaltungsakt die erforderliche Begründung, so kann damit auch ein weiterer Verfahrensmangel in Verbindung stehen, der bei nur flüchtiger Überprüfung übersehen werden könnte. In Betracht kommen vor allem Verstöße gegen Anhörungspflichten. Da eine Anhörung der Beteiligten auch die Mitteilung der beabsichtigten Entscheidung einschließlich der von der Behörde für maßgeblich gehaltenen Gründe erfordern kann, besteht gerade bei Verstößen gegen § 39 VwVfG die durchaus naheliegende Möglichkeit eines gleichzeitigen Verstoßes gegen § 28 VwVfG. Der Begründungsfehler muß deshalb insbesondere dann Anlaß für eine genauere Prüfung des § 28 VwVfG sein, wenn tatsächlich eine Anhörung durchgeführt wurde, da sich diese im Ergebnis als nicht ausreichend erweisen kann.

Desweiteren kann der Verstoß gegen § 39 VwVfG auch auf einen materiellrechtlichen Fehler hindeuten. Werden keine oder nur formell unzureichende Gründe genannt, kann dies auch daran liegen, daß entsprechend keine materiell tragfähigen Gründe vorhanden sind. Läßt sich selbst durch zusätzliche gerichtliche Aufklärungsversuche zur Ermittlung der (wahren) Gründe für den Erlaß nicht feststellen, ob es Gründe gibt, die den Verwaltungsakt objektiv rechtfertigen, wird der Aufhebungsanspruch auch nicht durch § 46 VwVfG ausgeschlossen. Konnte die materielle Rechtmäßigkeit des Verwaltungsakts nicht dargelegt werden, ist der Verwaltungsakt nicht nur formell, sondern auch materiell als rechtswidrig anzusehen und schon deshalb aufzuheben. Zwar entfällt also im Ergebnis regelmäßig der Anspruch auf Aufhebung eines formell fehlerhaft begründeten Verwaltungsakts, da ein Beruhen der Entscheidung auf diesem Fehler ausscheiden muß. Der Begründungsmangel kann und wird aber häufig mit anderen Rechtsverstößen in Verbindung stehen, bei denen der Aufhebungsanspruch nicht durch § 46 VwVfG ausgeschlossen ist.

2. *Funktionale Kompensation des fehlerhaften Verwaltungsverfahrens durch den Prozeß als zusätzliche Tatbestandsvoraussetzung des § 46 VwVfG?*

Nicht mehr auf dem Boden des geltenden Rechts steht eine neue Stellungnahme zu § 46 VwVfG n.F., die sich zur möglichen Legitimation der Ausweitung des Anwendungsbereichs auf Ermessensakte äußert und dabei von der Voraussetzung für die Anwendung des § 46 VwVfG ausgeht, „daß das Verwaltungsverfahren durch das gerichtliche Verfahren funktional ersetzt und Funktionsdefizite damit kompensiert werden können“[310]. Diese Auffassung ist aus vielerlei Gründen abzulehnen, ohne dies hier ausführlich darlegen zu können. Bereits die darin zum Ausdruck kommende Vorstellung der Möglichkeit, das behördliche Verfahren sei durch ein nachfolgendes gerichtliches zu ersetzen, steht weder mit Art. 19 Abs. 4 und Art. 20 Abs. 3 GG noch mit dem einfachgesetzlichen Prozeßrecht in Einklang. Das verwaltungsgerichtliche Verfahren ist schon deshalb keine Fortsetzung des Verwaltungsverfahrens, weil sich dies nicht mit der Funktion der Gerichtsbarkeit verträgt. Die bis heute immer wieder vertretene These, das gerichtliche Verfahren könne (jedenfalls bei gebundenen Verwaltungsentscheidungen) das Verfahren der Verwaltungsbehörde ersetzen[311], steht (bewußt oder unbewußt) auf der Basis einer entsprechenden Annahme und ist schon deshalb zu verwerfen. Bei der gegenteiligen Ansicht wirken die Wurzeln der Verwaltungsgerichtsbarkeit in Deutschland weiter nach. Jedenfalls unter der Geltung des Grundgesetzes, das die Verwaltungsgerichtsbarkeit unter anderem in Art. 95 GG der Judikative zuordnet, läßt sich unter Beachtung des Gewaltentrennungsprinzips aber die ursprüngliche, zumindest faktische Zuordnung zur Exekutive nicht mehr aufrechterhalten. Mit dieser Erkenntnis sind auch Folgen für die Entscheidungsbefugnisse der Verwaltungsgerichte im Verhältnis zur Verwaltung verbunden. Die Vorstellung, das Verwaltungsverfahren werde durch das verwaltungsgerichtliche Verfahren notfalls ersetzt, hat die Konsequenzen aus der Kontrollfunktion der Verwaltungsgerichtsbarkeit gegenüber der Verwaltung noch nicht wirklich gezogen[312].

Zum anderen kümmert sich die Konstruktion der „funktionalen Kompensation“ in keiner Weise um eine Anbindung an das Gesetz und vernachlässigt die essentielle Trennung von materiellem Recht und Prozeßrecht. § 46 VwVfG macht den Ausschluß des Aufhebungsanspruchs gerade nicht davon abhängig, daß der

---

[310] *Jochum*, Verwaltungsverfahren und Verwaltungsprozeß, S. 147.

[311] S. nur *Gerhardt*, Verhältnis von Verwaltungsverfahren und Verwaltungsprozess, S. 413 (419ff.; *Hill*, 10 Jahre Verwaltungsverfahrensgesetz, S. 17; *Jochum*, Verwaltungsverfahren und Verwaltungsprozeß, S. 146.

[312] Krit. gegenüber den Vorstellungen von *Gerhardt*, Verhältnis von Verwaltungsverfahren und Verwaltungsprozess, S. 413 (419ff.), – wenngleich moderater – auch *Schmidt-Aßmann*, Verwaltungsverfahren und Verwaltungsverfahrensgesetz, S. 429 (452).

betreffende Verwaltungsakt Gegenstand eines gerichtlichen Anfechtungsverfahrens ist oder war. Der Gedanke der Kompensation führt zu einer Vermengung von materiellem Recht und Prozeßrecht. Konsequent müßte der verfahrensfehlerhafte Verwaltungsakt jedenfalls solange rechtswidrig sein, bis das fehlerhafte Verfahren durch das fehlerfreie Gerichtsverfahren „ersetzt" worden ist. Eine solche Vorstellung, nach der dem Gerichtsverfahren eine ähnliche Funktion zukäme, wie sie die behördliche Nachholung eines fehlerhaften Verfahrensabschnitts gemäß § 45 Abs. 1 VwVfG besitzt, erscheint nicht überzeugend.

3. Umkehrschlüsse und Sonderregelungen

a) Die Reichweite eines Umkehrschlusses

Nach § 46 VwVfG gilt der Ausschluß des Aufhebungsanspruchs nicht generell für jeden formellen Fehler des Verwaltungsakts, sondern nur für die „Verletzung von Vorschriften über das Verfahren, die Form oder die örtliche Zuständigkeit". Damit bezieht die Regelung etwa aus dem Kreis der Zuständigkeitsfehler nur Verstöße gegen die örtliche Zuständigkeit in ihren Anwendungsbereich ein, nicht hingegen solche gegen die Verbandskompetenz[313] sowie die sachliche und instanzielle Zuständigkeit. Das wirft die Frage nach den Konsequenzen für den Aufhebungsanspruch in diesen Fällen, bei nicht durch § 46 VwVfG erfaßten „Verfahrensfehlern" auf[314].

Die offenbar einhellige Meinung geht davon aus, daß ein entsprechender Verstoß, sofern er nicht ohnehin zur Nichtigkeit gemäß § 44 VwVfG führt, umgekehrt stets einen Anspruch auf Aufhebung des Verwaltungsakts begründet[315].

---

[313] Hierbei handelt es sich um das Überschreiten des räumlich abgegrenzten Tätigkeitsbereichs außerhalb der Verbandsgrenzen, z.B. Tätigkeit einer Landesbehörde außerhalb der Landesgrenzen, vgl. dazu *Sachs*, in: Stelkens/Bonk/Sachs, VwVfG, § 44 Rdnr. 156; so außerdem bezogen auf § 46 VwVfG *Laubinger*, VerwArch. 72 (1981), 343; *Oldiges*, DÖV 1989, 873 (882). *Bettermann*, in: Festschrift für Menger, S. 709 (721 f.), nimmt hier einen Fall der örtlichen Zuständigkeit i.S.d. § 46 VwVfG an.

[314] Keine nähere Auseinandersetzung erscheint dagegen mit der jüngst von *Martin*, Heilung von Verfahrensfehlern im Verwaltungsverfahren, S. 271 f., geäußerten These erforderlich, nach der § 45 VwVfG insoweit Vorrang vor § 46 VwVfG genieße, als die Anwendung des § 46 VwVfG auf solche Verfahrensfehler ausgeschlossen sei, bei denen eine Heilung nach § 45 VwVfG möglich wäre. Eine solche „Auslegung" erscheint nicht möglich (positiv demgegenüber aber wohl *U. Stelkens*, DÖV 2005, 705 f., in seiner Besprechung). Sie wird durch keinen einzigen Auslegungsgesichtspunkt getragen und ist verfassungsrechtlich nicht gefordert. Für das Sozialverwaltungsverfahren widerspricht diese Lösung bereits dem Wortlaut des § 42 SGB X, da § 42 S. 2 SGB X von der anderenfalls notwendigen Anwendbarkeit des § 42 S. 1 SGB X in den Fällen von Anhörungsrechtsfehlern ausgeht.

[315] So VGH München, Beschl. v. 13. 8. 1996 – 20 CS 96.2369, BayVBl. 1997, 51; *Bettermann*, in: Festschrift für H.P. Ipsen, S. 271 (273) – allerdings krit.; *Sachs*, in: Stelkens/Bonk/Sachs, VwVfG, § 46 Rdnr. 46; im Ergebnis wohl ebenso *Kopp/Ramsauer*, VwVfG, § 46 Rdnr. 23; *Hub. Meyer*, in: Knack, VwVfG, § 46 Rdnr. 21, letztere allerdings offenbar mit der unzutreffenden Annahme, nur deshalb liege überhaupt Rechtswidrigkeit des Verwaltungsakts vor.

Das hieße, etwa jeder Zuständigkeitsmangel, bei dem es sich nicht um den (ausdrücklich geregelten) Fall des Verstoßes gegen die Regelungen über die örtliche Zuständigkeit handelt, führte notwendig zur Existenz eines Aufhebungsanspruchs, allenfalls begrenzt durch spezialgesetzliche Sonderregelungen[316]. Aus §46 VwVfG wäre also eine Art „qualifizierter" Umkehrschluß zu ziehen. Ein „einfacher" Umkehrschluß, nach dem bei Verfahrensfehlern, die in §46 VwVfG nicht ausdrücklich genannt werden, der Aufhebungsanspruch lediglich nicht ausgeschlossen wird, also auch keine analoge Anwendung des §46 VwVfG möglich wäre, reicht der ganz herrschenden Meinung offenbar nicht aus. Vielmehr wird die ausdrückliche Nennung bestimmter Verfahrensanforderungen so verstanden, als sei damit durch §46 VwVfG insoweit ein Aufhebungsanspruch gerade angeordnet.

Ob eine solche Auslegung des §46 VwVfG zu befürworten ist, erscheint aber mehr als zweifelhaft. Aus der Beschränkung des Ausschlusses des Aufhebungsanspruchs in §46 VwVfG auf bestimmte formelle Fehler (wie etwa eine Verletzung der Regelungen über die örtliche Zuständigkeit) kann einerseits sicher nur die Folgerung (der Umkehrschluß) gezogen werden, daß §46 VwVfG auf weitere Verstöße keine, auch keine analoge Anwendung finden soll[317]. Nach diesem „einfachen" Umkehrschluß schließt §46 VwVfG den Aufhebungsanspruch in den nicht genannten Fällen formeller Fehler schlicht nicht aus.

Der von der allgemeinen Meinung darüber hinaus befürwortete „qualifizierte" Umkehrschluß, aus §46 VwVfG folge bei anderen Verfahrensfehlern zwingend das Bestehen das Bestehen eines Aufhebungsanspruchs, geht hingegen zu weit. Die hinter der ganz herrschenden Ansicht stehende unausgesprochene und unreflektierte Annahme, dieser Umkehrschluß sei die einzig sinnvolle Interpretation für §46 VwVfG, überzeugt nicht. Für die darin enthaltene These, der Gesetzgeber habe mit §46 VwVfG abschließend über das Bestehen von Aufhebungsansprüchen in Fällen formell rechtswidriger Verwaltungsakte entschieden, fehlt es an näheren Anhaltspunkten. Insofern wird die Auffassung schon den in der Methodenlehre wohl allgemein anerkannten besonderen Erfordernissen für die Annahme und Reichweite eines Umkehrschlusses nicht gerecht. Zudem ergäbe sich eine gewisse Kollision mit der Möglichkeit zu Sonderregelungen neben §46 VwVfG. Vor allem aber ist bisher – auf der Basis des überwiegenden Verständnisses des §46 VwVfG a.F. als angeblich einfachgesetzlicher Ausprägung des dolo-agit-Satzes verständlich – nicht bedacht worden, daß jedenfalls mit der Neufassung des §46 VwVfG[318] die Anerkennung eines solchermaßen qualifizierten Um-

---

[316] Solche Sonderregelungen sieht der VGH Kassel, Beschl. v. 21.5. 1997 – 7 TG 2293/95, NVwZ-RR 1998, 747 (748), für das Altlastenrecht.

[317] Vgl. VGH München, Beschl. v. 13.8. 1996 – 20 CS 96.2369, BayVBl. 1997, 51; *Bettermann*, in: Festschrift für H.P. Ipsen, S.271 (273); *Hub. Meyer*, in: Knack, VwVfG, §46 Rdnr. 21.

[318] Nach hier vertretener Ansicht war der dolo-agit-Satz unabhängig von seiner anzuerkennenden Geltung schon für §46 VwVfG a.F. keine tragfähige Grundlage, s. oben E III 3 (S. 249ff.).

kehrschlusses auch zur Folge haben müßte, daß der betreffende verfahrensfehlerhafte Verwaltungsakt trotz fehlender Ergebnisrelevanz des Rechtsverstoßes selbst dann aufzuheben wäre, wenn ein inhaltsgleicher Verwaltungsakt sogleich wieder erlassen werden müßte. Vorbehaltlich einer noch erforderlichen näheren Prüfung der Geltung und des Anwendungsbereichs des ungeschriebenen dolo-agit-Satzes[319] fehlen umgekehrt für einen gesetzlichen Ausschluß der Anwendbarkeit dieses Satzes durch § 46 VwVfG nähere Anhaltspunkte. Die Zielrichtung des § 46 VwVfG besteht darin, den Bestand von formell fehlerhaften Verwaltungsakten zu stärken. Daß demgegenüber für die nicht erfaßten Fälle umgekehrt eine besondere Stärkung des Aufhebungsanspruchs geschaffen werden sollte, ist nicht ersichtlich.

Auch ohne Befürwortung eines qualifizierten Umkehrschlusses bleibt der Zweck der in § 46 VwVfG getroffenen Auswahl von formellen Fehlern mit der Anerkennung des einfachen Umkehrschlusses erhalten. Der Sinn, einzelne formelle Fehler nicht in den Anwendungsbereich einzubeziehen, muß nicht notwendig in einer positiven Anordnung einer Aufhebungspflicht für diese Fälle bestehen. Es reicht aus, der Nichtnennung eines formellen Verstoßes in § 46 VwVfG lediglich die mit der Nichtanwendung des § 46 VwVfG unmittelbar verbundene Bedeutung beizumessen, also den Aufhebungsanspruch in diesen Fällen für nicht durch § 46 VwVfG ausgeschlossen zu halten. Nach dieser Ansicht wäre mit dem „Nichtausschluß" des Aufhebungsanspruchs noch nicht positiv das Bestehen eines Aufhebungsanspruchs normiert. So könnte der Aufhebungsanspruch grundsätzlich aus anderen Gründen durchaus ausgeschlossen sein.

b) Die Sonderregelung des § 42 S. 2 SGB X

Erhebliche Probleme bereitet das Verständnis des § 42 S. 2 SGB X. Zunächst enthält § 42 S. 1 SGB X eine wörtlich mit § 46 VwVfG identische Regelung für das Sozialverwaltungsverfahren. Im Unterschied zu § 46 VwVfG regelt aber § 42 S. 2 SGB X: „Satz 1 gilt nicht, wenn die erforderliche Anhörung unterblieben oder nicht wirksam nachgeholt ist." Satz 2 trifft damit eine Sonderregelung für Anhörungsfehler; hinsichtlich der Rechtsfolgen sonstiger formeller Fehler, die – wie bei der Parallelregelung des § 46 VwVfG – von § 42 SGB X gar nicht erfaßt werden, spricht dagegen alles für eine § 46 VwVfG entsprechende Auslegung. Solche Fehler führen daher nicht aufgrund des § 42 SGB X zur Aufhebung, sondern nur dann, wenn andere mögliche Gründe für den Ausschluß des Aufhebungsanspruchs (vor allem der dolo-agit-Satz[320]) nicht eingreifen.

Überaus fraglich ist jedoch, ob dies auch im Fall eines Verstoßes gegen die Anhörungspflicht gemäß § 24 SGB X gilt, für den § 42 S. 2 SGB X ausdrücklich die Anwendbarkeit von § 42 S. 1 SGB X ausschließt. § 42 S. 2 SGB X wird nämlich

---

[319] Vgl. dazu unten H (S. 329ff.).

[320] Dazu unten H (S. 329ff.).

heute wohl einhellig so verstanden, als regelte das SGB X hier, daß die Aufhebung des unter Verstoß gegen das Anhörungsrecht gem. § 24 SGB X erlassenen Verwaltungsakts stets verlangt werden kann[321]. Dem Anhörungsfehler wird damit der Rang eines sogenannten absoluten Verfahrensfehlers eingeräumt, der ohne Ausnahme zur Aufhebung des Verwaltungsakts führen muß. Ob diese Auffassung aber wirklich so überzeugend ist, wie sie auf den ersten Blick erscheinen mag, ist durchaus zweifelhaft.

Schon der Wortlaut der Regelung spricht für eine andere Deutung: In § 42 S. 2 SGB X ist zunächst nur geregelt, daß Satz 1 in Fällen von Anhörungsfehlern nicht gelten soll. Entsprechend den vorausgehenden Überlegungen zu § 46 VwVfG und § 42 S. 1 SGB X beschränkt sich die Regelung des § 42 S. 2 SGB X nach ihrem Wortlaut auf die Nichtanwendung des Satzes 1. Wenn Satz 1 den Aufhebungsanspruch ausschließt, „wenn offensichtlich ist, dass die Verletzung die Entscheidung in der Sache nicht beeinflusst hat", dann wird der Aufhebungsanspruch aufgrund der Regelung des Satzes 2 in den Fällen der Anhörungsfehler nicht dadurch ausgeschlossen, daß der Verwaltungsakt offensichtlich nicht auf dem Fehler beruht. Folglich behandelt Satz 2 nach seinem Wortlaut nicht die Frage, ob der Verwaltungsakt dann stets aufzuheben ist. Ansatzweise scheint dies auch im Urteil des Großen Senats des Bundessozialgerichts vom 19. 2. 1992 anzuklingen, wenn es darin zur Bedeutung des § 42 S. 2 SGB X zunächst heißt: „Damit ist geregelt, daß der allgemeine Aufhebungsanspruch des Bürgers wegen der Verletzung von Verwaltungsverfahrensvorschriften und die dementsprechende Aufhebungspflicht für diesen Fall bestehen bleiben."[322] Schon in diesem Urteil wird allerdings eine andere Konsequenz gezogen: „Damit begründet ein bis zur Klageerhebung nicht geheilter Verstoß gegen die Anhörungsvorschrift des § 24 SGB X einen Anspruch auf Aufhebung des Verwaltungsakts, den das Gericht zu erfüllen hat."[323]

Was aber veranlaßt das Bundessozialgericht und die ganz herrschende Meinung dazu, bei einem Anhörungsrechtsverstoß von einer zwingenden Aufhebungspflicht auszugehen, obwohl gleichzeitig vielfach Zweifel am Sinn einer solchen bedingungslosen Aufhebungspflicht angemeldet werden?[324] Die Argumen-

---

[321] Vgl. stellv. BSG, Urt. v. Urt. v. 19. 2. 1992 – GS 1/89, BSGE 70, 133 (136) = NJW 1992, 2444 (2445); Urt. v. 19. 9. 2000 – B 9 SB 1/00 R, BSGE 87, 122 (123); Urt. v. 14. 12. 2000 – B 3 P 19/00 R, BSGE 87, 199 (207); Urt. v. 13. 12. 2001 – B 13 RJ 67/99 R, BSGE 89, 111 (114); Urt. v. 31. 10. 2002 – B 4 RA 15/01 R, SozR 3 – 1300 § 24 Nr. 22; *Bartels*, Die Anhörung Beteiligter im Verwaltungsverfahren, S. 130; *Blüggel*, SGb. 2001, 294 (300); *J. Breuer*, Die Berufsgenossenschaft 2002, 259 (265); *Ehlers*, Die Verwaltung 17 (1984), 295 (314); *Krause*, in: GK-SGB X 1, § 42 Rdnr. 11 (wenn auch krit.); *Recht*, in: Hauck/Noftz, SGB X, § 42 Rdnr. 21 („absoluter Aufhebungsanspruch"); *Steinwedel*, in: Kasseler Kommentar, § 42 SGB X Rdnr. 13; *Wiesner*, in: v. Wulffen, SGB X, § 42 Rdnr. 10.

[322] BSG, Urt. v. 19. 2. 1992 – GS 1/89, BSGE 70, 133 (136) = NJW 1992, 2444 (2445).

[323] Ebd.

[324] S. etwa BSG, Urt. v. 19. 2. 1992 – GS 1/89, BSGE 70, 133 (136) = NJW 1992, 2444 (2444): „Ob diese Regelung, die in dem für die allgemeine Verwaltung geltenden Verfahrensrecht sinnvoll und zweckmäßig ist, braucht nicht erörtert zu werden."; ebenso auch in BSG, Urt. v. 15. 6.

tation konzentriert sich wesentlich auf die Zielsetzungen des Gesetzgebers[325]. Dieser hat sich jedoch in den Gesetzesmaterialien zur erst im Laufe des Gesetzgebungsverfahrens erfolgten Anfügung des Satzes 2 alles andere als deutlich geäußert und lediglich ausgeführt, Satz 2 trage der ständigen Rechtsprechung des Bundessozialgerichts Rechnung[326]. Die dabei ausdrücklich in Bezug genommenen Urteile des Bundessozialgerichts vom 31.10. 1978[327] und vom 2.5. 1979[328] befassen sich mit der Frage der analogen Anwendung des §46 VwVfG im Sozialverwaltungsverfahren und enthalten darüber hinaus auch (durchaus fragwürdige) Appelle an den Gesetzgeber[329]. Welche dieser Überlegungen sich der Gesetzgeber mit der Einführung der Ausnahmevorschrift des Satzes 2 zu eigen machen wollte, läßt sich aus den Materialien nicht ableiten. Sicher erscheint lediglich die mit der Regelung verbundene besondere Hervorhebung des Anhörungsrechts, das auch dann das Bestehen eines Aufhebungsanspruchs bewirken sollte, „wenn keine andere Entscheidung in der Sache hätte getroffen werden können". Obwohl dies nicht zwingend zugleich heißen muß, daß der Aufhebungsanspruch auch dann bestehen soll, wenn etwa im Zeitpunkt der gerichtlichen Entscheidung über den Aufhebungsanspruch ein inhaltsgleicher Verwaltungsakt sogleich wieder hätte erlassen werden müssen, dürften die Vorstellungen des Gesetzgebers bei der Schaffung des SGB X wohl in diese Richtung verlaufen sein. Fraglich ist aber, ob die auch an anderen Kriterien orientierte Auslegung des §42 SGB X insgesamt zum gleichen Ergebnis kommt. Denn die Regelung des Satzes 2 behielte durchaus ihren Sinn, wenn sie nicht als eine Norm begriffen würde, die die Geltung des dolo-agit-Satzes ausschlösse. Dann wäre der Aufhebungsanspruch zwar nicht deshalb ausgeschlossen, weil „keine andere Entscheidung in der Sache hätte getroffen werden können" (Regelung bis 31.12. 2000) beziehungsweise „offensichtlich ist, daß die Verletzung die Entscheidung in der Sache nicht beeinflusst hat" (Regelung seit 1.1. 2001). Ausgeschlossen könnte er aber etwa dann sein, wenn ein inhaltsgleicher Verwaltungsakt sogleich wieder erlassen werden müßte, der Erfolg

2000 – B 7 AL 86/99 R, SozR 3 – 1300 §24 Nr. 16: „Ob die in §42 Satz 2 SGB X vorgesehene Aufhebung des Verwaltungsakts ohne Rücksicht auf dessen materielle Richtigkeit sinnvoll ist, ist nicht zu beurteilen". S. auch *Ehlers*, Die Verwaltung 17 (1984), 295 (317): „Rechtspolitisch wird man sich die Frage vorzulegen haben, ob die Regelung des §42 S. 2 SGB X nicht über das Ziel hinausschießt und die Verwaltungseffizienz über Gebühr beeinträchtigt". Krit. auch *Bettermann*, in: Festschrift für Menger, S. 709 (717f.); *Krause*, in: GK-SGB X 1, §42 Rdnr. 11; anders wohl *Steiner*, NZS 2002, 113 (116).

[325] Vgl. *Ehlers*, Die Verwaltung 17 (1984), 295 (314); *Steinwedel*, in: Kasseler Kommentar, §42 SGB X Rdnr. 13.

[326] BT-Drs. 8/4022, S. 82 (zu §40 E-SGB X).

[327] Az.: 2 RU 39/78, SGb. 1979, 345.

[328] Az.: 2 RU 9/79, SGb. 1979, 330 (nur LS).

[329] S. z.B. BSG, Urt. v. 31.10. 1978 – 2 RU 39/78, SGb. 1979, 345 (349): „Falls die Regelung des Verwaltungsverfahrens für den Bereich des SGB mit dem vorgeschlagenen Inhalt Gesetz werden sollte, würde zugelassen, daß über Rechte des Bürgers kurzerhand von Obrigkeits wegen verfügt wird und der einzelne weiterhin nur Objekt verwaltungsrechtlicher Entscheidungen ist".

der (gerichtlichen) Aufhebung rechtsnotwendig nur von vorübergehender (kurzer) Dauer wäre. Die von der herrschenden Meinung befürwortete Auslegung des § 42 S. 2 SGB X kann angesichts des bevorstehenden Neuerlasses eines inhaltsgleichen Verwaltungsakts eindeutig nicht den Sinn haben, vor der mit dem Verwaltungsakt verbundenen materiellen Belastung zu bewahren. Da die in einem obiter dictum ausgesprochenen Andeutungen des Bundessozialgerichts im Urteil v. 31.10. 1978[330] im Hinblick auf eine Verstoß gegen die Menschenwürde jeder Grundlage entbehren, könnte die Auslegung einen Sinn nur durch die möglicherweise stärkere Sicherung der Einhaltung der Anhörungspflicht gewinnen. Gerade das erscheint aber insbesondere angesichts der auch zeitlich sehr ausgedehnten Heilungsmöglichkeiten von Anhörungsfehlern durch § 41 Abs. 1, 2 SGB X sehr zweifelhaft. Selbst wenn man unterstellte, wenn die drohende Aufhebung durch das Gericht nicht existierte, nähme die Verwaltung auch ihre Möglichkeiten zur Heilung des Verwaltungsakts gar nicht erst wahr, folgt doch selbst bei Geltung des dolo-agit-Satzes eine ausreichende Sicherung des Beachtung der Anhörungspflicht – wie auch der anderen Verfahrensanforderungen – durch die im vorhinein nicht abzuschätzenden Auswirkungen der bewußten Nichtbeachtung des Anhörungserfordernisses. Wie bereits oben mehrfach betont, kann auch bei vollständiger Sachverhaltsaufklärung praktisch nie eine Reaktion des Betroffenen im Falle einer ordnungsgemäßen Anhörung ausgeschlossen werden, bei der sich der entscheidungserhebliche Sachverhalt wesentlich ändert.

Abgesehen davon kann die ausnahmslose Aufhebung eines anhörungsfehlerhaften Verwaltungsakts selbst bei rechtsnotwendigem sofortigen Neuerlaß keinesfalls in den Fällen von Verwaltungsakten mit Drittwirkung überzeugen. Hat eine Person (entweder Adressat des Verwaltungsakts oder der „Dritte“) Anspruch auf Erlaß des Verwaltungsakts, dann stünde die dennoch angeordnete Aufhebung dazu in Widerspruch. Dieser Aufhebungsanspruch bewirkte für den Betroffenen in vielen Fällen nämlich nicht nur die lediglich vorübergehende Aufhebung der Belastung, die materiell vom Gesetzgeber vorgesehen ist; er führte auch zu einer mitunter nicht hinnehmbaren Verzögerung der Erfüllung eines Anspruchs auf Erlaß des Verwaltungsakts für den Begünstigten.

Daß Verwaltungsakte mit Drittwirkung im Sozialrecht möglicherweise nicht in gleicher Häufigkeit auftreten mögen wie etwa in bestimmten Rechtsbereichen des sonstigen Verwaltungsrechts, vermag kein anderes Ergebnis zu rechtfertigen. Immerhin sind diese Fälle auch dem Gesetz bekannt, wie sich etwa § 49 SGB X, der Parallelregelung zu § 50 VwVfG, entnehmen läßt. Diesen Interessen des Begünstigten kann jedenfalls in manchen Fällen Rechnung getragen werden durch eine Auslegung des § 42 S. 2 SGB X, die sich enger am Wortlaut orientiert, wonach bei Anhörungsfehlern nicht zwingend die Aufhebung angeordnet, sondern vielmehr nur der Ausschluß des Aufhebungsanspruchs gemäß § 42 S. 1 SGB X ver-

[330] S. vorausgehende Fußn.

neint wird. Damit wäre zumindest die Möglichkeit eröffnet, den Aufhebungsanspruch aufgrund des dolo-agit-Satzes verneinen zu können.

c) Sogenannte absolute Verfahrensfehler

In Rechtsprechung und Literatur werden Fälle diskutiert, in denen eine Anwendung des §46 VwVfG durch Sonderregelungen ausgeschlossen sein soll. Als eine entsprechende Vorschrift wurde vom Bundesverwaltungsgericht vor allem §29 BNatSchG a.F. mit dem dort normierten Beteiligungsrecht von Naturschutzverbänden betrachtet[331]. Spätestens mit der Einführung der Vereinsklage im Bundesrecht durch die Novelle des BNatSchG[332], mit der die Rüge materiellrechtlicher Mängel ebenfalls ermöglicht wird (§61 Abs.1, 2 BNatSchG), war der früheren Rechtsprechung der Boden entzogen[333]. Das Bundesverwaltungsgericht selbst hat nämlich schon vorher in den Fällen, in denen das Landesrecht den Naturschutzverbänden (jetzt: Naturschutzvereinen) die Möglichkeit eingeräumt hat, auch materielle Mängel geltend zu machen, §46 VwVfG für anwendbar gehalten[334]. Insofern stellt die Ablehnung der Nichtanwendung des §46 VwVfG auf die Fälle der Verletzung von Beteiligungsrechten der Naturschutzvereine nur die konsequente Fortsetzung der Rechtsprechung zum Landesrecht dar[335]. Im Ergebnis ist §46 VwVfG daher (zumindest nach der Novelle des BNatSchG) auf die Beteiligungsrechte des Naturschutzvereins (heute gemäß §§58 Abs.1, 60 Abs.2 BNatSchG) anwendbar.

Gleichfalls nicht als sogenanntes absolutes Verfahrensrecht und damit auch nicht als Sonderregelung zu §46 VwVfG anzusehen ist das Recht der Gemeinde auf Beteiligung am Baugenehmigungsverfahren über das Erfordernis des Einvernehmens nach §36 BauGB[336]. Zum einen ist schon fraglich, ob bei einem Verstoß gegen §36 BauGB nicht bereits ein materieller Rechtsfehler vorliegt[337]. Darüber hinaus gibt es weder einen Anhaltspunkt im Gesetz oder den Materialien für einen Ausschluß des §46 VwVfG noch irgendeine Notwendigkeit für eine solche

---

[331] S. BVerwG, Urt. v. 12.12. 1996 – 4 C 19.95, BVerwGE 102, 358 (364); Urt. v. 12.11. 1997 – 11 A 49.96, BVerwGE 105, 348 (353f.); mit etwas anderer Begründung noch BVerwG, Urt. v. 31.10. 1990 – 4 C 7.88, BVerwGE 87, 62 (71f.); krit. demgegenüber in der Literatur *Dolde*, NVwZ 1991, 960 (961ff.); *Ronellenfitsch*, VerwArch. 90 (1999), 581 (583); *Steinberg/Berg/Wickel*, Fachplanungsrecht, §6 Rdnr.94, 99f. m. w. Nachw.; *Ziekow*, Die Verbandsklage, S.197 (223ff.); *Ziekow/Siegel*, Anerkannte Naturschutzverbände, S.114ff.

[332] BNatSchGNeuregG v. 25.3. 2002, BGBl. I S.1193.

[333] So im Ergebnis jetzt auch BVerwG, Urt. v. 14.11. 2002 – 4 A 15.02, NVwZ 2003, 485 (486); Urt. v. 19.3. 2003 – 9 A 33.02, NVwZ 2003, 1120.

[334] Vgl. BVerwG, Urt. v. 31.1. 2002 – 4 A 15.01, DVBl. 2002, 990 (991f.) betr. §51c LNatSchG Schleswig-Holstein; Urt. v. 19.5. 1998 – 4 A 9.97, BVerwGE 107, 1 (5); OVG Lüneburg, Beschl. v. 6.7. 2000 – 3 M 561/00, NVwZ-RR 2001, 362.

[335] S. auch *Kopp/Schenke*, VwGO, §42 Rdnr.75.

[336] A.A. etwa *Schäfer*, in: Obermayer, VwVfG, §46 Rdnr.16.

[337] S. nur *Kopp/Schenke*, VwGO, §113 Rdnr.58.

Auslegung. Das Erfordernis des Einvernehmens hat auch die Funktion, der Gemeinde Kenntnis zu geben von einem Vorhaben, für das bisher keine ausdrückliche Entscheidung der Gemeinde in Form eines Bebauungsplans vorliegt. Wenn das Vorhaben ihren Planungsabsichten entgegenstehen sollte, hat die Gemeinde im Fall der bauplanungsrechtlichen Zulässigkeit des Vorhabens die Möglichkeit, mit Hilfe der ihr zur Verfügung stehenden Sicherungsmittel (vor allem der Veränderungssperre) auf den Bauantrag zu reagieren und die Rechtslage zu ändern. Wird die Gemeinde übergangen und die Genehmigung rechtswidrig ohne ihr Einvernehmen erteilt, führt dieser Verfahrensfehler nicht nur zur Rechtswidrigkeit der Genehmigung, sondern begründet auch einen Aufhebungsanspruch der Gemeinde. Daran änderte die prinzipielle Anwendbarkeit des §46 VwVfG nichts, weil die Gemeinde jederzeit in der Lage gewesen wäre, von einem Sicherungsmittel Gebrauch zu machen, wenn sie ordnungsgemäß beteiligt worden wäre[338]. Damit liegen die Tatbestandsvoraussetzungen des §46 VwVfG (offensichtlich ohne Einfluß) nicht vor. Gerade diese Möglichkeit der entsprechenden Reaktion der Gemeinde führt nach der Rechtsprechung des Bundesverwaltungsgerichts zur Nichterfüllung der Tatbestandsvoraussetzungen des §46 VwVfG[339]. Das unterscheidet sich aber von der Anerkennung eines absoluten Verfahrensrechts.

Ob im Ergebnis derzeit tatsächlich Sonderregelungen gegenüber §46 VwVfG außerhalb des VwVfG existieren, kann hier nicht abschließend untersucht werden[340]. Zumindest theoretisch möglich sind solche Bestimmungen sicher. Ob sie im Einzelfall vorliegen, läßt sich vielfach nur schwer beantworten. Wie gerade auch das Beispiel des §36 BauGB zeigt, sollte vor der Annahme einer strikten Aufhebungspflicht ohne Rücksicht auf die Ergebnisrelevanz stets genau geprüft werden, ob nicht die Interessen des Rechtsinhabers auch im Fall der Anwendung des §46 VwVfG hinreichend geschützt sind.

4. *Aufhebung im Ermessen?*

Der mit §46 VwVfG verbundene Ausschluß des Aufhebungsanspruchs muß nicht zwangsläufig ein Ende sämtlicher Rechte des Betroffenen im Hinblick auf die Aufhebung des Verwaltungsakts zur Folge haben. Der Wegfall der Aufhebungspflicht könnte das Recht der Behörde, rechtswidrige Verwaltungsakte aufzuheben, unberührt gelassen haben. So ist schon verbreitet zu §46 VwVfG a.F.

---

[338] Offenbar a.A. ohne Begründung jedoch *Ule/Laubinger*, Verwaltungsverfahrensrecht, §58 Rdnr. 26.

[339] Vgl. BVerwG, Urt. v. 7.2. 1986 – 4 C 43.83, NVwZ 1986, 556 (557); s. auch *Jäde*, JuS 1998, 503 (505); *Kopp/Schenke*, VwGO, §113 Rdnr. 58.

[340] Als ein absolutes Verfahrensrecht wird auch angesehen das Beteiligungsrecht der Gemeinde am luftverkehrsrechtlichen Genehmigungsverfahren nach §6 LuftVG, vgl. etwa BVerwG, Urt. v. 16.12. 1988 – 4 C 40.96, BVerwGE 81, 95 (106); *Quaas*, NVwZ 2003, 649 (650f.).

die Ansicht vertreten worden, der Ausschluß der Aufhebungspflicht führte nicht zum Ausschluß des Aufhebungsrechts gemäß § 48 VwVfG[341]. Diese Ansicht wurde vor allem auf den Wortlaut und die Entstehungsgeschichte des § 46 VwVfG a.F. gestützt. Nach dem Wortlaut kann die Aufhebung (nur) „nicht allein deshalb beansprucht werden". Demgegenüber lautete § 36 des Musterentwurfs 1963 und des Regierungsentwurfs 1970[342] noch „darf nicht allein deshalb aufgehoben werden". In deutlichem Gegensatz dazu formulierte die amtliche Begründung des Gesetzentwurfs der Bundesregierung vom 18.7. 1973: „Durch die Vorschrift soll die Behörde nicht gehindert werden, einen sachlich richtigen Verwaltungsakt wegen unterlaufener Formfehler oder aus Gründen der Zweckmäßigkeit im Einzelfalle aufzuheben"[343].

Eine vergleichbar starke Gegenmeinung verneinte allerdings ein behördliches Ermessen bei der Aufhebung[344]. Diese Aufhebung wurde zum einen mit der objektiven Zielsetzung des Ausschlusses des Aufhebungsanspruchs begründet, jedes Recht auf Aufhebung auszuschließen, was aber bei einer fortbestehenden Aufhebungsbefugnis nicht gelingen könne, da hier der Betroffene noch über das formelle subjektive Recht auf ermessensfehlerfreie Entscheidung über die Aufhebung verfüge[345]. Zum anderen findet sich der Hinweis auf den Grundgedanken des § 46 VwVfG a.F., wonach auch die verfassungsrechtliche Rechtfertigung darin liege, daß die Behörde verpflichtet ist, einen inhaltsgleichen Verwaltungsakt sogleich wieder zu erlassen[346]. Wenn aber eine unbedingte Pflicht zum sofortigen Erlaß bestünde, könne nicht zugleich ein Recht zur Aufhebung bestehen. Hier findet derselbe Gesichtspunkt Anwendung, der auch die Befugnis zum Widerruf gemäß § 49 Abs. 1 VwVfG ausdrücklich für die Fälle ausschließt, in denen eine Verpflichtung zum Erlaß des Verwaltungsakts besteht.

Wie nachgewiesen handelte es sich bei der Regelung des § 46 VwVfG a.F. trotz verbreiteter Ansicht nicht um die gesetzliche Normierung des dolo-agit-Satzes, da der Aufhebungsanspruch nach der Gesetzesfassung nicht dann ausgeschlossen wurde, wenn ein inhaltsgleicher Verwaltungsakt sogleich wieder erlassen werden müßte, sondern wenn zum Zeitpunkt des Erlasses des verfahrensfehlerhaften Verwaltungsakts dieselbe Entscheidung ohnehin hätte getroffen werden müs-

[341] Vgl. z.B. *Eibert*, Die formelle Rechtswidrigkeit von Verwaltungsakten, S. 75 ff.; *Hill*, Das fehlerhafte Verfahren, S. 106; *Maurer*, Allgemeines Verwaltungsrecht, § 11 Rdnr. 18; *Meyer*, in: Meyer/Borgs, VwVfG, § 46 Rdnr. 5, 12, § 48 Rdnr. 17; *v. Mutius*, in: Festschrift für Menger, S. 575 (600); *Sachs*, in: Stelkens/Bonk/Sachs, VwVfG (4. Aufl.), § 46 Rdnr. 8, § 48 Rdnr. 54.

[342] BT-Drs. 6/1173.

[343] BT-Drs. 7/910, S. 66 (zu § 42).

[344] S. nur *Bettermann*, in: Festschrift für H.P. Ipsen, S. 277; *Göldner*, DÖV 1979, 805 (809, 811); *Hufen*, Fehler im Verwaltungsverfahren, Rdnr. 632; *Kopp*, VwVfG, § 46 Rdnr. 8, § 48 Rdnr. 28; Papier, in: Festschrift für Friauf, S. 105 (132); *W.-R. Schenke*, DÖV 1986, 305 (311); *Skouris*, NJW 1980, 1721 ff.; *Ule/Laubinger*, Verwaltungsverfahrensrecht, § 58 Rdnr. 26.

[345] S. *W.-R. Schenke*, DÖV 1986, 305 (311).

[346] S. etwa *Ule/Laubinger*, Verwaltungsverfahrensrecht, § 58 Rdnr. 26; *Hufen*, Fehler im Verwaltungsverfahren, Rdnr. 632.

sen[347]. Nur im Fall der unveränderten Sach- und Rechtslage führen beide Anknüpfungspunkte zum gleichen Ergebnis. Das rechtfertigt aber nicht den allgemeinen Rückgriff auf den dolo-agit-Satz zur Begründung eines generellen Ausschlusses der Aufhebungsbefugnis. Schließlich überzeugt auch das weitere Argument nicht, durch die Anerkennung der behördlichen Aufhebungsbefugnis werde das gesetzliche Grundanliegen vereitelt, jedes Recht des Betroffenen auf Aufhebung auszuschließen, da konsequenterweise ein formelles subjektives Recht auf ermessensfehlerfreie Entscheidung befürwortet werden müßte. Selbst wenn die Behörde ermessensfehlerhaft über die Aufrechterhaltung entschieden hätte, kann der Betroffene die Aufhebung nicht rechtlich erzwingen.

Daher erscheint die These, die Aufhebung stehe im Ermessen der Behörde, schon für die frühere Fassung des §46 VwVfG im Grundsatz durchaus vertretbar. Zu undifferenziert wäre es aber, die Behörde deshalb allgemein für berechtigt zu halten, den verfahrensfehlerhaften Verwaltungsakt aufzuheben. Denn eines erscheint an der früheren Gegenmeinung überzeugend: Die Aufhebung muß in solchen Fällen ausgeschlossen sein, in denen der Verwaltungsakt sogleich wieder erlassen werden müßte. Die Pflicht zum Erlaß schließt ein Recht zur Aufhebung aus. Insoweit kommt es zu einer Ermessensreduktion auf Null. Für die Neuregelung kann angesichts der Erweiterung des Anwendungsbereichs auf Ermessensverwaltungsakte nichts anderes gelten. Unter den Voraussetzungen des §48 VwVfG ist auch in den Fällen des §46 VwVfG eine Rücknahme grundsätzlich möglich.

Wenn die Aufhebung des unter §46 VwVfG fallenden Verwaltungsakts grundsätzlich im Ermessen steht, erscheint allerdings fraglich, ob die Aufhebung gerade mit der Ermessenserwägung gerechtfertigt werden kann, auf diese Weise dem verletzten Verfahrensrecht Rechnung tragen zu wollen. Eine derartige Begründung erscheint nicht nur in den Fällen von Verwaltungsakten mit Drittwirkung, sondern generell nicht tragfähig. Vielmehr führt §46 VwVfG auch zu einer Reduktion des Ermessensspielraums über die Rücknahme[348]. §46 VwVfG liegt die Wertung zugrunde, daß die Rechtswidrigkeit und Rechtsverletzung dann nicht zur Aufhebung führen soll, wenn sie keine Ergebnisrelevanz besitzen. Folglich sollen sowohl das öffentliche Interesse als auch mögliche private Interessen des durch den Verwaltungsakt Begünstigten an der Aufrechterhaltung des materiell rechtmäßigen Verwaltungsakts Vorrang vor den gegenläufigen Interessen besitzen. Damit wird zwar nicht die Aufhebung aus anderen Gründen heraus ausgeschlossen. Wie im Fall des Widerrufs gemäß §49 Abs. 1, 2 VwVfG können auch für die Aufhebung eines verfahrensfehlerhaften Verwaltungsakts Gründe sprechen, die nicht mit dem Verfahrensverstoß in Verbindung stehen. Die Verfahrensfehlerhaftigkeit des Verwaltungsakts begründet aber keinen relevanten Ermessensgesichts-

---

[347] S. dazu oben III 2 (S. 247ff.).

[348] A.A. *Sachs*, in: Stelkens/Bonk/Sachs, VwVfG, §46 Rdnr. 13, §48 Rdnr. 89.

punkt für die Aufhebung, so daß eine Aufhebung aus diesem Grunde ermessensfehlerhaft wäre. Im praktischen Ergebnis könnte es sich bei dem hier behandelten Streit in der Literatur deshalb um ein Scheinproblem handeln.

F. Der Ausschluß des Aufhebungsanspruchs beim materiell fehlerhaften Planfeststellungsbeschluß durch §75 Abs. 1a S. 1 VwVfG

Neben §46 VwVfG kennt das VwVfG mit §75 Abs. 1a S. 1 VwVfG noch eine weitere Regelung, die den Aufhebungsanspruch trotz Rechtswidrigkeit[349] und subjektiver Rechtsverletzung bei bestimmten materiellen Fehlern des Planfeststellungsbeschlusses[350] ausschließt. Im Unterschied zu §46 VwVfG werden hier bestimmte materielle Mängel erfaßt, nämlich „Mängel bei der Abwägung der von dem Vorhaben berührten öffentlichen und privaten Belange". Diese Mängel sind nach §75 Abs. 1a S. 1 VwVfG „nur erheblich, wenn sie offensichtlich und auf das Abwägungsergebnis von Einfluß gewesen sind".

§75 Abs. 1a VwVfG ist – wie die Neufassung des §46 VwVfG – durch das Genehmigungsverfahrensbeschleunigungsgesetz[351] in das VwVfG eingefügt worden. Parallelregelungen für den Planfeststellungsbeschluß wurden im Fachrecht bereits mit dem Planungsvereinfachungsgesetz[352] geschaffen; auf ihnen basiert §75 Abs. 1a VwVfG. Das Landesrecht enthält mit zwei Ausnahmen identische Regelungen. Abweichend wird nach der nordrhein-westfälischen Regelung des §75 Abs. 1a S. 1 NWVwVfG auf das Erfordernis der Offensichtlichkeit des Mangels verzichtet, so daß Mängel bei der Abwägung nur erheblich sind, „wenn sie auf das Abwägungsergebnis von Einfluß gewesen sind"[353]. Eine andere interessante Abweichung vom Bundesrecht enthält mittlerweile das schleswig-holsteinische Recht in §142 Abs. 1a S. 1 LVwG. Danach sind Mängel bei der Abwägung „unerheblich, wenn offensichtlich ist, daß sie die Entscheidung in der Sache nicht beeinflußt haben"[354]. Damit wurde hier die Formulierung des §46 VwVfG (§115 LVwG Schleswig-Holstein) auf die Abwägungsmängel übertragen, so daß für sie auch die vorausgehenden Überlegungen betreffend §46 VwVfG gelten. Die übri-

---

[349] Vgl. dazu oben §4 E II (S. 202ff.).

[350] Die nachfolgenden Ausführungen erfassen auch die Plangenehmigung, auf die nicht gesondert eingegangen wird.

[351] GenBeschlG v. 12. 9. 1996, BGBl. I S. 1354.

[352] Gesetz v. 21. 12. 1993, BGBl. I S. 2123, mit Regelungen in §17 Abs. 6c FStrG, §10 Abs. 8 LuftVG, §29 Abs. 8 PBefG, §19 Abs. 4 WassStrG, §20 Abs. 7 AEG (zunächst §36 BBahnG) und §5 Abs. 7 MagnetschwebebahnPlG.

[353] Vgl. dazu NW LT-Drs. 12/3730, S. 125.

[354] Diese gegenüber §75 Abs. 1a S. 1 VwVfG abweichende Auffassung wurde auf Vorschlag des Innen- und Rechtsausschusses verabschiedet, vgl. Schl.-H. LT-Drs. 15/948 (v. 15.5. 2001), S. 11.

gen den Aufhebungsanspruch ausschließenden Fehlerfolgenregelungen im Planfeststellungsrecht, sowohl diejenigen des Fachplanungsrechts als auch §75 Abs. 1a S. 1 VwVfG, entsprechen §214 Abs. 3 S. 2 BauGB in der Fassung bis zu seiner Änderung durch das EAG Bau[355], der Bestimmung zum Bebauungsplan. Diese Regelung wiederum stimmt mit der Vorgängerregelung des §155b Abs. 2 S. 2 BBauG überein. Demgemäß hat sich die Rechtsprechung zum Planfeststellungsrecht auch ganz der Judikatur zum Mangel bei der Abwägung beim Bebauungsplan angeschlossen[356]. Aus verfassungsrechtlichen Erwägungen heraus plädiert das Bundesverwaltungsgericht zu Parallelregelungen im Baurecht für eine restriktive „Auslegung". Offensichtlich sind Mängel danach bereits dann, wenn sie nach außen hin dokumentiert sind, sie damit zur „äußeren Seite" des Abwägungsvorgangs zählen. Im Gegensatz zur „inneren Seite", den Motiven und Vorstellungen der an der Entscheidung Beteiligten, muß es sich um Fehler und Irrtümer handeln, die zum Beispiel die Zusammenstellung und Aufbereitung des Abwägungsmaterials, die Erkenntnis und Einstellung aller wesentlichen Belange in die Abwägung oder die Gewichtung der Belange betreffen, solange sich diese etwa aus Akten, Protokollen, aus der Entwurfs- oder Planbegründung oder aus sonstigen Unterlagen ergeben[357]. Der Einfluß auf das Abwägungsergebnis wird gleichfalls in Übereinstimmung mit der Rechtsprechung zum Bebauungsplan befürwortet, wenn eine konkrete Möglichkeit einer anderweitigen Entscheidung besteht[358]. In einigen Entscheidungen wird eine solche konkrete Möglichkeit angenommen, wenn sich „ohne den Mangel im maßgeblichen Zeitpunkt des Erlasses des Planfeststellungsbeschlusses ein anderes Abwägungsergebnis abgezeichnet hätte"[359].

Die Rechtsprechung zum Planfeststellungsrecht hat die Kriterien der Judikatur zum Bebauungsplan nahezu vollständig schon zu einem Zeitpunkt übernommen, als die betreffenden Fehlerfolgenregelungen zum Planfeststellungsbeschluß, die

[355] Gesetz zur Anpassung des Baugesetzbuchs an EU-Richtlinien (Europarechtsanpassungsgesetz Bau – EAG Bau) v. 24. 6. 2004, BGBl. I S. 1359.

[356] Vgl. BVerwG, Beschl. v. 16. 8. 1995 – 4 B 92.95, NVwZ-RR 1996, 68; Beschl. v. 24. 9. 1997 – 4 VR 21.96, NVwZ-RR 1998, 297; Beschl. v. 26. 8. 1998 – 11 VR 4.98, NVwZ 1999, 535 (538); Urt. v. 28. 10. 1998 – 11 A 3.98, BVerwGE 107, 350 (356); Urt. v. 11. 11. 1998 – 11 A 13.97, Buchholz 442.09 § 18 AEG Nr. 11, im Hinblick auf die Leitentscheidung des BVerwG, Urt. v. 21. 8. 1981 – 4 C 57.80, BVerwGE 64, 33 (38).

[357] BVerwG, Urt. v. 21. 8. 1981 – 4 C 57.80, BVerwGE 64, 33 (38); s. dazu auch *Kraft*, UPR 2003, 367 (368); *Kühling/Herrmann*, Fachplanung, Rdnr. 340ff.

[358] Vgl. etwa BVerwG, Beschl. v. 15. 5. 1996 – 11 VR 3.96, DVBl. 1996, 925 (928); Urt. v. 12. 12. 1996 – 4 C 29.94, BVerwGE 102, 331 (350); Beschl. v. 24. 9. 1997 – 4 VR 21.96 (4 A 47.96), NVwZ-RR 1998, 297 (298); Urt. v. 28. 10. 1998 – 11 A 3.98, BVerwGE 107, 350 (356). Sehr krit. dazu etwa *Erbguth*, VVDStRL 61 (2002), 221 (237), der darin den letzten „Dreh" der Daumenschrauben der Kausalitätsrechtsprechung sieht. Um Verständnis für die Rechtsprechung. des BVerwG werbend *Hien*, NVwZ 1997, 422 (423ff.).

[359] S. BVerwG, Urt. v. 27. 11. 1996 – 11 A 100.95, NVwZ 1997, 994 (996); Beschl. v. 26. 8. 1998 – 11 VR 4.98, NVwZ 1999, 535 (53).

erst durch das Planungsvereinfachungsgesetz 1993 und das Genehmigungsverfahrensbeschleunigungsgesetz 1996 eingeführt wurden, noch gar nicht existierten[360]. Die Literatur hat dieser Rechtsprechung, die die zum Baurecht entwickelten Voraussetzungen auf das Planfeststellungsrecht übertragen hat, allgemein zugestimmt[361].

Auf der Basis der Überlegungen zur verfassungsrechtlichen Rechtfertigung des Ausschlusses des Aufhebungsanspruchs durch §46 VwVfG[362] lassen sich auch §75 Abs. 1a S. 1 VwVfG und seine Parallelregelungen im Fachplanungsrecht und im Landesrecht nur mit Hilfe des Beruhenssatzes legitimieren. Angesichts der deutlichen Wortlautunterschiede zwischen §46 VwVfG und §75 Abs. 1a S. 1 VwVfG[363] fragt sich allerdings, ob sich die Rechtfertigungsgesichtspunkte tatsächlich übertragen lassen. Der Beruhenssatz stellt ein sachgerechtes Zurechnungskriterium dar, dessen verfassungsrechtliche Rechtfertigung keine Schwierigkeiten bereitet. Der auf den Beruhenssatz gestützte Ausschluß des Aufhebungsanspruchs setzt jedoch voraus, daß der Verwaltungsakt nicht auf dem Rechtsverstoß beruht. Problematisch sind insofern die Fälle, in denen ein Einfluß auf die Sachentscheidung weder nachgewiesen noch ausgeschlossen werden kann. Diese Unsicherheit geht nach dem Beruhenserfordernis und auch nach der Regelung des §46 VwVfG („offensichtlich")[364] zu Lasten desjenigen, der sich rechtswidrig verhalten hat. Folglich setzt die verfassungsrechtliche Rechtfertigung für den Ausschluß des Aufhebungsanspruchs voraus, daß ein Einfluß des Fehlers auf die Sachentscheidung einigermaßen sicher ausgeschlossen werden kann beziehungsweise nicht möglich erscheint.

Unter diesem Blickwinkel erscheinen die Voraussetzungen des §75 Abs. 1a S. 1 VwVfG für den Ausschluß des Aufhebungsanspruchs als deutlich zu weitreichend. Der Einfluß von Abwägungsmängeln auf das Ergebnis läßt sich typischerweise nicht sicher bestimmen. Daher muß es für ein Beruhen ausreichen, wenn im konkreten Einzelfall allein die Möglichkeit eines Einflusses besteht[365]. In dieser Weise werden auch die prozessualen Beruhensvorschriften nach allgemeiner Meinung interpretiert, obwohl nach dem Wortlaut der Regelungen teilweise verlangt wird, daß das angefochtene Urteil auf der Verletzung des revisiblen Rechts be-

---

[360] S. BVerwG, Urt. v. 5.12. 1986 – 4 C 13.85, BVerwGE 75, 214 (228); s. auch *Kraft*, UPR 2003, 367 (369).

[361] S. etwa *Bonk*, NVwZ 1997, 323 (329f.); *Bonk/Neumann*, in: Stelkens/Bonk/Sachs, VwVfG, §75 Rdnr. 36; *Gromitsaris*, SächsVBl. 1997, 101 (105f.); *Storost*, NVwZ 1998, 797 (801); nur im Grundsatz zustimmend *Gerhardt*, in: Schoch/Schmidt-Aßmann/Pietzner, VwGO, §114 Rdnr. 51; mit Einschränkungen auch *Kopp/Ramsauer*, VwVfG, §75 Rdnr. 15.

[362] S. oben E IV (S. 257ff.).

[363] Eine Ausnahme bildet §142 Abs. 1a S. 1 LVwG Schleswig-Holstein, s. oben bei Fußn. 354 (S. 318).

[364] S. oben E VI 1 (S. 291ff.).

[365] Nicht ausreichend ist es, den möglichen Einfluß des Mangels auf das Abwägungsergebnis lediglich abstrakt und hypothetisch festzustellen, s. auch BVerwG, Beschl. v. 16.8. 1995 – 4 B 92.95, NVwZ-RR 1996, 68 (69).

ruht[366]. Wenn § 75 Abs. 1a S. 1 VwVfG in derselben Weise gerechtfertigt werden soll, müßte er entsprechend ausgelegt werden können. Zwischen dem Wortlaut des heutigen § 46 VwVfG und dem des § 75 Abs. 1a S. 1 VwVfG bestehen allerdings beträchtliche Unterschiede. Während § 46 VwVfG so formuliert ist, daß der Aufhebungsanspruch nur ausnahmsweise entfällt, wenn der Fehler offensichtlich keinen Einfluß auf die Sachentscheidung genommen hat, erklärt § 75 Abs. 1a S. 1 VwVfG umgekehrt nur solche Fehler für erheblich, die offensichtlich und von Einfluß gewesen sind. Nach § 46 VwVfG soll der Aufhebungsanspruch im Zweifel fortbestehen, nach dem Wortlaut des § 75 Abs. 1a S. 1 VwVfG wirken sich Zweifel zu Lasten des Aufhebungsanspruchs und zugunsten der Aufrechterhaltung des Planfeststellungsbeschlusses aus. Diese unterschiedliche Gewichtung nach dem Wortlaut läßt eine verfassungsrechtliche Legitimation des § 75 Abs. 1a S. 1 VwVfG und seiner Parallelregelungen auf der Grundlage der Zurechnungslehren also anhand des Beruhenssatzes wie im Fall des § 46 VwVfG[367] als ausgeschlossen erscheinen. Andererseits ist eine alternative Rechtfertigung für den Ausschluß des Aufhebungsanspruchs bei Planfeststellungsbeschlüssen in Fällen von Mängeln bei der Abwägung aber nicht in Sicht.

Genau dies ist der Grund für den zuerst zu § 155b Abs. 2 S. 2 BBauG unternommenen und nachfolgend auch auf die Parallelregelungen zum Planfeststellungsrecht angewendeten Versuch der Rechtsprechung, die Tatbestandsvoraussetzungen der Unerheblichkeit von Mängeln bei der Abwägung sehr restriktiv zu interpretieren. Das Offensichtlichkeitskriterium bezieht sich auf das Vorliegen eines Mangels bei der Abwägung. Indem die Rechtsprechung jedenfalls nach einer häufig gebrauchten Definition einen Mangel bei der Abwägung schon dann als offensichtlich ansieht, wenn er zur „äußeren Seite" des Abwägungsvorgangs zählt und sich objektiv aus den vorhandenen Unterlagen ergibt, scheint der Mangel nur objektiv nachweisbar sein zu müssen. Ob insoweit im Hinblick auf die Offensichtlichkeitsvoraussetzung noch von einer (verfassungskonformen) Auslegung gesprochen werden kann, erscheint freilich zweifelhaft. Richtiger dürfte es sich hier um eine Teilverfassungswidrigerklärung handeln. So fehlt eben für dieses Kriterium der Offensichtlichkeit jede verfassungsrechtliche Rechtfertigung. Liegen Mängel bei der Abwägung vor und lassen sich diese Mängel objektiv belegen, ist es nicht zu rechtfertigen, hinsichtlich der Rechtsfolgen zwischen offensichtlichen und nicht offensichtlichen Mängeln zu differenzieren. Auch bei nicht offensichtlichen Mängeln, also nach herkömmlichem Sprachgebrauch solchen, die gerade nicht klar erkennbar, eindeutig oder leicht feststellbar sind, handelt es sich um materielle Mängel, die abstrakt gesehen keineswegs weniger beachtlich sind als offensichtliche Mängel. Einziges tragfähiges Zurechnungskriterium für die Abgrenzung ist die Relevanz des Mangels für die Sachentscheidung. Die Offensicht-

[366] S. zu § 137 Abs. 1 VwGO nur *Kopp/Schenke*, VwGO, § 137 Rdnr. 23.
[367] S. oben E IV (S. 257ff.).

lichkeit hat aber damit nichts zu tun. So kann gerade auch ein nicht auf den ersten Blick erkennbarer nicht offensichtlicher Mangel bei der Abwägung wesentlich weiterreichende Auswirkungen haben als jeder offensichtliche. Notwendig ist lediglich die objektive Feststellbarkeit des Mangels. Besteht hingegen nur die Möglichkeit eines Mangels, so kann daraus weder die Rechtswidrigkeit des Planfeststellungsbeschlusses noch der Aufhebungsanspruch abgeleitet werden.

Insofern erscheint die Beschränkung der Mängel auf die „äußere Seite" unter Ausschluß der Relevanz der Motive oder Vorstellungen der Entscheidungsbeteiligten, sofern sie keinen Niederschlag in Protokollen oder sonstigen Unterlagen gefunden haben, durchaus angebracht. Diese Einschränkung folgt aber nicht aus dem Offensichtlichkeitskriterium, sondern aus der Notwendigkeit der Feststellung eines Mangels bei der Abwägung[368]. Da sich für die Verfassungsmäßigkeit der Differenzierung zwischen offensichtlichen und nicht offensichtlichen Mängeln keine rechtfertigenden Gründe finden lassen und auch keine verfassungskonforme Auslegung möglich erscheint, die mit dem Wortlaut des Tatbestandsmerkmals in Einklang zu bringen wäre, sind §75 Abs. 1a S. 1 VwVfG und die entsprechenden Parallelregelungen im Planfeststellungsrecht insoweit verfassungswidrig. Im Wege der Teilnichtigkeit, die sich allein auf das Merkmal „offensichtlich" bezieht, kann – vorbehaltlich der Prüfung der sonstigen Tatbestandsvoraussetzungen – ein verfassungsmäßiges Ergebnis bei Fortgeltung der restlichen Regelung erreicht werden. Entsprechend gelten §75 Abs. 1a S. 1 VwVfG und die übereinstimmenden Parallelregelungen mit dem Inhalt, den §75 Abs. 1a S. 1 NWVwVfG sogar ausdrücklich normiert.

Im Gegensatz zum Offensichtlichkeitserfordernis besteht hinsichtlich der zweiten Tatbestandsvoraussetzung für den Ausschluß des Aufhebungsanspruchs, nach der der Mangel bei der Abwägung auf das Abwägungsergebnis von Einfluß gewesen sein muß, ein eindeutiger Zusammenhang mit dem den Ausschluß allein rechtfertigenden Beruhenserfordernis. Der Beruhenssatz vermag den Aufhebungsanspruch allerdings nur soweit zu beschränken, als der Verwaltungsakt im Ergebnis nicht auf dem Gesetzesverstoß beruht. Wenn deshalb das Nichtberuhen positiv festgestellt werden muß, so entspricht dies nicht vollständig der im Wortlaut des §75 Abs. 1a S. 1 VwVfG angelegten Intention des Gesetzgebers. Insoweit kommt allerdings im Gegensatz zum Erfordernis der Offensichtlichkeit des Mangels noch eine verfassungskonforme Auslegung in Betracht, wie sie jedenfalls im Ansatz das Bundesverwaltungsgericht in ständiger Rechtsprechung vornimmt[369]. Ob ein Abwägungsmangel das Ergebnis beeinflußt hat, kann nur selten sicher beantwortet werden. Nur in wenigen Fällen ist eindeutig, daß das Abwägungsergebnis anders oder gleich ausgefallen wäre, wenn etwa ein

[368] Deshalb erscheint auch die Aussage, offensichtlich sei ein Mangel, der sich geradezu aufdränge, s. *Bonk/Neumann*, in: Stelkens/Bonk/Sachs, VwVfG, §75 Rdnr. 37, nicht recht kompatibel mit der allgemeinen Zustimmung zur Rspr. des BVerwG.

[369] Nachw. zu dieser Rechtsprechung. oben in Fußn. 357–359 (S. 319).

bislang unberücksichtigter Belang in die Abwägung eingestellt worden wäre. Typischerweise ist die Relevanz für das Ergebnis in keine Richtung einigermaßen sicher zu beurteilen.

Soll die Tatbestandsvoraussetzung des §75 Abs. 1a S. 1 VwVfG für den Ausschluß des Aufhebungsanspruchs durch die fehlende Zurechnung (des Erfolgs zum rechtswidrigen Verhalten) mittels des Beruhenssatzes gerechtfertigt werden, muß – wie im Fall des §46 VwVfG – allein die Möglichkeit des Einflusses des Mangels auf den Planfeststellungsbeschluß ausreichen, um den Aufhebungsanspruch fortbestehen zu lassen.

Da auch hier eine konkrete Betrachtungsweise anzuwenden ist, kann es einerseits für die Ablehnung des Ausschlusses des Aufhebungsanspruchs nicht ausreichen, daß der Mangel sich theoretisch ausgewirkt haben kann. Es bedarf schon konkreter Anhaltspunkte im Einzelfall, ohne die Anforderungen freilich zu überspannen. Reichte allein die abstrakte Möglichkeit eines anderen Ergebnisses aus, würde die Regelung leerlaufen, ohne daß dies verfassungsrechtlich gefordert wäre.

Ob diese Lösung vollständig mit der der Rechtsprechung in Einklang steht, läßt sich nicht leicht beantworten. Die in der Rechtsprechung gebräuchlichen Obersätze sprechen zumindest für eine solche Möglichkeit. Die Forderung, es müßte nach den Umständen des Falles die konkrete Möglichkeit bestehen, daß ohne den Mangel die Planung anders ausgefallen wäre[370], oder diejenige, es müsse sich bei realistischer Betrachtungsweise ergeben, daß sich ohne den Mangel im maßgeblichen Zeitpunkt des Erlasses des Planfeststellungsbeschlusses ein anderes Abwägungsergebnis abgezeichnet hätte[371], sowie die Aussage, es werde keine hinreichende oder überwiegende Wahrscheinlichkeit einer anderen Entscheidung verlangt[372], lassen sich durchaus mit dem Beruhenssatz[373] in Übereinstimmung bringen. Allerdings scheint die Rechtsprechung des Bundesverwaltungsgerichts in eine Richtung zu tendieren, nach der die konkrete Möglichkeit einer anderweitigen Entscheidung geradezu positiv nachgewiesen werden muß[374]. Wenn es eine solche Tendenz gibt, die allerdings nicht sicher nur anhand der abstrakten Formulierungen auszumachen ist, so deckt sie sich nicht mit dem Zurechnungskriterium des Beruhens. Die notwendige konkrete Möglichkeit des anderen Abwägungsergebnisses läßt sich wohl nur anhand der Bewertung der unzutreffend gewichteten oder übergangenen Belange beurteilen. Sofern diesen objektiv isoliert und auch im Verhältnis zu den übrigen Belangen betrachtet kein nur geringes Gewicht zu-

---

[370] S. Nachw. oben in Fußn. 358 (S. 319).

[371] Nachw. s. oben in Fußn. 359 (S. 319).

[372] BVerwG, Urt. v. 21.8. 1981 – 4 C 57.80, BVerwGE 64, 33 (39f.); Urt. v. 21.3. 1996 – 4 C 19.84, BVerwGE 100, 370 (379).

[373] Ausdrücklich von einem Beruhen spricht etwa BVerwG, Urt. v. 5.3. 1997 – 11 A 25.95, BVerwGE 104, 121 (129).

[374] So *Gerhardt*, in: Schoch/Schmidt-Aßmann/Pietzner, VwGO, §114 Rdnr. 48.

kommt, kann die konkrete Möglichkeit einer anderen Entscheidung nicht ausgeschlossen werden. „Konkrete Möglichkeit" darf vor dem Hintergrund der Rechtfertigung des Beruhenssatzes nicht heißen „wahrscheinliche andere Entscheidung". Es geht vielmehr um die Betrachtung des Einzelfalls und die objektive Bewertung des Fehlers und seiner Bedeutung. So ist aus dem Stellenwert der konkret betroffenen Belange abzuleiten, ob eine Möglichkeit einer anderen Entscheidung besteht. Die insoweit verbleibenden Bewertungsspielräume dürfen, wenn die Rechtfertigung des Ausschlusses des Aufhebungsanspruchs durch den Beruhenssatz als Zurechnungskriterium erfolgen soll, nicht schlicht zugunsten der Planerhaltung genutzt werden. Der vom Gesetzgeber insbesondere im BauGB normativ statuierte Grundsatz der Planerhaltung[375] beschreibt selbst nur ein zweifellos erkennbares Bemühen des Gesetzgebers, Pläne trotz ihrer festgestellten Fehlerhaftigkeit, also Rechtswidrigkeit, in möglichst großem Umfang aufrechtzuerhalten.

Der Grundgedanke der Geltungserhaltung oder Rechtserhaltung[376] schafft aber keine eigenständige Legitimation für den Ausschluß des Aufhebungsanspruchs. Alle in der Literatur angeführten Beispiele für die Rechtserhaltung fehlerhafter Rechtsakte besitzen wiederum eine eigene Rechtfertigung, die dem Grundsatz der Planerhaltung als solchem gerade fehlt. So können insbesondere die Grundsätze über die Teilnichtigkeit[377], die sowohl im Zivilrecht als auch im öffentlichen Recht angewendet werden, keinen Beleg für einen Planerhaltungsgrundsatz geben, der sich gerade auch auf die rechtswidrigen Teile eines Rechtsakts erstrecken soll. Sicher ist in unserer Rechtsordnung ein Bestreben unverkennbar, dem Willen der beteiligten Personen in möglichst großem Umfang Rechnung zu tragen und den jeweiligen Rechtsakten auch soweit wie möglich Geltung zuzusprechen. Das darf aber nicht zu der Annahme verleiten, die Erhaltung dieser Rechtsakte legitimiere sich aus sich selbst heraus. Die Planerhaltung kann keine Legitimation für die Planerhaltung geben. Mögliche Rechtfertigungsgründe für den Ausschluß des Aufhebungsanspruchs müssen sich anderweitig ergeben und führen nur dann zu dem Ergebnis der Planerhaltung. Für die Regelungen zum Planfeststellungsrecht in § 75 Abs. 1 a S. 1 VwVfG und den Parallelnormen kommt als solche Rechtfertigung nur das auf die Zurechnungskriterien gestützte Beruhenserfordernis in Betracht. Dies zwingt zu der Feststellung der Verfassungswidrigkeit des Tatbestandsmerkmals der Offensichtlichkeit sowie zu der hier dargelegten verfassungskonformen Auslegung der Voraussetzung des

[375] So sind die §§ 214ff. BauGB im Gesetz mittlerweile mit „Planerhaltung" überschrieben. Zur literarischen „Karriere" der Planerhaltung s. vor allem *Sendler*, Neue Entwicklungen, S. 9 (28ff.); *ders.*, in: Festschrift für Hoppe, S. 1011ff.; *Hoppe*, in: Festschrift für Schlichter, S. 87ff.; *ders.*, Symposium für Hoppe, S. 133ff.; *ders.*, DVBl. 1996, 12ff.; *Hoppe/Henke*, DVBl. 1997, 1407ff.; *Hüttenbrink*, BauR 1999, 351ff.

[376] S. *Hoppe*, DVBl. 1996, 12 (17).

[377] Auf sie verweist zentral *Hoppe*, DVBl. 1996, 12 (14ff.).

Einflusses des Abwägungsmangels auf das Abwägungsergebnis in § 75 Abs. 1a S. 1 VwVfG und seinen Parallelregelungen.

G. Der Ausschluß des Aufhebungsanspruchs in weiteren Fällen fehlenden Beruhens

Nach der Rechtsprechung wird der Anspruch auf Aufhebung des Verwaltungsakts auch über die gesetzlich geregelten Fälle hinaus durch den Beruhenssatz beziehungsweise die „Kausalität", also das Erfordernis der Möglichkeit eines Einflusses des Fehlers auf das Ergebnis, begrenzt. Anerkannt ist dieser über ausdrückliche gesetzliche Regelungen hinausgehende Ausschluß des Aufhebungsanspruchs vor allem im Prüfungsrecht. So befürworten sowohl das Bundesverwaltungsgericht[378] als auch das Bundesverfassungsgericht[379] für Korrektur- und Bewertungsfehler bei Prüfungen eine „Kausalitätsprüfung". Damit werden für den Ausschluß des Aufhebungsanspruchs bei materiellen Fehlern im Prüfungsrecht dieselben Grundsätze aufgestellt, wie sie heute für Verfahrensfehler nach § 46 VwVfG gelten. Nur wenn die Möglichkeit besteht, daß der Korrektur- oder Bewertungsfehler die Sachentscheidung beeinflußt hat, soll die Prüfungsentscheidung aufgehoben werden[380]. Die einschlägige Rechtsprechung behandelt damit Verfahrensfehler und materielle Bewertungsfehler im Prüfungsrecht gleich. Die Anerkennung des Beruhenserfordernisses in diesen Fällen reicht dabei erkennbar sowohl vor die Zeit des Genehmigungsverfahrensbeschleunigungsgesetzes 1996 als auch die des Erlasses des VwVfG 1976 zurück. Die Rechtsprechung hat insbesondere nach Inkrafttreten des VwVfG mitsamt des § 46 VwVfG an ihrer Auffassung von der Notwendigkeit des Beruhens festgehalten. Das ist in den Fällen der Prüfungsentscheidungen insbesondere für die Verfahrensfehler beachtlich, da diese Thematik in § 46 VwVfG eindeutig nur für strikt gebundene Entscheidungen geregelt worden war. Dennoch haben Rechtsprechung und Literatur offenbar keinen Grund für einen Umkehrschluß gesehen. Bevor also der Anwen-

---

[378] BVerwG, Beschl. v. 12.11. 1971 – VII B 71.70, Buchholz 421.0 Prüfungswesen Nr. 45; Urt. v. 6.7. 1979 – 7 C 26.76, DVBl. 1980, 482 (483); Urt. v. 20.9. 1984 – 7 C 57.83, NVwZ 1985, 187 (188f.); Urt. v. 20.11. 1987 – 7 C 3.87, BVerwGE 78, 280 (LS 2, 284); Beschl. v. 4.2. 1991 – 2 B 7.91, Buchholz 421.0 Prüfungswesen Nr. 283; Beschl. v. 27.3. 1992 – 6 B 6.92, NVwZ 1992, 1199 (1200); Urt. v. 9.12. 1992 – 6 C 3.93, BVerwGE 91, 262 (270); Urt. v. 11.8. 1993 – 6 C 2.93, DVBl. 1994, 158 (160) – insoweit nicht in BVerwGE 94, 64ff.; Beschl. v. 3.4. 1997 – 6 B 4.97, Buchholz 421.0 Prüfungswesen Nr. 379; Beschl. v. 13.3. 1998 – 6 B 28.98, n. veröff.; Urt. v. 27.4. 1999 – 2 C 30.98, NVwZ 2000, 921 (922); Urt. v. 4.5. 1999 – 6 C 13.98, NVwZ 2000, 915 (919); zu weiteren Nachw. aus der verwaltungsgerichtlichen Rechtsprechung. s. *Niehues*, Prüfungsrecht, Rdnr. 688ff., 859; *Zimmermann/Brehm*, Prüfungsrecht, Rdnr. 571ff.

[379] BVerfG, Beschl. v. 17.4. 1991 – 1 BvR 419/81 u. 213/83, BVerfGE 84, 34 (55).

[380] Zustimmend etwa *Kopp*, VwVfG, § 40 Rdnr. 68, 82c; *Kopp/Ramsauer*, VwVfG, § 40 Rdnr. 91; *Kopp/Schenke*, VwGO, § 114 Rdnr. 31a; *Müller-Franken*, VerwArch. 92 (2001), 507 (527).

dungsbereich des § 46 VwVfG um die Ermessensentscheidungen und solche mit Beurteilungsspielraum erweitert wurde, war der Beruhenssatz sowohl für Verfahrensfehler als auch für materielle Begründungsmängel bei Prüfungsentscheidungen anerkannt, obwohl es an einer gesetzlichen Normierung des Satzes in diesen Fällen gerade fehlte.

Die damit verbundenen Bedenken hinsichtlich der Behandlung von Verfahrensfehlern bei Prüfungsentscheidungen haben sich mit dem Inkrafttreten des Genehmigungsverfahrensbeschleunigungsgesetzes erledigt. Auf sie ist nicht mehr einzugehen. In der Anerkennung des Beruhenssatzes bei Korrektur- und Bewertungsfehlern ist zudem kein Verstoß gegen § 46 VwVfG und damit kein Problem des Vorrangs des Gesetzes zu sehen. § 46 VwVfG enthält keine Aussage zu materiellen Mängeln von Verwaltungsakten. Insbesondere kann aus ihm kein Umkehrschluß dergestalt gezogen werden, daß eine Beruhensprüfung durch den Gesetzgeber nur im Hinblick auf Verfahrensfehler zugelassen wäre. Wie schon die Kritik an der verbreiteten Ableitung von absoluten Verfahrensfehlern aus § 46 VwVfG im Wege eines Umkehrschlusses gezeigt hat[381], ist ein solcher „qualifizierter" Umkehrschluß schon für Verfahrensfehler nicht überzeugend. Selbst auf der Basis der Gegenmeinung könnte er sich aber nur auf Verfahrensfehler beziehen. Für die Rechtsfolgen materieller Verstöße fehlt es dagegen sowohl unmittelbar als auch mittelbar an einer Regelung. Normen zu materiellen Fehlern finden sich neben den vorausgehend erörterten Bestimmungen zum Planfeststellungsbeschluß in § 75 Abs. 1a S. 1 VwVfG und dessen Parallelregelungen im Fachplanungsrecht und Landesrecht nur noch in § 40 VwVfG. Darin sind jedoch allein die Grenzen der Ermessensausübung bestimmt, also die materiellen Anforderungen an die Ermessensbetätigung, die gemäß § 114 S. 1 VwGO auch der gerichtlichen Überprüfung unterliegen. Über die Rechtsfolgen der Ermessensfehler enthält § 40 VwVfG keine Aussage. Der Vorrang des Gesetzes kann der Annahme der Geltung des Beruhenssatzes über die Fälle des § 46 VwVfG hinaus damit nicht entgegengehalten werden.

Fragen wirft die Anerkennung der „Kausalitätsprüfung" im Hinblick auf die materiellen Mängel aber noch unter einem anderen Blickwinkel auf. So werden gegen diese Auffassung Bedenken unter dem Gesichtspunkt des möglichen Verstoßes gegen den Vorbehalt des Gesetzes erhoben[382]. Diese Bedenken überzeugen im Ergebnis freilich nicht. Für das Erfordernis einer gesetzlichen Grundlage zur Berücksichtigung des fehlenden Einflusses des Fehlers auf die Sachentscheidung könnte zunächst sprechen, daß mit dieser Argumentation ein aus den Grundrechten oder anderen auch verfassungsrechtlich verankerten subjektiven Rechten abzuleitender Anspruch ausgeschlossen werden soll. Dies kann zugleich als Grundrechtseingriff angesehen werden, für den die Forderung nach ei-

---

381 S. oben E VI 3a (S. 308ff.).

382 So zumindest ansatzweise *Muckel*, RdJB 1999, 235 (245).

ner gesetzlichen Grundlage zu erheben ist. Andererseits basiert diese Argumentation auf der Trennung zwischen der Begründung des Aufhebungsanspruchs und dem nachfolgenden Ausschluß, die zwar dogmatisch möglich, gleichzeitig aber in ihrer Bedeutung überschätzt würde, wenn aus ihr rechtliche Folgerungen für die formellen Anforderungen an den Ausschluß des Aufhebungsanspruchs gezogen werden sollen. Der in diesem Abschnitt diskutierte Ausschluß des Aufhebungsanspruchs, der „an sich" aufgrund der subjektiven Rechtsverletzung begründet ist, kann durchaus auch als eine zusätzliche Tatbestandsvoraussetzung für die Entstehung des Aufhebungsanspruchs begriffen werden. Zwar unterliegt sie wie jede andere Tatbestandsvoraussetzung dem Rechtfertigungserfordernis, nicht aber den formellen Anforderungen, die an einen Grundrechtseingriff zu stellen sind. Der Beruhenssatz ist als Zurechnungskriterium auch im Bereich der Tertiäransprüche (Schadensersatz und Entschädigung) nicht gesetzlich geregelt, ohne daß dies als Verstoß gegen den Vorbehalt des Gesetzes betrachtet wird.

Demgemäß kann der Rechtsprechung zum „Kausalitätserfordernis" im Bereich des Prüfungsrechts zugestimmt werden. Der Aufhebungsanspruch ist aber nur dann ausgeschlossen, wenn sich für den konkreten Einzelfall die Möglichkeit der Beeinflussung des Ergebnisses ausschließen läßt. Dieses fehlende Beruhen muß sich „mit der erforderlichen Gewißheit"[383] feststellen lassen. Leichte Zweifel an der Überzeugungskraft dieser Auffassung entstehen allerdings noch, wenn es darum geht, die Grenzen für die Berücksichtigung des Umstands, daß ein materieller Fehler sich nicht auf das Ergebnis ausgewirkt hat, zu bestimmen. Eine einleuchtende Erklärung, weshalb die Berücksichtigung des Beruhenssatzes von vornherein – außerhalb des Planfeststellungsrechts – nur auf Prüfungsentscheidungen begrenzt sein soll, ist nämlich nicht erkennbar. Hält man die Anwendbarkeit dieses Kriteriums zur Begrenzung des Aufhebungsanspruchs auf Prüfungsentscheidungen für möglich, muß dies auch für weitere materielle Mängel bei anderen Verwaltungsakten gelten.

Hier sind in erster Linie sämtliche materiellen Begründungsmängel zu nennen, zu denen die Kontroll- und Bewertungsfehler im Prüfungsrecht auch zu zählen sind. In der Sache wird dieses Ergebnis für den Bereich der gebundenen Entscheidungen ohnehin von der ganz herrschenden Meinung vertreten. Ob insoweit vor allem mit der Literatur – wie behandelt nicht überzeugend[384] – von der Rechtmäßigkeit materiell fehlerhaft begründeter gebundener Verwaltungsakte oder nur vom Ausschluß des Aufhebungsanspruchs trotz Rechtswidrigkeit ausgegangen wird, stellt in der Sache nur einen begrenzten Unterschied dar. Das allgemein

[383] Vgl. BVerwG, Urt. v. 27.4. 1999 – 2 C 30.98, NVwZ 2000, 921 (922); Urt. v. 4.5. 1999 – 6 C 13.98, NVwZ 2000, 915 (919). Das Kriterium der „Gewißheit" kann – auch nach der bereits geübten Kritik, s. oben E VI 1 b (S. 295ff.) – allerdings nur als „hinreichend sicher" verstanden werden.

[384] S. oben §4 C II 3 (S. 160ff.).

anerkannte Ergebnis des fehlenden Aufhebungsanspruchs bei einem fehlerhaft begründeten gebundenen Verwaltungsakt läßt sich dogmatisch befriedigend allerdings nur mit Hilfe des Beruhenssatzes erklären.

Fraglich erscheint deshalb nur, ob der Beruhenssatz allgemein, also auch in allen übrigen Fällen materieller Fehler zur Anwendung kommt und zu einem Ausschluß des Aufhebungsanspruchs führen kann. Diese Möglichkeit hätte keine so weiten Folgen, wie es auf den ersten Blick scheinen könnte. Relevant werden kann der Beruhenssatz aufgrund seines Inhalts (fehlender Einfluß auf die Sachentscheidung) nur in den Fällen, in denen der Verwaltungsakt nicht schon „im Ergebnis" rechtswidrig ist, sondern sich der Fehler auf die Entscheidungserwägungen und -begründungen bezieht. Bedenken könnte seine Anwendung damit nur hinsichtlich der Ermessensentscheidungen oder sonstigen Entscheidungen mit einem gerichtlich nur begrenzt überprüfbaren Spielraum hervorrufen. Schließlich führen Ermessensfehler nicht nur zur Rechtswidrigkeit des Verwaltungsakts, sondern auch zu dessen Aufhebung. Daran ändert im Grunde auch das einschränkende Kriterium des Beruhens nichts. Ausgeschlossen wäre im Fall seiner Anwendbarkeit der Aufhebungsanspruch nur dann, wenn im Einzelfall hinreichend sicher festgestellt werden kann, daß der Fehler keinen Einfluß auf die Sachentscheidung genommen hat. Dafür reichen keine Vermutungen aus, erforderlich ist vielmehr die auch im Rahmen von Prüfungsentscheidungen geforderte „Gewißheit" der Irrelevanz des Fehlers für die Sachentscheidung im Sinne einer hinreichenden Sicherheit.

Überzeugende Argumente gegen die Zulässigkeit des Einwands, der Fehler habe sich in keiner Weise im Ergebnis ausgewirkt, sind nicht ersichtlich. Solange strenge Anforderungen an das Erfordernis der hinreichenden Sicherheit im Hinblick auf den Nachweis des fehlenden Beruhens gestellt werden, besteht auch nicht die Gefahr einer Ausuferung dieses Ausnahmetatbestandes. Die Anerkennung von Aufhebungsansprüchen gegenüber rechtswidrigen Verwaltungsakten, bei denen sich der Rechtsverstoß bei konkreter Betrachtung des Einzelfalls nicht auf das Ergebnis ausgewirkt haben kann, läßt sich auch nicht mit berechtigten Interessen des Betroffenen rechtfertigen, der durch den Verwaltungsakt in seinen Rechten verletzt wird. Im Ergebnis ist daher die Heranziehung des Zurechnungskriteriums des Beruhens des Verwaltungsakts auf dem Rechtsverstoß auch über die ausdrücklich im Planfeststellungsrecht durch das Gesetz anerkannten Fälle hinaus zu befürworten.

H. Der Ausschluß des Aufhebungsanspruchs im Fall unzulässiger Rechtsausübung („dolo-agit-Satz")

Im Rahmen der Beschäftigung mit §46 VwVfG wurde erörtert, ob diese Regelung als eine Ausprägung des Grundsatzes von Treu und Glauben und insbesondere des „dolo-agit-Satzes" angesehen werden kann[385]. Angesichts der fehlenden Identität der Anknüpfungspunkte – im Fall des dolo-agit-Satzes käme es darauf an, ob der Verwaltungsakt im Zeitpunkt der Entscheidung über den Aufhebungsanspruch wieder erlassen werden müßte, beim Beruhen ist entscheidend die Relevanz des Fehlers für die Verwaltungsentscheidung im Zeitpunkt des Erlasses – konnte schon die frühere Fassung des §46 VwVfG nicht als gesetzliche Ausgestaltung des Treu-und-Glauben-Einwands begriffen werden. Entsprechendes gilt für die heutige Regelung. Dieses Ergebnis im Hinblick auf §46 VwVfG läßt nun aber völlig offen, ob dem dolo-agit-Satz nicht unabhängig von §46 VwVfG ohne ausdrückliche gesetzliche Normierung Bedeutung in Verbindung mit dem Aufhebungsanspruch zukommt.

Gegen eine solche Auffassung können verschiedene Bedenken bestehen, die einer näheren Prüfung bedürfen (II). Bevor aber auf mögliche Einwände gegen die Geltung und Anwendbarkeit des aus Treu und Glauben abzuleitenden Verbots unzulässiger Rechtsausübung neben den gesetzlichen Fehlerfolgenregelungen eingegangen wird, soll zunächst der denkbare Anwendungsbereich des dolo-agit-Satzes abgesteckt werden.

I. Möglicher Anwendungsbereich des dolo-agit-Satzes im Kontext der übrigen Lösungen

Wie im Rahmen der Prüfung des Grundgedankens des §46 VwVfG bereits bemerkt wurde[386], ist der dolo-agit-Einwand als ein Fall des fehlenden schutzwürdigen Eigeninteresses an der Durchsetzung des Anspruchs zu begreifen. Wenn jemand etwas verlangt, was er sogleich wieder zurückgeben muß, erscheint die Durchsetzung des Anspruchs treuwidrig und unbillig. Dieses Ergebnis wird im Zivilrecht auf das Vorliegen eines Gegenanspruchs gestützt, den der Anspruchsgegner im Fall der Durchsetzung des geltend gemachten Anspruchs seinerseits geltend macht und damit die Rückabwicklung des Leistungsaustausches bewirken kann. Die Sinnlosigkeit dieses „Hin und Zurück" führt zur Treuwidrigkeit. Die Situation im Zivilrecht ist durch das Recht des Anspruchsgegners geprägt. Er kann, wenn er will, den Gegenanspruch geltend machen.

Bei einer exakten Übertragung dieser Konstellation auf das öffentliche Recht läge es nahe, den dolo-agit-Einwand von Seiten der Behörde stets dann zuzulas-

[385] S. oben E III 3 (S. 249ff.).

[386] Vgl. oben E III 3 (S. 249ff.).

sen, wenn die Behörde nach der Aufhebung des Verwaltungsakts berechtigt wäre, sogleich wieder einen mit dem aufgehobenen Verwaltungsakt inhaltsgleichen Verwaltungsakt neu zu erlassen. Eine solche Position erwies sich aber schon auf den ersten Blick als unhaltbar. Träfe sie zu, käme eine gerichtliche Aufhebung selbst einer fehlerhaften Ermessensentscheidung nur noch in Betracht, wenn die Entscheidung im Ergebnis unzulässig wäre. Das Gros der Ermessensfehler hätte dann nicht mehr die Aufhebung des Verwaltungsakts zur Konsequenz, da die Behörde mit einer rechtmäßigen Ermessensbetätigung häufig auch zum gleichen Ergebnis wie bei der ersten rechtswidrigen Ermessensausübung kommen könnte.

Deshalb wird die Anwendung des dolo-agit-Einwands im öffentlichen Recht zugunsten der Behörde nur für solche Fälle in Betracht gezogen, in denen in rechtlicher Hinsicht sicher ist, daß ein inhaltsgleicher Verwaltungsakt nach einer Aufhebung des rechtswidrigen Verwaltungsakts wieder erlassen würde. Soweit ein Ermessensspielraum besteht, fehlt es gerade an dieser Voraussetzung. Während also im Zivilrecht beim Bestehen eines Gegenanspruchs gewissermaßen unterstellt wird, daß er notfalls auch geltend gemacht würde, kann dies für die Ausübung des Verwaltungsermessens nicht angenommen werden. Der Anwendungsbereich des dolo-agit-Einwands zugunsten der Behörde gegenüber dem Aufhebungsanspruch des Bürgers ist von vornherein auf die Fälle gebundener Entscheidungen oder auf Ermessensentscheidungen mit einer Ermessensreduktion auf Null beschränkt.

Eine entsprechende Begrenzung des Anwendungsbereichs des dolo-agit-Einwands im Staat-Bürger-Verhältnis existiert auch für die „im Ergebnis" gebundenen Entscheidungen, bei denen einzelne Tatbestandsvoraussetzungen einer Beurteilung der Behörde obliegen, die nicht vollständig gerichtlich überprüfbar ist. Hier steht eben gerade wie bei den Ermessensentscheidungen nicht fest, ob ein inhaltsgleicher Verwaltungsakt wieder erlassen wird, weil er erlassen werden muß. Das zeigt sich auch im gerichtlichen Verfahren, wenn dem geltend gemachten Aufhebungsanspruch der dolo-agit-Einwand entgegengehalten wird, weil nach der gerichtlichen Aufhebung des angefochtenen Verwaltungsakts ein inhaltsgleicher Verwaltungsakt sogleich wieder erlassen werden müßte. Hier setzt die Berücksichtigung dieses Einwands voraus, daß das Gericht eine solche Verpflichtung der Behörde zum anschließenden Neuerlaß des Verwaltungsakts auch feststellen kann. Diese Feststellung kann nach dem materiellen Recht aber gerade der eigenständigen Ermittlung und Bewertung der Verwaltung anvertraut sein. Sofern die gerichtliche Sachaufklärung beschränkt ist, kann auch nicht geprüft werden, ob eine behördliche Verpflichtung zum Erlaß eines inhaltsgleichen Verwaltungsakts bestünde, wenn der angegriffene Verwaltungsakt aufgehoben wird. Wie bereits oben behandelt[387], gilt das etwa im Fall der atomrechtlichen Genehmigung im Hinblick auf die nach §7 Abs. 2 Nr. 3 AtomG erforderliche Risikoer-

[387] S. oben E VI 1 d (S. 304).

mittlung und Risikobewertung. Verallgemeinert scheidet der Ausschluß des Aufhebungsanspruchs unter Rückgriff auf den dolo-agit-Einwand immer schon dann aus, wenn das Gericht (aus funktionellrechtlichen Gründen) gehindert ist, das Vorliegen der Tatbestandsvoraussetzungen für die Verpflichtung zum Neuerlaß des Verwaltungsakts abschließend aufzuklären. Wann entsprechende Fälle vorliegen, kann hier nicht weiter erörtert werden. Die Rechtsprechung hat sie etwa für das Atomrecht und das Gentechnikrecht angenommen[388].

Eine zweite Begrenzung des möglichen Anwendungsbereichs des dolo-agit-Satzes ergibt sich in Abgrenzung zu § 46 VwVfG und zum Beruhenserfordernis bei materiellen Rechtsfehlern. Der gesetzlich geregelte Ausschluß des Aufhebungsanspruchs in den Fällen des fehlenden Beruhens der Sachentscheidung auf dem Rechtsfehler deckt einen Großteil der Fallgestaltungen ab, in denen grundsätzlich auch der dolo-agit-Einwand zur Anwendung kommen könnte. Wie bereits die Erörterung der Frage gezeigt hat, ob § 46 VwVfG a.F. durch den dolo-agit-Satz legitimiert werden kann, kommen der dem § 46 VwVfG zugrundeliegende Beruhenssatz und der dolo-agit-Satz zum gleichen Ergebnis, solange sich die Rechts- oder Sachlage nicht ändert. Ist dagegen durch eine Veränderung der Rechts- oder Sachlage eine Pflicht zum Erlaß eines mit dem angegriffenen rechtswidrigen Verwaltungsakt inhaltsgleichen Verwaltungsakts entstanden, so kann der Aufhebungsanspruch nicht wegen fehlenden Beruhens ausgeschlossen sein. Diese Rechtsfolge kann sich – wenn überhaupt – nur aufgrund einer Anwendung des dolo-agit-Einwands ergeben. Ist die Rechts- und Sachlage seit dem Erlaß des Verwaltungsakts dagegen unverändert geblieben, so bedarf es angesichts der Geltung des Beruhenserfordernisses keines Rückgriffs auf den dolo-agit-Einwand. Das gilt ohne Einschränkung allerdings nur für die von § 46 VwVfG tatbestandlich erfaßten formellen Rechtsverstöße. Bei den übrigen formellen Mängeln, wie dies etwa für Zuständigkeitsfehler zutrifft, die nicht die örtliche Zuständigkeit betreffen und auch nicht zugleich nach § 44 VwVfG zur Nichtigkeit führen, kommt ein Ausschluß des Aufhebungsanspruchs durch den dolo-agit-Satz in Betracht.

Damit erweist sich der denkbare Anwendungsbereich des dolo-agit-Einwands im Ergebnis in zweierlei Hinsicht als begrenzt: Zum einen beschränkt er sich auf die Fälle gebundener Verwaltungsakte, bei denen eine vollständige gerichtliche Prüfung der behördlichen Pflicht zum Erlaß des Verwaltungsakts möglich ist, zum anderen findet er nur Anwendung, wenn nicht schon § 46 VwVfG den Aufhebungsanspruch ausschließt, was vor allem im Fall einer Veränderung der Rechts- oder Sachlage zutrifft.

Diese Begrenzungen des möglichen Anwendungsbereichs des dolo-agit-Einwands bewirken zugleich Beschränkungen seiner inhaltlichen Bedeutung. Da es sich in den Fällen der Veränderung der Rechts- oder Sachlage um eine solche ohne eine auf den Erlaß des Verwaltungsakts zurückgreifende Rückwirkung handelt,

---

[388] S. oben E VI 1 d (S. 304).

kann der dolo-agit-Einwand dem Aufhebungsanspruch insoweit nur hinsichtlich der Aufhebung ab dem Zeitpunkt der Veränderung entgegengehalten werden. Demnach ist in zeitlicher Hinsicht zu differenzieren, was grundsätzlich zur Folge hat, daß der Aufhebungsanspruch „für die Vergangenheit" bis zur Veränderung fortbesteht und durchgesetzt werden kann. Anderes gilt nur, wenn der Betroffene an der zeitlich begrenzten Aufhebung kein schutzwürdiges Interesse hat. Der dolo-agit-Einwand kann aber die Durchsetzung des Aufhebungsanspruchs stets nur für die Zeit ab der Veränderung der Rechts- oder Sachlage ausschließen[389].

II. Kritik der Geltung des dolo-agit-Satzes

Der Grundsatz von Treu und Glauben ist anerkanntermaßen Bestandteil unserer Rechtsordnung, ohne daß es dazu einer einfachgesetzlichen Anordnung bedarf. So ist der dolo-agit-Einwand als eine jedem Anspruch immanente Grenze zu begreifen[390], deren Geltung aus der allgemeinen Geltung des Prinzips von Treu und Glauben abzuleiten ist. Die Anerkennung des Einwands unzulässiger Rechtsausübung wirft aber selbst in diesen Konstellationen der gebundenen Verwaltungsentscheidungen bei gleichzeitig fehlendem Ausschluß des Aufhebungsanspruchs durch §46 VwVfG eine Reihe von Fragen und Bedenken auf.

1. Unanwendbarkeit mangels Rechtsmißbräuchlichkeit?

Gegen die Ansicht von der Anwendbarkeit des dolo-agit-Einwands in bezug auf den öffentlichrechtlichen Aufhebungsanspruch wird gelegentlich eingewendet, die Geltendmachung einer hoheitlichen Rechtsverletzung könne grundsätzlich nicht mißbräuchlich sein[391]. Dem Betroffenen sei „ein generell schutzwürdiges Eigeninteresse an der Einhaltung der ihn betreffenden Verhaltensvorgaben zuzubilligen"[392]. Das scheint dem Rechtsgefühl entgegenzukommen, da der Mißbrauchsvorwurf hier gerade den treffen soll, der sich völlig korrekt verhalten hat, und demjenigen, nämlich dem Hoheitsträger, zugute kommen soll, der das Recht verletzt hat. Damit wird jedoch der dolo-agit-Einwand in eine Beziehung zum Grund für die Entstehung des Aufhebungsanspruchs gebracht, auf die es gar nicht ankommt. Auch im Zivilrecht kommt es nicht auf den Entstehungsgrund des geltend gemachten Anspruchs an. Zugleich wird mit dem dolo-agit-Einwand kein Negativurteil über denjenigen ausgesprochen, der den Anspruch geltend macht. Es wird ihm lediglich das schutzwürdige Eigeninteresse an der Durchsetzung des Anspruchs abgesprochen, wenn er das damit Erlangte gleich wieder zu-

[389] Vgl. auch *W.-R. Schenke*, in: Festschrift für Maurer, S.723 (748).

[390] Zu dieser sog. Innentheorie oben E III 3 (S.249).

[391] S. *Scherzberg*, BayVBl. 1992, 426 (431); bezogen auf den Versuch der Rechtfertigung des §46 VwVfG mit dem dolo-agit-Satz auch *Maurer*, Allgemeines Verwaltungsrecht, §10 Rdnr.42.

[392] *Scherzberg*, BayVBl. 1992, 426 (431).

rückgeben muß. Die Schutzwürdigkeit bezieht sich also auf das „Behaltendürfen" der Leistung, zu der der Anspruch berechtigt. Nur dieser Gedanke wird auch auf das öffentliche Recht und den Aufhebungsanspruch übertragen. Wenn die Behörde einen inhaltsgleichen Verwaltungsakt sogleich wieder zu erlassen hätte, wenn es zur Aufhebung des rechtswidrigen und rechtsverletzenden Verwaltungsakts kommen sollte, dann ist nicht erkennbar, worin das schutzwürdige Interesse an der Durchsetzung des Aufhebungsanspruchs bestehen sollte. Kurz nach der Aufhebung wäre der Anspruchsinhaber wieder ebenso gestellt wie vor der Aufhebung. Deshalb kann die Übertragbarkeit des dolo-agit-Einwands auf die Situation des öffentlichrechtlichen Beseitigungsanspruchs gegen einen rechtsverletzenden Verwaltungsakt nicht generell ausgeschlossen werden.

2. *Fehlende Notwendigkeit des dolo-agit-Satzes?*

Fraglich könnte auch sein, ob ein Rückgriff auf den dolo-agit-Einwand zur Begründung des Ausschlusses des Aufhebungsanspruchs überhaupt dogmatisch notwendig ist und dasselbe Ergebnis der Ablehnung des Aufhebungsanspruchs nicht auf andere Weise erklärt werden kann. Wie die einführenden Überlegungen gezeigt haben, beschränkt sich der denkbare Anwendungsbereich im wesentlichen auf die Fälle der Veränderung der Rechts- oder Sachlage nach Erlaß des Verwaltungsakts. Führte aber die Veränderung zu einer Heilung, einem Rechtmäßigwerden des Verwaltungsakts, so wäre der Aufhebungsanspruch schon mangels rechtswidrigen Eingriffs ausgeschlossen. Das Problem, ob zur Begründung des Ausschlusses des Aufhebungsanspruchs auf den dolo-agit-Satz abgestellt werden müßte, stellte sich gar nicht mehr. Damit wäre auch zu erklären, warum die Frage des Anwendungsbereichs des dolo-agit-Einwands in der Praxis bisher keine Bedeutung gespielt hat. Diese Lösung des Problems durch Annahme eines Rechtmäßigwerdens eines Verwaltungsakts könnte insbesondere auf die Rechtsprechung zum Erschließungsbeitragsrecht gestützt werden[393].

Überzeugen kann sie gleichwohl nicht. Das hängt weniger damit zusammen, daß das Nichtbestehen eines Aufhebungsanspruchs in den von § 46 VwVfG nicht erfaßten Fällen formell rechtswidriger Verwaltungsakte nicht erklärt werden könnte. Entscheidender ist die fehlende Überzeugungskraft der Annahme eines Rechtmäßigwerdens von Verwaltungsakten. Sie ist im Gegensatz zur Anerkennung eines Rechtswidrigwerdens rechtsdogmatisch mehr als zweifelhaft. Das Rechtswidrigwerden kann auf den nachträglich eingetretenen inhaltlichen Wi-

---

[393] Vgl. BVerwG, Urt. v. 25. 11. 1981 – 8 C 14.81, BVerwGE 64, 218 (220ff.) – für den nachträglichen, nicht rückwirkenden Erlaß einer Beitragssatzung; Urt. v. 27. 4. 1990 – 8 C 87.88, NVwZ 1991, 360 (361); OVG Weimar, Beschl. v. 18. 3. 2002 – 4 ZEO 669/01, NVwZ-RR 2003, 91 (92); in dieselbe Richtung schon zuvor etwa BVerwG, Urt. v. 23. 5. 1975 – IV C 51.73, BayVBl. 1976, 26 – betr. die nachträgliche Zustimmung der höheren Verwaltungsbehörde; aus der Literatur s. auch *Driehaus*, Erschließungs- und Ausbaubeiträge, § 19 Rdnr. 22ff.; *Johlen*, DÖV 2001, 582 (587).

derspruch zum höherrangigen Recht gestützt werden[394]. Das Rechtswidrigkeitsurteil über einen Rechtsakt wird nämlich anhand zweier unterschiedlicher Anknüpfungspunkte gebildet. So ist ein Rechtsakt rechtswidrig, wenn die Behörde bei seinem Erlaß gegen Verhaltenspflichten verstoßen hat. Diese können sich sowohl auf die verfahrens- als auch auf die materiellrechtlichen Anforderungen des Rechtsakts beziehen. Darüber hinaus ist ein Rechtsakt auch dann rechtswidrig, wenn er inhaltlich im Widerspruch zum höherrangigen Recht steht. Dieser Widerspruch muß nicht schon im Zeitpunkt des Erlasses vorliegen, er kann ebenso erst nachträglich eingetreten sein. Dann liegt ein Fall des Rechtswidrigwerdens vor.

Steht ein Rechtsakt wie der Verwaltungsakt im Zeitpunkt seines Erlasses hinsichtlich seines Inhalts mit höherrangigem Recht nicht in Einklang, dann erweist er sich – in den beiden Kategorien für die Begründung der Rechtswidrigkeit gedacht – in zweierlei Hinsicht als rechtswidrig. Es liegt ein Verhaltensrechtsverstoß im Zeitpunkt des Erlasses vor und es besteht ein inhaltlicher Widerspruch zum höherrangigen Recht. Wenn infolge einer Veränderung der Rechts- oder Sachlage dieser Widerspruch zum höherrangigen Recht entfallen ist, weil der Verwaltungsakt jetzt mit dem Recht in Einklang steht, so ist damit nicht zugleich der Verhaltenspflichtverstoß beim Erlaß entfallen oder unbeachtlich geworden. Er allein begründet, wie auch im Fall eines von vornherein nur auf formelle Fehler begrenzten Rechtsverstoßes, die Rechtswidrigkeit des Verwaltungsakts. Insofern bildet das Rechtmäßigwerden (auch bei Dauerverwaltungsakten) gerade keine „spiegelbildliche Konstellation“[395] zum Rechtswidrigwerden[396].

Aus der Ablehnung der Möglichkeit des Rechtmäßigwerdens eines rechtswidrigen Verwaltungsakts infolge einer Veränderung der Rechts- oder Sachlage folgt die Ablehnung der Heilung, sofern diese nicht ausdrücklich gesetzlich angeordnet – und damit fingiert – wird und der Veränderung keine Rückwirkung zukommt. Im letzteren Fall der rückwirkenden Veränderung wird der Verwaltungsakt als von Anfang an rechtmäßig fingiert, was vor allem bei rückwirkenden Änderungen von Rechtsnormen in Betracht kommt[397].

---

[394] Vgl. *Baumeister*, Das Rechtswidrigwerden von Normen, S. 177ff.; *ders.*, Jura 2005, 655 (660).

[395] S. aber *Scherzberg*, BayVBl. 1992, 426 (428).

[396] S. *Baumeister*, Das Rechtswidrigwerden von Normen, S. 175ff.; i. E. auch *Mager*, Der maßgebliche Zeitpunkt, S. 76f.; *W.-R. Schenke*, Verwaltungsprozeßrecht, Rdnr. 804.

[397] Wie der Fall des BVerwG, Urt. v. 16. 11. 1989 – 2 C 43.87, BVerwGE 84, 111, zeigt, kommt eine entsprechende Wirkung auch durch Rückwirkungen von Verwaltungsakten in Betracht; s. zu diesem Fall eines rückwirkend rechtswidrigen Verwaltungsakts *W.-R. Schenke/Baumeister*, JuS 1991, 547 (553).

3. Die Existenz absoluter Verfahrensrechte als Widerlegung des dolo-agit-Satzes?

Keinen überzeugenden Einwand gegen die Anwendbarkeit des dolo-agit-Satzes auf den Aufhebungsanspruch stellte weiter die Überlegung dar, bereits die Möglichkeit der Schaffung sogenannter absoluter Verfahrensrechte, deren Verletzung stets zu einem Aufhebungsanspruch für den Rechtsinhaber führen, belege die fehlende Geltung des dolo-agit-Satzes. Zwar kann der Gesetzgeber etwa durch die Schaffung absoluter Verfahrensrechte einen Ausschluß des dolo-agit-Einwands für den konkret geregelten Fall bewirken. Doch zeigt sich darin lediglich die gesetzgeberische Möglichkeit zu einer abweichenden Regelung. In den Fällen von Verwaltungsakten mit Drittwirkung müßte sich ein solcher Ausschluß des dolo-agit-Einwands zudem vor dem Grundsatz von Treu und Glauben, der Verfassungsrang besitzt, rechtfertigen lassen. Partielle Ausnahmevorschriften oder selbst die Möglichkeit zu einer weitreichenden gesetzlichen Ausgestaltung von Treu und Glauben ändern nichts an seiner Geltung und Anwendbarkeit, solange der Gesetzgeber nicht tätig wird.

4. Ausschluß der Berücksichtigung im Rahmen der Anfechtungsklage?

Als ein in der Literatur vertretenes Argument gegen die Anwendbarkeit des dolo-agit-Satzes im Staat-Bürger-Verhältnis findet sich die These, der Einwand des „dolo-agit", also der Einwand der unzulässigen Rechtsausübung, könne trotz seiner nicht bestrittenen grundsätzlichen Geltung dem Anspruch auf Aufhebung eines Verwaltungsakts nicht entgegengehalten werden, da der Gegenstand der Anfechtungsklage eine bestimmte Verwaltungsmaßnahme sei und nicht die Frage, ob die Behörde einen anderen Verwaltungsakt erlassen könnte, müßte und alsbald würde[398]. Zugleich wird dort der dolo-agit-Einwand in Verbindung mit dem Folgenbeseitigungsanspruch zumindest für erwägbar gehalten.

Diese Ansicht vermag nicht zu überzeugen. Wird erst einmal akzeptiert, daß es sich beim Einwand unzulässiger Rechtsausübung um geltendes Recht auch in öffentlichrechtlichen Rechtsbeziehungen handelt, erweisen sich die Argumente gegen die prinzipielle Anwendbarkeit auf den Aufhebungsanspruch als nicht stichhaltig. Schon die Anerkennung der Möglichkeit der Anwendbarkeit des dolo-agit-Einwands gegenüber einem Folgenbeseitigungsanspruch belegt die Widersprüchlichkeit der Argumentation. Falls es sich bei dem Hinweis auf den Gegenstand der Anfechtungsklage um die Andeutung der These handeln sollte, dem dolo-agit-Einwand stünde das prozeßrechtliche Argument entgegen, der Einwand wäre gar nicht Streitgegenstand, so kann das erst recht nicht überzeugen. Ist der Streitgegenstand der Anfechtungsklage der Aufhebungsanspruch, so ist (vorfrageweise)

---

[398] So *Gerhardt*, in: Schoch/Schmidt-Aßmann/Pietzner, VwGO, § 113 Rdnr. 25.

selbstverständlich auch über rechtshindernde oder rechtsvernichtende Einwendungen, also auch über den dolo-agit-Einwand zu befinden. Alle Umstände, die den Bestand oder die Durchsetzung des Aufhebungsanspruchs betreffen, sind als (negative) Tatbestandsvoraussetzungen Teil des Streits im Rahmen der Anfechtungsklage. Die Gegenansicht ist aber auch schon deshalb nicht recht verständlich, weil prozessuale Regelungen nicht die materiellrechtliche Rechtslage, sondern nur die Form der Durchsetzung des materiellen Rechts beeinflussen können.

5. *Bedenken aufgrund der Verkürzung der Verfahrensrechte*

Grundlegende Einwände gegen die Anwendbarkeit des dolo-agit-Satzes könnten sich aber aus anderen Erwägungen heraus ergeben. Wenn bei Anwendbarkeit des dolo-agit-Einwands der Aufhebungsanspruch beziehungsweise seine Durchsetzung ausgeschlossen sein soll, weil die Verwaltung aufgrund einer nach Erlaß des rechtswidrigen und rechtsverletzenden Verwaltungsakts eingetretenen Rechts- oder Sachlageänderung gezwungen wäre, einen inhaltsgleichen Verwaltungsakt erneut zu erlassen, so wird für diese Feststellung der Pflicht zum Neuerlaß des Verwaltungsakts das für einen solchen Neuerlaß notwendig erforderliche Verfahren ausgeblendet. Wird der rechtsverletzende Verwaltungsakt aufgehoben, so könnte ein inhaltsgleicher Verwaltungsakt nur nach Absolvierung eines erneuten Verwaltungsverfahrens erlassen werden, in dem der betroffene Bürger Verfahrensrechte wie etwa das Anhörungsrecht besäße. Der Bürger wäre von seiten der Verwaltung im Rahmen der Anhörung auf die veränderte Lage hinzuweisen. Dazu könnte sich der Bürger nicht nur äußern, sondern auf unterschiedliche Weise reagieren. Diesen Reaktionen käme möglicherweise wiederum Einfluß auf die für den Verwaltungsakterlaß maßgebliche Sach- und Rechtslage zu. Die Berücksichtigung des Einwands unzulässiger Rechtsausübung unterstellt dagegen, im Zeitpunkt der Geltendmachung des Aufhebungsanspruchs oder zumindest der Entscheidung über den Aufhebungsanspruch stünde bereits fest, daß ein inhaltsgleicher Verwaltungsakt sofort wieder zu erlassen wäre. Eine solche Verpflichtung ist aber erst das Ergebnis eines Verwaltungsverfahrens, das vor Abschluß des Verfahrens gerade noch nicht besteht[399]. Wenn im Verwaltungsrecht allgemein von einer behördlichen Verpflichtung zum Erlaß eines Verwaltungsakts gesprochen wird, so stellt das im Grunde eine sprachliche Verkürzung dergestalt dar, daß sich die Verpflichtung erst nach Durchführung und als Ergebnis eines Verfahrens ergibt. Gerade der durch das Verwaltungsverfahren bewirkte Schutz des Betroffenen, der ihm sogar die Möglichkeit gibt, selbst gestaltend auf die maßgebliche Sachlage einzuwirken, scheint bei einer Berücksichtigung des dolo-agit-Einwands von seiten der Behörde verlorenzugehen.

---

[399] In diese Richtung auch *Scherzberg*, BayVBl. 1992, 426 (431).

Bevor die Berücksichtigungsfähigkeit des Einwands aber generell abgelehnt wird, ist zu fragen, ob diesen berechtigten Interessen des Betroffenen nicht doch auch anderweitig Rechnung getragen werden kann. Zum einen kommt in Betracht, in dem gerichtlichen Verfahren einen Ersatz für das Verwaltungsverfahren zu erblicken. Schließlich stellt es ein in unserem Verwaltungsprozeß erkennbares Strukturprinzip dar, daß sich die gerichtliche Aufgabe nicht allein auf die Kontrolle der Verwaltungstätigkeit beschränkt, sondern darüber hinausgeht. So erschöpft sich zum Beispiel im Verfahren einer Verpflichtungsklage die gerichtliche Aufgabe nicht in der Überprüfung der ablehnenden Verwaltungsentscheidung. Vielmehr hat das Gericht selbst zu ermitteln, ob ein Anspruch auf den begehrten Verwaltungsakt besteht. Dazu muß es notfalls, soweit dies von der Verwaltungsbehörde bisher nicht geleistet wurde, eine Reihe eigener Ermittlungen anstellen und auf diese Weise selbst das Verwaltungsverfahren „fortsetzen". Diese allgemein vertretene Auffassung setzt voraus, daß das gerichtliche Verfahren grundsätzlich als ein gleichwertiger Ersatz des Verwaltungsverfahrens begriffen wird. Lediglich im Anwendungsbereich des § 113 Abs. 3 VwGO[400] kann das Gericht die weitere Sachaufklärung der Verwaltung überlassen. Auch diese Entscheidung steht aber im Ermessen des Gerichts, so daß das Gesetz offenbar von keinem qualitativen Unterschied zwischen dem gerichtlichen und dem verwaltungsbehördlichen Verfahren ausgeht. Daraus könnte weiter abzuleiten sein, daß der Hinweis auf die Verkürzung der verfahrensrechtlichen Rechte des Betroffenen nicht verfängt, weil diese Verkürzung durch die Rechte vor Gericht kompensiert werde.

Gleichwohl unterscheidet sich die gerichtliche Prüfung der Rechtslage erheblich von der Durchführung eines Verwaltungsverfahrens. Das Verfahren gestaltet das Recht, während das Gericht nur eine Prüfung der aktuellen Sach- und Rechtslage vornehmen kann. Das mag für den Regelfall ausreichen, bei der Berücksichtigung des dolo-agit-Einwands sind damit aber durchaus beachtliche Bedenken verbunden. Zwar können die Verfahrensrechte des Betroffenen in gewissem Maße auch vor dem Verwaltungsgericht Berücksichtigung finden. Da die Prüfung der Verpflichtung der Behörde zu einem Neuerlaß des Verwaltungsakts im Verwaltungsprozeß stets nur hypothetisch erfolgt, besteht die Gefahr, daß solche zukünftigen Veränderungen der Sachlage keine Beachtung finden, die bei Durchführung des Verwaltungsverfahrens möglicherweise eingetreten wären. Insbesondere wenn der Betroffene durch sein Verhalten in der Lage ist, die Pflicht der Behörde zum Neuerlaß des Verwaltungsakts zu beeinflussen beziehungsweise auszuschließen, darf diese Möglichkeit nicht unberücksichtigt bleiben.

Diesen Bedenken gegen die Anwendbarkeit des dolo-agit-Satzes läßt sich aber dadurch Rechnung tragen, daß der hypothetische Kausalverlauf in vergleichbarer Weise beachtet wird wie im Fall der Prüfung des Beruhens. Die Berücksichtigung

[400] Hier ist str., ob diese Regelung analog auch auf die Verpflichtungsklage anwendbar ist, vgl. etwa ablehnend *Kopp/Schenke*, VwGO, § 113 Rdnr. 166.

des dolo-agit-Einwands im Prozeß durch das Gericht setzt deshalb stets voraus, daß im konkreten Einzelfall keine Möglichkeit eines anderen Ausgangs des Verwaltungsverfahrens besteht. Wenn der Betroffene etwa darlegt, wie er auf die Sach- und damit auch Rechtslage durch sein Verhalten noch Einfluß genommen hätte, so kann auch bei grundsätzlicher Gleichwertigkeit des Gerichtsverfahrens mit dem Verwaltungsverfahren die Forderung der Aufhebung des Verwaltungsakts nicht als rechtsmißbräuchlich betrachtet werden.

Dies soll am Beispiel der Gewerbeuntersagung gemäß § 35 Abs. 1 S. 1 GewO verdeutlicht werden, bei der die Untersagung wegen Unzuverlässigkeit des Gewerbetreibenden auf den Verdacht betrügerischer Handlungen gegenüber einigen Kunden des Betriebs gestützt wird, der Verdacht aber im gerichtlichen Anfechtungsverfahren widerlegt wird. Erhält das Gericht in diesem Fall etwa von der durch den Gewerbetreibenden letztlich auch bestätigten Tatsache Kenntnis, daß er nach der Gewerbeuntersagung seinen steuerrechtlichen Pflichten nicht mehr nachgekommen ist und auch die Sozialversicherungsbeiträge für seine Angestellten nur noch gelegentlich abgeführt hat, so fragt sich, ob hier die Untersagungsverfügung aufrechtzuerhalten oder aufzuheben ist. Entsprechend den vorausgehenden Überlegungen führt eine solche Konstellation selbst bei prinzipiell möglicher Berücksichtigung des dolo-agit-Einwands nicht notwendigerweise zur Aufrechterhaltung des Verwaltungsakts, obwohl diese neuen Tatsachen die Unzuverlässigkeit des Gewerbetreibenden begründen. Die Frage der Aufhebung hängt vielmehr davon ab, ob der Gewerbetreibende Anhaltspunkte dafür vortragen kann, daß es bei einem in der Zukunft ordnungsgemäß durchzuführenden Verwaltungsverfahren möglicherweise nicht zu einer Gewerbeuntersagung kommen würde. So könnte er im Prozeß zum Beispiel erklären, für den Fall eines neuen Untersagungsverfahrens vor dem Hintergrund der neuen Vorwürfe würde er, da ihm die ordnungsgemäße Ausübung des Betriebs gerade im Hinblick auf die steuer- und sozialversicherungsrechtlichen Fragen selbst nicht gelinge, die Rückstände tilgen und einen Geschäftsführer anstellen, der sich um diese Fragen kümmere. In diesem Fall wäre eine neue Sachlage geschaffen, die eine Gewerbeuntersagung nach § 35 Abs. 1 S. 1 GewO nicht mehr rechtfertigte. Ähnliches gilt etwa für den Hinweis, er würde in diesem Fall seinen Betrieb aufgeben. Zwar kann die Verwaltungsbehörde hier das Untersagungsverfahren nach § 35 Abs. 1 S. 3 GewO fortsetzen. Dieses Verfahrensermessen kann aber weder das Gericht anstelle der Behörde noch die Behörde in hypothetischer Form im Anfechtungsprozeß gegen die ursprüngliche Untersagungsverfügung ausüben.

Wie im Rahmen der Beruhensprüfung bei von Anfang an möglichem Erlaß des Verwaltungsakts so muß auch im Fall des dolo-agit-Einwands diesen hypothetischen Kausalverläufen Beachtung geschenkt werden. Solange im konkreten Fall Anhaltspunkte für einen möglichen anderen Ausgang des Verfahrens gegeben sind, scheidet der Ausschluß des Aufhebungsanspruchs unter Berufung auf den dolo-agit-Einwand aus.

Gegen eine solche Lösung kann auch nicht eingewendet werden, sie würde dem Betroffenen die Möglichkeit einräumen, mit diversen Behauptungen hinsichtlich seines zukünftigen Verhaltens den dolo-agit-Einwand praktisch auszuschließen. Dieses Problem stellt sich auch bei der oben für andere Fälle gesetzlich angeordneten oder darüber hinaus befürworteten Beruhensprüfung, ohne daß auch vom Bundesverwaltungsgericht eine andere Auffassung vertreten würde. Solange die Möglichkeit nicht ausgeschlossen werden kann, daß es im Fall einer Aufhebung des Verwaltungsakts nicht zu einem Neuerlaß kommt, weil die Behörde nicht dazu verpflichtet oder sogar nicht dazu berechtigt wäre, ist die Anwendung des dolo-agit-Satzes nicht zu rechtfertigen. Ob die Behauptungen des Betroffenen hinsichtlich seines zukünftigen Verhaltens nur vorgeschoben sind, läßt sich sicherlich mitunter nicht eindeutig bestimmen. Hier ist zugunsten des Betroffenen zu entscheiden. Der dolo-agit-Satz soll eben nur einen eindeutig unsinnigen Umweg vermeiden, nicht aber die Rechte des Betroffenen einschränken.

III. Mögliche Anwendungsfälle

Haben die vorausgehenden Überlegungen gezeigt, daß der dolo-agit-Satz in einem begrenzten Bereich unter einschränkenden Voraussetzungen als Rechtsgrund für den Ausschluß des Aufhebungsanspruchs Anwendung finden kann, sollen abschließend noch zwei in der Literatur erwähnte mögliche Beispielsfälle für den dolo-agit-Satz erörtert werden. Mit dieser „Auswahl" soll aber nicht etwa die Auffassung verbunden sein, der dolo-agit-Satz sei von vornherein auf diese Fälle begrenzt. Wie gerade auch die Fälle von Zuständigkeitsfehlern zeigen, bei denen weder eine Nichtigkeit nach § 44 VwVfG noch eine Anwendbarkeit des § 46 VwVfG gegeben ist, verbleibt für den dolo-agit-Satz ein weiterer Anwendungsbereich.

Der erste Beispielsfall ist die rechtswidrig erlassene Baugenehmigung, bei der infolge einer Veränderung der Rechts- oder Sachlage, zum Beispiel durch den Erlaß eines Bebauungsplans, nachträglich auch die materielle Baurechtmäßigkeit des Vorhabens eintritt[401]. Hier entfällt nicht etwa, wie die Rechtsprechung fälschlich annimmt[402], nachträglich die Rechtswidrigkeit der Baugenehmigung oder die subjektive Rechtsverletzung[403]. Der Ausschluß eines Aufhebungsanspruchs läßt sich nur durch den dolo-agit-Satz erklären. Für dessen Anwendbarkeit streitet im vorliegenden Fall des Verwaltungsakts mit Drittwirkung nicht nur das öffentliche Interesse an der Verhinderung eines unnötigen Verwaltungsverfahrens und des damit verbundenen Aufwands, sondern vor allem auch das berechtigte Interesse des Begünstigten, wenn dieser einen Anspruch auf die Genehmigung besitzt. Notwendig ist also eine Veränderung der Rechts- oder Sachlage, die keine andere

[401] Vgl. *Kopp/Schenke*, VwGO, § 113 Rdnr. 51.

[402] Vgl. etwa BVerwG, Beschl. v. 23.4. 1998 – 4 B 40.98, NVwZ 1998, 1179; Beschl. v. 22.4. 1996 – 4 B 54.96, NVwZ-RR 1996, 628.

[403] S. dazu vorausgehend II 2.

Entscheidung als die Erteilung der Genehmigung zuläßt. In diesem Fall ist es zudem nur schwer vorstellbar, daß der in seinen Rechten verletzte Nachbar auf den Sachverhalt so einwirken könnte, daß ein Anspruch auf die Baugenehmigung doch noch ausscheidet. Damit ist der Rechtsprechung im Ergebnis, nicht aber in der dogmatischen Herleitung zuzustimmen.

Beim zweiten möglichen Anwendungsfall handelt es sich um den Erschließungsbeitragsbescheid, der zunächst auf der Basis einer unwirksamen Beitragssatzung erlassen wurde und bei dem anschließend die nichtige durch eine rechtswirksame Satzung ohne Rückwirkung ersetzt wird[404]. Angesichts der fehlenden Rückwirkung der Satzung scheidet die Möglichkeit aus, den Beitragsbescheid rückwirkend als von Anfang an rechtmäßig anzusehen. Die Ansicht des Bundesverwaltungsgerichts, das hier von einer „Heilung“ ex nunc ausgeht[405], nach der der Beitragsbescheid ab dem Zeitpunkt des Inkrafttretens der Satzung rechtmäßig geworden sei, kann wie gesehen nicht überzeugen. Vielmehr kommt ein Ausschluß des Aufhebungsanspruchs nur unter Rückgriff auf den dolo-agit-Satz in Betracht.

Die dafür notwendige Pflicht zum erneuten Erlaß des Beitragsbescheids nach Aufhebung des ursprünglichen Bescheids ist aber keineswegs so eindeutig, wie dies auf den ersten Blick scheinen mag. Selbst wenn grundsätzlich eine Pflicht zum Erlaß eines neuen inhaltsgleichen Verwaltungsakts angenommen werden kann, können nicht nur diverse Nebenentscheidungen zur Fälligkeit, Zahlungsweise, Stundung oder Festsetzung von Teilbeträgen im Ermessen der Behörde stehen[406]. Weiter kommt nicht selten zumindest theoretisch sogar ein im Ermessen der Behörde stehender Erlaß oder Teilerlaß der Beitragspflicht in Betracht. Dennoch schließt das bei diesen Entscheidungen bestehende Ermessen die Anwendung des dolo-agit-Satzes bezüglich des Beitragsbescheides nicht aus. Vielmehr kann zwischen der Beitragsfestsetzung und den nachfolgenden Entscheidungen über den Erlaß, die Teilzahlungen, die Fälligkeit etc. getrennt werden, so daß die eigentliche Hauptentscheidung als gebundener Verwaltungsakt dem dolo-agit-Satz unterfällt. Dies gilt nicht nur für die echten Nebenentscheidungen über die Zahlungsweise oder Stundung; auch die Entscheidung über den Erlaß oder Teilerlaß ist in vergleichbarer Weise von der „Hauptentscheidung“ trennbar. Rechtsdogmatisch handelt es sich um zwei getrennte Entscheidungen. Daher werden in der Praxis auch regelmäßig zwei Verwaltungsverfahren durchgeführt. Der Rechtsprechung ist daher nicht in der Begründung, aber im Ergebnis der

---

[404] S. *W.-R. Schenke*, NVwZ 1986, 522 (532); *Kopp/Schenke*, VwGO, §113 Rdnr. 50; a.A. *Driehaus*, Erschließungs- und Ausbaubeiträge, §11 Rdnr. 59; *Gerhardt*, in: Schoch/Schmidt-Aßmann/Pietzner, VwGO, §113 Rdnr. 25; *Löhr*, in: Battis/Krautzberger/Löhr, BauGB, §132 Rdnr. 35; *Scherzberg*, BayVBl. 1992, 426 (431).

[405] S. z.B. BVerwG, Urt. v. 25.11. 1981 – 8 C 14.81, BVerwGE 64, 218 (220ff.); Urt. v. 27. 4.1990 – 8 C 87.88, NVwZ 1991, 360 (361).

[406] Vgl. *Scherzberg*, BayVBl. 1992, 426 (431).

Aufrechterhaltung des Verwaltungsakts zuzustimmen. Keine Anwendung findet der dolo-agit-Satz allerdings etwa bei einem zwischenzeitlichen Eigentümerwechsel[407].

[407] Vgl. OVG Weimar, Beschl. v. 18.3. 2002 – 4 ZEO 669/01, NVwZ-RR 2003, 91 (92).

Dritter Teil

Die Rechtsfolge des öffentlichrechtlichen Beseitigungsanspruchs

§ 7 Die Aufhebung und andere Formen der Fehlerbeseitigung

A. Übersicht

Sind alle im zweiten Teil der Untersuchung behandelten Tatbestandsvoraussetzungen erfüllt und zugleich keine Gründe für einen Ausschluß des Aufhebungsanspruchs gegeben, so besteht der Beseitigungsanspruch, der auf die Beseitigung der Rechtsverletzung gerichtet ist, die regelmäßig durch die Aufhebung des rechtsverletzenden Verwaltungsakts zu erreichen ist. Im Prozeß wird dieser Anspruch grundsätzlich im Rahmen der Anfechtungsklage durchgesetzt. Der Aufhebungsanspruch kann den Verwaltungsakt komplett erfassen oder sich nur auf Teile beziehen, wenn sich der Restverwaltungsakt als rechtmäßig darstellt und der aufgehobene Teil in analoger Anwendung des § 44 Abs. 4 VwVfG nicht so wesentlich ist, daß die Behörde den Verwaltungsakt ohne den aufgehobenen Teil nicht erlassen hätte.

Das Recht kennt jedoch auch Heilungsmöglichkeiten und sonstige Nachbesserungen rechtswidriger Verwaltungsakte. Obwohl sämtliche Tatbestandsvoraussetzungen für einen Beseitigungsanspruch erfüllt sind, scheint das Recht hier eine Reihe von Abweichungen oder Ausnahmen aufzustellen, die den Beseitigungsanspruch scheinbar ausschließen. Beispielhaft sei nur auf die Heilung nach § 45 VwVfG, die Möglichkeit der Umdeutung nach § 47 VwVfG oder die Regelungen für den Planfeststellungsbeschluß und die Plangenehmigung hinsichtlich der Planergänzung oder des ergänzenden Verfahrens verwiesen. Bei einer wirksamen Heilung, Umdeutung oder Ergänzung des Verwaltungsakts scheidet dann typischerweise ein Anspruch auf Aufhebung des Verwaltungsakts aus. Im Prozeß kann die Anfechtungsklage entsprechend keinen Erfolg haben; der Betroffene dringt hier mit seinem Aufhebungsbegehren gegenüber dem Verwaltungsakt nicht (mehr) durch. Aus seiner Sicht verständlich wird etwa die Heilung gemäß § 45 VwVfG als eine Beschränkung oder Beschneidung des subjektiven Rechtsschutzes begriffen, die mit rechtsstaatlichem Argwohn zu betrachten ist und der Grenzen gesetzt werden müssen.

Die Berechtigung einer solchen Sichtweise, die zugleich im Grundsatz den Auffassungen in der Literatur entspricht, läßt sich nicht generell bestreiten. Um jedoch ein abgerundetes Bild der Gesamtthematik zu erhalten und die notwendigen Grenzen zulässiger Heilung oder anderer „Nachbesserungen“ differenzierter beurteilen zu können, sind die „Rechtsschutzbeschränkungen“ aber auch aus anderer Perspektive, nämlich als Möglichkeiten zur Erfüllung des Beseitigungsanspruchs und nicht nur als dessen Beschränkung zu betrachten. Ganz eindeutig erscheint dies etwa für die behördliche Aufhebung des angegriffenen Verwaltungsakts im oder während des Prozesses, die kaum als Beschränkung des Rechtsschutzes angesehen werden dürfte. Sie stellt sich im Gegenteil recht eindeutig als Erfüllung des Anspruchs dar. Gleichzeitig zwingt sie den Kläger, im Prozeß auf die neue Sachlage zu reagieren und etwa den Rechtsstreit für erledigt zu erklären. Verlangt er dagegen weiterhin die gerichtliche Aufhebung des Verwaltungsakts, so wäre die Klage schließlich abzuweisen.

Diese allgemein anerkannten Konsequenzen gelten für die Erfüllung des Anspruchs. Wenn deshalb beispielsweise auch in den Fällen der Heilung oder Umdeutung ein Aufhebungsanspruch verneint wird, wäre zu fragen, ob Heilung oder Umdeutung nicht als Erfüllung des Beseitigungsanspruchs anzusehen sind[1]. Die Aufhebung des fehlerhaften Verwaltungsakts ist nämlich keineswegs die einzige Art, dem Anspruch auf Aufhebung Rechnung zu tragen. Eine solche Sichtweise hat nichts mit einer unkritischen Betrachtung der diversen Fehlerbeseitigungsversuche zu tun. Im Gegenteil werden mögliche Defizite erst dadurch besonders deutlich, daß an das behördliche Verhalten die Forderung der Fehlerbeseitigung gestellt beziehungsweise der Maßstab des Beseitigungsanspruchs angelegt wird.

Bei einer übergreifenden Perspektive wird auch schnell deutlich, wie eng die verschiedenen Fallkonstellationen zusammenhängen und sinnvoll nur im Kontext betrachtet werden können. So weist die Aufhebung eines Verwaltungsakts als Grundtypus der Erfüllung des Beseitigungsanspruchs unmittelbare Verbindungen zu einem Änderungsbescheid oder zu einem Neuerlaß des Verwaltungsakts auf. In diesem Umfeld hat auch die Thematik des Nachschiebens von Gründen ihren Standort. In direkter Verbindung damit stehen schließlich die Heilung durch Nachholung einzelner Verfahrenshandlungen sowie die Fehlerbehebung beim Planfeststellungsbeschluß oder bei der Plangenehmigung durch eine Planergänzung oder ein ergänzendes Verfahren. Die Nähe dieser Fallgruppen wird auch an der verbreiteten Bezeichnung der betreffenden „Planerhaltungsregelungen" als Heilungsvorschriften deutlich[2]. Entsprechendes gilt für die Umdeutung eines rechtswidrigen in einen rechtmäßigen Verwaltungsakt in der durch §47 VwVfG und Parallelregelungen vorgesehenen Weise. Auch sie wird vielfach als Heilung in einem weiteren Sinn begriffen[3].

---

[1] Für den Fall der Heilung wird dies mitunter ähnlich gesehen, wenn auch nicht konkret im Hinblick auf den Beseitigungsanspruch, vgl. *Bumke*, Relative Rechtswidrigkeit, S. 205 („Wird ein Fehler geheilt, ist dem Gebot der Rechtmäßigkeitsrestitution Genüge getan."); in ähnlicher Richtung auch *Martin*, Heilung von Verfahrensfehlern im Verwaltungsverfahren, S. 253ff.

[2] Vgl. *Gromitsaris*, SächsVBl. 1997, 101 (105ff.); *Dürr*, in: Knack, VwVfG, §75 Rdnr. 25ff.

[3] *Schnapp/Cordewener*, JuS 1999, 147 (149 Fußn. 39).

B. Die Heilung von Verfahrensfehlern gemäß § 45 VwVfG

I. Die Funktion des § 45 VwVfG

§ 45 Abs. 1 VwVfG[4] erklärt wie seine Parallelvorschriften § 41 Abs. 1 SGB X und § 126 Abs. 1 AO nach seinem Wortlaut Verfahrensfehler im vorausgegangenen, mit einem Verwaltungsakt abgeschlossenen Verwaltungsverfahren für unbeachtlich, wenn eine der näher bezeichneten Verfahrenshandlungen nachgeholt wird. Auch wenn allgemein von der Unbeachtlichkeit einer „Verletzung von Verfahrens- und Formvorschriften" die Rede ist, läßt sich aus dem Zusammenhang mit dem Erfordernis der Nachholung bestimmter Verfahrenshandlungen wie etwa der Anhörung (§ 45 Abs. 1 Nr. 3 VwVfG) oder der Mitwirkung einer anderen Behörde (§ 45 Abs. 1 Nr. 5 VwVfG) schließen, daß es nur um die Unbeachtlichkeit eben gerade solcher Fehler gehen soll, die bei der Anhörung eines Beteiligten oder der Mitwirkung einer anderen Behörde aufgetreten sind. Diese Rechtsverletzungen sind unbeachtlich, wenn die konkret fehlerhafte oder fehlende Verfahrenshandlung nachgeholt wird. Nur wenn der konkrete Fehler „beseitigt" wird, soll der Verstoß unbeachtlich sein.

Bei der Suche nach dem Sinn dieser Bestimmung wird man in der Literatur erstaunlicherweise kaum fündig. Regelmäßig wird in § 45 VwVfG lediglich eine Regelung über nachträgliche Heilungsmöglichkeiten für konkret bestimmte Verfahrens- und Formfehler gesehen[5], die dazu führt, daß der Verwaltungsakt in einem gerichtlichen Verfahren aus Gründen der Verfahrensökonomie nicht gemäß § 113 Abs. 1 S. 1 VwGO aufgehoben werden kann[6]. Inwiefern die Regelung damit der Verfahrensökonomie dient, kann jedoch erst der Vergleich mit der potentiellen Rechtslage ohne eine § 45 VwVfG entsprechende Vorschrift zeigen. Obwohl sie zum Verständnis der Regelung unerläßlich sind, finden sich solche Vergleiche in der Literatur offenbar nicht. Das hängt sicher auch mit den Schwierigkeiten zusammen, die sich daraus ergeben, daß § 45 VwVfG nichts darüber aussagt, wie das Verfahren ablaufen und beendet werden soll, in dem die Nachholung der fehlenden oder fehlerhaften Verfahrenshandlung vorgenommen wird. Insbesondere ist nicht klar, ob sich an die rein tatsächliche Nachholung eine Entscheidung oder zumindest eine Mitteilung über die Nachholung an die Beteiligten anschließt.

Betrachtet man beispielsweise den meistdiskutierten und umstrittensten Fall des § 45 Abs. 1 VwVfG, die Nachholung der Anhörung eines Beteiligten (Nr. 3), so bleibt nach den gesetzlichen Regelungen offen, ob die Behörde, wenn sie dem Beteiligten die Möglichkeit der Äußerung eröffnet hat, noch in einer bestimmten

---

[4] Näher untersucht werden soll allein diese Grundregelung einer Heilung, nicht dagegen auch Sonderregelungen wie etwa § 11 Abs. 1 S. 2 BBG und § 8 Abs. 1 S. 2 BRRG.

[5] S. nur *Sachs*, in: Stelkens/Bonk/Sachs, VwVfG, § 45 Rdnr. 1; *Kopp/Ramsauer*, VwVfG, § 45 Rdnr. 1.

[6] S. *Schäfer*, in: Obermayer, VwVfG, § 45 Rdnr. 3.

Weise weiter zu handeln hat. Näheren Aufschluß kann darüber aber der Vergleich mit der Rechtslage geben, in der keine dem §45 Abs. 1 Nr. 3 VwVfG entsprechende Regelung besteht. Erkennt hier die Behörde den Rechtsfehler, bleibt ihr zur Fehlerbeseitigung die Möglichkeit des Neuerlasses des Verwaltungsakts, nachdem sie zuvor die Anhörung nachgeholt und das von dem Fehler beeinflußte Verfahren wiederholt hat. Dieses Vorgehen ist nach der geltenden Rechtslage als ein Wiederaufgreifen des Verfahrens außerhalb des §51 VwVfG, also ein Wiederaufgreifen im weiteren Sinne[7] anzusehen. Das Verwaltungsverfahren wird hier mit der ordnungsgemäßen Durchführung des zunächst fehlerhaften Verfahrensteils fortgesetzt, in unserem Fall also mit der Anhörung. Welche weiteren Maßnahmen dann zu ergreifen sind, hängt vom Ergebnis der Anhörung und möglicher zwischenzeitlicher Veränderungen der Rechts- oder Sachlage ab. Wenn sich weder durch die Anhörung neue Erkenntnisse oder Gesichtspunkte ergeben haben noch infolge des zwischenzeitlichen Zeitablaufs eine neue Lage entstanden ist, kann sich die Behörde folglich auf den Neuerlaß des Verwaltungsakts mit unverändertem Inhalt beschränken. Sind dagegen Veränderungen oder neue Erkenntnisse irgendwelcher Art vorhanden, kann dies sowohl Auswirkungen auf das weitere Verfahren als auch auf die neu zu treffende Entscheidung haben. Möglicherweise sind eine Vielzahl von Verfahrensschritten zu wiederholen oder weitere Sachverhaltsermittlungen anzustellen. Unter Berücksichtigung dieser Veränderungen ist dann die neue Entscheidung zu treffen, die neu unter Beachtung des §39 VwVfG zu begründen ist. Dieser Neuerlaß eines Verwaltungsakts wird häufig auch als Zweitbescheid bezeichnet[8]. Ein solcher Neuerlaß, der auch bei völlig identischem Inhalt von dem Erstbescheid zu trennen ist, entfällt im Fall der Heilung nach §45 Abs. 1 VwVfG. Hier wird gerade kein neuer Verwaltungsakt erlassen beziehungsweise der Verwaltungsakt nach der Nachholung der Verfahrenshandlung durch die Regelung des §45 VwVfG für identisch mit dem ursprünglichen verfahrensfehlerhaften Verwaltungsakt erklärt.

Die zumindest mittelbar durch §45 VwVfG bewirkte Identität des Verwaltungsakts nach der Nachholung der Verfahrenshandlung mit dem verfahrensfehlerhaften Verwaltungsakt hat vor allem prozessuale Konsequenzen. Wenn die Nachholung während des Prozesses und vor dem Abschluß der Tatsacheninstanz

---

[7] Zum Begriff s. z.B. *Kopp/Ramsauer*, VwVfG, §51 Rdnr. 8; *Sachs*, in: Stelkens/Bonk/Sachs, VwVfG, §51 Rdnr. 13ff.; *Baumeister*, VerwArch. 83 (1992), 374 (375ff.).

[8] In Abgrenzung zur sogenannten wiederholenden Verfügung s. *Kopp/Ramsauer*, VwVfG, §35 Rdnr. 55; *Erichsen*, in: Erichsen/Ehlers (Hrsg.), Allgemeines Verwaltungsrecht, §12 Rdnr. 31; *Henneke*, in: Knack, VwVfG, §35 Rdnr. 70; *W.-R. Schenke*, Verwaltungsprozeßrecht, Rdnr. 199; *Wolff/Bachof/Stober*, Verwaltungsrecht, Bd. 2, §45 Rdnr. 49; als Ergebnis des Wiederaufgreifens gemäß §51 VwVfG *Ule/Laubinger*, Verwaltungsverfahrensrecht, §65 Rdnr. 7; *Erichsen*, in: Erichsen/Ehlers (Hrsg.), Allgemeines Verwaltungsrecht, §20 Rdnr. 8. Zu einem Fall eines Zweitbescheides, dem nach heutiger Rechtslage ein Wiederaufgreifen i.S.d. §51 VwVfG vorausgegangen ist, s. BVerwG, Urt. v. 10. 10. 1961 – VI C 123.59, BVerwGE 13, 99ff.

(entsprechend der zeitlichen Grenze des § 45 Abs. 2 VwVfG[9]) erfolgt, ändert sich damit nicht der Klagegegenstand, so daß auch keine Klageänderung gemäß § 91 VwGO vorliegt[10]. Das ist anders, wenn im Rahmen einer Anfechtungsklage der angefochtene Verwaltungsakt (Erstbescheid) durch einen Zweitbescheid ersetzt wird. Soll der neue Verwaltungsakt hier Gegenstand der Klage werden, muß zugleich auch eine Klageänderung erfolgen[11]. Damit ist es in diesem Fall – anders als nach einer Heilung gemäß § 45 VwVfG – vom Willen des Klägers abhängig, ob der neue Verwaltungsakt sogleich einer gerichtlichen Kontrolle zugeführt wird. § 45 VwVfG dient damit zugleich der Prozeßökonomie, ohne bereits als prozeßrechtliche Regelung zu erscheinen[12]. Auf die unterschiedlichen materiellrechtlichen Auswirkungen im Vergleich zum Neuerlaß wird noch näher einzugehen sein[13].

II. Aktuelle verfassungsrechtliche Bedenken und ihre Beurteilung

1. § 45 VwVfG und seine Parallelnormen

§ 45 Abs. 1 VwVfG, der die fünf Arten von Verfahrensfehlern benennt, in denen eine Heilung durch Nachholung möglich ist, gilt bis heute in seiner ursprünglichen Fassung. Demgegenüber wurde § 45 Abs. 2 VwVfG, der eine zeitliche Schranke für die Heilung aufstellt, mittlerweile zum zweiten Mal geändert. In seiner ursprünglichen Fassung lautete er:

> „Handlungen des Absatzes 1 Nr. 2 bis 5 dürfen nur bis zum Abschluß eines Vorverfahrens oder, falls ein Vorverfahren nicht stattfindet, bis zur Erhebung der verwaltungsgerichtlichen Klage nachgeholt werden.“[14]

Durch das Genehmigungsverfahrensbeschleunigungsgesetz vom 12. 9. 1996 hat § 45 Abs. 2 VwVfG dann folgende Fassung erhalten:

> „Handlungen nach Absatz 1 können bis zum Abschluß eines verwaltungsgerichtlichen Verfahrens nachgeholt werden.“[15]

Die heute gültige Fassung ergibt sich aus der Änderung durch das „Dritte Gesetz zur Änderung verwaltungsverfahrensrechtlicher Vorschriften“ vom 21. 8. 2002:

> „Handlungen nach Absatz 1 können bis zum Abschluß der letzten Tatsacheninstanz eines verwaltungsgerichtlichen Verfahrens nachgeholt werden.“[16]

---

[9] I. d. F. des Gesetzes v. 21. 8. 2002, BGBl. I S. 3322.
[10] Vgl. *Kopp/Schenke*, VwGO, § 91 Rdnr. 4.
[11] Vgl. z. B. *Ortloff*, in: Schoch/Schmidt-Aßmann/Pietzner, VwGO, § 91 Rdnr. 23.
[12] Im Hinblick auf die LVwVfGe wäre das schon aus kompetenzrechtlichen Gründen gar nicht möglich.
[13] S. unten IV 1 c (S. 362 ff.) und C II (S. 383 ff.).
[14] Gesetz v. 25. 5. 1976, BGBl. I S. 1253.
[15] BGBl. I S. 1354.
[16] BGBl. I S. 3322.

Die Parallelvorschrift des § 41 SGB X enthält im Unterschied zu § 45 VwVfG in Absatz 1 als Nr. 6 die Möglichkeit zur Nachholung der erforderlichen Hinzuziehung eines Beteiligten. Absatz 2 wurde schon mit dem 4. Euro-Einführungsgesetz vom 21. 12. 2000[17] in eine Fassung gebracht, die der des heute gültigen § 45 Abs. 2 VwVfG weitgehend entspricht. § 126 AO entspricht nach der Änderung von Absatz 2 ebenfalls inhaltlich der neuesten Fassung des § 45 VwVfG.

Die landesrechtlichen Parallelregelungen entsprechen mittlerweile nahezu alle zumindest dem VwVfG auf dem Stand des Genehmigungsverfahrensbeschleunigungsgesetzes vom 12. 9. 1996. Abweichende Regelungen existieren in Nordrhein-Westfalen und Schleswig-Holstein. In Nordrhein-Westfalen ist die Nachholung in den Fällen von Absatz 1 Nr. 2 bis 5 auf den „Abschluß der ersten Instanz eines verwaltungsgerichtlichen Verfahrens" begrenzt[18]. In Schleswig-Holstein gilt mit § 114 Abs. 2 LVwG derzeit folgende interessante, von § 45 Abs. 2 VwVfG abweichende Regelung:

> „Handlungen nach Absatz 1 können bis zum Abschluß eines verwaltungsgerichtlichen Verfahrens nachgeholt werden. Handlungen, deren Nichtvornahme bis zum Abschluß des Widerspruchsverfahrens von einer oder einem Beteiligten geltend gemacht wurden, können im verwaltungsgerichtlichen Verfahren nicht nachgeholt werden."[19]

2. *Die fehlende Tragfähigkeit der verfassungsrechtlichen Bedenken*

Gegen das Genehmigungsverfahrensbeschleunigungsgesetz vom 12. 9. 1996 sowie das 6. VwGO-Änderungsgesetz vom 1. 11. 1996 wurden eine Vielzahl von verfassungsrechtlichen Einwänden erhoben[20]. Zwei besonders bedenkliche Regelungen aus dem 6. VwGOÄndG (§§ 87 Abs. 1 S. 2 Nr. 7, 94 S. 2 VwGO) sind mittlerweile durch das „Gesetz zur Bereinigung des Rechtsmittelrechts im Verwaltungsprozeß (RmBereinVpG)" vom 20. 12. 2001[21] wieder aufgehoben worden. Da im vorliegenden Zusammenhang aber allein die Heilungsvorschrift des § 45 VwVfG Gegenstand der Untersuchung sein soll, sind auch nur die sich speziell auf diese Norm beziehenden Stellungnahmen zu berücksichtigen. Vor der näheren Analyse einzelner verfassungsrechtlicher Bedenken soll noch angemerkt werden, daß in einem nahezu überbordenden Schrifttum zahlreiche nicht näher spezifizierte Bedenken gegen die Heilungs- und Unbeachtlichkeitsvorschriften vorgebracht wurden, die mehr rechtspolitischen als rechtsdogmatischen Inhalt

---

[17] BGBl. I S. 1983; ausführlich und krit. dazu *Köhler*, SdL 2002, 311 ff.

[18] Vgl. NWVwVfG i.d.F. der Bekanntmachung vom 12. 11. 1999, GV NW S. 602.

[19] GVOBl. Schleswig-Holstein 2001, S. 81; s. dazu Bericht und Beschlußempfehlung des Innen- und Rechtsausschusses, Schl.-H. LT-Drs. 15/948, sowie Plenarprot. 33. Sitzung v. 31. 5. 2001, S. 2534 ff.

[20] Vgl. nur *Meissner*, VBlBW 1997, 81; *Millgramm*, SächsVBl. 1997, 107; *Redeker*, NVwZ 1996, 521; *ders.*, NVwZ 1997, 625; *W.-R. Schenke*, NJW 1997, 81 ff.

[21] BGBl. I S. 3987.

besitzen[22]. Vielleicht stellt dieses Schrifttum das notwendige Gegengewicht zur in den neunziger Jahren geradezu beschleunigungseuphorischen Gesetzgebungstätigkeit dar. Die nachfolgende Untersuchung wird versuchen, ohne Rückgriff auf rechtspolitische Wertungen allein mit rechtsdogmatischen Argumenten auf die Vorwürfe der Verfassungswidrigkeit einzugehen.

Zahlreiche Bedenken gegen den Ausschluß der Aufhebung eines rechtswidrig erlassenen Verwaltungsakts durch die Heilungsvorschrift des §45 VwVfG resultieren aus Befürchtungen, die Verwaltung werde angesichts der fehlenden Drohung der gerichtlichen Aufhebung des Verwaltungsakts insgesamt einen nachlässigeren Umgang mit den Verfahrensregelungen pflegen[23]. Die Fehlersanktionierung durch Aufhebung des rechtswidrigen Verwaltungsakts habe eine notwendige edukatorische Wirkung, die sich durch die zeitliche Erweiterung der Heilungsmöglichkeiten nun ins Gegenteil verkehre.

Auf diese Überlegungen ist in Verbindung mit den verfassungsrechtlichen Bedenken gegenüber §46 VwVfG bereits unter dem Gesichtspunkt eines möglichen Verstoßes gegen das Erfordernis einer effektiven Rechtsbindung der Verwaltung eingegangen worden[24]. Die Überlegungen gelten entsprechend für §45 VwVfG. Daß die in zeitlicher Hinsicht erweiterten Heilungsmöglichkeiten rein tatsächlich zu einem auffälligen Anstieg von Verwaltungsakten ohne Begründung oder ohne die erforderliche Anhörung Beteiligter geführt hat, ist nicht nachweisbar. Zudem bleibt der Verstoß trotz der Heilung keineswegs ohne Sanktion, wie die nachfolgende Untersuchung zu den Rechtsfolgen des geheilten Verfahrensfehlers noch zeigen wird. Hinzu kommt der Nachteil der Kostenlast für den beklagten Hoheitsträger im Fall der Erledigungserklärung durch den Kläger, wenn die Behörde eine Heilung noch während des Prozesses durchführt. Das mag aus mancher Perspektive als zu vernachlässigende Nebenfolge erscheinen, erweist sich jedoch bei Kenntnis der Praxis in den meisten Fällen als so beachtlicher Nachteil für die Behörde, daß die von den Kritikern geforderte Aufhebung des Verwaltungsakts kein wesentliches „Mehr“ an Niederlage darstellte. Bis heute liegen wohl auch keine Erkenntnisse darüber vor, daß die Heilungsvorschriften und insbesondere die zeitliche Ausdehnung der Heilung in praxi zu einem laxeren Umgang mit Verfahrensvorschriften geführt hätten.

Vielfach anzutreffen sind auch verfassungsrechtliche Bedenken, die sich aus der grundrechtlichen und rechtsstaatlichen Bedeutung der betreffenden Verfahrens-

[22] Ein Mangel rechtsdogmatischer Argumente zeigt sich zuletzt etwa bei *Martin*, Heilung von Verfahrensfehlern im Verwaltungsverfahren, der seine verfassungsrechtlichen Bedenken gar nicht exakt benennt, gleichwohl aber zur Verfassungswidrigkeit der zeitlichen Erweiterung der Nachholung von Verfahrenshandlungen nach der Neufassung des §45 Abs. 2 VwVfG kommt (S. 286f.).

[23] S. z.B. *Eckert*, Beschleunigung von Planungs- und Genehmigungsverfahren, S. 58f.; *Sodan*, DVBl. 1999, 729 (737) – verheerendes Signal.

[24] S. oben §6 E IV 5 c (S. 269ff.).

rechte abgeleitet werden. Wenn die Begründungspflicht „Ausdruck des Gebots rechtsstaatlichen Verfahrens“[25], durch die Grundrechte und Art. 19 Abs. 4 GG für ein faires Verwaltungsverfahren unabdingbar sei[26], dann werde sie dieser Funktionen durch die Zulassung des Nachholens der Begründung bis zum Abschluß des verwaltungsgerichtlichen Verfahrens beraubt[27].

Auch diese Einwände gegen §45 Abs. 1, 2 VwVfG sind nur vor dem Hintergrund der Annahme einer Zunahme von Verfahrensverstößen angesichts der zeitlich erweiterten Heilungsmöglichkeiten verständlich. Die Funktion, den Betroffenen über die Gründe der Entscheidung in Kenntnis zu setzen und dadurch Auskunft über die Erfolgschancen eines Rechtsbehelfs zu geben, hat die fehlende oder unvollständige Begründung zu keinem Zeitpunkt erfüllt. Diese Funktion verliert sie nicht erst durch die Ermöglichung einer Nachholung noch während des gerichtlichen Verfahrens. Wenn mit dieser Überlegung aber auf den Gesichtspunkt verwiesen werden soll, die Heilungsmöglichkeiten veranlaßten die Verwaltung erst dazu, Verfahrensbestimmungen zu mißachten, so wurde dieses Argument beziehungsweise diese Befürchtung bereits entkräftet.

Eine ebenfalls verbreitete Ansicht hält die Nachholbarkeit der Anhörung eines Beteiligten (§45 Abs. 1 Nr. 3 VwVfG) jedenfalls noch während des gerichtlichen Verfahrens für unvereinbar mit der Verfassung, weil zu diesem Zeitpunkt eine echte Möglichkeit der Beeinflussung der Verwaltungsentscheidung nicht mehr gegeben sei[28]. Zum grundrechtlich gebotenen Minimum im Hinblick auf die Anhörung gehöre, daß der Bürger seinen Standpunkt so vertreten können müsse, daß dieser die Verwaltungsentscheidung noch beeinflusse[29]. Auf diese Argumentation kann jedoch die Verfassungswidrigkeit des §45 Abs. 2 VwVfG i.V.m. §45 Abs. 1 Nr. 3 VwVfG nicht gestützt werden. Unterstellt, die Annahmen seien in vollem Umfang zutreffend, so wird mit dem Verfassungswidrigkeitsvorwurf nicht einmal der Versuch einer verfassungskonformen Auslegung verbunden, obwohl sich eine solche Möglichkeit doch geradezu aufdrängen würde. Schon deshalb kann das Verdikt der Verfassungswidrigkeit nicht überzeugen.

Außerdem sind die Erwägungen auch inhaltlich nicht tragfähig. Kaum zu bezweifeln ist einerseits, daß die Chancen, die Behörde in ihrer Entscheidung tat-

---

[25] *Eckert*, Beschleunigung von Planungs- und Genehmigungsverfahren, S. 58 mit Verweis etwa auf BVerfG, Urt. v. 16. 1. 1957 – 1 BvR 253/56, BVerfGE 6, 32 (44); Beschl. v. 29. 10. 1975 – 2 BvR 812/73, BVerfGE 40, 276 (286); Beschl. v. 1. 8. 1978 – 2 BvR 1013/77 u.a., BVerfGE 49, 24 (66).

[26] S. auch *Dolzer*, DÖV 1985, 9 (12); *Siegfried*, DÖV 1990, 279 (282).

[27] S. *Eckert*, Beschleunigung von Planungs- und Genehmigungsverfahren, S. 58; ähnlich etwa *Köhler*, SdL 2002, 311 (312).

[28] Vgl. *ebd.*, S. 59.

[29] Ebenso *Grimm*, NVwZ 1985, 865 (872), der die erste Fassung des §45 Abs. 2 VwVfG als „äußerste Grenze“ ansieht; s. auch *Ehlers*, Jura 1996, 617 (622); *Hufen*, NJW 1982, 2160 (2167); *Redeker*, NVwZ 1996, 521 (523); *Sodan*, DVBl. 1999, 729 (738).

sächlich noch zu beeinflussen, nachdem die Entscheidung getroffen wurde, wesentlich geringer sind als vor der Entscheidung. Ob sie mit Prozeßbeginn noch einmal signifikant gegenüber dem Zeitraum vom Erlaß bis zur Klageerhebung abnehmen, muß dagegen bereits bezweifelt werden. Mit dem Abschluß des Verwaltungsverfahrens durch den Erlaß des Verwaltungsakts ist die vom Gesetz für die Durchführung der Anhörung eigentlich vorgesehene Situation unwiederbringlich verloren. Doch wäre dies auch durch eine Beschränkung der Heilungsmöglichkeiten nicht zu ändern. Das zeigt sich sehr deutlich, wenn man vom Standpunkt der Notwendigkeit einer Aufhebung des Verwaltungsakts im Prozeß ausgeht. Auch durch die Aufhebung kann die ursprünglich „offene" Entscheidungssituation nicht wiederhergestellt werden. Da die Behörde die Entscheidung bereits einmal im Bewußtsein ihrer sachlichen Richtigkeit getroffen hat, wird sie auch die Aufhebung aus „rein formellen Gründen" nicht von dem für richtig erachteten Ergebnis abbringen. Die Behörde bleibt auch nach einer Aufhebung in gleicher Weise „voreingenommen" oder „befangen" wie im Fall der Nachholung gemäß § 45 Abs. 1 VwVfG. Ein reales Zurückversetzen in die Situation der erstmaligen Entscheidungsfindung mag zwar rechtlich, nicht aber tatsächlich möglich sein. Die Fortsetzung oder Wiederholung des Verfahrens kann die Ausgangssituation des „Erstverfahrens" nicht wiederherstellen. Insoweit erfüllt kein Verfahren derselben Behörde in gleicher Weise die Verfahrensgrundsätze der Unvoreingenommenheit und Ergebnisoffenheit wie das Erstverfahren. Kein Fehler im Verfahren ist deshalb rein tatsächlich zu heilen. An diesen Gegebenheiten kann die Rechtsordnung wenig ändern, wenn sie nicht jedes Interesse an einer effektiven Verwaltung aufgeben will, indem sie etwa vorschreibt, daß das neue Verfahren durch eine andere Behörde ohne Rückgriff auf bereits vorliegende Erkenntnisse durchzuführen ist. Dem stünden zudem bei Verwaltungsakten mit Drittwirkung nicht nur öffentliche, sondern auch private Interessen Dritter entgegen. Der Gesetzgeber hat jedenfalls, ohne daß insoweit bisher von irgendeiner Seite verfassungsrechtliche Bedenken erhoben worden wären, die Behördenzuständigkeit bei einer Verfahrensfortsetzung nach Aufhebung des Verwaltungsakts nicht abweichend vom Erstverfahren geregelt.

Bei dieser Ausgangslage erweisen sich sämtliche Bedenken, die aus der wahrscheinlichen „Voreingenommenheit" der Behörde abgeleitet werden, als nicht überzeugend. Das gilt ebenso für die besonderen Bedenken gegen die zeitliche Ausweitung der Nachholungsmöglichkeit auf die Zeit des verwaltungsgerichtlichen Verfahrens. Sicherlich mag ein besonderes Beharrungsinteresse entstehen, wenn sich die Verwaltung und der Betroffene im Prozeß als Gegner gegenüberstehen. Doch änderte sich daran nichts, wenn der Verwaltungsakt durch das Gericht im Prozeß aufgehoben würde. In diesem Fall, so ließe sich leicht mutmaßen, könnte sich die Behörde sogar in besonderem Maße nach dem Motto „jetzt erst recht" dazu veranlaßt sehen, den Verwaltungsakt nach der Wiederholung des fehlerhaften Verfahrensteils unverändert neu zu erlassen.

Gegenüber der Neufassung des § 45 Abs. 2 VwVfG mit seiner zeitlichen Erweiterung auf das gerichtliche Verfahren wird noch unter einem anderen Gesichtspunkt das Verdikt der Verfassungswidrigkeit ausgesprochen[30]. Begründet wird dieses Ergebnis maßgeblich mit den Wirkungen des neuen § 45 Abs. 2 VwVfG im gerichtlichen Verfahren hinsichtlich der Kostenlast. Vor der Neufassung hatte die Behörde mit Prozeßbeginn nur noch die Möglichkeit, einen der in § 45 Abs. 1 Nr. 2–5 VwVfG genannten Verfahrensfehler – wie auch alle sonstigen Fehler – durch den Erlaß eines Zweitbescheids zu beheben. In diesem Fall hatte der Kläger die Wahl, die Klage auf den Zweitbescheid gemäß § 91 VwGO zu erstrecken oder zu ändern oder den Prozeß etwa durch eine Erledigungserklärung zu beenden[31]. In beiden Fällen, also auch wenn der Kläger den Prozeß gegen den neuen Verwaltungsakt ohne Erfolg fortsetzte, mußte die Behörde nach dieser Ansicht mit einer Kostenlast hinsichtlich des ersten fehlerhaften Verwaltungsakts rechnen. Dies sei, so die Kritik, nach der Neufassung des § 45 Abs. 2 VwVfG nicht mehr so, da der Kläger, wenn er den Prozeß nicht für erledigt erkläre und im Hinblick auf den geheilten Verwaltungsakt unterliege, die vollen Kosten des Verfahrens nach § 154 Abs. 1 VwGO zu tragen habe. Für diesen Nachteil gebe es keine tragfähige Rechtfertigung, weil sich der durch die Neuregelung angestrebte Beschleunigungseffekt genauso einfach durch eine Parallelregelung zu § 96 Abs. 1 SGG erreichen lasse, der die Kostennachteile nicht nach sich ziehe[32].

Dieser Ansatz besitzt gegenüber den meisten anderen Ausführungen zu verfassungsrechtlichen Bedenken zunächst den für die gesamte Diskussion nicht zu unterschätzenden Vorteil der Beachtung der Alternativen einer Fehlerbeseitigung, etwa wenn § 45 Abs. 2 VwVfG in seiner ursprünglichen Fassung fortgelten würde. Wenn die Behörde in diesem Fall noch während des Prozesses den Fehler beheben möchte, wozu sie ja auch verpflichtet ist, so gelten dafür die allgemeinen materiellrechtlichen Bestimmungen über die Aufhebung, Änderung oder Ersetzung von Verwaltungsakten. Die Behörde verliert im Prozeß nicht ihre „Verfügungsbefugnis"[33]. Von dieser materiellrechtlichen Möglichkeit zur Fehlerbeseitigung strikt zu trennen sind deren prozeßrechtliche Folgewirkungen. Hier führt im verwaltungsgerichtlichen Anfechtungsprozeß eine Heilung gemäß § 45 VwVfG aufgrund der Identität des Verwaltungsakts dazu, daß sich der Rechtsstreit „automatisch" auf den Verwaltungsakt in seiner „geheilten Fassung" bezieht. Wird der Fehler dagegen außerhalb des § 45 VwVfG beseitigt, liegt ein Neu-

---

[30] S. *Bracher*, DVBl. 1997, 534ff.

[31] So in Übereinstimmung mit der hier vertretenen Ansicht *Bracher*, DVBl. 1997, 534 (537).

[32] Vgl. *Bracher*, DVBl. 1997, 534 (537).

[33] S. BVerwG, Beschl. v. 19. 8. 1981 – 4 B 105.81, Buchholz 316 § 45 VwVfG Nr. 4 S. 1 (allerdings mit dem unzutreffenden Hinweis, § 45 Abs. 2 VwVfG schränke das „Nachschieben von Gründen" ein); Urt. v. 18. 5. 1990 – 8 C 48.88, BVerwGE 85, 163 (166); Urt. v. 14. 12. 1990 – 7 C 5.90, BVerwGE 87, 241 (244f.); *Kraft*, BayVBl. 1995, 519 (521); *Preusche*, DVBl. 1992, 797; *Weyreuther*, DÖV 1985, 126 (128 Fußn. 12).

erlaß, also ein neuer, anderer Verwaltungsakt vor, der nur im Wege der Klageänderung gemäß § 91 VwGO in den laufenden Prozeß einbezogen werden kann[34]. Bei § 45 VwVfG handelt es sich deshalb um eine materiellrechtliche Norm mit erheblichen prozeßrechtlichen Auswirkungen[35].

Aus diesen prozeßrechtlichen Konsequenzen, die maßgeblich durch die Erweiterung des § 45 Abs. 2 VwVfG mitbestimmt werden, werden jetzt verfassungsrechtliche Bedenken abgeleitet, die im Ergebnis nicht überzeugen können. Seine Rechtfertigung erhält die Neufassung des § 45 Abs. 2 VwVfG aus der damit verfolgten Verfahrensbeschleunigung. Die bisherige Regelung führt entweder zur gerichtlichen Aufhebung des verfahrensfehlerhaften Verwaltungsakts, wenn § 46 VwVfG nicht anwendbar ist, oder – bei Erlaß eines Zweitbescheids – zur Erledigung des Rechtsstreits, wenn der Kläger den neuen Verwaltungsakt nicht auch zum Gegenstand der Klage im Wege der Klageänderung gemäß § 91 VwGO machen will. Ob es direkt zu einer gerichtlichen Überprüfung des Zweitbescheids kommt, liegt dann in seiner Hand. Hat er kein Interesse an einer zügigen Klärung, was in den Fällen belastender Verwaltungsakte durchaus denkbar ist, kann er so den Rechtsstreit weiter in die Länge ziehen und gegen den neuen Bescheid wiederum ein Vorverfahren und anschließend ein gerichtliches Verfahren durchführen. Daraus resultiert die Gefahr einer doppelten Inanspruchnahme der Gerichte, die das Genehmigungsverfahrensbeschleunigungsgesetz in weitergehendem Umfang als bisher ausgeschaltet hat[36]. Das ist ein grundsätzlich verfassungsrechtlich legitimer Zweck.

Gleichzeitig überzeugt das Argument, der Kläger werde der Gefahr der Kostenlast ausgesetzt, nicht. Wenn darauf verwiesen wird, daß im Sozialgerichtsprozeß eine Kostenteilung gemäß § 193 Abs. 1, 2 SGG im Fall der Fortführung des Prozesses gegen den Zweitbescheid möglich ist[37], gilt das selbstverständlich mindestens in gleichem Umfang auch für den Verwaltungsprozeß, in dem die Kostenentscheidung keineswegs nur auf § 154 Abs. 1 VwGO, sondern auch auf § 155 Abs. 4 VwGO[38] gestützt werden kann, eine Regelung, die allen anderen Kostenregelungen, also auch § 154 Abs. 1 VwGO als lex specialis vorgeht[39].

[34] Soweit das BVerwG von einem Neuerlaß ausgeht, sieht es die prozeßrechtlichen Folgen entsprechend, vgl. BVerwG, Urt. v. 18. 5. 1990 – 8 C 48.88, BVerwGE 85, 163 (166). Allerdings geht das BVerwG von einem Neuerlaß nur aus, wenn der Verwaltungsakt „in seinem Wesen" verändert wird.

[35] Deshalb sind mögliche Bedenken hinsichtlich der Gesetzgebungskompetenz der Länder im Ergebnis unbegründet; vgl. auch *H.J. Müller*, NJW 1978, 1354f. Folglich ist auch die Landesregelung in Schleswig-Holstein, die in § 114 S. 2 LVwG die Heilung von geringen Verfahrensfehlern nicht mehr zuläßt im gerichtlichen Verfahren (s. oben bei Fußn. 19, S. 350), unbedenklich.

[36] Vgl. auch *Hatje*, DÖV 1997, 477 (478); die amtliche Begründung des Gesetzentwurfs der Bundesregierung, BT-Drs. 13/3995, S. 8, spricht nur davon, daß die Nachbesserung von Verwaltungsentscheidungen im Gerichtsverfahren verbessert werden soll.

[37] *Bracher*, DVBl. 1997, 534 (537 Fußn. 34).

[38] Bis 31. 12. 2001 § 155 Abs. 5 VwGO.

[39] Vgl. stellv. *Kopp/Schenke*, VwGO, § 155 Rdnr. 17.

Zum anderen erhöht § 45 Abs. 2 VwVfG auch nicht „die Versuchung der Behörden, ermessenfehlerhafte Erwägungen in die Entscheidung über die Bestätigung des angefochtenen Verwaltungsakts einfließen zu lassen“[40]. Eine neue Ermessensausübung ist nach hier vertretener Ansicht schon keine Heilung mehr gemäß § 45 Abs. 1 VwVfG, sondern der Erlaß eines Zweitbescheids. Selbst wenn man dies anders sieht, ist das Bestreben der Behörde, den Verwaltungsakt irgendwie zu rechtfertigen, gleichermaßen in einem „Zweitbescheidsverfahren“ oder in einem Verfahren nach Aufhebung des Erstbescheids gegeben. Auch auf diese Weise läßt sich folglich die Verfassungswidrigkeit des § 45 VwVfG nicht begründen.

Schließlich werden Bedenken gegen die Verfassungsmäßigkeit der Heilungsvorschrift des § 45 VwVfG unter dem Aspekt einer Verletzung der Rechtsschutzgarantie des Art. 19 Abs. 4 GG erhoben[41]. In der durch § 45 Abs. 2 VwVfG ermöglichten Heilung des Verwaltungsakts parallel zur verwaltungsgerichtlichen Kontrolle wird ein Verwaltungsverfahren gesehen, das die Begrenzung der Entscheidungsmöglichkeiten des Gerichts zum vorrangigen Ziel habe. Diese Überlegung zielt auf den in der Rechtsprechung des Bundesverfassungsgerichts anerkannten Grundsatz, daß das Verwaltungsverfahren nicht darauf angelegt sein darf, den gerichtlichen Rechtsschutz zu vereiteln oder unzumutbar zu erschweren[42].

Die Annahme einer Verletzung der Rechtsschutzgarantie erweist sich im Ergebnis als nicht überzeugend. Das folgt schon aus einer Analyse der verfassungsgerichtlichen Rechtsprechung. Wenn die Rechtsschutzgarantie eine Vereitelung oder unzumutbare Erschwerung des gerichtlichen Rechtsschutzes durch das Verwaltungsverfahrensrecht beziehungsweise das konkrete Handeln der Behörde im vorausgehenden Verwaltungsverfahren untersagt, dann liegt ein Verstoß gegen Art. 19 Abs. 4 GG zum Beispiel vor, wenn der Bürger durch die Verwaltung über

[40] *Bracher*, DVBl. 1997, 534 (537).

[41] Vgl. z.B. *Hatje*, DÖV 1997, 477 (483), der den Vorwurf des entsprechenden Verfassungsverstoßes allerdings auf solche Fälle begrenzt, in denen „das Nachholen der unterbliebenen Verfahrenshandlungen eine praktisch inhaltsleere Förmlichkeit darstellen würde, die den Rechtsverstoß in Wahrheit nicht beseitigt“. Soweit *Bonk*, Stellungnahme, 16. BT-Ausschuß (Ausschuß für Umwelt, Naturschutz und Reaktorsicherheit), Ausschußdrucksache 13/271, Teil III, S. 203 (210f.), Bedenken im Hinblick auf Art. 19 Abs. 4 GG bekundet, beziehen sich diese wohl nur auf die durch § 94 S. 2 VwGO (inzwischen wieder aufgehoben) sowie durch eine im damaligen Gesetzentwurf enthaltene Ergänzung des § 113 Abs. 1 VwGO ausgelösten Widersprüche zum Gebot der Waffengleichheit und der Neutralität im Gerichtsverfahren.

[42] Vgl. BVerfG, Urt. v. 6. 6. 1967 – 2 BvR 375, 53/60 und 18/65, BVerfGE 22, 49 (81 f.); Beschl. v. 8. 7. 1982 – 2 BvR 1187/80, BVerfGE 61, 82 (110); soweit teilweise auf weitere Entscheidungen des BVerfG verwiesen wird (s. *Bonk/Schmitz*, in: Stelkens/Bonk/Sachs, VwVfG, § 1 Rdnr. 30 Fußn. 71 mit Verweis auf die Judikatur zum Prüfungsrecht), ist das nicht überzeugend, da es sich hier nicht unmittelbar um Rechtsschutzbeschränkungen durch das Verwaltungsverfahren handelte.

seine gerichtlichen Rechtsschutzmöglichkeiten irregeleitet wird[43] oder spätere Nachprüfungsmöglichkeiten des Gerichts ausgeschaltet werden[44]. Normative Regelungen vereiteln oder erschweren die gerichtliche Kontrolle unzumutbar, wenn sie etwa rechtlich oder tatsächlich die Möglichkeit ausschalten, daß der Bürger seine subjektiven Rechte in einem Gerichtsverfahren geltend machen kann. Das wäre etwa der Fall bei Präklusionsvorschriften, die zu einem Ausschluß von subjektiven Rechten führen, ohne daß faktisch jemals die Möglichkeit zu ihrer Geltendmachung bestand. Bei den vom Bundesverfassungsgericht behandelten einschlägigen Fällen handelte es sich um das (frühere) Unterwerfungsverfahren im Steuerstrafrecht[45] sowie um die Präklusionsvorschrift des § 3 Abs. 1 Atomanlagen-Verordnung[46].

Diese Fallkonstellationen sind mit der Regelung des § 45 Abs. 1, 2 VwVfG in keiner Weise vergleichbar. § 45 VwVfG könnte nur dann mit Art. 19 Abs. 4 GG in Konflikt geraten, wenn dort das Rechtsschutzverfahren ausgeschlossen würde, ohne daß die Regelung selbst von einer Fehlerbehebung ausginge. § 45 Abs. 1 VwVfG setzt jedoch gewissermaßen früher an. Die Regelung ist, wie gesehen, so auszulegen, daß der Rechtsverstoß als geheilt anzusehen und damit – zumindest für die Zukunft – auch von einem rechtmäßigen Verwaltungsakt auszugehen ist. Wenn es deshalb schon an einem verletzten subjektiven Recht fehlt, kann auch kein effektiver Rechtsschutz vereitelt worden sein.

Bedenken gegenüber § 45 Abs. 1, 2 VwVfG können sich allerdings in anderer Beziehung dann ergeben, wenn die vom Gesetz angeordnete Heilung des Verstoßes nur fingiert ist, tatsächlich also gar nicht zu einer wirklichen Fehlerbehebung geführt hat und es sich bei der Regelung schlicht um den Ausschluß von Sanktionen trotz einer in Wahrheit fortbestehenden Rechtsverletzung handelte. Diese Bedenken resultieren jedoch nicht aus der (formellen) Rechtsschutzgarantie, die ein materielles subjektives Recht gerade voraussetzt. Wenn das Gesetz den materiellen Reaktionsanspruch verneint, kann es mit dem Recht in Konflikt geraten, das den Reaktionsanspruch bewirkt. Das sind im Bürger-Staat-Verhältnis die materiellen Grundrechte[47]. Dieser potentielle Konflikt wird jedoch durch § 45 Abs. 1, 2 VwVfG vermieden. Die Intention dieser Regelung besteht nicht darin, einen Rechtsverstoß für unerheblich zu erklären, ohne ihn in Wahrheit beseitigen zu wollen. Es geht um die echte Fehlerbehebung durch Nachholung der fehlenden oder fehlerhaften Verfahrenshandlung. Wie beschrieben besteht der Sinn des § 45 Abs. 1, 2 VwVfG in der Vermeidung der Notwendigkeit eines Zweitbescheides, der dann Gegenstand eines weiteren gerichtlichen Verfahrens sein könnte. Verfassungsrechtliche Bedenken hinsichtlich der im Einzelfall durch die Sachent-

---

[43] Vgl. dazu bereits oben § 4 C 3 b (S. 178f., 184f.).

[44] S. BVerfG, Urt. v. 8.7. 1982 – 2 BvR 1187/80, BVerfGE 61, 82 (110).

[45] Vgl. BVerfG, Urt. v. 6.6. 1967 – 2 BvR 375, 53/60 u. 18/65, BVerfGE 22, 49.

[46] Vgl. BVerfG, Urt. v. 8.7. 1982 – 2 BvR 1187/80, BVerfGE 61, 82.

[47] Vgl. oben ausführlich § 2 (S. 21ff.).

scheidung betroffenen materiellen Grundrechte könnte § 45 VwVfG folglich nur auslösen, „wenn das Nachholen der unterbliebenen Verfahrenshandlungen eine praktisch inhaltsleere Förmlichkeit darstellen würde, die den Rechtsverstoß in Wahrheit nicht beseitigt“[48]. Insofern erweist sich eine Auslegung des § 45 Abs. 1 VwVfG, die zu einer echten Fehlerbehebung führt, als eine verfassungskonforme Auslegung. Dabei handelt es sich aber zugleich um eine Auslegung, die schon aus dem einfachen Gesetzesrecht zwingend folgt.

III. Vereinbarkeit der Heilungsvorschriften mit dem europäischen Gemeinschaftsrecht

Nachdem sich die Bedenken gegen die Verfassungsmäßigkeit der Heilungsvorschriften als nicht durchschlagend erwiesen haben, soll der Blick auf die Ebene des Gemeinschaftsrechts gelenkt werden. Neben den Vorbehalten, die aus gemeinschaftsrechtlicher Perspektive gegen § 46 VwVfG geltend gemacht werden[49], finden sich – wenn auch in kleinerer Zahl – ebenfalls Zweifel gegenüber der Gemeinschaftsrechtskonformität der Heilungsregelung des § 45 VwVfG[50].

Die Ausführungen zur Vereinbarkeit des § 46 VwVfG mit dem Gemeinschaftsrecht haben bereits die fehlende Überzeugungskraft mancher plakativer Bewertungen des nationalen Fehlerfolgenrechts unter gemeinschaftsverwaltungsrechtlicher Perspektive offengelegt. Die Notwendigkeit, die Vereinbarkeit des Fehlerfolgenrechts auf einer breiteren Grundlage zu beurteilen, besteht insbesondere auch für die Thematik der Heilung von Verfahrensfehlern. Gerade hier zeigen sich sehr schnell die Defizite einer isolierten Betrachtung der Heilungsregelungen losgelöst von den materiellrechtlichen Bindungen des Verwaltungshandelns[51]. Entsprechend lassen sich aus den Entscheidungen des EuGH, in denen eine Heilung eines Verfahrensverstoßes ausgeschlossen wird, nicht einmal Anhaltspunkte für die Nichtanwendbarkeit oder Unvereinbarkeit der Heilungsregelung des § 45 VwVfG mit den gemeinschaftsrechtlichen Vorgaben herleiten.

Gegenteilige Stellungnahmen sehen vor allem einen Konflikt mit § 45 Abs. 2 VwVfG, der eine Heilung zeitlich nicht nur im Widerspruchsverfahren, sondern sogar „bis zum Abschluß der letzten Tatsacheninstanz eines verwaltungsgerichtlichen Verfahrens“ ermöglicht[52]. Diese Ansichten vermögen schon deshalb nicht

---

[48] Insoweit richtig (wenn auch nicht vor dem Hintergrund des Art. 19 Abs. 4 GG) *Hatje*, DÖV 1997, 477 (483).

[49] S. dazu bereits oben § 6 V (S. 275ff.).

[50] S. *Kahl*, VerwArch. 95 (2004), 1 (20); *Kokott*, Die Verwaltung 31 (1998), 335 (365ff.); im Grundsatz auch *Classen*, Die Verwaltung 31 (1998), 307 (322ff.).

[51] S. dazu in der Tendenz völlig zutreffend *Pietzcker*, in: Festschrift für Maurer, S. 695ff. (insbes. S. 706ff.); gewisse Bedenken bestehen nur gegenüber der zu sehr in den Vordergrund gerückten prozessualen Betrachtung des Themas.

[52] S. etwa *Erbguth*, Zur Vereinbarkeit der jüngeren Deregulierungsgesetzgebung, S. 94ff., 98; *Kahl*, VerwArch. 95 (2004), 1 (21f.): „Vorzugswürdig ist vielmehr eine gemeinschaftsrechtskon-

zu überzeugen, weil sie den Kontext, in dem die betreffenden EuGH-Urteile stehen, nicht in dem nötigen Umfang berücksichtigen. Die Kritiker des nationalen Fehlerfolgenrechts unterlassen bisher jede Prüfung, ob die (vermeintlich oder tatsächlich) strengeren Anforderungen des EuGH mit dem weitgehenden Fehlen materiellrechtlicher Bindungen im EG-Eigenverwaltungsrecht zusammenhängen. Insbesondere bei einer zurückhaltenden Auslegung des § 45 VwVfG, die das gerichtliche Verfahren gerade nicht als Ersatz des Verwaltungsverfahrens begreift[53], sondern der Verwaltung (und nicht dem Gericht) die Möglichkeit einräumt, eine Fehlerbehebung auch noch bis zum Abschluß des gerichtlichen Verfahrens (nicht im oder durch das Gerichtsverfahren) vorzunehmen[54], entfällt jeder tragfähige Ansatzpunkt für die Annahme eines Konflikts mit dem Gemeinschaftsverwaltungsrecht. Der gegenteiligen Ansicht fehlt bisher jeder überzeugende Ansatz für einen echten Konflikt zwischen dem nationalen Recht und dem Gemeinschaftsrecht. Daher wird hier auf eine nähere Erörterung verzichtet.

Auch aus den Entscheidungen des EuGH zum Unterlassen der Notifizierung nach Art. 88 Abs. 3 S. 3 EGV im Beihilfenkontrollrecht, also zu Fällen aus dem Gemeinschaftsverwaltungsrecht, lassen sich keine Widersprüche zwischen dem Gemeinschaftsrecht und § 45 VwVfG ableiten. Obwohl die EuGH-Entscheidungen vielfach in Zusammenhang mit der allgemeinen Frage der Möglichkeit der Heilung von Verstößen nationaler Behörden gegen gemeinschaftsrechtliche Verfahrensanforderungen erörtert und als Beleg für die Heilungsfeindlichkeit des Gemeinschaftsrechts angesehen werden, ist ihnen kein derartiger Inhalt eigen.

---

forme Auslegung bzw. Rechtsfortbildung im Sinne einer teleologischen Reduktion, wonach eine Heilung (zumindest bei Anhörungs- und Begründungsmängeln) nur bis zum Abschluss des Vorverfahrens zulässig ist". Diese Auffassungen stützen sich maßgeblich auf folgende Entscheidungen des EuGH/EuG: EuGH, Urt. v. 20.3. 1959 – Rs. 18/57 (Nold), Slg. 1958/1959, 89 (115f.); Urt. v. 13.3. 1967 – verb. Rs. 8–11/66 (Cimenteries), Slg. 1967, 99 (125); Urt. v. 7.2. 1979 – verb. Rs. 15 u. 16/76 (Frankreich/Kommission), Slg. 1979, 321 (336f. Tz. 6ff.); Urt. v. 29.10. 1980 – Rs. 138/79 (Roquette Frères), Slg. 1980, 3333 (3361 Tz. 37); Urt. v. 7.7. 1981 – Rs. 158/80 (Rewe), Slg. 1981, 1805 (1834 Tz. 26f.); Urt. v. 14.10. 1987 – Rs. 248/84 (Deutschland/Kommission), Slg. 1987, 4013 (4042 Tz. 22); Urt. v. 24.10. 1996 – verb. Rs. C-329/93 u.a. (Deutschland u.a./Kommission), Slg. 1996, I-5151 (5217 Tz. 48); Urt. v. 10.7. 2001 – Rs. C-315/99 P (Ismeri Europa), Slg. 2001, I-5281 (5324 Tz. 31f.); EuG, Urt. v. 29.6. 1995 – Rs. T-30/91 (Solvay), Slg. 1995, II-1775 (1817ff. Tz. 98, 103); Urt. v. 29.6. 1995 – Rs. T-32/91 (Solvay), Slg. 1995, II-1825 (1845 Tz. 53); Urt. v. 29.6. 1995 – Rs. T-36/91 (ICI), Slg. 1995, II-1847 (1895ff. Tz. 108, 113); Urt. v. 9.11. 1995 – Rs. T-346/94 (France-aviation), Slg. 1995, II-2841 (2859f. Tz. 39); Urt. v. 18.1. 2005 – Rs. T-93/02, Tz. 126. Eine nähere Prüfung dieser und weiterer Entscheidungen, die hier nicht wiedergegeben werden kann, zeigt jedoch sehr schnell, daß die teilweise behaupteten eindeutigen Vorgaben schon im EG-Eigenverwaltungsrecht gar nicht bestehen. Teilweise sind unter den genannten Urteilen sogar solche, die Verfahrensfehler beim Erlaß von Verordnungen (!) zum Gegenstand haben (s. Urt. v. 29.10. 1980 – Rs. 138/79 [Roquette Frères], Slg. 1980, 3333). Die Rechtsprechung gibt zur Frage der Heilung nur ein diffuses Bild ab, das schon für sich betrachtet keine Schlüsse gegen die Vereinbarkeit des § 45 VwVfG mit dem Gemeinschaftsrecht zuläßt.

[53] Die in diese Richtung bestehende Tendenz bei *Pietzcker*, in: Festschrift für Maurer, S. 695ff., kann – bei aller sonstigen Übereinstimmung – nicht geteilt werden.

[54] S. dazu ausführlich im folgenden unter IV (S. 360ff.) sowie unter C (S. 382ff.).

Der EuGH hat wiederholt entscheiden, daß eine Rückforderung der ohne Notifizierung erfolgten nationalen Beihilfen selbst dann erforderlich sei, wenn die nachfolgende abschließende Kommissionsentscheidung zur materiellrechtlichen Vereinbarkeit der Beihilfe mit dem Gemeinschaftsrecht gekommen ist[55]. Wenn diese Judikate als Belege für den Ausschluß einer Heilung von Verfahrensfehlern und damit als ein Konflikt zwischen dem Gemeinschaftsrecht und §45 VwVfG angesehen werden[56], so liegt darin eine Fehlbeurteilung des Anwendungsbereichs des §45 VwVfG. Wenn es eine nationale Regelung dergestalt gäbe, nach der ein Verwaltungsakt nur erlassen werden darf, wenn die Absicht seines Erlasses zuvor einer zweiten Behörde angezeigt worden ist und die zweite Behörde ihr Einverständnis zum Erlaß des Verwaltungsakts gegeben hat, so führte die Nachholung der Anzeige selbstverständlich nicht zur Heilung nach §45 VwVfG. Es fehlte nämlich schon an der Einverständniserklärung der zweiten Behörde. Selbst eine zusätzlich abgegebene nachträgliche Einverständniserklärung führte noch nicht zur Heilung, wenn es auch maßgeblich auf die Verhinderung der Beihilfegewährung vor der Entscheidung der zweiten Behörde ankommt. Hier schlösse die den Zweck der Regelung berücksichtigende Auslegung des konkreten Verfahrenserfordernisses eine Anwendung des §45 VwVfG aus. Deshalb wird die nationale Heilungsvorschrift nicht wegen ihrer Unvereinbarkeit mit gemeinschaftsrechtlichen Vorgaben außer Anwendung gelassen[57]. Vielmehr scheidet die Anwendung des §45 VwVfG (oder anderer nationaler Heilungsvorschriften) aufgrund einer verfahrensrechtlichen Sonderregelung aus[58].

Im Ergebnis ist §45 VwVfG auch in Fällen gemeinschaftsrechtlicher Verfahrensanforderungen anwendbar. Wegen der im Vergleich zum Recht der Gemeinschaftsorgane weiterreichenden materiellrechtlichen Bindungen der nationalen Behörden, die auch einer entsprechenden strikten Kontrolle durch die Verwaltungsgerichte unterliegen, besteht kein Konflikt mit dem Gemeinschaftsrecht.

IV. Die tatbestandlichen Voraussetzungen der Heilung nach §45 Abs. 1 VwVfG

Die Voraussetzungen der wirksamen Fehlerheilung nach §45 Abs. 1 VwVfG lassen sich im einzelnen nur für die jeweils nachzuholende Verfahrenshandlung in §45 Abs. 1 Nr. 1–5 VwVfG benennen. Dabei ist vor dem Hintergrund der voraus-

---

[55] EuGH, Urt. v. 21. 11. 1991 – Rs. C-354/90 (Fédération nationale du commerce extérieur), Slg. 1991, I-5505 (5529 Tz. 16f.); Urt. v. 11.7. 1996 – Rs. C-39/94 (SFEI), Slg. 1996, I-3547 (3597 Tz. 67).

[56] Vgl. nur *Dörr*, in: Sodan/Ziekow (Hrsg.), VwGO, Europäischer Verwaltungsrechtsschutz Rdnr. 458; *Hegels*, EG-Eigenverwaltungsrecht und Gemeinschaftsverwaltungsrecht, S. 88f.; *Kahl*, VerwArch. 95 (2004), 1 (25f.); *Kokott*, DVBl. 1993, 1235 (1238).

[57] So aber etwa *Kokott*, DVBl. 1993, 1235 (1238).

[58] In ähnlicher Richtung *v. Danwitz*, Verwaltungsrechtliches System und Europäische Integration, S. 264f., der von einer „wesentlichen Verfahrensvorschrift" ausgeht.

gehenden Überlegungen stets zu berücksichtigen, daß das Gesetz im Unterschied zur andernfalls bestehenden Rechtslage allein vom Neuerlaß des Verwaltungsakts nach erfolgter Fehlerbehebung suspendieren will. Daß die Fehlerbehebung selbst erleichtert oder vereinfacht werden soll, ist, wie der Vergleich mit dem Verfahren nach Aufhebung des rechtswidrigen Verwaltungsakts gezeigt hat, nicht zu erkennen.

1. Einzelne nachholbare Verfahrenshandlungen

a) Das Nachholen des Antrags (§ 45 Abs. 1 Nr. 1 VwVfG)

Beim Fall des Nachholens des Antrags ist darauf zu achten, daß sich der Antrag auch mit dem Verwaltungsakt deckt. Ist also eine (wenn auch nur leicht) andere Regelung getroffen worden, als sie beantragt wurde, so reicht dieser Antrag jedenfalls nicht zur (vollständigen) Heilung des Verwaltungsakts aus. Hier wäre zudem auch der Verwaltungsakt selbst zu ändern, zum Beispiel in Form einer Teilablehnung des Antrags oder einer Änderung der zugesprochenen Begünstigung. Dann handelte es sich jedoch bereits um einen Zweitbescheid und keinen Fall des § 45 VwVfG.

b) Das Nachholen der Begründung (§ 45 Abs. 1 Nr. 2 VwVfG)

Wie schon gesehen, wird gerade auch die Möglichkeit der Heilung von Verstößen gegen § 39 VwVfG besonders kritisch betrachtet. Die vorgebrachten Einwände haben sich allerdings nicht als durchschlagend erwiesen. Insbesondere wirken sie sich nicht in irgendeiner Weise restriktiv auf die Auslegung des § 45 Abs. 1 Nr. 2 VwVfG aus.

Nach dieser Regelung kann ein Verwaltungsakt, der an einem formellen Begründungsfehler, das heißt an einem Verstoß gegen § 39 VwVfG, leidet, nachträglich mit einer den Anforderungen des § 39 VwVfG entsprechenden Begründung versehen und dadurch geheilt werden. Entscheidend ist insoweit die Abgrenzung zwischen formellen und materiellen Begründungsmängeln[59]. Das wird bei der Anwendung des § 45 Abs. 1 Nr. 2 VwVfG nicht allgemein beachtet. So wird verbreitet ein völliges Auswechseln der Begründung, durch das der Verwaltungsakt in seinem Wesen verändert oder auf eine neue Rechtsgrundlage gestellt wird, auf der Basis des § 45 Abs. 1 VwVfG nicht für möglich gehalten[60]. In dieser Allgemeinheit ist das nicht überzeugend. Nach § 45 Abs. 1 Nr. 2 VwVfG kann der Verwaltungsakt geheilt werden, wenn die erforderliche Begründung nachträglich gegeben wird. Das erfaßt zum einen den Fall des Nachholens einer Begründung, die

---

[59] Dazu bereits näher oben § 4 C II 1 (S. 157 ff.).

[60] Vgl. z.B. *Scheffler*, DÖV 1977, 773; *Müller*, NJW 1978, 1354; *Preusche*, DVBl. 1992, 799; *Schwab*, DÖD 1994, 176; *Hub. Meyer*, in: Knack, VwVfG, § 45 Rdnr. 28.

zuvor vollständig gefehlt hat. Die erforderliche Begründung fehlt aber auch dann, wenn die vorhandene Begründung die Anforderungen des §39 Abs.1 S.2 und 3 VwVfG nicht erfüllt. Das kann sowohl die unvollständige Begründung sein, als auch eine Begründung, in der nicht die wirklichen („wahren") Gründe für den Erlaß mitgeteilt werden. Auch wenn ein solcher Fall nicht häufig vorkommen mag: Das vollständige Auswechseln einer Begründung kann deshalb ein Nachholen der erforderlichen Begründung im Sinne des §45 Abs.1 Nr.2 VwVfG sein. Dabei kann es auch keine Rolle spielen, ob der Verwaltungsakt in seinem Wesen verändert oder auf eine andere Rechtsgrundlage gestellt wird. Ob diese Kriterien möglicherweise in Zusammenhang mit dem Nachschieben von Gründen von Bedeutung sein können, wird noch zu untersuchen sein. Zur Abgrenzung zwischen einem Nachholen einer Begründung und dem sogenannten Nachschieben von Gründen sind sie jedenfalls nicht geeignet.

c) Das Nachholen der Anhörung (§45 Abs.1 Nr.3 VwVfG)

Die größten Bedenken hat in der bisherigen Diskussion um die Heilung von Verwaltungsakten die Möglichkeit der Nachholung der erforderlichen Anhörung auf sich gezogen. Einem Teil dieser Kritik läßt sich schon mit dem Wortlaut der Regelung, nach dem die Nachholung der „erforderlichen" Anhörung zur Heilung notwendig ist, begegnen. Damit reicht es für eine Heilung nicht, wenn der Beteiligte schlicht nachträglich angehört wird. Ob deshalb aber – vor allem aus verfassungsrechtlichen Erwägungen heraus – die in der Literatur erhobene Forderung nach einer „realen Fehlerheilung"[61] überzeugt, erscheint gleichfalls fraglich. Wenn diese reale Fehlerheilung voraussetzen soll, daß eine Heilung „nur hinnehmbar (ist), wenn der Einzelne durch die nachgeholte Verfahrenshandlung so gestellt wird, wie er gestanden haben würde, wenn der Fehler nicht geschehen wäre"[62], so schießen diese Voraussetzungen über das Ziel hinaus. Gerade vor dem Hintergrund des Zwecks und der Wirkungen des §45 VwVfG kann nicht mehr verlangt werden, als auch für einen (rechtmäßigen) Zweitbescheid oder einen Änderungsbescheid zu verlangen ist. §45 VwVfG will zumindest das Verfahren insofern abkürzen, als nach der Nachholung der Verfahrenshandlung keine erneute Sachentscheidung in Form eines Verwaltungsakts ergehen soll. Ob das außerhalb des Prozesses eine grundlegende Bedeutung besitzt, mag dahinstehen. Jedenfalls ist die Behörde nach dem geltenden Recht ohne Rückgriff auf §45 Abs.1 VwVfG keineswegs gehindert, einen zunächst verfahrensfehlerhaft erlassenen Verwaltungsakt noch einmal und diesmal rechtmäßig zu erlassen. Auch in diesen Fällen

---

[61] Diese Bezeichnung geht wohl auf *Hufen*, NJW 1982, 2160 (2165), zurück. Vgl. *ders.*, Fehler im Verwaltungsverfahren, Rdnr.599; *ders.*, JuS 1999, 313 (315); dem haben sich ausdrücklich angeschlossen etwa BSG, Urt. v. 24.7.2001 – B 4 RA 2/01 R, SozR 3 – 8850 §5 Nr.5; *Hatje*, DÖV 1997, 477 (484).

[62] *Hufen*, JuS 1999, 313 (315); ebenso *Roßnagel*, JuS 1994, 927 (930f.).

ist die ursprüngliche Ausgangskonstellation, in der der Fehler aufgetreten ist, nicht wiederherstellbar. Dennoch erlaubt es unser Recht, ohne daß dies bisher bestritten worden wäre, das Verfahren teilweise zu wiederholen und den Verwaltungsakt neu zu erlassen. Deshalb überzeugt es nicht, in bestimmten Konstellationen generell von einem „heilungsfeindlichen Verfahren" auszugehen[63]. Auch für die Heilung kann nicht mehr verlangt werden, als für den rechtmäßigen Neuerlaß des Verwaltungsakts verlangt wird; gleichzeitig darf aber auch nicht weniger verlangt werden, da sonst über das (verfassungskonforme) Ziel des § 45 VwVfG hinausgegangen würde.

Folglich darf die Nachholung der Anhörung nicht zu einer Farce werden[64]. Vielmehr muß der Zweck der Anhörung, der sowohl in der Information des Beteiligten als auch in der Möglichkeit besteht, auf die Absichten der Behörde zu reagieren und sie vor allem auch in ihrer Entscheidung zu beeinflussen, noch im Wege der Nachholung erfüllt werden[65]. Wenn daraus jedoch abgeleitet wird, eine Heilung nach dem Abschluß des Widerspruchsverfahrens scheide aus[66], kann dem nicht zugestimmt werden. Wie bereits mehrfach betont, können an die Effektivität der nachgeholten Anhörung nicht dieselben Anforderungen gestellt werden, wie sie eine von Anfang an rechtmäßige Anhörung erfüllen können. Sobald die Behörde, also auch schon die Ausgangsbehörde, erst einmal eine Entscheidung getroffen hat, kann eine normale offene Entscheidungssituation[67] nicht mehr hergestellt werden. Wenn daraus nicht die – sicher zu weitreichende – Konsequenz gezogen werden soll, daß fortan weder eine Heilung noch ein Neuerlaß der Regelung möglich ist, bleibt nichts anderes übrig, als gewisse Abstriche bei der Effektivität der nachgeholten Anhörung hinzunehmen. Damit wird nicht auf die Erfüllung des Sinns der Anhörung verzichtet. Deshalb muß auch sichergestellt werden, daß die Ergebnisse der Anhörung ihrer Bedeutung entsprechend von der Behörde berücksichtigt werden.

Schließlich kann es von Rechts wegen selbst bei einem von Anfang an ordnungsgemäß durchgeführten Verwaltungsverfahren niemals eine völlig offene

---

[63] So aber *Hufen*, JuS 1999, 313 (316).

[64] Nach *Berkemann*, DVBl. 1998, 446 (448), jedoch ist die nachträgliche Anhörung während des gerichtlichen Verfahrens eine Farce. Das mag tatsächlich vielfach so gehandhabt werden, eine Konsequenz der gesetzlichen Regelung ist das aber nicht.

[65] Insofern zutreffend *Bracher*, DVBl. 1997, 534 (536), *Gromitsaris*, NWVBl. 1997, 101 (103); *Hill*, Das fehlerhafte Verfahren, S. 100; *Hub. Meyer*, in: Knack, VwVfG, § 45 Rdnr. 10 (unter Hinweis auf BVerwG, Urt. v. 1.12. 1982 – 2 C 59.81, BVerwGE 66, 291 [295]; OVG Münster, Beschl. v. 8.3. 1982 – 12 B 313/82, NJW 1982, 1663); *Sachs*, in: Stelkens/Bonk/Sachs, VwVfG, § 45 Rdnr. 73ff.

[66] So etwa *Hub. Meyer*, in: Knack, VwVfG, § 45 Rdnr. 10, unter Hinweis auf die vor Änderung des § 45 Abs. 2 VwVfG verbreitete Auffassung, eine Heilung bis zum Abschluß des Widerspruchsverfahrens sei die äußerste zulässige Grenze. Ähnlich *Tschentscher*, Indienstnahme, S. 165 (192), der für die frühere Rechtslage eine Aussetzung des gerichtlichen Verfahrens gemäß § 94 S. 2 VwVGO (a.F.) nur für zulässig hält, wenn mit einer Heilung tatsächlich zu rechnen sei.

[67] Vgl. *Roßnagel*, JuS 1994, 927 (931).

Entscheidungssituation geben. In dem Zeitpunkt, in dem die Anhörung z.B. gemäß § 28 VwVfG durchzuführen ist, muß die Zielrichtung des Verfahrens bereits feststehen. Gerade im Hinblick auf ein mögliches oder anvisiertes Verfahrensergebnis ist der Betroffene anzuhören. Insofern ist jede Anhörung im Verwaltungsverfahren in einem gewissen Sinn eine „nachträgliche Anhörung“[68].

Sicher muß angesichts der besonderen Situation, in der sich die Behörde insbesondere während eines anhängigen Gerichtsverfahrens befindet, der erhöhte Druck in Richtung auf eine Aufrechterhaltung des Verwaltungsakts[69] angemessen berücksichtigt werden. Hier wird das Gericht die – vermeintlich – erfolgte Heilung besonders genau zu prüfen haben. Deshalb aber eine Heilung generell für ausgeschlossen zu halten, ginge eindeutig zu weit[70].

Welche Anforderungen an eine wirksame Heilung zu stellen sind, soll hier zunächst allgemein und unabhängig von der Frage, ob und gegebenenfalls wie eine Heilung durch das Widerspruchsverfahren erfolgen kann, behandelt werden. Auf dieser Basis kann dann auch eine Verbindung zum Widerspruchsverfahren gezogen werden.

Eine Heilung kann sicher dadurch bewirkt werden, daß eine dem § 28 VwVfG entsprechende Anhörung durchgeführt wird. In aller Regel, also wenn der Verwaltungsakt nicht zusätzlich an einem formellen Begründungsmangel leidet, reicht es aus, wenn dem Beteiligten der vollständige Inhalt des (bereits erlassenen) Verwaltungsakts zur Kenntnis gegeben wird, was regelmäßig ohnehin schon durch eine Bekanntgabe geschehen sein wird, und er auf seine (nachträgliche) Äußerungsmöglichkeit hingewiesen wird. Ob eine Heilung auch möglich ist, wenn es an einem eindeutigen Hinweis auf die Äußerungsmöglichkeit fehlt, wird noch in Zusammenhang mit der Frage der Heilung durch ein Widerspruchsverfahren zu erörtern sein. Einem „normalen“ Anhörungsverfahren entspricht es jedenfalls nur, wenn die Initiative für die Anhörung von der Behörde ausgeht und dem Beteiligten unmißverständlich deutlich gemacht wird, daß er jetzt die Möglichkeit zur Äußerung besitzt und diese Äußerung bei der Entscheidung oder – wie im Fall der Heilung – bei deren Überprüfung berücksichtigt wird. Daß der Betroffene rein tatsächlich die Möglichkeit zur Äußerung besitzt und die Behörde auch bereit ist, eine Äußerung zu berücksichtigen, reicht noch nicht aus[71].

In jedem Fall sind die Äußerungen und Reaktionen des Beteiligten wie auch sämtliche zwischenzeitlichen Veränderungen der Rechts- und Sachlage zu beach-

---

[68] S. auch *Bettermann*, in: Festschrift für Sendler, S. 183 (196).

[69] Vgl. nur *Ehlers*, Jura 1996, 617 (622); *Hill*, Verfahren, S. 100, 430f.

[70] Selbst rechtspolitisch erscheint die Änderung des § 45 Abs. 2 VwVfG (jedenfalls in allen Verfahren mit öffentlichem oder privatem Interesse an einem zügigen Abschluß) als durchaus nachvollziehbar und sinnvoll. Solange die Einhaltung der Heilungsvoraussetzungen gerichtlich kontrolliert werden kann, liegt keine unzulässige Zurückstellung der Rechte und Interessen des Betroffenen vor, sondern fordern vielmehr die gegenläufigen Interessen eine Möglichkeit zur raschen Fehlerbeseitigung.

[71] Vgl. auch *Laubinger*, VerwArch. 75 (1984), 55 (69f.).

ten[72]. Hinsichtlich der Pflicht zur Beachtung des etwaigen Vorbringens des Betroffenen besteht wohl allgemeines Einvernehmen[73]. Zu einem „Beachten“ gehört sicher nicht nur die Kenntnisnahme, sondern insbesondere die inhaltliche Verarbeitung einschließlich der Notwendigkeit, die entsprechenden Konsequenzen zu ziehen[74]; die Behörde muß den Fall nochmals unvoreingenommen prüfen[75]. So sind sämtliche Auswirkungen der Anhörung auch auf ihre Bedeutung für andere Verfahrensanforderungen, etwa auch die Beteiligung anderer Personen, Behörden, Ausschüsse etc. zu beurteilen. Gegebenenfalls sind insoweit weitere Verfahrensschritte zu wiederholen. Unklar bleibt danach nur der Abschluß dieses „Nachverfahrens“[76]. Angenommen, es haben sich durch die nachgeholte Anhörung keine neuen beachtlichen Gesichtspunkte ergeben und es sind zwischenzeitlich auch keine Veränderungen der Rechts- und Sachlage eingetreten, so fragt sich, ob das Verfahren noch durch eine behördliche Erklärung abgeschlossen werden muß oder die bloße Tatsache der Nachholung zur Heilung ausreicht. Auch wenn bei diesem Ergebnis der Anhörung, sofern sie im Ausgangsverfahren durchgeführt worden wäre, unter Umständen nicht einmal eine Erwähnung in der Verwaltungsaktsbegründung notwendig gewesen wäre, dürfte in einem Nachverfahren eine abschließende Beurteilung der Folgen in einer schriftlichen Ergebnisfeststellung, die den Beteiligten bekanntgegeben wird, erforderlich sein. Nur so kann wirksam geprüft werden, ob die Behörde die zutreffenden Schlüsse aus dem nachgeholten Teil des Verfahrens gezogen hat[77]. Wenn die Ergebnisse der nachgeholten Anhörung zu weiteren Maßnahmen – wie etwa zusätzlichen Sachverhaltsermittlungen – Anlaß geben, gilt das natürlich erst recht. Gehen die Wirkungen der Nachholung dagegen sogar so weit, daß zwar nicht der Tenor, wohl aber die Begründung der Entscheidung modifiziert oder gar ausgetauscht und der Verwaltungsakt neu bekanntgemacht werden muß, fragt sich, ob es sich hier überhaupt noch um eine Heilung gemäß § 45 VwVfG oder nicht vielmehr um einen Neuerlaß oder Änderungsbescheid handelt. Da jedoch nicht anzunehmen ist, daß als Heilung nach § 45 VwVfG nur solche Nachholungen angesehen werden, die sich in keiner Weise auf den Verwaltungsakt (also Entscheidungssatz und Begründung) ausgewirkt haben, dürfte als Abgrenzung zwischen der Heilung des bisherigen Verwaltungsakts und einem neuen Verwaltungsakt die Grenze zum Nachschieben von Gründen geeignet sein. Ist die Behörde aufgrund der neuen Gesichtspunkte gezwungen, den Verwaltungsakt zumindest zu modifizieren, so

---

[72] S. auch *Sachs*, in: Stelkens/Bonk/Sachs, VwVfG, § 45 Rdnr. 83.

[73] Vgl. z.B. BVerwG, Urt. v. 17.8. 1982 – 1 C 22.81, BVerwGE 66, 111 (114) m. w. Nachw.

[74] Vgl. auch *Laubinger*, VerwArch. 72 (1981), 333 (342).

[75] *Schoch*, NVwZ 1983, 249 (253).

[76] Diesen Begriff verwendet z.B. *Kopp*, VwVfG, § 45 Rdnr. 41; zust. OVG Münster, Urt. v. 19. 1. 1981 – 4 A 2718/79, DVBl. 1981, 689 (690) – nachfolgend BVerwG, Urt. v. 17.8. 1982 – 1 C 22.81, BVerwGE 66, 111; *Hufen*, NJW 1982, 2160 (2166).

[77] Dafür auch *Laubinger*, VerwArch. 72 (1981), 333 (342 Fußn. 18).

führt sowohl jede Änderung des Entscheidungssatzes als auch eine Änderung der Begründung, soweit die Entscheidung dort jetzt auf neue, die bisherige Entscheidung noch nicht tragende Gründe gestützt wird, zum Erlaß eines neuen Verwaltungsakts[78]. Als tragender Grund muß auch ein solcher angesehen werden, auf den die Behörde den Verwaltungsakt zusätzlich (sowohl kumulativ als auch alternativ) zu den schon zuvor in der Begründung genannten Gründen stützt[79]. Noch um eine Heilung gemäß §45 VwVfG handelt es sich dagegen, wenn nur die (zwar gemäß §39 VwVfG ausreichende) Begründung etwa hinsichtlich der Ausführungen zu den bereits genannten Gründen ergänzt wird, also etwa die tragenden Ermessenserwägungen nicht verändert wurden. Wenn die Behörde aufgrund des Nachverfahrens eine neue Ermessens- oder Abwägungsentscheidung vornehmen muß, dann sind notwendigerweise auch bei gleichbleibendem Ergebnis die wesentlichen Ermessenserwägungen in die Begründung des Verwaltungsakts aufzunehmen. Das Ergebnis ist dann ein neuer Verwaltungsakt und nicht die Heilung des ursprünglichen Verwaltungsakts.

Abstrakt betrachtet kann das eingeleitete Heilungsverfahren in den Fällen des §45 Abs. 1 Nr. 3 VwVfG (wie auch der Nr. 4 und 5) zu einem Verfahren führen, das, sofern die Entscheidung „im Ergebnis" aufrechterhalten wird, mit einer Heilung, aber auch mit einem Neuerlaß enden kann. Eine Heilung kann nur angenommen werden, wenn die Entscheidung nicht auf neue Gründe gestützt wird. In diesem Sinne sind Verfahrensfehler, deren Beseitigung zu einer neuen Entscheidung zwingt, nicht nach §45 VwVfG heilbar[80]. Das ändert aber nichts an der stets gegebenen Möglichkeit der Fehlerbeseitigung durch Neuerlaß des Verwaltungsakts.

Diese bisher nur allgemeinen Überlegungen bedürfen nunmehr noch einer Übertragung auf die konkrete Verfahrenssituation. So stellt sich häufig die Frage, ob im oder durch ein Widerspruchsverfahren eine Heilung eingetreten ist. Die Problematik der Heilung von Verfahrensfehlern im Widerspruchsverfahren hat gerade im ersten Jahrzehnt nach Erlaß des VwVfG besondere Aufmerksamkeit erfahren. Ausgelöst durch einige höchstrichterliche Entscheidungen[81] finden sich

---

[78] Von einem Zweitbescheid gehen etwa *Erichsen*, in: Erichsen/Ehlers (Hrsg.), Allgemeines Verwaltungsrecht, §20 Rdnr. 16 Fußn. 41, und *Henneke*, in: Knack, VwVfG, §35 Rdnr. 70, bei einer in wesentlichen Punkten neuen bzw. geänderten Begründung aus.

[79] Insofern ergibt sich ein gewisser Unterschied zur Frage der Rechtswidrigkeitsbeurteilung, bei der ein Verwaltungsakt bei alternativen Gründen nur dann wegen eines Begründungsmangels als rechtswidrig anzusehen ist, wenn sämtliche der genannten Gründe den Verwaltungsakt nicht tragen, s. oben §4 C II 3 b aa (S. 169ff.); dort auch zur Abgrenzung zwischen Begründung und Gründen (S. 166ff.).

[80] Ob sich diese Ansicht zumindest im Ergebnis mit der von *Hufen*, JuS 1999, 313 (316), deckt, der auch von „unheilbaren" Fehlern spricht, kann nicht genau gesagt werden.

[81] Vgl. BVerwG, Urt. v. 18. 8. 1977 – V C 8.77, BVerwGE 54, 276 (280); Urt. v. 25. 4. 1979 – 8 C 52.77, BVerwGE 58, 37 (43f.); Urt. v. 17. 8. 1982 – 1 C 22.81, BVerwGE 66, 111 (114); Urt. v. 14. 10. 1982 – 3 C 46.81, BVerwGE 66, 184 (189); Beschl. v. 20. 10. 1982 – 4 B 187.82, DÖV 1983,

aus dieser Zeit eine Reihe von Stellungnahmen in der Literatur[82]. Nach dieser Rechtsprechung soll die fehlende Anhörung grundsätzlich bereits dann als nachgeholt und der Verfahrensfehler als geheilt anzusehen sein, wenn der Beteiligte im Widerspruchsverfahren rein tatsächlich die Möglichkeit gehabt hat, seine Belange geltend zu machen und von dieser Möglichkeit Gebrauch gemacht werde[83]. Allerdings wird dieser Grundsatz bei Ermessensentscheidungen hinsichtlich des Widerspruchsverfahrens vor der Widerspruchsbehörde zum Teil erheblich eingeschränkt. So wird eine Heilung durch die Widerspruchsbehörde (wohl nur) dann für möglich gehalten, wenn die Widerspruchsbehörde nicht nur die Rechtmäßigkeit, sondern – wie im Normalfall – auch die Zweckmäßigkeit zu prüfen, also anstelle der Ausgangsbehörde eine eigene Ermessensentscheidung zu treffen habe[84]. Demgegenüber scheitert die Heilung durch die Widerspruchsbehörde nach einem Urteil des 3. Senats des Bundesverwaltungsgerichts selbst dann, wenn die Widerspruchsbehörde das Ermessen anstelle der Ausgangsbehörde auszuüben habe. Auch hier sei nicht auszuschließen, daß die Ausgangsbehörde eine für den Betroffenen günstigere Entscheidung treffe, als sie die Widerspruchsbehörde treffen würde[85]. Demgegenüber finden sich in der Rechtsprechung auch extreme Gegenpositionen. Sieht man einmal von älteren Entscheidungen aus der Zeit vor Erlaß des VwVfG ab[86], so soll die Heilung mitunter aufgrund von Regelungen über die Anhörung ausgeschlossen sein, die eine Anhörung zwingend vor Erlaß des Bescheids vorschreiben[87].

Im folgenden ist zu klären, welche Anforderungen an das Widerspruchsverfahren zu stellen sind und welche Behörde die Nachholung vornehmen kann, damit von einer Heilung nach § 45 VwVfG auszugehen ist. Da die Rechtsprechung zumindest von einem Teil der Literatur so verstanden wird, als ob die schlichte Durchführung des Vorverfahrens als ausreichend für eine Heilung eines Anhörungsfehlers im Ausgangsverfahren angesehen wird, soll diese Ansicht den Ausgangspunkt der Untersuchung bilden.

Eine vielfach wiederkehrende Argumentation gegen die Heilung infolge einer schlichten Durchführung eines Widerspruchsverfahrens stellt auf den Wortlaut des § 45 Abs. 1, 2 VwVfG ab. § 45 Abs. 1 Nr. 3 VwVfG verlangt die Nachholung

---

246 (247); Urt. v. 18. 10. 1983 – 1 C 13.81, NVwZ 1984, 578; Beschl. v. 17. 7. 1986 – 7 B 6.86, NJW 1987, 143.

[82] Vgl. neben der Kommentarliteratur *Hufen*, NJW 1982, 2160 (2165ff.); *Krasney*, NVwZ 1986, 337 (342f.); *Laubinger*, VerwArch. 72 (1981), 333; *Mandelartz*, DVBl. 1983, 112; *Messerschmidt*, NVwZ 1985, 877 (878f.); *Schoch*, NVwZ 1983, 249.

[83] S. nur BVerwG, Urt. v. 18. 8. 1977 – V C 8.77, BVerwGE 54, 276 (280) – dabei wurde auf § 45 VwVfG, der für das konkrete Verfahren noch nicht galt, verwiesen; Urt. v. 25. 4. 1979 – 8 C 52.77, BVerwGE 58, 37 (43f.).

[84] S. BVerwG, Urt. v. 18. 10. 1983 – 1 C 13.81, NVwZ 1984, 578 (579).

[85] BVerwG, Urt. v. 14. 10. 1982 – 3 C 46.81, BVerwGE 66, 184 (189).

[86] Vgl. etwa BVerwG, Urt. v. 10. 3. 1971 – VIII C 210.67, BVerwGE 37, 307 (309).

[87] S. BVerwG, Urt. v. 11. 5. 1979 – 5 C 17.78, BVerwGE 58, 80; Urt. v. 1. 12. 1982 – 2 C 59.81, BVerwGE 66, 291 (295); s. dazu *Laubinger*, VerwArch. 72 (1981), 333 (338ff.).

der erforderlichen Anhörung. Insbesondere in Verbindung mit der ersten Fassung des §45 Abs. 2 VwVfG, nach der die zeitliche Grenze des Abschlusses des Vorverfahrens geregelt war, könnte das dafür sprechen, daß auch bei Durchführung des Vorverfahrens noch eine Nachholung für erforderlich gehalten wurde. Schließlich hieß es in §45 Abs. 2 VwVfG (erste Fassung) „bis zum Abschluß des Vorverfahrens" und nicht „*durch* das Vorverfahren"[88]. Weiter wurde, wie sich aus §45 Abs. 2 VwVfG (erste Fassung) ergibt, sowohl für die Fälle mit als auch diejenigen ohne Vorverfahren jeweils das Nachholen zwingend vorgeschrieben. Folgender Schluß scheint deshalb zwingend: Hätte das Gesetz allein schon die Durchführung eines Vorverfahrens als ausreichend ansehen wollen, so wäre doch wohl nur eine Verpflichtung zur Nachholung zu normieren gewesen, wenn ein Vorverfahren vor Erhebung der Klage nicht vorgeschrieben ist.

Diese Überlegungen deuten aber bereits die Schwäche der Argumentation an. Sie übersieht aus der verengten Perspektive auf die fehlende oder fehlerhafte Anhörung, daß §45 Abs. 2 VwVfG noch weitere der in Absatz 1 genannten Fälle erfaßt. Deshalb folgt aus Absatz 2 auch keineswegs zwingend die Notwendigkeit einer gesonderten Nachholung der Anhörung im oder während des Widerspruchsverfahrens. Allein aus dem Umstand, daß §45 Abs. 1 Nr. 3, Abs. 2 VwVfG von Nachholung spricht, lassen sich weder eine Pflicht zur Nachholung in allen Fällen noch irgendwelche Anforderungen an die Art der Nachholung ableiten.

Das zeigt schon der Formverstoß der fehlenden Begründung, der durch Nachholung gemäß §45 Abs. 1 Nr. 2 VwVfG geheilt werden kann. Obwohl der Gesetzgeber auch für diesen Fall keine differenzierende Regelung in §45 Abs. 2 VwVfG getroffen hat, dürfte wohl bisher kaum vertreten worden sein, die (ordnungsgemäße) Begründung des Widerspruchsbescheids heile nicht den Begründungsmangel des Ausgangsbescheids. §45 Abs. 2 VwVfG behält (in seiner ursprünglichen Fassung) deshalb auch dann noch seinen Sinn, wenn das Gesetz die Möglichkeit einer Nachholung *durch* das Widerspruchsverfahren nicht ausschließen wollte. Hinsichtlich der beiden weiteren Fälle in §45 Abs. 1 Nr. 4 und 5 VwVfG wird nämlich – anders als in den Fällen des Begründungs- und des Anhörungsmangels – auch durch ein ordnungsgemäßes Widerspruchsverfahren nicht oder zumindest nicht notwendig die Beschlußfassung eines Ausschusses oder die Mitwirkung einer anderen Behörde nachgeholt. Vor diesem Hintergrund kann wohl aus dem Umstand, daß der Gesetzgeber keine getrennten Regelungen für die einzelnen Fälle des Absatzes 1 in Absatz 2 getroffen hat, noch nicht abgeleitet werden, er habe durch Absatz 2 die Nachholung der Begründung *durch* das Vorverfahren ausschließen wollen. Auch wenn wohl richtigerweise in einem solchen Fall nicht wirklich von einer „Nachholung" gesprochen werden

[88] So z.B. *Mandelartz*, DVBl. 1983, 112 (116); *Meyer*, NVwZ 1986, 513 (518); *Hufen*, Fehler im Verwaltungsverfahren, Rdnr. 609.

kann, war kaum eine differenzierte Regelung im Hinblick auf die Fälle der Begründungs- und Anhörungsfehler erforderlich, je nachdem, ob ein Vorverfahren stattfindet oder nicht. Im Ergebnis sagt folglich auch die (frühere) Fassung des §45 Abs. 2 VwVfG („*bis* zum Abschluß eines Vorverfahrens") nichts über die Anforderungen an die Nachholung aus[89]. Wie gerade die heutige Fassung des §45 Abs. 2 VwVfG belegt, besteht seine Funktion allein in der Regelung der zeitlichen Grenze der Heilung.

Hinsichtlich der inhaltlichen Anforderungen an die Anhörung im Widerspruchsverfahren oder auch außerhalb desselben ist an die vorausgehenden Überlegungen anzuknüpfen. Die Behörde hat den Beteiligten Gelegenheit zur Äußerung zu geben. Bei einer rechtzeitigen Anhörung im Ausgangsverfahren muß die Initiative typischerweise zunächst von der Behörde ausgehen, sie muß den „Anstoß" zur Äußerung geben, in der Regel durch eine Mitteilung, daß Gelegenheit zur Äußerung besteht. Fraglich erscheint, ob diese Anstoßfunktion bereits im Fall eines mit ordnungsgemäßer Rechtsbehelfsbelehrung versehenen Bescheids gegeben ist[90]. Zweifellos nicht ausreichend wäre es, wenn der Verwaltungsakt entweder keine ordnungsgemäße Rechtsbehelfsbelehrung enthält oder nicht mit einer ausreichenden Begründung versehen ist. In diesem Fall ist dem Betroffenen entweder die Möglichkeit einer Äußerung oder der Sachverhalt, zu dem er sich äußern kann, nicht von vornherein klar. Aber selbst wenn beide Bedingungen erfüllt sind, bestehen größte Bedenken, allein die Bekanntgabe des Verwaltungsakts als ausreichende Mitteilung anzusehen, daß jetzt die Möglichkeit zu einer Äußerung besteht, die noch Beachtung bei der Entscheidung findet. Auf den Betroffenen wirkt die Bekanntgabe des Verwaltungsakts nämlich ganz anders, so wie sie nach ihrem objektiven Erklärungsgehalt auch wirken soll, als Entscheidung eines für die Behörde abgeschlossenen Falles. Nach dieser Erklärung der Behörde wird er nicht annehmen, die Behörde werde seine Äußerungen zum Anlaß nehmen, die eigene Entscheidung noch einmal zu überdenken. Manchen wird das auch davon abbringen, Rechtsmittel einzulegen, da „ohnehin nichts mehr zu machen ist". Die Bekanntgabe des Verwaltungsakts erfüllt daher in keiner Weise die Anforderungen an die Durchführung einer Anhörung. Sie ist geradezu das Gegenteil des Angebots zu einer Stellungnahme, die noch die Entscheidung beeinflussen könnte[91].

Das heißt nun allerdings noch nicht, wie teilweise wohl angenommen wird, der Anhörungsmangel könne deshalb auch nicht im oder durch das Widerspruchs-

---

[89] So im Ergebnis auch *Schoch*, NVwZ 1983, 249 (254).

[90] So BVerwG, Urt. v. 17.8. 1982 – 1 C 22.81, BVerwGE 66, 111.

[91] Insofern zutreffend BVerwG, Urt. v. 10.3. 1971 – VIII C 210.67, BVerwGE 37, 307 (310); s. auch *Schoch*, NVwZ 1983, 249 (254); zweifelnd *Weides*, JA 1984, 648 (657f.), der aber die nähere Beschäftigung mit dieser Fallkonstellation für müßig hält, da hier der Verwaltungsakt unanfechtbar wird.

verfahren geheilt werden. Auch wenn die Behörde mit dem Verwaltungsakterlaß das Nachholen der Anhörung nicht in ausreichender Form eingeleitet hat, kann diese Anhörung dann noch nachgeholt werden, wenn sich der Betroffene – quasi von sich aus – im Wege eines Widerspruchs entsprechend geäußert hat[92]. Daher ist auch die verbreitete Forderung, der Betroffene müsse sich, damit von einer Heilung auszugehen ist, auch tatsächlich geäußert haben[93], keineswegs inkonsequent, wie mitunter angenommen wird[94]. Die Möglichkeit, sich zu äußern, reicht für eine ordnungsgemäße Anhörung nämlich nur dann aus, wenn dem Betroffenen diese Möglichkeit zuvor auch für ihn unmißverständlich eingeräumt wurde. Damit wird nicht etwa die Heilung in das Belieben des Betroffenen gestellt[95], sondern nur die notwendige Konsequenz aus der unzureichenden Einleitung des Nachverfahrens gezogen. Legt der Betroffene keinen Widerspruch ein, bleibt der Fehler bestehen, und der Verfahrensfehler ist nicht etwa mit Eintritt der Bestandskraft geheilt. Wird der Widerspruch nicht begründet[96], reicht auch die Durchführung des Widerspruchsverfahrens noch nicht aus. Darin unterscheidet sich der Fall gerade von einem ordnungsgemäß eingeleiteten „Anhörungsverfahren“, in dem die Behörde den deutlichen Anstoß zur Äußerung gibt. Nur in diesem Fall kommt es nicht darauf an, ob sich der Betroffene äußert oder nicht.

Liegt ein mit einer Begründung versehener Widerspruch vor, ist weiter zu fragen, welche Anforderungen hier an das Widerspruchsverfahren beziehungsweise an den Widerspruchsbescheid zu stellen sind, damit von einer Heilung ausgegangen werden kann. In Übereinstimmung mit den oben zunächst allgemein formulierten Anforderungen an die Nachholung muß erkennbar und gerichtlich nachprüfbar sein, daß eine sachliche Auseinandersetzung mit der Äußerung stattgefunden hat. Im Widerspruchsverfahren kann dies sowohl durch die Ausgangsbehörde bei der Entscheidung, ob dem Widerspruch abgeholfen werden soll, als auch – im Fall der eigenen Möglichkeit zur Heilung – durch die Widerspruchsbehörde im Rahmen des Widerspruchsbescheids erfolgen. Für eine Heilung durch die Ausgangsbehörde muß diese dem Betroffenen auch die Entscheidung über die Ablehnung der Abhilfe mit dieser Begründung bekanntmachen, die nicht nur auf die Äußerungen des Betroffenen eingeht, sondern auch auf den Umstand der damit verbundenen Nachholung der Anhörung. Fehlt es daran bei der Ablehnung der Abhilfe, kann die Heilung gegebenenfalls noch durch den Widerspruchsbescheid erfolgen, sofern dieser die genannten Anforderungen erfüllt. Zu verlangen

---

[92] Die Äußerung kann theoretisch auch außerhalb eines Widerspruchsverfahrens erfolgen, nur wird sie dann in der Regel zugleich als Widerspruch auszulegen sein.

[93] BVerwG, Urt. v. 18.8. 1977 – V C 8.77, BVerwGE 54, 276 (280); Urt. v. 25.4. 1979 – 8 C 52.77, BVerwGE 58, 37 (43f.); vgl. *Meyer*, in: Meyer/Borgs, VwVfG, §45 Rdnr. 22.

[94] So *Mandelartz*, DVBl. 1983, 112 (116).

[95] So aber *Mandelartz*, DVBl. 1983, 112 (116).

[96] Eine Pflicht zur Begründung des Widerspruchs kennt das Gesetz nicht.

ist stets, daß der Bescheid die inhaltliche Auseinandersetzung mit der Äußerung des Betroffenen erkennen läßt[97].

Während des gerichtlichen Verfahrens, gleich ob im Eil- oder im Hauptsacheverfahren, besteht aufgrund der Regelung des § 45 Abs. 2 VwVfG n.F. solange die Heilungsmöglichkeit, wie der Rechtsstreit vor den Tatsacheninstanzen noch nicht beendet ist. Auch hier geht es aber immer nur um eine Heilung durch die Behörde. Die Gewährung rechtlichen Gehörs vor dem Gericht gemäß Art. 103 Abs. 1 GG bewirkt noch keine materiellrechtliche Heilung. Nachgeholt werden kann die Anhörung nur durch die Behörde und nicht durch das Gericht[98], wie das etwa zu Unrecht für Sachverhaltsermittlungsdefizite bei gebundenen Verwaltungsakten befürwortet wird[99]. Das belegt auch die bis zum 31. 12. 2001 geltende (bedenkliche) Regelung des § 94 S. 2 VwGO, die dem Gericht auf Antrag die Möglichkeit gab, das Verfahren zur Heilung von Verfahrens- und Formfehlern auszusetzen. Die Aufhebung der Norm, die zudem eine ganz andere Zielrichtung hatte[100], hat an dieser Rechtslage nichts geändert. Allerdings kann die Behörde die Äußerungen des Beteiligten vor Gericht als Äußerungen im Rahmen einer Anhörung bewerten. Eine Heilung kann aber erst eintreten, wenn die Behörde die Äußerungen angemessen gewürdigt und eine Entscheidung über deren Bedeutung getroffen hat. Diese Entscheidung einschließlich der Begründung ist dem Beteiligten mitzuteilen. Diese Anforderungen mögen dem Praktiker auf den ersten Blick teilweise als unnötige Förmelei erscheinen. Doch kommen ihnen wichtige Funktionen zu: Es reicht angesichts der notwendigen klaren Trennung von verwaltungsbehördlicher und verwaltungsgerichtlicher Tätigkeit gerade nicht aus, daß Argumente ausgetauscht werden und das Verwaltungsgericht auf dieser Basis eine Sachentscheidung treffen kann. Zum einen würden bei einer solchen Sichtweise die Grenzen der Aufgaben der Verwaltungsgerichte, die auf die Kontrolle der Verwaltungstätigkeit gerichtet sind, überschritten. Zum anderen besteht der Zweck der Anhörung – wie oben bereits mehrfach ausgeführt – nicht allein in der Möglichkeit der Äußerung zu einer geplanten Verwaltungsmaßnahme, sondern nicht zuletzt auch in der Einräumung der Möglichkeit, auf die geplante Maßnahme zu reagieren und damit gegebenenfalls auch die maßgebliche Tatsachengrundlage für die Entscheidung noch zu verändern. Triviale Beispiele sind die Änderung oder die Rücknahme eines Antrags nach Darlegung der in Aussicht gestellten Behördenentscheidung.

Die umstrittene Abgrenzung der Kompetenzen von Ausgangs- und Widerspruchsbehörde für die Heilung von Verfahrensfehlern richtet sich maßgeblich

---

[97] Wohl bereits für ausreichend hält es *Weides*, JA 1984, 648 (658), wenn der Betroffene auf alle entscheidungsrelevanten Tatsachen des Bescheides eingeht.

[98] Ebenso *Hufen*, JuS 1999, 313 (317).

[99] S. dazu näher oben § 4 B II 3 (S. 149ff.).

[100] S. Beschlußempfehlung und Bericht des Rechtsausschusses v. 14.11. 2001, BT-Drs. 14/7474, S. 15 („Die Regelung ... hat sich nicht bewährt.“).

nach der Sachentscheidungs- oder Verfügungsbefugnis über den Verwaltungsakt[101]. Ohne diese Thematik hier näher behandeln zu können, erscheint die Kompetenz der Ausgangsbehörde unproblematisch, soweit diese auch über den Verfahrensgegenstand verfügen kann[102]. Eine Kompetenz der Widerspruchsbehörde kommt nur nach Ende des Abhilfeverfahrens mit Eintritt des Devolutiveffekts in Betracht. Eingeschränkt ist deren Kompetenz aber, soweit sie auf eine Rechtmäßigkeitskontrolle beschränkt ist[103].

2. *Abschließende Aufzählung der heilbaren Fehler oder Möglichkeit der analogen Anwendung?*

Über den abschließenden Charakter der Heilungsmöglichkeiten nach §45 VwVfG scheint auf den ersten Blick weitgehend Einigkeit zu bestehen[104]. Bei näherer Hinsicht sind die Meinungen aber überaus geteilt. Neben einzelnen ausdrücklichen Gegenstimmen, die die Fälle des §45 Abs. 1 VwVfG generell für analogiefähig halten[105], wird darüber hinaus in zahlreichen Konstellationen – teilweise auch von den Vertretern der herrschenden Meinung – die analoge Anwendung des §45 VwVfG befürwortet. Das gilt zum einen, wenn Verfahrensanforderungen aus dem Fachrecht nicht erfüllt werden, auf die das VwVfG grundsätzlich keine Anwendung findet, die aber einem der Fälle des §45 Abs. 1 VwVfG entsprechen oder mit diesem vergleichbar sind[106]. Diskutiert wird insoweit auch, ob ana-

---

[101] Vgl. dazu *Kopp/Schenke*, VwGO, §73 Rdnr. 3 m. w. Nachw.

[102] Weitergehend für eine stetige Kompetenz der Ausgangsbehörde etwa *Schoch*, NVwZ 1983, 249 (255).

[103] Vgl. auch *Schoch*, NVwZ 1983, 249 (255); *Hufen*, Fehler im Verwaltungsverfahren, Rdnr. 604 m. w. Nachw.; die weitergehende Beschränkung nach Ansicht von BVerwG, Urt. v. 14. 10. 1982 – 3 C 46.81, BVerwGE 66, 184 (189), nach der bei Ermessensverwaltungsakten generell nur die Ausgangsbehörde zuständig sei (ebenso *Weides*, JA 1984, 648 [659]), erscheint nicht überzeugend, da die Widerspruchsbehörde eine eigene Ermessensentscheidung zu treffen hat und auch die Ausgangsbehörde praktisch in beachtlichem Umfang „vorentschieden" ist.

[104] S. nur *Badura*, in: Erichsen/Ehlers (Hrsg.), Allgemeines Verwaltungsrecht, §38 Rdnr. 38; *Cloosters*, Rechtsschutz Dritter gegen Verfahrensfehler, S. 85ff.; *Hill*, Das fehlerhafte Verfahren, S. 98; *Hufen*, Fehler im Verwaltungsverfahren, Rdnr. 597; *Kopp*, VwVfG, §45 Rdnr. 12; *Meyer*, NVwZ 1986, 513 (519); *ders.*, in: Meyer/Borgs, VwVfG, §45 Rdnr. 6; *Hub. Meyer*, in: Knack, VwVfG, §45 Rdnr. 18; *Redeker*, NVwZ 1997, 625 (626); *v. Rosenberg*, Probleme drittbelastender Verfahrensfehler, S. 99ff.; *Schäfer*, in: Obermayer, VwVfG, §45 Rdnr. 5; *Sodan*, DVBl. 1999, 729 (732); *Storost*, NVwZ 1998, 797 (799); *Wolff/Bachof/Stober*, Verwaltungsrecht, Bd. 2, §49 Rdnr. 65; für §41 SGB X z.B. *Krause*, in: GK-SGB X 1, §41 Rdnr. 5; *Recht*, in: Hauck/Noftz, SGB X 1, 2, §41 Rdnr. 5; *Steinwedel*, Kasseler Kommentar, SGB X, §41 Rdnr. 3f.; *Wiesner*, in: v. Wulffen, SGB X, §41 Rdnr. 2, der allerdings für §45 VwVfG angesichts eines angeblich abweichenden Wortlauts („insbesondere") vom Gegenteil ausgeht – hier dürfte wohl eine Verwechslung mit den Unterschieden zwischen §28 Abs. 2 VwVfG und §24 Abs. 2 SGB X vorliegen.

[105] So *Kopp/Ramsauer*, VwVfG, §45 Rdnr. 9; *Sachs*, in: Stelkens/Bonk/Sachs, VwVfG, §45 Rdnr. 151ff.; *Bader*, NVwZ 1998, 674 (675f.); *Messerschmidt*, NVwZ 1985, 877 (878).

[106] Vgl. *Hufen*, Fehler im Verwaltungsverfahren, Rdnr. 597, der es im übrigen auch für eine interessante Frage hält, ob die fehlende Beteiligung als solche geheilt werden kann; dagegen etwa

log § 45 Abs. 1 Nr. 5 VwVfG das fehlende Einvernehmen gemäß § 36 BauGB[107] oder ein Ausschußbeschluß, der mangels Beschlußfähigkeit zunächst unwirksam war, analog § 45 Abs. 1 Nr. 4 VwVfG nachgeholt werden kann[108]. Ein weiteres Beispiel einer Analogie, hier des § 45 Abs. 1 Nr. 3 VwVfG, findet sich in der Rechtsprechung des Bundesverwaltungsgerichts für die Versäumung der mündlichen Verhandlung im förmlichen Verwaltungsverfahren[109]. Insgesamt gesehen handelt es sich aber wohl nur um Einzelfälle, in denen die Rechtsprechung und Teile der Literatur die analoge Anwendbarkeit befürworten.

Durchschlagende Argumente für die eine oder andere Ansicht lassen sich kaum finden. Der Wortlaut des § 45 Abs. 1 VwVfG gibt keinen eindeutigen Aufschluß. Sicher ist danach nur, daß eine direkte Anwendung des § 45 Abs. 1 VwVfG nur in den dort genannten Fällen möglich ist. Die Aufzählung enthält nämlich nicht nur beliebige Fälle nachholbarer Verfahrenshandlungen im Sinne von Regelbeispielen, sondern einen enumerativen Katalog. Damit läßt sich aber noch nicht auf die fehlende Analogiefähigkeit, sondern nur auf die Beschränkung der direkten Anwendbarkeit schließen. Die ganz überwiegende Tendenz zur Ablehnung einer analogen Anwendung resultiert wohl maßgeblich aus der Überlegung, § 45 VwVfG beschränke die Fehlerfolgen und sei wegen der ohnehin bestehenden Bedenken notwendig eng und restriktiv auszulegen. Diese Bedenken sind, wie die obigen Ausführungen gezeigt haben, insbesondere deshalb wohl überzogen, weil dabei die jederzeitige Möglichkeit einer Fehlerbeseitigung durch Neuerlaß eines Verwaltungsakts übersehen wird. Auch dieser Neuerlaß verlangt nicht etwa die Wiederholung des kompletten Verfahrens. Die Behörde ist in der Lage, das bereits abgeschlossene Verfahren in dem Stadium wiederaufzugreifen, in dem der Verfahrensfehler aufgetreten ist. Das wiederaufgegriffene Verfahren wird dann nach seiner vollständigen Absolvierung mit einer neuen Sachentscheidung abgeschlossen. Einer solchen Sachentscheidung kommen lediglich nicht die Wirkungen des § 45 VwVfG zu. Die erste fehlerhafte Entscheidung wird nicht als geheilt und identisch mit der zweiten Entscheidung angesehen.

Im Ergebnis kann, wie etwa auch die Beispiele der Versäumung der mündlichen Verhandlung im förmlichen Verwaltungsverfahren oder der mangels Beschlußfähigkeit unwirksame Ausschußbeschluß zeigen, die Analogiefähigkeit des § 45 VwVfG nicht allgemein verneint werden. Sofern im Einzelfall die Ver-

---

Sachs, in: Stelkens/Bonk/Sachs, VwVfG, § 45 Rdnr. 155. Insoweit findet sich eine ausdrückliche Bestimmung in § 41 Abs. 1 Nr. 6 SGB X.

[107] Dafür etwa *Sachs*, in: Stelkens/Bonk/Sachs, VwVfG, Rdnr. 99; a. A. *v. Rosenberg*, Probleme drittbelastender Verfahrensfehler, S. 89. Möglicherweise kann aber auch die Gemeinde als Behörde i. S. d. § 45 Abs. 1 Nr. 5 VwVfG angesehen und die Regelung direkt angewendet werden.

[108] *Sachs*, in: Stelkens/Bonk/Sachs, VwVfG, § 45 Rdnr. 93; früher schon *Bender*, DÖV 1965, 446 (448).

[109] BVerwG, Urt. v. 18. 10. 1983 – 1 C 13.81, NVwZ 1984, 578 (579).

gleichbarkeit mit einem der in § 45 Abs. 1 VwVfG genannten Fälle gegeben ist, besteht auch die Möglichkeit zur Heilung analog § 45 VwVfG.

Nicht recht zu überzeugen vermag dagegen die Auffassung, nach der sämtliche Verfahrensfehler durch Nachholung des versäumten oder fehlerhaften Verfahrenselements geheilt werden können, wenn sich die Heilung nicht aus der Natur der jeweiligen Verfahrensvorschrift verbietet, insbesondere der Betroffene nicht in der Wahrnehmung seiner Rechte beeinträchtigt und der Zweck der Regelung nicht vereitelt wird[110]. Diese Ansicht wird wesentlich auf die Rechtsprechung des Bundesverwaltungsgerichts aus der Zeit vor Erlaß des VwVfG gestützt[111], die nicht mehr aussagekräftig ist. Das einzige angeführte „aktuelle" Beispiel betrifft dagegen einen Fall eines Verfahrensverstoßes im Rahmen der Einleitung eines wehrdisziplinargerichtlichen Verfahrens[112], das mit dem Verwaltungsverfahren nicht vergleichbar erscheint.

V. Rechtsfolgen der Heilung nach § 45 Abs. 1 VwVfG

1. Rechtmäßigkeit des geheilten Verwaltungsakts

Es entspricht wohl einhelliger Auffassung, daß die Nachholung der in § 45 Abs. 1 VwVfG genannten Verfahrenshandlungen einen rechtswidrigen zu einem rechtmäßigen Verwaltungsakt macht[113]. Auch wenn man sich über die Wirkungsmodalitäten (ex tunc oder ex nunc[114]) nicht einig ist, ändert sich deshalb noch nichts an der Auffassung über die jedenfalls ab dem Zeitpunkt der Nachholung eintretende Rechtmäßigkeit des zuvor rechtswidrigen Verwaltungsakts. Eine solche Einschätzung läßt sich allein dem Wortlaut von § 45 Abs. 1 VwVfG aber wohl noch nicht entnehmen. In § 45 Abs. 1 VwVfG wird nur die „Unbeachtlichkeit" eines Verfahrensverstoßes angeordnet[115]. Allein diese Anordnung erweist sich als wenig präzise. Gerade vor dem Hintergrund einer geläufigen Bezeichnung von Vorschriften wie § 46 VwVfG als Bestimmungen über die „Unbeachtlichkeit" von Rechtsverstößen[116] erscheint die Terminologie des § 45 Abs. 1 VwVfG nicht eindeutig. § 45 VwVfG könnte deshalb auch allein als Ausschluß des Aufhe-

---

[110] S. *Sachs*, in: Stelkens/Bonk/Sachs, VwVfG, § 45 Rdnr. 151.

[111] S. BVerwG, Urt. v. 8.7. 1959 – VI C 288.57, BVerwGE 9, 69; Urt. v. 13.12. 1963 – VI C 203.61, BVerwGE 17, 279; Urt. v. 28.8. 1964 – VI C 35.62, BVerwGE 19, 216 (221 ff.); Beschl. v. 8.1. 1992 – 2 WDB 17.91, BVerwGE 93, 222 (227).

[112] Vgl. BVerwG, Beschl. v. 8.1. 1992 – 2 WDB 17.91, BVerwGE 93, 222.

[113] Vgl. stellv. *Maurer*, Allgemeines Verwaltungsrecht, § 10 Rdnr. 39; *Hub. Meyer*, in: Knack, VwVfG, § 45 Rdnr. 15; *Schäfer*, in: Obermayer, VwVfG, § 45 Rdnr. 3; *Schoch*, NVwZ 1983, 249 (253); *Ule/Laubinger*, Verwaltungsverfahrensrecht, § 58 Rdnr. 3; *Wolff/Bachof/Stober*, Verwaltungsrecht, Bd. 2, § 49 Rdnr. 65.

[114] Vgl. dazu im folgenden unter 2.

[115] Darauf weist *Messerschmidt*, NVwZ 1985, 877 (878), hin.

[116] Vgl. z.B. *Ronellenfitsch*, in: Festschrift für Blümel, S. 497 (511 ff.); *Schnapp*, SGb. 1988, 309 (312); *Sodan*, DVBl. 1999, 729 (Aufsatztitel, 734, 738).

bungsanspruchs zu verstehen sein[117]. In diesem Fall bliebe es bei der Rechtswidrigkeit des Verwaltungsakts auch für die Zukunft. Daß eine solche Auslegung nicht unter Hinweis auf § 113 Abs. 1 S. 1 VwGO abgelehnt werden kann[118], zeigt schon der Fall des § 46 VwVfG, dessen Anwendbarkeit mittlerweile nach nahezu einhelliger Ansicht nicht zum Ausschluß der Rechtswidrigkeit des Verwaltungsakts führt[119].

Näheren Aufschluß über die Rechtsfolgen der Nachholung der fehlenden oder fehlerhaften Verfahrenshandlung gibt allerdings die gesetzliche Überschrift des § 45 VwVfG, die von einer „Heilung" spricht. In Verbindung mit der Überschrift erscheint der Wortlaut der Bestimmung eindeutig: Von einer Heilung kann nur gesprochen werden, wenn der Fehler als nicht mehr existent angesehen wird, also „geheilt" ist. Der verfahrensfehlerhaft erlassene und daher rechtswidrige Verwaltungsakt wird infolge einer Nachholung der fehlenden oder fehlerhaften Verfahrenshandlung nach § 45 Abs. 1 VwVfG zu einem rechtmäßigen Verwaltungsakt.

2. *Rechtmäßigkeit ex nunc*

Umstritten ist bis heute auch die Wirkung der Heilung in zeitlicher Hinsicht. Während ein erheblicher Teil der Literatur wie auch das Bundessozialgericht[120] für die Parallelnorm des § 41 SGB X von einer rückwirkenden Heilung, einer Heilung „ex tunc" ausgeht[121], spricht sich ein wohl mindestens ebenso großer Teil für eine Wirkung „ex nunc" aus[122]. Andere wiederum wollen differenzieren[123] oder

[117] So offenbar *J. Ipsen*, Allgemeines Verwaltungsrecht, Rdnr. 700, ohne allerdings zu sagen, es bleibe auch bei einem unbeachtlichen Verstoß gemäß § 45 Abs. 1 VwVfG bei der Rechtswidrigkeit des Verwaltungsakts.

[118] So aber *Messerschmidt*, NVwZ 1985, 877 (878).

[119] Vgl. oben § 4 B I (S. 137ff.).

[120] BSG, Beschl. v. 6. 10. 1994 – GS 1/91, BSGE 75, 159.

[121] Vgl. *Decker*, JA 1999, 156; *H.-D. Horn*, Die Verwaltung 25 (1992), 203 (206 m. Fußn. 19); *M. Jachmann*, Die Fiktion im Öffentlichen Recht, S. 500; *Maurer*, Allgemeines Verwaltungsrecht, § 10 Rdnr. 39: Unbeachtlichkeit kommt im Ergebnis der ex-tunc-Wirkung gleich; *Hub. Meyer*, in: Knack, VwVfG, § 45 Rdnr. 15; *Sachs*, in: Stelkens/Bonk/Sachs, VwVfG, § 45 Rdnr. 18; zu § 41 SGB X: *Steinwedel*, Kasseler Kommentar, SGB X, § 41 Rdnr. 9; zu § 126 AO: *Brockmeyer*, in: Klein, AO, § 126 Rdnr. 2 (mit der merkwürdigen Aussage, der Verwaltungsakt habe von Anfang an die Vermutung der Gültigkeit und Rechtmäßigkeit für sich).

[122] S. *Eibert*, Die formelle Rechtswidrigkeit, S. 143–148; *Hill*, Das fehlerhafte Verfahren, S. 98; *Hufen*, Fehler im Verwaltungsverfahren, Rdnr. 613; *ders.*, JuS 1999, 313 (318); *Kischel*, Folgen von Begründungsfehlern, S. 160f.; *Kopp/Ramsauer*, VwVfG, § 45 Rdnr. 14; *Kopp/Schenke*, VwGO, § 113 Rdnr. 49, 59; *Meyer*, in: Meyer/Borgs, VwVfG, § 45 Rdnr. 12; *W.-R. Schenke*, Verwaltungsprozeßrecht, Rdnr. 804; *ders.*, VerwArch. 91 (2000), 587 (598f.); *Ule/Laubinger*, Verwaltungsverfahrensrecht, § 58 Rdnr. 16 (Voraufl. noch a.A.); *Wallerath*, Allgemeines Verwaltungsrecht, § 7 Rdnr. 144; zu § 41 SGB X: *Krause*, in: GK SGB X 1, § 41 Rdnr. 8. Zuletzt auch *Martin*, Heilung von Verfahrensfehlern im Verwaltungsverfahren, S. 266, der allerdings fälschlicherweise diese Wirkung für die Zukunft als Heilung „ex tunc" bezeichnet.

[123] S. *Messerschmidt*, NVwZ 1985, 877f. (ex tunc: Nr. 1, 5; ex nunc: Nr. 2, 3).

lassen die Frage im Hinblick auf eine angeblich fehlende oder geringe praktische Bedeutung offen[124].

Von einer fehlenden praktischen Relevanz dieser Frage ist schon die amtliche Begründung des Gesetzentwurfs ausgegangen, nach der von einer Bestimmung, daß die nachgeholte Verfahrenshandlung den Verwaltungsakt von Anfang an rechtmäßig mache, abgesehen wurde, „da diese Frage allenfalls von rechtstheoretischem, nicht aber von praktischem Interesse sein dürfte“[125]. Dieser durchaus verbreiteten Einschätzung kann nicht zugestimmt werden. Sofern der Heilung eine Wirkung ex tunc zukäme, so wäre der verfahrensfehlerhaft erlassene Verwaltungsakt mit dem Eintritt der Heilung als von Anfang an rechtmäßig anzusehen, was erhebliche Folgewirkungen auslösen kann. Zwar kann auch bei der Heilung ex tunc eine gerichtliche Feststellung der Rechtswidrigkeit des Verwaltungsakts (bis zum Eintritt der Heilung) analog §113 Abs.1 S.4 VwGO erfolgen, sofern nicht im Einzelfall ein Feststellungsinteresse verneint werden muß[126]. Das zeigt bereits die Möglichkeit der Feststellung der Rechtswidrigkeit im Fall der Erledigung des Verwaltungsakts durch eine rückwirkende behördliche Aufhebung. Relevante Unterschiede bestehen aber etwa darin, daß bei einer ex-tunc-Wirkung eine Aufhebung des ursprünglich rechtswidrigen Verwaltungsakts bis zum Zeitpunkt des Heilungsereignisses ausgeschlossen ist. Die Existenz eines solchen, auf einen bestimmten Zeitraum begrenzten Aufhebungsanspruchs kann vor allem bei Dauerverwaltungsakten oder auch bei sonstigen Verwaltungsakten von Relevanz sein, wenn an die Fortexistenz des Verwaltungsakts bis zum Zeitpunkt der Heilung weitere Rechtsfolgen, etwa die Existenz von Kostenersatzansprüchen gekoppelt sind[127]. Zur Illustration seien zwei Beispiele gebildet, von denen das erste dem Sozialrecht angehört.

(1) Bei der behördeninternen Überprüfung eines bestandskräftigen Rentenbescheids wird durch den Rentenversicherungsträger festgestellt, daß bei der Ermittlung der für die Rentenhöhe maßgeblichen persönlichen Entgeltpunkte für Beitragszeiten (§§66, 70 SGB VI) Beschäftigungszeiten im Beitrittsgebiet berücksichtigt, aber tatsächlich nicht ausreichend glaubhaft gemacht wurden (§§256 b, 286 b SGB VI). Daraufhin kürzt der Rentenversicherungsträger die Rente durch einen Änderungsbescheid, der materiell rechtmäßig auf §45 Abs.1, 2, 3 SGB X gestützt wird, mit Wirkung ab dem auf die Bekanntgabe des Bescheids folgenden Monat. Unterlassen wurde jedoch vor Erlaß des Änderungsbescheids die erforderliche Anhörung des Rentners gemäß §24 Abs.1 SGB X. Wird diese Anhörung

[124] Vgl. *Schäfer*, in: Obermayer, VwVfG, §45 Rdnr.76; nicht zuzuordnen: *Recht*, in: Hauck/Noftz, SGB X 1, 2, §41 Rdnr.7; ebenso *Wiesner*, in: v. Wulffen, SGB X, §41 Rdnr.3.

[125] Begr., BT-Drs. 7/910, S.65.

[126] Insoweit zutreffend etwa *Sachs*, in: Stelkens/Bonk/Sachs, VwVfG, §45 Rdnr.19; *H.-D. Horn*, Die Verwaltung 25 (1992), 203 (206 Fußn. 19).

[127] S. auch *Kopp/Schenke*, VwGO, §113 Rdnr.49, 102.

nunmehr im Widerspruchs- oder Klageverfahren wirksam[128] nachgeholt, ohne daß das Ergebnis der Anhörung zu einer Änderung des Bescheides Anlaß gegeben hätte, so tritt die Wirkung der Heilung gemäß § 41 SGB X ein.

Handelt es sich um eine Wirkung ex tunc, wird der Verwaltungsakt also von Anfang an rechtmäßig, kann der Betroffene die Aufhebung des Verwaltungsakts auch nicht bis zum Zeitpunkt des Eintritts der Heilung mit den Konsequenzen für das Behaltendürfen der höheren Rentenleistungen beanspruchen. Träte dagegen die Rechtsfolge der Heilung ex nunc ein, bestünde der Aufhebungsanspruch für die zeit bis zum Eintritt der Heilung fort und der Rentner hätte im Ergebnis einen entsprechenden finanziellen Vorteil.

Ähnliche Bedeutung kann die Entscheidung für oder wider eine ex-tunc-Wirkung in anderen Konstellationen erlangen, in denen der Zeitpunkt des Erlasses des Verwaltungsakts von zentraler Bedeutung für die Rechtsfolgen ist, wie dies auch etwa im Fall einer Zinspflicht in Betracht kommen kann[129].

(2) Ein anderer denkbarer beachtlicher Fall wird in der Literatur beschrieben[130]: Erläßt eine Behörde ohne die erforderliche Mitwirkung einer anderen Behörde und deshalb verfahrensfehlerhaft einen begünstigenden Bescheid und nimmt sie diesen Verwaltungsakt gemäß § 48 VwVfG zurück, dann fragt sich, welche Konsequenzen eine nach Rücknahme erfolgte Mitwirkungshandlung (etwa das nachträgliche Einvernehmen) besitzt. Wäre in diesem Fall von der Heilung ex tunc auszugehen, so wäre die Rücknahme rechtswidrig, da es ja an der Rechtswidrigkeit des Verwaltungsakts als Tatbestandsvoraussetzung des § 48 Abs. 1 VwVfG fehlte. Im Fall der Heilung ex nunc könnte die Rechtswidrigkeit der Rücknahme nicht mehr durch die Nachholung berührt werden.

Als Belege für die praktische Relevanz des Meinungsstreits jenseits aller dogmatischen Interessen mögen die Beispiele genügen. Daß es sich dabei nicht nur um konstruierte Fälle handelt, belegen vor allem die Aussagen des Bundessozialgerichts, das sich in einem Beschluß des Großen Senats vom 6. 10. 1994[131] unter Hinweis auf eine frühere Entscheidung des 5. Senats[132] ausdrücklich (wenngleich ohne Notwendigkeit) für eine Heilung ex tunc ausgesprochen hat. In der Sache war der der Entscheidung des 5. Senats zugrundeliegende Sachverhalt mit dem hier gebildeten ersten Beispiel vergleichbar.

Kann folglich sowohl für die nicht seltenen Fälle eines denkbaren Interesses an der Feststellung der bis zur Heilung bestehenden Rechtswidrigkeit des Verwaltungsakts gemäß § 113 Abs. 1 S. 4 VwGO als auch für einige Fälle in materiell-

---

[128] Entgegen BSG, Urt. v. 24. 7. 2001 – B 4 RA 2/01 R, SozR 3 – 8850 § 5 Nr. 5, das auch nach der Änderung des § 41 Abs. 2 SGB X eine Nachholung nach Abschluß des Verwaltungsverfahrens „schlechthin" nicht mehr für möglich hält.

[129] Angedeutet auch bei *Spanner*, JZ 1970, 671 (673).

[130] Vgl. *Meyer*, in: Meyer/Borgs, VwVfG, § 45 Rdnr. 12.

[131] BSG, Beschl. v. 6. 10. 1994 – GS 1/91, BSGE 75, 159.

[132] BSG, Urt. v. 24. 7. 1980 – 5 RKn 9/79, SozR 1200 § 34 SGB I Nr. 13.

rechtlicher Hinsicht die Praxisrelevanz des Meinungsstreits nicht geleugnet werden, ist im folgenden näher zu untersuchen, für welchen Zeitraum die Rechtsfolgen der Heilung eintreten.

Aus dem Wortlaut wie auch aus dem systematischen Zusammenhang mit anderen Regelungen lassen sich keine brauchbaren Anhaltspunkte gewinnen. Wenn ein Verfahrensfehler nach erfolgreicher Nachholung der fehlenden oder fehlerhaften Verfahrenshandlung „unbeachtlich" sein soll, kann sich diese Unbeachtlichkeit (wie auch die nur in der Überschrift der Regelung erwähnte „Heilung") auf den Verwaltungsakt sowohl ab dem Zeitpunkt seines Erlasses als auch ab dem Eintritt der Heilung beziehen. Nicht überzeugend ist der Hinweis auf den Wortlaut der Regelung, nach der die Verletzung „unbeachtlich ist" und nicht „unbeachtlich wird"[133]. Das läßt nicht erkennen, ab wann diese Unbeachtlichkeit mit welcher Wirkung eintritt[134]. Unter systematischen Gesichtspunkten ergibt sich eine gewisse Nähe zur Berichtigung einer offenbaren Unrichtigkeit gemäß §42 VwVfG sowie vor allem zur Umdeutung nach §47 VwVfG. Wenn der dem §42 VwVfG unterfallende Fehler nach ganz herrschender Meinung nicht zur Rechtswidrigkeit des Verwaltungsakts führt[135], kann einer Berichtigung von vornherein auch keine konstitutive Bedeutung zukommen[136]. Folglich kann sich nach der Prämisse der herrschenden Meinung das Problem der Wirkungsweise der Berichtigung nach §42 VwVfG eigentlich nicht stellen[137]; wenn dennoch fast allgemein von einer Wirkung ex tunc ausgegangen wird[138], steckt darin ein Widerspruch in sich. Bei dieser Konstellation erscheint es kaum möglich, brauchbare Schlüsse aus den Stellungnahmen zu §42 VwVfG zu ziehen. Anderes gilt möglicherweise für die Umdeutung nach §47 VwVfG. Soweit hier zutreffend von einer materiellrechtlichen Regelung ausgegangen wird, die (nur) der Verwaltung die Ermächtigung zum Neuerlaß eines Verwaltungsakts mit einem anderen Inhalt einräumt[139], kann sich auch hier die Frage nach der zeitlichen Wirkung der Umdeutung stel-

[133] So aber *Steinwedel*, in: Kasseler Kommentar, SGB X, §41 Rdnr. 9; ansatzweise auch *Ule/Laubinger*, Verwaltungsverfahrensrecht, §58 Rdnr. 16.

[134] Das belegt auch die Begründung des Gesetzentwurfs, nach der gerade keine Regelung getroffen wurde, daß die nachgeholte Verfahrenshandlung den Verwaltungsakt von Anfang an rechtmäßig macht, s. dazu im folgenden.

[135] S. oben näher §4 D I (S. 194ff.) mit entsprechender Kritik.

[136] Das ist jedoch schon deshalb nicht überzeugend, weil die offenbare Unrichtigkeit durchaus zur (materiellen) Rechtswidrigkeit des Verwaltungsakts führt.

[137] Insofern richtig *Liebetanz*, in: Obermayer, VwVfG, §42 Rdnr. 30.

[138] S. nur *Henneke*, in: Knack, VwVfG, §42 Rdnr. 12; *Kopp/Ramsauer*, VwVfG, §42 Rdnr. 13f.; *Sachs*, in: Stelkens/Bonk/Sachs, VwVfG, §42 Rdnr. 31f.; der Vorwurf der Widersprüchlichkeit trifft auch *Ule/Laubinger*, Verwaltungsverfahrensrecht, §59 Rdnr. 15, 17, soweit hier das Vorliegen eines Verwaltungsakts abgelehnt wird. Konsequent dagegen etwa *K. Jachmann*, Die Berichtigung, S. 84, 94, 101–115, 122f.

[139] Das wird allerdings nur von einer Mindermeinung vertreten, vgl. *Meyer*, in: Meyer/Borgs, VwVfG, §47 Rdnr. 4f.; *Kopp*, VwVfG, §47 Rdnr. 17; *W.-R. Schenke*, DVBl. 1987, 641 (650ff.).

len. Die betreffenden Autoren gehen von einer Rechtswirkung ex tunc aus[140]. Begründet wird diese Rechtsfolge mit dem Hinweis auf den Zweck des § 47 VwVfG. Sofern ein Unterschied zum bloßen Neuerlaß eines fehlerfreien Verwaltungsakts bestehen soll, müsse dieser in der Rückwirkung liegen[141].

Selbst wenn man die Richtigkeit dieser Überlegungen nicht in Zweifel zieht, besteht doch ein maßgeblicher inhaltlicher Unterschied zwischen den Wirkungen der Heilung nach § 45 VwVfG und der Umdeutung nach § 47 VwVfG. Während § 45 VwVfG den bisher fehlerhaften Verwaltungsakt für identisch mit dem geheilten Verwaltungsakt erklärt, wird durch die behördliche Umdeutung gemäß § 47 VwVfG ein neuer Verwaltungsakt erlassen[142]. Folglich besteht im Fall des § 45 VwVfG keine Notwendigkeit, mit der Annahme der Rückwirkung der Heilung noch für einen Unterschied zum Neuerlaß zu sorgen, wie dies für § 47 VwVfG der Fall sein mag. Aus der möglichen ex-tunc-Wirkung der Umdeutung nach § 47 VwVfG lassen sich folglich keine Schlüsse für die Wirkung der Heilung gemäß § 45 VwVfG ziehen[143].

Was aus den Gesetzesmaterialien abzuleiten ist, ist nicht leicht zu beantworten. Insofern sei die amtliche Begründung noch einmal im Wortlaut zitiert: „Von einer Bestimmung, daß die nachgeholte Verfahrenshandlung den Verwaltungsakt ‚von Anfang an rechtmäßig' macht, wurde abgesehen, da diese Frage allenfalls von rechtstheoretischem, nicht aber von praktischem Interesse sein dürfte"[144]. Daraus wird teilweise abgeleitet, die Materialien würden nicht weiterhelfen[145]. Ob das wirklich überzeugt, muß doch sehr bezweifelt werden. Die Auslegung dieses Satzes aus den Gesetzesmaterialien legt wohl eher nahe, daß der Gesetzgeber keine Veranlassung gesehen hat, der Heilung die Wirkung ex tunc beizumessen. Wenn aber auf eine entsprechende Regelung verzichtet wurde, dann hat es der Gesetzgeber eben bei der für alle Rechtshandlungen ohnehin geltenden Wirkung für die Zukunft belassen. Auch wenn es sich bei dieser Wirkung nicht um den konkreten „Willen" des Gesetzgebers gehandelt hat, weil er möglicherweise die ex-tunc-Wirkung angeordnet hätte, wenn ihm die praktische Bedeutung dieser Frage klar gewesen wäre, sprechen doch die Gesetzesmaterialien gerade für eine Wirkung ex nunc[146]. Die Gesetzesbegründung läßt deutlich erkennen, daß kein Bedürfnis für eine ex-tunc-Wirkung gesehen wurde.

Für die ex-nunc-Wirkung spricht auch, daß der Zweck der Regelung, eine Heilung des Fehlers unter Wahrung der Identität des Verwaltungsakts mitsamt ihren

---

140 S. nur *Kopp*, VwVfG, § 47 Rdnr. 6; *Meyer*, in: Meyer/Borgs, VwVfG, § 47 Rdnr. 9.

141 Vgl. *Meyer*, in: Meyer/Borgs, VwVfG, § 47 Rdnr. 9.

142 S. auch *W.-R. Schenke*, Verwaltungsprozeßrecht, Rdnr. 824.

143 So im Ergebnis auch *Eibert*, Die formelle Rechtswidrigkeit, S. 145.

144 Amtl. Begr., BT-Drs. 7/910, S. 65.

145 S. z.B. *Eibert*, Die formelle Rechtswidrigkeit, S. 146.

146 Eher für das umgekehrte Verständnis der Materialien *Ule/Laubinger*, Verwaltungsverfahrensrecht, § 58 Rdnr. 16, die aber seit der 4. Aufl. im Ergebnis gleichwohl für eine Wirkung ex nunc eintreten.

prozessualen Folgewirkungen, in gleicher Weise durch die Heilung ex nunc wie durch eine solche ex tunc erreicht wird. Soweit in der Literatur versucht wird, eine dogmatisch fundierte Begründung der Notwendigkeit einer rückwirkenden Heilung abzugeben, kann das nicht überzeugen. So besteht ein Versuch darin, die Rückwirkung aus dem Rechtswidrigkeitsurteil über einen Verwaltungsakt herzuleiten, das an seinen rechtswidrigen Erlaß anknüpfte[147]. Wenn der Verwaltungsakt mit seinem Erlaß rechtswidrig sei und §45 Abs. 1 VwVfG die Unbeachtlichkeit, also Rechtmäßigkeit anordne, geschehe dies notwendig rückwirkend. Diese Begründung geht offenbar von der Vorstellung aus, die Rechtmäßigkeit eines Verwaltungsakts bestimme sich ausschließlich nach dem Zeitpunkt seines Erlasses, so daß, soll der Verwaltungsakt rechtmäßig sein, das Rechtmäßigkeitsurteil auf den Erlaßzeitpunkt zurückwirken müsse. Eine solche Vorstellung steht weder mit dem Rechtswidrigkeitsbegriff noch mit den Wirkungen von Fiktionen im Einklang. Selbstverständlich kann das Recht einen rechtswidrig erlassenen und deshalb rechtswidrigen Verwaltungsakt ab einem zeitlich nach dem Erlaß liegenden Zeitpunkt als rechtmäßig bezeichnen, ohne damit gleichzeitig das bis zu diesem Zeitpunkt bestehende Rechtswidrigkeitsurteil für die Vergangenheit revidieren zu müssen.

Gegen die Auffassung einer Heilung ex nunc spricht ebenso nicht die Regelung des §79 Abs. 1 Nr. 1 VwGO, wonach Gegenstand der Anfechtungsklage der Ausgangsbescheid in der Gestalt ist, die er durch den Widerspruchsbescheid gefunden hat[148]. Das folgt schon daraus, daß Ausgangs- und Widerspruchsbescheid nicht als ein Verwaltungsakt, sondern als zwei Verwaltungsakte anzusehen sind, deren rechtliches Schicksal durchaus unterschiedlich sein kann. Selbst im Fall der gemeinsamen Anfechtung kann es zu einer isolierten Aufhebung des Widerspruchsbescheids kommen[149]. Im übrigen geht die Gegenansicht offenbar von der Prämisse aus, daß ein Verwaltungsakt auch nur entweder (ganz) rechtmäßig oder rechtswidrig sein, nicht aber diese Rechtmäßigkeitsbeurteilung etwa in zeitlicher Hinsicht wechseln kann. Daß diese Auffassung eindeutig verfehlt ist, bedarf schon angesichts der Möglichkeit des Rechtswidrigwerdens oder der Festlegung von Fiktionen über die Rechtmäßigkeitsbeurteilung keiner weiteren Erörterung.

Für eine Wirkung ex nunc spricht schließlich, daß die weitreichenden Konsequenzen einer rückwirkenden Heilung weder vom Gesetzgeber bedacht noch hinreichend legitimierbar sind. Das belegt vor allem ein näherer Blick auf das oben beschriebene Beispiel des Rentenänderungsbescheids. Im Fall der Anerkennung der Heilung ex nunc stellt sich die Frage, wie der Fall der Änderung des Rentenbescheids zutreffend zu lösen wäre. Das Bundessozialgericht hat in einem

[147] Vgl. *M. Jachmann*, Die Fiktion im öffentlichen Recht, S. 500.

[148] Darauf stützt sich aber *H.-D. Horn*, Die Verwaltung 25 (1992), 203 (203 Fußn. 19).

[149] S. nur *Kopp/Schenke*, VwGO, §79 Rdnr. 1, 5.

vom Problem her vergleichbaren Fall eine ex-tunc-Wirkung der Heilung befürwortet[150], so daß auch ein Aufhebungsanspruch hinsichtlich des Änderungsbescheids bis zum Zeitpunkt der Heilung nicht bejaht werden konnte. Im Fall der ex-nunc-Wirkung wäre der Anspruch auf Aufhebung bis zum Eintritt der Heilung dagegen nicht untergegangen. In diesem Fall wäre weiter zu prüfen, ob in der Nachholung der Anhörung mit der anschließenden Feststellung, daß sich keine neuen Erkenntnisse ergeben haben, die eine andere Entscheidung rechtfertigen könnten, zugleich auch der Neuerlaß eines Änderungsbescheids mit Rückwirkung gesehen werden kann. Sofern eine materiellrechtliche Ermächtigung zum Erlaß eines bis zum Zeitpunkt des (ersten) Änderungsbescheids rückwirkenden Bescheides gegeben wäre[151], käme ein solches Ergebnis zumindest in Betracht. In aller Regel wird, wenn die Behörde von einer Heilung ex tunc ausgegangen ist, aber die Auslegung der abschließenden Feststellung nicht im Sinne eines neuen Änderungsbescheides möglich sein, da hier eine Reihe von anderen Tatbestandsvoraussetzungen als beim ursprünglichen Änderungsbescheid zu prüfen wären. Ohne entsprechende Begründungen durch die Behörde fehlt es an der Möglichkeit einer Auslegung im Sinne eines rückwirkenden Änderungsbescheids. Das zeigt auch die Problematik der (dogmatisch kaum haltbaren) Annahme einer Wirkung ex tunc. Das sieht offenbar auch das Bundessozialgericht. Es rechtfertigt sein Ergebnis nämlich gerade mit ausführlichen Überlegungen zum Vertrauensschutz und zur fehlenden Schutzwürdigkeit. Ob aber im Einzelfall ein schutzwürdiges Vertrauen besteht oder nicht, kann bei einer Heilung nach § 41 SGB X oder § 45 VwVfG nicht berücksichtigt werden. Insofern unterscheiden sich diese Regelungen von denen über die Aufhebung (Rücknahme und Widerruf) von Verwaltungsakten. Wenn sich damit nach den Heilungsvorschriften keine Vertrauensschutzfragen stellen, kann das Gesetz auch nicht von einer Rückwirkung der Heilung ausgehen. Im Ergebnis belegt gerade auch die Rechtsprechung, die sich für eine ex-tunc-Wirkung ausspricht, die inhaltlichen Bedenken gegen diese Ansicht. Die Heilung von Verfahrensfehlern gemäß § 45 VwVfG wie seiner Parallelbestimmungen erfolgt nur mit Wirkung ex nunc.

---

[150] Vgl. BSG, Urt. v. 24.7. 1980 – 5 RKn 9/79, SozR 1200 § 34 SGB I Nr. 13.

[151] Eine solche Ermächtigung zur Rückwirkung könnte sich aus § 45 Abs. 1, 4 SGB X i.V.m. § 45 Abs. 3 und Abs. 2 S. 3 Nr. 3 SGB X ergeben, da der Betroffene ab dem Zeitpunkt des Zugangs des ersten Änderungsbescheids Kenntnis von der Rechtswidrigkeit des Rentenbescheids besitzt und folglich ab diesem Zeitpunkt keinen Vertrauensschutz mehr genießt.

C. Sonstige Nachbesserungen als Neuerlaß und Änderung des Verwaltungsakts

I. Die Fragestellungen

Nach dem Einstieg in die unterschiedlichen Möglichkeiten der behördlichen Fehlerbeseitigung anhand des Sonderfalls der Heilung gemäß § 45 VwVfG bedarf es nun einer zusammenhängenden Erörterung einer Reihe von Rechtsfragen, die sich als sehr ähnlich erweisen und zumindest teilweise auch gar nicht gegeneinander abzugrenzen sind. Als Maßnahmen der Fehlerbeseitigung kommen neben der schlichten Aufhebung vor allem auch der (fehlerfreie) Neuerlaß des Verwaltungsakts, auch bezeichnet als Zweitbescheid, oder der Änderungsbescheid in Betracht. Hier geht es um das Ersetzen des rechtswidrigen Verwaltungsakts durch einen neuen rechtmäßigen Verwaltungsakt. Soweit die Aufhebung des vorausgehenden Verwaltungsakts reicht, liegt darin zugleich die Erfüllung des Beseitigungsanspruchs. Die Fehlerbeseitigung hängt folglich maßgeblich davon ab, ob und inwieweit der fehlerhafte Verwaltungsakt (zumindest konkludent) aufgehoben wurde. Selbst bei einem völlig identischen Entscheidungssatz kann nicht zwangsläufig auf den Willen zur Ersetzung des vorangehenden Verwaltungsakts geschlossen werden[152]. Auch in diesem Fall können sich beide Verwaltungsakte hinsichtlich ihres zeitlichen Geltungsumfangs erheblich unterscheiden. Der neue Verwaltungsakt erlangt nämlich regelmäßig erst ab dem Zeitpunkt seiner Bekanntgabe seine sogenannte äußere wie auch seine innere Wirksamkeit. Mißt er sich nicht ausnahmsweise Rückwirkung bei, unterscheidet sich der neue Verwaltungsakt notwendigerweise hinsichtlich seiner zeitlichen Geltung von der des vorausgehenden und geänderten oder ersetzten Verwaltungsakts.

Große Probleme bereiten vor allem behördliche Nachbesserungen, die nicht eindeutig, also nicht bereits aus der Nachbesserungsmaßnahme selbst, als Neuerlaß des Verwaltungsakts erkennbar sind. Dazu zählen vor allem Ergänzungen und Änderungen der Begründung des Verwaltungsakts, die auch als Nachschieben von Gründen bezeichnet werden, soweit es sich nicht um das Nachholen der Begründung nach § 45 Abs. 1 Nr. 2 VwVfG handelt. Weiter bedarf es der Einordnung der gesetzlich ausdrücklich geregelten Umdeutung des Verwaltungsakts gemäß § 47 VwVfG. Viele Unklarheiten und Mißverständnisse in Literatur und Rechtsprechung, die sich mit den Folgen von behördlichen Maßnahmen zur „Nachbesserung" rechtswidriger Verwaltungsakte befassen, entstehen aus einer fehlenden Untersuchung der materiellen Bedeutung dieser Nachbesserungsmaßnahmen. Typisch dafür ist etwa die Prüfung der sogenannten „Zulässigkeit des Nachschiebens von Gründen" im Prozeß.

---

[152] Vgl. auch *Preusche*, DVBl. 1992, 797; seine weitere These, daß der erste Verwaltungsakt nicht „uno actu" mit dem Neuerlaß ersetzt werden könne (S. 798), kann aber nicht geteilt werden.

Um Klarheit über das Verhältnis der verschiedenen Nachbesserungsbemühungen zueinander und ihre rechtliche Bedeutung zu erlangen, beschäftigt sich die folgende Untersuchung zunächst mit dem Neuerlaß und dem Nachschieben von Gründen (II). Daran schließt sich die Erörterung der Umdeutung an (III). Nach der Behandlung der materiellrechtlichen Befugnis zur Fehlerkorrektur durch einen Neuerlaß des Verwaltungsakts während des Prozesses (IV) befaßt sich die Untersuchung mit den prozessualen Folgerungen (V).

II. Neuerlaß des Verwaltungsakts und Nachschieben von Gründen

1. Der Neuerlaß als Fehlerbeseitigung

Will die Behörde einen von ihr erlassenen Verwaltungsakt aufheben, so richtet sich ihre Befugnis dazu grundsätzlich nach den Bestimmungen des Verwaltungsverfahrensrechts über die Aufhebung (Rücknahme oder Widerruf) von Verwaltungsakten (§§48ff. VwVfG). Darüber dürfte kaum Streit bestehen. Nicht mehr so eindeutig erscheinen dagegen die maßgeblichen Rechtsgrundlagen, wenn es der Behörde nicht darum geht, den fehlerhaften Verwaltungsakt aufzuheben, sondern sie ihn durch irgendeine Nachbesserung im Ergebnis aufrechterhalten will. Das Ziel der Maßnahme deckt sich hier nicht mit dem Ziel bei einer Rücknahme gemäß §48 VwVfG, sondern ist ihm geradezu entgegengesetzt. Dogmatisch kann diese Nachbesserung, wenn die gesetzlichen Sonderfälle der Heilung, der Berichtigung gemäß §42 VwVfG oder der Umdeutung nicht vorliegen, dennoch nur als eine Kombination von (konkludenter) Aufhebung und Neuerlaß des Verwaltungsakts erklärt werden. Folglich bestimmt sich die Rechtmäßigkeit des Verwaltungsakts sowohl nach den Regeln über die Rücknahme von Verwaltungsakten als auch zugleich nach den formellen und materiellen Bestimmungen über den (Neu-)Erlaß des betreffenden Verwaltungsakts. Während bei einer ersten Regelung (neben den formellen Anforderungen) nur die Tatbestandsvoraussetzungen des materiellen (Fach-)Rechts erfüllt sein müssen, kommen bei einem Neuerlaß somit zusätzlich die dem möglichen Vertrauensschutz Rechnung tragenden Bestimmungen über die Aufhebung von Verwaltungsakten zur Anwendung. Das gilt unabhängig davon, ob es sich um einen kompletten Neuerlaß oder eine irgendwie geartete Änderung des ersten Bescheids handelt. Eine Grenze ist erst dann erreicht, wenn die „Nachbesserungsmaßnahme" der Behörde die Identität des Verwaltungsakts nicht verändert. In diesem Fall fehlt es an jeder Form der Aufhebung des bisherigen Verwaltungsakts. Von entscheidender Bedeutung für die Anwendbarkeit der Regelungen über die Aufhebung von Verwaltungsakten (vor allem §48 VwVfG) ist somit die Frage nach der Identität des Erstbescheids mit dem nachgebesserten Bescheid. Sofern die Nachbesserung nicht zu einem neuen oder geänderten Bescheid geführt hat, liegt auch keine Aufhebung vor, deren Rechtmäßigkeit nach den Voraussetzungen der §§48ff.

VwVfG oder entsprechender spezialgesetzlicher Sonderregelungen zu beurteilen wäre.

Für den Fall der „Nachbesserung" durch Nachholung einer versäumten oder fehlerhaften Verfahrenshandlung gemäß § 45 VwVfG wurden die Auswirkungen bereits geklärt: Obwohl es sich bei dem nachgebesserten Verwaltungsakt „eigentlich" um einen neuen Verwaltungsakt handelt, erklärt ihn § 45 VwVfG für identisch mit dem ursprünglichen Bescheid, was im Prozeßrecht zur Folge hat, daß der nachgebesserte Bescheid ohne weitere Prozeßhandlungen Gegenstand der Klage wird. Ähnliche Wirkungen werden verbreitet auch einem (zulässigen) Nachschieben von Gründen zugesprochen; dies gilt es, näher zu untersuchen.

2. *Das Nachschieben von Gründen*

Wohl nur wenige Themen des Verwaltungsprozeßrechts haben in den vergangenen zwanzig Jahren eine ähnlich große literarische Aufmerksamkeit erfahren wie die Problematik des Nachschiebens von Gründen[153]. Die praktische Relevanz der Thematik wird durch eine Vielzahl höchstrichterlicher Entscheidungen belegt[154]. Ausdiskutiert scheinen die Fragen jedoch noch immer nicht. Das zeigen schon die Schwierigkeiten, das (juristische) Problem des Nachschiebens von Gründen zu umschreiben. Rein tatsächlich wird mit dem Nachschieben von Gründen ein Vorgang bezeichnet, bei dem die Behörde nach Erlaß eines Verwaltungsakts die Gründe, die in der Begründung dieses Verwaltungsakts aufgeführt werden, um andere Gründe ergänzt oder erweitert beziehungsweise durch neue Gründe er-

[153] Vgl. neben den Stellungnahmen in der Lehrbuch- und Kommentarliteratur z.B. *Axmann*, Das Nachschieben von Gründen im Verwaltungsrechtsstreit, 2001; *Bader*, NVwZ 1999, 120; *Decker*, JA 1999, 154; *Dolderer*, DÖV 1999, 104; *Heinrich*, Behördliche Nachbesserung von Verwaltungsakten im verwaltungsgerichtlichen Verfahren und Rechtsschutz des Betroffenen, 1999; *H.D. Horn*, Die Verwaltung 25 (1992), 203; *Kischel*, Folgen von Begründungsfehlern, S. 180ff.; *Löhnig*, JA 1998, 700; *Redeker*, NVwZ 1997, 625; *J.-J. Rupp*, Nachschieben von Gründen im verwaltungsgerichtlichen Verfahren, 1987; *R.P. Schenke*, VerwArch. 90 (1999), 232; *ders.*, JuS 2000, 230; *W.-R. Schenke*, NVwZ 1988, 1; *Schoch*, DÖV 1984, 401; aus der älteren Literatur s. *Kopp*, VerwArch. 61 (1970), 219; *Lerche*, NJW 1953, 1897; *Voucko*, Die Pflicht zur Begründung von Verwaltungsakten, S. 110ff.; *Wittmann*, Das Nachschieben von Gründen im Verwaltungsprozeß, 1970.

[154] Vgl. BVerwG, Urt. v. 13.1. 1955 – I C 59.54, BVerwGE 1, 311 (313); Urt. v. 28.11. 1958 – V C 32.56, BVerwGE 8, 46 (54); Urt. v. 15.4. 1959 – V C 162.56, BVerwGE 8, 234 (238); Urt. v. 24.2. 1960 – I C 43.59, BVerwGE 10, 202 (204); Urt. v. 17.9. 1964 – II C 121.62, BVerwGE 19, 252 (257); Urt. v. 16.9. 1965 – II C 168.62, Buchholz 232 § 116a BBG Nr. 4, S. 5 (9); Urt. v. 28.4. 1966 – II C 68.63, Buchholz 232 § 26 BBG Nr. 6, S. 27 (28); Urt. v. 15.6. 1971 – II C17.70, BVerwGE 38, 191 (195); Urt. v. 28.11. 1980 – 2 C 24.78, BVerwGE 61, 200 (210); Urt. v. 13.11. 1981 – 1 C 69.78, NJW 1982, 1413; Urt. v. 27.1. 1982 – 8 C 12.81, BVerwGE 64, 356 (358); Urt. v. 19.8. 1982 – 3 C 47.81, Buchholz 418.02 Tierärzte Nr. 2 S. 1 (7); Urt. v. 3.6. 1983 – 8 C 70.82, BVerwGE 67, 216 (221); Urt. v. 27.6. 1985 – 8 C 30.84, BVerwGE 71, 363 (368); Beschl. v. 5.2. 1993 – 7 B 107.92, NVwZ 1993, 976 (977); Urt. v. 11.8. 1993 – 8 C 13.93, NVwZ 1994, 297 (298); Urt. v. 27.10. 1993 – 8 C 33.92, NVwZ 1994, 903 (904); Urt. v. 16.6. 1997 – 3 C 22.96, BVerwGE 105, 55 (59); Urt. v. 5.5. 1998 – 1 C 17.97, BVerwGE 106, 351 (362ff.); Urt. v. 20.8. 2003 – 1 WB 23.03, RiA 2004, 35.

setzt[155]. Obwohl über diese Umschreibung weitgehend Einvernehmen zu erzielen sein dürfte, sind die damit verbundenen juristischen Fragestellungen bis heute nicht deutlich herausgearbeitet. Hier finden sich bei näherer Sicht unterschiedlichste Ansätze: So soll es „um die Bedeutung einer sachlich fehlerhaften Begründung für einen im übrigen formell und materiell rechtmäßigen Verwaltungsakt"[156], um die „Möglichkeit, einem bereits erlassenen Verwaltungsakt erst im Verwaltungsprozeß die ihn rechtfertigende Begründung nachzureichen"[157], um die Frage, „ob und inwieweit es möglich sei, tatsächliche und/oder rechtliche Aspekte im Rahmen der Begründung, die zum Zeitpunkt des Erlasses der Verwaltungsentscheidung irrtümlicherweise keine Berücksichtigung fanden, im verwaltungsgerichtlichen Verfahren mit heilender Wirkung geltend machen zu können"[158], oder darum gehen, „ob tatsächliche oder rechtliche Umstände, die bei Erlaß einer Verwaltungsentscheidung vorlagen, aber von der Verwaltung nicht zur Grundlage ihrer Entscheidung gemacht wurden, im verwaltungsgerichtlichen Verfahren berücksichtigt werden können, wenn sie nunmehr von der Verwaltung nachgereicht oder vom Gericht von Amts wegen herangezogen werden"[159]. Diese Liste von Umschreibungen der Thematik ließe sich noch erheblich erweitern. Die hier ausgewählten Beispiele zeigen aber bereits, daß schon das Thema, über das so ausgiebig diskutiert wird, alles andere als einvernehmlich bestimmt ist. Einen nicht unmaßgeblichen Anteil an dieser fehlenden Klarheit der Fragestellung hat auch die Rechtsprechung. In ihr ist stets von der „Zulässigkeit des Nachschiebens von Gründen" die Rede. Schon in der ersten einschlägigen Entscheidung, dem Beschluß des 1. Senats des Bundesverwaltungsgerichts vom 24.9. 1953 heißt es: „Rechtsprechung und Schrifttum lassen überwiegend ein solches ‚Nachschieben' zu"[160]. An dieser Terminologie hat sich bis heute nichts geändert[161].

Schon diese Begrifflichkeit verstellt bis heute den Blick auf die mit dem Phänomen „Nachschieben von Gründen" verbundenen Fragen[162]. Eine erste grundlegende Frage ist bereits im Rahmen der Erörterung der Rechtswidrigkeit des Verwaltungsakts bei materiell fehlerhafter Begründung eines Verwaltungsakts näher behandelt worden. Auf der Basis der dort gewonnenen Ergebnisse, nach denen eine materiell fehlerhafte Begründung stets die Rechtswidrigkeit des Verwaltungs-

---

155 Vgl. z.B. *Ule/Laubinger*, Verwaltungsverfahrensrecht, § 58 Rdnr. 9.

156 *R.P. Schenke*, VerwArch. 90 (1999), 232 (233).

157 *H.-D. Horn*, Die Verwaltung 25 (1992), 203.

158 *Axmann*, Das Nachschieben von Gründen, S. 15.

159 *J.-J. Rupp*, Nachschieben von Gründen, S. 3.

160 Az.: I C 51.53, BVerwGE 1, 12 (13).

161 Vgl. etwa BVerwG, Urt. v. 16.6. 1997 – 3 C 22.96, BVerwGE 105, 55 (59): „Derartige Ergänzungen sind auch noch im Verwaltungsstreitverfahren mit heilender Wirkung zulässig"; Urt. v. 5.5. 1998 – 1 C 17.97, BVerwGE 106, 351 (363): „Das Nachschieben von Gründen war auch vor Inkrafttreten des § 114 Satz 2 VwGO in weitem Umfang bis zur Grenze der ‚Wesensänderung' des Verwaltungsakts zulässig".

162 So wohl auch *Gerhardt*, in: Schoch/Schmidt-Aßmann/Pietzner, VwGO, § 113 Rdnr. 21 Fußn. 111, wo von einer „Sammelkategorie" gesprochen wird.

akts auslöst, wenn sich der Fehler auf einen tragenden Grund bezieht[163], können die weiteren Fragen angegangen werden. Diese Fragen beziehen sich zunächst allein auf die materiellrechtlichen Auswirkungen des (behördlichen) Nachschiebens von Gründen. Von grundlegender Bedeutung ist hier, ob ein solches Nachschieben zu einer Heilung des zunächst rechtswidrigen Verwaltungsakts führen kann[164].

Anders als für bestimmte Verfahrensfehler in §45 VwVfG kennt das Recht keine materiellrechtliche Regelung über die Heilung von materiellen Begründungsfehlern. Auch bei der mit dem 6. VwGOÄndG eingeführten Bestimmung des §114 S.2 VwGO („Die Verwaltungsbehörde kann ihre Ermessenserwägungen hinsichtlich des Verwaltungsaktes auch noch im verwaltungsgerichtlichen Verfahren ergänzen.“) handelt es sich nicht um eine solche Heilungsregelung[165]. Der Gesetzgeber selbst ist freilich vom Gegenteil ausgegangen. In der amtlichen Begründung des Gesetzentwurfs der Bundesregierung heißt es zum Entwurf des §114 S.2 VwGO: „Der neuangefügte Satz 2 des §114 stellt klar, daß die Verwaltungsbehörde noch im verwaltungsgerichtlichen Verfahren Gründe nachschieben und auf diese Weise einen fehlerhaften Verwaltungsakt heilen kann“[166]. Auch wenn diese Begründung noch zum ursprünglichen Vorschlag eines §114 S.2 VwGO erfolgte, der sich etwas vom heutigen Gesetzestext unterschied[167], ändert die schließlich Gesetz gewordene Fassung wohl nichts an der Einschätzung aus der Gesetzesbegründung[168]. Trotz der daraus ableitbaren gesetzgeberischen Absicht zum Erlaß einer Heilungsvorschrift dürfte mittlerweile wohl zumindest weitgehende Einigkeit darüber bestehen, daß der Bundesgesetzgeber keine materiellrechtlichen Heilungsvorschriften mit Wirkung für die Landesverwaltung erlassen kann[169]. Kann §114 S.2 VwGO folglich nicht als materiellrechtliche Heilungsvorschrift wie §45 VwVfG begriffen werden und fehlt es damit überhaupt

---

[163] S. oben §4 C II 3, 4 (S.166ff., 190ff.).

[164] Von einer „heilenden Wirkung“ spricht etwa BVerwG, Urt. v. 16.6. 1997 – 3 C 22.96, BVerwGE 105, 55 (59).

[165] Das anerkennen mittlerweile selbst solche Stellungnahmen in der Literatur, die §114 S.2 VwGO einen weiten Anwendungsbereich zumessen wollen, wie z.B. *Dolderer*, DÖV 1999, 104 (105f.). Hinsichtlich des BVerwG erscheint die Beurteilung schwieriger. So werden die Ausführungen zur (ausschließlich) prozeßrechtlichen Bedeutung des §114 S.2 VwGO, BVerwG, Urt. v. 5.5. 1998 – 1 C 17.97, BVerwGE 106, 351 (364), möglicherweise etwas relativiert durch die konkrete nachfolgende Argumentation zur Bedeutung des §114 S.2 VwGO (S.365); anders jedenfalls BVerwG, Urt. v. 16.6. 1997 – 3 C 22.96, BVerwGE 105, 55 (59).

[166] BR-Drs. 30/96, S.28 zu Nr.14 (§114 VwGO).

[167] Der ursprüngliche Entwurf lautete: „Die Verwaltungsbehörde kann die Begründung des angefochtenen Verwaltungsakts noch im verwaltungsgerichtlichen Verfahren ergänzen“, BR-Drs. 30/96, S.6 (Nr.14).

[168] Die auf Vorschlag des Bundesrats schließlich Gesetz gewordene Fassung sollte nur in ihrer Formulierung den Unterschied zur Heilung formeller Fehler klarer zum Ausdruck bringen; vgl. Stellungnahme des Bundesrats, BT-Drs. 13/3995, S.21 (zu Art.1 Nr.14).

[169] S. nur *Gerhardt*, in: Schoch/Schmidt-Aßmann/Pietzner, VwGO, §114 Rdnr.12c; *Rennert*, in: Eyermann, §114 Rdnr.85; *W.-R. Schenke*, NJW 1997, 81 (88); ebenso auch *Kischel*, Folgen von Begründungsfehlern, S.198f.

an einer ausdrücklichen Regelung der Heilungsmöglichkeit materiellrechtlicher Fehler, so fragt sich, ob nicht über das geschriebene Recht hinaus – etwa im Wege eines anerkannten Grundsatzes des Verwaltungsrechts – eine solche Heilungsmöglichkeit befürwortet werden kann. So geht schließlich die Rechtsprechung wie gesehen seit jeher von der Möglichkeit der Heilung materieller Begründungsmängel durch ein Nachschieben von Gründen aus, wenn bestimmte Voraussetzungen erfüllt sind, insbesondere das Wesen des Verwaltungsakts durch die neuen Gründe nicht verändert wird.

Der Umstand, daß das Bundesverwaltungsgericht seine aus den Zeiten vor Erlaß der VwGO und insbesondere des VwVfG stammende Rechtsprechung ohne Unterbrechung fortgeführt hat, spricht zwar für das Beharrungsvermögen einer „ständigen Rechtsprechung" ungeachtet jeglicher Gesetzesänderungen, nicht aber für deren Richtigkeit. Konnte das Bundesverwaltungsgericht bis zum Inkrafttreten des VwVfG des Bundes und der Länder noch in weitem Umfang in dieser Weise rechtsschöpferisch tätig werden, haben sich diese Rahmenbedingungen mit dem Erlaß des VwVfG grundlegend geändert. Selbst wenn die Gesetzgeber der Verwaltungsverfahrensgesetze weitgehend an die zuvor bestehende Rechtslage hätten anknüpfen und nur die verwaltungsgerichtliche Rechtsprechung in Gesetzesform hätten bringen wollen[170], stellt der Erlaß der Verfahrensgesetze eine grundlegende Zäsur dar. Da das VwVfG ausführliche Regelungen über die Berichtigung, Heilung und Aufhebung enthält, konnte die Rechtsprechung zur Heilung im Fall des Nachschiebens von Gründen nicht ohne Nachweis, daß das Gesetz diese Frage ungeregelt gelassen hat, fortgesetzt werden.

Da es freilich an jedem Anhaltspunkt dafür fehlt, daß das VwVfG weitere Heilungsmöglichkeiten eröffnen oder diese Frage offenlassen wollte, muß die Annahme der Heilung materiellrechtlicher Fehler generell ausscheiden. Sie kann auch nicht mit einem Gewohnheitsrecht legitimiert werden, das neben dem Gesetz gewordenen Verwaltungsrecht fortbesteht[171]. Abgesehen davon, daß schon die Voraussetzungen für die Entstehung von Gewohnheitsrecht nicht vorliegen dürften[172], beachtete diese Argumentation nicht die durch die Verwaltungsverfahrensgesetze eingetretene Rechtsänderung.

Verfehlt erscheint es im übrigen ebenso, die Grenzen der Heilung durch eine Analogie zu §45 Abs.2 VwVfG bestimmen zu wollen. Die früher (vor Änderung des §45 Abs.2 VwVfG durch das Genehmigungsverfahrensbeschleunigungsgesetz vom 12.9. 1996) teilweise zur Begründung der Ablehnung einer Heilung materiellrechtlicher Fehler herangezogene Auffassung[173] kann nicht nur nicht

[170] Was sich angesichts der Gesetzesmaterialien aber sicher nicht allgemein behaupten läßt, vgl. BT-Drs. 7/910, S.28ff.

[171] Dazu ansatzweise *Messerschmidt*, NVwZ 1985, 877 (878).

[172] S. dazu *W.-R. Schenke*, NVwZ 1988, 1 (11).

[173] S. *Meyer*, in: Meyer/Borgs, VwVfG, §45 Rdnr.30 (mit einem Erst-recht-Schluß); *J.-J.*

überzeugen, sie verstellt auch den freien Blick auf die Thematik. Heilung bedeutet die (materiellrechtlich anerkannte) Fehlerbehebung unter Beibehaltung der Identität des Verwaltungsakts. Soweit es an einer entsprechenden gesetzlichen Anerkennung dieser vereinfachten Form der Fehlerbehebung fehlt, kann die Fehlerbehebung nur auf einem anderen in den Verfahrensgesetzen vorgesehenen Weg erfolgen. Ein solcher Weg ist der Neuerlaß (gegebenenfalls unter Aufhebung des vorausgehenden fehlerhaften Bescheids) oder der Änderungsbescheid. Unter der Prämisse, daß jede belastende Maßnahme einer Ermächtigungsgrundlage bedarf, erscheint diese Konsequenz zwingend. Sie beruht auch nicht auf dem hier vertretenen engeren Verständnis von der Identität des Verwaltungsakts, wonach bereits jede Änderung der Begründung im Hinblick auf die tragenden Gründe des Verwaltungsakts als ein neuer, anderer Verwaltungsakt anzusehen ist. Selbst wenn man mit der Rechtsprechung von einer Wesensänderung nur unter – freilich nicht näher konkretisierten – zusätzlichen Voraussetzungen ausgehen wollte, änderte das nichts daran, daß die angenommene Fehlerbehebung nicht ohne Rechtsgrundlage befürwortet werden kann.

Führt das Nachschieben von Gründen – unter welchen einschränkenden Voraussetzungen auch immer – nicht zu einer Heilung des rechtswidrigen, weil materiell fehlerhaft begründeten Verwaltungsakts, so kann es entweder als materiellrechtlich irrelevant oder als ein nach außen hin nur verkürzt in Erscheinung tretendender Neuerlaß eines Verwaltungsakts anzusehen sein. Vor der in ihren Auswirkungen sehr weitreichenden Annahme der Irrelevanz des Nachschiebens müßte zunächst die Möglichkeit des Neuerlasses ausgeschlossen werden. Von einem Neuerlaß kann nur ausgegangen werden, wenn Erklärungen der Behörde auch entsprechend auszulegen sind. Keine Schwierigkeiten bereiten hier die Fälle, in denen die Behörde den gleichen Verwaltungsakt mit einer veränderten Begründung nochmals den Beteiligten bekanntgibt. In Reaktion auf die – unzutreffende – Rechtsprechung zur Möglichkeit der Heilung durch ein Nachschieben von Gründen erfolgt dieses Nachschieben in der Regel im Prozeß durch einen Schriftsatz, etwa schon in der Klageerwiderung. Das Nachschieben besteht also meist in einem Verteidigen der Entscheidung durch neue Gründe. Daraus ist für den Erklärungsempfänger erkennbar, daß die Behörde unter (gegebenenfalls zusätzlichem) Rückgriff auf die genannten neuen Gründe an der Entscheidung festhalten will. Durchaus im Interesse der Behörde kann diese Erklärung als Neuerlaß eines regelungsidentischen Verwaltungsakts oder als Änderungsbescheid ausgelegt werden. Dagegen ist je nach Einzelfall zu entscheiden, ob diese Erklärung zugleich mit einer Aufhebung des ursprünglichen Verwaltungsakts (zum Beispiel mit Wirkung ex nunc) verbunden ist oder nicht. Aufschluß darüber kann geben, ob der vorausgehende Fehler etwa eingestanden wird und ausdrücklich korrigiert werden soll oder ob die neuen Gründe etwa nur zusätzlich oder hilfsweise zur Rechtfertigung angeführt werden, ohne die bisherigen Gründe für unerheblich erklärt zu haben. Nur im ersten Fall kann von einer Aufhebung mit Wirkung ex nunc ausgegangen werden. Für eine darüber hinausgehende Aufhebung ex tunc unter gleichzeitigem Neuerlaß ex nunc bedürfte es dagegen besonderer zusätzlicher Anhaltspunkte. Soweit, wie im zweiten Fall, die neuen Gründe nur zu einer Unterstützung der Rechtfertigung angeführt werden, kann darin ein Änderungsbescheid (möglicherweise auch nur mit Wirkung ex nunc) gesehen werden, der wie der Widerspruchsbescheid den vorausgehenden Bescheid verändert, ohne ihn beseitigen zu wollen.

Die Rechtmäßigkeitsvoraussetzungen der neuen Bescheide bestimmen sich nach dem materiellen Fachrecht, dem Verfahrensrecht sowie den Regelungen über die Aufhebung von Verwaltungsakten. Soweit sich der neue Bescheid nur Wirkung ex nunc beimißt, steht das materielle Fachrecht im Zentrum der Voraussetzungen. Zu beachten ist aber auch das Verfahrensrecht, da etwa völlig neue Erwägungen unter Umständen sogar die Fortsetzung des Verfahrens, zum Beispiel durch eine erneute Anhörung, erfordern können. Daneben können zusätzlich die Regelungen über die Aufhebung von Verwaltungsakten (§§48ff. VwVfG) zur Anwendung kommen.

Keine rechtlichen Begrenzungen stellen demgegenüber die Rechtmäßigkeitsvoraussetzungen für eine Heilung, also insbesondere §45 Abs. 2 VwVfG oder seine landesrechtlichen Entsprechungen dar[174]. Wie sowohl das Bundesverwaltungsgericht[175] als auch der Große Senat des Bundessozialgerichts[176] ausdrücklich festgestellt haben, beschränken diese Vorschriften nur die Möglichkeit einer Heilung von Verfahrensfehlern, sofern sie überhaupt noch mit einer Beschränkung verbunden sind[177].

Aus den vorausgehenden Überlegungen folgt – entgegen einer zum Teil vertretenen Auffassung[178] – die Unmöglichkeit einer Abgrenzung zwischen dem Nachschieben von Gründen und dem Auswechseln der Begründung. Da auch das Nachschieben tragender Gründe als Neuerlaß eines Verwaltungsakts anzusehen ist, gibt es keinen sinnvollen Ansatz zu einer solchen Abgrenzung.

3. Das Nachschieben von Verwaltungsakten

In der Literatur wird dem Nachschieben von Gründen vielfach auch noch ein Nachschieben von Verwaltungsakten gegenübergestellt[179] und einige Mühe auf

Rupp, Nachschieben von Gründen, S. 51ff. (60); zunächst auch *W.-R. Schenke*, VBlBW 1982, 313 (324); a.A. aber *W.-R. Schenke*, NVwZ 1988, 1 (11f.).

[174] S. näher unten IV (S. 395f.).

[175] Vgl. BVerwG, Beschl. v. 19.8. 1981 – 4 B 105.81, Buchholz 316 §45 VwVfG Nr. 4; Urt. v. 14.12. 1990 – 7 C 5.90, DVBl. 1991, 393f.

[176] S. BSG, Beschl. v. 6.10. 1994 – GS 1/91, BSGE 75, 159.

[177] Vgl. aber allgemein die zeitliche Beschränkung auf die letzte Tatsacheninstanz sowie die oben (Fußn. 18f., S. 350) genannten landesrechtlichen Sonderregelungen.

[178] Vgl. etwa *J.-J. Rupp*, Nachschieben von Gründen, S. 22.

[179] Vgl. *Axmann*, Das Nachschieben von Gründen, S. 46f.; *Bargou*, VBlBW 1985, 354 (358);

die Abgrenzung verwendet. Soweit beim („zulässigen") Nachschieben von Gründen von einem identischen Verwaltungsakt und nicht von einem Neuerlaß des Verwaltungsakts ausgegangen wird, erscheinen diese Abgrenzungsversuche verständlich. Wie gezeigt wurde, stellt sich das Nachschieben von Gründen, das sich auf die den Verwaltungsakt tragenden Gründe bezieht und sich auch nicht auf ein Ergänzen der Erwägungen beschränkt, richtigerweise stets als Erlaß eines neuen Verwaltungsakts dar. Konsequenterweise bestehen zwischen dem Nachschieben von Gründen und dem Nachschieben eines Verwaltungsakts keine Unterschiede. Mit diesen Begriffen wird ein tatsächlich gleicher Vorgang nur aus unterschiedlichem Blickwinkel betrachtet und bezeichnet. Die Bezeichnung des Nachschiebens von Verwaltungsakten enthält lediglich zusätzlich die rechtliche Qualifikation des Nachgeschobenen im Hinblick auf seine Rechtsnatur.

Selbst wenn aber entgegen hier vertretener Ansicht im Nachschieben von Gründen erst dann ein Neuerlaß eines Verwaltungsakts gesehen wird, wenn eine Wesensänderung im Sinne der Rechtsprechung vorliegt[180], lassen sich keine wirklichen Unterschiede zwischen dem Nachschieben von Gründen und dem Nachschieben eines Verwaltungsakts ausmachen. Beim Nachschieben eines Verwaltungsakts werden nur solch gravierende Gründe nachgeschoben, daß – auch im Sinne der Rechtsprechung – vom Erlaß eines neuen Verwaltungsakts auszugehen ist. Das gilt nach der Rechtsprechung zum Beispiel im Fall der Änderung einer Abwägung in einem zentralen Punkt, selbst wenn das „Ergebnis", im konkreten Fall ein Planfeststellungsbeschluß, nur bestätigt wird[181]. Sofern also im Unterschied zur hier vertretenen Auffassung nicht schon bei jedem Nachschieben tragender Gründe von einem Neuerlaß ausgegangen wird, stellt sich das Nachschieben eines Verwaltungsakts als ein Unterfall des Nachschiebens von Gründen dar[182].

III. Die Umdeutung

Ein zumindest nah verwandtes Institut der Fehlerbehebung bildet die Umdeutung eines rechtswidrigen Verwaltungsakts in einen rechtmäßigen. Gleichlautende (bundes-)gesetzliche Regelungen hat die Umdeutung in § 47 VwVfG, § 43 SGB X und in § 128 AO erfahren[183]. Obwohl diesen zumeist keine große praktische

J.-J. Rupp, Nachschieben von Gründen, S. 20f.; *W.-R. Schenke*, DVBl. 1987, 641 (643); s. auch *Wirth*, Umdeutung fehlerhafter Verwaltungsakte, S. 62ff., zur Abgrenzung von der Umdeutung.

[180] Vgl. etwa den Fall BVerwG, Urt. v. 18.5. 1990 – 8 C 48.88, BVerwGE 85, 163ff.

[181] Vgl. BVerwG, Urt. v. 20.12. 1991 – 4 C 25.90, Buchholz 316 § 176 VwVfG Nr. 4.

[182] So wohl auch *Bargou*, VBlBW 1985, 354 (358); krit. demgegenüber z.B. *J.-J. Rupp*, Nachschieben von Gründen, S. 20f.

[183] Wie auch sonst gelten die nachfolgenden Ausführungen zu § 47 VwVfG stets in gleichem Maße für landesrechtliche Parallelregelungen und die entsprechenden Bestimmungen in SGB X und AO.

Bedeutung zugemessen wird[184], kann die Umdeutung mitsamt ihren Voraussetzungen und Abgrenzungen, gerade zum Nachschieben von Gründen, erheblich zur Klärung anderer Formen der Fehlerbehebung beitragen. Dazu sind zunächst einige Überlegungen zur Umdeutung anzustellen.

Zu den erstaunlichen Auffassungen der Verwaltungsrechtslehre zählt die Annahme, die Umdeutung gemäß § 47 VwVfG stelle wie § 140 BGB einen Erkenntnisvorgang dar, der auch vom Gericht vorgenommen werden könne[185]. Mithin handelte es sich nach dieser Ansicht sowohl vor als auch nach der Umdeutung um ein und denselben Verwaltungsakt[186]. Daß sich diese Ansicht, die maßgeblich von der Rechtsprechung vertreten wird, in keiner Weise mit § 47 VwVfG verträgt, wird in der Literatur heute von einer Vielzahl von Stimmen anerkannt[187].

Da die Fragen der Rechtsnatur und der gerichtlichen Kompetenz heute weitgehend ausdiskutiert erscheinen, soll die Argumentation auch nicht im Detail wiederholt werden. Hervorgehoben seien nur zwei Gesichtspunkte: Der erste leitet sich aus der Funktion des § 47 VwVfG ab. § 47 VwVfG ist Bestandteil einer Reihe von Regelungen, die die Korrektur rechtswidriger Verwaltungsakte betreffen. Dazu zählen die Heilungsmöglichkeiten gemäß § 45 VwVfG, die Rücknahmevorschrift des § 48 VwVfG sowie die Regelung zur Berichtigung in § 42 VwVfG. In sämtlichen Fällen geht es hierbei um Kompetenzen der Behörde. Befugnisse für die Judikative kann das Verwaltungsverfahrensrecht auch gar nicht zubilligen. Der Rechtsprechung könnte im Ergebnis nur dann zugestimmt werden, wenn ein Verwaltungsakt schon kraft Gesetzes mit seinem umgedeuteten Inhalt gelten würde, wie dies für die Konversion von zivilrechtlichen nichtigen Rechtsgeschäften gemäß § 140 BGB angenommen wird[188]. Die zahlreichen Unterschiede zwi-

[184] S. z.B. *Ehlers*, Die Verwaltung 37 (2004), 255 (277); *Gerhardt*, in: Schoch/Schmidt-Aßmann/Pietzner, VwGO, § 113 Rdnr. 22; *Sachs*, in: Stelkens/Bonk/Sachs, VwVfG, § 47 Rdnr. 18; *W.-R. Schenke*, DVBl. 1987, 641; *Schnapp/Cordewener*, JuS 1999, 147 (149); für das SGB X etwa *Recht*, in: Hauck/Noftz, SGB X/1, 2, § 43 Rdnr. 2, 9; *Wiesner*, in: *V. Wulffen*, SGB X, § 43 Rdnr. 1; für die AO s. *Brockmeyer*, in: Klein, AO, § 128 Rdnr. 1. Ob diese Einschätzung völlig überzeugend ist, erscheint angesichts nicht weniger Gerichtsentscheidungen nicht zweifelsfrei, bedarf aber keiner weiteren Erörterung.

[185] S. etwa BVerwG, Beschl. v. 1. 7. 1983 – 2 B 176.81, NVwZ 1984, 645; Urt. v. 19. 8. 1988 – 8 C 29.87, BVerwGE 80, 96 (97); Urt. v. 24. 11. 1998 – 9 C 53.97, BVerwGE 108, 30 (35); Urt. v. 23. 11. 1999 – 9 C 16.99, BVerwGE 110, 111 (114); *Ehlers*, Die Verwaltung 37 (2004), 255 (277); *Kopp/Ramsauer*, VwVfG, § 47 Rdnr. 10; *Sachs*, in: Stelkens/Bonk/Sachs, VwVfG, § 47 Rdnr. 1, 10f.; *Ule/Laubinger*, Verwaltungsverfahrensrecht, § 60 Rdnr. 20; *Wallerath*, Allgemeines Verwaltungsrecht, § 7 Rdnr. 151.

[186] So *Laubinger*, VerwArch. 78 (1987), 345 (352); *Sachs*, in: Stelkens/Bonk/Sachs, VwVfG, § 47 Rdnr. 12; *Schnapp/Cordewener*, JuS 1999, 143 (147).

[187] Vgl. *Gerhardt*, in: Schoch/Schmidt-Aßmann/Pietzner, VwGO, § 113 Rdnr. 22; *Meyer*, in: Meyer/Borgs, VwVfG, § 47 Rdnr. 5; *Hub. Meyer*, in: Knack, VwVfG, § 47 Rdnr. 30; *Kopp*, VwVfG, § 47 Rdnr. 4; *W.-R. Schenke*, DVBl. 1987, 641 (645ff., 649ff.); *ders.*, NVwZ 1988, 1 (5); *Windthorst/Lüdemann*, NVwZ 1994, 244 (245); *Wirth*, Umdeutung fehlerhafter Verwaltungsakte, S. 112ff., 150ff.

[188] Vgl. stellv. *Heinrichs*, in: Palandt, BGB, § 140 Rdnr. 1 m. Nachw. der gegenteiligen Auffassung des BGH.

schen §47 VwVfG und §140 BGB („kann umgedeutet werden" statt „gilt", typische Rechtsfolge der Wirksamkeit[189] eines rechtswidrigen Verwaltungsakts statt Nichtigkeit des Rechtsgeschäfts, die Pflicht zur Anhörung gemäß §47 Abs. 4 VwVfG vor der Umdeutung) sowie die Bestandskraft von Verwaltungsakten schließen eine ipso iure eintretende Umdeutung jedoch eindeutig aus. Selbst wenn sich der Gesetzgeber bei der Schaffung des VwVfG und der Regelung über die Umdeutung nicht im klaren darüber war, hatte und hat die gesetzliche Regelung die Notwendigkeit zur Abkehr von der früheren Rechtsprechung bewirkt.

Zum zweiten ist auf den engen Zusammenhang zwischen der Frage der Rechtsnatur der Umdeutung einschließlich der gerichtlichen Kompetenz und der Problematik der Rechtmäßigkeitsbeurteilung gebundener Verwaltungsakte hinzuweisen. Wie bereits ausführlich erörtert, wird die rechtliche Bedeutung von materiellen Begründungsfehlern bei gebundenen Verwaltungsakten von der in der Literatur vorherrschenden Meinung und zumindest gelegentlich in der Rechtsprechung ausdrücklich verneint. Soweit es für den materiell fehlerhaft begründeten Verwaltungsakt tragfähige Gründe gibt, wird er von dieser Auffassung für rechtmäßig gehalten, unabhängig davon, ob die Behörde den Verwaltungsakt auf diese Gründe gestützt hat oder zumindest nachträglich stützt. Insoweit wird das Gericht für berechtigt gehalten, selbst Gründe nachzuschieben. Wie bereits näher dargelegt wurde, überzeugt diese Auffassung nicht. Die Rechtmäßigkeit eines Verwaltungsakts bestimmt sich nach den konkret für die behördliche Entscheidung maßgeblichen Gründen, unabhängig davon, ob es sich um eine gebundene Entscheidung oder eine Ermessensentscheidung handelt. Daraus folgen grundlegende dogmatische Unterschiede, auch wenn, wie die Ausführungen zu §46 VwVfG gezeigt haben, die hier vertretene Ansicht gleichermaßen zu dem Ergebnis der Abweisung der Anfechtungsklage wegen Fehlens eines Aufhebungsanspruchs führt.

Im Ergebnis ist davon auszugehen, daß nur die für den Erlaß des Verwaltungsakts zuständige Behörde (beziehungsweise die Widerspruchsbehörde im Rahmen ihrer Zuständigkeit) auch die Befugnis zur Umdeutung besitzt, die sich nicht als deklaratorischer Erkenntnisakt, sondern als konstitutiver Rechtsakt in Form eines Verwaltungsakts darstellt. Die Umdeutung gemäß §47 VwVfG ist also nichts anderes als das Ersetzen eines (rechtswidrigen) Verwaltungsakts durch einen neuen (rechtmäßigen) Verwaltungsakt.

Vor diesem Hintergrund ist nach dem Sinn und Zweck des §47 VwVfG zu fragen. Die Möglichkeit zur Ersetzung eines rechtswidrigen durch einen neuen (rechtmäßigen) Verwaltungsakt besteht schließlich auch ohne §47 VwVfG. Die Fälle des Nachschiebens von Gründen können wie auch Änderungsbescheide

[189] Das ändert andererseits nichts daran, daß auch nichtige Verwaltungsakte für eine Umdeutung in Betracht kommen, s. *Sachs*, in: Stelkens/Bonk/Sachs, VwVfG, §47 Rdnr. 31 m. w. Nachw.; *W.-R. Schenke*, DVBl. 1987, 641 (644f.).

oder der Neuerlaß eines Verwaltungsakts als Belege dienen. Die Funktion des § 47 VwVfG kann unter Berücksichtigung dieser anderen Möglichkeiten der Ersetzung eines Verwaltungsakts durch einen neuen Verwaltungsakt unterschiedlich gesehen werden. Denkbar ist zum einen, daß § 47 VwVfG eine bestimmte Form der Ersetzung regelt, ohne daß sich diese grundlegend oder auch nur in wichtigen Punkten von sonstigen „Ersetzungsmöglichkeiten" unterscheidet. In diesem Fall käme § 47 VwVfG im wesentlichen nur eine deklaratorische Funktion zu. Aufgrund der vorausgehenden Erörterungen zur Heilung und zum Neuerlaß von Verwaltungsakten liegt es jedoch näher, einer Umdeutung andere Wirkungen zuzusprechen, als sie für den sonstigen Neuerlaß von Verwaltungsakten gelten. Daher erscheint es zutreffend, wenn der Umdeutung von der nahezu allgemeinen Meinung eine ex-tunc-Wirkung zugesprochen wird[190]. Gerade wenn die einschränkenden Tatbestandsvoraussetzungen des § 47 Abs. 1, 3 VwVfG ihren Sinn haben sollen, müssen sich die Rechtsfolgen der Umdeutung von denen eines Neuerlasses oder Änderungsbescheides unterscheiden, bei denen ein rückwirkender Erlaß grundsätzlich ausscheidet.

Eine der häufig angesprochenen, aber bisher wohl nicht gelösten Probleme stellt die Abgrenzung der Umdeutung von einem Nachschieben von Gründen oder von anderen Fällen des Neuerlasses von Verwaltungsakten dar. Einerseits besteht über die Notwendigkeit der Abgrenzung nahezu einhelliges Einvernehmen[191], andererseits fehlt es bisher an wirklich überzeugenden Abgrenzungskriterien. So wird der maßgebliche Unterschied etwa darin gesehen, daß sich bei einer Umdeutung der Spruch oder Tenor der Regelung ändere, während beim Nachschieben von Gründen nur die Begründung modifiziert oder ausgetauscht werde. Nach anderen hängt die Unterscheidung davon ab, ob der Verwaltungsakt in seinem Wesen verändert wird oder nicht[192]. Die Umdeutung führe nämlich anders als das Nachschieben von Gründen zu einer Wesensänderung. Ob sich diese beiden Abgrenzungsversuche aber wirklich unterscheiden, wird zumindest durch solche Stellungnahmen fraglich, die beide Kriterien miteinander verbinden[193]. Dem wird in der Literatur teilweise eine Abgrenzung gegenübergestellt, nach der es sich nach einem Nachschieben von Gründen um den gleichen Verwal-

[190] S. *Kopp/Ramsauer*, VwVfG, § 47 Rdnr. 37; *Meyer*, in: Meyer/Borgs, VwVfG, § 47 Rdnr. 9; *Sachs*, in: Stelkens/Bonk/Sachs, VwVfG, § 47 Rdnr. 32; *Wirth*, Umdeutung fehlerhafter Verwaltungsakte, S. 63 f.; bei denjenigen, die von einer ipso iure eintretenden Umdeutung ausgehen, müßte sich dieses Ergebnis allerdings von selbst verstehen.

[191] Das gilt jedenfalls für die Abgrenzung zum Nachschieben von Gründen, s. nur aus der Literatur nach Erlaß des VwVfG z. B. *Kopp*, VwVfG, § 47 Rdnr. 3; *Laubinger*, VerwArch. 78 (1987), 207 (222); *H.-J. Müller*, NJW 1978, 1354 (1357); *Lüdemann/Windthorst*, BayVBl. 1995, 357 (358); *J.-J. Rupp*, Nachschieben von Gründen, S. 19 (m. w. Nachw. aus der Zeit vor Erlaß des VwVfG); *Sachs*, in: Stelkens/Bonk/Sachs, VwVfG, § 47 Rdnr. 9; *W.-R. Schenke*, DVBl. 1987, 641 (643).

[192] Vgl. *Lüdemann/Windthorst*, BayVBl. 1995, 357 (358); wohl auch *Prutsch*, DÖV 1981, 941 (943).

[193] S. etwa *J.-J. Rupp*, Nachschieben von Gründen, S. 20.

tungsakt, nach einer Umdeutung um einen neuen anderen Verwaltungsakt handeln soll[194].

Entgegen der offenbar ganz herrschenden Ansicht überzeugen sämtliche Abgrenzungsversuche nicht. Sie stellen sich allenfalls vordergründig als verwendbar dar, bringen aber tatsächlich keinen Erkenntnisfortschritt und sind praktisch unbrauchbar[195]. Dabei bedarf es gar keiner näheren Untersuchung, um die Untauglichkeit der Abgrenzungsversuche zu erkennen. Schon das Abstellen auf die Wesensveränderung läßt die Schwächen deutlich werden. Da die Wesensänderung von der Rechtsprechung stets als negatives Tatbestandsmerkmal für die „*Zulässigkeit* des Nachschiebens von Gründen" angesehen wird, muß es also notwendigerweise auch Fälle geben, in denen das Nachschieben von Gründen zu einer solchen Wesensänderung führt[196]. Die Ungeeignetheit der Wesensänderung als Abgrenzungskriterium wird in besonderer Weise augenfällig, wenn die Wesensänderung gleichzeitig als negatives Tatbestandsmerkmal für eine rechtmäßige Umdeutung von solchen Stellungnahmen angesehen wird, nach denen die Umdeutung – anders als das Nachschieben von Gründen – zu einer Wesensänderung führt[197]. Entsprechendes gilt aber auch, wenn darauf abgestellt wird, ob nur die Begründung oder auch der Spruch beziehungsweise Tenor der Regelung verändert wird. Daß die Gründe des Verwaltungsakts auch dessen Inhalt, den Spruch, beeinflussen können, steht außer Streit. Eine Grenze läßt sich damit nicht ziehen. Das gilt auch für den Versuch einer Grenzziehung danach, ob die Nachbesserung zu einem neuen Verwaltungsakt führt oder nicht. Wie die früheren Überlegungen sowohl zum Nachholen der Begründung als auch zum Nachschieben von Gründen gezeigt haben, führt jede Veränderung der Gründe zu einem anderen neuen Verwaltungsakt. Lediglich im Fall des §45 VwVfG wird dieser neue Verwaltungsakt für identisch mit dem fehlerhaften Verwaltungsakt erklärt. Richtigerweise erweist sich daher auch die Umdeutung nach §47 VwVfG als ein Fall des Nachschiebens von Gründen. Nur handelt es sich um einen Sonderfall, einen Fall, der die Tatbestandsvoraussetzungen des §47 VwVfG erfüllt. Wenn dann zusätzlich erkannt wird, daß das Nachschieben von Gründen auch nichts anderes als ein (gegebenenfalls hilfsweise erklärter) Neuerlaß eines Verwaltungsakts ist, zeigen sich die engen Verbindungen dieser angeblich so streng zu trennenden „Rechtsfiguren". Einer Trennung bedarf es aber nur, soweit es um die Rechtsfolgen der Umdeutung nach §47 VwVfG geht. Dazu ist aber keine – tatsächlich unmögliche – allgemeine Abgrenzung der Umdeutung von den Fällen des Nachschiebens von Gründen nötig. Es geht nur um die Trennung solcher Fälle des Nachschiebens

[194] Vgl. *Wirth*, Umdeutung fehlerhafter Verwaltungsakte, S. 60f.

[195] Lediglich vorsichtige Bedenken äußert *W.-R. Schenke*, DVBl. 1987, 641 (643): Unterscheidung bietet erhebliche Schwierigkeiten.

[196] In der Sache auch BVerwG, Urt. v. 18.5. 1990 – 8 C 48.88, BVerwGE 85, 163 (166).

[197] So *Kopp*, VwVfG, §47 Rdnr. 4 und 10; auf diesen Widerspruch verweist auch *Wirth*, Umdeutung fehlerhafter Verwaltungsakte, S. 57.

von Gründen, die als eine Umdeutung eines Verwaltungsakts die Voraussetzungen des § 47 VwVfG erfüllen, und solchen, die diese Voraussetzungen nicht erfüllen. Konsequenterweise ergibt sich die Abgrenzung von selbst durch Prüfung der Voraussetzungen des § 47 VwVfG.

IV. Die materiellrechtliche Befugnis zur Fehlerkorrektur durch Neuerlaß auch während des Prozesses

Vor allem weite Teile der Diskussion um die sogenannte „Zulässigkeit des Nachschiebens von Gründen" haben zu einer verbreiteten Verkennung der eigentlichen Fragen geführt. Anders als es die Formulierung des Themas suggeriert, geht es nicht darum, ob ein Nachschieben von Gründen zulässig oder unzulässig ist. Eine solche Frage, die auf eine behördliche Befugnis zielt, könnte von vornherein nur nach materiellem Recht beantwortet werden. Das Nachschieben wird dagegen meist als prozessuales Problem angesehen. Das Prozeßrecht kann aber nur Regelungen zu Kompetenzen im Prozeß, nicht außerhalb des Prozesses enthalten. Weiter kann das Prozeßrecht festlegen, welche Änderungen der Rechts- und Sachlage nach Prozeßbeginn noch im Prozeß und insbesondere bei der Entscheidung berücksichtigt werden. Schiebt die Behörde etwa in einem Schriftsatz im Prozeß Gründe für ihre Entscheidung nach, so besitzt dieser Schriftsatz aber neben seiner prozessualen auch eine materiellrechtliche Bedeutung. Über die Rechtmäßigkeit des materiellrechtlich vorliegenden Neuerlasses entscheidet jedoch ausschließlich das materielle Recht. Inwieweit dieser Neuerlaß noch im gerichtlichen Verfahren Berücksichtigung findet, ist dagegen eine prozeßrechtliche Frage.

Wenn demgegenüber in der Literatur sogar vertreten wird, die Entscheidung des Bundesverwaltungsgerichts, in der im Nachschieben von Gründen ein Neuerlaß eines Verwaltungsakts gesehen wird[198], sei der Versuch, „mit einer als neuer Verwaltungsakt getarnten nachgeschobenen Ermessenserwägung die Klippen der Unzulässigkeit des Nachschiebens von Gründen zu umschiffen"[199], so zeigt sich an dieser Überlegung die grundlegende Fehlbeurteilung der gesamten Thematik. Es geht nicht darum, das Nachschieben von Gründen tatsächlich für zulässig oder unzulässig zu erklären oder es vorbei an Zulässigkeitsvoraussetzungen eines Neuerlasses eines Verwaltungsakts „zulässig" zu machen. Das zeigt sich schon daran, daß der Neuerlaß eines Verwaltungsakts wie ein Änderungsbescheid grundsätzlich zu jedem Zeitpunkt erfolgen kann. Eine Beschränkung der Befugnis der Behörde scheidet aus. Das haben sowohl das Bundesverwaltungsgericht[200] ausdrücklich als auch das Bundessozialgericht[201] zumindest mittelbar anerkannt. Danach

---

[198] Vgl. BVerwG, Urt. v. 18.5. 1990 – 8 C 48.88, BVerwGE 85, 163 (166).

[199] *Heinrich*, Behördliche Nachbesserung von Verwaltungsakten, S. 113.

[200] Vgl. BVerwG, Beschl. v. 19.8. 1981 – 4 B 105.81, Buchholz 316 § 45 VwVfG Nr. 4; Urt. v. 14.12. 1990 – 7 C 5.90, DVBl. 1991, 393f.

[201] BSG, Beschl. v. 6.10. 1994 – GS 1/91, BSGE 75, 159; s. dazu auch *Bonnermann*, SGb. 1996, 7.

kann die Behörde grundsätzlich jederzeit – auch während des gerichtlichen Verfahrens – den streitbefangenen Verwaltungsakt durch einen anderen ersetzen[202].

Der beklagten Behörde kann daher nicht die Möglichkeit abgesprochen werden, noch während des Prozesses Handlungen vorzunehmen, die eine zunächst begründete Klage unbegründet machen. So käme auch niemand auf die Idee, der Behörde die Möglichkeit zu bestreiten, einen im Anfechtungsprozeß streitbefangenen Verwaltungsakt aufzuheben und damit die Klage unbegründet zu machen. Selbst wenn §113 Abs.1 S.4 VwGO die „Zurücknahme" des Verwaltungsakts nicht ausdrücklich erwähnen würde, könnte nichts gegen eine Erfüllung des mit der Anfechtungsklage geltend gemachten Anspruchs auf Aufhebung des Verwaltungsakts eingewendet werden. Die Erfüllung des Anspruchs ist schließlich das Ziel des Verfahrens. Daß der Kläger im Fall der Erfüllung seines Anspruchs durch die Behörde gezwungen ist, darauf im Prozeß zum Beispiel durch eine Erledigungserklärung zu reagieren, um einen Prozeßverlust mit entsprechenden Kostennachteilen zu vermeiden, kann nicht als problematisch angesehen werden. Die Frage kann folglich nur sein, ob etwas anderes gelten muß, wenn die Aufhebung des Verwaltungsakts gleichzeitig mit einem Neuerlaß verbunden wird beziehungsweise die Aufhebung konkludent durch den Neuerlaß erfolgt. Bedenken wecken könnte nur der Fall der konkludenten Ersetzung, bei dem dem Betroffenen nicht klar ist, ob und inwieweit der Erstbescheid noch aufrechterhalten wird[203]. Derartige tatsächliche Unsicherheiten in der rechtlichen Beurteilung lassen sich jedoch im Prozeß durch zusätzliche Erklärungen und gerichtliche Hinweise beseitigen, so daß sie nicht als Argumente gegen eine Ersetzungsmöglichkeit des streitbefangenen Verwaltungsakts dienen können.

V. Prozessuale Konsequenzen

1. *Einführung*

Wie sich im Laufe der Untersuchung schon mehrfach gezeigt hat, wird das Prozeßrecht nicht nur vielfach in die Erörterung rein materiellrechtlicher Fragen eingebracht; es bildet häufig sogar den Ausgangspunkt und mitunter sogar den Kern der Überlegungen. Wenn das Verwaltungsrecht jedoch „vom Prozeßrecht her gedacht" wird, führt das zu einer Reihe von Fehleinschätzungen. Vorliegend wurde daher stets versucht, materiellrechtliche Fragen auch nur unter Rückgriff auf das materielle Recht zu lösen. Das entbindet freilich nicht von der Notwendigkeit der Darlegung der prozessualen Konsequenzen der Auffassungen zum materiellen

---

[202] S. auch *Bargou*, VBlBW 1985, 354 (358); *Preusche*, DVBl. 1992, 757; *Kraft*, BayVBl. 1995, 519 (521); *K. Redeker*, NVwZ 1996, 126 (130); *Wirth*, Umdeutung fehlerhafter Verwaltungsakte, S.62f.

[203] Insoweit wohl auch *Preusche*, DVBl. 1992, 797 (798), gegen eine Aufhebung durch Neuerlaß.

Recht. Nur dadurch entsteht überhaupt die Chance, die Gerichte von der Praktikabilität der Lösungen zu überzeugen.

Soweit nach den Überlegungen zum materiellen Recht behördliche Nachbesserungen zum Erlaß eines neuen Verwaltungsakts führen, stellen sich prozeßrechtliche Probleme. Da in diesen Nachbesserungsfällen der streitbefangene Verwaltungsakt nicht mit dem neuen Verwaltungsakt identisch ist, ist zu klären, ob der neue Verwaltungsakt gleichfalls im Prozeß Streitgegenstand ist oder werden kann. Soweit sich dieser Neuerlaß auf den Erstbescheid auswirkt, indem der Erstbescheid ganz oder zum Teil aufgehoben oder abgeändert wird, ist dieser Umstand wohl nicht nur in den Tatsacheninstanzen[204] im Hinblick auf den betroffenen Verwaltungsakt stets zu berücksichtigen. Wird der Bescheid etwa durch den nachfolgenden Verwaltungsakt vollständig aufgehoben, so ist der geltend gemachte Anspruch durch Erfüllung erloschen. Folglich ist die Nachbesserung insofern vom Gericht in jedem Fall zu berücksichtigen.

Anderes kann dagegen für den Anspruch auf Aufhebung des neuen Verwaltungsakts gelten. Unter welchen Voraussetzungen dieser Anspruch zum Gegenstand des Verfahrens wird oder werden kann, bedarf einer näheren Prüfung.

2. *Die Verpflichtungsklage*

Als Problem stellt sich diese Frage nur für die Anfechtungsklage. Bei der Verpflichtungsklage besteht der Streitgegenstand zumindest auch in dem geltend gemachten Anspruch auf Erlaß des begehrten Verwaltungsakts beziehungsweise im Anspruch auf Erlaß eines Verwaltungsakts nach pflichtgemäßer Ermessensbetätigung[205]. Konsequenterweise begrenzen nicht der jeweilige Ablehnungsbescheid und ein möglicher Anspruch auf dessen Aufhebung den Streitgegenstand. Der streitgegenständliche Anspruch auf Erlaß eines begehrten Verwaltungsakts reicht weiter und umfaßt auch die jeweiligen Ablehnungsbescheide. Somit gehören sämtliche ablehnenden Bescheide zum Gegenstand des Verfahrens, auch wenn sie erst nach Klageerhebung ergehen. Die Ersetzung eines Bescheides durch einen anderen erfordert zu ihrer Berücksichtigung keine Klageänderung[206]. Das gilt entgegen einigen Stellungnahmen auch für den Fall der Verpflichtungsklage in Form der Untätigkeitsklage. Ihr Streitgegenstand umfaßt gleichfalls den Anspruch auf die begehrte Entscheidung und damit auch sämtliche auf Antrag des

[204] Zur Ausnahme der Berücksichtigung neuer Tatsachen auch in der Revisionsinstanz vgl. näher *Eichberger*, in: Schoch/Schmidt-Aßmann/Pietzner, VwGO, § 137 Rdnr. 188ff.

[205] S. nur *Gerhardt*, in: Schoch/Schmidt-Aßmann/Pietzner, VwGO, § 113 Rdnr. 64 u. § 121 Rdnr. 63; *Kopp/Schenke*, VwGO, § 90 Rdnr. 9; *Kuntze*, in: Bader u.a., VwGO, § 113 Rdnr. 98.

[206] Vgl. BVerwG, Urt. v. 1.10. 1986 – 8 C 29.84, NJW 1987, 1564 (LS 3, 1566); *Kopp/Schenke*, VwGO, § 90 Rdnr. 9; ebenso *Rennert*, in: Eyermann, VwGO, § 121 Rdnr. 30, § 114 Rdnr. 88 (unklar aber, warum dann § 114 S. 2 analog auf dieVerpflichtungsklage Anwendung finden soll, vgl. § 114 Rdnr. 86).

Klägers ergehenden Bescheide der Behörde[207]. Entsprechendes gilt für die betreffenden einstweiligen Rechtsschutzverfahren nach §123 VwGO[208].

3. *Sonderregelungen im SGG und der FGO*

a) §96 Abs. 1 SGG

Das SGG enthält mit §96 Abs. 1 eine eigene Regelung für den Neuerlaß eines Verwaltungsakts nach Erhebung der (Anfechtungs-)Klage: „Wird nach Klageerhebung der Verwaltungsakt durch einen neuen abgeändert oder ersetzt, so wird auch der neue Verwaltungsakt Gegenstand des Verfahrens". Diese Norm gilt für die Tatsacheninstanzen. Bei einem neuen Verwaltungsakt während des Revisionsverfahrens gilt dieser gemäß §171 Abs. 2 SGG grundsätzlich[209] als mit der Klage vor dem Sozialgericht (also in erster Instanz) angefochten. Der neue Verwaltungsakt wird hier also nicht Gegenstand des anhängigen Revisionsverfahrens, sondern eines neuen Prozesses vor dem Sozialgericht[210].

§96 Abs. 1 SGG bewirkt eine gesetzliche Erweiterung des Klagegegenstands und kann damit sowohl als Regelung über den Streitgegenstand als auch als gesetzlich angeordnete Klageänderung begriffen werden. Die Anwendung des §96 Abs. 1 SGG schließt die Anwendbarkeit des §99 SGG als Regelung über die gewillkürte Klageänderung aus. Die Dispositionsbefugnis wird durch die gesetzliche Klageänderung nach §96 Abs. 1 SGG dagegen nicht eingeschränkt. Der Kläger ist in der Lage, die Klage ausdrücklich auf den ersten Bescheid zu beschränken[211].

Soweit das Nachschieben von Gründen zum Erlaß eines neuen Verwaltungsakts führt, wird dieser folglich ipso iure Gegenstand des anhängigen Rechtsstreits[212]. Das Nachschieben ist dementsprechend prozessual vollständig durch §96 Abs. 1 SGG gelöst. Damit kann sich die Frage nach der prozessualen „Zulässigkeit" des Nachschiebens von Gründen, verstanden als Pflicht zur Berücksichtigung im Prozeß, nicht stellen. Wenn die sozialgerichtliche Rechtsprechung dennoch wie die verwaltungsgerichtliche das Problem der „Zulässigkeit" des Nachschiebens von Gründen behandelt und auch entsprechend mit dem Kriterium der Wesensänderung löst[213], belegt dies zusätzlich, daß es hier um die Frage des mate-

---

[207] A.A. VGH Mannheim, Urt. v. 30. 4. 1984 – 5 S 2079/83, NJW 1986, 149; *Funke-Kaiser*, in: Bader u.a., VwGO, §75 Rdnr. 15; *Kuntze*, in: Bader u.a., VwGO, §91 Rdnr. 12; *Rennert*, in: Eyermann, VwGO, §75 Rdnr. 14; dagegen zutreffend *Kopp/Schenke*, VwGO, §75 Rdnr. 21.

[208] Insofern i. E. zutreffend VGH Kassel, Beschl. v. 26. 3. 2004 – 8 TG 721/04, DÖV 2004, 625.

[209] §171 Abs. 2 SGG nennt auch die Ausnahmefälle: Die Klaglosstellung durch den neuen Verwaltungsakt oder durch die Entscheidung des Revisionsgerichts.

[210] Die weiteren Fragen des §171 Abs. 2 SGG sollen hier nicht weiter erörtert werden.

[211] Vgl. *Meyer-Ladewig*, SGG, §96 Rdnr. 11 a, m. w. Nachw.

[212] Vgl. auch *Meyer-Ladewig*, SGG, §54 Rdnr. 35 b.

[213] S. nur BSG, Urt. 21. 1. 1960 – 8 Rechtsverletzung 549/58, BSGE 11, 236 (239); Urt. v. 26. 9. 1974 – 5 RJ 140/72, BSGE 38, 157; Urt. v. 1. 12. 1977 – 12 RK 13/77, BSGE 45, 206 (208).

riellen Rechts und einer eventuellen Heilung des Verwaltungsakts und nicht um die der prozessualen Beachtlichkeit geht. Eine solche Heilung ist jedoch mangels gesetzlicher Grundlage auch im Sozialverwaltungsrecht ausgeschlossen.

b) § 68 FGO

Im Gegensatz zu § 96 Abs. 1 SGG enthält § 68 S. 1 FGO nur eine Regelung über eine vereinfachte Klageänderung[214] auf Antrag des Klägers: „Wird der angefochtene Verwaltungsakt nach Klageerhebung durch einen anderen Verwaltungsakt geändert oder ersetzt, so wird dieser auf Antrag des Klägers Gegenstand des Verfahrens". Durch § 68 FGO werden sämtliche Fälle des Neuerlasses, folglich auch die des Nachschiebens von Gründen, in denen ein neuer Verwaltungsakt erlassen wurde, erfaßt[215].

4. Die Anfechtungsklage nach der VwGO

a) Grundsatz der Anwendung des § 91 VwGO

Im Fall der verwaltungsprozessualen Anfechtungsklage wird der Streitgegenstand maßgeblich durch den angefochtenen Verwaltungsakt bestimmt, da es um den Anspruch auf Aufhebung dieses Verwaltungsakts geht[216]. Der neue Verwaltungsakt zählt damit nicht zum Streitgegenstand des anhängigen Verfahrens. Soll der neue Verwaltungsakt in den Prozeß einbezogen werden, bedarf es vorbehaltlich der Regelung des § 114 S. 2 VwGO nach ganz herrschender Meinung einer Klageänderung gemäß § 91 VwGO[217].

Im Hinblick auf die vorausgehenden Erörterungen, nach denen von einem neuen Verwaltungsakt stets auszugehen ist, wenn sich die Änderung auf tragende Entscheidungsgründe bezieht, wird dieser neue Verwaltungsakt daher nur dann Gegenstand des Verfahrens, wenn die Klageänderung vom Gericht gemäß § 91 Abs. 1 VwGO für sachdienlich gehalten wird. Für die vor allem praktisch relevanten Fälle des Nachschiebens von Gründen käme es folglich auf das Vorliegen einer Klageänderung an, wie sie etwa vom 8. Senat des Bundesverwaltungsgerichts

---

[214] Vgl. § 67 Abs. 1 2 Halbs. FGO, BFH, Beschl. v. 8. 11. 1971 – GrS 9/70, BFHE 103, 549; *v. Groll*, in: Gräber, FGO, § 68 Rdnr. 2.

[215] Vgl. BFH, Urt. v. 20. 7. 1988 – II R 164/85, BFHE 154, 13; Urt. v. 26. 11. 1986 – I R 256/83, BFH/NV 1988, 82.

[216] Vgl. dazu etwa *W.-R. Schenke*, Verwaltungsprozeßrecht, Rdnr. 610; *Kopp/Schenke*, VwGO, § 90 Rdnr. 8; *Kuntze*, in: Bader u.a., VwGO, § 113 Rdnr. 5, 21.

[217] Vgl. z.B. BVerwG, Beschl. v. 16. 12. 1992 – 7 B 180.92, NVwZ 1993, 889; BVerwG, Beschl. v. 23. 12. 1994 – 4 B 262.94, n. veröff. – juris; VGH München, Urt. v. 10.7. 1986 – Nr. 6 B 84 A.1426, BayVBl. 1987, 22 (23); Urt. v. 25. 10. 1990 – 20 B 87.03406, NVwZ-RR 1991, 277; *Kuntze*, in: Bader u.a., VwGO, § 91 Rdnr. 10; *Kopp/Schenke*, VwGO, § 90 Rdnr. 8 und (zum fehlenden Erfordernis eines Widerspruchsverfahrens) § 68 Rdnr. 23.

in dem (schon vielfach zitierten) Urteil vom 18.5. 1990[218] als gegeben erachtet wurde.

b) §114 S.2 VwGO als Sonderregelung

Diese Rechtslage gilt seit dem 6. VwGO-Änderungsgesetz vom 1.11.1996[219] nur noch vorbehaltlich der Regelung des §114 S.2 VwGO, über deren Inhalt noch kein Einvernehmen in Rechtsprechung und Literatur erzielt werden konnte. Das hängt maßgeblich mit den gerade für die vorliegende Thematik zahlreichen Abhängigkeiten und Verbindungen zwischen materiellem Recht und Prozeßrecht zusammen, die häufig zu einer unzulässigen Verquickung der Themen geführt haben. Zudem konnte der Gesetzgeber nicht auf eine rechtlich geklärte Ausgangsbasis zurückgreifen. Hinzu kommen Gründe aus der Entstehungsgeschichte des §114 S.2 VwGO und einzelner damit in Zusammenhang stehender Regelungen[220].

Die Norm des §114 S.2 VwGO geht letztlich auf einen Entwurf des Bundesrates vom 18.5. 1995[221] zurück. Demgegenüber sah der Gesetzentwurf der Bundesregierung vom 19.1. 1996[222] in einem §94 Abs.2 eine Regelung vor, die §68 FGO entsprach[223]. Dieser Vorschlag wurde auf die Stellungnahme des Bundesrates hin, nach der sich die Regelung des §68 FGO in der Praxis gerade nicht bewährt habe[224], fallen gelassen[225]. Übernommen wurde dagegen die Fassung des §114 S.2 VwGO aus dem Änderungsvorschlag des Bundesrates[226], mit dem die ursprünglich in dem eigenen Gesetzesvorschlag vom 18.5. 1995 enthaltene Version des §114 S.2 VwGO übereinstimmt[227]. Damit ist letztlich im wesentlichen die Begründung des Gesetzentwurfes zu §114 S.2 VwGO aus dem Gesetzentwurf des Bundesrates maßgeblich für die Ermittlung der Vorstellungen des Gesetzgebers.

Da diese Entwurfsbegründung zahlreiche aufschlußreiche Bemerkungen enthält, soll sie hier an den Anfang der Erörterungen über die Bedeutung des §114 S.2 VwGO gestellt werden:

„Da eine Änderung der Verwaltungsverfahrensgesetze des Bundes und der Länder (§45) nur eine Erleichterung insoweit bringen kann, daß eine nicht vorhandene Begründung noch im gerichtlichen Verfahren nachgeholt werden kann, bedarf die gesetzliche Zulassung

---

[218] Az.: 8 C 48.88, BVerwGE 85, 163 (167f.).

[219] BGBl. I S.1626.

[220] Abweichend von der üblichen Reihenfolge im Rahmen des Auslegungskanons sollen hier zunächst die subjektiven Vorstellungen des Gesetzgebers zur Grundlage der weiteren Erörterungen gemacht werden.

[221] BT-Drs. 13/1433.

[222] BT-Drs. 13/3993 = BR-Drs. 30/96.

[223] Vgl. BR-Drs. 30/96, S.28 (zu Nr.12).

[224] S. Stellungnahme des Bundesrates, BT-Drs. 13/3993, S.20.

[225] BT-Drs. 13/4069, S.2 (zu Nr.12 b).

[226] BT-Drs. 13/3993, S.21 (zu Nr.14).

[227] S. auch Beschlußempfehlung des Rechtsausschusses, BT-Drs. 13/5098, S.24 (zu Nr.14).

auch des Nachschiebens von Gründen für Ermessensentscheidungen bei einer fehlerhaften Begründung einer gesonderten Regelung. Damit werden die bereits durch die Rechtsprechung zugelassenen Ergänzungsmöglichkeiten der Verwaltungsbehörde in das Gesetz aufgenommen. Der von der Rechtsprechung vorgenommenen Konstruktion über den Erlaß eines neuen Verwaltungsakts, der im Wege der Klageänderung vom Kläger in das Verfahren einbezogen werden kann, bedarf es nicht mehr.

Zugleich wird mit dieser Regelung auch die Streitfrage geklärt, ob ein Nachschieben von Gründen durch die Ausgangsbehörde auch dann möglich ist, wenn diese mit der Widerspruchsbehörde nicht identisch ist. Wenn dem Zweck des Vorverfahrens bereits genügt ist oder sich sein Zweck ohnehin nicht (mehr) erreichen läßt, seine Durchführung sich mithin als leere Förmelei erweisen würde, bedarf es auch keines erneuten Vorverfahrens.

Mit der Regelung in § 114 Satz 2 wird der Verwaltungsbehörde gestattet, noch im verwaltungsgerichtlichen Verfahren (Ermessens-)Gründe nachzuschieben und auf diese Weise einen fehlerhaften Verwaltungsakt zu heilen. Im Rahmen der Kostenentscheidung muß dann allerdings berücksichtigt werden, daß der Kläger ohne diese der Behörde eingeräumte Möglichkeit obsiegt hätte. Bei gebundenen Entscheidungen ist eine gesonderte Regelung nicht erforderlich; hier läßt sich die Problematik mit der unbestrittenen Rechtsprechung lösen."[228]

Die darin zum Ausdruck kommenden Einschätzungen der (bisherigen) Rechtslage, der Möglichkeiten des Bundesgesetzgebers und des Inhalts des heutigen § 114 S. 2 VwGO überzeugen die heute herrschende Auffassung nicht. Die Beschäftigung mit diesen Überlegungen aus den Gesetzesmaterialien kann aber dennoch zur Ermittlung des Gesetzesinhalts beitragen. Jedenfalls zunächst wurde aufgrund der Gesetzesbegründung in Rechtsprechung und Literatur ganz überwiegend angenommen[229], § 114 S. 2 VwGO räume der Behörde die Möglichkeit zu einem Nachschieben von Gründen ein und gestatte, „auf diese Weise einen fehlerhaften Verwaltungsakt zu heilen".[230] Nach dieser Begründung wurde der Gesetzentwurf offenbar von der Absicht getragen, der Behörde eine materiellrechtliche Befugnis zur Heilung des materiell fehlerhaft begründeten Verwaltungsakts entsprechend § 45 VwVfG einzuräumen. Dafür und gegen eine prozeßrechtliche Regelung im Sinne der §§ 96 Abs. 1 SGG, 68 FGO spricht zusätzlich, daß im ursprünglichen Entwurf der Bundesregierung vom 19. 1. 1996 gerade eine dem § 68 FGO entsprechende Bestimmung in einem § 94 Abs. 2 VwGO-E enthalten war[231], die nur später fallengelassen wurde.

---

[228] BT-Drs. 13/1433, S. 13 (zu Nr. 13).

[229] S. etwa BVerwG, Urt. v. 16. 6. 1997 – 3 C 22.96, BVerwGE 105, 55 (59); VGH Mannheim, Urt. v. 16. 5. 1997 – 5 S 1842/95, NVwZ-RR 1998, 682 (683); OVG Bautzen, Urt. v. 25. 6. 1997 – 25. 6. 1997 – 2 S 102/95, SächsVBl. 1998, 32 (33); OVG Koblenz, Urt. v. 4. 9. 1997 – 12 A 10610/97, NVwZ-RR 1998, 315 (316).; *K. Redeker*, NVwZ 1997, 627; *Kopp/Ramsauer*, VwVfG, § 45 Rdnr. 18; *Sachs*, in: Stelkens/Bonk/Sachs, VwVfG, § 45 Rdnr. 63ff.; *Schmitt Glaeser/Horn*, Verwaltungsprozeßrecht, Rdnr. 535; *Hufen*, Verwaltungsprozessrecht, § 24 Rdnr. 22f.; *Wahrendorf*, NWVBl. 1998, 179; *Determann*, Jura 1997, 350f.; *Gromitsaris*, SächsVBl. 1997, 102; *Bader*, NVwZ 1999, 120 (121).

[230] BT-Drs. 13/1433, S. 13.

[231] S. BR-Drs. 30/96, S. 5f., 28.

Wie die mittlerweile wohl überwiegende Ansicht annimmt, scheidet eine derartige materiellrechtliche Regelung durch den Bundesgesetzgeber jedoch aus[232]. Für den Bereich des Landesverwaltungsrechts fehlt dem Bund die Gesetzgebungszuständigkeit. Eine solche läßt sich auch nicht für den konkreten Fall einer materiellrechtlichen Heilungsvorschrift in §114 S.2 VwGO als ungeschriebene Kompetenz in Verbindung mit der Kompetenz für das Verwaltungsprozeßrecht gemäß Art.74 Abs.1 Nr.1 GG, etwa als Annexkompetenz oder Kompetenz kraft Sachzusammenhangs begründen[233]. Eine Gesetzgebungskompetenz besitzt der Bund für das Bundesverwaltungsverfahrensrecht, so daß insoweit auch die Einführung einer materiellrechtlichen Heilungsvorschrift denkbar wäre. Gegen eine solche verfassungskonforme Reduktion des Anwendungsbereichs der Regelung spräche noch nicht unbedingt der Standort der Norm im Prozeßrecht, wenngleich schon dies erhebliche Zweifel an der Möglichkeit einer solchen „Auslegung" weckte. Das Prozeßrecht enthält die Regelungen, nach denen das angerufene Gericht zu verfahren und zu entscheiden hat. Die prozeßrechtlichen Normen gelten für jeden Prozeß, nicht etwa in Abhängigkeit vom anwendbaren materiellen Recht.

Selbst wenn man über diese Bedenken hinwegsehen könnte, weil der Gesetzgeber nicht stets verfassungsrechtlich gezwungen ist, auch systematisch sinnvoll zu verfahren und dementsprechend grundsätzlich auch noch in der Lage wäre, Regelungen, die inhaltlich in das VwVfG einzufügen wären, in ein anderes Gesetz zu integrieren, sprechen hier aber noch weitere Überlegungen gegen einen derartigen Versuch zur „Rettung" der Norm mit materiellrechtlichem Inhalt. Eine verfassungskonforme Reduktion kann nicht gegen den erkennbaren oder mutmaßlichen Willen des Gesetzgebers vorgenommen werden. Die Beschränkung der materiellrechtlichen Wirkung des §114 S.2 VwGO auf Bundesverwaltungsakte entspricht aber in keiner Weise dem gesetzgeberischen Anliegen und deshalb auch nicht dessen mutmaßlichen Willen. Das läßt sich allerdings noch nicht pauschal aus dem Bestreben des Gesetzgebers zur einheitlichen Regelung des Nach-

---

[232] S. nur BVerwG, Urt. v. 5.5. 1998 – 1 C 17.97, BVerwGE 106, 351 (364); OVG Bautzen, Urt. v. 6.5. 1998 – 2 S 531/95, SächsVBl. 1998, 218 (219); *Axmann*, Das Nachschieben von Gründen, S. 163f.; *Dolderer*, DÖV 1999, 105f.; *Erbguth*, UPR 2000, 81 (88); *Gerhardt*, in: Schoch/Schmidt-Aßmann/Pietzner, VwGO, §114 Rdnr. 12 c; *Kluth*, WiB 1997, 512 (513); *Kopp/Schenke*, VwGO, §113 Rdnr. 71; *Millgramm*, SächsVBl. 1997, 110; *Pietzner/Ronellenfitsch*, Das Assessorexamen im Öffentlichen Recht, §38 Rdnr. 15f.; *Rennert*, in: Eyermann, VwGO, §114 Rdnr. 85; *R.-P. Schenke*, VerwArch. 90 (1999), 233 (260); *W.-R. Schenke*, NJW 1997, 81 (88f.); *Stüer*, NWVBl. 1998, 170; widersprüchlich *M. Redeker*, in: Redeker/v. Oertzen, VwGO, §114 Rdnr. 10 a u. 10 b; auf das Problem zumindest hinweisend auch *Berkemann*, DVBl. 1998, 446 (449); anders noch BVerwG, Urt. v. 16.6. 1997 – 3 C 22.96, BVerwGE 105, 55 (59); von einer Doppelnatur als zugleich prozessualer und verwaltungsverfahrensrechtlicher Norm spricht *Hofe*, Reform der Verwaltungsgerichtsbarkeit, S. 211 (223).

[233] Vgl. z.B. OVG Bautzen, Urt. v. 6.5. 1998 – 2 S 531/95, SächsVBl. 1998, 218 (219); *Axmann*, Das Nachschieben von Gründen, S. 163; *Dolderer*, DÖV 1999, 104 (106); *R.P. Schenke*, VerwArch. 90 (1999), 232 (260); *W.-R. Schenke*, NJW 1997, 81 (88).

schiebens von Gründen ableiten[234]. Auch wenn der Gesetzgeber eine einheitliche materiellrechtliche Regelung anstrebte, heißt das noch nicht, daß er, hätte er von der Aussichtslosigkeit dieses Anliegens angesichts seiner fehlenden Gesetzgebungskompetenz gewußt, dann nicht zumindest für den von ihm regelbaren Teil, nämlich das Verwaltungsverfahrensrecht des Bundes, eine entsprechende Norm verabschiedet hätte. Dieser Weg wird schließlich mit der Gesetzgebung im Bereich des VwVfG fortlaufend beschritten. Nur unterscheidet sich die Gesetzgebung zum Verwaltungsverfahrensrecht maßgeblich von der im konkreten Fall. Änderungen des VwVfG zeichnen sich, damit es bei einer zumindest weitgehenden Identität mit den Länderregelungen bleibt, durch eine fortlaufende Kooperation und Information zwischen dem Bund und den Ländern aus. So können die Länder schon bei der Vorbereitung der Änderungen des VwVfG maßgeblichen Einfluß ausüben. Ihre Stellungnahmen fließen direkt in die Beratungen der jeweiligen Arbeitsgruppen ein[235]. Diesem Procedere wurde vom Bundesgesetzgeber in der Vergangenheit stets größte Bedeutung zugemessen, um auch die Revisibilität der landesverwaltungsverfahrensrechtlichen Regelungen gemäß § 137 Abs. 1 Nr. 2 VwGO sicherzustellen. Ohne eine entsprechende Absprache wäre eine materiellrechtliche Regelung daher nicht einseitig vom Bund eingeführt worden. Die „Auslegung" des § 114 S. 2 VwGO als eine auf den Bundesverwaltungsakt beschränkte Norm mit materiellrechtlichem Gehalt würde folglich den Interessen des Bundesgesetzgebers zuwider laufen. Für einen solchen Fall kann eine verfassungskonforme Reduktion nicht vorgenommen werden. Damit scheidet eine Interpretation als materiellrechtliche Heilungsregelung notwendig aus[236].

Wenn deshalb teilweise angenommen wird, § 114 S. 2 VwGO setze als prozeßrechtliche Regelung eine materiellrechtliche Heilungsmöglichkeit voraus und knüpfe an sie prozessuale Folgerungen[237], so überzeugt das allerdings auch nicht. Würde eine materiellrechtliche Heilung im Fall des Nachschiebens von Gründen eintreten, wie dies von der herrschenden Meinung befürwortet wird, bedürfte es einer Regelung wie § 114 S. 2 VwGO überhaupt nicht. Sie wäre als prozeßrechtliche Regelung einer Klageänderung mindestens überflüssig, im Hinblick auf die mit der Tatbestandsvoraussetzung des Ergänzens aufgestellten Anforderungen sogar noch kontraproduktiv. Wie für § 45 VwVfG nachgewiesen wurde, besteht die Rechtsfolge einer Heilungsvorschrift darin, daß der geheilte Verwaltungsakt als identisch mit dem fehlerhaft erlassenen Ausgangsbescheid erklärt wird. Wenn der Ausgangsbescheid mit Widerspruch und Anfechtungsklage angegriffen wird, so erstreckt sich damit der Rechtsbehelf ohne Antrags- oder Klageänderung di-

[234] So aber etwa *Axmann*, Das Nachschieben von Gründen, S. 164.

[235] S. dazu im Fall des GenBeschlG *Schmitz/Wessendorf*, NVwZ 1996, 955 (956).

[236] So im Ergebnis auch OVG Bautzen, Urt. v. 6.5. 1998 – 2 S 531/95, SächsVBl. 1998, 218 (219); *Kluth*, WiB 1997, 512 (513); *R.P. Schenke*, VerwArch. 90 (1999), 232 (261).

[237] Vgl. *Rennert*, in: Eyermann, VwGO, § 114 Rdnr. 85, der dafür auf BVerwG, Urt. v. 5.5. 1998 – 1 C 17.97, BVerwGE 106, 351 (364), verweist.

rekt auf den nachgebesserten Bescheid. Die Heilung fingiert also die Identität der im Grunde zwei Bescheide. Konsequenterweise bedarf es in diesem Fall auch keiner prozessualen Regelung über Streitgegenstand oder Klageänderung. Wenn §114 S. 2 VwGO eine konstitutive Bedeutung besitzen soll, kann er keine materiellrechtliche Heilungsmöglichkeit voraussetzen.

Das hat auch der Gesetzgeber zutreffend erkannt. Nach seiner Vorstellung sollte es gerade nicht mehr der von der Rechtsprechung vorgenommenen Konstruktion über den Erlaß eines neuen Verwaltungsakts, der nur im Wege einer Klageänderung in das laufende Verfahren einbezogen werden kann, bedürfen[238]. Damit dürfte der Gesetzgeber vom Fehlen einer heilenden Wirkung des Nachschiebens von Gründen ausgegangen sein[239].

Wohl nur ohne materiellrechtliche Heilungsmöglichkeit könnte einer ausschließlich prozeßrechtlichen Regelung des §114 S. 2 VwGO eine wirkliche Funktion zukommen. Der mögliche prozeßrechtliche Sinn der Regelung erschließt sich am ehesten aus der soeben zitierten Passage der Gesetzesbegründung. Wenn es nach dem Willen des Gesetzgebers einer Klageänderung nicht mehr bedürfen soll, so kommt dafür neben einer materiellrechtlichen Heilungsregelung auch eine prozessuale Norm über den Streitgegenstand oder die Klageänderung in Betracht. §114 S. 2 VwGO läßt sich allerdings nicht mit den §§96 SGG, 68 FGO gleichsetzen, bei denen es sich um Regelungen über einen erweiterten Streitgegenstand handelt. Denkbar wäre aber, §114 S. 2 VwGO als gesetzliche Klageänderung zu begreifen[240]. Wirklichen Sinn hätte eine Anerkennung als Regelung, die eine Klageänderung ipso iure gerade für den Fall vorsieht, daß der Ausgangsbescheid nicht mit dem nachgebesserten Verwaltungsakt identisch ist. Bleibt dagegen bei einem Nachschieben von Gründen die Identität des Verwaltungsakts gewahrt, erstreckt sich die Klage ohnehin auf den Verwaltungsakt einschließlich der nachgeschobenen „Gründe". Dazu bedarf es nicht der Regelung des §114 S. 2 VwGO. Anders stellt sich die Sachlage dar, wenn das Nachschieben zu einem Neuerlaß des Verwaltungsakts führt. Ordnete hier §114 S. 2 VwGO eine Klageänderung an, nach der sich die Anfechtungsklage zumindest auch auf den

---

[238] S. BT-Drs. 13/1433, S. 13.

[239] Dafür spricht auch das Zitat des BVerwG, Urt. v. 18. 5. 1990 – 8 C 48.88, BVerwGE 85, 163, in den Ausführungen des (im Justizministerium zuständigen) Ministerialrats *Schmieszek*, NVwZ 1996, 1151 (1155 m. Fußn. 27).

[240] Dafür etwa OVG Bautzen, Urt. v. 6. 5. 1998 – 2 S 531/95, SächsVBl. 1998, 218 (219); *R. P. Schenke*, VerwArch. 90 (1999), 233 (261 f.); *Pöcker/Barthelmann*, DVBl. 2002, 672; *Kopp/Schenke*, VwGO, §113 Rdnr. 72. In der Sache wohl auch BVerwG, Urt. v. 5. 5. 1998 – 1 C 17.97, BVerwGE 106, 351 (364). Diese Ansicht wird noch von einer Reihe weiterer Stimmen vertreten, vgl. etwa *Axmann*, Das Nachschieben von Gründen, S. 167; *Clausing*, JuS 2000, 60; *Dolderer*, DÖV 1999, 104 (107); *Kuntze*, in: Bader u.a., VwGO, §114 Rdnr. 52. Nach diesen führt die Ergänzung aber gerade zu keinem Neuerlaß des Verwaltungsakts, sondern läßt vielmehr die Identität des Verwaltungsakts und damit des Streitgegenstands unberührt (anders im Hinblick auf den Streitgegenstand aber *Kuntze*, in: Bader u.a., VwGO, §114 Rdnr. 52).

neuen Verwaltungsakt erstreckte, so wäre das Ziel der Einführung des § 114 S. 2 VwGO zumindest zum Teil noch erreicht.

Bevor ein solches Ergebnis befürwortet werden kann, muß es aber noch auf seine Vereinbarkeit mit der konkreten Regelung des § 114 S. 2 VwGO überprüft werden. Allein eine Übereinstimmung mit dem Gesetzgebungszweck reicht sicher nicht aus. Bedenken könnten sich insofern aus dem Wortlaut der Regelung („Die Verwaltungsbehörde kann ihre Ermessenerwägungen ... ergänzen") ergeben, der den möglichen Anwendungsbereich der Norm erheblich beschränkt. Eine gesetzliche Klageänderung kann danach nur für ein solches Nachschieben von Gründen gelten, das sich als „Ergänzen" darstellt. Von einem „Ergänzen" der Ermessenerwägungen kann im Wortsinn aber nur gesprochen werden, wenn die vorhandenen Erwägungen vervollständigt werden, wenn ein weiterer Grund hinzugefügt oder nachgetragen wird.

Damit scheidet wohl unbestrittenermaßen die Anwendung auf Fälle aus, in denen noch gar keine Ermessenserwägungen angestellt wurden[241]. Ohne bereits vorhandene Erwägungen können keine Erwägungen „ergänzt" werden. Hier handelt es sich um die eindeutigen Fälle des Ermessensnichtgebrauchs oder des Ermessensausfalls, die zu keinen Abgrenzungsproblemen führen.

Gleichfalls noch weitgehend eindeutig sind die Fälle eines völligen Auswechselns der Begründung, die wohl auch allgemein nicht als „Ergänzen" verstanden werden[242]. Dem gleichzustellen ist auch ein Auswechseln des Kerns der Begründung[243]. Hier beginnen aber bereits die Abgrenzungsprobleme. Das zeigt sich vor allem, wenn auch der Austausch grundlegender, wesentlicher oder tragender Gründe als nicht dem Anwendungsbereich des § 114 S. 2 VwGO unterfallend an-

---

[241] Vgl. stellv. BVerwG, Beschl. v. 14. 1. 1999 – 6 B 133.98, NJW 1999, 2112; Urt. v. 5. 5. 1998 – 1 C 17.97, BVerwGE 106, 351 (365); VGH München, Urt. v. 23.7. 1998 – 6 B 94.2489, BayVBl. 1999, 150 (152); Urt. v. 23. 3. 1999 – 10 B 98.2378, BayVBl. 1999, 627f.; OVG Koblenz, Urt. v. 4. 9. 1997 – 12 A 10610/97, NVwZ-RR 1998, 315f.; OVG Bautzen, Urt. v. 25. 6. 1997 – 2 S 102/95, SächsVBl. 1998, 32 (33); OVG Münster, Urt. v. 18. 6. 2002 – 15 A 1958/01, NWVBl. 2002, 384; *Axmann*, Das Nachschieben von Gründen, S. 152 m.w.Nachw.; *Bader*, NVwZ 1999, 120 (120); *Brischke*, DVBl. 2002, 429 (431); *Dolderer*, DÖV 1999, 102 (106); *Ehlers*, Die Verwaltung 37 (2004), 255 (272); *Gerhardt*, in: Schoch/Schmidt-Aßmann/Pietzner, VwGO, § 114 Rdnr. 12 e; *Gromitsaris*, SächsVBl. 1997, 101; *Hufen*, Verwaltungsprozessrecht, § 24 Rdnr. 23; *Kopp/Schenke*, VwGO, § 113 Rdnr. 72 m.w.Nachw., § 114 Rdnr. 50; *Kuhla/Hüttenbrink*, Der Verwaltungsprozeß, E Rdnr. 200; *Pietzner/Ronellenfitsch*, Das Assessorexamen im Öffentlichen Recht, § 38 Rdnr. 16; *M. Redeker*, in: Redeker/v. Oertzen, VwGO, § 114 Rdnr. 10 a; *Sachs*, in: Stelkens/Bonk/Sachs, VwVfG, § 45 Rdnr. 63; *Schmitt Glaeser/Horn*, Verwaltungsprozeßrecht, Rdnr. 535; *Tschentscher*, Indienstnahme, S. 165 (192f.); *Würtenberger*, Verwaltungsprozeßrecht, Rdnr. 619.

[242] S. nur *Kuntze*, in: Bader u.a., VwGO, § 114 Rdnr. 55; *Gerhardt*, in: Schoch/Schmidt-Aßmann/Pietzner, VwGO, § 114 Rdnr. 12 e; *Gromitsaris*, SächsVBl. 1997, 101; *Storost*, NVwZ 1998, 797 (804).

[243] Vgl. BVerwG, Urt. v. 5. 5. 1998 – 1 C 17.97, BVerwGE 106, 351 (365); Beschl. v. 14. 1. 1999 – 6 B 133.98, NJW 1999, 2912; Beschl. v. 20. 8. 2003 – 1 WB 23.03, RiA 2004, 35 (37); VGH München, Urt. v. 23. 3. 1999 – 10 B 98.2378, BayVBl. 1999, 627; OVG Münster, Urt. v. 18. 6. 2002 – 15 A 1958/01, NWVBl. 2002, 384; s. auch *R.P. Schenke*, VerwArch. 90 (1999), 232 (260).

gesehen wird[244]. Sicher kann bei abstrakter Betrachtungsweise ein Austausch von einem Ergänzen unterschieden werden. In der konkreten Anwendung ergeben sich jedoch zahlreiche Zweifel.

Bevor auf diese Abgrenzungsfragen näher eingegangen wird, soll das Problem des Anwendungsbereichs des §114 S.2 VwGO noch aus einer anderen Perspektive angegangen werden. Ein beachtlicher Teil der Literatur versucht §114 S.2 VwGO mit der bisherigen Rechtsprechung zum Nachschieben von Gründen in Einklang zu bringen. Der Grundtenor dieser Stellungnahmen zeichnet sich dadurch aus, §114 S.2 VwGO maximal in dem Umfang zur Anwendung zu bringen, in dem vor dem Erlaß der Regelung ein Nachschieben von Gründen für „zulässig" gehalten wurde[245]. Diese Ansicht zieht also die Grenzlinie dort, wo bisher aufgrund einer Wesensänderung des Verwaltungsakts durch die nachgeschobenen Gründe von einem Neuerlaß des Verwaltungsakts ausgegangen wurde[246]. Noch enger wird der Anwendungsbereich gesehen, wenn als ein Ergänzen lediglich eine Präzisierung und Klarstellung der Gründe betrachtet wird[247].

Der Versuch, die Regelung des §114 S.2 VwGO in Übereinstimmung mit der bisherigen Rechtsprechung zum Nachschieben von Gründen auszulegen, ist sowohl aufgrund der Beschränkung auf ein „Ergänzen" von Erwägungen als auch vor dem Hintergrund der Motive des Gesetzgebers zum Scheitern verurteilt. Eine halbwegs sinnvolle Auslegung der eigentlich als materiellrechtliche Heilungsnorm gedachten Regelung muß sich auch von der bisherigen Rechtsprechung zum Nachschieben von Gründen lösen. Damit ist die Chance verbunden, diese wenig überzeugende Rechtsprechung zu verabschieden, die zumindest der Sache nach bereits von einer Fehlerheilung in Fällen fehlender Wesensänderungen ausgegangen ist.

Gleichfalls §114 S.2 VwGO nicht gerecht wird eine Begrenzung seines Anwendungsbereichs auf Fälle der Präzisierung und Klarstellung der Erwägungen. Solche Ergänzungen können – materiell – keine Fehler beheben und sind für die Rechtmäßigkeit des Verwaltungsakts irrelevant. In dem vom Gesetzeswortlaut und seinem Sinn getragenen (Normal-)Fall wird ein Entscheidungsgesichtspunkt, der nach dem materiellen Recht bei der betreffenden Ermessenentscheidung Berücksichtigung finden mußte, tatsächlich aber bei der Entscheidung un-

---

[244] S. BVerwG, Urt. v. 5.5.1998 – 1 C 17.97, BVerwGE 106, 351 (365); OVG Weimar, Urt. v. 1.3.2000 – 2 KO 9/97, ThürVBl. 2000, 250 (252); *Kuntze*, in: Bader u.a., VwGO, §114 Rdnr. 55, *Kuhla/Hüttenbrink*, DVBl. 1999, 903; *Meissner*, VBlBW 1997, 84; *K. Redeker*, NVwZ 1997, 627; *Storost*, NVwZ 1998, 797 (804).

[245] Vgl. vor allem *Kuntze*, in: Bader u.a., VwGO, §114 Rdnr. 53ff.; *Rennert*, in: Eyermann, VwGO, §114 Rdnr. 87ff.; *Storost*, NVwZ 1998, 797 (804).

[246] S. die betreffende Rechtsprechung des BVerwG, Urt. v. 18.5.1990 – 8 C 48.88, BVerwGE 85, 163 (166):

[247] Vgl. *Sodan*, DVBl. 1999, 729 (736); *Demmel*, Das Verfahren nach §113 Abs.3 VwGO, S.144; zunächst auch *W.-R. Schenke*, NJW 1997, 81 (88f.), jetzt weiter, vgl. *Kopp/Schenke*, VwGO, §113 Rdnr. 72.

berücksichtigt geblieben ist, noch im gerichtlichen Verfahren nachträglich von der Behörde berücksichtigt und insoweit den Ermessenerwägungen hinzugefügt. Um solche vom Gesetz geradezu als Grundtypus geregelte Fälle handelt es sich bei Ergänzungen von Ermessensentscheidungen, die wegen ihrer Unvollständigkeit zuvor als rechtswidrig anzusehen waren. Wurden in einer Ermessensentscheidung nicht alle wesentlichen Umstände des Sachverhalts gewürdigt, so liegt eine von § 114 S. 2 VwGO erfaßte Ergänzung vor, wenn die fehlenden Umstände nachträglich doch noch bewertet werden, insoweit also auch noch Erwägungen angestellt werden. Hier aber handelt es sich gerade nicht um einen Fall, in dem die vorhandene Begründung nur präzisiert oder klargestellt wird. Es handelt sich um inhaltlich neue Erwägungen, die zu den vorhandenen hinzutreten.

Gerade der Fall der Ergänzung von bisher unvollständigen Erwägungen belegt wohl auch die Ungeeignetheit von Kriterien, die die Anwendung des § 114 S. 2 VwGO auf das Ergänzen unwesentlicher Erwägungen beschränken wollen[248]. Selbst wenn die bisherigen Ermessenserwägungen im Kern unvollständig waren, also ganz grundlegende Erwägungen gefehlt haben, ist die Grenze des Wortlauts für die Anwendung des § 114 S. 2 VwGO nicht überschritten.

Anderes gilt dagegen für die Auswechselung von Erwägungen. Erweist sich die bisherige Ermessensbetätigung nicht als unvollständig, sondern schon hinsichtlich der vorhandenen Erwägungen als inhaltlich unzutreffend, fragt sich, ob neue Erwägungen, die einzelne fehlerhafte Erwägungen ersetzen, noch als Ergänzungen angesehen werden können. Fraglich ist auch, ob es insoweit auf die Wesentlichkeit der Erwägungen ankommt.

Bei einer strikt am Wortsinn orientierten Auslegung läßt sich die Grenze am Gegensatzpaar „Ergänzen oder Austauschen“ von Ermessenserwägungen ermitteln. Während ein Ergänzen die Unvollständigkeit der Erwägungen voraussetzt, kommt es zu einem Austauschen im Fall der Fehlerhaftigkeit einzelner Erwägungen. Obwohl auch diese Grenzziehung nicht jede Schwierigkeit ausräumt, trifft sie doch genauer den Kern der Bedeutung des Begriffs „Ergänzen“. Auf die Wesentlichkeit oder Unwesentlichkeit der vorhandenen oder fehlenden Erwägungen kommt es grundsätzlich nicht an. Erst wenn derart „wesentliche“ Erwägungen bei der ursprünglichen Entscheidung fehlen, daß nicht mehr von einer Ermessensausübung ausgegangen werden kann, kann auch kein Ergänzen mehr stattfinden, da hier erstmalig das Ermessen betätigt wird. Für die hier vertretene Lösung spricht im übrigen nicht nur der Wortlaut der Bestimmung, sondern auch ihre größere Praktikabilität aufgrund des Verzichts auf das völlig wertungsabhängige Kriterium der Wesentlichkeit einer Erwägung.

---

[248] S. VGH München, Urt. v. 23.3. 1999 – 10 B 98.2378, BayVBl. 1999, 627 (628); *Bader*, NVwZ 1999, 121; *Kopp/Schenke*, VwGO, § 113 Rdnr. 72; wohl auch *Brischke*, DVBl. 2002, 429 (432).

Angefügt sei schließlich noch ein Hinweis zur mitunter erörterten Frage, ob nachträglich, das heißt nach Erlaß des Verwaltungsakts, eingetretene Gründe noch nach § 114 S. 2 VwGO nachgeschoben werden können. Diese Frage ist von der früheren Rechtsprechung zum Nachschieben von Gründen stets verneint worden[249]. Das läßt sich meines Erachtens nicht mit dem für die Anfechtungsklage angeblich maßgeblichen Zeitpunkt für die Rechtmäßigkeitsbeurteilung, den Zeitpunkt der letzten behördlichen Entscheidung, erklären[250]. Der Grund für diese Voraussetzung war in der Annahme der Rechtsprechung zu sehen, die „zulässig" nachgeschobenen Gründe führten zu keinem neuen Verwaltungsakt. Die Voraussetzung liegt damit auf einer Linie mit der weiteren Voraussetzung, nach der das Nachschieben zu keiner Wesensänderung führen dürfe. Werden Gründe nachgeschoben, die objektiv beim Erlaß des Verwaltungsakts beziehungsweise des Widerspruchsbescheids noch gar nicht existierten, handelte es sich eindeutig um einen neuen Verwaltungsakt, selbst wenn der Entscheidungssatz völlig unverändert geblieben ist.

Dennoch oder gerade auch deshalb ist die Ablehnung der Möglichkeit des Nachschiebens von Gründen, die objektiv erst nach Abschluß des Verwaltungsverfahrens entstanden sind, nicht überzeugend. Das Nachschieben tragender Gründe führt nicht zur Heilung des betreffenden Verwaltungsakts, sondern stets zu einem Neuerlaß. Wenn das nach hier vertretener Ansicht selbst für gebundene Verwaltungsentscheidungen gilt, muß dies zwingend für Ermessensverwaltungsakte gelten. Inwieweit dieser neue Verwaltungsakt Gegenstand der Anfechtungsklage gegen den Ausgangsverwaltungsakt ist, ohne daß der Kläger ihn im Wege der Klageänderung nach § 91 VwGO in das Verfahren einbezieht, bestimmt § 114 S. 2 VwGO. Stellt sich die neue Ermessenserwägung als Ergänzung einer zuvor unvollständigen Abwägungsentscheidung dar, so ist der dadurch entstandene Verwaltungsakt aufgrund des § 114 S. 2 VwGO auch Gegenstand des Prozesses. Da es sich ohnehin um einen neuen Verwaltungsakt handelt, können auch neu entstandene Erwägungen ergänzt worden sein[251].

Entsprechendes gilt auch im Rahmen des vorläufigen Rechtsschutzes, in dem § 114 S. 2 VwGO mit seiner dargelegten Bedeutung als Regelung der Zulässigkeit einer Klageänderung gleichfalls Bedeutung besitzen kann. Werden im Laufe des einstweiligen Rechtsschutzverfahrens Ermessenserwägungen ergänzt, so erstreckt sich der Antrag nach §§ 80, 80 a VwGO ohne weiteres auf den neuen Ver-

---

[249] Vgl. dazu etwa *R. P. Schenke*, VerwArch. 90 (1999), 232 (248f.); *Rennert*, in: Eyermann, VwGO, § 114 Rdnr. 88.

[250] So aber z. B. *R. P. Schenke*, VerwArch. 90 (1999), 232 (248f.), der dann aus der Unrichtigkeit der Thesen zum maßgeblichen Zeitpunkt konsequent folgert, deshalb könnten auch nachträglich eintretende Gesichtspunkte nachgeschoben werden. Von einem Zusammenhang mit dem Problem des maßgeblichen Zeitpunkts geht auch *Gerhardt*, in: Schoch/Schmidt-Aßmann/Pietzner, VwGO § 114 Rdnr. 12 g, aus.

[251] So im Ergebnis auch OVG Berlin, Urt. v. 18. 11. 1998 – 1 B 80.95, OVGE 23, 105 (Leitsatz 1).

waltungsakt. Sind die Grenzen des §114 S.2 VwGO dagegen nicht eingehalten, wird der neue Verwaltungsakt nur durch eine Erweiterung des Antrags auch Gegenstand des einstweiligen Rechtsschutzverfahrens.

D. Die Sonderfälle Planfeststellungsbeschluß und Plangenehmigung

I. Die Sonderregelungen im Planfeststellungsrecht

Für den Planfeststellungsbeschluß und die Plangenehmigung[252] gelten als Verwaltungsakte grundsätzlich dieselben Regelungen, die auch auf andere Verwaltungsakte Anwendung finden. Die Ausnahmen von diesem Grundsatz sind gesetzlich geregelt, so etwa in den §§72ff. VwVfG. Zu diesen Sonderregelungen zählen insbesondere die Vorschriften zur sogenannten Planerhaltung[253]. Diese sehen heute nicht nur Unbeachtlichkeitsregelungen für materielle Rechtsverstöße, sondern auch Begrenzungen betreffend die Aufhebung von Planfeststellungsbeschlüssen und Plangenehmigungen bei beachtlichen Fehlern vor, indem diese Mängel im Wege einer Planergänzung oder eines ergänzenden Verfahrens behoben werden können. Aus anderem Blickwinkel stellen sich diese Fehlerbeseitigungsregelungen als alternative Form zur Erfüllung des Beseitigungsanspruchs dar. Die heutige Grundnorm des §75 Abs.1a S.2 VwVfG, eingeführt durch das Genehmigungsverfahrensbeschleunigungsgesetz vom 12.9. 1996[254], lautet: „Erhebliche Mängel bei der Abwägung führen nur dann zur Aufhebung des Planfeststellungsbeschlusses oder der Plangenehmigung, wenn sie nicht durch Planergänzung oder durch ein ergänzendes Verfahren behoben werden können."[255]

Der Einführung dieser Regelungen vorausgegangen waren sachlich entsprechende Regelungen im Fachplanungsrecht, die durch das Planungsvereinfachungsgesetz vom 17.12. 1993[256] geschaffen wurden. Heute sind diese Bestimmungen enthalten in §17 Abs.6 c S.2 FStrG, §10 Abs.8 S.2 LuftVG, §29 Abs.8 S.2 PBefG, §19 Abs.4 S.2 WassStrG, §20 Abs.7 S.2 AEG und §5 Abs.7 S.2 MagnetschwebebahnPlG. Da gewisse Abweichungen dieser untereinander identischen Normen gegenüber §75 Abs.1a S.2 VwVfG existieren, sollen auch sie im

---

[252] Im folgenden wird regelmäßig nur noch vom Planfeststellungsbeschluß die Rede sein; die Ausführungen gelten aber stets auch für die Plangenehmigung, die in den einschlägigen Normen dem Planfeststellungsbeschluß gleichgestellt ist.

[253] Zum Grundsatz der Planerhaltung, auch im Baurecht, vgl. etwa *Hoppe*, DVBl. 1996, 12; s. auch die weiteren Nachw. oben §6 Fußn. 375 (S.324).

[254] BGBl. I S.1354.

[255] Die Landesverwaltungsverfahrensgesetze enthalten identische Bestimmungen mit Ausnahme der Regelung in Schleswig-Holstein. §142 Abs.1a S.2 LVwG lautet: „Erhebliche Mängel bei der Abwägung führen nur dann zur Aufhebung des Planfeststellungsbeschlusses oder der Plangenehmigung, wenn sie nicht durch Planergänzung behoben werden können."

[256] BGBl. I S.2123; dazu ein Überblick etwa *Steinberg/Berg*, NJW 1994, 488; *Steiner*, NVwZ 1994, 313.

Wortlaut zitiert werden: „Erhebliche Mängel bei der Abwägung oder eine Verletzung von Verfahrens- und Formvorschriften führen nur dann zur Aufhebung des Planfeststellungsbeschlusses oder der Plangenehmigung, wenn sie nicht durch Planergänzung oder durch ein ergänzendes Verfahren behoben werden können; die §§45 und 46 des Verwaltungsverfahrensgesetzes und die entsprechenden landesrechtlichen Bestimmungen bleiben unberührt."

Während bei der Unbeachtlichkeitsregelung des §75 Abs. 1a S. 1 VwVfG und den landesgesetzlichen Parallelregelungen die entsprechende Vorschrift aus dem Bauplanungsrecht für die Bebauungspläne (§214 Abs. 3 S. 2 BauGB beziehungsweise zuvor §155 b Abs. 2 S. 2 BBauG) übernommen wurde, ist das Verhältnis zum Baurecht im Fall des §75 Abs. 1a S. 2 VwVfG und den zeitlich vorausgehenden Parallelregelungen im Fachplanungsrecht umgekehrt. Mit dem Bau- und Raumordnungsgesetz vom 18.8. 1997[257] wurde in einem danach mit „Planerhaltung" überschriebenen eigenen Abschnitt in §215 a Abs. 1 BauGB[258] in Übernahme der Bestimmung aus dem Planfeststellungsrecht die Möglichkeit der Fehlerbeseitigung durch ein ergänzendes Verfahren eingeführt[259].

Wie sich auch aus den Gesetzesmaterialien zumindest in Andeutungen ableiten läßt, beruhen die Regelungen über den Ausschluß der Planaufhebung sowohl im Planungsvereinfachungsgesetz als auch in §75 Abs. 1a S. 2 VwVfG hinsichtlich der Fehlerbehebung durch eine Planergänzung auf einer Übernahme dieser in der Rechtsprechung entwickelten Rechtsfigur[260]. Daß der Gesetzgeber hier die Rechtsprechung zum Planergänzungsanspruch[261] aufgegriffen hat, wird im Schrifttum wohl einhellig bejaht[262]. Einen eindeutigen Beleg dafür liefert die Begründung des Gesetzesantrags Bayerns zum Verkehrswegeplanungsbeschleunigungsgesetz, auch wenn sich dieser 1991 (noch) nicht durchsetzen konnte[263].

Demgegenüber fehlt es für dic Variante der Fehlerbehebung, das ergänzende Verfahren, an einer Entwicklung durch die Rechtsprechung. Der Ausschluß des Aufhebungsanspruchs im Fall der Möglichkeit einer Mangelbeseitigung durch

---

[257] BGBl. I S. 2081; vgl. dazu die Gesetzesmaterialien in BT-Drs. 13/6392, 7588, 7589, 7886 und 8019.

[258] In der Fassung bis zur Änderung durch das EAG Bau v. 24.6. 2004, BGBl. I S. 1359. Die heutige Regelung zum ergänzenden Verfahren findet sich in §214 Abs. 4 BauGB.

[259] S. zu §215a BauGB a.F. auch *Dolde*, NVwZ 2001, 976ff.

[260] Vgl. Begr. d. Gesetzentwurfs der BReg. zum PlVereinfG v. 11.2. 1993, BT-Drs. 12/4328, S. 20.

[261] Zu dieser ausführlich *Sieg*, Die Schutzauflage, S. 24ff.

[262] S. etwa *Bonk*, NVwZ 1957, 320 (330 Fußn. 80); *Gerhardt*, in: Schoch/Schmidt-Aßmann/Pietzner, VwGO, §113 Rdnr. 26; *Gromitsaris*, SächsVBl. 1997, 101 (106); *Hildebrandt*, Der Planergänzungsanspruch, S. 62f.; *Jarass*, DVBl. 1997, 795 (801); *Sendler*, Neue Entwicklungen, S. 9 (29).

[263] Vgl. BR-Drs. 294/91 v. 14.5. 1991, S. 34: „Der Vorrang der Planergänzung vor der Planaufhebung wird auch in der neueren Rechtsprechung der Verwaltungsgerichte zunehmend berücksichtigt; die Entwicklung in der Rechtsprechung wird durch die vorgeschlagene Kodifikation aufgegriffen."

ein ergänzendes Verfahren ist auf die Initiative des Bundesrates zurückzuführen[264].

II. Die Fehlerfolgevarianten und ihre dogmatische Einordnung

Das Recht der Planfeststellung kennt mit seinen bereits erörterten Unbeachtlichkeitsregelungen wie §75 Abs. 1a S. 1 VwVfG Bestimmungen über den Ausschluß des Beseitigungsanspruchs. Ebenso scheint auch §75 Abs. 1a S. 2 VwVfG[265] zu verstehen zu sein, der einen Ausschluß des Aufhebungsanspruchs gegenüber dem Planfeststellungsbeschluß normiert. So werden die Fälle von §75 Abs. 1a S. 1 und 2 VwVfG auch regelmäßig unter der gemeinsamen Thematik der Planerhaltung mit Oberbegriffen wie „Erheblichkeit von Abwägungsmängeln"[266], „Relevanz von Abwägungsmängeln"[267] oder „begrenzte Fehlerbeachtlichkeit"[268] bezeichnet. Der dahinterstehenden dogmatischen Einordnung kann jedoch nicht zugestimmt werden, obwohl der Wortlaut des §75 Abs. 1a S. 2 VwVfG diese Sichtweise zu belegen scheint. Schließlich wird danach der Aufhebungsanspruch gegenüber dem an erheblichen Mängeln leidenden Planfeststellungsbeschluß ausdrücklich ausgeschlossen. Doch der Schein trügt: Einerseits stellt der Anspruch auf Aufhebung eines (materielle) subjektive Rechte verletzenden Verwaltungsakts die in unserer Rechtsordnung als typisch zu bezeichnende Rechtsfolge dar. §113 Abs. 1 S. 1 VwGO geht von einem solchen materiellrechtlichen Aufhebungsanspruch aus. Andererseits ist der verfassungsrechtlich fundierte Beseitigungsanspruch nur auf die Beseitigung der Rechtsverletzung gerichtet. Diese Beseitigung wird zwar typischerweise durch die Aufhebung des fehlerhaften Rechtsakts bewirkt, sie muß aber nicht in dieser Weise erfolgen. Wie gesehen erkennt unsere Rechtsordnung zu Recht verschiedene „Nachbesserungen" als Beseitigung von Rechtsverletzungen (zumindest für die Zukunft) und damit als Erfüllung des Beseitigungsanspruchs an. Deutliche Beispiele dafür sind die vorausgehend erörterten Regelungen über die Heilung von Verfahrensfehlern.

Auch §75 Abs. 1a S. 2 VwVfG wäre – anders als §75 Abs. 1a S. 1 VwVfG – fehlinterpretiert, wenn er als Regelung über den Ausschluß oder die Beschränkung des Beseitigungsanspruchs verstanden würde. Bei genauer Analyse sagt er über die Rechtsfolgen von erheblichen Abwägungsmängeln nur aus, daß in den von

---

[264] Vgl. Stellungnahme des Bundesrats zum Gesetzentwurf der Bundesregierung betr. das PlVereinfG, BT-Drs. 12/4328, S. 25 (32f., Nr. 16). Diesem Vorschlag hat die Bundesregierung zugestimmt, s. BT-Drs. 12/4328, S. 41.

[265] Soweit im folgenden nur §75 Abs. 1a S. 2 VwVfG erwähnt ist, gelten die Ausführungen vorbehaltlich ausdrücklicher Hinweise stets auch für sämtliche Parallelregelungen im Landesrecht und im Fachplanungsrecht.

[266] *Bonk/Neumann*, in: Stelkens/Bonk/Sachs, VwVfG, §75 Rdnr. 33 (vorausgehende Überschrift); ebenso *Kopp/Ramsauer*, VwVfG; §75 Rdnr. 14 (vorausgehende Überschrift).

[267] *Dürr*, in: Knack, VwVfG, §75 Rdnr. 19 (vorausgehende Überschrift).

[268] *Stüer*, Handbuch des Bau- und Fachplanungsrechts, Rdnr. 2162.

ihm erfaßten Fällen die Aufhebung zugunsten anderer Rechtsfolgen ausgeschlossen ist. Welche anderen Rechtsfolgen an die Stelle der Aufhebung treten, wird nicht geregelt. Anders demgegenüber §75 Abs. 1a S. 1 VwVfG: Dort wird der Abwägungsfehler als unerheblich eingestuft und damit die Rechtsfolge des Aufhebungsanspruchs ausgeschlossen.

Aus den Voraussetzungen für den Ausschluß der Aufhebung nach Satz 2 läßt sich zunächst ableiten, daß das Gesetz von der Möglichkeit der Fehlerbehebung und damit von der Erfüllung des Beseitigungsanspruchs durch eine Planergänzung oder durch ein ergänzendes Verfahren ausgeht. Das erscheint nur verständlich, wenn die Planergänzung wie auch die Nachbesserung im Wege des ergänzenden Verfahrens nach den Vorstellungen des Gesetzes ähnlich wie die Nachholung von Verfahrenshandlungen gemäß §45 VwVfG eine Heilungswirkung besitzen.

Nicht aus §75 Abs. 1a S. 2 VwVfG abzuleiten ist demgegenüber eine entsprechende Wirkung schon vor dem Erlaß der Planergänzung oder der Durchführung des ergänzenden Verfahrens. Solange die Planfeststellungsbehörde von diesen Möglichkeiten keinen Gebrauch gemacht hat, ist der Beseitigungsanspruch auch nicht erfüllt. Die Frage ist nur, wie sich diese Überlegungen mit dem nicht wegzudiskutierenden ausdrücklichen Ausschluß der Aufhebung und damit auch des Aufhebungsanspruchs, der doch stark an §46 VwVfG erinnert, vereinbaren läßt. Um dies beantworten zu können, bedarf es der Klärung der Rechtsfolgen von erheblichen Abwägungsmängeln im Sinne des §75 Abs. 1a S. 2 VwVfG.

III. Die materiellrechtlichen Rechtsfolgen erheblicher Abwägungsmängel

1. Der Regelungsinhalt des §75 Abs. 1a S. 2 VwVfG

§75 Abs. 1a S. 2 VwVfG schließt die Aufhebung des Planfeststellungsbeschlusses aus, wenn der erhebliche Mangel bei der Abwägung durch eine Planergänzung oder ein ergänzendes Verfahren behoben werden kann. Weitere ausdrückliche Regelungen über die Rechtsfolgen erheblicher Abwägungsmängel enthält Satz 2 nicht. Damit schließt diese materiellrechtliche Regelung[269] nicht zugleich auch weitere mögliche Rechtsfolgen der Rechtswidrigkeit des Planfeststellungsbeschlusses aus. Die Rechtsfolgen bleiben im Grundsatz offen. Mittelbar läßt sich aus §75 Abs. 1a S. 2 VwVfG aber zumindest ableiten, daß über die Rechtswidrigkeit hinaus Rechtsfolgen bestehen müssen. Andernfalls fehlte es schon an einem Unterschied zwischen den erheblichen Mängeln nach Satz 2 und den nicht erheb-

[269] Die Gegenmeinung von *Gaentzsch*, UPR 2001, 201 (206), der etwa §17 Abs. 6 c S. 2 FStrG als prozeßrechtliche Regelung in Ergänzung zu §113 Abs. 1 S. 1 VwGO sieht, ist nicht überzeugend. Sie verkennt, daß §113 Abs. 1 S. 1 VwGO die Aufhebung des Verwaltungsakts nur anordnet, wenn auch ein materiellrechtlicher Aufhebungsanspruch besteht. Nur dann besteht auch der prozessuale Aufhebungsanspruch gegenüber dem Gericht.

lichen nach Satz 1. Wenn sich die Rechtsfolge in der schlichten Rechtswidrigkeit des Planfeststellungsbeschlusses erschöpfen würde und demgemäß auch das Gericht nur diese Rechtswidrigkeit feststellen könnte, wäre die Behörde auch nicht gezwungen, den Abwägungsmangel im Wege eines ergänzenden Verfahrens oder auf andere Weise zu beheben. Der Betroffene wäre in diesem Fall weitgehend rechtsschutzlos gestellt, obwohl das Gesetz den Mangel ausdrücklich als erheblich einstuft. Die erheblichen Mängel gelten auch nicht etwa als behoben, solange sie noch nicht durch eine Planergänzung oder durch ein ergänzendes Verfahren behoben sind. Naheliegend erscheint deshalb die Folgerung, daß der Anspruch auf Fehlerbehebung in keiner Weise durch Satz 2 tangiert wird. Der Beseitigungsanspruch, der auf die Beseitigung der Rechtsverletzung gerichtet ist, besteht vielmehr unverändert fort. Liegen die Voraussetzungen des §75 Abs. 1a S. 2 VwVfG vor, ist lediglich eine Erfüllung des Beseitigungsanspruchs im Wege der Aufhebung des Beschlusses ausgeschlossen.

2. *Die gerichtliche Tenorierung*

Hilfreich bei der Suche nach den materiellrechtlichen Rechtsfolgen erheblicher Abwägungsmängel in den Fällen des §75 Abs. 1a S. 2 VwVfG kann vor allem die Rechtsprechung sein. Auch wenn hier nicht die prozessualen, sondern die materiellrechtlichen Folgen gesucht werden, lassen sich aus der Judikatur doch wichtige Folgerungen ziehen. Angesichts der Aufhebungsausschlußregelungen wie §75 Abs. 1a S. 2 VwVfG sind in der Rechtsprechung folgende Grundmodelle einer gerichtlichen Tenorierung vertreten worden, wenn – zunächst einmal – die Rechtsprechung zum isolierten Anspruch auf Planergänzung ausgeklammert wird.

a) *Verpflichtung zur Durchführung eines ergänzenden Verfahrens*

Für den Fall des §17 Abs. 6 c S. 2 FStrG hat der 8. Senat des VGH München in seinem Urteil vom 5. 7. 1994[270] statt des durch §17 Abs. 6 c S. 2 FStrG ausgeschlossenen Aufhebungsanspruchs einen Anspruch auf Durchführung eines ergänzenden Verfahrens zur Nachholung einer Umweltverträglichkeitsprüfung nach dem UVPG anerkannt[271]. Damit wird an die Rechtsprechung zum Abwägungsfehler beim Planfeststellungsbeschluß vor Erlaß der Regelungen zum Planfeststellungsrecht angeknüpft. Nach dieser Rechtsprechung kann ein materieller Mangel eines Planfeststellungsbeschlusses, der durch die nachträgliche Anordnung einer Schutzauflage behoben werden kann, nicht zur Aufhebung des Planfeststellungsbeschlusses, sondern nur zu einer Verpflichtung zum Erlaß der Schutzauflage führen, sofern dadurch nicht die Gesamtkonzeption der Planung in einem wesentlichen Punkt berührt und nicht andere Belange nachteilig betroffen wer-

---

[270] Az.: 8 A 93.40056 u.a., DVBl. 1994, 1198.
[271] Vgl. VGH München, DVBl. 1994, 1198 (1203).

den[272]. Diese Judikatur, die etwa die Regelung des § 17 Abs. 6 c S. 2 FStrG beziehungsweise des § 75 Abs. 1a S. 2 VwVfG vorbereitet hat, erkennt mit ihrer Tenorierung der Verpflichtung zum Erlaß einer Planergänzung als eine die Aufhebung des Planfeststellungsbeschlusses substituierende Rechtsfolge die entsprechende materiellrechtliche Pflicht an. Indem der VGH München in dem zitierten Urteil an die Stelle der Aufhebung des Planfeststellungsbeschlusses die Verpflichtung zur Durchführung eines ergänzenden Verfahrens stellt, überträgt er diese Rechtsprechung auf die Fälle, in denen der Abwägungsmangel durch ein ergänzendes Verfahren behoben werden kann.

b) Feststellung der Rechtswidrigkeit und Nichtvollziehbarkeit des Planfeststellungsbeschlusses

Dieser Lösung ist das Bundesverwaltungsgericht nicht gefolgt. Im Revisionsverfahren zum Urteil des VGH München hat es eine Gegenposition bezogen. Im Leitsatz 1 des Urteils vom 21. 3. 1996 heißt es: „Darf ein Planfeststellungsbeschluß gemäß § 17 Abs. 6 c Satz 2 FStrG nicht aufgehoben werden, weil erhebliche Mängel der Abwägung durch ein ergänzendes Verfahren behoben werden können, so hat das Gericht statt der beantragten Aufhebung die Rechtswidrigkeit des angefochtenen Planfeststellungsbeschlusses und dessen Nichtvollziehbarkeit festzustellen."[273] Für den Fall der Möglichkeit der Fehlerbehebung durch ein ergänzendes Verfahren wird damit eine andere Lösung vertreten, als dies bis dahin für die Fälle der Planergänzung angenommen wurde.

Wenn das Bundesverwaltungsgericht davon spricht, daß die Nichtvollziehbarkeit „festzustellen" sei, handelt es sich freilich nicht um eine deklaratorische Feststellung. Die Wirksamkeit und Vollziehbarkeit eines Verwaltungsakts wird durch dessen Rechtswidrigkeit grundsätzlich nicht beeinträchtigt. Folglich ist der Planfeststellungsbeschluß, der an erheblichen Mängeln bei der Abwägung leidet und deshalb rechtswidrig ist, ipso iure vollziehbar. Nur infolge einer konstitutiven behördlichen oder gerichtlichen Aussetzung der Vollziehbarkeit, wie sie durch das Gericht sonst nur im vorläufigen Rechtsschutzverfahren gemäß §§ 80, 80a VwGO erfolgt, kann die Nichtvollziehbarkeit eintreten. Die Rechtswidrigkeit, auch wenn sie gerichtlich festgestellt wurde, bewirkt diese Rechtsfolge nicht.

---

[272] Vgl. BVerwG, Urt. v. 7. 7. 1978 – 4 C 79.76 u.a., BVerwGE 56, 110 (133); s. weiter z.B. Urt. v. 6. 11. 1981 – 4 C 14.78, Buchholz 407.4 FStrG Nr. 44; Urt. v. 22. 3. 1985 – 4 C 63.80, BVerwGE 71, 150 (160); Urt. v. 13. 9. 1985 – 4 C 64.80, BauR 1986, 59 (61); Urt. v. 6. 12. 1985 – 4 C 59.82, DVBl. 1986, 416 (418); Urt. v. 20. 10. 1989 – 4 C 12.87, BVerwGE 84, 31 (45ff.); Urt. v. 29. 1. 1991 – 4 C 51.89, BVerwGE 87, 332; Urt. v. 14. 9. 1992 – 4 C 34–38.89, BVerwGE 91, 17 (19); Urt. v. 16. 12. 1993 – 4 C 11.93, NVwZ 1994, 691f.; ausführlich zu dieser Rechtsprechung m. zahlr. w. Nachw. *Henke*, Planerhaltung, S. 72ff.; *Sieg*, Die Schutzauflage, S. 24ff.; vgl. auch *Erbguth*, UPR 1999, 41 (46).

[273] BVerwG, Urt. v. 21. 3. 1996 – 4 C 19.94, BVerwGE 100, 370 (LS 1); ebenso Urt. v. 12. 12. 1996 – 4 C 19.95, BVerwGE 102, 358 (365).

c) *Aussetzung des Verfahrens zur Fehlerbeseitigung*

Als eine dritte Möglichkeit des prozessualen Umgangs mit den Aufhebungsausschlußregelungen (wie §75 Abs. 1a S. 2 VwVfG) im Planfeststellungsrecht ist in der Literatur die Aussetzung des Verfahrens durch das Gericht analog §94 S. 2 VwGO a.F. diskutiert und in der Rechtsprechung teilweise praktiziert[274] worden, mit der der Behörde die Gelegenheit gegeben wird, den Mangel zum Beispiel durch ein ergänzendes Verfahren zu beheben[275]. Für die Heilung von Verfahrens- und Formfehlern hatte das 6. VwGO-Änderungsgesetz in §87 Abs. 1 S. 2 Nr. 7 VwGO sowie in §94 S. 2 VwGO entsprechende ausdrückliche Möglichkeiten eingefügt[276], deren analoge Anwendung in Betracht kam.

Der Versuch der Lösung der Problematik der Tenorierung in den Fällen der Aufhebungsausschlußnormen durch die Aussetzung des Verfahrens kann, unabhängig von seiner sonstigen Beurteilung, das prozessuale Problem der Tenorierung freilich nur lösen, wenn die Behörde die Aussetzung auch zum Anlaß nimmt, den Abwägungsmangel etwa durch ein ergänzendes Verfahren zu heilen. Nicht gelöst ist das Problem dagegen, wenn es gerade zu keiner Fehlerbehebung kommt. Für diesen Fall bliebe nur ein Rückgriff auf eine der beiden anderen Ansichten, da die Aufhebung durch die gesetzliche Anordnung weiterhin ausgeschlossen wäre.

d) *Zwischenbeurteilung der Tenorierungsmöglichkeiten*

Da sich eine abschließende Bewertung der gerichtlichen Entscheidungspraxis solange verbietet, wie eine Klärung der materiellrechtlichen Rechtslage nicht erfolgt ist, kommt nur ein Zwischenfazit in Betracht: Fraglich könnte zunächst sein, ob die gerichtliche Feststellung der Nichtvollziehbarkeit mit der Aufhebungsausschlußnorm des §75 Abs. 1a S. 2 VwVfG vereinbar ist, da sich ihre Wirkung in bestimmter Hinsicht im Ergebnis nicht wesentlich von einer Aufhebung des Planfeststellungsbeschlusses zu unterscheiden scheint. So ist die Nichtvollziehbarkeit auch als eine auflösend bedingte Aufhebung bezeichnet worden[277]. Diese Umschreibung erscheint aber nicht ganz überzeugend. Näher liegt ein Verständnis, nach dem es sich – wie im vorläufigen Rechtsschutzverfahren – um eine gerichtliche Aussetzung der Vollziehbarkeit des Planfeststellungsbeschlusses handelt. Eine solche wird sicher auch nicht durch §75 Abs. 1a S. 2 VwVfG ausgeschlossen. Die Feststellung der Nichtvollziehbarkeit läßt den fehlerhaften Planfeststellungsbeschluß fortbestehen. Wird nachfolgend der Mangel durch ein ergänzendes Ver-

---

[274] Vgl. VGH München, Beschl. v. 20. 9. 1999 – 8 A 97.470021, UPR 2000, 237.

[275] Vgl. *Henke*, UPR 1999, 51 (56), der diese Lösung aber im Ergebnis ablehnt.

[276] Gesetz v. 1. 11. 1996, BGBl. I S. 1626; diese Regelungen sind inzwischen durch das Gesetz zur Bereinigung des Rechtsmittelrechts im Verwaltungsprozeß (RmBereinVpG) v. 20. 12. 2001, BGBl. I S. 3987, wieder aufgehoben worden.

[277] Vgl. *Kopp/Schenke*, VwGO, §113 Rdnr. 108.

fahren behoben, so muß der fehlerhafte Verwaltungsakt wie im Fall der Nachholung einer Verfahrenshandlung nach §45 VwVfG als geheilt angesehen werden. Auch hier wird folglich die Identität des zunächst fehlerhaften mit dem nachfolgend fehlerfreien Planfeststellungsbeschluß fingiert. Obwohl richtigerweise nach einer Aufhebung des Planfeststellungsbeschlusses nicht das gesamte Verfahren wiederholt werden müßte, sondern sich der Umfang der zu wiederholenden Schritte nach dem konkreten Mangel und dessen Auswirkungen auf andere Teile des Verfahrens richtete, läge in dem erneuten Planfeststellungsbeschluß ein Neuerlaß, der zugleich die Anfechtungsmöglichkeiten der (anderen) Planbetroffenen neu eröffnete. Demgegenüber löst der nach einer Planergänzung oder einem ergänzenden Verfahren erlassene Planfeststellungsbeschluß für die Planbetroffenen, die in derselben Weise auch schon durch den ursprünglichen Planfeststellungsbeschluß betroffen waren, keine neue Anfechtungsmöglichkeit aus, sofern der Beschluß ihnen gegenüber bestandskräftig geworden ist. Diesen Unterschieden zwischen der Aufhebung und der Aussetzung der Vollziehbarkeit dürfte daher auch eine beachtliche praktische Bedeutung zukommen.

3. *Die materiellrechtlichen Pflichten hinter den Tenorierungen*

Will das Gericht die Behörde zur Durchführung eines ergänzenden Verfahrens oder zum Erlaß ein Planergänzung verpflichten, so setzt das eine entsprechende materiellrechtliche Pflicht der Behörde voraus. Hier besteht eine einfache Verbindung zwischen der gerichtlichen Entscheidung und den materiellrechtlichen Pflichten. Wird im Rahmen der Anfechtungsklage ein Verwaltungsakt aufgehoben, so setzt dies eine materiellrechtliche Pflicht der Behörde zur Aufhebung voraus.

Erheblich mehr Schwierigkeiten bereitet dagegen der Versuch, aus der gerichtlichen Feststellung der Rechtswidrigkeit und Nichtvollziehbarkeit eines Planfeststellungsbeschlusses auf eine dahinter stehende materielle Pflicht der Behörde zu schließen. Das hängt allerdings nicht damit zusammen, daß es, wie in den Fällen der Feststellungsklage von der ganz überwiegenden Auffassung angenommen wird, an einem materiellen Anspruch fehlt. Auch im Fall der Nichtvollziehbarkeitsfeststellung geht es um den materiellen Beseitigungsanspruch. Der Beseitigungsanspruch ist gerichtet auf die Beseitigung der mit dem Planfeststellungsbeschluß verbundenen Rechtsverletzung. Die gerichtliche Feststellung der Nichtvollziehbarkeit dient der Durchsetzung dieser materiellrechtlichen Pflicht. Die Frage kann nur sein, ob nicht §75 Abs. 1a S. 2 VwVfG mit der genannten Möglichkeit der Durchführung eines ergänzenden Verfahrens der Behörde den Weg vorgibt, auf dem sie die Rechtsverletzung zu beseitigen versuchen muß. Angesichts der Intention der Planerhaltung könnte das Gesetz dafür sprechen, die Planfeststellungsbehörde für verpflichtet zu halten, zur „Rettung" des Planfeststellungsbeschlusses auch alles Mögliche zu tun und deshalb ein ergänzendes Verfahren durchzuführen. Demgegenüber ist das Bundesverwaltungsgericht der Auffassung, es bliebe der Planfeststellungsbehörde überlassen, ob sie von der Möglichkeit des ergänzenden Verfahrens Gebrauch macht, von der Planung gänzlich Abstand nimmt oder ein neues Verfahren, etwa für eine Variante, einleitet[278]. Dem hat sich die Literatur teilweise angeschlossen[279].

Die Einschätzung der Rechtsprechung überzeugt im Ergebnis nicht. Zutreffend erscheint sie nur im Verhältnis zum Planbetroffenen. Hier steht es der Planfeststellungsbehörde frei, wie der Beseitigungsanspruch erfüllt wird. Die Rechtspflichten der Planfeststellungsbehörde können jedoch nicht mit dem Blick auf diesen Beseitigungsanspruch erschöpfend erfaßt werden. In jedem Fall in die Betrachtung mit einzubeziehen sind die berechtigten Interessen des Vorhabenträgers, insbesondere natürlich dessen Rechte. Auch wenn bislang nicht geklärt ist, ob und gegebenenfalls unter welchen Voraussetzungen der Vorhabenträger einen Anspruch auf Feststellung des von ihm erstellten Plans hat[280] und diese Frage hier nicht geklärt werden kann, kann der Behörde keine quasi freie Entscheidung darüber zustehen, wie sie weiter verfahren soll. Die Möglichkeiten, von der Planung gänzlich Abstand zu nehmen oder ein neues Verfahren – für eine Variante – einzuleiten, scheiden eindeutig schon deshalb aus, weil es sich bei der Planfeststellung nicht um eine originäre Planung der Behörde, sondern um eine solche auf Antrag des Vorhabenträgers handelt. Dieser Antrag liegt im Einreichen des Plans bei der Anhörungsbehörde, womit gemäß §73 Abs. 1 VwVfG das Planfeststellungsverfahren eingeleitet wird[281]. Der Vorhabenträger hat einen Anspruch auf Einleitung und Durchführung eines Planfeststellungsverfahrens[282]. Allein daraus folgt die Unhaltbarkeit der These, die Planfeststellungsbehörde besitze auch die Möglichkeit, von der Planung Abstand zu nehmen oder ein neues Verfahren mit einer Variante durchzuführen. Diese Wahlmöglichkeiten besitzt allein der Vorhabenträger, der seinen Plan (und damit seinen Antrag) zurücknehmen oder einen veränderten Plan vorlegen kann. Die Möglichkeiten hängen folglich von der Entscheidung des Vorhabenträgers ab. Hält dieser jedoch an seinem ursprünglichen Plan fest, zu dem der fehlerhafte Planfeststellungsbeschluß ergangen ist, so ist die Behörde zur „Entscheidung über den Antrag" trotz ihres planerischen Gestaltungsspielraums verpflichtet[283].

Im Ergebnis läßt sich folgendes festhalten: Die Planfeststellungsbehörde ist materiellrechtlich zur Beseitigung der Rechtsverletzung verpflichtet. Damit ist

---

[278] Vgl. BVerwG, Urt. v. 21.3. 1996 – 4 C 19.94, BVerwGE 100, 370 (373).

[279] S. *Jarass*, DVBl. 1997, 797 (801).

[280] Vgl. dazu etwa *Ule/Laubinger*, Verwaltungsverfahrensrecht, §41 Rdnr. 18 m. Nachw. zum Streit in Fußn. 62.

[281] Vgl. etwa *Bonk/Neumann*, in: Stelkens/Bonk/Sachs, VwVfG, §73 Rdnr. 14; *Ule/Laubinger*, Verwaltungsverfahrensrecht, §39 Rdnr. 11.

[282] S. nur *Bonk/Neumann*, in: Stelkens/Bonk/Sachs, VwVfG, §73 Rdnr. 16.

[283] So auch *Bonk/Neumann*, in: Stelkens/Bonk/Sachs, VwVfG, §75 Rdnr. 43 e; *Kügel*, in: Obermayer, VwVfG, §75 Rdnr. 65.

aber nur das erforderliche Ergebnis abstrakt umschrieben. Nicht zulässig erreichbar für die Behörde ist dieses Ergebnis durch eine Aufhebung des Planfeststellungsbeschlusses und eine (teilweise) Wiederholung des Planfeststellungsverfahrens. Das schließt §75 Abs. 1a S. 2 VwVfG ausdrücklich aus. Der aus dieser Norm folgende Ausschluß einer gerichtlichen Aufhebung ist nur eine mittelbare Folge[284]. Die Ansprüche des Vorhabenträgers in Verbindung mit §75 Abs. 1a S. 2 VwVfG verlangen von der Behörde vielmehr den Versuch, die Rechtsverletzung mit dem Mittel der Planergänzung oder auf dem Wege eines ergänzenden Verfahrens zu beheben. Das heißt allerdings nicht, daß der Rechtsfehler auf diese Weise auch behoben wird. Kommt die Behörde nämlich bei einer gegebenenfalls notwendigen neuen Abwägungsentscheidung zu einem anderen Ergebnis als zu dem bisherigen Planfeststellungsbeschluß, so könnte der Planfeststellungsbeschluß gerade nicht aufrechterhalten werden. §75 Abs. 1a S. 2 VwVfG läßt in Übereinstimmung mit dem für die Abwägung einschlägigen materiellen Recht auch ein anderes Ergebnis als die Planerhaltung zu. Diese Planerhaltung muß aber versucht worden sein.

4. Verpflichtung zur Durchführung des ergänzenden Verfahrens oder Nichtvollziehbarkeitsfeststellung?

Besteht im Anwendungsbereich der Aufhebungsausschlußnormen (wie §75 Abs. 1a S. 2 VwVfG) die Pflicht der Behörde, den materiellen Fehler möglichst ohne Aufhebung des Planfeststellungsbeschlusses im Wege der Planergänzung oder durch ein ergänzendes Verfahren zu beheben, so fragt sich, weshalb das Gericht nicht zu einer solchen Fehlerbehebung verpflichten können sollte. Die Auffassung des Bundesverwaltungsgerichts, daß es der Behörde freistehe, wie sie zu einer Fehlerbeseitigung kommt, hat sich ja gerade als nicht überzeugend erwiesen.

Gleichwohl kann die Ansicht des VGH München ebenfalls nicht überzeugen. Mit dem schlichten Verpflichtungsausspruch, ein ergänzendes Verfahren durchzuführen, wird der Planfeststellungsbeschluß in seiner Wirksamkeit und Vollziehbarkeit nicht tangiert. Obwohl gar nicht feststeht, sondern nur die Möglichkeit besteht, daß das ergänzende Verfahren zu einer Fehlerbehebung bei gleichzeitiger Aufrechterhaltung des Planfeststellungsbeschlusses führt, bliebe danach der Planfeststellungsbeschluß bis zum Abschluß des ergänzenden Verfahrens wirksam und vollziehbar. Unter diesen Voraussetzungen entspricht die uneingeschränkte Fortgeltung des Planfeststellungsbeschlusses, die mit der Annahme eines isolierten Anspruchs auf ein ergänzendes Verfahren verbunden wäre, nicht den berechtigten Interessen des Betroffenen. Insoweit besteht auch keine Ver-

[284] Entsprechendes gilt für die unter §46 VwVfG oder §75 Abs. 1a S. 1 VwVfG zu subsumierenden Fälle.

gleichbarkeit mit dem Fall, in dem ein isolierter Anspruch auf eine Planergänzung besteht und der Vorhabenträger ein subjektives Recht auf Aufrechterhaltung des Planfeststellungsbeschlusses besitzt. Die uneingeschränkte Fortgeltung und Vollziehbarkeit des Planfeststellungsbeschlusses kommt nur in Betracht, wenn der Planfeststellungsbeschluß auch im Ergebnis aufrechterhalten werden muß.

Daher bedarf es zwingend einer Möglichkeit, vorübergehend bis zur Heilung die Vollziehbarkeit des Planfeststellungsbeschlusses „auszusetzen". Das stellt die Rechtsprechung des Bundesverwaltungsgerichts im Ergebnis sicher. Alternativen zu dieser gerichtlichen „Nichtvollziehbarerklärung" sind nicht erkennbar.

Fraglich könnte nur sein, ob nicht zugleich auch noch die Verpflichtung der Behörde zur Durchführung eines ergänzenden Verfahrens ausgesprochen werden muß. Die damit erreichte Kombination beider Rechtsprechungslösungen scheidet jedoch im Ergebnis aus. Sofern die Feststellung der Nichtvollziehbarkeit erfolgt, ist den Interessen des Klägers, der sich gegen den Planfeststellungsbeschluß wendet, in vollem Umfang Rechnung getragen. Bei der Verpflichtung zur Durchführung des ergänzenden Verfahrens handelt es sich um eine materiellrechtliche Pflicht der Behörde, die nicht den Interessen des Klägers, sondern vielmehr in erster Linie denen des Vorhabenträgers Rechnung trägt. Denkbar erschiene der Ausspruch einer solchen Verpflichtung aber auf der Basis eines selbständigen Antrags des notwendig beigeladenen Vorhabenträgers gemäß §§65, 66 S. 2 VwGO.

5. *Die Vereinbarkeit der Nichtvollziehbarkeitsfeststellung mit dem Planergänzungsanspruch und ihre Abgrenzung*

a) *Die Vereinbarkeit der unterschiedlichen Rechtsfolgen*

Bei den bisherigen Überlegungen betreffend die gerichtliche Feststellung der Nichtvollziehbarkeit wurde stets nur eine der in §75 Abs. 1a S. 2 VwVfG enthaltenen Fallgruppen, die Fehlerbehebung durch ein ergänzendes Verfahren berücksichtigt. Vollständig ausgeklammert wurde die Möglichkeit der Planergänzung. Wie erwähnt hat das Bundesverwaltungsgericht in ständiger Rechtsprechung einen Anspruch auf Aufhebung des Planfeststellungsbeschlusses verneint, wenn – vereinfacht – zur Behebung des Mangels eine Planergänzung ausreicht. Wie sich aus der Entstehungsgeschichte der Aufhebungsausschlußnorm ableiten läßt, hat der Gesetzgeber diese Rechtsprechung aufgegriffen. Damit stellt sich aber die Frage, wie sich der in ständiger Rechtsprechung vertretene Planergänzungsanspruch, bei dem nur eine darauf gerichtete Verpflichtungsklage als erfolgreich und der Planfeststellungsbeschluß selbst unverändert als wirksam und vollziehbar angesehen wurde, mit der neuen Rechtsprechung vereinbaren läßt, nach der die Nichtvollziehbarkeit festgestellt wird.

Das Bundesverwaltungsgericht hat seine Rechtsprechung zum Planergänzungsanspruch auch nach Erlaß des Planungsvereinfachungsgesetzes vom 17.12.

1993 weitgehend unbeirrt fortgesetzt. Zunächst wurden die Neuregelungen betreffend die Planergänzung nicht einmal erwähnt[285], obwohl sie angesichts der Übergangsregelung des Art. 10 S. 2 PlVereinfG auf jedes Verfahren ab dem Inkrafttreten am 24. 12. 1993 anwendbar waren. Wohl erstmals mit Beschluß vom 26. 2. 1996[286] hat dann der 11. Senat des Bundesverwaltungsgerichts unter ausdrücklicher Erwähnung der Regelung über die Planergänzung in § 20 Abs. 7 S. 2 AEG teilweise mittelbar, teilweise ausdrücklich das Fortbestehen der Rechtsprechung zur Schutzauflage bestätigt[287]. Danach führt ein materieller Mangel weder zur Aufhebung des Planfeststellungsbeschlusses noch zur Feststellung seiner Rechtswidrigkeit und Nichtvollziehbarkeit, wenn er durch die nachträgliche Anordnung einer Schutzauflage behoben werden kann, „ohne daß dadurch die Gesamtkonzeption der Planung in einem wesentlichen Punkt berührt und ohne daß in dem Interessengeflecht der Planung nunmehr andere Belange nachteilig betroffen werden“[288]. Besteht also entsprechend der ständigen Rechtsprechung ein Anspruch auf Planergänzung, ist durch das Gericht auch diese Verpflichtung der Behörde zu tenorieren und nicht etwa die für die Möglichkeit der Fehlerbehebung durch ein ergänzendes Verfahren entwickelte Feststellung der Nichtvollziehbarkeit. Die Gegenauffassung[289] mißt § 75 Abs. 1a S. 2 VwVfG eine Wirkung bei, die weder nach dem Wortlaut noch nach der Systematik der Regelung naheliegt und zudem dem Gesetzeszweck widerspricht, nach dem die Norm eine Stärkung der Planerhaltung bewirken soll[290]. Damit deutet das Bundesverwaltungsgericht die Vereinbarkeit der bisherigen Rechtsprechung zum Planergänzungsanspruch mit den Fällen der Feststellung der Nichtvollziehbarkeit an. Auch wenn sich demgegenüber offenbar der 4. Senat des Bundesverwaltungsgerichts noch nicht derart deutlich zum Verhältnis des § 75 Abs. 1a S. 2 VwVfG beziehungsweise entsprechender Parallelregelungen zur Schutzauflagenrechtsprechung geäußert hat[291], zeigt doch zumindest der erwähnte Beschluß des 11. Senats vom 9. 9. 1996 einen Weg auf, auf dem die Vereinbarkeit beider Rechtsfolgen hergestellt werden kann.

[285] Vgl. BVerwG, Urt. v. 31. 3. 1995 – 4 A 1.93, BVerwGE 98, 126 (130), obwohl dort sogar § 17 Abs. 6c FStrG hinsichtlich S. 1 zitiert wird; Beschl. v. 29. 11. 1995 – 11 VR 15.95, NVwZ 1997, 165 (auch hier wird § 20 Abs. 7 S. 1 AEG mehrfach erwähnt); Urt. v. 18. 4. 1996 – 11 A 86.95, BVerwGE 101, 73 (84f.).

[286] Az.: 11 VR 33.95, Buchholz 442.09 § 18 AEG Nr. 12; vgl. insoweit auch *Henke*, Planerhaltung, S. 90.

[287] Vgl. BVerwG, Buchholz 442.09 § 18 AEG Nr. 12 S. 45; s. nachfolgend BVerwG, Beschl. v. 15. 5. 1996 – 11 VR 3.96, UPR 1996, 353; Beschl. v. 9. 9. 1996 – 11 VR 31.95, ThürVBl. 1997, 63 (66); Beschl. v. 30. 12. 1996 – 11 VR 25.95, NVwZ-RR 1997, 525 (529).

[288] BVerwG, Beschl. v. 9. 9. 1996 – 11 VR 31.95, ThürVBl. 1997, 63 (66); s. auch Beschl. v. 30. 12. 1996 – 11 VR 25.95, NVwZ-RR 1997, 525 (529).

[289] Vgl. *Allesch/Häußler*, in: Obermayer, VwVfG, § 74 Rdnr. 60.

[290] Vgl. auch *Kopp/Schenke*, VwGO, § 42 Rdnr. 32 Fußn. 53.

[291] Vgl. BVerwG, Urt. v. 26. 2. 1999 – 4 A 47.96, NVwZ 2000, 560 (563), unter Hinweis auf BVerwGE 101, 73.

b) Die Abgrenzung zwischen der Nichtvollziehbarkeitsfeststellung und der Verpflichtung zur Planergänzung

Die Lösung scheint auf der Hand zu liegen: Im Fall der ersten Alternative des §75 Abs. 1a S. 2 VwVfG, nach der der Abwägungsmangel durch eine Planergänzung behoben werden kann, spricht das Gericht auf einen Verpflichtungsantrag hin die behördliche Verpflichtung zum Erlaß der Planergänzung aus. Im Fall der zweiten Alternative, bei der Möglichkeit der Fehlerbehebung durch ein ergänzendes Verfahren, stellt das Gericht die Nichtvollziehbarkeit fest. Diese denkbar einfache Einteilung entspricht wohl auch der herrschenden Auffassung im Schrifttum[292].

Einer solchen Abgrenzung steht jedoch schon entgegen, daß das Gericht die Behörde nur dann zu einer Planergänzung verpflichten darf, wenn auch eine entsprechende Verpflichtung besteht. Nicht immer dann, wenn eine Möglichkeit zur Nachbesserung durch eine Planergänzung besteht, kann auch zugleich eine Verpflichtung dazu ausgesprochen werden. Um zudem zu einer mit dem Gesetz in Einklang stehenden Abgrenzung zwischen den Fällen der Nichtvollziehbarkeit und der Verpflichtung zur Planergänzung kommen zu können, ist in einem ersten Schritt der Anwendungsbereich des §75 Abs. 1a S. 2 VwVfG von den Fällen abzugrenzen, in denen die Voraussetzungen nicht vorliegen und der Planfeststellungsbeschluß aufgehoben werden muß.

aa) Der Ausschluß des Aufhebungsanspruchs nach §75 Abs. 1a S. 2 VwVfG

Der durch §75 Abs. 1a S. 2 VwVfG erklärte Aufhebungsausschluß setzt voraus, daß die erheblichen Mängel „durch Planergänzung oder durch ein ergänzendes Verfahren behoben werden können". Nach dem Wortlaut ist also die Aufhebung bereits ausgeschlossen, wenn die Möglichkeit der Fehlerbehebung auf den genannten anderen Wegen besteht. Umgekehrt bleibt es bei einem Aufhebungsanspruch, wenn die Mangelbehebung durch Planergänzung oder durch ein ergänzendes Verfahren nicht möglich ist.

Dieser weite Anwendungsbereich des §75 Abs. 1a S. 2 VwVfG entspricht allerdings nicht ganz der Auffassung des Bundesverwaltungsgerichts, das verlangt, „daß der Abwägungsmangel nicht von solcher Art und Schwere ist, daß er die Planung als ganzes von vornherein in Frage stellt"[293]. Das Bundesverwaltungsgericht will offenbar damit den nach dem Wortlaut weiteren Anwendungsbereich des §75 Abs. 1a S. 2 VwVfG einschränken. Nach dem Wortlaut besteht der Aufhebungsanspruch dagegen nur noch für den Fall, in dem aufgrund der Art und

[292] Vgl. *Bonk/Neumann*, in: Stelkens/Bonk/Sachs, VwVfG, §75 Rdnr. 40a; *Henke*, UPR 1999, 51 (53); *Hildebrandt*, Der Planergänzungsanspruch, S. 89–91; *Kügel*, in: Obermayer, VwVfG, §75 Rdnr. 60f., 62f., 66f.

[293] BVerwG, Urt. v. 21. 3. 1996 – 4 C 19.94, BVerwGE 100, 370 (373); vgl. auch BVerwG, Urt. v. 27. 10. 2000 – 4 A 18.99, BVerwGE 112, 140 (166); Beschl. v. 20. 1. 2004 – 4 B 112.03, DVBl. 2004, 648 (649).

Schwere des Abwägungsmangels feststeht, daß seine Behebung durch eine Planergänzung oder im ergänzenden Verfahren nicht gelingen kann[294]. Ob damit im Ergebnis ein sachlicher Unterschied zur Rechtsprechung des Bundesverwaltungsgerichts besteht[295], erscheint nicht ganz eindeutig[296]. Jedenfalls bedarf es nach dem Gesetz keiner *konkreten* Möglichkeit der Fehlerbehebung[297], es reicht eine abstrakte.

Teilweise werden diese und andere Einschränkungen des Anwendungsbereichs des § 75 Abs. 1a S. 2 VwVfG mit verfassungsrechtlichen Bedenken gegen die Vorschrift zu begründen versucht[298]. Zumindest ein Erfordernis, dem Ausschluß des Aufhebungsanspruchs Grenzen zu setzen, wird auch von anderen gesehen[299]. Diese Überlegungen sind freilich wenig plausibel. Verfassungsrechtliche Bedenken können bei aller zutreffenden Verankerung des Beseitigungsanspruchs im Verfassungsrecht beziehungsweise konkret in den Grundrechten nicht überzeugen. Der Beseitigungsanspruch verlangt nämlich keineswegs notwendig die Aufhebung des Rechtsakts, auch wenn diese Rechtsfolge in unserer Rechtsordnung als typische Form der Durchsetzung des Beseitigungsanspruchs vorgesehen ist. Der Beseitigungsanspruch verlangt die Beseitigung der fortdauernden Rechtsverletzung. Das läßt sich nicht nur mit der Aufhebung des Verwaltungsakts erreichen. Die Rechtsfolge der Feststellung der Nichtvollziehbarkeit, also faktisch die Aussetzung der Vollziehbarkeit, erweist sich grundsätzlich in gleichem Maße als Erfüllung des Beseitigungsanspruchs wie dies für die Aufhebung des Planfeststellungsbeschlusses gilt.

Probleme können nur auftreten, wenn keine oder unzureichende Anforderungen an die Fehlerbehebung durch ein ergänzendes Verfahren beziehungsweise die Planergänzung gestellt werden. Das ist aber keine Frage der zusätzlichen Anforderungen an die Rechtsfolge der Nichtvollziehbarkeit, sondern eine solche der nachfolgenden Rechtmäßigkeitsprüfung des „neuen" Planfeststellungsbeschlusses. Hat die Behörde zum Beispiel die nachträglich ermittelten Belange nicht ergebnisoffen in eine neue Abwägungsentscheidung eingebracht, so hat keine Heilung stattgefunden und der Planfeststellungsbeschluß ist weiterhin rechtswidrig. Das rechtfertigt es aber nicht, schon für die Frage der Anwendbarkeit des § 75

---

[294] Vgl. *Bonk/Neumann*, in: Stelkens/Bonk/Sachs, VwVfG, § 75 Rdnr. 42a; wohl ebenso *Stüer*, Handbuch, Rdnr. 2163.

[295] Verneinend wohl *Bonk/Neumann*, ebd., die gerade auch auf diese Rechtsprechung sowie auf die zur Parallelregelung für den Bebauungsplan (§ 215a Abs. 1 BauGB a.F.) verweisen.

[296] So heißt es etwa in BVerwG, Beschl. v. 20. 1. 2004 – 4 B 112.03, DVBl. 2004, 648 (649), einerseits: „Die Durchführung eines ergänzenden Verfahrens kommt ferner nur in Betracht, wenn die Fehlerbehebung nicht von vornherein ausgeschlossen erscheint", andererseits aber (in direktem Anschluß): „Es muss sich die konkrete Möglichkeit abzeichnen, daß sich der Mangel in absehbarer Zeit beseitigen läßt."

[297] So aber etwa BVerwG, Beschl. v. 20. 1. 2004 – 4 B 112.03, DVBl. 2004, 648 (649); Urt. v. 16. 12. 1999 – 4 CN 7.98, BVerwGE 110, 193 (203), für § 215a Abs. 1 BauGB a.F.

[298] Vgl. *Spannowsky/Krämer*, UPR 1998, 44 (49f.) – allerdings zu § 215a Abs. 1 BauGB a.F.

[299] S. *Henke*, UPR 1999, 51 (54f.); *ders.*, Planerhaltung, S. 164ff.

Abs. 1a S. 2 VwVfG Vermutungen über die Abwägungsoffenheit der Planfeststellungsbehörde anzustellen.

Im Ergebnis kann also festgehalten werden, daß nach § 75 Abs. 1a S. 2 VwVfG die Aufhebung des Planfeststellungsbeschlusses ausscheidet, solange die Möglichkeit der Beseitigung eines Mangels bei der Abwägung durch ein ergänzendes Verfahren oder eine Planergänzung nicht ausgeschlossen werden kann.

bb) Die Verpflichtung zur Planergänzung

Wie gesehen müssen insbesondere wegen der völlig unterschiedlichen Rechtsfolgen von Nichtvollziehbarkeitsfeststellung und Verpflichtung zur Planergänzung die beiden Arten der Fehlerbehebung voneinander abgegrenzt werden. Eine solche Abgrenzung ist schon deshalb nicht einfach, weil auch der Erlaß einer Planänderung nach beziehungsweise in einem zusätzlichen Verfahren erfolgt, bei dem es sich auch um das „ergänzende Verfahren" handeln könnte[300].

Als Planergänzung kann nur eine inhaltliche Ergänzung des Planfeststellungsbeschlusses angesehen werden[301]. Eine solche kommt bei Unvollständigkeit des Planfeststellungsbeschlusses hinsichtlich seines verfügenden Teils in Betracht[302]. Der Beschluß enthält hier nicht alle Festsetzungen, die für eine ausgewogene Planung erforderlich sind. Diese Unvollständigkeit unterscheidet sich von der Unvollständigkeit der Abwägung und des Abwägungsmaterials, die allenfalls durch ein ergänzendes Verfahren behoben werden kann, da sie zumindest zunächst eine Vervollständigung des Materials mit einer neuen Abwägungsentscheidung voraussetzt. Selbst wenn sich die an ein ergänzendes Verfahren anschließende neue Entscheidung dann im Ergebnis so auswirkt, daß im Vergleich zum alten Planfeststellungsbeschluß eine Planergänzung vorzunehmen ist, ändert das nichts an der Richtigkeit der Fehlerbehebung durch ein ergänzendes Verfahren.

Für die Feststellung des Anwendungsbereichs der Planergänzung ist auszugehen von der Überlegung, daß das Gericht die Behörde nur dann zu einer Planergänzung verpflichten darf, wenn auch eine entsprechende Verpflichtung zur Planergänzung für die Behörde besteht. Allein eine Möglichkeit zur Nachbesserung durch eine Planergänzung kann nicht schon zu einer Verpflichtung zur Planergänzung führen.

Eine solche Verpflichtung zum Erlaß einer (mehr oder weniger konkret absehbaren) Planergänzung läßt sich richtigerweise nur annehmen, wenn das planerische Ermessen der Behörde ausnahmsweise nur auf diese Möglichkeit reduziert ist. Die Rechtsprechung zur Planergänzung, die sich seit dem Urteil vom 7. 7. 1978[303]

---

[300] Vgl. *Henke*, UPR 1999, 51 (52); *ders.*, Planung 2000, S. 177 (187ff.); *Bonk/Neumann*, in: Stelkens/Bonk/Sachs, VwVfG, § 75 Rdnr. 40a.

[301] S. *Dürr*, in: Knack, VwVfG, § 75 Rdrn. 26.

[302] Vgl. auch *Hildebrandt*, Der Planergänzungsanspruch, S. 79ff.

[303] Az.: 4 C 79.76 u.a., BVerwGE 56, 110.

zum Zwecke eines sinnvollen Erhalts von Planfeststellungsbeschlüssen gebildet hat, hat die Voraussetzungen für eine isolierte Verpflichtung zum Erlaß einer Planergänzung, etwa einer Schutzauflage, demgegenüber wesentlich weiter gesehen. Danach wird bis heute nur gefordert, daß die Gesamtkonzeption der Planung nicht in einem wesentlichen Punkt berührt wird und daß nicht andere Belange nachteilig betroffen werden[304]. Die Reduzierung beziehungsweise Konkretisierung des Beseitigungsanspruchs auf einen Planergänzungsanspruch wird nur ausgeschlossen, „wenn – ausnahmsweise – bei verständiger Würdigung der tatsächlichen Umstände eine konkrete Möglichkeit dafür erkennbar ist, daß die Planfeststellungsbehörde sich von derartigen Abweichungen[305] bei ihrer planerischen Abwägung hätte beeindrucken lassen“[306]. Für die Beschränkung des Beseitigungsanspruchs auf die Verpflichtung der Behörde zum Erlaß einer Planergänzung bedarf es jedoch einer Reduzierung des grundsätzlichen Planungsspielraums der Behörde allein auf diese Möglichkeit. Gerade das prüft das Bundesverwaltungsgericht aber nicht, sondern begnügt sich vielmehr mit der bloßen Möglichkeit einer Planergänzung. Die damit verbundene erhebliche Beschränkung des behördlichen Planungsermessens wird offenbar nicht gesehen. Zur Erklärung, wenn auch nicht zur Rechtfertigung dieser Auffassung ist zu berücksichtigen, daß die Rechtsprechung noch unter ganz anderen rechtlichen Rahmenbedingungen entstanden ist. Vor Erlaß des §75 Abs. 1a S. 2 VwVfG und vor allem der Parallelregelungen hatte das Gericht nur die Wahl zwischen einer Planaufhebung und der Verpflichtung zur Planergänzung. Heute besteht als Alternative auch die Möglichkeit, den Plan für „nichtvollziehbar“ zu erklären und damit allen beteiligten Interessen Rechnung zu tragen. Wie weit die Fallgruppe der Verpflichtung zur Planergänzung reichen kann, bedarf unter diesen Voraussetzungen einer neuen Prüfung, die jedenfalls zu erheblichen Einschränkungen gegenüber der bisherigen Rechtsprechung kommen muß.

Für die herrschende Ansicht spricht auch nicht die Entstehungsgeschichte der Norm. Der Gesetzgeber hat zwar die Rechtsprechung „aufgegriffen“, das heißt aber weder, daß er sie auch unverändert in das Gesetzesrecht übertragen wollte, noch, daß er dies selbst bei entsprechendem Willen auch getan hat.

Die hier vertretene Trennung zwischen der Möglichkeit der Fehlerbehebung durch Planergänzung und dem Anspruch auf Planergänzung hat zudem den Vorteil, einen notwendigen behutsamen Rückzug der Rechtsprechung aus einer im Einzelfall zu weitreichenden Annahme des Anspruchs auf Planergänzung zu befördern. In der früheren Rechtsprechung zum Ausschluß des Aufhebungsanspruchs wurden mitunter eigene gerichtliche Planungsentscheidungen getroffen, mit denen die Möglichkeit oder auch die Wahrscheinlichkeit der Erhaltung des

[304] S. z.B. BVerwG, Beschl. v. 9.9. 1996 – 11 VR 31.95, ThürVBl. 1997, 63 (66).

[305] Gemeint waren im konkreten Fall Abweichungen von den prognostizierten Lärmimmissionen.

[306] BVerwG, Urt. v. 20. 10. 1989 – 4 C 12.87, BVerwGE 84, 31 (45); vgl. auch BVerwG, Beschl. v. 3.4. 1999 – 4 B 50.89, NVwZ-RR 1990, 454.

Planfeststellungsbeschlusses bei einer erneuten behördlichen Entscheidung unter Berücksichtigung des Abwägungsmangels beurteilt wurden[307]. In allen von der Rechtsprechung entschiedenen Fällen bestand zweifellos die Möglichkeit der Fehlerbehebung durch eine Ergänzung der Festsetzungen im Planfeststellungsbeschluß, also durch eine Planergänzung. Doch kann das Gericht nicht zu der von ihm präferierten Planergänzung verpflichten, wenn die Behörde den Mangel auch durch eine andere Planungsentscheidung beheben kann. Von einem Anspruch auf Planergänzung kann nur ausgegangen werden, wenn sich das Planungsermessen so sehr reduziert hat, daß gerade auch der Vorhabenträger jetzt diese Planergänzung verlangen und die Behörde nicht auch eine ganz andere Entscheidung treffen kann. Bei der Prüfung des Anspruchs auf Planergänzung kann sicher auch der Umstand des schon erlassenen Planfeststellungsbeschlusses berücksichtigt werden. Nur darf sich das Gericht – auch in der Sache – nicht dazu verleiten lassen zu prüfen, ob es selbst eine solche Planergänzung unter Aufrechterhaltung des Planfeststellungsbeschlusses vornehmen würde.

Solange das Gesetz aber keine Beschränkungen des Aufhebungsanspruchs normiert hatte, mag die Versuchung groß gewesen sein, über die weitreichende Kreierung von Ansprüchen auf Planergänzung zu einer im Ergebnis vielleicht wünschenswerten Planerhaltung zu kommen. Mit den das ganze Planfeststellungsrecht erfassenden gesetzlichen Ausschlüssen von Aufhebungsansprüchen ist diese Notwendigkeit entfallen. Stellt das Gericht jetzt die Rechtswidrigkeit und Nichtvollziehbarkeit eines Planfeststellungsbeschlusses fest, so ist die Planfeststellungsbehörde dort, wo es objektiv möglich ist, innerhalb kürzester Zeit in der Lage, eine Planergänzung vorzunehmen und damit die Vollziehbarkeit des Plans herzustellen. Gleichzeitig wird ihr Entscheidungsspielraum nicht durch eine gerichtliche Verpflichtung zum Erlaß einer (bestimmten) Planergänzung eingeschränkt.

IV. Die analoge Anwendung des §75 Abs. 1a S. 2 VwVfG auf sonstige materielle Mängel des Planfeststellungsbeschlusses

Anders als §215 a Abs. 1 BauGB a.F., der sämtliche „Mängel der Satzung" betraf, und §214 Abs. 4 BauGB n.F. („zur Behebung von Fehlern") erfaßt §75 Abs. 1a S. 2 VwVfG nur „Mängel bei der Abwägung". Hinter dieser Beschränkung des Anwendungsbereichs steht jedoch nicht die Absicht des Gesetzgebers, den Ausschluß des Aufhebungsanspruchs auf bestimmte Einzelfälle der Fehlerbehebung zu beschränken. Als Beispiel kann dafür vor allem eine Abweichung in den Parallelregelungen der Fachplanungsgesetze angeführt werden. Danach ist die Aufhebung auch bei einer Verletzung von Verfahrens- und Formvorschriften ausgeschlossen, wenn diese durch eine Planergänzung oder ein ergänzendes Verfahren behoben werden können.

[307] Vgl. zu den grundsätzlich zutreffenden Bedenken *Sieg*, Die Schutzauflage, S. 176ff.

Der Gesetzgeber ging bei der Einführung des §75 Abs. 1a S. 2 VwVfG offenbar davon aus, daß es im VwVfG anders als in den Fachplanungsgesetzen keiner entsprechenden Regelung bedurfte[308]. Diese Einschätzung kann allerdings nicht geteilt werden. Heilungsmöglichkeiten bei Verfahrensfehlern kennt nur §45 VwVfG. Abgesehen davon, daß sein direkter Anwendungsbereich auf Einzelfälle begrenzt ist, hindert seine bloße Existenz nicht die Aufhebbarkeit des Verwaltungsakts, solange von der Heilungsmöglichkeit kein Gebrauch gemacht wurde.

Der Umstand, daß §45 VwVfG auch auf Planfeststellungsbeschlüsse Anwendung findet, schränkt die Relevanz der Frage der analogen Anwendung des §75 Abs. 1a S. 2 VwVfG in keiner Weise ein[309]. Andernfalls wäre die Normierung in den entsprechenden Normen des Fachplanungsrechts, die ausdrücklich auch §45 VwVfG als unberührt bezeichnen, sinnlos.

Vor dem Hintergrund der Gesetzesmaterialien erscheint die Begründung einer analogen Anwendung des §75 Abs. 1a S. 2 VwVfG auf Verstöße gegen Verfahrens- und Formvorschriften allerdings ausgeschlossen. Die Analogie setzt eine Regelungslücke voraus. Hier hat sich der Gesetzgeber jedoch ganz bewußt gegen eine Übernahme der entsprechenden Vorschriften aus dem Fachplanungsrecht entschieden. Auch wenn er mit dieser Entscheidung nicht den Anwendungsbereich der Norm eng begrenzen wollte, hat er doch die Verfahrens- und Formfehler nicht aufgenommen. Diese Entscheidung kann nicht durch eine Analogie überspielt werden[310]. Die mitunter als Beleg verwendete Rechtsprechung betraf jeweils die Fälle, in denen eine Spezialregelung des Fachplanungsrechts zur Anwendung kam, in der die Fehlerbehebung auch bei Verfahrens- oder Formverstößen ausdrücklich im Wege eines ergänzenden Verfahrens ermöglicht wird[311].

Im Gegensatz dazu erscheint eine Analogie bei anderen Mängeln des Planfeststellungsbeschlusses nicht ausgeschlossen. Insoweit fehlt es auch an einem entgegenstehenden Willen des Gesetzgebers. Sofern also sonstige materielle Mängel durch eine Planergänzung, vor allem aber durch ein ergänzendes Verfahren behebbar erscheinen, ist die Aufhebung des Planfeststellungsbeschlusses analog §75 Abs. 1a S. 2 VwVfG (beziehungsweise analog einer spezielleren Regelung aus dem Fachplanungsrecht) ausgeschlossen und das Gericht hat die Nichtvollziehbarkeit des Planfeststellungsbeschlusses festzustellen.

---

308 Vgl. BT-Drs. 13/3995, S. 10 (zu Art. 1 Nr. 9); ebenso *Henke*, UPR 1999, 51; *Dürr*, in Knack, VwVfG, §73 Rdnr. 119.

309 A.A. *Dürr*, in: Knack, VwVfG, §73 Rdnr. 119.

310 Im Ergebnis auch *Allesch/Häußler*, in: Obermayer, VwVfG, §73 Rdnr. 192; *Steinberg*, DÖV 2000, 85 (93f.); *Storost*, NVwZ 1998, 797 (800) mit dem zusätzlichen, m.E. hier nicht überzeugenden Hinweis, die Grenze der Rechtsstaatlichkeit und des Art. 19 Abs. 4 GG sei insoweit vom Gesetzgeber jedenfalls ausgereizt. A.A. *Bonk/Neumann*, in: Stelkens/Bonk/Sachs, VwVfG, §75 Rdnr. 43 d; *Stüer*, Handbuch des Bau- und Fachplanungsrechts, Rdnr. 2162; *Stüer/Hönig*, DÖV 2004, 642 (649); *Ziekow*, VerwArch. 91 (2000), 483.

311 Vgl. z.B. BVerwG, Urt. v. 12. 12. 1996 – 4 C 19.95, BVerwGE 102, 358 (365) – zu §17 Abs. 6 c S. 2 FStrG; Urt. v. 12. 11. 1997 – 11 A 49.96, BVerwGE 105, 348 (349) – zu §20 Abs. 7 S. 2 AEG.

Zusammenfassung

§1

(A) Der Beseitigungsanspruch bildet die in unserer Rechtsordnung zentrale Fehlerfolge des rechtswidrigen und rechtsverletzenden Verwaltungsakts. Er steht im Zentrum der Untersuchung, die sich den Grundlagen und der Reichweite des negatorischen Schutzes subjektiver öffentlicher Rechte gegenüber einem Verwaltungshandeln durch Verwaltungsakt widmet. Ein besonderes Interesse gilt hier dem Verhältnis des Beseitigungsanspruchs zu einfachgesetzlichen Bestimmungen, die Beschränkungen oder Modifikationen des Beseitigungsanspruchs und der typischen Form seiner Erfüllung, der Aufhebung des Verwaltungsakts, anordnen.

(B) Der Beseitigungsanspruch hat keine allgemeine, ausdrückliche einfachgesetzliche oder verfassungsrechtliche Regelung erfahren. Soweit auf das Rechtsstaatsprinzip und sein Unterprinzip der Gesetzmäßigkeit der Verwaltung abgestellt wird, überzeugt das nicht. Diese Prinzipien bilden keine ausreichende Rechtsgrundlage für Ansprüche. Ihre Bedeutung ist auf die mögliche objektivrechtliche Pflicht zur Beseitigung rechtswidriger Verwaltungsakte begrenzt, ohne auch subjektive Rechte zu begründen.

§2

(A) Einzig überzeugender Ansatz zur Begründung des Beseitigungsanspruchs ist seine Erklärung als Hilfsrecht zum Schutz eines (anderen) subjektiven Rechts. Im Geltungsbereich der Grundrechte ist der Beseitigungsanspruch – zusammen mit dem Unterlassungsanspruch – Konsequenz der Abwehrrechtsqualität der Grundrechte.

Die Grundrechte begründen im Bürger-Staat-Verhältnis sowohl Unterlassungspflichten als auch – grundsätzlich – Unterlassungsansprüche. Daraus lassen sich auch Schlüsse für die nicht gleichermaßen eindeutige Ableitung von Beseitigungspflichten und Beseitigungsansprüchen aus den Grundrechten ziehen. Die Beseitigungspflichten und -ansprüche bilden die notwendige Ergänzung der Unterlassungsansprüche, die allein keinen wirksamen Schutz der Grundrechte gewährleisten könnten. Zugleich folgt der Beseitigungsanspruch aus der Existenz des Unterlassungsanspruchs, da sich die Beseitigung der fortdauernden Beeinträchtigung als Erfüllung der fortbestehenden Unterlassungspflicht verstehen läßt. Die Beseitigungspflicht und der korrespondierende Beseitigungsanspruch sind der Unterlassungspflicht beziehungsweise dem Unterlassungsanspruch immanent. Als weitere Belege für die Existenz des Beseitigungsanspruchs können sowohl das historische Verständnis der Grundrechte als auch die Rechtsschutzgarantie des Art. 19 Abs. 4 GG angeführt werden.

(B) Weitgehend ungeklärt ist bis heute, ob neben den Grundrechten noch weitere subjektive Rechte als Basis des Beseitigungsanspruchs angesehen werden können. Gerade die allgemein anerkannten Tatbestandsvoraussetzungen des Folgenbeseitigungsanspruchs, nach denen es sich bei dem verletzten subjektiven Recht um jedes subjektive öffentliche Recht handeln kann, sprechen – auch im Bürger-Staat-Verhältnis – gegen eine Exklusivität der Grundrechte als Rechtsgrundlage des Beseitigungsanspruchs. Andererseits wird die Rechtsgrundlage des Folgenbeseitigungsanspruchs von der überwiegenden Auffassung gerade in den Grundrechten gesehen.

Das Zivilrecht kennt bei näherem Hinsehen Beseitigungsansprüche nur in Verbindung mit absoluten Rechten, wie sie im öffentlichen Recht vor allem die Grundrechte darstellen. Im öffentlichen Recht, insbesondere im Verwaltungsrecht und Verwaltungsprozeßrecht, finden sich demgegenüber wenig Anhaltspunkte dafür, daß der Beseitigungsanspruch auf den Schutz absoluter Rechte begrenzt sein könnte. So reicht etwa für die Aufhebung eines Verwaltungsakts (wie auch entsprechend für die Klagebefugnis gemäß § 42 Abs. 2 VwGO) im Verwaltungsprozeß die Verletzung eines einfachgesetzlichen subjektiven (materiellen) Rechts aus.

Die entscheidende Frage ist damit, ob sich diese scheinbar sehr unterschiedlichen Auffassungen miteinander vereinbaren lassen. Die Begrenzung auf materielle subjektive Rechte enthält dafür schon erste Andeutungen einer Begrenzung der Herleitung von Beseitigungsansprüchen allein aus absoluten Rechten, das heißt im Bürger-Staat-Verhältnis aus den Grundrechten. Vollends auflösen lassen sich die scheinbaren Widersprüche, wenn das Verhältnis der einfachgesetzlichen subjektiven Rechte zu den Grundrechten genauer in den Blick genommen wird. Dabei läßt sich folgende These entwickeln: Sämtliche durch das Gesetz selbst oder auf seiner Grundlage geschaffenen materiellen subjektiven Rechte von Grundrechtsträgern unterfallen dem Abwehrrechtsschutz der Grundrechte. Das gilt nicht nur für solche einfachgesetzlichen Rechte, die von den Grundrechten gefordert werden, sondern für jedes materielle subjektive Recht.

Der Gesetzgeber bestimmt sowohl durch Eingriffsregelungen als auch durch die Schaffung materieller subjektiver Rechte maßgeblich den Inhalt und den Umfang des Schutzgegenstands der Grundrechte als Abwehrrechte. Die Konstituierung, Konkretisierung und Ausgestaltung eines Grundrechts durch den Gesetzgeber läßt sich nicht nur für den heute allgemein anerkannten Fall des Art. 14 GG nachweisen. Auch auf alle anderen Freiheitsgrundrechte wirkt der Gesetzgeber in vielfacher Hinsicht so ein, daß der Schutzbereich selbst ausgestaltet wird. So vermag der Gesetzgeber durch die Schaffung subjektiver Rechte selbst erst einen Grundrechtsschutz zu begründen. Indem etwa dem Grundrechtsträger jenseits seiner natürlichen Freiheiten durch das Recht zuvor nicht bestehende Handlungsmöglichkeiten eröffnet werden, wird der Schutzbereich des einschlägigen Grundrechts „erweitert". Das gilt insbesondere für die in Konsequenz von grundrechtlichen Schutzpflichten geschaffenen subjektiven Rechte, die mit ihrer Begründung in den Schutzbereich der Grundrechte als Abwehrrechte fallen.

Diese Auffassung steht weder in Widerspruch zum Rangverhältnis zwischen Verfassung und einfachem Recht, noch führt sie zu einer Versteinerung des Rechts. Im Ergebnis liegt daher im Bürger-Staat-Verhältnis in jeder Verletzung eines einfachgesetzlichen materiellen subjektiven Rechts zugleich eine Grundrechtsverletzung, die den Abwehrrechtsschutz in Form des Beseitigungsanspruchs auslöst, solange die Beeinträchtigung fortdauert. Dieses Verhältnis von einfachgesetzlichen subjektiven Rechten und Grundrechten erklärt sowohl einerseits die etwa im Anfechtungsprozeß gängige Beschränkung auf die Begründetheitsvoraussetzung einer (einfachgesetzlichen) subjektiven Rechtsverletzung als auch andererseits die verbreitet anerkannte grundrechtliche Verankerung des Beseitigungsanspruchs.

Im Gegensatz zu den subjektiven materiellen Rechten genießen die subjektiven Verfahrensrechte keinen eigenständigen Grundrechtsschutz. Gegenteiliges kann auch nicht aus der Rechtsprechung des Bundesverfassungsgerichts zum „Grundrechtsschutz durch Verfahren" abgeleitet werden. Das subjektive Verfahrensrecht ist nicht selbst Schutzgegenstand der materiellen Grundrechte, sondern dient dem Schutz des materiellen Rechts. Soweit durch die materiellen Grundrechte Verfahrensanforderungen aufgestellt werden, beschreiben diese nicht den Gegenstand, den Schutzbereich der Grundrechte. Verfahrensverletzungen begründen deshalb nur mittelbar einen Beseitigungsanspruch, sofern mit ihnen eine materielle Rechtsverletzung einhergeht. Das ist etwa dann der Fall, wenn mit dem verfahrensbeendenden Verwaltungsakt eine materiellrechtliche Betroffenheit, also ein Grundrechtseingriff verbunden ist.

(C) Neben den Grundrechten als absoluten Rechten können auf Verfassungsebene auch das kommunale Selbstverwaltungsrecht, das beamtenrechtliche Sonderstatusverhältnis sowie der Organstatus Beseitigungsansprüche auslösen. Im Rahmen des allgemeinen Bürger-Staat-Verhältnisses lassen sich sämtliche Beseitigungsansprüche dagegen auf die Grundrechte zurückführen. Auf diese Fälle konzentriert sich die Arbeit im weiteren.

§ 3

Entsprechend der dogmatischen Herleitung des öffentlichrechtlichen Beseitigungsanspruchs im Bürger-Staat-Verhältnis aus den Grundrechten setzt die Entstehung eines Beseitigungsanspruchs im Fall eines Verwaltungsakts einen Grundrechtseingriff voraus, der fortdauert.

Bei der Frage des Eingriffs sind verschiedene Fälle zu trennen:
(A) So greift ein Verwaltungsakt in die Grundrechte des Verwaltungsaktsadressaten ein, wenn der Verwaltungsakt einen Imperativ enthält.

(B) Bei einem Ablehnungsbescheid ist zu differenzieren. Soweit er zu Unrecht das Bestehen eines Anspruchs verneint, greift er (im Gegensatz zur schlichen rechtswidrigen Nichterfüllung von Ansprüchen durch ein Unterlassen) in Grundrechte ein, weil der existente Anspruch durch den Verwaltungsakt in seinem Bestand beseitigt wird. Der Ablehnungsbescheid, der materiellrechtlich zu Recht den Anspruch versagt, kann dagegen grundsätzlich nicht als Eingriff angesehen werden. Anderes gilt, wenn der geltend gemachte Anspruch auf eine gesetzliche Normierung des grundrechtlichen Abwehranspruchs gestützt wird, wie etwa im Fall der sogenannten präventiven Verbote mit Erlaubnisvorbehalt, in denen ein Genehmigungsanspruch bei Erfüllung der gesetzlichen Voraussetzungen als abwehrrechtlicher Anspruch anzusehen ist. Hier stellt sich die Ablehnung der Erlaubnis als Aufrechterhaltung des gesetzlichen Verbots und damit als Eingriff dar, unabhängig von der Rechtmäßigkeit der Entscheidung.

(C) Im Fall des Drittbetroffenen liegt im Grundrechtseingriff durch einen Verwaltungsakt nur im Fall einer Schutznormverletzung vor. Andere abstrakte Überlegungen zu faktischen Grundrechtseingriffen erscheinen nicht notwendig. Allein die durch materielle Schutznormen vermittelte Rechtsstellung des Dritten ist der maßgebliche Anknüpfungspunkt für den möglichen Grundrechtseingriff. Soweit der Gesetzgeber die Exekutive beim Erlaß eines Verwaltungsakts zur Berücksichtigung von Drittinteressen zwingt, erkennt er damit schutzwürdige Interessen an. Solange sich die gesetzliche Bestimmung in den Grenzen der Verbote von Übermaß und Untermaß hält, also weder die grundrechtlichen Abwehrrechte noch die grundrechtlichen Schutzpflichten verletzt, entscheidet sie allein über das Vorliegen eines Grundrechtseingriffs.

Nur soweit es verfassungswidrig an einfachgesetzlichen Schutznormen und damit auch an einer maßgeblichen normativen Abgrenzung der beteiligten privaten und öffentlichen Interessen fehlte, käme in den Fällen der Drittbetroffenheit ein unmittelbarer Rückgriff auf die Grundrechte in Betracht.

(D) Angesichts des fehlenden Grundrechtsschutzes von Verfahrensrechten kann auch allein aus einer Verletzung eines subjektiven Verfahrensrechts noch nicht auf einen Grundrechtseingriff geschlossen werden. Im Zusammenhang mit Verfahrensverstößen ist ein Grundrechtseingriff nur zu bejahen, wenn die Verfahrenshandlung selbst in ein Grundrecht eingreift oder der Eingriff mit dem das Verfahren beendenden Exekutivakt verbunden ist. Allerdings kann aus der gesetzlichen Anerkennung des subjektiven Verfahrensrechts regelmäßig auf ein durch das Verfahrensrecht geschütztes materielles Recht geschlossen werden. Maßgeblich für den Schluß vom Verfahrensrecht auf das materielle Recht ist der Sinn des Verfahrensrechts. Dient ein Verfahrensrecht dem Schutz materieller Rechte des Berechtigten, so wird der Verfahrensberechtigte auch materiell durch den das Verfahren beendenden Verwaltungsakt in materiellen Rechten betroffen, wenn der Verwaltungsakt eine Regelung enthält, wegen der das subjektive Verfahrensrecht geschaffen wurde.

§4

(A) Die Rechtswidrigkeit des Verwaltungsakts bildet eine maßgebliche Voraussetzung für das Vorliegen einer Grundrechtsverletzung. Mit ihrer Prüfung sind eine Reihe von Zweifelsfragen verbunden.

(B) Die Folgen von Rechtsverstößen beim Erlaß von Verwaltungsakten werden durch das Gesetz bestimmt. Obwohl die Verwaltungsverfahrensgesetze keine allgemeine Definition der Rechtswidrigkeit eines Verwaltungsakts enthalten, lassen sich aus ihnen doch etliche Anhaltspunkte für die Voraussetzungen der Rechtswidrigkeit eines Verwaltungsakts ableiten.

Allgemein anerkannt ist zunächst die Rechtswidrigkeit eines Verwaltungsakts, wenn er eine Regelung enthält, die inhaltlich (materiell) in Widerspruch zum (höherrangigen) Recht steht. Weiter ist der Verwaltungsakt rechtswidrig, der unter Verstoß gegen §40 VwVfG, also ermessensfehlerhaft ergeht. Der ermessensfehlerhaft erlassene Verwaltungsakt ist ein rechtswidriger Verwaltungsakt, unabhängig davon, ob er mit gleicher Regelung hätte rechtmäßig erlassen werden können.

Auch der verfahrensfehlerhaft erlassene Verwaltungsakt ist ein rechtswidriger Verwaltungsakt. Für das Rechtswidrigkeitsurteil spielt es keine Rolle, ob sich der Verfahrensfehler im Ergebnis auf den Verwaltungsakt ausgewirkt hat oder haben konnte. Einzige Voraussetzung ist ein Verfahrensfehler, der in dem Verfahren unterlaufen ist, das auf den Erlaß des Verwaltungsakts gerichtet war.

Die generelle Rechtswidrigkeit des verfahrensfehlerhaft erlassenen Verwaltungsakts läßt sich aus den §§44–46 VwVfG ableiten. §46 VwVfG ist insoweit in zweifacher Hinsicht von Bedeutung: Einmal schließt er im Fall seiner Anwendbarkeit nicht die Rechtswidrigkeit des betreffenden Verwaltungsakts, sondern nur den Aufhebungsanspruch hinsichtlich des Verwaltungsakts aus. Zum zweiten belegt die Anknüpfung an den offensichtlich fehlenden Einfluß der Verfahrensverletzung auf die Sachentscheidung, daß das Rechtswidrigkeitsurteil nicht davon abhängig gemacht werden kann, daß sich der Fehler auf das Ergebnis ausgewirkt haben kann. Das Beruhenskriterium spielt für die Rechtmäßigkeitsbeurteilung folglich keine Rolle. Damit erweisen sich selbst solche Verwaltungsakte, bei denen das Verwaltungsverfahren unter Verletzung des § 10 S. 2 VwVfG absolviert, eine unzureichende Sachverhaltsaufklärung betrieben oder gegen Geheimhaltungspflichten verstoßen wurde, ohne daß dadurch das Ergebnis beeinflußt worden wäre, als rechtswidrig.

(C) Auf dieser Basis ist die Rechtswidrigkeit des Verwaltungsakts unproblematisch, bei dem ein formeller Begründungsmangel (zum Beispiel ein Verstoß gegen § 39 Abs. 1 VwVfG) gegeben ist. Erhebliche Schwierigkeiten bereitet demgegenüber die Rechtmäßigkeitsbeurteilung bei materiellen Begründungsmängeln, also in Fällen, in denen die Begründung des Verwaltungsakts inhaltlich falsch ist. Vielfach wird insofern zwischen rechtlich gebundenen Verwaltungsakten und Ermessenentscheidungen differenziert und nur bei letzteren der Begründung in materieller Hinsicht Bedeutung für die Rechtmäßigkeit des Verwaltungsakts beigemessen. Nach überzeugender Auffassung führen aber sämtliche materiellen Mängel, die die tragenden Gründe des Verwaltungsakts betreffen, zur Rechtswidrigkeit des Verwaltungsakts. Ob es sich um gebundene Verwaltungsakte oder Ermessensentscheidungen handelt, ist unerheblich. Erforderlich ist deshalb die Trennung der Gründe eines Verwaltungsakts von seiner (sonstigen) Begründung. Soweit sich ein inhaltlicher Fehler in der Begründung nicht auf die Gründe für den Erlaß des Verwaltungsakts bezieht, begründet dieser Fehler nicht die Rechtswidrigkeit des Verwaltungsakts. Erforderlich für die Rechtswidrigkeit ist stets eine innere Verbindung zwischen dem fehlerhaften Begründungsteil und der Entscheidung.

Hintergrund dieser Annahme ist die fehlende Trennbarkeit von Gründen und Entscheidung. Die Gründe beeinflussen die Identität des Verwaltungsakts. Das Gesetz ermächtigt die Behörde selbst bei gebundenen Entscheidungen nur bei Vorliegen der Tatbestandsvoraussetzungen und aus den Gründen dieser Voraussetzungen zum Erlaß des Verwaltungsakts. Zum anderen existiert ein Anspruch auf den Erlaß nur solcher Verwaltungsakte, die auf tragfähige Gründe gestützt werden. Durch materiell fehlerhafte Gründe kann der materiell Betroffene zu einem Prozeß verleitet werden, der im Hinblick auf das Fehlen eines Aufhebungsanspruchs im Ergebnis aussichtslos ist.

(D) Ein anderer, hinsichtlich seiner Bedeutung für die Rechtmäßigkeit des Verwaltungsakts umstrittener Fall eines materiellen Fehlers stellt die offenbare Unrichtigkeit gemäß § 42 VwVfG dar. Auch hier erweist sich der Verwaltungsakt entgegen ganz verbreiteter Meinung als rechtswidrig. Demgegenüber ist der Verwaltungsakt bei einer rechtswidrig fehlenden oder fehlerhaften Rechtsbehelfsbelehrung nicht rechtswidrig. Die Rechtsbehelfsbelehrung ist nicht selbst Teil des Verwaltungsakts, auch wenn sie mit diesem verbunden ist.

(E) Trotz seiner teilweise vorhandenen eigenen Regelungen erweist sich der Planfeststellungsbeschluß nicht als Sonderfall, was seine Rechtmäßigkeitsbeurteilung angeht. Das gilt sowohl für Verfahrensverstöße als auch für materielle Fehler. Sie führen in gleichem Maße zur Rechtswidrigkeit des Planfeststellungsbeschlusses wie bei allen übrigen Verwaltungsakten. In den Fällen der Verfahrensfehler läßt sich das bereits aus der Anwendbarkeit derselben Verfahrensfehlerregelungen ableiten, wie sie auch für andere Verwaltungsverfahren gelten. Für die materiellen Fehler versteht sich das nicht von allein, weil hier gesetzliche Sonderregelungen existieren.

§5

(A) Die nach §113 Abs. 1 S. 1 VwGO für die gerichtliche Aufhebung des Verwaltungsakts erforderliche subjektive Rechtsverletzung liegt vor bei einer Verletzung eines materiellen subjektiven Rechts. Aufgrund des umfassenden abwehrrechtlichen Schutzes sämtlicher subjektiver Rechte durch die Grundrechte sind das Erfordernis der materiellen Rechtsverletzung und das der Grundrechtsverletzung im Ergebnis deckungsgleich.

(B) Mitunter wird für die Existenz des Aufhebungsanspruchs neben der subjektiven Rechtsverletzung noch zusätzlich ein Rechtswidrigkeits- oder Schutzzweckzusammenhang gefordert. Diese Ansicht erscheint nicht überzeugend. Ist eine (materielle) subjektive Rechtsverletzung zu bejahen, bedarf es keines darüber hinausgehenden Rechtswidrigkeitszusammenhangs. Die Tatbestandsvoraussetzung der subjektiver Rechtsverletzung begrenzt gerade den Aufhebungsanspruch. Einem darüber hinausgehenden Rechtswidrigkeitszusammenhang oder Schutzzweckzusammenhang kommt keine Funktion zu.

(C) §46 VwVfG schließt nicht nur die Rechtswidrigkeit, sondern entgegen einzelner Stellungnahmen auch die subjektive Rechtsverletzung nicht aus. Das läßt sich allerdings nicht schon damit begründen, daß mit der Verfahrensrechtsverletzung selbst ein subjektives Recht, nämlich das Verfahrensrecht, verletzt wird. Angesichts der fehlenden eigenständigen Sicherung des Verfahrensrechts durch Beseitigungsansprüche aufgrund des fehlenden eigenständigen Grundrechtsschutzes kommt es nicht auf die Verletzung des Verfahrensrechts, sondern auf die eines materiellen Rechts an.

Überzeugender erscheint die Anknüpfung an den Wortlaut des §46 VwVfG, nach dem der Anspruch auf Aufhebung ausgeschlossen wird. Die Gegenauffassung beruht auf einem Irrtum hinsichtlich der Kongruenz mit §113 Abs. 1 S. 1 VwGO, die auch herzustellen ist, wenn die subjektive Rechtsverletzung bejaht und der Aufhebungsanspruch gleichwohl negiert wird.

(D) Weitere Tatbestandsvoraussetzungen für die Existenz eines Beseitigungsanspruchs ist schließlich die Fortdauer der Rechtsverletzung. Erfolgt der Eingriff durch einen rechtswidrigen Verwaltungsakt, so dauert die Rechtsverletzung fort, solange der Verwaltungsakt wirksam, also noch keine Erledigung eingetreten ist.

§6

(A) Unsere Rechtsordnung kennt eine Reihe von Fällen, in denen der Beseitigungsanspruch bei einem rechtsverletzenden Verwaltungsakt ausgeschlossen oder beschränkt ist.

(B) Diese Ausschlüsse und Beschränkungen bedürfen angesichts der verfassungsrechtlichen Herleitung und Sicherung des Beseitigungsanspruchs einer Rechtfertigung, die ihrem Charakter als Grundrechtseingriffe Rechnung trägt.

(C) Eine unbestrittene Fallgruppe des Ausschlusses des Beseitigungsanspruchs in Form des Aufhebungsanspruchs begründet der Eintritt der Unanfechtbarkeit des Verwaltungsakts. Ist die Anfechtungsfrist für einen Betroffenen abgelaufen, ist auch der Aufhebungsanspruch grundsätzlich entfallen. Dies entspricht wohl einhelliger Auffassung, obwohl es insoweit an einer eindeutigen materiellrechtlichen Regelung fehlt. Insbesondere §48 Abs. 1 S. 1 VwVfG gibt darüber keinen sicheren Aufschluß. Lediglich aus §51 VwVfG kann diese Konsequenz abgeleitet werden.

Gerechtfertigt wird der Ausschluß des Aufhebungsanspruchs infolge Unanfechtbarkeit im Wege einer Bewertung der beteiligten privaten und öffentlichen Interessen. Soweit der Betroffene die Möglichkeit des Widerspruchs und der Anfechtung nicht ergriffen hat, kann das Interesse an der Rechtssicherheit und der Verwaltungseffizienz grundsätzlich höher bewertet werden als das an der Beseitigung der Rechtsverletzung. Solange der Betroffene die tatsächliche Möglichkeit besaß, sein Recht zu verteidigen, liegt darin eine im Regelfall überzeugende Abwägung, die auch vor der verfassungsrechtlichen Herleitung des Beseitigungsanspruchs Bestand hat.

Nicht überzeugend ist es demgegenüber, wenn von einem Teil der Literatur aus den §§48 Abs. 1 S. 1, 50 VwVfG der Behörde ein Ermessensspielraum auch hinsichtlich der Aufhebung noch anfechtbarer rechtswidriger Verwaltungsakte eingeräumt wird. Die Zuerkennung eines Ermessens bedeutete zugleich den Ausschluß des Aufhebungsanspruchs. Gegen eine solche Annahme spricht die Auslegung des §48 Abs.1 S.1 VwVfG, insbesondere vor dem Hintergrund des grundrechtlich fundierten Beseitigungsanspruchs. Für eine Beschränkung oder einen Ausschluß des Beseitigungsanspruchs lassen sich im Fall der Anfechtbarkeit des Verwaltungsakts – anders als nach Eintritt der Unanfechtbarkeit – auch keine tragfähigen Rechtfertigungsgründe ermitteln. Entsprechendes gilt auch für die umstrittene Regelung des §50 VwVfG.

Neben dem Ablauf der Rechtsbehelfsfristen infolge der Untätigkeit des Betroffenen kann der Aufhebungsanspruch auch durch Verzicht, Verwirkung oder Präklusion entfallen.

(D) Als ein Sonderfall des Ausschlusses des Beseitigungsanspruchs ist heute in der Praxis die Beamtenernennung anerkannt, die unter Verstoß gegen Art.33 Abs.2 GG und damit unter Verletzung subjektiver Rechte von Mitbewerbern erfolgt. Die Legitimation dieses Ausschlusses bereitet erhebliche Schwierigkeiten. Als einzig tragfähige Gründe erscheint die Notwendigkeit der Vermeidung langwieriger gerichtlicher Auseinandersetzungen mit den sich daraus ergebenden Folgeproblemen für einen funktionsfähigen Dienstbetrieb.

(E) Eine Sonderstellung unter den Fällen des Ausschlusses des Aufhebungsanspruchs bei rechtswidrig verletzenden Verwaltungsakten nimmt §46 VwVfG ein. Diese Regelung zählt zu den umstrittensten Bestimmungen des VwVfG, gegen die vielfach verfassungsrechtliche Bedenken erhoben werden.

Erhebliche Schwierigkeiten wirft die Ermittlung des Grundgedankens der Regelung auf, auf dessen Basis der Ausschluß des Aufhebungsanspruchs gerechtfertigt werden kann. §46 VwVfG ordnet in seiner heutigen Fassung den Ausschluß des Aufhebungsanspruchs in Fällen verfahrensfehlerhafter Verwaltungsakte an, wenn der fehlende Einfluß des Verfahrensverstoßes auf die Sachentscheidung offensichtlich ist. Nach der ursprünglichen Fassung konnte die Aufhebung nicht beansprucht werden, wenn keine andere Entscheidung in der Sache hätte getroffen werden können.

Aus den Gesetzesmaterialien zur Neufassung läßt sich entnehmen, daß die Novelle den Anwendungsbereich der Regelung und damit den des Ausschlusses des Aufhebungsanspruchs erweitern wollte, ohne den Grundgedanken der ursprünglichen Fassung zu verändern. Zu §46 VwVfG a.F. hatte sich überwiegend die Ansicht durchgesetzt, §46 VwVfG sei als Ausprägung des Grundsatzes von Treu und Glauben anzusehen. Danach wäre der Aufhebungsanspruch ausgeschlossen worden wegen eines fehlenden schutzwürdigen Interesses des Betroffenen an der Aufhebung des Verwaltungsakts. So ist es nach den anerkannten Grundsätzen des Zivilrechts als treuwidrig anzusehen, etwas zu verlangen, was sogleich wieder zurückzugewähren ist. Dem Aufhebungsbegehren sollte folglich der dolo-agit-Einwand entgegengehalten werden können.

Die Voraussetzungen des dolo-agit-Einwands decken sich jedoch bei genauer Hinsicht schon mit den Tatbestandsvoraussetzungen des § 46 VwVfG a.F. nicht. Wendete man den Einwand auf den Aufhebungsanspruch beim rechtswidrigen Verwaltungsakt an, so ist die Geltendmachung dieses Anspruchs treuwidrig und ausgeschlossen, wenn die gleiche Sachentscheidung im Fall der vorausgehenden Aufhebung des Verwaltungsakts sogleich wieder ergehen müßte. Nach dem Wortlaut des § 46 VwVfG a.F. war der Aufhebungsanspruch dagegen ausgeschlossen, wenn – im ursprünglichen Zeitpunkt des Erlasses des Verwaltungsakts – keine andere Entscheidung in der Sache hätte getroffen werden dürfen. Da es etwas durchaus anderes ist, ob keine andere Entscheidung hätte ergehen dürfen oder ob die gleiche Entscheidung sogleich wieder ergehen müßte, hat schon für die ursprüngliche Fassung des § 46 VwVfG der dolo-agit-Einwand keine völlig überzeugende Erklärung geboten. Das gilt erst recht für die heutige Fassung der Regelung, die auch nicht gebundene Entscheidungen einbezieht.

Eine Legitimation des § 46 VwVfG n.F. wie auch des § 46 VwVfG a.F. oder des § 127 AO gibt demgegenüber der Grundgedanke des Beruhenserfordernisses als Zurechnungskriterium. Beide Fassungen des § 46 VwVfG knüpfen den Aufhebungsanspruch bei Verfahrensfehlern an die Relevanz des Rechtsverstoßes für die Sachentscheidung. Darin liegt eine gesetzgeberische Entscheidung über eine Zurechnungsfrage. Die fehlende Ergebnisrelevanz des Verfahrensfehlers ist sowohl Tatbestandsvoraussetzung als auch Legitimationsgrundlage für den Ausschluß des Aufhebungsanspruchs. Der durch den Verwaltungsakt Belastete soll trotz Rechtswidrigkeit und subjektiver Rechtsverletzung keinen Anspruch auf Aufhebung des Verwaltungsakts besitzen, weil sich der Fehler nicht auf die Sachentscheidung ausgewirkt hat, weil die Sachentscheidung nicht auf dem Verfahrensverstoß beruht. Damit anerkennt das Gesetz das fehlende Beruhen als Ausschluß des Zurechungszusammenhangs zwischen dem Verfahrensfehler und dem Verwaltungsakt.

Als Zurechungsregelung hat § 46 VwVfG auch vor den Anforderungen der Grundrechte Bestand. Das Beruhenserfordernis ist nicht nur ein in der gesamten Rechtsordnung anerkanntes Zurechnungskriterium, es stellt sich auch als ein verfassungsrechtlich tragfähiges Ergebnis der Abwägung der beteiligten Interessen dar.

Gleichzeitig lassen sich aus dem Beruhenserfordernis auch die Grenzen seiner Anwendbarkeit bestimmen. Die Abwägung der Interessen zugunsten derjenigen an der Aufrechterhaltung des Verwaltungsakts erscheint nur tragfähig, wenn sich der Fehler nicht auf das Ergebnis ausgewirkt hat. Die fehlende Auswirkung ist aber gerade bei Verfahrensfehlern häufig nicht sicher zu beurteilen. Soweit sich die Auswirkung auf das Ergebnis nicht ausschließen läßt, scheidet auch der Ausschluß des Aufhebungsanspruchs aus. In § 46 VwVfG hat dieses Erfordernis im Tatbestandsmerkmal „offensichtlich" seinen Niederschlag gefunden.

Die verfassungsrechtlichen Bedenken gegen § 46 VwVfG lassen sich auf der Basis des Beruhenskriteriums zurückweisen. Weder liegt in dem Ausschluß des Aufhebungsanspruchs eine Mißachtung der subjektiven Rechtsqualität des verletzten Verfahrensrechts, noch erweisen sich die Regelungen über die Verfahrensrechte und § 46 VwVfG als widersprüchlich. Unter Berücksichtigung des Erfordernisses einer konkreten Betrachtungsweise der Möglichkeit des Beruhens liegt im Ausschluß des Aufhebungsanspruchs auch kein Verstoß gegen das Erfordernis einer effektiven Rechtsbindung der Verwaltung. Weiter mißachtet das Beruhenskriterium nicht den Eigenwert des Verfahrensrechts und es erweist sich nicht als ungeeignet aufgrund der Schwierigkeiten bei seiner Feststellung.

Nicht zu überzeugen vermögen weiter die gerade in jüngerer Zeit vermehrt angeführten Bedenken hinsichtlich eines Verstoßes gegen das europäische Gemeinschaftsrecht. Der Beruhensgrundsatz ist selbst Bestandteil des Gemeinschaftsrechts. Soweit Unterschiede zwischen der nationalen und der gemeinschaftsrechtlichen Judikatur festgestellt werden, so sind diese allenfalls auf eine nicht ordnungsgemäße Anwendung des § 46 VwVfG (etwa im Bereich des Planfeststellungsrechts) zurückzuführen. Sie ändern aber nichts an der Vereinbarkeit des § 46 VwVfG mit dem Gemeinschaftsrecht.

Unter Beachtung seiner Legitimationsbasis muß § 46 VwVfG wie folgt ausgelegt werden: Entgegen einer ganz überwiegenden Ansicht gilt für die Anwendung der Regelung generell eine konkrete Betrachtungsweise, also bedarf es in jedem Einzelfall der konkreten Prüfung, ob sich der Verfahrensfehler auf die Sachentscheidung ausgewirkt haben kann. Die abstrakte Betrachtungsweise, nach der es nur auf die Art der Entscheidung (gebunden oder Ermessen) ankommt, ist nicht nur für die Ermessensentscheidungen, sondern auch die gebundenen Entscheidungen abzulehnen. Die Möglichkeit des Beruhens besteht nämlich durchaus auch bei letzteren. Als Beispiele können dafür solche Konstellationen genommen werden, in denen der Betroffene infolge des Verstoßes gehindert wurde, auf die für die Entscheidung maßgebliche Sachlage Einfluß zu nehmen.

Nur die konkrete Betrachtungsweise verhindert im übrigen, daß die Gesetzesbindung der Exekutive vernachlässigt wird. Könnte die Verwaltung abstrakt vorweg feststellen, ob ein bestimmter Verfahrensverstoß keinen Aufhebungsanspruch begründet, wäre damit die nicht unerhebliche Gefahr der allgemeinen Nichtbeachtung von Verfahrensanforderungen verbunden.

Die Notwendigkeit der konkreten Einzelfallprüfung führt gerade bei Ermessensverwaltungsakten zu der Frage, nach welchen Kriterien bestimmt werden kann, ob der Einfluß des Fehlers auf die Sachentscheidung offensichtlich ausgeschlossen ist oder nicht. Im Ergebnis sind stets Anhaltspunkte für einen möglichen Einfluß des Fehlers auf die Sachentscheidung notwendig. Bei gebundenen Entscheidungen müssen sich Anhaltspunkte für die Möglichkeit einer Veränderung der Sachlage ergeben. Entsprechendes gilt auch bei Ermessensverwaltungsakten. Der schlichte Hinweis, bei diesen lasse sich eine andere Entscheidung nie ganz ausschließen, reicht nicht aus.

In allen Fällen schafft das Offensichtlichkeitskriterium einen Ausgleich für die fehlende Sicherheit der Beurteilung des Einflusses des Verfahrensfehlers. Danach wird der Aufhebungsanspruch nur ausgeschlossen, wenn das mangelnde Beruhen eindeutig, klar erkennbar oder sehr deutlich ist. Soweit sich allerdings sicher ermitteln läßt, ob sich ein Fehler auf die Sachentscheidung ausgewirkt hat, findet das Offensichtlichkeitskriterium keine Anwendung. Insoweit ist § 46 VwVfG teleologisch zu reduzieren.

Schon im Hinblick auf § 46 VwVfG a.F. wurde kontrovers diskutiert, ob § 46 VwVfG die behördliche Aufhebung des betreffenden Verwaltungsakts ausschließt oder die Aufhebung im Ermessen der Behörde steht. Da § 46 VwVfG a.F. nicht auf den dolo-agit-Einwand gestützt werden konnte, war auch für diese Regelung die behördliche Aufhebung der betreffenden Verwaltungsakte nicht generell auszuschließen. Wenn die Aufhebung des verfahrensfehlerhaften Verwaltungsakts, bei dem ein Anspruch auf Aufhebung durch § 46 VwVfG ausgeschlossen ist, damit im Ermessen der Behörde nach § 48 VwVfG steht, so kann sie dennoch entweder ganz ausgeschlossen oder auch nur mit bestimmten Ermessenserwägungen zu rechtfertigen sein. Zum einen scheidet die Aufhebung aus, wenn der Verwaltungsakt sogleich wieder erlassen werden müßte, wenn es sich also um eine gebundene Entscheidung handelt und keine zwischenzeitliche Veränderung der Rechts- oder Sachlage eingetreten ist. Zum anderen kann die Aufhebung stets nicht darauf gestützt werden, auf diese Weise dem verletzten Verfahrensrecht Rechnung tragen zu wollen, da § 46 VwVfG insoweit bereits eine Bewertung der divergierenden Interessen vornimmt. Als Gründe für die Aufhebung kommen nur solche in Betracht, die nicht mit dem Verfahrensverstoß in Verbindung stehen.

(F) Neben § 46 VwVfG enthält § 75 Abs. 1 a S. 1 VwVfG für den Planfeststellungsbeschluß und die Plangenehmigung eine weitere Regelung eines Ausschlusses des Aufhebungsanspruchs. Im Gegensatz zu § 46 VwVfG bezieht sich diese Regelung auf materielle Fehler, nämlich „Mängel bei der Abwägung der von dem Vorhaben berührten öffentlichen und privaten Belange“; diese Mängel sind „nur erheblich, wenn sie offensichtlich und auf das Abwägungsergebnis von Einfluß gewesen sind“.

Diese Regelung läßt sich wie § 46 VwVfG nur mit dem Beruhenssatz legitimieren. Auch hier setzt die Rechtfertigung des Ausschlusses des Aufhebungsanspruchs voraus, daß der Verwaltungsakt nicht auf dem Rechtsverstoß beruht. Soweit ein Einfluß des Fehlers auf die Sachentscheidung nicht ausgeschlossen werden kann, ist ein Ausschluß des Aufhebungsanspruchs auch nicht durch das Zurechnungskriterium des Beruhens legitimiert.

Anders als im Fall des § 46 VwVfG läßt sich dieses Ergebnis jedoch nicht mit dem Wortlaut des § 75 Abs. 1 a S. 1 VwVfG in Übereinstimmung bringen. In der Sache wird dies auch von der Rechtsprechung erkannt, die zuerst für die baurechtlichen Parallelregelungen vorsichtige Versuche einer restriktiven Auslegung unternommen haben, indem sie das Tatbestandsmerkmal der Offensichtlichkeit des Mangels nahezu stets für erfüllt angesehen haben. Das Hauptproblem des § 75 Abs. 1 a S. 1 VwVfG besteht allerdings in einer gegenüber § 46 VwVfG umgekehrten „Beweislast". Während nach § 46 VwVfG der Aufhebungsanspruch nur entfällt, wenn der Fehler offensichtlich keinen Einfluß auf die Sachentscheidung genommen hat, erklärt § 75 Abs. 1 a S. 1 VwVfG umgekehrt nur solche Fehler für erheblich, die offensichtlich und von Einfluß gewesen sind.

Um den Ausschluß des Aufhebungsanspruchs im Fall des § 75 Abs. 1 a S. 1 VwVfG durch den Beruhenssatz legitimieren zu können, kann die Regelung nicht uneingeschränkt zur Anwendung kommen.

Zunächst ist das Offensichtlichkeitserfordernis auf dieser Basis nicht haltbar. Es kommt für das Beruhen der Sachentscheidung nicht darauf an, ob ein Mangel offensichtlich oder nur nach intensiver Sachverhaltsaufklärung zu ermitteln ist. Die daher naheliegenden Versuche der Rechtsprechung zu einer extensiven Auslegung des Offensichtlichkeitskriteriums vermögen gleichwohl nicht recht zu überzeugen, weil sie nicht mehr als Auslegung sondern als Gesetzeskorrektur anzusehen sind. Liegen Mängel bei der Abwägung vor und lassen sich diese Mängel objektiv belegen, ist es nicht zu rechtfertigen, hinsichtlich der Rechtsfolgen zwischen offensichtlichen und nicht offensichtlichen Mängeln zu differenzieren. Daher ist das Offensichtlichkeitserfordernis des § 75 Abs. 1 a S. 1 VwVfG als verfassungswidrig und nichtig anzusehen.

Demgegenüber läßt sich das Erfordernis, daß der Mangel bei der Abwägung auf das Abwägungsergebnis von Einfluß gewesen sein muß, vor dem Hintergrund des Beruhenssatzes verfassungskonform auslegen. Soweit sich der Einfluß des Mangels bei der Abwägung nicht mit hinreichender Sicherheit ausschließen läßt, ist von seiner Relevanz auszugehen. Allerdings bedarf es wie bei § 46 VwVfG konkreter Anhaltspunkte für einen möglichen Einfluß im Einzelfall.

Eine solche Auslegung erscheint notwendig, weil eine andere Legitimation des Ausschlusses des Aufhebungsanspruchs nicht erkennbar ist. Auch der vom Gesetzgeber gerade in Verbindung mit der Parallelregelung im Baurecht angeführte Grundsatz der Planerhaltung oder Geltungserhaltung stellt keinen eigenständigen Rechtfertigungsgrund dar.

(G) Der Beruhenssatz kann über die Fälle seiner gesetzlichen Anerkennung hinaus auch sonst bei materiellen Fehlern angewendet werden. Praktisch relevant wird dies vor allem bei materiellen Begründungsfehlern, zu dem auch Bewertungsfehler bei Prüfungsentscheidungen zählen. Die Beruhensprüfung verstößt hier weder gegen den Vorrang noch gegen den Vorbehalt des Gesetzes.

(H) Der Aufhebungsanspruch kann schließlich wegen eines Widerspruchs zum Grundsatz von Treu und Glauben, genauer im Fall unzulässiger Rechtsausübung, durch den dolo-agit-Einwand ausgeschlossen sein. Der dolo-agit-Satz ist als ein Fall des fehlenden schutzwürdigen Eigeninteresses an der Durchsetzung des Anspruchs zu begreifen. Wenn jemand etwas verlangt, was er sogleich wieder zurückgeben muß, erscheint die Durchsetzung des Anspruchs als treuwidrig und unbillig.

Diese im Zivilrecht anerkannte Beschränkung von Ansprüchen hat auch im öffentlichen Recht im Hinblick auf den Aufhebungsanspruch bei rechtswidrigen Verwaltungsakten ihren legitimen Platz, soweit sie auf solche Fälle beschränkt wird, in denen in rechtlicher Hinsicht sicher ist, daß ein inhaltsgleicher Verwaltungsakt nach einer vorausgehenden Aufhebung des rechtswidrigen Verwaltungsakts wieder erlassen würde. Damit ist der dolo-agit-Satz auf rechtlich gebundene Entscheidungen begrenzt.

Eine weitere Begrenzung des Anwendungsbereichs des dolo-agit-Satzes ergibt sich im Bereich der Anwendbarkeit des § 46 VwVfG und des darüber hinausgehenden ungeschriebenen Beruhenssatzes. Insoweit bedarf es keines Rückgriffs auf den Treu-und-Glauben-Satz.

Die in der Literatur diskutierten Anwendungsfälle des dolo-agit-Einwands erscheinen angesichts seiner Tatbestandsvoraussetzungen nicht sämtlich überzeugend. Das gilt nicht für die rechtswidrig erteilte Baugenehmigung, die nach einer Aufhebung wegen einer Veränderung der Sach- oder Rechtslage sogleich wieder erlassen werden müßte. Hier wird die Baugenehmigung nicht nachträglich rechtmäßig. Vielmehr kann zum Beispiel der betroffene Nachbar nach Treu und Glauben die Aufhebung nicht verlangen.

Bedenken gegen eine entsprechende Lösung existieren allerdings für den Fall des rechtswidrig erlassenen Erschließungsbeitragsbescheids, der auf der Basis einer unwirksamen Satzung erlassen wurde, die später (ohne Rückwirkung) rechtmäßig neu in Kraft gesetzt wird. Da hier sowohl Nebenentscheidungen als auch die Möglichkeit des Erlasses oder des Teilerlasses der Beitragspflicht im Ermessen der Behörde stehen, sind die Voraussetzungen des dolo-agit-Satzes nicht erfüllt.

§ 7

(A) Sind sämtliche Tatbestandsvoraussetzungen des Beseitigungsanspruchs erfüllt und ist auch kein Grund für einen Ausschluß des Anspruchs vorhanden, richtet sich der Anspruch auf die Beseitigung der Rechtsverletzung, die regelmäßig durch die Aufhebung des rechtsverletzenden Verwaltungsakts zu erreichen ist. Die Aufhebung ist allerdings nicht die einzige Möglichkeit zur Beseitigung. Zu beachten sind etwa auch die Heilung, die Umdeutung oder die Ergänzung und Änderung des rechtsverletzenden Verwaltungsakts. Diese Formen der behördlichen Reaktion auf den rechtswidrigen Verwaltungsakt werden regelmäßig als Beschränkungen des Aufhebungsanspruchs begriffen; bei einer differenzierten Sicht lassen sie sich aber auch als Möglichkeiten zur Beseitigung der Rechtsverletzung und damit als Erfüllung des Beseitigungsanspruchs begreifen.

(B) Große literarische Beachtung mit zahlreichen Bedenken hinsichtlich ihrer Verfassungsmäßigkeit hat die Heilung von Verfahrensfehlern gemäß § 45 VwVfG erfahren. Danach kann ein verfahrensfehlerhafter Verwaltungsakt durch Nachholung bestimmter fehlender oder fehlerhafter Verfahrenshandlungen „geheilt" werden. Im Gegensatz zum Neuerlaß eines inhaltsgleichen Verwaltungsakts wird im Fall des § 45 Abs. 1 VwVfG gerade kein neuer Verwaltungsakt erlassen beziehungsweise der Verwaltungsakt nach der Nachholung der Verfahrenshandlung durch § 45 VwVfG für identisch mit dem ursprünglichen Verwaltungsakt erklärt.

Insbesondere in Zusammenhang mit der Änderung des § 45 Abs. 2 VwVfG im Jahr 1996 werden zahlreiche verfassungsrechtliche Bedenken gegen die Heilungsmöglichkeit erhoben. Eines der Argumente ist die Gefahr eines nachlässigen Umgangs mit entsprechenden Verfahrensregelungen. Diese rechtsdogmatisch als möglicher Verstoß gegen das Erfordernis einer effektiven Rechtsbindung der Verwaltung einzuordnende Gefahr führt im Ergebnis nicht zur Verfassungswidrigkeit. So liegen auch bis heute keine Erkenntnisse darüber vor, daß die zeitliche Erweiterung der Heilungsmöglichkeiten zu einem signifikanten Anstieg entsprechender Verfahrensverletzungen geführt hätte.

Andere gewichtige Bedenken zielen etwa auch die Nachholbarkeit der Anhörung noch während des gerichtlichen Verfahrens, einem Zeitpunkt, zu dem eine wirkliche Möglichkeit der Beeinflussung der Verwaltungsentscheidung nicht mehr gegeben sei und deshalb die Nachholung der Anhörung eine Anhörung zum vorgesehenen Zeitpunkt im Verfahren nicht ersetzen könne. Diesem vielfach vorgebrachten Einwand ist einerseits zuzugeben, daß nach dem Verfahrensverstoß die ursprünglich offene Entscheidungssituation auch bei einer ordnungsgemäßen Nachholung der Anhörung nicht mehr hergestellt werden kann. Mit dem Abschluß des Verwaltungsverfahrens ist die vom Gesetz für die Durchführung der Anhörung vorgesehene Situation unwiederbringlich verloren. Andererseits wäre daran durch die Aufhebung des Verwaltungsakts und eine nachfolgende (teilweise) Wiederholung des Verfahrens ebenfalls nichts zu ändern. Dieselbe Ausgangssituation wie im Erstverfahren läßt sich nicht mehr herstellen. Da die Behörde die Entscheidung bereits einmal im Bewußtsein ihrer sachlichen Richtigkeit getroffen hat, wird sie auch eine Aufhebung aus „rein formellen Gründen" nicht von dem für richtig erachteten Ergebnis abbringen. Die Behörde ist nach einer Aufhebung des Verwaltungsakts in gleicher Weise „voreingenommen" wie im Fall der Nachholung gemäß § 45 Abs. 1 VwVfG. Das ließe sich nur ausschließen, wenn für ein anschließendes neues Verfahren eine andere Behörde zuständig wäre, die zudem auf die bisherigen Erkenntnisse nicht zurückgreifen dürfte. Eine solche Konsequenz ist aber bisher noch nie in Erwägung gezogen worden und wäre zudem wegen der damit verbundenen Verzögerung der zweiten Entscheidung jedenfalls bei Verwaltungsakten mit Drittwirkung unzulässig. Unter diesen Umständen kann die Möglichkeit einer Heilung durch Nachholung einer Verfahrenshandlung nicht allgemein als verfassungswidrig wegen fehlender Entscheidungsoffenheit eingestuft werden.

Im Ergebnis nicht überzeugen können weiter die gegen die Verfassungsmäßigkeit erhobenen Einwände aufgrund vermeintlicher Kostennachteile durch die Änderung des §45 Abs. 2 VwVfG sowie im Hinblick auf die Rechtsschutzgarantie des Art. 19 Abs. 4 GG.

Die hier vertretene These der Verfassungsmäßigkeit der Regelung setzt allerdings eine wirkliche Fehlerbehebung voraus. Die schlichte gesetzliche Fiktion der Heilung schlösse den Beseitigungsanspruch ohne rechtfertigenden Grund aus. Die Intention des §45 VwVfG darf demnach nicht darin bestehen, einen Rechtsverstoß schlicht für unerheblich zu erklären, ohne daß er wirklich beseitigt worden wäre. Die Heilungsfolge knüpft §45 VwVfG an eine tatsächliche Fehlerbeseitigung. Nur deshalb kann der Fall der Nachholung der fehlerhaften oder fehlenden Verfahrenshandlung als Erfüllung des Beseitigungsanspruchs und nicht als dessen Beschränkung verstanden werden.

Daraus lassen sich Anforderungen an die tatbestandlichen Voraussetzungen der Heilung nach §45 Abs. 1 VwVfG ableiten. Im Fall der Nachholung der Anhörung, dem umstrittensten Fall des §45 Abs. 1 VwVfG, muß der Zweck der Anhörung noch erfüllt werden, der u. a. in der Information des Beteiligten und in dessen Möglichkeit besteht, auf die Absichten der Behörde zu reagieren und sie in ihrer Entscheidung zu beeinflussen. Dafür ist im Fall des §45 Abs. 1 Nr. 3 VwVfG erforderlich, daß dem Anzuhörenden der vollständige Inhalt des Verwaltungsakts mit dem Hinweis auf die bestehende Möglichkeit einer nachträglichen Äußerungsmöglichkeit bekanntgegeben wird. Dem Anzuhörenden muß deutlich werden, daß er jetzt (noch einmal) die Möglichkeit erhält, die Entscheidung zu beeinflussen.

Sodann hat die Behörde den Fall unter Berücksichtigung zwischenzeitlicher Veränderung der Rechts- oder Sachlage erneut zu prüfen. Je nach Ergebnis der Anhörung sind gegebenenfalls weitere Verfahrensschritte zu wiederholen. Den Abschluß dieses Nachverfahrens bildet entweder ein neuer Verwaltungsakterlaß oder, wenn die Behörde an der vorausgehenden Entscheidung festhalten will, zumindest eine schriftliche Feststellung des Ergebnisses des Nachverfahrens, die den Beteiligten bekanntgegeben wird.

Von einer Heilung des bisherigen Verwaltungsakts sind die Fälle zu unterscheiden, in denen als Abschluß des Nachverfahrens ein neuer Verwaltungsakt erlassen wird. Letzteres liegt vor, wenn der Verwaltungsakt inhaltlich modifiziert wird, sei es durch eine Änderung des Tenors, sei es durch einen Austausch der tragenden Gründe. Im Fall von Begründungsergänzungen handelt es sich noch um einen Fall nach §45 VwVfG. Unter diesen Voraussetzungen ist auch eine Heilung im beziehungsweise durch ein Widerspruchsverfahren nicht ausgeschlossen, allerdings aber keine notwendige Konsequenz des ordnungsgemäßen Widerspruchsverfahrens.

Auf der Basis der engen Voraussetzungen der Heilung kann schließlich die Analogiefähigkeit des §45 VwVfG nicht allgemein verneint werden.

Die erforderliche Heilung nach §45 Abs. 1 VwVfG bewirkt als Rechtsfolge die Rechtmäßigkeit des Verwaltungsakts. Die Rechtmäßigkeit tritt mit Wirkung ex nunc, ab dem Zeitpunkt des Eintritts der Heilung, ein. Entgegen vielfach vertretener Ansicht kommt dieser Einschränkung der Heilungswirkung auch praktische Bedeutung zu.

(C) Weitere Möglichkeiten zur Fehlerbeseitigung stellen der (fehlerfreie) Neuerlaß des Verwaltungsakts wie auch der Änderungsbescheid dar. Dabei wird jeweils ein rechtswidriger Verwaltungsakt durch einen neuen rechtmäßigen Verwaltungsakt ersetzt. Soweit die Aufhebung des rechtswidrigen Verwaltungsakts reicht, liegt darin auch die Erfüllung des Beseitigungsanspruchs. Der Umfang der Fehlerbeseitigung hängt also davon ab, inwieweit der rechtsverletzende Verwaltungsakt durch den neuen Verwaltungsakt aufgehoben wurde.

Erhebliche Probleme der Beurteilung der Konsequenzen bereiten vor allem behördliche Nachbesserungen, die nicht eindeutig als Neuerlaß des Verwaltungsakts erkennbar sind. Dazu zählen insbesondere Ergänzungen und Änderungen der Begründung eines Verwaltungsakts, die auch als Nachschieben von Gründen bezeichnet werden.

Die Rechtsprechung und Teile der Literatur gehen in diesen Fällen davon aus, daß das Nachschieben von Gründen die Heilung der materiell fehlerhaften Verwaltungsakte bewirke. Als zeitliche Grenze wurde dafür vielfach – bis zu seiner Änderung – die Frist des §45 Abs. 2 VwVfG angesehen. Das erscheint nicht überzeugend. Eine Heilung scheitert bereits an der fehlenden Identität des neuen Verwaltungsakts mit dem fehlerhaften Verwaltungsakt. Richtigerweise handelt es sich beim Nachschieben von Gründen um einen Neuerlaß des Verwaltungsakts. Je nach Einzelfall ist durch Auslegung der Erklärungen zu entscheiden, ob der Neuerlaß zugleich mit einer Aufhebung des fehlerhaften Verwaltungsakts (mit Wirkung ex nunc oder ex tunc) einhergeht. Von der Aufhebung (regelmäßig nur ex tunc) kann aber nur ausgegangen werden, wenn der vorausgehende Fehler eingestanden und ausdrücklich korrigiert werden soll.

Die Rechtmäßigkeit der neuen Bescheide bestimmt sich nach dem materiellen Fachrecht und dem einschlägigen Verfahrensrecht. Soweit mit dem Neuerlaß eine Aufhebung eines früheren Verwaltungsakts verbunden ist, ist diese nach den Vorschriften über die Aufhebung von Verwaltungsakten (vor allem §§48ff. VwVfG) zu beurteilen. §45 Abs. 2 VwVfG ist nicht anwendbar.

Von einem Nachschieben von Gründen nicht abgrenzbar ist das Auswechseln der Begründung und auch das Nachschieben von Verwaltungsakten. Entsprechend gelten dafür auch dieselben Regeln.

Ein weiterer Fall der Erfüllung des Beseitigungsanspruchs stellt die Umdeutung dar, die etwa in § 47 VwVfG gesetzlich geregelt wurde. Die Umdeutung ist selbst ein Verwaltungsakt, sie tritt nicht ipso iure ein und kann nur durch die zuständige Behörde, nicht durch das Gericht vorgenommen werden. Die Umdeutung stellt sich als nichts anderes als das Ersetzen eines rechtswidrigen Verwaltungsakts durch einen neuen Verwaltungsakt (mit Wirkung ex tunc) dar.

Entgegen verbreiteter Meinung läßt sich die Umdeutung nicht mit inhaltlichen Kriterien vom Nachschieben von Gründen abgrenzen. Vielmehr handelt es sich bei der Umdeutung um einen sondergesetzlich geregelten Fall des Nachschiebens von Gründen.

Die Rechtshängigkeit eines Verwaltungsakts läßt die Befugnis der Behörde zur Fehlerkorrektur durch Neuerlaß des Verwaltungsakts unberührt. Die Behörde kann grundsätzlich jederzeit – auch während des gerichtlichen Verfahrens – den Verwaltungsakt durch einen anderen ersetzen. Auch insoweit kann der Behörde nicht die Möglichkeit abgesprochen werden, noch während des Prozesses Handlungen vorzunehmen, die eine zunächst begründete Klage unbegründet machen.

Prozessual kann sich der Neuerlaß nach Klageerhebung in zweifacher Hinsicht auswirken. Soweit der streitbefangene Verwaltungsakt durch den Neuerlaß aufgehoben wurde, führt dies zur Erfüllung des Anspruchs auf Aufhebung. Der neue Verwaltungsakt ist dagegen im Verwaltungsprozeß grundsätzlich nur im Wege einer Klageänderung gemäß § 91 VwGO zum Gegenstand der Klage zu machen. Nur für den begrenzten Anwendungsbereich des § 114 S. 2 VwGO, wenn es sich bei dem Nachschieben von Gründen um ein „Ergänzen" der vorhandenen Gründe handelt, liegt eine gesetzliche Klageänderung vor, die auch den neuen Verwaltungsakt unmittelbar selbst zum Klagegegenstand macht. Erfaßt werden damit Fälle, in denen der Verwaltungsakt wegen der Unvollständigkeit der Ermessenserwägungen als rechtswidrig anzusehen ist und nunmehr fehlende Erwägungen ergänzt werden. Ob es sich dabei um wesentliche oder nur um unwesentliche Erwägungen handelt, spielt für die Anwendbarkeit des § 114 S. 2 VwGO entgegen verbreiteter Ansicht keine Rolle. Nicht dem § 114 S. 2 VwGO unterfällt dagegen ein solches Nachschieben von Gründen, das zu einem Austausch der bisherigen gegen neue Erwägungen führt.

(D) Für den Planfeststellungsbeschluß und die Plangenehmigung existieren in § 75 Abs. 1a S. 2 VwVfG und entsprechenden Regelungen in den Fachplanungsgesetzen Sonderregelungen hinsichtlich der Möglichkeit der Fehlerbeseitigung. Hier wird der Aufhebungsanspruch zugunsten anderer Rechtsfolgen ausgeschlossen, soweit die Möglichkeit der Beseitigung des Mangels bei der Abwägung durch ein ergänzendes Verfahren oder eine Planergänzung nicht ausgeschlossen werden kann. Da § 75 Abs. 1a S. 2 VwVfG aber nur den Aufhebungsanspruch ausschließt, regelt er nicht selbst die Rechtsfolge, die an die Stelle der Aufhebung des Verwaltungsakts tritt.

Damit schließt die Regelung lediglich die Erfüllung des Beseitigungsanspruchs im Wege der Aufhebung des Verwaltungsakts, nicht aber den Beseitigungsanspruch selbst aus. Die Planfeststellungsbehörde bleibt materiellrechtlich zur Beseitigung der Rechtsverletzung verpflichtet. Insbesondere angesichts der Rechte des Vorhabenträgers ist sie aber zugleich verpflichtet, den Versuch zu unternehmen, die Rechtsverletzung mit dem Mittel der Planergänzung oder auf dem Wege eines ergänzenden Verfahrens zu beheben.

Das Gericht erklärt den Planfeststellungsbeschluß in diesem Fall für nicht vollziehbar; eine Verpflichtung zur Durchführung eines ergänzenden Verfahrens würde dagegen den Interessen der Planbetroffenen nicht genüge tun, da der Planfeststellungsbeschluß dann weiter wirksam und vollziehbar wäre.

Die gerichtliche Nichtvollziehbarkeitsfeststellung kommt aber nicht zur Anwendung, wenn die Fehlerbeseitigung durch eine Planergänzung zu erfolgen hat. Besteht eine materiellrechtliche Verpflichtung der Behörde zu Planergänzung, etwa durch eine Schutzauflage, reduziert sich der Beseitigungsanspruch auf den Anspruch auf Planergänzung. Dafür reicht es aber nicht, daß eine Fehlerbehebung durch eine Planergänzung möglich erscheint. Nur wenn die Planergänzung die einzige Form der Erfüllung des Beseitigungsanspruchs darstellt, wenn also eine materiellrechtliche Verpflichtung zur Planergänzung besteht, kann auch das Gericht dazu verpflichten. Diesen Vorgaben wird die bisherige Rechtsprechung zur Schutzauflage nicht gerecht.

Literaturverzeichnis

Achterberg, Norbert: Allgemeines Verwaltungsrecht, 1982.
–: Die Klagebefugnis – eine entbehrliche Sachurteilsvoraussetzung?, in: DVBl. 1981, S. 278–283.
Albers, Marion: Faktische Grundrechtsbeeinträchtigung als Schutzbereichsproblem, in: DVBl. 1996, S. 233–242.
Alexy, Robert: Theorie der Grundrechte, 2. Aufl., 1994.
Alternativ-Kommentar (AK-GG): Kommentar zum Grundgesetz für die Bundesrepublik Deutschland, Reihe Alternativkommentare, hrsg. v. Erhard Denninger, Wolfgang Hoffmann-Riem, Hans-Peter Schneider und Ekkehart Stein, 3. Aufl., Stand August 2002.
Andersen, Poul: Ungültige Verwaltungsakte, 1927.
Arnold, Rainer: Vereinheitlichung des Verwaltungsverfahrensrechts in der EG, in: Schwarze, Jürgen/Starck, Christian (Hrsg.), Vereinheitlichung des Verwaltungsverfahrensrechts in der EG, Europarecht Beiheft 1/1995, S. 7–33.
Au, Ingolf: Der Anspruch auf Beseitigung der Folgen von Verwaltungsakten, 1969 (zugl. Diss. Frankfurt/M. 1968).
Axmann, Martin: Das Nachschieben von Gründen im Verwaltungsrechtsstreit, 2001 (zugl. Diss. Würzburg 2000).
Bachof, Otto: Verfassungsrecht, Verwaltungsrecht, Verfahrensrecht in der Rechtsprechung des Bundesverwaltungsgerichts, Band I, 3. Aufl., 1966.
Bader, Johann: Das sechste Gesetz zur Änderung der Verwaltungsgerichtsordnung, in: DÖV 1997, S. 442–449.
–: Die Ergänzung von Ermessenserwägungen im verwaltungsgerichtlichen Verfahren, in: NVwZ 1999, S. 120–125.
–: Die Heilung von Verfahrens- und Formfehlern im verwaltungsgerichtlichen Verfahren, in: NVwZ 1998, S. 674–678.
Bader, Johann/Funke-Kaiser, Michael/Kuntze, Stefan/von Albedyll, Jörg: Verwaltungsgerichtsordnung, Kommentar anhand der höchstrichterlichen Rechtsprechung, 2. Aufl., 2002.
Badura, Peter: Das Verwaltungsverfahren, in: Erichsen, Hans-Uwe/Ehlers, Dirk (Hrsg.): Allgemeines Verwaltungsrecht, 12. Aufl., 2002, 4. Abschnitt (§§ 33–39).
Baltes, Joachim: Immissionsgrenzwerte und Art. 2 Abs. 2 GG, in: BB 1978, S. 130–133.
Bargou, Hermann E.: Die öffentlich-rechtliche Aufsichtsarbeit in der Zweiten juristischen Staatsprüfung, Ein Spielhallenbau mit Hindernissen, in: VBlBW 1985, S. 354–359.
Bartels, Horst: Die Anhörung Beteiligter im Verwaltungsverfahren – dargestellt anhand von § 24 SGB X, 1985 (zugl. Diss. Bochum 1984).
Bartlsperger, Richard: Der Rechtsanspruch auf Beachtung von Vorschriften des Verwaltungsverfahrensrechts, in: DVBl. 1970, S. 30–34.
Bartunek, Beatrix: Probleme des Drittschutzes bei der Planfeststellung, 2000 (zugl. Diss. Erlangen-Nürnberg 1999).
Battis, Ulrich: Grenzen der Einschränkung gerichtlicher Planungskontrolle, in: DÖV 1981, S. 433–438.
Battis, Ulrich/Dünnebacke, Udo: Die Verbandsklage nach dem Berliner Naturschutzgesetz – BVerwG, NVwZ 1988, 527, in: JuS 1990, S. 188–193.

Battis, Ulrich/Krautzberger, Michael/Löhr, Rolf-Peter: Baugesetzbuch, BauGB, 9. Aufl., 2005.

–: Die Neuregelungen des Baugesetzbuchs zum 1. 1. 1998, in: NVwZ 1997, S. 1145–1167.

Bauer, Hartmut: Die Verwirkung von Nachbarrechten im öffentlichen Baurecht, in: Die Verwaltung 23 (1990), S. 211–226.

Baumbach, Adolf/Hefermehl, Wolfgang: Wettbewerbsrecht, Gesetz gegen den unlauteren Wettbewerb, Zugabeverordnung, Rabattgesetz und Nebengesetze, 22. Aufl., 2001.

Baumeister, Arno: Der Folgenbeseitigungsanspruch unter besonderer Berücksichtigung des Versagungsakts und der Untätigkeit der Verwaltung, Diss. Würzburg 1971.

Baumeister, Peter: Der Anspruch auf ein Wiederaufgreifen unanfechtbar abgeschlossener Verwaltungsverfahren, in: VerwArch. 83 (1992), S. 374–408.

–: Das Rechtswidrigwerden von Normen, 1996 (zugl. Diss. Mannheim 1994).

–: Der maßgebliche Zeitpunkt im Verwaltungsrecht und Verwaltungsprozessrecht, in: Jura 2005, S. 655–662.

Baumeister, Peter/Sennekamp, Christoph: Immobilienanlage mit Hindernissen – Examensklausur Öffentliches Recht, in: Jura 1999, S. 259–266.

Baur, Fritz: Zu der Terminologie und einigen Sachproblemen der „vorbeugenden Unterlassungsklage“, in: JZ 1966, S. 381–383.

Becker, Christoph: Schutz von Forderungen durch das Deliktsrecht, in: AcP 196 (1996), S. 439–490.

Becker, Peter: Überlegungen zur „Neuzeit des Prüfungsrechts“, in: NVwZ 1993, S. 1129–1135.

Beckmann, Martin: Verwaltungsgerichtlicher Rechtsschutz im raumbedeutsamen Umweltrecht, 1987.

Bender, Bernd: Probleme des Grundeigentumsschutzes bei der Planung von Straßen und anderen Projekten der Fachplanung, in: DVBl. 1984, S. 301–320.

–: Zum Recht der Folgenbeseitigung, in: VBlBW 1985, S. 201–204.

Benkard, Georg: Patentgesetz, Gebrauchsmustergesetz, Kurz-Kommentar, fortgef. von Karl Bruchhausen, 9. Aufl., 1993.

Berg, Wilfried: Die verwaltungsrechtliche Entscheidung bei ungewissem Sachverhalt, 1980.

–: Neues zur Beweislast im Verwaltungsprozess?, in: Die Verwaltung 33 (2000), S. 139–151.

Bergner, Daniel: Grundrechtsschutz durch Verfahren. Eine rechtsvergleichende Untersuchung des deutschen und britischen Verwaltungsverfahrensrechts, 1998 (zugl. Diss. Regensburg 1997).

Berkemann, Jörg: Verwaltungsprozeßrecht auf „neuen Wegen“?, in: DVBl. 1998, S. 446–461.

Bethge, Herbert: Aktuelle Probleme der Grundrechtsdogmatik, in: Der Staat 24 (1985), S. 351–382.

–: Das Selbstverwaltungsrecht im Spannungsfeld zwischen institutioneller Garantie und grundrechtlicher Freiheit, in: von Mutius, Albert (Hrsg.), Selbstverwaltung im Staat der Industriegesellschaft, Festgabe für Georg Christoph von Unruh, 1983, S. 149–170 (Festgabe von Unruh).

–: Der Grundrechtseingriff, in: VVDStRL 57 (1998), S. 7–56.

–: Grundrechtsverwirklichung und Grundrechtssicherung durch Organisation und Verfahren, in: NJW 1982, S. 1–7.

Bettermann, Karl August: Anfechtbare und nichtanfechtbare Verfahrensmängel – eine prozeßrechtsvergleichende Studie zu § 46 VwVfG, § 127 AO und § 42 SGB X, in: Erichsen/Hoppe/v. Mutius (Hrsg.), System des verwaltungsgerichtlichen Rechtsschutzes, Festschrift für Christian-Friedrich Menger, 1985, S. 709–729 (Festschrift für Menger).

–: Der Schutz der Grundrechte in der ordentlichen Gerichtsbarkeit, in: Bettermann/Nipperdey/Scheuner (Hrsg.), Die Grundrechte, Band III/2, 1959, S. 779–908.
–: Die Anfechtung von Verwaltungsakten wegen Verfahrensfehlern, in: Stödter, Rolf/Thieme, Werner (Hrsg.), Hamburg, Deutschland, Europa, Festschrift für Hans Peter Ipsen, 1977, S. 271–297 (Festschrift für Ipsen).
–: Über die Rechtswidrigkeit von Staatsakten, in: Eichenberger, Kurt (Hrsg.), Recht als Prozeß und Gefüge, Festschrift für Hans Huber, 1981, S. 25–50 (Festschrift für Huber).
–: Zur Lehre vom Folgenbeseitigungsanspruch, in: DÖV 1955, S. 528–536.
Bey, Alexander: Begleitende Verwaltungskontrolle – Zur gerichtlichen Durchsetzung subjektiver Verfahrensrechte, Diss. Bonn 1994.
Beyerlein, Ulrich: Schutzpflicht der Verwaltung gegenüber dem Bürger außerhalb des formellen Verwaltungsverfahrens?, in: NJW 1987, S. 2713–2721.
Blanke, Hermann-Josef/Peilert, Andreas: Die Folgenbeseitigungslast im System des Staatshaftungsrechts, in: Die Verwaltung 31 (1998), S. 29–51.
Bleckmann, Albert: Die Klagebefugnis im verwaltungsgerichtlichen Anfechtungsverfahren, in: VBlBW 1985, S. 361–365.
–: Europarecht – Das Recht der Europäischen Union und der Europäischen Gemeinschaften, 6. Aufl., 1997.
–: Probleme des Grundrechtsverzichts, in: JZ 1988, S. 57–62.
–: Staatsrecht, Band 2: Die Grundrechte, 4. Aufl., 1997.
Bleckmann Albert/Eckhoff, Rolf: Der „mittelbare" Grundrechtseingriff, in: DVBl. 1988, S. 373–382.
Blüggel, Jens: Die fehlerhafte Anhörung im sozialrechtlichen Verwaltungsverfahren und Möglichkeiten ihrer Heilung, in: SGb. 2001, S. 294–300.
Blümel, Willi: Begrüßung und Einführung, in: Blümel, Willi/Pitschas, Rainer (Hrsg.), Verwaltungsverfahren und Verwaltungsprozeß im Wandel der Staatsfunktionen – Vorträge und Diskussionsbeiträge der Verwaltungswissenschaftlichen Arbeitstagung 1994 des Forschungsinstituts für öffentliche Verwaltung bei der Hochschule für Verwaltungswissenschaften Speyer, 1997, S. 9–25 (Arbeitstagung).
–: Grundrechtsschutz durch Verfahrensgestaltung, in: ders. (Hrsg.), Frühzeitige Bürgerbeteiligung bei Planungen, 1982, S. 23–91.
–: Stellungnahme in der öffentlichen Anhörung der 31. Sitzung des Bundestags-Ausschusses für Umwelt, Naturschutz und Reaktorsicherheit am 8.5. 1996, Protokoll Nr. 31, S. 23–25, 112–114, 121–123 (Anhörung).
–: (Hrsg.), Verkehrswegeplanung in Deutschland (Speyerer Forschungsberichte 105), 1991.
Böckenförde, Ernst-Wolfgang: Grundrechte als Grundsatznormen, in: Der Staat 29 (1990), S. 1–31.
Bonk, Heinz-Joachim: Schriftliche Stellungnahme, in: Stellungnahmen der Sachverständigen zur gemeinsamen Anhörung des Innen-, Rechts-, Wirtschafts- und Umweltausschusses des Deutschen Bundestages, Ausschußdrucksachen 13/271, Teile I-VI, und 13/272 des Bundestags-Ausschusses für Umwelt, Naturschutz und Reaktorsicherheit (16. Ausschuß), 1996, Teil III, S. 203–223 (Stellungnahme).
–: Strukturelle Änderungen des Verwaltungsverfahrens durch das Genehmigungsverfahrensbeschleunigungsgesetz, in: NVwZ 1997, S. 320–330.
Bonner Kommentar: Dolzer, Rudolf/Vogel, Klaus/Graßhof, Karin (Hrsg.), Bonner Kommentar zum Grundgesetz, 1950ff. (zit. Bearbeiter, in: BK).
Bonnermann, Rolf: § 24 SGB X und § 96 SGG, in: SGb. 1996, S. 7–9.
Borowski, Martin: Grundrechte als Prinzipien, 1998.
Bosch, Edgar/Schmidt, Jörg: Praktische Einführung in das verwaltungsgerichtliche Verfahren, 8. Aufl., 2005.

Bracher, Christian-Dietrich: Die Anhörung Dritter im Normenkontrollverfahren gegen Bebauungspläne, in: DVBl. 2000, S. 165–174.

–: Nachholung der Anhörung bis zum Abschluß des verwaltungsgerichtlichen Verfahrens?, in: DVBl. 1997, S. 534–538.

Brandt, Kerstin: Präklusion im Verwaltungsverfahren, in: NVwZ 1997, S. 233–237.

Breuer, Joachim: Die Anhörung im sozialrechtlichen Verfahren – Versuch einer Bilanz, in: Die Berufsgenossenschaft 2002, S. 259–269.

Breuer, Rüdiger: Die Bedeutung der Entsorgungsvorsorgeklausel in atomrechtlichen Teilgenehmigungen, in: VerwArch. 72 (1981), S. 261–288.

–: Die Kontrolle der Bauleitplanung – Analyse eines Dilemmas, in: NVwZ 1982, S. 273–280.

–: Verfahrens- und Formfehler der Planfeststellung für raum- und umweltrelevante Großvorhaben, in: Franßen, Everhardt/Redeker, Konrad/Schlichter, Otto/Wilke, Dieter (Hrsg.), Bürger – Richter – Staat, Festschrift für Horst Sendler, 1991, S. 357–390.

Brischke, Hans-Jürgen: Heilung fehlerhafter Verwaltungsakte im verwaltungsgerichtlichen Verfahren, in: DVBl. 2002, S. 429–434.

Brohm, Winfried: Rechtsschutz im Bauplanungsrecht, 1959.

Broß, Siegfried: Zum Anwendungsbereich des Anspruchs auf Folgenbeseitigung, in: VerwArch. 76 (1985), S. 217–230.

Brox, Hans: Allgemeiner Teil des BGB, 26. Aufl., 2002.

Brugger, Winfried: Gestalt und Begründung des Folgenbeseitigungsanspruchs, in: JuS 1999, S. 625–632.

Brühl, Raimund: Die Sachverhaltsermittlung im Verwaltungsverfahren und ihre Bedeutung für den Entscheidungsprozeß, in: JA 1992, S. 193–200.

Brüning, Christoph: Widerspruchsfreiheit der Rechtsordnung – Ein Topos mit verfassungsrechtlichen Konsequenzen?, in: NVwZ 2002, S. 33–37.

Bryde, Brun-Otto: Geheimgesetzgebung: Zum Zustandekommen des Justizmitteilungsgesetzes und Gesetzes zur Änderung kostenrechtlicher Vorschriften und anderer Gesetze, in: JZ 1998, S. 115–120.

Buchwald, Katja: Der verwaltungsgerichtliche Organstreit, 1998 (zugl. Diss. Göttingen 1997).

Bull, Hans Peter: Allgemeines Verwaltungsrecht, 6. Aufl., 2000.

Bullinger, Martin: Aktuelle Probleme des deutschen Verwaltungsverfahrensrechts, in: DVBl. 1992, S. 1463–1468.

–: Beschleunigte Genehmigungsverfahren für eilbedürftige Vorhaben, 1991.

Bumke, Christian: Relative Rechtswidrigkeit. Systembildung und Binnendifferenzierungen im Öffentlichen Recht, 2004.

Burgi, Martin: Das Grundrecht der freien Persönlichkeitsentfaltung durch einfaches Gesetz, in: ZG 9 (1994), S. 341–366.

–: Deutsche Verwaltungsgerichte als Gemeinschaftsrechtsgerichte, in: DVBl. 1995, S. 772–779.

–: Erholung in freier Natur, 1993 (zugl. Diss. Konstanz 1993).

–: Verwaltungsprozeß und Europarecht, 1996.

Busse, Volker: Verfahrenswege zu einem „schlankeren" Staat, in: DÖV 1996, 389–396.

Caemmerer, Ernst von: Das Problem der überholenden Kausalität im Schadensersatzrecht, 1962.

Calliess, Christian/Ruffert, Matthias (Hrsg.): Kommentar zu EU-Vertrag und EG-Vertrag, 2. Aufl., 2002 (zit. nach Bearbeiter).

Canaris, Claus-Wilhelm: Der Schutz obligatorischer Forderungen nach § 823 I BGB, in: Deutsch, Erwin (Hrsg.), Der Schadensersatz und seine Deckung, Festschrift für Erich Steffen, 1995, S. 85–99 (Festschrift für Steffen).

Classen, Claus Dieter: Das nationale Verwaltungsverfahren im Kraftfeld des europäischen Gemeinschaftsrechts, in: Die Verwaltung 31 (1998), S. 307–334.
–: Die Europäisierung der Verwaltungsgerichtsbarkeit, 1996.
–: Die Europäisierung des Verwaltungsrechts, in: Kreuzer, Karl F./Scheuing, Dieter H./Sieber, Ulrich (Hrsg.), Die Europäisierung der mitgliedstaatlichen Rechtsordnungen in der Europäischen Union, 1997, S. 107–131.
Clausing, Berthold: Aktuelles Verwaltungsprozeßrecht, in: JuS 2000, S. 59–64.
Cloosters, Wolfgang: Rechtsschutz Dritter gegen Verfahrensfehler im immissionsschutzrechtlichen Genehmigungsverfahren, 1986 (zugl. Diss. Bochum 1985).
Czajka, Dieter: Verfahrensfehler und Drittschutz im Anlagenrecht, in: Czajka, Dieter u.a. (Hrsg.), Immissionsschutzrecht in der Bewährung – 25 Jahre Bundes-Immissionsschutzgesetz, Festschrift für Gerhard Feldhaus zum 70. Geburtstag, 1999, S. 507–521 (Festschrift für Feldhaus).
von Danwitz, Thomas: Zum Anspruch auf Durchführung des „richtigen" Verwaltungsverfahrens, in: DVBl. 1993, S. 422–428.
–: Verwaltungsrechtliches System und Europäische Integration, 1996.
Decker, Andreas: Die Nachbesserung von Ermessensentscheidungen im Verwaltungsprozeßrecht und ihre verfahrensrechtliche Behandlung gemäß § 114 S. 2 VwGO, in: JA 1999, S. 154–159.
Degenhart, Christoph: Das Verwaltungsverfahren zwischen Verwaltungseffizienz und Rechtsschutzauftrag, in: DVBl. 1982, S. 872–886.
–: Zum Aufhebungsanspruch des Drittbetroffenen beim verfahrensfehlerhaften Verwaltungsakt, in: DVBl. 1981, S. 201–208.
Demmel, Annette: Das Verfahren nach § 113 Abs. 3 VwGO, 1997 (zugl. Diss. Greifswald 1997).
Denninger, Erhard: Staatliche Hilfe zur Grundrechtsausübung durch Verfahren, Organisation und Finanzierung, in: Isensee, Josef/Kirchhof, Paul (Hrsg.), Handbuch des Staatsrechts der Bundesrepublik Deutschland (HbdStR), Band V, 1992, § 113.
–: Vom Elend des Gesetzgebers zwischen Übermaßverbot und Untermaßverbot, in: Däubler-Gmelin u.a. (Hrsg.), Gegenrede, Festschrift für Ernst Gottfried Mahrenholz, 1994, S. 561–573 (Festschrift für Mahrenholz).
DeSmith, Stanley Alexander/Woolf, Harry Jowell, Jeffrey Lionel: Judicial Review of Administrative Action, 5th ed., 1995.
Determann, Lothar: Auswirkungen des 6. VwGOÄndG auf die Fallbearbeitung, in: Jura 1997, S. 350–354.
Detterbeck, Steffen: Allgemeines Verwaltungsrecht, 2. Aufl., 2004.
–: Das Wohnungsbauförderungsgesetz – Examensklausur Öffentliches Recht, in: Jura 1990, S. 654–659.
–: Streitgegenstand und Entscheidungswirkungen im öffentlichen Recht, 1995.
Detterbeck, Steffen/Windthorst, Kay/Sproll, Hans-Dieter: Staatshaftungsrecht, 2000.
Deutsch, Erwin/Ahrens, Hans-Jürgen: Deliktsrecht, 4. Aufl., 2002.
Di Fabio, Udo: Die Ermessensreduzierung, in: VerwArch. 86 (1995), S. 214–234.
–: System der Handlungsformen und Fehlerfolgenlehre, in: Becker-Schwarze, Katrin u.a. (Hrsg.), Wandel der Handlungsformen im Öffentlichen Recht, 1991, S. 47–65.
Diekötter, Ulrich: Die Auswirkung von Verfahrensfehlern auf die Rechtsbeständigkeit von Ermessensentscheidungen, 1997.
Dietlein, Johannes: Das Untermaßverbot, in: ZG 10 (1995), S. 131–141.
–: Die Lehre von den grundrechtlichen Schutzpflichten, 1992.
Dolde, Klaus-Peter: Das ergänzende Verfahren nach § 215 a I BauGB als Instrument der Planerhaltung, in: NVwZ 2001, S. 976–982.
–: Grundrechtsschutz durch einfaches Verfahrensrecht?, in: NVwZ 1982, S. 65–71.

–: Zur Beteiligung der Naturschutzverbände im Planfeststellungsverfahren – § 29 I Nr. 4 BNatSchG ein „absolutes Verfahrensrecht“?, in: NVwZ 1991, S. 960–963.

Dolderer, Michael: Die neu eingeführte „Ergänzung von Ermessenserwägungen“ im Verwaltungsprozeß, in: DÖV 1999, S. 104–110.

Dolzer, Rudolf: Zum Begründungsgebot im geltenden Verwaltungsrecht, in: DÖV 1985, S. 9–20.

Dörffler, Wolfgang: Verwaltungsakte mit Drittwirkung, in: NJW 1963, S. 14–19.

Dreier, Horst (Hrsg.): Grundgesetz, Kommentar, Band I (Präambel – Art. 19), 2. Aufl., 2004; Band II (Art. 20–82), 1998.

–: Grundrechtsdurchgriff contra Gesetzesbindung? Exemplarische Betrachtungen zum Verhältnis von Verfassungs- und Verwaltungsrecht anhand der Rechtsprechung des Bundesverwaltungsgerichts, in: Die Verwaltung 36 (2003), S. 105–136.

Drews, Bill/Wacke, Gerhard/Vogel, Klaus/Martens, Wolfgang: Gefahrenabwehr, 9. Aufl., 1986.

Driehaus, Hans-Joachim: Erschließungs- und Ausbaubeiträge, 7. Aufl., 2004.

Eberle, Carl-Eugen: Zum Verwertungsverbot für rechtswidrig erlangte Informationen im Verwaltungsverfahren, in: Selmer, Peter/von Münch, Ingo (Hrsg.), Gedächtnisschrift für Wolfgang Martens, 1987, S. 351–367 (Gedächtnisschrift für Martens).

Eckert, Lucia: Beschleunigung von Planungs- und Genehmigungsverfahren, 1997.

–: Schriftliche Stellungnahme, in: Stellungnahmen der Sachverständigen zur gemeinsamen Anhörung des Innen-, Rechts-, Wirtschafts- und Umweltausschusses des Deutschen Bundestages, Ausschußdrucksachen 13/271, Teile I-VI, und 13/272 des Bundestags-Ausschusses für Umwelt, Naturschutz und Reaktorsicherheit (16. Ausschuß), 1996, Teil I, S. 47–78 (Stellungnahme).

Eckhoff, Rolf: Der Grundrechtseingriff, 1992.

Ehlers, Dirk: Anhörung im Verwaltungsverfahren, in: Jura 1996, S. 617–624.

–: Das Verwaltungsverfahrensgesetz im Spiegel der Rechtsprechung, in: Die Verwaltung 31 (1998), S. 53–80.

–: Das Verwaltungsverfahrensgesetz im Spiegel der Rechtsprechung der Jahre 1998–2003, in: Die Verwaltung 37 (2004), S. 255–292.

–: Die Fortsetzungsfeststellungsklage, in: Jura 2001, S. 415–423.

–: Die Fristsetzung nach § 25 Abs. 4 AMG, in: Pharma-Recht 1992, S. 98–108.

–: Die verwaltungsgerichtliche Anfechtungsklage, Teil I und II, in: Jura 2004, S. 30–36 und S. 176–182.

–: Die Weiterentwicklung des Staatshaftungsrechts durch das europäische Gemeinschaftsrecht, in: JZ 1996, S. 776–783.

–: Gewerbe-, Handwerks- und Gaststättenrecht, in: Achterberg/Püttner/Würtenberger (Hrsg.), Besonderes Verwaltungsrecht, Band I, 2. Aufl., 2000, § 2 (S. 96–217).

–: Rechtsprobleme der Anhörung im sozialrechtlichen Verwaltungsverfahren, in: Die Verwaltung 17 (1984), S. 295–318.

Eibert, Reinhard: Die formelle Rechtswidrigkeit von Verwaltungsakten – Zur Dogmatik und Kritik der §§ 45 und 46 Verwaltungsverfahrensgesetz, Diss. Erlangen-Nürnberg 1978.

Emmert, Frank: Europarecht, 1996.

Enders, Christoph: Die Exmittierung von Obdachlosen als Problem der Folgenbeseitigung?, in: Die Verwaltung 30 (1997), S. 29–49.

Erbguth, Wilfried: Das Bundesverwaltungsgericht und die Umweltverträglichkeitsprüfung – Einige Anmerkungen, ausgehend von BVerwG, Urt. v. 21. 3. 1996 – 4 C 19.94 , in: NuR 1997, S. 261–267.

–: Primär- und Sekundärrechtsschutz im Öffentlichen Recht, in: VVDStRL Bd. 61 (2002), S. 221–259.

–: Raumbedeutsames Umweltrecht, 1986.
–: Sicherung des kommunalen Beitragsaufkommens durch Nacherhebungspflicht und schlichte Rechtsanwendung?, in: NVwZ 1989, S. 531–534.
–: Verfassungs- und europarechtliche Aspekte der Deregulierungen im Planfeststellungsverfahren, in: UPR 1999, S. 41–50.
–: Zum Gehalt und zur verfassungs- wie europarechtlichen Vereinbarung der verwaltungsprozessual ausgerichteten Beschleunigungsgesetzgebung, in: UPR 2000, S. 81–92.
–: Zur Vereinbarkeit der jüngeren Deregulierungsgesetzgebung im Umweltrecht mit dem Verfassungs- und Europarecht – am Beispiel des Planfeststellungsrechts, 1999 (Vereinbarkeit).
Erichsen, Hans-Uwe: Allgemeine Handlungsfreiheit, in: Isensee, Josef/Kirchhof, Paul (Hrsg.), Handbuch des Staatsrechts der Bundesrepublik Deutschland, Band VI (HbdStR VI), 1989, § 152.
–: Das Verwaltungshandeln, in: Erichsen, Hans-Uwe/Ehlers, Dirk (Hrsg.): Allgemeines Verwaltungsrecht, 12. Aufl., 2002, 3. Abschnitt (§§ 11–32).
–: Die Aufhebung von Verwaltungsakten durch die Verwaltung, in: Jura 1981, S. 534–546.
–: Grundrechtliche Schutzpflichten in der Rechtsprechung des Bundesverfassungsgerichts, in: Jura 1997, S. 85–89.
–: Konkurrentenklagen im Öffentlichen Recht, in: Jura 1994, S. 385–389.
–: Rechtsfragen öffentlich-rechtlicher Folgenbeseitigung, in: VerwArch. 63 (1972), S. 217–224.
Erichsen, Hans-Uwe/Brügge, Dirk Ludwig: Die Rücknahme von Verwaltungsakten nach § 48 VwVfG, in: Jura 1999, S. 155–164.
Erichsen, Hans-Uwe/Ebber, Bodo: Das Wiederaufgreifen unanfechtbar abgeschlossener Verwaltungsverfahren, Jura 1997, S. 424–433.
Erman, Walter: Handkommentar zum Bürgerlichen Gesetzbuch, hrsg. v. Harm Peter Westermann, 10. Aufl., 2000.
Esser, Josef/Schmidt, Eike: Schuldrecht, Band I, Allgemeiner Teil, 8. Aufl., 2000.
Esser, Josef /Weyers, Hans-Leo: Schuldrecht, Band II, Besonderer Teil, Teilband 2, 8. Aufl., 2000.
Eyermann, Erich: Verwaltungsgerichtsordnung, Kommentar, 11. Aufl., 2000, m. Nachtrag 2002 (hier: Kommentierungen von Michael Happ, Klaus Rennert, Jörg Schmidt).
Eyermann, Erich/Fröhler, Ludwig: Verwaltungsgerichtsordnung, von Erich Eyermann, Ludwig Fröhler und Joachim Kormann, 9. Aufl., 1988.
Faber, Heiko: Verwaltungsrecht, 4. Aufl., 1995.
Faber, Martina: Folgenbeseitigungsanspruch nach ehrverletzenden Meinungsäußerungen, in: NVwZ 2003, S. 159–164.
Feldhaus, Gerhard: Schlußstatement, in: Bundesministerium für Umwelt, Naturschutz und Reaktorsicherheit (Hrsg.), Umweltschutz als Standortfaktor – Investitionssicherung und Möglichkeiten zur Beschleunigung immissionsschutzrechtlicher Industriezulassungen, 1994, S. 124–130.
Felix, Dagmar: Die Relativierung von Verfahrensrechten im Sozialverwaltungsverfahren, Kritische Bemerkungen zur Neufassung der §§ 41 und 42 SGB X, in: NZS 2001, S. 341–347.
Fendt, Wolfgang: Der Gegenstand der Anfechtungsklage, in: JA 2000, S. 977–981.
Fezer, Karl Heinz: Markenrecht, Kommentar zum Markengesetz u.a., 3. Aufl., 2001.
Fiedler, Wilfried: Der Folgenbeseitigungsanspruch – die „kleine Münze“ des Staatshaftungsrechts?, in: NVwZ 1986, S. 969–977.
Fikentscher, Wolfgang: Schuldrecht, 9. Aufl., 1997.
Finkelnburg, Klaus: Bauleitplanung, Teilungsgenehmigung, Vorkaufsrechte und Zulässigkeit von Vorhaben, in: NJW 1998, S. 1–5.

Forsthoff, Ernst: Lehrbuch des Verwaltungsrechts, Band I, Allgemeiner Teil, 9. Aufl., 1966, 10. Aufl., 1973.

Franßen, Everhardt: Schriftliche Stellungnahme, in: Stellungnahmen der Sachverständigen zur gemeinsamen Anhörung des Innen-, Rechts-, Wirtschafts- und Umweltausschusses des Deutschen Bundestages, Ausschußdrucksachen 13/271, Teile I-VI, und 13/272 des Bundestags-Ausschusses für Umwelt, Naturschutz und Reaktorsicherheit (16. Ausschuß), 1996, Teil III, S. 181–199 (Stellungnahme).

Friauf, Karl Heinrich/Höfling, Wolfram (Hrsg.): Berliner Kommentar zum Grundgesetz, 2000ff. (hier: Kommentierung von Martin Ibler).

Friege, Arne: Änderungen des Baugesetzbuchs, Teil I und II, in: ThürVBl. 1998, S. 73–80 und S. 101–106.

Fromm, Günter: Verwaltungsakte mit Doppelwirkung, in: VerwArch. 56 (1965), S. 26–60.

Gaentzsch, Günter: Aktuelle Fragen zur Planerhaltung bei Bauleitplänen und Planfeststellungen in der Rechtsprechung des Bundesverwaltungsgerichts, in: UPR 2001, S. 201–209.

–: Ermittlungs- und Bewertungsdefizite im Verwaltungsverfahren, in: Bender, Bernd u.a. (Hrsg.), Rechtsstaat zwischen Sozialgestaltung und Rechtsschutz, Festschrift für Konrad Redeker zum 70. Geburtstag, 1993, S. 405–420 (Festschrift für Redeker).

–: Gesetzmäßigkeit und Wirtschaftlichkeit der Verwaltung: Beißt oder verträgt sich das?, in: DÖV 1998, S. 952–958.

Gallwas, Hans-Ullrich: Faktische Beeinträchtigungen im Bereich der Grundrechte, 1970.

Gaßner, Hartmut/Ewald-Sommer, Karsten: Beschleunigung von Genehmigungsverfahren durch Abbau von Rechtsschutzmöglichkeiten? – Eine gangbare Alternative?, in: Dose, Nicolai/Holznagel, Bernd/Weber, Volker (Hrsg.), Beschleunigung von Genehmigungsverfahren, 1994, S. 171–202 (zit.: Beschleunigung).

Geiger, Harald: Amtsermittlung und Beweiserhebung im Verwaltungsprozeß, in: BayVBl. 1999, S. 321–331.

Geis, Max-Emanuel: Mehr Handlungsfreiheit durch Rücknahme der verwaltungsgerichtlichen Kontrolldichte?, in: Ziekow, Jan (Hrsg.), Handlungsspielräume der Verwaltung, 1999, S. 97–111.

Gellermann, Martin: Auflösung von Normwidersprüchen zwischen europäischem und nationalem Recht, in: DÖV 1996, S. 433–443.

–: Grundrechte in einfachgesetzlichem Gewande, 2000.

Gerber, Carl Friedrich: Über öffentliche Rechte, 1852.

Gerhardt, Michael: Funktionaler Zusammenhang oder Zusammenstoß zweier Realitäten? Das Verhältnis von Verwaltungsverfahren und Verwaltungsprozess am Beispiel der jüngeren Verfahrensfehlerlehre, in: Hoffmann-Riem, Wolfgang/Schmidt-Aßmann, Eberhard (Hrsg.), Verwaltungsverfahren und Verwaltungsverfahrensgesetz, 2002, S. 413–427 (Verhältnis von Verwaltungsverfahren und Verwaltungsprozess).

GK-SGB X1: Krause, Peter/von Mutius, Albert/Schnapp, Friedrich E./Siewert, Joachim, Gemeinschaftskommentar zum Sozialgesetzbuch – Verwaltungsverfahren, 1991.

Gleisberg, Gunter: Gerichtliche Kontrolle von Prüfungsentscheidungen – dargestellt am Beispiel der der juristischen Staatsprüfung, in: JuS 1979, S. 227–231.

von Gneist, Rudolf: Referat: Ueber die rechtliche Natur, die Zuständigkeit und Verhandlungsform der Verwaltungsjurisdiction, in: Verhandlungen des zwölften deutschen Juristentages, 1874, 3. Band, S. 221–241.

Goerlich, Helmut: Anmerkung zu BVerwG, Urt. v. 9. 12. 1992–6 C 3.92, in: JZ 1993, S. 803–804.

–: Eigentum als Verfahrensgarantie, in: DVBl. 1978, S. 362–367.

–: Grundrechte als Verfahrensgarantien, 1981.

–: Nachbarschutz durch Verfahrensrechte, in: DÖV 1982, S. 631–639.
–: Schutzpflicht – Grundrechte – Verfahrensschutz, in: NJW 1981, S. 2616–2617.
Göldner, Detlef: Die Rücknahme rechtswidriger begünstigender Verwaltungsakte nach dem neuen Verwaltungsverfahrensrecht, in: DÖV 1979, S. 805–812.
von Golitschek, Herbert: Bewertung der Prüfungsleistungen in juristischen Staatsprüfungen und deren gerichtliche Kontrolle, in: BayVBl. 1994, S. 257–265.
Gornig, Gilbert/Trüe, Christiane: Die Rechtsprechung des EuGH zum europäischen allgemeinen Verwaltungsrecht – Teil 2, in: JZ 1993, S. 934–942.
Götz, Volkmar: Allgemeines Polizei- und Ordnungsrecht, 13. Aufl., 2001.
Gotzler, Max: Rechtmäßiges Alternativverhalten im haftungsbegründenden Zurechnungszusammenhang, 1977 (zugl. Diss. München 1976).
Gräber, Fritz: Finanzgerichtsordnung, bearb. von Rüdiger von Groll, Hanns-Reimer Koch, Reinhild Ruban, 5. Aufl., 2002.
Grabitz, Eberhard/Hilf, Meinhard (Hrsg.): Das Recht der Europäischen Union, Kommentar, Stand Januar 2005.
Grzeszick, Bernd: Rechte und Ansprüche – Eine Rekonstruktion des Staatshaftungsrechts aus den subjektiven öffentlichen Rechten, 2002.
Grimm, Dieter: Die Entwicklung der Grundrechtstheorie in der deutschen Staatsrechtslehre des 19. Jahrhunderts, in: Birtsch, Günter (Hrsg.), Grund- und Freiheitsrechte von der ständischen zur spätbürgerlichen Gesellschaft, 1987, S. 234–266.
–: Verfahrensfehler als Grundrechtsverstöße, in: NVwZ 1985, S. 865–872.
von der Groeben, Hans/Schwarze, Jürgen (Hrsg.): Kommentar zum Vertrag über die Europäische Union und zur Gründung der Europäischen Gemeinschaft, 6. Aufl., 2003–2004.
von der Groeben, Hans/Thiesing, Jochen/Ehlermann, Claus-Dieter (Hrsg.): Kommentar zum EU-/EG-Vertrag, 5. Aufl., 1997–1999.
Gromitsaris, Athanasios: Fehlerfolgenregelungen im Genehmigungsverfahrensbeschleunigungsgesetz, in: SächsVBl. 1997, S. 101–107.
Groß, Thomas: Konvergenzen des Verwaltungsrechtsschutzes in der Europäischen Union, in: Die Verwaltung 33 (2000), S. 415–434.
Guckelberger, Annette: Maßnahmen zur Beschleunigung von Planungs- und Genehmigungsverfahren – eine Zwischenbilanz, in: Ziekow, Jan (Hrsg.), Beschleunigung von Planungs- und Genehmigungsverfahren, 1999, S. 17–50.
Günther, Hellmuth: Einstweiliger Rechtsschutz im Vorfeld der Beförderung, in: NVwZ 1986, S. 697–708.
Gurlit, Elke: Die Klagebefugnis des Adressaten im Verwaltungsprozeß, in: Die Verwaltung 28 (1995), S. 449–473.
Gusy, Christoph: Der Grundrechtsschutz von Ehe und Familie, in: JA 1986, S. 183–189.
Guttenberg, Ulrich: Weisungsbefugnisse und Selbsteintritt, 1992 (zugl. Diss. Mannheim 1992).
Häberle, Peter: Effizienz und Verfassung, in: AöR 98 (1973), S. 625–635.
–: Grundrechte im Leistungsstaat, in: VVDStRL 30 (1972), S. 43–141.
–: Schlußwort, in: VVDStRL 30 (1972), S. 185–190.
Hain, Karl-Eberhard: Das Untermaßverbot in der Kontroverse, in: ZG 11 (1996), S. 75–84.
–: Zur Frage der Zusammenhangs von Prüfungsumfang, Antragsbefugnis, Begründetheit und Kostenentscheidung im Widerspruchsverfahren, in: DVBl. 1999, S. 1544–1551.
Hanau, Peter: Die Kausalität der Pflichtwidrigkeit, 1971.
Hansmann, Klaus: Beschleunigung und Vereinfachung immissionsschutzrechtlicher Genehmigungsverfahren?, in: NVwZ 1997, S. 105–111.
Hartmann, Angelika: Zur Widerruflichkeit und Anfechtbarkeit von öffentlich-rechtlichen

Willenserklärungen am Beispiel der Nachbarunterschrift gem. Art. 73 BayBO, in: DÖV 1990, S. 8–14.
Hatje, Armin: Die Heilung formell rechtswidriger Verwaltungsakte im Prozeß als Mittel der Verfahrensbeschleunigung, in: DÖV 1997, S. 477–485.
Hattstein, Ulrich: Verwaltungsrechtliche Betreuungspflichten, 1999 (zugl. Diss. Mannheim 1998).
Hauck, Ernst: Recht der überwachungsbedürftigen Anlagen, in: GewArch. 1987, S. 145–156.
Hauck, Karl/Noftz, Wolfgang: Sozialgesetzbuch, SGB X/1,2, Verwaltungsverfahren und Schutz der Sozialdaten, begr. v. Karl Hauck, fortgef. von Wolfgang Noftz, 1981 ff. (hier: Kommentierungen von Karl Hauck, Klaus Vogelgesang, Dieter Freischmidt, Georg Recht und Wolfgang Rombach).
Haueisen, Fritz: Anmerkung zu BVerwG, Urt. v. 28. 6. 1957 – IV C 235.56, in: NJW 1958, S. 642–643.
–: Die Rücknahme fehlerhafter Verwaltungsakte, in: NJW 1954, S. 1425–1429.
Hegels, Susanne: EG-Eigenverwaltungsrecht und Gemeinschaftsverwaltungsrecht. Europäisches Verwaltungsrecht für den direkten und den indirekten Gemeinschaftsrechtsvollzug, 2001 (zugl. Diss. Freiburg, 2000).
Heimerl, Josef: Zur Rücknahme fehlerhafter belastender Verwaltungsakte, in: BayVBl. 1971, S. 366–371.
Hein, Peter E.: Die Unvereinbarerklärung verfassungswidriger Gesetze durch das Bundesverfassungsgericht, 1988.
Heinrich, Barbara: Behördliche Nachbesserung von Verwaltungsakten im verwaltungsgerichtlichen Verfahren und Rechtsschutz des Betroffenen, 1999 (zugl. Diss. Regensburg 1998).
Held, Jürgen: Der Grundrechtsbezug des Verwaltungsverfahrens, 1984 (zugl. Diss. Bonn 1983).
Held, Ralf: Das subjektive Recht auf Baugenehmigung, in: UPR 1999, S. 210–213.
Henke, Peter: Änderung und Ergänzung von Planfeststellungsbeschlüssen, in: Ziekow, Jan (Hrsg.), Planung 2000 – Herausforderungen für das Fachplanungsrecht, 2001, S. 177–196.
–: Das ergänzende Verfahren im Planfeststellungsrecht, in: UPR 1999, S. 51–57.
–: Planerhaltung durch Planergänzung und ergänzendes Verfahren, 1997 (zugl. Diss. Münster 1997).
Henke, Wilhelm: Zur Lehre vom subjektiven öffentlichen Recht, in: Schneider, Hans/Götz, Volkmar (Hrsg.), Im Dienst an Recht und Staat, Festschrift für Werner Weber, 1974, S. 495–514 (Festschrift für Weber).
Hermes, Georg: Der Grundsatz der Staatshaftung für Gemeinschaftsrechtsverletzungen, Die Verwaltung 31 (1998), S. 371–400.
–: Grundrecht auf Schutz von Leben und Gesundheit, 1987 (zugl. Diss. Freiburg, 1985/1986).
Heun, Werner: Funktionell-rechtliche Schranken der Verfassungsgerichtsbarkeit, 1992.
Hien, Eckart: Die Umweltverträglichkeitsprüfung in der gerichtlichen Praxis, in: NVwZ 1997, S. 422–428.
Hildebrandt, Burghard: Der Planergänzungsanspruch, 1999 (zugl. Diss. Halle 1998).
Hill, Hermann: Das fehlerhafte Verfahren und seine Folgen im Verwaltungsrecht, 1986.
–: Verfahrensermessen der Verwaltung, in: NVwZ 1985, S. 449–456.
–: 10 Jahre Verwaltungsverfahrensgesetz, 1987.
Hipp, Anette/Hufeld, Ulrich: Grundfälle zur Klagebefugnis im Verwaltungsprozeß, in: JuS 1998, S. 802–807.

Hirsch, Günter: Europarechtliche Perspektiven der Verwaltungsgerichtsbarkeit, in: VBlBW 2000, S.71–75.
Hödl-Adick, Marcus: Die Bescheidungsklage als Erfordernis eines interessengerechten Rechtsschutzes, 2001 (zugl. Diss. Mannheim 2000).
Hofe, Gerhard: Neuorganisation der Justiz und Verfahrensvereinfachungen im Verwaltungsprozeß, in: Pitschas, Rainer (Hrsg.), Die Reform der Verwaltungsgerichtsbarkeit, 1999, S.211–228.
Hoffmann, Michael: Der Abwehranspruch gegen rechtswidrige hoheitliche Realakte, 1969 (zugl. Diss. Münster 1968).
Hoffmann-Riem, Wolfgang: Effizienz als Herausforderung an das Verwaltungsrecht, in: Hoffmann-Riem, Wolfgang/Schmidt-Aßmann, Eberhard (Hrsg.), Effizienz als Herausforderung an das Verwaltungsrecht, 1998, S.11–57 (Effizienz).
–: Strukturen des Europäischen Verwaltungsrechts – Perspektiven der Systembildung, in: Schmidt-Aßmann, Eberhard/Hoffmann-Riem, Wolfgang (Hrsg.), Strukturen des Europäischen Verwaltungsrechts, 1999, S.317–382 (Strukturen).
Höfling, Wolfram: Primär- und Sekundärrechtsschutz im Öffentlichen Recht, VVDStRL Bd.61 (2002), S.260–299.
Holznagel, Bernd: Verfahrensbezogene Aufgabenkritik und Änderungen von Verfahrensstandards als Reaktion auf die staatliche Finanzkrise, in: Hoffmann-Riem, Wolfgang/Schmidt-Aßmann, Eberhard (Hrsg.), Effizienz als Herausforderung an das Verwaltungsrecht, 1998, S.205–230 (Effizienz).
Hoppe, Werner: Der Rechtsgrundsatz der Planerhaltung als Struktur- und Abwägungsprinzip, in: DVBl. 1996, S.12–19.
–: Der Rechtsgrundsatz der Planerhaltung als Struktur- und Abwägungsprinzip, in: Erbguth, Winfried u.a. (Hrsg.), Abwägung im Recht, Symposium zur Verabschiedung von Werner Hoppe, 1996, S.133–156 (Symposium für Hoppe).
–: Erste Überlegungen zum einem „Grundsatz der Planerhaltung“, in: Planung und Plankontrolle, Festschrift für Otto Schlichter, 1995, S.87–111 (Festschrift für Schlichter).
–: Organstreitigkeiten und organisationsrechtliche subjektiv-öffentliche Rechte, in: DVBl. 1970, S.845–850.
–: Organstreitigkeiten vor den Verwaltungs- und Sozialgerichten, 1970.
Hoppe, Werner/Beckmann, Martin/Kauch, Petra: Umweltrecht, 2.Aufl., 2000.
Hoppe, Werner/Henke, Peter: Der Grundsatz der Planerhaltung im neuen Städtebaurecht, in: DVBl. 1997, S.1407–1414.
Hoppe, Werner/Schlarmann, Hans/Buchner, Reimar: Rechtsschutz bei der Planung von Straßen und anderen Verkehrsanlagen, 3.Aufl., 2001.
Horn, Hans-Detlef: Das Nachschieben von Gründen und die Rechtmäßigkeit von Verwaltungsakten, in: Die Verwaltung 25 (1992), S.203–239.
–: Die grundrechtsunmittelbare Verwaltung, 1999.
Horn, Thomas: Der Aufhebungsanspruch beim Verwaltungsakt mit Drittwirkung, in: DÖV 1990, S.864–872.
Hösch, Ulrich: Probleme der wirtschaftsverwaltungsrechtlichen Konkurrentenklage, in: Die Verwaltung 30 (1997), S.211–232.
Huber, Peter-Michael: Die Unaufschiebbarkeit – Rechtmäßigkeitsvoraussetzung polizeilicher Maßnahmen, in: BayVBl. 1989, S.5–9.
–: Konkurrenzschutz im Verwaltungsrecht, 1991.
Hufeld, Ulrich: Die Vertretung der Behörde, 2003.
Hufen, Friedhelm: Das Volkszählungsurteil des Bundesverfassungsgerichts und das Grundrecht auf informationelle Selbstbestimmung – eine juristische Antwort auf „1984“?, in: JZ 1984, S.1072–1078.

–: Fehler im Verwaltungsverfahren, 4. Aufl., 2002.
–: Grundrechtsschutz im Prüfungsverfahren – Anmerkung zu Entscheidungen des Bundesverwaltungsgerichts, in: JuS 1994, S. 522–524.
–: Heilung und Unbeachtlichkeit grundrechtsrelevanter Verfahrensfehler?, in: NJW 1982, S. 2160–2169.
–: Heilung und Unbeachtlichkeit von Verfahrensfehlern, in: JuS 1999, S. 313–320.
–: Verwaltungsprozessrecht, 5. Aufl., 2003.
–: Zur Systematik der Folgen von Verfahrensfehlern – eine Bestandsaufnahme nach zehn Jahren VwVfG, in: DVBl. 1988, S. 69–77.
Hüsch, Hans-Peter: Verwertungsverbote im Verwaltungsverfahren, 1991 (zugl. Diss. Hamburg 1991).
Huthmacher, Karl Eugen: Der Vorrang des Gemeinschaftsrechts bei indirekten Kollisionen, 1985 (zugl. Diss. Saarbrücken 1983/1984).
Hüttenbrink, Jost: Grundsatz der Planerhaltung – Leitmotiv für Neuerungen bei der Normenkontrolle, § 47 VwGO, in: BauR 1999, S. 351–358.
Illian, Eckart: Der Verzicht Privater im Verwaltungsrecht, Diss. Bonn 1993.
Immenga, Ulrich/Mestmäcker, Ernst-Joachim: GWB, Gesetz gegen Wettbewerbsbeschränkungen, Kommentar, 3. Aufl., 2001.
Ipsen, Hans Peter: Bestandsschutz des fehlerhaft gewählten Parlaments, in: Randelzhofer, Albrecht/Scholz, Rupert/Wilke, Dieter (Hrsg.), Gedächtnisschrift für Eberhard Grabitz, 1995, S. 227–239.
Ipsen, Jörn: Allgemeines Verwaltungsrecht, 3. Aufl., 2003.
–: Gefahren für den Rechtsstaat?, in: NdsVBl. 1999, S. 225–229.
–: Schutzbereich der Selbstverwaltungsgarantie und Einwirkungsmöglichkeiten des Gesetzgebers, in: ZG 9 (1994), S. 194–212.
–: Staatsrecht II, Grundrechte, 7. Aufl., 2004.
Isensee, Josef: Das Grundrecht als Abwehrrecht und als staatliche Schutzpflicht, in: Isensee, Josef/Kirchhof, Paul (Hrsg.), Handbuch des Staatsrechts der Bundesrepublik Deutschland, Band V (HbdStR V), 1992, § 111.
–: Das Grundrecht auf Sicherheit, 1983.
–: Öffentlicher Dienst, in: Benda, Ernst/Maihofer, Werner/Vogel, Hans-Jochen (Hrsg.), Handbuch des Verfassungsrechts der Bundesrepublik Deutschland (HbdVerfR), 2. Aufl., 1994, § 32.
Jachmann, Klaus: Die Berichtigung offenbar unrichtiger Verwaltungsakte gemäß § 42 VwVfG/§ 129 AO, 1995 (zugl. Diss. Regensburg 1993).
Jachmann, Monika: Die Fiktion im Öffentlichen Recht, 1998.
Jäde, Henning: Beschleunigung von Genehmigungsverfahren nach dem Genehmigungsverfahrensbeschleunigungsgesetz, in: UPR 1996, S. 361–369.
–: Gemeindliches Einvernehmen im Bauordnungsrecht – VGH München, NVwZ 1998, 205, in: JuS 1998, S. 503–506.
–: Verwaltungsverfahren – Widerspruchsverfahren – Verwaltungsprozeß, 4. Aufl., 2001.
Jaeckel, Liv: Schutzpflichten im deutschen und europäischen Recht, 2001 (zugl. Diss. Leipzig 2000).
Jahn, Ralf: Beschleunigung von Verwaltungsverfahren und Straffung des verwaltungsgerichtlichen Rechtsschutzes, in: GewArch. 1997, S. 129–135.
Jakobs, Otto-Wilhelm: Die Klagearten im Prüfungsrechtsstreit, in: VBlBW 1981, S. 129–131.
Jarass, Hans D.: Aktuelle Probleme des Planfeststellungsrechts, in: DVBl. 1997, S. 795–802.
–: Bundesimmissionsschutzgesetz, Kommentar, 6. Aufl., 2005.
–: Der Rechtsschutz Dritter bei Genehmigung von Anlagen, in: NJW 1983, S. 2844–2849.

–: Der Vorbehalt des Gesetzes bei Subventionen, in: NVwZ 1984, S.473–480.
–: Die Gemeinde als „Drittbetroffener“, in: DVBl. 1976, S.732–740.
–: Europäisierung des Planungsrechts, in: Ziekow, Jan (Hrsg.), Planung 2000 – Herausforderungen für das Fachplanungsrecht, 2001, S.9–25.
–: Grundfragen der innerstaatlichen Bedeutung des EG-Rechts: die Vorgaben des Rechts der europäischen Gemeinschaft für die nationale Rechtsanwendung und die nationale Rechtsetzung nach Maastricht, 1994.
–: Grundrechte als Wertentscheidungen bzw. objektivrechtliche Prinzipien in der Rechtsprechung des Bundesverfassungsgerichts, in: AöR 110 (1985), S.363–397.
Jarass, Hans D./Pieroth, Bodo: Grundgesetz, 6.Aufl., 2002.
Jesch, Dietrich: Gesetz und Verwaltung, 1961.
Jochum, Heike: Verwaltungsverfahrensrecht und Verwaltungsprozeßrecht. Die normative Konnexität von Verwaltungsverfahrens- und Verwaltungsprozeßrecht und die Steuerungsleistung des materiellen Verwaltungsrechts, 2004.
Jockisch, Martin: Die Prozeßvoraussetzungen im Kommunalverfassungsstreitverfahren, 1996 (zugl. Diss. Regensburg 1996).
Johlen, Heribert: Der Anwalt im Verwaltungsprozeß, in: DÖV 2001, S.582–589.
Kadelbach, Stefan: Allgemeines Verwaltungsrecht unter europäischem Einfluß, 1999.
Kahl, Wolfgang: Grundrechtsschutz durch Verfahren in Deutschland und in der EU, in: VerwArch. 95 (2004), S.1–37.
Kasseler Kommentar: Sozialversicherungsrecht, Gesamtredaktion Klaus Niesel, Stand Dezember 2004.
Kemnade, Gerhard: Der Rechtsschutz des Nachbarn im Baurecht, 1965.
Kern, Jürgen: Die Beschleunigungsgesetze für den Verkehrsbereich, in: Grupp, Klaus/Ronellenfitsch, Michael (Hrsg.), Planung – Recht – Rechtsschutz, Festschrift für Willi Blümel, 1999, S.201–224 (Festschrift für Blümel).
Kienemund, Beate: Das Gesetz zur Bereinigung des Rechtsmittelrechts im Verwaltungsprozess, in: NJW 2002, S.1231–1237.
Kingreen, Thorsten: Das Grundrecht von Ehe und Familie (Art.6 I GG), in: Jura 1997, S.401–408.
Kirchhof, Ferdinand: Rechtspflicht zur Zusatzveröffentlichung kommunaler Normen, in: DÖV 1982, S.397–403.
Kirchhof, Paul: Die Bedeutung der Unbefangenheit für die Verwaltungsentscheidung, in: VerwArch. 66 (1975), S.370–386.
Kischel, Uwe: Die Begründung, 2003.
–: Folgen von Begründungsfehlern, 2004.
Klein, Eckart: Grundrechtliche Schutzpflicht des Staates, in: NJW 1989, S.1633–1640.
Klein, Franz: Abgabenordnung – einschließlich Steuerstrafrecht, 8.Aufl., 2003 (hier: Kommentierung von Hans Bernhard Brockmeyer).
Klein, Friedrich: Tragweite der Generalklausel im Art.19 Abs.4 des Bonner Grundgesetzes, in: VVDStRL 8 (1950), S.67–125.
Klein, Hans H.: Die grundrechtliche Schutzpflicht, in: DVBl. 1994, S.489–497.
Kleinlein, Kornelius: Der maßgebliche Zeitpunkt für die Beurteilung der Rechtmäßigkeit von Verwaltungsakten, in: VerwArch. 81 (1990), S.149–192.
Klinski, Stefan/Gaßner, Hartmut: Das Gesetz zur Beschleunigung der Verkehrswegeplanung: Planungsrecht auf Abwegen, in: NVwZ 1992, S.235–239.
Kloepfer, Michael: Umweltrecht (unter Mitarbeit v. Malte Kohls und Volker Ochsenfahrt), 3.Aufl., 2004.
Kloepfer, Michael/Bröcker, Klaus T.: Das Gebot der widerspruchsfreien Normgebung als Schranke der Ausübung einer Steuergesetzgebungskompetenz nach Art.105 GG, in: DÖV 2001, S.1–12.

Klüsener, Robert: Die Bedeutung der Zweckmäßigkeit neben der Rechtmäßigkeit in § 68 I 1 VwGO, in: NVwZ 2002, S. 816–821.

Kluth, Winfried: Die Auswirkungen der 6. VwGO-Novelle auf das Wirtschaftsrecht, in: WiB 1997, S. 512–515.

Knack: Verwaltungsverfahrensgesetz (VwVfG), Kommentar, 8. Aufl., 2004 (hier: Kommentierungen von Wolfgang Clausen, Hansjochen Dürr, Hans-Günter Henneke, Hubert Meyer).

Knemeyer, Franz-Ludwig: Geheimhaltungsanspruch und Offenbarungsbefugnis im Verwaltungsverfahren, in: NJW 1984, S. 2241–2248.

Knippel, Wolfgang: Rechtsfolgen fehlerhafter Anhörung im Verwaltungsverfahren, 1987 (zugl. Diss. Münster 1987).

Knoke, Ulrich: Rechtsfragen der Rücknahme von Verwaltungsakten, 1989 (zugl. Diss. Münster 1987).

Koch, Hans-Joachim/Rubel, Rüdiger: Allgemeines Verwaltungsrecht, 2. Aufl., 1992.

Koch, Karl/Scholtz, Rolf-Detlev: Abgabenordnung – AO, 5. Aufl., 1996 (hier: Kommentierung von Martin Förster).

Koch, Thorsten: Bestandsschutz für Parlamente? – Überlegungen zur Wahlfehlerfolgenlehre, in: DVBl. 2000, S. 1093–1100.

–: Der Grundrechtsschutz des Drittbetroffenen, 2000.

Koenig, Christian: Der Begründungszwang in mehrpoligen Verwaltungsrechtsverhältnissen am Beispiel umweltrelevanter Entscheidungen, in: AöR 117 (1992), S. 513–542.

–: Mandatsrelevanz und Sanktionen im verfassungsgerichtlichen Wahlbeschwerdeverfahren, in: ZParl 25 (1994), S. 241–253.

Köhler, Helmut/Piper, Henning: UWG, Gesetz gegen den unlauteren Wettbewerb, Kommentar, 3. Aufl., 2002.

Köhler, Karl Friedrich: Die neue Verfahrensphilosophie des Verwaltungsrechts – Zur faktischen Unbeachtlichkeit behördlicher Anhörungsfehler, in: Soziale Sicherheit in der Landwirtschaft (SdL) 2002, S. 311–342.

Kokott, Juliane: Die Europäisierung des Verwaltungsprozessrechts, in: Die Verwaltung 31 (1998), S. 335–370.

–: Nationales Subventionsrecht im Schatten der EG, in: DVBl. 1993, S. 1235–1240.

Kölner Kommentar zum Aktiengesetz: Zöllner, Wolfgang (Hrsg.), 2. Aufl., 1988.

Kopp, Ferdinand O.: Die Bestandskraft von Satzungen, in: DVBl. 1983, S. 392–400.

–: Die Heilung von Mängeln des Verwaltungsverfahrens und das Nachschieben von Gründen im Verwaltungsprozeß, in: VerwArch. 61 (1970), S. 219–259.

–: Grundrechtliche Schutz- und Förderungspflichten der öffentlichen Hand, NJW 1994, S. 1753–1757.

–: Verwaltungsgerichtsordnung, 10. Aufl., 1994.

–: Verwaltungsverfahrensgesetz, 6. Aufl., 1996.

Kopp, Ferdinand O./Ramsauer, Ulrich: Verwaltungsverfahrensgesetz, 8. Aufl., 2003.

Kopp, Ferdinand O./Schenke, Wolf-Rüdiger: Verwaltungsgerichtsordnung, Kommentar, 14. Aufl., 2005.

Koziol, Helmut: Die Beeinträchtigung fremder Forderungsrechte, 1967.

Kraft, Ingo: Änderungsbescheide im Widerspruchsverfahren und im Verwaltungsprozeß, in: BayVBl. 1995, S. 519–524.

–: Erheblichkeit von Abwägungsmängeln, UPR 2003, S. 367–373.

–: Folgenbeseitigung in dreipoligen Rechtsverhältnissen, in: BayVBl. 1992, S. 456–462.

Krasney, Otto Ernst: Zur Anhörungspflicht im Verwaltungsverfahren, in: NVwZ 1986, S. 337–343.

Krebs, Walter: Grundrechtsschutz für Gemeingebrauch an öffentlichen Straßen und Wegen?, in: VerwArch. 67 (1976), S. 329–334.

–: Kompensation von Verfahrensfehlern durch gerichtlichen Rechtsschutz?, in: DVBl. 1984, S. 109–116.

–: Subjektiver Rechtsschutz und objektive Rechtskontrolle, in: Erichsen/Hoppe/v. Mutius (Hrsg.), System des verwaltungsgerichtlichen Rechtsschutzes, Festschrift für Christian-Friedrich Menger, 1985, S. 191–210.

Kreßel, Eckhard: Öffentliches Haftungsrecht und sozialrechtlicher Herstellungsanspruch, 1990.

Kröger, Detlef/Schulz, Henning: Verfahrensbeschleunigung durch Plangenehmigung zu Lasten des – integrierten – Umweltschutzes?, in: NuR 1995, S. 72–79.

Krumsiek, Rolf/Frenzen, Klaus Peter: Beschleunigung von Planungs- und Genehmigungsverfahren, in: DÖV 1995, S. 1013–1027.

Kuhl, Thomas/Unruh, Peter: Materielles Wahlprüfungsrecht und Kandidatenaufstellung, in: DVBl. 1994, S. 1391–1398.

Kuhla, Wolfgang/Hüttenbrink, Jost/Endler, Jan: Der Verwaltungsprozess, 3. Aufl., 2002.

Kühling, Jürgen/Herrmann, Nikolaus: Fachplanungsrecht, 2. Aufl., 2000.

Kunig, Philip: Das Recht des öffentlichen Dienstes, in: Schmidt-Aßmann, Eberhard (Hrsg.), Besonderes Verwaltungsrecht, 12. Aufl., 2003, 6. Kapitel, S. 679–777.

Kunkel, Peter-Christian: Die Rechtsfolgen unzulässigen Offenbarens eines Geheimnisses, insbesondere des Sozialgeheimnisses durch die Behörde, in: VBlBW 1992, S. 47–51.

Ladenburger, Clemens: Verfahrensfehlerfolgen im französischen und im deutschen Verwaltungsrecht, 1999 (zugl. Diss. Heidelberg 1998/1999).

Lange, Hermann: Schadensersatz, 2. Aufl., 1990.

Larenz, Karl: Allgemeiner Teil des deutschen bürgerlichen Rechts, 6. Aufl., 1983; 7. Aufl., 1989.

–: Lehrbuch des Schuldrechts, Erster Band, Allgemeiner Teil, 14. Aufl., 1997.

Larenz, Karl/Canaris, Claus-Wilhelm: Schuldrecht Bd. II/2, 13. Aufl., 1994.

Larenz, Karl/Wolf, Manfred: Allgemeiner Teil des bürgerlichen Rechts, 8. Aufl., 1997.

Laubinger, Hans-Werner: Der öffentlich-rechtliche Unterlassungsanspruch, in: VerwArch. 90 (1989), S. 261–301.

–: Der Verwaltungsakt mit Doppelwirkung, 1967.

–: Grundrechtsschutz durch Gestaltung des Verwaltungsverfahrens, in: VerwArch. 73 (1982), S. 60–85.

–: Heilung und Folgen von Verfahrens- und Formfehlern – §§ 45 und 46 VwVfG sowie §§ 126 und 127 AO 1977 in der Rechtsprechung, in: VerwArch. 72 (1981), S. 333–351.

–: Zur Erforderlichkeit der Anhörung des Antragstellers vor Ablehnung seines Antrags durch die Verwaltungsbehörde, in: VerwArch. 75 (1984), S. 55–77.

Lecheler, Helmut: Einführung in das Europarecht, 2. Aufl., 2003.

Leisner, Walter: Effizienz als Rechtsprinzip, 1971.

Lerche, Peter: Das Nachschieben „tatsächlicher“ Gründe im Verwaltungsprozeß, in: NJW 1953, S. 1897–1899.

–: Grundrechtsschranken, in: Isensee, Josef/Kirchhof, Paul (Hrsg.), Handbuch des Staatsrechts der Bundesrepublik Deutschland, Band V (HbdStR V), 1992, § 122.

–: Kernkraft und rechtlicher Wandel, 1981.

–: Rechtsprobleme der wirtschaftslenkenden Verwaltung, in: DÖV 1961, S. 486–492.

–: Vorbereitung grundrechtlichen Ausgleichs durch gesetzgeberisches Verfahren, in: Lerche/Schmitt Glaeser/Schmidt-Aßmann (Hrsg.), Verfahren als staats- und verwaltungsrechtliche Kategorie, 1984, S. 97–127.

Löhnig, Martin: „Nachschieben von Gründen“, in: JA 1998, S. 700–704.

Lorenz, Dieter: Das Landesstraßenrecht in der Rechtsprechung des Verwaltungsgerichtshofs Baden-Württemberg, in: VBlBW 1984, S. 329–344.

–: Verwaltungsprozeßrecht, 2000.

Löwer, Wolfgang: Klagebefugnis und Kontrollumfang der richterlichen Planprüfung bei straßenrechtlichen Planfeststellungsbeschlüssen, in: DVBl. 1981, S. 528–535.

Löwisch, Manfred: Der Deliktsschutz relativer Rechte, 1970.

Lübbe-Wolff, Gertrude: Die Grundrechte als Eingriffsabwehrrechte, 1988.

–: Schriftliche Stellungnahme, in: Stellungnahmen der Sachverständigen zur gemeinsamen Anhörung des Innen-, Rechts-, Wirtschafts- und Umweltausschusses des Deutschen Bundestages, Ausschußdrucksachen 13/271, Teile I-VI, und 13/272 des Bundestags-Ausschusses für Umwelt, Naturschutz und Reaktorsicherheit (16. Ausschuß), 1996, Teil II, S. 55–86 (Stellungnahme).

–: Stufen des Grundrechtsschutzes gegen Verfahrensverstöße, in: Schwarze, Jürgen/Vitzthum, Wolfgang Graf (Hrsg.), Grundrechtsschutz im nationalen und internationalen Recht, Werner von Simson zum 75. Geburtstag, 1983, S. 137–165 (Festschrift für Simson).

Lücke, Jörg: Begründungszwang und Verfassung, 1987.

Lüdemann, Peter/Windthorst, Kay: Die Umdeutung von Verwaltungsakten, in: BayVBl. 1995, S. 357–363.

Lüers, Hartwig: Die Änderungen des Baugesetzbuchs durch das Bau- und Raumordnungsgesetz 1998 – BauROG, in: ZfBR 1997, S. 231–240 und S. 275–281.

Luhmann, Niklas: Öffentlich-rechtliche Entschädigung rechtspolitisch betrachtet, 1965.

Lüke, Gerhard: Von der Notwendigkeit einer Allgemeinen Prozeßrechtslehre, ZZP 107 (1994), S. 145–162.

Lutter, Marcus/Hommelhoff, Peter: GmbH-Gesetz, Kommentar, 15. Aufl., 2000.

Maaß, Rainald: Zur Rechtsgrundlage des Folgenbeseitigungsanspruchs, in: BayVBl. 1987, S. 520–527.

Macht, Klaus: Verwertungsverbote bei rechtswidriger Informationserlangung im Verwaltungsverfahren, 1999 (zugl. Diss. München 1998).

Mager, Ute: Der maßgebliche Zeitpunkt für die Beurteilung der Rechtswidrigkeit von Verwaltungsakten, 1994 (zugl. Diss. FU Berlin 1994).

Maier, Tanja: Befangenheit im Verwaltungsverfahren – Die Regelungen der EU-Mitgliedstaaten im Rechtsvergleich, 2001 (zugl. Diss. Heidelberg 1998).

Mampel, Dietmar: Art. 14 GG fordert sein Recht, in: NJW 1999, S. 975–981.

Mandelartz, Herbert: Anhörung, Absehen von der Anhörung, Nachholen der unterbliebenen Anhörung – Zur Relativierung des Verfahrensrechts, in: DVBl. 1983, S. 112–116.

von Mangoldt, Hans: Folgenbeseitigung und Störungsbeseitigung, in: DVBl. 1974, S. 825–832.

von Mangoldt, Hermann/Klein, Friedrich: Das Bonner Grundgesetz, Band I, 2. Aufl., 1966.

von Mangoldt, Hermann/Klein, Friedrich/Starck, Christian: Das Bonner Grundgesetz, 4. Aufl., Band 1, 1999 (hier: Kommentierungen von Christian Starck, Peter Michael Huber); Band 3, 2001 (hier: Kommentierung von Georg Nolte).

Manssen, Gerrit: Privatrechtsgestaltung durch Hoheitsakt, 1994.

Martens, Joachim: Die Rechtsprechung zum Verwaltungsverfahrensrecht, in: NVwZ 1982, S. 13–17; NVwZ 1985, S. 158–164; NVwZ 1987, S. 464–471; NVwZ 1990, S. 624–630.

Martensen, Jürgen: Persönlichkeitsrecht und Anhörung des Bürgers vor dem Erlaß belastender Verwaltungsakte, in: DÖV 1995, S. 538–544.

Martin, Marco: Heilung von Verfahrensfehlern im Verwaltungsverfahren, 2004 (zugl. Diss. Tübingen 2003).

Maunz, Theodor/Dürig, Günter/Herzog, Roman/Scholz, Rupert: Grundgesetz, Kommentar, Stand Februar 2004.

Maurer, Hartmut: Allgemeines Verwaltungsrecht, 15. Aufl., 2004.

–: Bestandskraft für Satzungen?, in: Püttner, Günter (Hrsg.), Festschrift für Otto Bachof zum 70. Geburtstag, 1984, S. 215–243 (Festschrift für Bachof).
–: Das Vertrauensschutzprinzip bei Rücknahme und Widerruf von Verwaltungsakten, in: Schmitt Glaeser, Walter (Hrsg.), Verwaltungsverfahren, Festschrift zum 50-jährigen Bestehen des Richard Boorberg Verlags, 1977, S. 223–255.
–: Das Verwaltungsverfahrensgesetz des Bundes, in: JuS 1976, S. 485–497.
–: Die Rücknahme rechtswidriger belastender Verwaltungsakte, in: DÖV 1966, S. 477–490.
–: Staatsrecht I, 3. Aufl., 2003.
–: Verfassungsrechtliche Grundlagen der kommunalen Selbstverwaltung, in: DVBl. 1995, S. 1037–1046.
Medicus, Dieter: Die Forderung als „sonstiges Recht" nach § 823 Abs. 1 BGB, in: Deutsch, Erwin (Hrsg.), Der Schadensersatz und seine Deckung, Festschrift für Erich Steffen, 1995, S. 333–345. (Festschrift für Steffen).
–: Schuldrecht I, Allgemeiner Teil, 13. Aufl., 2002.
Meissner, Claus: Die Novellierung des Verwaltungsprozeßrechts durch das Sechste Gesetz zur Änderung des Verwaltungsgerichtsordnung, in: VBlBW 1997, S. 81–88.
Menger, Christian-Friedrich: Die Problematik des sogenannten kommunalen Vertretungsverbotes, in: NJW 1980, S. 1827–1830.
–: Höchstrichterliche Rechtsprechung zum Verwaltungsrecht, in: VerwArch. 50 (1959), S. 387–399.
Messerschmidt, Lothar: Zur Heilung und Folgenlosigkeit von Verfahrens- und Formfehlern bei Verwaltungsakten gem. §§ 45 und 46 VwVfG, in: NVwZ 1985, S. 877–880.
Meyer, Hans: Die Kodifikation des Verwaltungsverfahrens und die Sanktion für Verfahrensfehler, in: NVwZ 1986, S. 513–522.
Meyer/Borgs: Verwaltungsverfahrensgesetz (VwVfG), erläutert von Hans Meyer und Hermann Borgs-Maciejewski, 2. Aufl., 1982.
Meyer-Ladewig, Jens: Sozialgerichtsgesetz, Kommentar, 7. Aufl., 2002.
Millgramm, Karl-Heinz: Das 6. VwGO-Änderungsgesetz, in: SächsVBl. 1997, S. 107–113.
Morlok, Martin: Die Folgen von Verfahrensfehlern am Beispiel von kommunalen Satzungen, 1988 (zugl. Diss. Bayreuth 1986).
–: Erstattung als Rechtmäßigkeitsrestitution, in: Die Verwaltung 25 (1992), S. 371–399.
Möstl, Markus: Probleme der verfassungsprozessualen Geltendmachung gesetzgeberischer Schutzpflichten, in: DÖV 1998, S. 1029–1039.
Muckel, Stefan: Die Entwicklung des Prüfungsrechts in den Jahren 1996 bis 1998, in: RdJB (Recht der Jugend und des Bildungswesens) 1999, S. 235–247.
Müller, Horst Joachim: Besprechung von „Kopp, VwGO, 4. Aufl., 1979", in: Die Verwaltung 13 (1980), S. 258–260.
–: Zum Einfluß der Verwaltungsverfahrensgesetze auf das verwaltungsgerichtliche Verfahren, in: NJW 1978, S. 1354–1358.
Müller, Wilfried: Beseitigungs- und Unterlassungsansprüche im Verwaltungsrecht, Diss. Göttingen 1967.
Müller-Franken, Sebastian: Die Begründung von Prüfungsentscheidungen bei Berufszugangsprüfungen, in: VerwArch. 92 (2001), S. 507–530.
Müller-Ibold, Till: Die Begründungspflicht im europäischen Gemeinschaftsrecht und im deutschen Recht, 1990 (zugl. Diss. Hamburg 1989).
von Münch, Ingo/Kunig, Philip: Grundgesetz-Kommentar, Band 1, 5. Aufl., 2000, Band 2, 4./5. Aufl., 2001.
Münchener Kommentar zum Bürgerlichen Gesetzbuch, Band 1 (§§ 1–240), 4. Aufl., 2001 (hier: Kommentierung von Dieter Reuter), Band 2 (§§ 241–432), 3. Aufl., 1994 (hier: Kommentierung von Wolfgang Grunsky) und 4. Aufl., 2001 (hier: Kommentierung von

Günter H. Roth), Band 6 (§§ 854–1296), 3. Aufl., 1997 (hier: Kommentierung von Dieter Medicus).

Münchener Kommentar zur Zivilprozessordnung: Lüke, Gerhard/Wax, Peter (Hrsg.), Aktualisierungsband ZPO-Reform 2002 und weitere Reformgesetze, 2. Aufl., 2002 (hier: Kommentierungen von Joachim Wenzel).

Münzberg, Wolfgang: Bemerkungen zum Haftungsgrund der Unterlassungsklage, JZ 1967, S. 689–694.

Murswiek, Dietrich: Die staatliche Verantwortung für die Risiken der Technik, 1985.

–: Entschädigung für immissionsbedingte Waldschäden, in: NVwZ 1986, S. 611–615.

–: Zur Bedeutung der grundrechtlichen Schutzpflichten für den Umweltschutz, in: WiVerw. 1986, 179–204.

Musielak, Hans-Joachim (Hrsg.): Kommentar zur Zivilprozessordnung, 3. Aufl., 2002.

Mußgnug, Reinhard: Das Recht auf den gesetzlichen Verwaltungsbeamten? – Überlegungen zum inkompetenten Verwaltungshandeln, 1970.

von Mutius, Albert: Das Prüfungsrecht in der neueren Rechtsprechung, in: Jura 1982, S. 555–560.

–: Der Mülheim-Kärlich-Beschluß des BVerfG: Grundrechtsschutz durch Verfahren, in: Jura 1984, S. 529–536.

–: Gerichtsverfahren und Verwaltungsverfahren, in: Erichsen/Hoppe/v. Mutius (Hrsg.), System des verwaltungsgerichtlichen Rechtsschutzes, Festschrift für Christian-Friedrich Menger, 1985, S. 575–604 (Festschrift für Menger).

–: Grundrechtsschutz contra Verwaltungseffizienz im Verwaltungsverfahren?, in: NJW 1982, S. 2150–2160.

–: Kommunalrecht, 2. Aufl., 2000.

Naumann, Richard: Vom vorbeugenden Rechtsschutz im Verwaltungsprozeß, in: Bachof, Otto u.a. (Hrsg.), Forschungen und Berichte aus dem öffentlichen Recht, Gedächtnisschrift für Walter Jellinek, 1955, S. 391–406 (Gedächtnisschrift für Jellinek).

Nehl, Hanns Peter: Wechselwirkungen zwischen verwaltungsverfahrensrechtlichem und gerichtlichem Individualrechtsschutz in der EG, in: Nowak, Carsten/Cremer, Wolfram (Hrsg.), Individualrechtsschutz in der EG und der WTO, 2002, S. 135–159 (zit.: Wechselwirkungen).

Nettesheim, Martin: Der Grundsatz der einheitlichen Wirksamkeit des Gemeinschaftsrechts, in: Randelzhofer, Albrecht/Scholz, Rupert/Wilke, Dieter (Hrsg.), Gedächtnisschrift für Eberhard Grabitz, 1995, S. 447–468 (Gedächtnisschrift für Grabitz).

Nicolaysen, Gert: Europarecht I, 1991.

Niedobitek, Matthias: Rechtsbindung der Verwaltung und Effizienz des Verwaltungsverfahrens, in: DÖV 2000, S. 761–768.

Niehues, Norbert: Der verwaltungsverfahrensrechtliche Ausschluß von Einwendungen gegen einen Planfeststellungsbeschluß, in: Planung und Plankontrolle, Festschrift für Otto Schlichter, 1995, S. 619–636 (Festschrift für Schlichter).

–: Schul- und Prüfungsrecht, Band 2: Prüfungsrecht, 4. Aufl., 2004.

Numberger, Ulrich/Schönfeld, Thomas: Neuerungen in der VwGO, in: UPR 1997, S. 89–93.

Obermayer: Kommentar zum Verwaltungsverfahrensgesetz, begr. v. Klaus Obermayer, hrsgg. v. Roland Fritz, 3. Aufl., 1999 (hier: Kommentierungen von Erwin Allesch, Gerd Engelhardt, Carsten Grün, Dieter Grünewald, Richard Häußler, Siegfried Hoffmann, Dietmar Janßen, J. Wilfried Kügel, Stefan Liebetanz, Harald Repp, Magnus Riedl, Wolfgang Schäfer, Robert Seegmüller, Paul Tiedemann).

Oberrath, Jörg-Dieter/Hahn, Oliver: Ende des effektiven Rechtsschutzes? Die Änderungen der VwGO und des VwVfG, in: VBlBW 1997, S. 241–246.

Oeter, Stefan: „Drittwirkung" der Grundrechte und die Autonomie des Privatrechts, in: AöR 119 (1994), S. 529–563.
Oldiges, Martin: Verbandskompetenz, in: DÖV 1989, S. 873–884.
Olschewski, Bernd-Dietrich: Wahlprüfung und subjektiver Wahlrechtsschutz, 1970.
Ortloff, Karsten-Michael: Die Entwicklung des Bauordnungsrechts, in: NVwZ 1999, S. 955–963.
Ossenbühl, Fritz: Grundrechtsschutz im und durch Verfahrensrecht, in: Müller, Georg u.a. (Hrsg.), Staatsorganisation und Staatsfunktionen im Wandel, Festschrift für Kurt Eichenberger, 1982, S. 183–195 (Festschrift für Eichenberger).
–: Kernenergie im Spiegel des Verfassungsrechts, in: DÖV 1981, S. 1–8.
–: Regelungsgehalt und Bindungswirkung der 1. Teilgenehmigung im Atomrecht, in: NJW 1980, S. 1353–1358.
–: Staatshaftungsrecht, 5. Aufl., 1998.
–: Verwaltungsverfahren zwischen Verwaltungseffizienz und Rechtsschutzauftrag, in: NVwZ 1982, S. 465–472.
–: Zum Problem der Rücknahme fehlerhafter begünstigender Verwaltungsakte: Betrachtungen zum Musterentwurf eines Verwaltungsverfahrensgesetzes, in: DÖV 1964, S. 511–521.
–: Zur Bedeutung von Verfahrensmängeln im Atomrecht, in: NJW 1981, S. 375–378.
Palandt: Bürgerliches Gesetzbuch, Kommentar, 63. Aufl., 2004.
Papier, Hans-Jürgen: Der verfahrensfehlerhafte Staatsakt, 1973.
–: Einwendungen Dritter in Verwaltungsverfahren, in: NJW 1980, S. 313–321.
–: Öffentlich-rechtlicher Folgenbeseitigungsanspruch bei Nichterfüllung?, in: DÖV 1972, S. 845–851.
–: Rechtsschutzgarantie gegen die öffentliche Gewalt, in: Isensee, Josef/Kirchhof, Paul (Hrsg.), Handbuch des Staatsrechts der Bundesrepublik Deutschland, Band VI (HbdStR VI), 1989, § 154
–: Umweltverträglichkeitsprüfung und Gemeinschaftsrecht, in: Wendt, Rudolf u.a. (Hrsg.), Staat – Wirtschaft – Steuern, Festschrift für Karl Heinrich Friauf zum 65. Geburtstag, 1996, S. 105–133 (Festschrift für Friauf).
–: Verwaltungsverantwortung und gerichtliche Kontrolle, in: Blümel, Willi/Merten, Detlef/Quaritsch, Helmut (Hrsg.), Verwaltung im Rechtsstaat, Festschrift für Carl Hermann Ule zum 80. Geburtstag, 1987, S. 235–255 (Festschrift für Ule).
Pasternak, Dieter: Beschleunigung beim Straßenbau, in: BayVBl. 1994, S. 616–619.
Pawlowski, Hans Martin: Allgemeiner Teil des BGB, 6. Aufl., 2000.
Peine, Franz-Joseph: Allgemeines Verwaltungsrecht, 7. Aufl., 2004.
Picker, Eduard: Der privatrechtliche Rechtsschutz gegen baurechtswidrige Bauten als Beispiel für die Realisierung von „Schutzgesetzen", in: AcP 176 (1976), S. 28–79.
–: Negatorische Haftung und Geldabfindung, in: Medicus, Dieter (Hrsg.), Festschrift für Hermann Lange, 1992, S. 625–696 (Festschrift für Lange).
Pieroth, Bodo/Schlink, Bernhard: Grundrechte, Staatsrecht II, 20. Aufl., 2004.
Pietzcker, Jost: Anmerkung zu BVerwG, Urt. v. 5.10. 1990–7 C 55 und 56.89, in: JZ 1991, S. 670–671.
–: Das Verwaltungsverfahren zwischen Verwaltungseffizienz und Rechtsschutzauftrag, in: VVDStRL 41 (1983), S. 193–231.
–: Die Zweiteilung des Vergaberechts, 2001.
–: Drittwirkung – Schutzpflicht – Eingriff, in: Maurer, Hartmut (Hrsg.), Das akzeptierte Grundgesetz, Festschrift für Günter Dürig, 1990, S. 345–363 (Festschrift für Dürig).
–: „Grundrechtsbetroffenheit" in der verwaltungsrechtlichen Dogmatik, in: Püttner, Günter (Hrsg.), Festschrift für Otto Bachof zum 70. Geburtstag, 1984, S. 131–149 (Festschrift für Bachof).

–: Verfahrensrechte und Folgen von Verfahrensfehlern, in: Geis, Max-Emanuel/Lorenz, Dieter (Hrsg.), Staat-Kirche-Verwaltung, Festschrift für Hartmut Maurer, 2001, S. 695–712 (Festschrift für Maurer).

Pietzko, Gabriele: Der materiellrechtliche Folgenbeseitigungsanspruch, 1994 (zugl. Diss. Köln 1992).

Pietzner, Rainer/Ronellenfitsch, Michael: Das Assessorexamen im öffentlichen Recht, 11. Aufl., 2005.

Pitschas, Rainer: Verwaltungsverantwortung und Verwaltungsverfahren – Strukturprobleme, Funktionsbedingungen und Entwicklungsperspektiven eines konsensualen Verwaltungsrechts, 1990.

Pöcker, Markus/Barthelmann, Ralf: Der mißglückte § 114 Satz 2 VwGO, in: DVBl. 2002, S. 668–676.

Preu, Peter: Subjektivrechtliche Grundlagen des öffentlichrechtlichen Drittschutzes, 1992.

Preusche, Burkhard: Zum Ändern und Ersetzen angefochtener Verwaltungsakte, in: DVBl. 1992, S. 797–804.

Prutsch, Ulrich: Konversion von Straßenbaubeiträgen nach Bundesbaugesetz oder Kommunalabgabengesetz, in: DÖV 1981, S. 941–946.

Quaas, Michael: Die Stellung der Gemeinde in der luftverkehrsrechtlichen Fachplanung, in: NVwZ 2003, S. 649–653.

Quaritsch, Helmut: Der Verzicht im Verwaltungsrecht und auf Grundrechte, in: Selmer, Peter/von Münch, Ingo (Hrsg.), Gedächtnisschrift für Wolfgang Martens, 1987, S. 407–417 (Gedächtnisschrift für Martens).

Ramsauer, Ulrich: Die Bestimmung des Schutzbereichs von Grundrechten nach dem Normzweck, in: VerwArch. 72 (1981), S. 89–106.

–: Die faktischen Beeinträchtigungen des Eigentums, 1980.

–: Die Rolle der Grundrechte im System der subjektiven öffentliche Rechte, in: AöR Bd. 111 (1986), S. 501–536.

–: Rechtsschutz durch nachvollziehende Kontrolle, in: Schmidt-Aßmann u.a. (Hrsg.), Festgabe 50 Jahre Bundesverwaltungsgericht, 2003, S. 699–726.

Randelzhofer, Albrecht: Der Anspruch auf fehlerfreie Ermessensentscheidung in Rechtslehre und Rechtsprechung, in: BayVBl. 1975, S. 573–578.

Rauschning, Dietrich: Staatsaufgabe Umweltschutz, in: VVDStRL 38 (1980), S. 167–210.

Redeker, Konrad: Die „Heilungsvorschriften" der 6. VwGO-Novelle, in: NVwZ 1997, S. 625–628.

–: Legislative, Exekutive und Verwaltungsgerichtsbarkeit, in: NVwZ 1996, S. 126–131.

–: Grundgesetzliche Rechte auf Verfahrensteilhabe, in: NJW 1980, S. 1593–1598.

Redeker, Konrad/von Oertzen, Hans-Joachim: Verwaltungsgerichtsordnung, Kommentar, 14. Aufl., 2004.

Redeker, Martin: Was beseitigt der Folgenbeseitigungsanspruch?, DÖV 1987, S. 194–200.

Remmert, Barbara: Die behördliche Aufhebung von Verwaltungsakten mit Doppelwirkung, in: VerwArch. 91 (2000), S. 209–226.

–: Nebenbestimmungen zu begünstigenden Verwaltungsakten, in: VerwArch. 88 (1997), S. 112–136.

Rengeling, Hans-Werner: Europäische Normgebung und ihre Umsetzung in nationales Recht, in: DVBl. 1995, S. 945–954.

Rengeling, Hans Werner/Middeke, Andreas/Gellermann, Martin (Hrsg.): Handbuch des Rechtsschutzes in der Europäischen Union, 2. Aufl., 2003 (zit. nach Bearbeiter).

RGRK: Das Bürgerliche Gesetzbuch, Kommentar, hrsg. v. Mitgliedern des Bundesgerichtshofs, 12. Aufl., Band III, 1979 (hier Kommentierung von Heinz Pikart).

Rhinow, René A.: Rechtsetzung und Methodik, 1979.

Robbers, Gerhard: Besprechung von „Lübbe-Wolff, Die Grundrechte als Eingriffsabwehrrechte, 1988", in: DÖV 1989, S. 687–688.
–: Der Grundrechtsverzicht, in: JuS 1985, S. 925–931.
–: Sicherheit als Menschenrecht, 1987.
Ronellenfitsch, Michael: Bauleitplanung und eisenbahnrechtliche Fachplanung, in: VerwArch. 90 (1999), S. 467–488 und S. 581–599.
–: Beschleunigungsgesetz – Investitionsmaßnahmengesetze – Die Beschleunigung von Verkehrsprojekten, in: Blümel, Willi (Hrsg.), Verkehrswegeplanung in Deutschland, 1991, S. 107–237 (Beschleunigungsgesetz).
–: Der vorläufige Rechtsschutz im beamtenrechtlichen Konkurrentenstreit, in: VerwArch. 82 (1991), S. 121–143.
–: Die Planfeststellung, in: VerwArch. 80 (1989), S. 92–123.
–: Entwurf eines Gesetzes zur Beschleunigung der Planungen für Verkehrswege in den neuen Ländern sowie im Land Berlin, in: DVBl. 1991, S. 920–933.
–: Fachplanung und Verwaltungsgerichtsbarkeit, in: Grupp, Klaus/Ronellenfitsch, Michael (Hrsg.), Planung – Recht – Rechtsschutz, Festschrift für Willi Blümel, 1999, S. 497–522 (Festschrift für Blümel).
–: Gemeindliches Einvernehmen und Präklusion – BVerfGE 61, 82, in: JuS 1983, S. 594–598.
–: Neues Verkehrswegeplanungsrecht, in: DVBl. 1994, S. 441–449.
–: Rechtsfolgen fehlerhafter Planung, in: NVwZ 1999, S. 583–590.
Rosenberg, Leo/Schwab, Karl Heinz/Gottwald, Peter: Zivilprozessrecht, 16. Aufl., 2004.
Rosenberg, Oliver von: Probleme drittbelastender Verfahrensfehler im Rahmen des Baugenehmigungs- und des abfallrechtlichen Planfeststellungsverfahrens, 1994.
Rösslein, Thomas: Der Folgenbeseitigungsanspruch, 1968 (zugl. Diss. Tübingen 1967).
Roßnagel, Alexander: Verfahrensfehler ohne Sanktion?, in: JuS 1994, S. 927–932.
Roth, Andreas: Verwaltungshandeln mit Drittbetroffenheit und Gesetzesvorbehalt, 1991 (zugl. Diss. Konstanz 1990).
Roth, Wolfgang: Faktische Eingriffe in Freiheit und Eigentum, 1994 (zugl. Diss. Mannheim 1994).
–: Kein Folgenbeseitigungsanspruch bei Wiedereinweisung des Räumungsschuldners, in: DVBl. 1996, S. 1401–1409.
–: Verwaltungsrechtliche Organstreitigkeiten, 2001.
Rozek, Jochen: Neubestimmung der Justitiabilität von Prüfungsentscheidungen, in: NVwZ 1992, S. 343–348.
Rüfner, Wolfgang: Das Recht der öffentlich-rechtlichen Schadensersatz- und Entschädigungsleistungen, in: Erichsen, Hans Uwe/Ehlers, Dirk (Hrsg.), Allgemeines Verwaltungsrecht, 12. Aufl., 2002, 6. Abschnitt (§§ 46–50).
–: Der Folgenbeseitigungsanspruch ein materiellrechtlicher oder ein prozessualer Anspruch, in: DVBl. 1967, S. 186–190.
–: Zum gegenwärtigen Stand des deutschen Staatshaftungsrechts, in: BB 1968, S. 881–886.
Rupp, Hans Heinrich: Bemerkungen zum verfahrensfehlerhaften Verwaltungsakt, in: Püttner, Günter (Hrsg.), Festschrift für Otto Bachof zum 70. Geburtstag, 1984, S. 151–168 (Festschrift für Bachof).
–: Grundfragen der heutigen Verwaltungsrechtslehre, 1965 (2., um einen 3. Teil ergänzte Aufl., 1991).
–: Ungeschriebene Grundrechte unter dem Grundgesetz, in: JZ 2005, S. 157–160.
–: Vom Wandel der Grundrechte, in: AöR 101 (1976), S. 161–201.
Rupp, Jürgen-Johann, Nachschieben von Gründen im verwaltungsgerichtlichen Verfahren, 1987 (zugl. Diss. Mannheim 1986).

Rupp, Michael: Die auf Art. 2 Abs. 1 GG gestützte Klagebefugnis gegen verfahrensfehlerhafte Verwaltungsakte, Diss. Saarbrücken, 1990.
Ruthig, Josef: Staatliche Realakte, Masch. Habil.-Schrift 2001.
–: Transformiertes Gemeinschaftsrecht und die Klagebefugnis des § 42 Abs. 2 VwGO, in: BayVBl. 1997, S. 289–298.
Sachs, Michael: Besprechung von „Lübbe-Wolff, Die Grundrechte als Eingriffsabwehrrechte, 1988", in: NWVBl. 1989, S. 350–352.
–: Die relevanten Grundrechtsbeeinträchtigungen, in: JuS 1995, S. 303–307.
–: (Hrsg.), Grundgesetz, Kommentar, 3. Aufl., 2003.
Schaber, Michael: Unbeachtlichkeit und Heilung von Fehlern bei Bauleitplänen und anderen städtebaulichen Satzungen nach dem Bau- und Raumordnungsgesetz 1998, in: VBlBW 1998, S. 161–164.
Schäfer, Kurt: Die Beschleunigungsnovellen zum Immissionsschutzrecht, in: NVwZ 1997, S. 526–529.
Scheffler, Hans-Herman: Die allgemeine Pflicht zur Begründung von Verwaltungsakten, DÖV 1977, S. 767–774.
Scheidler, Alfred: Immissionsschutzrechtliche Anordnungen gegenüber Gemeinden, in: UPR 2004, S. 253–257.
Schenke, Ralf Peter: Das Nachschieben von Ermessenserwägungen, in: JuS 2000, S. 230–235.
–: Das Nachschieben von Gründen nach dem 6. VwGO-Änderungsgesetz, in: VerwArch. 90 (1999), S. 232–266.
–: Der Erledigungsrechtsstreit im Verwaltungsprozeß, 1996 (zugl. Diss. Freiburg 1995).
–: Neue Wege im Rechtsschutz gegen vorprozessual erledigte Verwaltungsakte?, in: NVwZ 2000, S. 1255–1258.
Schenke, Wolf-Rüdiger: Anmerkung zu OVG Münster, Urt. v. 23. 1. 1997 – 7a D 70/93.NE, in: DVBl. 1997, S. 853–855.
–: Bergbau contra Oberflächeneigentum und kommunale Selbstverwaltung?, 1994.
–: Das Nachschieben von Gründen im Rahmen der Anfechtungsklage, in: NVwZ 1988, S. 1–13.
–: Das Verwaltungsverfahren zwischen Verwaltungseffizienz und Rechtsschutzauftrag, in: VBlBW 1982, S. 313–326.
–: Der Anspruch des Verletzten auf Rücknahme des Verwaltungsakts vor Ablauf der Anfechtungsfristen, in: Geis, Max-Emanuel/Lorenz, Dieter (Hrsg.), Staat-Kirche-Verwaltung, Festschrift für Hartmut Maurer, 2001, S. 723–757 (Festschrift für Maurer).
–: Der Folgenbeseitigungsanspruch bei Verwaltungsakten mit Drittwirkung, in: DVBl. 1990, S. 328–338.
–: Der verfahrensfehlerhafte Verwaltungsakt gemäß § 46 VwVfG, in: DÖV 1986, S. 305–321.
–: Die Bedeutung der verfassungsrechtlichen Rechtsschutzgarantie des Art. 19 Abs. 4 GG, in: JZ 1988, S. 317–326.
–: Die Konkurrentenklage im Beamtenrecht, in: Damrau, Jürgen/Kraft, Alfons/Fürst, Walther (Hrsg.), Festschrift für Otto Mühl, 1981, S. 571–594 (Festschrift für Mühl).
–: Die Umdeutung von Verwaltungsakten, in: DVBl. 1987, S. 641–654.
–: Folgenbeseitigungsanspruch und mitwirkendes Verschulden, in: JuS 1990, S. 370–377.
–: Polizei- und Ordnungsrecht, 3. Aufl., 2004.
–: Probleme der Bestandskraft von Verwaltungsakten, in: DÖV 1983, S. 320–332.
–: Rechtsprobleme des Konkurrentenrechtsschutzes im Wirtschaftsverwaltungsrechts, in: NVwZ 1993, S. 718–729.
–: Rechtsschutz bei normativem Unrecht, 1979.

–: „Reform" ohne Ende – Das Sechste Gesetz zur Änderung der Verwaltungsgerichtsordnung und anderer Gesetze (6. VwGOÄndG), in: NJW 1997, S. 81–93.
–: Verwaltungsprozeßrecht, 9. Aufl., 2004.
Schenke, Wolf-Rüdiger/Baumeister, Peter: Der rechtswidrig gewordene Verwaltungsakt – BVerwGE 84, 111, in: JuS 1991, S. 547–553.
Scherzberg, Arno: Grundlagen und Typologie des subjektiv-öffentlichen Rechts, in: DVBl. 1988, S. 129–134.
–: Grundrechtsschutz und „Eingriffsintensität", 1989.
–: Nachschieben einer kommunalen Abgabensatzung im Anfechtungsprozeß?, in: BayVBl. 1992, S. 426–431.
–: Objektiver Grundrechtsschutz und subjektives Grundrecht, in: DVBl. 1989, S. 1128–1136.
Scheuing, Dieter H.: Der Amtskonflikt als Ausschlußgrund im Verwaltungsverfahrensrecht, in: NVwZ 1982, S. 487–492.
–: Europäisierung des Verwaltungsrechts – zum mitgliedstaatlichen Verwaltungsvollzug des EG-Rechts am Beispiel der Rückforderung gemeinschaftsrechtswidriger Beihilfen, in: Die Verwaltung 34 (2001), S. 107–143.
Schick, Walter: Notwendigkeit und Funktion der Begründung bei Verwaltungsakten, in: JuS 1971, S. 1–9.
Schilling, Theodor: Die Anhörungsregelung des Verwaltungsverfahrensgesetzes im Lichte des Grundgesetzes, in: VerwArch. 78 (1987), S. 45–79.
Schlegelberger: Handelsgesetzbuch, Kommentar von Ernst Geßler u.a., 5. Aufl., Band III/1. Halbband (§§ 105–160), 1992 (hier: Kommentierung von Klaus-Peter Martens).
Schlink, Bernhard: Freiheit durch Eingriffsabwehr – Rekonstruktion der klassischen Grundrechtsfunktion, in: EuGRZ 1984, S. 457–468.
Schmaltz, Hans Kasten: Rechtsfolgen der Verletzung von Verfahrens- und Formvorschriften von Bauleitplänen nach § 214 BauGB, in: DVBl. 1990, S. 77–81.
Schmidt, Reiner: Staatshaftung für Waldschäden, in: ZRP 1987, S. 345–349.
Schmidt-Aßmann, Eberhard: Anwendungsprobleme des Art. 2 Abs. 2 GG im Immissionsschutzrecht, in: AöR 106 (1981), S. 205–217.
–: Das allgemeine Verwaltungsrecht als Ordnungsidee, 2. Aufl., 2004.
–: Der Rechtsstaat, in: Isensee, Josef/Kirchhof, Paul (Hrsg.), Handbuch des Staatsrechts der Bundesrepublik Deutschland, Band II (HbdStR II), 3. Aufl., 2004, § 26.
–: Deutsches und Europäisches Verwaltungsrecht – wechselseitige Einwirkungen, in: DVBl. 1993, S. 924–936.
–: Die Europäisierung des Verwaltungsverfahrensrechts, in: Schmidt-Aßmann, Eberhard u.a. (Hrsg.), Festgabe 50 Jahre Bundesverwaltungsgericht, 2003, S. 487–506.
–: Europäisches Verwaltungsverfahrensrecht, in: Müller-Graff, Peter-Christian (Hrsg.), Perspektiven des Rechts in der Europäischen Union, 1998, S. 131–162 (Europäisches Verwaltungsverfahrensrecht).
–: Grundrechtswirkungen im Verwaltungsrecht, in: Bender, Bernd u.a. (Hrsg.), Rechtsstaat zwischen Sozialgestaltung und Rechtsschutz, Festschrift für Konrad Redeker zum 70. Geburtstag, 1993, S. 225–243 (Festschrift für Redeker).
–: Kommunalrecht, in: Schmidt-Aßmann, Eberhard (Hrsg.), Besonderes Verwaltungsrecht, 12. Aufl., 2003, 1. Kapitel, S. 1–109.
–: Strukturen des europäischen Verwaltungsrechts: einleitende Problemskizze, in: Schmidt-Aßmann, Eberhard/Hoffmann-Riem, Wolfgang (Hrsg.), Strukturen des Europäischen Verwaltungsrechts, 1999, S. 9–43.
–: Unzulässige Sanktionierungen von Verfahrensfehlern beim Erlaß von Satzungen, in: VR 1978, S. 85–89.

–: Verwaltungsverfahren, in: Isensee, Josef/Kirchhof, Paul (Hrsg.), Handbuch des Staatsrechts der Bundesrepublik Deutschland, Band III (HbdStR III), 2. Aufl., 1996, § 70.
–: Verwaltungsverfahren und Verwaltungsverfahrensgesetz: Perspektiven der Systembildung, in: Hoffmann-Riem, Wolfgang/Schmidt-Aßmann, Eberhard (Hrsg.), Verwaltungsverfahren und Verwaltungsverfahrensgesetz, 2002, S. 429–473.
Schmidt-Aßmann, Eberhard/Krämer, Hannes: Das Verwaltungsverfahren und seine Folgen – insbesondere zu den Systemgedanken einer Lehre von den Verfahrensfehlerfolgen im deutschen Recht, unter Einbeziehung rechtsvergleichender Aspekte, in: EuZÖR 1993, Sonderheft, S. 99–133.
Schmidt-Bleibtreu, Bruno/Klein, Franz: Kommentar zum Grundgesetz, 9. Aufl., 1999.
Schmidt-Preuß, Matthias: Der verfahrensrechtliche Charakter der Umweltverträglichkeitsprüfung, in: DVBl. 1995, S. 485–495.
–: Kollidierende Privatinteressen im Verwaltungsrecht, 1992.
Schmieszek, Hans-Peter: Aufhebung und Widerruf von Verwaltungsakten, Wiederaufnahme des Verfahrens (Abschnitt I) und Allgemeine Prozeßvoraussetzungen und Klagearten (Abschnitt M), in: Brandt, Jürgen/Sachs, Michael (Hrsg.), Handbuch Verwaltungsverfahren und Verwaltungsprozeß, 1999.
–: Sechstes Gesetz zur Änderung der Verwaltungsgerichtsordnung und anderer Gesetze (6. VwGOÄndG), in: NVwZ 1996, S. 1151–1155.
Schmitt Glaeser, Walter: Diskussionsbeitrag, VVDStRL 30 (1972), S. 171–172.
Schmitt Glaeser, Walter/Horn, Hans-Detlef: Verwaltungsprozeßrecht, 15. Aufl., 2000.
Schmitt, Anne: Das Beschlußmängelrecht der Personengesellschaften, 1997 (zugl. Diss. Saarbrücken 1996).
Schmitz, Heribert/Olbertz, Susanne: Das Zweite Gesetz zur Änderung verwaltungsverfahrensrechtlicher Vorschriften – Eine Zwischenbilanz?, in: NVwZ 1999, S. 126–132.
Schmitz, Heribert/Wessendorf, Franz: Das Genehmigungsverfahrensbeschleunigungsgesetz – Neue Regelungen im Verwaltungsverfahrensgesetz und der Wirtschaftsstandort Deutschland, in: NVwZ 1996, S. 955–962.
Schnapp, Friedrich E.: Die Folgen von Verfahrensfehlern im Sozialrecht, in: SGb. 1988, S. 309–315.
–: Rücknahme von Verwaltungsakten, in: SGb. 1993, S. 1–7.
Schnapp Friedrich E./Cordewener, Axel: Welche Rechtsfolgen hat die Fehlerhaftigkeit eines Verwaltungsakts?, in: JuS 1999, S. 39–44 und S. 147–152.
Schnapp Friedrich E./Henkenötter, Sandra: Wann ist ein Verwaltungsakt fehlerhaft?, in: JuS 1998, S. 524–526 und S. 624–630.
Schneider, Hans-Peter: Der Rechtsstaat zwischen Freiheit und Sicherheit, in: Zeitschrift für evangelische Ethik 1980, S. 22–39.
Schneider, Tobias: Folgenbeseitigung im Verwaltungsrecht, 1994 (zugl. Diss. Tübingen 1993).
Schnellenbach, Helmut: Anmerkung zu BVerwG, Urt. v. 13. 9. 2001–2 C 39.00, in: ZBR 2002, S. 180–182.
–: Anmerkung zu BVerwG, Urt. v. 21. 8. 2003–2 C 14.02, in: ZBR 2004, S. 104–105.
–: Beamtenrecht in der Praxis, 5. Aufl., 2001.
Schöbener, Burkhard: Der Ausschluß des Aufhebungsanspruchs wegen Verfahrensfehlern bei materiell-rechtlich und tatsächlich alternativlosen Verwaltungsakten, in: Die Verwaltung 33 (2000), S. 447–484.
Schoch, Friedrich K.: Der Folgenbeseitigungsanspruch, in: Jura 1993, S. 478–487.
–: Der Verfahrensgedanke im allgemeinen Verwaltungsrecht, in: Die Verwaltung 25 (1992), S. 21–53.
–: Der Verwaltungsakt zwischen Stabilität und Flexibilität, in: Hoffmann-Riem, Wolfgang/

Schmidt-Aßmann, Eberhard (Hrsg.), Innovation und Flexibilität des Verwaltungshandelns, 1994, S. 199–244 (zit.: Innovation).
–: Die europäische Perspektive des Verwaltungsverfahrens- und Verwaltungsprozeßrechts, in: Schmidt-Aßmann, Eberhard/Hoffmann-Riem, Wolfgang (Hrsg.), Strukturen des Europäischen Verwaltungsrechts, 1999, S. 279–316.
–: Die Europäisierung des verwaltungsgerichtlichen Rechtsschutzes, 2000.
–: Die Europäisierung des Verwaltungsprozessrechts, in: Schmidt-Aßmann, Eberhard u.a. (Hrsg.), Festgabe 50 Jahre Bundesverwaltungsgericht, 2003, S. 507–533.
–: Die Europäisierung des vorläufigen Rechtsschutzes, in: DVBl. 1997, S. 289–297.
–: Effektuierung des Sekundärrechtsschutzes – Zur Überwindung des Entwicklungsrückstands des deutschen Staathaftungsrechts, in: Die Verwaltung 34 (2001), S. 261–290.
–: Folgenbeseitigung und Wiedergutmachung im Öffentlichen Recht, in: VerwArch. 79 (1988), S. 1–67.
–: Grundfälle zum Polizei- und Ordnungsrecht, 6. Teil, JuS 1994, S. 849–853.
–: Heilung unterbliebener Anhörung im Verwaltungsverfahren durch Widerspruchsverfahren?, in: NVwZ 1983, S. 249–257.
–: Nachholen der Begründung und Nachschieben von Gründen, in: DÖV 1984, S. 401–411.
Schoch, Friedrich K./Schmidt-Aßmann, Eberhard/Pietzner, Rainer: Verwaltungsgerichtsordnung, Kommentar, Stand September 2004 (hier: Kommentierungen von Dirk Ehlers, Michael Gerhardt, Jost Pietzcker, Rainer Wahl).
Scholz, Rupert: Das Grundrecht der freien Entfaltung der Persönlichkeit in der Rechtsprechung des Bundesverfassungsgerichts, in: AöR 100 (1975), S. 80–130.
Schrödter, Hans: Baugesetzbuch, Kommentar, 6. Aufl., 1998.
Schunck, Egon/De Clerck, Hans: Verwaltungsgerichtsordnung, 3. Aufl., 1977.
Schwab, Siegfried: Die Begründungspflicht, 1991.
Schwabe, Jürgen: Das Wiederaufgreifen unanfechtbarer Verwaltungsakte, in: JZ 1985, S. 545–554.
–: Nochmals: „Der ‚mittelbare' Grundrechtseingriff", in: DVBl. 1988, S. 1055–1057.
–: Probleme der Grundrechtsdogmatik, 1977.
Schwarze, Jürgen (Hrsg.): EU-Kommentar, 2000 (zit. Bearbeiter, in: Schwarze).
–: Europäisches Verwaltungsrecht, Band II, 1988.
–: Rechtsfragen bei der Errichtung von Kernkraftwerken, in: DÖV 1973, S. 700–705.
Schweickhardt, Rudolf/Vondung, Ute (Hrsg.): Allgemeines Verwaltungsrecht, 8. Aufl., 2004.
Schwerdtfeger, Gunther: Grundrechtlicher Drittschutz im Baurecht, in: NVwZ 1982, S. 5–11.
–: Öffentliches Recht in der Fallbearbeitung, 12. Aufl., 2004.
Seebass, Friedrich: Die Prüfung – ein rechtsschutzloser Freiraum des Prüfers?, in: NVwZ 1985, S. 521–530.
Seibert, Gerhard: Die Beachtlichkeit von Fehlern im Verwaltungsverfahren gemäß § 46 VwVfG und die Konsequenzen für das verwaltungsgerichtliche Verfahren, in: Fürst, Walter u.a. (Hrsg.), Festschrift für Wolfgang Zeidler, Band 1, 1987, S. 469–486.

Seibert, Max-Jürgen: Änderungen der VwGO durch das Gesetz zur Bereinigung des Rechtsmittelrechts im Verwaltungsprozess, in: NVwZ 2002, S. 265–271.
–: Die Bindungswirkung von Verwaltungsakten, 1989 (zugl. Diss. Bonn 1988).
Seidel, Achim: Privater Sachverstand und staatliche Garantenstellung im Verwaltungsrecht, 2000 (zugl. Diss. München 1999/2000).
Sellner, Dieter: Kontrolle immissionsschutzrechtlicher und atomrechtlicher Entscheidungen im Verwaltungsgerichtsprozeß, BauR 1980, S. 391–406.

–: Schriftliche Stellungnahme, in: Stellungnahmen der Sachverständigen zur gemeinsamen Anhörung des Innen-, Rechts-, Wirtschafts- und Umweltausschusses des Deutschen Bundestages, Ausschußdrucksachen 13/271, Teile I-VI, und 13/272 des Bundestags-Ausschusses für Umwelt, Naturschutz und Reaktorsicherheit (16. Ausschuß), 1996, Teil V, S. 1–16 (Stellungnahme).

Semler, Franz-Jörg: Mängel der Beschlüsse und Wahlen, in: Hoffmann-Becking, Michael (Hrsg.), Münchener Handbuch des Gesellschaftsrechts, Band 4, Aktiengesellschaft, 2. Auf., 1999, § 41.

Sendler, Horst: Neue Entwicklungen bei Rechtsschutz und gerichtlicher Kontrolldichte im Planfeststellungsrecht, in: Kormann, Joachim (Hrsg.), Aktuelle Fragen der Planfeststellung, UPR-Special Band 7, 1994, S. 9–38.

–: Plan- und Normerhaltung vor Gericht, in: Erbguth, Wilfried u.a. (Hrsg.), Planung, Festschrift für Werner Hoppe, 2000, S. 1011–1030.

von Seydel, Max: Grundzüge einer allgemeinen Staatslehre, 1873.

Sieg, Ulf Matthias: Die Schutzauflage im Fachplanungsrecht, 1994 (zugl. Diss. Hamburg 1993).

Siegfried, Matthias: Begründungspflicht bei Petitionsbescheiden, in: DÖV 1990, S. 279–284.

Skouris, Wassilios: Die Anfechtung von Ermessensverwaltungsakten, in: NJW 1981, S. 2727–2730.

–: Verletztenklagen und Interessentenklagen im Verwaltungsprozeß, 1979.

Sobota, Katharina: Das Prinzip Rechtsstaat, 1997.

Sodan, Helge: Unbeachtlichkeit und Heilung von Verfahrens- und Formfehlern, DVBl. 1999, S. 729–738 (abgedr. auch in: Ziekow, Jan [Hrsg.], Beschleunigung von Planungs- und Genehmigungsverfahren, 1999, S. 107–127).

Sodan, Helge/Ziekow, Jan (Hrsg.): Nomos-Kommentar zur Verwaltungsgerichtsordnung, Stand Januar 2003 (hier: Kommentierungen von Michael Brenner, Detlef Czybulka, Oliver Dörr, Helge Sodan und Willy Spannowsky).

Soergel: Kommentar zum Bürgerlichen Gesetzbuch, 12. Aufl., Band 2, 1990 (hier: Kommentierung von Arndt Teichmann), 13. Aufl., Band 1, 2000 (hier: Kommentierung von Walther Hadding), Band 2, 1999 (hier: Kommentierung von Werner Niedenführ).

Solveen, Dirk: Zur materiellen Präklusion im Fernstraßenplanungsrecht, in: DVBl. 1997, S. 803–809.

Sommermann, Karl-Peter: Konvergenzen im Verwaltungsverfahrens- und Verwaltungsprozeßrecht europäischer Staaten, in: DÖV 2002, 133–143.

Spanner, Hans: Der Regierungsentwurf eines Bundes-Verwaltungsverfahrensgesetzes, in: JZ 1970, S. 671–675.

Spannowsky, Willy/Krämer, Tim: Die Neuregelungen im Recht der Bauleitplanung aufgrund der Änderungen des BauGB, in: UPR 1998, S. 44–52.

Spranger, Tade Matthias: Beschränkungen des Anhörungsrechts im förmlichen Verwaltungsverfahren, in: NWVBl. 2000, S. 166–167.

Starck, Christian: Staatliche Organisation und staatliche Finanzierung als Hilfen zu Grundrechtsverwirklichungen?, in: Starck (Hrsg.), Bundesverfassungsgericht und Grundgesetz, Festgabe aus Anlaß des 25jährigen Bestehens des Bundesverfassungsgerichts, 1976, Band II, S. 480–526.

Staub, Hermann: Handelsgesetzbuch, Großkommentar, hrsg. von Claus-Wilhelm Canaris u.a., 19. Lfg. 1999 (hier: Kommentierung von Peter Ulmer), sowie Kommentar zum Handelsgesetzbuch, 6. und 7. Aufl., 1900, 1. Band.

Staudinger: J. v. Staudingers Kommentar zum Bürgerlichen Gesetzbuch, 12. Aufl., 1983 (hier: Kommentierung von Dieter Medicus), 13. Bearbeitung (hier: Kommentierungen

von Jürgen Schmidt – 1995, Günter Weick – 1995), Neubearbeitung (Kommentierung von Karl-Heinz Gursky – 1999).
Stein/Jonas: Kommentar zur Zivilprozeßordnung, 21. Aufl., 1993ff.
Steinbeiß-Winkelmann, Christine: Verfassungsrechtliche Vorgaben und Grenzen der Verfahrensbeschleunigung, in: DVBl. 1998, S. 809–820.
Steinberg, Rudolf: Komplexe Verwaltungsverfahren zwischen Verwaltungseffizienz und Rechtsschutzauftrag, in: DÖV 1982, 619–631.
–: Umweltschutz in der Verkehrswegeplanung, in: DÖV 2000, S. 85–94.
–: Verfassungsrechtlicher Umweltschutz durch Grundrechte und Staatszielbestimmung, in: NJW 1996, S. 1985–1994.
–: Verwaltungsgerichtlicher Schutz der kommunalen Planungshoheit gegenüber höherstufigen Planungsentscheidungen, in: DVBl. 1982, S. 13–19.
Steinberg, Rudolf/Berg, Thomas: Das neue Planungsvereinfachungsgesetz, in: NJW 1994, S. 488–491.
Steinberg, Rudolf/Berg, Thomas/Wickel, Martin: Fachplanung, 3. Aufl., 2000.
Steiner, Udo: Beschleunigung der Planungen für Verkehrswege im gesamten Bundesgebiet, in: Blümel, Willi/Pitschas, Rainer (Hrsg.), Reform des Verwaltungsverfahrensrechts, 1994, S. 151–171.
–: Das Planungsvereinfachungsgesetz, in: NVwZ 1994, S. 313–318.
–: Straßenrecht, in: Steiner (Hrsg.), Besonderes Verwaltungsrecht, 7. Aufl., 2003 (Teil V).
–: Verwaltungsverfahren und Grundrechte, in: NZS 2002, S. 113–118.
Stelkens, Paul: Die Rechtsbehelfsbelehrung bei Verwaltungsmaßnahmen, in: NuR 1982, S. 10–14.
Stelkens, Paul/Bonk, Heinz Joachim/Sachs, Michael: Verwaltungsverfahrensgesetz, Kommentar, 6. Aufl., 2001 (hier: Kommentierungen von Heinz Joachim Bonk, Dieter Kallerhoff, Werner Neumann, Michael Sachs, Herbert Schmitz, Paul Stelkens, Ulrich Stelkens).
Stern, Klaus: Das Staatsrecht der Bundesrepublik Deutschland, Band I, 2. Aufl., 1984; Band III/1 (unter Mitwirkung von Michael Sachs), 1988; Band III/2, 1994 (unter Mitwirkung von Michael Sachs).
–: Verwaltungsprozessuale Probleme in der öffentlich-rechtlichen Arbeit, 8. Aufl., 2000.
Stoll, Hans: Unrechtstypen bei Verletzung absoluter Rechte, in: AcP 162 (1963), S. 203–236.
Storost, Ulrich: Diskussionsbeitrag, in: Ziekow, Jan (Hrsg.), Beschleunigung von Planungs- und Genehmigungsverfahren, 1999, S. 225.
–: Fachplanung und Wirtschaftsstandort Deutschland: Rechtsfolgen fehlerhafter Planung, in: NVwZ 1998, S. 797–805.
Streinz, Rudolf (Hrsg.): EUV/EGV, Vertrag über die Europäische Union und Vertrag zur Gründung der Europäischen Gemeinschaft, Kommentar, 2003 (zit. nach Bearbeiter).
–: Materielle Präklusion und Verfahrensbeteiligung im Verwaltungsrecht, in: VerwArch. 79 (1988), S. 272–313.
–: Primär- und Sekundärrechtsschutz im Öffentlichen Recht, in: VVDStRL Bd. 61 (2002), S. 300–361.
–: Schlußwort, in: VVDStRL 61 (2002), S. 457–462.
Stüer, Bernhard: Die Beschleunigungsnovellen 1996, in: DVBl. 1997, S. 326–341.
–: Fachplanung und Wirtschaftsstandort Deutschland, in: NWVBl. 1998, S. 169–176.
–: Handbuch des Bau- und Fachplanungsrechts, 3. Aufl., 2002.
Stüer, Bernhard/Hönig, Dietmar: Befangenheit in der Planfeststellung, in: DÖV 2004, S. 642–649.
Suerbaum, Joachim: Die Europäisierung des nationalen Verwaltungsverfahrensrechts am

Beispiel der Rückabwicklung gemeinschaftsrechtswidriger staatlicher Beihilfen, in: VerwArch. 91 (2000), S. 169–208.

Tettinger, Peter J./Wahrendorf, Volker: Verwaltungsprozeßrecht, 3. Aufl., 2005.

Thiel, Markus: Zur verfassungsrechtlichen Zulässigkeit der (materiellen) Präklusion im Fachplanungsrecht, in: DÖV 2001, S. 814–820.

Tipke, Klaus/Kruse, Heinrich Wilhelm: Abgabenordnung, Finanzgerichtsordnung, Kommentar, 1995ff.

Tschentscher, Axel: Indienstnahme der Gerichte für die Effizienz der Verwaltung, in: Demel, Michael u.a. (Hrsg.), Funktionen und Kontrolle der Gewalten, 40. Tagung der Wissenschaftlichen Mitarbeiterinnen und Mitarbeiter der Fachrichtung „Öffentliches Recht" (Gießen 2000), 2001, S. 165–198.

Uechtritz, Michael: Interkommunales Abstimmungsgebot und gemeindliche Nachbarklage, in: NVwZ 2003, S. 176–179.

Ule, Carl Hermann: Verwaltungsprozeßrecht, 1. Aufl., 1960; 9. Aufl., 1987.

–: Verwaltungsreform als Verfassungsvollzug, in: Ule, Carl Hermann u.a. (Hrsg.), Recht im Wandel, Festschrift Hundertfünfzig Jahre Carl Heymanns Verlag KG, 1965, S. 53–89 (Festschrift Heymann Verlag).

Ule, Carl Hermann/Laubinger, Hans-Werner: Verwaltungsverfahrensrecht, 4. Aufl., 1995 (mit Nachtrag 1998).

Ulmer, Eugen: Urheber- und Verlagsrecht, 3. Aufl., 1980.

Umbach, Dieter/Clemens, Thomas (Hrsg.): Grundgesetz, Mitarbeiterkommentar und Handbuch, Band II, 2002 (zit. nach Bearbeiter).

Unruh, Peter: Zur Dogmatik der grundrechtlichen Schutzpflichten, 1996.

Vahle, Jürgen: Zum Rechtsschutz Dritter gegen technische Großprojekte, in: VR 1984, S. 257–265.

Vallendar, Willi: Planungsrecht im Spiegel der aktuellen Rechtsprechung des Bundesverwaltungsgerichts, in: UPR 1995, S. 296–300.

Vivie, Achim de/Barsuhn, Renate: Die verwaltungsgerichtliche Rechtsprechung zur Verwirkung nachbarlicher Abwehrrechte im Baurecht, in: BauR 1995, S. 492–499.

Voßkuhle, Andreas: Der Wandel von Verwaltungsrecht und Verwaltungsprozeßrecht in der Informationsgesellschaft, in: Hoffmann-Riem, Wolfgang/Schmidt-Aßmann, Eberhard (Hrsg.), Verwaltungsrecht in der Informationsgesellschaft, 2000, S. 349–404.

–: Duldung rechtswidrigen Verwaltungshandelns?, in: Die Verwaltung 29 (1996), S. 511–538.

–: „Ökonomisierung" des Verwaltungsverfahrens, in: Die Verwaltung 34 (2001), S. 347–369.

Voucko, Manfred: Die Pflicht zur Begründung von Verwaltungsakten, Diss. Frankfurt/M., 1967.

Wagner, Jörg: Verfahrensbeschleunigung durch das Verkehrswegebeschleunigungsgesetz, in: NVwZ 1992, S. 232–235.

Wahl, Rainer: Bürgerbeteiligung bei der Landesplanung, in: Blümel, Willi (Hrsg.), Frühzeitige Bürgerbeteiligung bei Planungen, 1982, S. 113–146.

–: Das Verhältnis von Verwaltungsverfahren und Verwaltungsprozessrecht in europäischer Sicht, in: DVBl. 2003, S. 1285–1293.

–: Der Vorrang der Verfassung, in: Der Staat 20 (1981), S. 485–516.

–: Der Vorrang der Verfassung und die Selbständigkeit des Gesetzesrechts, in: NVwZ 1984, S. 401–409.

–: Risikobewertung der Exekutive und richterliche Kontrolldichte – Auswirkungen auf das Verwaltungs- und das gerichtliche Verfahren, in: NVwZ 1991, S. 409–418.

–: Verwaltungsverfahren zwischen Verwaltungseffizienz und Rechtsschutzauftrag, in: VVDStRL 41 (1983), S. 151–192.

Wahl, Rainer/Masing, Johannes: Schutz durch Eingriff, in: JZ 1990, S. 553–563.
Wahrendorf, Volker: Das 6. VwGOÄnderungsG – Bemerkungen zum prozeßrechtlichen Beratungsgegenstand des 12. Verwaltungsrichtertages, in: NWVBl. 1998, S. 177–181.
Waldner, Wolfram: Der Anspruch auf rechtliches Gehör, 2. Aufl., 2000.
de Wall, Heinrich: Die Anwendbarkeit privatrechtlicher Vorschriften im Verwaltungsrecht, 1999.
Wallerath, Maximilian: Allgemeines Verwaltungsrecht, 5. Aufl., 2000.
–: Herstellung und Folgenbeseitigung im Recht der Leistungsverwaltung, in: DÖV 1987, S. 505–515.
Weber-Dürler, Beatrice: Der Grundrechtseingriff, in: VVDStRL 57 (1998), S. 57–99.
Wegener, Bernhard: Zur Bedeutung der Umweltverträglichkeitsprüfung, in: ZUR 1996, S. 324–326.
Weides, Peter: Die Anhörung der Beteiligten im Verwaltungsverfahren, in: JA 1984, S. 648–660.
–: Verwaltungsverfahren und Widerspruchsverfahren, 3. Aufl., 1993.
Weidinger, Wilhelm: Schlanke Verwaltung = leistungsfähige Verwaltung?, in: BayVBl. 1997, S. 513–518.
Wernsmann, Rainer: Klagearten und Klagebefugnis im Konkurrentenrechtsstreit, in: Die Verwaltung 36 (2003), S. 67–103.
Weyreuther, Felix: Die Klage auf Unterlassung einer Amtshandlung, 1953.
–: Die Rechtswidrigkeit eines Verwaltungsaktes und die „dadurch" bewirkte Verletzung „in ... Rechten" (§ 113 Abs. 1 Satz 1 und Abs. 4 Satz 1 VwGO), in: Erichsen/Hoppe/v. Mutius (Hrsg.), System des verwaltungsgerichtlichen Rechtsschutzes, Festschrift für Christian-Friedrich Menger, 1985, S. 681–692 (Festschrift für Menger).
–: Einflussnahme durch Anhörung?, in: Franßen, Everhardt u.a. (Hrsg.), Bürger – Richter – Staat, Festschrift für Horst Sendler, 1991, S. 183–198.
–: Empfiehlt es sich, die Folgen rechtswidrigen hoheitlichen Verwaltungshandelns gesetzlich zu regeln (Folgenbeseitigung, Folgenentschädigung), Gutachten für den 47. Deutschen Juristentag, 1968, in: Verhandlungen des siebenundvierzigsten Deutschen Juristentages, 1968, Band I (Gutachten) Teil B, 7–187.
–: Probleme der Rechtsprechung zum Enteignungsverfahren, in: DVBl. 1972, S. 93–101.
–: Zur richterlichen Umdeutung von Verwaltungsakten, in: DÖV 1985, S. 126–136.
Windthorst, Kay Lüdemann, Peter: Die Umdeutung von Verwaltungsakten im Verwaltungsprozeß, in: NVwZ 1994, S. 244–247.
Wirth, Peter Nikolaus: Umdeutung fehlerhafter Verwaltungsakte, 1991 (zugl. Diss. Freiburg 1990).
de Witt, Siegfried: Anmerkung zu VG Arnsberg, Urt. v. 27.1. 1981–7 K 74/79, in: DVBl. 1981, S. 649–651.
Wittkowski, Bernd: Die Konkurrentenklage im Beamtenrecht (unter besonderer Berücksichtigung des vorläufigen Rechtsschutzes), in: NJW 1993, S. 817–823.
Wittmann, Johann: Das Nachschieben von Gründen im Verwaltungsprozeß, Diss. München 1970.
Wolff, Heinrich Amadeus/Decker, Andreas: Verwaltungsgerichtsordnung (VwGO)/Verwaltungsverfahrensgesetz (VwVfG), Studienkommentar, 2005.
Wolff, Hans J.: Rechtsgrundsätze und verfassungsgestaltende Grundentscheidungen als Rechtsquellen, in: Bachof, Otto u.a. (Hrsg.), Forschungen und Berichte aus dem öffentlichen Recht, Gedächtnisschrift für Walter Jellinek, 1955, S. 33–52 (Gedächtnisschrift für Jellinek).
Wolff, Hans J./Bachof, Otto: Verwaltungsrecht I, 9. Aufl., 1974.
Wolff, Hans J./Bachof, Otto/Stober, Rolf: Verwaltungsrecht, Band 1, 11. Aufl., 1999; Band 2, 6. Aufl., 2000.

Würtenberger, Thomas: Verwaltungsprozeßrecht, 1998.
Würtenberger, Thomas/Heckmann, Dirk/Riggert, Rainer: Polizeirecht in Baden-Württemberg, 5. Aufl., 2002.
von Wulffen, Matthias: Sozialgesetzbuch, Zehntes Buch Sozialgesetzbuch – Sozialverwaltungsverfahren und Sozialdatenschutz – (SGB X) –, Kommentar, 4. Aufl. 2001 (hier: Kommentierungen von Klaus Engelmann und Siegfried Wiesner).
Ziekow, Jan: Die Verbandsklage gegen Planungsakte, in: Ziekow, Jan (Hrsg.), Planung 2000 – Herausforderungen für das Fachplanungsrecht, 2001, S. 197–230.
–: Die Wirkung von Beschleunigungsgeboten im Verfahrensrecht, in: DVBl. 1998, S. 1101–1110.
–: Klagerechte von Naturschutzverbänden gegen Maßnahmen der Fachplanung, in: VerwArch. 91 (2000), S. 483–506.
–: Modernisierung des Verfahrensrechts, in: König, Klaus/Merten, Detlef (Hrsg.), Verfahrensrecht in Verwaltung und Verwaltungsgerichtsbarkeit, Symposium zum Gedächtnis an Carl Hermann Ule, 2000, S. 69–91 (Modernisierung).
–: Von der Reanimation des Verfahrensrechts, in: NVwZ 2005, S. 263–267.
Ziekow, Jan/Siegel, Thorsten: Anerkannte Naturschutzverbände als „Anwälte der Natur“, 2000.
Zimmerling, Wolfgang/Brehm, Robert G.: Prüfungsrecht, 2. Aufl., 2001.

Sachregister

Jus Publicum

Beiträge zum Öffentlichen Recht – Alphabetische Übersicht

Appel, Ivo: Staatliche Zukunfts- und Entwicklungsvorsorge. 2005. *Band 125.*
Axer, Peter: Normsetzung der Exekutive in der Sozialversicherung. 2000. *Band 49.*
Bauer, Hartmut: Die Bundestreue. 1992. *Band 3.*
Baumeister, Peter: Der Beseitigungsanspruch als Fehlerfolge des rechtswidrigen Verwaltungsakts. 2006. *Band 142.*
Beaucamp, Guy: Das Konzept der zukunftsfähigen Entwicklung im Recht. 2002. *Band 85.*
Becker, Florian: Kooperative und konsensuale Strukturen in der Normsetzung. 2005. *Band 129.*
Becker, Joachim: Transfergerechtigkeit und Verfassung. 2001. *Band 68.*
Biehler, Gernot: Auswärtige Gewalt. 2005. *Band 128.*
Blanke, Hermann-Josef: Vertrauensschutz im deutschen und europäischen Verwaltungsrecht. 2000. *Band 57.*
Böhm, Monika: Der Normmensch. 1996. *Band 16.*
Böse, Martin: Wirtschaftsaufsicht und Strafverfolgung. 2005. *Band 127.*
Bogdandy, Armin von: Gubernative Rechtsetzung. 2000. *Band 48.*
Brenner, Michael: Der Gestaltungsauftrag der Verwaltung in der Europäischen Union. 1996. *Band 14.*
Britz, Gabriele: Kulturelle Rechte und Verfassung. 2000. *Band 60.*
Bröhmer, Jürgen: Transparenz als Verfassungsprinzip. 2004. *Band 106.*
Brüning, Christoph: Einstweilige Verwaltungsführung. 2003. *Band 103.*
Burgi, Martin: Funktionale Privatisierung und Verwaltungshilfe. 1999. *Band 37.*
Bultmann, Peter Friedrich: Beihilfenrecht und Vergaberecht. 2004. *Band 109.*
Bumke, Christian: Relative Rechtswidrigkeit. 2004. *Band 117.*
Butzer, Hermann: Fremdlasten in der Sozialversicherung. 2001. *Band 72.*
Calliess, Christian: Rechtsstaat und Umweltstaat. 2001. *Band 71.*
Classen, Claus Dieter: Die Europäisierung der Verwaltungsgerichtsbarkeit. 1996. *Band 13.*
– Religionsfreiheit und Staatskirchenrecht in der Grundrechtsordnung. 2003. *Band 100.*
Coelln, Christian von: Zur Medienöffentlichkeit der Dritten Gewalt. 2005. *Band 138.*
Cornils, Matthias: Die Ausgestaltung der Grundrechte. 2005. *Band 126.*
Cremer, Wolfram: Freiheitsgrundrechte. 2003. *Band 104.*
Danwitz, Thomas von: Verwaltungsrechtliches System und Europäische Integration. 1996. *Band 17.*
Dederer, Hans-Georg: Korporative Staatsgewalt. 2004. *Band 107.*
Detterbeck, Steffen: Streitgegenstand und Entscheidungswirkungen im Öffentlichen Recht. 1995. *Band 11.*
Di Fabio, Udo: Risikoentscheidungen im Rechtsstaat. 1994. *Band 8.*
Dörr, Oliver: Der europäisierte Rechtsschutzauftrag deutscher Gerichte. 2003. *Band 96.*
Durner, Wolfgang: Konflikte räumlicher Planungen. 2005. *Band 119.*

Enders, Christoph: Die Menschenwürde in der Verfassungsordnung. 1997. *Band 27.*
Epping, Volker: Die Außenwirtschaftsfreiheit. 1998. *Band 32.*
Fehling, Michael: Verwaltung zwischen Unparteilichkeit und Gestaltungsaufgabe. 2001. *Band 79.*
Felix, Dagmar: Einheit der Rechtsordnung. 1998. *Band 34.*
Fisahn, Andreas: Demokratie und Öffentlichkeitsbeteiligung. 2002. *Band 84.*
Franz, Thorsten: Gewinnerzielung durch kommunale Daseinsvorsorge. 2005. *Band 123.*
Frenz, Walter: Selbstverpflichtungen der Wirtschaft. 2001. *Band 75.*
Gaitanides, Charlotte: Das Recht der Europäischen Zentralbank. 2005. *Band 132.*
Gellermann, Martin: Grundrechte im einfachgesetzlichen Gewande. 2000. *Band 61.*
Grigoleit, Klaus Joachim: Bundesverfassungsgericht und deutsche Frage. 2004. *Band 108.*
Gröpl, Christoph: Haushaltsrecht und Reform. *2001. Band 67.*
Gröschner, Rolf: Das Überwachungsrechtsverhältnis. 1992. *Band 4.*
Groß, Thomas: Das Kollegialprinzip in der Verwaltungsorganisation. 1999. *Band 45.*
Grzeszick, Bernd: Rechte und Ansprüche. 2002. *Band 92.*
Guckelberger, Annette: Die Verjährung im Öffentlichen Recht. 2004. *Band 111.*
Gurlit, Elke: Verwaltungsvertrag und Gesetz. 2000. *Band 63.*
Häde, Ulrich: Finanzausgleich. 1996. *Band 19.*
Haltern, Ulrich: Europarecht und das Politische. 2005. *Band 136.*
Hase, Friedhelm: Versicherungsprinzip und sozialer Ausgleich. 2000. *Band 64.*
Heckmann, Dirk: Geltungskraft und Geltungsverlust von Rechtsnormen. 1997. *Band 28.*
Heitsch, Christian: Die Ausführung der Bundesgesetze durch die Länder. 2001. *Band 77.*
Hellermann, Johannes: Örtliche Daseinsvorsorge und gemeindliche Selbstverwaltung. 2000. *Band 54.*
Hermes, Georg: Staatliche Infrastrukturverantwortung. 1998. *Band 29.*
Hösch, Ulrich: Eigentum und Freiheit. 2000. *Band 56.*
Hohmann, Harald: Angemessene Außenhandelsfreiheit im Vergleich. 2002. *Band 89.*
Holznagel, Bernd: Rundfunkrecht in Europa. 1996. *Band 18.*
Horn, Hans-Detlef: Die grundrechtsunmittelbare Verwaltung. 1999. *Band 42.*
Huber, Peter-Michael: Konkurrenzschutz im Verwaltungsrecht. 1991. *Band 1.*
Hufeld, Ulrich: Die Vertretung der Behörde. 2003. *Band 102.*
Huster, Stefan: Die ethische Neutralität des Staates. 2002. *Band 90.*
Ibler, Martin: Rechtspflegender Rechtsschutz im Verwaltungsrecht. 1999. *Band 43.*
Jestaedt, Matthias: Grundrechtsentfaltung im Gesetz. 1999. *Band 50.*
Jochum, Heike: Verwaltungsverfahrensrecht und Verwaltungsprozeßrecht. 2004. *Band 116.*
Kadelbach, Stefan: Allgemeines Verwaltungsrecht unter europäischem Einfluß. 1999. *Band 36.*
Kämmerer, Jörn Axel: Privatisierung. 2001. *Band 73.*
Kahl, Wolfgang: Die Staatsaufsicht. 2000. *Band 59.*
Kaufmann, Marcel: Untersuchungsgrundsatz und Verwaltungsgerichtsbarkeit. 2002. *Band 91.*
Kersten, Jens: Das Klonen von Menschen. 2004. *Band 115.*
Khan, Daniel-Erasmus: Die deutschen Staatsgrenzen. 2004. *Band 114.*

Kingreen, Thorsten: Das Sozialstaatsprinzip im europäischen Verfassungsbund. 2003. *Band 97.*
Kischel, Uwe: Die Begründung. 2002. *Band 94.*
Koch, Thorsten: Der Grundrechtsschutz des Drittbetroffenen. 2000. *Band 62.*
Korioth, Stefan: Der Finanzausgleich zwischen Bund und Ländern. 1997. *Band 23.*
Kluth, Winfried: Funktionale Selbstverwaltung. 1997. *Band 26.*
Kube, Hanno: Finanzgewalt in der Kompetenzordnung. 2004. *Band 110.*
Kugelmann, Dieter: Die informatorische Rechtsstellung des Bürgers. 2001. *Band 65.*
Langenfeld, Christine: Integration und kulturelle Identität zugewanderter Minderheiten. 2001. *Band 80.*
Lehner, Moris: Einkommensteuerrecht und Sozialhilferecht. 1993. *Band 5.*
Leisner, Anna: Kontinuität als Verfassungsprinzip. 2002. *Band 83.*
Lenze, Anne: Staatsbürgerversicherung und Verfassung. 2005. *Band 133.*
Lepsius, Oliver: Besitz und Sachherrschaft im öffentlichen Recht. 2002. *Band 81.*
Lindner, Josef Franz: Theorie der Grundrechtsdogmatik. 2005. *Band 120.*
Lorz, Ralph Alexander: Interorganrespekt im Verfassungsrecht. 2001. *Band 70.*
Lücke, Jörg: Vorläufige Staatsakte. 1991. *Band 2.*
Luthe, Ernst-Wilhelm: Optimierende Sozialgestaltung. 2001. *Band 69.*
Mager, Ute: Einrichtungsgarantien. 2003. *Band 99.*
Mann, Thomas: Die öffentlich-rechtliche Gesellschaft. 2002. *Band 93.*
Manssen, Gerrit: Privatrechtsgestaltung durch Hoheitsakt. 1994. *Band 9.*
Masing, Johannes: Parlamentarische Untersuchungen privater Sachverhalte. 1998. *Band 30.*
Möstl, Markus: Die staatliche Garantie für die öffentliche Sicherheit und Ordnung. 2002. *Band 87.*
Möllers, Christoph: Gewaltengliederung. 2005. *Band 141.*
Morgenthaler, Gerd: Freiheit durch Gesetz. 1999. *Band 40.*
Morlok, Martin: Selbstverständnis als Rechtskriterium. 1993. *Band 6.*
Müller-Franken, Sebastian: Maßvolles Verwalten. 2004. *Band 105.*
Musil, Andreas: Wettbewerb in der staatlichen Verwaltung. 2005. *Band 134.*
Niedobitek, Matthias: Das Recht der grenzüberschreitenden Verträge. 2001. *Band 66.*
Odendahl, Kerstin: Kulturgüterschutz. 2005. *Band 140.*
Oeter, Stefan: Integration und Subsidiarität im deutschen Bundesstaatsrecht. 1998. *Band 33.*
Ohler, Christoph: Die Kollisionsordnung des Allgemeinen Verwaltungsrechts. 2005. *Band 131.*
Pache, Eckhard: Tatbestandliche Abwägung und Beurteilungsspielraum. 2001. *Band 76.*
Pauly, Walter: Der Methodenwandel im deutschen Spätkonstitutionalismus. 1993. *Band 7.*
Pielow, Johann-Christian: Grundstrukturen öffentlicher Versorgung. 2001. *Band 58.*
Poscher, Ralf: Grundrechte als Abwehrrechte. 2003. *Band 98.*
Puhl, Thomas: Budgetflucht und Haushaltsverfassung. 1996. *Band 15.*
Reinhardt, Michael: Konsistente Jurisdiktion. 1997. *Band 24.*
Remmert, Barbara: Private Dienstleistungen in staatlichen Verwaltungsverfahren. 2003. *Band 95.*
Rixen, Stephan: Sozialrecht als öffentliches Wirtschaftsrecht. 2005. *Band 130.*
Rodi, Michael: Die Subventionsrechtsordung. 2000. *Band 52.*
Rossen, Helge: Vollzug und Verhandlung. 1999. *Band 39.*

Rozek, Jochen: Die Unterscheidung von Eigentumsbindung und Enteignung. 1998. *Band 31.*
Ruffert, Matthias: Vorrang der Verfassung und Eigenständigkeit des Privatrechts. 2001. *Band 74.*
Sacksofsky, Ute: Umweltschutz durch nicht-steuerliche Abgaben. 2000. *Band 53.*
Šarčević, Edin: Das Bundesstaatsprinzip. 2000. *Band 55.*
Schlette, Volker: Die Verwaltung als Vertragspartner. 2000. *Band 51.*
Schliesky, Utz: Souveränität und Legitimtät von Herrschaftsgewalt. 2004. *Band 112.*
Schmehl, Arndt: Das Äquivalenzprinzip im Recht der Staatsfinanzierung. 2004. *Band 113.*
Schmidt, Thorsten I.: Kommunale Kooperation. 2005. *Band 137.*
Schmidt-De Caluwe, Reimund: Der Verwaltungsakt in der Lehre Otto Mayers. 1999. *Band 38.*
Schönberger, Christoph: Unionsbürger. 2006. *Band 145.*
Schroeder, Werner: Das Gemeinschaftrechtssystem. 2002. *Band 86.*
Schulte, Martin: Schlichtes Verwaltungshandeln. 1995. *Band 12.*
Schwartmann, Rolf: Private im Wirtschaftsvölkerrecht. 2005. *Band 122.*
Sobota, Katharina: Das Prinzip Rechtsstaat. 1997. *Band 22.*
Sodan, Helge: Freie Berufe als Leistungserbringer im Recht der gesetzlichen Krankenversicherung. 1997. *Band 20.*
Sommermann, Karl-Peter: Staatsziele und Staatszielbestimmungen. 1997. *Band 25.*
Stoll, Peter-Tobias: Sicherheit als Aufgabe von Staat und Gesellschaft. 2003. *Band 101.*
Storr, Stefan: Der Staat als Unternehmer. 2001. *Band 78.*
Sydow, Gernot: Verwaltungskooperation in der Europäischen Union. 2004. *Band 118.*
Trute, Hans-Heinrich: Die Forschung zwischen grundrechtlicher Freiheit und staatlicher Institutionalisierung. 1994. *Band 10.*
Uerpmann, Robert: Das öffentliche Interesse. 1999. *Band 47.*
Uhle, Arnd: Freiheitlicher Verfassungsstaat und kulturelle Identität. 2004. *Band 121.*
Unruh, Peter: Der Verfassungsbegriff des Grundgesetzes. 2002. *Band 82.*
Volkmann, Uwe: Solidarität – Programm und Prinzip der Verfassung. 1998. *Band 35.*
Voßkuhle, Andreas: Das Kompensationsprinzip. 1999. *Band 41.*
Wall, Heinrich de: Die Anwendbarkeit privatrechtlicher Vorschriften im Verwaltungsrecht. 1999. *Band 46.*
Weiß, Wolfgang: Privatisierung und Staatsaufgaben. 2002. *Band 88.*
Welti, Felix: Behinderung und Rehabilitation im sozialen Rechtsstaat. 2005. *Band 139.*
Wernsmann, Rainer: Verhaltenslenkung in einem rationalen Steuersystem. 2005. *Band 135.*
Wittreck, Fabian: Die Verwaltung der Dritten Gewalt. 2006. *Band 143.*
Wolff, Heinrich Amadeus: Ungeschriebenes Verfassungsrecht unter dem Grundgesetz. 2000. *Band 44.*
Ziekow, Jan: Über Freizügigkeit und Aufenthalt. 1997. *Band 21.*